KB155520

詩經
시경

1판 1쇄 발행 2008년 2월 28일
1판 4쇄 발행 2015년 7월 31일

지은이 | 유교경전번역총서 편찬위원회
펴낸이 | 정규상
펴낸곳 | 성균관대학교 출판부
등　록 | 1975년 5월 21일 제 1-0217호
주　소 | 110-745 서울특별시 종로구 명륜동 3가 53
대표전화 | (02) 760-1252~4
팩시밀리 | (02) 762-7452
홈페이지 | press.skku.edu

값 48,000원

ISBN 978-89-7986-743-5 93140
ISBN 978-89-7986-673-5(세트)

유교경전번역총서 4

시경

詩經

유교문화연구소 옮김

성균관대학교 출판부

간행사

경전이란 인류 지혜의 총화이며, 그것이 인류에게 미친 영향은 아무리 강조해도 지나치지 않을 것입니다. 유교의 사서삼경, 불교의 불경, 기독교의 성경, 이슬람교의 코란이 인류의 역사에 미친 영향을 생각해보면 쉽게 알 수 있을 것입니다. 인류가 경전의 새로운 해석을 통해서 앞날을 개척해 갔던 사실을 우리는 역사에서 많이 볼 수 있습니다.

근대 이전에 동양사회에서 유교의 사서삼경은 사람들에게 생각과 행동의 준거를 제시해 주는 중요한 역할을 하였습니다. 그러나 서양의 사상과 과학기술이 근대 이후의 동양사회를 지배하면서 유교의 경전들은 무시되거나 심지어 해로운 것으로까지 매도되기에 이르렀습니다. 급변하는 내외적 상황에 의해 재해석될 여지까지 빼앗기고 사장되어 버렸다고 해도 과언이 아닐 것입니다. 다행히 21세기를 맞이한 오늘날 유교경전에 대한 사람들의 인식이 바뀌고, 또한 그 재해석의 필요성을 느끼고 있는 것은 반가운 일이 아닐 수 없습니다.

이러한 시점에서 우리 성균관대학교 유교문화연구소에서 사서삼경의 번역을 새로이 내놓게 되었다는 소식을 접하고 총장으로서 매우 기쁘고, 큰 기대를 갖게 되었습니다. 이번 번역은 조선 말기의 사서삼경 해설을 발굴하여 그것을 중심으로 번역하고 해설한 것이라고 합니다. 이 총서의 간행이 유교문화연구소에서 장기적으로 계획하고 있는 『표준 사서삼경』 간행의 주춧돌이 될 것이라고 확신합니다.

한편으로 사서삼경 번역본을 우리 성균관대학교에서 순차적으로 간행하게 될 것은 더욱 뜻 깊은 일이라고 할 수 있습니다. 유교적 이상사회를 건설하려고 했던 조선조 최고의 교육기관으로서, 퇴계・율곡을 비롯해서 우리나라의 정신사에서 빼놓을 수 없는 수많은 인재를 양성했던 성균관의 맥을 성균관대학교가 계승하고 있기 때문입니다. 아무쪼록 이 번역총서의 발간을 통해 조선말의 유학자들이 사서삼경을 어떤 눈으로 보았는지를 알게 되는 동시에, 현재 우리가 어디에 서 있는가를 다시금 생각해 보는 계기가 되기를 바랍니다.

지난 2007년 2월 『논어』·『맹자』·『대학·중용』 등 사서(四書)의 간행이 완료되고, 이번에는 삼경(三經) 중 먼저 『시경』이 발간됨을 진심으로 축하드립니다. 넉넉하지 못한 살림살이에도 불구하고 의욕적으로 일을 기획하고 추진하신 유교문화연구소 오석원 소장님, 그리고 실무를 담당하여 수고한 연구진 여러분께 감사와 격려를 함께 보냅니다.

2008년 새해를 맞으며
성균관대학교 총장
서 정 돈

『유교경전번역총서』를 발행하며

유교문화연구소는 2000년 3월 1일 성균관대학교 동아시아학술원 내에 본교의 건학이념인 유교사상을 중심으로 하여 동아시아 문화 전반을 연구함으로써 유교의 현대화를 통하여 인류문화에 이바지 하려는 목적으로 설립되었다. 그동안 유교의 현대화를 위한 구체적인 방안을 모색하고 제반 학문영역과의 학제적 만남을 위해 국내외 학술대회를 지속적으로 개최하여 왔으며, 학술지 및 연구총서 등을 간행하여 유교에 관한 연구업적들을 축적하여 왔다.

그러나 유학사상의 본질을 올바르게 이해하기 위해서는 무엇보다도 먼저 유교경전에 대한 바른 이해가 선행되어야 하며, 이를 위해서는 경전에 대한 번역이 중요함은 재언의 여지가 없을 것이다. 유교의 현대화작업을 위한 필수적인 사업은 현대인이라면 누구나 쉽게 읽을 수 있는 표준 유교경전 번역서의 간행이라고 할 수 있겠다. 그러므로 본 연구소에서는 이러한 표준 번역서들을 간행하기 위해 장기적인 경전번역사업계획을 수립하고 이를 추진하고 있다.

유교의 여러 경전 가운데에서도 특히 『논어』, 『맹자』, 『대학』, 『중용』 등의 사서(四書)와 『시경』, 『서경』, 『주역』 등의 삼경(三經)이 그 중심을 이루고 있다. 그러므로 경전번역의 첫 단계로 주자(朱子)의 해석을 올바르게 이해할 수 있는 바탕을 마련하기 위해 관본 언해본을 기본으로 한 조선시대의 경전 번역본을 선정하고, 이를 현대어로 다시 바꾸는 제2의 창작 작업 끝에 지난해 사서의 간행이 완료되었고, 이번에 『시경』을 간행하게 되었다.

그 동안 유교 경전에 대한 번역서들이 수없이 많이 나왔으나, 몇몇의 역저들을 제외하고는 대부분 일본어판의 글을 차용하거나 자의적인 해설에 의존한 글들이 대부분을 차지하고 있다. 좀 더 정확하고 완전한 번역이 요청되는 시점에서 무엇보다도 먼저 조선의 선비들이 읽었던 내용으로서 철저히 주자의 주석에 근거한 경전 번역을 염두에 두고 이 책을 선정하였던 것이다.

본서의 특징은 주자의 경전해석에 충실한 내용으로 이루어져 있다는 점이다. 유교 경전에 대해서 다양한 주석이 있으므로 주자의 주석만을 고집할 수는 없으며 학자들 간에는 주자학의 한계를 언급하는 경우도 있다. 그러나 주자의 주석을 기본으로 이해하지 않고는 유교경전의 본질에 올바르게 접근할 수 없으며, 주자학을 외면한 경전이해가 자칫 유학의 본질을 더 크게 오도할 수 있는 점도 유의해야 할 것이다.

따라서 본 『유교경전번역총서』 시리즈는 주자의 주석에 근거하여 경전의 난해한 부분들에 대해 명료하면서도 쉽게 해석하고 있으며, 또한 의해(義解)와 요지(要旨) 등을 통해 문장의 대의를 올바르게 이해할 수 있는 장점을 갖추고 있어 일반 번역서들과 다른 특징이 있다. 그러므로 사서삼경(四書三經)의 본질을 올바르게 이해하고자 하거나 가르치고자 하는 사람들이 제일 먼저 읽어야 할 기본이 되는 필독서라고 생각한다.

물질문명의 발달로 인해 정신적 도덕의 위상이 추락의 위기를 맞이하고 있는 현재의 상황에 비추어 볼 때, 새로운 정신문화가 절실히 요구되는 상황에서 이 책이 주는 의미는 매우 크다고 하겠다. 오늘날 유학사상에 대한 관심과 전통문화에 대한 이해와 연구의 폭이 점차 확대되어 가고 있는 터에 본 번역총서의 발행이 다소 늦은 감이 있으나, 이제서나마 사서(四書)를 완간하고 『시경』을 간행하게 된 것은 매우 다행스러운 일이라고 생각한다.

끝으로 본 『시경』의 간행을 위해 애쓴 편집위원 및 집필에 수고하신 여러 선생님들에게 거듭 감사의 뜻을 전하고, 아름다운 책으로 만들어준 성균관대학교 출판부의 노고에 진심으로 감사하는 바이다.

2008년 1월
유교문화연구소 소장
오 석 원

일러두기

1. 이 책은 관본 언해본『시전』을 기본적인 대본으로 하고,『시전』의 원문 해석 및 이 책의 내용은 2003년 성지학사(聖志學社)에서 영인한『유교경전언해총서(儒教經典諺解叢書)』, 그리고 1965년 성균관대학교(成均館大學校) 대동문화연구원(大東文化研究員)에서 영인한 내각본(內閣本)『시전』등을 참고하였다.

2. 이 책의 언해와 토는 관본 언해본의 언해와 토를 위주로 하였으며, 율곡 및 퇴계의 언해와 토를 참조하였다.

3. 번역은 원문에 충실하게 하되, 주자의 주를 기본으로 해서 번역하여 조선시대 성리학자들의 유교경전에 대한 입장을 이해하는데 도움이 될 수 있도록 하였다.

4. 이 책의 내용은 원문, 언해, 번역, 자해, 의해, 요지의 순으로 구성되어 있다.

5. 원문은 한자의 정확한 쓰임과 유교경전에서 쓰이고 있는 한자의 본음에 대한 이해 및 성독을 위해 전통적으로 사용된 한자음을 각 글자 위에 붙였다.

6. 번역은 원문에 충실하게 하되 현대 한국어의 맞춤법에 근거하여 번역하였다.

7. 경전강독에 도움이 되도록 하기 위하여 번역 하단에 원문의 난해자

(難解字)에 대한 자해를 첨가하였다.

8. 각 편의 장에는 원문의 뜻을 성리학적 입장에서 이해할 수 있는 의해와 각 장의 대의를 알 수 있는 요지를 실었다. 의해와 요지는 성지학사(聖志學社)에서 영인한 『언해시전』에 실린 것을 주로 참조하여 현대적 의미로 풀었다.

9. 각 편의 장수(章數)는 아라비아 숫자로 표시하였다.

10. 이 책의 사용 부호는 다음과 같다.
• : 자해에서 새로운 난자어 표시.

11. 국풍 · 소아(녹명지습 · 백화지습 · 동궁지습)는 이명수가, 소아(기보지습 · 소민지습 · 북산지습 · 상호지습 · 도인사지습) · 대아 · 송은 임옥균이 맡아 번역하였다.

目 次

당풍 | 唐風 • 443

진풍 | 秦風 • 489

진풍 | 陳風 • 529

백화지습 | 白華之什 • 711

동궁지습 | 彤弓之什 • 743

기보지습 | 祈父之什 • 797

소민지습 | 小旻之什 • 871

북산지습 | 北山之什 • 945

상호지습 | 桑扈之什 • 1003

도인사지습 | 都人士之什 • 1057

대아大雅

문왕지습 | 文王之什 • 1105

생민지습 | 生民之什 • 1185

탕지습 | 蕩之什 • 1257

송頌

청묘지습 | 清廟之什 • 1371

신공지습 | 臣工之什 • 1399

시전서(詩傳序)

或이 有問於予曰詩는 何爲而作也요 予應之曰人生而靜은 天之性也요 感於物而動은 性之欲也라 夫旣有欲矣라 則不能無思요 旣有思矣라 則不能無言이요 旣有言矣라 則言之所不能盡而發於咨嗟咏嘆之餘者 必有自然之音響節族하여 而不能已焉하니 此詩之所以作也니라 曰然則其所以教者는 何也요 曰詩者는 人心之感物而形於言之餘也니 心之所感이 有邪正故로 言之所形이 有是非하니 惟聖人이 在上則其所感者無不正而其言이 足以爲教요 其或感之之雜而所發이 不能無可擇者則上之人이 必思所以自反하여 而因有以勸懲之하나니 是亦所以爲教也니라 昔周盛時에 上自郊廟朝廷으로 而下達於鄕黨閭巷히 其言이 粹然無不出於正者라 聖人이 固已協之聲律하사 而用之鄕人하며 用之邦國하여 以化天下하고 至於列國之詩則天子巡守에 亦必陳而觀之하여 以行黜陟之典이러시니 降自昭穆而後로 寖以陵夷하여 至於東遷而遂廢不講矣라 孔子生於其時하사 既不得位하사 無以行帝王勸懲黜陟之政이실새 於是에 特擧其籍而討論之하사 去其重複하시고 正其紛亂하시되 而其善之不足以爲法과 惡之不足以爲戒者則亦刊而去之하사 以從簡約示久遠하여 使夫學者로 卽是而有以考其得失하여 善者를 師之하고 惡者를 改焉케하시니 是以로 其政은 雖不足以行於一時나 而其教는 實被於萬世하니 是則詩之所以爲教者然也니라 曰然則國風雅頌之體其不同이 若是는 何也요 曰吾聞之하니 凡詩之所謂風者多出於里巷歌謠之作하니 所謂男女相與咏歌하여 各言其情者也로되 唯周南召南은 親被文王之化하여 以成德而人皆有以得其性情之正故로 其發於言者樂而不過於淫하고 哀而不及於傷이라 是以로 二篇이 獨爲風詩之正經이요 自邶而下則其國之治亂이 不同하며 人之賢否亦異하고 其所感而發者有邪正是非之不齊而所謂先王之風者於此焉變

矣요 若夫雅頌之體則皆成周之世에 朝廷郊廟樂歌之詞니 其語和而莊하고 其義寬而密하고 其作者往往聖人之徒라 固所以爲萬世法程而不可易者也요 至於雅之變者에도 亦皆一時賢人君子閔時病俗之所爲而聖人이 取之하시니 其忠厚惻怛之心과 陳善閉邪之意尤非後世能言之士의 所能及之니 此詩之爲經이 所以人事浹於下하고 天道備於上하여 而無一理之不具也니라 曰然則其學之也當奈何요 曰本之二南하여 以求其端하고 參之列國하여 以盡其變하고 正之於雅하여 以大其規하고 和之於頌하여 以要其止 此學詩之大旨也니 於是乎章句以綱之하고 訓詁以紀之하고 諷詠以昌之하며 涵濡以體之하여 察之情性隱微之間하고 審之言行樞機之始則修身及家와 平均天下之道其亦不待他求而得之於此矣리라 問者唯唯而退커늘 余時方輯詩傳이라가 因悉次是語하여 以冠其篇云이라 淳熙丁酉冬十月戊子에 新安朱熹는 序하노라

| 언해 |

或이 내게 물음이 잇셔 골오딕 詩는 엇지ᄒᆞ야 지엇ᄂᆞ뇨 내 應ᄒᆞ야 골오딕 사ᄅᆞᆷ이 나셔 靜ᄒᆞᆷ은 하늘의 셩품이오 物에 感ᄒᆞ야 動ᄒᆞᆷ은 셩품의 욕심이라 무릇 임의 욕심이 잇ᄂᆞᆫ지라 곳 能히 ᄉᆡᆼ각이 업지 못ᄒᆞᆯ지오 임의 ᄉᆡᆼ각이 잇ᄂᆞᆫ지라 곳 能히 말ᄉᆞᆷ이 업지 못ᄒᆞᆯ지오 임의 말ᄉᆞᆷ이 잇ᄂᆞᆫ지라 곳 말ᄉᆞᆷ이 能히 다ᄒᆞ지 못ᄒᆞᄂᆞᆫ 바가 咨嗟ᄒᆞ며 咏嘆ᄒᆞᄂᆞᆫ 남어지에 發ᄒᆞᄂᆞᆫ것이 반ᄃᆞ시 自然ᄒᆞᆫ 音響과 節族가 잇셔 能히 말지 못ᄒᆞᄂᆞ니 이것이 詩의 ᄡᅧ 지은 바이니라 골오딕 그러ᄒᆞᆫ 즉 그 ᄡᅧ 가ᄅᆞ치ᄂᆞᆫ 바 者ᄂᆞᆫ 엇짐인고 골오딕 詩라ᄂᆞᆫ 것은 사ᄅᆞᆷ의 ᄆᆞᄋᆞᆷ이 物에 감동ᄒᆞ야 말ᄉᆞᆷ의 남어지에 나타ᄂᆞᆷ이니 ᄆᆞᄋᆞᆷ의 감동ᄒᆞᆫ 바이 간샤ᄒᆞᆷ과 바른 것이 잇ᄂᆞᆫ고로 말ᄉᆞᆷ의 나타ᄂᆞᄂᆞᆫ 바이 올흠과 그른것이 잇ᄂᆞᆫ지라 오직 聖人이 우에 계신즉 그 감동ᄒᆞᆫ 바 者ㅣ 바르지 안이ᄒᆞᆷ이 업셔셔 그 말ᄉᆞᆷ이 다 足히 ᄡᅧ 가ᄅᆞ침이 될지오 그 或 감동ᄒᆞᄂᆞᆫ 것이 雜되야셔 發ᄒᆞᄂᆞᆫ 바가

能히 可히 골늘만흔 것이 업지 못흔 즉 우의 사름이 반드시 뻐 스ᄉ로 돌닐바를 싱각ᄒ야 因ᄒ야 뻐 勸ᄒ며 懲ᄒ심이 잇스면 이것이 또흔 뻐 가ᄅ치ᄂ 바가 되ᄂ니라 녯적 周ㅅ나라 盛흘 ᄯᅢ예 우으로 郊와 廟와 朝廷으로부터 아릐로 鄕과 黨과 閭巷에 達하기ᄭ지 그 말이 粹然히 바른ᄃᆡ에셔 나지 안이홈이 업ᄂ지라 聖人이 임의 聲律에 맛초아 鄕人에게 쓰시며 邦國에 쓰샤 뻐 天下를 化ᄒ게 ᄒ심이오 列國의 詩에 니른즉 天子가 巡守ᄒ샤 또흔 반드시 베풀어 보셔셔 뻐 黜ᄒ며 陟ᄒᄂ 법을 行ᄒ더시니 降ᄒ야 昭王과 穆王으로부터 뒤로 졈졈 陵夷ᄒ야 東遷홈에 니르러셔 드듸여 廢ᄒ야 講ᄒ지 안이흔지라 孔子ᄭᅦ옵셔 그 ᄯᅢ에 나시샤 임의 位를 엇지 못ᄒ셧심에 뻐 帝王의 勸ᄒ며 懲홈과 黜ᄒ며 陟ᄒ시ᄂ 졍ᄉ를 行홈이 업스실식 이에 특별이 그 셔젹을 들어 討論ᄒ샤 그 重複흔 것을 버리시고 그 紛亂흔 것을 바루시되 그 챡ᄒ야도 足히 뻐 法을 삼지 못흘 것과 惡ᄒ야도 足히 뻐 경계삼지 못흘 것인즉 또흔 덜어비리샤 뻐 簡約홈을 좃치샤 久遠ᄒ게 보이셔셔 學者로 ᄒ여곰 이에 나아가셔 뻐 그 得과 失을 상고홈이 잇셔셔 챡흔 것을 스승ᄒ고 惡흔 것을 곳치게 ᄒ셧시니 일로뻐 그 政은 비록 足히 뻐 一時에 行ᄒ지 못ᄒ얏스나 그 敎는 실샹 萬世에 입엇스니 이것이 곳 詩의 뻐 가ᄅ침이 된 바가 그러ᄒ니라 골오ᄃᆡ 그러흔즉 國風과 雅와 頌의 體가 그 갓지 안이홈이 이 갓흠은 엇짐인고 골오ᄃᆡ 내 들엇노니 무릇 詩의 風이라 닐온바 者ㅣ 里巷의 노릐로 지은ᄃᆡ셔 만히 나와스니 닐은바 男女가 셔로 더블어 노릐ᄒ야 각각 그 情을 말흔 것이로ᄃᆡ 오직 周南과 召南은 親히 文王의 化를 입어셔 뻐 德을 일우엇ᄂᄃᆡ 사름이 다 뻐 그 性情의 바른 것을 엇음이 잇ᄂ 故로 그 말솜에 發흔 것이 樂ᄒ야도 淫흔ᄃᆡ에 지나지 안이ᄒ고 哀ᄒ야도 傷홈에 밋치지 안이흔지라 일로뻐 두 篇이 호올로 風詩의 正經이 됨이오 邶로부터 아릐인즉 그 나라의 治亂이 갓지 안이홈과 사름의 賢否가 또흔 다르고 그 감동ᄒ야 發흔 者ㅣ 간샤홈과 바름과 올흠과 그른 것의 갓지 안이홈이 잇셔셔 닐온바 先王의 風이라는 것이 이에 變홈이오 雅와 頌의 篇 갓흠인즉 다 成周의 셰상에 朝廷과 郊와 廟의 풍류노릭 ᄒᆞᄂᆞᆫ 글인딕 그 말솜이 和ᄒᆞ되 식식ᄒᆞ고 그 쯧이 너그러우되 씩씩ᄒᆞ고 그 지은 者가 往往이 聖人의 무리라 진실로 萬世의 法程이되야 可히 밧구지 못홀바 者이오 雅의 變ᄒᆞᆫ 者에 니르러도 ᄯᅩᄒᆞᆫ ᄒᆞᆫ씩 賢人君子가 씩를 민망히 너기고 風俗을 病되이 너기여 ᄒᆞᆫ 바인딕 聖人이 取ᄒᆞ셧시니 그 忠厚ᄒᆞ고 惻怛ᄒᆞᆫ ᄆᆞ음과 쟉홈을 베풀으고 간샤홈을 막은 쯧이 더욱이 後世예 말만 能ᄒᆞᆫ 션비의 能히 밋칠바가 안이니 이것이 詩의 經됨이 ᄲᅧ 사룸의 일이 아릭에 흡죡ᄒᆞ고 하늘의 도가 우에 갓초아셔 ᄒᆞᆫ 리치라도 갓초지 안이홈이 업ᄂᆞᆫ 바이니라 골오딕 그러ᄒᆞᆫ즉 그 빅호기를 맛당이 엇지홀고 골오딕 二南에 근본ᄒᆞ야 ᄲᅧ 그 쯧을 求ᄒᆞ고 列國에 참예ᄒᆞ야 ᄲᅧ 그 變홈을 다ᄒᆞ고 雅에 바루어셔 ᄲᅧ 그 규모를 크게ᄒᆞ고 頌에 和ᄒᆞ게 ᄒᆞ야 ᄲᅧ 그 긋침을 요구홈이 이것이 詩를 빅호ᄂᆞᆫ 큰 쯧이니 이에 章句로 ᄲᅧ 綱을 ᄒᆞ고 訓詁로 ᄲᅧ 紀를 ᄒᆞ고 諷詠ᄒᆞ야 ᄲᅧ 昌ᄒᆞ게ᄒᆞ고 涵濡ᄒᆞ야 ᄲᅧ 體ᄒᆞ야 情과 性의 隱微ᄒᆞᆫ 시이를 살피며 言과 行의 樞機의 비로소를 살핀즉 몸을 닷거 집에 밋침과 天下를 平均ᄒᆞᄂᆞᆫ 道ㅣ 그 ᄯᅩᄒᆞᆫ 다른딕에 求ᄒᆞ기를 기들으지 안이ᄒᆞ고 이에 엇을지니라 뭇든 者ㅣ 唯唯ᄒᆞ고 물너가거늘 내가 씩에 방야흐로 詩傳을 편즙ᄒᆞ다가 因ᄒᆞ야 이 말솜을 다 ᄎᆞ례로 ᄒᆞ야 ᄲᅧ 그 篇에 갓ᄒᆞ노라 淳熙四年丁酉겨울十月戊子에 新安朱熹는 書ᄒᆞ노라

| 번역 |

혹자(或者)가 나에게 묻기를 “시(詩)는 어찌하여 지었습니까?” 하였다. 나는 다음과 같이 대답하였다. “사람이 태어나 고요[靜]할 때에는 하늘의 성(性)이 그대로 보존되어 있고, 사물에 감동되어 움직이면[動] 성(性)의 욕(欲)[정욕(情欲)]이 나온다. 이미 욕구(欲求)가 있으면 생각이 없을 수 없고, 이미 생각이 있으면 말이 없을 수 없고, 이미 말이 있으면 말로써 다할 수 없어서 탄식하고

[咨嗟]하고 영탄(詠嘆)하는 나머지에 발(發)하는 것이 반드시 자연스러운 음향(音響)과 곡절(曲折)의 변화가 있어 그칠 수 없으니, 이것이 시(詩)를 짓게 된 이유이다.

“그렇다면 그 가르침이 되는 이유는 무엇입니까?”
“시(詩)는 사람의 마음이 사물에 감동되어 말로써 표현된 것이니, 마음의 감동하는 바에 사(邪)와 정(正)이 있다. 그러므로 말에 나타나는 바에 시(是)와 비(非)가 있을 것이니, 오직 성인(聖人)이 윗자리에 계시면 감동된 것이 바르지 않음이 없어 그 말씀이 모두 가르침이 될 수 있는 것이요, 혹시라도 감동됨이 잡되어 발(發)하는 바가 선택할 것이 없지 않으면 윗사람이 반드시 스스로 돌이킬 바를 생각해서 이것을 인하여 선을 권면하고 악을 징계함이 있으니, 이 또한 가르침이 된다. 저 옛날 주(周)나라의 전성기에 위로는 교제(郊祭)와 종묘제사(宗廟祭祀)와 조정(朝廷)으로부터 아래로는 향당(鄕黨)과 여항(閭巷)에 이르기까지 그 말이 순수하여 모두 정도(正道)에서 나온 것은 성인(聖人)이 진실로 이것을 소리와 음률[聲律]에 맞추어 지방 사람들에게도 사용하고 국가에도 사용하여 천하를 교화하였고, 열국(列國)의 시(詩)에 이르러서는 천자(天子)가 순수(巡狩)할 때에 또한 반드시 이것을 진열하고 관찰하여 출척(黜陟)의 법을 행하였다. 그런데 시대가 내려와서 소왕(昭王)・목왕(穆王) 이후부터는 점점 침체하여 동쪽으로 천도(遷都)함에 이르러는 마침내 폐지되고 논의되지 않았다.
공자께서 이때에 태어나 이미 지위를 얻지 못하여 권징(勸懲)하고 출척(黜陟)하는 정사(政事)를 행할 수 없었기 때문에, 이에 특별히 그 전적(典籍)을 들어 토론하여 중복된 것을 버리고 어지러운 것을 바로잡으며, 선(善)하여도 모범이 될 수 없는 것과 악(惡)하여도 경계 삼지 못할 것이라면 또한 삭제하여 간략함을 따라 구원(久遠)하게 보여주어 배우는 자로 하여금 이에 나아가서 그 잘잘못을 상고하여 선을 본받고 악을 고치게 하였다. 이 때문에 그 정사가 비록 한 시대에 행해지지는 못하였으나, 그 가르침은 실로 만대(萬代)에 베풀어졌으니 이것이 곧 시(詩)의 가르침이 됨이 그러하다."

"그렇다면 국풍(國風)·아(雅)·송(頌)의 체제가 같지 않기가 이와 같은 것은 어째서입니까?"

"내가 들으니, 무릇 시 가운데 이른바 '풍(風)'이란 것은 민간[里巷]의 노래로 지은 것에서 많이 나왔으니, 이른바 남녀(男女)가 함께 노래하여 각기 그 정(情)을 말한 것인데, 오직 주남(周南)과 소남(召南)은 몸소 문왕(文王)의 교화를 입어 덕(德)을 이루었는데, 사람들이 모두 그 성정(性情)의 바른 것을 얻었다. 그러므로 그 말에 나타난 것이 즐겁되 너무 넘치지 않고, 슬프되 상(傷)함에 미치지 않은 것이다. 이 때문에 주남(周南)·소남(召南) 두 편은 홀로 풍시(風詩)의 정경(正經)이 되었고, 패풍(邶風) 이하는 그 나라의 치란(治亂)이 같지 않고, 사람의 현부(賢否)가 또한 다르고 감동하여 발(發)한 것이 간사함과 바름과 옳음과 그른 것이 같지 않았으니, 이른바 선왕(先王)의 풍(風)이라는 것이 여기에서 변하였다.

아(雅)·송(頌)의 편(篇) 같은 경우는, 모두 주(周)나라가 세워진 때에 조정(朝廷)과 교제(郊祭)와 묘제(廟齊)에 쓰는 풍류 노래의 글인데, 그 말이 화(和)하면서도 씩씩하고, 그 뜻이 너그러우면서도 엄밀하고, 작자(作者)가 왕왕 성인(聖人)의 무리였으니, 진실로 만세(萬世)의 법정(法程)이 되어 바꾸지 못할 것이다. 아(雅)가 변(變)한 것에 이르러도 또한 한 때 현인(賢人)·군자(君子)가 때를 민망히 여기고 풍속을 안타깝게 여겨 지은 것인데, 성인(聖人)이 이를 취하였으니, 그 충후(忠厚)하고 측달(惻怛)한 마음과 선(善)을 베풀고 간사함을 막은 뜻이 더욱 후세(後世)에 말만 잘하는 선비들이 미칠 수 있는 것이 아니다. 이것이 『시경(詩經)』이

인간의 일이 아래에 흡족하고 천도(天道)가 위에 갖추어져 한 이치도 구비하지 않음이 없는 이유이다.

"그렇다면 시(詩)를 배우는 것은 마땅히 어떠하여야 합니까?"
"이남(二南 : 주남(周南)과 소남(召南))에 근본하여 그 단서를 찾고, 열국(列國)의 풍(風)을 참고하여 그 변화를 알고, 아(雅)에서 바르게 하여 그 규모를 키우고, 송(頌)에서 화(和)하여 그 행동을 요령있게 하여야 하니, 이것이 시(詩)를 배우는 큰 뜻이다. 이에 장구(章句)로써 큰 벼리[綱]를 삼고, 훈고(訓詁)로써 작은 벼리[紀]를 삼고, 읊어 창달하게 하고 흠뻑 젖어[涵濡] 체득하고, 성性)과 정(情)의 은미한 사이에서 살피고, 언행(言行)의 핵심이 되는[樞機]의 시작을 살핀다면, 몸을 닦아 집에 미치고 천하를 고르게 하는 히 도(道)가 또한 다른 데서 구하기를 기다리지 않고 여기서 얻어질 것이다."
묻는 자가 '예예'하고 물러가거늘, 내가 이때 막 시전(詩傳)을 편집하고 있었으므로 이 말을 모두 차례로 엮어서 이 편(篇)의 머리말로 하는 것이다.

순희(淳熙) 4년 정유년(丁酉年 : 1183) 겨울 10월 무자일(戊子日)에 신안(新安) 주희(朱熹)는 서(序)하다.

| 의해 |

『시경(詩經)』에 육의(六義)가 있으니 풍(風)과 아(雅)와 송(頌)이 3경(經)이요 부(賦)와 비(比)와 흥(興)이 3위(緯)이니 이 세 가지의 경(經)과 이 세 가지의 위(緯)를 합하면 육의(六義)가 되고, 또 4시(始: 시작)가 있으니 「관저(關雎: 꺽꺽 우는 저어새)」가 풍(風)의 시(始)가 되고, 「녹명(鹿鳴: 사슴의 울음소리)」이 소아(小雅)의 시(始)가 되고 「문왕(文王)」이 대아(大雅)의 시(始)가 되

고, 「청묘(淸廟 : 맑고 고요한 사당)」가 송(頌)의 시(始)가 된다. 공자(孔子)가 말하기를, "시(詩) 300편(篇)을 한마디로 말하면 '생각에 사특(邪慝)함이 없음이다'"라고 하였으니 그 쓰임은 사람으로 하여금 그 정(情)과 성(性)의 바른 것을 얻는 데에 돌아가게 함이니 선(善)함을 말한 것은 사람의 선심(善心)을 감발(感發)하게 할 수 있으며 악(惡)함을 말한 것은 사람의 안일한 의지를 징계하고 막게 할 수 있을 것인데 정성(情性)은 이것이 생각에 붙임이요, 바른 것은 이것이 간사함이 없는 데에 붙이는 것이다.

주석(註釋)의 내력(來歷)

역대(歷代)에 『시경』을 해설한 학자는 다음과 같으니 한(漢)나라 때에는 모장(毛萇)·정현(鄭玄)이 있고 오(吳)나라 때에는 육기(陸璣)가 있고 진(晉)나라 때에는 두예(杜預)가 있고 당(唐)나라 때에는 공영달(孔穎達)이 있고 송(宋)나라 때에는 호단(胡旦)·구양수(歐陽脩)·유이(劉彛)·장재(張載)·왕안석(王安石)·범조우(范祖禹)·노공(魯鞏)·정호(程顥)·정이(程頤)·소철(蘇轍)·여대균(呂大勻)·여대림(呂大臨)·육전(陸佃)·유안세(劉安世)·사량좌(謝良佐)·양시(楊時)·호안국(胡安國)·정초(鄭樵)·호인(胡寅)·진붕비(陳鵬飛)·이저(李樗)·임지기(林之奇)·정백웅(鄭伯熊)·주희(朱熹)·장식(張栻)·진부량(陳傅良)·여조겸(呂祖謙)·왕염(王炎)·항안세(項安世)·화운(黃櫄)·진순(陳淳)·보광(輔廣)·이여규(李如圭)·조순손(趙順孫)·진식(陳埴)·반시거(潘時擧)·왕일휴(王日休)·복일지(濮一之)·엄찬(嚴粲)·진덕수(眞德秀)·요로(饒魯)·채모(蔡模)·진대유(陳大猷)·웅강대(熊剛大)·사방득(謝枋得)·웅화(熊禾)·유신옹(劉辰翁)·하토신(何士信)·장학룡(張學龍)·팽집중(彭執中)·왕씨(王氏)·동시(董氏)·구씨(邱氏)·서씨(徐氏)·호영(胡泳)·조씨(曹氏)·요씨(饒氏)·단씨(段氏)·유씨(劉氏)가 있고 원(元)나라 때에는 동정(董鼎)·호일계(胡一桂)·진력(陳櫟)·허겸(許謙)·유근(劉瑾)·조거정(曹居貞)·라복(羅復)·안달룡(顔達龍)이 있고 명(明)나라 때에는 주선(朱善)이 있었다.

한국의 조선에는 퇴계(退溪) 이황(李滉)이 제가(諸家)의 시(詩)·서(書)·역(易)·대학(大學)·중용(中庸)·논어(論語)·맹자(孟子)의 훈석(訓釋)을 모으고[裒聚] 또 문인(門人)이 문변(問辨)한 바를 채록(采錄)하여 삼경사서석의(三經四書釋義)를 편성하였다. 광해군(光海君) 원년(元年)에 문인 금응훈(琴應壎)이 교정[讐校]하여 출간[印出]하였고 퇴계가 수록(手錄)한 것은 임진왜란 때 망실(亡失)하였다. 사계(沙溪) 김장생(金長生)의 『경의변의(經義辨疑)』는 사계가 일찍이 사문(師門)에서 경의(經義) 듣고 또 두루 명유(名儒)와 사귀어 강구(講究)한 의의(疑義)를 차록(箚錄)하였는데, 『소학(小學)』과 사서오경(四書五經)에 이르렀다. 사계의 「자서(自序)」와 문인 계곡(谿谷) 장유(張維)·우암(尤庵) 송시열(宋時烈)의 발(跋)이 있는데 현종(顯宗) 7년에 간행하였다. 『시경강의(詩經講義)』두 본(本)이 있으니 하나는 정조(正祖)가 동궁(東宮)에 있을 때 시강본(時講本)이고, 또 하나는 다산(茶山) 정약용(丁若鏞)이 정조의 명(命)을 받들고 60일에 업(業)을 마쳤고 『시경강의속집(詩經講義續集)』은 다산의 외손(外孫) 윤정기(尹廷琦)가 다산의 유의(遺意)를 이어 기술하여[紹述] 편찬하였으며 『시명다지(詩名多識)』는 다산의 아들 정학상(丁學祥)이 저술하였다.

언해(諺解)의 내력(來歷)

경서(經書)의 구결강의(口訣釋義)는 신라 때에 설총(薛聰)이 방언(方言)으로 구경(九經)을 해석한 것이 효시(嚆矢)가 되고 고려 말 포은(圃隱) 정몽주(鄭夢周)·양촌(陽村) 권근(權近)이 또 각기 토(吐)를 달아서 해석하였고 세종(世宗) 때 훈민정음(訓民正音)을 정할 때 국(局)을 세우고 유신(儒臣)에게 명(命)하여 언문(諺文)으로 경서음해(經書音解)를 찬(撰)하였고 세조(世祖) 때에 또 구결을 정하였고 성종(成宗) 때에 이르러서 유숭조(柳崇祖)가 명을 받들고 칠서언해구두(七書諺解口讀)를 찬집(纂輯)하였고 그 뒤에 학자들이 각기 저작(著作)하였고 퇴계 이황에 이르러서 『석의(釋義)』를 합성(合成)하였으나 오히려 완비(完備)하지 못하였다. 선조(宣祖) 9년 병자(丙子)에 율곡(栗谷) 이이(李珥)에게 명(命)하여 사서(四書)와 오경(五經)의 언해(諺解)를 상정(詳定)하였으나 율곡이 찬(撰)한 것은 사서에 그치고 오경에는 미치지 못하였다. 선조 18년 을유(乙酉)에 다시 국(局)을 설치하고 관(官)에게 명하여 언해(諺解)를 짓게[著定]하였으니 현세에 유행하는 칠서언해(七書諺解)가 이것인데 언해라고 해도 훈두(訓讀)만 오로지[專主]하고 훈두(訓讀)도 상해(詳解)하지 못하였고 자해(字解)와 의해(義解)에는 미치지 못하였다.

국풍
國風

대의

국(國)은 제후에게 봉(封)한 바 지경이요, 풍(風)은 백성(百姓)의 풍속을 노래하는 시(詩)니 풍(風)이라 한 것은 그것으로부터 교화를 입는다는 데서 말이다. 그 말이 또한 사람을 감동(感動)시킬 수 있음은 사물이 바람 때문에 움직임으로써 소리가 있다는 것인데 그 소리는 또한 사물을 감동(感動)시킬 수 있음과 같다. 이로써 제후(諸侯)가 채집하여 천자(天子)께 바침에 천자(天子)가 받아서 악관(樂官)에 주어서 이에 그들 풍속(風俗)에서 숭상하는 아름다움과 추함을 상고하여 그 정사(政事)의 잘잘못을 알았던 것이다.
옛말에 이남(二南)이 정풍(正風)이 됨으로써 규문(閨門)과 향당(鄕黨)과 방국(邦國)과 천하(天下)를 교화시켰고 13국(國)이 변풍(變風)이 되었으니, 또한 악관(樂官)을 거느려 때때로 익혀서 살피게 되고 경계하게 되었으니 합하여 모두 15국(國)에 이른다고 하였다.

주남 | 周南

주(周)는 나라 이름이요, 남(南)은 남방 제후의 나라이다. 주나라는 본래 우공(禹貢)의 옹주(雍州) 지경 안 기산(岐山)의 남쪽에 있었던 것인데 후직(后稷)의 13대손 고공단보(古公亶父)가 비로소 그 땅에 살아 아들 왕계(王季)에게 전하였는데, 손자 문왕(文王) 창(昌)에 이르러 나라를 열어 점점 넓혀서 이에 왕도(王都)를 풍(豊)땅에 옮기고 기주(岐周)의 옛 땅을 나누어서 주공단(周公旦)와 소공석(召公奭)의 채읍(采邑)을 삼고 또 주공(周公)으로 하여금 나라 가운데 정사(政事)를 하고 소공(召公)으로 하여금 제후에게 선포하게 하니 이에 덕화가 안으로 크게 이루어짐에 남방 제후의 나라와 강(江)과 타(沱)와 여(汝)와 한(漢)의 사이에 있는 나라들이 교화되지 않음이 없었다.

대개 천하를 3분(分)하여 그 둘을 소유하니 아들 무왕(武王) 발(發)에게 이르러 또 호경(鎬京)에 옮겨서 드디어 상(商)나라를 이기고 천하를 소유하였는데, 무왕이 죽고 성왕(成王) 송(誦)이 즉위함에 주공이 도와 예(禮)와 악(樂)을 지었다. 이에 문왕 때에 풍화(風化)가 미친 바의 민간의 시를 채집하여 관현(管絃)의 악기로 연주함으로써 방중(房中)의 풍류를 삼고 또 미루어 향당(鄕黨)과 방국(邦國)에 미치게 하니 비로소 선왕(先王)의 풍속이 훌륭함을 밝게 나타내어 온 세상 후세에 몸을 닦으며 집을 일으키며 나라를 다스리며 천하를 평정한 자들이 다 취하여 본받을 수 있게 하였다.

대개 나라 가운데서 얻은 것을 남국의 시를 섞어 주남(周南)이라고 하니 천자의 나라로부터 제후에 이른 것이니, 다만 나라 가운데뿐만 아니라 남국에서 얻은 것을 바로, 소남(召南)이라고 이름한 것이다. 방백(方伯)의 나라로부터 남방에 이른 것이어서 감히 天子에게 붙일 수 없었기 때문이다. 기주(岐周)는 지금 봉상부(鳳翔府) 기산현(岐山縣)에 있고 풍(豊)은 지금 경조부(京兆府) 호현(鄠縣) 종남산(終南山)의 북쪽에 있고 남방의 나라는 지금 흥원부(興元府) 경서(京西)와 호북(湖北)과 같은 여러 고을이요, 호(鎬)는 풍(豊)땅 동쪽으로 25리에 있다. 「소서(小序)」에 "「관저(關雎) : 꺽꺽 우는 저어새」와 「인지(麟趾) : 기린의 발」의 교화는 왕자(王者)의 풍(風)인 까닭에 주공께 매었고 남(南)은 교화가 북(北)으로부터 남으로 한 것이고 「작소(鵲巢) : 까치집」와 「추우(騶虞) : 사냥터 관리」의 덕(德)은 제후의 풍(風)이니 선왕(先王)이 가르친 교화인 까닭에 소공(召公)에 속하는 것이다"라고 하였으니 이 말이 맞다.

1. 짝짝 우는 저어새[關雎]

관관저구 재하지주 요조숙녀 군자호구

1-1. 關關雎鳩 在河之洲로다 窈窕淑女 君子好逑로다

[興]

| 언해 |

關關ᄒᆞᄂᆞᆫ 雎鳩ㅣ 河의 洲에 잇도다 窈窕ᄒᆞᆫ 어진 女ㅣ 君子의 어진 짝이로다

| 번역 |

짝짝 우는 저어새
하구 둑에 있도다
그윽하고 한가하고 차분한 여자
군자의 좋은 짝이로다

| 자해 |

關關 : 암컷과 수컷이 서로 마주하여 화답하는 소리. • 雎鳩 : 물새이니 왕저(王雎)라 하기도 함. 형상이 오리와 갈매기 비슷한 것인데 오늘날 장강(長江)과 회수(淮水) 사이에 서식함. • 河 : 북방에 흐르는 물에 통하는 이름. • 洲 : 물 가운데 살만한 땅. • 窈窕 : 유한(幽閑)한 뜻이니 깊고 고요하다는 말. • 淑 : 착함. • 女 : 시집가지 않은 처녀를 일컬음. 문왕(文王)의 비(妃) 태사(大姒)가 처자(處子 : 처녀)였을 때를 가리켜 말함. • 君子 : 문왕을 가리킴. • 好 : 착함. • 逑 : 짝이라는 말.

| 의해 |

흥(興)이라는 것은 먼저 다른 사물을 말하여 읊고자 하는 말을 일으키는 것이다. 주나라 문왕이 태어나면서 성덕(聖德)이 있고 또 성녀(聖女)인 사씨(姒氏)를 배필로 삼으니 궁중 사람들이 처음 시집올 때에 그 유한(幽閑)하고 정숙한 덕이 있는 모습을 보았다. 그리하여 이 시를 지은 것이다.

저 "관관(關關)하는 저구(雎鳩)"[찍찍 우는 저어새]는 서로 더불어 하구 둑 위에 조화롭게 우는구나. 이 요조(窈窕)한 숙녀(淑女)는 어찌 군자의 좋은 짝이 아니리오? 그 서로 더불어 화락(和樂)하되 공경(恭敬)함이 또한 저어새가 정한 짝이 있어 서로 문란하지 않으며 항상 같이 놀아도 서로 친압하지 아니하여 情은 지극하되 분별이 있는 것 같음을 말함이니, 뒤에 흥(興)을 말한 것은 모두 글 뜻이 이것을 본뜬 것이다.

한(漢)나라 광형(匡衡)이 "'요조(窈窕)한 어진 여자가 군자의 좋은 짝이다'함은 정숙함을 이루어 그 정조(貞操)를 두 가지로 하지 않아서 정욕(情欲)에 흔들림이 용의(容儀)에 나타남이 없고 사사로이 연락(宴樂)하는 뜻이 동정(動靜)에 나타나지 않음이다. 그러한 뒤에 지존(至尊)을 짝하여 종묘(宗廟)의 주장이 될 만함이니 이것이 강기(綱紀)의 머리요 왕교(王敎)의 끝이다"라고 하였으니 시를 잘 비평하였다 할 수 있다.

1-2. 參差荇菜(참치행채)를 左右流之(좌우류지)로다 窈窕淑女(요조숙녀)를 寤寐求之(오매구지)로다 求之不得(구지부득)이라 寤寐思服(오매사복)하여 悠哉悠哉(유재유재)라 輾轉反側(전전반측)하노라 [興]

| 언해 |

參差ᄒᆞᆫ 荇菜ᄅᆞᆯ 左ㅣ며 右로 流ᄒᆞᄂᆞ다 窈窕ᄒᆞᆫ 어진 女ᄅᆞᆯ ᄶᅵ며 자매 求ᄒᆞᄂᆞ다 求ᄒᆞ야 엇지 못ᄒᆞᆫ지라 ᄶᅵ며 자매 ᄉᆡᆼ각ᄒᆞ며 품어셔 길며 길게 ᄒᆞᆫ지라 輾ᄒᆞ며 轉ᄒᆞ며 反ᄒᆞ여 側ᄒᆞ소라

| 번역 |

들쭉날쭉한 마름풀을
왼쪽이며 오른 쪽으로 흘리네
어여쁜 어진 여자를
자나 깨나 찾도다
찾지 못한지라
자다가도 깨어 생각하며
기리 기리 생각한지라
뒹굴다가 돌고 구르다가 멈추네

| 자해 |

參差 : 길고 짧은 것이 같지 않은 모양. • 荇 : 마름풀. 뿌리가 물 밑에 나서 줄거리는 비녀다리 같되 위는 푸르며 아래는 희고 잎사귀는 불그스름한 원통이 한 치 남짓으로 물 표면에 떠 있는 것. • 左右 : 방향이나 장소가 없음을 말함. • 流 : 물의 흐름을 따라 취함. • 寤寐 : 때가 없음을 말함. • 服 : 생각함. • 悠 : 길다는 말. • 輾 : 구르기를 반쯤 함. • 轉 : 구르기를 두루 함. • 反 : 구르기를 반복함. • 側 : 구르다가 멈춤이니 모두 누워도 자리가 편치 않다는 뜻.

| 의해 |

이 장은 얻지 못하였을 때를 가지고 말한 것이다. 들쭉날쭉한 행채(荇菜)라면 마땅히 좌(左)며 우(右)로 일정한 방향이 없어서 물 흐름에 따라 취해야 할 것이요, 이 아리따운 숙녀는 마땅히 자나깨나 잊지 않고 찾아야 할 것이다.

대개 이와 같은 덕을 가진 사람은 항상 있는 것이 아니라서 구해

도 얻지 못하니 군자를 짝하여 그 내치(內治)의 아름다움을 이룰 수 없었다. 그러므로 그 근심과 깊은 생각을 스스로 멈추지 못함이 이에 이른 것이다.

1-3. 參差荇菜(참치행채)를 左右采之(좌우채지)로다 窈窕淑女(요조숙녀)를 琴瑟友之(금슬우지)로다 參差荇菜(참치행채)를 左右芼之(좌우모지)로다 窈窕淑女(요조숙녀)를 鐘鼓樂之(종고락지)로다 [興]

| 언해 |

參差ᄒᆞᆫ 荇菜ᄅᆞᆯ 左ㅣ며 右로 采ᄒᆞᄂᆞ다 窈窕ᄒᆞᆫ 어진 女ᄅᆞᆯ 거문고와 비파로 友ᄒᆞᄂᆞ다 參差ᄒᆞᆫ 荇菜ᄅᆞᆯ 左ㅣ며 右로 芼ᄒᆞᄂᆞ다 窈窕ᄒᆞᆫ 어진 女ᄅᆞᆯ 쇄북과 북으로 樂ᄒᆞᄂᆞ다

| 번역 |

올망졸망 마름 풀을
좌로 우로 뜯도다
어여쁜 어진 여자를
거문고와 비파로 사귀네
들쭉날쭉 마름 풀을
좌로 우로 올리도다
아리따운 어진 여자를
북치면서 즐겨주네

| 자해 |

采 : 취하여 고르는 것. • 芼 : 익혀서 올리는 것. • 琴 : 5현(弦) 또는 7현. •

瑟 : 35현(弦)인데 다 현악기로서 풍류를 위한 작은 도구. • 友 : 친애(親愛). • 鐘鼓 : 종(鐘)은 쇠붙이, 고(鼓)는 가죽붙이니 풍류를 위한 큰 도구. • 樂 : 화평(和平)하기를 극진히 함.

| 의해 |

이 장은 이제 막 비로소 얻은 것으로 말한 것이다. 저 올망졸망한 마름풀을 이미 얻었으니, 마땅히 골라서 삶아야 할 것이요, 이 아리따운 숙녀를 얻었으니 마땅히 가까이하고 사랑하여야 할 것이다. 대개 이런 덕을 지닌 사람은 늘 있는 것도 아닌데도 다행히 얻었으니 군자를 짝하여 내치(內治)를 이룰 수 있을 것이다. 그러므로 기쁘고 즐거우며, 높여서 받드는 뜻을 스스로 그만둘 수 없음이 또한 이와 같다.

이 「찍찍 우는 저어새[關雎]」는 모두 3장이다.

공자가 "「관저(關雎)」는 즐거워하는 방탕하지 않고 슬퍼해도 상처받지 않는다." 하였다. 내가 생각건대 이것은 이 시(詩)를 지은 자가 가지는 성정(性情)의 바름과 소리 기운의 조화로움을 얻었음을 말한 것이다.

대개 덕이 저어새와 같아서 정이 지극하면서도 분별이 있으니, 후비(后妃)의 바른 성정(性情)의 그 일단을 진실로 볼 수 있다. 자다가도 깨어 생각하며 뒹굴다가 돌고 금과 슬을 연주하고 종과 북을 치는 일에 이르도록 그 슬퍼함과 즐김이 지극하여도 다 그 법도를 넘지 않았으니 시인의 올바른 성정(性情)을 가지고 그 전체(全體)를 볼 수 있었던 것이다. 오직 그 성기(聲氣)의 조화로움을 들을 수 없는 자가 있다면 한스럽겠지만, 배우는 사람이 그 글에 나아가 이치를 엿봄으로써 마음을 기른다면 또한 시를 배우는 근본을 터득하였다 할 수 있다.

광형(匡衡)이 "배필(妃匹)은 인류의 시작이요 만복(萬福)의 근원이니 혼인의 예(禮)가 바른 후에야 만물이 이루어져 자연의 섭리가 온전할 수 있다. 공자가 시(詩)에 대한 의론을 관저(關雎)에서 시작하였다. 임금은 백성의 부모이므로 후부인(后夫人)의 덕이 천지와 같지 않으면 신령스런 실마리로 만물의 마땅함을 다스릴 수 없을 것이니 상대(上代)로부터 삼대(三代)에 이르기까지 흥망이 여기서 말미암지 않는 것은 없다"고 하였다.

2. 칡넝쿨[葛覃]

2-1. 葛之覃兮(갈지담혜) 施于中谷(이우중곡)하여 維葉萋萋(유엽처처)어늘
黃鳥于飛(황조우비) 集于灌木(집우관목)하여 其鳴喈喈(기명개개)러라 [賦]

| 언해 |

츩의 覃ᄒᆞᆷ이 中谷에 施ᄒᆞ야 닙식이가 萋萋ᄒᆞ거ᄂᆞᆯ ᄭᅬᄭᅩ리의 ᄂᆞ롬이 ᄯᅥᆯ기나무에 모뒤여셔 그 우룸이 喈喈ᄒᆞ더라

| 번역 |

칡넝쿨 뻗어
골 가운데 이르러
잎사귀 무성함에
꾀꼬리는 날아
덤불에 모여들어
화기애애한 울음소리
쟁쟁하게 들려오네

| 자해 |

葛 : 풀이름인데 칡이다. 넝쿨을 가지고 정교한 베와 거친 베를 만들 수 있음. • 覃 : 뻗어간다는 말. • 施: 옮긴다는 말. • 中谷 : 골 가운데. • 萋萋 : 무성한 모양. • 黃鳥 : 꾀꼬리[鸝]. • 灌木 : 떨기나무. • 喈喈 : 화(和)한 소리가 멀리 들리는 것.

| 의해 |

부(賦)라는 것은 그 일을 베풀어 펴서 그대로 말하는 것이다. 대체로 후비(后妃)가 이미 정교한 베와 거친 베를 만들었는데 그 일에 관하여 읊어 첫 여름 칡 잎사귀가 바야흐로 무성하고 꾀꼬리가 그 위에서 울고 있음을 따라서 서술한 것이니, 뒤에 부(賦)라 말한 모든 것은 이를 본뜬 것이다.

2-2. 葛之覃兮(갈지담혜) 施于中谷(이우중곡)하여 維葉莫莫(유엽막막)이어늘
是刈是濩(시예시확)하여 爲絺爲綌(위치위격)하니 服之無斁(복지무역)이로다 [賦]

| 언해 |

츩의 覃홈이 中谷에 施ᄒᆞ야 닙식이가 莫莫ᄒᆞ거늘 이에 베며 이에 솔마 絺를 ᄒᆞ며 綌을 ᄒᆞ니 닙음애 슬흠이 업도다

| 번역 |

칡넝쿨 뻗어
골 가운데 이르러
잎사귀가 무성하니
이에 베며 이에 삶아
고운 베도 만들고 거친 베도 만드니
입음에 싫증이 안 나네

| 자해 |

莫莫 : 무성하여 빽빽한 모양. • 刈 : 벤다는 말. • 濩 : 삶는다는 말. • 絺綌 : 치(絺)는 정교한 것이고 격(綌)은 성긴 것. • 斁 : 싫다는 말.

| 의해 |

이는 "한 여름에 칡이 이미 다 자랐는지라 이에 다스려 베를 만들어 입음에 싫증냄이 없다." 하였다. 몸소 그 수고로운 일을 하여 만드는 것이 쉽지 않음을 알았는지라, 마음으로 실상 좋아하여 비록 매우 때 묻고 해져도 차마 싫어하여 버리지 못함이다.

2-3. 言告師氏(언고사씨)하여 言告言歸(언고언귀)하라 薄汚我私(박오아사)며
薄澣我衣(박한아의)니 害澣害否(할한할부)요 歸寧父母(귀녕부모)하리라 [賦]

| 언해 |

師氏께 告ᄒᆞ야 도라감을 告ᄒᆞ라호라 잠깐 내 私를 汚ᄒᆞ며 잠깐 내 衣를 빨지니 어느 것을 빨며 어느 것을 말라ᄒᆞ뇨 도라가 父母를 편케 호리라

| 번역 |

사씨께 고하여
돌아감을 고하라
잠깐 내 평상복을 빨며
잠깐 내 예복을 빨지니
무얼 빨며 무얼 말라 하리
돌아가 부모를 편케 하리라

| 자해 |

言: 말. • 師 : 여 스승. • 薄 : 잠깐(少)과 같음. • 汚 : 번거롭게 비벼서 더러운 것을 제거한다는 말이니, 난(亂)을 다스리는 것을 "란(亂)"이라 함과 같음. • 澣: 곧 씻을 따름. • 私 : 연복(燕服) 즉 평상복. • 衣 : 예복. • 害 : 어

느 것이라는 말. • 寧 : 편하게 한다는 말이니 문안하는 것을 이름.

| 의해 |

앞 장에서 이미 고운 베와 거친 베옷을 이루었는지라, 이 장에 드디어 그 사시(師氏)에게 고하여 군자께 고하게 하되 장차 친정에 돌아가 부모를 편케 할 뜻을 말하고 또 "어찌 그 사복(私服)의 더러운 것만 다스리고 그 예복의 입을 것은 빨지 아니 하리요? 어떤 것은 마땅히 빨며 어떤 것은 빨지 않아도 된다고 하는가? 내 장차 입고 돌아가 부모를 편하게 하리라." 한 것이다.

이 「칡넝쿨[葛覃]」은 모두 3장이다.

| 요지 |

이 시는 후비(后妃)가 스스로 지은 것이라서 찬미하는 말은 없다. 그러나 그녀가 이미 신분이 귀(貴)해졌는데도 부지런하며 이미 부유한 데도 검소하며 이미 자라서는 스승에 대한 공경이 해이해지지 않았으며 이미 시집가서도 부모에 대한 효성이 쇠하지 않음이니, 이것이 다 덕이 두터운 것이고 보통 사람이 하기 어려운 것이다. 「소서(小序)」에서 「후비(后妃)」의 근본을 말하였으니 거의 여기에 가깝다.

3. 도꼬마리[卷耳]

3-1. 采采卷耳(채채권이)하대 不盈頃筐(불영경광)하여서 嗟我懷人(차아회인)이라 置彼(치피) 周行(주행)하라 [賦]

| 언해 |

卷耳를 킈며 킈되 기운 광주리에 ᄎᆞ지 못ᄒᆞ야셔 슬프다 내 사ᄅᆞᆷ을 ᄉᆡᆼ각ᄒᆞᆫ지라 뎌 큰길에 바리노라

| 번역 |

도꼬마리를 캐고 캐되
기운 광주리에 채우지 못하여
슬프다 내 사람을 생각한지라
저 큰 길에 버리노라

| 자해 |

采采 : 한 번 캔 것이 아니라는 말. • 卷耳 : 시이(枲耳)인데 도꼬마리이니 잎사귀가 쥐 귀 같고 떨기 진 것이 소반 같음. • 頃 : 기우러졌다는 말. • 筐 : 대그릇. • 懷 : 생각난다는 말. • 人 : 대개 문왕(文王)을 이름. *置 : 버린다는 말. • 周行 : 큰 길.

| 의해 |

후비(后妃)가 군자(君子)가 있지 않음을 생각한 까닭에 이 시를 부(賦)한 것인데, 칭탁하여 말하되 바야흐로 도꼬마리를 캐고 캐

되 기운 광주리에 채우지 못함은 마음이 그 군자(君子) 생각으로 가기 때문에 다시 캐지 못하고 큰길가에 버린다."고 한 것이다.

　　척피최외　　아마훼퇴　　아고작피금뢰　　유
3-2. 陟彼崔嵬나 我馬虺隤란대 我姑酌彼金罍하여 維
이불영회
以不永懷하리라 [賦]

| 언해 |

뎌 崔嵬예 올으려ᄒᆞ나 내 말이 병들엇란대 내 아직 뎌 金罍엣것을 부어 뼈기리 싱각지 안이호리라

| 번역 |

저 높은 산에 오르려 하나
내 말이 병들었는데
내 아직 저 금뢰의 것을 부어
기리 생각지 아니하리라

| 자해 |

陟 : 오른다는 말. • 崔嵬 : 흙산이 돌을 이고 있는 것. • 虺隤 : 말이 피곤하여 높은데 오르지 못하는 病. • 姑 : '또'라는 말. • 罍 : 술 그릇이니 운뢰(雲雷)의 형상을 새겨서 황금(黃金)으로써 꾸민 것. • 永 : 길다는 말.

| 의해 |

이것은 또 이 높은 산에 올라서 생각하는 사람을 바라보고자하여 가서 좇았는데, 곧 말이 병들어 나아가지 못하는지라 이에 또 금뢰(金罍)에 술을 잔질하여 그 길에서 생각하는 것에 이르지 않게 하고자 함을 칭탁하여 말한 것이다.

척 피 고 강 아 마 현 황 아 고 작 피 시 굉
3-3. 陟彼高岡이나 我馬玄黃이란대 我姑酌彼兕觥하여
유 이 불 영 상
維以不永傷하리라 [賦]

| 언해 |

뎌 놉흔 岡에 올으려ᄒᆞ나 내 말이 검은 것이 누르란대 내 아직 뎌 兕觥에 부어 뼈 기리 슬퍼 안이호리라

| 번역 |

저 높은 산마루에 오르려 하나
내 말이 검은 것이 누렇게 변했네
내 아직 저 쇠뿔 잔에 부어서
기리 슬퍼 아니하리라

| 자해 |

岡 : 山 등마루. • 玄黃 : 검은 말이 누른 것이니 병(病)이 지극하여 빛이 변함. • 兕觥 : 시(兕)는 들소인데 뿔이 하나인데 푸른빛이니 무게가 천근. 굉(觥)은 잔이니 들소의 뿔로 잔을 만든 것.

척 피 저 의 아 마 도 의 아 복 부 의 운 하 우 의
3-4. 陟彼砠矣나 我馬瘏矣며 我僕痡矣니 云何吁矣요
[賦]

| 언해 |

뎌 砠에 올으려ᄒᆞ나 내 말이 병들엇스며 내 죵이 병들엇스니 엇

지 吁케 ᄒᆞᄂᆞ뇨

| 번역 |

저 바위산에 오르려 하나
내 말이 병들었으며
내 종이 병들었으니
어쨌거나 근심스러울 뿐이네

| 자해 |

砠 : 석산(石山)이 흙을 이고 있는 것. • 瘏 : 말이 병들어서 나아가지 못함. • 痡 : 사람이 병들어서 다니지 못함. • 吁 : 근심하여 탄식한다는 말.

| 의해 |

말이 병나서 나아가지 못할 경우 오히려 사람에게 의존하면 되지만, 종이 병나서 다니지 못하면 결코 갈 수 없을 것이다. 이것은 또한 심한 푸념인데, 어찌 탄식하게 하는가 함에 이르렀으니 근심함이 극도에 이르러 오직 탄식함만 있을 따름이니 술이 아니면 풀 수 없을 것이다.

이 「도꼬마리[卷耳]」는 모두 4장이다.

| 요지 |

이것도 또한 후비(后妃)가 스스로 지은 것이니 그 지극히 정정전일(貞靜專一)함을 볼 수 있다. 아니면 문왕(文王)께서 조회(朝會)와 정벌(征伐)하던 때이든지 유리(羑里)에 감금[拘幽]되던 때에 지은 것일지도 모르지만 상고할 수 없다.

4. 늘어진 나무[樛木]

남유규목　　갈류류지　　락지군자　　복리수지

4-1. 南有樛木하니 葛藟纍之로다 樂只君子여 福履綏之로다 [興]

| 언해 |

南에 樛ᄒᆞᆫ 나무가 잇스니 칙과 멀애가 얼크럿도다 즐거운 君子ㅣ여 복과 록이 편ᄒᆞ도다

| 번역 |

남산에 늘어진 나무가 있으니
칡과 머루가 얼크러졌도다
즐거운 군자여
복과 록이 편하도다

| 자해 |

南 : 南山. • 樛 : 나무가 아래로 굽은 것. • 藟 : 칡의 일종인데 머루. • 纍 : 맨 것 같다는 말. • 只 : 어조사. • 君子 : 여러 첩(妾)으로부터 후비(后妃)를 가리킨 것인데 소군(小君)과 내자(內子)라 말하는 것과 같음. • 履 : 녹(祿)이라는 말. • 綏 : 편안함.

| 의해 |

후비가 아래로 미쳐서 질투하는 마음이 없기 때문에 여러 첩들이 그 덕을 즐거워하여 "남녘에 규목(樛木)이 있으니 칡과 머루가 얽

혀졌고 즐거워하는 군자는 복과 록이 편안하도다." 한 것이다.

남유규목 갈류황지 락지군자 복리장지
4-2. 南有樛木하니 葛藟荒之로다 樂只君子여 福履將之로다 [興]

| 언해 |

南에 樛ᄒᆞᆫ 나무가 잇스니 ᄎᆡᆨ과 멀애가 덥히엿도다 즐거운 君子ㅣ여 복과 록이 도으도다

| 번역 |

남산에 늘어진 나무가 있으니
칡과 머루가 뒤덮었도다
즐거운 군자여
복과 록이 편하도다

| 자해 |

荒 : 덮는다는 말. • 將 : 붙들어 돕는다는 말.

남유규목 갈류영지 락지군자 복리성지
4-3. 南有樛木하니 葛藟縈之로다 樂只君子여 福履成之로다 [興]

| 언해 |

南에 樛흔 나무가 잇스니 칙과 멀애가 돌니엇도다 즐거운 君子ㅣ 여 복과 록이 셩취ᄒᆞ도다

| 번역 |

남산에 늘어진 나무가 있으니
칡과 머루가 휘감았도다
즐거운 군자여
복과 록이 이뤄지리라

| 자해 |

縈 : 돌리었다는 말. • 成 : 나아감. 이룸.

이 「늘어진 나무[樛木]」는 모두 3장이다.

5. 메뚜기[螽斯]

5-1. 螽斯羽(종사우) 詵詵兮(선선혜)니 宜爾子孫(의이자손)이 振振兮(진진혜)로다 [比]

| 언해 |

螽斯의 날게가 詵詵ᄒᆞ니 네 子孫이 振振홈이 맛당ᄒᆞ도다

| 번역 |

메뚜기 날개가
조화로이 모이니
네 자손이 가득함은
당연하도다

| 자해 |

螽斯 : 황(蝗) 등속이니, 메뚜기인데 길고도 푸른 벌레로 뿔이 길고 다리가 길어서 다리를 가지고 서로 부딪쳐 소리를 내며 한번에 99개의 새끼를 낳음. • 詵詵 : 화(和)하게 모인 모양. • 爾 : 종사(螽斯) 곧 메뜨기를 가리킴. • 振振 : 성한 모양.

| 의해 |

비(比)라는 것은 저 사물을 가지고 이 사물을 견줌이니 후비(后妃)가 질투하거나 시기하지 않음에 자손(子孫)이 많았다. 그러므로 뭇 첩(妾)들이 메뚜기 떼처럼 살아 자손(子孫)이 많은 것으로써 비유한 것이다. 이 덕(德)이 있으면 마땅히 이 복(福)이 있을 것임을 말하였으니 뒤에 무릇 비(比)라고 한 것은 모두 이

와 같다.

5-2. 螽斯羽(종사우) 薨薨兮(홍홍혜)니 宜爾子孫(의이자손)이 繩繩兮(승승혜)로다 [比]

| 언해 |

螽斯의 날개가 薨薨ᄒᆞ니 네 子孫이 繩繩홈이 맛당ᄒᆞ도다

| 번역 |

메뚜기 날개가 떼 지어 모이니
네 자손이 끊이지 않음은 마땅하도다

| 자해 |

薨薨 : 무리로 나는 소리. • 繩繩 : 끊이지 않는 모양.

5-3. 螽斯羽(종사우) 揖揖兮(집집혜)니 宜爾子孫(의이자손)이 蟄蟄兮(칩칩혜)로다 [比]

| 언해 |

螽斯의 날개가 揖揖ᄒᆞ니 네 子孫이 蟄蟄홈이 맛당ᄒᆞ도다

| 번역 |

메뚜기 날개가 모여들고 모여드니
네 자손이 많음은 마땅하도다

| 자해 |

揖揖 : 모이며 모인다는 말. • 蟄蟄 : 또한 많다는 뜻.

이 「메뚜기[螽斯]」는 모두 3장이다.

6. 고운 복숭아[桃夭]

도지요요 작작기화 지자우귀 의기실가
6-1. 桃之夭夭여 灼灼其華로다 之子于歸여 宜其室家로다 [興]

| 언해 |

복송아의 夭夭ᄒᆞᆷ이여 灼灼ᄒᆞᆫ 그 쏫이로다 之子의 歸ᄒᆞᆷ이여 그 室家를 宜케ᄒᆞ리로다

| 번역 |

복숭아꽃이 고움이여
눈부신 그 꽃이로다
그 딸 시집감이여
집안을 마땅하게 하리라

| 자해 |

桃 : 나무 이름이니 꽃은 붉고 열매는 먹을 만한 것. 복숭아. • 夭夭 : 젊고 좋은 모양. • 灼灼 : 꽃의 성(盛)함. • 之子 : '이 사람'이라는 말. 시집가는 사람을 가리켜 말함. • 歸 : 부인(婦人)이 시집가는 것을 이름. • 宜 : 화(和)하고 순(順)한 뜻. • 室 : 부부(夫婦)가 사는 곳을 이름. • 家 : 같은 문(門)의 안을 이름.

| 의해 |

문왕(文王)의 교화가 집안으로부터 나라에까지 미쳐서 남녀가 올

바르게 되어 혼인을 때에 맞게 하였기 때문에 시인이 본 것을 가지고 흥(興)을 일으켜서 그 여자가 어짊은 반드시 그 방과 집안을 화순(和順)하게 할 줄 알 것임을 감탄한 것이다.

도지요요 유분기실 지자우귀 의기가실
6-2. 桃之夭夭여 有蕡其實이로다 之子于歸여 宜其家室이로다 [興]

| 언해 |

복숑아의 夭夭ᄒᆞᆷ이여 셩ᄒᆞᆫ 그 열ᄆᆡ이로다 之子의 歸ᄒᆞᆷ이여 그 家室을 宜케ᄒᆞ리로다

| 번역 |

복숭아꽃이 고움이여
열매가 많기도 하다
그 딸 시집감이여
집안을 마땅하게 하리라

| 자해 |

蕡 : 열매가 가득 열림. • 家室 : 실가(室家)와 같음.

6-3. 桃之夭夭여 其葉蓁蓁이로다 之子于歸여 宜其家人이로다 [興]

| 언해 |

복숑아의 夭夭ᄒᆞᆷ이여 그 입ᄉᆡᆨ이가 蓁蓁ᄒᆞ도다 之子의 歸ᄒᆞᆷ이여 그 집사람을 宜케ᄒᆞ리로다

| 번역 |

복숭아꽃이 고움이여
그 잎사귀 무성하구나
그 딸 시집감이여
그 집 사람을 마땅하게 하리라

| 자해 |

蓁蓁 : 잎사귀가 성함. • 家人 : 한 집의 사람.

이 「고운 복숭아[桃夭]」는 모두 3장이다.

7. 토끼 그물[兎罝]

숙숙토저 탁지정정 규규무부 공후간성
7-1. 肅肅兎罝여 椓之丁丁이로다 赳赳武夫여 公侯干城이로다 [興]

| 언해 |

肅肅ᄒᆞᆫ 토끠의 물이여 椓홈을 丁丁히 ᄒᆞ놋다 赳赳ᄒᆞᆫ 武夫ㅣ여 公과 侯의 방ᄑᆡ며 城이로다

| 번역 |

정연한 토끼 그물이여
못 박기를 땅땅하네
씩씩한 무부(武夫)여
공(公)과 후(侯)의 방패며 성이로다

| 자해 |

肅肅 : 整飭한 모양. • 罝 : 그물. • 丁丁 : 말뚝 치는 소리. • 赳赳 : 호방스러운 모양. 씩씩함. • 干 : 방패. 방패와 성은 모두 밖을 막고 안을 호위하는 수단.

| 의해 |

덕화가 행해져 풍속이 아름다움에 어진 제도가 많은지라 비록 토끼에 그물 놓는 야인(野人)이라도 그 재주를 쓸 수 있음이 오히려 이와 같기 때문에 시인이 그 일하는 것을 가지고 흥을 일으켜 아름답게 여겼으니 문왕(文王)의 덕화가 훌륭하였음을 알 수 있다.

숙 숙 토 저 시 우 중 규 규 규 무 부 공 후 호 구

7-2. 肅肅兎罝여 施于中逵로다 赳赳武夫여 公侯好仇로다 [興]

| 언해 |

肅肅ᄒᆞᆫ 토끠의 그물이여 가운ᄃᆡ 逵에 베풀엇도다 赳赳ᄒᆞᆫ 武夫ㅣ여 公과 侯의 죠흔 짝이로다

| 번역 |

정연한 토끼 그물이여
사거리 복판에 놓였구나
씩씩한 무부(武夫)여
공(公)과 후(侯)의 좋은 짝이로다

| 자해 |

逵 : 아홉 군데로 통하는 길. • 仇 : 구(逑)와 같음. 짝.

숙 숙 토 저 시 우 중 림 규 규 무 부 공 후 복 심

7-3. 肅肅兎罝여 施于中林이로다 赳赳武夫여 公侯腹心이로다 [興]

| 언해 |

肅肅ᄒᆞᆫ 토끠의 그물이여 가운ᄃᆡ 수풀에 베풀엇도다 赳赳ᄒᆞᆫ 武夫ㅣ여 公과 侯의 腹心이로다

| 번역 |

정연한 토끼 그물이여
수풀 가운데에 놓였도다
씩씩한 무부(武夫)여
공(公)과 후(侯)의 마음이로다

| 자해 |

中林 : 수풀 가운데. • 腹心 : 마음이 같고 덕이 같음.

이 「토끼 그물[兎罝]」은 모두 3장이다.

8. 질경이[芣苢]

8-1. 采采芣苢(채채부이)를 薄言采之(박언채지)하라 采采芣苢(채채부이)를 薄言有之(박언유지)하라 [賦]

| 언해 |

ᄏᆡ며 ᄏᆡᄂᆞᆫ 뵙쟝이를 잠ᄭᅡᆫ ᄏᆡ노라 ᄏᆡ며 ᄏᆡᄂᆞᆫ 뵙쟝이를 잠ᄭᅡᆫ 두라

| 번역 |

캐며 캐는 질경이를
잠깐 캐노라
캐며 캐는 질경이를
잠깐 두었노라

| 자해 |

芣苢 : 차전초(車前草)니, '뵙장이'라는 것인데 잎사귀가 크고 잎사귀가 길어서 길가에 나기를 좋아함. 질경이. • 采 : 비로소 구함. • 有 : 이미 얻었다는 말.

| 의해 |

덕화(德化)가 행해지고 풍속이 아름다워 가실(家室)이 화평함에 부인이 일이 없어서 서로 더불어 이 질경이를 캐는 것인데 그 일을 읊어서 서로 즐거워한 것이다. 캐어서 어디에 쓰는지는 자세하지 않으나 어떤 이는 "그 씨앗이 해산하기 어려운 것을 다스린다"고 하였다.

8-2. 采采芣苢(채채부이)를 薄言掇之(박언철지)하라 采采芣苢(채채부이)를 薄言捋之(박언랄지)하라 [賦]

| 언해 |

ᄏᆡ며 ᄏᆡᄂᆞᆫ 뵙쟝이를 잠싼 ᄏᆡ노라 ᄏᆡ며 ᄏᆡ는 뵙쟝이를 잠싼 씨를 춰ᄒᆞ노라

| 번역 |

캐며 캐는 질경이를
잠깐 캐노라
캐며 캐는 질경이를
잠깐 취했노라

| 자해 |

掇 : 줍는다는 말. • 捋 : 그 씨를 취(取)함.

8-3. 采采芣苢(채채부이)를 薄言袺之(박언결지)하라 采采芣苢(채채부이)를 薄言襭之(박언힐지)하라 [賦]

| 언해 |

ᄏᆡ며 ᄏᆡᄂᆞᆫ 뵙쟝이를 잠싼 袺ᄒᆞ노라 ᄏᆡ며 ᄏᆡ는 뵙쟝이를 잠싼 襭ᄒᆞ노라

| 번역 |

캐며 캐는 질경이를
잠깐 옷섶에 담노라
캐며 캐는 질경이를
잠깐 옷섶에 쌌노라

| 자해 |

袺 : 옷으로써 싸서 그 옷깃을 잡음. • 襭 : 옷으로써 싸서 그 옷깃을 띠 사이에 꽂는다는 말.

이 「질경이[芣苢]」는 모두 3장이다.

9. 한수는 넓다[漢廣]

9-1. 南有喬木(남유교목)하니 不可休思(불가휴사)로다 漢有游女(한유유녀)하니 不可求思(불가구사)로다 漢之廣矣(한지광의) 不可泳思(불가영사)며 江之永矣(강지영의) 不可方思(불가방사)로다

[興而比]

| 언해 |

南에 喬ᄒᆞᆫ 나무가 잇스니 可히 쉬지 못ᄒᆞ리로다 한슈에 노는 계집이 잇스니 可히 求ᄒᆞ지 못ᄒᆞ리로다 하슈의 넓음이 可히 쟘으락질 못ᄒᆞ며 강슈의 길옴이 可히 씌ᄒᆞ지 못ᄒᆞ리로다

| 번역 |

남쪽에 높은 나무가 있으니
쉴 수 없도다
한수에 노는 여자애 있으니
구할 수가 없겠구나
한수가 넓어서
헤엄칠 수 없으며
강수가 길어서
뗏목 탈 수 없으리라

| 자해 |

喬 : 나무가 위로 쭉 뻗어서 가지가 없는 것. • 思 : 어사(語辭). • 泳 : 잠겨 다니는 것. • 永 : 길다는 말. • 方 : 뗏목.

| 의해 |

문왕의 교화가 가까운 데로부터 먼데로 진행되었다. 먼저 강수(江水)와 한수(漢水) 사이에 미쳐서 그 음란(淫亂)한 풍속을 바꾸었기 때문에 나가 노는 계집이라도 사람들이 바라봄에 단장(端莊)하고 정일(精一)한 것이 다시는 예전처럼 구할 수 없음을 안 것이다. 그리하여 교목(喬木)으로 흥(興)을 일으키고 강한(江漢)으로써 비유하여 반복적으로 읊어서 탄식한 것이다.

9-2. 翹翹錯薪(교교착신)에 言刈其楚(언예기초)하리라 之子于歸(지자우귀)에 言秣其馬(언말기마)하리라 漢之廣矣(한지광의) 不可泳思(불가영사)며 江之永矣(강지영의) 不可方思(불가방사)로다 [興而比]

| 언해 |

翹翹혼 셕긴 셥에 그 가시나무를 버히리라 之子가 도라갈제 그 말을 멕이리라 한슈의 넓음이 可히 쟘으락질 못ㅎ며 강슈의 길옴이 可히 씌ㅎ지 못ㅎ리로다

| 번역 |

빼쭉 일어난 섞인 섶나무에
가시나무를 베리라
이 여자애 돌아갈 제
그 말을 먹이리라
한수가 넓어서
헤엄칠 수 없으며
강수가 길어서

뗏목 탈 수 없도다.

| 자해 |

翹翹 : 빼어나 일어나는 모양. • 錯 : 섞임. • 楚 : 나무 이름이니 가시나무 등속임. • 之子 : 노는 여자 아이를 가리킴. • 秣 : 먹인다는 말.

| 의해 |

섞인 섶으로써 홍(興)을 일으켜 그 말을 먹이고자 하였으니 즐거워함이 지극한 것이요, 강수와 한수로써 비유하여 마침내 구하지 못할 줄을 탄식하였으니 공경함이 깊은 것이다.

9-3. 翹翹錯薪(교교착신)에 言刈其蔞(언예기루)하리라 之子于歸(지자우귀)에 言秣其駒(언말기구)하리라 漢之廣矣(한지광의) 不可泳思(불가영사)며 江之永矣(강지영의) 不可方思(불가방사)로다 [興而比]

| 언해 |

翹翹ᄒᆞᆫ 셕긴 셥에 그 물쑥을 버히리라 之子가 도라갈제 그 마아지를 멕이리라 한슈의 넓음이 可히 잠으락질 못ᄒᆞ며 강슈의 길옴이 可히 ᄯᅴᄒᆞ지 못ᄒᆞ리로다

| 번역 |

삐쭉 일어난 섞인 섶나무에
물쑥을 베리라
이 여자애 돌아갈 제
망아지를 먹이리라

한수가 넓어서
헤엄칠 수 없으며
강수는 길어서
뗏목 탈 수 없도다

| 자해 |

蔞 : 누호(蔞蒿)이니 물쑥인데 잎사귀가 쑥 같아 푸르고 흰 빛이 나며 길이가 두어 치 쯤 된 것이 늪이나 못 가운데에 자람. • 駒 : 말의 어린 것. 망아지. 조랑말.

이 「한수는 넓다[漢廣]」는 모두 3장이다.

10. 여수의 제방[汝墳]

10-1. 遵彼汝墳(준피여분)하여 伐其條枚(벌기조매)하라 未見君子(미견군자)라 惄如調(역여조)飢(기)하라 [賦]

| 언해 |

뎌 汝의 墳을 조차셔 그 가지와 쥴거리를 치노라 君子를 보지 못 ᄒᆞᆫ지라 惄히 즁ᄒᆞ게 쥬리ᄂᆞᆫ ᄃᆞᆺ ᄒᆞ도다

| 번역 |

저 여수의 둑을 좇아
그 가지와 줄거리를 치노라
군자를 보지 못한지라
배고픔이 무거운 듯하구나

| 자해 |

遵 : 좇음. • 汝 : 물 이름. • 墳 : 큰 둑. • 條 : 가지. • 枚 : 줄기. • 惄 : 주림. • 調 : 주(輖)로 쓰기도 하는데 무겁다는 뜻.

| 의해 |

여수(汝水)의 곁 나라가 또한 먼저 문왕의 교화를 입었기 때문에 부인이 그 남편이 행역(行役) 나갔다가 돌아옴을 기뻐하였다. 그리하여 그 돌아오지 못했을 때 생각하고 바라던 정(情)이 이와 같았음을 회고하여 읊은 것이다.

준피여분 벌기조이 기견군자 불아
10-2. 遵彼汝墳하여 伐其條肄하라 既見君子하니 不我
하기
遐棄로다 [賦]

| 언해 |

뎌 汝의 墳을 조차 그 가지와 움남을 치노라 임의 君子를 보니 나를 멀리 ᄇᆞ리지 안이ᄒᆞ도다

| 번역 |

저 여수의 둑을 따라
가지와 싹 나는 걸 치노라
이미 군자를 보았으니
나를 멀리 버리지 않았구나

| 자해 |

肄 : 베어도 다시 나는 것. • 遐 : 멀다는 말.

| 의해 |

그 가지를 치고 또 그 싹이 나온 것을 베니 해를 넘긴 것이다. 이때에 이르러 집에 와 그 남편이 돌아옴을 보고는, 그가 나를 멀리 버리지 않았음을 기뻐한 것이다.

10-3. 魴魚赬尾어늘 王室如燬로다 雖則如燬나 父母孔邇시니라 [比]

| 언해 |

魴魚가 ᄭᅩ리 븕거늘 님금의 집이 불살은 듯 ᄒᆞ도다 비록 불살은 듯 ᄒᆞ나 父母가 심히 갓가우시니라

| 번역 |

방어 꼬리 붉어지면
임금 집이 불사른 듯하도다
비록 불사른 듯하나
부모가 심히 가까우시니라

| 자해 |

魴 : 고기 이름. 몸이 넓고 얇으며 힘이 적고 비늘이 가는 것. • 赬 : 붉음이니 고기가 피곤하면 꼬리가 붉어지는데 방어(魴魚)는 꼬리가 본래 흰 것인데 이제 붉어졌으니 수고로움이 심함. 주왕(紂王)이 도읍한 바를 가리킨 것. • 燬 : 불 탐. • 父母 : 문왕(文王)을 가리킴. • 孔 : 심함. • 邇 : 가깝다는 말.

| 의해 |

이때에 문왕이 천하의 3분의 2를 소유하여 상(商)나라를 배반한 나라를 거느려서 주(紂)를 섬겼다. 그 때문에 여수의 제방 사람이 오히려 문왕의 명(命)으로써 주(紂)의 역사(役事)를 받드는 지라 그 집사람이 그 부지런히 수고하는 것을 보고 위로하여 "너의 수고함이 이미 이 같은데 왕실의 정사(政事)는 바야흐로 혹독하고 미워서 그치지 않도다. 비록 그 혹독하고 미움이 그치지 않지만 문왕의 덕이 부모 같아서 그 바람에 매우 가까워서 또한 그 수고

로움을 잊을 만하다." 하였으니 이것이 「서(序)」에 이른바 "부인이 그 군자를 민망히 여기되 오히려 바른 것으로써 권면(勸勉)한다." 함이다.

대개 비록 그 이별이 오래되어 생각함이 깊되 그 서로 告하고 말해주는 것은 오히려 임금을 높이며 윗사람을 가까이 하는 뜻이 있고, 정(情)으로 사랑하여 친압하는 사사로움은 없으니, 그 덕택(德澤)의 깊음과 풍화(風化)의 아름다움을 다 볼 수 있다. 일설(一說)에 "부모가 매우 가까이 계시니 임금의 일을 게을리 하여 그 근심을 끼치지는 않을 것이다." 하였는데 또한 통한다.

이 「여수의 제방[汝墳]」은 모두 3장이다.

11. 기린의 발[麟之趾]

11-1. 麟之趾(린지지)여 振振公子(진진공자)로소니 于嗟麟兮(우차린혜)로다 [興]

| 언해 |

긔린의 발이여 振振흔 公子ㅣ로소니 于嗟흡다 귀린이로다

| 번역 |

기린의 발이여
인후(仁厚)한 공자로소니
아! 기린이로구나

| 자해 |

麟 : 노루의 몸에 소의 꼬리에 말의 발굽을 하였으니, 털있는 짐승 중에[毛蟲] 으뜸임. • 趾 : 발이니 기린의 발은 살아있는 풀을 밟지 않고 살아있는 벌레를 밟지 않음. • 振振 : 인후(仁厚)한 모양. • 于嗟 : 탄식하는 말.

| 의해 |

문왕과 후비가 덕을 닦음에 자손과 종족이 다 착하게 교화되었기 때문에 시인이 기린의 발을 가지고 公의 자손을 홍기한 것이다. "기린의 성품이 인후하기 때문에 그 발이 또한 인후하고 문왕과 후비가 인후하였기 때문에 그 자손이 또한 인후하다." 한 것이다. 그러나 말로는 충분하지 못하기 때문에 또 차탄(嗟歎)하여 "이 기린이 어찌 반드시 노루의 몸에, 소의 꼬리에, 말의 발굽을 한 연후에 왕자(王者)가 상서롭게 되리오?" 한 것이다.

11-2. 麟之定(린지정)이여 振振公姓(진진공성)이로소니 于嗟麟兮(우차린혜)로다 [興]

| 언해 |

긔린의 니마여 振振ᄒᆞᆫ 公姓이로소니 于嗟흡다 긔린이로다

| 번역 |

기린의 이마여
인후한 공손이로소니
아! 기린이로구나

| 자해 |

定 : 이마. 기린의 이마는 잘 알려져 있지 않다. 혹자는 "이마가 있으나 그것으로 치받지 않는다."함. • 公姓 : 공손(公孫)이니, 성(姓)이라는 말은 낳는다는 뜻.

11-3. 麟之角(린지각)이여 振振公族(진진공족)이로소니 于嗟麟兮(우차린혜)로다 [興]

| 언해 |

긔린의 ᄲᅳᆯ이여 振振ᄒᆞᆫ 公族이로소니 于嗟흡다 긔린이로다

| 번역 |

기린의 뿔이여
인후한 공족이로소니
아! 기린이로구나

| 자해 |

기린의 뿔: 기린의 뿔은 하나인데 뿔끝에 살이 있음. • 公族 : 고조(高祖)를 함께 한 것이니, 복(服)을 입는 매우 가까운 친척이라는 말.

이 「기린의 발[麟之趾]」은 모두 3장이다.

「서(序)」에서 "「관저(關雎)」에 응(應)하였다." 하였으니 제대로 이해한 것이다

주남(周南) 국풍(國風)은 11편 34장 159구이다.

살피건대, 이 편 첫 머리 다섯 시는 다 후비(后妃)의 덕을 말한 것인데. 「관저(關雎)」는 그 전체를 들어 말한 것이요, 「갈담(葛覃)」과 「권이(卷耳)」는 그 뜻과 행실이 몸에 배어 있는 것을 말한 것이요, 「규목(樛木)」과 「종사(螽斯)」는 그 덕혜(德惠)가 사람들에게 미친 것을 아름답게 여김이니 모두 그녀가 한 일을 가리켜 말한 것이다.

그 말씀이 비록 후비를 위주로 하였으나, 그 실상은 다 문왕(文王)이 몸을 닦고 집을 아름답게 일으킨 효험(效驗)을 나타내어 밝힌 것이요, 「도요(桃夭)」와 「토저(兎罝)」와 「부이(芣苢)」는 집을 아름답게 일으키고 나라를 다스린는 효험(效驗)이요, 「한광(漢廣)」과 「여분(汝墳)」은 남국(南國)의 시(詩)를 붙여서 천하를 이미 차츰 평정할 수 있었음을 보인 것이요, 「인지지(麟之趾)」 같은 것은 또 왕노릇 하는 사람의 상서로움인지라, 사람의 힘으로 스스로 이룰 수 있는 것이 아니기 때문에 다시 이것으로서 마쳤는데, 서(序)하는 자가 "「관저(關雎)」에 응하였다."하였으니, 여기에 이른 것은 후비(后妃)의 덕이 도운 바가 없지 않다.

그러나 아내의 도(道)가 이루어지지 않는다면 또한 어찌 능히 전적으로 해낼 수 있겠는가, 이제 시를 말하는 자가 혹시 후비만 오로지 아름답게 여기고 문왕(文王)에 근본하지 않았다면 그 또한 잘못이리라.

소남 | 召南

소(召)는 땅 이름이니 소공석(召公奭)의 채읍(采邑)이다. 옛말에 "부풍(扶風) 옹현(雍縣) 남녘에 소정(召亭)이 있었으니 바로 그 땅이다." 하였으나, 이제 옹현(雍縣)을 나누어 기산(岐山)과 천흥(天興) 두 현(縣)으로 삼았으니 소정이 정확하게 어느 골에 있었는지 알 수 없다. 나머지는 이미 「주남(周南)」 편에 보인다.

1. 까치집[鵲巢]

1-1. 維鵲有巢(유작유소)에 維鳩居之(유구거지)로다 之子于歸(지자우귀)에 百兩御之(백량어지)로다 [興]

| 언해 |

까치가 집을 둠에 비둘기가 居ᄒᆞ도다 之子가 돌아옴에 百슈릐로 맛도다

| 번역 |

까치가 집 짓자
비둘기가 산다
이 자식이 돌아옴에
백 수레로 맞는다

| 자해 |

鵲 : 까치. • 鳩 : 비둘기니 다 새 이름. • 之子 : 부인(夫人)을 가리킴. • 兩 : 한 수레. • 御 : 맞이함.

| 의해 |

남국의 제후가 문왕의 교화를 입어서 마음을 바르게 하고 몸을 닦아 그 집을 착하게 할 수 있음에 그 여자가 또한 후비의 교화를 입어 전정(專靜)하고 순일(純一)한 덕이 있었다. 그러므로 제후에게 시집감에 그 집안 사람들이 아름답게 여겨 "까치가 잘 지은

집이 있으니 비둘기가 와서 사는구나. 이로써 '이 사람'[之子]이 시집옴에 수레 백 채로 맞이한다." 하니 이 시의 뜻이 주남(周南)에 「관저(關雎)」가 있음과 같다.

1-2. 維鵲有巢(유작유소)에 維鳩方之(유구방지)로다 之子于歸(지자우귀)에 百兩將之(백량장지)로다 [興]

| 언해 |

짜치가 집을 둠에 비둘기가 두엇도다 之子가 돌아옴에 百슈릐로 보내도다

| 번역 |

까치가 집 짓자
비둘기가 두었도다
이 자식이 돌아옴에
백 수레로 보내네

| 자해 |

方 : 둔다는 뜻. • 將 : 보냄.

1-3. 維鵲有巢(유작유소)에 維鳩盈之(유구영지)로다 之子于歸(지자우귀)에 百兩成之(백량성지)로다 [興]

| 언해 |

까치가 집을 둠에 비둘기가 盈ᄒᆞ도다 之子가 돌아옴에 百슈레로 일우엇도다

| 번역 |

까치가 집 짓자
비둘기가 가득찼네
이 자식이 돌아옴에
백 수레로 이루었네

| 자해 |

盈 : 가득함이니 여러 잉첩(媵妾)이 많음을 이름. • 成 : 그 예(禮)를 이루었다는 말.

이 「까치집[鵲巢]」은 모두 3장이다.

2. 쑥 뜯기[采蘩]

2-1. 于以采蘩(우이채번)이 于沼于沚(우소우지)로다 于以用之(우이용지) 公侯之事(공후지사)로다

[賦]

| 언해 |

이예 ᄡᅧ 蘩을 킈옴이 沼에며 沚예 ᄒᆞ놋다 이애 ᄡᅧ ᄡᅳᆷ이 公과 侯의 事에 ᄒᆞ놋다

| 번역 |

이에 다북쑥을 캐왔도다
소에서 지에서 했네
이에 썼노라
공과 후의 일이로다

| 자해 |

于 : '於(어)'자의 뜻. • 蘩 : 흰 호(蒿)이니 다북쑥. • 沼 : 못. • 沚 : 물가. • 事 : 제사 일.

| 의해 |

남국이 문왕의 교화를 입어 제후의 부인(夫人)이 정성과 공경을 다하여 제사(祭祀)를 받들 수 있었는데 그 집안 사람들이 그 일을 서술하여 아름답게 여긴 것이다. 누군가 "다북쑥을 가지고 누에를 치는 것이다"고 하였으니, 대체로 옛적에는 후부인(后夫人)이

친히 누에치는 예(禮)가 있었으니 이 시가 또한 주남(周南)에 「갈담(葛覃)」이 있는 것과 같다.

2-2. 于以采蘩이 于澗之中이로다 于以用之 公侯之宮이로다 [賦]

우이채번 우간지중 우이용지 공후지궁

| 언해 |

이예 뼈 蘩을 킈옴이 澗 가운데 ᄒᆞᄂᆞᆺ다 이예 뼈 ᄡᅳᆷ이 公과 侯의 宮에 ᄒᆞᄂᆞᆺ다

| 번역 |

이에 다북쑥을 캐왔도다
물 젖은 산에 했노라
이에 썼노라
공과 후의 사당에서 로다

| 자해 |

澗 : 산(山)이 물을 끼고 있는 것. • 宮 : 사당이니 혹자는 "『예기』에 이른바 '공상잠실(公桑蠶室)'이라 하였다." 함.

2-3. 被之僮僮이여 夙夜在公이로다 被之祁祁여 薄言還歸로다 [賦]

| 언해 |

被의 僮僮홈이여 일즉이며 져믈게 公에 잇도다 被의 祁祁홈이여 잠깐 도라가놋다

| 번역 |

머리 꾸밈이 정갈하구나
아침부터 밤늦도록 제사 일 도왔네
곱게 빗은 머리로
이젠 돌아오는구나

| 자해 |

被 : 머리꾸밈이니, 머리카락을 엮어서 만든 것. • 僮僮 : 두려워하며 공경함. • 夙 : 일찍. • 祁祁 : 잔잔하게 펴지는 모양.

이 「쑥 뜯기[采蘩]」는 모두 3장이다.

3. 베짱이[草蟲]

3-1. 喓喓草蟲(요요초충)이며 趯趯阜螽(적적부종)이로다 未見君子(미견군자)라 憂心忡忡(우심충충)하라 亦既見止(역기견지)며 亦既覯止(역기구지)면 我心卽降(아심즉항)이로다 [賦]

| 언해 |

喓喓ᄒᆞᄂᆞᆫ 草蟲이며 趯趯ᄒᆞᄂᆞᆫ 阜螽이로다 君子를 보지 못ᄒᆞᆫ지라 근심ᄒᆞᄂᆞᆫ ᄆᆞᄋᆞᆷ이 忡忡호라 ᄯᅩ 임의 보며 ᄯᅩ 임의 만나면 내 ᄆᆞᄋᆞᆷ이 곳 ᄂᆞ릴지로다

| 번역 |

찍찍대는 베짱이며
펄떡 뛰는 메뚜기로구나
군자를 못 본 지라
근심이 가득하다
또 임 보며 또 임 만날 제
내 마음 곧 편하리라

| 자해 |

喓喓 : 소리. • 草蟲 : 황(蝗)의 등속이니, 기이한 소리에 푸른빛을 띠는 베짱이. • 趯趯 : 뛰는 모양. • 阜螽 : 번(蠜)이니 메뚜기. • 忡忡 : 충충(衝衝)과 같으니 마음이 편안하지 못함. • 止 : 어사(語辭). • 覯 : 만남. • 降 : 내리게 한다는 말.

| 의해 |

남국이 문왕의 교화를 입어서 제후의 대부(大夫)가 부역 나가 밖에 있음에 그 아내가 홀로 지내다가 계절의 사물이 변함에 감동하여 그 남편을 생각함이 이 같으니 또한 주남(周南)의 「권이(卷耳)」와 같다.

3-2. 陟彼南山(척피남산)하여 言采其蕨(언채기궐)하라 未見君子(미견군자)라 憂心惙惙(우심철철)하라 亦既見止(역기견지)며 亦既覯止(역기구지)면 我心則說(아심즉열)이로다 [賦]

| 언해 |

뎌 南山에 올라 그 蕨을 킈오라 君子를 보지 못혼지라 근심ᄒᆞᄂᆞᆫ ᄆᆞᄋᆞᆷ이 惙惙호라 ᄯᅩ 임의 보며 ᄯᅩ 임의 만나면 내 ᄆᆞᄋᆞᆷ이 곳 깃부리로다

| 번역 |

저 남산에 올라
그 고사리 캐오라
군자를 보지 못해
근심이 철철
또 임 보며
또 임 만나면
내 마음 곧 기쁘리

| 자해 |

蕨 : 별(鼈)이니 고사리인데 처음 남에 잎사귀가 없음. • 惙 : 근심함. • 說 :

기쁨.

| 의해 |

산에 오르는 것은 대개 이를 칭탁하여 군자를 바라보려고 한 것이다. 또한 계절에 따른 사물 변화에 감동한 것이다.

3-3. 陟彼南山(척피남산)하여 言采其薇(언채기미)하라 未見君子(미견군자)라 我心傷悲(아심상비)하라 亦既見止(역기견지)며 亦既覯止(역기구지)면 我心則夷(아심즉이)로다 [賦]

| 언해 |

뎌 南山에 올라 그 薇을 킈오라 君子를 보지 못흔지라 내 ᄆᆞ옴이 슬허워호라 ᄯᅩ 임의 보며 ᄯᅩ 임의 만나면 내 ᄆᆞ옴이 곳 편ᄒᆞ리로다

| 번역 |

저 남산에 올라
가시 고사리 캐오라
군자를 보지 못해
내 마음이 슬퍼라
또 임 보며
또 임 만나면
내 마음 곧 편하리

| 자해 |

薇 : 고사리 같되 조금 크고 가시가 있는데 맛이 쓴 것. • 夷 : 편안함.

이 「베짱이[草蟲]」는 모두 3장이다.

4. 개구리밥 뜯기[采蘋]

4-1. 于以采蘋(우이채빈)이 南澗之濱(남간지빈)이로다 于以采藻(우이채조) 于彼行潦(우피행료)로다 [賦]

| 언해 |

이에 ᄡᅧ 蘋을 ᄏᆞ옴이 南澗의 가에 ᄒᆞ놋다 이에 ᄡᅧ 藻를 ᄏᆞ옴이 行潦에 ᄒᆞ놋다

| 번역 |

이에 개구리밥 뜯기를
남쪽 냇가에서 하노라
이에 물 수세미 캐기를
길가 도랑에서 했노라

| 자해 |

蘋 : 물 위에 뜬 마름이니 중국 강동(江東) 사람들이 "표(薸=藻)"라 이르는 것. • 濱 : 물가. • 藻 : 모진 마름이니 물밑에 자라며 줄기가 비녀다리 같고 잎사귀가 쑥 같음. • 行潦 : 흐르는 도랑 물.

| 의해 |

남국이 문왕의 교화를 입었음에 대부의 아내가 제사를 잘 받드는데 그 집안 사람들이 그 일을 서술하여 아름답게 여긴 것이다.

우이성지 유광급거 우이상지 유기급부
4-2. 于以盛之 維筐及筥로다 于以湘之를 維錡及釜로다 [賦]

| 언해 |

이에 뼈 담음이 筐과 밋 筥에 ᄒᆞ놋다 이에 뼈 살뭄이 錡와 밋 釜에 ᄒᆞ놋다

| 번역 |

이에 담았으니
모난 그릇에 둥근 바구니에 하였네
이에 삶았으니
이 솥 저 솥에 하였노라

| 자해 |

筐: 모난 대그릇. • 筥 : 둥근 대그릇. • 湘 : 삶는다는 말이니 대강 익혀 담아서 김치를 만드는 것. • 錡 : 가마 붙이니 발이 있는 솥. • 釜 : 발이 없는 솥.

| 의해 |

이것은 그 순서가 떳떳함이 있어 엄경(嚴敬)하여 정칙(整飭)한 뜻을 볼 수 있다.

우이전지 종실유하 수기시지 유재계여
4-3. 于以奠之 宗室牖下로다 誰其尸之요 有齊季女로다 [賦]

| 언해 |

이에 뼈 奠홈이 宗室의 牖 아래예 ᄒᆞ놋다 누구가 그 쥬쟝ᄒᆞᄂᆞ뇨 공경ᄒᆞᄂᆞᆫ 季女ㅣ로다

| 번역 |

이것을 버려 놓되
종실 들창 아래에 했네
누가 이를 맡으리오
공경스런 어린 여자로다

| 자해 |

奠 : 둔다는 말. • 宗室 : 대종(大宗)의 사당이니 대부(大夫)와 사(士)는 종실(宗室)에 제사함. • 牖下: 실(室)의 서남(西南) 구석이니 이른바 욱(奧)이다. • 尸 : 주장한다는 말. • 齊 : 공경함. • 季 : 어림. 젊음.

| 의해 |

제사(祭祀)의 예(禮)에 주부(主婦)가 접시를 맡아서 제사상에 올리되 김치와 젓갈[醢]을 채워 담는데, 나이가 어려도 공경하니 더욱 그 바탕의 아름다움과 교화의 연원이 있음을 볼 것이다.

이 「개구리밥 뜯기[采蘋]」는 모두 3장이다.

5. 아가위 나무[甘棠]

> 폐불감당　　물전물벌　　　소백소발
> **5-1.** 蔽芾甘棠을 勿翦勿伐하라 召伯所茇이니라 [賦]

| 언해 |

蔽芾ᄒᆞᆫ 甘棠을 갈기지 말며 치지 말라 召伯의 茇ᄒᆞ던 바이니라

| 번역 |

우거진 아가외를
갈기지도 말고 치지도 마라
소백이 쉬시던 곳이란다

| 자해 |

蔽芾 : 성한 모양. • 甘棠 : 두리(杜梨)이니 흰 아가위인데 흰 것은 당(棠)이요, 붉은 것은 두(杜). • 翦 : 그 가지와 잎사귀를 갈긴다는 말. • 伐 : 그 가지와 줄기를 친다는 말. • 伯 : 방백(方伯)이라는 말. • 茇은 풀집.

| 의해 |

소백(召伯)이 남국을 순행하여 문왕의 정사를 펼 때 혹 아가위 나무 아래에 풀집을 짓고 묵었더니 그 뒤 사람들이 그 덕을 생각하였다. 그러므로 그 나무를 사랑하여 차마 다치게 하지 말라고 한 것이다.

폐 불 감 당　　물 전 물 패　　소 백 소 게
5-2. 蔽芾甘棠을 勿翦勿敗하라 召伯所憩니라 [賦]

| 언해 |

蔽芾ᄒᆞᆫ 甘棠을 갈기지 말며 썩지 말라 召伯의 쉬던 바이니라

| 번역 |

무성한 아가위를
갈기지도 말고 꺾지도 마라
소백이 쉬던 곳이란다

| 자해 |

敗 : 꺾는다는 말. • 憩 : 쉬었다는 말.

| 의해 |

꺾지도 말라고 하였으니 특별히 치지 말라는 것뿐만 아니라 사랑하는 것이 더욱 오랠수록 더욱 깊어지니, 아래 장은 이와 같다.

폐 불 감 당　　물 전 물 배　　소 백 소 세
5-3. 蔽芾甘棠을 勿翦勿拜하라 召伯所說니라 [賦]

| 언해 |

蔽芾ᄒᆞᆫ 甘棠을 갈기지 말며 굽히지 말라 召伯의 집ᄒᆞ던 바이니라

| 번역 |

무성한 아가위를

갈지지고 말며 굽히지도 마라
소백이 머물던 곳이란다

| 자해 |

拜 : 굽힌다는 말. • 說 : 머물다는 말.

| 의해 |

굽히지 말라 한 것은 특별히 꺾지 말라할 뿐만이 아니다.

이 「아가위 나무[甘棠]」는 모두 3장이다.

6. 길 이슬[行露]

6-1. 厭浥行露에 豈不夙夜리오마는 謂行多露니 [賦]

(염읍행로 / 기불숙야 / 위행다로)

| 언해 |

厭浥ᄒᆞᆫ 길 이슬에 엇지 일즉과 져믈게 안이려 ᄒᆞ리오만ᄂᆞᆫ 길에 이슬이 만은가 너기니라

| 번역 |

젖은 길 이슬에
어찌 일찍다고 저물다고 안하리오만
길에 이슬이 많구나 하노라

| 자해 |

厭浥 : 젖음. • 行 : 길. • 夙 : 이른 아침.

| 의해 |

남국 사람이 소백의 가르침을 따라 문왕의 교화를 입어 예전의 음란한 풍속을 고침이 있었다. 때문에 여자가 예(禮)로써 스스로 지켜서 억세고 포악한 사람에 더럽혀지지 않은 사람이 있어서 스스로 자기 뜻을 진술하여 이 시를 지어서 그 사람을 끊고 말하기를, "길에 이슬이 바야흐로 젖었으나 내 어찌 이른 아침이나 저문 밤에 다니고자 아니 하리요마는 이슬이 많아 젖는 것을 두려워하여 감히 못합니다."하였으니, 대개 여자의 몸으로 일찍 또는 저물

게 홀로 다니면 혹간 강하고 포악한 사람의 침탈 당하고 능욕을 당할 근심이 있을까 염려하였기 때문에 "길에 이슬이 많아서 그 젖는 것이 두렵다"고 한 것이다.

6-2. 誰謂雀無角(수위작무각)이리오 何以穿我屋(하이천아옥)고하며 誰謂女無家(수위녀무가)리오 何以速我獄(하이속아옥)고컨마는 雖速我獄(수속아옥)이나 室家(실가)는 不足(부족)하니라 [興]

| 언해 |

누구 닐으되 ᄎᆞᆷᄉᆡ가 ᄲᅳᆯ이 업다ᄒᆞ리오 엇지 ᄡᅧ 내 집을 ᄯᅮᆯ는고ᄒᆞ며 누구 닐으되 네 家ㅣ 업다ᄒᆞ리오 엇지 ᄡᅧ 나를 獄에 부르ᄂᆞᆫ고 컨마ᄂᆞᆫ 비록 나를 獄에 부르나 室家ᄂᆞᆫ 足지 못ᄒᆞ니라

| 번역 |

누가 참새가 뿔이 없다고 하였는가
무엇으로 내 집을 뚫는가
누가 네 집이 없다 하였는가
무엇으로 나를 옥에 부르는가마는
비록 나를 부르지만 집이 만족하지 못하네

| 자해 |

家 : 중매를 통하여 맞이하여 室家[부부]가 되는 예(禮)를 구함을 이름. • 速 : 불러들인다는 말.

| 의해 |

정녀가 스스로 지킴이 이 같으나 오히려 혹 송사(訟事)를 당하여 옥(獄)에 불려갔다. 그리하여 스스로 하소연 하여 말하기를,“사람이 다 이르되 참새가 뿔이 있었기 때문에 내 집을 뚫을 수 있다” 고 하니 사람들이 다 이르되 “네가 나에게 일찍이 부부되는 예(禮)를 구하였기 때문에 나를 옥(獄)에 부를 수 있다. 그러나 모르긴 해도 네가 비록 나를 옥에 부를 수는 있으나 부부되는 예(禮)를 구함은 당초 일찍 갖추어진 적이 없었음을 일으킨[興] 것이다.” 참새가 비록 집을 뚫을 수 있으나 실상은 뿔이 있었던 적이 없음과 같은 것이다.

6-3. 誰謂鼠無牙(수위서무아)리오 何以穿我墉(하이천아용)고하며 誰謂女無家(수위녀무가)리오 何以速我訟(하이속아송)고컨마는 雖速我訟(수속아송)이나 亦不女從(역불여종)하리라
[興]

| 언해 |

누구 닐으되 쥐가 엄니 업다 ᄒᆞ리오 엇지 뼈 내 담을 ᄯᅮᆯ는고ᄒᆞ며 누구 닐으되 家ㅣ 업다ᄒᆞ리오 엇지 뼈 나를 숑ᄉᆞ에 부르ᄂᆞᆫ고컨마ᄂᆞᆫ 비록 나를 숑ᄉᆞ에 부르나 ᄯᅩᄒᆞᆫ 너를 ᄶᅩᆺ지 안이ᄒᆞ리라

| 번역 |

누가 쥐는 어금니가 없다 했는가
어찌 내 담을 뚫는고
누가 너를 집이 없다 하였는가
어찌 나에게 송사를 재촉하는가마는

나에게 송사를 재촉한들 너를 아니 따르리

| 자해 |

牙 : 큰 이빨. • 墉 : 담이라는 말.

| 의해 |

이 시는 "네가 비록 나를 송사(訟事)에 부를 수는 있으나 그 부부되기를 구하는 예(禮)가 부족한 바가 있으니, 내 또한 끝내 너를 따르지 않을 것이다"라고 한 것이다.

이 「길 이슬[行露]」은 모두 3장이다.

7. 염소[羔羊]

7-1. 羔羊之皮(고양지피)여 素絲五紽(소사오타)로다 退食自公(퇴식자공)하니 委蛇委蛇(위이위이)로다 [賦]

| 언해 |

羔羊의 껍질이여 흰 실로 다섯 군딕 수미엿도다 물너와셔 먹음을 公으로부터ᄒᆞ니 委蛇ᄒᆞ며 委蛇ᄒᆞ도다

| 번역 |

염소 가죽 옷이여
흰 실로 다섯 군데 꾸몄도다
조정에서 물러나 공문에서 먹으니
떳떳하고 당당하다

| 자해 |

羔 : 작은 염소. • 羊은 큰 염소. • 皮 : 갖옷을 만드는 것. 가죽. 대부(大夫)가 평사시에 입는 옷. • 素 : 희다는 말. • 紽 : 자세하지 않으나 대개 실로 갖옷을 꾸미는 것을 말함. • 退食 : 조회에서 물러나 먹는 것. • 自公 : 공문(公門)으로 따라 나옴. • 委蛇 : 자득(自得)한 모양.

| 의해 |

남국이 문왕의 정사에 교화되어 벼슬자리에 있는 사람들이 다 절약하고 검소하고 정직하였다. 그러므로 시인이 그 의복이 떳

떳하고 행동이 자연스러워 자득함이 이와 같음을 아름답게 여긴 것이다.

7-2. 羔羊之革(고양지혁)이여 素絲五緎(소사오역)이로다 委蛇委蛇(위이위이)하니 自公(자공) 退食(퇴식)이로다 [賦]

| 언해 |

羔羊의 가죽이여 흰 실로 다섯 군ᄃᆡ 緎ᄒᆞ엿도다 委蛇ᄒᆞ며 委蛇ᄒᆞ니 公으로부터 물너와셔 먹도다

| 번역 |

염소 가죽 옷이여.
흰 실로 다섯 군데 꾸몄도다
의젓하고 당당하게
조정에서 물러나 공문에서 먹는구나

| 자해 |

革 : 皮와 같음. • 緎 : 갖옷의 꾸민 경계.

7-3. 羔羊之縫(고양지봉)이여 素絲五總(소사오총)이로다 委蛇委蛇(위이위이)하니 退食(퇴식) 自公(자공)이로다 [賦]

| 언해 |

羔羊의 縫민 것이여 흰 실로 다섯 군ᄃᆡ 總ᄒᆞ엿도다 委蛇ᄒᆞ며 委蛇ᄒᆞ니 물너와셔 먹기를 公으로부터 ᄒᆞ도다

| 번역 |

갖옷을 꿰맨 것이여
흰 실로 다섯 겹 꿰매었네
의젓하고 당당하게
조정에서 물러나 공문에서 먹는구나

| 자해 |

縫 : 가죽을 꿰매서 합하여 갖옷을 만든 것. • 總 : 또한 자세하지 않음.

이 「염소[羔羊]」는 모두 3장이다.

8. 은은한 우레 소리[殷其靁]

8-1. 殷其靁(은기뢰)는 在南山之陽(재남산지양)이어늘 何斯違斯(하사위사)라 莫敢或遑(막감혹황)고 振振君子(진진군자)는 歸哉歸哉(귀재귀재)인저 [興]

| 언해 |

殷ᄒᆞᆫ 그 우뢰ᄂᆞᆫ 南山의 陽에 잇거늘 엇지 이가이에 어그러진지라 敢히 或도 겨치 못ᄒᆞᄂᆞᆫ고 振振ᄒᆞᆫ 君子ᄂᆞᆫ 도라오며 도라올진뎌

| 번역 |

은은한 그 우레는
남산 남녘에 있거늘
어찌 이 사람 이곳을 떠나서
감히 조금도 틈을 내지 못하는가
믿음직한 군자는
부디 돌아오소서

| 자해 |

殷 : 우레 소리. • 陽 : 산(山)의 남녘. • 何斯 : 사(斯)는 이 사람. • 違斯 : 사(斯)는 이곳. • 遑 : 겨를이라는 말. • 振振 : 미덥고 두터움.

| 의해 |

남국이 문왕의 교화를 입음에 부인(婦人)이 그 남편이 부역을 나가 밖에 있어 그리워했기 때문에 이 시를 지은 것이다. "은은한

우레 소리는 남산의 남쪽에 있거늘 어찌 이 군자가 이곳을 떠나 감히 조금도 시간을 내지 못하는가?"라고 하고 이에 또 그 덕을 아름답게 여기고 또 그 일을 일찍 마치고 돌아오기를 기다린 것이다.

8-2. 殷其靁(은기리)는 在南山之側(재남산지측)이어늘 何斯違斯(하사위사)라 莫敢遑息(막감황식)고 振振君子(진진군자)는 歸哉歸哉(귀재귀재)인저 [興]

| 언해 |

殷ᄒᆞᆫ 그 우뢰ᄂᆞᆫ 南山의 겻에 잇거ᄂᆞᆯ 엇지 이가이에 어그러진지라 敢히 겨를ᄒᆞ야 쉬지못ᄒᆞᄂᆞᆫ고 振振ᄒᆞᆫ 君子ᄂᆞᆫ 도라오며 도라올진뎌

| 번역 |

은은한 그 우레는
남산 기슭에 있거늘
어찌 이 사람 이곳을 떠나서
감히 틈내어 쉬지를 못하는가
믿음직한 군자는
부디 돌아오소서

| 자해 |

息 : 그침.

은기리 재남산지하 하사위사 막혹황처
8-3. 殷其靁는 在南山之下어늘 何斯違斯라 莫或遑處

진진군자 귀재귀재
요 振振君子는 歸哉歸哉인저 [興]

| 언해 |

殷ᄒᆞᄂᆞᆫ 그 우뢰ᄂᆞᆫ 南山의 아ᄅᆡ에 잇거ᄂᆞᆯ 엇지 이가이에 어거러진지라 或도 겨를 ᄒᆞ야 處치 못ᄒᆞᄂᆞᆫ고 振振ᄒᆞᆫ 君子ᄂᆞᆫ 도라오며 도라올진뎌

| 번역 |

은은한 그 우레는
남산 남녘에 있거늘
어찌 이 사람 이곳을 떠나서
조금도 틈 내어 살지 못하는가
믿음직한 군자는
부디 돌아오소서

이 「은은한 우레 소리[殷其靁]」는 모두 3장이다.

9. 떨어지는 매화[摽有梅]

9-1. 摽有梅(표유매)여 其實七兮(기실칠혜)로다 求我庶士(구아서사)는 迨其吉兮(태기길혜)인저

[賦]

| 언해 |

ᄠᅥ러지ᄂᆞᆫ ᄆᆡ화여 그 열ᄆᆡ가 닐곱이로다 나를 求ᄒᆞᄂᆞᆫ 무리 션비ᄂᆞᆫ 그 죠흔날을 밋출진뎌

| 번역 |

떨어지는 매화여.
그 열매 일곱 개 이로다
나를 찾는 뭇 선비는
그 좋은 날 오셨으면

| 자해 |

摽 : 떨어짐. • 梅 : 나무 이름이니 꽃은 희고 열매는 살구 같은데 신맛이 남. • 庶 : 무리 많음. • 迨 : 미친다는 말. • 吉 : 좋은 날.

| 의해 |

남국이 문왕의 교화를 입음에 여자가 정조와 신의로써 하여 스스로 지킬 줄 알아서 아직 시집가는 것이 때에 미치지 못하여 억세고 포악한 욕(辱)이 있을까 두려워하였다. 그리하여 "매화가 떨어지고 나무에 있는 것은 몇 개 되지 않아서 때를 놓치게 되어 너무 늦어버

릴지 모른다. 나를 구하는 뭇 선비는 반드시 이 좋은 날에 미쳐 오는 사람이 있었으면"이라고 한 것이다.

9-2. 摽有梅(표유매)여 其實三兮(기실삼혜)로다 求我庶士(구아서사)는 迨其今兮(태기금혜)인저
[賦]

| 언해 |

떠러지는 미화여 그 열미가 세히로다 나를 求ᄒᆞ는 무리 션비는 그 이졔를 밋출진뎌

| 번역 |

떨어지는 매화여.
그 열매가 셋이로다
나를 찾는 뭇 선비는
오늘 바로 오셨으면

| 자해 |

今 : 이제라는 말이니, 좋은 날을 기다리지 않음.

9-3. 摽有梅(표유매)여 頃筐塈之(경광기지)로다 求我庶士(구아서사)는 迨其謂之(태기위지)인저
[賦]

| 언해 |

ᄣᅥ러지ᄂᆞᆫ ᄆᆡ화여 광쥬리를 기우려 취ᄒᆞ놋다 나를 求ᄒᆞᄂᆞᆫ 무리 션ᄇᆡᄂᆞᆫ 그 닐음을 밋출진뎌

| 번역 |

떨어지는 매화여
광주리를 기울려 담도다
나를 찾는 뭇 선비는
약속하고 오소서

| 자해 |

墍 : 취(取)함. • 謂之 : 다만 서로 말만 해도 언약을 정할 수 있음.

| 의해 |

매화가 나무에 있는 것이 셋이니 떨어진 것이 또 많을 것이요, 기울어진 광주리로 취하니 다 떨어진 것이니 그 말이 비록 급급(汲汲)한 듯하나 반드시 남편 될 선비가 찾기를 기다림인데 때가 지나버릴까 두려워함은 정(情)이요, 선비가 찾아줄 것을 기다림은 예(禮)이니 정에 드러나 예의에 그침은 대개 변풍(變風)만이 유독 그런 것은 아니다.

이 「떨어지는 매화[摽有梅]」는 모두 3장이다.

10. 작은 별[小星]

10-1. 嘒彼小星(혜피소성)이여 三五在東(삼오재동)이로다 肅肅宵征(숙숙소정)이여 夙夜(숙야)在公(재공)하니 寔命不同(식명부동)일새니라 [興]

| 언해 |

嘒훈 뎌 젹은 별이여 세히며 다섯이 東에 잇도다 肅肅히 밤에 감이여 일즉이나 져무리 公에 잇스니 진실로 命이 훈가지 안일시니라

| 번역 |

희미한 저 별이여
셋이며 다섯이 동녘에 떠오르네
빨리 밤에 감이여
새벽부터 밤늦도록 공소(公所)에 있으니
실로 분수가 다르기 때문이리

| 자해 |

嘒 : 희미한 모양. • 三五 : 그 드문 것을 말함. 처음 나올 때며 장차 아침이 되려는 때. • 肅肅 : 가지런하고 빠른 모양. • 宵 : 밤. • 征 : 간다는 말. • 寔 : 실(實)과 같음. • 命 : 하늘이 부여해 준 분수를 이름.

| 의해 |

남국의 부인이 후비(后妃)의 교화를 받아서 질투하지 않아 그 아

랫사람에게 은혜롭게 하였기 때문에 그 뭇 첩(妾)들이 아름답게 여기는 것이 이와 같았다. 대개 뭇 첩들이 임금께 나아가 모시되 감히 저녁에 하지 못하고 별을 보고 가서 별을 보아 돌아왔기 때문에 본 바로 인하여 흥(興)을 일으킨 것이니, 그 의미에 있어서 취할 것이 없다. 다만 동녘에 있으며 공[公, 공소(公所)]에 있다는 두 글자가 상응하는 것을 취하였는데, 마침내 이렇게 하여 말한 것은 그 부여된 신분이 귀한 사람과 같지 않은 데서 말미암은 것이다. 이 때문에 깊이 임금을 모심을 부인의 은혜로 여겨서 감히 부지런히 오고 가는 것의 수고로움을 원망하지 않는 것이다.

10-2. 嘒彼小星(혜피소성)이여 維參與昴(유삼여묘)로다 肅肅宵征(숙숙소정)이여 抱衾(포금)與裯(여주)하니 寔命不猶(식명불유)일새니라 [興]

| 언해 |

嘒ᄒᆞᆫ 뎌 젹은 별이여 參과 다ᄆᆞᆺ 昴ㅣ로다 肅肅히 밤에 감이여 핫니불과 다ᄆᆞᆺ 홋니불을 안으니 진실로 命이 갓지 안일ᄉᆡ니라

| 번역 |

희미한 저 작은 별
삼성과 묘성이로다
빨리 밤에 감이여
핫이불과 홑이불 안으니
실로 팔자가 달라서 그러리

| 자해 |

參과 昴: 서쪽에 두 별 이름. • 衾: 핫이불〔솜이불〕. • 裯: 홑이불. • 猶: 같다는 말.

| 의해 |

신분이 낮은 첩이 임금을 얻어 모시면 이는 그 참람하고 방자하여 분한(分限)을 넘을 수 있다. 이에 핫이불과 홑이불 안고 다니기를 부지런히 하여 주어진 분수가 같지 않음을 알아차릴 수 있었으니 교화가 지극한 것이다.

이 「작은별[小星]」은 모두 2장이다.

| 요지 |

부인이 질투하거나 시기하는 행실이 없음에 천한 첩이 그 분수를 편안히 여기니 이른바 "위 사람이 어진 것[仁]을 좋아하면 아랫사람도 반드시 옳은 것[義]을 좋아한다." 한 것과 같다.

11. 강물은 돌아드는데 [江有汜]

11-1. 江有汜(강유사)어늘 之子歸(지자귀)에 不我以(불아이)로다 不我以(불아이)나 其後(기후)也悔(야회)로다 [興]

| 언해 |

江에ᄂᆞᆫ 汜ㅣ 잇거ᄂᆞᆯ 之子ㅣ 歸ᄒᆞᆯ제 나ᄅᆞᆯ 以치 안이ᄒᆞᄂᆞᆺ다 나를 以치 안이ᄒᆞ나 그 後에 뉘웃차도다

| 번역 |

강물은 돌아들건만
그 아가씨 시집감에
나를 데리고 가지 않는다
나를 데리고 가지 않으나
나중에는 후회하리

| 자해 |

汜 : 물이 갈려 흐르다가 다시 들어오는 것. • 之子 : 잉첩(媵妾)이 적처(嫡妻)를 가리켜 말함. : 歸 : 부인이 시집감을 말함. • 我 : 잉첩이 스스로 '나'라는 말. • 以 : 좌지우지(左之右之)할 수 있다는 말이니, 자기를 데리고 함께 감을 이름.

| 의해 |

이때 사수의 곁에 잉첩이 나라에서 나이가 차기를 기다리는 이가

있었는데 적처[嫡妻 : 정부인(正夫人)]가 함께 가지 않았다. 그후 정부인이 후비의 교화를 입어서 이에 스스로 뉘우쳐서 그를 맞이할 수 있었기 때문에 잉첩이 강물에 사(汜)가 있는 것을 보고서 흥(興)을 일으켜 "강(江)에는 오히려 사(汜)가 있거늘 아가씨가 시집갈 때 나를 데리고 가지 않도다. 비록 나를 데리고 가지 않았지만 그 후에 또한 뉘우쳤다." 한 것이다.

11-2. 江有渚어늘 之子歸에 不我與로다 不我與나 其後也處로다 [興]

| 언해 |

江에ᄂᆞᆫ 渚ㅣ 잇거ᄂᆞᆯ 之子ㅣ 歸ᄒᆞᆯ제 나를 與치 안이ᄒᆞ도다 나를 與치 안이ᄒᆞ나 그 後에 處ᄒᆞ도다

| 번역 |

강에는 작은 섬이 있건만
그 아가씨 시집감에
나와 함께 가지 않누나
나와 함께 하지 않았지만
나중에는 함께 편안하리

| 자해 |

渚 : 작은 섬이니 물이 갈라져 이루어진 것. • 與 : 이(以)와 같음. • 處 : 편안함이니 그 편안한 바를 얻음.

11-3. 江有沱어늘 之子歸에 不我過로다 不我過나 其嘯也歌로다 [興]

| 언해 |

江에는 沱ㅣ 잇거늘 之子ㅣ 歸홀제 나를 過치 안이ᄒᆞ도다 나를 過치 아이ᄒᆞ나 그 쉬파롬ᄒᆞ다가 노릐ᄒᆞ도다

| 번역 |

강에는 갈림길이 있건만
그 아가씨 시집감에
나에게 들리지 않았네
나에게 들리지 않았으나
휘파람 불다 노래하였네

| 자해 |

沱 : 江이 갈라진 것. 지류(支流). • 過 : 나에게 들려서 함께 데리고 감. • 嘯 : 입을 오무려서 소리를 내어 울분의 기운을 폄이니 그 뉘우칠 때를 말함. • 歌 : 그 처할 바를 얻어서 즐거워함.

이 「강물은 돌아드는데[江有汜]」는 모두 3장이다.

소성(小星)의 부인은 은혜가 잉첩(媵妾)에게 미쳤음에 잉첩이 그 마음을 다하였고, 강타(江沱)의 정부인은 은혜가 잉첩에게 미치지 못하였지만 잉첩이 원망하지 않았으니, 대개 아버지가 비록 자애롭지 않지만 아들이 효도하지 않을 수 없으니 각각 그 도리를 다할 따름이다.

12. 들엔 죽은 노루가[野有死麕]

12-1. 野有死麕(야유사균)이어늘 白茅包之(백모포지)로다 有女懷春(유녀회춘)이어늘 吉士誘之(길사유지)로다 [興]

| 언해 |

들에 죽은 노로가 잇거늘 흰 쀠로쓰놋다 계집이 봄에 회로ᄒᆞ거늘 吉士가 달니놋다

| 번역 |

들엔 죽은 노루가 있건만
흰 띠풀로 싸 주었네
아가씨 봄 생각함에
좋은 선비 수작을 거네

| 자해 |

麕 : 노루이니 사슴 등속으로 뿔이 없는 것. • 懷 : 봄에 이르러 회포가 있다는 말. • 吉士 : 아름다운 선비와 같음.

| 의해 |

남국이 문왕의 교화를 입어 여자가 스스로 정결하게 지켜서 강하고 포악한 사람에게 더럽혀지지 않은 자가 있었기 때문에 시인이 본 것을 가지고 그 일을 흥(興)하여 아름답게 여긴 것이다. 누가 말하기를, "부(賦)"라고 하였으니, "아름다운 선비가 흰 띠로 그

죽은 노루를 싸서 춘정을 품은 여자를 유인한다"고 말한 것이다.

12-2. 林有樸樕하며 野有死鹿이어늘 白茅純束하나니 有女如玉이로다 [興]

| 언해 |

수풀에 젹은 나무가 잇스며 들애 죽은 사슴이 잇거늘 흰 쒸로 ᄊᆞᄂᆞ니 계집이 玉갓도다

| 번역 |

수풀엔 작은 나무가 있스며
들엔 죽은 사슴이 있거늘
흰 띠로 싸 놓으니
여자애가 옥 같구나

| 자해 |

樸樕 : 작은 나무. • 鹿 : 짐승 이름이니 뿔이 있는 것. • 純束 : 포지(包之)와 같음. • 如玉 : 아름다운 자태.

| 의해 |

윗 3구가 아래 한 구를 홍을 돋운 것인데, 누군가 말하기를, "부(賦)"라고 하여 "작은 나무로써 죽은 사슴 밑에 깔고 흰 띠로 묶어서 이 옥(玉)같이 아름다운 여자를 유혹한다"고 말한 것이다.

12-3. 舒而脫脫兮하야 無感我帨兮하며 無使尨也吠하라 [賦]

| 언해 |

지완이 脫脫히 ᄒᆞ야 내 수건을 움직이지 말며 개로ᄒᆞ여곰 지즈게 말라

| 번역 |

천천히 느리게 하여
내 수건을 움직이지 말며
삽살개를 못 짖게 하라

| 자해 |

舒 : 느림. 지완(遲緩)함. • 脫脫 : 느린 모양. • 感 : 움직인다는 말. • 帨 : 수건. • 尨 : 삽살개.

| 의해 |

이 장은 여자가 거절하는 말을 기술하여 말하기를, "아직 천천히 와서 나의 수건을 움직이게 하지 말며 나의 개를 놀라게 하지 말라." 하였으니, 그 서로 미치지 못할 것임을 심하게 말한 것이니 늠름하여 범(犯)할 수 없는 뜻을 볼 수 있다.

이 「들엔 죽은 노루가[野有死麕]」는 모두 3장이다.

13. 어찌 그리 풍만한가?[何彼襛矣]

13-1. 何彼襛矣(하피농의)요 唐棣之華(당체지화)로다 曷不肅雝(갈불숙옹)이리요 王姬(왕희)之車(지차)로다 [興]

| 언해 |

엇지 뎌리 셩ᄒᆞ뇨 唐棣의 곳이로다 엇지 공경ᄒᆞ며 화ᄒᆞ지 안이ᄒᆞ리오 王姬의 슈릐로다

| 번역 |

어찌 그리 풍만한가
당체 꽃이로다
어찌 공경하며 화순치 않으리오
왕희의 수레로다

| 자해 |

襛 : 풍만함이니 융융(戎戎)과 같음. • 唐棣 : 체(栘)나무이니 백양(白楊)과 같음. • 肅 : 공경함. • 雝 : 화(和)함. • 王姬 : 주나라 임금의 딸이 희성(姬姓)이기 때문에 이렇게 말함.

| 의해 |

왕희(王姬)가 수레에서 내려 제후에게 시집감에 수레와 옷의 훌륭함이 이와 같은데 감히 귀함을 믿고 그 남편의 집에서 교만하지 않았다. 그러므로 그 수레를 본 자도 그 공경하고 또 화(和)하

여 부도(婦道)를 행할 줄을 아는지라, 이에 시를 지어 아름답게 여겨 말하기를 "어찌 저리 융융(戎戎)히 성(盛)하였는가? 이에 당체(唐棣)의 꽃이로다. 이 어찌 숙숙(肅肅)히 공경하며 옹옹(雝雝)히 화(和)하지 않으리오? 왕희(王姬)의 수레로다"라고 하였으니, 이것은 무왕(武王) 이후의 시인데 그 어느 임금의 때 인지 정확히 알 수는 없으나 문왕과 태사(太姒)의 교화가 오래되어도 쇠미해지지 않았음을 또한 볼 수 있다.

하피농의 화여도리 평왕지손 제후지자
13-2. 何彼襛矣요 華如桃李로다 平王之孫과 齊侯之子로다 [興]

| 언해 |

엇지 뎌리 셩ᄒᆞ뇨 ᄭᅩᆺ이 복숑화와 외얏 갓도다 平王의 孫과 齊侯의 子ㅣ로다

| 번역 |

어찌 그리 풍만한가
꽃이 복숭아와 오얏같도다
평왕의 손녀와
제후(齊侯)의 아들이로다

| 자해 |

李 : 나무 이름이니 꽃은 희고 열매는 먹을 수 있음. • 平 : 구설(舊說)에 바르다는 말.

| 의해 |

구설(舊說)에 "무왕의 딸, 문왕의 손녀가 제후(齊侯)의 아들에게 시집갔다"라고 하였으며, 혹자는 "평왕(平王)은 곧 평왕 의구(宜臼)요 제후는 곧 양공(襄公) 제아(諸兒)이니 일이 『춘추(春秋)』에 보인다"라고 하였으니 누가 옳은 줄을 알 수 없다. 복숭아와 오얏 두 물건을 가지고 여자와 사내 두 사람을 흥(興)을 일으킨 것이다.

13-3. 其釣維何요(기조유하) 維絲伊緡이로다(유사이민) 齊侯之子와(제후지자) 平王之孫이로다(평왕지손) [興]

| 언해 |

그 낙시질ᄒᆞ는 것이 무엇인고 실로 낙시줄을 ᄒᆞ얏도다 齊侯의 子와 平王의 孫이로다

| 번역 |

그 낚시질 하는 것이 무엇인가
실로 낚시줄을 하였구나
제후의 아들과
평왕의 손녀로다

| 자해 |

伊 : 유(維)와 같음. • 緡 • 낚시 줄이니 실로 合하여 낚시 줄을 만드는 것이 남자와 여자가 합하여 혼인함과 같음.

이 「어찌 그리 풍만한가[何彼襛矣]」는 모두 3장이다.

14. 사냥터 관리[騶虞]

14-1. 彼茁者葭(피줄자가)에 壹發五豝(일발오파)로소니 于嗟乎騶虞(우차호추우)로다 [賦]

| 언해 |

뎌 茁ᄒᆞᆫ 갈ᄃᆡ예 한번 發홈에 다셧 숫돗이로소니 于嗟홉다 騶虞ㅣ로다

| 번역 |

저 무성한 갈대에
한 번 쏘자 다섯 수퇘지로소니
아! 사냥터 관리답구나

| 자해 |

茁 : 나서 무성한 모양. • 葭 : 갈대[蘆]이니, 위(葦)라 한다. • 發 : 화살을 쏨. • 豝 : 수퇘지. • 騶虞 : 짐승 이름이니 흰 호랑이 검은 무늬인데 살아있는 물건을 먹지 않는 것. 여기서 추(騶)는 추유(騶囿) 곧 군주의 사냥터이고, 우(虞)는 우관(虞官)으로 짐승을 관리하는 관리. 여기서는 후자를 따랐음.

| 의해 |

남국의 제후가 문왕의 교화를 받아서 몸을 닦고 집을 가지런히 하여 그 나라를 다스리는데 백성을 사랑한 나머지, 은혜가 또 여러 무리에 미쳤다. 그러므로 그 봄 사냥할 때에 초목이 무성하고 금수(禽獸)가 많기가 이와 같은 상황에 이르렀다. 시인이 그 일을 서술하여 찬미하고 또 탄식하여 말하기를, “이것은 그 어진 마음

이 자연스레 나온 것이지 억지로 힘쓴데서 말미암은 것이 아니니, 이것이 곧 참으로 이른바 추우(騶虞)이다." 하였다.

14-2. 彼茁者蓬(피줄자봉)에 壹發五豵(일발오종)이로소니 于嗟乎騶虞(우차호추우)로다 [賦]

| 언해 |

뎌 茁혼 다복쑥에 한번 發홈에 다섯 젹은 돗이로소니 于嗟홉다 騶虞ㅣ로다

| 번역 |

저 무성한 다북쑥에
한 번 쏨에 다섯 새끼 돼지로소니
아! 사냥터 관리답구나

| 자해 |

蓬 : 풀이름이니 다북쑥. • 豵 : 한 해 먹인 것이니 또한 작은 돼지.

이 「사냥터 관리[騶虞]」는 모두 2장이다.

문왕의 교화가 「관저(關雎)」에서 시작하여 「인지(麟趾)」에 이르니 그 교화된 사람에게 들어 간 것이 깊을 것이다. 「작소(鵲巢)」에 나타나서 「추우(騶虞)」에 미쳤으니 그 덕택이 사물에게 미친 것이 넓다. 대개 뜻이 정성스럽고 마음이 바른 공부를 쉬지 아니하고 오래하면 그 훈증(熏烝)하고 투철

함과 융액(融液)하고 두루 퍼짐이 스스로 그칠 수 없는 것이 있었으니, 사사로운 지혜와 힘으로는 미칠 수 없는 것이다. 그러므로 「서(序)」에 "「추우(騶虞)」 「작소(鵲巢)」에 응하는 것으로 왕도(王道)가 이루어짐을 본다." 하였으니 그 반드시 전해받은 바가 있어서 일 것이다.

소남(召南) 국풍(國風)은 14편 40장 177구이다.

내가 살펴보건대 「작소(鵲巢)」에서 「채빈(采蘋)」에 이르기까지는 부인과 대부의 처(妻)가 당시 나라 임금과 대부가 문왕의 교화를 입어서 몸을 닦아서 그 집을 바르게 할 수 있었음을 말한 것이요, 「감당(甘棠)」 이하는 또한 방백(方伯)으로 말미암아 문왕의 교화를 펼 수 있음에 나라 임금이 집안을 닦아서 그 나라에 미칠 수 있었음을 볼 수 있다. 그 말이 비록 문왕을 언급한 것은 없으나 문왕의 덕을 밝히고 백성을 새롭게 한 공이 이에 이르러 그 베푼 것이 넓었을 것이다. 이른바 "그 백성이 호호(皞皞)하여 누가 이렇게 하는지를 알지 못한다"는 것이다. 오직 「하피농의(何彼穠矣)」의 시는 밝게 깨닫지 못하겠으니 의심된 바는 마땅히 빠져야 할 것이다.

주남(周南)과 소남(召南) 두 국풍(國風)은 모두 25편인데 선유(先儒)가 이것을 정풍(正風)이라 하였으니 이제 우선 이 설을 따른다.

공자(孔子)가 백어(伯魚)에게 일러 말하기를, "네가 주남과 소남을 공부하였느냐? 사람으로서 주남과 소남을 배우지 않으면 아마 담벼락에 얼굴을 바로하고 선 것 같을 것이다." 하였다.

『의례(儀禮)』 「향음주(鄕飮酒)」와 「향사(鄕射)」와 「연례(燕禮)」에 모두 주남의 「관저(關雎)」와 「갈담(葛覃)」과 「권이(卷耳)」와 소남의 「작소(鵲巢)」와 「채번(采蘩)」과 「채빈(采蘋)」을 합하여 읊었고 「연례(燕禮)」에 또 방중(房中)의 악(樂)이 있는데 정씨(鄭氏 : 정현(鄭玄))의 주(註)에 "주남(周南)과 소남(召南)의 시를 현악기의 반주에 맞춰 노래하고 종(鍾)과 경쇠를 쓰지 않는다." 하였으니 방중이라는 것은 후부인(后夫人)이 풍송(諷誦)하여 그 군자를 섬기는 것이다.

정자(程子)가 말하기를, "천하를 다스림은 집을 바르게 하는 것이 우선이니, 천하의 집이 바르면 천하가 다스려질 것이니 이남(二南)은 집을 바르게 하는 도(道)이다. 후비(后妃)와 부인(夫人)과 대부(大夫)의 처(妻)의 덕을 기술하여 이것을 사(士)와 서인(庶人)의 집에 미루어 보면 마찬가지인 것이다. 그러므로 방국(邦國)으로부터 향당(鄕黨)에 이르기까지 이것을 쓰고, 조정(朝廷)으로부터 위항(委巷)에 이르기까지 노래하고 읊조리며〔謳吟〕 소리내어 외우지〔諷誦〕 않은 사람이 없었으니, 이리하여 천하를 풍화(風化)한 것이다.

패풍 | 邶風

패(邶)와 용(鄘)과 위(衛)는 세 나라 이름이다. 우공(禹貢) 기주(冀州)에 있으니 서쪽으로 태행산(太行山)이 험하고 북쪽으로 형장(衡障)을 넘고 동남쪽으로 황하를 걸터앉아 연주(兗州) 상토(桑土)의 들판에 미쳤다. 상(商)나라 말에 이르러 주왕(紂王)이 도읍하였는데, 무왕(武王)이 상(商)을 이기고 주왕(紂王)의 도성(都城)인 조가(朝歌)로부터 나누어 북쪽은 패(邶)라 하고 남쪽은 용(鄘)이라 하고 동쪽은 위(衛)라 함으로써 제후를 봉(封)하였으니 패(邶)와 용(鄘)은 처음 봉(封)한 것이 분명하지 않고, 위(衛)는 무왕의 아우 강숙(康叔)의 나라이다. 위(衛)는 본래 하북(河北) 조가(朝歌) 동쪽과 기수(淇水) 북쪽과 백천(百泉) 남쪽에 도읍하니, 그 후 언제 패(邶)·용(鄘) 땅을 합병하여 얻었는지는 알 수 없다. 의공(懿公)에 이르러 적(狄)에게 멸망되었다. 대공(戴公)이 동쪽으로 옮겨 황하를 건너 조읍(漕邑)에 임시로 거처[野處]하였는데, 문공(文公)이 다시 옮겨 초구(楚丘)에 거처하였다. 조가(朝歌)의 고성(故城)은 지금 위주(衛州) 위현(衛縣) 서쪽 22리(里)에 있으니 이른바 은허(殷墟)요, 위(衛)의 고(故都)는 지금의 위현(衛縣)이요, 조(漕)와 초구(楚丘)는 다 활주(滑州)에 있으니 대개 지금의 회주(懷州)·위주(衛州)·단주(澶州)·상주(相州)·활주(滑州)·복주(濮州) 등과 개봉(開封) 및 대명부(大名府)의 경계가 모두 위(衛)의 국경이다. 다만 패(邶)와 용(鄘)의 땅이 이미 위(衛)에 편입되고 그 시(詩)가 다 위(衛)의 일인데, 여전히 그 옛 나라의 이름에 연계되었으니 잘 알 수 없는데, 구설(舊說)에 이하 13 국풍(國風)을 다 변풍(變風)이라 하였다.

1. 잣나무 배[栢舟]

범피백주 역범기류 경경불매 여유은우

1-1. 汎彼栢舟여 亦汎其流로다 耿耿不寐하여 如有隱憂

미아무주 이오이유

하라 微我無酒 以敖以遊니라 [比]

| 언해 |

汎ᄒᆞᆫ 뎌 栢舟ㅣ여 ᄯᅩᄒᆞᆫ 그 流에 汎ᄒᆞ엿도다 耿耿히 자지못ᄒᆞ야 隱憂ᄅᆞᆯ 둔ᄂᆞᆫᄃᆞᆺ호라 내 술이 ᄡᅧ 敖ᄒᆞ며 ᄡᅧ 遊ᄒᆞᆯ 거시 없ᄉᆞᆫ 줄이 안이니라

| 번역 |

흘러가는 저 잣나무 배여
또한 그 물결에 흐르는구나
깜빡깜빡 잠 못 이뤄
아픈 근심을 두는 듯하다
내 술로 즐기며 달랠 것이 없어서가 아니로다

| 자해 |

汎 : 흐르는 모양. • 栢 : 나무 이름. 잣나무. • 耿耿 : 조금 밝음이니 근심하는 모양. • 隱 : 아프다는 뜻. • 微 : '아니다'라는 뜻.

| 의해 |

부인이 그 남편에게 사랑을 받지 못하였기 때문에 잣나무배[栢舟]로써 스스로 비유하여, "잣나무로 배를 만드니 견고하고 치밀하

고 굳고 틈실하거늘 이것을 타며 몸을 싣지 않아서 의박(依薄)할 것이 없고 다만 물 가운데로 흘러갈 따름이다. 그러므로 애통한 근심의 깊음이 이와 같으니 술이 없어서 즐기고 달래어 풀지 못함은 아니다"라고 하였다. 『열녀전(列女傳)』에 이것을 부인의 시라고 하였으니 이제 그 말 기운을 상고함에 비순(卑順)하고 유약(柔弱)하며 또 변풍(變風)의 머리에 있어 아래 편(篇)과 더불어 서로 같으니 어쩌면 또한 장강(莊姜)의 시인지도 모른다.

1-2. 我心匪鑒(아심비감)이라 不可以茹(불가이여)며 亦有兄弟(역유형제)나 不可以據(불가이거)로소니 薄言往愬(박언왕소)요 逢彼之怒(봉피지로)하라 [賦]

| 언해 |

내 ᄆᆞ음이 거울이 아니라 可히 뼈 혜아리지 못ᄒᆞ며 ᄯᅩᄒᆞᆫ 兄弟잇스나 可히 뼈 의지ᄒᆞ지 못ᄒᆞ리로소니 잠ᄭᅡᆫ 가셔 愬ᄒᆞ고 뎌의 怒ᄒᆞᆷ을 맛낫노라

| 번역 |

내 마음이 거울이 아니라
헤아릴 수 없으며
또한 형제 있으나
의지할 수 없기로소니
잠깐 가서 쉬고
저 노여움을 만났네

| 자해 |

鑒 : 거울. • 茹 : 헤아림. • 據 : 의지하다는 뜻. • 愬 : 고함. 하소연함.

| 의해 |

이 시는 "내 마음이 거울이 아니라 물건을 헤아리지 못하고 비록 형제가 있으나 또한 의지할 수 없다. 그러므로 가서 고하다가 도리어 그 노여움을 만났다"는 것을 말한 것이다.

1-3. 我心匪石(아심비석)이라 不可轉也(불가전야)며 我心匪席(아심비석)이라 不可卷也(불가권야)며 威儀棣棣(위의태태)라 不可選也(불가선야)로다 [賦]

| 언해 |

내 ᄆᆞ음이 돌이 아니라 可히 굴느지 못ᄒᆞ리며 내 ᄆᆞ음이 돗쟈리 아니라 可히 것지 못ᄒᆞ리며 威儀ㅣ 棣棣ᄒᆞᆫ지라 可히 골느지 못ᄒᆞ리로다

| 번역 |

내 마음이 돌이 아니라
뒹굴수도 없고
내 마음이 자리가 아니라
걷지도 못하며
위의가 아름다워
고를 수도 없구나

| 자해 |

棣棣 : 부(富)하고 한습(閑習)한 모양. • 選 : 간택(簡擇).

| 의해 |

이 시는 말하기를, "돌은 굴릴 수 있거니와 내 마음은 굴릴 수 없으며 돗자리는 걷을 수 있거니와 내 마음은 걷지 못하며 위의(威儀)가 하나도 착하지 않음이 없어 또 얻어 가려 취하며 버리지 못할 것이니 다 스스로 돌이켜 생각해도 잘못이 없다"는 뜻이다.

우심초초 온우군소 구민기다 수모불
1-4. 憂心悄悄어늘 慍于羣小하라 覯閔既多어늘 受侮不
소 정언사지 오벽유표
少하라 靜言思之요 寤辟有摽하라 [賦]

| 언해 |

ᄆᆞᄋᆞᆷ애 근심홈을 悄悄히 ᄒᆞ거ᄂᆞᆯ 羣小의게 慍히요라 閔을 覯홈이 임의 만앗거ᄂᆞᆯ 업슈너김 밧음을 젹이 아니호라 靜히셔 ᄉᆡᆼ각ᄒᆞ고 寤ᄒᆞ야 辟홈을 摽히호라

| 번역 |

마음에 초조하게 근심하거늘
여럿 첩들에게 미움 받노라
미움 받아 근심이 이미 많았거늘
수모를 받는 것이 적지 않구나
조용히 생각하고
잠을 깨어 가슴 치네

| 자해 |

悄悄 : 근심하는 모양. • 慍 : 노여워하는 뜻. • 羣小 : 여러 첩[衆妾]. 중첩(衆妾)에게 노여움을 보았다는 뜻. • 覯 : 봄. 만남. • 閔 : 병(病)과 같으니 폐해의 뜻. • 辟 : 가슴을 어루만짐. • 摽 : 가슴을 어루만지는 모양.

1-5. 日居月諸(일거월저)여 胡迭而微(호질이미)요 心之憂矣(심지우의)여 如匪澣衣(여비한의)로다 靜言思之(정언사지)요 不能奮飛(불능분비)하라 [比]

| 언해 |

날이며 달이여 엇지 번가러 이질어지ᄂᆞ뇨 ᄆᆞ옴의 근심홈이여 ᄲᆞᆯ지 아닌 옷 갓도다 精히셔 ᄉᆡᆼ각ᄒᆞ고 能히 ᄯᅥᆯ치여 날지 못호라

| 번역 |

해며 달이여
어찌 번갈아 이질어지는가
마음에 근심함이여
빨지 않은 옷 같구나
조용히 생각하고
떨쳐 날지 못하도다

| 자해 |

居諸 : 어사(語辭). • 迭 : 번갈아 함. • 微 : 이질어짐. • 匪澣衣 : 때 묻고 더러워 빨지 않은 옷. • 奮飛 : 새가 날개를 떨쳐 날아가는 것 같음.

| 의해 |

이 시는 말하기를, "해는 마땅히 항상 밝은데 달은 때로 이질어짐

이 있음이 정적(正嫡)은 마땅히 높고 여러 첩은 마땅히 낮음과 같거늘 이제 여러 첩이 도리어 정적(正嫡)을 이기니 이는 해와 달이 서로 이지러짐이다. 이리하여 근심함이 번민하고 원망[煩冤]하여 마음이 어지러우며 눈이 어두움에 이르러 빨지 않은 옷을 입은 것 같아서 떨쳐 일어나서 날아가지 못함을 한탄하였다"고 한 것이다.

이 「잣나무 배[栢舟]」는 모두 5장이다.

2. 초록 옷[綠衣]

2-1. 綠兮衣兮(녹혜의혜)여 綠衣黃裏(녹의황리)로다 心之憂矣(심지우의)여 曷維其已(갈유기이)요

[比]

| 언해 |

綠ᄒᆞᆫ 衣여 綠이 衣오 黃이 裏로다 ᄆᆞᄋᆞᆷ의 근심ᄒᆞᆷ이여 언졔 그 긋칠고

| 번역 |

초록 옷이여
녹색이 윗도리고 노랑색은 속옷이네
마음에 근심함이여
언제나 그치려나

| 자해 |

綠 : 노랑 빛보다는 푸른 빛이 더 나는 간색(間色) • 黃 : 중앙(中央) 토(土)의 정색(正色). 간색은 천하거늘 그것으로 겉옷[衣]을 해입고 정색(正色)은 귀(貴)하거늘 그것을 가지고 속옷을 해 입었으니 모두 올바름을 잃음을 말함. • 已 : 그침.

| 의해 |

장공(莊公)이 폐첩(嬖妾)에게 미혹함에 부인 장강(莊姜)은 어질지만 자리를 잃었다. 그리하여 이 시를 쓴 것인데, 녹색으로 겉옷

입고 황색으로 속옷을 입었음을 말하여 천한 첩이 높이 드러나고 정실 부인은 어둡고 은미하게 하여 나로 하여금 근심이 스스로 그치지 못하게 함을 비유한 것이다."

2-2. 綠兮衣兮(녹혜의혜)여 綠衣黃裳(녹의황상)이로다 心之憂矣(심지우의)여 曷維其亡(갈유기망)고 [比]

| 언해 |

綠혼 衣여 綠이 衣오 黃이 裳이로다 ᄆᆞ옴의 근심홈이여 언제 그 이질고

| 번역 |

초록 옷이여
녹색 윗도리에 노랑 속옷이네
마음의 근심이여
언제가 잊을까

| 자해 |

衣 : 웃옷. • 裳 : 아래옷이니 『예기』에 "의(衣)는 정색으로 하고, 상(裳)은 간색으로 한다." 하였는데 이제 녹색으로 웃옷을 해 입고 황색으로 속옷으로부터 전략하여 치마를 만드니 그 올바름을 잃음이 더욱 심한 것을 말함. • 亡 : 잊음.

2-3. 綠兮絲兮라 女所治兮로다 我思古人하여 俾無訧兮로다 [比]

| 언해 |

綠이 絲라 네의 다스리는 배로다 내 녯사름을 싱각ᄒᆞ야 ᄒᆞ여곰 訧ㅣ 업게홀지로다

| 번역 |

녹색 실이로다
네가 다스리는 것이네
나 옛 사람을 생각하여
허물 없게 하리라

| 자해 |

女 : 그 군자(君子)를 가리킴. • 治 : 다스려 짜는 것. • 俾 : '하여금'이라는 뜻. • 訧 : 허물.

| 의해 |

이 시는 말하기를, "녹색이 바야흐로 실이 되었거늘 네가 또 다스려 짜는 것을 가지고 첩이 바야흐로 젊고 아름답거늘 네가 또한 총애함을 비유한 것이다. 그러니 내 장차 어찌 할까? 고인 가운데 이런 일을 만나 잘 처리한 자를 생각하여 스스로가 힘써서 허물 있는데 이르지 않도록 할 따름이다"라고 한 것이다.

2-4. 絺兮綌兮여 淒其以風이로다 我思古人하니 實獲我心이로다 [比]

| 언해 |

絺며 綌이여 淒한 그 風으로뼈ㅣ이로다 내 녯사ᄅᆞᆷ을 ᄉᆡᆼ각ᄒᆞ니 진실로 내 ᄆᆞᄋᆞᆷ을 엇엇도다

| 번역 |

가는 베며 굵은 베여
찬바람이 스쳐가네
나 옛 사람을 생각하니
진실로 내 마음을 얻었도다

| 자해 |

淒 : 찬바람.

| 의해 |

가는 베와 굵은 베가 찬바람을 만난 것이 내 몸을 스쳐 버림 받은 것과 같다. 그러므로 고인 가운데 선처(善處)한 자를 생각하니 참으로 내 마음이 추구하는 바를 먼저 알 수 있었던 것이다.

이 「초록 옷[綠衣]」은 모두 4장이다.

| 요지 |

장강(莊姜)의 일은 『춘추전(春秋傳)』에 보이고, 이 시는 상고할

곳이 없어서 우선 「서설(序說)」을 따르니 아래 세 편도 마찬가지다.

3. 제비 [燕燕]

3-1. 燕燕于飛여(연연우비) 差池其羽로다(치지기우) 之子于歸에(지자우귀) 遠送于野하라(원송우야) 瞻望弗及이라(첨망불급) 泣涕如雨하라(읍체여우) [興]

| 언해 |

졥이며 졥이의 날음이여 差池훈 그 날기ㅣ로다 之子ㅣ돌아감애 멀니 들에 가 보내노라 瞻望ᄒᆞ야도 밋치지 못홀지라 泣涕홈을 비ᄀᆞ치호라

| 번역 |

이 제비 저 제비 날음이여
어수선한 날개로다
이 아가씨 돌아감에
멀리 들에서 보내노라
아무 쳐다봐도 미치지 못하여
비 오듯 눈물 쏟네

| 자해 |

燕 : 을(鳦)이니 제비. 연연(燕燕)한 것은 거듭 말함 것임. • 差池 : 가지런 하지 못한 모양. • 之子 : 대규(戴嬀)를 가리킴. • 歸 : 크게 돌아감.

| 의해 |

장강(莊姜)이 이들이 없어 진나라에서 시집온 대규(戴嬀)의 아들

완(完)을 아들로 삼았는데, 장공(莊公)이 죽고 완(完)이 벼슬자리에 나아감에 폐인(嬖人)의 아들 주우(州吁)가 그를 죽였기 때문에 대규(戴嬀)가 진나라로 영영 돌아가게 되었는데 장강이 그를 보내면서 이 시를 지었다.

3-2. 燕燕于飛(연연우비)여 頡之頏之(힐지항지)로다 之子于歸(지자우귀)에 遠于將之(원우장지)하라 瞻望弗及(첨망불급)이라 佇立以泣(저립이읍)하라 [興]

| 언해 |

졉이며 졉이의 날음이여 頡ᄒᆞ며 頏ᄒᆞᄂᆞ다 之子ㅣ 歸홈애 멀니 가 보내노라 瞻望ᄒᆞ야도 밋치지 못홀지라 오래셔셔 뼈 泣호라

| 번역 |

이 제비 저 제비 날음이여
오르다가 내려오네
이 아가씨 돌아감에
멀리 가 보내노라
아무리 쳐다봐도 미치지 못하니
우두커니 눈물지며 섰노라

| 자해 |

頡 : 날아 올라감. • 頏 : 날아 내려감. • 將 : 보냄. • 佇立 : 오래 섰다는 뜻.

3-3. 燕燕于飛(연연우비)여 下上其音(하상기음)이로다 之子于歸(지자우귀)에 遠送于南(원송우남)하라 瞻望弗及(첨망불급)이라 實勞我心(실로아심)하라 [興]

| 언해 |

졥이며 졥이의 날음이여 下ᄒᆞ며 上ᄒᆞᄂᆞᆫ 그 소릐로다 之子ㅣ 歸홈애 멀니 南에 가 보내노라 瞻望ᄒᆞ야도 밋치지 못ᄒᆞᆯ지라 진실로 내 ᄆᆞ음을 슈구로이호라

| 번역 |

이 제비 저 제비 날음이여
내려오며 오르는 그 소리로다
이 아가씨 돌아감에
멀리 남쪽에 가 보내노라
쳐다보고 쳐다봐도 미치지 못하니
진실로 내 마음이 괴롭구나

| 자해 |

上音 : 울며 올라감. • 下音 : 울며 내려감. • 送于南 : 진(陳)나라가 위(衛)나라 남쪽에 있음을 말함.

3-4. 仲氏任只(중씨임지)하니 其心塞淵(기심색연)이로다 終溫且惠(종온차혜)하여 淑愼其身(숙신기신)이요 先君之思(선군지사)로 以勗寡人(이욱과인)이로다 [賦]

| 언해 |

仲氏ㅣ 任ᄒᆞ니 그 ᄆᆞᄋᆞᆷ이 셩실ᄒᆞ며 깁푸도다 ᄆᆞᄎᆞᆷ내 온화ᄒᆞ고 ᄯᅩ 슌ᄒᆞ야 착ᄒᆞ게 그 몸을 삼가고 先君을 ᄉᆡᆼ각홈으로 ᄡᅧ 寡人을 勗ᄒᆞ놋다

| 번역 |

중씨가 신임하니
그 마음이 성실하고 깊도다
마침내 온화하고 또 순하여
착하게 그 몸을 삼가고
선군을 생각하여 과인을 권면하네

| 자해 |

仲氏 : 대규(戴嬀)의 자(字). • 任 : 은혜로써 서로 믿는 것. • 只 : 어조사. • 塞 : 성실함. • 淵 : 깊음. • 終 : 마침내. • 溫 : 온화함. • 惠 : 순함. • 淑 : 착함. • 先君 : 장공(莊公)을 이름. • 勗 : 권면함. • 寡人 : 덕이 적은 사람이라는 말이니 장강(莊姜)이 스스로 일컫은 것임.

| 의해 |

장강이 말하기를, "대규의 어진 것이 이와 같고 또 선군(先君)을 생각함으로써 나를 권면하여 나로 하여금 항상 생각하여 그 지킴을 잃지 않게 한다." 하였다. 양씨(楊氏)가 말하기를, "주우(州吁)의 사나움과 환공(桓公)의 죽음과 대규의 가는 것이 다 부인이 자리를 잃고 선군에게 사랑을 받지 못한 소치이거늘 대규가 오히려 선군을 생각함으로써 부인을 권면하니 참으로 온화하고 또 은혜롭다고 할만하다"고 하였다.

이 「제비[燕燕]」는 모두 4장이다.

4. 해와 달[日月]

4-1. 日居月諸(일거월저) 照臨下土(조림하토)시니 乃如之人兮(내여지인혜) 逝不古處(서불고처)하나다 胡能有定(호능유정)이리오마는 寧不我顧(녕불아고)요 [賦]

| 언해 |

날이며 달이 下土애 빗취어 臨ᄒᆞ야 계시니 이러ᄐᆞᆺ ᄒᆞᆫ사람이 古로 處치 아니ᄒᆞᄂᆞ다 엇지 能히 定홈이 잇시리오마ᄂᆞᆫ 엇지 나ᄅᆞᆯ 돌아보지 아니ᄒᆞᄂᆞ뇨

| 번역 |

해와 달이 이 세상에 비치니
이렇듯 한사람이
옛처럼 날 대우하지 않네
어찌 마음을 정할 수 있을까마는
어찌 나를 돌아보지 않는고

| 자해 |

日居月諸 : 해와 달을 부르며 고함. • 之人 : 장공(莊公)을 가리킴. • 逝 : 발어사. • 古處 : 자세하지 않으나 아마 옛 도리로써 서로 대우한다는 뜻이라 함. • 胡 : 어찌라는 뜻. • 寧 : 어찌라는 뜻.

| 의해 |

장강(莊姜)이 장공(莊公)에게 사랑을 받지 못한 까닭에 해와 달

을 부르며 고하여 "해와 달이 비치어 임함이 오래거늘 이제 이에 이 같은 사람이 있어 옛 도리로써 서로 대우하지 않으니 이는 그 마음과 뜻이 굽고 미혹됨이다. 어떻게 해야 정(定)함이 있으리오마는 어찌 홀로 나를 돌아보지 않는가?" 하니 버림 받기를 이같이 하였거늘 오히려 바라는 뜻이 있으니 이것이 시(詩)가 후(厚)하게 되는 이유이다.

4-2. 日居月諸(일거월저) 下土是冒(하토시모)시니 乃如之人兮(내여지인혜) 逝不相好(서불상호)하나다 胡能有定(호능유정)이리오마는 寧不我報(녕불아보)요 [賦]

| 언해 |

날이며 달이 下土애 이 덥허겨시니 이러틋 ᄒᆞᆫ사람이 셔로 조와 안이하ᄂᆞ다 엇지 能히 定홈이 잇시리오마ᄂᆞᆫ 엇지 나롤 報치 아니ᄒᆞᄂᆞ뇨

| 번역 |

해와 달이 이 세상에 덮이니
이렇듯 한사람이
서로 사이 좋지 않네
어째야 마음을 정할 수 있을까마는
어찌 내게 답하지 않는고

| 자해 |

冒 : 덮다. • 報 : 대답.

4-3. 日居月諸(일거월저) 出自東方(출자동방)이셨다 乃如之人兮(내여지인혜) 德音無良(덕음무량)이로다 胡能有定(호능유정)이리오마는 俾也可忘(비야가망)가 [賦]

| 언해 |

날이며 달이 出홈을 東方으로부터 ᄒᆞ샷다 이러ᄐᆞᆺ ᄒᆞᆫ사람이 德音이 良홈이 업도다 엇지 能히 定홈이 잇시리오마는 하여곰 可히 니질것이라 ᄒᆞᄂᆞ냐

| 번역 |

해와 달이 동쪽에서 나왔도다
이렇듯 한사람이
서로 사이 좋지 않네
어찌하여 마음을 정할 수 있을까마는
어찌 내게 답하지 않는고

| 자해 |

日居月諸 出自東方 : 해는 아침에 반드시 동쪽에 나고 달도 보름이면 또한 동쪽에 나옴. • 德音 : 그 말을 아름답게 여김. • 無良 : 그 실상을 추하게 여김. • 俾也可忘 : '어찌 홀로 나를 잊을 수 있다는 건가?'라는 뜻.

4-4. 日居月諸(일거월저) 東方自出(동방자출)이샷다 父兮母兮(부혜모혜) 畜我不卒(휵아부졸)이샷다 胡能有定(호능유정)이리오마는 報我不述(보아불술)하나다 [賦]

| 언해 |

날이며 달이 東方으로부터 나셧다 父와 母ㅣ 나 길느기를 마츠지 안이ᄒᆞ셧다 엇지 能히 定홈이 잇스리오마는 나를 갑흐되 述치 안이ᄒᆞᄂᆞ다

| 번역 |

해와 달이
동쪽에서 나왔도다
아버지와 어머니
날 기르시기를 마치지 않으셨다
어째야 마음을 정할 수 있을까마는
나에 보답함이 무도(無道) 하구나

| 자해 |

畜 : 기르는 것. • 卒 : 마치는 것. • 述 : 의리(義理)를 좇지 아니함.

| 의해 |

그 남편에게 사랑을 얻지 못하여 부모(父母)가 나를 길러주심을 마치지 못하였다고 탄식하니 대개 우환(憂患)과 병통[疾痛]이 극진하면 반드시 부모를 부르는 것이 사람의 지극한 정(情)이다.

이 「해와 달[日月]」은 모두 4장이다.

이 시는 마땅히 「제비[燕燕]」의 앞에 있어야 할 것이요, 아래 편도 이와 같다.

5. 종일 부는 바람[終風]

5-1. 終風且暴(종풍차폭)나 顧我則笑(고아즉소)하나니 謔浪笑敖(학랑소오)라 中心是悼(중심시도)로다 [比]

| 언해 |

終風이 또 暴ᄒᆞ나 나를 돌아보면 웃ᄂᆞ니 희롱ᄒᆞ며 방탕ᄒᆞ며 웃스며 오만ᄒᆞᆫ지라 中心에 이 설워ᄒᆞᄂᆞ다

| 번역 |

종일 부는 바람 또 빠르기도 하나
나를 돌아보면 웃을 때도 있으니
희롱과 방탕과 비웃음과 오만함이라
마음에 서럽구나

| 자해 |

終風 : 하루 종일 부는 바람. • 暴 : 빠름. • 謔 : 희롱하는 말. • 浪 : 방탕함. • 悼 : 서러워함.

| 의해 |

장공의 사람됨이 광탕(狂蕩)하고 성급하였기 때문에 장강(莊姜)이 차마 지적하여 말하지 못한 까닭에 '종일 부는 바람 또 빠르기도 함'[終風且暴]에 비유하여 "비록 그 광포(狂暴)함이 이와 같으나 또한 나를 돌아보면 웃는 때가 있으되 다만 다 희롱하며 거만

한 뜻에서 나온 것이고 사랑하며 공경하는 정성이 없으니, 또 나로 하여금 감히 말하지 못하게 하고 마음만 홀로 상하게 한다."하였다. 대개 장공의 포악하고 업신여김이 무상(無常)하거늘 장강은 올바르고 정숙함을 스스로 지켰다. 이리하여 그의 뜻을 거슬러 사랑을 받지 못한 것이다.

5-2. 終風且霾(종풍차매)나 惠然肯來(혜연긍래)하나니 莫往莫來(막왕막래)라 悠悠我思(유유아사)로다 [比]

| 언해 |

終風ᄒᆞ고 ᄯᅩ 霾ᄒᆞ나 惠然히 즐겨오ᄂᆞ니 가도 아니ᄒᆞ며 오도 아니ᄒᆞᄂᆞᆫ지라 悠悠ᄒᆞᆫ 내 ᄉᆡᆼ각이로다

| 번역 |

바람이 종일 불고 흙비가 내리나
순하게 즐겨오나니
가지도 않으며 오지도 않는지라
참으로 끝없는 나의 생각이로다

| 자해 |

霾 : 흙비. • 惠 : 순함. • 悠悠 : 생각을 길게 함.

| 의해 |

종일 바람 불고 또 흙비 내림을 가지고 장공의 미치광스럽고 잘못된 것을 비유한 것이다. 비록 미치광스럽고 잘못되었지만 또한

간혹 순하게 즐겨오기도 한다. 다만 또 가지도 않으며 오지도 않는 때가 있으니, 나로 하여금 유유히 생각하게 한다고 함은 그 군자에게 바라는 것이 지극히 깊고 두터움이다.

5-3. 終風且曀(종풍차에)요 不日有曀(불일유에)로다 寤言不寐(오언불매)하며 願言則嚏(원언즉체)하라 [比]

| 언해 |

終風ᄒᆞ고 ᄯᅩ 曀ᄒᆞ고 날이 몯ᄒᆞ야셔 ᄯᅩ 曀ᄒᆞᄂᆞᆺ다 잠ᄭᅵ여셔ᄂᆞᆫ 쟈지를 못ᄒᆞ며 ᄉᆡᆼ각ᄒᆞ야셔ᄂᆞᆫ 곳 지취기호라

| 번역 |

바람은 종일 불고 날은 어둡고
하루도 못가서 날이 흐리네
잠 깨어 자지 못하며
생각해서는 재채기하네

| 자해 |

曀 : 음침하고 바람 붊. • 有 : '또'라는 뜻. • 不日有曀 : 이미 음침하고 하루가 못되어 또 음침함이니 또한 사람의 미치광스럽고 미혹됨이 잠깐 열렸다가 다시 가려짐을 비유한 것. • 願 : 생각함. • 嚏 : 재채기니, 사람의 기운이 답답하고 막힘에 감촉하여 상하고, 또 바람과 안개의 엄습을 당하면 이러한 병이 생김.

5-4. 曀曀其陰이며 虺虺其靁로다 寤言不寐하며 願言則懷하라 [比]

(독음: 에에기음 훼훼기뢰 오언불매 원언즉회)

| 언해 |

曀曀흔 그 그늘이며 虺虺흔 그 우뢰로다 잠씨여서는 져지를 못흐며 싱각흐야셔는 곧 회포호라

| 번역 |

음침하고 음침한 구름이며
우르렁 우르렁 우레 소리로다
잠깨어선 자지를 못하며
생각하곤 곧 생각하누나

| 자해 |

曀曀 : 음침한 모양. • 虺虺 : 우레가 장차 드러나려는 소리로써 사람의 광혹(狂惑)함이 더욱 깊어 그치지 않음을 비유한 것. • 懷 : 생각함.

이 「종일 부는 바람[終風]」은 모두 4장이다.

6. 북치기[擊鼓]

6-1. 擊鼓其鏜(격고기당)이어늘 踊躍用兵(용약용병)하라 土國城漕(토국성조)어늘 我獨(아독)南行(남행)하라 [賦]

| 언해 |

북치기를 그 鏜히 ᄒᆞ거ᄂᆞᆯ 踊躍ᄒᆞ야 兵을 用호라 國애 土ᄒᆞ며 漕애 城ᄒᆞ거늘 내 호올로 南으로 行호라

| 번역 |

둥둥 북을 치거거늘
뛰며 일어나 무기를 쓰는구나
나라에선 흙일 하며 조읍에선 성 쌓거늘
나만 홀로 남으로 싸우러 가네

| 자해 |

鏜 : 북치는 소리. • 踊躍 : 앉으며 당기며 치고 찌르는 모양. • 兵 : 창 붙이. • 土 : 흙으로 하는 일. 토목공사. • 國 : 나라 가운데. • 漕 : 위(衛)나라 고을 이름.

| 의해 |

위나라 사람 가운데 종군(從軍)하는 자가 스스로 그 하는 일을 말하고, 그리하여 "위나라 백성이 어떤 사람은 나라 중앙에서 흙 일을 하며 어떤 사람은 조(漕) 땅에서 성을 쌓거늘 나만 홀로 남쪽

으로 가서 칼날과 활촉에 죽고 망할지도 모른다는 근심이 있으니 위태롭고 괴로움이 더욱 심하다"고 말한 것이다.

6-2. 從孫子仲하여 平陳與宋하소라 不我以歸라 憂心有忡하라 [賦]

| 언해 |

孫子仲을 조차 陳과 다뭇 宋을 平ᄒᆞ소라 나롤 더블어 도라가지 안이ᄒᆞᄂᆞᆫ지라 ᄆᆞ음애 근심홈을 忡히호라

| 번역 |

손자중을 따라
진나라와 송나라를 화친하였는데
우리를 돌려보내지 않으니
마음에 근심하여라

| 자해 |

孫: 씨(氏). • 子仲 : 자(字)니 그때의 장수. • 平 : 화(和)함. 두 나라를 좋도록 합함. • 以 : 여(與)와 같음. • 不我以歸 : 나와 더불어 돌아오지 않음을 말함.

| 의해 |

구설(舊說)에 이것을 『춘추(春秋)』 은공(隱公) 4년에 주우(州吁)가 스스로 설 때에 송(宋)과 위(衛)와 진(陳)과 채(蔡)가 정(鄭)나라를 친 일이라 하였으니 아마 그런 것 같다.

6-3. 爰居爰處(원거원처)하여 爰喪其馬(원상기마)하고 于以求之(우이구지) 于林之下(우림지하)하라 [賦]

| 언해 |

이에 居ᄒᆞ며 이에 處ᄒᆞ야 이에 그 馬를 喪ᄒᆞ고 ᄡᅧ 求ᄒᆞ욤이 수플 아래 호라

| 번역 |

여기서 살며 저기서 처하여
여기서 그 말을 잃고서
이에 찾기를
수풀 아래서 하노라

| 자해 |

爰 : 어(於)자와 같으니 '이에'라는 뜻.

| 의해 |

여기저기서 거처하여 이에 그 말을 잃고 찾는 일을 수풀 아래서 하니 그 항오를 잃고 차례를 떠나 싸울 뜻이 없음을 보겠도다.

6-4. 死生契闊(사생계활)에 與子成說(여자성설)하라 執子之手(집자지수)하여 與子偕老(여자해로)라호라 [賦]

| 언해 |

죽으며 살며 契闊ᄒᆞᆷ애 ᄌᆞ네로 더블어 말을 일우엇노라 ᄌᆞ네의 손을 잡아셔 ᄌᆞ네로 더블어 ᄒᆞᆷᄭᅴ 늙쟈호라

| 번역 |

죽든 살든 멀리 막힘에
자네와 더불어 말을 이루었노라
자네의 손을 잡아
자네와 함께 늙자 했네

| 자해 |

契闊 : 멀리 막힘의 뜻. • 成說 : 그 언약과 맹세한 말을 이룸을 일컬음.

| 의해 |

부역에 나간 자가 그 집을 생각하였다. 그리하여 말하기를, "비로소 가정을 이룸에 기약하기를 죽든 살든 멀리 가 소식이 막혀도 서로 잊지 않기로 약속하고 또 서로 더불어 손을 잡고 기약하기를 백년해로하자 하였노라"고 한 것이다.

6-5. 于嗟闊兮(우차활혜)여 不我活兮(불아활혜)로다 于嗟洵兮(우차순혜)여 不我信兮(불아신혜)로다 [賦]

| 언해 |

于嗟ᄒᆞᆸ다 闊ᄒᆞᆷ이여 우리 살지 못ᄒᆞ리로다 于嗟ᄒᆞᆸ다 밋븜이여 우리 펴지 못ᄒᆞ리로다

| 번역 |

아. 멀리 떨어져
우리 살지 못하리로다
아. 멀리 떨어져
우리 약속 펼 길 없네

| 자해 |

于嗟 : 탄식하는 말. • 闊 : 결활(契闊). • 活 : 살아감. • 洵 : 약속. • 信 : 신(伸) 자와 같으니 '펴다'의 뜻.

| 의해 |

이 시는 예전에 멀리 막힌 언약이 이 같은데 이제 함께 살며 백년 해로의 약속을 얻지 못함이 이 같거늘 이제 뜻을 펼 수 없고 반드시 사망하여 다시 얻어 그 부인과 더불어 전에 했던 언약을 이루지 못할 듯하다"라고 말한 것이다.

이 「북치기[擊鼓]」는 모두 5장이다.

7. 산들바람[凱風]

7-1. 凱風自南(개풍자남)으로 吹彼棘心(취피극심)이로다 棘心夭夭(극심요요)어늘 母氏(모씨) 劬勞(구로)샷다 [比]

| 언해 |

凱風이 南으로브터 뎌 棘心을 부놋다 棘心이 夭夭ᄒᆞ거늘 母氏ㅣ 劬勞ᄒᆞ샷다

| 번역 |

따스한 바람이 남쪽에서
저 가시나무 싹에 분다
가시나무 싹이 예쁘거늘
어머니는 힘 드셨겠다

| 자해 |

凱風 : 남풍을 이름이니 萬物을 키우고 기르는 것. • 棘 : 작은 나무이니 떨기로 나서 가시가 많아 자라기 어려움. • 心 : 또 그 어리고 약하여 다 크지 못한 것. • 夭夭 : 어리고 예쁜 모양. • 劬勞 : 병들고 괴로움.

| 의해 |

위나라에 음풍(淫風)이 유행하여 비록 일곱 아들을 둔 어미도 오히려 그 집을 편안하게 할 수 없었다. 그리하여 그 아들이 이 시(詩)를 지은 것이다. 개풍으로써 어미를 비유하고 극심(棘心)으

로 아들의 어릴 때를 비유하였으니 대개 "어미가 여러 어린 아들을 낳아 기를 때 그 고생과 수고로움이 심하였다." 하니 그 처음을 근본으로 하여 스스로 꾸짖는 단서를 일으킨 것이다.

7-2. 凱風自南(개풍자남)으로 吹彼棘薪(취피극신)이로다 母氏聖善(모씨성선)이어시늘 我(아)無令人(무령인)하소라 [興]

| 언해 |

凱風이 南으로브터 뎌 棘薪을 부놋다 母氏ㅣ 聖ᄒᆞ며 善ᄒᆞ거시늘 우리 어진 사ᄅᆞᆷ이 업소다

| 번역 |

따스한 바람이 남쪽에서
저 가시나무 섶에 불어온다
어머니는 밝고 선하시거늘
우린 착한 아들 아니네

| 자해 |

聖 : 밝음. • 令 : 착함.

| 의해 |

가시나무가 섶이 됨직하게 컸으나 아름다운 재목이 아니다. 그리하여 아들이 장대(壯大)하되 착함이 없음을 일으키고 다시 성선(聖善)함으로 그 어미를 칭찬하고 스스로 훌륭한 사람이 없다고 하였으니 그 스스로 꾸짖음이 깊다.

7-3. 爰有寒泉(원유한천)이 在浚之下(재준지하)로다 有子七人(유자칠인)하되 母氏勞苦(모씨노고)아 [興]

| 언해 |

이에 찬 ᄉᆡ암이 浚의 아ᄅᆡ잇도다 아ᄃᆞᆯ 七人이 잇스되 母氏로 勞苦케 ᄒᆞᄂᆞ냐

| 번역 |

이에 찬 샘이
준 땅 아래에 있도다
아들 일곱이 있되
어머니를 고생하게 하는가

| 자해 |

浚 : 위나라 읍(邑).

| 의해 |

여러 아들이 스스로 꾸짖어 "차가운 샘이 준읍(浚邑)의 아래에 있어 오히려 준읍(浚邑)에 이익이 되는 것이 있거늘 아들이 입곱이나 있어도 도리어 어미를 섬기지 못하여 어미로 하여금 수고로움에 이르도록 하느냐?" 하니, 이제 은근히 그 일을 가리키는 듯하나 아픔이 스스로 뼈저리게 꾸짖어서 그 어미 마음을 감동케 함이요, 어미가 음풍(淫風)이 유행함으로써 스스로 지키지 못하거늘 모든 아들이 스스로 꾸짖어 다만 어미를 섬기지 못하여 어미로 하여금 노고(勞苦)하게 한다 하였다. 순한 말과 은미하여 간(諫)하여 그 부모의 악함을 드러내지 아니하니 효성스럽다 하겠다.

아래 장도 이와 같다.

현환황조 재호기음 유자칠인 막위모심

7-4. 睍睆黃鳥 載好其音이로다 有子七人하되 莫慰母心가 [興]

| 언해 |

睍睆ᄒᆞᆫ 黃鳥ㅣ 그 소릐ᄅᆞᆯ 됴히 ᄒᆞᄂᆞ다 아ᄃᆞᆯ 七人이 잇스되 엄이 ᄆᆞ음을 위로치 못ᄒᆞ나냐

| 번역 |

맑고 화한 꾀꼬리는
그 소리가 듣기 좋다
아들 일곱 있지만
어미 마음을 위로 못하나

| 자해 |

睍睆 : 맑게 화하고 둥글게 구르는 것을 뜻함.

| 의해 |

이 시는 "꾀꼬리는 오히려 그 소리를 좋게 하여 사람을 기쁘게 할 수 있거늘 우리 일곱 아들은 홀로 어미 마음을 위로할 수 없는가"를 말한 것이다.

이 「산들바람[凱風]」은 모두 4장이다.

8. 수꿩 [雄雉]

8-1. 雄雉于飛(웅치우비)여 泄泄其羽(설설기우)로다 我之懷矣(아지회의)여 自詒伊阻(자이이조)로다 [興]

| 언해 |

숫 꿩의 날음이여 泄泄훈 그 날기로다 내의 싱각ᄒᆞ는 이여 스스로 막힘을 끼치놋다

| 번역 |

수꿩이 날음이여
느린 날개 짓이로다
내가 생각하는 사람이여
스스로 막히게 하구나

| 자해 |

雉 : 들판의 닭으로 꿩이니 수컷은 관(冠)이 있으며 꼬리가 길고 몸에 문채가 있고 잘 싸움. • 泄泄 : 느리게 나는 것. • 懷 : 생각함을 뜻함. • 詒 : 끼치다의 뜻. • 阻 : 막힘.

| 의해 |

부인이 그 남편이 바깥에 역사(役事)를 따라 나갔기 때문에 "수꿩의 날음은 느리게 펴서 이 같이 자득하였거늘 나의 생각하는 사람은 이에 밖에 일하러 가서 스스로 사이를 막히게 하는구나"라고 하였다.

8-2. 雄雉于飛여 下上其音이로다 展矣君子여 實勞我心이로다 [興]

| 언해 |

숫 꿩의 날음이여 下ᄒᆞ며 上ᄒᆞᄂᆞᆫ 그 소릐로다 진실로 君子ㅣ여 진실로 내 ᄆᆞ옴을 勞케 ᄒᆞᄂᆞ다

| 번역 |

수꿩이 날음이여
오르내리는 그 소리로다
진실로 군자여
참으로 내 마음을 수고롭게 하누나

| 자해 |

下上其音 : 그 날며 울기를 자득하게 함을 말함. • 展 : '진실로'라는 뜻이니 성(誠)을 말하고 또 실(實)을 말함으로써 심히 이 남편이 내 마음을 수고롭게 함을 말한 것.

8-3. 瞻彼日月하니 悠悠我思로다 道之云遠이어니 曷云能來리오 [賦]

| 언해 |

뎌 日月을 瞻호니 悠悠ᄒᆞᆫ 내 ᄉᆡᆼ각이로다 길이 멀거니 엇지 能히

來ᄒᆞ리오

| 번역 |

저 해와 달을 보니
오래 한 내 생각이로다
길이 머니
어찌 올 수 있으랴

| 자해 |

悠悠 : 생각을 길게 함. 해와 달이 가고 옴을 보고 그 남편이 역사(役事)를 따라 간 것이 오래되었음을 생각함.

8-4. 百爾君子(백이군자)는 不知德行(부지덕행)가 不忮不求(불기불구)면 何用不臧(하용부장)이리오 [賦]

| 언해 |

믈읏 君子ᄂᆞᆫ 德行을 아지 못ᄒᆞ랴 忮치 아니ᄒᆞ며 求치 아니ᄒᆞ면 어듸 ᄡᅧ 臧치 아니ᄒᆞ리오

| 번역 |

무릇 군자는
덕행을 알지 못할까
해치지 않고 탐내지 않으면
어째서 착하지 않으리오

| 자해 |

百 : 凡과 같으니 '무릇' 이라는 뜻. • 忮 : 해롭다는 뜻. • 求 : 탐함. • 臧 : 착함.

| 의해 |

이 시는 "무릇 군자는 어찌 덕행을 알지 못하랴? 만일 해치지 않고 또 탐하지 않을 수 있으면 무슨 일을 해도 착하지 않겠는가?" 라고 하였으니 멀리 가서 환란에 빠질까 근심하여 그 온전하게 잘 처할 것을 바란 것이다.

이 「수꿩[雄雉]」은 모두 4장이다.

9. 박엔 쓴 잎이[匏有苦葉]

9-1. 匏有苦葉(포유고엽)이어늘 濟有深涉(제유심섭)이로다 深則厲(심즉려)요 淺則揭(천즉게)니라 [比]

| 언해 |

匏ㅣ 쓴 입식이 잇거늘 濟ᄒᆞᄂᆞᆫᄃᆡ 기픈 深이 잇도다 깁거든 厲ᄒᆞ고 엿거든 揭홀지니라

| 번역 |

박엔 쓴 잎이 있거늘
물 건널 땐 깊은 곳이 있도다
깊거든 옷 입고 가고
얕으면 걷고 갈 것

| 자해 |

匏 : 박[瓠]이니, 박의 쓴 것은 먹지 못하고 단지 허리에 차서 물을 건널 따름이나 이제 오히려 잎사귀가 있으니 또한 쓸 수 없는 때를 말함. • 濟 : 물을 건너는 곳. • 涉 : 걸어서 물을 건넌다는 말. • 厲 : 옷 입은 채 건넌다는 말. • 揭 : 옷을 걷고 건넘.

| 의해 |

이는 음란함을 기롱하고 풍자한 시이니, "박을 쓰지 못하겠고 건널 곳이 바야흐로 깊은지라 길가는 사람이 마땅히 그 얕고 깊은

것을 헤아린 후에 건널 수 있다"라는 것을 말하여 남녀의 교제에 도 또한 마땅히 예의(禮義)를 헤아려 행할 것을 비유한 것이다.

9-2. 有瀰濟盈이어늘 有鷕雉鳴이로다 濟盈不濡軌하며 雉鳴求其牡로다 [比]

| 언해 |

瀰히 것너ᄂᆞᆫᄃᆡ가 가득ᄒᆞ엿거ᄂᆞᆯ 鷕히 ᄭᅯᆼ이 우ᄂᆞᆺ다 것너ᄂᆞᆫᄃᆡ가 가득호ᄃᆡ 軌젓지아니ᄒᆞ며 ᄭᅯᆼ이 울어셔 그 숫것을 求ᄒᆞᄂᆞᆺ다

| 번역 |

물결은 출렁출렁
암꿩이 우는구나
나루터가 출렁대도 수레바퀴 안 적시고
암꿩은 수꿩 찾아 우는구나

| 자해 |

瀰 : 물 가득한 모양. • 鷕 : 암꿩 소리. • 軌 : 수레바퀴. • 날 짐승을 자웅(雌雄)이라 하고 달리는 짐승을 빈모(牝牡)라 함.

| 의해 |

무릇 나루터가 차면 반드시 그 수레바퀴가 젖고 암컷이 울면 마땅히 그 수컷을 찾음이 떳떳한 이치거늘, 이제 나루터가 찼는데 "수레바퀴를 젖지 않은 듯 하고 암꿩이 울되 도리어 그 들 짐승인 수컷을 구한다."고 함으로써 음란한 사람이 예의를 헤아리지 않고 그

짝이 아닌데 예(禮)를 범하여 서로 구하는 것을 비유한 것이다.

9-3. 雝雝鳴鴈은 旭日始旦니라 士如歸妻인댄 迨冰未泮이니라 [賦]

| 언해 |

雝雝히 우는 鴈은 旭ᄒᆞᆫ 日이 비로소 아춤에 ᄒᆞᄂᆞ니라 션비가 만일 妻를 歸호려 홀진댄 어름이 록지 아닌적을 미쳐홀지니라

| 번역 |

끼룩끼룩 우는 기러기는
밝은 해가 나오는 아침에 운다
선비가 만일 장가들려거든
얼음이 안 녹은 때에 이르라

| 자해 |

雝雝 : 소리의 화음. • 鴈 : 새 이름이니 기러기 거위 같으나 추위를 두려워하여 가을에는 남으로 가고 봄에는 북으로 간다. • 旭日 : 해가 비로소 나오는 모양. 혼례(婚禮)에 납채(納采)할 때는 기러기를 쓰니 친영(親迎)은 어둘 때에 하며 납채(納采)와 청기(請期)는 아침에 하고 귀처(歸妻)는 얼음 녹을 때 하며 납채와 청기는 얼음이 녹지 않았을 때 한다.

| 의해 |

이 시는 "옛 사람이 혼인에 그 구함이 갑작스레 하지 않고 예로써 절차를 밟기를 이 같이 한다"고 말하여 음란한 사람을 깊이 기롱하고 풍자한 것이다.

초초주자 인섭앙부 인섭앙부 앙수아우
9-4. 招招舟子에 人涉卬否하라 人涉卬否는 卬須我友니라 [比]

| 언해 |

招招ᄒᆞ는 舟子애 人ᄋᆞᆫ 涉ᄒᆞ거ᄂᆞᆯ 나ᄂᆞᆫ 아니호라 人ᄋᆞᆫ 涉ᄒᆞ거ᄂᆞᆯ 나ᄂᆞᆫ 아니 홈은 내내 벗ᄋᆞᆯ 기ᄃᆞ리미니라

| 번역 |

불러대는 사공에
남은 건너도 나는 아니다
남은 건너도 나는 아님은
내내 벗을 기다림이라

| 자해 |

招招 : 부르고 부르는 모양. • 舟子 : 뱃사공[舟人]이니 건너는 것을 담당하는 자. • 卬 : '나'라는 뜻.

| 의해 |

뱃사공이 사람을 불러서 건널 때 다른 사람은 다 따라가되 나만 홀로 따르지 않는 것은 내 벗이 부르기를 기다린 후에 따르려고 함이다. 이것으로써 남녀가 반드시 그 짝을 기다려 서로 따라야 함을 비유하여 이 사람은 그렇지 않음을 풍자한 것이다.

이 「박엔 쓴 잎이[匏有苦葉]」는 모두 4장이다.

10. 동풍[谷風]

10-1. 習習谷風(습습곡풍)이 以陰以雨(이음이우)나니 黽勉同心(민면동심)이언정 不宜(불의) 有怒(유노)니라 采葑采菲(채봉채비)는 無以下體(무이하체)니 德音莫違(덕음막위)인댄 及爾(급이) 同死(동사)니라 [比]

| 언해 |

習習ᄒᆞᆫ 谷風이 ᄡᅧ 陰ᄒᆞ며 ᄡᅧ 雨ᄒᆞᄂᆞ니 黽勉ᄒᆞ야 ᄆᆞᄋᆞᆷ을 ᄒᆞᆫ가지로 ᄒᆞᆯ지언뎡 怒ᄒᆞᆷ을 둠이 맛당치 아니ᄒᆞ니라 葑을 ᄏᆡ며 菲ᄅᆞᆯ ᄏᆡ기ᄂᆞᆫ 下體로ᄡᅧ 아니ᄒᆞᆯ지니 德音이 違치 아닐진댄 널로 밋ᄒᆞᆫ가지로 死ᄒᆞᆯ지니라

| 번역 |

화창한 동풍이 불다
구름 끼고 비가 오더니
힘써 마음을 한가지로 할지언정
성 내는 건 마땅치 않으리
순무 캐고 무 캐기는
뿌리만 보지 말 일이니
아름다운 말이 버려지지 않으면
너와 함께 죽으리라

| 자해 |

習習 : 화창하게 펴진다는 뜻. • 谷風 : 東風. • 葑 : 蔓菁이니 순무. • 菲 : 단무류이니 『이아(爾雅)』에 토과(土瓜)라 함. • 下體 : 뿌리라는 뜻이니 봉비(葑菲)의 뿌리와 줄기를 다 먹을 수 있으나 그 뿌리는 때로는 좋기도 하고 나쁘기도 함. • 德音 : 미예(美譽)니 아름다운 말.

| 의해 |

부인이 남편에게 버림 받았기 때문에 이 시를 지어서 그 슬프고 원망하는 심정을 서술한 것이다. "음양(陰陽)이 화한 후에 우택(雨澤)이 내리니 부부가 화한 후에 가도(家道)가 이루어짐과 같기 때문에 부부된 자가 마땅히 힘써 마음을 한가지로 할지언정 마땅히 노함을 두는 데 이르러서는 안 된다."라고 말하고 또 "순무와 단무를 캐는 자가 그 뿌리가 나쁘다하여 그 줄기의 아름다운 것까지 버리지 말아야 하니 부부된 자가 그 안색이 쇠약함 때문에 그 덕음(德音)의 착함까지 버려서는 안됨과 같으니, 다만 덕음이 버려지지 않으면 그대와 더불어 죽을 때까지 함께할 수 있네"라고 한 것이다.

10-2. 行道遲遲(행도지지)하여 中心有違(중심유위)어늘 不遠伊邇(불원이이)하여 薄送(박송)我畿(아기)하나다 誰謂荼苦(수위도고)요 其甘如薺(기감여제)로다 宴爾新昏(연이신혼)하여 如(여)兄如弟(형여제)하나다 [賦而比]

| 언해 |

길에 가기를 쳔쳔히 ᄒᆞ야 中心에 違홈이 잇거ᄂᆞᆯ 멀니 아니ᄒᆞ고 갓가이 ᄒᆞ야 잠싼 나ᄅᆞᆯ 畿에 보내ᄂᆞ다 뉘 닐오ᄃᆡ 荼ㅣ 苦타 ᄒᆞ더뇨 그 ᄃᆞᆯ옴이 薺갓도다 네의 新昏을 宴ᄒᆞ야 兄갓히ᄒᆞ며 弟갓히ᄒᆞ

느다

| 번역 |

길 가기를 천천히 하여
마음에 등진 것이 있거늘
멀리 않고 가까이 하여
잠깐 나를 문지방 안에 보내도다
누가 씀바귀가 쓰다고 했나
냉이처럼 달건만
그이는 새 여자에 빠져
형처럼 아우처럼 지내겠네

| 자해 |

遲遲 : 천천히 가는 모양. • 違 : 서로 등진 뜻. • 畿 : 문지방 안. • 荼 : 씀바귀이니 「양사장(良耜章)」에 자세히 보임. • 薺 : 냉이. • 宴 : 즐겨 함. • 新昏 : 남편이 다시 장가든 아내.

| 의해 |

이 시는 "내가 버림받아 걸어감에 더디고 더뎌서 나아가지 못함은 대개 그 발이 앞으로 가고자 하나 마음이 차마 서로 등지지 못하는 것 같다. 그러나 옛 남편이 나를 보냄은 이에 멀리 아니하고 매우 가까이 하여 역시 문지방 안에 이르고 그칠 따름이다."라고 하였고 또 말하기를 "씀바귀[荼]가 비록 매우 쓰나 도리어 달기가 냉이 같다." 함으로 써 자신이 버림 받음은 쓰기가 씀바귀[荼]보다 심하거늘 그 남편은 바야흐로 그 새 장가들어 즐거워함이 형제처럼 다정히 지내어 자기를 돌보지 않음을 비유한 것이다. 대개 부인은 한 사람만 좇다가 마치니 이제 비록 버림을 받았으나 아직도 남편을 바라보는 정이 후함이 지극한 것이다.

10-3. 涇以渭濁(경이위탁)이나 湜湜其沚(식식기지)니라 宴爾新昏(연이신혼)하여 不我(불아)
屑以(설이)하나다 毋逝我梁(무서아량)하여 毋發我笱(무발아구)언마는 我躬不閱(아궁불열)이
온 遑恤我後(황휼아후)아 [比]

| 언해 |

涇이 渭로뼈 濁ᄒᆞ나 湜湜ᄒᆞᆫ 그 沚니라 네의 新昏을 宴ᄒᆞ야 나ᄅᆞᆯ 屑히 녀겨 以치 아니ᄒᆞᄂᆞ다 내 梁애 가지마라 내 笱ᄅᆞᆯ 發치 말라 ᄒᆞ련마ᄂᆞᆫ 내 몸도 용납지 못ᄒᆞ곤 遑ᄒᆞ야 내 後ᄅᆞᆯ 恤ᄒᆞ랴

| 번역 |

경수는 위수 때문에 흐리다지만
맑디맑은 그 물가라네
네 신혼에 빠져
나를 조촐히 여겨 더불지 않누나
내가 놓은 돌다리에 가지마라
나의 통발을 허물지 말라 하련만
내 몸도 용납하지 못하면서
어느 겨를에 내 뒤를 돌보리

| 자해 |

涇渭 : 경수(涇水)와 위수(渭水). • 湜湜 : 맑은 모양. • 沚는 물가. • 屑 : 조촐함. • 以 : 더불다는 뜻. • 逝 : 가는 것. • 梁 : 돌다리니 고기가 왕래함을 통하게 한 것. • 笱 : 통발이니 대나무로 그릇을 만들어 어량(魚梁)에 이어서 고기를 잡는 것. • 閱 : 용납한다는 뜻.

| 의해 |

경수(涇水)는 탁하고 위수(渭水)는 맑으나 경수가 위수에 속하지

않을 때에는 비록 탁하나 심히 나타나지 않았는데 두 물이 이미 합침으로 말미암아 청탁(淸濁)이 더욱 분명해졌다. 그러나 그 분별하여 나가는 물의 흐름이 혹 조금 느리면 오히려 맑은 곳이 있어서, 부인이 스스로 그 용모의 쇠함이 오래고 또 남편이 새 장가듦으로써 몰골이 더욱 초췌함을 보였으나 그 마음인 즉 진실로 오히려 취할 만한 것이 있음을 비유한 것이다. 다만 옛 남편이 새 장가든 것을 편히 여기는 까닭에 나로써 좋게 여겨 더불지 않는 것이다. 또 말하기를, "돌다리에 가지마라 내 통발을 내지 말라." 함으로써 새 여자를 경계하되 '내 처함 같이 살지 말며 내 일을 행하지 마라'함으로 비유하고 또 스스로 생각하되 '내 몸도 또 용납할 수 없으니 어느 겨를에 내 이미 간 뒤를 돌보리오?' 하니 금할 수 없음을 알고 단념하는 말이다.

10-4. 就其深矣란 方之舟之요 就其淺矣란 泳之游之하라 何有何亡고하여 黽勉求之하며 凡民有喪에 匍匐救之하라 [興]

| 언해 |

그 기픈ᄃᆡ 나아가란 方ᄒᆞ며 舟ᄒᆞ고 그 엿흔ᄃᆡ 나아가란 泳ᄒᆞ며 遊호라 무엇이 잇시며 무엇이 업스리오ᄒᆞ야 黽勉ᄒᆞ야 求ᄒᆞ며 물읏 民이 喪잇슴에 匍匐ᄒᆞ야 救호라

| 번역 |

그 깊은 데 가서는
뗏목 띄우고 배를 탔고

그 옅은 데선
잠기면서 뜨면서 건넜다네
무엇이 있으며 무엇이 없는고 하여
힘써 찾으며
무릇 이웃에 불행 있음에
발 벗고 도왔었지

| 자해 |

方 : 뗏목. • 舟 : 배. • 泳 : 잠겨 다님. • 游 : 물에 뜨는 것. • 匍匐 : 수족(手足)으로 아울러 행함이니 매우 급한 것을 말함.

| 의해 |

부인이 스스로 가정을 다스림에 부지런히 힘쓰던 일을 진술하여 말하기를, "내 일을 따라 그 마음과 힘을 다하였기로소니 깊으면 뗏목타며 배타고 얕으면 헤엄지고 물에 떠서 그 있고 없는 것을 계교치 않고 힘써 구하였고 또 그 이웃과 향당에 구휼하고 친목을 도모함을 그 도를 다하지 않음이 없었다"한 것이다.

10-5. 不我能慉(불아능휵)이요 反以我爲讎(반이아위수)하나다 旣阻我德(기조아덕)하니 賈(고)用不售(용불수)로라 昔育恐育鞫(석육공육국)하여 及爾顚覆(급이전복)이라니 旣生旣育(기생기육)하얀 比予于毒(비여우독)가 [賦]

| 언해 |

나를 能히 慉지 아니ᄒᆞ고 도로혀 날로ᄡᅧ 讎를 삼ᄂᆞ다 임의 내 德을 阻ᄒᆞ니 賈ㅣ ᄡᅧ 售치 못홈이로다 녯적 길늘제기늠이 궁ᄒᆞ야 널

로 및 顚覆홀가 두려워 ᄒᆞ다니 임의 살며 임의 길너셔ᄂᆞᆫ 나ᄅᆞᆯ 毒애 比ᄒᆞᄂᆞ냐

| 번역 |

나를 기르지도 못하고
도리어 나를 원수를 삼는구나
이미 내덕을 물리치니
장사에 안 팔리는 물건이로세
옛적 기를 제 기름이 궁하여
너와 엎어질까 두려워 하더니
이미 살고 이미 길러서는
나를 독에 비유하노라

| 자해 |

慉 : 기른다는 뜻. • 阻 : 물리친다는 뜻. • 鞠 : 궁하다는 뜻.

| 의해 |

윗 장을 이어 말하기를, "내가 네 집에서 근로함이 이와 같거늘 네가 이미 나를 기르지 못하고 도리어 나를 원수라 하니 오직 그 마음이 이미 나의 좋은 점을 거절하고 물리친 것이다. 그러므로 비록 근로가 이와 같으나 취함을 보지 못함이 장사꾼에게 물건이 팔리지 않음과 같도다. 그리하여 생각함에 그 예전에 너와 다 전복됨에 이를까 두려워하였더니 이제 이미 먹고 살만 하게 되었거늘 이에 도리어 나를 독(毒)에 비유하여 버리느냐?" 하였다. 장자(張子)가 말하기를, "육공(育恐)은 곤궁한 가운데 사는 것이요, 육국(育鞠)은 곤궁한 즈음에 사는 것이다"라고 하였으니 또한 통한다 하겠다.

10-6. 我有旨蓄(아유지축)은 亦以御冬(역이어동)이니라 宴爾新昏(연이신혼)이여 以我(이아)
御窮(어궁)이랏다 有洸有潰(유광유궤)하여 旣詒我肄(기이아이)하니 不念昔者(불념석자)에 伊(이)
余來塈(여래기)로다 [興]

| 언해 |

내 旨ᄒᆞᆫ 蓄을 둠은 ᄯᅩ한 ᄡᅧ 冬을 御호례니라 네의 新昏을 宴홈이여 날로 ᄡᅧ 窮을 御홈이랏다 洸ᄒᆞ며 潰ᄒᆞ야 임의 내게 수구로기 치니 녯 내에게 와서 쉬던 적을 ᄉᆡᆼ각지 아니ᄒᆞᄂᆞ다

| 번역 |

내 맛 좋은 나물을 쌓아 둠은
역시 겨울나기 위해서라
너 신혼에 빠짐이여
나 가지고 궁함을 넘겼구나
성을 내며 노하여
내게 수고를 끼치더니
옛날 내게 와서 쉬던 일은
생각지도 않는구나

| 자해 |

旨 : 맛이 아름답다는 뜻. • 蓄 : 모은다는 뜻. • 御 : 당하다는 뜻. • 洸 : 호반스런 모양. • 潰 : 노한 기색. • 肄 : 수고로움. • 塈 : 쉬는 것.

| 의해 |

또 말하기를, "내가 아름다운 나물을 저축한 것은 대개 써 겨울날 없을 때를 대비하고자 함이었다. 이제 남편이 새장가 듦에 편안

하여 나를 싫어해 버리니 이는 다만 나로 하여금 그 곤궁할 때만 당하게 하고 안락함에 이르자 버리는구나"라고 하였고 또 말하기를, "내게 그렇게 사나우며 극히 노여워 하여 다 내게 고생스런 일만 시키고 일찍이 옛적 내가 와서 쉴 때를 생각지도 않는구나" 라고 하였으니 그 처음 남편을 만났을 때 접대하던 예(禮)의 후함을 거슬러 말하니 원망함이 깊다.

이 「동풍[谷風]」은 모두 6장이다.

11. 쇠미함이여[式微]

11-1. 式微式微어늘 胡不歸요 微君之故면 胡爲乎中露리오 [賦]

| 언해 |

微ᄒᆞ며 微ᄒᆞ거늘 엇지 歸치 아니ᄒᆞᄂᆞ뇨 君의 연고가 아니면 엇지 中露애 ᄒᆞ리오

| 번역 |

쇠미하고 쇠미하건만
어찌 돌아가지 않으시나
임금과 연고가 아니라면
왜 이슬에 젖으리

| 자해 |

式 : 발어사(發語辭). • 微 : '쇠하다'의 뜻. 두 번 말한 것은 쇠미함이 심함을 말함. • 微君의 微 : '아니다'의 뜻. • 中露 : '이슬 가운데'라는 뜻이니 젖고 젖는 욕됨을 말함.

| 의해 |

구설(舊說)에 "여후(黎侯)가 나라를 잃고 위(衛)나라에서 붙여 있는지라 그 신하가 권하기를 '쇠미함이 심한지라 어찌 돌아가지 않는가? 내가 만일 임금의 연고가 아니라면 또한 어찌하여 여기서

욕되리요?'라 말했다"라고 하였다.

식미식미 호불귀 미군지궁 호위호니
11-2. 式微式微어늘 胡不歸요 微君之躬이면 胡爲乎泥
중
中이리요 [賦]

| 언해 |

微ᄒᆞ며 微ᄒᆞ거ᄂᆞᆯ 엇지 歸치 아니ᄒᆞᄂᆞ뇨 君의 躬이 아니면 엇지 泥中애 ᄒᆞ리오

| 번역 |

쇠미하고 쇠미하건만
어찌 돌아가지 않으시나
임금의 궁한 처지만 아니면
왜 진흙에 묻히리

| 자해 |

泥中 : 함닉(陷溺)하는 난리가 있거늘 건지고 구원함을 받지 못한다는 말.

이 「쇠미함이여[式微]」는 모두 2장이다.

12. 높은 언덕[旄丘]

12-1. 旄丘之葛兮 何誕之節兮요 叔兮伯兮 何多日也요 [興]

| 언해 |

旄丘의 葛이 엇지 미듸가 넓은뇨 叔이며 伯이 엇지 日이 만흐뇨

| 번역 |

높은 언덕의 칡이여
왜 마디가 넓나
백이며 숙이여
어찌 날이 많은가

| 자해 |

旄丘 : 앞은 높고 뒤는 낮은 것. • 誕 : 넓다는 뜻. • 叔 · 伯 : 위(衛)나라의 모든 신하.

| 의해 |

구설(舊說)에 "여(黎)나라 신하가 스스로 위나라에 붙어 산지 오랜 지라 때 사물의 변(變)함을 말하려는 까닭에 모구(旄丘)에 올라 그 칡이 장대(長大)하여 마디가 성글고 넓은 것을[疎闊] 보고서 홍(興)을 일으켜 말하기를 '모구(旄丘)의 칡은 어찌 그 마디가 넓은가? 위나라 여러 신하들은 어찌 그리도 많은데 구제 받지 못

하는가?'라고 한 것이다. 이 시는 본래 위나라 임금을 꾸짖은 것이나, 다만 그 신화만을 지적하였으니 그 우유(優柔)하여 박절하지 않음을 볼 수 있다."

하 기 처 야 필 유 여 야 하 기 구 야 필 유 이 야
12-2. 何其處也요 必有與也로다 何其久也요 必有以也로다 [賦]

| 언해 |

엇지 그 處ᄒᆞ엿ᄂᆞ뇨 반다시 與ᄒᆞ니 잇도다 엇지 그 오ᄅᆡ뇨 반ᄃᆞ시 以잇도다

| 번역 |

어찌 그곳에 있는가
반드시 돕는 사람 있도다
어찌 그리 오래오
꼭 이유 있으리라

| 자해 |

處 : 편안히 거(處) 한다는 뜻. • 與 : '다른 나라와 더불다'의 뜻. • 以 : '다른 연고'라는 뜻.

| 의해 |

앞 장의 '어찌 날이 많는가[何多日也]'를 가지고 "어찌 그 있는 것을 편안히 하여 오지 않는가?"라고 말함은 "반드시 나라와 더불어 서로 기다려 함께 오라"는 것을 뜻한 것이고 또 "어찌 그 오래돼

오지 않는가?"말함은 "그 혹 다른 이유가 있어 오지 못하는구나."를 뜻한 것이니 시에서 이처럼 사람의 감정을 곡진하게 하였다.

12-3. 狐裘蒙戎(호구몽융)하니 匪車不東(비거부동)이라 叔兮伯兮(숙혜백혜) 靡所與同(미소여동)이로다 [賦]

| 언해 |

狐裘ㅣ 蒙戎ᄒᆞ니 車ㅣ 東으로 아닌ᄂᆞᆫ 줄이 아니라 叔이며 伯이 더블어 同ᄒᆞᆯ배 없도다

| 번역 |

여우 갖옷 다 헤지니
수레가 동쪽으로 가지 않는 것이 아니라
숙이 백이며
함께 함이 없도다

| 자해 |

狐裘 : 대부가 여우 가죽으로 만든 푸른 빛 갖옷을 입음. • 蒙戎 : 어지러이 떨어짐을 말함. 옷이 헤짐.

| 의해 |

또 스스로 말하기를, "객지에 있은지 오래되어 갖옷이 떨어진지라 어찌 내 수레가 동쪽으로 하여 네게 고하지 않으리오마는 다만 숙(叔)과 백(伯)과 같이 '위 나라의 모든 신하가' 나와 더불어 마음이 같지 않아 비록 가서 고하여도 기꺼이 오려고 하지 않을

뿐이다"라고 하였으니, 이에 이르러 비로소 슬그머니 절실하게 풍자한 것이다. 누군가 말하기를 "'호구몽융(狐裘蒙戎)'은 위나라 대부를 가리켜 그 어지러운[憒亂] 뜻을 기롱한 것이고, '비거불동(匪車不東)'은 '그 수레가 기꺼이 동쪽으로 와서 나를 구제하지 않는 것이 아니라 다만 그 사람이 기꺼이 더불어 함께 오지 않는다.'는 뜻이라고 하였는데, 이제 살펴봄에 여나라가 위나라 서쪽에 있으니 앞의 말이 아마 옳은 것 같다.

쇄 혜 미 혜　유 리 지 자　숙 혜 백 혜　유 여 충 이

12-4. 瑣兮尾兮 流離之子로다 叔兮伯兮 褎如充耳로다

[賦]

| 언해 |

瑣ᄒᆞ며 尾ᄒᆞᆫ 이 流離ᄒᆞᆫ 子ㅣ로다 叔이며 伯이 褎히 耳를 充ᄒᆞᆫ ᄃᆞᆺ 하도다

| 번역 |

쇠미한 몰골이여
떠다니는 손이로다
숙이며 백이여
귀 막은 듯 너털 웃네

| 자해 |

瑣 : 세세함의 뜻. • 尾 : 끝이라는 뜻. • 流離 : '표박(漂迫)하여 흩어지다'의 뜻. • 褎 : 웃음이 많은 모양. • 充耳 : '귀먹다'의 뜻이니 귀 먹은 사람이 항상 웃음이 많음.

| 의해 |

이 시는 "여(黎)나라의 군신이 유리(流離)하고 쇄미(瑣尾)함이 이 같이 그 가련하거늘 위나라 모든 신하가 웃으면서 귀먹은 듯이 하여 듣지 않았으니 어찌해서인가?"하니 여기에 이른 후에 그 말을 다한 것이다. 환난에 뿔뿔이 흩어진 나머지에 그 말이 차례가 있고 박절하지 않음이 이와 같으니 그 사람을 또한 알 수 있다." 고 말한 것이다.

이 「높은 언덕[旄丘]」은 모두 4장이다. 말이 앞 편과 같다.

13. 엉성하다[簡兮]

13-1. 簡兮簡兮(간혜간혜) 方將萬舞(방장만무)하라 日之方中(일지방중)이어늘 在前上處(재전상처)하라 [賦]

| 언해 |

簡ᄒᆞ며 簡히 보야흐로 쟝ᄎᆞ 萬으로 舞호라 日이 보야흐로 中ᄒᆞ얏거늘 前上處에 在호라

| 번역 |

대강대강 건방지게
바야흐로 온갖 춤이네
날은 이제 한낮인데
앞자리에 서 있네

| 자해 |

簡 : 간이(簡易)하여 불공(不恭)한 뜻. • 萬 : 춤의 총칭이니 무무(武舞)에는 간척(干戚)을 쓰고 문무(文舞)에는 우약(羽籥)을 씀. • 日之方中在前上處 : 밝게 나타난 곳에 있음을 말함.

| 의해 |

현자가 뜻을 얻지 못하여 영관(伶官 : 음악을 맡은 벼슬)에게 벼슬한지라 세상을 가볍게 여기고 뜻을 방자히 하는 마음이 있었다. 그러므로 그 말이 이와 같으니 스스로 칭찬한 것 같으나 실상은

스스로 조롱한 것이다.

13-2. 碩人俁俁하니 公庭萬舞로다 有力如虎며 執轡如組로다 [賦]

| 언해 |

碩ᄒᆞᆫ 人이 俁俁ᄒᆞ니 公庭에셔 萬으로 舞ᄒᆞᄂᆞ다 힘 잇슴이 虎ᄀᆞᆺᄒᆞ며 轡ㅣ執홈을 組ᄀᆞᆺ히 ᄒᆞᄂᆞ다

| 번역 |

큰 사람이 당당하니
공의 마당에서 온갖 춤추네
힘 있음이 호랑이 같으며
고삐 잡음이 끈 잡는 듯하다

| 자해 |

碩 : 크다는 뜻. • 俁俁 : 큰 모양. • 轡 : 고삐. • 組 : 실로 짜서 부드러운 것이니 어거할 때 말을 부릴 수 있으니 고삐 부드럽기와 '조(組)'와 같음.

| 의해 |

또 스스로 그 제도가 갖추어지지 않음이 없음을 자랑하니, 또한 앞장의 뜻이다.

13-3. 左手執籥하고 右手秉翟하라 赫如渥赭어늘 公言錫爵하시다 [賦]

| 언해 |

左手로 籥을 잡고 右手로 翟을 잡으라 赫히 渥ᄒᆞᆫ 赭갓거ᄂᆞᆯ 公이 爵ᄋᆞᆯ 주시다

| 번역 |

오른손은 젓대 잡고
왼손은 꿩깃 잡으라.
빨갛기가 붉은 흙을 바른 것 같거늘
공이 잔을 내리신다

| 자해 |

執籥과 秉翟 : 젓대를 잡고 꿩깃을 잡는 것으로, 문무(文舞)라는 말. • 籥 : 젓대와 같아서 여섯 구멍임. 혹자는 세 구멍이라 함. • 翟 : 꿩의 깃. • 赫 : 붉은 모양. • 渥 : 두텁게 물들인 모양. • 赭 : 붉은 빛이니 그 안색이 충실함을 말함. • 公言錫爵 : 의례(儀禮)에 연음(燕飮)할 때 악공(樂工)에게 술잔을 내려주는 예(禮)임.

| 의해 |

큰 사람으로써 이 악공의 예(禮)를 얻으니, 또한 욕된 것이거늘 도리어 그 나에게 친히 하사하심을 흡족히 영화가 되겠다하여 자랑하고 아름답게 여기는 듯하니 또한 세상을 기롱하여 공손하지 못한 뜻이다.

산 유 진 습 유 령 운 수 지 사 서 방 미 인
13-4. 山有榛이며 隰有苓이로다 云誰之思요 西方美人

피 미 인 혜 서 방 지 인 혜
이로다 彼美人兮여 西方之人兮로다 [興]

| 언해 |

山애 榛이 잇시며 隰애 苓이 잇도다 누구ᄅᆞᆯ 思ᄒᆞᄂᆞ뇨 西方의 美ᄒᆞᆫ 人이로다 뎌 美ᄒᆞᆫ 人이여 西方 읫 사ᄅᆞᆷ이로다

| 번역 |

산에 개암나무 있으며
습지엔 감초 있도다
누구를 생각하오
서쪽 미인이로다
저 미인이여
서쪽의 미인이여

| 자해 |

榛 : 밤 같으나 작으니 개암나무. • 隰 : 낮고 습한 곳. • 苓 : 대고(大苦)라 하니 잎사귀가 지황(地黃)같은데 지금의 감초(甘草). • 西方美人 : 의탁하여 서주(西周)가 성할 때 왕(王)을 가리켜 말한 것이니, 「이소(離騷)」에 미인(美人)으로써 그 임금을 지목함과 같음. 또 서방(西方)의 사람이라 말한 것은 그 멀어서 볼 수 없음을 탄식하는 말.

| 의해 |

현자가 쇠한 세상의 아래 나라에 듯을 얻지 못한지라 성할 즘에 나타난 주(周)나라 임금을 생각하는 까닭에 그 말이 이와 같아 뜻이 원대하다.

이 「엉성하다[簡兮]」는 모두 4장이다.

장자(張子)가 말하기를 "녹 먹는 벼슬을 위하여 관문을 지키고 탁(柝 : 방망이)을 친다면 오히려 그 직분에 공손하려니와 영관(伶官)이 되면 난장이와 광대의 사이에 섞여 있어 공손하지 못함이 심할 것이다. 그 현자(賢者)라 이를 수 있는 사람이 비록 그 자취는 이와 같으나, 그 심중(心中)은 진실로 일반 사람보다 뛰어남이 있기 때문이요, 또 이것을 거두어 품에 감출 수 있으니, 이것이 또한 어질게 될 수 있는 것이다. 동방삭(東方朔)이 이와 비슷하다"라고 하였다.

14. 샘물[泉水]

비피천수 역류우기 유회우위 미일불
14-1. 毖彼泉水도 亦流于淇로다 有懷于衛하여 靡日不
사 련피제희 료여지모
思하니 孌彼諸姬와 聊與之謀하라 [興]

| 언해 |

毖ᄒᆞᆫ 뎌 泉水도 ᄯᅩᄒᆞᆫ 淇로 流ᄒᆞᄂᆞᆺ다 衛예 懷홈이 잇셔 日로 思치 아닌적 업시호니 孌ᄒᆞᆫ 뎌 모ᄃᆞᆫ 姬와 애오라지 더불어 謀호라

| 번역 |

졸졸 솟는 저 샘물도
기수로 흐른다
위나라를 생각하여
하루도 거른 적이 없으니
좋은 저 조카와 아우와
그런대로 함께 꾀를 내리

| 자해 |

毖 : 샘물이 비로소 나오는 모양. • 泉水 : 위주(衛州) 공역(共城)의 온갖 샘. • 淇水 : 상주(相州) 임려현(林慮縣)에 나서 동쪽으로 흐르고 천수(泉水)는 서북쪽으로부터 동남쪽으로 와서 기수(淇水)로 들어간다. • 孌 : 좋은 모양. • 諸姬 : 조카[姪]와 동생[娣]을 이름.

| 의해 |

위나라 여자가 제후에게 시집가서 부모가 죽음에 편안히 돌아갈 것을 생각하였지만 어찌 할 수 없었다. 그러므로 이 시를 지어서 "졸졸 솟는 샘물도 또한 기수(淇水)로 흐르니 내가 위나라를 생각함은 또한 날마다 생각지 않음이 없었다. 이리하여 여러 동생과 조카들에게[同姓]에게 나아가 더불어 위나라로 돌아갈 계교를 꾀한다"라고 하였으니 아래 두 장에 이른 것과 같다.

출숙우제 음전우녜 여자유행 원부모
14-2. 出宿于泲하고 飮餞于禰하니 女子有行이 遠父母
형제 문아제고 수급백자
兄弟라 問我諸姑코 遂及伯姊하라 [賦]

| 언해 |

泲애 나가셔 쟈고 禰예 餞을 飮ᄒᆞ니 女子의 行ᄃᆞᆷ이 父母와 兄弟ᄅᆞᆯ 멀니ᄒᆞᆫ지라 우리 모ᄃᆞᆫ 姑ᄃᆞ려 뭇고 드ᄃᆡ여 伯姊의게 及호라

| 번역 |

제(泲) 땅에 나가서 자고
예(禰) 땅에서 이별주 마시니
여자가 시집감은
부모형제를 멀리함이네
고모들도 문안하고
그리고선 큰 언니도

| 자해 |

泲 : 지명(地名). • 飮餞 : 예전에 시집가는 자엔 반드시 조도(祖道)라는 제사

가 있었으니 제사를 마침에 거기 있던 사람들이 그녀를 보냄에 그 곁에서 술을 마신 후에 가는 것. • 禰 : 또한 지명(地名)이니 다 위나라로부터 올 때에 지나던 곳. • 諸姑 · 伯姊 : 곧 이른바 제희(諸姬). 희씨(姬氏) 성을 가진 동성(同姓)의 사람들.

| 의해 |

이 시는 "비로소 시집올 때는 진실로 이미 그 부모와 형제를 멀리 하였거늘 하물며 이제 또 부모가 이미 삶을 마치신지라 다시 돌아갈 수 있을까 보냐? 이리하여 여러 고모와 큰 언니에게 물어 그것이 가능한지 여부를 꾀한다."라고 말한 것이다. 정씨(鄭氏)가 말하기를 "국군(國君)의 부인(夫人)이 부모가 살아계시면 돌아가 안부를 묻고 돌아가시면 대부(大夫)로 하여금 친정 형제들에게 안부를 물을 따름이다"라고 하였다.

14-3. 出宿于干(출숙우간)하고 飮餞于言(음전우언)하여 載脂載舝(재지재할)하여 還車(선차)
言邁(언매)하면 遄臻于衛(천진우위)언마는 不瑕有害(불하유해)아 [賦]

| 언해 |

干에 나가셔 쟈고 言에 餞을 飮ᄒᆞ야 곳 脂ᄒᆞ며 곳 舝ᄒᆞ야 수래를 돌녀가면 섈리 衛ㅅ나라에 니르련마는 아니엇던 害이실가

| 번역 |

간(干) 땅에서 나와 자고
언(言) 땅에서 작별주 마셔
기름치고 수레바퀴 달아
수레돌려 달려가면

빨리 위 땅에 이르련만
어쩌면 해 있지 않을까

| 자해 |

干과 言: 지명이니 위(衛)나라에 가는데 지나는 곳. • 脂 : 기름을 수레바퀴에 발라 미끄럽게 함. • 牽 : 수레의 축(軸)이니 곧 굴대. 멍에하지 않으면 이것을 벗기고 멍에 하면 이것을 베푼 후에 가는 것. • 還 : '되돌리다'의 뜻이니 시집올 때 타고 왔던 수레를 되돌림. • 遄 : 빠르다는 뜻. • 臻 : '이르다'의 뜻. • 瑕 : 하(何)자와 같으니 예전에 음이 서로 가까웠기 때문에 통용함.

| 의해 |

이 시는 말하기를, "이 같이하면 그 위나라에 이르기를 빨리 하련마는, 어찌 의리에 해가 되지 않겠는가?"라고 하였으니 이를 의심하여 감히 가지 못하는 말이다.

14-4. 我思肥泉(아사비천)하여 玆之永歎(자지영탄)하라 思須與漕(사수여조)하니 我心(아심) 悠悠(유유)로다 駕言出遊(가언출유)하여 以寫我憂(이사아우)아 [賦]

| 언해 |

내 肥泉을 思ᄒᆞ야 이에 기리 歎호라 須와 다ᄆᆞᆺ 漕ᄅᆞᆯ 思호니 내 ᄆᆞ음이 悠悠ᄒᆞ도다 駕ᄒᆞ야 出遊ᄒᆞ야 ᄡᅧ 내 憂ᄅᆞᆯ 寫ᄒᆞᆯ가

| 번역 |

내가 비천을 생각하여
이에 기리 탄식한다
수(須) 땅과 조(漕) 땅을 생각하니

내 시름 끝이 없네
수레타고 나가 놀아
내 근심을 떨쳐 볼까

| 자해 |

肥泉 : 물 이름. • 須 · 漕 : 위(衛)의 읍(邑) 이름. • 悠悠 : 생각하기를 길게 함. • 寫 : '덜어 버리다'의 뜻.

| 의해 |

이미 감히 돌아갈 수 없다. 그러나 그 위(衛) 땅을 생각하여 잊지 못하니 어떻게 하면 나아가 저기서 놀아 그 근심을 덜어 버릴 수 있을까?

이 「샘물[泉水]」은 4장이다.

양씨(楊氏)가 말하기를, "위나라 여자가 돌아갈 것을 생각함은 정(情)에서 발한 것이요, 그가 마침내 돌아가지 않음은 예의(禮義)에서 그친 것이다. 성인(聖人)이 경서(經書)에 나타내어 후세에 보여 주어 다른 나라에 시집 간 자는 부모가 돌아가시면 문안을 물으러 돌아가는 의(義)가 없음을 알게 함이니, 스스로 사욕을 이겨 낼 자가 처할 바를 알 것이다"라고 하였다.

15. 북문[北門]

15-1. 出自北門(출자북문)하여 憂心殷殷(우심은은)하라 終窶且貧(종구차빈)이어늘 莫知(막지) 我艱(아간)하나다 已焉哉(이언재)라 天實爲之(천실위지)시니 謂之何哉(위지하재)리오 [比]

| 언해 |

出ᄒᆞᆷ을 北門으로브터ᄒᆞ야 마ᄆᆞᆷ애 憂ᄒᆞᆷ은 殷殷호라 ᄆᆞᄎᆞᆷ내 窶ᄒᆞ고 ᄯᅩ 貧ᄒᆞ거ᄂᆞᆯ 내 艱ᄒᆞᆷ을 알지 못ᄒᆞᄂᆞ다 마ᄅᆞᆯ지라 하ᄂᆞᆯ히 진실로 ᄒᆞ시니 닐은ᄃᆞᆯ 엇지ᄒᆞ리오

| 번역 |

북문에서 나와
마음에 근심이 가득하다
끝내 가난하고 군색하거늘
나의 어려움을 몰라주네
아서라
하늘이 진실로 이리 하시니
그걸 말해 무엇하리

| 자해 |

北門 : 양지를 등지고 음지를 향함. • 殷殷 : 근심함의 뜻. • 窶 : 가난하여 예(禮)를 챙기지 못함.

| 의해 |

위나라 현자가 난세에 처하여 암군(暗君)을 섬기는 지라 그 뜻을 얻지 못하였다. 그러므로 북문에 나아가 시를 지어 스스로를 비유하고 또 그 가난하고 군색함을 사람들이 알지 못함을 탄식하여 이러한 처지를 하늘에 돌린 것이다.

왕사적아 정사일비익아 아입자외
15-2. 王事適我어늘 政事一埤益我로다 我入自外하니
실인교편적아 이언재 천실위지 위지하
室人交徧讁我하나다 已焉哉라 天實爲之시니 謂之何
재
哉리오 [賦]

| 언해 |

王의 事ㅣ 내게 適ᄒᆞ엿거ᄂᆞᆯ 政事ㅣ ᄒᆞᆫᄀᆞᆯᄀᆞᆺ히 내게 두터이 益ᄒᆞᄂᆞᆺ다 내 入홈을 밧그로부터호니 집사ᄅᆞᆷ이 서로 다 나ᄅᆞᆯ ᄭᅮ짓도다 마ᄅᆞᆯ지라 하ᄂᆞᆯ히 진실로 ᄒᆞ시니 닐은ᄃᆞᆯ 엇지 ᄒᆞ리오

| 번역 |

나랏 일이 내게 왔거늘
정사는 한결같이 내게 두텁게 놓였네
내가 밖에서 들어가니
집안 사람들이 돌아가며 다 나를 꾸짖네
아서라
하늘이 진실로 이리 하시니
말한들 무엇하리

| 자해 |

王事 : 왕명(王命)으로 하는 일. • 適 : 간다는 뜻. • 政事 : 그 나라의 정사. • 一 : 개(皆)와 같으니 다 일체라는 뜻. • 埤 : 두텁다는 뜻. • 室 : 집. • 讁 : 꾸짖음.

| 의해 |

왕사(王事)가 이미 내게 왔고 정사가 또 모두 내게 두터이 더해졌으니 그 수고로움이 이 같거늘 궁색하고 가난함이 또 심하다. 집안 사람들이 이 때문에 스스로 편안하지 못한 상황에 이르러 서로 두루 나를 꾸짖으니 그 안팎으로 피곤함이 극심한 것이다.

15-3. 王事敦我(왕사퇴아)어늘 政事一埤遺我(정사일비유아)로다 我入自外(아입자외)하니 室人交徧摧我(실인교편최아)하나다 已焉哉(이언재)라 天實爲之(천실위지)시니 謂之何哉(위지하재)리오 [賦]

| 언해 |

王의 事ㅣ 내게 敦ᄒᆞ엿거ᄂᆞᆯ 政事ㅣ ᄒᆞᆫᄀᆞᆯ 갓히 내게 두터이 遺ᄒᆞ놋다 내 入홈을 밧그로브터호니 집사ᄅᆞᆷ이 셔로 다 나ᄅᆞᆯ 긔롱ᄒᆞ놋다 마ᄅᆞᆯ지라 하ᄂᆞᆯ히 진실로 ᄒᆞ시니 닐은ᄃᆞᆯ 엇지ᄒᆞ리오

| 번역 |

나랏 일이 내게 던져졌거늘
정사는 한결같이 내게 두텁게 놓였네
내가 밖에서 들어가니
집안 사람들이 서로 두루 나를 놀리네

아서라.
하늘이 진실로 이리 하시니
말해서 무엇하리

| 자해 |

敦 : 투척(投擲)과 같으니 던지는 뜻. • 遺 : 더하는의 뜻. • 摧 : 기롱함.

이 「북문[北門]」은 모두 3장이다.

양씨(楊氏)가 말하기를, "충신(忠信)한 사람에게 녹(祿)을 무겁게 함은 선비를 권면하기 위한 것이거늘, 위나라의 충성된 신하는 가난하고 군색함에 이르렀는데 아무도 그 어려움을 알지 못하였으니, 선비를 권면하는 도(道)가 없는지라 벼슬하여도 뜻을 얻지 못한 것이다. 선왕(先王)이 신하 보기를 수족(手足)같이 하였으니 어찌 일을 던져 더하는 일만 있고 그 어려움을 알지 못할까? 그러나 일을 가리지 아니하고 편안히 여겨 원망하고 감정을 드러내는 말이 없고 그 어떻게 할 수 없음을 알아서 하늘에 돌려보내니 이로써 충신(忠臣)이 되는 것이다"라고 하였다.

16. 북풍[北風]

16-1. 北風其凉(북풍기량)이며 雨雪其雱(우설기방)이로다 惠而好我(혜이호아)로 攜手(휴수)
同行(동행)하리라 其虛其邪(기허기서)아 旣亟只且(기극지저)로다 [比]

| 언해 |

北風이 그 凉ᄒᆞ며 雨ᄒᆞᄂᆞᆫ 雪이 그 雱히 ᄒᆞᄂᆞ다 惠ᄒᆞ야 나ᄅᆞᆯ 好ᄒᆞᄂᆞ니로 手ᄅᆞᆯ 攜ᄒᆞ야 ᄒᆞᆫ가지로 行호리라 그 虛히ᄒᆞ며 그 邪히ᄒᆞ랴 임의 亟ᄒᆞ도다

| 번역 |

북풍이 차며
눈비가 퍼붓도다
나를 사랑하고 좋아하는 자와
손잡고 함께 가리
그리 머뭇거리고 느린가
이미 급해졌는데

| 자해 |

北風 : 차고 서늘한 바람. • 凉 : 찬 기운. • 雱 : 눈이 가득한 모양. • 惠 : 사랑하다는 뜻. • 行 : 가는 것. • 虛 : 너그러운 모양. • 邪 : 한편으로 '서(徐)'로 썼으니 '느리다'는 뜻. • 亟 : 급함. • 只且 : 어조사.

| 의해 |

북풍과 눈비를 말하여 국가가 위태롭고 요란함이 장차 이르러 기상이 서글프고 참혹함[愁慘]함을 비유한 것이다. 그러므로 그 서로 좋아하는 사람과 더불어 가서 피하고자 한 것이다. 또 말하기를, "이것은 오히려 너그럽게 하고 천천히 할 수 있지만 저기 그 화란(禍亂)에 핍박함은 이미 심하니 속히 떠나지 않을 수 없다"고 하였다.

북풍기개 우설기비 혜이호아 휴수동귀
16-2. 北風其喈며 雨雪其霏로다 惠而好我로 攜手同歸

기허기서 기극지저
하리라 其虛其邪아 既亟只且로다 [比]

| 언해 |

北風이 그 喈ᄒᆞ며 雨ᄒᆞᄂᆞᆫ 雪이 그 霏ᄒᆞᄂᆞᆺ다 惠ᄒᆞ야 나ᄅᆞᆯ 好ᄒᆞᄂᆞ니로 手ᄅᆞᆯ 攜ᄒᆞ야 ᄒᆞᆫ가지로 歸호리라 그 虛히 ᄒᆞ며 그 邪히 ᄒᆞ랴 임의 亟ᄒᆞ도다

| 번역 |

북풍이 그렇게 차며
비섞인 눈이 흩날리네
나를 사랑하고 좋아하는 사람과
손잡고 함께 돌아가리라
이리도 느리고 더딘가
이미 급해졌는데

| 자해 |

喈 : 빠른 소리. • 霏 : 눈비가 흩어지는 형상. • 歸 : 가서 돌아오지 않음.

16-3. 莫赤匪狐며 莫黑匪烏아 惠而好我로 攜手同車하리라 其虛其邪아 旣亟只且로다 [比]

(막적비호 막흑비오 혜이호아 휴수동거 기허기서 기극지저)

| 언해 |

赤지 아니타 狐ㅣ 아니며 黑지 아니타 烏ㅣ 아니가 惠ᄒᆞ야 나롤 好ᄒᆞᄂᆞ니로 手롤 攜ᄒᆞ야 車롤 ᄒᆞᆫ 가지로 호리라 그 虛히 ᄒᆞ며 그 邪히 ᄒᆞ랴 임의 亟ᄒᆞ도다

| 번역 |

붉지 않다고 여우 아니며
검지 않다고 까마귀 아니랴
나를 사랑하고 좋아하는 사람과
손잡고 함께 수레타리라
이리도 느리고 더딘가
이미 급해졌건만

| 자해 |

狐 : 짐승 이름이니 개와 같고 누렇고 붉은 빛이니 여우라 함. • 烏 : 까마귀니 검은 빛인데, 다 상서롭지 못한 사물이니 사람들이 보기 싫어하는 것.

| 의해 |

보이는 것이 이런 사물 아님이 없으니 나라가 장차 위란(危亂)할 것임을 알 수 있다. 함께 가고 함께 돌아감은 오히려 신분이 낮은

사람이겠거니와 함께 수레타고 간다는 것은 귀한 사람도 또한 떠나는 것이다.

이 「북풍[北風]」은 모두 3장이다.

17. 아담한 여자[靜女]

17-1. 靜女其姝(정녀기주)하니 俟我於城隅(사아어성우)러니 愛而不見(애이불견)하여 搔(소)首踟躕(수지주)하라 [賦]

| 언해 |

靜ᄒᆞᆫ 女ㅣ 그 姝ᄒᆞ니 나ᄅᆞᆯ 城의 隅에셔 俟ᄒᆞ더니 愛호ᄃᆡ 보지 못 ᄒᆞ야 首ᄅᆞᆯ 搔ᄒᆞ고 踟躕호라

| 번역 |

아담한 여자 그리도 아름다우니
나를 성 모퉁이서 기다리네
사랑해도 보지 못하여
머리 긁고 서성이네

| 자해 |

靜 : 한가하고 아담하다는 뜻. • 姝 : 얼굴이 아름다운 것. • 城隅 : 그윽하고 궁벽한 곳. • 不見 : 기약하고 이르지 아니함. • 踟躕 : 척촉(躑躅)과 같으니 머뭇머뭇한다는 뜻.

| 의해 |

이는 음란하게 달아나 만날 것을 기약하는 시다.

정 녀 기 련 이 아 동 관 동 관 유 위 열 역
17-2. 靜女其孌하니 貽我彤管이로다 彤管有煒하니 說懌
녀 미
女美하라 [賦]

| 언해 |

靜ᄒᆞᆫ 女ㅣ 그 孌ᄒᆞ니 나ᄅᆞᆯ 彤管을 貽ᄒᆞ놋다 彤管이 煒ᄒᆞ니 女의 美홈을 깃버호라

| 번역 |

아담한 여자 그리도 좋으니
나에게 붉은 대롱 주었네
붉은 대롱이 붉고도 곱지만
네가 예쁜 게 더 좋아라

| 자해 |

孌 : 좋은 모양. • 彤管 : 무슨 물건인지 자세하지 않으나 대개 서로 주어서 은근한 뜻을 맺음 것임. • 煒 : 붉은 모양.

| 의해 |

이 시는 "이미 이 물건을 얻고 또 이 여자가 아름다움을 기뻐한다"라고 말한 것이다.

자 목 귀 제 순 미 차 이 비 녀 지 위 미 미 인
17-3. 自牧歸荑하니 洵美且異로다 匪女之爲美라 美人
지 이
之貽니라 [賦]

| 언해 |

牧으로브터 荑를 歸ᄒᆞ니 진실로 美ᄒᆞ고 쏘 異ᄒᆞ도다 네 美ᄒᆞᆫ 주리아니라 美ᄒᆞᆫ 人의 貽ᄒᆞᆫ 것일시니라

| 번역 |

들판에서 삐비를 주니
실로 아름답고 독특하구나
너 삐비가 예쁜 게 아니고
미인의 선물이 곱단 말이다

| 자해 |

牧: 바깥들 • 歸 : 주는 것. • 荑 : 띠가 비로소 나올 때의 것으로 삐비임. • 洵 : 진실함. • 女 : '너'이니 삐비[荑]를 가리켜 말한 것.

| 의해 |

이 시는 "아담한 여자가 또 나에게 삐비를 주니 그 삐비가 또한 아름답고 또 색다르지만 이 삐비의 아름다움이 아니라 특별히 미인이 이것을 주었기 때문에 그 물건이 또한 아름답다"라고 한 것이다.

이 「아담한 여자[靜女]」는 모두 3장이다.

18. 새 누대[新臺]

18-1. 新臺有泚(신대유차)하니 河水瀰瀰(하수미미)로다 燕婉之求(연완지구)에 籧篨不(거저불)鮮(선)이로다 [賦]

| 언해 |

新臺ㅣ 泚ᄒᆞ니 河水ㅣ 瀰瀰ᄒᆞ도다 燕婉을 求홈애 籧篨ㅣ 鮮치 안이ᄒᆞ도다

| 번역 |

새 누대가 선명하니
황하가 훌륭하다
편하고 순한 님을 찾더니
등곱추가 적지 않네

| 자해 |

泚 : 선명한 모양. • 瀰瀰 : 성한 모양. • 燕 : 편안함. • 婉 : 순함. • 籧篨 : 구부리지 못함이니 병든 자. 대개 거저(籧篨)는 본래 대자리 이름이니 사람이 혹 엮어서 만들면 그 형상이 사람이 붓고 종기가 나서[擁腫]하여 구부릴 수 없는 것과 같았기 때문에 또 이것을 가지고 병을 이름함. • 鮮 : 적다는 뜻.

| 의해 |

구설(舊說)에 말하기를, "위(衛)나라 선공(宣公)이 그 아들 급(伋)을 위하여 제나라에 장가들게 하였는데 그 신부가 아름답다

는 말을 듣고 스스로 취하고자 하여 이에 새 누대를 황하 유역에 짓고 그녀를 맞이하니, 나라 사람이 미워하여 이 시를 지어 풍자하여 말하기를 '제나라 여자가 본래 급(伋)으로 더불어 편안하고 순한 좋은 것을 구하였더니 도리어 더럽고 추악한 사람 선공(宣公)을 얻게 되었다'"라고 하였다.

18-2. 新臺有洒(신대유쇄)하니 河水浼浼(하수매매)로다 燕婉之求(연완지구)에 籧篨不殄(거저부진)이로다 [賦]

| 언해 |

新臺ㅣ 洒ᄒᆞ니 河水ㅣ 浼浼ᄒᆞ도다 燕婉을 求홈에 籧篨이 殄치 안이ᄒᆞ놋다

| 번역 |

새 누대가 높으니
황하 물이 펀펀하네
편안하고 순한 님을 찾더니
곱추병이 멎지 않네

| 자해 |

洒 : 높고 준급(峻急)함. • 浼浼 : 평평(平平)함. • 殄 : 끊어짐이니 그 병이 그치지 않음을 말함.

18-3. 魚網之設(어망지설)에 鴻則離之(홍즉리지)로다 燕婉之求(연완지구)에 得此戚施(득차척시)로다 [興]

| 언해 |

魚網을 設홈애 鴻이 곳 離ᄒᆞ도다 燕婉을 求홈애 이 戚施를 得ᄒᆞ도다

| 번역 |

어망을 놓았더니
기러기가 곧 걸렸네
편안하고 순한 여자 찾더니
등곱추에 추물이라

| 자해 |

鴻 : 기러기 큰 것. • 離 : 걸리다는 뜻. • 戚施 : 우러러 볼 수 없고 또한 추한 질병.

| 의해 |

이 시는 "어망을 놓았더니 도리어 기러기를 얻었다"는 것을 말함으로써 편안하고 순한 님을 구하였다가 도리어 더럽고 병든 사람을 얻었음을 홍(興)하였으니 얻은 바가 구하던 바 아니라고 한 것이다.

이 「새 누대[新臺]」는 모두 3장이다.

무릇 선강(宣姜)의 일 전말(顚末)이 『춘추전(春秋傳)』에 보인다.

그러나 시에서는 다 상고할 것이 없으니 모든 편(篇)이 이와 같다.

19. 두 아들이 배 탔네[二子乘舟]

19-1. 二子乘舟(이자승주)하니 汎汎其景(범범기영)이로다 願言思子(원언사자)라 中心(중심) 養養(양양)하라 [賦]

| 언해 |

二子ㅣ 舟ᄅᆞᆯ 乘ᄒᆞ니 汎汎ᄒᆞᆫ 그 景이로다 願ᄒᆞ야 子ᄅᆞᆯ 思ᄒᆞᄂᆞᆫ지라 中心이 養養호라

| 번역 |

두 아들 배를 타니
둥둥 멀어지는 그림자
원하여 자식 생각에
마음속은 넘실넘실 출렁이누나

| 자해 |

二子 : 급(伋)과 수(壽)를 이름. • 乘舟 : 황하를 건너 제나라에 감. • 景 : '영(影)'자의 고자(古字)임. *養養 : 양양(漾漾)과 같으니 근심하여 진정할 바를 알지 못하는 모양.

| 의해 |

구설(舊說)에 "선공이 급(伋)의 아내를 맞아들이니 이 사람이 선강(宣姜)으로 수(壽)와 삭(朔)을 낳았다. 삭과 선공이 선공에게 참소하거늘 선공이 급으로 하여금 제나라에 가게 하고 도적에게

'먼저 좁은데서 이 놈을 기다려 죽이라.' 하니 수가 이를 알고 급에게 고하였는데 급이 '임금의 명하심이라 도망하지 못하겠다'고 하였다. 수가 그 절(節)을 훔쳐 먼저 감에 도적이 죽였는데, 급이 이르러 '임금의 명령이 나를 죽이라 하셨거늘 수가 무슨 죄가 있는가?'하자, 도적이 또 죽인지라 나랏 사람들이 슬퍼하여 이 시를 지었다"라고 하였다.

19-2. 二子乘舟(이자승주)하니 汎汎其逝(범범기서)로다 願言思子(원언사자)하니 不瑕有害(불하유해)아 [賦]

| 언해 |

二子ㅣ 舟를 乘ᄒᆞ니 汎汎히 그 逝ᄒᆞᄂᆞᆺ다 願ᄒᆞ야 子를 思호니 안이 엇던 害 잇는가

| 번역 |

두 아들 배를 타니
두둥실 사라지네
원하여 자식 생각에
아니 어떤 해가 있는가

| 자해 |

逝 : 가는 것. • 不瑕 : '의심한다'는 말이니, 뜻이 '샘물'〔泉水〕에 보였는데, 여기서는 그가 돌아오지 못함을 보고 의심한 것임.

이 「두 아들이 배 탔네[二子乘舟]」는 모두 2장이다.

태사공(太史公)이, "내 「세가(世家)」의 말을 읽다가 선공의 아들이 아내 때문에 죽음을 당하는데 이르러 아우 수(壽)가 죽기를 다투어 서로 사양하니 이것이 진(晉)나라 태자(太子) 신생(申生)이 감히 여희(驪姬)의 허물을 밝히지 못함과 더불어 같으니 모두 아비의 뜻을 상할까 두려워해서 였다. 그러나 마침내 사망하였으니 어찌 그리도 비참한가? 혹 부자(父子)가 서로 죽이며 형제가 서로 죽임은 또한 홀로 무슨 마음인가?"라고 하였다.

패풍은 19편 72장 363구이다.

용풍 | 鄘風

해설이 위 편(篇)에 보인다.

1. 잣배[柏舟]

1-1. 汎彼柏舟(범피백주)여 在彼中河(재피중하)로다 髧彼兩髦(담피량모)ㅣ 實維我儀(실유아의)니
之死(지사)언정 矢靡他(시미타)하라 母也天只(모야천지)시니 不諒人只(불량인지)아 [興]

| 언해 |

씌이ᄂᆞᆫ 뎌 柏舟ㅣ여 뎌 中河에 잇도다 髧ᄒᆞᆫ 뎌 兩髦ㅣ 진실로 내 짝이니 죽음에 니ᄅᆞᆯ지언뎡 ᄆᆡᆼ셰호리니 다름이 업스리라 母ㅣ 하ᄂᆞᆯ이시니 사ᄅᆞᆷ을 밋지 안이ᄒᆞ시ᄂᆞ냐

| 번역 |

둥둥 떠 있는 저 잣 배여
저 하수 가운데 있도다
저 두 발(髦)을 드리우니
실로 내 짝이니
죽음에 이를지언정
맹세하리니 딴 생각은 없도다
어미는 하늘이시니
사람을 믿지 않으시나요

| 자해 |

中河 : 하수(河水) 가운데. • 髧 : 털이 드리워진 모양. • 兩髦 : 아이가 머리털을 갈긴 것이니 아들이 부모를 섬기는 꾸밈. 부모가 죽은 후에야 버리니, 공강(共姜)이 남편 공백(共伯)을 가리킨 것. • 我 : 공강(共姜)이 스스로 '나'

라 함. • 儀 : 배필(配匹)이란 뜻. • 之 : 이르름. • 矢 : 맹세함. • 靡 : 없음. • 只 : 어조사. • 諒 : 믿음.

| 의해 |

옛 말에 "위나라 세자 공백(共伯)이 일찍 죽음에 그 아내 공강(共姜)이 절개[義]를 지키거늘 부모가 알고 시집보내려 하였다. 그러므로 공강이 이 시를 지어 스스로 맹세하여 '잣 배라면 저 하수 가운데에 있도다. 두 발(髦)이라면 실로 나의 짝이라. 비록 죽음에 이를지언정 맹세코 다른 마음이 없거늘 어미가 나를 덮고 기른 은혜가 하늘같아 망극하기를, 어찌 그래도 내 마음을 믿지 않으시는고?'"라고 하였다.

1-2. 汎彼柏舟(범피백주)여 在彼河側(재피하측)이로다 髧彼兩髦(담피량모) 實維我特(실유아특)이니 之死(지사)언정 矢靡他(시미타)하리라 母也天只(모야천지)시니 不諒人只(불량인지)아 [興]

| 언해 |

씌이는 뎌 栢舟ㅣ여 뎌 河의 ᄀᆞ애 잇도다 髧ᄒᆞᆫ 뎌 兩髦ㅣ 진실로 내 特이니 죽음에 니를지언뎡 ᄆᆡᆼ셰호리니 慝이 업스리라 母ㅣ 하ᄂᆞᆯ이시니 사ᄅᆞᆷ을 밋디 아니ᄒᆞ시ᄂᆞ냐

| 번역 |

둥둥 떠 있는 저 잣 배여
저 하수 곁에 있도다
저 두 발(髦)을 드리우니
실로 내 짝이니

죽음에 이를지언정
맹세하리니 딴 생각은 없도다
어미는 하늘이시니
사람을 믿지 않으시나요

| 자해 |

特 : 또한 배필이란 뜻. • 慝 : 사특(邪慝)하다는 뜻.

| 의해 |

두 번 시집감을 사특하다고 하였으니 그 끊음이 심한 것이다.

이 「잣 배[柏舟]」는 모두 2장이다.

2. 담장의 찔레[牆有茨]

2-1. 牆有茨(장유자)하니 不可埽也(불가소야)로다 中冓之言(중구지언)이여 不可道也(불가도야)로다 所可道也(소가도야)댄 言之醜也(언지추야)로다 [興]

| 언해 |

담에 茨ㅣ 잇시니 可히 쓸지 못ᄒᆞ리로다 中冓읫 言이여 可히 말ᄒᆞ지 못ᄒᆞ리로다 可히 말ᄒᆞᆯ밴댄 말이 醜ᄒᆞᆸ도다

| 번역 |

담장에 찔레 있으니
쓸어버릴 수가 없구나
은밀한 말이여
말할 수가 없구나
말할 수야 있겠지만 말이 추하도다

| 자해 |

牆: 담장 • 茨 : 찔레[蒺藜]니 덩굴로 나고 가는 잎이며 열매가 세 개로 뿔이 져서 사람을 찌르는 것. • 中冓 : 집에 재목을 쌓은 곳. • 中冓之言 : 규문(閨門) 안의 말이라는 뜻. • 道 : 말하다는 뜻. • 醜 : 악(惡)하다는 뜻.

| 의해 |

옛말에 "위나라 선공(宣公)이 죽고 아들 혜공(惠公)은 어리거늘 서형(庶兄) 완(頑)이 선강(宣姜)과 위로 간통했다. 그러므로 시인

이 이 시를 지어서 기롱하여 "그 규중의 일이 다 추악하여 말하지 못하겠다"라고 하니, 이치상 혹 그럴 듯하다.

2-2. 牆有茨(장유자)하니 不可襄也(불가양야)로다 中冓之言(중구지언)이여 不可詳也(불가상야)로다 所可詳也(소가상야)댄 言之長也(언지장야)로다 [興]

| 언해 |

담에 茨ㅣ 잇시니 可히 襄치 못ᄒᆞ리로다 中冓읫 말이여 可히 ᄌᆞ세히 못ᄒᆞ리로다 可히 ᄌᆞ세홀밴댄 말이 長ᄒᆞ도다

| 번역 |

담장에 찔레 있으니
없앨 수가 없구나
방 안의 말이여
자세히 말할 수 없구나
자세히 말할 수 있겠지만
말이 길어질 거다

| 자해 |

襄 : 제거[除]한다는 뜻. • 詳 : 자세(仔細)히 말하는 뜻. • 言之長 : 말하고 싶지 아니하여 말이 길어 다하기 어려우니, 칭탁한 것임.

2-3. 牆有茨(장유자)하니 不可束也(불가속야)로다 中冓之言(중구지언)이여 不可讀也(불가독야)로다 所可讀也(소가독야)댄 言之辱也(언지욕야)로다 [興]

| 언해 |

담에 茨ㅣ 잇시니 可히 束치 못ᄒᆞ리로다 中冓읫 말이여 可히 讀지 못ᄒᆞ리로다 可히 讀ᄒᆞᆯ밴댄 말이 辱ᄒᆞᆸ도다

| 번역 |

담장에 찔레 있으니
묶을 수가 없구나
한 밤 중의 말이여
외울 수가 없구나
외울 수야 있겠지만
말이 욕되리

| 자해 |

束 : 묶어서 버림. • 讀 : 외워 말함. • 辱 : 추악함.

이 「담장의 찔레[牆有茨]」는 모두 3장이다.

양씨(楊氏) 말하기를, "위(衛)나라 공자(公子) 완(頑)이 군모(君母)와 간통함은 그 더럽기 심하였거늘, 성인(聖人)이 이것을 경서(經書)에 드러내심은 후세에 추악한 짓을 하는 자로 하여금 비록 규중(閨中)의 말이라도 나타나지 않음이 없음을 알게 함이니 그 훈계하심이 깊다"라고 하였다.

3. 임과 함께 늙자더니[君子偕老]

군 자 해 로　부 계 육 가　위 위 타 타　여 산 여 하
3-1. 君子偕老라 副笄六珈니 委委佗佗며 如山如河라

상 복 시 의　자 지 불 숙　운 여 지 하
象服是宜어늘 子之不淑은 云如之何요 [賦]

| 언해 |

君子와 ᄒᆞᆷᄭᅴ 늙을지라 副ᄒᆞ고 笄ᄒᆞᆫᄃᆡ 여ᄉᆺ 곳에 珈ᄒᆞ여시니 委委ᄒᆞ며 佗佗ᄒᆞ며 山ᄀᆞᆮᄒᆞ며 河ᄀᆞᆮᄒᆞᆫ지라 象服이 이 맛당ᄒᆞ거ᄂᆞᆯ 子의 淑지 아니ᄒᆞᆷ은 엇지리오

| 번역 |

임과 함께 늙으려고
쪽지고 비녀 꽂고 여섯 줄로 구슬이 드리웠으니
우아하고 의젓하며
산 같고 물 같구나
예복아 옳건마는
그대의 착하지 못함을
어떻게 하려는가

| 자해 |

君子 : 남편. • 偕老 : 같이 살고 같이 죽음을 말함이니 여자가 남편이 죽으면 미망인(未亡人)이라 칭함은 죽기를 기다릴 따름이요, 다른 데 갈 뜻을 두지 않는다는 것. • 副 : 제복(祭服)에 쓰는 수식(首飾), 머리 땋는 장식. • 笄 : 비녀. • 珈 : 옥(玉)이니 부(副)의 양쪽 곁에 비녀가 있으며 비녀에는 여섯

곳에 옥을 더하기 때문에 육가(六珈)라 함. • 委委佗佗 : 옹용(雍容)하고 천연스런 모양. 의젓함. • 如山 : 산처럼 편안하고 무겁다는 뜻. • 如河 : 물처럼 크고 넓음. • 象服 : 법도(法度)에 맞는 옷. • 淑 : 착함.

| 의해 |

부인이 마땅히 남편과 백년해로 해야 하는 까닭에 그 복식(服飾)의 훌륭함이 이 같으며 또 의젓하고 너그럽고 점잖은 모양이 그 상복(象服)과 서로 어울림이 있거늘 이제 선강(宣姜)이 착하지 않음이 이 같으니 비록 이러한 복식이 있으나 또한 장차 어떻게 할 것인가?

차혜차혜 기지적야 진발여운 불설체
3-2. 玼兮玼兮하니 其之翟也로다 鬒髮如雲하니 不屑髢
야 옥지진야 상지체야 양저지석야 호
也로다 玉之瑱也며 象之揥也며 揚且之皙也로소니 胡
연이천야 호연이제야
然而天也며 胡然而帝也요 [賦]

| 언해 |

玼ᄒᆞ며 玼ᄒᆞ니 그의 翟이로다 鬒ᄒᆞᆫ 髮이 구름 갓ᄒᆞ니 髢롤 屑치 아니ᄒᆞᄂᆞᆺ다 玉으로 ᄒᆞᆫ 瑱이며 象으로 ᄒᆞᆫ 며 揚ᄒᆞ고 晳ᄒᆞ도소니 엇더ᄒᆞᆫ 天이며 엇더ᄒᆞᆫ 帝오

| 번역 |

곱기도 곱기로소니
꿩 깃 그린 제복이네
검은 머리 구름 같아
머리 씌우개할 필요 없네

옥구슬 귀막이며
상아로 만든 빗이며
눈썹 위가 하얗기로소니
어쩜 그래 하느님이야

| 자해 |

玼 : 곱고 성한 모양. • 翟 : 꿩 깃이니 제복에 비단으로 오려 꿩을 만들고 채색하여 꾸민 옷을 적(翟)이라 함. • 鬒 : 터럭 검은 모양. • 如雲 : 많고도 아름답다는 말. • 屑 : 조촐함. • 髢 : 다리 꼭지[髲]니 터럭이 적으면 다리로 써 더하고 터럭이 스스로 아름다우면 다리 들기[髢]를 좋게 여겨 사용하지 아니함. • 瑱 : 귀 막는 옥(玉). • 象 : 코끼리뼈. • 揥 : 머리를 빗는 것이니 지금의 빗. • 揚 : 눈썹 위가 넓은 모양. • 且 : 어조사. • 晳 : 희다는 말. • 胡 : 어찌.

| 의해 |

그 복식(服飾)의 훌륭함과 용모의 아름다움을 보는 자가 귀신같음에 놀랬기 때문에 "어쩌면 그리도 하늘 같으며, 어쩌면 그리도 하느님 같은가"라고 말한 것이다.

3-3. 瑳兮瑳兮(차혜차혜)하니 其之展也(기지전야)로다 蒙彼縐絺(몽피추치)하니 是紲袢也(시설반야)로다 子之清揚(자지청양)이여 揚且之顏兮(양저지안혜)로다 展如之人兮(전여지인혜)여 邦之媛也(방지원야)로다 [賦]

| 언해 |

玼ᄒᆞ며 玼ᄒᆞ니 그의 展이로다 뎌 縐絺예 蒙ᄒᆞ니 이 紲袢ᄒᆞ엿도다 子의 淸ᄒᆞ고 揚홈이여 揚ᄒᆞ고 顔ᄒᆞ도다 진실로 이러ᄐᆞᆺᄒᆞᆫ 사ᄅᆞᆷ이

여 나라읫 媛이로다

| 번역 |

환하기도 환하기로소니
임금 뵙고 손님 보는 옷이네
가는 갈포에 덧 입으니
이것이 설반이네
그때의 맑고 넓음이여
넓은 눈썹의 이마로다
실로 이 같은 사람이여
한 나라의 미인일세

| 자해 |

瑳 : 곱고 성한 모양. • 展 : 예로써 임금께 뵙고 손님을 만나는 옷. • 蒙 : 덮음. • 縐絺 : 모시가 너무 가늘어 실오라기가 촘촘한 것이니 여름에 입는 옷. • 紲袢 : 묶고 동여 맨 모양이니 전의(展衣)에 치격(絺綌)을 더하여 동여매는[紲袢]하는 것이니 스스로 단속함. • 淸 : 보는 것이 청명(淸明)함. • 揚 : 눈썹 위가 넓음. • 顔 : 이마[額角]가 풍만함. • 展 : 진실로. • 媛 : 아름다운 계집.

| 의해 |

선강이 한갓 얼굴만 아름답고 후비(后妃)의 덕이 없음을 보고 애석하게 여겼으니 말이 더욱 완순(婉順)하고 뜻이 더욱 깊다.

이 「임과 함께 늙자더니[君子偕老]」는 모두 3장이다.

4. 뽕 밭에서[桑中]

4-1. 爰采唐矣를 沫之鄕矣로다 云誰之思요 美孟姜矣로다 期我乎桑中이며 要我乎上宮이요 送我乎淇之上矣로다 [賦]

| 언해 |

이에 唐을 킈오믈 沫의 鄕에 ᄒᆞ놋다 누를 ᄉᆡᆼ각ᄒᆞᄂᆞ뇨 美ᄒᆞᆫ 孟姜이로다 나를 桑中에 긔약ᄒᆞ며 나롤 上宮에 맛고 나를 淇의 우에셔 보내놋다

| 번역 |

새삼을 캐러
매땅 고을로
누구를 사모할까
예쁜 강씨네 맏딸일세
뽕 밭에서 기약터니
상궁에서 나를 맞고
기수에서 날 보내네

| 자해 |

唐: 새삼 • 沫 : 위나라 읍(邑). • 孟 : 맏이. • 姜 : 제나라 여자이니 신분이 높은 귀족. • 桑中 · 上宮 · 淇上 : 매향(沫鄕) 가운데 작은 지명. • 要 : 맞이함.

| 의해 |

위나라 풍속이 음란하여 세습귀족으로 벼슬에 있는 자들이 처첩(妻妾)을 서로 몰래 농간하였기 때문에 이 사람이 장차 새삼을 매(沬) 땅에서 캔다 하여 사모하는 사람과 더불어 서로 만나기로 약속하기를 이 같이 한다고 한 것이다.

4-2. 爰采麥矣(원채맥의)를 沬之北矣(매지북의)로다 云誰之思(운수지사)요 美孟弋矣(미맹익의)로다 期我乎桑中(기아호상중)이며 要我乎上宮(요아호상궁)이요 送我乎淇之上矣(송아호기지상의)로다 [賦]

| 언해 |

이에 麥을 킈오믈 沬의 北에 ᄒᆞ놋다 누ᄅᆞᆯ ᄉᆡᆼ각ᄒᆞᄂᆞ뇨 美ᄒᆞᆫ 孟弋이로다 나ᄅᆞᆯ 桑中에 긔약ᄒᆞ며 나ᄅᆞᆯ 上宮에 맛고 나를 淇의 우에셔 보내놋다

| 번역 |

밀을 베러
매땅 북으로 갔었네
누구를 사모할까
예쁜 익씨네 맏딸일세
뽕 밭에서 기약터니
상궁에서 나를 맞고
기수에서 날 보내네

| 자해 |

麥 : 밀. • 弋 : 기(杞)나라 여자인데 하우씨(夏后氏)의 후예이니 또한 귀족.

4-3. 爰采葑矣(원채봉의)를 沬之東矣(매지동의)로다 云誰之思(운수지사)요 美孟庸矣(미맹용의)로다 期我乎桑中(기아호상중)이며 要我乎上宮(요아호상궁)이요 送我乎淇之上矣(송아호기지상의)로다 [賦]

| 언해 |

이에 葑을 ᄏᆡ오믈 沬의 東에 ᄒᆞ놋다 누롤 ᄉᆡᆼ각ᄒᆞᄂᆞ뇨 美ᄒᆞᆫ 孟庸이로다 나롤 桑中에 긔약ᄒᆞ며 나롤 上宮에 맛고 나를 淇의 우에 보내놋다

| 번역 |

순무를 캐러
매땅 동으로
누구를 사모할까
예쁜 용씨네 맏딸일세
뽕 밭에서 기약터니
상궁에서 나를 맞고
기수에서 날 보내네

| 자해 |

葑 : 만청(蔓菁)이니 순무. • 庸 : 알려지지 않았으나 아마도 귀족인 듯함.

이 「뽕 밭에서[桑中]」는 모두 3장이다.

5. 메추리도 짝을 지어[鶉之奔奔]

5-1. 鶉之奔奔(순지분분)이며 鵲之彊彊(작지강강)이어늘 人之無良(인지무량)을 我以爲(아이위)兄(형)가 [興]

| 언해 |

鶉은 奔奔ᄒᆞ며 鵲은 彊彊ᄒᆞ거늘 사ᄅᆞᆷ의 良치 아닌이롤 내 뼈 兄을 삼안ᄂᆞ냐

| 번역 |

메추리가 제짝 있고
까지도 짝 있거늘
못된 사람을
나의 형 삼았나

| 자해 |

鶉 : 메추리. • 鵲 : 까치. • 奔奔과 彊彊 : 거처함에 떳떳한 짝이 있고, 날 때에는 서로 따르는 모양. • 人 : 공자(公子) 완(頑) • 良 : 착함.

| 의해 |

선강(宣姜)이 공자 완(頑)과 더불어 제 짝이 아닌데도 서로 좇았기 때문에 위나라 사람이 혜공(惠公)의 말을 가지고 기롱하여 "사람이 어질지 않음이 메추라기와 까치만 못하거늘 내 도리어 형을 삼았으니 어찌된 것인가?"라고 한 것이다.

5-2. 鵲之彊彊(작지강강)이며 鶉之奔奔(순지분분)이어늘 人之無良(인지무량)을 我以爲(아이위)君(군)가 [興]

| 언해 |

鵲은 彊彊ᄒᆞ며 鶉은 奔奔ᄒᆞ거늘 사ᄅᆞᆷ의 良치 아닌이ᄅᆞᆯ 내 ᄡᅧ 君을 삼안ᄂᆞ냐

| 번역 |

까지도 짝과 놀고
메추리도 제짝과 노는데
못된 사람을
소군(小君) 삼았나

| 자해 |

人 : 선강(宣姜). • 君 : 소군(小君)이니 임금의 부인을 소군(小君)이라 함.

이 「메추리도 짝을 지어[鶉之奔奔]」는 모두 2장이다.

호씨(胡氏)가 말하기를, "양시(楊時)가 '시에 이 편(篇)을 올린 것은 위나라 이 오랑캐가 멸망한 바 된 원인을 보이기 위한 것이다.' 하였으니 이 말로써 역대(歷代)를 상고하건대 무릇 음란한 자는 자신을 죽이고 나라를 패하게 하며 그 집을 망치지 않은 자가 있지 않다. 그런 후에 옛 시의 경계(警戒)를 드리움이 큰 것을 알겠다"라고 하였다.

6. 정성(定星)이 정남일 때[定之方中]

6-1. 定之方中(정지방중)이어늘 作于楚宮(작우초궁)하니 揆之以日(규지이일)하여 作于(작우)楚室(초실)이요 樹之榛栗椅桐梓漆(수지진율의동재칠)하니 爰伐琴瑟(원벌금슬)이로다 [賦]

| 언해 |

定이 바야흐로 中커늘 楚의 宮을 作ᄒᆞ니 揆호ᄃᆡ 日로ᄡᅥ ᄒᆞ야 楚의 室을 作ᄒᆞ고 榛과 栗과 椅와 桐과 梓와 漆을 시무니 이예 伐ᄒᆞ야 琴과 瑟을 ᄒᆞ리로다

| 번역 |

정성(定星)이 남쪽에 왔거늘
초궁을 지었네
해를 보고 방향 잡아
초궁을 지으셨네
개암·밤·산유자·오동·가래·옻나무를 심으니
이것을 베어서 금과 술을 만든다

| 자해 |

定 : 북방의 별 이름이니 영실성(營室星). 이 별이 하나라 정월(正月) 10월〔亥月〕이면 어두울 때 남방에 보이는데, 이때에 궁실(宮室) 짓기를 경영(經營)한다. 그런 까닭에 영실(營室)이라 이름. •楚宮 : 초구(楚丘)의 궁(宮)이니 초구는 땅 이름. •揆 : '헤아리다'의 뜻이니 8척 길이의 기둥을 세우고 일출과 일몰에 그림자를 헤아려 동서(東西)를 정하고 또 해가 정남일 때 그림

자를 참작하여 써 남북(南北)을 바로 함. • 楚室 : 초궁과 같은 것. • 榛 : 개암. • 栗 : 밤이니 과실과 나무. • 椅 : 머괴 나무 같음. 산유자나무. • 桐 : 오동나무 • 梓 : 가래나무. • 漆 : 옻이니, 산유자, 오동, 가래와 함께 다 금슬(琴瑟) 만드는 재목. • 樹 : 나무를 심음. • 爰 : 이에 함. • 伐 : 베는 것.

| 의해 |

위나라가 이 오랑캐에게 멸망하게 되고 문공(文公)이 도읍을 옮겨 초구(楚丘)에 거처하여 궁실(宮室)을 경영(經營)하여 세우니 나라 사람이 기뻐하여 이 시를 지어서 찬미한 것이다. 소씨(蘇氏)가 말하기를 "나무를 심는 것은 10년 후에 쓸 것을 구함이니 그 가까운 효과를 구하지 않음이 다 이와 같다"라고 하였다.

승피허의 이망초의 망초여당 경산여
6-2. 升彼虛矣하여 以望楚矣로다 望楚與堂하며 景山與
경 강관우상 복운기길 종언윤장
京하며 降觀于桑하니 卜云其吉이러니 終焉允臧이로다
[賦]

| 언해 |

뎌 虛에 올라 써 楚를 望ᄒᆞᄂᆞ다 楚와 다못 堂을 望ᄒᆞ며 山과 다못 京을 景ᄒᆞ며 降ᄒᆞ야 桑을 보니 卜에 닐오ᄃᆡ 그 吉타ᄒᆞ더니 ᄆᆞᄎᆞᆷ애 진실로 臧ᄒᆞ도다

| 번역 |

저 옛 성터에 올라
초구를 바라보네
초구 옆 당을 바라보며
산과 언덕에서 그림자를 헤아리며

내려와 뽕나무를 보고
점을 치니 길하다더니
마침내 진실로 좋구나

| 자해 |

虛 : 옛 성(城). • 楚 : 초구(楚丘). • 堂 : 楚丘 곁의 고을. • 景 : 그림자를 헤아려서 사방을 바로잡음. • 京 : 높은 언덕. • 桑 : 뽕나무니 그 땅에 뽕나무가 마땅한가 살펴봄. • 允 : 미쁘다는 뜻. • 臧 : 착함.

| 의해 |

이 장은 그 비로소 초구를 바라보고 해 그림자를 헤아리며 내려와 뽕 심을 곳을 살펴보고 그 길(吉)한가 점치던 때로부터 마침내 과연 그것이 좋음을 얻은 때까지 말한 것이다.

6-3. 靈雨既零(령우기령)이어늘 命彼倌人(명피관인)하여 星言夙駕(성언숙가)하여 說于桑田(세우상전)하니 匪直也人(비직야인)의 秉心塞淵(병심색연)이라 騋牝三千(래빈삼천)이로다 [賦]

| 언해 |

靈ᄒᆞᆫ 비ㅣ 임의 ᄠᅥᆯ어지거ᄂᆞᆯ 뎌 倌人을 命ᄒᆞ야 星인 졔 일즉 駕ᄒᆞ야 桑田에 가 說ᄒᆞ니 ᄒᆞᆫ갓 사ᄅᆞᆷ의 ᄆᆞᄋᆞᆷ秉홈이 塞ᄒᆞ고 淵홀 ᄲᅮᆫ이 아니라 騋牝이 三千이로다

| 번역 |

좋은 비가 내렸거늘
저 관인에게 명하여
별이 보이면 일찍 멍에 매

뽕 밭에 머무니
한갓 사람의 막히고 깊은 맘 잡기가 아니라서
큰 암말이 삼천이로세

| 자해 |

靈 : 좋다는 뜻. • 零 : 떨어짐. • 倌人 : 멍에 맡은 자. • 星 : 별 볼때. • 說 : 그침. • 秉 : 잡음. • 塞 :성실함. • 淵 :깊다는 말. • 騋 : 7척 이상 되는 말, • 牝 : 암컷.

| 의해 |

바야흐로 봄에 때마침 비가 이미 내렸고 뽕 나무 농사에 힘쓸 일이 생겼다. 문공이 이에 새벽에 일어나 수레를 멍에하고 급히 가 위로하며 권면(勸勉)하였다. 그러나 이 사람의 마음잡음이 성실하고 깊을 뿐 아니라 그가 기른 말이 7척이요, 또 암말은 이미 3,000필에 이르렀다. 대개 사람이 마음잡음이 誠實하고 깊으면 해서 이루지 못할 것이 없으니 그 넉넉하고 풍성함을 이룸은 마땅하다.

이 「정성(定星)이 정남일 때[定之方中]」는 모두 3장이다.

위나라 의공(懿公) 9년에 적인(狄人)이 위나라에 들어옴에 의공이 싸우다가 죽자. 송나라 환공(桓公)이 선강(宣姜)의 아들 신(申)을 세워 이 대공(戴公)이 되다. 대공(戴公)이 이 해에 죽고 그 아우 훼(燬)를 세우니 이 사람이 문공(文公)이다. 문공이 거친 베옷과 거친 명주만으로 농사를 가르치고 학업을 권면하며 상업을 통하게 하고 공인[工匠]에게 혜택을 주어 원년(元年)에 혁거(革車)가 겨우 30승(乘)이었는데, 끝에 가서는 300승이 되었다.

7. 무지개[蝃蝀]

7-1. 蝃蝀在東(체동재동)하니 莫之敢指(막지감지)로다 女子有行(여자유행)은 遠父母兄弟(원부모형제)니라 [比]

| 언해 |

蝃蝀이 東에 잇시니 敢히 指치 못ᄒᆞ리로다 女子의 行을 둠은 父母와 兄弟롤 멀리 ᄒᆞᄂᆞ니라

| 번역 |

무지개가 동쪽에 있으니
감히 손가락질 못하리
여자가 시집가면
부모형제를 멀리하네

| 자해 |

蝃蝀 : 무지개니 햇빛과 비가 더불어 사귀어 홀연히 그 바탕을 이루니 대개 천지의 음특(淫慝)한 기운. • 在東 : 저녁 무지개니 무지개가 햇빛 비추는 바를 따르기 때문에 아침엔 서쪽에 저물 땐 동쪽에 있음.

| 의해 |

이는 음분(淫奔)하는 것을 기롱한 시이다. 무지개가 동쪽에 있음에 사람이 감히 가리키지 못함을 말하여 음분의 악함을 사람이 이르지 못하는 것을 비유한 것이다. 하물며 여자의 행실은 또 마

땅히 그 부모와 형제를 멀리해야 하니, 어찌 이를 돌아보지 않고 무릅쓰고 행동할 수 있겠는가.

7-2. 朝隮于西하니 崇朝其雨로다 女子有行은 遠兄弟父母니라 [比]

| 언해 |

아춤애 西에 隮ᄒᆞ니 朝ㅣ崇할 만한 그 비로다 女子의 行을 둠은 兄弟와 父母를 멀리 ᄒᆞᄂᆞ니라

| 번역 |

아침에 무지개가 서쪽에 오르니
아침 내내 비가 오는도다
여자가 시집감은
부모형제를 멀리함이라

| 자해 |

隮 : 오른다는 뜻이니 무지개가 홀연히 보여 아래로부터 오르는 것 같기 때문에 '제(隮)'라 함. • 崇 : 마치다는 뜻이니 비올 때 무지개가 보이면 그 비가 아침 나절만 내리고 그침을 말한 것이니, 대개 음특(淫慝)한 기운이 음양의 조화를 해침이 있는 것임.

7-3. 乃如之人也(내여지인야)여 懷昏姻也(회혼인야)로다 大無信也(대무신야)하니 不知命也(부지명야)로다 [賦]

| 언해 |

이러틋 혼사룸이여 昏姻을 懷ᄒᆞᄂᆞ다 크게 信이 업스니 命을 아지 못ᄒᆞᄂᆞ다

| 번역 |

이런 사람이여
혼인만 생각하네
크게 믿음이 없으니
천명을 알지 못하누나

| 자해 |

乃如之人 : 음분(淫奔)한 자를 가리켜 말함. • 婚姻 : 남녀의 욕구를 이름. • 信 : 여자가 스스로 그 몸을 잃지 아니함. • 命 : 바른 이치.

| 의해 |

이 음분한 사람이 다만 남녀간의 욕구만 생각할 줄 아니, 이는 그 정신(貞信)한 절개를 지키지 못하고 천리의 바른 것을 알지 못한 것이다. 정자(程子)가 말하기를, "사람이 비록 욕심이 없을 수 없지만 마땅히 이것을 제어함이 있어야 할 것이니 만일 제어함이 없고 욕심만 좇는다면, 인도(人道)가 폐(廢)하여 금수의 차원으로 들어갈 것이요, 바른 도로써 욕심을 절제[禁制]하면 명(命)을 따르게 할 수 있다"고 하였다.

이 「무지개[蝃蝀]」는 모두 3장이다.

8. 쥐를 보면[相鼠]

8-1. 相鼠有皮(상서유피)하니 人而無儀(인이무의)아 人而無儀(인이무의)는 不死何爲(불사하위)요 [興]

| 언해 |

鼠롤 相혼댄 겁질이 잇시니 사름이오 儀업스랴 사름이오 儀업스니는 죽지아니코 므엇ᄒ리오

| 번역 |

쥐를 보면 가죽 있으니
사람이 위의 없어서야
사람이 위의 없으면
죽지 않고 무엇하리

| 자해 |

相 : 보는 것. • 鼠 : 쥐는 짐승 중에 가장 천하게 여기고 미워하는 것. • 儀 : 위의(威儀).

상서유치 인이무지 인이무지 불사하사
8-2. 相鼠有齒하니 人而無止아 人而無止는 不死何俟요 [興]

| 언해 |

鼠ᄅᆞᆯ 相ᄒᆞᆫᄃᆡ 齒잇시니 사ᄅᆞᆷ이오 止ㅣ 업스랴 사ᄅᆞᆷ이오 止업스니ᄂᆞᆫ 죽지아니ᄒᆞ고 므엇슬 기ᄃᆞ리료

| 번역 |

쥐를 보면 이가 있으니
사람이 용지(容止) 없어서야
사람이 용지 없으면
죽지 않고 뭘 기다려

| 자해 |

止: 용지(容止) • 俟 : 기다림.

상서유체 인이무례 인이무례 호불천사
8-3. 相鼠有體하니 人而無禮아 人而無禮면 胡不遄死요 [興]

| 언해 |

鼠ᄅᆞᆯ 相ᄒᆞᆫ딘 體잇시니 사ᄅᆞᆷ이오 禮업스랴 사ᄅᆞᆷ이오 禮업스니ᄂᆞᆫ 엇지 ᄲᆞᆯ리 죽지아닌ᄂᆞ뇨

| 번역 |

쥐를 보건대 몸 있으니
사람이 예의 없어서야
사람이 무례하면
어찌 빨리 죽지 않고

| 자해 |

體 : 사지(四肢) • 禮 : 예절(禮節). • 遄 : 빨리

이 「쥐를 보면[相鼠]」은 모두 3장이다.

「무지개[蝃蝀]」와 「쥐를 보면[相鼠]」 두 시는 문공(文公)의 교화가 행해져 인심이 사특(邪慝)한 것을 버리고 바른 데로 돌아옴에 나라 사람이 음분(淫奔)하며 지위에 있으면서 예(禮) 없는 자를 보고 지었기 때문에 그 말이 특별히 엄숙하다

9. 깃대[干旄]

9-1. 孑孑干旄여 在浚之郊로다 素絲紕之고 良馬四之로소니 彼姝者子는 何以畀之요 [賦]

(혈혈간모 재준지교 소사비지 양마사지 피주자자 하이비지)

| 언해 |

孑孑ᄒᆞᆫ 干旄ㅣ여 浚의 郊에 잇도다 素絲로 紕ᄒᆞ얏고 良馬ᄅᆞᆯ 四로 ᄒᆞ얏도소니 뎌 姝ᄒᆞᆫ 子ᄂᆞᆫ 므엇스로뼈 畀ᄒᆞᆯ고

| 번역 |

우뚝 솟은 저 깃대여
준(浚)읍의 교외에 있도다
흰실로 꾸미고
좋은 말 네필이 수레를 끄니
저 어여쁜 자
무엇으로 답하리

| 자해 |

孑孑 : 특출(特出)한 모양. • 干旄 : 수레 뒤에 세운 깃대. • 浚 : 위(衛)나라 읍(邑). • 郊 : 고을 밖. • 紕 : 짠 끈. • 四之 : 네 필의 말로 수레에 멍에하여 사람을 태우는 것. • 姝 : 아름다움. • 子는 보려하는 사람을 가리킨 것. • 畀 :주는 것.

| 의해 |

이 시는 "위나라 대부가 이 거마(車馬)를 타며 이 깃발과 깃대를 세우고서 어진 자를 만나 보니 그 어진 자가 장차 무엇을 주어 예의(禮意)의 부지런함에 보답할고?"라고 한 것이다.

9-2. 孑孑干旟여 在浚之都로다 素絲組之고 良馬五之로소니 彼姝者子는 何以予之요 [賦]

(혈혈간여 재준지도 소사조지 양마오지 피주자자 하이여지)

| 언해 |

孑孑훈 干旟ㅣ여 浚의 都에 잇로다 素絲로 組ᄒᆞ얏고 良馬롤 五로 ᄒᆞ얏도소니 뎌 姝훈 子는 므엇스로 予홀고

| 번역 |

우뚝 솟은 저 새매를 그린 깃대여
준(浚)읍의 아랫 마을에 있도다
흰 실로 꾸미고
좋은 말 다섯 필이 수레를 끄니
저 어여쁜 자
무엇으로 답하리

| 자해 |

旟 : 주(州)와 리(里)에 세우는 새와 새매를 그린 기. • 都 : 아래 고을. • 五之 : 다섯 말이니 그 성한 것을 말함. • 予 : 준다는 뜻.

9-3. 孑孑干旌(혈혈간정)이여 在浚之城(재준지성)로다 素絲祝之(소사축지)고 良馬六之(양마륙지)로소니 彼姝者子(피주자자)는 何以告之(하이고지)오 [賦]

| 언해 |

孑孑훈 干旌여 浚의 城에 잇도다 素絲로 祝ᄒᆞ얏고 良馬를 六으로 ᄒᆞ얏도소니 뎌 姝훈 子는 므엇스로뻐 告훌고

| 번역 |

우뚝 솟은 저 꿩의 깃 단 깃대여
준(浚)읍의 성안에 있도다
흰 실로 꾸미고
좋은 말 여섯이 수레를 끄니
저 어여쁜 자
무엇으로 고하리

| 자해 |

旟 : 깃대 머리에 꿩의 깃을 깃대에 꽂은 것. • 城 : 도성(都城). • 祝 : 부치는 것. • 六之는 여섯 말이니 그 성함을 지극히하여 말함. • 告 : 고하는 것.

이 「깃대[干旄]」는 모두 3장이다.

이상 세 시는 문공(文公) 때 시이니 위나라가 본래 음란하고 무례하여 그 나라가 망하였다. 이제 파멸된 나머지 인심이 위태롭고 두려워하니 바로 그 지나간 일을 징계하고 어진 생각을 일으킬 수 있는 때였다. 그런 까닭에 그 시를 지음이 이와 같은 것이다.

10. 어서 달려[載馳]

10-1. 載馳載驅(재치재구)하여 歸唁衛侯(귀언위후)하리라 驅馬悠悠(구마유유)하여 言至(언지)
於漕(어조)러니 大夫跋涉(대부발섭)이라 我心則憂(아심칙우)하라 [賦]

| 언해 |

곳 馳ᄒᆞ며 곳 驅ᄒᆞ야 도라가 衛侯ᄅᆞᆯ 唁호리라 馬ᄅᆞᆯ 驅홈을 悠悠히 ᄒᆞ야 漕에 至호려터니 大夫ㅣ 跋ᄒᆞ며 涉ᄒᆞᄂᆞᆫ지라 내 ᄆᆞ음애 憂호라

| 번역 |

어서 달리고 몰아
돌아가 위후를 조문하자
유유히 말 몰아
조땅에 이르니
대부들이 산 넘고 물 건어 와서
내 마음에 근심일세

| 자해 |

載 : 곧. • 唁 : 나라 잃은 것을 조문하는 뜻. • 悠悠 : 멀어서 이르지 못한 모양. • 漕 : 위나라 읍(邑). • 大夫 : 벼슬 이름. • 跋 : 풀 위로 가는 것. • 涉 : 물을 건너가는 것.

| 의해 |

선강(宣姜)의 딸은 허(許) 목공(穆公)의 부인이니 위나라가 망함을 민망히 여겨 돌아가 장차 위후(衛侯)를 조읍(漕邑)에 가서 조문하려 하였는데, 미처 도착하기 전에 허나라 대부가 발섭(跋涉)하고 오는 자가 있는지라 부인이 '그가 반드시 돌아가서는 안되는 뜻으로 와서 고할 것'을 알았기 때문에 마음에 근심하더니 마침내 果然 돌아가지 못하게 되니 이 詩를 지어서 그 뜻을 말한 것이다.

10-2. 旣不我嘉(기불아가)일새 不能旋反(불능선반)하라 視爾不臧(시이부장)이나 我思(아사)不遠(불원)하라 旣不我嘉(기불아가)일새 不能旋濟(불능선제)하라 視爾不臧(시이부장)이나 我(아)思不閟(사불비)하라 [賦]

| 언해 |

임의 나를 嘉히 아니녀길싀 能히 旋反차 못호라 네의 臧히 아니녀김을 보나 내의 思는 遠치 못호라 임의 나를 嘉히 아니녀길싀 能히 旋濟치 못호라 네의 臧히 아니녀김을 보나 내의 思는 閟치 못호라

| 번역 |

이미 나를 좋게 여기지 않아
돌아가지 못하리라
네가 안 좋게 여김을 당하나
내 생각은 멀어지지 않는다
이미 날 안 좋게 여기니
돌이켜 구제할 수 없도다

네가 날 좋지 않게 여기지만
내 생각은 그치지 않으리

| 자해 |

嘉・藏 : 착하다는 뜻. • 遠 : 잊어버림. • 濟 : 건너는 것. 허나라로부터 위나라에 가는데 반드시 건너는 물이 있음, • 閟 : 닫고 그치는 것.

| 의해 |

이 시는 "대부가 이미 이르러서는 과연 내가 돌아가는 것을 좋게 여기지 아니한지라 내 또한 물 건너서 위나라에 이를 수가 없다. 비록 나를 좋게 여기지 않음을 당하였으나, 내 생각은 그치지 못하겠다"라고 한 것이다.

10-3. 陟彼阿丘(척피아구)하여 言采其蝱(언채기맹)하라 女子善懷(여자선회) 亦各有行(역각유행)이어늘 許人尤之(허인우지)하니 衆穉且狂(중치차광)이로다 [賦]

| 언해 |

뎌 阿丘에 陟ᄒᆞ야 그 蝱을 采호라 女子의 善懷 ᄯᅩ한 각각 行이 잇거늘 許의 사ᄅᆞᆷ이 尤ᄒᆞ니 衆이 穉ᄒᆞ고 ᄯᅩ 狂ᄒᆞ도다

| 번역 |

저 아구에 올라
패모를 캐리라
여자는 생각이 많지만
갈 길이 각각이거늘

허땅 사람 나를 걱정하지만
많은이가 유치하고 미쳤구나

| 자해 |

陟 : 오름. • 阿丘 : 한 편(偏)으로 높은 언덕. • 蝱 : 패모(貝母)이니 답답한 병을 다스리는 약. • 善懷 : 근심하는 생각이 많음. • 行 : 길. • 尤 : 허물.

| 의해 |

또한, "그 이미 위나라에 갈 수 없으나, 생각이 마침내 그치지 않기 때문에 그 길에 있어 혹 높은데 올라서 근심하는 생각을 펴고 또 패모[蝱]를 캐어 답답한 병을 치료하니 대개 여자가 근심하는 생각이 많은 것은 또한 각각 그 길이 있거늘, 허(許)나라 여러 사람이 허물하니 이는 또한 나이가 어려 일을 경험해 보지 않아서 미치고 망령된 사람이로다"라고 한 것이다. 허나라 사람은 예(禮)를 지킨 것이니 어리고 미치지는 않았건만, 다만 그 사사로운 정(情)이 간절함을 알지 못하여 이와 같을 뿐이다.

10-4. 我行其野(아행기야)하니 芃芃其麥(봉봉기맥)이로다 控于大邦(공우대방)이나 誰因(수인)誰極(수극)고 大夫君子(대부군자)아 無我有尤(무아유우)어다 百爾所思(백이소사)나 不如我(불여아)所之(소지)니라 [賦]

| 언해 |

내 그 野에 行호니 芃芃ᄒᆞᆫ 그 麥이로다 大邦에 控코져ᄒᆞ나 누ᄅᆞᆯ 因ᄒᆞ며 누ᄅᆞᆯ 極ᄒᆞᆯ고 大夫와 君子아 나ᄅᆞᆯ 尤ㅣ 잇다 마를지어다 네 思ᄒᆞᄂᆞᆫ 배 百가지나 내의 갈바 만 ᄀᆞᆺ지 못ᄒᆞ니라

| 번역 |

나 그 들판에 가니
더북한 보리로다
큰 나라에 고하고자 하나
누굴 통하고 누구에게 갈까
대부들아, 군자들아
내 허물 있다 하지 마오
네 생각은 백가지나
내가 가는 것만 못하리

| 자해 |

芃芃 : 보리가 성한 모양. • 控 : 가지고 가서 고하는 것. • 因 : 인연하는 것. • 極 : 이르다는 뜻. • 大夫 : 위에 발섭(跋涉)한다는 대부요 군자는 허(許)나라 여러 사람을 이름.

| 의해 |

또한, "돌아가는 길에 들에 더북한 보리를 지나오면서 또 허나라 힘이 작아져서 구제할 수 없음을 속상하게 여겨 큰 나라에 고하고자 하였지만 또 어디를 통하여 어떻게 이를 것인가를 알지 못하였다. 대부와 군자는 내가 허물 있다 하지 말지어다. 비록 네가 생각하길 백가지로 하나 나로 하여금 스스로 그 마음을 다하게 함만 같지 못하다"라고 한 것이다.

이 「어서 달려[載馳]」는 모두 4장이다.

용풍(鄘風)은 10편 29장 176구이다.

위풍 | 衛風

1. 기수 굽이[淇奧]

1-1. 瞻彼淇奧(첨피기욱)한대 綠竹猗猗(녹죽의의)로다 有匪君子(유비군자)여 如切如磋(여절여차)하며 如琢如磨(여탁여마)로다 瑟兮僩兮(슬혜한혜)며 赫兮咺兮(혁혜훤혜)니 有匪君子(유비군자)여 終不可諼兮(종불가훤혜)로다 [興]

| 언해 |

뎌 淇의 奧을 본ᄃᆡᆫ 綠竹이 猗猗ᄒᆞ도다 匪한 君子ㅣ여 切ᄐᆞᆺᄒᆞ며 磋ᄐᆞᆺᄒᆞ며 琢ᄃᆞᆺᄒᆞ며 磨ᄐᆞᆺᄒᆞ도다 瑟ᄒᆞ며 僩ᄒᆞ며 赫ᄒᆞ며 咺ᄒᆞ니 匪ᄒᆞᆫ 君子ㅣ여 ᄆᆞᄎᆞᆷ내 可히 諼치 못ᄒᆞ리로다

| 번역 |

저 기수 굽이를 바라보니
푸른 대나무 무성하구나
문채 나는 군자여
깍은 듯 다듬은 듯
쪼아 놓은 듯 갈아 놓은 듯
치밀하고 굳세며
환하고 의젓한 아름다운 군자여
끝내 잊을 수가 없구나

| 자해 |

淇 : 물 이름. • 奧 : 물가 언덕. • 綠 : 푸른 빛. • 竹: 대나무니 이 기수(淇水)

위에 대가 많아서 세상에서 이른바 기원(淇園)의 대임. • 猗猗 : 대가 처음 나서 유약(柔弱)하되 아름답고 성한 것. • 匪 : 비(斐)자와 같으니 문장이 드러나 보이는 모양. • 君子 : 위나라 무공(武公)을 가리킴. • 切 : 칼과 도끼로 끊음. • 磋 : 대패와 줄로 가는 것. 뼈와 뿔을 다스리는 것이 이러함. • 琢 : 정으로 쪼는 것. • 磨 : 모래와 돌로 가는 것이니 옥(玉)과 돌을 다스리는 자 이러하니 그 덕을 닦음이 나아감은 있고 그침은 없음을 말함. • 瑟 : 씩씩한 모양. • 僩 : 위엄스러운 모양. • 咺 : 드러난 모양. • 諼 : 잊음.

| 의해 |

위나라 사람이 무공(武公)의 덕을 찬미하여 푸른 대나무가 처음 나서 아름답고 성함으로써 그 학문과 스스로 닦는 것이 나아가고 익힘이 홍한 것이다. 『대학』에 "如切如磋者는 道學也요 如琢如磨者는 自修也요.[道는 말. 學은 강습과 토론. 自修는 살피고 살피며 사사로움을 이기고 다스린다는 뜻.] 瑟兮僩兮者는 恂慄也요 赫兮咺兮者는 威儀也요.[恂慄은 두렵고 두렵다는 말. 威儀는 두렵고 法삼을만하다는 뜻.] 有斐君子終不可諼兮者는 道盛德至善을 民之不能忘也라 하니라." 하였다. 성(盛)한 덕(德)과 지극히 착함은 대개 인심(人心)의 같은 것이다. 그러나 성인이 이미 먼저 얻고 그 성하고 드러냄이 또 이 같다. 그러므로 백성이 다 우러러 잊지 못한다.

1-2. 瞻彼淇奧(첨피기욱)한대 綠竹靑靑(녹죽청청)이로다 有匪君子(유비군자)여 充耳琇(충이수)瑩(영)이며 會弁如星(회변여성)이로다 瑟兮僩兮(슬혜한혜)며 赫兮咺兮(혁혜훤혜)니 有匪(유비)君子(군자)여 終不可諼兮(종불가훤혜)로다 [興]

| 언해 |

뎌 淇의 奧을 본ᄃᆡᆫ 綠竹이 靑靑ᄒᆞ도다 匪한 君子ㅣ여 充耳ᄒᆞᆫ거시

琇瑩이며 弁에 會ᄒᆞᆫ거시 星ᄀᆞᆺ도다 瑟ᄒᆞ며 僩ᄒᆞ며 赫ᄒᆞ며 咺ᄒᆞ니 匪ᄒᆞᆫ 君子ㅣ여 ᄆᆞᆺ츰내 可히 諼치 못ᄒᆞ리로다

| 번역 |

저 기수 굽이를 바라보니
푸른 대 숲 무성하다
문채 나는 군자여
귀막이 돌이 찬란하고 갓 구슬은 별과 같구나
치밀하고 굳세며
환하고 의젓하다
문채나는 군자여
끝내 잊지 못하리

| 자해 |

青青 : 견강(堅剛)하고 무성한 모양. • 充耳 : 귀 막는 것이니 천자(天子)는 옥으로써 하고 제후는 아름다운 돌로써 한다 함. • 琇瑩 : 아름다운 돌. • 會 : 솔기. • 弁 : 가죽 고깔이니 옥으로써 고깔 솔기를 꾸며 별의 빛남과 같음.

| 의해 |

대의 견강(堅剛)하고 무성(茂盛)함으로써 그 복식(服飾)의 존엄(尊嚴)한 것을 흥(興)하여 그 덕(德)이 복식(服飾)에 걸맞음을 말한 것이다.

1-3. 瞻彼淇奧한대 綠竹如簀이로다 有匪君子여 如金如錫이며 如圭如璧이로다 寬兮綽兮하니 猗重較兮로다 善戲謔兮하니 不爲虐兮로다 [興]

| 언해 |

뎌 淇奧을 본ᄃᆞᆫ 綠竹이 簀ᄀᆞᆺ도다 匪한 君子ㅣ여 金ᄀᆞᆺᄒᆞ며 錫ᄀᆞᆺᄒᆞ며 圭ᄀᆞᆺᄒᆞ며 璧ᄀᆞᆺ도다 寬ᄒᆞ며 綽ᄒᆞ니 猗홉다 重較이로다 善히 戲謔ᄒᆞ니 虐이 되지 아니하노라

| 번역 |

저 기수 굽이를 바라보니
푸른 대가 무성하다
아름다운 군자여
금 같고 주석 같고 규옥 같도 벽옥 같다
너그럽고 의젓하니
아! 수레에 기대도다
우스운 말을 잘하여도
사납지 않구나

| 자해 |

簀 : 대자리니 대가 빼곡함이 대자리 같음은 지극히 성(盛)한 모양. • 金 · 錫 : 그 단련함을 精교하게 하고 순전하게 한 것을 말함. • 圭 · 璧 : 그 생긴 바탕이 온화하고 윤택한 것을 말함. • 寬 : 크고 넉넉함. • 綽 : 열리고 큼. • 猗 : 흠모하고 탄식하는 말. • 重較 : 경사(卿士)의 수레. 각(較)은 두 수레 위 나무[輢]가 위로 수레 앞 턱 가로 나무[軾]로 솟아난 것이니 수레의 두 곁을 이름. • 善戲謔不爲虐 : 편안하게 즐겨도 절도 있음을 말함.

| 의해 |

대나무가 지극히 무성함으로써 그 덕(德)의 성취(成就)를 흥(興)하고 또 그 너그럽고 넓고도 자적(自適)하며 화하고 즐겨도 절도에 맞는 것을 말함이니 대개 관대하고 여유로운 것은 거두고 단속하는 뜻이 없으며 우스개소리를 함은 씩씩하고 엄숙할 때가 아니니, 다 보통사람의 마음에 소홀히 여길 바인지라 지나치고 어김에 이르기 쉬운 것이다. 그러나 오히려 볼 만하여 반드시 절도가 있으니, 그 일상생활하는 사이에 가는 곳마다 예(禮)가 아님이 없음을 또한 볼 수 있다.

이 「기수 굽이[淇奧]」는 모두 3장이다.

『국어(國語)』에 "무공의 나이 95살에 '의계(懿戒)'의 시를 지어 스스로 경계하고 「賓之初筵章」도 또한 무공의 허물을 뉘우쳐 지은 것이니, 그 문장이 있고 간(諫)함을 들어 예(禮)로써 스스로 방비할 수 있었음을 알 수 있다. 위나라 다른 임금은 여기에 미칠이 없었기 때문에 '서(序)'에 이 시로써 무공을 찬미한 글이다"라고 하였다.

2. 동이를 두들김[考槃]

2-1. 考槃在澗(고반재간)하니 碩人之寬(석인지관)이로다 獨寐寤言(독매오언)이나 永矢(영시)
弗諼(불훤)이로다 [賦]

| 언해 |

槃을 考ᄒᆞ야 澗에 잇시니 碩人의 寬이로다 호올로 寐ᄒᆞ고 寤ᄒᆞ야 셔 말ᄒᆞ나 諼치 아니호려 矢ᄒᆞᄂᆞᆺ다

| 번역 |

계곡에서 동이를 두들기니
큰 덕인의 너그러움이라
홀로 자고 홀로 깨나
영원히 잊지 않으리라 맹세하네

| 자해 |

考 : 이루는 것. • 槃 : 반환(盤桓)의 뜻이니 그 은거하는 집. 진씨(陳氏)는 "고(考)는 '두드리다'는 말이요, 반(槃)은 그릇 이름이니 두드려서 노래가락을 맞추는 것이니 동이를 두드리고 장구를 쳐 즐김과 같음이다." 하니 두 말이 누가 옳은지 알지 못하겠음. • 澗 : 산이 물을 낀다는 말. • 碩 : 크다는 뜻. • 寬 : 넓음. • 永 : 길다는 뜻. • 矢: 맹서(盟誓). • 諼 : 잊음.

| 의해 |

어진이가 시내 골짜기 사이에 숨어 있으되 크고 너그러워 척척

(戚戚)히 근심하는 뜻이 없고 비록 홀로 자고 깨서 말하나, 오히려 그 즐거움을 잊지 않겠다고 스스로 맹세함을 시인이 아름답게 여긴 것이다.

고반재아 석인지과 독매오가 영시불과
2-2. 考槃在阿하니 碩人之薖로다 獨寐寤歌나 永矢不過로다 [賦]

| 언해 |

槃을 考ᄒᆞ야 阿에 잇시니 碩人의 薖ㅣ로다 호올로 寐ᄒᆞ고 寤ᄒᆞ야 놀애ᄒᆞ나 기리 過치 아니호려 矢ᄒᆞ놋다

| 번역 |

언덕에서 동이를 두들기니
큰 덕인의 너그러움이라
홀로 자고 홀로 깨어 노래부르나
영원히 떠나지 않으리라 맹세하네

| 자해 |

阿 : 굽은 언덕. • 薖 : 넓고 큼. • 過 : 넘는 것.

| 의해 |

영원히 떠나지 않을 것을 맹세함은 스스로 원하는 바가 이것을 넘지 않음을 맹세하여 장차 몸을 마칠 듯이 한 것이다.

2-3. 考槃在陸(고반재륙)하니 碩人之軸(석인지축)이로다 獨寐寤宿(독매오숙)이나 永矢(영시)
不告(불고)이로다 [賦]

| 언해 |

槃을 考ᄒᆞ야 陸에 잇시니 碩人의 軸이로다 호올로 寐ᄒᆞ고 寤ᄒᆞ야 셔 宿ᄒᆞ나 기리 告치 아니호려 矢ᄒᆞ놋다

| 번역 |

물에서 동이를 두들기니
큰 덕인의 유유자적이라
홀로 자고 홀로 깨나
기리 안 알리리 맹세하네

| 자해 |

陸 : 높고 평평한 곳. • 軸 : 반환(盤桓). 머뭇거리고 가지 않음. • 寤宿 : 잠을 이미 깨었으나 아직 오히려 누워있는 모양. • 弗告 : 즐거움을 남에게 고하지 아니 함.

이 「동이를 두들김[考槃]」은 모두 3장이다.

3. 큰 사람[碩人]

3-1. 碩人其頎(석인기기)하니 衣錦褧衣(의금경의)로다 齊侯之子(제후지자)요 衛侯之妻(위후지처)요 東宮之妹(동궁지매)요 邢侯之姨(형후지이)요 譚公維私(담공유사)로다 [賦]

| 언해 |

碩人이 그 頎ᄒᆞ니 錦을 衣ᄒᆞ고 褧衣를 ᄒᆞ얏도다 齊侯의 子ㅣ오 衛侯의 妻ㅣ오 東宮의 妹ㅣ오 邢侯의 姨오 譚公의 私ㅣ로다

| 번역 |

큰 사람 헌칠하니
비단 옷에 홑옷 걸쳤네
제나라 임금 딸이요
위나라 임금의 아내라
동궁의 누이요
형나라 임금의 처제요
담나라 임금의 처형이라

| 자해 |

碩人 : 장강(莊姜)을 가리킴. •頎 : 키 큰 모양. •錦 : 문채 있는 옷. •褧 : 홑옷이니 문채 있는 옷 위에 홑옷을 더함은 그 문채가 너무 드러날까 그런 것임. •東宮 : 태자가 있는 궁이니 제나라 태자인 득신(得臣)임. •妹 : 아래 누이. •姉 : 처(妻)의 자매라는 말. *私 : 자매의 남편. •邢侯와 譚侯 : 다 장강의 자매의 남편이니 이(姨)라 하고 또 사(私)라 함은 서로 바꾸어 말함.

| 의해 |

장강(莊姜)의 일은 패풍(邶風) '푸른 옷'[綠衣] 등의 편에 보이며, 『춘추전(春秋傳)』에 "장강이 아름답고 아들이 없으니 위나라 사람이 그녀를 위하여 석인을 지었다." 하니 곧 이 시를 말한 것이다. 첫 장에 지극히 그 친족의 귀중함을 일컬어 정적(正嫡) 소군(小君) 되었으니 마땅히 친후해야 함을 나타내어 장공이 패첩(嬖妾)에게 미혹됨을 거듭 탄식한 것이다.

3-2. 手如柔荑(수여유제)요 膚如凝脂(부여응지)요 領如蝤蠐(령여추제)요 齒如瓠犀(치여호서)요
螓首蛾眉(진수아미)로소니 巧笑倩兮(교소천혜)며 美目盼兮(미목반혜)로다 [賦]

| 언해 |

손은 柔한 荑ᄀᆞᆮ고 ᄉᆞᆯ은 凝한 脂ᄀᆞᆮ고 니는 瓠犀ᄀᆞᆮ고 螓의 머리오 蛾의 눈섭이로소니 巧히 笑홈애 倩ᄒᆞ며 美ᄒᆞᆫ 눈이 盼ᄒᆞ도다

| 번역 |

손은 부드러운 띠싹 같고
살은 엉긴 기름 같다
목은 나무굼벵이 같고
이는 박씨 같구나
매미 이마에 나방 눈썹
생끗 웃는 보조개로다
아름다운 눈매는 흑백이 또랑또랑

| 자해 |

荑 : 띠가 비로소 나는 것이니 부드럽고 희다는 말. • 凝脂 : 기름이 차서 엉긴 것이니 또한 그 흰 것을 말함. • 領 : 목. • 蝤蠐 : 나무 벌레의 희고 긴 것. • 瓠犀 : 박씨 방정하고 결백하며 나란하여 정제(整齊)함. • 螓 : 매미 같고 작으니 그 이마가 넓고 방정함. • 蛾 : 누에 나방이니 그 눈썹이 가늘며 길고 굽은 것. • 倩 : 보조개가 어여쁨. • 盼 : 흑백(黑白)이 분명함.

| 의해 |

이 장은 그 용모가 아름다움을 말한 것이다.

3-3. 碩人敖敖(석인오오)하니 說于農郊(세우농교)하여 四牡有驕(사모유교)하며 朱幩鑣鑣(주분표표)어늘 翟茀以朝(적불이조)하니 大夫夙退(대부숙퇴)하여 無使君勞(무사군로)러니라 [賦]

| 언해 |

碩人이 敖敖ᄒᆞ니 農郊에 說ᄒᆞ야 四牡ㅣ 驕ᄒᆞ며 블근 幩이 鑣鑣ᄒᆞ거ᄂᆞᆯ 翟茀로ᄡᅧ 朝ᄒᆞ니 大夫ㅣ 일 退ᄒᆞ야 君으로 ᄒᆞ여곰 勞치 말과 뎌 ᄒᆞ더니라

| 번역 |

큰 사람 헌칠하니
교외에 머물도다
네 말이 건장하며
붉은 재갈 곱기도 하다
꿩깃 장식에 수레를 타고
대궐에 들어가니
대부들은 물러 나와

우리 임금은 고단케 말라 하더라

| 자해 |

敖敖 : 긴 모양. • 說 : 그치는 것. • 農郊 : 가까운 교외. • 四牡 : 수레의 네 말. • 驕 : 장(壯)한 모양이. • 幩 : 말재갈[鑣]에 꾸밈. • 鑣 : 말 재갈 밖의 쇠이니 인군(人君)은 붉은 것으로 얽음. • 鑣鑣 : 성(盛)한 모양. • 翟 : 적거(翟車)니 부인(夫人)은 꿩의 깃으로써 수레를 꾸미기 때문에 이렇게 이름. • 茀 : 가리개니 부인(婦人)의 수레는 앞뒤에 가리개가 있는 것. • 夙 : 이르다는 뜻. • 退 : 물러나다는 뜻. 임금이 해가 뜨면 조회를 보고, 노침(路寢)에 가 정사(政事)를 듣다가 대부들이 물러간 뒤에 소침(小寢)으로 가서 옷을 벗는 것. • 勞 : 수고롭다는 말.

| 의해 |

장강이 제나라에서 시집을 올 때 가까운 들에 멈추어 이 성대한 수레를 타고서 임금의 조정에 들어오거늘 나라 사람들이 장공의 배우(配偶)됨을 즐거워하였기 때문에 여러 대부 가운데 조회(朝會)하는 자에게 "마땅히 일찍 물러나 인군으로 하여금 정사에 너무 수고로워 부인(夫人)과 더불어 서로 친하게 못하게 하지 말라" 라고 하였더니 이제 그 그렇지 않음을 탄식한 것이다.

3-4. 河水洋洋(하수양양)하야 北流活活(북유활활)이어늘 施罛濊濊(시고예예)하니 鱣鮪(전유) 發發(발발)하며 葭菼揭揭(가담걸걸)이어늘 庶姜孽孽(서강얼얼)하며 庶士有朅(서사유걸)이러니라 [賦]

| 언해 |

河水ㅣ 洋洋ᄒᆞ야 北으로 流홈이 活活ᄒᆞ거늘 罛를 施홈이 濊濊ᄒᆞ

니 鱣과 鮪ㅣ 發發ᄒᆞ며 葭와 菼이 揭揭ᄒᆞ거늘 庶姜이 孼孼ᄒᆞ며 庶士ㅣ 朅ᄒᆞ더니라

| 번역 |

하수가 넓고 넓어
괄괄 북으로 흐르네
그물 던지니
전어와 상어가 팔딱거리며
물가엔 갈대 우거지고
모시는 하녀는 곱기도 하고
따르는 무사는 늠름도 하다

| 자해 |

河水 : 제나라 서편 위나라 동편에 있는 것이니 북으로 흘러 바다로 들어감. • 洋洋 : 성한 모양. • 活活 : 흐르는 모양. • 施 : 베푸는 것. • 罛 : 고기 그물. • 濊濊 : 그물이 물에 들어가는 소리. • 鱣 : 입이 턱 아래 있고 등과 배에 단단한 껍질이 있으니 큰 것은 천근(千斤) 남짓 되는 것. • 鮪 : 전(鱣)보다 작으며 빛이 푸르고 검은 것. • 發發 : 성(盛)한 모양. • 菼 : 갈대. • 揭揭 : 긴 모양. • 庶姜 : 장강의 조카와 아우. • 孼孼 : 성(盛)하게 꾸민 모양. • 庶士 : 따른 신하들. • 朅 : 씩씩한 모양.

| 의해 |

이 장은 제나라 땅이 넓고 비옥하여 부인(夫人)이 올 때에 따라온 사람이 아름답고 좋으며 예의(禮儀)가 성대하게 갖추어졌음이 이 같은 것을 말함이니 또한 첫 장의 뜻이다.

이 「큰 사람[碩人]」은 모두 4장이다.

4. 한 남자[氓]

맹 지 치 치　포 포 무 사　비 래 무 사　내 즉 아 모
4-1. 氓之蚩蚩 抱布貿絲러니 匪來貿絲라 來卽我謀러라
송 자 섭 기　지 우 돈 구　비 아 건 기　자 무 량 매
送子涉淇하여 至于頓丘하라 匪我愆期라 子無良媒니라
장 자 무 노　추 이 위 기
將子無怒어다 秋以爲期라하라 [賦]

| 언해 |

氓의 蚩蚩ㅣ 베ᄅᆞᆯ 抱ᄒᆞ야 실을 貿ᄒᆞ더니 來ᄒᆞ야 실을 貿홈이 아니라 來ᄒᆞ얀 내게 나와셔 꾀ᄒᆞ더라 子ᄅᆞᆯ 送ᄒᆞ노라 淇를 涉ᄒᆞ야 頓丘에 至호라 내 期ᄅᆞᆯ 愆ᄒᆞᆫ 쥬리아니라 子ㅣ 良媒없슬ᄉᆡ니라 원컨댄 子ᄂᆞᆫ 怒치 마ᄅᆞᆯ지어다 가을로ᄡᅧ 期를 사므라ᄒᆞ라

| 번역 |

어수룩한 사나이가
베를 안고 실과 바꾸자더니
와서 실을 사는 게 아니라
와서는 나를 꼬셨지
그대를 전송하러 기수를 건너
돈구에 이르렀도다
내가 기일을 넘긴 게 아니라
그대에게 좋은 중매 없어서니
나에 성내지 마소
가을에나 봅시다

| 자해 |

氓 : 백성이니 대개 남자로서, 누군지 알지 못하는 사람을 일컬음. • 蚩蚩 : 무지한 모양이니 원망하여 더럽게 여기는 말. • 布 : 베. • 貿 : 바꿈. • 絲 : 누에고치실이니 실을 무역함은 초여름 때임. • 謀 : 合하기를 求하여 꾀한다는 말. • 涉 : 건넘. • 淇 : 물 이름. • 頓丘 : 땅 이름. • 愆 : 허물. • 愆期 : 기약을 어기는 것. • 良媒 : 좋은 중매. • 將 : 원하며 청하는 것.

| 의해 |

이는 음란한 여자가 남에게 버림 받아 스스로 그 일을 서술하여 그 뉘우치고 회한(悔恨)의 뜻을 말한 것이다. 남편이 이미 그와 더불어 혼인 날짜를 도모하고는 마침내 가지 않았고 또 사내에게 좋은 중매가 없음을 책망하여 그 일을 어렵게 하였지만 두 번 기약하여서 그 뜻을 굳히려 하니 그 계교 또한 교활하다.

4-2. 乘彼垝垣하여 以望復關하라 不見復關하여 泣涕漣漣이라니 既見復關하여 載笑載言하라 爾卜爾筮에 體無咎言이어든 以爾車來하라 以我賄遷이라 하라 [賦]

| 언해 |

뎌 垝垣에 乘ᄒᆞ야 ᄡᅧ 復關을 望호라 復關을 보지 못ᄒᆞ야 泣涕홈을 漣漣히 ᄒᆞ다니 임의 復關을 보아 곳 笑ᄒᆞ며 곳 言호라 네 卜이며 네 筮애 體예 咎言이 업거든 네 車로ᄡᅧ 來ᄒᆞ라 내 賄로ᄡᅧ 遷호리라 호라

| 번역 |

저 높은 담에 올라
복관을 바라보네
복관에서 못 보아
눈물 줄줄 흘리다가
이미 복관에서 보고는
미소 짓고 말하였다
너의 거북점 시초점에
나쁜 말이 없거든
그대 수레로 오고
난 선물 옮기리

| 자해 |

垝는 무너진 담. • 垣 : 담. • 復關 : 남자의 사는 바이니 감히 그 사람을 드러내 놓고 말하지 못하기에 그 지병을 말한 것임. • 漣漣 : 눈물이 나는 모양. • 卜 : 거북점. • 筮 : 시초점. • 體 : 괘체(卦體). • 咎 : 흉(凶)함. • 無咎 : 길(吉)함. • 賄 : 재물. • 遷 : 옮기는 것.

| 의해 |

이미 함께 기약하였기 때문에 그 기약한 때에 무너진 담을 타고 바라보니 이미 그를 보아 버렸다. 이에 묻되 "그 거북점과 시초점의 얻은 바 괘체(卦體)에 만일 흉한 말이 없으면 너의 수레를 가지고 와 맞으라. 마땅히 나는 재물을 옮겨 가겠다"고 한 것이다.

4-3. 桑之未落에 其葉沃若이러니라 于嗟鳩兮여 無食桑葚이어다 于嗟女兮여 無與士耽이어다 士之耽兮는 猶可說也어니와 女之耽兮는 不可說也니라 [比而興]

| 언해 |

桑이 落지 아녀실제 그 葉이 沃若ᄒᆞ더니라 于嗟홉다 鳩ㅣ여 桑葚을 食지 마롤지어라 于嗟홉다 女ㅣ여 士로 ᄃᆞ려 耽치 마롤지어라 士의 耽ᄋᆞᆫ 오히려 可히 說ᄒᆞ려니와 女의 耽ᄋᆞᆫ 可히 說치 못ᄒᆞ리니라

| 번역 |

뽕잎이 떨어지기 전에는
그 잎이 반질반질
아! 비둘기야
오디를 먹지마라
아! 여자들이여
사내와 탐하지 마라
사내가 탐하는 건
풀릴 수 있지만
여자가 탐하는 말 못하는 법

| 자해 |

沃若 : 윤택(潤澤)한 모양. • 鳩 : 비둘기. • 葚 : 오디. 비둘기가 오디를 먹으면 취한다는 말. • 耽 : 서로 즐김. • 說 : 풀리는 것. 해명함.

| 의해 |

뽕의 윤택함으로써 자기의 얼굴 빛 고움을 비유하였으나 또 이것을 믿지 못하겠다고 생각하였다. 그런 까닭에 비둘기에게 경계하여 오디를 먹지마라 함으로써 계집이 사내를 탐하지 말라는 뜻을 일으킨 것이다. "사내가 탐하는 건 풀릴 수 있지만 여자가 탐하는 말 못할 수 없다[士猶可說女不可說]"이라 함은 부인(婦人)이 버림받은 후에 스스로 부끄러워하고 뉘우친 말이다.

4-4. 桑之落矣(상지락의)니 其黃而隕(기황이운)이로다 自我徂爾(자아조이)하나로 三歲(삼세)食貧(식빈)하라 淇水湯湯(기수상상)하니 漸車帷裳(점차유상)이로다 女也不爽(여야불상)이라 士貳其行(사이기행)이니라 士也罔極(사야망극)하니 二三其德(이삼기덕)이로다 [比]

| 언해 |

桑이 落ᄒᆞ니 그 黃ᄒᆞ야 隕ᄒᆞ놋다 내 네게 가므로부터 세ᄒᆡ롤 貧을 食호라 淇水ㅣ 湯湯ᄒᆞ니 車의 帷裳이 漸ᄒᆞ놋다 女ㅣ 爽ᄒᆞᆫ 쥬리아니라 士ㅣ 그 행실을 두가지로 ᄒᆞᆯᄉᆡ니라 士ㅣ 極이 업스니 그 德을 두세가지로 하놋다

| 번역 |

뽕잎이 떨어지니
누렇게 떨어지네
내가 너에게 시집와서
삼년 동안이나 가난하게 살았노라
기수가 출렁이니
수레 휘장 젖는구나

여자는 아 변해도
사내놈은 두 길이라
사내는 끝 없으니
그 마음이 두 세 갈래

| 자해 |

隕 : 떨어짐. • 徂 : 남편의 집에 감. • 貧 : 재물이 없다는 말. • 湯湯 : 물이 성한 모양. • 漸 : 젖음. • 帷裳 : 수레를 꾸민 것. • 女 : 부인(婦人)이 스스로 이름. • 爽 : 어그러짐. • 士 : 남편을 가리킴. • 貳行 : 두 가지 행실. • 罔極 : 끝이 없음. • 二三 : 그 마음이 한결 같지 아니하다는 말.

| 의해 |

뽕이 누렇게 떨어지는 것을 말하여 자기의 얼굴빛이 쇠하는 것을 비유하고, 드디어 "내가 네 집에 시집오면서부터 너의 가난함을 만났더니 이에 버림을 받아 다시 수레를 타고 물을 건너 돌아 왔노라." 하며 다시 그 허물이 여기 있지 않고 저기 있음을 말한 것이다.

4-5. 三歲爲婦(삼세위부)하여 靡室勞矣(미실로의)며 夙興夜寐(숙흥야매)하여 靡有朝矣(미유조의)하라 言既遂矣(언기수의)어늘 至于暴矣(지우포의)하니 兄弟不知(형제부지)하여 咥其笑矣(희기소의)하나다 靜言思之(정언사지)요 躬自悼矣(궁자도의)하라 [賦]

| 언해 |

세 히롤 婦되여 室로 勞치 아니ᄒᆞ며 일興ᄒᆞ고 밤들거든 寐ᄒᆞ야 朝도 두지 아니호라 言이 이믜 遂ᄒᆞ거놀 暴홈애니ᄅᆞ니 兄과 弟 아지못ᄒᆞ야 咥히 그 笑ᄒᆞᄂᆞ다 靜히셔 思ᄒᆞ고 몸소 스ᄉᆞ로 悼호라

| 번역 |

삼년을 시집 와서
집안 일이 마다 않고
일찍 일어나 밤늦게 자고
하루 아침도 못 쉬었네
약속을 이미 이루었건만
포악함에 이르니
형제들은 모르고서
웃고만 있네
가만히 내 신세를 생각하니
몸소 스스로 슬퍼라

| 자해 |

靡 : 아님. • 勞 : 수고로움. • 夙: 일찍이. • 興 : 일어남. • 夜 : 밤. • 寐 : 누움. • 靡有朝矣 : 한 아침 겨를도 없다는 말. • 遂 : 언약을 이룸. • 暴 : 어그러짐. • 咥 : 웃는 모양. • 悼 : 슬퍼함.

| 의해 |

"내 세 해를 지내게 되어 몸과 마음을 다하고 집안 일에 힘씀을 수고로 여기지 않아서 일찍 일어나고 밤늦게 잠들어 누워 하루 아침의 겨를도 없이 너와 더불어 서로 언약한 말을 이미 이루었거늘 네 갑작스레 포악하고 사납게 굴어 형제가 내 돌아옴을 보고 비웃는지라 다만 스스로 아프고 슬플 따름이다"라고 말한 것이다.

4-6. 及爾偕老(급이해로)라니 老使我怨(로사아원)이로다 淇則有岸(기즉유안)이며 隰則(습즉)有泮(유반)이어늘 總角之宴(총각지연)에 言笑晏晏(언소안안)하며 信誓旦旦(신서단단)일새 不(불)思其反(사기반)하라 反是不思(반시불사)어니 亦已焉哉(역이언재)엇다 [賦而興]

| 언해 |

널로 믿 ᄒᆞᆷᄭᅴ 늙구려ᄒᆞ더니 늙거야 날로 ᄒᆞ여곰 怨케 ᄒᆞᄂᆞ다 淇에 岸이 잇시며 隰에 泮이 잇거ᄂᆞᆯ 總角엣 宴ᄒᆞᆷ애 言笑ㅣ 晏晏ᄒᆞ며 信誓ㅣ 旦旦ᄒᆞᆯᄉᆡ 그 反ᄒᆞᆷ을 思치 아니호라 反ᄒᆞᆷ을 이에 思치 아니ᄒᆞ예니 ᄯᅩᄒᆞᆫ 말지엇다

| 번역 |

너와 함께 늙잤더니
늙어 나를 원망케 하네
기수에는 언덕 잇고
늪엔 물가 있거늘
처녀들의 잔치에는
말과 웃음 재미있게
믿는 맹세 분명했건만
그 사람 돌아설 줄 짐작 못했네
돌아설 줄 몰랐으니
또한 그만 두어라

| 자해 |

及 : 더불어. • 岸 : 언덕. • 泮 : 물가. • 總角 : 女子가 시집가지 않으면 비녀 꽂지 못하고 머리카락을 메어 두 뿔을 한 것. • 晏晏 : 화(和)하고 부드러움. • 旦旦 : 분명함. • 反 : 뒤집어 엎음.

| 의해 |

"내 너가 더불어 본래 함께 늙을 것을 기약하였더니 늙어서 버림받기 이 같고 한갓 나로 하여금 원망하게 할 줄 몰랐다. 기수에는 언덕이 있고 습한 데는 물가가 있다. 내가 총각 때 너와 더불어 즐김에 말하고 웃으며 이 맹세를 이루었으니, 일찍이 그 엎어지고 뒤집힐 줄 생각지 못하였다. 이미 그 엎어지고 뒤집힐 줄 생각지 못하여 여기에 이른지라 또한 어찌 하랴. 또 그만둘 따름이다"라고 한 것이다.

이 「한 남자[氓]」는 모두 6장이다.

5. 낚싯대[竹竿]

5-1. 籊籊竹竿(적적죽간)으로 以釣于淇(이조우기)를 豈不爾思(기불이사)리오마는 遠莫致之(원막치지)로다 [賦]

| 언해 |

籊籊ᄒᆞᆫ 竹竿으로 ᄡᅧ 淇에 낙시질 ᄒᆞᆷ을 엇지 ᄉᆡᆼ각지 아니ᄒᆞ리오마는 멀어 닐우지 못ᄒᆞ리로다

| 번역 |

길쭉한 죽간으로
기수에서 낚시질하길
어찌 생각지 않으랴만
멀어 뜻을 이룰 수 없네

| 자해 |

籊籊 : 길고 끝이 줄어든 모양. • 竹 : 대니 위나라 소산. • 竿 : 낚시대. • 釣 : 낚시질 함. • 淇 : 위나라 땅.

| 의해 |

위나라 여자가 제후에게 시집간 지라 돌아와 근친(覲親)할 것을 생각하되 할 수 없기 때문에 이 시를 지어, "대로 만든 낚시대로 써 기수에서 낚시질 할 것을 생각하나 멀어서 이룰 수 없다"라고 한 것이다.

5-2. 泉源在左요 淇水在右하니라 女子有行이여 遠父母兄弟로다 [賦]

| 언해 |

泉源이 左에 잇고 淇水ㅣ 右에 잇ᄂᆞ니라 女子의 行을 둠이여 父母와 兄弟를 멀니 ᄒᆞ놋다

| 번역 |

천원은 왼쪽에 있고
가수는 오른쪽에 있네
여자가 시집감이여
부모형제를 멀리함이라

| 자해 |

泉源 : 물 이름이니 위나라 서북쪽에 있는데 동남쪽으로 흘러 기수에 들어가기 때문에 "왼편에 있다." 하고 기수(淇水)는 위(衛)나라 서남쪽에서 동쪽으로 동천(泉源)과 더불어 합하기 때문에 "오른편에 있다." 한 것임.

| 의해 |

두 물이 위나라에 있는 것을 생각하여 그 스스로 물만 같지 못함을 탄식한 것이다.

5-3. 淇水在右오 泉源在左하니라 巧笑之瑳며 佩玉之儺아 [賦]

| 언해 |

淇水ㅣ 右에 잇고 泉源이 左에 잇ᄂᆞ니라 巧히 笑홈을 瑳히ᄒᆞ며 佩玉으로 儺ᄒᆞ랴

| 번역 |

기수는 오른쪽에 있고
천원은 왼쪽에 있네
예쁘게 웃음에 이가 하얗게 보이고
옥을 차고 걸음이 절도가 있네

| 자해 |

瑳 : 곱고 흰 빛이니 웃을 때 이가 보임에 그 빛이 깨끗하게 빛남. • 儺 : 다니는 데 법도 있음.

| 의해 |

윗글을 이어 두 물이 위나라에 있거늘 예쁘게 웃는 웃음에 깨끗함을 가지고 그 사이에서 웃고 말하지 못하며, 패옥(佩玉)차고 법도있게 걸으며 그 사이에 노닐고 다니지 못함을 스스로 회한(悔恨) 것이다.

5-4. 淇水滺滺하니 檜楫松舟로다 駕言出游하야 以寫我憂아 [賦]

| 언해 |

淇水ㅣ 滺滺ᄒᆞ니 檜로 ᄒᆞᆫ 楫이며 松으로 ᄒᆞᆫ 舟ㅣ로다 駕ᄒᆞ야 出游ᄒᆞ야 뼈 내 憂를 寫ᄒᆞ랴

| 번역 |

기수는 유유하니
전나무 노에 소나무 배라
수레타고 나가 노닐어
내 근심을 쏟아볼까

| 자해 |

滺滺 : 흐르는 모양. • 檜 : 전나무. • 楫 : 배를 가게 하는 노(櫓).

| 의해 |

기수(淇水) 물이 유유히 흐르는데 전나무 노와 소나무 배가 있어 타고 노닐 수 있을 것이나, 어떻게 하면 멍에하고 나아가 노닐어 내 근심을 덜 수 있을까?

이 「낚싯대[竹竿]」는 모두 4장이다.

6. 박주가리[芄蘭]

환란지지 동자패휴 수즉패휴 능불아지
6-1. 芄蘭之支여 童子佩觿로다 雖則佩觿나 能不我知로다

용혜수혜 수대계혜
容兮遂兮하니 垂帶悸兮로다 [興]

| 언해 |

芄蘭의 支여 童子ㅣ 觿를 佩ᄒᆞ얏도다 비록 觿를 佩ᄒᆞ나 能히 내게 知치 못ᄒᆞ도다 容ᄒᆞ며 遂ᄒᆞ니 垂ᄒᆞᆫ 帶ㅣ 悸ᄒᆞ도다

| 번역 |

박주가리의 가지여
아이가 뿔송곳 찼네
비록 뿔송곳 찼지만
나를 알지 못하네
느리고 방자하니
드리운 띠가 축 처졌네

| 자해 |

芄蘭 : 박주가리니 넝쿨로 나고 끊으면 흰 즙이 있는 것. • 支 : 가지와 한 가지. • 觿 : 송곳이니 코끼리뼈로 만들어서 매듭을 푸는 것인데 성인(成人)이 된 자가 차는 것. • 能 : 재능이란 말. • 知 : 슬기. • 容遂 : 느리고 방자한 모양. • 悸 : 띠가 아래로 드리운 모양.

| 의해 |

이 시는 동자(童子)가 엽등(躐等)함을 기롱한 글이니 무릇 복식(服飾)은 그 분수와 서로 어울리는 것이 귀중하고 등수를 넘을 수 없거늘, 동자가 成人이 된 사람의 휴(觿)를 찬 것이다. 이제 비록 휴(觿)는 찼으나 그 재능이 나를 알기 부족하고 다만 그 거동이 느리고 방자하여 띠 드리움이 늘어져 아래로 드리우져 있는데도, 그것이 그른 줄 알지 못하니 그 찬 것을 봄에 어찌 서로 어울린다 할 수 있으리오?

환란지엽 동자패섭 수즉패섭 능불
6-2. 芄蘭之葉이여 童子佩韘이로다 雖則佩韘이나 能不
아갑 용혜수혜 수대계혜
我甲이로다 容兮遂兮하니 垂帶悸兮로다 [興]

| 언해 |

芄蘭의 입식이여 童子ㅣ 韘을 佩ᄒᆞ얏도다 비록 韘을 佩ᄒᆞ나 能히 내게 甲지 못ᄒᆞ도다 容ᄒᆞ며 遂ᄒᆞ니 垂ᄒᆞᆫ 帶ㅣ 悸ᄒᆞ도다

| 번역 |

박주가리의 잎이여
아이가 깍지 찼네
비록 깍지를 찼지만
나에겐 어른 같잖네
느리고 방자하니
드리운 띠가 축 처졌네

| 자해 |

韘 : 활깍지. • 甲 : 어른이라는 뜻.

| 의해 |

동자가 성인(成人)이 된 사람의 활깍지[韘]를 찬 것이다. 이제 비록 활깍지는 찼지만 재능이 나보다 어른스럽지 못하고 다만 그 거동이 교만하고 띠 드리움이 늘어져 아래로 드리워져 그 찬 바를 봄에 어찌 서로 어울린다 할 수 있으리오?

이 「박주가리[芄蘭]」는 모두 2장이다.

7. 황하가 넓다지만[河廣]

7-1. 誰謂河廣(수위하광)고 一葦杭之(일위항지)로다 誰謂宋遠(수위송원)고 跂予望之(기여망지)로다 [賦]

| 언해 |

뉘 닐오딕 河ㅣ 넓다 ᄒᆞᄂᆞ고 한 葦로 杭ᄒᆞ리로다 뉘 닐오딕 宋이 멀다 ᄒᆞᄂᆞ고 跂ᄒᆞ야 望ᄒᆞ리로다

| 번역 |

누가 하수가 넓다 했나
갈대 하나로 건너거만
누가 송(宋)나라가 멀다 했나
발돋음 하면 바라다 보이건만

| 자해 |

葦: 갈대. • 杭 : 건넘. • 跂 : 발꿈치를 드는 모양. • 望 : 송나라를 바라봄.

| 의해 |

선강(宣姜)의 딸이 송나라 환공(桓公)의 부인이 되어 양공(襄公)을 낳고 내쳐 위나라에 돌아왔더니 양공이 즉위하자 부인이 생각하였지만 의리상 갈 수 없었다. 그런 까닭에 이 시를 지어 말하기를, "누가 하수가 넓다 하노? 다만 한 갈대만 더하면 건널 수 있

으며, 누가 송나라가 멀다 하노? 다만 한 발을 들고 바라보면 볼 수 있으리니, 분명히 송나라가 멀어 이를 수 없는 것이 아니라 의리상 갈 수 없는 것이다"라고 한 것이다.

7-2. 誰謂河廣고 曾不容刀로다 誰謂宋遠고 曾不崇朝로다 [賦]

| 언해 |

뉘 닐오딕 河ㅣ 넓다 ᄒᆞᄂᆞᆫ고 일즉 刀도 容치 못ᄒᆞ리로다 뉘 닐오딕 宋이 멀다 ᄒᆞᄂᆞᆫ고 일즉 아ᄎᆞᆷ도 ᄆᆞᆺ지 못ᄒᆞ리로다

| 번역 |

누가 하수가 넓다 했나
작은 배도 띄울 없건만
누가 송(宋)나라가 멀다 했나
하루아침 거리도 안되건만

| 자해 |

刀 : 작은 배니, 도(刀: 칼)도 용납하지 못한다 함은 하수의 작음을 말함. • 崇 : 마침. 아침을 맞지 아니하고 이른다는 것은 그 가까움을 말함.

| 의해 |

두 장이 한 가지 뜻이다.

이 「황하가 넓다지만[河廣]」은 모두 2장이다.

범씨(范氏)가 말하기를, "부인(夫人)이 가지 않음은 의리(義理)로되 천하에 어찌 어미 없는 사람이 있으리오? 천승(千乘)의 나라를 소유하고도 그 어미를 봉양할 수 없다면 이는, 사람의 불행함이다. 양공(襄公)은 장차 어떻게 해야 할까? 살아서는 그 효(孝)를 이루고 죽어서는 그 예(禮)를 다할 따름이다. 위나라에 부인의 시가 공강(共姜)으로부터 양공(襄公)의 어미까지 6인이다. 예(禮)와 의(義)에 그치고 감히 지날칠 수 없으니, 무릇 위나라 정교(政敎)의 방탕하고 편벽함과 풍속(風俗)이 어그러졌는데도 여자로 예(禮)를 알고 의(義)를 두려워함이 이 같은 자가 있으니, 선왕(先王)의 교화가 여전히 존재하고 있었기 때문이다"라고 하였다.

8. 그이[伯兮]

8-1. 伯兮朅兮(백혜걸혜)하니 邦之桀兮(방지걸혜)로다 伯也執殳(백야집수)하여 爲王前驅(위왕전구)로다 [賦]

| 언해 |

伯이 朅ᄒᆞ니 邦의 桀이로다 伯이 殳를 잡아 王을 爲ᄒᆞ야 前驅ᄒᆞ놋다

| 번역 |

그이가 씩씩하니
나라의 영걸이라
그이가 창을 잡고
왕을 위해 앞장섰네

| 자해 |

伯 : 부인이 그 남편의 자(字)를 지목함. • 朅 : 씩씩한 모양. • 桀 : 재주가 남보다 뛰어남. • 殳 : 한 길 두자 되는 창.

| 의해 |

부인(婦人)이 남편의 오랜 정벌에 지침으로써 이 시를 지어 그 남편 재주의 아름다움이 이 같아 바야흐로 창을 잡고 왕을 위(爲)하여 앞에서 달린다고 말한 것이다.

자 백 지 동　　수 여 비 봉　　기 무 고 목　　수
8-2. 自伯之東으로 首如飛蓬하라 豈無膏沐이리오마는 誰
적 위 용
適爲容이리오 [賦]

| 언해 |

伯이 東홈으로브터 머리가ᄂᆞᆫ 蓬ᄀᆞᆮ도다 엇지 膏ㅣ며 沐이 업ᄉᆞ리오마ᄂᆞᆫ 누를 適ᄒᆞ야 容ᄒᆞ리오

| 번역 |

그이가 동으로 가면서부터
머리는 다북쑥 같았네
어찌 머리에 윤을 내지 못하랴만
누굴 위해 꾸미랴

| 자해 |

蓬 : 다북쑥. • 膏 : 터럭을 윤이 나게 하는 것. • 沐 : 머리 감아 티를 제거함. • 適 : 주장함. • 容 : 얼굴을 다스림.

| 의해 |

내 터럭이 어지럽기 이 같음은 머리를 윤내고 감아 얼굴을 다스릴 수 없기 때문이 아니라, 군자(君子)가 행역(行役)하여 주장할 바 없기 때문이다. 옛 글에 "여자는 자기를 좋아하는 이를 위하여 얼굴을 다스린다"라고 하였다.

8-3. 其雨其雨(기우기우)에 杲杲出日(고고출일)이로다 願言思伯(원언사백)이라 甘心首疾(감심수질)이로다 [比]

| 언해 |

그 雨콰 뎌 그 雨콰 뎌 홈애 杲杲히 日이 出ᄒᆞᄂᆞᆺ다 願ᄒᆞ야 伯을 思혼지라 首疾을 마음에 甘ᄒᆞᄂᆞᆺ다

| 번역 |

비가 왔으면 비가 왔으면
휘영청 해 솟았네
원해서 남편 생각에
머리 아파도 마음에 달다

| 자해 |

其 : 장차 그렇기를 바라는 것. • 杲杲 : 해가 나오는 모양. • 首疾 : 머리 아프다는 말.

| 의해 |

장차 비 올까 바라보다가 휘영청 해가 나오는 뜻을 가지고 그 남편이 돌아옴을 기다리나 돌아오지 않는 것을 비유한 것이니, 이렇게 함으로써 근심 생각을 견디지 못하여 차라리 머리 아파 마음을 쓰는 것이 달다고 한 것이다.

8-4. 焉得諼草하여 言樹之背요 願言思伯이라 使我心痗로다 [賦]

| 언해 |

엇지 諼草를 엇어 背에 樹홀고 願ᄒᆞ야 伯을 思혼지라 날로 ᄒᆡ여곰 ᄆᆞ음이 痗케 ᄒᆞᄂᆞᆺ다

| 번역 |

망우초를 어디서 얻어
뒷곁에 심어볼까
원하여 임 생각에
내 마음이 병들도다

| 자해 |

諼 : 잊어 버리는 것. 훤초(諼草)는 먹으면 사람으로 하여금 근심을 잊어버리게 하는 풀. • 背 : 북당(北堂)이니 옛 적 화초 심는 곳. • 痗 : 병

| 의해 |

어떻게 하면 망우초(忘憂草)를 얻어 북당(北堂)에 심어서 내 근심을 잊을까 하였으나 마침내 잊지 못하였다. 이리하여 이 풀울 구하지 않고 다만 원하여 백(伯 : 그이)을 생각하는지라 비록 마음에 병이 되는데 이르러도 사양하지 않으니 마음에 병이 드니 머리 아픈 것뿐만이 아니다.

이 「그이[伯兮]」는 모두 4장이다.

범씨(范氏)가 말하기를, "살다가 서로 떨어지면 생각하고 다짐하고, 이르지 않으면 근심하는 법이니, 이는 사람의 정서이다. 문왕(文王)이 수(戍)자리를 보냄과 주공(周公)이 돌아오는 군사를 위로함에 다 그 집안식구의 정(情)과 남녀의 생각을 펴 말하여 민망히 여겼기 때문에 그 백성이 기뻐하여 죽음을 잊었으니 성인(聖人)은 천하의 뜻을 통하신 것이다. 이럼으로써 천하의 일을 이룰 수 있었으니 전쟁이란 것은 백성을 죽음의 해독으로 몰아넣는 것이다. 남의 아들을 외롭게 하며 남의 아내를 혼자되게 하여 천지의 화기(和氣)를 상하게 하고 수재와 가뭄의 재앙을 부르는 까닭에 성인이 신중히 하여, 만일 부득이하여 가게 한다면 돌아온다는 기약으로써 고하며 그 근로(勤勞)함을 생각하여 슬퍼하고 측은히 여김이 자기 몸에 당할 것보다 더하게 여겼다. 이 때문에 다스려지는 때의 시는 그 임금이 민망히 여기고 근심하는 정(情)을 말하고 어지러운 때의 시는 그 집안 식구가 원망하고 생각하는 괴로움을 기록하였니 인정(人情)이 이를 벗어나지 않는다"고 하였다.

9. 여우[有狐]

유호유유　재피기량　심지우의　지자무
9-1. 有狐綏綏하니 在彼淇梁이로다 心之憂矣는 之子無

상
裳이니라 [比]

| 언해 |

狐ㅣ 綏綏ᄒᆞ니 뎌 淇의 梁에 잇도다 ᄆᆞᄋᆞᆷ의 근심홈은 之子ㅣ 裳이 업ᄉᆞᆯᄉᆡ니라

| 번역 |

여우가 어슬렁거리며
기수 돌다리에 있도다
마음에 근심함은
홀아비 하의 없음이라

| 자해 |

狐 : 여우니 요괴(妖怪)롭고 홀리는 짐승. • 綏綏 : 홀로 다니며 배필을 구하는 모양. • 梁 : 돌다리. • 之子 : 홀아비. • 裳 : 아래 옷.

| 의해 |

나라가 어지러움에 백성이 흩어져 그 배우자를 잃어버린 지라 과부가 있어 홀아비를 보고 시집가고자 하나, 드러내놓고 말하고자 하지 않았기 때문에 칭탁(稱託)하여 "여우가 있어 홀로 다니는데 그 치마 없음이 근심이다"라고 한 것이다.

9-2. 有狐綏綏하니 在彼淇厲로다 心之憂矣는 之子無帶니라 [比]

| 언해 |

狐ㅣ 綏綏ᄒᆞ니 뎌 淇의 厲애 잇도다 ᄆᆞᄋᆞᆷ의 근심홈은 之子ㅣ 帶 업술시니라

| 번역 |

여우가 어슬렁거리며
기수 물가에 있도다
마음에 근심함은
홀아비 띠가 없음이라

| 자해 |

厲 : 깊은 물을 건널 수 있는 곳. • 帶 : 띠니 여(厲)에 있다면 띠를 맬 수 있음을 말함.

9-3. 有狐綏綏하니 在彼淇側이로다 心之憂矣는 之子無服이니라 [比]

| 언해 |

狐ㅣ 綏綏ᄒᆞ니 뎌 淇의 側애 잇도다 ᄆᆞᄋᆞᆷ의 근심홈은 之子ㅣ 服이 업술시니라

| 번역 |

여우가 어슬렁거리며
기수 기슭에 있도다
마음에 근심함은
홀아비 옷이 없음이라

| 자해 |

服 : 옷. 물을 건너면 옷이 불어날 수 있으니 옷이 없다함은 치마와 띠가 없음을 말함.

이 「여우[有狐]」는 모두 3장이다.

10. 모과[木瓜]

10-1. 投我以木瓜(투아이목과)에 報之以瓊琚(보지이경거)요 匪報也(비보야)는 永以爲好也(영이위호야)니라 [比]

| 언해 |

내게 木瓜로 뻐 投홈애 報호딕 瓊琚로뻐ᄒᆞ고 報호라 아니홈은 기리뻐 好ᄒᆞ려 홈이니라

| 번역 |

나에게 모과를 줌에
옥으로 보답하고
보답 아니라는 것은
기리 사랑하려고

| 자해 |

投 : 주는 것. • 木瓜 : 모과. • 瓊 : 옥(玉)의 아름다운 것. • 琚 : 차는 옥의 이름. • 永 : 길다는 뜻. • 好 : 사랑함.

| 의해 |

사람이 나에게 작은 물건을 줌에 나는 보배로써 보답하였는데, 오히려 갚는 아니라고 함은 기리 사랑하고자 함이니, 의심컨대 또한 남녀가 서로 주고 답례하는 글인 것 같다.

10-2. 投我以木桃에 報之以瓊瑤요 匪報也는 永以爲好也니라 [比]

(투아이목도 보지이경요 비보야 영이위호야)

| 언해 |

내게 木桃로ᄡᅧ 投홈애 報호ᄃᆡ 瓊瑤로ᄡᅧ ᄒᆞ고 報호라 아니홈은 기리ᄡᅧ 好ᄒᆞ려 홈이니라

| 번역 |

나에게 복숭아를 줌에
옥으로 보답하고
보답 아니라는 것은
기리 좋아하려는 뜻

| 자해 |

木桃 : 복숭아. • 瑤 : 아름다운 옥.

10-3. 投我以木李에 報之以瓊玖요 匪報也는 永以爲好也니라 [比]

(투아이목리 보지이경구 비보야 영이위호야)

| 언해 |

내게 木李로ᄡᅧ 投홈애 報호ᄃᆡ 瓊玖로ᄡᅧ ᄒᆞ고 報호라 아니홈은 기리ᄡᅧ 好ᄒᆞ려 홈이니라

| 번역 |

나에게 배를 줌에
옥으로 보답하고
보답 아니라는 것은
기리 사랑하려는 뜻

| 자해 |

木李 : 오얏. • 玖 : 아름다운 옥.

이 「모과(木瓜)」는 모두 3장이다.

위풍(衛國)은 10편 34장 203구이다.

장자(張子)가 말하기를, "위나라는 땅이 큰 하수(河水)와 접하여 그 땅이 토박(土薄)하였기 때문에 그 사람의 기운이 가볍고 떠 있으며 그 땅이 평평하고 낮기 때문에 그 사람의 바탕이 유약(柔弱)하며 그 땅이 비옥한 까닭에 그 사람의 마음이 게으르다. 그 사람의 정성(情性)이 이 같으니, 그 소리가 또한 음란한 까닭에 그 풍류 들음에 사람으로 하여금 태만하여 사악하고 편벽한 마음이 있게 하니 정나라 시도 이와 같다"라고 하였다.

왕풍 | 王風

왕(王)은 주나라 동녘 도읍인 낙읍(洛邑)을 이르니, 왕성(王城) 기내(畿內) 사방 600리 되는 땅이다. 주나라 초기에 문왕은 풍(豊) 땅에 살고 무왕은 호(鎬) 땅에 살았는데, 성왕(成王)에 이르러 주공이 비로소 낙읍(洛邑)을 경영하여 당시에 제후(諸侯)를 모을 곳으로 삼으니 그 땅이 가운데가 됨으로써 사방에서 오는 자의 거리가 균등했기 때문이다. 이로부터 풍(豊)과 호(鎬)를 "서도(西都)"라 하고 낙읍(洛邑)을 "동도(東都)"라 하였으니 유왕(幽王)에 이르러 포사(褒姒)를 좋아하여 백복(伯服)을 낳으니 신후(申后)와 태자(太子) 의구(宜臼 : 신후(申后)가 낳은 아들)를 폐하니 의구(宜臼)가 신 땅으로 달아나거늘 신 땅의 제후가 성내어 견융(犬戎)과 더불어 종주(宗周)를 쳐서 유왕을 희(戲) 땅에서 시해(弑害)하고 晉나라 문후(文侯)와 鄭나라 무공(武公)이 의구를 신(申) 땅에서 맞이하여 세우니 이 사람이 평왕(平王)이 된다. 동도(東都) 왕도(王城)으로 옮겨 도읍하니 이에 왕(王)의 집이 드디어 낮아져 제후와 더불어 다름이 없었기 때문에 그 시가 아(雅)로 분류되지 못하고 풍(風)이 된 것이다. 그러나 그 왕(王)의 이름은 아직 바뀌지 않았기 때문에 주(周)라 하지 않고 왕(王)이라 한 것이다. 그 땅은 이제 하남부(河南府) 및 회주(懷州) 맹주(孟州) 등이다.

1. 기장만 우거지고[黍離]

1-1. 彼黍離離(피서리리)어늘 彼稷之苗(피직지묘)로다 行邁靡靡(행매미미)하여 中心搖搖(중심요요)하라 知我者(지아자)는 謂我心憂(위아심우)어늘 不知我者(부지아자)는 謂我何求(위아하구)오하나니 悠悠蒼天(유유창천)아 此何人哉(차하인재)여 [賦而興]

| 언해 |

뎌 기장이 離離ᄒᆞ거늘 뎌 피가 삭ᄒᆞ얏도다 行ᄒᆞ야 감을 靡靡히ᄒᆞ야 가운ᄃᆡ ᄆᆞ음이 搖搖호라 나를 아ᄂᆞᆫ 者ᄂᆞᆫ 나를 닐으되 마음에 근심ᄒᆞᆫ다 ᄒᆞ거늘 나를 아지 못ᄒᆞ는 者ᄂᆞᆫ 나를 닐으되 무엇을 求ᄒᆞᄂᆞ뇨 ᄒᆞᄂᆞ니 悠悠ᄒᆞᆫ 蒼天아 이럿케 ᄒᆞᆫ이ᄂᆞᆫ 엇던 사ᄅᆞᆷ인고

| 번역 |

저기 기장이 더북하건만
저 피는 싹이 났네
가는 걸음 더디하여
마음 속은 술렁이네
나를 아는 자
내 마음에 근심 있다지만
나를 모르는 자
내가 뭘 구한다 한다
멀고 먼 하늘이여
이렇게 한 사람이 누군가

| 자해 |

黍 : 기장. • 離離 : 이삭이 드리워진 모양. • 稷 : 피. • 邁 : 가는 것. • 靡靡 : 더디고 더디다는 뜻. • 搖搖 : 정한 바가 없음. • 悠悠 : 먼 모양. • 蒼天 : 하늘이 멀리 푸릇푸릇 보임을 가리킴.

| 의해 |

주나라 도읍이 이미 동으로 옮겨짐에 대부가 행역(行役)하여 종주(宗周)에 이르러 옛 종묘와 궁실(宮室)을 지남에 다 기장과 피 심은 땅이 되었으므로 주나라 왕실이 전복(顚覆)됨을 민망히 여겨 방황(彷徨)하여 차마 가지 못하였기 때문에 그가 본 바대로 지은 글이다.

이는 대부가 주나라 왕실이 망함을 서러워 지은 시이니 국가가 흥하고 폐하는 감동은 신하의 견딜 수 없는 정(情)보다 심한 것이다. 저 종묘는 신령을 봉안(奉安)하여 제후의 준분(駿奔: 종묘에 제사지낼 때 집사자(執事者)가 공경하여 빨리 주선(周旋)하는 모양) 하는 곳이며 궁실(宮室)은 지존(至尊 :임금)을 받들어 온 나라의 공극(拱極: 북극성이 그곳에 있거든 여러 별이 향함이 제후가 천자에게 향함 같음을 이름)하던 곳이거늘 이제 종묘와 궁실이 터만 남아, 다만 봄에 저 기장 이삭이 더부룩하게 무성함과 피 이삭뿐이다. 내가 이곳을 지나감에 왕실(王室)의 기강(紀綱)이 떨치지 못함을 슬퍼하여 정처 없어서가 아니겠는가? 당시에 나를 아는 자는 마음에 근심하는 바가 있다 하나, 주나라를 슬퍼하는 뜻을 사람이 어찌 다 알리오? 나를 알지 못하는 자는 내 마음에 구하는 것이 있다 이르니 이는 안다는 이나 알지 못하는 이나 나의 뜻을 알지 못함은 한가지이니 사람에게는 말 할 바가 없다. 사람은 비록 알지 못하나 하늘은 속이지 못할 것이다. 멀고 먼 창천(蒼天)이 어느 물건이든 몸소 받지 않음이 없는 것이다. 주나라 왕업(王業)을 지은 자는 문왕과 무왕이요, 이은 자는 성왕(成王)

과 강왕(康王)이니, 이제 종묘궁실(宗廟宮室)이 다 기장과 피밭이 되었으니, 저 어떤 사람이 이와 같이 하였는가? 방황하는 뜻이 진실로 차마 정(情)을 잊지 못할 것이 있는 것이다. 무릇 선왕(先王)의 수백 년 업(業)을 하루아침에 무너뜨리고도 남음이 있고 왕기(王畿) 800리(호경(鎬京)이 지방이 800리임)의 땅을 하루아침에 버리고 또 돌보지 않으니, 대부가 슬퍼하는 생각과 한 되는 정이 임금에게 충성하고 나라를 사랑함을 상상할 수 있겠다.

1-2. 彼黍離離(피서리리)어늘 彼稷之穗(피직지수)로다 行邁靡靡(행매미미)하여 中心如醉(중심여취)하라 知我者(지아자)는 謂我心憂(위아심우)어늘 不知我者(불지아자)는 謂我何求(위아하구)오하나니 悠悠蒼天(유유창천)아 此何人哉(차하인재)요 [賦而興]

| 언해 |

뎌 기장이 離離ᄒᆞ거늘 뎌 피가 穗ᄒᆞ얏도다 行ᄒᆞ야 감을 靡靡히ᄒᆞ야 가운ᄃᆡ ᄆᆞᄋᆞᆷ에 醉ᄒᆞᆫ듯호라 나를 아ᄂᆞᆫ 者ᄂᆞᆫ 나ᄅᆞᆯ 닐ᄋᆞ되 ᄆᆞᄋᆞᆷ에 근심ᄒᆞᆫ다 ᄒᆞ거늘 나를 아지 못ᄒᆞᄂᆞᆫ 者ᄂᆞᆫ 나를 닐ᄋᆞ되 무엇을 求ᄒᆞᄂᆞ뇨 ᄒᆞᄂᆞ니 悠悠ᄒᆞᆫ 蒼天아 이럿케 ᄒᆞᆫ이ᄂᆞᆫ 엇던 사ᄅᆞᆷ인고

| 번역 |

저기 기장이 더북하건만
저 피는 이삭이 피었네
가는 걸음 더디하여
마음 속은 후들후들
나를 아는 자
내 마음에 근심 있다지만

나를 모르는 자
내가 뭘 구한다 한다
멀고 먼 하늘이여
이렇게 한 사람이 누군가

| 자해 |

穗 : 이삭 팬 것. • 如醉 : 피 이삭이 아래로 드리움이 마음이 취함과 같기 때문에 써서 흥을 일으킴.

1-3. 彼黍離離(피서리리)어늘 彼稷之實(피직지실)이로다 行邁靡靡(행매미미)하여 中心(중심)如噎(여일)하라 知我者(지아자)는 謂我心憂(위아심우)어늘 不知我者(부지아자)는 謂我何(위아하)求(구)오하나니 悠悠蒼天(유유창천)아 此何人哉(차하인재)요 [賦而興]

| 언해 |

뎌 기장이 離離ᄒᆞ거ᄂᆞᆯ 뎌 피가 實로 ᄒᆞ얏도다 行ᄒᆞ야 감을 靡靡히ᄒᆞ야 가운ᄃᆡ ᄆᆞᄋᆞᆷ이 噎홈 갓소라 나를 아는 者ᄂᆞᆫ 나ᄅᆞᆯ 닐으되 ᄆᆞᄋᆞᆷ에 근심ᄒᆞᆫ다 ᄒᆞ거늘 나를 아지 못ᄒᆞ는 者ᄂᆞᆫ 나를 닐으되 무엇을 求ᄒᆞᄂᆞ뇨 ᄒᆞᄂᆞ니 悠悠ᄒᆞᆫ 蒼天아 이럿케 ᄒᆞᆫ이ᄂᆞᆫ 엇던 사ᄅᆞᆷ인고

| 번역 |

저기 기장이 더북하건만
저 피의 열매 영글었구나
가는 걸음 더디하여
마음 속이 목메는 듯

나를 아는 자
내 마음에 근심 있다지만
나를 모르는 자
내가 뭘 구한다 한다
멀고 먼 하늘이여
이렇게 만든 사람이 누군가

| 자해 |

如噎 : 근심이 깊어 목이 막힘과 같음이니, 피의 영글어 꽉찬 열매가 근심하는 마음이 목에 막힘과 같기 때문에 이로써 흥을 일으킴.

이 「기장만 우거지고[黍離]」는 모두 3장이다.

보통 사람의 감정은 걱정이나 즐거움을 당함에 처음엔 그 마음이 변하다가 그 다음에는 그 변하는 마음이 조금씩 쇠미하고 세 번째 당(當)하면 그 마음이 일상같겠지만 군자의 충후(忠厚)한 마음은 그렇지 않다. 그가 행역(行役)하여 왕래함이 한번만 본 것이 아니라 처음에는 피 이삭을 보았고 또 피의 이삭을 팬 것을 보았고 또 피의 열매를 보았는데, 느끼는 마음이 시종여일(終始如一)하여 조금도 쇠미하지 않을 뿐만 아니라 갈수록 더 깊어졌으니 시 지은 사람의 뜻을 볼 수 있겠다.

2. 행역 간 임[君子于役]

2-1. 君子于役(군자우역)이여 不知其期(부지기기)로소니 曷至哉(갈지재)요 雞棲于塒(계서우시)며 日之夕矣(일지석의)라 羊牛下來(양우하래)로소니 君子于役(군자우역)이여 如之何(여지하) 勿思(물사)리요 [賦]

| 언해 |

君子의 役ᄒᆞᆷ이여 그 期를 아지 못ᄒᆞ리로소니 어ᄃᆡ 니르럿ᄂᆞᆫ고 닭이 塒에 棲ᄒᆞ며 ᄒᆡ가 져녁된지라 羊과 소가 ᄂᆡ려오도소니 君子의 役ᄒᆞᆷ이여 엇지 ᄉᆡᆼ각지 안이ᄒᆞ리오

| 번역 |

행역 나간 임이여
언제까진 지 알지 못하니
어디로 갔을까
닭이 횃대에서 자며
해가 저문지라
양과 소가 내려오는데
일터 나간 임이여
어떻게 생각말라는 거야

| 자해 |

君子 : 부인이 그 남편을 가리킨 말. • 役 : 행역(行役)에 갔단 말. • 曷 : 어

디란 뜻. • 塒 : 닭의 홰. • 夕 : 해가 떨어질 때. • 羊牛 : 해가 떨어질 때 양(羊)이 먼저 돌아오고 소가 다음에 돌아오는데, 양이 이슬을 싫어하여 먼저 돌아옴.

| 의해 |

대부가 오래도록 밖에서 행역함에 그 집사람이 생각하여 지은 글이다. 대부가 오래 행역하니 인정(人情)이 항상 서로 모임을 즐거워하고 서로 떠남을 싫어하는 것이다. 내가 군자에게 어찌 情을 잊을 수 있으리오? 군자가 밖에 행역한 날을 계산하니 또한 오랜지라 그 돌아옴이 정해진 기약이 있으면 오히려 내가 바라는 것과 맞을 수 있겠지만 그 돌아올 기약을 알지 못한다. 이제 또한 어디에 이르렀는가? 그 이른 땅도 내 알지 못한다. 저 닭은 아침에 뜰에 내렸다가 저녁에 홰에 오르며 양과 소는 아침에 산에 나갔다가 저녁에 내려오니, 무릇 짐승도 나가고 들어옴이 아침저녁의 절차가 있거늘, 행역하는 군자는 휴식할 기약이 없으니 나로 하여금 생각하지 않게 할 수 있겠는가?

2-2. 君子于役(군자우역)이여 不日不月(불일불월)이로소니 曷其有佸(갈기유괄)고 雞棲(계서)于桀(우걸)이며 日之夕矣(일지석의)라 牛羊下括(우양하괄)이로소니 君子于役(군자우역)이여 苟無飢渴(구무기갈)이어다 [賦]

| 언해 |

君子의 役홈이여 날로 못ᄒᆞ며 달로 못ᄒᆞ리로소니 언졔 그 모둠이 잇슬고 닭이 桀에 棲ᄒᆞ며 ᄒᆡ가 져녁된지라 소와 羊이 ᄂᆞ려와 니르도소니 君子의 役홈이여 ᄯᅩ 주리고 목마름이나 업슬지어다

| 번역 |

행역 나간 임이여
며칠도 아니고 몇 달도 아니니
언제나 만날까
닭이 횃대에서 자며
해가 저문지라
양과 소가 내려오는데
행역 나간 임이여
굶거나 목마르지 않았으면

| 자해 |

不日不月: 군자가 간 지 이미 오램에 날로 세지 못하며 달로 세지 못하겠다는 말. • 佸 : 모인다는 뜻. • 桀 : 닭의 홰. • 括 : 이름. • 苟 : 또.

| 의해 |

우리 군자가 밖에서 행역함을 생각하건대 하루아침 하루 저녁의 일이 아니므로 날과 달로 계산할 수 없다. 또 그 돌아올 기약이 없으니 언제 만날지 알지 못할 일이다. 저 닭과 소와 양은 다 저녁에 돌아오거늘, 군자의 행역은 돌아올 기약이 없으니, 이제 갑자기 돌아오기를 기필할 수는 없다. 그러나 행여 먹어 주림이나 면하며 마시어 목마름이나 면한다면, 이제 비록 돌아오지 못하더라도 오히려 탈이 없기를 바란다.

이 「행역 간 임[君子于役]」은 모두 2장이다.

3. 임은 즐거워라[君子陽陽]

3-1. 君子陽陽(군자양양)하여 左執簧(좌집황)하고 右招我由房(우초아유방)하나니 其樂(기락)只且(지저)로다 [賦]

| 언해 |

君子ㅣ 陽陽ᄒᆞ야 左에 簧을 잡고 右로 나를 부르되 房으로 조차 ᄒᆞᄂᆞ니 그 질겁도다

| 번역 |

임은 즐거워서
왼손엔 피리 잡고
오른손으로 날 방에서 부르네
그렇게도 즐거우리

| 자해 |

陽陽 : 득의(得意)한 모양. • 簧 : 생황(笙簧)이니 대통 가운데 금엽(金葉 : 얇은 쇳조각)으로 소리나는 악기. • 房 : 사람이 출입하는 곳이니 옛 사람에게 방 앞에 벽이 있고 뒤에 벽이 없으니 안에 통하여 다니는 곳. • 只且 : 어조사.

| 의해 |

이 시는 의심컨대 또한 전편(前篇)의 부인이 지은 것 같다. 그 남편이 이미 돌아옴에 행역의 수고로움을 잊고 빈천을 편안히 여겨

서 스스로 즐거워하거늘 부인이 또 그 뜻을 알아 깊이 영탄(詠歎)하여 아름답게 여기니 다 착하다 이를 수 있을 것이니, 어찌 선왕의 교화가 아니리오?

3-2. 君子陶陶(군자도도)하여 左執翿(좌집도)하고 右招我由敖(우초아유오)하나니 其樂(기락)只且(지저)로다 [賦]

| 언해 |

君子ㅣ 陶陶ᄒᆞ야 左에 翿을 잡고 右로 나를 부르되 敖로 조차ᄒᆞᄂᆞ니 그 질겁도다

| 번역 |

임은 기뻐하여
왼손엔 기를 잡고
오른속으로 날 자리에서 부르네
그렇게도 즐거우리

| 자해 |

陶陶 : 화락(和樂)한 모양〉 • 翿 : 새 깃 꽂은 기(旗)니 춤추는 사람이 가지는 것. • 敖 : 춤추는 위치.

| 의해 |

군자가 돌아와 행역의 곤함과 빈천의 근심을 다 잊고 조화로이 자득하여 도도(陶陶)하게 화락하니 그 마음을 움직일 수 있는 것이 없고 다만 춤출 도구에 도(翿) 있음과 춤출 위치에 오(敖) 있

음만 보고 왼손으로 도(翿)를 잡고 오른손으로 나를 불러 오(敖)를 따라 보게 하니 마음속에 맞는 것이다.
밖으로 용체(容體)에 맞는 춤을 춤에 한번 빠르고 한번 천천히 함이 형용(形容)과 심신(心神)이 서로 훤히 통하여 도(翿)를 잡고 오(敖)를 좇는 것 외에 또 무엇이 있음을 다 잊으니, 그 즐거움이 어떠하겠는가? 군자는 즐거울 수 있고 부인은 즐거움을 아니 다 훌륭하다 이를 수 있겠다.

이 「임은 즐거워라[君子陽陽]」는 모두 2장이다.

4. 잔잔한 물[揚之水]

4-1. 揚之水여 不流束薪이로다 彼其之子여 不與我戍申이로다 懷哉懷哉로니 曷月에 予還歸哉요 [興]

(양지수 불유속신 피기지자 불여아수신 회재회재 갈월 여환귀재)

| 언해 |

揚ᄒᆞᆫ 물이여 묵군 나무도 흐르지 못ᄒᆞᄂᆞᆺ다 뎌 之子ㅣ여 날로 더블어 申에 슈자리 안이ᄒᆞᄂᆞᆺ다 ᄉᆡᆼ각ᄒᆞ며 ᄉᆡᆼ각ᄒᆞ노니 어느 달에 내 도리켜 도라갈고

| 번역 |

잔잔한 물이여
묶은 나무도 흐르지 못하겠다
저 그 집 여자여
나와 신(申)나라에서 수자리 못하네
생각 나네 생각 나
어느 달에 나 돌아갈까

| 자해 |

揚 : 물이 천천히[緩流] 흐르는 모양. • 束薪 : 묶은 나무. • 戍 : 수자리 사는 것. • 申 : 강성(姜姓)의 나라 이름이니 평왕(平王)의 외가(外家). • 懷哉 : 두 번 쓴 것은 생각하고 생각하여 오래 생각함의 뜻. • 曷月 : 어느 달이라는 말이니 어느 달에 돌아가서 집에 편안히 있을 수 있을까의 뜻.

| 의해 |

평왕(平王)이 신(申)나라가 초나라에 가까워서 자주 침노함을 당함으로써 기내(畿內) 백성을 보내 수자리 살게 하니, 수자리 사는 자가 원망하며 생각하여 이 시를 지은 것이다. 신후(申侯)가 견융(犬戎)과 더불어 종주(宗周)를 쳐서 유왕(幽王)을 죽였으니 신후란 자는 왕법(王法)에 반드시 죽여 용서치 못할 역적(逆賊)이니 평왕과 그 신민(臣民)까지 불공대천(不共載天)의 원수이거늘, 이제 평왕이 어미만 알고 아비는 알지 못하며 자기를 세워 왕을 삼음이 덕됨만 알고 그 아비 죽인 것이 원수됨은 알지 못하여 원수를 갚고 역적을 칠 군사로써 도리어 은혜 갚는 조치를 하니 그 아비를 잊고 이치에 거슬려 하늘에 죄를 얻음이 너무 심하다. 이는 수자리 사는 자가 윗사람을 원망하며 집을 생각하는 시이다.
임금이 백성을 의로써 수고롭게 하면 비록 수고로우나 원망하지 않을 것이거늘, 의롭지 않는 일로 이제 나를 수자리 살도록 보내놓고 내 어찌 원망과 생각을 말라는 것이겠는가? 잔잔한 물이 약하여 묶은 섶을 흐르게 못하는 것으로써 집 사람이 약하여 신 땅에 수자리 사는데 함께 못 감을 흥을 일으킨 것이니, 집 생각하는 말에 직분(職分)에 당치 않은 뜻이 말 밖에 포함하였으니, 대개 의리에 합당한 일이라면, 어찌 집 사람을 돌아볼 생각이 있으며 또 어찌 천하에 부인이 같이 수자리 사는 이치가 있겠는가? 다만 자기가 마땅히 수자리 살지 않을 것과 임금이 마땅히 보내지 않을 것과 신(申)에 반드시 수자리 할 것 없다는 것이 다 말 밖에 보이는 뜻이다. '회재(懷哉)'구절에 생각을 여러 가지로 오래두고 한 것이 보인다.

양지수 불유속초 피기지자 불여아수보
4-2. 揚之水여 不流束楚로다 彼其之子여 不與我戍甫로
회재회재 갈월 여환귀재
다 懷哉懷哉로니 曷月에 予還歸哉요 [興]

| 언해 |

揚ᄒᆞᆫ 물이여 묵근 楚도 흐르지 못ᄒᆞᄂᆞ다 뎌 之子ㅣ여 날로 더블어 甫에 슈자리 안이ᄒᆞᄂᆞ다 싱각ᄒᆞ며 싱각ᄒᆞ노니 어늬 달에 내 도리켜 도라갈고

| 번역 |

잔잔한 물이여
묶은 나무도 흐르지 못하겠다
저 그 집 여자여
나와 보(甫)나라에서 수자리 못하네
생각 나네 생각 나
어느 달에 나 돌아갈까

| 자해 |

楚 : 나무. • 甫 : 또한 강성(姜姓)이니 신(申) 땅에 멀지 않은 땅.

| 의해 |

저 잔잔한 물이 묶은 나무도 흐르지 못하겠다. 내가 천자의 명으로 보(甫) 땅에 수자리 길을 가는데 집사람이 같이 가지 못하니, 집 사람을 생각하는 정이 간절한지라 어느 때나 돌아와서 나의 집사람의 원(願)을 마칠까?

양지수 불유속포 피기지자 불여아수허
4-3. 揚之水여 不流束蒲로다 彼其之子여 不與我戍許
회재회재 갈월 여환귀재
로다 懷哉懷哉로니 曷月에 予還歸哉요 [興]

| 언해 |

揚훈 물이여 묵근 蒲도 흐르지 못ᄒᆞᄂᆞ다 뎌 之子ㅣ여 날로 더블어 許에 슈자리 안이ᄒᆞᄂᆞ다 싱각ᄒᆞ며 싱각ᄒᆞ노니 어늬 달에 내 도리켜 도라갈고

| 번역 |

잔잔한 물이여
묶은 갯버들도 흐르지 못하겠다
저 그집 여자여
나와 허(許)나라에서 수자리 못하네
생각 나네 생각 나
어느 날에 나 돌아갈까

| 자해 |

蒲 : 갯버들. • 許 : 나라이름이니 또한 강성(姜姓).

| 의해 |

잔잔한 물에 묶은 갯버들을 흐르게 하지 못하며 허 땅에 수자리 사는 행역(行役)에 집사람이 같이 가지 못하니, 생각하는 정이 어느 때나 돌아가 집안의 즐거움을 이룰 수 있을지 알지 못하겠다. 무릇 신후(申侯)는 임금 죽인 역적이요. 기내(畿內) 백성은 천자를 호위하는 백성이거늘 은혜와 원수를 분별하지 못하여 위엄있는 명령이 행해지지 못하니 백성이 원망하며 생각함이 또한 마땅

치 않으랴?

이 「잔잔한 물[揚之水]」은 모두 3장이다.

5. 골짜기의 익모초[中谷有蓷]

5-1. 中谷有蓷하니 暵其乾矣로다 有女仳離라 嘅其嘆矣하라 嘅其嘆矣하니 遇人之艱難矣로다 [興]

| 언해 |

가운듸 골에 蓷잇스니 그 乾ᄒᆞᆫ데까지 暵ᄒᆞ놋다 女ㅣ 잇셔 仳離ᄒᆞᆫ 지라 嘅히 그 탄식호라 嘅히 그 탄식호니 사ᄅᆞᆷ의 艱難ᄒᆞᆷ을 만낫 도다

| 번역 |

골짜기 가운데 익모초 있으니
마를 데까지 말랐구나
어떤 여자가 이별한지라
슬피 탄식하노라
슬피 탄식하노니
사람이 어려움을 만남이로다

| 자해 |

蓷 : 익모초(益母草)니 그 성품이 습한 땅에 마땅한 것. • 暵 · 乾 : 마르다는 뜻. • 仳離 : 이별함. • 嘅 : 탄식하는 소리.

| 의해 |

흉년에 부인이 남편에게 버림을 받아 사물을 보고 흥을 일으켜

스스로 그 슬퍼 탄식하는 말을 지은 시이니, 위 두 장은 때 못 만난 것을 한탄하였으며 끝 장에는 닥친 대로 편안히 여겨 조금도 남편이 버린 것을 원망하는 말이 없으니 부인의 후한 것을 볼 수 있다. 선왕의 교화가 깊이 사람의 마음에 들어가지 않았으면 어찌 그러하리오?

흉년에 부인이 그 슬퍼 탄식하는 말을 스스로 지어 "잘 다스려진 세상에는 집안이 서로 보전하고 어지러운 세상에는 집안이 서로 버리니 이런 까닭에 가운데 골에 익모초가 있음에 가뭄 때를 당하니 건조한데 난 것부터 마른다. 여자가 남편을 좇다가 버리는 변(變)을 만나니, 그 개탄함을 어찌 또한 말 수 있으리오? 그러나 개탄하게 된 자가 이 사람이 덕에 해롭거나 은혜가 적어서 짐짓 한 일이 아니라 이 사람이 불행히 어려운 재앙이 있는데 내가 불행히 이 사람의 어려운 때에 만났으니 만일 어려움의 핍박이 아니라면 또한 어찌 이 버리는데 이르렀겠는가?"라고 한 것이다.

5-2. 中谷有蓷(중곡유퇴)하니 暵其脩矣(한기수의)로다 有女仳離(유녀비리)라 條其歗矣(조기소의)하라 條其歗矣(조기소의)하니 遇人之不淑矣(우인지불숙의)로다 [興]

| 언해 |

가운ᄃᆡ 골에 蓷잇스니 그 脩ᄒᆞᆫ것이 暵ᄒᆞᄂᆞᆺ다 女ㅣ 잇셔 仳離ᄒᆞᆫ지라 條히 그 슈파ᄅᆞᆷ호라 條히 그 슈파ᄅᆞᆷ호니 사ᄅᆞᆷ의 不淑ᄒᆞᆷ을 만낫도다

| 번역 |

골짜기 가운데 익모초 있으니

그 긴 것도 말랐구나
어떤 여자 이별에
휘파람을 불어대네
휘파람을 부노니
사람이 안 좋은 일 있었네

| 자해 |

脩 : 길다는 뜻. 익모초[蓷]가 길게 자란 것까지 말랐다는 말. • 條 : 휘파람 부는 모양. • 歗 : 휘파람. • 淑 : 좋다는 뜻이니 불숙(不淑)은 옛적에 상사(喪事)나 흉년을 좋지 못한 일로 알기 때문에 불숙(不淑)이라 일컬으니 대개 길(吉)한 경사는 좋은 일이라 하고 흉한 재앙은 좋지 못한 일이라 함은 고금(古今)이 같다.

| 의해 |

가뭄이 심한 때를 만나 가운데 골 익모초가 비록 무성한 것이라도 또한 마를 것이니, 하물며 계집이 남편을 좇다가 이 버리는 변(變)을 만나 그 슬픈 한이 깊어 휘파람 부는데 이름을 어찌 말 수 있으랴? 그러나 그 나로 하여금 휘파람 불게 한 자가 당초에 해서는 안 되는 것을 짐짓 한 것이 아니라, 이 사람이 불행한 일이 있는데 내가 이 사람의 불행한 일을 만났으니 흉년의 재앙이 아니면 이 슬픈 휘파람이 어디로부터 좇아 나올 수 있으리오?

5-3. 中谷有蓷(중곡유퇴)하니 暵其濕矣(한기습의)로다 有女仳離(유녀비리)라 啜其泣矣(철기읍의)하라 啜其泣矣(철기읍의)하니 何嗟及矣(하차급의)리오 [興]

| 언해 |

가운ᄃᆡ 골에 蓷잇스니 그 濕ᄒᆞᆫ데도 暵ᄒᆞ놋다 女ㅣ 잇셔 仳離ᄒᆞᆫ지라 啜히 그 울엇노라 啜히 그 우니 엇지 슬퍼ᄒᆞᆫ들 밋치리오

| 번역 |

골짜기 가운데 익모초 있으니
습한 데도 말랐구나
어떤 여자가 이별한지라
슬피 울어대노라
슬피 울어대니
어찌 슬픔 다하리

| 자해 |

啜 : 우는 모양.

| 의해 |

가뭄의 때를 당하여 비록 습한데 난 것이라도 또한 마르는 것을 면치 못할 것이다. 계집이 남편을 좇아 가다가 이별의 변(變)을 만나 슬퍼 상한 정(情)이 슬피 우는 데까지 이르렀으나 다 유익한 것이 없는 슬픔이다. 사람이 어려움을 만나고 사람의 좋지 못한 일을 만났다 하였더니 이에 이르러서는 비록 슬퍼하나 어쩔 수 없다. 또한 분수대로 안심할 따름이니, 장차 어찌할까? 무릇 부인이 버림 받는 변을 만나 분수대로 안심하는 뜻이 있으니, 이것이 부인의 후함이다.

이 「골짜기의 익모초[中谷有蓷]」는 모두 3장이다.

6. 토끼는 살금살금[兎爰]

6-1. 有兎爰爰(유토원원)이어늘 雉離于羅(치리우라)로다 我生之初(아생지초)에 尙無爲(상무위)러니 我生之後(아생지후)에 逢此百罹(봉차백리)하니 尙寐無吪(상매무와)엇다 [比]

| 언해 |

兎끼가 爰爰ᄒᆞ거늘 꿩이 금을에 걸리도다 내 나든 쳠에 오히려 ᄒᆞ염이 업더니 내 난 後에 이 百가지 근심을 만나니 거의 잠자 움직임이 업슬지엇다

| 번역 |

토끼는 살금살금 쳐다보는데
꿩이 그물에 걸렸네
내가 나던 처음에
오히려 하염없더니
내 난 후에는
온갖 근심 만나니
거의 잠 자 조용하리

| 자해 |

兎 : 성품이 음험(陰險)하고 교활한 짐승. • 爰爰 : 누그러짐. • 雉 : 성품이 밝고 조출한 짐승. • 離 : 걸리는 것. • 羅 : 그물. • 尙 : 위 상(尙)자는 오히려란 뜻이요 아래 상(尙) 자는 거의란 뜻. • 罹 : 근심. • 吪 : 움직임.

| 의해 |

주나라나 왕실이 동쪽으로 옮겨진 후에 점점 쇠하여 제후가 배반하니 군자가 그 사는 것을 즐거움으로 알지 않고 이 시(詩)를 지은 것이니 군자와 소인의 나아가고 물러감이 세상에 도(道)가 성하고 쇠함과 관계가 있는 것이다.

당시의 일이 개탄할 만한 것이 있으니, 저 그물을 침은 본래 토끼 잡으려고 하는 것인데 이제 토끼는 살금살금 교활함으로써 벗어하고 꿩은 올곧아서 도리어 그물에 걸린다. 그렇다면 소인은 나라를 어지럽게 하고도 도리어 공교한 계교로 요행으로 면하고 군자는 허물없이 충성과 곧음으로 화(禍)를 받으니, 토끼와 꿩은 무엇이 다른가? 소인이 뜻을 얻음에 천하가 자연 일이 많은지라 내가 세상에 나온 처음에는 선왕의 덕택이 다 없어지지 않아서 전형(典型)이 오히려 있어서 충성하고 곧은 자가 상등(上等)의 상(賞)을 받고 공교한 계교 쓴 것이 드러나면 죽임을 당함으로써 천하에 일이 없더니, 어찌하여 내가 나온 후에 때의 어려움을 만나 온갖 근심이 떨기처럼 모이는 것이 이와 같은가? 내 小人의 공교한 계교를 쓰려 한다면 천하의 의론(議論)이 두렵고 군자의 충성과 곧음을 실천한다면 지금의 화(禍)를 벗어날 수 없어 꿈쩍하면 허물을 얻어 어찌할 수 없으니, 다만 거의 잠을 자 움직이지 말고 죽기를 바랄 뿐이다. 대개 비록 살아도 스스로 서지 못하니 과연 사는데 무슨 낙(樂)이 있으리오? 군자(君子)가 죽는 것으로 편안함을 삼을 것을 생각하니 위 사람이 어찌하여 이 지경에 이르도록 하였는가?

6-2. 有兎爰爰(유토원원)이어늘 雉離于罦(치리우부)로다 我生之初(아생지초)에 尙無造(상무조)러니 我生之後(아생지후)에 逢此百憂(봉차백우)하니 尙寐無覺(상매무각)엇다 [比]

| 언해 |

兎ᄭᅵ가 爰爰ᄒᆞ거늘 쒕이 罦에 걸리도다 내 나든 쳠에 오히려 ᄒᆞ염이 업더니 내ᄂᆞᆫ 後에 이 百가지 근심을 만나니 거의 잠자 세달음이 업슬지어다

| 번역 |

토끼는 살금살금 쳐다보는데
꿩이 그물에 걸렸네
내가 나던 처음에
오히려 하염없더니
내 난 후에는
온갖 근심 만나니
거의 잠 자 깨지 않으리

| 자해 |

罦 : 수레에 덮는 큰 그물이니 토끼를 잡을 만한 것. • 造 : 또한 위(爲)와 같음. • 覺 : 깨달음. 무교(無覺)는 세상일 모른척 하자는 말.

6-3. 有兎爰爰이어늘 雉離于罿이로다 我生之初에 尙無庸이러니 我生之後에 逢此百凶하니 尙寐無聰이엇다 [比]

(유토원원 / 치리우동 / 아생지초 / 상무용 / 아생지후 / 봉차백흉 / 상매무총)

| 언해 |

兎찌가 爰爰ᄒᆞ거늘 쮱이 罿에 걸리도다 내 나든 쳠에 오히려 庸이 업더니 내는 뒤에 이 百가지 凶흉을 만나니 거의 잠자 들음이 업슬지엇다

| 번역 |

토끼는 살금살금 쳐다보는데
꿩이 그물에 걸렸네
내가 나던 처음에
오히려 할 일 없더니
내 난 후에는
온갖 흉사 만나니
거의 잠 자 못들은 체하리

| 자해 |

罿 : 罦와 같은 그물. • 庸 : 용(用)과 같음. • 聰 : 듣는다는 뜻이니 듣지 못하는 것은 또한 죽은 것.

| 의해 |

아래 두 장이 첫 장과 강구하는 뜻이 같다.

이 「토끼는 살금살금[兎爰]」은 모두 3장이다.

7. 치렁치렁 칡넝쿨[葛藟]

7-1. 綿綿葛藟(면면갈류)여 在河之滸(재하지호)로다 終遠兄弟(종원형제)라 謂他人父(위타인부)하라 謂他人父(위타인부)나 亦莫我顧(역막아고)로다 [興]

| 언해 |

綿綿ᄒᆞᆫ 葛藟ㅣ여 河의 滸에 잇도다 맛ᄎᆞᆷᄂᆡ 兄弟를 멀리 ᄒᆞᆫ지라 다른 사람을 닐으되 아비라호라 다른 사람을 닐으되 아비라ᄒᆞ나 ᄯᅩᄒᆞᆫ 나를 도라보지 안이ᄒᆞᄂᆞᆺ다

| 번역 |

치렁치렁 칡넝쿨
황하 기슭에 있네
마침내 형제를 멀리 두고
남 보고 아비라 하네
남 보고 아비라 하나
또 날 돌보잖네

| 자해 |

綿綿 : 길어 끊어지지 않음. • 葛藟 : 칡넝쿨. • 滸 : 언덕 위.

| 의해 |

세상이 쇠하고 백성이 흩어져 그 살던 시골을 버리고 일가와 친

척을 떠나 유리(流離)하여 갈 바를 잃어버린 자가 있어 이 시를 지어 스스로 탄식한 것이다. 유리하여 갈 바를 잃은 자가 스스로 탄식하여 “나 살던 시골에 한 집안 친척들이 모여 서로 함께 살아야 하거늘 어찌하여 나의 불행이 이 같이 다하였는가? 면면(綿綿)한 칡넝쿨은 하수(河水) 언덕에 있으니 이는 한 사물의 작은 것도 오히려 의탁할 바가 있거늘, 나는 이 쇠란(衰亂)한 세상에 궁곤(窮困)한 때를 만나 이에 마침내 형제를 멀리하여 타향에 이산(離散)하여 다른 사람을 이르되 ‘아비’라 하니 마땅히 나의 궁함을 불쌍히 여겨 구원하여 줄만 하건만 저 사람이 나를 아들로 보지 않아 춥고 주린 괴로움을 돌볼 의사가 없어 한번도 돌아보지 않으니 그 궁하여 기댈 곳이 없음이 심하구나.” 하였다.

면면갈류 재하지사 종원형제 위타인모
7-2. 綿綿葛藟여 在河之涘로다 終遠兄弟라 謂他人母하

위타인모 역막아유
라 謂他人母나 亦莫我有이로다 [興]

| 언해 |

綿綿ᄒᆞᆫ 葛藟ㅣ여 河의 물가에 잇도다 맛ᄎᆞᆷ늬 兄弟를 멀리 ᄒᆞᆫ지라 다른 사람을 닐으되 어미라 ᄒᆞ나 ᄯᅩᄒᆞᆫ 나를 잇ᄂᆞᆫ 줄로 안이ᄒᆞ놋다

| 번역 |

치렁치렁 칡넝쿨
황하 가에 있네
마침내 형제를 멀리 두고
남 보고 어미라 하네

남 보고 어미라 하나
또 날 모른 체하네

| 자해 |

涘 : 물가. • 有 : 있는 줄 안다는 말.

7-3. 綿綿葛藟(면면갈류)여 在河之漘(재하지순)이로다 終遠兄弟(종원형제)라 謂他人昆(위타인곤)하라 謂他人昆(위타인곤)이나 亦莫我聞(역막아문)이로다 [興]

| 언해 |

綿綿ᄒᆞᆫ 葛藟ㅣ여 河의 漘에 잇도다 맛ᄎᆞᆷᄂᆡ 兄弟를 멀리 ᄒᆞᆫ지라 ᄃᆞᆯ은 사람을 닐으되 昆이라 호라 다른 사람을 닐으되 昆이라 ᄒᆞ나 ᄯᅩᄒᆞᆫ 나를 드른 쳬 안이ᄒᆞᄂᆞᆺ다

| 번역 |

치렁치렁 칡넝쿨
황하 언덕에 있네
마침내 형제를 멀리 두고
남 보고 형이라 하네
남 보고 형이라 하나
또 날 못 들은 체하네

| 자해 |

漘 : 언덕 위가 평평하고 아래는 기울어진 곳. • 昆 : 형. • 聞 : 들은 체하는 것.

| 의해 |

저 칡넝쿨은 제 살 바를 얻어 살거늘, 나는 부모형제를 떠나 갈 바를 잃었다. 그러므로 다른 사람더러 부모라 하기도 하고 兄이라 하기도 하나 나를 조금도 친애하여 본체 들은 체 않고 괄시(恝視)하니, 궁하여 갈 곳 없음이 또한 심하지 않겠는가? 무릇 임금이란 이는 백성의 부모라 임금이 백성을 살 수 있게 하지 못하고 백성으로 하여금 뿔뿔이 헤어지게 하여 남이 구원하기를 바라게 하니 세상이 쇠한 것을 대체로 볼 수 있겠다.

이 「치렁치렁 칡넝쿨[葛藟]」은 모두 3장이다.

8. 칡 뜯기[采葛]

8-1. 彼采葛兮(피채갈혜)여 一日不見(일일불견)이 如三月兮(여삼월혜)로 [賦]

| 언해 |

뎌 칡을 采ᄒᆞ는이여 하루를 보지 못ᄒᆞᆷ이 셕달 갓도다

| 번역 |

저 칡을 뜯음이여
하루만 못 보아도
석달 같구나

| 자해 |

采: 끊어 취한다는 말이니 칡을 취함은 대개 베 짜는 데 쓰기 위함.

| 의해 |

대개 바람 나 달아난 자가 빗대어 그 정든 사람을 가리켜 "생각이 간절함에 본 지가 오래지 않아도 오랜 것 같이 생각한다"라고 한 것이다. 무릇 사랑의 정(情)의 엉킨 것이니 항상 서로 합하여 서로 떠남이 없고자 하니 나 지금 저 사람에게 어찌 정을 잊을 수 있으리오? 이런 까닭에 칡이 베 짤만하니 내 마음에 사랑하는 사람과 늘 서로 합(合)하여 칡을 취한다 칭탁(稱託)하고 가는 것은 이 사람이니, 취함은 칡에 있으나 뜻은 나에게 있으니, 진실로 하루라도 보지 못하면 내가 생각하는 정이 석달처럼 오랜 듯 하니

어떻게 하면 저 사람과 같이 종일 칡을 캐서 항상 서로 보고 싶은 것을 마칠까? 사랑하는 사람 생각함이 이와 같이 간절하니 풍속을 보는 자가 마음에 척연(惕然)히 두려울 것이다"고 한 것이다.

피채소혜 일일불견 여삼추혜
8-2. 彼采蕭兮여 一日不見이 如三秋兮로다 [賦]

| 언해 |

뎌 蕭를 采ᄒᆞ는이여 하루를 보지 못ᄒᆞᆷ이 셰 가을 갓도다

| 번역 |

저 쑥을 캠이여
하루만 못 보아도
가을 내내 같구나

| 자해 |

蕭 : 뺑대 쑥. • 三秋 : 삼월(三月)보다도 더 오랜 듯함.

피채애혜 일일불견 여삼세혜
8-3. 彼采艾兮여 一日不見이 如三歲兮로다 [賦]

| 언해 |

뎌 艾를 采ᄒᆞᆷ이여 하루를 보지 못ᄒᆞᆷ이 셰 ᄒᆡ 갓도다

| 번역 |

저 약쑥을 캠이여
하루만 못 보아도
삼년 같구나

| 자해 |

艾 : 약쑥. • 三歲 : 삼추(三秋)보다도 더 오랜 듯한 말.

| 의해 |

정든 사람을 사물을 빗대어 보기를 구하는데 그 칭탁(稱託)한 사물인 칡은 석 달이 되는 까닭에 아래에 석달로 바쳤고 뺑대 쑥은 세 가을에 늙는 까닭에 아래에 세 해로 바쳤는데 매양 장마다 생각이 더욱 깊게 표현한 것이다.

이 「칡 뜯기[采葛]」는 모두 3장이다.

9. 큰 수레[大車]

9-1. 大車檻檻(대거함함)하니 毳衣如菼(취의여담)이로다 豈不爾思(기불이사)리오마는 畏(외)子不敢(자불감)이니라 [賦]

| 언해 |

大車ㅣ 檻檻ᄒᆞ니 毳衣ㅣ 菼ᄀᆞᆮ도다 엇지 너를 ᄉᆡᆼ각지 안으리오마ᄂᆞᆫ 子를 두려워ᄒᆞ야 敢히 못홈이니라

| 번역 |

큰 수레가 덜컹덜컹
대부 옷은 파란 빛이네
어찌 널 생각지 않으랴만
그대가 두려워 감히 못해

| 자해 |

大車 : 대부의 수레. • 檻檻 : 수레 가는 소리. • 毳衣 : 천자와 대부의 옷. • 菼 : 처음 나갈 때니 취의(毳衣)에 그림도 그리고 수(繡)도 놓아 오색이 갖추어 있는 가운데 그 푸른빛이 담(菼)과 같음. • 爾 : 바람나 달아난 자가 서로 부르는 말. • 子 : 대부를 말함. • 不敢 : 감히 바람나 달려가지 못함.

| 의해 |

주나라가 쇠함에 대부가 오히려 형벌과 정사(政事)로써 그 사읍(私邑)을 다스리기 때문에 음분(淫奔)하던 자가 두려워 노래하여

“저 큰 수레는 대부의 수레이다. 이 수레를 타고 옴에 덜컹덜컹하는 소리가 정숙하고 취의(毳衣)는 대부의 옷이다. 옷을 입어 오색이 다 갖추어 있는데 그 푸른빛이 갈대[菼]와 같이 선명한지라 대부의 형벌과 정사가 엄함이 수레와 옷 사이에 늠름하니, 내 그 수레 소리를 들으며 옷의 빛을 봄에 이미 췌췌(惴惴)히 두려운 마음이 있다. 이리하여 나와 네가 서로 사랑하는 정이 깊지 않음은 아니지만 형벌과 정사가 두렵기 때문에 마음에 비록 생각하지만 그 정을 억제하여 감히 표현하지 못하는 바가 있다”고 한 것이다.

9-2. 大車啍啍(대거톤톤)하니 毳衣如璊(취의여문)이로다 豈不爾思(기불이사)리오마는 畏(외)子不奔(자불분)이니라 [賦]

| 언해 |

大車ㅣ 啍啍ᄒᆞ니 毳衣ㅣ 璊ᄀᆞᆺ도다 엇지 너를 ᄉᆡᆼ각지 안으리오마ᄂᆞᆫ 子를 두려워ᄒᆞ야 奔히 못함이니라

| 번역 |

큰 수레가 더디더디
대부 옷은 붉은 빛이네
어찌 널 생각지 않으랴만
그대가 두려워 못 달려 가

| 자해 |

啍啍 : 무겁고 더딘 모양. • 璊 : 옥의 붉은빛이니, 취의가 오색이 갖추어 있어서 붉은 빛도 있음.

| 의해 |

대부가 탄 바 큰 수레가 덜컹덜컹할 뿐 아니라 톤톤(啍啍)히 무겁고 더딘 모양이 보이며 대부가 입은 취의가 갈대[菼] 같을 뿐 아니라 또 붉은 옥[璊]같이 빛이 이어져 있다. 이 수레 이 옷이 어디를 가면 두렵지 않을 수 있겠는가? 이러므로 내 너로 연련(戀戀)히 생각하여 비록 만나서 우리 정을 시원히 나누고자 하나 특별히 형벌과 정사가 두려워 상황상 감히 못함이 있다.

9-3. 穀則異室이나 死則同穴하리라 謂予不信인댄 有如皦日이니라 【賦】

| 언해 |

穀ᄒᆞ얀 집이 다르나 쥭어셔나 穴을 ᄀᆞᆺ히 호리라 나를 밋지 안켓다 닐을찐댄 이럿틋ᄒᆞᆫ 皦日이 잇ᄂᆞ니라

| 번역 |

살아서는 방 따로 쓰고
죽어서는 한 곳에 묻히리라
나를 믿지 않겠다면
이렇듯 밝은 해 있다네

| 자해 |

穀 : 살아 있을 때. • 穴 : 광중(壙中). • 皦 : 흰 빛.

| 의해 |

대부의 형벌과 정사가 엄함이 어찌 특별히 나를 한 때만 금하리오? 나의 몸이 있을 때는 형벌과 정사가 같이 있으니 살아서는 음분(淫奔)하여 집을 함께 하지 못하게 할 것이요, 이 몸이 죽은 후에는 정사도 미치지 못하고 형벌도 더하지 못하리니, 거의 합장(合葬)하여 광중(壙中)을 같이하여 생전의 원(願)을 마침이 이 내 마음 속으로 말 맺는 말이다. 만일 나의 말을 믿지 못하겠다고 이른다면 이렇듯 한 흰 빛 나는 해 위에서 나를 보는 지라 나의 말이 어찌 미덥지 않으리오? 무릇 두려워 음분(淫奔)하지 않음은 또한 '마땅함이 있다'할 수 있겠지만 외면(外面)만 고치고 마음은 고치지 않으니, 그 주남(周南)과 소남(召南)의 교화에 비교하면 또한 멀지 않겠는가?

이 「큰 수레[大車]」는 모두 3장이다.

10. 언덕에는 삼밭이[丘中有麻]

10-1. 丘中有麻(구중유마)하니 彼留子嗟(피류자차)로다 彼留子嗟(피류자차)니 將其來(장기래) 施施(시시)아 [賦]

| 언해 |

언덕 가운딕 삼이 잇스니 뎌긔 子嗟를 머물럿도다 뎌긔 子嗟를 머물럿스니 원훈들 그 오기를 施施히ᄒᆞ랴

| 번역 |

언덕 가운데 삼밭 있으니
저기 자차(子嗟)를 머물게 했네
저기 자차(子嗟)를 머물게 하니
그대 기뻐 오셨으면

| 자해 |

麻 : 삼이니 길쌈하여 베 짜는 것. • 子嗟 : 남자의 자(字) • 將 : 원함. • 施施 : 기뻐하는 뜻.

| 의해 |

부인이 스스로 이 통간(通姦) 하는 자가 있어서 그 오기를 바라 "내 사랑하기를 깊이 함을 간절히 바란다. 저 자차(子嗟)는 나와 좋아하던 사람인데 이제 어찌하여 오래도록 오지 않는가? 저 언덕 가운데 삼 있는 곳에 또 더불어 좋아하는 계집이 있어 머물렀

느냐? 나의 바람이 매우 간절하니 바라니 어떻게 하면 자차가 저 사람의 만류함을 사양하고 기쁘게 와서 나의 마음을 얻을까? 그렇지 않으면 내 마음을 어쩌지?"라고 한 것이다.

10-2. 丘中有麥(구중유맥)하니 彼留子國(피류자국)이로다 彼留子國(피류자국)이니 將其(장기) 來食(래식)가 [賦]

| 언해 |

언덕 가운ᄃᆡ 보리가 잇스니 뎌긔 子國을 머물럿도다 뎌긔 子國을 머물럿스니 원ᄒᆞᆫ들 그 와셔 먹으랴

| 번역 |

언덕 가운데 보리가 있으니
저기 자국(子國)을 머물게 했네
저기 자국(子國)을 머물게 하니
그가 와서 먹었으면

| 자해 |

子國 : 남자의 자(字). • 來食 : 내게 와 먹는다는 말.

| 의해 |

저 자국(子國)은 내가 좋아하는 사람이다. 이제 어찌하여 오래도록 오지 않는가? 뜻하건대 저 언덕 가운데 보리 있는 곳에 또 더불어 좋아하여 머무는 자가 있는가 보다. 그러나 나의 바람이 심히 간절하니 어떻게 하면 자국이 저 사람의 머무르게 함을 사양

하고 내게 와서 먹어 내 의심을 풀 수 있을까? 그렇지 않으면 내 정을 어떻게 하지?

10-3. 丘中有李(구중유리)하니 彼留之子(피류지자)로다 彼留之子(피류지자)니 貽我佩玖(이아패구)아 [賦]

| 언해 |

언덕 가운ᄃᆡ 오얏이 잇스니 뎌긔 之子를 머물럿도다 뎌긔 之子를 머물럿스니 나를 차는 구슬을 쥬랴

| 번역 |

언덕 가운데 오얏 있으니
저기 그대들 머물렀네
저기 그대들 머무니
나에게 패옥을 주었으면

| 자해 |

之子 : 자차와 자국 두 사람을 가리킨 말. • 貽我佩玖 : 그들이 나를 주기를 바란다는 말.

| 의해 |

자차(子嗟)도 올 만하고 자국(子國)도 올 만한데 이제 다 오지 않으니 뜻하건대 언덕 가운데 오얏 있는 곳에 머물러 오지 못하게 함이 있는가 보다. 어떻게 하면 혜연(惠然)히 즐겨 와서 나에게 차는 구슬을 주어 내가 바라는 정회(情懷)를 풀가? 그렇지 않으

면 네가 좋아하는 바가 없다 해도 내 믿지 않을 것이다. 간절히 바라고 의심을 깊이 하니 바람 나서 돌아다는 자의 정서가 이와 같다.

이 「언덕에는 삼밭이[丘中有麻]」는 모두 3장이다.

왕풍(王風)은 10편 28장 162구이다.

정풍 | 鄭風

정(鄭)은 고을 이름이니 본래 서주(西周) 기내(畿內) 함림(咸林) 땅에 있었는데, 선왕(宣王)이 그 아우 우(友)를 봉(封)하여 채지(采地)를 삼았다. 후에 유왕(幽王)의 사도(司徒)가 되었다가 견융(犬戎)의 난리에 죽으니 이가 환공(桓公)이다. 그 아들 무공(武公) 굴돌(掘突)이 평왕(平王)을 동도(東都)에 정할 때 또한 사도가 되어 또 괵(虢)땅과 회(檜)땅을 얻어 봉한 땅에 옮기고 나라 이름은 옛 이름을 쓰니 이것이 신정(新鄭)이 된다. 이제 정주(鄭州)가 그 땅이다.

1. 검은 옷[緇衣]

1-1. 緇衣之宜兮(치의지의혜)여 敝予又改爲兮(폐여우개위혜)하리라 適子之館兮(적자지관혜)라
還予授子之粲兮(환여수자지찬혜)하리라 [賦]

| 언해 |

緇衣의 맛당ᄒᆞᆷ이여 ᄒᆡ여지거든 내 ᄯᅩ 고쳐ᄒᆞ리라 ᄌᆞ네의 館에 가논지라 도라와 子네를 粲으로 쥬오리라

| 번역 |

검은 옷이 마땅함이여
해어지거든 내가 또 고치리라
그대 관사에 가는지라
돌아오시면 내 그대에게 밥지어 드리리

| 자해 |

緇 : 검은 빛이니 치의(緇衣)는 경대부(卿大夫)가 사사로이 조회할 때 입는 옷. • 宜 : 걸맞음. • 敝 : 해어짐. • 改 : 고침. • 適 : 감. • 館 : 관사(舍館). • 還 : 주나라 사람이 무공의 관사에 갔다가 돌아온다는 말. • 粲 : 정(精)한 쌀로 만든 밥.

| 의해 |

정(鄭)나라 환공(桓公)과 무공(武公)이 서로 이어 주나라 사도(司徒)가 되어 그 직분을 잘하니 주나라 사람이 사랑하였기 때문에

이 시를 지어 말하기를, "군자가 잊지 못할 훌륭한 德이 있음으로 차마 잊지 못할 마음이 있다. 우리 공(公)이 이어 사도가 됨에 그 덕이 우리 백성에게 깊이 입힌지라 반드시 어떻게 그 사랑함을 쓰리오? 저 경대부가 입는 치의(緇衣)에 우리 공(公)의 덕이 맞을 수 있으니 그 치의를 입음이 매우 마땅하다. 만일 그것이 해어지거든 내가 원컨대 그대를 위하여 다시 지어 친애하는 정을 거의 펼 것이요, 또 장차 그대의 관사에 가서도 정의(情意)를 조금 펼 것이요, 이미 갔다 돌아옴에 그대에게 또 음식을 주어 나의 공경하여 공양(供養)하는 정을 드러낼 것이니 내 어찌 잠깐이라도 공(公)을 잊으리오?

1-2. 緇衣之好兮(치의지호혜)여 敝予又改造兮(폐여우개조혜)하리라 適子之館兮(적자지관혜)라 還予授子之粲兮(환여수자지찬혜)하리라 [賦]

| 언해 |

緇衣의 조흠이여 헤여지거든 내 쏘다시 지으리라 ᄌᆞ네의 館에 가논지라 도라와 ᄌᆞ네를 粲으로 쥬오리라

| 번역 |

검은 옷이 좋기도 하다
해어지거든 내가 또 고치리라
그대 관사에 가는지라
돌아오시면 내 그대에게 밥지어 드리리

| 자해 |

好 : '의(宜)'자 뜻과 같음. • 造 : '위(爲)'자 뜻과 같음.

| 의해 |

위 대문(大文)과 뜻이 같은데 대개 오직 내 뜻의 무궁함만 깨닫고 예절(禮節)이 번거로움은 혐의(嫌疑)치 아니 하니 깊이 사랑하는 마음을 말에 드러난 뜻으로 볼 수 있다.

1-3 緇衣之蓆兮(치의지석혜)여 敝予又改作兮(폐여우개작혜)하리라 適子之館兮(적자지관혜)라 還予授子之粲兮(환여수자지찬혜)하리라 [賦]

| 언해 |

緇衣의 蓆홈이여 히여지거든 내 ᄯᅩ다시 지으리라 ᄌᆞ네의 館에 가는지라 도라와 내 ᄌᆞ네를 粲으로 쥬오리라

| 번역 |

검은 옷이 편안도 하다
해어지거든 내가 또 고치리라
그대 관사에 가는지라
돌아오시면 내 그대에게 밥 지어드리리

| 자해 |

蓆 : 크다. 안서(安舒)하다는 뜻이니, 옷이 그 덕에 맞으니 편안하다는 것.

| 의해 |

치(緇衣)가 마땅할 뿐이 아니라 좋으며 좋을 뿐만 아니라 편안하

여 너그럽고 큰 형상을 깊이 얻음으로 해어지면 고쳐짓고 또 관사에 가서 몸소 보고 또 돌아와서 음식을 주어 다하지 못한 사랑하는 정이 거듭해 마지않으니 주나라 사람이 착한 사람 좋아하는 마음이 지극한 것이다.

이 「검은 옷[緇衣]」은 모두 3장이다.

2. 중자에게 청하노니[將仲子]

2-1. 將仲子兮(장중자혜)는 無踰我里(무유아리)하여 無折我樹杞(무절아수기)어다 豈敢愛之(기감애지)리요 畏我父母(외아부모)니라 仲可懷也(중가회야)나 父母之言(부모지언)이 亦可畏也(역가외야)니라 [賦]

| 언해 |

將컨대 仲子는 내 里를 넘찌 말어셔 내 심은 깃버들을 찍지 말찌어다 엇지 敢히 사랑ᄒᆞ리오 우리 父母를 두려워 ᄒᆞᆷ이니라 仲을 可히 싱각ᄒᆞ겟스나 父母의 말이 ᄯᅩᄒᆞᆫ 可히 두려우니라

| 번역 |

중자(仲子)에게 청하노니
우리 동리로 넘지 말아
내 심은 갯버들 찍지 마소
어찌 감히 이것을 아끼리오
우리 부모 무서워라
중자를 생각해 보지만
부모의 말씀이
또한 두렵도다

| 자해 |

將 : 청하는 것. • 仲子 : 남자의 자(字). • 我 : 여자가 스스로 이른 말. • 里 :

스물 다섯 집 사는 동네. • 杞 : 갯버들. • 懷 : 생각함.

| 의해 |

이 시는 음분(淫奔)하는 자가 두려워 사람을 막는 말이니 남녀에게 정욕의 사사로운 정서가 누군들 없을 수 있으랴마는 반드시 사람들로 내 뒤를 의론(議論)함이 없게 하는 것이 잘하는 것이다. 청컨대 중자(仲子)는 거의 물러가 피할 줄을 알아 나의 동리에 넘어오지 마라. 내 심은 갯버들을 꺾지 말지니, 무릇 갯버들은 하나의 작은 사물이니 어찌 감히 사랑하여 아끼는 바가 있어 그대가 꺾는 것을 막으리오? 다만 우리 부모가 집에 있으니 망령되이 꺾으면 반드시 부모가 노하여 꾸지람 하게 될 것이니 내 진실로 이를 두려워하여 감히 못한다, 그러하니 중자가 내게 정으로 사랑함을 생각할 만하나 부모의 말을 오히려 두려워함으로 감히 거리낌 없이 음탕하여 그대의 욕심을 좇을 수 있으리오?

2-2. 將仲子兮(장중자혜)는 無踰我墻(무유아장)하여 無折我樹桑(무절아수상)어다 豈敢愛之(기감애지)리요 畏我諸兄(외아제형)이니라 仲可懷也(중가회야)나 諸兄之言(제형지언)이 亦可畏也(역가외야)니라 [賦]

| 언해 |

將컨댄 仲子는 내 담에 넘찌말어셔 내 심은 ᄲᅩᆼ나무를 썩지 말찌어다 엇지 敢히 사랑ᄒᆞ리오 우리 모든 兄을 두려워 ᄒᆞᆷ이니라 仲을 可히 ᄉᆡᆼ각ᄒᆞ겟스나 모든 兄의 말이 ᄯᅩᄒᆞᆫ 可히 두려우니라

| 번역 |

중자(仲子)에게 청하노니
우리 담장 넘지 말아
내 심은 뽕나무 꺾지 마소
어찌 감히 이것을 아끼리오
우리 부모 무서워라
중자를 생각이야 하겠지만
형제들의 말씀이
또한 두렵도다

| 자해 |

墻 : 담이니 옛적에 담 아래 뽕나무를 심음.

2-3. 將仲子兮(장중자혜)는 無踰我園(무유아원)하여 無折我樹檀(무절아수단)이어다 豈敢(기감) 愛之(애지)리요 畏人之多言(외인지다언)이니라 仲可懷也(중가회야)나 人之多言(인지다언)이 亦可畏也(역가외야)니라 [賦]

| 언해 |

將컨댄 仲子ᄂᆞᆫ 내 園에 넘찌말어셔 내 심은 박달을 썩지 말찌어다 엇지 敢히 사랑ᄒᆞ리오 사람의 말만음을 두려워 ᄒᆞᆷ이니라 仲을 可히 ᄉᆡᆼ각ᄒᆞ겟스나 사람의 말만흠이 ᄯᅩᄒᆞᆫ 可히 두려움이니라

| 번역 |

중자에게 청하노니
우리 채소밭 넘지 말아

내 심은 박달을 꺾지 마소
어찌 감히 이것을 아끼리오
사람들이 말 많을 게 무서워라
중자를 생각이야 하겠지만
사람들 말 많은 게
또한 두렵도다

| 자해 |

園 : 채소밭 울 안에 나무 심을 만한 곳. • 檀 : 박달나무.

| 의해 |

이(里)와 장(墻)과 원(園)은 가탁(假托)한 말인데, 말은 비록 막았으나 뜻인 즉 주었으니 동리로 담으로 채포까지 중자(仲子)가 장차 오는 것이 점점 가까워오고 두려워함은 부모로부터 제형(諸兄)으로 중인(衆人)에 이르기까지 가까운 곳에서 점점 멀리 가니 말 세우는 차례가 이와 같다.

이 「중자에게 청하노니[將仲子]」는 모두 3장이다.

3. 그이가 사냥하니[叔于田]

3-1. 叔于田(숙우전)하니 巷無居人(항무거인)이로다 豈無居人(기무거인)이리오마는 不如叔也(불여숙야)의 洵美且仁(순미차인)이니라 [賦]

| 언해 |

叔이 산양ᄒᆞ니 동네ㅅ 길에 居人이 업도다 엇지 居人이 업스리오만은 叔이의 진실로 아름답고 ᄯᅩ 어짐만 갓지 못ᄒᆞ니라

| 번역 |

숙(叔)이 사냥하니
동네 길에 사람이 없도다
어찌 사람이 없으리오마는
숙(叔)의 진실로 아름답고
또 어짐만 못하여라

| 자해 |

叔 : 정나라 장공(莊公)의 아우 공숙단(共叔段)이니 『춘추(春秋)』에 말이 나타남. • 田 : 사냥하단 말. • 巷 : 동네 길. • 洵 : 진실로. • 美 : 좋음. • 仁 : 어질어 사람을 사랑한다는 말.

| 의해 |

공숙단이 의롭지 못하면서 인심을 얻으니 나라 사람이 사랑하여 이 시를 지어 말하기를 "숙(叔)이 사냥하러 나가면 살던 동네에

사는 사람이 없는 것 같으니, 실로 사는 사람이 없음이 아니라 비록 사는 사람이 있어도 숙(叔)의 아름답고 어짐만 같지 못하니, 이리하여 사람이 없는 것과 같다"라고 한 것이다.

3-2. 叔于狩(숙우수)하니 巷無飮酒(항무음주)로다 豈無飮酒(기무음주)리오마는 不如(불여) 叔也(숙야)의 洵美且好(순미차호)니라 [賦]

| 언해 |

叔이 산양ᄒᆞ니 동네에 술마시ᄂᆞᆫ 이 업도다 엇지 술마시ᄂᆞᆫ 이 업스리오마ᄂᆞᆫ 叔이의 진실로 아름답고 ᄯᅩ 죠ᄒᆞ니만 ᄀᆞᆺ지 못ᄒᆞ니라

| 번역 |

숙(叔)이 사냥하니
거리에 술 마시는 이 없도다
어찌 술 마시는 이 없으리오마는
숙(叔)의 진실로 아름답고
또 좋음만 못하여라

| 자해 |

狩 : 겨울 사냥.

| 의해 |

숙(叔)이 사냥 나가니 살던 동리에 술 마시는 사람이 없는 것 같았다. 한 동리사람이 어찌 모여서 술 마시는 이가 없으리오마는 수작하여 잔이 왔다 갔다 할 때 정의(情意)가 간곡(懇曲)하고 흡

족하게 함은 오직 숙만 홀로 그러한 것이었다. 그러므로 동네에 술 마시는 이 없다 하였으니 어찌 빈 말이겠는가?

숙 적 야 항 무 복 마 기 무 복 마 불 여
3-3. 叔適野하니 巷無服馬로다 豈無服馬리오마는 不如
숙 야 순 미 차 무
叔也의 洵美且武니라 [賦]

| 언해 |

叔이 野에 가니 동네에 말타는 이 업도다 엇지 말타는 이 업스리오마는 叔이의 진실로 아름답고 또 호반스럼만 ᄀᆞᆺ지 못ᄒᆞ니라

| 번역 |

숙(叔)이 들에 가니
거리에 말 타는 이 없도다
어찌 말 타는 이 없으리오마는
숙(叔)의 진실로 아름답고
또 씩씩함만 못하여라

| 자해 |

適 : 가는 것. • 野 : 먼 들. • 服 : 타는 것.

| 의해 |

숙(叔)이 먼들에 가니 살던 동리에 말 타는 이 없는 것 같았다. 동리 사람이 말 타는 사람이 있지마는 숙의 아름답고 씩씩한 말을 잘 끄는 사람은 없었다. 이리하여 동리에 말 타는 사람이 없다 한 것이다. 숙이 잘한다 하는 자가 숙에게 화(禍)를 일으켰으니

그 아름다운 것 자랑함이 어찌 이러한가? 이 시를 깊이 음미해 보건대, 완연히 숙단(叔段)의 경현(輕儇)하고 부랑(浮浪)한 모양을 보는 것 같으니, 오늘날 세상으로 말하면 '귀족 가운데 경박한 자가 동리의 소년들을 쫓아다니자 그 소년들이 자랑하여 찬양함'이니 이다음 편도 이 편과 같다.

이 「그이가 사냥하니[叔于田]」는 모두 3장이다.

4. 대숙이 사냥하니[大叔于田]

4-1. 叔于田(숙우전)하니 乘乘馬(승승마)로다 執轡如組(집비여조)하니 兩驂如舞(량참여무)로다 叔在藪(숙재수)하니 火烈具擧(화렬구거)로다 襢裼暴虎(단석포호)하여 獻于公所(헌우공소)로다 將叔無狃(장숙무뉴)어다 戒其傷女(계기상여)하노라 [賦]

| 언해 |

叔이 田ᄒᆞ니 乘馬를 탓도다 轡를 集홈을 組ᄀᆞᆺ치ᄒᆞ니 兩驂이 舞ᄒᆞ논듯ᄒᆞ도다 叔이 在ᄒᆞ니 火ㅣ 烈커든 擧ᄒᆞ놋다 襢裼ᄒᆞ고 虎를 暴ᄒᆞ야 公의 쳐소에 드리놋다 청컨댄 叔은 익히지 말지어다 그 너를 傷홀ᄶᅡ 경계ᄒᆞ노라

| 번역 |

숙(叔)이 사냥하니
잘도 끄는 네 필 말
실 다루듯 고삐 잡으니
바깥 두필 말 춤을 추는 듯
숙(叔)이 수풀에 있으니
사냥의 불꽃 모두 오르네
웃통 벗고 맨 손으로 호랑이 잡아
공(公)의 처소에 바치나니
원컨대 조심조심하시어
당신의 몸 다칠까 조심하소서

| 자해 |

叔 : 역시 정나라 장공(莊公)의 아우 공숙단(共叔段). • 兩驂 : 멍에 밖 양쪽 가의 곁말. • 如舞 : 잘 어울려 절도에 맞는 것. 잘 끄는 것을 말함. • 藪 : 수풀. • 火 : 불을 지르고 사냥하는 것. • 烈 : 활활 타오르는 모양. • 襢裼 : 옷을 벗어 어깨를 드러냄. *暴 : 맨 손으로 호랑이를 침. • 公 : 장공. • 狃 : 익힘.

| 의해 |

이 시는 정(鄭)나라 사람이 숙단(叔段)을 찬미하여 지은 글이니, 무릇 사람이 재주 하나를 가진 자도 세상에 표(表)를 낼 수가 있거든, 하물며 재용(材勇)을 갖춘 자일까 보냐! 저 공숙(公叔)이 나가 사냥하니 수레를 타고 말을 어거함에 그 고삐 잡는 것을 찬양하고 서두름이 마땅함을 얻어 실끈과 같이 부드러우며 그 양 곁말을 달래어 절주(節奏)가 맞음이 잘 추는 춤과 같으니, 이 같이 말을 잘 어거함으로 저 숲 가운데 가서 불 지르고 활 쏘는 이 때에 용맹을 발휘하여 살을 안 메고 맨손으로 호랑이를 때려잡아 장공(莊公)께 드리니 숙(叔)의 재주와 용맹이 아름답지 않은 것이 아니지만, 이 일을 잠시나 할 일이요 항상 익혀서는 안 된다. 청컨대 숙(叔)은 이 일을 익히지 말라. 활쏘고 말 어거할 즈음에 혹 말이 넘어져 다치는 변고(變故)가 있으며 맨손으로 짐승을 잡다가 혹 도리어 물릴 염려가 있으니 그 몸을 다칠까 두려워할지어다. 그것을 경계하기를 바란다.

4-2. 叔于田하니 乘乘黃이로다 兩服上襄이요 兩驂雁行이로다 叔在藪하니 火烈具揚이로다 叔善射忌며 又良御忌로소니 抑磬控忌며 抑縱送忌로다 [賦]

| 언해 |

叔이 산양ᄒᆞ니 乘黃을 탓도다 兩服이 上인 襄이오 兩驂이 기럭이 항렬이로다 叔이 숩헤 잇스니 불이 밍렬ᄒᆞ야 다 들랄리ᄂᆞᆺ다 叔이 射를 잘ᄒᆞ며 ᄯᅩ 御를 잘 ᄒᆞ노소니 磬ᄒᆞ고 控ᄒᆞ며 縱ᄒᆞ고 送ᄒᆞᄂᆞᆺ다

| 번역 |

숙(叔)이 사냥하니
네 필 말이 누렇네
멍에 멘 두 필 앞장을 서면
양쪽 곁말은 기러기 행렬로 따르네
숙(叔)이 수풀에 있으니
불이 훨훨 드날리는구나
숙이 활을 잘 쏘며
또 말도 잘 타네
달렸다가 멈추며
또 쏘았다가 좇았다가 잘도 하누나

| 자해 |

乘黃 : 수레 멘 말 넷이 다 누런 것. • 兩服 : 수레 앞에 가운데로 선 두 말. • 襄 : 멍에란 뜻. • 上襄 : 가장 좋은 말. • 雁行 : 양참(兩驂)이 좌우 옆으로 서서 양복(兩服)보다 조금 뒤에 서는 것이 기러기 행렬 같음. • 揚 : 드날려 일어난다는 말. • 忌 · 抑 : 어조사. • 磬 : 말달릴 때 구부리고 꺾는 것을 경

쇠 모양으로 하는 것. • 控 : 말을 잡아 당겨 가지 못하게 하는 것. • 縱 : 활을 잡아 당겨 살을 놓는 것. • 送 : 활집에 활을 넣은 것.

| 의해 |

숙(叔)이 사냥할 때 탄 말이니, 네 말이 다 누런데 그 가운데 양복(兩服)의 말들은 힘이 건장하여 실로 상등(上等)의 멍에가 되고 밖의 양참(兩驂)의 말들은 양복보다 조금 버금하여 뒤에 서니 기러기 행렬 차례와 같다. 이 말로 이 수레를 멍에 하여 저 숲에 가서 불 놓고 사냥을 할 때 말 달림이 법이 있어서 경쇠 같이 구부리고 꺾으며 말 그침이 법이 있어서 잡아 당겨 제어하여 놓지 않게 하니, 이는 말을 잘 어거함이요 활 쏘는 것이 법이 있어서 줄에 얹어 살을 놓을 수 있으며 또 활집을 덮어 살을 보낼 수 있다. 이는 활을 잘 쏘는 것이니 다 숙(叔)의 재주를 기린 말이다.

숙우전 승승보 량복제수 량참여수
4-3. 叔于田하니 乘乘鴇로다 兩服齊首요 兩驂如手로다
숙재수 화렬구부 숙마만기 숙발한기
叔在藪하니 火烈具阜로다 叔馬慢忌며 叔發罕忌로소니
억석붕기 억창궁기
抑釋掤忌며 抑鬯弓忌로다 [賦]

| 언해 |

叔이 산양ᄒᆞ니 乘鴇를 乘ᄒᆞ얏도다 兩服이 머리를 가질언히ᄒᆞ고 兩驂이 손ᄀᆞᆺ도다 叔이 숩헤 잇스니 불이 ᄆᆡᆼ렬ᄒᆞ야 다 셩ᄒᆞ도다 叔의 말이 더듸며 叔의 살發홈이 드므도소니 살통을 풀으며 활을 짐 씨우ᄂᆞᆫ도다

| 번역 |

숙(叔)이 사냥하니
네 필 얼룩말 탔네
멍에 멘 두 필 머리를 가지런하고
양쪽 곁말은 손 같구나
숙(叔)이 수풀에 있으니
불이 맹렬히 성하구나
숙(叔)의 말이 더디며
숙(叔)의 화살 드무니
화살 통을 풀으며
활을 집에 넣으시네

| 자해 |

鴇 : 검정말이 흰 털 섞인 것. • 齊首如手 : 양복(兩服)은 머리를 가지런히 하여 앞에 있고 양참(兩驂)은 곁에 있어 조금 뒤지는 것이 사람의 손과 같음. • 阜 : 성함. • 慢 : 더딘 것. • 發 : 화살을 쏘는 것. • 罕 : 드문 것. • 釋 : 푸는 것. • 掤 : 화살 용(筩)이니 석붕(釋掤)은 화살 통을 푼다는 말. • 鬯 : 활집이니 그 사냥을 마치려 할 때 조용히 정제(整齊)함을 말함. 또 그 다침이 없음을 기뻐하는 말.

| 의해 |

숙(叔)이 탄 말이니 검은 빛에 흰 털이 섞인 말인데 양복(兩服)의 말은 머리를 가지런히 하여 앞에 있고 양참(兩驂)의 말은 손과 같이 곁에 있으니 이 말이 수레를 멍에하고 저 숲에 있어 불을 놓고 화살을 쏨에 불이 맹렬히 성하니 이때에 사냥을 장차 마치려 할 때 말은 더디 가고 화살은 드물게 쏜지라 화살을 쓰지 않겠음으로 화살 통을 풀어 화살을 넣으며 활을 쓰지 않겠음으로 활집에 활을 감추니 사냥을 마칠 때 조용하고 정제한 모양을 말하여, 그 다침이 없음을 기뻐함이니 정나라 사람이 숙(叔)을 사랑하는 마음이 또한 깊은 것이다. 그러나 숙이 치우쳐 재주와 용맹이 날로 드러

날수록 마침내 패망하는데 빠질 줄을 알지 못하였으니 안타깝다.

이 「대숙이 사냥하니[大叔于田]」는 모두 3장이다.

두 시가 다 「숙이 사냥하니[叔于田]」인 까닭에 이 시에는 '대(大)' 자를 더하여 분별한 것이다.

5. 청읍 사람[清人]

5-1. 清人在彭(청인재팽)하니 駟介旁旁(사개방방)이로다 二矛重英(이모중영)으로 河上(하상)乎翱翔(호고상)이로다 [賦]

| 언해 |

清ㅅ사ᄅᆞᆷ이 彭에 잇스니 駟介가 旁旁ᄒᆞ도다 두 矛에 거듭ᄒᆞᆫ 英으로 河우에셔 翱翔ᄒᆞ놋다

| 번역 |

청(清) 땅 사람이 방(彭) 땅에 있으니
사마 수레가 씩씩하게 오가네
두 창에 붉은 깃 장식 겹쳐서
황하 위에서 노닐고 있네

| 자해 |

清 : 읍(邑) 이름. • 清人 : 청(清)땅 사람. • 彭 : 황하 위의 땅 이름. • 駟介 : 말 네 필에 갑옷 입은 군사. • 旁旁 : 수레와 말을 달려 쉬지 않고 모는 모양. • 二矛 : 추모(酋矛)와 이모(夷矛) 두 창. • 英 : 붉은 깃으로 모(矛)를 꾸민 것이니 추모는 길이가 두 길. 이모는 길이가 두 길 넉자이니 함께 수레 위에 세우니 그 영(英)이 거듭 보인 것. • 翱翔 : 놀아 희롱하는 모양.

| 의해 |

정나라 문공(文公)이 신하 고극(高克)을 미워하여 청(清) 땅 군사

를 거느리고 적(狄)을 황하 위에서 막도록 하고 오래도록 부르지 않으니 군사가 흩어져 돌아가는지라 정나라 사람이 이 시를 지어 "장수를 명하여 군사를 냄에 어찌 편벽된 미운 마음으로 하리요? 저 청 땅 군사가 임금의 명령으로 이제 하수 위에 彭땅에 있으니 진실로 적국을 막으러 온 것이다. 시험하여 보건대 말 네필에 갑옷 입은 자가 방방(旁旁)히 쉬지 못하며, 시험하여 보건대 두 창에 붉은 깃으로 꾸며 거듭 선명하니 이것이 과연 무엇을 하는 바이냐? 다만 황하 위에 놀아 희롱하여 즐거움을 삼을 따름이니 무릇 군사을 가지고 놀아 희롱할 따름이라면 그 형세가 어찌 무너져 흩어지지 않으리요?"라고 한 것이다.

5-2. 淸人在消(청인재소)하니 駟介麃麃(사개포포)로다 二矛重喬(이모중교)로 河上乎(하상호) 逍遙(소요)로다 [賦]

| 언해 |

淸ㅅ사ᄅᆞᆷ이 消에 잇스니 駟介가 麃麃ᄒᆞ도다 두 矛에 거듭 喬로 河우에 逍遙ᄒᆞᄂᆞᆺ다

| 번역 |

청(淸) 땅 사람이 소(消) 땅에 있으니
사마 수레가 씩씩하게 오가네
두 창에 꿩 깃 겹쳐서
황하 위에 노니네

| 자해 |

消 : 또한 황하 위의 땅 이름. • 麃麃 : 씩씩한 모양. • 喬 : 창에 깃 다는 구부러진 갈고리니 깃이 해짐에 갈고리만 남아 있음.

| 의해 |

청(淸) 땅 사람이 소(消) 땅에 있음에 사마(駟馬)를 타고 갑옷을 입어 포포히 씩씩한데 아무 일도 하는 것 없이 두 창에 붉은 깃이 떨어졌다 하고 다만 창에 깃을 달았던 갈고리만 보이고 하수(河水) 위를 소요(逍遙)할 따름이다.

5-3. 淸人在軸(청인재축)하니 駟介陶陶(사개도도)로다 左旋右抽(좌선우추)어늘 中軍作好(중군작호)로다 [賦]

| 언해 |

淸ㅅ사ᄅᆞᆷ이 軸에 잇스니 駟介가 陶陶ᄒᆞ도다 左ㅣ 旋ᄒᆞ며 右ㅣ 抽ᄒᆞ거늘 軍에 中ᄒᆞᆫ이 죠흠을 짓도다

| 번역 |

청(淸) 땅 사람이 축(軸) 땅에 있으니
사마 수레가 씩씩 달리네
좌로 돌며 우로 달리는데
군 가운데 하는 짓이 좋구나

| 자해 |

軸: 또한 하수 위의 땅 이름. • 陶陶 : 즐거워 노는 모양. • 左旋 : 장군의 왼편에서 고삐를 잡고 말을 끄는 자가 수레를 돌이킴. • 右抽 : 용기 있고 힘

있는 군사가 장군의 오른 편에서 병장기(兵仗器) 날을 빼가지고 찌르는 희롱을 함. • 中軍 : 장군이 북 아래 수레 가운데 있으니 곧 고극(高克). • 好 : 거동이 좋은 것.

| 의해 |

군사가 아무 일 없이 오래 돌아가지 못하여 무료(無聊)하게 있으니, 그저 놀아 희롱함으로써 즐거움을 삼으니 반드시 무너질 형세이다. 이미 무너졌음을 말하지 않고 장차 무너질 것을 말하였으니 그 말이 깊고 그 뜻이 위태롭다

이 「청읍 사람[淸人]」은 모두 3장이다.

임금이 한나라를 거느려 살리고 죽이고 주고 빼앗음이 오직 자신이 할 바이다. 고극(高克)이 만일 신하 노릇하지 못한 죄가 있거든 살펴 시험하여 목 베는 것이 옳고 정상(情狀)이 아직 드러나지 않았거든 내쳐 물리칠 수 있고 그 재주가 아깝거든 예(禮)로써 또한 이끌 수 있거늘 어찌 병권(兵權)을 빌려 국경 위에 버려두고 앉아서 그 떠나 흩어짐을 보고도 돌아보지 않을을 있을까보냐? 『춘추(春秋)』에 "정(鄭)나라가 그 군사를 버렸다"라고 하니 깊이 꾸짖은 것이다.

6. 염소 갖옷[羔裘]

고구여유 순직차후 피기지자 사명불투

6-1. 羔裘如濡하니 洵直且侯로다 彼其之子여 舍命不渝로다 [賦]

| 언해 |

염소 갓옷이 濡ᄒᆞᆷ ᄀᆞᆺᄒᆞ니 진실로 直ᄒᆞ고 ᄯᅩ 侯ᄒᆞ도라 뎌 之子ㅣ여 命에 舍ᄒᆞ야 濡치 안이ᄒᆞᄂᆞᆺ다

| 번역 |

염소 갖옷이 젖은 듯하니
진실로 순하고 아름답구나
저 옷 입은 자여
천명에 살아 변함없네

| 자해 |

羔裘 : 염소 갖옷이니 대부의 옷. • 濡 : 물에 젖는다는 말. • 如濡 : 윤택(潤澤)함. • 洵 : 진실로 . • 直 : 순(順)함. • 侯 : 아름다움. • 其 : 어조사. • 舍 : 처함. • 渝 : 변함.

| 의해 |

이 염소 갖옷이 윤택하여 털이 순하고 아름다우니 저 이 옷 입은 자가 죽고 살고 할 즈음에 이르러도 또 몸으로써 그 받은 바 명(命)대로 살아남이 빼앗을 수 없다 함이니, 대개 그 대부(大夫)를

찬미한 말이다. 그러나 그 가리키는 바를 자세히 알 수는 없다.

6-2. 羔裘豹飾(고구표식)이로소니 孔武有力(공무유력)이로다 彼其之子(피기지자)여 邦(방)之司直(지사직)이로다 [賦]

| 언해 |

염소 갓옷에 豹로 ᄭᅮᆷ엿도소니 심히 호반스럽고 힘이 잇도다 뎌 之子ㅣ여 나라에 곳음을 맛ᄒᆞᆺ도다

| 번역 |

염소 갖옷에 표피로 장식하니
심히 씩씩하고 힘 있네
그 사람이여
나라에 곧음을 주장하네

| 자해 |

飾 : 소매에 선 두른 것이니 예(禮)에 임금은 순전한 갖옷을 쓰기 때문에 신하는 염소 갖옷에 표피(豹皮)로 꾸미는 것. • 孔 : 심하다는 뜻이니 표범이 심히 씩씩하여 힘이 있기 때문에 이것으로 꾸민 갖옷 입은 자가 그와 같다 함. • 司 : 주장하여 맡음.

| 의해 |

저 염소 갖옷에 표피(豹皮)로 꾸민 것을 입은 者가 심히 씩씩하고 힘이 있다. 저 사람을 보건대 충심(忠心)으로 스스로 인정하여 위로는 임금 마음의 그른 것을 바로 잡을 수 있으며 굳세고 바른 것을 스스로 지녀 아래로 뭇 간사한 뜻을 두렵게 할 수 있으니 대개

조정에서 풍릉(風稜)을 홀로 가져 나라에 곧음을 맡게 되었다. 굳세고 씩씩한 덕이 있어 굳세고 씩씩한 옷을 입으니 그 덕이 옷에 맞음이 어떠한가?

6-3. 羔裘晏兮요 三英粲兮로다 彼其之子여 邦之彦兮로다 [賦]

| 언해 |

염소갓옷이 晏ᄒᆞ고 三英이 빗ᄂᆞ도다 뎌 之子ㅣ여 나라에 큰 이로다

| 번역 |

염소 갖옷이 곱기도 하네
세 겹 장식 빛나도다
그 사람이여
나라를 아름답게 하리

| 자해 |

晏 : 곱고 성(盛)함. • 三英 : 갖옷에 꾸민 것. • 粲 : 빛남. • 彦 : 크고 아름다움.

| 의해 |

저 염소 갖옷이 곱고 훌륭하며 삼영(三英)으로 꾸민 것이 찬란하게 빛난다. 저 사람이 이 갖옷을 입고 나라 일을 하면, 나라에 빛이 나고 백성의 일을 하면 백성의 풍속이 아름다워 한 나라에 크

고 아름다운 선비가 된다. 빛나고 밝은 덕이 있어 빛나고 밝은 옷을 입으니 그 옷과 덕이 서로 걸맞음이 또 어떠한가?

이 「염소 갖옷[羔裘]」은 모두 3장이다.

7. 큰 길 따라[遵大路]

7-1. 遵大路兮하여 摻執子之袪兮하라 無我惡兮어다 不寁故也니라 [賦]

(준대로혜 삼삼자지거혜 무아오혜 불삼고야)

| 언해 |

큰 길을 죠차셔 ᄌᆞ네의 소ᄆᆡ를 摻ᄒᆞ야 잡엇노라 나를 미워ᄒᆞ지 말찌어다 故로 거연히 ᄒᆞ지 몯ᄒᆞᆯ 것이니라

| 번역 |

큰 길 따라
자네의 소매를 당겨 잡네
나를 미워 마소
옛 정을 갑자기 끊지 못하리

| 자해 |

遵 : 좇아감. • 摻 : 잡아당김. • 袪 : 소매. • 寁 : 갑자기 끊음. • 故 : 이전의 친한 정(情).

| 의해 |

응큼한 여자가 사나이에 버림 받았기 때문에 그가 갈 적에 그 소매를 잡아 당겨 "그대가 나를 미워 버리지 말지어다. 옛 정을 갑자기 끊을 수는 없다"고 한 것이다.

7-2. 遵大路兮하여 摻執子之手兮하라 無我魗兮어다 不寁好也니라 [賦]

| 언해 |

큰 길을 죠차셔 ᄌᆞ네의 손을 摻ᄒᆞ야 잡엇노라 나를 더러히 녁이지 말지어다 好를 거연히 못홀 것이니라

| 번역 |

큰 길 따라
자네의 손을 당겨 잡았네
나를 더럽게 여기지 마소
좋은 사이 갑자기 끊지 못하리

| 자해 |

魗 : 더러움. 추(醜)와 같음. • 好 : 정(情)이 좋다는 말.

이 「큰 길 따라[遵大路]」는 모두 2장이다.

8. 여자가 닭 운다 하네[女曰雞鳴]

8-1. 女曰雞鳴(녀왈계명)이어늘 士曰昧旦(사왈매단)어니라 子興視夜(자흥시야)하라 明星有爛(명성유란)이어니 將翺將翔(장고장상)하여 弋鳧與鴈(익부여안)이어다 [賦]

| 언해 |

女ㅣ ᄀᆞᆯ오ᄃᆡ 닭이 울엇다 ᄒᆞ거늘 士ㅣ ᄀᆞᆯ오ᄃᆡ 旦ㅣ 昧ᄒᆞ엿ᄂᆞ니라 ᄌᆞ네가 닐어나 밤을 보라 明星이 빗남이 잇거니 쟝ᄎᆞᆺ 翺ᄒᆞ며 쟝ᄎᆞᆺ 翔ᄒᆞ야 오리와 다뭇 기럭이를 쥬살질 홀지어다

| 번역 |

여자가 닭 울었다 하거늘
사내는 날이 밝았단다
자네는 일어나 밤 됐나 보라
명성이 솟았을 테니
어서 나는 듯이 달려가
오리와 기러기를 잡아 오소

| 자해 |

昧 : 어두운 것. • 旦는 밝은 것. • 昧旦 : 막 날이 새려고 할 때. • 明星 : 계명성(啓明星)이니 밝기 전에 돋는 큰 별. • 弋 : 주살이니 실을 화살에 매어 새를 잡을 때 쏘는 것. • 鳧 : 물오리. • 翺翔 : 훨훨 가는 모양.

| 의해 |

이 시는 착한 부부가 서로 경계하는 말로 지은 것이니 부인이 "닭이 울었다"라고 하여 그 남편을 경계하거늘 그 남편이 "닭만 울 뿐이 아니라 벌써 밝으려 한다"고 한 것이다. 부인이 또 "그렇다면 당신이 일어나 밤이 되었나 보라. 아마 명성(明星)이 이미 솟았을 터이니 마땅히 훨훨 가서 오리와 기러기를 주살질하여 잡아 가지고 돌아오라"라고 하였으니 그 서로 경계한 말이 이와 같으니 친압(親狎)한 사사로운 정에 빠지지 않음을 알 수 있다.

8-2. 弋言加之(익언가지)어든 與子宜之(여자의지)하여 宜言飮酒(의언음주)하여 與子偕老(여자해로)하리라 琴瑟在御(금슬재어) 莫不靜好(막불정호)로다 [賦]

| 언해 |

쥬살ᄒᆞ야 맛치거든 ᄌᆞ네로 더블어 宜ᄒᆞ야 宜커든 슐을 마셔 ᄌᆞ네로 더블어 ᄒᆞᆷᄭᅴ 老호리라 琴瑟이 御에 잇슴이 고요ᄒᆞ며 죠치 안음이 안이로다

| 번역 |

주살로 맞히면
당신과 그걸 맛있게 요리하여
사이 좋게 술 마시며
그대와 백년해로 하리라
금(琴)과 슬(瑟)이 옆에 있으니
고요하며 좋지 않음 없으리

| 자해 |

加 : 맞히는 것. • 宜 : 음식 맛을 화하게 고르게로 하여 마땅함을 얻음.

| 의해 |

활 쏘는 것은 남자의 일이요, 음식은 부인의 직분이다. 그러므로 부인이 그 남편에게 말하되 "이미 오리와 기러기를 잡아 가지고 돌아왔으니, 내 마땅히 그대를 위하여 그 맞는 맛에 마땅한 것을 양념하여 술을 마셔 서로 즐거워하여 함께 늙을 것임을 기필(期必)하겠는데, 금과 슬이 안정(安靜)하고 좋지 않음이 없으니, 그 화락(和樂)하고 음란(淫亂)하지 않음을 볼 수 있다.

지자지래지 잡패이증지 지자지순지 잡패
8-3. 知子之來之란 雜佩以贈之며 知子之順之란 雜佩
이문지 지자지호지 잡패이보지
以問之며 知子之好之란 雜佩以報之하리라 [賦]

| 언해 |

ᄌᆞ네의 오게ᄒᆞᄂᆞᆫ 이를 알어셔ᄂᆞᆫ 雜佩로ᄡᅧ 贈ᄒᆞ며 ᄌᆞ네의 順ᄒᆞᄂᆞᆫ 이를 알어셔ᄂᆞᆫ 雜佩로ᄡᅧ 問ᄒᆞ며 ᄌᆞ네의 好ᄒᆞᄂᆞᆫ 이를 알어셔ᄂᆞᆫ 雜佩로ᄡᅧ 報호리라

| 번역 |

자네가 올 것을 알아서는
모든 패물을 줄 것이며
자네가 나를 따를 걸 안다면
온갖 패물로 문안드리며
자네가 나를 좋아한다는 걸 안다면

온통 패물로 보답하리라

| 자해 |

來之 : 어진 친구를 오게 하다. • 雜佩 : 좌우의 패옥(佩玉)이며 또 옥 뿐만 아니라 뿔송곳. 부싯돌. 바늘. 대통 등 허리에 찰만한 것. • 贈 : 보낸다는 말. • 順 : 사랑한다는 말. • 報 : 주는 것.

| 의해 |

부인이 또 그 남편더러 "내가 진실로 자네를 오게 하여 가까이하고 사랑하는 사람을 안다면 마땅히 이 잡패(雜佩)를 풀어서 보내고 주고 갚아 대답한다." 하였으니 대개 다만 그 문안에 직분만 다스릴 뿐이 아니라 또 그 남편이 착한 벗을 친하게 하여 그 즐거운 마음을 믿게 하고 내가 완호(玩好)하는 물건을 아끼는 것이 없으니 그 남편의 덕을 도와 이루게 함이 또한 남보다 한 등급 높은 것을 보겠다.

이 「여자가 닭 운다 하네[女曰雞鳴]」는 모두 3장이다.

9. 여자와 수레 타기[有女同車]

9-1. 有女同車(유여동거)하니 顔如舜華(안여순화)로다 將翺將翔(장고장상)하노니 佩玉(패옥)瓊琚(경거)로다 彼美孟姜(피미맹강)이여 洵美且都(순미차도)로다 [賦]

| 언해 |

계집이 잇셔 수레를 ᄀᆞᆺ치ᄒᆞ니 얼골이 무궁화ᄭᅩᆺ ᄀᆞᆺ도다 쟝ᄎᆞᆺ 翺ᄒᆞ며 쟝ᄎᆞᆺ 翔ᄒᆞᄂᆞ니 찬 玉이 瓊琚ㅣ로다 뎌 아름다운 孟姜이여 진실로 美ᄒᆞ고 ᄯᅩ 都ᄒᆞ도다

| 번역 |

여자가 있어 수레를 같이 타니
얼굴이 무궁화 꽃 같구나
몰고 가고 날듯 가노니
목에 찬 패옥 달랑거리네
저 미모의 강씨 댁 맏딸이여
진실로 예쁘고 아담하구나

| 자해 |

舜 : 무궁화나무니 그 꽃이 아침에 피어 저녁에 떨어짐. • 孟姜 : 여자이니 맹(孟)은 자(字)요, 강(姜)은 성(姓). • 洵 : 진실로. • 都 : 한가하고 아담스럽다는 말.

| 의해 |

이 시는 의심컨대 또한 음분(淫奔)의 글이니 "더불어 수레를 같이 타고 가는 계집이 그 아름답기가 이 같다"라고 하며 또 탄식하여 "저 어여쁜 강맹(孟姜)이 진실로 아름답고 또 아담스럽다"라고 한 것이다.

9-2. 有女同行(유여동행)하니 顔如舜英(안여순영)이로다 將翶將翔(장고장상)하노니 佩(패)玉將將(옥장장)이로다 彼美孟姜(피미맹강)이여 德音不忘(덕음불망)이로다 [賦]

| 언해 |

계집이 잇셔 ᄒᆞᆫ가지 行ᄒᆞ니 얼골이 무궁화쏫 갓도다 쟝ᄎᆞᆺ 翶ᄒᆞ며 쟝ᄎᆞᆺ 翔ᄒᆞᄂᆞ니 찬 玉이 將將ᄒᆞ도다 뎌 아름다운 孟姜이여 德音을 잇지 못ᄒᆞ리로다

| 번역 |

여자가 있어 함께 가니
얼굴이 무궁화 꽃 같구나
몰고 가고 날듯 가노니
목에 찬 패옥 또랑또랑
저 미모의 강씨 댁 맏딸이여
고운 말 소리 잊지 못하리

| 자해 |

英 : 꽃. • 將將 : 옥소리. • 德音不忘 : 그 어진 것을 말한 것.

| 의해 |

이른바 덕음(德音)이라는 것은 남녀가 서로 좋아하여 한 말이니, 세상이 쇠하고 도(道)가 쇠함에 정욕(情欲)대로 방자하여 그 아름답다는 자가 참으로 아름답지 않은 일이 많다.

이 「여자와 수레 타기[有女同車]」는 모두 2장이다.

10. 산에는 부소가[山有扶蘇]

10-1. 山有扶蘇(산유부소)며 隰有荷華(습유하화)어늘 不見子都(불견자도)요 乃見狂且(내견광저)
[興]

| 언해 |

山에 扶蘇ㅣ 잇스며 隰에 荷華ㅣ 잇거늘 子都를 보지 못ᄒᆞ고 이에 狂을 보ᄂᆞ냐

| 번역 |

산에는 부소가 있으며
습지엔 연꽃이 있거늘
자도를 보지 못하고
미치광이 만났네

| 자해 |

扶蘇 : 작은 나무 이름. • 荷華 : 연꽃. • 子都 : 남자 가운데 어여쁜 자. • 狂 : 미친 사람. • 且 : 어조사.

| 의해 |

음탕한 여자가 좋아하는 남자를 희롱하여 "산엔 부소(扶蘇)가 있고 습지엔 연꽃이 있거늘, 이제 이에 자도(子都)는 보지 못하고 이 미치광이를 봄은 어찌된 일인가?"라고 한 것이다.

10-2. 山有橋松이며 隰有游龍이어늘 不見子充이오 乃見狡童가 [興]

(산유교송 습유유룡 불견자충 내견 교동)

| 언해 |

山에 橋한 松이 잇스며 隰에 游훈 龍이 잇거늘 子充을 보지 못훈고 이에 狡훈 童을 보느냐

| 번역 |

산에는 큰 솔 있으며
습지엔 늘어진 용이 있거늘
자충을 보지 못하고
교활한 애를 만났네

| 자해 |

橋松 : 위가 무지러진 가지 없는 솔나무. • 龍 : 못 가운데 나는 한 길 넘는 풀. 홍초(紅草)라고도 하며 말 여귀[馬蓼]라고도 함. • 游 : 가지와 잎이 사면으로 벌어 늘어진 모양. • 子充 : 자도(子都)와 같이 어여쁜 남자. • 狡童 : 교활한 작은 아이로 희롱한 말.

| 의해 |

바람난 여자가 희학(戲謔)하는 말을 쓴 것을 보면 그 정욕(情欲)에 빠짐이 극도에 달하였다.

이 「산에는 부소가[山有扶蘇]」는 모두 2장이다.

11. 달랑달랑하네 [蘀兮]

탁혜탁혜 풍기취여 숙혜백혜 창여화여
11-1. 蘀兮蘀兮여 風其吹女리라 叔兮伯兮여 倡予和女하리라 [興]

| 언해 |

蘀이여 蘀이여 바람이 그 너를 불리라 叔이여 伯이여 나를 倡ᄒᆞ야 너를 和ᄒᆞ리라

| 번역 |

떨어질 듯 달랑달랑
바람이 너를 불으리
숙(叔)이여, 백(伯)이여
날 부르면 화답하리

| 자해 |

蘀 : 나무 잎이 말라 장차 떨어지려는 것. • 吹女 : 여(女)는 떨어질 듯한 것을 가리킨 말. • 叔伯 : 남자의 자(字). • 予 : 여자가 자기를 일컬은 것. • 和女 : 여(女)는 숙백(叔伯)을 가리킴.

| 의해 |

이는 음탕한 여자의 글이니 "내가 어찌 사람에게 상종(相從)할 뜻이 없으리요마는 나를 인도하는 자가 있어야 할 것이다. 저 나무에 마른 잎이 장차 떨어질 때라면 바람이 그 부러뜨리니 숙(叔)이

며 백(伯)이 과연 내 정욕(情欲)의 발동함을 헤아려 나를 인도하는 이가 있느냐? 진실로 있을진대 내 장차 그 뒤를 이어 화답하리라"라고 한 것이다.

탁혜탁혜 풍기표여 숙혜백혜 창여요여

11-2. 蘀兮蘀兮여 風其漂女리라 叔兮伯兮여 倡予要女하리라 [興]

| 언해 |

蘀이여 蘀이여 바름이 그 너를 나뷔기리라 叔이여 伯이여 나롤 倡ᄒᆞ야 너를 要호리라

| 번역 |

떨어질 듯 달랑달랑
바람이 너를 흩날리리
숙(叔)이여, 백(伯)이여
날 부르면 너를 따르리

| 자해 |

漂 : 나부길 표(飄)자와 같음. • 要 : 따름.

이 「달랑달랑 하네[蘀兮]」은 모두 2장이다.

12. 교활한 아이[狡童]

피교동혜 불여아언혜 유자지고 사아불능
12-1. 彼狡童兮 不與我言兮하나다 維子之故 使我不能
찬혜
餐兮아 [賦]

| 언해 |

뎌 狡ᄒᆞᆫ 童이 날로 더불어 말ᄒᆞ지 안이ᄒᆞᄂᆞ다 子의 연고ㅣ 날로 ᄒᆞ여곰 能히 餐치 못ᄒᆞ게ᄒᆞ랴

| 번역 |

자 교활한 애가
나와 말하지 않네
자네의 연고가
나를 밥 못 먹게 할까

| 자해 |

不與 : 정의(情誼)가 끊임. • 不能餐 : 먹는 것이 목에 넘어가지 않음.

| 의해 |

이것은 또한 음녀(淫女)가 남자에게 절교를 당하자, 그 사람에게 희롱하여 "나를 좋아하는 자가 많으니 네가 비록 나를 끊더라도 나로 하여금 먹을 수 없게 하지는 못하리라"라고 한 말이다.

12-2. 彼狡童兮 不與我食兮하나다 維子之故 使我不能息兮아 [賦]

| 언해 |

뎌 狡한 童이 날로 더블어 먹지 안이ᄒᆞᄂᆞ다 子의 연고ㅣ 날로 ᄒᆞ여곰 能히 쉬지 못ᄒᆞ게ᄒᆞ랴

| 번역 |

자 교활한 애가
나와 밥 먹지 않네
자네의 연고가
나를 쉴 새 없게 하랴

| 자해 |

息 : 편안히 쉼. • 不能息 : 편안히 쉴 겨를이 없다는 말.

이 「교활한 아이[狡童]」는 모두 2장이다.

13. 치마를 걷고[褰裳]

13-1. 子惠思我인댄 褰裳涉溱이어니와 子不我思인댄 豈無他人이리요 狂童之狂也且로다 [賦]

| 언해 |

ᄌᆞ네가 사랑하야 날을 ᄉᆡᆼ각ᄒᆞᆯ진댄 치마를 것고 溱을 건너려니와 ᄌᆞ네가 날을 ᄉᆡᆼ각지 않을진댄 엇지 다른 사ᄅᆞᆷ이 업스리오 미친아희의 미침이로다

| 번역 |

그대가 나를 사모한다면
치마까지 걷고 진수를 건너련만
그대가 날 생각지 않으니
어찌 딴 사람이 없겠소
미친 애의 미친 짓이네

| 자해 |

惠 : 사랑함. • 溱 : 정(鄭)나라 물 이름. • 狂童 : 교동(狡童)과 같은 말. • 且 : 어조사.

| 의해 |

음탕한 여자가 그 좋아하는 사람에게 말하기를, "그대가 나를 사랑하여 생각한다면 장차 치마를 걷고 진수(溱水)를 건너 그대를

좇겠지만, 자네가 만일 나를 생각지 않으면 어찌 다른 사람을 좇지 못하고 반드시 그대만 좇겠는가?"라고 하였으니, 또한 희학(戲謔)의 말이다.

13-2. 子惠思我(자혜사아)인댄 褰裳涉洧(건상섭유)이어니와 子不我思(자불아사)인댄 豈(기)
無他士(무타사)리오 狂童之狂也且(광동지광야저)로다 [賦]

| 언해 |

ᄌᆞ네가 사랑ᄒᆞ야 날을 ᄉᆡᆼ각홀진댄 치마를 것고 洧를 건너려니와 ᄌᆞ네가 날을 ᄉᆡᆼ각지 않을진댄 엇지 다른 션비가 업스리오 미친아희의 밋침이로다

| 번역 |

그대가 나를 사모한다면
치마까지 걷고 유수를 건너련만
그대가 날 생각지 않으니
어찌 딴 총각이 없겠소
미친 애의 미친 짓이네

| 자해 |

洧 : 정나라 물 이름. • 士 : 장가들지 않은 자.

이 「치마를 걷고[褰裳]」는 모두 2장이다.

14. 잘 생겼네[丰]

14-1. 子之丰兮 俟我乎巷兮러니 悔予不送兮하노라 [賦]

| 언해 |

ᄌᆞ네의 丰홈이 나를 巷에셔 기다리더니 내보ᄂᆡ지 안이홈을 뉘버ᄒᆞ노라

| 번역 |

그대의 풍만함으로
나를 문밖에서 기다렸는데
나 따라가지 않았음을 후회하노라

| 자해 |

丰 : 얼굴이 풍만(豊滿)한 모양 • 巷 : 문밖.

| 의해 |

부인(婦人)이 기약(期約)하였던 남자가 이미 문밖에서 기다렸는데, 부인이 딴 마음이 있어 좇지 않다가 이윽고 뉘우쳐 이 시(詩)를 지은 것이다.

자 지 창 혜 사 아 호 당 혜 회 여 불 장 혜
14-2. 子之昌兮 俟我乎堂兮러니 悔予不將兮하노라 [賦]

| 언해 |

ᄌᆞ네의 昌홈이 나를 堂에셔 기다리더니 내 보ᄂᆡ지 안이홈을 뉘웃버ᄒᆞ노라

| 번역 |

그대의 젊고 왕성한 모습으로
나를 방안에 기다렸는데
나 따라가지 않았음을 후회하노라

| 자해 |

昌 : 젊어 왕성한 모양. • 將 : 보내는 것.

의 금 경 의 상 금 경 상 숙 혜 백 혜 가 여 여 행
14-3. 衣錦褧衣코 裳錦褧裳하니 叔兮伯兮 駕予與行이리라 [賦]

| 언해 |

錦을 衣ᄒᆞ고 褧衣를 ᄒᆞ고 錦을 裳ᄒᆞ고 褧裳을 호니 叔이며 伯이 駕ᄒᆞ야 나를 더블어 行ᄒᆞ리라

| 번역 |

비단 저고리 입고 그 위에 덧옷 입고

비단 치마에 그 위에 덧치마 걸치니
숙(叔)이여, 백(伯)이여
수레 타고 오시면 내가 따라 가리라

| 자해 |

衣 : 위에 입는 옷. • 裳 : 아래 입는 옷. • 褧 : 속에 입는 옷. • 褧衣褧裳 : 비단을 속으로 입어 문채(文采)를 겉으로 드러내지 않으려 함이니 그 의복을 잘 꾸며 용모를 아름답게 하여 남의 눈을 기쁘게 할 만 함을 말함. • 叔伯 : 어떤 사람의 자(字)니 숙(叔)이나 백(伯)이나 어떤 사람인지 나와 함께 가기를 바라는 말.

| 의해 |

부인이 이미 기다리는 사람을 따라가 가지 않았음을 후회 또 말하기를 "내 옷을 갖추어 잘 꾸몄으니 어찌 수레에 멍에 하여 나를 맞아 함께 갈 자가 없으리오?"라고 한 것이다.

상금경상 의금경의 숙혜백혜 가여여귀
14-4. 裳錦褧裳코 衣錦褧衣하니 叔兮伯兮 駕予與歸리라 [賦]

| 언해 |

錦을 裳ᄒᆞ고 褧裳을 ᄒᆞ고 錦을 衣ᄒᆞ고 褧衣를 호니 叔이며 伯이 駕ᄒᆞ야 나를 더블어 歸ᄒᆞ리라

| 번역 |

비단 치마 입고 그 위에 덧치마 걸치고
비단 저고리 입고 그 위에 덧옷 입으니

숙(叔)이여, 백(伯)이여
수레 타고 오시면 내가 함께 가리라

| 자해 |

歸 : 부인이 시집가는 것.

이 「잘 생겼네[丰]」는 모두 4장이다.

15. 동문의 빈터[東門之墠]

15-1. 東門之墠(동문지선)에 茹藘在阪(여려재판)이로다 其室則邇(기실즉이)나 其人甚遠(기인심원)이로다 [賦]

| 언해 |

東門의 墠에 茹藘ㅣ 阪에 잇도다 그 집인즉 갓가우나 그 사룸이 심히 멀도다

| 번역 |

동문의 빈터에
꼭두서니 그 언덕에 있네
그 집은 가까운데
그 사람이 매우 멀다

| 자해 |

東門 : 성의 동문. • 墠 : 마당을 닦아 놓은 땅. • 茹藘 : 꼭두서니이니 붉은 물들이는 풀. • 阪 : 언덕.

| 의해 |

이 글은 음탕한 여인이 그 사람을 생각하여도 보지 못한다는 것이니, "저 성문 옆에 마당이 있고 마당 밖에 언덕이 있고 언덕위에 풀이 있는 때 생각하는 사람이 그 곳에 있는지라, 집은 가깝지만 사람이 멀어 생각해도 보지 못하니 내 어찌 정(情)을 잊으리오?"

라고 말한 것이다.

15-2. 東門之栗(동문지율)에 有踐家室(유천가실)이로다 豈不爾思(기불이사)리오마는 子(자)不我卽(불아즉)이니라 【賦】

| 언해 |

東門의 栗에 踐ᄒᆞᆫ 家室이 잇도다 엇지 너를 ᄉᆡᆼ각지 안으리오마ᄂᆞᆫ ᄌᆞ네가 내게 오지 안일ᄉᆡ니라

| 번역 |

동문의 밤나무에
집들이 줄지었네.
어찌 너를 생각지 않으랴
그대 내게 오지 않네

| 자해 |

踐 : 행렬(行列)있는 모양이니 밤나무 아래 마을 집이 줄 지어 있는 곳에 생각하는 그 사람이 있다는 말. • 卽 : 나아감.

| 의해 |

동문 곁에 밤나무가 있고 밤나무 아래 마을 집이 줄지어 있는데 생각하는 사람이 여기 사는데 내가 보기를 원(願)하는 바라 내가 그대를 생각하지만, 그대가 내게 나오지 않으니 어느 때 나로 하여금 그대를 볼 수 있어 나의 마음을 위로하게 할 수 있으리오? 생각하는 정이 간절하나 성정(性情)의 바른 바에는 어그러졌다.

이 「동문의 빈터[東門之墠]」는 모두 2장이다.

16. 비 바람 속에[風雨]

16-1. 風雨凄凄(풍우처처)어늘 雞鳴喈喈(계명개개)로다 旣見君子(기견군자)하니 云胡(운호) 不夷(불이)리요 [賦]

| 언해 |

바룸과 비가 凄凄ᄒᆞ거늘 닭이 욺을 喈喈히 ᄒᆞᄂᆞᆺ다 임의 君子를 보니 엇지 夷치 안으리오

| 번역 |

비바람이 차갑거늘
닭 우는 소리 들려오네
그 이를 만났으니
어찌 마음 안 좋으리

| 자해 |

凄凄 : 차고 서늘한 기운. • 喈喈 : 닭 우는 소리. • 君子 : 기약하였던 남자를 가리킨 말. • 夷 : 마음이 편안함.

| 의해 |

음탕한 여자가 바람 불고 비가 와서 어둡고 닭 울 때에 이르러 기약하였던 남자를 만나게 되어 마음이 즐거워지는 글이다.

16-2. 風雨瀟瀟(풍우소소)어늘 雞鳴膠膠(계명교교)로다 旣見君子(기견군자)하니 云胡(운호)
不瘳(불추)리요 [賦]

| 언해 |

바롬과 비가 瀟瀟ᄒᆞ거늘 닭이 욺을 膠膠히 ᄒᆞ놋다 임의 君子를 보니 엇지 瘳치 안이리오

| 번역 |

비바람이 몰아치는데
닭 우는 소리 들려오네
그 이를 만났으니
어찌 병이 안 나을까

| 자해 |

瀟瀟 : 비바람 소리. • 膠膠 : 개개(喈喈)와 같음. • 瘳 : 병이 나았다는 뜻이니 오래 생각하던 병이 이 때 이르러 나았다는 것.

16-3. 風雨如晦(풍우여회)어늘 雞鳴不已(계명불이)로다 旣見君子(기견군자)하니 云胡(운호)
不喜(불희)리요 [賦]

| 언해 |

ᄇᆞ롬과 비가 금움ᄀᆞᆺ거늘 닭의 욺이 말지 안토다 임의 君子를 보니 엇지 깃부지 안으리오

| 번역 |

비바람에 어둡거늘
닭 우는 소리 그치잖네
그이를 만났으니
어찌 좋지 않으리

이 「비 바람 속에[風雨]」는 모두 3장이다.

17. 그대의 옷깃[子衿]

17-1. 靑靑子衿(청청자금)이여 悠悠我心(유유아심)이로다 縱我不往(종아불왕)이나 子寧(자녕)不嗣音(불사음)고 [賦]

| 언해 |

靑靑훈 子의 옷깃이여 내 마음이 悠悠흐도다 비록 내가 가지 안이흐나 子ㅣ 엇지 音을 嗣치 안이흐는고

| 번역 |

푸르고 푸른 임의 옷깃이여
내 마음에 긴 시름이
비록 내가 가지 않더라도
그대 어찌 소식을 끊나

| 자해 |

靑靑 : 순전히 푸른빛이니 부모를 갖추고 있으면 순전히 푸른빛으로 입는 것. • 子 : 남자. • 衿 : 옷깃. • 悠悠 : 생각이 긴 것. • 我 : 여자가 자기를 말함. • 嗣音 : 소식[聲問]을 계속 전하라는 뜻.

| 의해 |

이것도 또한 여자가 바람나서 치달리는 시이니 "남녀가 서로 좋아함이란 서로 모이는 것을 좋아하고 서로 떠나는 것을 싫어하는 것이다. 저 푸르고 푸른 그대의 옷깃이여! 내가 그 옷깃을 오래도

록 생각하여 잠시도 잊지 못하였다. 비록 내가 가지 않더라도, 그대가 어찌 와서 내 마음을 위로하지 않는가?"라고 말한 것이다.

17-2. 靑靑子佩(청청자패)여 悠悠我思(유유아사)로다 縱我不往(종아불왕)이나 子寧不來(자녕불래)오 [賦]

| 언해 |

靑靑한 子의 佩여 悠悠혼 내 싱각이로다 비록 내가 가지 안이ᄒᆞ나 자네가 엇지 오지 안이ᄒᆞᄂᆞᆫ고

| 번역 |

푸르고 푸른 임의 패옥이여
오랜 내 생각이로다
비록 내가 가지 않더라도
그대 어찌 오지 않는고

| 자해 |

靑靑 : 푸른 빛. • 佩 : 패옥(佩玉).

17-3. 挑兮達兮(도혜달혜)하니 在城闕兮(재성궐혜)로다 一日不見(일일불견)이 如三月兮(여삼월혜)로다 [賦]

| 언해 |

挑ᄒᆞ며 達홈이 城闕에 잇도다 ᄒᆞ루를 보지 못홈이 셕달ᄀᆞᆺ도다

| 번역 |

가볍고 방자하니
성궐 안에 있네
하루만 못 보아도
석 달 같도다

| 자해 |

挑 : 가볍게 뛰는 모양. • 達 : 방자하다는 말.

| 의해 |

저 남자가 가볍게 뛰는 형상과 방자한 모양이 저 성궐 사이에 있으니 진실로 내 생각하여 보고자 하는 바이다. 하루를 보지 못해도 석 달처럼 오랜 것 같으니, 하물며 하루만 되지 않음에랴. 그 마음에 은미한 것까지 말하여 예의(禮義)를 돌아보지 않으니 염치(廉耻)의 마음이 없도다.

이 「그대의 옷깃[子衿]」은 모두 3장이다.

18. 잔잔한 물[揚之水]

18-1. 揚之水(양지수)여 不流束楚(불유속초)로다 終鮮兄弟(종선형제)라 維予與女(유여여여)로니 無信人之言(무신인지언)이어다 人實迋女(인실광여)니라 [興]

| 언해 |

揚ᄒᆞᆫ 물이여 束ᄒᆞᆫ 楚도 流치 못ᄒᆞᄂᆞᆺ다 마ᄎᆞᆷ니 兄弟가 鮮ᄒᆞᆫ지라 나와 다못 네로니 人의 말을 밋지 말지어다 人이 진실로 너를 쇽이ᄂᆞ니라

| 번역 |

잔잔한 물이여
한 다발 가시나무도 흘러 보내지 못하네
마침내 형제가 드물어
나와 너 뿐이니
남 말 믿지 마라
남은 실로 너를 속인다

| 자해 |

兄弟 : 혼인(婚姻)을 일컬음. • 女 : 여(汝)와 같음. *予女 : 남녀가 서로 이른 말. • 人 : 다른 사람. • 迋 : '속일' 광(誑)과 같음.

| 의해 |

이는 음란한 자가 서로 일컬은 것이니, "사람이 서로 좋아하면 마

음을 아는 것이 귀중하니 참소하는 말에 미혹되지 말라. 잔잔한 물이 물결이 드리고 약하여 한 묶음의 가시나무를 흐르지 못한다. 우리의 정을 어찌 다른 사람이 나눌 수 있으리로? 내 마침내 형제가 드문 지라, 내 두 마음이 없을 것이니 다른 사람의 말을 믿지 말지어다. 어찌 너 속이는 말을 믿어 우리 두터운 정을 폐하리오?"라는 말이다.

18-2. 揚之水(양지수)여 不流束薪(불유속신)이로다 從鮮兄弟(종선형제)라 維予二人(유여이인)이로니 無信人之言(무신인지언)이어다 人實不信(인실불신)이니라 [興]

| 언해 |

揚ᄒᆞᆫ 水ㅣ여 束ᄒᆞᆫ 薪도 流치 못ᄒᆞᄂᆞᆺ다 마ᄎᆞᆷ내 兄弟가 鮮ᄒᆞᆫ지라 우리 두 사ᄅᆞᆷ이로니 人의 말을 밋지 말지어다 人이 진실로 밋업지 못ᄒᆞ니라

| 번역 |

잔잔한 물이여
나무 한 다발도 흘러 보내지 못하네
마침내 형제가 드물어
우리 두 사람뿐이니
남 말 믿지 마라
남은 실로 믿을 게 못돼

이 「잔잔한 물[揚之水]」은 모두 2장이다.

19. 동문에 나가니[出其東門]

19-1. 出其東門(출기동문)하니 有女如雲(유여여운)이로다 雖則如雲(수즉여운)이나 非我(비아) 思存(사존)이로다 縞衣綦巾(호의기건)이여 聊樂我員(료락아원)이로다 [賦]

| 언해 |

그 東門에 나가니 계집이 잇셔 구룸ᄀᆞᆽ도다 비록 구룸ᄀᆞᆽᄒᆞ나 내 ᄉᆡᆼ각에 둔것이 안이로다 縞衣와 綦巾ᄒᆞᆫ이여 내게 樂ᄒᆞ도다

| 번역 |

그 동문에 나가니
여자가 구름 같네
비록 구름 같으나
내 생각에 둔 것 아니네
흰 옷에 푸른 두 건의 여인이여
아 나를 즐겁게 해

| 자해 |

如雲 : 아름답고 많다는 말. • 縞 : 흰빛. • 綦 : 푸른빛. • 縞衣綦巾 : 여복(女服)에 가난하고 누추한 자이니 그 가실(家室)을 가리킴. • 員 : 어조사.

| 의해 |

음란한 여자를 보고 이 시를 지은 것이니 "내가 동문에 나가서 노는 여자가 구름같이 아름답고 많은 것을 보았으나, 내 생각에 둔

바가 아니요, 우리 집의 흰 빛 나고 푸른빛의 두건이 가난하고 매우 누추하지만 스스로 즐거울 수 있다. 구름 같은 여자들을 내 어찌 사모하리오?"라고 말한 것이다.

19-2. 出其闉闍(출기인도)하니 有女如荼(유여여도)로다 雖則如荼(수즉여도)나 非我思(비아사)且(차)로다 縞衣茹藘(호의여려)여 聊可與娛(료가여오)로다 [賦]

| 언해 |

그 闉闍에 나가니 계집이 잇셔 荼ᄀᆞᆺᄒᆞ도다 비록 荼ᄀᆞᆺᄒᆞ나 나의 ᄉᆡᆼ각ᄒᆞᆯ 것이 안이로다 縞衣와 茹藘ᄒᆞᆫ 이여 可히 더불어 질거우리로다

| 번역 |

그 성밖에 나가니
귀여운 여자가 구름 같구나
비록 귀엽다 하지만
내가 생각한 게 아니야
흰 옷에 푸른 물들인 여인이여
아 함께 즐길 만 해

| 자해 |

闉 : 곡성(曲城). • 闍 : 성의 대(臺). • 荼 : 띠 꽃이니 가볍고 희어서 사랑스러운 것. • 且 : 어조사. • 茹藘 : 옷에 푸른 빛 들인 것. • 娛 : 즐거운 것.

| 의해 |

성밖[闉闍]에 나가 노는 여자가 띠 꽃처럼 희고 부드러움을 보았으나, 내 마음에 생각하는 것은 아니다. 우리 집의 흰 옷에 푸른 물 들인 것 입은 여인이 매우 가난하지만 또한 즐거워할만 하다. 저 띠 꽃 같은 여자를 어찌 생각하리오? 이 사람은 스스로 좋아하여 때 풍속에 마음이 옮기지 않는 자라 이를 수 있다.

이 「동문에 나가니[出其東門]」는 모두 2장이다.

20. 들녘에는 넝쿨풀이[野有蔓草]

20-1. 野有蔓草하니 零露漙兮로다 有美一人이여 淸揚婉兮로다 邂逅相遇하니 適我願兮로다 [賦而興]

| 언해 |

들에 넝쿨풀이 잇스니 써러지는 이슬이 漙ᄒᆞ도다 아름다운 한 사롬이 잇슴이여 淸揚이 婉ᄒᆞ도다 邂逅히 셔루 만나니 내 願에 맛도다

| 번역 |

들에는 넝쿨 풀이 있으니
떨어지는 이슬이 방울방울 맺혔네
아름다운 한 사람이 있음이여
맑은 눈 넓은 이마 예쁘기도 해라
우연히 서로 만나니
내 맘에 쏙 드네

| 자해 |

蔓 : 넝쿨. • 漙 : 이슬 많은 모양. • 淸揚 : 눈썹과 눈 사이가 완연(婉然)히 아름다운 것. *邂逅 : 기약하지 않고 만나는 것.

| 의해 |

남녀가 들 밖의 풀 이슬 사이에 만나서 그 본 바를 부(賦)하여 흥

(興)을 일으킨 것이다. 사람이 서로 좋아하여 서로 만나면 그 정을 위로하게 된다. 들에 넝쿨풀이 있어 이슬이 그 위에서 떨어지는데 아름다운 사람을 그 땅에서 만나 나의 평소 마음을 위로하니, 어찌 내가 원하는 것에 맞지 않겠는가?

20-2. 野有蔓草(야유만초)하니 零露瀼瀼(령로양양)이로다 有美一人(유미일인)이여 婉如(완여)
淸揚(청양)이로다 邂逅相遇(해후상우)하니 與子偕臧(여자해장)이로다 [賦而興]

| 언해 |

들에 넝쿨풀이 잇스니 ᄯᅥ러지ᄂᆞᆫ 이슬이 瀼瀼ᄒᆞ도다 아름다운 한 사ᄅᆞᆷ이여 婉ᄒᆞᆫ 淸揚이로다 邂逅히 셔루 만나니 子네로 더블어 ᄒᆞᆷ 긔 아름답도다

| 번역 |

들에는 넝쿨 풀이 있으니
떨어지는 이슬이 방울방울 맺혔네
아름다운 한 사람이 있음이여
예쁘기도 한 맑은 눈 넓은 이마여
우연히 서로 만나니
그대와 함께 아름답네

| 자해 |

瀼瀼 : 이슬이 많은 모양. • 臧 : 아름다움. • 與子偕臧 : 각각 그 하고자 하는 것을 얻음.

| 의해 |

들녘 넝쿨 풀 위 이슬이 방울방울 떨어지는데 아름다운 한 사람이 완연(宛然)히 눈이 맑으며 눈썹이 잔잔하였다. 이제 우연히 이곳에서 만나 각각 그 하고자 하는 것을 이루니 어찌 함께 아름답지 않으리오? 풀 이슬 사이에 우연히 만나 정을 방자하게 나누니 남녀의 큰 한계가 무너진 것이다.

이 「들녘에는 넝쿨풀이[野有蔓草]」는 모두 2장이다.

21. 진수와 유수(溱洧)

21-1. 溱與洧(진여유) 方渙渙兮(방환환혜)어늘 士與女(사여녀) 方秉蕑兮(방병간혜)로다 女曰(녀왈) 觀乎(관호)인저 士曰旣且(사왈기저)로라 且往觀乎(차왕관호)인저 洧之外(유지외)는 洵訏(순우) 且樂(차락)이라하여 維士與女(유사여녀) 伊其相謔(이기상학)하여 贈之以勺藥(증지이작약)이로다 [賦而興]

| 언해 |

溱과 다뭇 洧ㅣ 바야흐로 渙渙ᄒᆞ거늘 士와 다뭇 女ㅣ 바야흐로 蕑을 잡엇도다 女ㅣ ᄀᆞᆯ오ᄃᆡ 볼진뎌 士ㅣ ᄀᆞᆯ오ᄃᆡ 임의 ᄒᆞ얏노라 ᄯᅩ 가볼진뎌 洧의 밧게ᄂᆞᆫ 진실로 訏ᄒᆞ고 ᄯᅩ 질겁다ᄒᆞ야 士와 다뭇 女ㅣ 그 셔루 謔ᄒᆞ야 勺藥으로ᄡᅧ 주놋다

| 번역 |

진수와 유수 바야흐로 넘실넘실
사내와 여자가 이제 난초 잡았네
여자가 가 보라 하니
사내가 이미 갔었다 하네
또 가서 볼까
유수 밖에는 진실로 크고
또 즐겁다 하여
사내와 여자가 서로 놀다가
작약을 주네

| 자해 |

渙渙 : 봄물이 가득한 모양이니 얼음이 풀려 물이 흩어질 때. • 蕑 : 난초(蘭草). • 且 : 어조사. • 洵 : 진실로 • 訏 : 큼. • 勺藥 : 향기 있는 풀이니 3월에 꽃이 피어 꽃 빛이 사랑스러운 것.

| 의해 |

이는 음란한 자가 스스로 회포를 펴는 말이다. 이제 봄을 맞이하여 저 진수와 유수의 물이 얼음이 풀려 가득하다. 하물며 사내와 여자가 이 좋은 때에 진수와 유수 사이에서 함께 놀매 바야흐로 난초를 그곳에서 캘 때 여자가 사내에게 물어 "가서 보지 않느냐?" 하니 사내가 대답하여 "내 이미 갔다." 하니 여자가 다시 요구하여 "또 가보라"하였으니 대개 유수 밖에는 진실로 땅이 넓으며 커서 남녀가 모여 즐거워하는 곳이라 하여 이에 남자와 여자가 같이 가서 서로 희학(戲謔)하고 또 작약(勺藥)을 주어 두터운 정을 믿으니 어찌 즐겁지 않겠는가?

21-2. 溱與洧(진여유) 瀏其淸矣(류기청의)어늘 士與女(사여녀) 殷其盈矣(은기영의)로다 女(녀)曰觀乎(왈관호)인저 士曰旣且(사왈기저)로다 且往觀乎(차왕관호)인저 洧之外(유지외)는 洵(순)訏且樂(우차락)이라하여 維士與女(유사여녀) 伊其將謔(이기장학)하여 贈之以勺藥(증지이작약)이로다 [賦而興]

| 언해 |

溱과 다뭇 洧ㅣ 瀏히 그 맑거늘 士와 다뭇 女ㅣ 殷히 그 盈ᄒᆞ도다 女ㅣ ᄀᆞᆯ오ᄃᆡ 볼진뎌 士ㅣ ᄀᆞᆯ오ᄃᆡ 임의 ᄒᆞ얏노라 ᄯᅩ 가볼진뎌 洧의 밧게ᄂᆞᆫ 진실로 訏ᄒᆞ고 ᄯᅩ 질겁다ᄒᆞ야 士와 다뭇 女ㅣ 그 셔루

謔ᄒᆞ야 勺藥으로ᄡᅧ 주놋다

| 번역 |

진수와 유수 깊고 맑거늘
사내와 여자가 빼곡히 가득 찼네
여자가 가 보라 하니
사내가 이미 갔었다네
또 가서 볼까?
유수 밖에는 진실로 크고
또 즐겁다 하여
사내와 여자가 서로 놀다가
작약을 건네네

| 자해 |

瀏 : 깊은 모양. • 殷 : 많음. • 將 : 상(相)자로 써야 하니 음(音)이 잘못된 것.

| 의해 |

진수와 유수의 물이 깊고 맑은데 사내와 여자가 가득하게 그 많은지라 사내와 여자가 함께 가서 놀고 서로 작약을 줌에 수줍고 부끄러워하는 마음이 전혀 없으니 개탄할만하다.

이 「진수와 유수[溱洧]」는 모두 2장이다.

정풍(鄭風)은 21편 53장 283구이다.

제풍 | 齊風

제(齊)는 나라 이름이니 본래 소호(少昊) 때에 상구씨(爽鳩氏)가 살던 땅인데 우공(禹貢)에는 청주(靑州) 지역이다. 주(周)나라 무왕(武王)이 여기에 태공망(太公望)을 봉(封)하여 동쪽으로 바다에 이르고 서쪽으로 하수에 이르고 남쪽으로 목릉(穆陵)에 이르고 북쪽으로 무체(無棣)에 이르렀다. 태공(太公)의 성(姓)은 강(姜)이니 본래 사악(四岳)의 후예이다. 이미 제나라 땅에 봉해짐에 공상(工商)의 업(業)을 통하고 어염(魚鹽)의 이점(利點)을 편리하게 하였으니 인민(人民)들이 많이 돌아왔다. 그리하여 큰 나라가 되었으니 지금의 청제(靑齊)·치유(淄濰)·덕체(德棣) 등의 고을이 곧 그 땅이다.

1. 닭이 우네[鷄鳴]

계기명의 조기영의 비계즉명 창승지

1-1. 鷄旣鳴矣라 朝旣盈矣라하니 匪雞則鳴이라 蒼蠅之

성

聲이로다 [賦]

| 언해 |

닭이 임의 울은지라 죠회ᄒᆞᄂᆞᆫ 이가 임의 가득ᄒᆞ얏ᄂᆞᆫ가 ᄒᆞ니 닭이 곳 운 것이 안이라 蒼蠅의 소릐로다

| 번역 |

닭이 이미 울었는지라
조회하는 이가 이미 가득한가 보다 하니
닭이 운 것이 아니라
파리 소리로다

| 자해 |

朝 : 조회(朝會). • 盈 : 영만(盈滿). 가득 참.

| 의해 |

이는 옛적 착한 왕비가 임금께 고한 말이다. 시인이 그 일을 서술하여 아름답게 여겼으니, 대개 게으름은 매양 편안한데에서 생기고 경계는 대부분 욕심에서 풀어지게 되는 법이니 , 착한 왕비는 그렇지 않아서 그 임금의 처소에 모심을 보게 된다. 장차 아침이

되려 할 때 반드시 임금께 고하여 "닭이 울면 조회를 보는 것이 일정한 제도이다. 이제 닭이 이미 울었으니 아마도 조회하는 신하들이 또한 이미 찼을 듯하니 우리 임금은 어찌 편안히 주무시고 계실까?"라고 하였다.

그러나 그것이 실로 닭이 울은 것이 아니라 바로 파리의 소리이다. 대개 그 늦을까 두려하는 마음이 닭의 소리도 듣기 전부터 간절하였기 때문에 파리 소리를 듣고 드디어 닭이 참으로 우는 소리로 여겨 임금께 고하는 것을 그만두지 않았다.

1-2. 東方明矣라 朝旣昌矣라하니 匪東方則明이라 月出之光이로다 [賦]

| 언해 |

東方이 밝은지라 죠회ᄒᆞᄂᆞᆫ 이가 임의 창셩ᄒᆞ얏ᄂᆞᆫ가 하니 東方이 곳 밝은 것이 안이라 달의 나온 빗이로다

| 번역 |

동방이 밝은지라
조회하는 이가 이미 가득한가 보다 하니
동방이 밝은 것이 아니라
달이 뜬 빛이로다

| 자해 |

東方明 : 해가 장차 나오려 한다는 뜻. • 昌 : 성(盛)함.

| 의해 |

얼마 안 되어 또 두 번째로 고하여 "빛을 분별할 수 있을 때 조회를 보는 것이 떳떳한 규모이다. 이제 동방이 밝은 지라, 아마도 조회하는 신하들이 또한 이미 창성(昌盛)하였을 듯하니 우리 임금은 어찌 평안히 주무시고 계실소냐?"라고 하였다. 그러나 그것이 실로 동방이 밝은 것이 아니요, 이에 달이 나온 빛이로다. 대개 그 늦을까 두려워하는 마음이 아무 빛도 보기 전부터 간절하였기 때문에 달 빛을 보고 드디어 동방(東方)의 밝은 것으로 여기고 임금께 고함을 두 번째 한 것이다.

1-3. 蟲飛薨薨(충비홍홍)이어든 甘與子同夢(감여자동몽)이언마는 會且歸矣(회차귀의)란 無庶予子憎(무서여자증)가 [賦]

| 언해 |

蟲이 날아 薨薨ᄒᆞ거든 ᄌᆞ네로 다려 한가지 쑴쑴을 달게 넉이것마ᄂᆞᆫ 죠회ᄒᆞ얏다가 ᄯᅩ 도라가면 거의 나로 ᄒᆞ야곰 ᄌᆞ네 죠차 미워 ᄒᆞᆷ이 업슬가

| 번역 |

벌레가 날아 시끄럽구나
그대와 꿈꾸는 게 달콤하지만
조회하고 돌아간다면
그대가 나를 미워함이 없었으면

| 자해 |

蟲飛 : 밤이 장차 밝으려 함에 벌레가 움직임. • 薨薨 : 벌레가 날며 우는 소리. • 甘 : 즐겁다는 뜻. • 子 : 임금을 가리킴. • 同夢 : 동침하며 꿈꾸는 것. • 會 : 조회. • 歸 : 각기 자기 처소로 돌아감. • 憎 : 밉게 여김.

| 의해 |

이는 세 번째 고함이니 "이때를 당하여 내가 어찌 그대와 더불어 동침(同寢)하며 꿈꾸는 것을 즐기지 아니리오마는 밤이 장차 밝으려 하니, 온갖 벌레가 다 날아 그 소리 시끄러우면 여러 신하들이 조회를 할 즈음에 임금이 나오기를 기다리다가 장차 모두 헤어져 돌아갈 것이니 그대를 미워함이 나 때문이 아닐까? 더욱 어찌 편안히 주무시고 계실소냐?"라고 한 것이다.

이 「닭이 우네[鷄鳴]」는 모두 3장이다.

2. 날래기도 하여라[還]

2-1. 子之還兮(자지선혜) 遭我乎猺之間兮(조아호노지간혜)라 並驅從兩肩兮(병구종량견혜)하소니 揖我謂我儇兮(읍아위아현혜)라하나다 [賦]

| 언해 |

ᄌᆞ네의 還홈이 나를 猺ㅅ ᄉᆞ이에 맛ᄂᆞᆫ지라 아울너 몰아 兩肩을 ᄶᅩᄎᆞᆺ소니 나를 揖ᄒᆞ야 나다려 닐오ᄃᆡ 儇타ᄒᆞᄂᆞ다

| 번역 |

그대의 날램이
나를 노산 사이에서 만났네
함께 말을 몰아 두 마리 짐승을 좇으니
나에게 읍하여 날 보고 날래다네

| 자해 |

還 : 민첩한 모양. • 猺 : 산 이름. • 並驅 : 함께 말을 달림. • 從 : 좇음. • 揖 : 손을 들어 서로 사양하는 모양. • 儇 : 편리하여 빠름.

| 의해 |

이는 사냥하는 자가 서로 칭찬하는 말이다. 사냥은 민첩한 것을 귀중하게 여기니, 이제 그대의 사냥하는 것을 보건대 높은데 오르고 험한 곳을 지남이 극히 민첩하여 나와 서로 노산(猺山) 사이에서 만나 함께 말을 몰아 두 마리 짐승을 좇으니 이 두 마리 짐

승을 얻은 것이 실로 그대의 날램 때문이거늘, 그대는 도리어 겸손하여 나를 향하여 읍(揖)하며 "날래다"라고 칭찬하는구나.

자지무혜 조아호노지도혜 병구종량모혜
2-2. 子之茂兮 遭我乎猺之道兮라 並驅從兩牡兮하소니
읍아위아호혜
揖我謂我好兮라하나다 [賦]

| 언해 |

ᄌᆞ네의 茂ᄒᆞᆷ이 나를 猺의 길에 맛는지라 아울너 몰아 兩牡를 쏯ᄎᆞ소니 나를 揖ᄒᆞ야 나다려 닐오ᄃᆡ 好타ᄒᆞᄂᆞ다

| 번역 |

그대의 재주가
나를 노산 사이에서 만났네
함께 말을 몰아 수컷 둘을 좇으니
나에게 읍하여 날 보고 익숙하다나

| 자해 |

茂 : 기예(技藝)의 아름다움. • 牡 : 짐승의 수컷. • 好 : 말 달리는데 익숙함.

| 의해 |

또 그대의 날랜 재주가 어찌 그리 아름다운가? 이제 나를 노산 길에서 만난 지라 나와 더불어 말을 달려 두 수컷 짐승을 좇으니 이 두 수컷 짐승을 얻음이 그대의 아름다운 기예 때문이거늘 자네는 도리어 겸손하여 나를 향하여 읍(揖)하며 나에게 "익숙히 말을 잘 달린다"라고 하는구나.

　　　자 지 창 혜　조 아 호 노 지 양 혜　　병 구 종 량 랑 혜
2-3. 子之昌兮 遭我乎猱之陽兮라 並驅從兩狼兮하소니

읍 아 위 아 장 혜
揖我謂我臧兮라하나다 [賦]

| 언해 |

ᄌᆞ네의 昌홈이 나를 猱의 陽에셔 맛ᄂᆞᆫ지라 아울너 몰아 兩狼를 ᄶᅩᆺᄎᆞᆺ소니 나를 揖ᄒᆞ야 나다려 닐오ᄃᆡ 臧타ᄒᆞᄂᆞ다

| 번역 |

그대의 재능이
나를 노산 남쪽에서 만났네
함께 말을 몰아 이리 둘을 좇으니
나에게 읍하여 날 보고 선수라네

| 자해 |

昌 : 재능이 아름다운 것. • 陽 : 산의 남쪽. • 狼 : 개 모양 같은 산 짐승. • 臧 : 선수(善手)라는 뜻.

| 의해 |

또 그대의 재능이 어찌 그리 아름다운가? 이제 나와 더불어 말을 달려 두 이리를 좇았으니 이 두 이리를 얻음이 그대의 아름다운 재능 때문이거늘 도리어 나에게 읍(揖)하여 나에게 이르되 "선수(善手)다"라고 칭찬하니 어찌 참 내가 선수일까? 무릇 사냥을 숭상하여 그 스스로 그른 줄을 알지 못하고 피차 서로 읍(揖)하고 칭찬함이 이 같으니 그 풍속이 아름답지 못함을 볼 것이다.

이 「날래기도 하여라[還]」는 모두 3장이다.

3. 문칸에서[著]

사아어저호이 충이이소호이 상지이경화

3-1. 俟我於著乎而하나니 充耳以素乎而요 尙之以瓊華

호이

乎而로다 【賦】

| 언해 |

나를 著에셔 기ᄃᆡ리ᄂᆞ니 充耳를 흰 것으로뼈하고 더호ᄃᆡ 瓊華로 뼈 ᄒᆞ얏도다

| 번역 |

나를 문칸에서 기다리니
충이를 흰 것으로 하고
경화를 더하였도다

| 자해 |

俟 : 기다림. • 我 : 시집가는 자가 스스로 이름. • 著 : 문병(門屛)의 사이. 대문 안쪽에 있는 칸막이. • 充耳 : 귀를 덮는 장식. 광(纊)으로 진(瑱)을 단 것이니, 이른바 담(紞). • 素 : 흰빛. • 尙 : 더함. • 瓊華 : 아름다운 돌 옥 같은 것이니 곧 진(瑱)을 만드는 것.

| 의해 |

이는 신부가 신랑의 문에 이르러, 그가 기다리는 것을 보고 지은 글이다. 혼인은 인도(人道)의 시작이니 어찌 갖추지 않으리오? 내가 비로소 군자(君子)의 문(門)에 이르렀을 때 그대가 문 칸막

이 사이에서 기다려 나에게 읍(揖)하여 들어가는데, 다만 충이(充耳)가 있음을 보았으니, 그 진(瑱)을 단 것은 흰색 실로 그 바탕을 밝게 하였고 광(纊)을 더한 진(瑱)은 경화(瓊華)의 아름다운 돌로 하여 그 문채를 밝게 하였으니, 예절(禮節)과 복색(服色)의 희고 아름다움이 그 대문 안쪽 칸막이에서 본 바가 이 같도다. 이는 제나라 풍속에서 친영(親迎)을 않기 때문에 신부가 신랑의 문에 이르러 비로소 자기를 기다리는 것을 본 것이다.

3-2. 俟我於庭乎而(사아어정호이)하나니 充耳以青乎而(충이이청호이)요 尙之以瓊瑩乎而(상지이경영호이)로다 [賦]

| 언해 |

나를 庭에셔 기드리ᄂᆞ니 充耳를 푸른 것으로뼈 하고 더호ᄃᆡ 瓊瑩으로 뼈 ᄒᆞ얏도다

| 번역 |

나를 뜰에서 기다리니
충이를 푸른 것으로 하고
경화를 더하였도다

| 자해 |

庭 : 대문 안 침문(寢門) 밖에 있는 곳. • 青 : 청색의 실. • 瓊瑩 : 또한 아름다운 돌의 옥 같은 것.

| 의해 |

대문 안 칸막이로부터 그 뜰에 들어가니, 그대가 기다려 나에게 읍(揖)하여 들어가는데 다만 충이(充耳)가 있음을 보았으니, 그 진(瑱)을 희게 한 것이 흰 빛뿐이 아니요, 또 푸른 빛 실이요, 더한 것이 오직 경화(瓊華)뿐만 아니라 또 경영(瓊瑩)으로 하였으니 예절과 복색(服色)의 선명하고 아름다움이 그 뜰에서 본 바가 이 같도다.

3-3. 俟我於堂乎而(사아어당호이)하나니 充耳以黃乎而(충이이황호이)요 尙之以瓊英乎而(상지이경영호이)로다 [賦]

| 언해 |

나를 堂에셔 기ᄃᆡ리ᄂᆞ니 充耳를 누른 것으로뼈 하고 더호ᄃᆡ 瓊英으로 뼈 ᄒᆞ얏도다

| 번역 |

나를 당에서 기다리니
충이를 누런 것으로 하고
경영을 더하였도다

| 자해 |

堂 : 계상(階上)의 당(堂). • 黃 : 황색의 실. • 瓊英 : 또한 아름다운 돌의 옥 같은 것.

| 의해 |

계단 위에 오른 뒤에 당(堂)에 이른 것이니, 이는 혼례(婚禮)에

이른바 서쪽계단으로 오를 때이다. 뜰을 거쳐 나가면 당(堂)이 있는데 그대가 나를 당(堂)에서 기다려 읍(揖)하여 올라갈 때, 충이(充耳)의 진(瑱)을 단 것이 오직 푸른빛뿐만 아니요, 또 누런 빛이 있고 더한 것이 오직 경영(瓊瑩)뿐만 아니라, 또 경영(瓊英)으로 하였으니 예절과 복색의 선명하고 아름다운 것이 당(堂)에서 본 바 이 같도다.

이 「문칸에서[著]」는 모두 3장이다.

4. 동쪽에는 해가 솟고[東方之日]

4-1. 東方之日兮(동방지일혜)여 彼姝者子(피주자자) 在我室兮(재아실혜)로다 在我室兮(재아실혜)하니 履我卽兮(리아즉혜)로다 [興]

| 언해 |

東方의 日이여 뎌 姝ᄒᆞᆫ 子ㅣ 나의 室에 잇도다 나의 室에 잇스니 나를 밟아 나아가는도다

| 번역 |

동쪽의 해여
저 아름다운 여자가 내 집에 왔네
내 집에 있으니
나를 밟아 나가네

| 자해 |

東方之日 : 일찍이라는 말. • 姝 : 아름다움. • 子 : 음란한 여자를 가리킴. • 室 : 집 가운데. • 履 : 밟음. • 卽 : 나옴.

| 의해 |

이는 음란한 자의 말이니 아름다운 그대가 나로 더불어 한번 가고 한번 옴이 어느 것 하나 나를 위하여 헤아리지 않음이 없으니 저 해가 동쪽에서 나오는데 저 아름다운 여자는 이 이른 아침에 이르러 내가 사는 집에 와 있도다. 나의 집에 있다가 나의 자취를

뒤좇아 따라오니 그 정이 어찌 다함이 있을소냐?

4-2. 東方之月兮여 彼姝者子 在我闥兮로다 在我闥兮하니 履我發兮로다 [興]

(동방지월혜 피주자자 재아달혜 재아달혜 리아발혜)

| 언해 |

東方의 月이여 뎌 姝흔 子ㅣ 나의 闥에 잇도다 나의 闥에 잇스니 나를 뒤밟아 發흐는도다

| 번역 |

동쪽의 달이여
저 아름다운 여자가 내 문 안에 있네
내 문 안에 있으니
나를 뒤밟아 걸어가네

| 자해 |

東方之月: 늦어 밤이라는 말. • 闥 : 문 안. • 發 : 발행함.

| 의해 |

바야흐로 밤이 된지라 저 달을 보건대 동쪽에서 나오는데 저 아름다운 여자는 이 밤에 이르러 나의 집 문안에 있도다. 나의 집 문안에 있으니 나의 자취를 뒤좇아 발행(發行)하니 이 정이 어찌 부족함이 있을소냐? 그 왕래하는 자취를 기록하여 그 욕망을 좇는 정을 말하였으니 제나라 풍속이 아름답지 못함을 알 수 있다고 한 것이다.

이 「동쪽에는 해가 솟고[東方之日]」는 모두 2장이다.

5. 아직 동 트지 않았지만[東方未明]

5-1. 東方未明(동방미명)이어늘 顚倒衣裳(전도의상)하라 顚之倒之(전지도지)어늘 自公(자공) 召之(소지)로다 [賦]

| 언해 |

東方이 밝지 못ᄒᆞ얏거ᄂᆞᆯ 衣裳을 顚倒호라 顚ᄒᆞ며 倒ᄒᆞ거ᄂᆞᆯ 公으로부터 불으ᄂᆞᆫ도다

| 번역 |

아직 동이 트지 않았거늘
윗도리 아랫도리 거꾸로네
엎치락뒤치락 하였거늘
임금님이 불으시네

| 자해 |

未明 : 밤이 아직 밝지 않았을 때. • 顚倒衣裳 : 의상의 상하(上下)를 거꾸로 입음. • 自 :부터. • 公 : 임금의 처소.

| 의해 |

이는 시인이 임금이 자고 일어남이 일정하지 않고 호령(號令)이 때가 없음을 풍자한 것이다. 말하기를, "임금의 동작은 백관이 좇고 어기는 것이 메어 있거늘, 어찌하여 임금이 그것을 알지 못하는가? 무릇 동방(東方)이 밝아 빛을 알아 볼만 한 때에 입조(入

朝)하는 것이 떳떳한 예(禮)거늘, 이제 내가 동방이 밝지 못하였을 때 그 의상을 거꾸로 하여 장차 입조(入朝)하고자 하는데, 벌써 임금의 처소로부터 불러 오히려 늦다고 여기다가, 다른 날에 이르러는 또 이와 달라 같지 않으니 내 장차 무엇에 의거하여 조정에 들어가리요?"라고 한 것이다.

5-2. 東方未晞(동방미희)어늘 顚倒裳衣(전도상의)호라 倒之顚之(도지전지)어늘 自公令(자공령)之(지)로다 [賦]

| 언해 |

東方이 晞치 못ᄒᆞ얏거ᄂᆞᆯ 裳衣를 顚倒호라 倒ᄒᆞ며 顚ᄒᆞ거ᄂᆞᆯ 公으로부터 호령ᄒᆞᄂᆞᆫ도다

| 번역 |

아직 해가 뜨지 않았거늘
윗도리 아랫도리 거꾸로네
엎치락뒤치락하는데
임금님이 호령하시네

| 자해 |

晞 : 햇빛이 올라올 때. • 未晞 : 아직 햇빛이 없을 때. • 公 : 호령.

| 의해 |

해가 올라 온 뒤에 조회를 보는 것은 정해진 제도거늘, 이제 내가 동방이 아직 밝기 전에 아랫도리와 웃옷을 거꾸로 입고 정신없이

안절부절 하는 것은 장차 조회에 들어갈 준비거늘, 또 임금의 처소로부터 호령(號令)이 오고 오히려 늦다고 여기니 또 다른 날은 어찌 해야 할 지 알겠는가?

5-3. 折柳樊圃(절류번포)를 狂夫瞿瞿(광부구구)어늘 不能晨夜(불능신야)하여 不夙則莫(불숙즉모)로다 [比]

| 언해 |

버들을 쩍거나 물밧에 울흔것을 狂夫도 瞿瞿ᄒᆞ거늘 ᄉᆡ벽과 밤을 能히 못ᄒᆞ야 일즉지 안이면 졈을게 ᄒᆞᄂᆞᆫ도다

| 번역 |

버들을 꺾거나 채소밭을 울타리 함을
미치광이도 두려워하거늘
새벽인지 밤인지 구분 못하여
일찍 아니면 저물게 하네

| 자해 |

樊 : 울타리. • 圃 : 나물 밭. • 瞿瞿 : 놀라 돌아보는 모양. • 晨 : 빛을 분별할 만한 새벽. • 夜 : 빛을 분별하지 못하는 밤. • 不能晨夜 : 새벽과 밤을 알지 못한다는 뜻. • 夙 : 일찍. • 莫 : 늦다는 뜻.

| 의해 |

무릇 절도(節度) 없이 자고 깸으로써 때 아닌 호령을 내리니 일정한 때를 지키는 것이, 무엇이 어려워 그 같이 하는가? 이제 버들을 꺾거나 채소밭에 울타리를 한 것이 믿을 만한 것이 없건만, 미

친 지아비가 보고 오히려 놀라 돌아보아 감히 넘어 들어가지 못하거늘 알기 쉬운 새벽과 밤을 깨닫지 못하고 너무 일찍 하지 않으면 너무 저물게 하여 일정한 기한(期限)이 없으니, 우리들 가운데 임금의 부름과 호령을 좇고자 하는 자가 어찌 지킬 바 있으리오? 이리하여 기강(紀綱)과 정사(政事)가 문란하여 그 차례를 잃을 것이다.

이 「아직 동 트지 않았지만[東方未明]」은 모두 3장이다.

6. 남산[南山]

6-1. 南山崔崔(남산최최)어늘 雄狐綏綏(웅호유유)로다 魯道有蕩(노도유탕)이어늘 齊子(제자)
由歸(유귀)로다 既曰歸止(기왈귀지)어시니 曷又懷止(갈우회지)요 [比]

| 언해 |

南山이 崔崔ᄒᆞ거늘 雄狐ㅣ 綏綏ᄒᆞᄂᆞ도다 魯道ㅣ 탕평ᄒᆞ거늘 齊子ㅣ 由ᄒᆞ야 歸ᄒᆞ도다 임의 歸ᄒᆞ얏거시니 엇지 ᄯᅩ ᄉᆡᆼ각ᄒᆞᄂᆞ뇨

| 번역 |

남산이 높고 크거늘
수여우 짝 찾아 헤매네
노나라 가는 길이 평탄하거늘
제나라 여자가 이 길 따라서 시집갔다네
이미 가버렸는데
어찌 또 생각하는가

| 자해 |

南山 : 제나라 남산. • 崔崔 : 높고 큰 것. • 雄狐 : 여우의 수컷. • 綏綏 : 짝을 구하는 모양. • 魯道 : 노나라로 가는 길. • 蕩 : 평탄함. • 齊子 : 양공(襄公)의 누이며, 노나라 환공(桓公)의 부인인 문강(文姜)이니 양공(襄公)이 간통(奸通)한 사람. • 由 : 좇음. • 歸 : 부인이 시집가는 것. • 懷 : 생각함. • 止 : 어조사.

| 의해 |

이 시는 제나라 양공(襄公)과 노나라 환공(桓公)을 풍자하여 지은 것이다. 드셀 수 없음은 남녀의 윤리(倫理)요, 부릴 수 없음은 부부의 강상(綱常)이거든, 하물며 임금은 강상의 주장이 된 사람이겠는가? 저 남산의 형세가 우뚝 높고 크거늘 사악하고 홀리는 숫여우가 그 위에서 짝을 구하는구나. 높은 위치에서 사행(邪行)을 행함이 이와 무엇이 다를소냐! 노나라로 가는 길이 탕평(蕩平)하거늘 제나라 여자(齊子: 양공의 누이)가 이미 이 길을 따라 시집갔으니 윤리와 강상을 지켜 서로 돌아오지 않음이 옳거늘, 양공은 어찌하여 다시 생각하는가?

6-2. 葛屨五兩(갈구오량)이며 冠緌雙止(관수쌍지)니라 魯道有蕩(로도유탕)이어늘 齊子(제자) 庸止(용지)로다 旣曰庸止(기왈용지)어시니 曷又從止(갈우종지)요 [比]

| 언해 |

葛屨ㅣ 다ᄉᆞᆺ 兩이며 冠의ㅅ 緌ㅣ 雙이니라 魯道ㅣ 탕평ᄒᆞ거ᄂᆞᆯ 齊子ㅣ 쓰도다 임의 쓰셧거니 엇지 ᄯᅩ 죠치ᄂᆞ뇨

| 번역 |

칡신 다섯 켤레에
갓 꾸민 끈 한 쌍
노나라 가는 길이 평탄하거늘
제나라 여자가 이 걸 썼네
이미 가 버렸는데
뭘 또 좇지

| 자해 |

兩 : 두 신이니 곧 켤레. • 葛屨五兩 : 칡 신이 다섯 켤레라는 말. • 緌 : 갓 위에 꾸민 것. • 庸 : 쓰는 것. 이 길을 써서 노나라에 시집갔다는 말. • 從: 서로 좇음.

| 의해 |

또 보건대 칡 신 다섯 켤레가 각각 서로 짝이 있어 섞이게 하지 못하겠고 갓의 꾸민 것도 쌍(雙)이 있어 또한 뒤섞이게 할 수 없으니, 무릇 사람이 각각 그 배우자를 정함이 있어서 어지럽히지 못할 것이 어찌 이와 다를 소냐! 노나라로 가는 길이 탕평(蕩平)하거늘 제나라 여자가 이미 이 길을 써서 노나라에 시집가 노나라 임금과 짝이 되었으니 양공이 어찌하여 다시 상종(相從)하는가?

> 6-3. 藝麻如之何(예마여지하)요 衡從其畝(형종기무)니라 取妻如之何(취처여지하)요 必告(필고)
> 父母(부모)니라 旣曰告止(기왈고지)어시니 曷又鞠止(갈우국지)요 [興]

| 언해 |

麻를 藝호ᄃᆡ 엇지 ᄒᆞᄂᆞ뇨 그 畝를 衡ᄒᆞ며 從ᄒᆞᄂᆞ니라 妻를 取호ᄃᆡ 엇지 ᄒᆞᄂᆞ뇨 반드시 父母께 告ᄒᆞᄂᆞ니라 님의 告ᄒᆞ얏거시니 엇지 ᄯᅩ 鞠ᄒᆞᄂᆞ뇨

| 번역 |

삼을 심을 때는 어떻게 하나
그 이랑을 세로로 가로로
아내를 취할 때 어떻게 하나

꼭 부모에 고하고 하지
이미 고했는데
왜 또 욕심을 다 부려

| 자해 |

藝 : 심은 것. • 衡 : 횡(橫)자와 같으니 동서(東西)로 밭 갈은 것. • 從 : 종(縱) 자와 같으니 남북(南北)으로 밭 갈은 것. • 鞠 : 궁극(窮極)하다는 뜻.

| 의해 |

무릇 제나라 임금이 욕망을 마구 추구하는 것을 노나라 임금이 의(義)로써 어찌 제어하지 못하는가? 저 삼을 심는 자가 어떻게 하는가? 반드시 먼저 동서남북으로 밭이랑을 갈며, 처를 취하는 자가 어떻게 하는가? 반드시 부모께 고하나니 이제 노나라 임금이 이미 그 부모께 고하고 제나라 여자를 취하였으니 이는 마땅히 부부의 윤리를 단정히 하여 그 처음을 삼갈 것이어늘, 어찌 제나라 임금으로 하여금 그 욕심을 다하게 함이 이에 이르게 하는가?

6-4. 析薪如之何요 匪斧不克이니라 取妻如之何요 匪媒
不得이니라 旣曰得止어시니 曷又極止요 [興]

| 언해 |

薪을 析호ᄃᆡ 엇지 ᄒᆞᄂᆞ뇨 斧ㅣ 안이면 能치 못ᄒᆞᄂᆞ니라 妻를 取호ᄃᆡ 엇지 ᄒᆞᄂᆞ뇨 중ᄆᆡ 안이면 엇지 못ᄒᆞᄂᆞ니라 임의 엇엇것시니 엇지 ᄯᅩ 極ᄒᆞᄂᆞ뇨

| 번역 |

섶을 가를 때 어떻게 하지
도끼가 아니면 못하지
아내를 취할 때 어떻게 하지
중매가 아니면 못하지
이미 했는데
뭘 또 끝을 보려 하나

| 자해 |

析 : 나무의 문리(文理)를 따라 쪼개는 것. • 薪 : 섶. • 克 : 능(能)과 같음. • 極 : 또한 그 욕심을 끝까지 다함.

| 의해 |

저 섶을 베는 자가 어떻게 하는가? 도끼와 자귀가 아니면 능히 할 수 없으며 아내를 취하는 자가 어덯게 하는가? 중매 아니면 얻지 못하나니 이제 노나라 임금이 이미 중매로 제자(齊子)를 취하였으니 마땅히 예의(禮義)를 밝혀 그 마음을 바르게 하여 간사하고 망령된 뜻을 막을 것이거늘 어찌 또 제나라 임금으로 하여금 그 욕심을 끝까지 다하게 함이 이에 이르게 하였는가? 앞 두 장은 제나라 양공을 풍자하고 뒤 두 장은 노나라 환공(桓公)을 풍자한 것이니 어찌하여 한마디 말도 문강(文姜)에게는 미치지 아니하였는가? 이는 얘기 할 것이 없다 함이니, 시인이 악한 것을 미워함이 또한 엄하다 하겠다.

이 「남산[南山]」은 모두 4장이다.

7. 큰 밭[甫田]

7-1. 無田甫田(무전보전)이어다 維莠驕驕(유유교교)리라 無思遠人(무사원인)이어다 勞心忉忉(로심도도)리라 [比]

| 언해 |

큰 밧을 밧ᄒᆞ지 말을 찌어다 莠ㅣ 驕驕ᄒᆞ리라 먼ᄃᆡ 사ᄅᆞᆷ을 ᄉᆡᆼ각지 말을 찌어다 마ᄋᆞᆷ 슈고로옴을 忉忉히 ᄒᆞ리라

| 번역 |

큰 밭이랑 갈지 마라
강아지풀 무성하리라
먼 곳 사람 생각지 마라
마음이 수고롭고 괴로우리라

| 자해 |

田 : 갈고 다스림. • 甫 : 크다는 말. • 莠 : 강아지풀, 돌피이니 곡식 싹을 해롭게 하는 것. • 驕驕 : 번성함. • 忉忉 : 근심하여 수고로운 모양.

| 의해 |

이 시는 당시의 사람이 적은 것을 싫어하고 큰 것만 힘쓰려 하며 가까운 것은 우습게 여기고 먼 것만 도모하고자 하여 한갓 수고롭기만 하고 공(功)이 없음을 경계한 것이니, "큰 밭을 경작하지 말지어다. 큰 밭을 경작하다가 힘이 자라지 못하면 풀이 성하리

라. 먼 데 사람을 생각지 말지어다. 먼 데 사람을 생각하다가 사람이 이르지 아니하면 마음이 수고우리라."라고 한 것이다.

7-2. 無田甫田(무전보전)이어다 維莠桀桀(유유걸걸)이리라 無思遠人(무사원인)이어다 勞心怛怛(로심달달)이리라 [比]

| 언해 |

큰 밧을 밧ᄒᆞ지 말을 찌어다 莠ㅣ 桀桀ᄒᆞ리라 먼ᄃᆡ 사ᄅᆞᆷ을 ᄉᆡᆼ각지 말을 찌어다 마ᄋᆞᆷ 슈고로옴을 怛怛히 ᄒᆞ리라

| 번역 |

큰 밭일랑 갈지 마라
강아지풀이 무성하리라
먼 데 사람을 생각지 마라
마음이 수고롭고 근심하리라

| 자해 |

桀桀 : 교교(驕驕)와 같은 뜻이니 모두 강아지풀이 무성하여 아름다운 곡식을 해롭게 하는 것. • 怛怛 : 도도(忉忉)와 같은 뜻.

완혜련혜 총각관혜 미기견혜 돌이변혜

7-3. 婉兮孌兮 總角丱兮를 未幾見兮면 突而弁兮하나니라 [比]

| 언해 |

婉ᄒᆞ며 孌히 總角이 두 썔 난 것을 未幾에 보면 돌연ᄒᆞ게 弁ᄒᆞᄂᆞ니라

| 번역 |

젊고 좋구나
총각이 두 뿔 머리 한 것을
얼마 있다 보노라면
홀연히 갓을 쓴다네

| 자해 |

婉孌 : 젊고 좋은 모양. • 丱 : 귀밑머리를 땋아 두 뿔난 모양. • 未幾 : 많지 않은 때. • 突 : 홀연(忽然)히 높이 나온 모양. • 弁 : 관(冠)의 이름.

| 의해 |

이 시는 총각의 앳됨을 본 지 오래지 않아 홀연히 갓[弁]을 쓰고 나오는 자가 그 단계를 뛰어 넘어 억지로 구한 것이 아니니, 대개 그 차례를 좇아가면 형세가 반드시 이르는 일이 있을 것이다. 또 작은 것이 커질 수 있고 가까운 것이 멀어질 수 있어서 그 차례를 따라 닦으면 홀연히 그 극진한 곳에 이를 것이요, 만약 차례를 뛰어 넘어 빨리 하고자 한다면 도리어 통달할 수 없음을 밝힌 것이다.

이 「큰 밭[甫田]」은 모두 3장이다.

8. 사냥개가 딸랑딸랑[盧令]

로령령 기인미차인

8-1. 盧令令이로소니 其人美且仁이로다 [賦]

| 언해 |

盧ㅣ 令令ᄒᆞ노소니 그 사ᄅᆞᆷ이 아ᄅᆞᆷ답고 ᄯᅩ 어질도다

| 번역 |

사냥개가 딸랑딸랑 좇는데
그 사람이 아름답고 어질구나

| 자해 |

盧 : 사냥하는 개. • 令令 : 개의 턱 아래 고리 소리.

| 의해 |

이는 사냥하는 사람이 서로 칭찬하는 말이니, 이 시의 뜻이 '날래기도 하여라[還]'장과 대략 같다.

로중환 기인미차권

8-2. 盧重環이로소니 其人美且鬈이로다 [賦]

| 언해 |

盧ㅣ 것읍ᄒᆞᆫ 고리로소니 그 사ᄅᆞᆷ이 아ᄅᆞᆷ답고 ᄯᅩ 슈염과 살젹이

좃토다

| 번역 |

사냥개에 거듭한 고리
그 사람이 아름답고 수염이 좋네.

| 자해 |

重環 : 크고 작은 고리를 서로 꿴 것. • 鬈 : 수염과 살쩍 좋은 모양.

로 중 매 기 인 미 차 시
8-3. 盧重鋂로소니 其人美且偲로다 [賦]

| 언해 |

盧ㅣ 것읍ᄒᆞᆫ 鋂로소니 그 사ᄅᆞᆷ이 아ᄅᆞᆷ답고 ᄯᅩ 슈염이 만토다

| 번역 |

사냥개에 고리 하나에 작은 고리 두 개
그 사람이 아름답고 수염이 많네

| 자해 |

鋂 : 한 고리에 작은 고리 두개를 꿴 것. • 偲 : 수염이 많은 모양.

| 의해 |

무릇 사냥은 작은 일이거늘 극히 칭찬의 아름다움이 이 같으니 그 풍속이 아름답지 못함을 볼 수 있다.

이 「사냥개가 딸랑딸랑[盧令]」은 모두 3장이다.

9. 해진 통발[敝笱]

9-1. 敝笱在梁(폐구재량)하니 其魚魴鰥(기어방환)이로다 齊子歸止(제자귀지)하니 其從(기종)如雲(여운)이로다 [比]

| 언해 |

敝ᄒᆞᆫ 笱ㅣ 梁에 잇스니 그 물고기 魴이며 鰥이로다 齊子ㅣ 도라 가니 그 좃ᄂᆞᆫ 이 구름 갓도다

| 번역 |

해진 통발 돌다리에 있으니
그 물고기 방어와 환어라
제나라 여자가 돌아가니
좇는 이가 구름 같네

| 자해 |

敝 : 무너짐. • 笱 : 촉고 같은 것이니 대로 만들어 물고기 잡는 것. • 魴鰥은 물고기 가운데 가장 큰 것. • 歸 : 제나라로 돌아감. • 如雲 : 사람이 많다는 뜻.

| 의해 |

제나라 사람이 헤진 통발이 큰 고기를 제어치 못함을 가지고 노나라 장공(莊公)이 문강(文姜)을 막아내지 못함을 비유한 것이다. 구(笱)는 양(梁)에서 고기를 잡는 것이거늘 이제 헤져 견고하지

못한 구(笱)가 양(梁)에 있어 그 고기는 방(魴)과 환(鰥) 가운데 큰 것이라서 마음대로 왕래하는 것을 막을 수 없으니, 이는 방(魴)과 환(鰥)이 제어되지 못하는 것이 아니라 오직 구(笱)가 헤진 까닭이다. 그렇다면 노나라 임금이 나약하여 그 어미의 왕래를 막지 못함이 그와 같은 것이다. 이리하여 거마(車馬)와 복종(僕從)이 장공의 명령을 가다리지 않고 오직 문강만 좇아 다니는 무리가 구름같이 많은 것이다.

9-2. 敝笱在梁(폐구재량)하니 其魚魴鱮(기어방서)로다 齊子歸止(제자귀지)하니 其從如(기종여) 雨(우)로다 [比]

| 언해 |

敝ᄒᆞᆫ 笱ㅣ 梁에 잇스니 그 물고기 魴이며 鱮ㅣ로다 齊子ㅣ 도라 가니 그 좃ᄂᆞᆫ 이 비와 갓도다

| 번역 |

해진 통발 돌다리에 있으니
그 물고기 방어와 서어로다
제나라 여자가 돌아가니
좇는 이가 비 몰아 치듯

| 자해 |

鱮 : 방(魴)과 같으나 몸이 두텁고 머리가 크니 연(鰱)이라고 이르기도 함.
• 如雨 : 많은 모양.

9-3. 敝笱在梁하니 其魚唯唯로다 齊子歸止하니 其從如水로다 [比]

(폐구재량 기어유유 제자귀지 기종여수)

| 언해 |

敝한 笱ㅣ 梁에 잇스니 그 물고기 唯唯ᄒᆞ놋다 齊子ㅣ 도라가니 그 좃는 이 물과 갓도다

| 번역 |

해진 통발 돌다리에 있으니
그 물고기 오고가네
제나라 여자가 돌아가니
좇는 이가 물보라 치듯

| 자해 |

唯唯 : 가서 출입하는 모양. • 如水 : 많다는 말.

이 「해진 통발[敝笱]」은 모두 3장이다.

춘추시대 때 노나라 장공(莊公) 2년에 부인 강씨(姜氏)가 제나라 임금과 작(禚) 땅에서 모이고 4년에 부인 강씨가 제나라 임금을 축구(祝丘) 땅에서 연향(宴享)하고 5년에 부인 강씨가 제나라 수(師) 땅에 갔고 7년에 부인 강씨가 제나라 임금을 방(防) 땅에서 만났고 또 제나라 임금과 곡(穀)땅에서 만나 그 왕래함이 이 같이 기탄 없었다. 그래서 시인이 이 시를 지어 풍자한 것이다.

10. 말 몰기를[載驅]

10-1. 載驅薄薄(재구박박)하니 簟茀朱鞹(점불주곽)이로다 魯道有蕩(노도유탕)이어늘 齊子發夕(제자발석)이로다 [賦]

| 언해 |

곳 몰기를 薄薄히 ᄒᆞ니 簟으로 ᄒᆞᆫ 茀이며 붉은 칠ᄒᆞᆫ 鞹이로다 魯읫 道가 탕평ᄒᆞ거늘 齊子ㅣ 夕에셔 發ᄒᆞ놋다

| 번역 |

쏜살 같이 몰아대니
대자리 덮개와 붉은 수레 뒷문이네
노나랏 길이 넓거늘
제나라 여자가 자다 떠났네

| 자해 |

薄薄 : 빨리 모는 소리. • 簟(담) : 모난 문에 있는 자리. • 茀 : 수레 뒤 문. • 朱 : 붉은 칠. • 鞹 : 짐승의 가죽 털을 밀어 없앤 것으로 수레 덮는 것이니 가죽 바탕에 붉은 칠 한 것. • 夕 : 숙(宿)과 같음. • 發夕 : 자던 집에서 떠났다는 것.

| 의해 |

제나라 사람이 문강(文姜)을 나무란 글이니 부끄러워하는 마음은 사람마다 있거늘 제나라 여자만 홀로 그렇지 않아서 그 타고 가

는 수레를 보건대, 박박(薄薄)히 빨리 몰아가는데 죽점(竹簟)으로써 수레 덮는 것을 삼고 털을 제거한 가죽에 붉은 빛을 칠하여 수레를 장식하였으니, 이 수레를 타고 장차 어디로 가는가? 노나라의 도로가 넓고 평평하거늘 제나라 여자가 숙사(宿舍)로 떠나서 양공(襄公)과 만나 부끄럼이 조금도 없도다.

10-2. 四驪濟濟(사려제제)하니 垂轡瀰瀰(수비녜녜)로다 魯道有蕩(노도유탕)이어늘 齊子(제자) 豈弟(기제)로다 [賦]

| 언해 |

四驪가 濟濟히 아름다오니 드린 곱비가 瀰瀰히 부드럽도다 魯읫 道가 탕평ᄒᆞ거놀 齊子ㅣ 豈弟ᄒᆞ두다

| 번역 |

검은 말이 아름다우니
드리운 고삐가 부드럽구네
노나랏 길이 넓거늘
제나라 여자가 뻔뻔하구나

| 자해 |

驪 : 말이 검은 빛 있는 것. • 濟濟 : 아름다운 모양. • 瀰瀰 : 부드러운 모양.
• 豈弟 : 즐겁고 쉬워서 기탄(忌憚)함과 수치(羞恥)가 없음.

10-3. 汶水湯湯(문수탕탕)이어늘 行人彭彭(행인방방)이로다 魯道有蕩(노도유탕)이어늘 齊子翺翔(제자고상)이로다 [賦]

| 언해 |

汶水ㅣ 湯湯ᄒᆞ거늘 行人이 彭彭ᄒᆞ도다 魯읫 道가 탕평ᄒᆞ거늘 齊子ㅣ 翺翔ᄒᆞᄂᆞᆺ다

| 번역 |

문수(汶水)가 넘실대거늘
동행하는 사람도 많기도 하다
노나랏 길이 넓거늘
제나라 여자가 활개를 치네

| 자해 |

汶水 : 제나라 남쪽과 노나라 북쪽 두 나라 지경에 있는 물 이름. • 湯湯 : 물의 가득한 모양. • 彭彭 : 많은 모양이니 동행하는 사람이 많음을 말하여 그 부끄러움이 없는 것을 드러냄. • 翺翔 : 활개침.

| 의해 |

행인(行人)이 그 같이 많은 가운데 마땅히 두려워함이 있어야 하거늘, 제나라 여자는 이에 활개를 치고 한갓 가서 만나는 것만 다행히 여기니, 어찌 이와 같이 부끄럼을 모르는가 하여 그 미워함이 엄정하고 또 간절하다.

10-4. 汶水滔滔어늘 行人儦儦로다 魯道有蕩이어늘 齊子遊敖로다 [賦]

| 언해 |

汶水ㅣ 滔滔ᄒᆞ거늘 行人이 儦儦ᄒᆞ도다 魯읫 道가 탕평ᄒᆞ거ᄂᆞᆯ 齊子ㅣ 遊敖ᄒᆞᄂᆞᆺ다

| 번역 |

문수(汶水)가 도도히 흐르거늘
행인이 많기도 하다
노나랏 길이 넓거늘
제나라 여자가 오만스레 활개 치네

| 자해 |

滔滔 : 물 흐르는 모양. • 儦儦 : 많은 모양. • 遊敖 : 고상(翺翔)과 같음.

이 「말 몰기를[載驅]」은 모두 4장이다.

11. 아! [猗嗟]

11-1. 猗嗟昌兮(의차창혜)여 頎而長兮(기이장혜)며 抑若揚兮(억약양혜)며 美目揚兮(미목양혜)며 巧趨蹌兮(교추창혜)로소니 射則臧兮(사즉장혜)로다 [賦]

| 언해 |

猗嗟흡다 昌홈이여 頎히 長ᄒᆞ며 抑호ᄃᆡ 揚ᄒᆞᄂᆞᆫ 듯ᄒᆞ며 美ᄒᆞᆫ 目이 揚ᄒᆞ며 공교ᄒᆞᆫ 趨ㅣ 蹌ᄒᆞ노소니 射ㅣ 곳 臧ᄒᆞ도다

| 번역 |

아! 늠름은 하여라
헌칠하고 크며
아니 눈매가 아름답네
아름다운 눈이 움직이는 듯
교묘히 빠른 걸음에
활쏘기도 잘하네

| 자해 |

猗嗟 : 탄식하는 말. • 昌 : 위의(威儀)와 기예(技藝)가 훌륭한 것. • 頎 : 긴 모양. • 抑 : 누르는 것. • 抑若揚 : 아름다움이 넘친다는 뜻. • 揚 : 눈이 움직이는 거동. • 趨 : 빨리 감. • 蹌 : 빨리 가서 활개 침. • 射 : 대사(大射)와 빈사(賓射)를 겸(兼)하여 말함. • 臧 : 착함.

| 의해 |

제나라 사람이 노나라 장공(莊公)의 위의(威儀)와 기예가 아름답기가 이 같음을 지극히 말하여 써 예(禮)로 그 어머니를 막아내지 못함을 나무란 것이니, 이를테면 "아깝다. 위의(威儀)와 기예는 저런데 이 일만은 부족하구나"라고 한 것이다.

11-2. 猗嗟名兮(의차명혜)여 美目淸兮(미목청혜)요 儀既成兮(의기성혜)로소니 終日射(종일사)侯(후)하되 不出正兮(불출정혜)하나니 展我甥兮(전아생혜)로다 [賦]

| 언해 |

猗嗟홉다 名홈이여 아름다온 눈이 맑고 儀가 임의 일우도소니 날이 맛도록 侯를 射호되 正에 나가지 안이ᄒᆞᄂᆞ니 진실로 우리 甥이로다

| 번역 |

아! 이름 그대로구나
아름다운 눈동자가 또랑또랑
위엄이 잡혔는데
종일 활쏘아도
빗나감이 없으니
진실로 우리 조카일세

| 자해 |

名 : 일컫다는 뜻과 마찬가지이니 그 위의(威儀)와 기예가 칭찬받을 만함을 말함. • 淸 : 눈이 맑고 밝음. • 儀既成 : 그 일을 마침에 예(禮)에 어긋남이 없음을 말함. • 侯 : 포(布)를 펴 놓고 활 쏘는 것. • 正 : 과녁을 후(侯) 가운

데에 베풀고 쏘는 것이니 대사(大射)에는 피후(皮侯)를 펴고 곡(鵠)을 베풀며 빈사(賓射)에는 포후(布侯)를 펴고 정(正)을 베푸는 것. • 展 : 진실로 • 甥 : 자매의 아들. 그 제나라의 생질됨을 일컫고 또 제후(齊侯)의 아들이 아님을 밝힘.

| 의해 |

살피건대, 춘추시대 때 노나라 환공(桓公) 3년 부인 강씨가 제나라로부터 시집와 6년 9월에 아들 동(同)을 낳으니 곧 장공(莊公)이다. 18년에 환공이 이에 부인과 함께 제나라에 갔으니, 장공이 진실로 제나라 임금의 아들이 아니요, 조카가 된다.

11-3. 猗嗟變兮(의차련혜)여 淸揚婉兮(청양완혜)로다 舞則選兮(무즉선혜)며 射則貫兮(사즉관혜)며 四矢反兮(사시반혜)로소니 以禦亂兮(이어란혜)로다 [賦]

| 언해 |

猗嗟홉다 變홈이여 淸이며 揚이 婉ᄒᆞ도다 춤춤이 곳 무리와 달으며 射홈이 곳 貫ᄒᆞ며 四矢ㅣ 反ᄒᆞ노소니 뼈 亂을 막으리로다

| 번역 |

아! 좋구나.
아름다운 눈에 예쁜 눈썹이여
춤추는 것은 남다르고
활을 쏘면 꿰뚫으며
화살 네 발이 돌아오니
그것으로 어지러움을 막으리

| 자해 |

孌 : 좋은 모양. • 淸 : 눈의 아름다움. • 揚 : 눈썹이 아름다운 것. • 婉 : 좋은 모양. • 選 : 여럿과 다르다는 말. • 貫 : 관중(貫中)과 관혁(貫革). • 四矢 : 예사(禮射)에 매양 화살 네 개를 쏘는 것. • 反 : '돌아오다'라는 말이니 마쳐서 모두 그 원래의 장소를 맞힘.

| 의해 |

장공(莊公)이 활 쏘는 재주와 기예가 이같이 정교하여 난을 막을 수 있었을 것이니 금복고(金僕姑)로써 남궁장만(南宮長萬)을 쏠 것을 볼 수 있다.

이 「아![猗嗟]」는 모두 3장이다.

어떤 사람이 말하기를, "아들이 어머니를 제어할 수 있을까? 조자(趙子)가 '남편이 죽으면 자식을 따름은 위아래가 한결같거늘 하물며 나라의 임금이겠는가? 임금은 인신(人神)의 주장이요, 풍교(風敎)의 근본이니 집을 바르게 하지 못하면 그 나라를 바르게 하는것을 어떻게 하겠는가? 장공(莊公) 같은 이는 애통하여 아버지를 생각하고 성경(誠敬)하여 어머니를 섬기고 위엄과 형벌로써 아래를 어거(馭車)하여 거마(車馬)와 복종(僕從)이 명령을 기다리지 않음이 없었으니, 부인이 도보(徒步)로 갔으리오? 부인이 갈 때는 공(公)의 애경(哀敬)이 지극하지 못하고 위명(威命)도 행해지지 못해서이다"라고 하였다.

동래여씨(東萊呂氏)가 말하였다. "이 글 3장은 풍자[譏刺]하는 뜻이 모두 말 밖에 있어서 차탄(嗟歎)함을 두세번 하였으니, 장공이 크게 잘못한 바가 있음을 말하지 않아도 알 수 있다."

제풍(齊風)은 11편 34장 143구이다.

위풍 | 魏風

위(魏)는 나라 이름이니 순(舜)임금 · 우(禹)임금의 옛 도읍이니 우공(禹貢)의 기주(冀州) 지역으로 뇌수(雷首)의 북방 석성(析城)의 서쪽에 있어서 남쪽으로 하곡(河曲)까지 걸쳐 있고 북쪽으로 분수(汾水)를 건너 갔다. 그 땅이 협착(陜隘)하고 백성이 가난하며 풍속이 검소하여 대체로 성현(聖賢)의 유풍(遺風)이 있었다.

주(周)나라가 처음에 동성(同姓)을 봉(封)하였더니 나중에 진(晉)나라 헌공(獻公)이 멸망시켜 그 땅을 취하게 되었으니 지금 하중부(河中府) 하주(解州)가 곧 그 땅이다. 소씨(蘇氏)가 말하기를 "위나라 땅이 진(晉)나라로 들어 간지 오래니 이 시는 아마도 모두 진(晉)나라가 된 뒤에 지어졌기 때문에 당풍(唐風)의 앞에 배열하였으니 패풍(邶鄘)의 위(衛)와의 관계와 같다"라고 하였다.

이제 살펴보건대, 편(篇) 가운데 공행(公行) · 공로(公路) · 공족(公族)은 모두 진(晉)나라 벼슬이니, 의심컨대 실지로는 진(晉)나라 시인듯하며 안타깝게도 위나라에도 또한 일찍이 벼슬이 있었는지는 대체로 상고할 수 없다.

1. 칡 신[葛屨]

1-1. 糾糾葛屨여 可以履霜이로다 摻摻女手여 可以縫裳이로다 要之襋之하여 好人服之로다 [興]

(규규갈구 가이리상 섬섬녀수 가이봉상 요지극지 호인복지)

| 언해 |

糾糾ᄒᆞᆫ 葛屨ㅣ여 可히뻐 셔리를 밟부리로다 摻摻ᄒᆞᆫ 女의 手ㅣ여 可히뻐 裳을 縫ᄒᆞ리로다 要ᄒᆞ며 襋ᄒᆞ야 好人이 입ᄂᆞᆫ도다

| 번역 |

시원한 칡 신이여
그걸로 서리를 밟으리라
가냘픈 여자의 손이여
그걸로 치마를 꿰매리
치마 허리를 하고 동정 달면
좋은 사람이 입으리

| 자해 |

糾糾 : 차고 서늘함. • 葛屨 : 여름 칡 신. • 摻摻 : 섬섬(纖纖)과 같은 뜻. 女 : 시집간 여자가 아직 사당에 가서 뵙지 못한 것을 일컬음. 여자를 데려온 지 석 달 만에 묘견(廟見)한 후에야 부인으로서의 일을 몸소 집행하는 것임. • 要 : 치마 허리. • 襋 : 옷의 깃. • 好人 : 대인(大人)과 같음.

| 의해 |

위나라 땅이 협애(陜隘)하여 그 풍속이 검소하고 인색하여 편벽되고 급하였다. 그리하여 칡 신을 신고 서리를 밟는 것으로 흥(興)을 일으켜 그 여자로 하여금 치마를 꿰매게 하며 또 그 치마 허리와 옷 깃을 다스리게 하여 드디어 입는 것을 풍자하였으니 이 시는 의심컨대 치마를 꿰맨 여자가 지은 것인 것 같다.

1-2. 好人提提(호인제제)하여 宛然左辟(완연좌피)하나니 佩其象揥(패기상체)로다 維是(유시) 褊心(편심)이라 是以爲刺(시이위자)하노라 [賦]

| 언해 |

好人이 提提ᄒᆞ야 宛然히 左로 辟ᄒᆞᄂᆞ니 그 象으로 ᄒᆞᆫ 揥를 佩ᄒᆞ얏도다 이 마ᄋᆞᆷ이 褊ᄒᆞᆫ지라 일로뼈 풍ᄌᆞᄒᆞ노라

| 번역 |

좋은 사람이 편안하여
사양하듯 왼편으로 서서
상아 빗치개 찼도다
이 마음이 좁은지라
이래서 욕을 먹지

| 자해 |

提提 : 편안하게 펴짐. • 宛然 : 사양하는 모양이니 사양하여 피하는 자가 반드시 왼편으로 서는 것. • 揥 : 머리털을 가르는 것이니 상아(象牙)로 만든 것은 신분이 높은 집 자식의 머리 장식임.

| 의해 |

외면(外面)으로 보면 그 나아가고 멈춤을 편안하게 펴고 손양(遜讓)의 절차 있는 것과 복식(服飾)이 귀하고 훌륭함이 나무랄 것이 없다. 그러나 그 마음이 좁고 급박함이 앞 장과 같다.

이 「칡 신[葛屨]」은 모두 2장이다.

광한(廣漢) 장씨(張氏)가 말하였다. "공부자(孔夫子)께서 '그 사치함으로 보다는 차라리 검소한다.'하셨으니 검소함이 비록 중도(中道)를 잃었으되 본래 악한 덕이 아니다. 그러나 검소함을 너무 지나치면 인색하고 협애(陜隘)한 데 이르러 일푼일호 사이를 헤아리고 비교하여 이익을 도모하는 마음이 비로소 급(急)해지지는 법이니 「葛屨」·「汾沮洳」·「園有桃」 3개의 시가 모두 급박하고 번쇄(瑣碎)한 뜻을 말한 것이다."

2. 분수가에서 [汾沮洳]

2-1. 彼汾沮洳(피분저여)에 言采其莫(언채기막)로다 彼其之子(피기지자)여 美無度(미무도)로다 美無度(미무도)나 殊異乎公路(수이호공로)로다 [興]

| 언해 |

뎌 汾의 沮洳ᄒᆞᆫᄃᆡ 그 莫를 采ᄒᆞ놋다 뎌 之子ㅣ여 美홈을 度치 못ᄒᆞ리로다 美홈을 度치 못ᄒᆞ나 ᄌᆞ못 公路와 달으도다

| 번역 |

저 분수(汾水)의 습지에서
나물을 캐네
저 사람이여
헤아릴 수 없이 아름답네
헤아리지 못하게 아름답지만
자못 공로와 다르구나

| 자해 |

汾 : 물 이름이니 태원(太原) 진양산(晉陽山) 서남쪽에서 나와 황하로 들어가는 것. • 沮洳 : 물이 스며드는 하습(下濕)한 땅. • 莫 : 나물 이름이니 버들잎 같으나 길고 짧은 털이 있으니 국을 끓일 있음. • 無度 : 한 자나 한 치로 헤아릴 수 없다는 것. • 公路 : 공(公)의 길 가는 수레를 관장하는 벼슬이니 진(晉)나라에서 경대부의 서자(庶子)에게 이 일을 맡김.

| 의해 |

이 시도 또한 검소함이 예(禮)에 알맞지 않음을 나무란 것이니, "이 사람 같은 이는 아름답기는 아름다우나 인색하리 만큼 검소하고 편급(褊急)한 태도가 자못 신분이 높은 사람 같지 않다."고 한 것이다.

2-2. 彼汾一方[피분일방]에 言采其桑[언채기상]이로다 彼其之子[피기지자]여 美如英[미여영]이로다 美如英[미여영]이나 殊異乎公行[수이호공항]이로다 [興]

| 언해 |

뎌 汾읫 一方에 그 桑을 采ᄒᆞ놋다 뎌 之子ㅣ여 美ᄒᆞᆷ이 英갓도다 美ᄒᆞᆷ이 英갓ᄒᆞ나 ᄌᆞ못 公行과 달으도다

| 번역 |

저 분수(汾水)의 한편에서
뽕을 따네
저 사람이여
아름답기 꽃 같네
아름답기 꽃 같으나
자못 공행과 다르구나

| 자해 |

一方 : 저 한편. 『사기(史記)』에 편작(扁鵲)이 원(垣)의 한편에 있는 사람을 본다는 말과 마찬가지임. • 英 : 빛남. • 公行 : 공로(公路).

2-3. 彼汾一曲(피분일곡)에 言采其藚(언채기속)이로다 彼其之子(피기지자)여 美如玉(미여옥)이로다 美如玉(미여옥)이나 殊異乎公族(수이호공족)이로다 [興]

| 언해 |

뎌 汾읫 一曲에 藚을 采ᄒᆞᄂᆞᆺ다 뎌 之子ㅣ여 美홈이 玉갓ᄒᆞ도다 美홈이 玉갓ᄒᆞ나 ᄌᆞ못 公族과 달으도다

| 번역 |

저 분수(汾水)의 한 굽이에서
쇠기 나물을 캐네
저 사람이여
아름답기 옥 같네
아름답기 옥 같으나
자못 공족의 할 짓과는 다르네

| 자해 |

一曲 : 물이 굽이 쳐서 흐르는 곳. • 藚 : 수석(水舃)이니 곧 택사(澤瀉). 잎이 차전자(車前子)와 같음. • 公族 : 공(公)의 종족을 관장한 자이니, 진(晉)나라에서는 경대부의 적자(適子)에게 시켰음.

이 「분수가에서[汾沮洳]」는 모두 3장이다.

3. 뒤뜰의 복숭아[園有桃]

3-1. 園有桃(원유도)하니 其實之殽(기실지효)로다 心之憂矣(심지우의)라 我歌且謠(아가차요)하라 不知我者(부지아자)는 謂我士也驕(위아사야교)로다 彼人是哉(피인시재)어늘 子曰何(자왈하)其(기)오하나니 心之憂矣(심지우의)여 其誰知之(기수지지)리요 其誰知之(기수지지)리요 蓋(개)亦勿思(역물사)로다 [興]

| 언해 |

園에 桃ㅣ 잇스니 그 實을 먹으리로다 心에 憂ᄒᆞ논지라 내 歌ᄒᆞ고 ᄯᅩ 謠호라 나를 알지 못ᄒᆞᄂᆞ니ᄂᆞᆫ 나를 일오ᄃᆡ 士ㅣ 驕ᄒᆞ다 ᄒᆞ놋다 뎌 사ᄅᆞᆷ이 올커ᄂᆞᆯ 子의 말은 엇짐이뇨 ᄒᆞᄂᆞ니 心에 憂홈이여 그 뉘알니오 그 뉘알니오 ᄯᅩ 思치 못홈이로다

| 번역 |

뒤뜰에 복숭아가 있으니
그 열매를 먹도다
마음에 근심이 있으니
내가 노래하고 불러 댄다
나를 알지 못하는 자는
나보고 사나이가 교만한단다
저 사람이 옳거늘
자네가 왜 그리 말하는가 하니
마음에 근심함이여

그 누가 알리오
그 누가 알리오
또 생각하지 못함이로다

| 자해 |

殽 : 먹음. • 歌 : 곡조(曲調)를 합(合)한 것. • 謠 : 노래만 하는 것. • 何其 : 기(其)는 어조사.

| 의해 |

시인이 그 나라가 작고 정치가 없음을 근심하였다. 그리하여 이 글을 지어 말하기를 "뜰에 복숭아가 있으니, 그 열매를 먹도다. 마음에 근심이 있으니 내가 노래하고 읊조린다. 그러나 나의 마음을 알지 못하는 자가 그 노래하고 입 놀리는 것을 보고 도리어 교만하다 하네. 저의 하는 바가 이미 옳거늘 그대의 말이 홀로 어떻게 하겠는가? 대개 온 나라 사람에 그르침을 깨닫을 리 없고 도리어 근심하는 자를 교만하다 하는구나. 이에 근심하는 자가 거듭 탄식하되 나의 근심하는 바를 당초에 알기 어려운 게 아니요, 저들이 나를 비난하는 것은 다만 생각하지 않아서이다. 진실로 생각할 진대 장차 나를 비난할 겨를없이 스스로 근심할 일이로다"라고 한 것이다.

3-2. 園有棘(원유극)하니 其實之食(기실지식)이로다 心之憂矣(심지우의)라 聊以行國(료이행국)하라 不知我者(부지아자)는 謂我士也罔極(위아사야망극)이로다 彼人是哉(피인시재)어늘 子(자)曰何其(왈하기)오하나니 心之憂矣(심지우의)여 其誰知之(기수지지)리요 其誰知(기수지)之리요 蓋亦勿思(개역물사)로다 [興]

| 언해 |

園에 棘이 잇스니 그 實을 먹으리로다 心에 憂ᄒᆞ논지라 애오라지 뼈 國에 行호라 나를 알지 못ᄒᆞ는니는 나를 닐오ᄃᆡ 士ㅣ 罔極ᄒᆞ다 ᄒᆞ놋다 뎌 사ᄅᆞᆷ이 올커늘 子의 말은 엇짐이뇨 心에 憂홈이여 그 뉘알니요 그 뉘알니요 ᄯᅩ 思치 못홈이로다

| 번역 |

뒤뜰에 대추나무 있으니
그 열매를 먹으리
마음에 근심이 있으니
아! 나라 안을 돌아다니네
나를 알지 못하는 자는
나보고 사나이가 그지 없다네
저 사람이 옳거늘
자네 말은 어찌된 것인가
마음에 근심함이여
그 누가 알리오
그 누가 알리오
또 생각하지 못함이로다

| 자해 |

棘 : 작은 대추. • 聊 : 어조사. • 極 : 다하다는 뜻. • 罔極 : 다함이 없음.

| 의해 |

노래하고 읊조려도 부족한 즉 나아가 나라 가운데에서 놀아 근심을 쓴 것이라

이 「뒤뜰의 복숭아[園有桃]」는 모두 2장이다.

4. 산에 올라[陟岵]

4-1. 陟彼岵兮(척피호혜)하여 瞻望父兮(첨망부혜)하라 父曰嗟予子行役(부왈차여자행역)하여 夙夜無已(숙야무이)로다 上愼旃哉(상신전재)어다 猶來無止(유래무지)니라 [賦]

| 언해 |

뎌 岵에 陟ᄒᆞ야 父를 瞻望호라 父ㅣ 닐오ᄃᆡ 嗟홉다 내 아ᄃᆞᆯ이 行役ᄒᆞ야 夙夜에 말지 못ᄒᆞᄂᆞᆺ다 거의 삼갈지어다 오히려 來ᄒᆞ야 止홈이 업슬지니라

| 번역 |

저 산에 올라
아버지를 바라본다
아버지는 말한다네
아. 내 자식 행역하여
밤낮으로 그침 없네
몸 조심하거라
그럴수록 잡혀가서 머물지 마라

| 자해 |

岵 : 산에 초목이 없는 것. • 上 : 상(尙)자와 같은 뜻. • 旃 : 어조사.

| 의해 |

효자가 행역(行役)할 때 그 부모를 잊지 못하는 까닭에 산에 올라 그 아버지가 있는 곳을 바라본다. 그리하여 그 아버지가 자기를 생각하며 하는 말을 상상하여 "슬프다. 나의 아들이여. 아침 일찍부터 밤 늦게 까지 행역(行役)함에 부지런히 일하느라 쉬지도 못하는구나"라고 하였다. 또 축수(祝壽)하여 "삼가 조심하기 바란다. 아직은 돌아갈 수 있을 것이니, 거기서 멈춰서 돌아오지 못하는 일이 없도록 하라."라고 하였으니, 대개 살면 반드시 돌아오고 죽으면 그곳에 그쳐서 오지 못할 것이다.

4-2. 陟彼屺兮(척피기혜)하여 瞻望母兮(첨망모혜)하라 母曰嗟予季行役(모왈차여계행역)하여
夙夜無寐(숙야무매)로다 上愼旃哉(상신전재)어다 猶來無棄(유래무기)니라 [賦]

| 언해 |

뎌 屺에 陟ᄒᆞ야 母를 瞻望호라 母ㅣ 닐오ᄃᆡ 嗟홉다 내 젹은 아ᄃᆞᆯ이 行役ᄒᆞ야 夙夜에 寐치 못ᄒᆞᄂᆞ다 거의 삼갈지어다 오히려 來ᄒᆞ야 棄홈이 업슬지니라

| 번역 |

저 산에 올라
어머니를 바라본다
어머니는 말한다네
아. 내 작은 아들 행역하여
밤낮으로 잠도 못자네
몸 조심하거라

그럴수록 잡혀가서 버려지지는 마라

| 자해 |

屺 : 산에 초목이 있는 곳. • 季 : 작은 아들이니 작은 아들을 사랑[憐愛]함은 어머니의 상정(常情). • 無寐 : 또한 수고로움이 심함을 말함. • 棄 : 죽어서 그 시체를 버린다는 말.

척피강혜 첨망형혜 형왈차여제행역
4-3. 陟彼岡兮하여 瞻望兄兮하라 兄曰嗟予弟行役하여

숙야필해 상신전재 유래무사
夙夜必偕로다 上愼旃哉어다 猶來無死니라 [賦]

| 언해 |

뎌 岡에 陟ᄒᆞ야 兄을 瞻望호라 兄아 닐오ᄃᆡ 嗟홉다 내 아ᄋᆞ가 行役ᄒᆞ야 夙夜에 반ᄃᆞ시 偕ᄒᆞ놋다 거의 삼갈지어다 오히려 來ᄒᆞ야 死홈이 업슬지니라

| 번역 |

저 산마루에 올라
형을 바라본다
형이 타이르네
아! 내 아우가 행역하여
밤낮으로 꼭 함께 하네
몸 조심하거라
그럴수록 잡혀가서 죽지는 마라

| 자해 |

岡 : 산마루. • 必偕 : 함께 일어나고 함께 멈춰서 자유를 얻지 못함.

| 의해 |

자기가 부모를 생각함으로써 부모가 자기를 생각함을 알아 비록 부모가 자기 생각하는 말을 하였으나, 실로 자기의 부모를 생각하는 마음을 붙임이 깊다.

이 「산에 올라[陟岵]」는 모두 3장이다.

5. 열 묘 사이에서[十畝之間]

5-1. 十畝之間兮(십모지간혜)여 桑者閑閑兮(상자한한혜)니 行與子還兮(행여자환혜)하리라
[賦]

| 언해 |

十畝ㅅ사이에 ᄲᅩᆼᄣᅡᄂᆞᆫ 者ㅣ 閑閑ᄒᆞ니 쟝ᄎᆞᆺ ᄌᆞ네로 ᄃᆞ려 還호리라

| 번역 |

열 묘 사이에서
뽕 따는 자 한가로우니
장차 그대와 돌아가고 싶구나

| 자해 |

十畝之間 : 들 밖에 받은 장포(場圃)의 땅. • 閑閑 : 왕래하는 자가 자득(自得)한 모양. • 行 : 장차. • 還 : 돌아옴.

| 의해 |

정사(政事)가 어지럽고 나라가 위태로움에 현자(賢者)가 그 조정에서 벼슬하는 것을 즐기지 않고 그 벗과 더불어 농포(農圃)로 돌아가고자 하기 때문에 그 말이 이와 같다.

5-2. 十畝之外兮(십모지외혜)여 桑者泄泄兮(상자예예혜)니 行與子逝兮(행여자서혜)하리라

[賦]

| 언해 |

十畝ㅅ 밧게 ᄲᅩᆼᄯᅡ는 者ㅣ 泄泄ᄒᆞ니 장ᄎᆞᆺ ᄌᆞ네로 ᄃᆞ려 가리로다

| 번역 |

열 묘 밖에
뽕 따는 자 느긋해 보이네
장차 그대와 돌아가리라

| 자해 |

十畝之外 : 이웃 나물 밭. • 泄泄 : 한한(閑閑)과 같은 뜻. • 逝 : 간다는 뜻.

이 「열 묘 사이에서[十畝之間]」는 모두 2장이다.

6. 박달나무를 베어[伐檀]

6-1. 坎坎伐檀兮(감감벌단혜)하여 寘之河之干兮(치지하지간혜)하니 河水淸且漣猗(하수청차연의)로다 不稼不穡(불가불색)이면 胡取禾三百廛兮(호취화삼백전혜)며 不狩不獵(불수불렵)이면 胡瞻爾庭有縣貆兮(호첨이정유현환혜)리오하나니 彼君子兮(피군자혜)여 不素餐兮(불소찬혜)로다 [賦]

| 언해 |

坎坎히 檀을 伐ᄒᆞ야 河의 ㅅ干에 둔니 河水가 맑고 ᄯᅩ 문ᄎᆡ나도다 심으지 안이ᄒᆞ고 것우지 안이ᄒᆞ면 엇지 禾三百廛을 取ᄒᆞ며 狩치 안이ᄒᆞ며 獵지 안이ᄒᆞ면 엇지 네 ᄯᅳᆯ에 ᄆᆡ여 달닌 貆을 보리오 ᄒᆞᄂᆞ니 뎌 君子ㅣ여 素餐을 안이ᄒᆞᄂᆞᆺ다

| 번역 |

끙끙 박달나무 베어
황하 언덕에 놓으니
황하 물이 맑고 물결치네
심지 않고 거두지 않으면
어찌 벼 삼백 전을 취하며
겨울 사냥도 않고 밤 사냥도 않으면
어찌 너희 뜰에 걸린 오소리를 보리
저 군자여
공짜 밥 먹지 않네

| 자해 |

坎坎 : 힘쓰는 소리. • 檀 : 박달나무니 수레를 만들 수 있는 것. • 寘 : 두는 것. • 干 : 물가. • 漣 : 바람이 불어 물결이 무늬를 이루는 것. • 猗와 與와 兮 : 어조사. • 稼 : 심는 것. • 穡 : 걷는 것. • 胡 : 어찌. • 廛 : 한 가장이 거처하는 곳. • 狩 : 사냥하다는 뜻이니 렵(獵)과 같음. • 貆 : 맥(貉)의 무리. • 素 : 공(空)은 같으니 '비다'는 뜻. • 餐 : 먹음.

| 의해 |

사람이 여기 있으니 힘써 박달나무를 베어 장차 수레를 만들어 육지(陸地)를 가고자 한다. 이제 이것을 하수(河水)가에 두었으니, 하수가 맑고 또 문채가 일어나 쓸 곳이 없으니, 비록 자신의 능력으로 먹고자 하나 불가능하였다. 그러나 그 뜻은 스스로 밭 갈지 않으면 벼를 얻지 못하겠고 사냥하지 않으면 짐승을 얻지 못하리라 생각하였다.

이 때문에 궁(窮)하여 굶주리는 것을 마음에 달게 여겨 뉘우치지 않았으니, 시인이 그 일을 글로 지어 탄식하여 참 헛되이 먹지 않는 자라 하였으니, 후세 서치(徐穉)같은 무리가 그가 힘쓰지 않고서는 먹지 않았으니 그 의지를 가다듬는 것이 아마 이와 같을 것이다.

6-2. 坎坎伐輻兮(감감벌복혜)하여 寘之河之側兮(치지하지측혜)하니 河水清且直猗(하수청차직의)로다 不稼不穡(불가불색)이면 胡取禾三百億兮(호취화삼백억혜)며 不狩不獵(불수불렵)이면 胡瞻爾庭有縣特兮(호첨이정유현특혜)리오하나니 彼君子兮(피군자혜)여 不素食兮(불소식혜)로다 [賦]

| 언해 |

坎坎히 輻홀 것을 베여셔 河의 ㅅ側에 두니 河水가 맑고 또 直ᄒᆞ도다 심으지 안이ᄒᆞ고 것우지 안이ᄒᆞ면 엇지 禾三百億을 取ᄒᆞ며 狩치 안이ᄒᆞ며 獵지 안이ᄒᆞ면 엇지 네 뜰에 ᄆᆡ여 달닌 特을 보리오 ᄒᆞ나니 뎌 君子ㅣ여 素餐을 안이ᄒᆞᄂᆞᆺ다

| 번역 |

끙끙 바퀴살감 베어
황하 곁에 두니
황하 물이 맑고 곧도다
심지 않고 거두지 않으면
어찌 벼 삼백 억을 취하며
겨울 사냥도 않고 밤 사냥도 않으면
어찌 너희 뜰에 걸린 세 살짜리 짐승을 보리
저 군자여
공짜 밥 먹지 않네

| 자해 |

輻 : 수레의 폭(輻)이니 나무를 베어서 폭을 만듦. • 直 : 물결이 꼿꼿한 것. • 億 : 10만(萬)이라하니 대개 벼를 묶은 수(數)를 말한 것. • 特 : 짐승이 세 살된 것.

6-3. 坎坎伐輪兮하여 寘之河之漘兮하니 河水淸且淪猗로다 不稼不穡이면 胡取禾三百囷兮며 不狩不獵이면 胡瞻爾庭有縣鶉兮리오하나니 彼君子兮여 不素飧兮로다

[賦]

| 언해 |

坎坎히 輪민들 것을 베여셔 河의 ㅅ漘에 두니 河水가 맑고 ᄯᅩ 淪ᄒᆞ도다 심으지 안이ᄒᆞ고 것우지 안이ᄒᆞ면 엇지 禾三百囷을 取ᄒᆞ며 狩치 안이ᄒᆞ고 獵지 안이ᄒᆞ면 엇지 네 ᄠᅳᆯ에 ᄆᆡ여 둘닌 鶉을 보리오 뎌 君子ㅣ여 素餐을 안이ᄒᆞ놋다

| 번역 |

깡깡 바퀴감을 베어
황하 가에 두니
황하 물이 맑고 잔물결 치네
심지 않고 거두지 않으면
어찌 벼 삼백 균을 취하며
겨울 사냥도 않고 밤 사냥도 않으면
어찌 너희 뜰에 걸린 메추리를 보리
저 군자여
공짜 밥 먹지 않네

| 자해 |

輪 : 수레의 바퀴니 나무를 베어서 바퀴를 만듦. • 淪 : 작은 바람에 물이 문채를 이루어 바퀴가 구르듯 하는 것. • 漘 : 물가. • 囷 : 둥근 창고. • 鶉 : 메추리. • 飧 : 익혀 먹는 것.

| 의해 |

마음을 수고롭게 하고 먹을 것을 얻는 사람도 있으며 힘을 수고롭게 하고 먹을 것을 얻는 사람도 있으며 몸소 밭 갈아 스스로 먹는 사람도 있으니, 어찌 반드시 사람마다 스스로 밭 갈아 먹는다 하겠는가? 다만 일이 없이 밥을 먹기만 해서는 안된다 함이니 시인이 박달나무를 베는 군자의 그 가난함을 달게 여기고 천한 것을 즐거워함을 아름답게 여긴 것이다.

이 「박달나무를 베어[伐檀]」는 모두 3장이다.

7. 큰 쥐[碩鼠]

7-1. 碩鼠碩鼠아 無食我黍어다 三歲貫女하늘 莫我肯顧란대 逝將去女코 適彼樂土하리라 樂土樂土여 爰得我所로다 [比]

| 언해 |

碩ᄒᆞᆫ 鼠아 碩ᄒᆞᆫ 鼠아 나의 黍를 食지 말을지어다 三歲나 너를 익슉ᄒᆞ거ᄂᆞᆯ 나를 즐겨 도라보지 안이ᄒᆞ란ᄃᆡ 가셔 장ᄎᆞᆺ 너를 버리고 뎌 樂土에 가리라 樂土ㅣ여 樂土ㅣ여 이에 나의 쳐소를 엇으리로다

| 번역 |

큰 쥐야 큰 쥐야
나의 기장을 먹지 마오
3년이나 너한테 길렸거늘
나를 돌아보려 않으니
가서 장차 너를 버리고
저 낙토로 가리라
낙원의 땅이여 낙원의 땅이여
이에 내 살 곳 얻으리

| 자해 |

碩 : 큼. • 三歲 : 그 오램을 말함. • 貫 : 익숙함. • 女 : 너〔汝〕라는 뜻. • 顧 : 생각함. • 逝 : 가는 것. • 去 : 버림. • 樂土 : 도(道) 있는 나라. • 爰 : 어(於)와 같으니 '이에'라는 말.

| 의해 |

백성이 탐욕스럽고 잔혹한 정치 때문에 큰 쥐가 몸을 해친다고 빗대고 말하고 버린 것이다. "3년이나 너에게 관숙(貫熟)하였다" 하였으니 백성이 윗사람에게 지극히 하였고, "나를 즐겨 돌아보지 않는다"라고 하였으니 윗사람이 백성에게 심하게 한 것이니, 이에 버리기를 결단함은 백성의 잘못이 아니다.

7-2. 碩鼠碩鼠(석서석서)아 無食我麥(무식아맥)이어다 三歲貫女(삼세관녀)하늘 莫我肯德(막아긍덕)이란대 逝將去女(서장거녀)코 適彼樂國(적피락국)하리라 樂國樂國(락국락국)이여 爰得我直(원득아직)이로다 [比]

| 언해 |

碩ᄒᆞᆫ 鼠아 碩ᄒᆞᆫ 鼠아 나의 麥을 食지 말을지어다 三歲나 너를 익슉ᄒᆞ거ᄂᆞᆯ 나를 즐겨 德ᄒᆞ지 안이ᄒᆞ란ᄃᆡ 가셔 쟝ᄎᆞᆺ 너를 버리고 뎌 樂國에 가리라 樂國이여 樂國이여 이에 나의 맛당ᄒᆞᆷ을 엇으리로다

| 번역 |

큰 쥐야 큰 쥐야
나의 보리 먹지 마오

3년이나 너한테 질렸거늘
나에게 덕을 주려 않으니
가서 장차 너를 버리고
저 좋은 나라로 가리라
낙원의 나라여 낙원의 나라여
이에 마땅함을 얻으리

| 자해 |

德 : 은덕. • 莫我肯德 : 은덕을 나에게 베풀지 않는다는 말. • 直 : 마땅하다는 뜻과 같음.

7-3. 碩鼠碩鼠아 無食我苗어다 三歲貫女하늘 莫我肯勞란대 逝將去女코 適彼樂郊하리라 樂郊樂郊여 誰之永號리오 [比]

| 언해 |

碩ᄒᆞᆫ 鼠아 碩ᄒᆞᆫ 鼠아 나의 苗을 食지 말을지어다 三歲나 너를 익숙ᄒᆞ거ᄂᆞᆯ 나를 즐겨 勞치 안이ᄒᆞ란ᄃᆡ 가셔 쟝ᄎᆞᆺ 너를 버리고 뎌 樂郊에 가리라 樂郊ㅣ여 樂郊ㅣ여 누구로 ᄒᆞ야 기리 부루지지리오

| 번역 |

큰 쥐야 큰 쥐야
나의 모를 먹지 마오
3년이나 너한테 질렸거늘

나에게 수고했다 않으려니
가서 장차 너를 버리고
저 좋은 교외로 가리라
낙원의 교외여 낙원의 교외여
누굴 기리 불러대리

| 자해 |

苗 : 벼가 이삭 나오지 아니한 것. • 勞 : 근고(勤苦)이니 나더러 수고하였다 하지 않는다 함. • 永號 : 길게 부르짖음.

| 의해 |

임금이 도를 잃음이 이와 같아서, 나라 사람들이 심히 미워하여 버리고 낙교(樂郊)로 가고자 하니 이미 버리고 즐거운 교외로 간다면 다시 누구 때문에 길게 부르짖으리오?

이 「큰 쥐[碩鼠]」는 모두 3장이다.

위풍(魏風)은 7편 18장 128구이다.

당풍 | 唐風

당(唐)은 나라 이름이니 요(堯) 임금의 옛 도읍이다. 우공(禹貢)의 기주(冀州)의 지역 태행산(大行山) 항산(恒山) 서쪽 태원(大原) 대악(大岳)의 들에 있으니 주나라 성왕(成王)이 이곳에 아우 숙우(叔虞)를 봉(封)하여 당후(唐侯)를 삼았다. 남쪽에 진수(晉水)가 있는지라 아들 섭(燮)에 이르러 나라 이름을 고쳐 '진(晉)'이라 하였고 후에 곡옥(曲沃)으로 옮기고 또 옮겨 강(絳) 땅에 살다 그 땅이 흙은 메마르고 백성은 가난하여 부지런하며 검소하고 질박하며 근심이 깊고 생각이 멀어서 요임금의 유풍(遺風)이 있었다.
그 시를 '진(晉)'이라 하지 않고 '당(唐)'이라 이름 한 것은 대개 그 처음 봉한 옛 이름 때문이다. 당숙(唐叔)이 도읍한 바는 이제 태원부(大原府) 곡옥(曲沃)과 그리고 강(絳)땅에 있으니, 모두 지금의 강주(絳州)에 있다.

1. 귀뚜라미 [蟋蟀]

1-1. 蟋蟀在堂(실솔재당)하니 歲聿其莫(세율기모)엇다 今我不樂(금아불락)이면 日月其除(일월기제)리라 無已大康(무이태강)가 職思其居(직사기거)하여 好樂無荒(호락무황)이 良士(량사)의 瞿瞿(구구)니라 [賦]

| 언해 |

蟋蟀이 堂애 잇시니 ᄒᆡ가 드듸여 그 져물것다 이졔 우리 즐거워 ᄒᆞ지 안이ᄒᆞ면 日月이 그 除ᄒᆞ리라 아니너모 편안ᄒᆞᆫ가 職업의 잇ᄂᆞᆫ 바를 ᄉᆡᆼ각ᄒᆞ야 즐거워ᄒᆞ믈 조아호ᄃᆡ 거치지 안이홈이 良士의 瞿瞿ᄐᆞᆺ 홀지니라

| 번역 |

귀뚜라미 당에 있으니
해가 드디어 저물겠네
이제 우리 안 즐기면
해와 달이 놓고 가리
아니 너무 편안한가
직분에 맡은 생각하여
즐김을 좋아하되 거침없음이
양사(良士)의 사려로다

| 자해 |

蟋蟀 : 벌레이름이니 황충(蝗虫) 같으나 작으며 정히 검고 빛이 윤택함이 있어 칠한 것 같으며 뿔과 날개가 있다. 혹 촉직(促織)이라 하니 9월이면 당(堂)에 있음. 귀뚜라미. • 聿 : 드디어. • 莫 : 저뭄. • 除 : 가는 것. • 大康 : 즐거움이 지나침. • 職 : 주장(主張). • 瞿瞿 : 고려(顧慮)하는 모양.

| 의해 |

당(唐)나라 풍속이 부지런하며 검소하였기 때문에 백성이 한 해가 다가도록 수고하여 감히 조금도 쉬지 못하다가 그 해 늦게 힘쓰는 일이 한가한 때에 이르러 이에 감히 서로 함께 잔치를 벌여 마시고 즐거워하여 말하기를, "이제 귀뚜라미 당(堂)에 있어 해가 홀연히 이미 저물었다. 이때에 이르러 즐거워하지 않으면 해와 달이 장차 나를 놓고 가리라. 그러나 그 근심함이 깊고 멀리 생각한다. 그런 까닭에 바야흐로 연락(燕樂)함에 또한 서로 경계하여 '이제 비록 즐거워하지 않을 수 없지만, 너무 즐거워함에 지나치지는 않은가? 대개 또한 그 직분에 맡은 것을 돌아보고 생각하여 그 비록 즐거워함을 좋아하지만 거침이 없음이, 마치 저 양사(良士)가 기리 생각하며, 도리어 돌아봄과 같이하면 위태로워 망하는 데 이르지 않을 것이다.'"하였다. 저 그 백성의 풍속이 두터움과 이전 성인(聖人)의 유풍(遺風)이 멀리 미친 것이 이와 같다.

1-2. 蟋蟀在堂(실솔재당)하니 歲聿其逝(세율기서)엇다 今我不樂(금아불락)이면 日月其(일월기) 邁(매)리라 無已大康(무이태강)가 職思其外(직사기외)하여 好樂無荒(호락무황)이 良士(량사)의 蹶蹶(궐궐)니라 [賦]

| 언해 |

蟋蟀이 堂애 잇시니 히가 드듸여 가것다 이제 우리 즐거워 안이 ᄒᆞ면 日月이 그 가리라 안이너모 편안ᄒᆞᆫ가 職업의 그 나머지를 ᄉᆡᆼ각ᄒᆞ야 즐거워ᄒᆞᆷ을 조아호ᄃᆡ 거치지 안이ᄒᆞᆷ이 良士의 蹶蹶ᄐᆞᆺ ᄒᆞᆯ지니라

| 번역 |

귀뚜라미 당에 있으니
해가 드디어 가겠네
이제 우리 안 즐기면
해와 달이 가리라
아니 너무 편안한가
직분 밖의 일을 생각하여
즐김을 좋아하되 거침없음이
양사(良士)의 빠름이라

| 자해 |

逝・邁 : 가는 것. • 外 : 나머지. • 蹶蹶 : 움직여 일에 민첩(敏捷)함.

| 의해 |

그 다스리는 바 일을 진실로 마땅히 생각해야 할 것이로되, 다스리는 나머지도 또한 감히 소홀히 여기지는 못할 것이니, 대개 사변(事變)이 간혹 평상시에 사려가 미치지 못한 것에서 생기는지라 마땅히 지나는 과정에 예비(豫備)해야 한다.

대개 사람이 멀리 염려함이 없으면 반드시 가까운 근심이 있다. 그러므로 마땅히 생각과 염려를 일 밖에 두어야 할 것이요, 생각을 비록 두루 할지라도 민첩하지 않으면 또한 무익하다.

1-3. 蟋蟀在堂하니 役車其休엇다 今我不樂이면 日月其慆리라 無已大康가 職思其憂하여 好樂無荒이 良士의 休休니라 [賦]

| 언해 |

蟋蟀이 堂애 잇시니 役ᄉ 수레가 그 쉬것다 이제 우리 즐거워 안이ᄒ면 日月이 그 지나가리라 안이너모 편안ᄒ가 職업의 그 근심을 ᄉᆡᆼ각ᄒ야 즐거워홈을 조아호ᄃᆡ 거치지 안이홈이 良士의 休休ᄐᆺ 홀지니라

| 번역 |

귀뚜라미 당에 있으니
농사 수레 쉬겠네
이제 우리 안 즐기면
해와 달이 지나 가리
아니 너무 편안한가
직분에 걱정할 것을 생각하여
즐김을 좋아하되 거침없음이
양사(良士)의 아름다움이네

| 자해 |

役車 : 서인(庶人)의 농사 수레. • 慆 : 지나감. • 休休 : 안한(安閑)한 모양.

| 의해 |

해가 저물면 서인(庶人)의 농사 수레가 쉬나니, 편안하고 한가로워서 즐거워하되 절도가 있어 음란하고 빠지는 데에 이르지 않아

야 편안한 것이다. 처음에는 사려 깊게 생각하고 중간에는 빨리 움직여 하는 일이 있고 마침에는 한가로이 편안하니 반드시 이같이 한 후에야 기꺼이 양사(良士)라 이를 수 있다.

이 「귀뚜라미[蟋蟀]」는 모두 3장이다.

2. 산엔 느릅나무[山有樞]

2-1. 山有樞(산유추)며 隰有楡(습유유)니라 子有衣裳(자유의상)하되 弗曳弗婁(불예불루)며 子有車馬(자유거마)하되 弗馳弗驅(불치불구)면 宛其死矣(완기사의)어든 他人是愉(타인시유)리라 [興]

| 언해 |

山애 樞나무가 잇시며 隰애 楡나무가 잇나니라 子ㅣ 옷과 치마를 두ᄃᆡ ᄭᅳᆯ지 안이며 婁치 안이며 子ㅣ 수레와 ᄆᆞᆯ을 두ᄃᆡ 달이지 안이며 책찍ᄒᆞ지 안이면 宛히 그 쥭거든 다른 ᄉᆞᄅᆞᆷ이 이에 즐거ᄒᆞ리라

| 번역 |

산엔 느릅나무가 있고
진펄엔 흰 느릅이 있네
그대 의상이 있어도
걸치지도 않고 입지도 않고
그대 거마가 있어도
몰지도 않고 타지도 않으니
언뜻 죽으면 딴 사람만 좋으리

| 자해 |

樞 : 질(茎)이니 지금의 가시 있는 느릅나무. • 楡 : 백분(白枌)이니 곧 흰 느

릅나무. • 婁 : 끄는 것. • 馳 : 달림. • 驅 : 채찍함. • 宛 : 앉아서 보는 모양.
• 愉 : 즐거워함.

| 의해 |

이 글은 대체로 또한 전편(前篇)의 뜻에 답하여 그 근심을 풀게 한 것이다. 그런 까닭에 산에는 느릅나무가 있고 습지엔 흰 느릅나무가 있다. 그대가 의상(衣裳)과 거마(車馬)를 두되 입지 않고 타지 않으면 하루아침에 완연(宛然)히 죽거든 다른 사람이 가져가 자기의 즐거움을 삼을 것이다. 대개 때마침 즐거워하지 않을 수 없을 것이나 그 근심은 더욱 깊고 뜻은 더욱 위축되었다.

산유고 습유뉴 자유정내 불쇄불소 자
2-2. 山有栲며 隰有杻니라 子有廷內하되 弗洒弗埽며 子
유종고 불고불고 완기사의 타인시보
有鍾鼓하되 弗鼓弗考면 宛其死矣어든 他人是保리라
[興]

| 언해 |

山애 栲ㅣ 잇시며 隰애 杻ㅣ 잇나니라 子ㅣ 廷內를 두ᄃᆡ 물ᄲᅮ리지 안이ᄒᆞ며 쓸지 안이ᄒᆞ며 子ㅣ 鍾鼓를 두ᄃᆡ 두다리지 안이ᄒᆞ며 치지 안이ᄒᆞ면 宛히 그 죽거든 다른 ᄉᆞᄅᆞᆷ이 두리라

| 번역 |

산엔 북나무가 있고
진펄엔 싸리나무가 있네
그대 뜰과 당이 있어도
물 뿌리지 않고 쓸지도 않으며

그대 종고 있어도
두드리지도 않고 치지도 않으니
언뜻 죽으면 딴 사람이 가지리

| 자해 |

栲 : 산가죽나무[山樗]이니 가죽나무 같으나 조금 희고 잎사귀가 조금 좁음. • 杻 : 억(檍)나무이니 잎사귀가 살구나무 같고 뾰족하며 빛은 희고 가죽은 붉으며 그 나무결이 굽은 것이 많고 곧은 것이 적으니 재목이 활과 쇠뇌의 줄기를 만들만 한 것. • 考 : 치는 것. • 保 : 두는 것.

> **2-3.** 山有漆(산유칠)이며 隰有栗(습유률)이니라 子有酒食(자유주식)하되 何不日鼓(하불일고) 瑟(슬)하여 且以喜樂(차이희락)하며 且以永日(차이영일)고 宛其死矣(완기사의)어든 他人(타인) 入室(입실)하리라 [興]

| 언해 |

山애 漆이 잇시며 隰애 栗이 잇나니라 子ㅣ 술과 밥을 두ᄃᆡ 엇지 날로 비파를 두디려셔 ᄯᅩ ᄡᅧ 깃거ᄒᆞ고 즐거워ᄒᆞ며 ᄯᅩ ᄡᅧ 날을 길게 안이ᄒᆞᄂᆞ뇨 宛히 그 죽거든 다른 사ᄅᆞᆷ이 집에 드러오리라

| 번역 |

산엔 옻나무가 있고
진펄엔 밤나무가 있네
그대 술도 있고 밥이 있어도
날마다 슬(瑟)을 연주하면서
또 즐기지도 않으며
또 기리 날을 보내지 않는가

언뜻 죽으면 딴 사람의 방이네

| 자해 |

永 :길다는 말.

| 의해 |

군자가 연고 없이 금(琴)과 슬(瑟)을 곁에 떠나지 않게 하니 사람이 근심 많으면 날이 짧음을 느끼며, 술 마시고 밥 먹어 즐거움을 만들면 근심을 잊어버려 날을 길게 보낼 수 있다.

이 「산엔 느릅나무[山有樞]」는 모두 3장이다.

3. 잔잔한 물[揚之水]

3-1. 揚之水여 白石鑿鑿이로다 素衣朱襮으로 從子于沃하리라 旣見君子하니 云何不樂이리요 [比]

| 언해 |

揚흔 물이여 흰 돍이 鑿鑿ᄒ도다 흰 옷과 븕은 襮으로 子를 沃따에 조치리라 임의 君子를 보니 엇지 즐겁지 안이ᄒ리오

| 번역 |

잔잔한 물이여
흰 돌이 높고 험하다
흰 옷과 붉은 옷깃으로
그대를 따라 곡옥(曲沃)으로 가리라
이미 군자를 보았으니
어찌 즐겁지 않으리

| 자해 |

揚水 : 물이 느리고 약한 모양. • 鑿鑿 : 참암(巉巖)한 모양이니 높고 험하다는 말. • 襮 : 옷깃이니 제후 옷이 수놓은 깃에 붉은 선. • 子 : 환숙(桓叔)을 가르킴. • 沃 : 곡옥(曲沃)이니 땅이름.

| 의해 |

진(晉)나라 소후(昭侯)가 그의 숙부 성사(成師)를 곡옥(曲沃)에

봉(封)하니, 이 사람이 환숙(桓叔)이다. 그 후에 옥(沃)은 강성하고 진나라는 미약하게 되니 사람이 장차 배반하고 곡옥(曲沃)으로 돌아가려 하였기 때문에 이 시를 지어 물은 느리고 약한데 돌이 높고 험한 것을 가지고 진나라는 쇠약함을 비유하였고 곡옥(曲沃)의 강성함을 비유했다. 그러므로 제후의 옷으로써 환숙(桓叔)을 곡옥(曲沃)에 좇고자 하며 또 스스로 그 군자를 보니 즐겁지 않음이 없음을 기뻐한 것이다.

양지수 백석호호 소의주수 종자우곡
3-2. 揚之水여 白石皓皓로다 素衣朱繡로 從子于鵠하리라 旣見君子하니 云何其憂리요 [比]
기견군자 운하기우

| 언해 |

揚훈 물이여 흰 돌이 皓皓ᄒᆞ도다 흰 옷과 붉은 繡로 子를 鵠애 죠치리라 임의 君子를 보니 엇지 그 근심ᄒᆞ리오

| 번역 |

잔잔한 물이여
흰 돌이 희기도 하다
흰 옷과 붉은 수를 놓은 옷으로
그대를 따라 곡(鵠)으로 가리라
이미 군자를 보았으니
어찌 근심 하리오

| 자해 |

朱繡 : 주박(朱襮). • 鵠 : 곡옥(曲沃)의 고을 이름.

3-3. 揚之水여 白石粼粼이로다 我聞有命이요 不敢以告人하라 [比]

| 언해 |

揚ᄒᆞᆫ 물이여 흰 돌이 粼粼ᄒᆞ도다 내 命이 잇스믈 듯고 敢히ᄡᅧ 사ᄅᆞᆷ의게 告치몯호라

| 번역 |

잔잔한 물이여
흰 돌이 빤히 보이네
내 명(命)이 있음을 듣고
감히 남에게 고하지 못했네

| 자해 |

粼粼 : 물이 맑아 돌이 보이는 모양. • 聞有命不敢以告人 : 숨기는 뜻.

| 의해 |

환숙(桓叔)이 장차 진나라를 기울게 할 것이다 함에 백성이 듣고도 이를 위하여 숨기니 아마 성사(成事)하고자 한 것이리라. 옛적에 모반을 꾀하는 신하가 그 뜻을 행하고자 함에 반드시 먼저 적은 은혜를 베풀어 무리의 뜻을 거둔 후에 그 백성이 흡족하게 따랐으니 전씨(田氏)가 제나라에서 또한 이와 같았다. 그런 까닭에 공자(公子) 양생(陽生)을 노나라에서 불러올 때에 나라 사람이 다 알면서 말하지 않았으니 이른바 "내 명(命) 있음을 듣고도 감히 남에게 고하지 못하였다." 함이다.

이 「잔잔한 물[揚之水]」은 모두 3장이다.

4. 산초[椒聊]

4-1. 椒聊之實(초료지실)이여 蕃衍盈升(번연영승)이로다 彼其之子(피기지자)여 碩大無朋(석대무붕)이로다 椒聊且(초료저)여 遠條且(원조저)로다 [興而比]

| 언해 |

椒의 열ᄆᆡ여 蕃衍ᄒᆞ야 되에 차도다 뎌 之子ㅣ여 碩大ᄒᆞ야 朋비가 업도다 椒ㅣ여 가지가 쟝원ᄒᆞ도다

| 번역 |

산초 열매여
알알이 열려 됫박에 찼네
저 사람이여
하도 커서 짝이 없네
산초여
멀리 가지 뻗었네

| 자해 |

椒樹 : 수유(茱萸)나무 같고 가시가 있으며 그 열매는 맛이 매우며 향기가 맑고 매움. • 聊 : 어조사. • 朋 : 짝. • 且 : 탄미(歎美)하는 말. • 遠條 : 긴 가지.

| 의해 |

산초 열매가 번성하니 따서 되[升]에 차고, 저 사람들은 커서 짝

할 사람이 없도다. 산초 나무여. 쭉 뻗어 그 가지는 멀고 열매는 더욱 번성함을 탄미하였으니 그 가리킨 바를 알 수 없지만 「서(序)」에 또한 곡옥(曲沃)이라 하였다.

초료지실　번연영국　피기지자　석대차
4-2. 椒聊之實이여 蕃衍盈匊이로다 彼其之子여 碩大且

독　초료저　원조저
篤이로다 椒聊且여 遠條且로다 [興而比]

| 언해 |

椒의 열미여 蕃衍ᄒᆞ야 줌에 차도다 뎌 之子ㅣ여 碩大ᄒᆞ고 ᄯᅩ 두텁도다 椒ㅣ여 가지가 쟝원ᄒᆞ도다

| 번역 |

산초 열매여
알알이 열려 한 움큼 가득
저 사람이여
크기도 하고 두툼하구나
산초여
멀리 가지 뻗었네

| 자해 |

匊 : 두 손. • 篤 : 두터움.

| 의해 |

「잔잔한 물[揚之水]」과 「산초[椒聊]」 두 시는 당시에 백성의 뜻이 옛 임금을 버리고 환숙(桓叔)을 좋아함을 읊은 것이다. 이와 같으

니 그 풍속의 심하게 박(薄)하거늘 성인(聖人)이 어찌 취하였겠는가? 무릇 백성은 어진 이를 생각하나니 백성의 거취(去就)가 윗사람이 어떠한가에 달려 있다. 윗사람은 무도(無道)하고 백성이 나를 버림을 책망하면 어찌 옳다 하리오? 이리하여 옛 성인은 백성에 임하기를 늠름하게 썩은 새끼로 말 여섯 필을 어거함 같이 여겼다. 무릇 얻지 못함이 있으면 모두 도리어 몸소 구할 따름이니, 그런 까닭에 성인이 이 두 시를 기록하여 백성은 일정한 생각이 없으며 위에 있는 자는 스스로를 다스림에 강하지 않을 수 없음을 보인 것이다.

이 「산초[椒聊]」는 모두 2장이다.

5. 이리 묶고 저리 묶고[綢繆]

5-1. 綢繆束薪(주무속신)일새 三星在天(삼성재천)이로다 今夕何夕(금석하석)고 見此良人(견차량인)하라 子兮子兮(자혜자혜)여 如此良人何(여차량인하)요 [興]

| 언해 |

綢繆이 셥을 묵글시 三星이 하날에 잇도다 이졔 져녁이 엇던 져녁고 이 良人을 보라 子ㅣ여 子ㅣ여 이 良人애 엇지ᄒᆞ료

| 번역 |

이리 저리 다발 묶을 때
삼성이 하늘에 있네
오늘 저녁은 무슨 저녁이기에
이리 좋은 사람을 보았나
그대여, 그대여
이 좋은 사람을 어쩌지

| 자해 |

綢繆 : 전면(纏綿)이란 말과 같으니 다발 묶은 형상. • 三星 : 심성(心星)을 이름. • 在天 : 어두운 때에 비로소 동방에 보이니 곧 북두칠성 자루가 신방(辰方)을 가리키는 달. • 良人 : 남편.

| 의해 |

나라는 어지럽고 백성은 가난하여 남녀가 그 때를 잃었다가 나중

에 드디어 그 혼인(婚姻)하는 예(禮)를 얻은 자가 있으니, 시인이 그 아내를 지아비에게 말하는 말을 서술하여 "삼성(三星)이 하늘에 있으니, 이제 저녁이 그 어떠한 저녁임을 알지 못하겠다. 홀연히 좋은 사람이 이에 있음을 보았노라. 또 스스로 일러 그대여. 그대여. 장차 이 좋은 사람을 어찌하리?'"라고 하였으니, 대개 매우 기뻐하여 스스로 경사로이 한 말이다.

5-2. 綢繆束芻(주무속추)일새 三星在隅(삼성재우)로다 今夕何夕(금석하석)고 見此邂逅(견차해후)하라 子兮子兮(자혜자혜)여 如此邂逅何(여차해후하)요 [興]

| 언해 |

綢繆히 꼴을 묵글식 三星이 모통이에 잇도다 이졔 져녁이 엇던 져녁고 이 邂逅를 보앗노라 子ㅣ여 子ㅣ여 이 邂逅에 엇지ᄒᆞ료

| 번역 |

이리 저리 꼴을 묶을 때
삼성이 동남쪽 모퉁이에 있네
오늘 저녁은 무슨 저녁이기에
이리 뜻밖에 만났을까
그대여, 그대여
이 만남을 어쩌지

| 자해 |

隅 : 동남쪽 모퉁이. • 邂逅 : 서로 맞음.

| 의해 |

어두울 때 보인별이 동남쪽 모퉁이에 있으니, 밤이 오랜 줄을 알 것이니 이 또한 부부가 서로 즐거워 하는 말이다.

주무속초 삼성재호 금석하석 견차찬자
5-3. 綢繆束楚일새 三星在戶로다 今夕何夕고 見此粲者하라
자혜자혜 여차찬자하
子兮子兮여 如此粲者何요 [興]

| 언해 |

綢繆히 싸리나무를 묵쓸시 三星이 지게에 잇도다 이졔 져녁이 엇던 져녁고 粲ᄒᆞᆫ 者를 보안노라 子ㅣ여 子ㅣ여 粲ᄒᆞᆫ 者에 엇지ᄒᆞ료

| 번역 |

이리 저리 싸리를 묶을 때
삼성이 문에 있네
오늘 저녁은 무슨 저녁이기에
이리 아름다울 걸 보나
그대여 그대여
이 좋은 걸 어쩌지

| 자해 |

戶 : 집의 문. • 粲 : 아름답다는 말이니 혹 '여자 셋이 '찬(粲)'이 되니 한 아내와 두 첩을 말한다고 함.

| 의해 |

집의 문이 반드시 남쪽으로 날 것이니 어두울 때에 보인 별이 이에 이르면 밤이 나뉨을 알 것이다. 이것은 남편이 아내에게 하는 말이다. 대개 음란하고 방탕한 재앙이 사치한 데서 나오거늘, 당나라 풍속이 검소함을 숭상하는 까닭에 혼인이 비록 제때에 이루어지지 못하였지만, 음란함에 이르지는 않았다.

이 「이리 묶고 저리 묶고[綢繆]」는 모두 3장이다.

6. 홀로 선 아가위 나무[杕杜]

6-1. 有杕之杜여 其葉湑湑로다 獨行踽踽하니 豈無他人이리요마는 不如我同父니라 嗟行之人은 胡不比焉고 人無兄弟어늘 胡不佽焉고 [興]

| 언해 |

杕ᄒᆞᆫ 아가외 나무여 그 입ᄉᆡ가 湑湑ᄒᆞ도다 홀로 行홈을 踽踽히 호니 엇지 다른 ᄉᆞ람이 업스리오마는 내 아버니 갓히 ᄒᆞᆫ이만 갓지 못ᄒᆞ니라 슬푸다 行ᄒᆞ는 ᄉᆞ람은 엇지 친히 안이ᄒᆞ는고 ᄉᆞ람이 兄弟가 업거늘 엇지 돕지 안이ᄒᆞ는고

| 번역 |

홀로 선 아가위 나무여
그 잎새가 무성하다
홀로 외로이 가니
어찌 다른 사람이 없으리오마는
내 아버지 같은 이만 못하여라
아 지나가는 사람은
어찌 날 가까이 않는가
사람이 형제 없는데
어찌 돕지 않는가

| 자해 |

杕 : 홀로 선 모양. • 杜 : 붉은 아가위 나무. • 湑湑 : 성한 모양. • 踽踽 : 친한 사람이 없는 모양. • 同父 : 형제라는 말. • 比 : 돕는 것. • 佽 : 역시 돕는 것.

| 의해 |

이는 형제없는 자가 스스로 그 외롭게 홀로임을 슬퍼하여 남에게 돕기를 구한 것이다. "홀로 우뚝 선 아가위 나무는 그 잎사귀가 오히려 무성하거늘 사람이 형제가 없어 홀로 외롭게 가니 일찍이 아가위나무만 못하다. 그러나 어찌 다른 사람이 함께 갈 수 있는 자가 없으리오마는 다만 나의 형제만 같지 못하다. 이리하여 슬퍼 탄식하되 '길 가는 사람은 어찌 나의 홀로 가는 것을 민망히 여겨 친함을 드러내지 않으며 내가 형제없음을 불쌍히 여겨 도움을 보이지 않는가?'"라고 한 것이다.

6-2. 有杕之杜(유체지두)여 其葉菁菁(기엽청청)이로다 獨行睘睘(독행경경)하니 豈無他人(기무타인)이리요마는 不如我同姓(불여아동성)이니라 嗟行之人(차행지인)은 胡不比焉(호불비언)고 人無兄弟(인무형제)어늘 胡不佽焉(호불차언)고 [興]

| 언해 |

杕ᄒᆞᆫ 아가외 나무여 그 입ᄉᆡ가 菁菁ᄒᆞ도다 홀로 行홈을 睘睘히 호니 엇지 다른 ᄉᆞ롬이 업스리오마ᄂᆞᆫ 내 ᄉᆡᆼ갓ᄒᆞᆫ 이만 갓지 못ᄒᆞ니라 슬푸다 行ᄒᆞᄂᆞᆫ ᄉᆞ롬은 엇지 친히 안이ᄒᆞᄂᆞᆫ고 ᄉᆞ람이 兄弟가 업거ᄂᆞᆯ 엇지 돕지 안이ᄒᆞᄂᆞᆫ고

| 번역 |

홀로 선 아가위 나무여
그 잎새가 무성하다
홀로 외로이 가니
어찌 다른 사람이 없으리오마는
내 성 같은 이만 못하여라
아 지나가는 사람은
어찌 날 돕지 않나
사람이 형제 없는데
어찌 돕지 않는가

| 자해 |

菁菁 : 또한 성한 모양. • 睘睘 : 의지 할 곳이 없는 모양. • 同姓 : 또한 형제.

| 의해 |

비(比)라 한 것은 마음으로부터 가까이 여기는 뜻이요, 차(佽)라 한 것은 일을 가지고 도우라는 말이다.

이 「홀로 선 아가위 나무[杕杜]」는 모두 2장이다.

7. 염소 갖옷[羔裘]

> **7-1.** 羔裘豹袪(고구표거)로소니 自我人居居(자아인거거)로다 豈無他人(기무타인)이리요마는 維子之故(유자지고)니라 [賦]

| 언해 |

羔로 ᄒᆞᆫ 갓옷에 豹로 소매를 ᄭᅮ미엿도소니 우리 ᄉᆞ롬의 居居로부터로다 엇지 다른 ᄉᆞ롬이 업스리오마는 子의 연고ㅣ니라

| 번역 |

염소 가죽 갖옷에 표범가죽 소매를 꾸몄으니
우리들로 먹고 사네
어찌 딴 사람이 없으리오만
그대 때문이네

| 자해 |

羔裘 : 어린 양의 가죽으로 만든 갖옷이니 임금 순전히 양의 가죽으로 하고 대부는 표범의 가죽으로 소매를 꾸밈. • 袪 : 소매 입을 이름. • 居居 : 뜻을 분명하게 알지 못함.

| 의해 |

이 글은 무엇을 말하는 지 알 수 없으니 감히 억지로 풀이 할 수 없다.

7-2. 羔裘豹褎(고구표유)로소니 自我人究究(자아인구구)로다 豈無他人(기무타인)이리요마는 維子之好(유자지호)니라 [賦]

| 언해 |

羔로 ᄒᆞᆫ 갓옷에 豹로 소매를 ᄭᅮ미엿도소니 우리 ᄉᆞᄅᆞᆷ의 究究로부터로다 엇지 다른 ᄉᆞᄅᆞᆷ이 업스리오마는 子를 조아홈이니라

| 번역 |

염소 가죽 갖옷에 표범가죽 소매를 꾸몄으니
우리들을 끝장내네
어찌 딴 사람이 없으리오만
그대 좋아서라네

| 자해 |

褎 : 거(袪)와 같음. • 究究 : 뜻을 분명하게 알지 못함.

이 「염소 갖옷[羔裘]」은 모두 2장이다.

8. 너새 깃[鴇羽]

8-1. 肅肅鴇羽(숙숙보우)여 集于苞栩(집우포허)로다 王事靡盬(왕사미고)라 不能蓺稷(불능예직)
黍(서)하니 父母何怙(부모하호)요 悠悠蒼天(유유창천)아 曷其有所(갈기유소)요 [比]

| 언해 |

肅肅ᄒᆞᆫ 鴇의 깃이여 ᄡᅥᆯ기 도토리나무에 그치도다 님금의 일을 盬치 못ᄒᆞᆯ거시리 능히 찰기장과 메기장을 시무지 못ᄒᆞ니 父母ㅣ 무엇슬 미드리오 悠悠ᄒᆞᆫ 蒼天아 언졔 그 쳐소가 잇실고

| 번역 |

퍼더덕 나는 너새 깃이여
떨기 도토리 나무에 그치도다
임금의 일로 쉴 새 없어라
찰기장과 메기장을 심지 못하니
부모가 무엇을 믿으리오
아득한 하늘아
언제 그 자리가 있을까

| 자해 |

肅肅 : 새 깃 소리. : 鴇 : 새 이름이니 기러기 같고 크며 뒤발지가 없음. • 集 : 그치는 것. • 苞 : 떨기로 나는 것. • 栩 : 작력(柞櫟)이니 도토리나무. 그 열매를 조두(皂斗)라 하며 껍질은 검은 물을 염색함. • 盬 : 빽빽이 다스리지 않음. • 蓺 : 심는 것. • 怙 : 믿는 것.

| 의해 |

백성이 전쟁의 역사(役事)를 좇아서 그 부모를 봉양할 수 없었다. 그런 까닭에 이 글을 지어 "너새의 성품이 나무에 그치지 않거늘, 이제 날아 떨기 도토리 나무 위에 그치니, 비유하건대 백성의 성품이 본디 노고(勞苦)를 편하게 여기지 않거늘, 이제 오래도록 정벌의 역사(役事)를 좇아 밭 갈아서 자식의 직책을 이바지 할 수 없음과 같으니 유유(悠悠)한 하늘은 어느 때나 우리로 하여금 그 살 곳을 얻게 하실까?"라고 한 것이다.

8-2. 肅肅鴇翼(숙숙보익)이여 集于苞棘(집우포극)이로다 王事靡盬(왕사미고)라 不能蓺(불능예)黍稷(서직)하니 父母何食(부모하식)고 悠悠蒼天(유유창천)아 曷其有極(갈기유극)고 [比]

| 언해 |

肅肅ᄒᆞᆫ 鴇의 날ᄀᆡ여 썰기 가시나무에 그치도다 님금의 일을 盬치 못ᄒᆞᆯ거시라 능히 메기장과 찰기장을 시무지 못ᄒᆞ니 父母ㅣ 무엇슬 잡슈실고 悠悠ᄒᆞᆫ 蒼天아 언제 그 다ᄒᆞᆷ이 잇슬고

| 번역 |

퍼더덕 너새의 날개여
가시나무 떨기에 내려앉네
임금의 일로 쉴 새 없어서
찰기장과 메기장을 심지 못하니
부모가 무엇을 잡수실까
아득한 하늘아
언제 그 끝남이 있을까

| 자해 |

極 : 다하는 것.

8-3. 肅肅鴇行(숙숙보행)이여 集王苞桑(집왕포상)이로다 王事靡盬(왕사미고)라 不能蓺(불능예) 稻粱(도량)하니 父母何嘗(부모하상)고 悠悠蒼天(유유창천)아 曷其有常(갈기유상)고 [比]

| 언해 |

肅肅ᄒᆞᆫ 鴇의 항렬이여 ᄠᅥᆯ기 ᄲᅩᆼ나무에 그치도다 임금의 일을 盬치 못ᄒᆞᆯ거시라 능히 벼와 기장을 시무지 못ᄒᆞ니 父母ㅣ 무엇을 맛보실고 悠悠ᄒᆞᆫ 蒼天아 언졔 그 ᄯᅥᆺᄯᅥᆺᄒᆞᆷ이 잇슬고

| 번역 |

훨훨 나는 너새의 줄이여
떨기 뽕나무에 앉았도다
임금의 일로 쉴 새 없어서
벼와 조도 심지 못하니
부모가 무엇을 맛볼까
아득한 하늘아
언제 그 일상으로 돌아가리

| 자해 |

行 : 항렬. • 稻 : 남쪽 지방에서 먹는 바 쌀. 물에서 나며 빛이 흰 것. • 粱 : 기장 종류로 두어 가지 빛이 있음. • 嘗 : 먹는다는 말. • 常 : 그 떳떳함을 회복함.

| 의해 |

백성이 전쟁의 역사(役事)에 오래도록 수고함으로써, 그 쉬어 떳떳한 데로 돌아올 것을 생각하니 심히 난리(亂離)를 싫어함이다. 그러나 임금의 일을 견고하게 할 수 없다 하여 임금의 명령이 열국(列國)에서 행해짐을 다행히 여겼으니, 또한 군신(君臣)의 의(義)가 사람 마음에 뿌리 하였음을 볼 때이며 또한 문왕(文王)·무왕(武王)·성왕(成王)·강왕(康王)이 끼친 덕택을 볼 수 있다.

이 「너새 깃[鴇羽]」은 모두 3장이다.

9. 옷이 없네[無衣]

기 왈 무 의 칠 혜　　불 여 자 지 의　안 차 길 혜

9-1. 豈曰無衣七兮리요 不如子之衣 安且吉兮니라 [賦]

| 언해 |

엇지 옷이 七이 업다ᄒᆞ리오 子의 옷이 편안ᄒᆞ고 吉홈만 갓씨 못 홀 ᄉᆡ니라

| 번역 |

어찌 일곱무늬 옷이 없다하리오
천자(天子)가 주신 옷 만큼
편안하고 좋은 것은 없네

| 자해 |

侯伯 : 일곱가지로 명(命)하는 법이니, 그 수레와 기(旗)와 의복이 다 일곱가지로 절조(節操)를 함. 상의(上衣)에는 3장(章)이니 1) 화충(華蟲), 2) 화(火), 3) 종이(宗彝)며, 하상(下裳)에는 4장이니, 1) 조(藻), 2) 분비(粉米), 3) 보(黼), 4) 불(黻)이니, 이른바 "7장"임. • 子 : 천자(天子)를 가리킴.

| 의해 |

『사기』에 의하면 곡옥(曲沃) 땅 환숙(桓叔)의 손무공(孫武公)이 진(晉)나라를 쳐서 멸망시키고 그 보배 그릇을 다 주나라 희왕(釐王)에게 주니 왕이 무공을 진나라 임금을 삼아 제후 반열(班列)에 있게 하였다. 이 시는 대개 그 명령하기를 청하는 뜻을 지어 말하되 '내가 이 7장(七章)의 옷이 없어서가 아니라, 반드시 명령하기

를 청함은 천자(天子)가 명(命)하신 옷이 편안하고 또 길(吉)함만 같지 못할 것이기 때문이다. 이때를 당하여 주나라 왕실이 비록 쇠하였으나 법과 형벌이 오히려 있거늘 무공이 이미 임금을 죽이고 나라를 찬역(簒逆)한 죄를 지었으니, 사람들이 그의 죄를 성토하여 스스로 천지 사이에 서지 못할 것이다. 그리하여 왕께 뇌물(賂物)하고 명(命)을 청한다.' 말함이 이 같다. 그러나 그 거만하여 예(禮)가 없음이 또한 너무 심하다. 희왕(釐王)이 그 보물을 탐하여 천리와 백성의 떳떳한 덕을 버릴 수 없음을 생각지 못하니, 이리하여 벰과 토벌을 더하지 않고 작명(爵命)을 행하였으니, 왕의 기강이 이에 떨치지 못하고 인륜의 기강도 거의 끊어지게 되었으니, 아! 슬프도다.

기 왈 무 의 육 혜 불 여 자 지 의 안 차 욱 혜
9-2. 豈曰無衣六兮리요 不如子之衣 安且燠兮니라 [賦]

| 언해 |

엇지 옷이 六이 업다ᄒᆞ리오 子의 옷이 편안ᄒᆞ고 ᄯᅩ 燠ᄒᆞᆷ만 갓지 못ᄒᆞᆯᄉᆡ니라

| 번역 |

어찌 여섯무늬 옷이 없다 하리오
천자(天子)가 주신 옷 만큼
편안하고 뜨신 것은 없네

| 자해 |

六 : 천자의 경(卿)은 여섯으로 명(命)하니 일곱을 변경하여 여섯으로 함은 겸손하다는 뜻. 감히 후백(侯伯)의 명을 받지 못하고 육명(六命)의 옷을 받

아 천자의 경(卿)에게 어깨를 나란히 함도 또한 다행. • 燠 : 따뜻함이니, 그래서 오래 입을 수 있음을 말함.

| 의해 |

환숙 · 장백(莊伯) · 무공(武公)이 전후론 찬시(簒弑)한 죄가 무릇 네 번인데, 나라 사람이 함께 하지 않는 바이거늘, 최후에 무공이 진후(晉侯)를 쳐서 멸망시키고 보기(寶器)를 주나라 희왕(釐王)에게 주니 왕이 무공을 명하여 제후를 삼았는지라, 진나라 사람이 부득이하여 좇았으나 이는 인륜의 큰 변고요, 천리(天理)의 용납지 못 할 것이다. 사람마다 베며 칠 것이거늘, 성인(聖人)이 '옷이 없네[無衣]'의 시를 깎지 않고 기록하여 두심은 이것을 가지고 세상 변화가 다하였음을 나타내며 주나라가 쇠미하였음을 슬퍼한 것이다.

이 「옷이 없네[舞衣]」는 모두 2장이다.

10. 우뚝 솟은 아가위나무[有杕之杜]

10-1. 有杕之杜여 生于道左로다 彼君子兮 噬肯適我아 中心好之나 曷飮食之요 [比]

| 언해 |

杕ᄒᆞᆫ 아가외 나무여 길 좌편애 낫도다 뎌 君子ㅣ 즐겨 내게 갈싸
가운듸 마음에 조와ᄒᆞ나 엇지 마시게 ᄒᆞ며 먹게 ᄒᆞᆯ고

| 번역 |

우뚝한 아가위나무여
길 왼편에 났도다
저 군자가 즐겨 내게 갈까
마음 속에 좋아하나
어찌 마시게 하며 먹게 할까

| 자해 |

左 : 동편. • 噬 : 발어사(發語辭). • 曷 : 어찌.

| 의해 |

이는 사람이 어진 이를 좋아하나 이르게 하지 못할까 두려워하였다. 그런 까닭에 "이 우뚝한 아가위나무는 길 왼편에 나서 그늘이 휴식할만하지 않으니, 비유하건대 자기의 과약(寡弱)함이 믿고

힘입을 수 있는 것이 없으니, 저 군자가 또한 어찌 즐겨 돌아보아 내게 오겠는가? 그러나 그런 가운데 마음에 좋아함은 그치지 않는다. 다만 스스로 마시고 먹게 할 수 없음을 탄식한다. 무릇 어진 이를 좋아하는 마음이 이 같으니, 어진 자가 어찌 이르지 않으며 어찌 과약함을 근심할 수 있으리오?"라고 한 것이다.

10-2. 有杕之杜(유체지두)여 生于道周(생우도주)로다 彼君子兮(피군자혜) 噬肯來遊(서긍래유)아
中心好之(중심호지)나 曷飮食之(갈음식지)요 [比]

| 언해 |

杕ᄒᆞᆫ 아가외 나무여 길 구불어 진듸 낫도다 뎌 君子ㅣ 즐겨와 놀가 가운듸 마음에 조와ᄒᆞ나 엇지 마시게 ᄒᆞ며 먹게 ᄒᆞᆯ고

| 번역 |

우뚝한 아가위나무여
길 구부러진데 났네
저 군자가 즐겨 와서 놀까
마음 속에 좋아하나
어찌 마시게 하며 먹게 할까

| 자해 |

周 : 구부러지는 것.

| 의해 |

어진 사람을 좋아하여 스스로 이르지 못할까 두려워하니, 무릇

이를 수 있는 사람은 반드시 쓰지 않는 일이 없을 것이요, 마음속에 좋아하여 먹고 마실 것을 얻지 못할까 두려워하니, 무릇 기르는 일을 반드시 인색(吝嗇)하게 할 수 없을 것이다. 어진 사람 좋아하는 마음이 이 같으면 저 어진이가 어찌 이르지 않을 것이며, 어찌 내 형세(形勢)가 과약(寡弱)함을 근심하리오?

이 「우뚝 솟은 아가위 나무[有杕之杜]」는 모두 2장이다.

11. 칡이 나다[葛生]

11-1. 葛生蒙楚(갈생몽초)하며 蘞蔓于野(렴만우야)로다 予美亡此(여미망차)하니 誰與獨處(수여독처)요 [興]

| 언해 |

츩이 나셔 ᄊᆞ리나무에 더 펴시며 덩굴풀이 들에 쌔치도다 나의 아름다운 이가 이에 업스니 눌로 더블어 혼자 處ᄒᆞ얏ᄂᆞᆫ고

| 번역 |

칡이 나서 싸리나무를 덮었으며
덩굴풀이 들에 뻗었도다
나의 아름다운 이가 여기에 없으니
누구와 함께 홀로 살까

| 자해 |

蘞 : 풀이름이니 괄루(栝樓)와 같고 잎새가 성하고 가늠. • 蔓 : 뻗침. • 予美 : 부인이 그 남편을 가리킴.

| 의해 |

부인이 그 남편이 오랫동안 정벌하는 일에 따라가더니 돌아오지 않았기 때문에 "칡이 나서 싸리나무에 더 퍼지며 넝쿨 풀이 들에 뻗쳐 각각 의탁(依託)한 바가 있거늘, 나의 아름다운 사람이 홀로 여기에 아니하니, 누구와 더불어 혼자 살까?"라고 한 것이다.

갈생몽극 렴만우역 여미망차 수여

11-2. 葛生蒙棘하며 蘞蔓于域이로다 予美亡此하니 誰與

독식

獨息고 [興]

| 언해 |

ᄎᆞᆰ이 나셔 가시나무에 더 펴시며 덩굴풀이 디경에 ᄡᅥ치도다 나의 아름다운 이가 이에 업스니 눌로 더블어 혼자 그칫는고

| 번역 |

칡이 나서 가시나무를 덮었으며
덩굴풀이 지경에 뻗었도다
나의 아름다운 이가 여기에 없으니
누구와 함께 홀로 그칠까

| 자해 |

域 : 산 지경. • 息 : 그치는 것.

각침찬혜 금금란혜 여미망차 수여독

11-3. 角枕粲兮며 錦衾爛兮로다 予美亡此하니 誰與獨

단

旦고 [賦]

| 언해 |

ᄡᅳᆯ벼ᄀᆡ가 粲ᄒᆞ며 비단 니불이 爛ᄒᆞ도다 나의 아름다운 이가 이에 업스니 눌로 더블어 혼자 아츰ᄒᆞᄂᆞᆫ고

| 번역 |

뿔 베개가 빛나며
비단 이불이 찬란하다
나의 아름다운 이가 여기에 없으니
누구와 함께 날을 샐까

| 자해 |

粲爛 : 다 빛나며 아름답고 선명한 모양. • 獨旦 : 홀로 거처하여 아침까지 이름.

하지일 동지야 백세지후 귀우기거

11-4. 夏之日과 冬之夜여 百歲之後에나 歸于其居하리라
[賦]

| 언해 |

여름날과 겨을밤이여 百歲ㅅ後에나 居에 도라가리라

| 번역 |

여름 날과
겨울 밤이여
백세 후에나
살던 곳에 돌아가리

| 자해 |

夏之日 冬之夜 : 여름에는 낮이 길고, 겨울에는 밤이 긴 것을 뜻함. • 居 : 무덤.

| 의해 |

여름날과 겨울밤에 혼자 있어 근심 생각이 이에 간절하다. 그러나 군자가 돌아온다는 기약이 없어 보지 못할 것인지라 죽어 서로 좇아야 함이니, 이는 부인이 전일(專一)하여 의(義)를 지극히 함과 정(情)의 다하는 것을 말함이요, 생각이 깊되 다른 마음이 없으니 이는 당풍(唐風)의 후함이다.

11-5. 冬之夜와 夏之日이여 百歲之後에나 歸于其室하리라 [賦]

| 언해 |

겨을밤과 여름날이여 百歲ㅅ後에나 그 室에 도라가리라

| 번역 |

겨울 밤과
여름 날이여
백세 후에나
그 방에 돌아가리

| 자해 |

室 : 광중(壙中)

| 의해 |

앞 3장은 인정(人情)의 떳떳함이요, 뒤 2장은 당풍의 두터움이니 「대서(大序)」에 이른바 "정(情)에 발(發)함은 백성의 성품이요,

예의(禮義)에 그침은 선왕(先王)의 유택(遺澤)이다."라고 하였으니, 이 글이 여기에 해당한다.

이 「칡이 나다[葛生]」는 모두 5장이다.

12. 약초 캐기[采苓]

12-1. 采苓采苓(채령채령)을 首陽之巓(수양지전)가 人之爲言(인지위언)을 苟亦無信(구역무신)이어다 舍旃舍旃(사전사전)하여 苟亦無然(구역무연)이면 人之爲言(인지위언)이 胡得言(호득언)이리요 [比]

| 언해 |

苓을 케며 苓을 케기를 首陽의 니마에 ᄒᆞᆯ것가 ᄉᆞᄅᆞᆷ의 말ᄒᆞᆷ을 진실로 ᄯᅩ 밋지 말을 지어다 舍ᄒᆞ며 舍ᄒᆞ야 진실로 ᄯᅩ 그러이 녀기지 안이ᄒᆞ면 ᄉᆞᄅᆞᆷ의 말ᄒᆞᆷ이 엇지 엇으리오

| 번역 |

약초 캐고 약초 캐기를
수산(首山) 남쪽 산마루에서 할까
남이 말 하는 걸
진실로 또 믿지 마소
버리고 버려
진실로 또 옳게 여기지 않는다면
참소하는 사람의 말이
어찌 먹혀들 수 있으리오

| 자해 |

首陽 : 수산(首山)의 남녘. • 巓 : 산 이마. • 旃 : '지(之)'자와 같으니 뜻 없이

쓴 글자.

| 의해 |

이는 참소 들음을 기롱한 글이다. "그대가 복령(茯苓)을 수산(首山) 남쪽 산마루에서 따고자 하나, 사람이 이 말을 하여 그대에게 고함을 갑자기 믿지 말라. 잠시 그 말을 버려두어 '그렇다'고 여기지 말고 천천히 살피며 삼가 들으면 날조한 자의 말이 먹혀들 수 없어 참소가 그칠 것이다"라고 한 것이다. 혹자는 "이 시(詩)는 흥(興)이다"라고 하니 아래 장(章)도 이와 같다.

12-2. 采苦采苦(채고채고)를 首陽之下(수양지하)아 人之爲言(인지위언)을 苟亦無與(구역무여)어다 舍旃舍旃(사전사전)하여 苟亦無然(구역무연)이면 人之爲言(인지위언)이 胡得焉(호득언)이리요 [比]

| 언해 |

쓴 나물을 케며 쓴 나물 케기를 首陽의 아릐에 ᄒᆞᆯ것가 ᄉᆞᄅᆞᆷ의 말ᄒᆞᆷ을 진실로 與ᄒᆞ지 말을 지어다 舍ᄒᆞ며 舍ᄒᆞ야 진실로 ᄯᅩ 그러이 녀기지 안이면 ᄉᆞ람의 말ᄒᆞᆷ이 엇지 엇으리오

| 번역 |

쓴 나물 캐고 쓴 나물 캐기를
수산(首山) 남쪽 아래에서 할까
남이 말 하는 걸
진실로 또 수긍하지 마소
버리고 버려

진실로 또 그렇다 여기지 않으면
참소하는 사람의 말이
어찌 먹혀들 수 있으리오

| 자해 |

苦 : 쓴 나물이니 산전(山田)과 못 가운데에 나며 서리를 맞음에 맛이 달고 연함. • 與 : 허여(許與).

12-3. 采葑采葑(채봉채봉)을 首陽之東(수양지동)가 人之爲言(인지위언)을 苟亦無從(구역무종)이어다 舍旃舍旃(사전사전)하여 苟亦無然(구역무연)이면 人之爲言(인지위언)이 胡得焉(호득언)이리요 [比]

| 언해 |

무를 케며 무를 케기를 首陽 東녁에 ᄒᆞᆯ것가 ᄉᆞᄅᆞᆷ의 말ᄒᆞᆷ을 진실로 텽죵치 말을 지어다 舍ᄒᆞ며 舍ᄒᆞ야 진실로 ᄯᅩ 그러이 녀기지 안이ᄒᆞ면 ᄉᆞᄅᆞᆷ의 말ᄒᆞᆷ이 엇지 엇으리오

| 번역 |

무를 캐고 무를 캐기를
수산(首山) 남쪽 동편에서 할까
남이 말 하는 걸
진실로 또 들어 주지 마소
버리고 버려
진실로 또 그렇다 안 여기면
참소하는 사람의 말이

어찌 먹혀들 수 있으리오

| 자해 |

葑 : 순무. • 從 : 들어줌.

| 의해 |

대개 참소하는 사람이 남이 듣지 않을까 두려하지 않고 다만 남이 살필 수 있을까 두려워하는 법이다. 그리하여 듣는 자가 그 말의 진위(眞僞)와 정적(情跡)을 천천히 살피며 자세히 들으면 참소하는 자가 감히 나아가지 못할 것이니, 이것이 참소를 그치게 하는 방법이다.

이 「약초 캐기[采苓]」는 모두 3장이다.

당풍(唐風)은 12편 33장 203구이다.

진풍 | 秦風

진(秦)은 나라 이름이니 그 땅이 우공(禹貢)의 옹주(雍州) 지역에 있으며 조서산(鳥鼠山)에 가깝다. 처음에 백익(伯益)이 우(禹)를 도와 홍수를 다스려 공(功)이 있음에 성(姓)을 영씨(嬴氏)로 해주었다. 그 뒤 중휼(中潏)이 서융(西戎)에 거처하여 서수(西垂)를 보전(保全)하더니, 6세손(六世孫) 대락(大駱)이 성(成)과 비자(非子)를 낳으니, 비자가 주나라 효왕(孝王)을 섬겨 말을 견수(汧水)와 위수(渭水) 사이에 기름에 말이 크게 번식(繁息)히였다. 효왕을 봉(封)하여 부용(附庸)을 삼아 진(秦) 땅에 도읍 하였으니 선왕(宣王) 때에 견융(犬戎)이 성(成)의 일족을 멸망시켰다. 선왕(宣王)이 비자의 증손(曾孫) 진중(秦仲)을 명(命)하여 대부를 삼아 서융을 즉벌하려 하다가 이기지 못하고 죽음을 당하였으니, 유왕(幽王)이 서융과 견융에게 죽음을 당하게 됨에 미쳐서 평왕(平王)이 동쪽으로 도읍을 옮길 때 진중(秦仲)의 손자 양공(襄公)이 군사를 보내었다. 왕이 양공으로 제후를 삼아 "능히 견융을 좇으면 곧 기풍(岐豐) 땅을 소유하게 하리라."하였다. 양공이 주나라 서도(西都) 기내(畿內) 800리 땅을 소유하고 현손(玄孫) 덕공(德公)에게 이르러 또 옹(雍)땅으로 도읍을 옮기니 진(秦)은 곧 지금의 진주(秦州)요, 옹(雍)은 지금의 경조부(京兆府) 흥평현(興平縣)이다.

1. 수레 소리 요란하고[車鄰]

1-1. 有車鄰鄰(유차린린)이며 有馬白顚(유마백전)이로다 未見君子(미견군자)하니 寺人(시인)之令(지령)이로다 [賦]

| 언해 |

수레가 鄰鄰ᄒᆞ며 말의 이마가 희도다 君子를 보지 못호니 寺人을 令ᄒᆞ놋다

| 번역 |

수레 소리 요란하며
말 이마가 희도다
군자를 보지 못하니
내시에게 법석대네

| 자해 |

鄰鄰 : 수레 무리의 소리. • 白顚 : 이마에 흰 터럭이 있음. 지금의 이른바 적상(的顙). 君子 : 진(秦)나라 임금. • 寺人 : 안에 있는 적은 신하. • 令 : 부림.

| 의해 |

이때 진나라 임금이 처음으로 거마(車馬)와 이 시인(寺人)의 관원을 두었다. 장차 군주를 뵈려는 자가 반드시 먼저 시중드는 사람을 하여금 통하도록 하였다. 그런 까닭에 나라 사람이 이것을 처음 보고 과시하고 찬미한 것이다.

1-2. 阪有漆(판유칠)이며 隰有栗(습유률)이로다 旣見君子(기견군자)라 並坐鼓瑟(병좌고슬)하라 今者不樂(금자불락)이면 逝者其耋(서자기질)이리라 [興]

| 언해 |

阪에ᄂᆞᆫ 漆이 잇시며 隰에ᄂᆞᆫ 栗이 잇도다 임의 君子를 본지라 아울너 안져 비파를 두다렷노라 이제 즐거ᄒᆞ지 안이ᄒᆞ면 가ᄂᆞᆫ 것시 그 늙그리라

| 번역 |

비탈에는 옻나무 있으며
늪지에는 밤나무 있네
이미 군자를 본지라
함께 앉아 슬(瑟)을 타노라
지금 즐기지 않으면
가는 곳이 늙음이네

| 자해 |

耋 : 80세 된 늙은이.

| 의해 |

언덕에는 옻나무가 있고 습지에는 밤나무가 있으니, 보는 바 경개를 써서 흥(興)을 일으킨 것이다. 대개 진나라 인군을 보지 못하고 다만 그 거마(車馬)의 훌륭함과 시인(寺人)의 심부름을 받았으니 과장하여 아름답게 여기고, 그 이미 진나라 인군을 보았으니 함께 앉아 슬(瑟)을 연주하여, "이제 즐기지 않으면 늙으리라." 하였으니, 국가가 바야흐로 예의(禮義)가 비로소 갖추어짐에

인정(人情)의 즐거워함이 이에 이른 것이다.

판유상 습유양 기견군자 병좌고황
1-3. 阪有桑이며 隰有楊이로다 旣見君子라 並坐鼓簧하

금자불락 서자기망
라 今者不樂이면 逝者其亡이리라 [興]

| 언해 |

阪애 뽕나무가 잇시며 隰애 버들이 잇도다 임의 君子를 본지라 아울너 안져 簧을 두다렷노라 이제 즐거안이ᄒᆞ면 가는것시 그 쥭으리라

| 번역 |

비탈에는 뽕나무 있으며
늪지에는 버드나물세
이미 군자를 본지라
함께 앉아 생황[笙]을 부노라
지금 즐기지 않으면
가는 곳이 죽음이네

| 자해 |

簧 : 황[笙] 가운데 금(金) 잎사귀니 생을 불면 이것이 울려 소리가 남.

| 의해 |

진나라가 일어남에 제왕의 영향이 다하였다. 수레소리 요란함은 그 시발점이 되니 세도(世道)에 오르내리는 기미가 여기에 있다 하겠다.

이 「수레 소리 요란하고[車鄰]」는 모두 3장이다.

2. 네 필의 검은 말[駟驖]

2-1. 駟驖孔阜하니 六轡在手로다 公之媚子 從公于狩로다 [賦]

| 언해 |

駟驖이 심히 술지며 크니 여셧 고삐가 손에 잇도다 公의 ᄉᆞ랑ᄒᆞᆫ ᄂᆞᆫ 子ㅣ 公을 좃쳐셔 산양ᄒᆞ놋다

| 번역 |

네 필의 말이 매우 살쪘으며
여섯 고삐가 손에 있네
공(公)의 사랑하는 자
공을 따라 사냥하네

| 자해 |

駟驖 : 네 말이 모두 검어 쇠와 같다는 말. • 孔 심하다는 말. • 阜 : 살찌고 큼. • 六轡 : 두 복마(服馬)와 두 참마(驂馬)가 각각 두 고삐니 참마의 두 고삐를 고리에 꿴다. 그런 까닭에 여섯 고삐가 손에 있다고 한 것. • 媚子 : 친하고 사랑하는 사람이니 이 장도 또한 전편(前篇)의 뜻.

| 의해 |

쇠 빛 같은 사마(駟馬)가 매우 살찌고 크다 함은 말이 훌륭함을 말한 것이요, 여섯 고삐가 손에 있다함은 말 어거하기를 잘한다

는 말이요, 공(公)의 사랑하는 자가 공(公)을 따라 사냥한다 함은 앞에서 총애하는 신하의 사령(使令)이 충분하다는 말이다.

2-2. 奉時辰牡(봉시신모)하니 辰牡孔碩(진모공석)이로다 公曰左之(공왈좌지)하시니 舍(사)拔則獲(발즉획)이로다 [賦]

| 언해 |

이 辰牡를 밧드니 辰牡가 심히 크도다 公이 닐ᄋᆞ샤ᄃᆡ 左ᄒᆞ라 ᄒᆞ시니 拔을 노으ᄆᆡ 곳 엇ᄂᆞᆫ도다

| 번역 |

때 맞춰 짐승들을 몰아 오는데
짐승들이 매우 크구나
공이 왼편으로 수레를 몰게 하니
화살 쏘아 곧 짐승 잡았네

| 자해 |

時 : '是'자와 같음. • 辰 : 때라는 말. • 牡 : 수컷 짐승. • 碩 : 살찌고 큼. • 拔 : 화살 끝.

| 의해 |

신모(辰牡)는 겨울에는 이리를 바치고 여름에는 고란이를 바치고 봄과 가을에는 사슴과 돼지를 바치니, 우인(虞人)이 받들어 도와서 쏘기를 기다린다. '공이 왼편으로 수레 몰아라[公曰左之]'함은 말끄는 사람에게 명령하여 그 수레를 왼편으로 하여 짐승의 왼편

을 쏘게 함이니, 대개 쏨에 반드시 그 왼편을 맞추게 한다. 화살을 쏨에 잡지 못함이 없다 함은 짐승이 많고 쏘며 어거하기를 잘 한다는 것이다.

2-3. 遊于北園(유우북원)하니 四馬既閑(사마기한)이로다 輶車鸞鑣(유거난표)로소니 載(재)獫歇驕(험갈교)로다 [賦]

| 언해 |

北園에 노니 四馬ㅣ 임의 한가ᄒᆞ도다 가부여운 수릐에 鸞ᄒᆞᆫ 鑣ㅣ 로쇼니 獫과 歇驕를 시럿도다

| 번역 |

북쪽 동산에 노니는데
네 필 말이 익숙도 하다
가벼운 수레에 방울 달린 재갈
이 사냥 저 사냥개
수레에 실었네

| 자해 |

閑 : 한가히 익힘. • 輶 : 가벼움. • 鸞 : 방울이니 난조(鸞鳥: 방물새)의 소리를 본 받다는 뜻. • 鑣 : 마함(馬銜) . • 獫歇驕 : 다 사냥개의 이름이니 입부리가 긴 개를 "험(獫)"이라 하고 입부리가 짧은 개를 "갈교(歇驕)"라 하니 개를 수레에 싣는 것은 그 발 힘을 쉬게 하기 위함임.

| 의해 |

1장에는 가서 사냥함을 말하고 2장에는 사냥하여 얻음을 말하고

3장에는 얻고 쉼을 말하였으니, 대체로 처음 보고 깊이 기뻐함이다. 「수레 소리 요란하고[車鄰]」와 「네 필의 검은 말[駟驖]」의 글을 읽음에 진나라가 나라를 세움에 그 거마를 가득히 하고 봉양하는 일과 사냥하는 공(功)을 넘지 못하니, 대개 어진 이를 쓰며 백성을 다스리는 일을 미치지 못하여 그 흐르는 기풍이 또한 이에 관습(慣習)일 따름이다.

이 「네 필의 검은 말[駟驖]」은 모두 3장이다.

3. 제후의 병거[小戎]

3-1. 小戎俴收(소융천수)로소니 五楘梁輈(오목량주)로다 游環脅驅(유환협구)며 陰靷鋈續(음인옥속)이며 文茵暢轂(문인창곡)이로소니 駕我騏馵(가아기주)로다 言念君子(언념군자)하니 溫其如玉(온기여옥)이로다 在其板屋(재기판옥)하여 亂我心曲(난아심곡)이로다 [賦]

| 언해 |

小戎이 俴ᄒᆞᆫ 收ㅣ로소니 다셧 고대 楘ᄒᆞᆫ 梁갓흔 輈ㅣ로다 游ᄒᆞᄂᆞᆫ 環이며 脅에 ᄒᆞᆫ 驅ㅣ며 陰에 靷호ᄃᆡ 續ᄒᆞᆫᄃᆡ 鋈ᄒᆞ얏시며 文茵이며 暢ᄒᆞᆫ 轂이로소니 우리 騏와 馵를 駕ᄒᆞ얏도다 君子를 ᄉᆡᆼ각호니 溫ᄒᆞᆷ이 그 玉갓도다 그 板屋에 在ᄒᆞ야 내 心曲을 어지럽게 ᄒᆞᄂᆞᆺ다

| 번역 |

길이 짧은 병거 턱이 나직하더니
다섯 번 가죽으로 감은 멍에채로다
가죽으로 만든 유환의 협구로다
멍에 앞 뒤 가죽 끈에 수레 앞은 백금 고리
문채나는 자리 긴 굴대
나의 얼룩말 발목 흰 말을 끌도다
군자를 생각하니
따뜻함이 옥 같구나
저 판자집에서
애간장을 녹이네

| 자해 |

小戎 : 제후의 병거(兵車). • 俴 : 얕음. • 收 : 수레 전후 두 끝에 빗긴 나무이니 실은 물건을 수렴(收斂)하는 것. • 五 : 다섯 묶음이니 가죽으로 주(輈)의 다섯 곳을 묶어 견고하게 함. • 楘 : 문채가 나는 모양. • 梁輈 : 수레 멍에이니 그 형상이 위가 굽어서 집의 들보와 같음. • 游環 : 말 가슴걸이 고리니 가죽으로 고리를 만들어 두 복마(服馬) 등 위에 이르게 하고 옮겨다녀서 정한 곳이 없으며 두 참마(驂馬)의 밖 고삐를 그 가운데에 꼬이게 하여 참마(驂馬)를 제어하여 밖으로 나가지 못하게 하는 것. • 脅驅 : 가죽으로 만들어 앞은 형(衡)의 두 끝에 메고 뒤는 진(軫)의 두 끝에 메어 복마(服馬)의 갈빗대 밖에 이르게 하니, 이것으로 참마(驂馬)를 몰아 안으로 들어오지 못하게 하는 것. • 陰 : 수레 앞턱 나무. • 靷 : 가죽 두 오리로써 앞은 참마의 목에 메고 뒤는 수레 앞턱 나무 판〔陰版〕 위에 메는 것. • 鋈續 : 음판(陰版) 위 가죽 두 오리와 연결된 곳에 백금(白金)을 녹여 인(靷) 고리에 대는 것. • 文茵 : 수레 가운데 앉는 호피욕(虎皮褥). • 暢 : 길다는 말. • 轂 : 수레바퀴 가운데 밖으로는 바퀴살을 가지고 안으로는 바퀴굴대를 받는 것이나 병거(兵車)의 바퀴는 길이가 3척(尺)2촌(寸)인 까닭에 "창곡(暢轂)이라 함. • 騏 : 말 빛이 푸르고 검은 것. • 馵 : 말의 왼편 발이 흰 것. • 君子 : 부인이 그 남편을 지목한 말. • 溫其如玉 : 아름답게 여기는 말. • 板屋 : 판(板)을 가지고 집을 만든 것이니 서융(西戎)의 풍속. • 心曲 : 마음 가운데 위곡(委曲)한 곳.

| 의해 |

서녘 오랑캐는 진나라 신하된 자식과 더불어 하늘을 같이 일 수 없는 원수이다. 양공(襄公)이 위로 천자의 명(命)을 받들어 그 나라 사람을 거느리고 가서 치는지라 그 병역(兵役)을 좇던 자의 집 사람이 먼저 병갑(車甲)의 훌륭함이 이 같음을 자랑하고 뒤에 사정(私情)을 말하였으니, 대개 의(義)로써 군사를 일으킴에 비록 부인이라도 또한 적국(敵國)에 부딪치기를 용맹하게 할 줄을 알았다. 그런 까닭에 원망하는 바가 없음이다.

3-2. 四牡孔阜하니 六轡在手로다 騏騮是中이요 騧驪是驂이로소니 龍盾之合이요 鋈以觼軜이로다 言念君子하니 溫其在邑이로다 方何爲期요 胡然我念之요 [賦]

| 언해 |

四牡ㅣ 심히 셩ᄒᆞ니 여셧 고ᄡᅵ가 손에 잇도다 騏와 騮ㅣ 이에 가운ᄃᆡ에 ᄒᆞ고 騧와 驪ㅣ 이에 驂ᄒᆞ얏도쇼니 龍盾을 合ᄒᆞ고 鋈ᄒᆞ야 ᄡᅧ 觼ᄒᆞᆫᄃᆡ 軜ᄒᆞ얏도다 君子를 ᄉᆞᆼ각호니 溫히 그 고을에 잇도다 쟝ᄎᆞᆺ 어ᄂᆡᄣᅢ로 긔약을 ᄒᆞᆯ고 엇지 날로 ᄉᆡᆼ각케 ᄒᆞ나뇨

| 번역 |

네 숫말 매우 씩씩하니
여섯 말 고삐가 손에 있도다
기(騏)와 류(騮)가 가운데 있고
와(騧)와 여(驪)가 이에 참마가 되니
용 그린 방패를 합해 싣고
고리가 있는 속고삐를 도금하였도다
군자를 생각하니 따뜻함이 고을에 있도다
장차 어느 때로 기약할까

| 자해 |

騮 : 붉은 말에 검은 갈기를 이름. • 中 : 두 복마(服馬). • 騧 : 누런 말에 검은 부리를 이름. • 驪 : 검은 빛. • 盾 : 방패이니 용(龍)을 방패에 그린 것. • 觼(결) : 고리에 혀가 있는 것. • 軜 : 참마(驂馬)의 안 고삐니 결(觼)을 식(軾)앞에 두고 납(軜)을 메기 때문에 '결납(觼軜)'이라 하니, 또한 백금(白金)으로 꾸민 것. • 邑 : 서녘 변방 고을. • 方 : 장차.

| 의해 |

군자를 생각하니 온화(溫和)하게 서녘 변방 고을에 있는 것 같다. 장차 어느 때 돌아올 것인지 기약을 할까? 나로 하여금 사념(思念)하는 정(情)이 극진하게 하는구나.

3-3. 俴駟孔羣(천사공군)이어늘 厹矛鋈錞(구모옥순)로다 蒙伐有苑(몽벌유원)이어늘 虎韔鏤膺(호창루응)이로다 交韔二弓(교창이궁)하니 竹閉緄縢(죽폐곤등)이로다 言念君子(언념군자)하여 載寢載興(재침재흥)하라 厭厭良人(염염량인)이여 秩秩德音(질질덕음)이로다 [賦]

| 언해 |

俴ᄒᆞᆫ 駟ㅣ 심히 羣ᄒᆞ거늘 厹矛ㅅ 錞에 鋈ᄒᆞ얏도다 蒙ᄒᆞᆫ 伐이 苑ᄒᆞ거늘 虎로 ᄒᆞᆫ 韔이며 鏤ᄒᆞᆫ 膺이로다 韔에 두 활을 交하니 竹으로 閉를 하고 緄으로 縢하엿도다 君子를 念하야 곳 寢ᄒᆞ며 곳 興호라 厭厭ᄒᆞᆫ 어진 ᄉᆞᄅᆞᆷ이여 德音이 秩秩ᄒᆞ도다

| 번역 |

얇은 철로 갑옷 입힌 네 말이 심히 화한데
세 뿔 진 창끝은 백금으로 칠했네
여러 색 섞인 방패는 반짝이거늘
호피 활집에 금빛 말띠네
두 활은 엇갈리게 활집에 넣고
대나무 도지개 끈으로 매었네
님을 생각하니
잠자는 둥 마는 둥
편안한 남편이여

덕음이 순하도다.

| 자해 |

俴駟 : 네 필의 말을 모두 얇은[淺薄]한 쇠로 갑옷을 꾸민 것이니, 그것이 가볍고 편리하여 말이 주선(周旋)하기를 용이하게 하기 위함. • 孔 : 심함. • 羣 : 화하다는 말. • 厹矛 : 세 뿔진 창. • 鋈錞 : 백금(白金)을 가지고 창 끝 평한 밑에 꾸민 것. • 蒙 : 잡된 것. • 伐 : 중간(中干)이니 방패의 별명(別名). • 苑 : 문채가 나는 모양이니 여러 깃털의 무늬를 방패 위에 그린 것. • 虎韔 : 호피(虎皮)로써 활집을 만든 것. • 누응(鏤膺) : 금으로 새겨서 말의 가슴 띠를 꾸민 것. • 交韔 : 두 활을 활집 가운데 마주 넣는다는 말이니 활이 파손되는 것을 방비함. • 閉 : 활 도지개. • 緄 : 수 놓은 띠. • 縢 : 묶는단 말이니, 대를 가지고 활 도지개를 하고 곤(緄)으로 활을 묶어 궁체(弓體)를 바르게 함. • 載寢載興 : 생각을 깊게 하여 기거(起居)가 편안하지 못한 모양. • 厭厭 : 편안한 거동. • 秩秩 : 차례가 있음.

| 의해 |

제 1장에는 수레의 훌륭함을 말하고 제 2장에는 말의 거동을 말하고 제3장에는 병기(兵器)가 갖추어짐을 말하였으니, 대개 그 부인은 반드시 경대부로서 장수된 사람의 처이다. 그런 까닭에 남편이 "따스하기가 옥 같다"라고 하며 "편안하고 차례가 있다"라고 하였으니, 어찌 보통 사졸(士卒)이 당할 수 있는 것이겠는가? 근심과 생각을 극진히 함은 정(情)이요, 원망하고 기롱함이 없음은 의(義)이니 두 가지가 아울러 행해져 어그러짐이 없다.

이 「제후의 병거[小戎]」는 모두 3장이다.

4. 갈대[蒹葭]

4-1. 蒹葭蒼蒼(겸가창창)하니 白露爲霜(백로위상)이로다 所謂伊人(소위이인)이 在水一方(재수일방)이로다 遡洄從之(소회종지)나 道阻且長(도조차장)이며 遡游從之(소유종지)나 宛在水中央(완재수중앙)이로다 [賦]

| 언해 |

蒹葭ㅣ 蒼蒼ᄒᆞ니 흰 이슬이 셜이가 되도다 닐은바 伊人이 水의 一方에 잇도다 遡洄ᄒᆞ야 죠치려ᄒᆞ나 길이 막히고 ᄯᅩ 길며 遡游ᄒᆞ야 죠치려ᄒᆞ나 宛히 水의 中央에 잇도다

| 번역 |

갈대가 푸르고 푸르니
하얀 이슬이 서리가 되었네
이른바 저 사람이
물 한쪽에 있네
강물을 거슬러 오르려 하나
길이 막히고 또 길며
물 따라 내려 건너려 하나
완연히 물 중앙에 있네

| 자해 |

蒹 : 추초(萑草)와 같으나 가늘며 높이가 두어 자 됨. '염(蘼)'이라 하기도 함.

• 葭 : 갈대. • 伊人 : 저 사람. • 一方 : 저 한 방위. • 遡洄 : 흐르는 물을 거슬러 올라감. • 遡游 : 흐르는 물을 순하게 하여 내려감. • 宛 : 앉아 보는 모양. • 在水中央 : 가깝지만 이르지 못한다는 말.

| 의해 |

갈대가 아직 시들어 죽지 않았는데 이슬이 비로소 서리가 되며 가을 물이 때마침 이르러 온갖 시내가 황하로 흘러가는 때이다. 이른바 저 사람이 물 저 한쪽에 있으나 오르며 내려가 찾았지만 불가능하였음을 말한 것이다. 그러나 무엇을 가리키는지 알지 못하겠다.

4-2. 蒹葭淒淒(겸가처처)하니 白露未晞(백로미희)로다 所謂伊人(소위이인)이 在水之湄(재수지미)로다 遡洄從之(소회종지)나 道阻且躋(도조차제)며 遡游從之(소유종지)나 宛在水中坻(완재수중지)로다 [賦]

| 언해 |

蒹葭ㅣ 淒淒ᄒᆞ니 흰 이슬이 마르지 못ᄒᆞ얏도다 닐은바 伊人이 水의 湄에 잇도다 遡洄ᄒᆞ야 죳치려ᄒᆞ나 길이 막히고 ᄯᅩ 오르며 遡游ᄒᆞ야 죳치려ᄒᆞ나 宛히 水의 中坻에 잇도다

| 번역 |

갈대가 무성하고 무성하니
하얀 이슬이 아직 안 말랐네
이른바 저 사람이
물가에 있네

강물을 거슬러 따르려 하나
길이 막히고 또 가파르며
물 따라 내려 건너려 하나
완연히 강 가운데 모래섬에 있네

| 자해 |

凄凄 : 창창(蒼蒼)과 같은 말. • 晞 : 마르다는 뜻. • 湄 : 수초(水草)가 교차하는 곳. • 躋 : 오르다는 뜻, 이르기가 어려움을 말함. • 坻 : 작은 물가.

4-3. 蒹葭采采(겸가채채)하니 白露未已(백로미이)로다 所謂伊人(소위이인)이 在水之涘(재수지사)로다 遡洄從之(소회종지)나 道阻且右(도조차우)며 遡游從之(소유종지)나 宛在水中沚(완재수중지)로다 [賦]

| 언해 |

蒹葭ㅣ 싸며 싸염즉ᄒᆞ니 흰 이슬이 마지 안이ᄒᆞ놋다 닐은바 伊人이 水의 涘에 잇도다 遡洄ᄒᆞ야 좃치려ᄒᆞ나 길이 막히고 쏘 右편으로하며 遡游ᄒᆞ야 좃치려ᄒᆞ나 宛히 水의 中沚에 잇도다

| 번역 |

갈대가 무성하여 벨만하니
하얀 이슬이 마르지 않네
이른바 저 사람이
물 가에 있네
강물을 거슬러 오르려 하나
길이 막히고 또 오른쪽이며

물 따라 내려 건너려 하나
완연히 물 중앙 모래섬에 있네

| 자해 |

采采 : 성하여 벨만함. • 已 : 그침. • 右 : 서로 만나지 못하여 그 오른편으로 나감. • 沚 : 작은 모래섬.

이 「갈대[蒹葭]」는 모두 3장이다.

5. 종남산에는[終南]

종남하유 유조유매 군자지지 금의호
5-1. 終南何有요 有條有梅로다 君子至止하시니 錦衣狐
구 안여악단 기군야재
裘샷다 顏如渥丹하시니 其君也哉샷다 [興]

| 언해 |

終南에 므엇이 잇ᄂᆞ뇨 條ㅣ 잇시며 梅ㅣ 잇도다 君子ㅣ 니르시니 狐裘에 錦衣를 ᄒᆞ샷다 얼골이 渥ᄒᆞᆫ 丹갓ᄐᆞ시니 그 임금이샷다

| 번역 |

종남산에 무엇이 있느냐
가래나무 있으며 매화나무 있도다
군자가 이르시니
비단옷과 여우 가죽옷 입었네
얼굴이 붉고도 윤택하시니
그야말로 임금 같구나

| 자해 |

終南 : 산 이름이니 이제 경조부(京兆府) 남쪽에 있다. • 條 : 산초니 가죽과 나무인데 잎사귀가 희고 빛이 또한 희니 재목이 수레 판을 만들 만한 것. • 君子 : 그 임금을 가리켜 말함. • 至止 : 종남산 아래에 이름. • 錦衣와 狐裘 : 제후의 옷. • 渥 : 물들임. • 渥丹 붉고 윤택한 모양. • 其君也哉 : 용모와 의복이 임금됨에 걸맞는다는 말.

| 의해 |

이 장은 진나라 사람이 그 임금을 아름답게 여긴 말이니 또한 「수레 소리 요란하고」〔車鄰〕과 「네 필의 검은 말」〔駟驖〕의 뜻이다.

종남하유 유기유당 군자지지 불의
5-2. 終南何有요 有紀有堂이로다 君子至止하시니 黻衣
수상 패옥장장 수고불망
繡裳이삿다 佩玉將將하시니 壽考不忘이로다 [興]

| 언해 |

終南에 므엇이 잇ᄂᆞ뇨 紀잇시며 堂이 잇도다 君子ㅣ 니르시니 黻衣며 繡裳이삿다 佩玉이 將將ᄒᆞ시니 壽考코쟈ᄒᆞ야 잇지 못ᄒᆞ리로다

| 번역 |

종남산에 무엇이 있느냐
산등성도 있으며 산마루도 있도다
군자가 이르시니
무늬 수놓은 저리고에 수놓은 바지 입었네
패옥이 찰랑찰랑하시니
잊지 않고 오래 살겠네

| 자해 |

紀 : 산의 모지고 뾸 진 곳. • 堂은 산의 평평한 곳. • 黻: 그 형상이 '아(亞)'자 같으니 두 '몸 기(己)'자가 서로 어그러진 것. • 繡 : 바느질하여 수놓은 것. • 將將 : 패옥(佩玉) 소리. • 壽考不忘 : 그 자리에 거처하여 이 옷을 입고 오래도록 안녕하고자 함.

이 「종남산에는[終南]」은 모두 2장이다.

6. 꾀꼬리[黃鳥]

교교황조 지우극 수종목공 자거엄식
6-1. 交交黃鳥여 止于棘이로다 誰從穆公고 子車奄息이

유차엄식 백부지특 임기혈 췌췌기
로다 維此奄息이여 百夫之特이로다 臨其穴하여 惴惴其

율 피창자천 섬아양인 여가속혜
慄이로다 彼蒼者天이여 殲我良人이로다 如可贖兮인댄

인백기신
人百其身이로다 [興]

| 언해 |

交交ᄒᆞᄂᆞᆫ 黃鳥ㅣ여 棘에 그치도다 뉘 穆公을 從ᄒᆞᄂᆞᆫ고 子車奄息이로다 이 奄息이여 百夫의 特이로다 그 穴을 臨ᄒᆞ야 惴惴히 그 慄ᄒᆞ놋다 뎌 푸른 하늘이여 우리 良人을 殲ᄒᆞ놋다 만일 可히 贖홀찐댄 人이 그 몸을 百고져 ᄒᆞ리로다

| 번역 |

오고가는 꾀꼬리여
가시나무에 걸렸네
누가 목공을 따라 죽었는가
자거(子車) 엄식(奄息)이로다
이 엄식이가 백 명 중에 특출하다
그 묘에 임하여
벌벌벌 떠는구나
저 푸른 하늘이여
우리 좋은 사람을 죽이도다

이 사람을 물릴 수만 있다면
사람이 백 명을 주고라도 바꾸겠네

| 자해 |

交交 : 날아 왕래하는 모양. • 從穆公 : 좇아 죽음. • 子車 : 씨(氏). • 奄息 : 이름. • 特 : 걸출(傑出)함. • 穴 : 광중(壙中) • 惴惴 : 두려워하는 모양. • 慄 : 두려워함. • 殲 : 스스로 다함. • 良 : 착함. • 贖 : 바꿈.

| 의해 |

진(秦)나라 목공(穆公)이 죽음에 자거씨(子車氏)의 세 아들을 순장(殉葬)하니 다 진나라의 어진 사람들이라서 나라 사람이 슬피 여겨 황조시(黃鳥詩)를 지으니, 일이 『춘주전(春秋傳)』에 보였으니 곧 이 글에서 "오고가는 황조는 가시나무에 그치도다. 뉘 목공을 좇는가? 자거 엄식(子車奄息)이로다."하였으니, 대개 본 바를 가지고 홍(興)을 일으킨 것이다. 무덤[穴]에 임하여 벌벌 떤 것은 대개 산 사람으로써 구덩이 속에 집어넣었기 때문이니, 세 아들은 다 나라의 어진 사람들이거늘 하루아침에 죽이니 만일 다른 사람으로 바꾼다면 사람들이 다 그 몸을 백번이라도 바꾸기를 원하였을 것이다.

6-2. 交交黃鳥(교교황조)여 止于桑(지우상)이로다 誰從穆公(수종목공)고 子車仲行(자거중행)이로다 維此仲行(유차중행)이여 百夫之防(백부지방)이로다 臨其穴(임기혈)하여 惴惴其慄(췌췌기율)이로다 彼蒼者天(피창자천)이여 殲我良人(섬아양인)이로다 如可贖兮(여가속혜)인댄 人百其身(인백기신)이로다 [興]

| 언해 |

交交ᄒᆞᄂᆞᆫ 黃鳥ㅣ여 뽕나무에 그치도다 뉘 穆公을 從ᄒᆞᄂᆞᆫ고 子車 仲行이로다 仲行이여 百夫의 防이로다 그 穴을 臨하여 惴惴히 그 慄ᄒᆞ놋다 뎌 푸른 하날이여 우리 良人을 殲ᄒᆞ놋다 만일 可히 贖홀찐댄 人이 그 몸을 百고져 ᄒᆞ리로다

| 번역 |

오고가는 꾀꼬리여
뽕나무에 앉았네
누가 목공을 따라 죽었는가
자거(子車) 중항(仲行)이로다
이 중항이가 백 명을 당해낼 만하네
그 묘에 임하여
벌벌벌 전율하네
저 푸른 하늘이여
우리 좋은 사람을 죽이도다
이 사람을 물릴 수만 있다면
사람이 백명을 주고라도 바꾸겠네

| 자해 |

防 : 당(當)하다는 말이니 한 사람이 온갖 사내를 당해 낼 수 있다 함.

교교황조 지우초 수종목공 자거겸호
6-3. 交交黃鳥여 止于楚로다 誰從穆公고 子車鍼虎로다
유차겸호 백부지어 임기혈 췌췌기율
維此鍼虎여 百夫之禦로다 臨其穴하여 惴惴其慄이로다
피창자천 섬아양인 여가속혜 인백기신
彼蒼者天이여 殲我良人이로다 如可贖兮인댄 人百其身
이로다 [興]

| 언해 |

交交ᄒᆞᄂᆞᆫ 黃鳥ㅣ여 楚에 그치도다 뉘 穆公을 從ᄒᆞᄂᆞᆫ고 子車鍼虎ㅣ로다 이 鍼虎ㅣ여 百夫의 禦ㅣ로다 그 穴을 臨ᄒᆞ야 惴惴히 그 慄ᄒᆞ놋다 뎌 푸른 하ᄂᆞᆯ이여 우리 良人을 殲ᄒᆞ놋다 만일 可히 贖홀찐댄 人이 그 몸을 百고져 ᄒᆞ리로다

| 번역 |

오고가는 꾀꼬리여
싸리나무에 거렸네
누가 목공을 따라 죽었는가
자거(子車) 겸호(鍼虎)이로다
이 겸호(鍼虎) 백 명을 막을 만하네
그 묘에 임하여
벌벌벌 전율하네
저 푸른 하늘이여
우리 좋은 사람을 죽이도다
이 사람을 물릴 수만 있다면
사람이 백명을 주고라도 바꾸겠네

| 자해 |

禦 : 당(當)하다는 말과 같음.

| 의해 |

『춘추전』에 "진목공이 맹주(盟主)가 되지 못함이 마땅하니, 죽으면서 백성을 버렸도다. 선왕(先王)은 세상을 떠날 때도 오히려 법(法)을 남겨 주었거든 하물며 착한 사람을 빼앗으리오? 이제 비록 법을 후사(後嗣)에게 남겨 줄 것은 없으나 또한 그 어진 사람을 거두어 죽게 하니 위에 있기 어렵도다. 군자가 이리하여 진나라가 다시 동으로 치지 못할 줄 안 것이다"라고 하였다.

내가 살피건대 목공(穆公)이 그 죄를 피할 수 없다. 누군가 이것을 가지고 말하기를, "목공의 유명(遺命)이 이 같으므로 세 아들이 자살하여 따라 죽었을 것이다." 하였으니, 세 아들도 또한 허물이 없지 않다. 그러나 이제 구덩에 임하여 벌벌 떨었다는 말로 보건대 이는 강공(康公)이 그 아버지의 어지러운 명령을 좇아 핍박하여 광중(壙中)에 들어가게 한 것이니 그 허물이 돌아갈 바가 있을 것이다. 또 살피건대 진나라 무공(武公)이 죽음에 처음으로 사람을 좇아 죽게 하니 죽은 자가 66인이요, 목공에 이르러 드디어 그 법을 쓰니 죽은 자가 177인이니 세 어진이가 여기에 낀 것이다. 대개 그 처음의 일이 오랑캐의 풍속에서 나왔거늘, 밝은 왕가 어진 패자가 그 죄를 치지 않음으로 이에 상습(常習)이 되었으니, 비록 목공같은 현군으로도 순장시킴을 면할 수 없었거늘, 그 일을 의논하는 자가 또한 삼량(三良)의 불행을 민망히 여기며 진나라의 쇠함을 탄식할 뿐이요, 왕정(王政)의 紀綱이 없으며 제후의 명(命)을 마음대로 하여 사람 죽이기를 꺼리지 않는데 이르러서는 그 그릇됨을 알지 못하였으니 풍속의 폐가 오래 된 것이다. 그 후 진시황을 장사함에 후궁(後宮)이 다 좇아 죽었고 공장(工匠)들을 산채로 무덤 속에 묻었으니 이것을 어찌 괴이하다 하겠는가?

이 「꾀꼬리[黃鳥]」는 모두 3장이다.

7. 새매[晨風]

7-1. 鴥彼晨風이여 鬱彼北林이로다 未見君子라 憂心欽欽하라 如何如何로 忘我實多요 [興]

| 언해 |

鴥ᄒᆞᄂᆞᆫ 뎌 晨風이여 鬱ᄒᆞᆫ 뎌 北林에 ᄒᆞ놋다 君子를 보지 못ᄒᆞᆫ지라 마음에 근심홈을 欽欽히 호라 엇지 엇지 홈으로 나를 이지믈 진실로 만히ᄒᆞᄂᆞ뇨

| 번역 |

빨리 나는 새매여
울창한 저 북쪽 수풀이로다
군자를 못 본지라
근심하는 마음에 속 타네
어찌하여 어찌하여
나를 잊기 실로 많을까

| 자해 |

鴥 : 빠르게 나는 모양. • 晨風 : 새매. • 鬱 : 무성한 모양. • 君子 : 남편을 가리킴. • 欽欽 : 근심하여 잊지 못하는 모양.

| 의해 |

부인이 그 남편이 있지 않아서 말하기를, "빠르게 나는 저 새매는

무성한 복쪽 수풀로 돌아가는구나. 그런 까닭에 내 君子를 보지 못하여 근심하는 마음이 답답하다. 저 君子는 어찌하여 나를 잊음이 많은가?"라고 하였으니, 이 글이 염이(扊扅)의 노래와 뜻이 같으니 대체로 진나라 풍속이다.

7-2. 山有苞櫟(산유포력)이며 隰有六駁(습유육박)이로다 未見君子(미견군자)라 憂心靡樂(우심미락)하라 如何如何(여하여하)로 忘我實多(망아실다)요 [興]

| 언해 |

山에 苞혼 櫟이 잇시며 隰에 六駁이 잇도다 君子를 보지 못혼지라 마음에 근심ᄒᆞ야 즐겁지 못호라 엇지 엇짐으로 나를 이지믈 진실로 만히ᄒᆞᄂᆞ뇨

| 번역 |

산에 떨기진 느릅나무 있으며
습지엔 여섯 그루의 가래나무가 있네
군자를 못 본지라
근심하는 마음에 즐겁지 않네
어찌하여 어찌하여
나를 잊기 실로 많을까

| 자해 |

駁 : 재유(梓楡)이니 그 가죽이 푸르고 희어서 얼룩진 박마(駁馬)와 같기 때문에 박(駁)이라 함.

| 의해 |

산에는 떨기진 느릅이 있고 습지에는 육박(六駁)이 있다 하니 여섯을 말함은 본 바를 증거하여 이른 것이다. 군자를 보지 못하니, 마음에 근심하여 즐겁지 못하다 하니 근심을 심하게 한 것이다.

7-3. 山有苞棣며 隰有樹檖로다 未見君子라 憂心如醉하라 如何如何로 忘我實多요 [興]

| 언해 |

山에ᄂᆞᆫ 苞ᄒᆞᆫ 棣잇시며 隰에ᄂᆞᆫ 樹ᄒᆞᆫ 檖ㅣ 잇도다 君子를 보지 못ᄒᆞᆫ지라 마음에 근심홈을 醉ᄒᆞᆫ듯호라 엇지 엇지므로 나를 이지믈 진실로 만히ᄒᆞᄂᆞ뇨

| 번역 |

산에 떨기진 아가위나무 있으며
습지엔 팥배나무 있도다
군자를 못 본지라
근심하는 마음이 취한 듯하네
어찌하여 어찌하여
나를 잊기 실로 많을까

| 자해 |

棣 : 당체(唐棣)이니 곧 산앵두. • 檖 : 적라(赤羅)이니 곧 문배인데, 먹을 만함.

| 의해 |

근심하는 마음이 취한 것과 같으니, 근심이 더욱 심한 것이다.

이 「새매[晨風]」는 모두 3장이다.

8. 옷이 없어서[無衣]

8-1. 豈曰無衣(기왈무의)라 與子同袍(여자동포)리요 王于興師(왕우흥사)어시든 脩我戈(수아과)矛(모)하여 與子同仇(여자동구)하리라 [賦]

| 언해 |

엇지 옷이 업슨지라 子로 더부러 袍를 갓치 ᄒᆞᄌᆞ ᄒᆞ리오 王으로 군ᄉᆞ를 이르키거시든 우리 戈와 矛를 脩ᄒᆞ야 子로 다려 仇를 한가지 호리라

| 번역 |

어찌 옷이 없어서
그대와 함께 도포를 같이 하자 하리
왕명으로 군사를 일으키시거든
우리 창을 수리하여
그대와 함께 원수 갚으리

| 자해 |

袍 : 견(襺)이니 새 솜옷. • 戈 : 길이가 6척(尺) 6촌(寸)되는 창. • 矛 : 길이가 2장(丈)되는 창. • 王于興師 : 천자(天子)의 명(命)으로 군사를 일으킨다는 말.

| 의해 |

진나라 풍속이 강하고 사나워서 전투를 즐거워하기 때문에 그 사

람들이 평상시에 서로 일러 "어찌 자네가 옷이 없다고 해서 자네 더불어 솜옷을 같이 한다 하리오? 대개 왕명(王命)으로 군사를 일으키면 장차 나의 과(戈)와 모(矛)를 닦아 자네와 더불어 원수를 삼는다"라고 함이니 그 기뻐하며 사랑하는 마음을 써서 서로 위하여 죽을 수 있음이 이와 같았다. 소씨(蘇氏)가 말하기를, "진나라는 본디 주나라 땅인 까닭에 그 백성이 오히려 주나라의 전성기를 생각하여 선왕(先王)을 들먹거렸다"고 하였다. 혹자는 말하기를 "홍(興)이다." 하였다.

기왈무의 여자동택 왕우홍사 수아
8-2. 豈曰無衣라 與子同澤이리요 王于興師어시든 修我
모극 여자해작
矛戟하여 與子偕作하리라 [賦]

| 언해 |

엇지 옷이 업슨지라 子로 더블어 澤을 갓치 ᄒᆞᄌᆞᄒᆞ리오 王으로 군ᄉᆞ를 이르키거시든 우리 矛와 戟을 脩ᄒᆞ야 子로 다려 ᄒᆞᆷᄭᅴ 作ᄒᆞ리라

| 번역 |

어찌 옷이 없어서
그대와 함께 속옷을 같이 하자 하리
왕명으로 군사를 일으키시거든
우리 창을 수리하여
그대와 함께 이어나리리라

| 자해 |

澤 : 속옷이니 그 살이 때와 기름을[垢澤]에 가까이 하기 때문에 택(澤)이라 함. • 戟 : 거극(車戟)이니 곧 가지가 두 개 달린 창인데 길이가 6척.

8-3. 豈曰無衣(기왈무의)라 與子同裳(여자동상)이리요 王于興師(왕우흥사)어시든 修我甲兵(수아갑병)하여 與子偕行(여자해행)하리라 [賦]

| 언해 |

엇지 옷이 업ᄉᆞᆫ지라 子로 더블어 裳을 갓치 ᄒᆞᄌᆞᄒᆞ리오 王으로 군ᄉᆞ를 이르키거시든 우리 甲兵을 脩ᄒᆞ야 子로 다려 ᄒᆞᆷᄭᅴ 行호리라

| 번역 |

어찌 옷이 없어서
그대와 함께 치마를 같이 하자 하리
왕명으로 군사를 일으키시거든
우리 갑옷과 병기를 수리하여
그대와 함께 싸우러 가리

| 자해 |

行 : 갈 '왕(往)'자 뜻과 같음.

| 의해 |

진나라 사람의 풍속이 기운을 숭상하고 용력(勇力)을 먼저하여 삶을 잊고 죽음을 가볍게 여겼다. 그리하여 그 시에 보인 것이 이 같았다. 그러나 그 처음 근본을 의논하면 기풍(岐豐)의 땅이 문왕

(文王)께서 이남(二南)의 교화를 일으키심이 저 같이 충후(忠厚)한지라 옹주(雍州)는 토질이 후하고 물이 깊어서 그 백성이 진실하며 곧아서 정(鄭)나라와 위(衛)나라 같은 부미(浮靡)한 습속은 없었으니 착한 것으로 인도하면 홍기하기 용이하여 인의(仁義)에 도탑고 사나운 것으로써 몰면 그 강하며 굳센 자질이 또한 군사에 강할 수 있으며 농사에 힘을 다할 수 있어서 부강(富彊)의 업을 이룰 수 있으니, 산동(山東) 여러 나라가 미칠 수 있는 바가 아니었다. 후세에 나라를 세우고 백성을 인도할 자가 살피지 않을 수 없을 것이다.

이 「옷이 없어서[無衣]」는 모두 3장이다.

9. 위수의 북쪽[渭陽]

9-1. 我送舅氏하여 曰至渭陽하라 何以贈之요 路車乘黃이로다 [賦]

| 언해 |

내 舅氏를 보내여 渭陽에 니르엇노라 무엇스로뻐 쥴고 路車와 乘黃이로다

| 번역 |

내가 외숙을 전송하여
위수 북쪽에 이르렀네
무엇을 드릴까
수레와 누렁말 네필일세

| 자해 |

舅氏 : 진(秦)나라 강공(康公)의 외삼촌 진나라 공자(公子) 중이(重耳). • 渭 : 물 이름. • 路車 : 제후의 수레. • 乘黃 : 네 필의 말이 모두 누렇다는 말.

| 의해 |

진(晋) 나라 공자 중이(重耳)는 진(秦) 강공(康公)의 외삼촌이니 도망하여 밖에 있거늘 목공(穆公)이 불러 본국으로 들여보낼 때에 강공이 태자(太子)가 되어 위양(渭陽 : 위수의 북쪽)에서 전송하면서 이 글을 지었다.

9-2. 我送舅氏(아송구씨)하니 悠悠我思(유유아사)로다 何以贈之(하이증지)요 瓊瑰玉(경괴옥)佩(패)로다 [賦]

| 언해 |

내 舅氏를 보닋니 내 싱각이 悠悠ᄒᆞ도다 므엇으로ᄡᅧ 쥴고 瓊瑰와 玉佩로다

| 번역 |

내가 외숙을 전송하여
길게 늘어나는 나의 생각
무엇을 드릴까
경괴로 만든 옥패로다

| 자해 |

悠悠 : 길다는 뜻. • 瓊瑰 : 옥돌.

| 의해 |

「서(序)」에서 "당시에 강공의 어머니 목희(穆姬)가 이미 죽었다. 그런 까닭에 강공이 그 외삼촌을 보낼 때 어머니를 보지 못함을 생각한 것이다"라고 하였다. 혹자는 "목희가 죽은 것은 상고할 수 없다. 이는 다만 그 외삼촌을 이별하는 회포를 말한 것이다"라고 하였다.

이 「위수의 북쪽[渭陽]」은 모두 2장이다.

10. 처음에는[權輿]

10-1. 於我乎(어아호)에 夏屋渠渠(하옥거거)러니 今也(금야)엔 每食無餘(매식무여)로다 于嗟乎(우차호)라 不承權輿(불승권여)여 [賦]

| 언해 |

내게 夏屋이 渠渠ᄒᆞ더니 이젠 ᄆᆡ양 먹음애 나머지가 업도다 嗟ᄒᆞᆸ다 權輿를 잇지 못ᄒᆞᆷ이여

| 번역 |

나에게 큰 집이 깊고 넓더니
이젠 늘 먹을 것이 남는 일 없네
아서라
처음처럼 못하는구나

| 자해 |

夏 : 크다는 말. • 渠渠 : 깊고 넓은 모양. • 承 : 이음. • 權輿 : 처음

| 의해 |

이 시는 그 임금이 처음에는 넓은 큰집을 두어서 어진 자를 대접하더니 나중에는 예(禮)가 쇠하고 공급하는 것이 점점 박해져서 현자가 매양 먹을 때마다 남는 것이 이르니 이에 그 처음을 이을 수 없음을 탄식한 것이다.

10-2. 於我乎(어아호)에 每食四簋(매식사궤)러니 今也(금야)엔 每食不飽(매식불포)로다 于(우)嗟乎(차호)라 不承權輿(불승권여)여 [賦]

| 언해 |

내게 ᄆᆡ양 먹을 졔 四簋러니 이젠 ᄆᆡ양 먹음애 ᄇᆡ부르지 안이ᄒᆞ도다 嗟홉다 權輿를 잇지 못ᄒᆞᆷ이여

| 번역 |

나에게 늘 먹을 것이 4궤였는데
이젠 늘 먹음에 배가 고파라
아서라
처음처럼 못하는구나

| 자해 |

簋 : 기와 질그릇이니 한 말 두되를 용납할 만함. • 보(簠)는 모진 그릇이고, 궤(簋)는 둥근 그릇이니 보(簠)에 벼와 수수[稻粱]를 담고 궤(簋)에 기장과 피[黍稷]를 담으니 4궤(四簋)는 예식(禮食)이 훌륭함을 가리킴.

| 의해 |

초나라 원왕(元王)이 신공(申公)과 백공(白公)과 목생(穆生)을 예(禮)로 대접할 때 목생이 술을 즐기지 않았다. 원왕이 매양 술을 둠에 목생을 위하여 특별히 단 술을 베풀었다. 그리고 왕 무(戊)가 자리에 나감에 상에 베풀다가 뒤에 베푸는 일을 잊었다. 목생이 "가야겠다. 예주(醴酒)를 베풀지 않으니 왕의 뜻이 게으른 것이다. 만일 가지 않으면 초나라 사람이 장차 나를 저자에다 내 버리리라"라고 하고 드디어 병을 핑계대고 가려하거늘 신공과 백공이 억지로 일어나 말하기를 "홀로 선왕(先王)의 덕을 생각지

않는가? 이제 왕이 하루 아침에 자그마한 예(禮)를 잃었으니, 어찌 이런 지경에 이르렀는가?"라고 하였고, 목생이 말하기를, "선왕이 우리 세 사람을 예(禮)로 대접하심은 도(道)가 있었기 때문이거늘, 이제 우리를 홀대(忽待)함은 도를 잊은 것이다. 도을 잊어버린 사람과 어찌 더불어 오래 살 수 있으리오?"라고 하였다. 드디어 병이 들었다고 사례(謝禮)하고 갔으니, 이 글의 뜻이 또한 같다.

이 「처음에는[權輿]」은 모두 2장이다.

진풍(秦風)은 10편 27장 181구이다.

진풍 | 陳風

진(陳)은 나라 이름이니 대호(大皞) 복희씨(伏羲氏)의 터이다. 우공(禹貢)의 예주(豫州) 동쪽에 있다. 그 땅이 넓고 평평하여 명산(名山)과 큰 하천이 없어서 서쪽으로 외방(外方)을 바라보고 동쪽으로 맹저(孟諸)에 미치지 못하니, 주나라 무왕(武王) 때에 순임금의 후손인 우알보(虞閼父)가 주나라 도정(陶正 : 질 그릇 굽는 일 주관) 벼슬이 된지라 무왕(武王)이 그 그릇의 쓰임이 이로운 것에 힘입었고, 우알보가 신명(神明)의 후예임을 인정하여 원녀(元女) 태희(大姬)를 그 아들 만(滿)에게 아내 삼게 하고 진(陳)나라에 봉(封)하여 완구(宛丘) 곁에 도읍하게 하여 황제(黃帝)와 요임금의 후손과 더불어 함께 삼각(三恪)이 되니, 이를 호공(胡公)이라 한다. 태희 부인이 높고 귀함에 무격(巫覡)의 가무(歌舞)를 일을 즐겨 좋아하니 그 백성이 교화되었다. 지금의 진주(陳州)가 곧 그 땅이다.

1. 완구에서[宛丘]

1-1. 子之湯兮(자지탕혜)여 宛丘之上兮(완구지상혜)로다 洵有情兮(순유정혜)나 而無望兮(이무망혜)로다 [賦]

| 언해 |

子의 湯홈이여 宛丘의 위에셔 ᄒᆞ는도다 진실로 情이 잇스나 望홀 것 업도다

| 번역 |

자네의 방탕함이여
완구 위에서 하는구나
진실로 멋으로 하겠지만
바라볼 게 없구나

| 자해 |

子 : 방탕하게 노는 사람을 가리킨 것. • 湯 : 놀아서 방탕한 것. • 宛丘 : 사방이 높고 중앙(中央)이 낮은 것. • 望 : 위의(威儀)가 있어서 바라볼 만함.

| 의해 |

나라 사람이 이 사람이 늘 완구(宛丘) 위에서 방탕하게 노는 것을 보았다. 그리하여 그 일을 펴서 기롱한 것이니, 말하기를 "비록 진실로 정사(情思)가 있어서 즐겁다 할 수 있겠지만, 우러러 볼 만한 위의(威儀)가 없다. 천하가 빠져서는 안 될 것은 정(情)이

요, 벗어나지 못할 것은 예(禮)이거늘, 이제 자네가 방탕하게 노는 것을 즐거움을 삼으니 위의(威儀)를 상실하여 예(禮)가 아니라서 우러러 볼 만한 것이 전혀 없다."고 하였으니 깊이 풍동(諷動)하여 기롱한 뜻이다.

감기격고 완구지하 무동무하 치기로우

1-2. 坎其擊鼓여 宛丘之下로다 無冬無夏히 値其鷺羽로다 [賦]

| 언해 |

坎히 그 북을 치미여 宛丘의 아릐셔 ᄒᆞ논도다 겨을이 업ᄉᆞ며 녀름이 업시 그 황ᄉᆡ 깃을 値ᄒᆞ논도다

| 번역 |

둥둥 북을 치네
완구 아래서 하네
겨울도 없고 여름도 없이
황새 깃 꽂아대네

| 자해 |

坎 : 북치는 소리. • 値 : '치(植)'자와 같음. • 鷺羽 : 황새 깃이니 그 빛이 깨끗하고 희어 춤추는 사람이 그것으로 지휘함.

| 의해 |

그러나 자네의 방탕함이 위의(威儀)만 없을 뿐만 아니라, 또한 한도(限度)가 없어서 한 때만 그런 것이 아니요, 매우 추운 겨울과

극히 더운 여름에도 북소리가 끊이지 않으니 어떻게 하면 세월을 허송하여 일을 낭패(狼狽)하는 폐단이 없으리오 한 것이다.

1-3. 坎其擊缶(감기격부)여 宛丘之道(완구지도)로다 無冬無夏(무동무하)히 値其鷺翿(치기로도)로다 [賦]

| 언해 |

坎히 그 缶를 치미여 宛丘의 길에셔 ᄒᆞ는도다 겨을이 업ᄉᆞ며 녀름이 업시 그 황ᄉᆡ 깃으로 가리는 것을 値ᄒᆞ는도다

| 번역 |

또닥또닥 질장구[缶]를 침이여
완구 길에서 하는구나
겨울도 없고 여름도 없이
황새 깃으로 가린 것을 꽂네

| 자해 |

缶 : 질그릇이니 풍류에 절조를 맞추는 것. • 翿 : 가리는 것. 깃 일산.

이 「완구에서[宛丘]」는 모두 3장이다.

2. 동문에는 느릅나무가[東門之枌]

2-1. 東門之枌(동문지분)과 宛丘之栩(완구지허)에 子仲之子(자중지자) 婆娑其下(파사기하)로다

[賦]

| 언해 |

東門엣 枌과 宛丘엣 栩에 子仲의 子ㅣ 그 아릐에셔 婆娑ᄒᆞ는도다

| 번역 |

동문의 느릅나무와
완구의 상수리 나무에
자중(子仲)의 딸이 그 아래서 춤을 추네

| 자해 |

枌 : 흰 느릅나무 • 子仲之子 : 자중의 딸. • 婆娑 : 춤추는 모양.

| 의해 |

이는 사내와 여자가 모여 노래하고 춤추며 그 일을 읊어 서로 즐기는 것이니, 동문(東門)과 완구(宛丘)는 사람이 많이 왕래하는 곳이요, 분(枌)과 허(栩)는 나무 아래로 사람이 많이 모이는 곳이다. 이와 같이 좋은 처소에 이처럼 모여 행락(行樂)함이니, 이 장은 그 가무(歌舞)하는 곳을 말한 것이다.

2-2. 穀旦于差(곡단우차)하니 南方之原(남방지원)이로다 不績其麻(부적기마)요 市也婆娑(시야파사)로다 [賦]

| 언해 |

죠흔 아ᄎᆞᆷ으로 가리니 南方의 언덕으로 ᄒᆞᄂᆞᆫ도다 그 삼은 길ᄊᆞᆷᄒᆞ지 안이ᄒᆞ고 져ᄌᆞ에셔 婆娑ᄒᆞᄂᆞᆫ도다

| 번역 |

좋은 아침을 가리니
남방의 언덕으로 하였네
그 삼은 길쌈하지 않고
저자에서 춤을 추네

| 자해 |

穀旦 : 좋은 아침. • 差 : 가리는 것. • 原 : 운(韻)이 맞지 않으니 착오(錯誤)가 있는 것 같음.

| 의해 |

이 장은 그 모이는 때를 말한 것이니, 양진미경(良辰美景)을 가려 남방의 언덕에서 모일 것을 기약하여 집일을 포기하고 저자에서 너울너울 춤을 춘다 하였으니 이미 동문(東門)과 완구(宛丘)를 말하고 또 남방으로 간다 하였으니, 그 노닐어 즐기는 곳이 한 두 군데가 아님을 알 수 있다.

곡단우서 월이종매 시이여교 이아악
2-3. 穀旦于逝하니 越以鬷邁로다 視爾如荍하니 貽我握
초
椒로다 [賦]

| 언해 |

죠흔 아촘애 가니 이에 무리로뼈 邁ᄒᆞᄂᆞᆫ도다 너 보기를 荍ᄀᆞ티ᄒᆞ니 내게 ᄒᆞᆫ 웅콤 椒를 쥬ᄂᆞᆫ도다

| 번역 |

좋은 아침에 가니
이에 여럿이 갔네
너 보기를 꽃 같이 하니
내게 한 움큼 초(椒)를 주네

| 자해 |

越 : '어(於)'자와 같음. • 鬷 : '중(衆)'자와 같음. • 邁 : 행하는 것. • 荍 : 형규(荊葵)니 꽃이 붉고 고운 것. • 초(椒) : 향기롭고 꽃다운 물건.

| 의해 |

이 장은 그 서로 사귀어 사랑함을 말한 것이니 좋은 아침에 또 다시 가되 혼자만 가는 것이 아니라 여럿이 함께 가서 놀면서 사내는 여자의 얼굴이 아름다운 것을 말하고 여자는 사내에게 좋은 물건을 주어서 그 사모하는 정회(情懷)를 표시한 것이다.

이 「동문에는 느릅나무가[東門之枌]」는 모두 3장이다.

3. 형문[衡門]

3-1. 衡門之下(형문지하)여 可以棲遲(가이서지)로다 泌之洋洋(비지양양)이여 可以樂飢(가이락기)로다 [賦]

| 언해 |

衡門의 아리여 可히뻐 棲遲ᄒᆞ리로다 泌의 洋洋홈이여 可히뻐 쥬인 것을 즐겨ᄒᆞ리로다

| 번역 |

형문 아래여
편안히 쉴 수 있네
샘물이 졸졸 흐름이여
굶주림도 즐길 수 있네

| 자해 |

衡門 : 나무를 빗겨 문을 삼은 것이니 문의 깊은 것. • 棲遲 : 놀아 쉬는 것. • 泌 : 샘물. • 洋洋 : 물 흐르는 모양.

| 의해 |

이는 숨어 살며 스스로 즐겨 구하는 것이 없는 사람의 글이니, "형문(衡門)이 비록 천루(淺陋)하더라도, 놀아 쉴 수 있을 것이요, 샘물이 비록 배불리지 못하더라도, 구경하고 즐겨서 주리는 것을 잊을 수 있다"라고 하였으니, "가이(可以)"라고 한 두 글자를

보면 형문과 비수를 취하여 즐기는 것도 아니요, 또한 형문과 비수를 떠나서 즐기는 것도 아니니, 그 가운데 스스로 한 점의 막힘도 없어서 자연스레 맞는 것을 따라 편안하여 스스로 그 즐거움을 얻었다.

3-2. 豈其食魚를 必河之魴이리요 豈其取妻를 必齊之姜이리요 [賦]

| 언해 |

엇지 그 물고기 먹는 것을 반다시 河슈의 魴어를 ᄒᆞ리오 엇지 그 안해 取ᄒᆞ기를 반다시 齊ㅅ나라 姜을 ᄒᆞ리오

| 번역 |

어찌 생선 먹는 걸
꼭 하수의 방어로 하리
어찌 아내를
꼭 제나라 강씨로 하리

| 자해 |

魴 : 방어니 물고기 중 좋은 것. • 姜 : 제나라의 귀한 성(姓).

| 의해 |

아름다운 맛과 귀한 성(姓)은 사람마다 구하고자 하는 것이지만, 내가 생각하기에는 음식은 창자를 채울 뿐이니 어찌 반드시 좋은 맛을 취하며, 아내는 배필(配匹)이 될 뿐이니 어찌 반드시 귀한

성(姓)을 취하겠는가 하였으니, 식색(食色)은 사람의 큰 욕심이 있는 바 이거늘, 이와 같이 맑으니 그 사람의 고상함을 알 수 있다.

기기식어 필하지리 기기취처 필송지자

3-3. 豈其食魚를 必河之鯉리요 豈其取妻를 必宋之子리요 [賦]

| 언해 |

엇지 그 물고기 먹ᄂᆞᆫ 것을 반다시 河슈의 鯉어를 ᄒᆞ리오 엇지 그 안ᄒᆡ 取ᄒᆞ기를 반ᄃᆞ시 宋나라 子를 ᄒᆞ리오

| 번역 |

어찌 생선 먹는 걸
꼭 하수의 잉어로 하리
어찌 아내를
꼭 송나라 자씨로 하리

| 자해 |

鯉 : 잉어니 물고기 가운데 귀한 것. • 子 : 송나라의 귀한 성(姓).

이 「형문[衡門]」은 모두 3장이다.

4. 동문의 연못에는[東門之池]

동문지지 가이구마 피미숙희 가여오가

4-1. 東門之池여 可以漚麻로다 彼美淑姬여 可與晤歌로다 [興]

| 언해 |

東門엣 池ㅣ여 可히뻐 삼을 젹시리로다 뎌 아ᄅᆞᆷ다온 챡ᄒᆞᆫ 계집이여 可히 더블어 노ᄅᆡ를 晤ᄒᆞ리로다

| 번역 |

동문의 연못이여
그걸로 삼을 적시리
자 아름다운 착한 여자여
함께 노래를 해득하리

| 자해 |

東門 : 공공(公共)의 땅이니 사람마다 갈 수 있는 곳. • 池 : 성(城) 아래 못. • 漚 : 적시는 것. • 美 : 얼굴이 아름다운 것. • 淑 : 성품이 착한 것. • 晤 : 해득(解得).

| 의해 |

이것도 또한 남녀가 서로 만날 것을 약속하여 만나는 말이니, "미인은 사람마다 욕심내는 것이지만, 반드시 얻지는 못할 것이거늘 이제 내가 비로소 만나니 매우 다행이다. 저 동문의 못은 물이 모

여 있는 곳이라서 삼을 적시겠고 저 아름다운 여자는 성품이 착한 자라, 내가 얻어 더불어 노래를 이해하여 합창[唱和]할 수 있다"라고 한 것이다.

동문지지 가이구저 피미숙희 가여오어
4-2. 東門之池여 可以漚紵로다 彼美淑姬여 可與晤語로다 [興]

| 언해 |

東門엣 池ㅣ여 可히뻐 紵를 젹시리로다 뎌 아ᄅᆞᆷ다온 착ᄒᆞᆫ 계집이여 可히 더블어 말ᄉᆞᆷ을 晤ᄒᆞ리로다

| 번역 |

동문의 연못이여
그걸로 모시풀을 적시리
자 아름다운 착한 여자여
함께 말씀을 이해하리

| 자해 |

紵 : 모시풀이니 삼의 붙이. • 晤語 : 남자가 물으면 여자가 대답하여 그 정을 이룬다는 뜻.

| 의해 |

"저 동문의 못은 모시풀을 적실 수 있겠거늘, 하물며 저 아름다운 착한 여자를 내 이곳에서 모이게 하였으니 어찌 서로 문답하여 정을 나누지 않으리오?" 한 것이다.

4-3. 東門之池(동문지지)여 可以漚菅(가이구관)이로다 彼美淑姬(피미숙희)여 可與晤(가여오)言(언)이로다 [興]

| 언해 |

東門엣 池ㅣ여 可히뻐 菅을 젹시리로다 뎌 아름다온 착훈 계집이여 可히 더블어 말숨을 晤ᄒᆞ리로다

| 번역 |

동문의 연못이여
그걸로 왕골[菅]을 적시리
자 아름다운 착한 여자여
함께 말씀을 이해하리

| 자해 |

菅 : 잎사귀가 띠 같은 것이로되 미끄럽고 윤택하며 줄기가 흰 가루가 있는데 부드러워 새끼 꼬기에 마땅한 것.

| 의해 |

"저 동문의 못은 왕골[菅]을 적실 수 있겠거늘, 하물며 저 아름다운 착한 여자를 내 이곳에서 만나게 되었으니 어찌 더불어 담소(談笑)하여 그 원하는 것을 이루지 않으리오?"라고 하였으니, 남녀가 모이고 만남이 이 같다.

이 「동문의 연못에는[東門之池]」은 모두 3장이다.

5. 동문의 버드나무(東門之楊)

5-1. 東門之楊(동문지양)이여 其葉牂牂(기엽장장)이로다 昏以爲期(혼이위기)하니 明星(명성) 煌煌(황황)이로다 [興]

| 언해 |

東門엣 楊이여 그 입ᄉᆡㅣ 牂牂ᄒᆞ도다 어두을 ᄡᅥ로뼈 긔약호니 明星이 煌煌ᄒᆞ도다

| 번역 |

동문의 버드나무여
그 잎새 무성하다
어두울 때 기약인데
샛별이 밝아온다

| 자해 |

東門 : 서로 기약한 땅. • 楊 : 늘어지지 않는 버들. • 牂牂 : 성한 모양. • 明星 : 계명성(啓明星)이니 새벽 샛별. • 煌煌 : 밝은 모양.

| 의해 |

이것도 또한 남녀가 만나기로 하였는데 언약을 저버리고 이르지 않은 자가 있었기 때문에, 그 본 것을 가지고 말하기를, "만나기로 한 언약을 저버리지 못할 것이다. 저 동문의 버들은 그 잎사귀가 장장(牂牂)하게 무성하였거늘 하물며 내가 자네와 함께 이곳

에서 만나기로 한 것은 사랑하는 정을 펴고자 함이련만, 어찌하여 어두울 때 약속을 샛별이 밝아 오도록 오지 않는가?"라고 한 것이다.

5-2. 東門之楊(동문지양)이여 其葉肺肺(기엽폐폐)로다 昏以爲期(혼이위기)하니 明星晢晢(명성제제)로다 [興]

| 언해 |

東門엣 楊이여 그 닙싀 肺肺ᄒᆞ도다 어둘 ᄯᅢ로뼈 긔약호니 明星이 晢晢ᄒᆞ도다

| 번역 |

동문의 버드나무여
그 잎새 무성하다
어두울 때 기약인데
샛별이 밝아온다

| 자해 |

肺肺 : 장장(牂牂)과 같음. • 晢晢 : 황황(煌煌)과 같음.

이 「동문의 버드나무[東門之楊]」는 모두 2장이다.

이 시는 흥(興)이라 한다. 그러나 비(比)의 뜻이 있으니 버들은 제 마음대로 저와 같이 무성하였거늘, 사람은 언약을 어기고 오

지 아니하여 이와 같이 근심하게 한다 함이다. 주자(朱子)가 처음 주해(註解)함에 동문은 이 사람이 친영(親迎)하는 곳이라 하였으니 남녀가 만나기로 한 약속을 저버리고 이루지 않았다 함은 「서설(序說)」을 좇아 다시 정한 것이다.

6. 묘문에서[墓門]

6-1. 墓門有棘(묘문유극)이어늘 斧以斯之(부이사지)로다 夫也不良(부야불량)이어늘 國人知之(국인지지)로다 知而不已(지이불이)하나니 誰昔然矣(수석연의)로다 [興]

| 언해 |

墓門에 가시나무ㅣ 잇거늘 독긔로뼈 斯ᄒᆞ놋다 夫ㅣ 어질지 안이ᄒᆞ거늘 나라 사ᄅᆞᆷ이 아ᄂᆞᆫ도다 아로ᄃᆡ 마지 안이ᄒᆞᄂᆞ니 녜로 그러토다

| 번역 |

묘문에 가시나무 있거늘
도끼로 쪼갠다
저 사내도 불량임을
나랏 사람이 알도다
알려도 그치지 않으니
옛부터 그랬도다

| 자해 |

墓門 : 묘도(墓道)의 문(門)이니 흉벽(凶僻)한 땅. • 斯 : 석(析)자와 같으니 '쪼개다'는 뜻. • 夫 : 꾸짖는 대상의 사람을 가리킨 것. • 誰昔 : 옛이니, 주석(疇昔)이라 함과 같음.

| 의해 |

"묘문에 가시나무가 있으니 도끼로써 쪼갤 것이요, 이 사람이 어질지 아니하니 나라 사람이 다 아는 것이다. 나라 사람이 다 알거늘 오히려 고치지 못하니 예로부터 그러하여 하루에 그리된 것이 아니다"라고 하였으니, 이른바 '어질지 않다'고 한 사람은 또한 그 누구를 가리키는지 알 수 없다.

6-2. 墓門有梅(묘문유매)어늘 有鴞萃止(유효췌지)로다 夫也不良(부야불량)이어늘 歌以(가이)
訊止(신지)로다 訊予不顧(신여부고)하나니 顚倒思予(전도사여)리라 [興]

| 언해 |

墓門에 ᄆᆡ화나무ㅣ 잇거늘 웟배미가 모되엿도다 夫ㅣ 어질지 안이ᄒᆞ거늘 노래ᄒᆞ야ᄡᅧ 訊ᄒᆞᄂᆞᆺ다 訊호ᄃᆡ 나를 도라보지 안이ᄒᆞᄂᆞ니 顚倒케야 나를 ᄉᆡᆼ각ᄒᆞ리라

| 번역 |

묘문에 매화나무 있거늘
올빼미가 모여 앉았도다
저 이가 불량함을
노래하여 알리도다
알려도 날 돌아보지 않으니
낭패 주어 나를 생각게 하리

| 자해 |

鴞 : 괴상하고 추악하게 소리내는 새. • 訊 : 고(告)하는 것. • 予 : 누군가 의

심하기를 앞 장에 의지하여 '이(而)'자로 써야 할 것 같다고 함. • 顚倒 : 낭패스런 형상.

| 의해 |

"매화나무 있는 곳에 올빼미가 반드시 모인다. 사람이 어질지 않음에 그 괴악(怪惡)한 것을 노래하여 고(告)하는 이가 있는 것이니 반드시 급히 고쳐서 낭패스런 근심이 없게 할 것이다. 이제 고해 주어도 돌아보지 않다가 낭패를 본 후에야 나를 생각한 들 무슨 소용이 있으리오?"라고 한 것이니, 그 오래도록 괴악한 것을 탄식하고 그 후회가 막급(莫及)하게 될 것을 염려한 것이니, 이 글 지은 사람이 정성껏 고하고 잘 인도한 뜻을 볼 수 있다.

이 「묘문에서[墓門]」는 모두 2장이다.

7. 방축에는 까치집이 [防有鵲巢]

7-1. 防有鵲巢(방유작소)며 邛有旨苕(공유지초)로다 誰侜予美(수주여미)하여 心焉忉忉(심언도도)요 [興]

| 언해 |

防에ᄂᆞᆫ 가치의 집이 잇시며 언덕에ᄂᆞᆫ 맛잇ᄂᆞᆫ 苕나물이 잇도다 누가 나의 아름다워ᄒᆞᄂᆞᆫ 이를 侜ᄒᆞ야 마암애 忉忉케 ᄒᆞᄂᆞ뇨

| 번역 |

방축에 까치집이 있으며
언덕에는 맛있는 초나물이 있도다
누가 나의 님을 주장하여
마음에 근심하게 하는가

| 자해 |

防 : 방축(防築)이니 물을 막는 것. • 邛 : 언덕. • 苕 : 초요(苕饒)이니 속명(俗名)은 금등화(金藤花)니 날 것으로 먹는 나물. • 侜 : 주장하는 것이니 정풍(鄭風)의 '광(迋)'자뜻과 같은 것. • 予美 : 사통하는 자를 가리킴. • 忉忉 : 근심하는 모양.

| 의해 |

이는 남녀간 사사로운 정(情)이 있어서 누군가가 이간(離間)할까 근심하는 사(詞)이다. 사람이 서로 좋아하는 것은 마음으로 사

귐이니 어찌 언어로써 이간(離間)할 것이겠는가? 저 방축(防築) 위에는 까치집이 있고 언덕 가운데에는 맛있는 초(苕)나물이 있어서 사물이 각각 그치는 바가 있거늘, 하물며 이 사람은 내 사람이다. 여기는 바이니 누가 다시 허탄(虛誕)한 말을 주장하여 저 사람의 의심하는 마음을 생각하게 하는가? 이러므로 나로 하여금 근심이 깊어서 마음이 도도(忉忉)하여 그치지 못한다 한 것이다.

중당유벽 공유지역 수주여미 심언

7-2. 中唐有甓하며 邛有旨鷊이로다 誰侜予美하여 心焉

척척

惕惕고 [興]

| 언해 |

中唐에ᄂᆞᆫ 甓이 잇시며 언덕에ᄂᆞᆫ 鷊이 잇도다 누가 나의 아름다워 ᄒᆞᄂᆞᆫ 이를 侜ᄒᆞ야 마암애 惕惕ᄒᆞᄂᆞ뇨

| 번역 |

사당길 가운데는 벽돌이 있으며
언덕에는 역(鷊)풀이 있도다
누가 나의 아름다워 하는 이를 주장하여
마음에 근심하게 하는가

| 자해 |

唐 : 사당(祠堂) 가운데 길을 이름. • 甓 : 벽돌. • 鷊 : 적은 풀이니 색이 섞여 있어 인끈 같은 것. • 惕惕 : 도도(忉忉)와 같음.

이 「방축에는 까치집이[防有鵲巢]」는 모두 2장이다.

이 글은 근심하고 염려하는 뜻을 반복하여 일러 저 마땅히 있을 바 사물로써 이 마땅히 있지 않을 일을 흥기한 것이다. 「구서(舊序)」에는 이 글을 "참소하는 사람을 근심한 것"이라 하였고 정강성(鄭康成)은 "여미(予美)는 선공(宣公)을 가리킨다."고 하였고 정자(程子) 말씀에는 "여미는 마음에 어질게 여기는 이"이라 하였거늘 주자(朱子)께서 여미(予美)는 더불어 사통하는 자를 가리킨 것이라 하였고 남녀간 사사로운 정이 있어서 이간할까 근심하는 글이라고 정하였다.

8. 달이 떴네[月出]

8-1. 月出皎兮(월출교혜)어늘 佼人僚兮(교인료혜)로다 舒窈糾兮(서요규혜)어뇨 勞心悄兮(노심초혜)하라 [興]

| 언해 |

달이 나옴애 皎ᄒᆞ거늘 佼人은 僚ᄒᆞ도다 窈糾홈을 펴려뇨 ᄆᆞ옴 슈구홈을 悄히호라

| 번역 |

달이 나옴에 빛나거늘
아름다운 사람이 달덩이 같구나
그윽한 근심을 펴느라
노심초사 하노라

| 자해 |

皎 : 달빛. • 佼人 : 아름다운 사람. • 僚 : 좋은 모양. • 窈 : 그윽하고 먼 것. • 糾 : 근심이 맺힌 것. • 悄 : 근심하는 것.

| 의해 |

이는 또한 남녀가 서로 기뻐하여 서로 생각하는 시이다. 달이 돋아오니 환하게 빛나고 사람이 아름다우니 요연히 좋을 것이니 이 사람이 곧 내가 깊이 생각하여 아득하게 마음에 맺힌 자이다. 어떻게 하면이 이 사람을 보아서 나의 그윽하게 생각하는 정을 펴

리오? 이리하여 마음을 수고롭게 하여 초연(悄然)하였다고 하였으니, 기뻐하는 뜻이 지극하고 생각하는 뜻이 간절하고 근심하는 뜻이 깊은 것이다.

8-2. 月出皓兮(월출호혜)어늘 佼人懰兮(교인류혜)로다 舒懮受兮(서우수혜)어뇨 勞心慅兮(노심소혜)하라 [興]

| 언해 |

달이 나옴애 皓ᄒᆞ거늘 佼人은 懰ᄒᆞ도다 懮受홈을 펴려뇨 마암 슈구홈을 慅히호라

| 번역 |

달이 나옴에 환하거늘
아름다운 사람이 좋구나
근심 걱정 펴볼까
수고로운 마음이 근심스럽네

| 자해 |

懰 : 좋은 모양. • 懮受 : 우사(憂思). • 慅 : 초(悄)와 같음.

8-3. 月出照兮(월출조혜)어늘 佼人燎兮(교인료혜)로다 舒夭紹兮(서요소혜)어뇨 勞心慘兮(노심참혜)하라 [興]

| 언해 |

달이 나옴애 照ᄒᆞ거놀 佼人은 燎ᄒᆞ도다 夭紹홈을 펴려뇨 마암 슈구홈을 慘히호라

| 번역 |

달이 나옴에 비치거늘
아름다운 사람이 밝아 오는 듯
근심 걱정 얽힌 것을 펴볼까
수고로운 마음이 가빠 오누나

| 자해 |

照 : 비쳐 임한 것. • 燎 : 밝은 것. • 夭紹 : 긴밀히 얽힘. • 慘 : 근심하는 것.

이 「달이 떴네[月出]」는 모두 3장이다.

이 글은 글자 쓴 것이 오아(聱牙)하여 얼른 알기가 어려우니, 생각건대 그때의 방언(方言)이 그러한 것이요, 남녀가 서로 좋아하고 서로 생각함이 이와 같으니 또한 정(情)이 바르지 않은 것이다.

9. 주 땅의 수풀에서[株林]

9-1. 胡爲乎株林(호위호주림)고 從夏南(종하남)이니라 匪適株林(비적주림)이라 從夏南(종하남)이니라 [賦]

| 언해 |

엇지 株林에 ᄒᆞ얏ᄂᆞᆫ요 夏南을 좃침이니라 株林에 감이 안이라 夏南을 좃침이니라

| 번역 |

어찌하여 주땅 수풀에 갔는가
하남을 따라온 것이네
주땅 수풀에 간 것이 아니라
하남을 따라온 것이네

| 자해 |

株 : 하씨(夏氏)의 고을 이름. • 林 : 들 바깥 이름. • 夏南 : 징서(徵舒)의 자(字)이니, 씨(氏)와 자(字)를 합하여 하남(夏南)이라 함.

| 의해 |

영공(靈公)이 하징서(夏徵舒)의 어미에게 음란(淫亂)하여 아침저녁으로 하씨(夏氏)의 고을에 갔기 때문에 그 백성이 서로 더불어 말하여 "임금이 어찌 주(株) 땅 수풀에 갔는가? 하남(夏南)을 따라온 것이다. 그렇다면 주림(株林)에 가고자 한 것이 아니라 특

별이 하남을 따라왔을 뿐이다"라고 하였으니, 대개 하희(夏姬)와 음란함을 말하지 못할 것이기 때문에 그 아들을 좇음을 가지고 말하였으니 시 지은 사람의 충성스럽고 두터움이 이와 같다.

9-2. 駕我乘馬하여 說于株野로다 乘我乘駒하여 朝食于株로다 [賦]

| 언해 |

우리 乘馬를 멍에ᄒᆞ야 株ᄯᅡ 들에 說ᄒᆞᄂᆞᆫ도다 우리 乘駒를 乘ᄒᆞ야 아ᄎᆞᆷ에 株에셔 食ᄒᆞᄂᆞᆫ도다

| 번역 |

우리 승마를 멍에하여
주땅 들에 놓았네
우리 망아지 타고
주땅 수풀에서 아침 먹었네

| 자해 |

說 : 놓음. • 駒 : 여섯 자 이하의 말.

이 「주 땅의 수풀에서[株林]」는 모두 2장이다.

『춘추전』에 하희(夏姬)는 정(鄭)나라 목공(穆公)의 딸이니, 진(陳)나라 대부 하어숙(夏御叔)에게 시집보냈다. 영공이 그의 대

부 공영(孔寧)과 의행보(儀行父)와 함께 간통함에 설야(洩冶)가 간(諫)하였지만 듣지 않고 그를 죽이자, 나중 마침내 그 아들인 징서(徵舒)에게 시해(弑害)되고 징서가 다시 초(楚)나라 장왕(莊王)에게 죽음을 당했다.

10. 못 둑에는[澤陂]

10-1. 彼澤之陂(피택지피)에 有蒲與荷(유포여하)로다 有美一人(유미일인)이여 傷如之何(상여지하)요 寤寐無爲(오매무위)하여 涕泗滂沱(체사방타)하라 [興]

| 언해 |

뎌 못의 陂에 蒲와 다못 荷가 잇도다 아름다운 ᄒᆞᆫ ᄉᆞᄅᆞᆷ이여 傷ᄒᆞᆫ들 엇지 ᄒᆞ리오 ᄭᅵ며 잠에 ᄒᆞ옴이 업셔 涕며 泗를 滂沱히호라

| 번역 |

저 못 둑에
부들과 연꽃이 있도다
아름다운 한 사람이여
속상한들 어쩌리
자나 깨나 하염없어
눈물 콧물 다 쏟네

| 자해 |

陂 : 못을 막은 둑. • 蒲 : 물풀이니 자리를 만들 만한 것. • 荷 : 연. • 涕 : 눈물. • 泗 : 콧물.

| 의해 |

이 글 뜻은 「달이 떴네[月出]」 장과 같으니, "저 못의 둑에는 부들과 연꽃이 있도다. 아름다운 사람이 있으나 보지 못하니 비록 근

심하고 마음 상해 한들 어떻게 하리오? 자나 깨나 하염없어 눈물 콧물 쏟을 뿐이네"라고 한 것이다.

10-2. 彼澤之陂에 有蒲與蕳이로다 有美一人이여 碩大且卷이로다 寤寐無爲하여 中心悁悁하라 [興]

| 언해 |

뎌 못의 陂에 蒲와 다못 蕳이 잇도다 아름다운 ᄒᆞᆫ ᄉᆞ룸이여 碩大ᄒᆞ고 ᄯᅩ 卷ᄒᆞ도다 ᄶᅢ며 잠에 ᄒᆞ옴이 업서셔 가운ᄃᆡ 마암이 悁悁호라

| 번역 |

저 못 둑에
부들과 난초 있도다
아름다운 한 사람이여
크고도 엄숙하다
자나 깨나 하염없어
마음 속이 편하잖네

| 자해 |

蕳 : 난초. • 卷 : 수염과 머리털이[鬒髮]의 아름다운 것. • 悁悁 : 읍읍(悒悒)이라 함과 같음.

10-3. 彼澤之陂(피택지피)에 有蒲菡萏(유포함담)이로다 有美一人(유미일인)이여 碩大(석대)且儼(차엄)이로다 寤寐無爲(오매무위)하여 輾轉伏枕(전전복침)하라 [興]

| 언해 |

뎌 못의 陂에 蒲와 菡萏이 잇도다 아름다운 ᄒᆞᆫ 사ᄅᆞᆷ이여 碩大ᄒᆞ고 ᄯᅩ 儼ᄒᆞ도다 ᄭᆡ며 쟘에 ᄒᆞ옴이 업서셔 輾轉ᄒᆞ야 벼ᄀᆡ에 업듸렷노라

| 번역 |

저 못 둑에
부들과 연꽃 있도다
아름다운 한 사람이여
크고도 엄숙하다
자나 깨나 하염없어
엎치락뒤치락 베개에 엎드렸네

| 자해 |

菡萏 : 연꽃. • 儼 : 진중(鎭重)하고 씩씩한 모양. • 輾轉伏枕 : 누워 자지 않고 생각이 깊고 또 오랜 것.

이 「못 둑에는[澤陂]」은 모두 3장이다.

진풍(陳風)은 10편 26장 124구이다.

회풍 | 檜風

대의

회(檜)는 나라 이름이니 고신씨(高辛氏) 때 화정축융(火正祝融)의 터이다. 우공(禹貢)의 예주(豫州)로서, 외방산(外方山)의 북쪽과 형파(滎波)의 남쪽에 있어서 진수(溱水)와 유수(洧水) 사이에 위치하였으니 그 임금은 성(姓)이 운(妘)이니 축융(祝融)의 후예이다. 주나라가 쇠함에 정환공(鄭桓公)에게 멸망당하여 정나라 도읍을 그리로 옮겼으니 지금의 정주(鄭州)가 곧 그 땅이다.

소씨(蘇氏)가 '회풍(檜風)의 시가 다 정(鄭)나라에서 지은 것이니, 패(邶)·용(鄘)의 위(衛)와의 관계와 같다'라고 하니 옳은지는 알지 못하겠다.

1. 염소 갓옷[羔裘]

1-1. 羔裘逍遙(고구소요)하며 狐裘以朝(호구이조)로다 豈不爾思(기불이사)리요 勞心忉忉(노심도도)하라 [賦]

| 언해 |

염소 갓옷으로 逍遙ᄒᆞ며 여호 갓옷으로뻐 죠회ᄒᆞᄂᆞᆫ도다 엇지 너를 ᄉᆡᆼ각지 안이ᄒᆞ리오 마암 슈구러이홈을 忉忉이 호라

| 번역 |

염소 갓옷으로 소요하며
여우 갓옷으로 조회하도다
어찌 너를 생각지 않으리오
도도히 마음을 수고롭게 하네

| 자해 |

羔裘 : 제후의 조복(朝服). • 狐裘 : 천자(天子)에게 조회하는 옷.

| 의해 |

구설(舊說)에 의하면, 회나라 임금이 그 의복을 정결하게 하고 소요(逍遙)하여 유연(遊宴)하기를 좋아하여 정치를 자강(自强)할 수 없었기 때문에 시인이 이를 근심한 것이다.

1-2. 羔裘翶翔(고구고상)하며 狐裘在堂(호구재당)이로다 豈不爾思(기불이사)리요 我心(아심) 憂傷(우상)하라 [賦]

| 언해 |

염소 갓옷으로 翶翔ᄒᆞ며 여호 갓옷으로 堂에 잇도다 엇지 너를 ᄉᆡᆼ각 안이ᄒᆞ리오 내 마암에 근삼ᄒᆞ고 傷ᄒᆡ 호라

| 번역 |

염소 갖옷으로 오며가며
여우 갖옷으로 공당(公堂)에 있네
어찌 너를 생각지 않으리오
내 마음에 근심하고 상하다

| 자해 |

翶翔 : 소요(逍遙)와 같음. • 堂 : 공당(公堂).

1-3. 羔裘如膏(고구여고)하니 日出有曜(일출유요)로다 豈不爾思(기불이사)리요 中心是(중심시) 悼(도)하라 [賦]

| 언해 |

염소 갓옷이 기름 갓트니 날이 나매 빗치 잇도다 엇지 너를 ᄉᆡᆼ각지 안이ᄒᆞ리오 가온대 마암에 이 슯허호라

| 번역 |

염소 갖옷이 기름 같으니
날이 나매 빛이 있도다
어찌 너를 생각지 않으리오
마음 속에 슬퍼하노라

이 「염소 갖옷[羔裘]」은 모두 3장이다.

2. 흰 관을 쓰고[素冠]

2-1. 庶見素冠兮(서견소관혜) 棘人欒欒兮(극인란란혜)아 勞心慱慱兮(노심단단혜)하라 [賦]

| 언해 |

힝혀 素冠ᄒᆞᆫ 棘人이 欒欒ᄒᆞᆫ 이ᄅᆞᆯ 보랴 ᄆᆞᄋᆞᆷ 슈구홈을 慱慱히 호라

| 번역 |

행여 흰 관을 하고
성미 급한 사람이 여윈 것을 보았는가
마음이 수고로움을 근심하노라

| 자해 |

庶 : 다행스럽다는 뜻. • 素冠 : 희게 선 두른 관(冠)이니 대상(大祥) 후에 쓰는 관. • 棘 : 급한 것이니 슬프고 갑작스런 형상. • 欒欒 : 파리한 모양. • 慱慱 : 근심하고 수고하는 모양.

| 의해 |

소관(素冠)은 곧 상관(祥冠)이니 대상 후에는 관(冠)하고 담사(禫祀) 후에는 벗으니 이제 사람이 다 3년의 상(喪)을 행하지 아니하니 어찌 이 같이 입은 것을 볼 수 있으랴! 당시에 어진 자가 행여나 이러한 사람을 보고자 하여 근심하고 수고함에 이른 것이다.

서견소의혜 아심상비혜 료여자동귀혜

2-2. 庶見素衣兮아 我心傷悲兮로니 聊與子同歸兮하리라 [賦]

| 언해 |

힝혀 素衣를 보랴 내 ᄆᆞᄋᆞᆷ애 샹히ᄒᆞ고 슬퍼ᄒᆞ노니 ᄋᆡ우라지 ᄌᆞ네로 더부러 ᄒᆞᆫ가지로 도라가리라

| 번역 |

행여 소의(素衣)를 보았는가
내 마음에 속상하고 슬프니
아 그대와 더불어 함께 가리라

| 자해 |

素冠 : 이것을 한 즉 자연 소의(素衣)를 함. • 與子同歸 : 사랑하고 사모하는 말.

| 의해 |

"행여 흰 옷 입은 사람을 보라. 생각은 간절하나 보지 못하니 내 마음이 상하고 슬프다. 만일 볼 수 있으면 이 사람은 곧 예(禮)를 행하는 군자이니, 나는 이 사람과 함께 한 가지 예법 가운데로 돌아가리라"라고 한 것이다.

2-3. 庶見素韠兮아 我心蘊結兮로니 聊與子如一兮하리라 [賦]

| 언해 |

힝혀 素韠을 보랴 내 ᄆᆞᄋᆞᆷ애 蘊結ᄒᆞ노니 ᄋᆡ우라지 ᄌᆞ네로 더부러 ᄒᆞᆫ갈ᄀᆞ티 호리라

| 번역 |

행여 흰 무릎가리개를 보았는가
내 마음에 어리고 맺히니
아 그대와 더불어 한결 같이 하리라

| 자해 |

韠 : 무릎 가리개. • 蘊結 : 생각하여 풀리지 않는 것. • 如一 : 사랑하고 사모하는 정이 동귀(同歸)보다 더 심한 것.

이 「흰 관을 쓰고[素冠]」는 모두 3장이다.

3. 진펄에는 양도가[隰有萇楚]

3-1. 隰有萇楚(습유장초)하니 猗儺其枝(아나기지)로다 夭之沃沃(요지옥옥)하니 樂子之(락자지)無知(무지)하노라 [賦]

| 언해 |

隰에 萇楚ㅣ 잇스니 猗儺흔 그 가지로다 夭홈이 沃沃흐니 즈네의 알미 업슴을 질거워 흐노라

| 번역 |

진펄에는 양도가 있으니
부드럽고 순한 그 가지로다
앳되고 고우니
너의 무지를 부러워하노라

| 자해 |

萇楚 : 이제 양도(羊桃)이니 열매가 복숭아와 같은 것. • 猗儺 : 부드럽고 순한 것. • 夭 : 젊고 좋은 모양. • 沃沃 : 빛나고 윤택한 모양. • 子 : 장초(萇楚)를 가리킴.

| 의해 |

정사가 번거롭고 구실이 무거우니 사람이 그 괴로움을 견디지 못하여 그 초목이 무지(無知)하고 근심이 없는 것만 못하다고 탄식한 것이다.

습유장초 아나기화 요지옥옥 락자지
3-2. 隰有萇楚하니 猗儺其華로다 夭之沃沃하니 樂子之
무가
無家하노라 [賦]

| 언해 |

隰에 萇楚ㅣ 잇ᄉᆞ니 猗儺ᄒᆞᆫ 그 ᄭᅩᆺ치로다 夭흠이 沃沃ᄒᆞ니 ᄌᆞ네의 家이 업ᄉᆞᆷ을 질거워 ᄒᆞ노라

| 번역 |

진펄에는 양도가 있으니
부드럽고 순한 그 꽃이로다
앳되고 고우니
너의 집 없음을 부러워하노라

| 자해 |

無家 : 얽매일 것이 없음.

습유장초 아나기실 요지옥옥 락자
3-3. 隰有萇楚하니 猗儺其實하로다 夭之沃沃하니 樂子
지무실
之無室하노라 [賦]

| 언해 |

隰에 萇楚ㅣ 잇ᄉᆞ니 猗儺ᄒᆞᆫ 그 렬ᄆᆡ로다 夭흠이 沃沃ᄒᆞ니 ᄌᆞ내의 室이 업ᄉᆞᆷ을 질거워 ᄒᆞ노라

| 번역 |

진펄에는 양도가 있으니
부드럽고 순한 그 열매로다
앳되고 고우니
너의 집 없음을 부러워하노라

| 자해 |

無室 : 무가(無家)와 같음.

| 의해 |

사람이 만물 가운데 가장 신령하다 함은 그 지각이 있음이요, 사물과 다르다는 것은 그 실가(室家)가 있다는 것이거늘, 이제 정사가 번거롭고 구실이 무거움을 견디지 못하여, 양도[萇楚]가 가실(家室)이 없어 번거로운 정사와 무거운 구실을 견뎌내야 하는 근심이 없음을 부러워하였으니 그 삶을 좋아 않음이 이와 같으니 나라가 진홍(振興)하지 못함을 알 수 있다.

이 「진펄에는 양도가[隰有萇楚]」는 모두 3장이다.

4. 바람이 불지 않고[匪風]

4-1. 匪風發兮(비풍발혜)며 匪車偈兮(비거걸혜)라 顧瞻周道(고첨주도)요 中心怛兮(중심달혜)하라 [賦]

| 언해 |

바람이 發ᄒᆞ는 것이 안이며 수레가 偈ᄒᆞ는 것이 안이라 周道를 도라보고 가운ᄃᆡ 마옴에 상히호라

| 번역 |

바람이 부는 것이 아니며
수레가 달리는 것도 아니네
주 나라 가는 길 바라보고
마음이 상하노라

| 자해 |

發 : 나부끼어 날리는 모양. • 偈 : 빨리 모는 모양. • 周道 : 주나라에 가는 길. • 怛 : 상해하는 것.

| 의해 |

주나라 왕실이 쇠미함에 어진 사람이 근심하고 탄식하여 이 글을 지은 것이다. "늘 바람이 나부끼고 수레가 빨리 달리면 마음속이 상하였는데, 지금은 바람이 부는 것도 아니요, 수레가 달리는 것도 아니요, 주나라 가는 길을 쳐다봄에 왕실(王室)의 능지(陵遲)

함을 생각하므로 때문에 마음속이 이 때문에 서글프다"라는 것이다.

4-2. 匪風飄兮며 匪車嘌兮라 顧瞻周道요 中心弔兮하라 [賦]

(비풍표혜 비거표혜 고첨주도 중심적혜)

| 언해 |

바람이 飄ᄒᆞ는 것이 안이며 슈레가 嘌ᄒᆞ는 것이 안이라 周道를 도라보고 가운ᄃᆡ ᄆᆞ옴에 弔히 호라

| 번역 |

바람이 부는 것이 아니며
수레가 요동치는 것도 아니네
주 나라 가는 길 바라보고
마음에 통곡하네

| 자해 |

飄 : 회오리 바람. • 嘌 : 요동하여 편안하지 않은 모양. • 弔 : 또한 상해하는 것.

| 의해 |

평상시에 회오리 바람이 불고 수레가 요동하면 뒤집어질 경향(傾向)이 있음으로 마음 속이 이 때문에 상함이 있었지만, 지금은 바람이 불지도 않고 수레가 요동치지도 않으니, 주나라로 가는 길을 돌아봄에 마음이 저절로 상함은 어찌된 일인가? 예전에는 이

길을 따라 열국(列國)의 제후가 다 주(周)나라에 조회하였는데, 이젠 하나도 조회하는 자가 없음으로 왕실(王室)이 쇠미해졌음을 생각하여 감개(感慨)하는 마음을 이길 수 없다 한 것이다.

4-3. 誰能烹魚(수능팽어)요 漑之釜鬵(개지부심)하리라 誰將西歸(수장서귀)요 懷之好音(회지호음)하리라 [興]

| 언해 |

뉘 능히 물고기를 살무리오 釜와 鬵을 漑호리라 뉘 쟝촛 西으로 도라가ᄂᆞ뇨 조흔 소리로 품어 위로호리라

| 번역 |

뉘 능히 물고기를 삶으리
가마 솥을 씻어 주리라
뉘 장차 서쪽으로 돌아가라
좋은 소리로 품어 주리라

| 자해 |

漑 : 씻는 것. • 鬵 : 가마의 붙이. • 西歸 : 주(周)나라로 돌아가는 것이니 회(檜) 나라가 주나라 동편에 있기 때문.

| 의해 |

내가 주나라를 생각하는 마음이 이 위에 말한 바와 같이 간절하니, 오늘에 이르러 뉘 주나라로 돌아갈 수 있을까? 만일 있다면 내 마땅히 좋은 소리로써 위로하여 그 충성과 절개를 포장하여

온 세상 사람으로 하여금 주나라를 높이는 의리(義理)를 알게 하고자 하노라 한 것이니, 주나라의 민심을 얻은 것과 사람의 양심(良心) 있음을 볼 수 있다.

이 「바람이 불지 않고[匪風]」는 모두 3장이다.

회풍(檜風)은 4편 12장 45구이다.

조풍 | 曹風

조(曹)는 나라 이름이니 우공(禹貢)의 연주(兗州)인 도구(陶丘)의 북쪽 뇌하(雷夏)·하택(荷澤)의 들판에 있었다. 주(周)나라 무왕(武王)이 그의 아우 진탁(振鐸)을 여기에 봉(封)하였으니 지금의 조주(曹州)가 곧 그 땅이다.

1. 하루살이 [蜉蝣]

부유지우 의상초초 심지우의 어아귀처

1-1. 蜉蝣之羽여 衣裳楚楚로다 心之憂矣로니 於我歸處어다 [比]

| 언해 |

蜉蝣의 羽ㅣ여 衣裳이 楚楚ᄒᆞ도다 心에 憂ᄒᆞ노니 내게 歸ᄒᆞ야 處홀찌어다

| 번역 |

하루살이의 깃이여
의상이 선명하다
마음에 근심하니
나에게 돌아와 살지어다

| 자해 |

蜉蝣 : 거략(渠略)이라 길강(蛣蜣)과 같으나 몸은 좁고 뿔은 길고 황흑색(黃黑色)이니 아침에 나서 저물어 죽으니 속명(俗名)은 하루살이. • 楚楚 : 선명한 모양.

| 의해 |

이 시는 대개 사람이 작은 즐거워함만 살피고 멀리 염려하는 것을 잊은 자가 있었기 때문에 하루살이를 가지고 비유하여 기롱하고 풍자한 것이다. "하루살이의 날개 깃이 의상의 선명함과 같아

서 사랑할만하다. 그러나 그것이 아침에 나고 저녁에 죽어서 오래 살 수 없기 때문에 내 마음에 이것을 근심하고 그것을 나에게 돌아와 살도록 하고자 한다."고 한 것이다. 「서(序)」에 "그 임금을 기롱하고 풍자한 것이다"라고 하였으니, 혹 그러한지 상고할 것이 있지 않다.

부유지익 채채의복 심지우의 어아

1-2. 蜉蝣之翼이여 采采衣服이로다 心之憂矣로니 於我

귀식

歸息이어다 [比]

| 언해 |

蜉蝣의 翼이여 采采훈 衣服이로다 心에 憂ᄒᆞ노니 내게 歸ᄒᆞ야 處홀지어다

| 번역 |

하루살이의 날개여
빛나는 의복이로다
마음에 근심하니
나에게 돌아와 살지어다

| 자해 |

采采 : 꽃 장식이니 빛나게 꾸민 모양. • 息 : 그치는 뜻.

1-3. 蜉蝣掘閱(부유굴열)하니 麻衣如雪(마의여설)이로다 心之憂矣(심지우의)로니 於我(어아) 歸說(귀세)어다 [比]

| 언해 |

蜉蝣ㅣ 掘閱ᄒᆞ니 麻衣雪 ᄀᆞᆮ도다 心에 憂ᄒᆞ노니 내게 歸ᄒᆞ야 說홀 지어다

| 번역 |

하루살이가 많으니
삼옷이 눈 같구나
마음에 근심하니
내게 와 집지어라

| 자해 |

掘閱 : 미상(未詳). • 說 : 사식(舍息)이니 '집으로 삼아 그치다'의 뜻.

이 「하루살이[蜉蝣]」는 모두 3장이다.

2. 길잡이[候人]

2-1. 彼候人兮는 何戈與祋이어니와 彼其之子는 三百赤芾이로다 [興]

| 언해 |

뎌 候人ᄋᆞᆫ 戈와 다ᄆᆞᆺ 祋을 何ᄒᆞᆯ 것이 어니와 뎌 之子ᄂᆞᆫ 三百인 赤芾이로다

| 번역 |

저 길잡이는
창과 대를 멜 것이겠지만
저 사람은
삼백명이나 적불했네

| 자해 |

候人 : 도로의 빈객(賓客)을 영송(迎送)하는 관원. • 何 : 게(揭)이니 높이 들어 메다. • 祋 : 병기(兵器). • 之子 : 소인(小人)을 가리킴. • 芾 : 면복(冕服)의 필(韠)이니 일명(一命)엔 온불(緼芾)과 유형(黝珩)이요, 재명(再命)엔 적불(赤芾)과 유형이요 삼명(三命)엔 적불과 총형(葱珩)이니 대부 이상은 적불을 탐.

| 의해 |

이는 그 임금이 군자를 멀리하고 소인을 가까이 함을 기롱하고

풍자한 시이다. "저 길잡이 하는 관리는 창과 대(祋: 병기)를 멤이 마땅하거늘, 저 요즘 사람이 한 적불한 자가 300이나 됨은 어떻게 된 것인가? 진(晋)나라 문공(文公)이 조(曹) 나라에 들어가 그 희부기(僖負羈)를 등용하지 않고 수레[軒]를 탄 자가 300사람임을 죄를 따져 물었으니 이것을 말한 것인가?"라고 한 것이다.

2-2. 維鵜在梁(유제재량)하니 不濡其翼(불유기익)이로다 彼其之子(피기지자)여 不稱其服(불칭기복)이로다 [興]

| 언해 |

鵜ㅣ 梁에 잇시니 그 翼이 濡치 아니ᄒᆞᄂᆞ다 뎌 之子ㅣ여 그 服이 稱치 아니ᄒᆞ도다

| 번역 |

사다새가 어살에 있으니
그 날개를 적시지 않네
저 사람이여
그 옷이 안 맞는구나

| 자해 |

鵜 : 오택(洿澤)이니 사다새. 세속의 이름은 도하(淘河).

유 제 재 량　불 유 기 주　피 기 지 자　불 수 기 구

2-3. 維鵜在梁하니 不濡其咮로다 彼其之子여 不遂其媾로 [興]

| 언해 |

鵜ㅣ 梁에 잇시니 그 咮ㅣ 濡치 아니ᄒᆞ놋다 뎌 之子여 그 媾에 遂치 아니ᄒᆞ도다

| 번역 |

사다새가 어살에 있으니
그 입부리 적시지 않네
저 사람이여
그 총애가 안 어울린다

| 자해 |

咮 : 훼(喙)니 입부리. • 遂 : 칭(稱)이니, 어울리다. 수(遂)를 '칭(稱)에 당하다'고 함은 수의(遂意)를 칭의(稱意)라 함과 같은 맥락. • 媾 : 총(寵)이니 총애한다는 뜻.

회 혜 울 혜 남 산　조 제　완 혜 련 혜　계 녀 사 기

2-4. 薈兮蔚兮南山ㅣ 朝隮로다 婉兮孌兮ㅣ 季女斯飢로다 [比]

| 언해 |

薈ᄒᆞ며 蔚ᄒᆞᆫ 南山의 朝애 隮ᄒᆞ놋다 婉ᄒᆞ며 孌ᄒᆞᆫ 季女ㅣ이 飢ᄒᆞ

놋다

| 번역 |

새파랗고 무성한 남산에
구름이 뭉게뭉게
젊고 좋은 여자여
계녀가 이에 굶네

| 자해 |

薈와 蔚 : 초목이 무성하고 많은 모양. • 朝隮 : 운기(雲氣)가 솟음. • 婉 : 젊은 모양. • 孌 : 좋은 모양.

| 의해 |

초목이 무성하고 아침에 운기(雲氣)가 솟음은 소인이 많아서 기염(氣燄)이 성함을 말한 것이요, 계녀(季女)는 젊고 좋거늘 스스로 보존하여 망령되이 사람을 따르지 않기 때문으로 도리어 굶주리고 곤궁하니, 현자가 도(道)를 지키다가 도리어 빈천함을 말한 것이다.

이 「길잡이[候人]」는 모두 4장이다.

3. 뻐꾸기[鳲鳩]

시구재상 기자칠혜 숙인군자 기의일혜
3-1. 鳲鳩在桑하니 其子七兮로다 淑人君子여 其儀一兮
기의일혜 심여결혜
로다 其儀一兮하니 心如結兮로다 [興]

| 언해 |

鳲鳩ㅣ 桑에 잇스니 그 子ㅣ 七이로다 淑人君子ㅣ여 그 儀ㅣ 一ᄒᆞ도다 그 儀ㅣ 一ᄒᆞ니 ᄆᆞᄋᆞᆷ이 結홈 ᄀᆞᆮ도다

| 번역 |

뻐꾸기[鳲鳩]가 뽕나무에 있으니
새끼가 일곱이로다
착한 군자는 그 위의가 한결 같구나
그 위의가 한결 같으니
마음이 맺힌 것 같네

| 자해 |

鳲鳩 : 갈국(秸鞠). 또 이름이 대승(戴勝)이니, 지금의 포곡(布穀). 새끼를 먹임에 아침에는 위로부터 아래로 내려오고 저물면 아래로부터 위로 올라가 골고루 한결같음. • 如結 : 물건을 단단히 매어 흩어지지 않음과 같음.

| 의해 |

시인이 군자가 마음 쓰는 것이 균평(均平)하고 전일(專一)함을 찬미하였다. "뻐꾸기[鳲鳩]가 뽕나무에 있으니 새끼가 일곱이로

다. 착한 군자는 그 위의(威儀)가 한결 같도다. 그 위의(威儀)가 한결 같으니 마음에 맺혀있는 것 같도다"라고 한 것이다. 그러나 그 무엇을 가리킨 것인지 알 수 없다.

진씨(陳氏)가 말하기를, "군자가 얼굴 모양을 움직임에 사납고 거만함을 멀리하니 얼굴빛을 정함에 미더움에 가깝고, 말을 냄에 비루하고 어그러짐을 멀리하니 그 위의(威儀)와 동작하는 사이에 나타난 것이 항상 법도가 있으니, 어찌 이 구구(拘拘)한 것을 하겠는가? 대개 화순(和順)함이 이 가운데 쌓이면 영화(英華)가 밖에 드러나니, 이 때문에 그 위의(威儀)가 밖에 한결같음을 말미암아 마음이 안에 맺혀 있는 것 같음을 알 수 있다"라고 하였다.

3-2. 鳲鳩在桑(시구재상)하니 其子在梅(기자재매)로다 淑人君子(숙인군자)여 其帶伊絲(기대이사)로다 其帶伊絲(기대이사)니 其弁伊騏(기변이기)로다 [興]

| 언해 |

鳲鳩ㅣ 桑에 잇스니 그 子ㅣ 梅에 잇도다 淑人君子ㅣ여 그 帶ㅣ 絲로다 그 帶ㅣ 絲ㅣ니 그 弁이 騏로다

| 번역 |

빼꾸기가 뽕나무에 있으니
그 새끼는 매화나무에 있네
착한 군자라면 그 띠가 실이로다
그 띠가 실이니
그 피변(皮弁)이 말의 청흑색일세

| 자해 |

帶 : 대대(大帶)니 흰 실로 쓰고 잡색으로 꾸밈. • 弁 : 피변(皮弁)이니 주나라 관(冠) 이름. • 騏 : 말의 청흑색(靑黑色)이니 변(弁)에 빛이 또한 이 같다는 뜻. 『서경(書經)』에 "사인기변(四人騏弁)"라 하였고, 지금'기(綦)'로 씀.

| 의해 |

뻐꾸기는 항상 뽕나무에 있거늘 그 새끼는 장(章)마다 나무가 다르니 새끼는 스스로 날아가되, 어미는 항상 떠나지 않은 것이다. "시구가 뽕나무에 있으면 그 새끼는 매화나무에 있도다. 착한 군자라면 그 띠가 실이로다. 그 띠가 실이니 그 피변(皮弁)이 말의 청흑색과 같다." 하였으니, 항상 법도가 있어 어그러짐이 없음을 말한 것이다.

3-3. 鳲鳩在桑(시구재상)하니 其子在棘(기자재극)이로다 淑人君子(숙인군자)여 其儀不忒(기의불특)이로다 其儀不忒(기의불특)하니 正是四國(정시사국)이로다 [興]

| 언해 |

鳲鳩ㅣ 桑에 잇스니 그 子ㅣ 棘에 잇도다 淑人君子ㅣ여 그 儀ㅣ 忒지 아니ᄒᆞ도다 그 儀ㅣ 忒지 아니ᄒᆞ니 이 四國을 正ᄒᆞ리로다

| 번역 |

뻐꾸기가 뽕나무에 있으니
그 새끼는 개암나무에 있네
착한 군자여 그 위의(威儀)가 사특지 않네
그 위의(威儀)가 사특지 않으니
이 사방의 나라를 옳게 하리

| 의해 |

항상 법도가 있어 그 마음이 한결 같기 때문에 그 위의(威儀)가 어겨지지 않고 그 위의(威儀)가 어겨지지 않으니, 사방의 나라를 올바르게 할 수 있다. 『대학전(大學傳)』에 "그 부모 형제가 법 받을 만한 후에 백성이 본받는다."고 함이다.

3-4. 鳲鳩在桑하니 其子在榛이로다 淑人君子여 正是國人이로다 正是國人하니 胡不萬年이리요 [興]

| 언해 |

鳲鳩ㅣ 桑에 잇스니 그 子ㅣ 榛에 잇도다 淑人君子ㅣ여 이 國人을 正ᄒᆞ리로다 이 國人을 正ᄒᆞ니 엇지 萬年을 아니 ᄒᆞ리오

| 번역 |

뻐꾸기가 뽕나무에 있으니
그 새끼는 고염나무에 있네
착한 군자여
아 나랏 사람을 옳게 하리
이 나랏 사람 옳으니
어찌 만년 살지 않으리

| 의해 |

위의(威儀)가 어그러지지 않기 때문에 나랏 사람들을 올바르게 할 수 있다. 어찌 만년을 하지 않으리오 함은 장수를 축원하는 말이다.

이 「뻐꾸기[鳲鳩]」는 모두 4장이다.

4. 흐르는 물[下泉]

4-1. 洌彼下泉(열피하천)이여 浸彼苞稂(침피포랑)이로다 愾我寤歎(개아오탄)하여 念彼(념피) 周京(주경)하라 [比而興]

| 언해 |

洌ᄒᆞᆫ 뎌 下泉이여 뎌 苞稂을 浸ᄒᆞ놋다 愾히 내 寤ᄒᆞ야 歎ᄒᆞ야 뎌 周京을 念호라

| 번역 |

차가운 저 흐르는 물이여
저 떨기진 쭉정이 곡식을 적시네
개연히 깨어나 탄식하여
주나라 수도를 생각한다

| 자해 |

洌 : 찬 것. • 下泉 : 샘이 아래로 흐르는 것. • 苞 : 풀이 떨기로 난 것. • 稂 : 동량(童粱)이니 가라지[莠] 등속이니, 곡식이 알차게 여물지 못한 것. • 愾 : 탄식하는 소리. • 周京 : 천자가 사는 곳.

| 의해 |

왕실이 침체되고 쇠약하여 작은 나라들이 곤궁하고 피폐해졌기 때문에 차가운 샘물이 아래로 흘러 우거진 가라지가 상하는 것을 비유하고 드디어 그 개연히 주나라 수도를 생각한 것을 일으킨

것이다.

4-2. 冽彼下泉이여 浸彼苞蕭로다 愾我寤歎하여 念彼京周하라 [比而興]

| 언해 |

冽ᄒᆞᆫ 뎌 下泉이여 뎌 苞蕭를 浸ᄒᆞᄂᆞ다 愾히 내 寤ᄒᆞ야 歎ᄒᆞ야 뎌 京周를 念호라

| 번역 |

차가운 저 흐르는 물이여
저 떨기진 쑥을 적시네
개연히 깨어나 탄식하여
주나라 수도를 생각한다

| 자해 |

蕭 : 쑥(蒿). • 京周 : 주경(周京)과 같음.

4-3. 冽彼下泉이여 浸彼苞蓍로다 愾我寤歎하여 念彼京師하라 [比而興]

| 언해 |

冽ᄒᆞᆫ 뎌 下泉이여 뎌 苞蓍를 浸ᄒᆞ놋다 愾히 내 寤ᄒᆞ야 歎ᄒᆞ야 뎌 京師를 念호라

| 번역 |

차가운 저 흐르는 물이여
저 떨기진 시초를 적시네
개연히 깨어나 탄식하여
주나라 수도를 생각한다

| 자해 |

蓍 : 서초(筮草)니 점치는 풀. • 京師 : 경주(京周)와 같으니 「대아(大雅) · 공유편(公劉篇)」에 자세히 보임.

4-4. 芃芃黍苗(봉봉서묘)를 陰雨膏之(음우고지)니라 四國有王(사국유왕)이어시늘 郇伯(순백) 勞之(로지)러니라 [比而興]

| 언해 |

芃芃ᄒᆞᆫ 黍苗를 陰雨ㅣ 膏ᄒᆞᄂᆞ니라 四國에 王이 잇거ᄂᆞᆯ 郇伯이 勞ᄒᆞ더니라

| 번역 |

아름다운 기장묘를
장마비가 적셔주네
네 나라에 왕 있거늘
순백(郇伯)이가 수고하네

| 자해 |

芃芃 : 아름다운 모양. • 郇伯 : 문왕(文王)의 후예이니 일찍이 주백(州伯)이 되어 제후를 다스려 공(功)이 있음.

| 의해 |

이 시는 "기장의 싹이 이미 아름답거늘 또 장마비가 내려서 기름지게 하고 네 나라에 이미 왕(王)이 있거늘, 또 순백(郇伯)이 있어서 위로하였는데, 이젠 그렇지 못하니 서글프다"고 한 것이다.

이 「흐르는 물[下泉]」은 모두 4장이다.

정자(程子)가 말하기를, "『역(易)』의 박괘(剝卦)의 괘 뜻이 모든 양(陽)이 소박(消剝)하여 이미 다하고 홀로 상구(上九) 한 효(爻)가 아직 있어서 마치 큰[碩大] 과일이 먹히지 않음으로 장차 다시 날 이치가 있음이다. 상구(上九)가 또 변하면 순음(純陰)이 된다. 그러나 양(陽)은 다하는 이치가 없어 위로 변하면 아래로 생겨서 사이에 쉬는 것을 용납하지 않으니 음도(陰道)가 극성한 때에 그 어지러움을 알 수 있다. 어지러움이 극하면 스스로 마땅히 다스림을 생각하여야 한다. 그러므로 여러 사람의 마음에 군자를 떠받들기를 원함으로서 군자가 무리를 얻음이니, 『시경』의 '바람이 불지 않고[匪風]'와 '흐르는 물[下泉]'이 변풍(變風) 끝에 있는 것이다"라고 하였다.

진씨(陳氏)가 말하기를, "어지러움이 극하여도 다스려지지 않고 변화가 극하여도 바르게 되지 못한다면 천리(天理)가 멸(滅)하고 인도(人道)가 끊어지게 된다. 성인(聖人)이 변풍(變風)의 마지막에 다스림을 생각하는 시로 이었다. 이렇게 함으로써 순환하는 이치를 보여 어지러움을 다스리며 변화에 올바름을 말씀하셨다"라고 하였다.

조풍(曹風)은 4편 15장 68구이다.

빈풍 | 豳風

빈(豳)은 나라 이름이니 우공(禹貢)의 옹주(雍州)로서 기산(岐山)의 북쪽 원습(原濕)의 들에 있었다. 우(虞)나라와 하(夏)나라 교체기에 기(棄)가 후직(后稷)이 되어 태(邰)에 봉(封)해졌는데, 하나라가 쇠함에 미쳐 기(棄)가 직(稷)의 임무에 힘쓰지 않았다. 기(棄)의 아들 불줄(不窋)이 그 벼슬 지킴을 잃고 스스로 융적(戎狄) 사이로 도망갔다. 불굴이 국도(鞠陶)를 낳았고 국도가 공유(公劉)를 낳아 다시 후직(后稷)의 업(業)을 닦아 백성이 부유하고 충실해졌다. 이에 토지의 마땅함을 살펴 나라를 빈(豳) 땅 골짜기에 세웠더니 10대(代) 만에 태왕(太王)이 기산 남쪽으로 이사하여 살았고 12대(代)에 문왕(文王)이 비로소 천명을 받들었고 13대(代)에 무왕(武王)이 드디어 천자가 되었다. 무왕이 붕(崩)하고 성왕(成王)이 섬에 나이가 어려 정사에 임할 수 없는지라 주공단(周公旦)이 총재(冢宰)로서 정사를 섭정할 때, 마침내 후직과 공유(公劉)의 교화를 진술하여 시(詩) 한 편(篇)을 지어 성왕(成王)을 경계하였으니 '빈풍(豳風)'이요, 뒤 사람이 또 주공이 지은 것과 주공을 위하여 지은 시를 취하여 붙였다. 빈(豳)은 지금의 빈주(邠州) 삼수현(三水縣)에 있으며 태(邰)는 지금의 경조부(京兆府) 무공현(武功縣)에 있었다.

1. 칠월에는[七月]

1-1. 七月流火(칠월류화)어든 九月授衣(구월수의)하나니라 一之日觱發(일지일필발)하고 二之日栗烈(이지일률렬)하나니 無衣無褐(무의무갈)이면 何以卒歲(하이졸세)리요 三之日(삼지일) 于耜(우사)요 四之日擧趾(사지일거지)어든 同我婦子(동아부자)하여 饁彼南畝(엽피남모)커든 田畯至喜(전준지희)하나니라 [賦]

| 언해 |

七月에 火ㅣ 流ᄒᆞ거든 九月에 衣를 授ᄒᆞᄂᆞ니라 一之日에 觱發ᄒᆞ고 二之日에 栗烈ᄒᆞᄂᆞ니 衣업고 褐이 업ᄉᆞ면 엇지뼈 歲롤 卒ᄒᆞ리오 三之日에 가 耜ᄒᆞ고 四之日에 趾를 擧ᄒᆞ거든 우리 婦子를 同ᄒᆞ야 뎌 南畝에 饁ᄒᆞ거든 田畯이 至ᄒᆞ야 喜ᄒᆞᄂᆞ니라

| 번역 |

칠월에 대화심성(大火心星)이 흘러가거든
구월에는 옷을 만들어 주노라
동짓달에는 찬바람 불고
섣달에는 늠름하고 메우니
옷이 없고 털옷이 없으면
어떻게 해를 마치리오
삼양(三陽)의 날에 가서 쟁기를 수선하고
사양(四陽)의 날에 발꿈치를 들고 밭 갈러 가거든
우리 처자식과 함께

저 남쪽 이랑으로 밥을 내가니
전준(田畯)이 이르러 기뻐하네

| 자해 |

七月 : 북두(北斗) 자루의 신방(申方)을 가리키는 달이니, 하나라 7월이다. 뒤에 달을 말한 자가 이와 같은 것. • 流 : 내려감. • 火 : 태화(大火)니 심성(心星)이요, 6월 저녁에 땅의 남방(南方)에 더하였더니 7월 저녁에 이르면 내려가 서쪽으로 흐른다. 9월에 서리가 내려 비로소 춥고 누에길쌈의 공이 또한 이루어진다. 그러므로 사람들에게 옷을 주어 추위를 막도록 함. • 一之日 : 북두(北斗)가 자방(子方)을 가리키는 일양(一陽)의 월(月)이니 동짓달. • 二之日 : 북두가 축방(丑方)을 가리키는 이양(二陽)의 월(月)이니 섣달이다. 월(月)을 바꾸어 일(日)이라 말한 것은 이 달의 날이라 말함이니, 뒤에 일(日)이라 말한 것이 이와 같음. 대개 주나라 선공(先公)이 이미 이것을 가지고 절후를 기록하였기 때문에 주나라가 천하를 소유함에 드디어 일대(一代)의 정삭(正朔)을 삼았음. • 觱發 : 바람이 참. • 栗烈 : 기온이 참. • 褐 : 털로 짠 것이니 천한 자가 입는 것. • 歲 : 하나라 정삭(正朔)의 해니 섣달 그믐. • 于 : 왕(往)이니 '가다'는 뜻. • 耜 : 밭가는 그릇이니 보습. • 于耜 : 가서 밭가는 그릇을 수선한다는 말. • 擧趾 : 발을 들고 밭 갈러감. • 我 : 가장(家長)이 스스로 '나'라고 하는 말. • 饁 : 밭에서 점심밥 내가는 것. • 田畯 : 전대부(田大夫)니 농사를 권장하는 관원.

| 의해 |

주공(周公)은 성왕(成王)이 가색(稼穡)의 어려움을 알지 못하는 까닭에 후직(后稷)과 공류(公劉)의 풍화(風化)에 말미암은 것을 진술하여 악사(樂師)로 하여금 아침 저녁으로 외어서 가르치게 하였다. 이 장(章)은 처음으로, "7월에 더위가 물러나고 장차 추울 것이다. 그러므로 9월에 옷을 주어 추위를 막게 한다"고 말하였으니, 대개 11월 이후는 바람과 기운이 날로 차가워지니 이와 같이 하지 않으면 해를 마칠 수 없다. 정월(正月)에는 가서 농기구[田器]를 닦고 2월에는 발꿈치를 들어 밭 갈 것이다. 젊은 사람들은 이미 다 나가 밭에 있는 때문에 늙은 자가 며느리 자식을 거

느려 밥을 내가니 일찍 밭을 다스리고 일제히 힘쓰게 하였다. 이리하여 전준(田畯)이 와서 보고 기뻐한 것이다. 이 장(章) 앞 단락은 옷 입는 처음을 말하였고 뒤 단락은 먹는 처음을 말하였으며 2장에서 5장에 이르기까지는 앞 단락의 뜻을 끝맺고, 6장에서 8장에 이르기까지는 뒤 단락의 뜻을 끝맺은 것이다.

1-2. 七月流火(칠월류화)어든 九月授衣(구월수의)하나니라 春日載陽(춘일재양)하여 有鳴倉庚(유명창경)이어든 女執懿筐(여집의광)하여 遵彼微行(준피미행)하여 爰求柔桑(원구유상)하며 春日遲遲(춘일지지)어든 采蘩祁祁(채번기기)하나니 女心傷悲(여심상비)여 殆及公子同歸(태급공자동귀)로다 [賦]

| 언해 |

七月에 火ㅣ 流ᄒᆞ거든 九月에 衣를 授ᄒᆞᄂᆞ니라 春日이 비로소 陽ᄒᆞ야 倉庚이 鳴ᄒᆞ거든 女ㅣ 懿ᄒᆞᆫ 筐을 執ᄒᆞ야 뎌 微行을 遵ᄒᆞ야 이에 柔桑을 求ᄒᆞ며 春日이 遲遲ᄒᆞ거든 蘩을 采홈을 祁祁히 ᄒᆞᄂᆞ니 女의 ᄆᆞ음이 傷悲홈이여 쟝ᄎᆞᆺ 公子로 ᄒᆞᆫ 가지로 歸ᄒᆞ리로다

| 번역 |

칠월에 대화심성(大火心星)이 흘러가거든
구월에 옷을 만들어 주네
봄에 볕이 비로소 따뜻해져
꾀꼬리가 울거든
아가씨는 아름다운 광주리 잡고
저 오솔길을 따라

이에 부드러운 뽕잎을 구하며
봄에 해가 길고 길거든
흰 쑥 캐기를 많이도 하니
아가씨 마음이 서글퍼라
장차 공자(公子)와 함께 돌아갔으면

| 자해 |

載 : 시(始)이니 비로소. • 陽 : 온화함. • 倉庚 : 황리(黃鸝)니 아리새. 꾀꼬리. • 懿 : 깊고 아름답다는 뜻. • 遵 : 순(循)이니 좇다는 뜻. • 微行 : 소경(小徑)이니 작은 길. • 柔桑 : 어린 뽕. • 遲遲 : 날이 길고 따뜻한 뜻. • 蘩 : 흰 쑥이니 누에를 자라게 하는 것. • 祁祁 : 많은 모양. 혹은 '천천히'란 뜻. • 公子 : 빈공(豳公)의 아들.

| 의해 |

두 번 유화(流火)와 수의(授衣)를 말한 것은 장차 여자의 일[女功]의 시작을 말하려는 것이었다. 그러므로 또 이에 근본하여 춘일(春日)이 비로소 화(和)하여 꾀꼬리가 울 때에 누에가 비로소 나니 큰 광주리를 잡아서 어린 뽕을 구한다. 그러나 또 나기를 가지런히 하지 못한 것이 있으니 흰쑥을 캐는 자가 많아서 이 누에 치는 여자가 때에 감동하여 슬퍼하였다.

이때 공자(公子)가 오히려 나라 가운데로 장가들고 귀한 집과 큰 겨레가 공실(公室)과 혼인하는 자도 또한 누에와 뽕나무에 힘쓰지 않음이 없었다. 그러므로 그 시집가기로 허락한 여자가 미리 장차 공자(公子)와 함께 돌아가 그 부모를 멀리함을 슬퍼하였으니 그 풍속이 두터워 위 아래 정이 사귀어 서로 충성되고 사랑함이 이와 같았다.

뒤 장에 모든 공자(公子)를 말한 것도 이와 같다.

1-3. 七月流火어든 八月萑葦니라 蠶月條桑이라 取彼斧斨하여 以伐遠揚이요 猗彼女桑이니라 七月鳴鵙이어든 八月載績하나니 載玄載黃하여 我朱孔陽이어든 爲公子裳하나니라 [賦]

| 언해 |

七月에 火ㅣ 流ᄒᆞ거든 八月에 萑葦를 ᄒᆞᄂᆞ니라 蠶月에 條桑ᄒᆞ는 지라 뎌 斧斨을 取ᄒᆞ야 뼈 遠揚을 伐ᄒᆞ고 뎌 女桑을 猗ᄒᆞᄂᆞ니라 七月에 鵙이 鳴ᄒᆞ거든 八月에 곳 績ᄒᆞᄂᆞ니 곳 玄ᄒᆞ며 곳 黃ᄒᆞ야 우리 朱ㅣ 심히 陽ᄒᆞ거든 公子의 裳을 ᄒᆞᄂᆞ니라

| 번역 |

칠월에 대화심성(大火心星)이 흘러가거든
팔월에 갈대를 베네
누에치는 달에 가지를 치는지라
저 도끼와 네모진 도끼를 취하여
멀리 뻗은 가지는 베고 저 여린 뽕은 잎만 따네
칠월에 왜가리가 울거든 팔월에 길쌈을 하니
검정물 들이고 노랑 물들여
우리 붉은 색이 심히 빛나면
공자의 치마를 만드네

| 자해 |

萑葦 : 겸가(蒹葭)니 갈대. • 蠶月 : 누에 치는 달이니, 아마도 3월인 듯 . • 條桑 : 가지를 떨어뜨려 그 잎사귀만 캠. • 斧 : 길쭉한 구멍이니 도끼. • 斨 : 네모진 구멍이니 자귀. • 遠揚 : 먼 가지가 날려 일어나는 것으로, 잎사귀만

취하고 가지를 두는 것을 '의(猗)'라 하는데 길다는 뜻. • 女桑 : 소상(小桑)이니 작은 뽕을 가지로 치지 못하기 때문에 그 잎사귀만 취하고 그 가지를 두어 의의연(猗猗然)함. • 鵙 : 백로(伯勞)이니 하지(夏至)에 와서 동지(冬至)에 가니 음기(陰氣)를 맞이하여 소리를 내는 새. • 績 : 집(緝)이니 '짜다'의 뜻. • 玄 : 검고 붉은 빛. • 朱 : 붉은 빛. • 孔 : 심하다는 뜻. • 陽 : 명(明)이니 '밝게 빛나다'의 뜻.

| 의해 |

"7월에 더위가 물러가고 장차 추울 터이나, 이 해의 겨울을 믹아낼 준비가 또한 거의 이루어졌다. 또 마땅히 미리 오는 해 누에 치는 데 쓰는 것을 준비해야 한다. 그러므로 7월에 갈대[萑葦]가 이미 이루어질 즈음에 거두어 저축하여 장차 광주리를 만들었다가 오는 해 누에 치는 달에 이르면 뽕을 캐어서 누에 먹이를 공급하되 크나 적으나 다 취하니 누에가 많고 인력(人力)이 지극함을 보겠다. 누에 일이 이미 갖추어짐에 또 백로가 운 후에 삼이 익어 길쌈할 수 있을 때이니, 길쌈해서 베를 짜고 무릇 이 누에 치고 길쌈해서 이루어 진 것은 다 물들여 어떤 것은 검게 하며 어떤 것은 누렇게 하고 그 붉은 것은 더욱 선명한지라, 모두 다 위에 바쳐 공자(公子)의 치마를 만들리라"라고 하였으니, 그 일에 수고하여 스스로 아끼지 않고 이것을 가지고 그 위를 받드니 대개 지성참달(至誠憯怛)한 뜻이다. 위에서 이것을 베풀고 아래서 이것을 갚음이다. 이 위에 두 장(章)은 전적으로 누에 치고 길쌈하는 일을 말하여 머리 장 앞 단락의 '옷이 없다[無衣]'라는 뜻을 끝맺은 것이다.

1-4. 四月秀葽어든 五月鳴蜩며 八月其穫이어든 十月隕蘀이니라 一之日于貉하여 取彼狐貍하여 爲公子裘하고 二之日其同하여 載纘武功하여 言私其豵이요 獻豜于公하나니라 [賦]

| 언해 |

四月에 葽ㅣ 秀ᄒᆞ거든 五月에 蜩ㅣ 鳴ᄒᆞ며 八月에 그 穫ᄒᆞ거든 十月에 隕ᄒᆞ며 蘀ᄒᆞᄂᆞ니라 一之日에 가 貉ᄒᆞ야 뎌 狐貍를 取ᄒᆞ야 公子의 裘ᄅᆞᆯ ᄒᆞ고 二之日에 그 同ᄒᆞ야 곳 武功을 纘ᄒᆞ야 그 豵을 私ᄒᆞ고 豜을 公애 獻ᄒᆞᄂᆞ니라

| 번역 |

사월에 아기풀이 패거든
오월에 말매미가 울며
팔월에 곡식을 수확하거든
시월에 잎이 떨어지네
동짓달에 너구리를 사냥하여
저 여우와 삵을 취하여
공자의 갖옷을 만들고
섣달이면 모두 두렛 사냥을 나가
무공(武功)을 익히며
작은 돼지는 자기가 갖고
세 살된 돼지는 공소(公所)에 바치네

| 자해 |

秀 : 꽃이 피지 않고 영근 것을 말함. • 葽 : 풀이름. 이제 원지(遠志)니 아기

풀. •蜩 : 선(蟬)이니 매미. •穫 : 벼의 이른 것이 거둘 만한 것. •隕 : 추(墜). 떨어짐. •蘀 : 낙(落). '떨어지다'는 뜻이니 초목이 떨어짐. •貉 : 담비. •狐 : 여우. •貍 : 삵이니 우맥(于貉)은 우사(于耜)와 뜻이 같으니 가서 호리(狐貍)를 취한다는 말. •同 : 모두 일어나 사냥함. •纘 : 익혀서 계승함. •豵 : 한 해 된 돼지. •豜 : 세 해된 돼지.

| 의해 |

4월 순음(純陽)으로부터 일음(一陰 : 5월)과 사음(四陰 : 8월)을 지나 순음의 달(10월)을 지나면 대한(大寒)의 절후가 장차 이를 것이다. 비록 누에와 뽕 일이 갖추어 지지 않은 것이 없지만, 아직 추위를 막아내기에는 부족한 것을 두려워하기 때문에 가서 담비나 호리(狐貍)의 가죽을 취하여 공자(公子)의 갖옷을 만들고 짐승의 적은 것은 사사로이 하여 내 소유로 하고 큰 것은 위에 드리니 또한 그 위를 사랑하여 마지 않는 것이다.

이 장은 전적으로 사냥하는 일을 말하여 머리 장 앞 단락에 「갈옷이 없다[無褐]」는 뜻을 끝맺은 것이다.

1-5. 五月斯螽動股(오월사종동고)요 六月莎雞振羽(육월사계진우)요 七月在野(칠월재야)요 八月在宇(팔월재우)요 九月在戶(구월재호)요 十月蟋蟀(십월실솔)이 入我牀下(입아상하)하나니라 穹窒熏鼠(궁질훈서)하며 塞向墐戶(색향근호)하고 嗟我婦子(차아부자)아 曰爲改歲(왈위개세)어니 入此室處(입차실처)어다 [賦]

| 언해 |

五月에 斯螽이 股를 動ᄒᆞ고 六月에 莎雞羽를 振ᄒᆞ고 七月에 野애 잇고 八月에 宇애 잇고 九月에 戶애 잇고 十月에 蟋蟀이 우리 牀

아릐 드ᄂᆞ니라 穹을 窒ᄒᆞ며 鼠롤 熏ᄒᆞ며 向을 塞ᄒᆞ며 戶롤 墐ᄒᆞ고 嗟홉다 우리 婦子아 골오ᄃᆡ 歲ㅣ 改커니 이 室에 들어 處홀 지어다

| 번역 |

오월에는 메뚜기 다리 부벼 울고
유월에는 풀벌레 깃을 떨어 울며
칠월에는 들에 있고
팔월에는 처마 밑에 있네
구월에는 문틈에 있고
시월에는 귀뚜라미가
침상 아래로 들어오네
구멍을 막고 쥐구멍에 불을 놓으며
북쪽 창을 막고 창문을 바르고
아, 우리 처자(妻子)들아
해가 바뀌었으니 이 집에 들어와 살으려무나

| 자해 |

斯螽·莎雞·蟋蟀 : 때에 따라 변화하여 그 이름이 다름. •斯螽 : 메뚜기. •莎雞 : 베짱이. •蟋蟀 : 귀뚜라미. •動股 : 처음 뛰어 다리를 움직임. •振羽 : 날면서 날개로 우는 것. •宇 : 처마 아래이니 더우면 들에 있고 추우면 사람에게 의지함. •穹 : 빈틈. •窒 : 막음. •向 : 북쪽으로 난 창. •墐 : 바르다는 뜻이니 서인(庶人)이 싸리와 대로 문을 만들기 때문에 겨울에는 바른다. 동래여씨(東萊呂氏)가 말하기를, '시월에 해가 바뀐다 하였으니, 자(子)·축(丑)·인(寅) 세 정삭을 백성 풍속에 통용된 지 오래 되었으니 주나라가 다만 들어서 차례로 쓴 것이다'라 함.

| 의해 |

귀뚜라미[蟋蟀]가 사람에게 의지함을 보면 추위가 장차 이를 것임을 알 수 있다. 이에 집 가운데 빈틈이 있는 것을 막고 쥐구멍에

불을 놓아 그 가운데 구멍을 만들지 못하게 하고 북쪽으로 난 창을 막아서 북풍(北風)을 막고 창호를 발라서 한기(寒氣)를 막게 하고 그 처자식에게 말하여 "해가 장차 바뀔 것이다. 날씨가 이미 차고 일을 또한 마쳤으니 이 집에 들어와 살 때이다"라고 하니 여기서 늙은 사람의 사랑을 보겠다. 이 장 또한 머리장 앞 단락의 추위 막는 뜻을 끝맺은 것이다.

1-6. 六月食鬱及薁하며 七月亨葵及菽하며 八月剝棗하며 十月穫稻하여 爲此春酒하여 以介眉壽하나니라 七月食瓜하며 八月斷壺하며 九月叔苴하며 采荼薪樗하여 食我農夫하나니라 [賦]

| 언해 |

六月에 鬱과 밋 薁을 먹으며 七月에 葵와 밋 菽을 亨ᄒᆞ며 八月에 棗ᄅᆞᆯ 剝ᄒᆞ며 十月에 稻를 穫ᄒᆞ야 이 春酒ᄅᆞᆯ ᄒᆞ야 뻐 眉壽ᄅᆞᆯ 介ᄒᆞᄂᆞ니라 七月에 瓜ᄅᆞᆯ 食ᄒᆞ며 八月에 壺ᄅᆞᆯ 斷ᄒᆞ며 九月에 苴ᄅᆞᆯ 叔ᄒᆞ며 荼ᄅᆞᆯ 采ᄒᆞ며 樗ᄅᆞᆯ 薪ᄒᆞ야 우리 農夫ᄅᆞᆯ 食ᄒᆞᄂᆞ니라

| 번역 |

유월에는 아가위와 머루 먹으며
칠월에는 아욱과 콩을 삶고
팔월에는 대추를 털며
시월에는 벼를 거두어
봄 술을 빚어서 미수(眉壽)를 돕네

칠월에는 오이를 먹고
팔월에는 박을 타며
구월에는 피마자 줍고
씀바귀를 뜯고 가죽나무 베어서
우리 농부들을 먹이네

| 자해 |

鬱 : 체속(棣屬)이니 아가위. • 薁 : 영욱(蘡薁)이니 산매자. 또 머루라 하나 아가위와 머루가 다 6월에 익는 과일이 아니라 자세하지 않음. • 葵 : 나물 이름이니 아욱. • 菽 : 콩이니 콩 잎. • 剝 : 격(擊)이니 턴다는 뜻. • 棗 : 대추. • 穫稻 : 벼를 수확하여 술을 빚음. • 介 : 도움. • 眉壽 : 나이 늙어 호미가 남이니 송도(頌禱)하는 말. • 壺 : 박이니 외를 먹고 박을 타는 것이 또한 나물 밭을 없애고 타작 마당을 만듦. • 叔 : 습(拾)이니 '줍다'의 뜻. • 苴 : 마자(麻子)니 피마자씨. • 荼 : 쓴 나물이니 시화요 또 씀바귀. • 樗 : 가죽나무.

| 의해 |

이로부터 마지막 장에 이르기까지 다 농포(農圃)와 음식과 제사와 연락(燕樂)함을 말함으로써 머리 장 뒤 단락의 뜻을 끝맺고 이 장에 과일과 술과 아름다운 나물로써 늙은이와 병든 이에게 주어 손님과 제사를 받들고 외와 박과 열씨와 쓴 나물로써 항상 먹으니 젊은이와 어른에게 풍족함과 검박한 절조가 이와 같다

1-7. 九月築場圃(구월축장포)요 十月納禾稼(십월납화가)하나니 黍稷重穋(서직중륙)과 禾麻菽麥(화마숙맥)이니라 嗟我農夫(차아농부)아 我稼既同(아가기동)이어니 上入執宮功(상입집궁공)이니 晝爾于茅(주이우모)요 宵爾索綯(소이삭도)하여 亟其乘屋(극기승옥)이요아 其始播百穀(기시파백곡)이니라 [賦]

| 언해 |

九月에 場을 圃애 築ᄒᆞ고 十月에 禾稼ᄅᆞᆯ 納ᄒᆞᄂᆞ니 黍와 稷이 重ᄒᆞ며 穋홈과 禾와 麻와 菽과 麥이니라 嗟홉다 우리 農夫아 우리 稼ㅣ 임의 同ᄒᆞ거니 上入ᄒᆞ야 宮功을 執홀 ᄯᅵ니 나ᄌᆡ 네가 茅ᄒᆞ고 밤에 네 綯ᄅᆞᆯ 索ᄒᆞ야 ᄲᆞᆯ리 그 屋애 乘ᄒᆞ고야 그 비로소 百穀을 播홀 ᄯᅵ니라

| 번역 |

구월에는 장포(場圃)를 다지고
시월에는 벼를 거둬 들이니
서직(黍稷)에는 늦벼와 올벼가 있으며
벼와 삼, 콩과 보리로다
아, 우리 농부들아
우리 농사가 이미 모여졌으니
위로 읍(邑)에 가서 궁실 일을 해야 하니
낮이면 가서 띠풀을 베고
밤이면 새끼 꼬아
빨리 그 지붕을 이어야
내년 다시 백곡(百穀)을 파종하리

| 자해 |

場·圃 : 같은 땅인데 작물이 자랄 때에는, 갈고 다스려서 나물 밭을 만들어 나물을 심고 작물이 이루어질 즈음엔 쌓고 단단하게 하여 마당을 만들어 벼를 거둬들이니, 대개 밖으로부터 마당에 들이는 것. • 禾 : 곡식이 짚에 연결된 것의 총칭. 벼가 패어 여물어서 들에 있는 것을 '가(稼)'라 함. • 重 : 먼저 심어 뒤에 익음. • 穋 : 뒤에 심어 먼저 익음. 두 번 화(禾)를 말한 것은 도(稻)와 출(秫)과 고(苽)와 양(粱)의 등속이 모두 화(禾)임. • 同 : 취(聚)니 '모으다'의 뜻. • 宮 : 읍(邑)에 있는 집이니 옛적에 백성이 5묘(五畝)의 택지를받아서 2.5묘는 여막을 만들어 밭에 있으니 봄 여름에 살고 2.5묘는 집을 만들어 고을에 있으니 가을과 겨울에 살았음. • 功 : 집을 다스리는 일. 누군가 '공실(公室)과 관부의 부역이니 옛적에 백성에게 힘쓰는 것이 해마다 사흘에 지나지 않다고 하였으니 이것이다'라 함. • 索 : 교(絞)니 '꼬다'의 뜻. • 綯 : 삭(索)이니 새끼라는 뜻. • 乘 : 승(升)이니 '오르다'의 뜻.

| 의해 |

마당에 거둬들인 것이 갖추어 지지 않은 것이 없으니, 내 농사가 모아진 것이다. 이것을 가지고 도읍에 올라 들어가 궁실에 일을 잡아 다스릴 것이다. 그러므로 낮에 띠풀을 베어오고 밤에는 새끼를 꼬아 급히 그 집에 올라가 지붕을 해이옴은, 대개 오는 해에 장차 다시 비로소 백곡을 뿌리느라 이럴 겨를이 없기 때문이다. 독책하기를 기다리지 않고 스스로 경계하여 감히 쉬지를 못함이 이 같다. 여씨(呂氏)가 말하기를, "이 장(章)은 농사를 시종일관 근심하고 부지런히 하고 어렵고 어려운 뜻을 극진함이다."라고 하였다.

이 지 일 착 빙 충 충 　 삼 지 일 납 우 릉 음 　 사 지
1-8. 二之日鑿冰沖沖하여 三之日納于淩陰하나니 四之
일 기 조 　 헌 고 제 구 　 구 월 숙 상 　 십 월 척 장
日其蚤에 獻羔祭韭하나니라 九月肅霜이어든 十月滌場
봉 주 사 향 　 왈 살 고 양 　 제 피 공 당 　 칭 피 시
하고 朋酒斯饗하여 曰殺羔羊하여 躋彼公堂하여 稱彼兕
굉 　 만 수 무 강
觥하니 萬壽無疆이로다 [賦]

| 언해 |

二之日에 氷을 鑿홈을 沖沖히 ᄒᆞ야 三之日에 淩陰에 納ᄒᆞᄂᆞ니 四之日 그 蚤애 羔ᄅᆞᆯ 獻ᄒᆞ고 韭로 祭ᄒᆞᄂᆞ니라 九月에 肅ᄒᆞ야 霜ᄒᆞ거든 十月에 場을 滌ᄒᆞ고 朋酒로 이에 饗ᄒᆞ야 羔와 羊을 殺ᄒᆞ야 뎌 公堂의 躋ᄒᆞ야 뎌 兕觥을 稱ᄒᆞ니 萬壽ᄒᆞ야 疆이 업ᄉᆞ리로다

| 번역 |

선달에 얼음을 쿵쿵 깨어
정월에는 빙고에 넣으니
이월 그 아침에
염소를 바치고 부추로 제사하네
구월에 서리가 내리거든
시월(十月)에 마당을 쓸고
두 동이의 술로 잔치를 벌려
큰 염소 작은 염소 잡아
저 공당(公堂)에 올라가
저 뿔잔을 드니
만수무강하리로다

| 자해 |

鑿氷 : 얼음을 산에서 취함. • 沖沖 : 얼음을 뚫는 뜻이니 『주례(周禮)』에 '정

세(正歲) 십이월령(十二月令)에 얼음을 벤다'라고 한 것이 이것. • 納 : 저장. 얼음을 저장하는 것은 더위를 대비하기 위함. • 凌陰 : 얼음집이니 빈(豳)땅 흙이 한기(寒氣)가 많아서 정월에 바람이 언 것을 풀지 못하기 때문에 얼음을 오히려 저장할 만함. • 蚤 : 이른 아침이라는 뜻. • 韭 : 나물이름이니 염규. 염소를 바치고 부추로 제사한 후에 빙고를 여니 월령(月令) 중춘(仲春)에 '염소[羔]를 바치고 얼음집을 열어 먼저 침묘(寢廟)에 바친다'라 함이 이것. • 肅霜 : 기후가 추워져 서리가 내림. • 滌場 : 농사를 마치고 마당을 쓴다는 뜻. • 朋 : 두 동이. 향음주례(鄕飮酒禮)에 두 동이를 방 지게 문 사이에 놓아 둠. • 躋 : 오름. • 公堂 : 임금의 당. • 稱 : 들다는 뜻. • 疆 : 지경.

| 의해 |

소씨(蘇氏) 말하기를, "옛 적에 얼음을 저장하고 얼음을 내어 양기(陽氣)의 성함을 조절하였다. 무릇 양기가 천지에 있음은 비유컨대 불이 물건에 부딪침과 같았다. 그러므로 이것을 항상 풀어 줌이 있었으니 12월에 양기(陽氣)가 쌓이고 잠겨서 발하지 못하는 지라, 그 성한 것이 아래에 있으면 얼음을 땅 가운데 들였다가 2월에 이르러 사양(四陽)이 되고 땅속에 있던 벌레가 일어나 양(陽)이 비로소 용사(用事)하니, 또한 비로소 얼음을 열어 종묘에 올리고 4월에 이르러 양기(陽氣)가 다 사무치고 음기(陰氣)가 장차 끊어지려 하면 얼음을 이에 크게 꺼내어 고기 먹는 대부의 집안과 늙으면 병든 이와 시신을 목욕시킬 때에 미치지 않는 일이 없었다. 이로써 겨울에는 지나친 양(陽)이 없고 여름에 잠복한 음(陰)이 없고 봄에는 서늘한 바람이 없고 가을에 지나친 비가 없고 우레가 있어도 벼락 치지 않고 재앙을 가져오는 서리와 우박의 재앙이 없고 염병과 질병이 내리지 않고 백성이 요절하지 않았다"고 하였다.

호씨(胡氏)가 말하기를, "얼음을 저장하고 꺼내는 것이 또한 성인(聖人)이 보상하고 조치하고 섭조하는 하나의 일이요, 전적으로 이를 믿고 다스리는 것이 아니다"고 하였다.

장자(張子)가 말하기를, "이 장에서 백성이 그 임금에게 충성하고 사랑함을 볼 수 있다. 이미 그 얼음을 저장하는 일을 권하여 나가고 또 서로 경계하여 속히 마당의 일을 마치고 염소와 양을 잡아 공당(公堂)에 드리고 또 술을 받들어 그 수(壽)를 빈 것이다"라고 하였다.

이 「칠월에는[七月]」은 모두 8장이다.

『주례(周禮)』 「약장(籥章)」에 "중춘(仲春)의 낮에 토고(土鼓)를 치고 피리로 빈시(豳詩)를 불어서 더위를 맞으며, 중추(仲秋)의 밤에 추위를 맞되 또한 이와 같이 한다"라고 하였으니, 곧 이 시(詩)를 말한 것이다.
왕씨(王氏)가 말하기를, "위로는 성일(星日), 상로(霜露)의 변화를 관찰하고, 아래로는 곤충, 초목의 변화를 살펴서 천시(天時)를 알아 백성에게 일을 주어 여자들은 안에서 일하고 남자들은 밖에서 일하며, 윗사람은 정성으로 아랫사람을 사랑하고 아랫사람은 충성으로 윗사람을 이롭게 하며, 아버지는 아버지 노릇하고 자식은 자식 노릇하며, 남편은 남편 노릇하고 부인은 부인 노릇하며, 늙은이를 봉양하고 어린이를 사랑하며, 자기 능력에 따라 먹고 약한 자를 도와주며, 제사를 때에 맞게 하고 연향(燕饗)을 절도에 맞으니, 이것이 「칠월에는[七月]」 시의 뜻이다"라고 하였다.

2. 올빼미야[鴟鴞]

2-1. 鴟鴞鴟鴞(치효치효)아 既取我子(기취아자)어니 無毁我室(무훼아실)이어다 恩斯勤(은사근)斯(사)하여 鬻子之閔斯(육자지민사)라니라 [比]

| 언해 |

鴟鴞아 鴟鴞아 임의 내 子를 取ᄒᆞ여스니 내 室은 毁치 마롤찌어다 恩ᄒᆞ며 勤ᄒᆞ야 子롤 鬻홈이 閔ᄒᆞ다니라

| 번역 |

올빼미야 올빼미야

이미 내 새끼를 잡아갔으니

내 집마저 헐지 마라

정성껏 수고로이

그 새끼 기르느라 근심 꽤나 했다네

| 자해 |

鴟鴞 : 올빼미. 악한 새이니 다른 새의 새끼를 잡아 채어 먹는 것. • 室 : 새가 스스로 그 집을 이름한 것. • 恩 : 정답게 사랑하는 뜻. 이요. • 勤 : 돈독히 후(厚)한 뜻. • 鬻 : 기름. • 閔 : 근심함.

| 의해 |

무왕(武王)이 상(商)나라를 이기고, 아우인 관숙(管叔) 선(鮮)과 채숙(蔡叔) 도(度)로 하여금 주왕(紂王)의 아들인 무경(武庚)의

나라를 감시하게 하였는데, 무왕(武王)이 붕(崩)하고 성왕(成王)이 즉위하여 주공(周公)이 돕자, 관숙(管叔)과 채숙(蔡叔)은 무경(武庚)을 데리고 배반하였으며, 또 국중(國中)에 유언(流言)을 퍼뜨리기를 '주공(周公)이 장차 유자(孺子)에게 불리(不利)하게 할 것이다'고 하였다.

그러므로 주공(周公)이 동쪽 지방을 정벌한 지 2년만에 마침내 관숙(管叔)과 무경(武庚)을 잡아 주벌(誅罰)하였으나, 성왕(成王)은 아직도 주공(周公)의 뜻을 알지 못하였다. 그러므로 공(公)이 마침내 이 시(詩)를 지어 왕(王)에게 준 것이다.

새가 둥지를 사랑함을 가탁하여 치효(鴟鴞)를 불러 이르기를 "올빼미야! 올빼미야! 네가 이미 내 새끼를 잡아갔으니, 다시 내 집마저 부수지는 마라. 내 사랑하는 마음과 독후(篤厚)한 뜻으로 이 새끼를 기름에 진실로 가련하고 근심할 만하거늘 이제 이미 잡아갔으니, 그 폐해가 심하다. 하물며 또다시 내 집을 부순단 말인가"라고 하였다.

이로써 무경(武庚)이 이미 관숙(管叔)과 채숙(蔡叔)을 실패하게 하였으니, 다시 우리 왕실(王室)을 훼손해서는 안 됨을 비유한 것이다.

2-2. 迨天之未陰雨(태천지미음우)하여 徹彼桑土(철피상두)하여 綢繆牖戶(주무유호)면 今女(금여) 下民(하민)이 或敢侮予(혹감모여)아 [比]

| 언해 |

天의 陰雨치 아닌 적을 밋처 뎌 桑土ᄅᆞᆯ 撤ᄒᆞ야 牖와 戶ᄅᆞᆯ 綢繆ᄒᆞ면 이제 너 下民이 或敢히 나ᄅᆞᆯ 侮ᄒᆞ랴

| 번역 |

하늘에 장마비 내리지 않을 때에 미쳐
저 뽕나무 뿌리를 캐다가
유호(牖戶)를 얽어 감으면
이제 네 하민(下民)들이
혹시라도 감히 나를 업신여기랴

| 자해 |

迨 : 미치는 것. • 徹 : 취함. • 桑土 : 뽕나무 뿌리. • 綢繆 : 얽히는 것. • 牖는 새집에 기운 통하는 곳. • 戶 : 그 출입하는 곳.

| 의해 |

또한 새가 말을 하되 "내가 하늘에 장마비 내리지 않을 때에 뽕나무 뿌리를 취하여 집에 틈과 구멍을 얽어 견고하도록 하여 장마비 근심을 방비하니, 하토(下土)의 백성 가운데 누가 감히 나를 업신여기는 일이 있으리오?"라고 하여, 또한 자신이 왕실(王室)을 깊이 사랑하여 그 환란을 미리 막는 뜻을 비유한 것이다.
그러므로 공자(孔子)가 칭찬하여 "이 시를 쓴 자가 그 도(道)를 알 것이다. 능히 그 국가를 다스릴 있으면 누가 감히 업신여기리오?"라고 하였다.

여수길거 여소랄도 여소축조 여구졸도
2-3. 予手拮据하여 予所捋荼며 予所蓄租라 予口卒瘏는
왈여미유실가
曰予未有室家니라 [比]

| 언해 |

내 手ㅣ 拮据ᄒᆞ야 내 荼ᄅᆞᆯ 捋ᄒᆞᄂᆞᆫ 바ㅣ며 내 蓄ᄒᆞ며 租ᄒᆞᄂᆞᆫ 바ㅣ라 내 口ㅣ 다 瘏홈은 내 室家ᄅᆞᆯ 두지 몯ᄒᆞ여실ᄊᆡ니라

| 번역 |

내 발톱을 부지런히 움직여
내 갈대를 취한 것이며
내 물건을 쌓고 모은 것이네
내 입이 모두 병든 것은 내 아직 실가(室家)가 없어서였네

| 자해 |

拮据 : 발톱과 입으로 함께 움직여 일하는 모양. • 捋 : 취하는 것. • 荼 : 환초(萑苕)니 갈대로 새집에 깔 수 있는 것. • 蓄 : 쌓음. • 租 : 모음. • 卒 : 다함. • 瘏 : 병듦. • 室家 : 새집.

| 의해 |

또한 새의 말을 하되 "둥지를 만드는 초기에 손과 입을 함께 움직여 달이삭[갈대]를 취해오고 물건을 저축하느라 노고(勞苦)하여 모두 병들게 된 까닭은 둥지가 완성되지 않았기 때문이다"라고 하였으니, 이로써 자기가 전일(前日)에 근로하기를 이와 같이 한 까닭은 왕실(王室)이 새로 만들어져서 아직 안집(安集)되지 못했기 때문임을 비유한 것이다.

2-4. 予羽譙譙(여우초초)하며 予尾翛翛(여미소소)하여 予室翹翹(여실교교)어늘 風雨所(풍우소)漂搖(표요)라 予維音曉曉(여유음효효)하라 [比]

| 언해 |

내 羽ㅣ 譙譙ᄒᆞ며 내 尾ㅣ 翛翛ᄒᆞ야 내 室이 翹翹ᄒᆞ거늘 風雨ㅣ 漂搖ᄒᆞᄂᆞᆫ 바ㅣ라 내 音을 嘵嘵히 호라

| 번역 |

내 깃이 줄며
내 꼬리가 망가져
내 둥지가 위태롭거늘
비바람이 뒤흔드는지라
내 급히 울부짖노라

| 자해 |

譙譙 : 빠져서 감소한 뜻. • 翛翛 : 헤지는 것. • 翹翹 : 위태로움. • 嘵嘵 : 급함.

| 의해 |

또한 새가 말하기를, "깃의 끝이 줄고 꼬리가 해져가면서 그 둥지를 이루었으나 아직 안정되지 못하였거늘, 비바람이 또 따라서 표요(飄搖)하니, 내 슬피 울부짖기를 어찌 급히 하지 않을 수 있겠는가"라고 하였으니, 이로써 자기가 이미 수고로웠으나 왕실(王室)이 또한 편안하지 않고 어려운 일이 많으니, 시를 지어 왕(王)을 깨우쳤지만 또한 서두르지 않을 수 없음을 비유한 것이다.

이 「올빼미야[鴟鴞]」는 모두 4장이다.

이 내용은 『서경(書經)』 「금등(金縢)」편에 보인다.

3. 동산에[東山]

3-1. 我徂東山[아조동산]하여 慆慆不歸[도도불귀]하라 我來自東[아래자동]일새 零雨其濛[영우기몽]이러라 我東曰歸[아동왈귀]에 我心西悲[아심서비]하라 制彼裳衣[제피상의]하여 勿士行枚[물사항매]로다 蜎蜎者蠋[연연자촉]이여 烝在桑野[증재상야]로다 敦彼獨宿[퇴피독숙]이여 亦在車下[역재차하]로다 [賦]

| 언해 |

내 東山에 가 慆慆히 歸치 못호라 내 옴을 東으로붓터 홀식 零ᄒᆞ는 雨ㅣ 그 濛ᄒᆞ더라 東애셔 歸홀졔 내 ᄆᆞ음이 西로 悲호라 뎌 裳衣를 制ᄒᆞ야 行枚ᄅᆞᆯ 일삼지 말지로다 蜎蜎ᄒᆞᆫ 蠋이여 桑野에 잇도다 敦히 뎌 獨宿ᄒᆞ는 이여 ᄯᅩᄒᆞᆫ 車下에 잇도다

| 번역 |

내 동산에 가서
오랫동안 돌아오지 못했네
내 동쪽에서 올 때
내리는 비 아득하였네
내 동쪽에서 돌아간다 하니
내 마음 서쪽을 향해 슬펐네
저 의상을 만들어
행매(行枚)를 일삼지 마라
꿈틀거리는 뽕나무 벌레여

뽕나무 들에 있네
외로이 저 홀로 잠듦이여
또한 수레 밑에 네

| 자해 |

東山 : 가는 바의 땅. • 慆慆 : 오램. • 零 : 떨어짐. • 濛 : 비오는 모양. • 裳衣 : 평상시의 옷. • 勿士行枚 : 그 뜻이 자세하지 않으나 사(士)는 사(事)이니 '일삼다'의 뜻. 행(行)은 진(陣)이니 행진. 매(枚)는 젓가락 같으니 입에 물고 노끈이 달려 있어서 목 가운데에 묶어 말을 못하게 하는 것. • 蜎蜎 : 움직이는 모양. • 蠋 : 뽕나무 벌레니 누에 같은 것. • 烝 : 발어사. • 敦 : 홀로 처하여 옮기지 못하는 모양.

| 의해 |

성왕(成王)이 이미 「치효」의 시(詩)를 얻고, 또 뇌풍(雷風)의 변고에 감동하여 비로소 깨닫고 주공(周公)을 맞으니, 이에 주공이 동쪽으로 정벌간 지 이미 3년 되었다. 주공이 돌아온 뒤에 이 때문에 이 시를 지어 돌아오는 군사들을 위로한 것이다.

군사들을 위하여 그들의 뜻을 서술하여 "내 동쪽으로 간 지가 이미 오래고, 돌아오는 길에 또 비를 만난 수고로움이 있었다"라고 하였다. 그리하여 미루어 말하기를 "동쪽에 있다가 돌아올 때에 마음이 이미 서쪽을 향하여 슬퍼하였다. 이에 평상시의 의복을 만들고는 '지금부터는 행진(行陣)과 함매(銜枚: 군졸들이 소리를 내지 못하게 입에 재갈을 물리는 것)의 일을 하지 말아야 한다.'고 하였다. 돌아오는 도중(途中)에 있을 때에는 또 사물을 보고 기흥(起興)하여 스스로 탄식하기를 '저 꾸물거리는 뽕나무벌레는 저 뽕나무 들에 있고, 이 퇴연(敦然)히 홀로 잠자는 자는 홀로 이 수레 아래에 있다'"라고 하였다.

3-2. 我徂東山하여 慆慆不歸하라 我來自東일새 零雨其濛이러라 果臝之實이 亦施于宇며 伊威在室이며 蠨蛸在戶며 町畽鹿場이며 燿燿宵行이로소니 不可畏也라 伊可懷也로다 [賦]

| 언해 |

내 東山에 가 慆慆히 歸치 못호라 내 옴을 東으로붓터 홀ᄉᆡ 零ᄒᆞ는 雨ㅣ 그 濛ᄒᆞ더라 果臝의 實이 ᄯᅩᄒᆞᆫ 宇에 施ᄒᆞ며 伊威ㅣ 室에 잇스며 蠨蛸ㅣ 戶애 잇스며 町畽이 鹿의 場이며 燿燿ᄒᆞᆫ 宵行이로소니 可히 두렵지 아니 혼지라 可히 懷홉도다

| 번역 |

내 동산에 가서
오랫동안 돌아오지 못했노라
내 동쪽에서 돌아올 때
내리는 비 아득하였네
하눌타리 열매가 집에 뻗쳤으며
쥐며느리가 방에 있으며
납거미가 문에 있으며
집 곁 빈 땅은 사슴마당이 되었으며
반짝거리는 반딧불이로소니
두려운 게 아니고
그리울 뿐이네

| 자해 |

果臝 : 괄루(栝樓)이니 하늘타리. • 施 : 뻗치다는 뜻이니, 덩굴이 우(宇 : 지붕)에 뻗음. • 伊威 : 쥐며느리 실(室)을 청소하지 않으면 있는 것. • 蠨蛸 : 소지주(小蜘蛛)인데 말거미니 문에 사람이 출입함이 없으면 그물을 쳐 막음. • 町畽 : 집 곁의 빈 땅이니 사람이 없기 때문에 사슴이 마당으로 삼음. • 熠燿 : 밝음이 일정하지 못한 모양. • 宵行 : 벌레 이름이니 누에 같은데 밤에 다니는데 목 아래 빛이 있으니 반딧불.

| 의해 |

장머리 네 구절은 왕래의 수고와 밖에 있은 지 오램을 말하였다. 그러므로 매양 장(章)마다 거듭 말하여 그 감동하고 생각함이 깊음을 보겠다. 드디어 "자기가 동쪽으로 정벌을 나감에 집의 황폐함이 이와 같음에 이르렀으니, 이 또한 두려워할 만하다. 그러나 어찌 두려워하여 돌아가지 않을 수 있겠는가? 또한 그리울 뿐이다."라고 하였으니, 이것은 돌아올 적에 아직 도착하지 못하여 집을 그리워하는 정(情)을 서술한 것이다.

3-3. 我徂東山(아조동산)하여 慆慆不歸(도도불귀)하라 我來自東(아래자동)일새 零雨其濛(영우기몽)이러라 鸛鳴于垤(관명우질)이어늘 婦歎于室(부탄우실)하여 灑掃穹窒(쇄소궁질)하니 我征聿至(아정률지)로다 有敦瓜苦(유퇴과고)여 烝在栗薪(증재률신)이로다 自我不見(자아불견)이 于今三年(우금삼년)이엇다 [賦]

| 언해 |

내 東山에가 慆慆히 歸치 못호라 내 옴을 東으로붓터 ᄒᆞᆯᄉᆡ 零ᄒᆞᄂᆞᆫ 雨ㅣ 그 濛ᄒᆞ더라 鸛이 垤에셔 鳴ᄒᆞ거ᄂᆞᆯ 婦ㅣ 室에셔 歎ᄒᆞ야

灑掃ᄒᆞ며 穹을 窒ᄒᆞ니 우리 征이 드듸여 至ᄒᆞ도다 敦ᄒᆞᆫ 瓜苦ㅣ여 栗薪에 잇도다 내 보지 못홈으로붓터 이제 三年이 엇다

| 번역 |

내 동산에 가서
오랫동안 돌아오지 못했노라
내 동쪽에서 돌아올 때
내리는 비 아득하였네
황새는 개밋둑에서 우는데
부인은 집에서 탄식하여
집안을 청소하고 구멍을 막으니
내 걸음이 때마침 이르렀네
뻗친 쓴 오이여
저 밤나무 섶에 있네
내가 보지 못한 지
이제 삼년이 되었네

| 자해 |

鸛 : 물새. 학과 같은 것이니 황새. • 垤 : 개미둑. • 穹窒 : '칠월에는'〔七月〕편에 보임.

| 의해 |

장차 날씨가 흐려져 비가 내리려 하면 구멍에 사는 것들이 먼저 안다. 그러므로 개미가 둑에 나와 있음에 황새가 가서 잡아먹고는 마침내 그 위에서 우는 것이다. 부역을 간 자의 아내가 또한 그 남편의 노고(勞苦)를 생각하여 집에서 탄식하였다. 이에 집안을 청소하고 구멍을 막아 그가 돌아오기를 기다리고 있었는데, 남편의 걸음이 갑자기 이르렀다. 그리하여 쓴 오이가 밤나무 섶 위에 매달려 있음을 보고 "내 이것을 보지 못한 지가 이미 3년이

나 되었다"라고 한 것이다. 밤나무는 주나라 토질에 적당한 나무이니, 쓴 오이와 함께 모두 하찮은 물건인데도 이것을 보고 기뻐하였으니, 부역 간 지 오래되어 감회가 깊음을 알 수 있다.

3-4. 我徂東山(아조동산)하여 慆慆不歸(도도불귀)하라 我來自東(아래자동)일새 零雨其(영우기)濛(몽)이러라 倉庚于飛(창경우비)여 熠燿其羽(습요기우)로다 之子于歸(지자우귀)여 皇駁(황박)其馬(기마)로다 親結其縭(친결기리)하니 九十其儀(구십기의)로다 其新孔嘉(기신공가)하니 其(기)舊如之何(구여지하)요 [賦而興]

| 언해 |

내 東山에가 慆慆히 歸치 못호라 내 옴을 東으로붓터 홀시 零ᄒᆞ는 雨ㅣ 그 濛ᄒᆞ더라 倉庚의 飛홈이여 熠燿ᄒᆞᆫ 그 羽ㅣ로다 之子의 歸홈이여 皇이며 駁인 그 馬ㅣ 로다 親히 그 縭ᄅᆞᆯ 結ᄒᆞ니 九ㅣ며 十인 그 儀로다 그 新이 심히 嘉ᄒᆞ니 그 舊ㅣ 엇더ᄒᆞ뇨

| 번역 |

내 동산에 가서
오랫동안 돌아오지 못했노라
내 동쪽에서 돌아올 때
내리는 비 아득하였네
꾀꼬리가 낢이여
선명한 그 깃이로다
그 아가씨 시집감이여
황백색과 얼룩무늬 말이네

친히 향주머니를 매주니
아홉이며 열인 그 위의라
신혼이 매우 아름다우니
오래된 지금이야 어떻겠는가

| 자해 |

倉庚于飛: 혼인할 때. • 熠燿 : 선명함. • 皇 : 누렇고 흰 빛. • 駁 : 붉고 흰 빛. • 縭 : 부인의 주머니이니 어머니가 딸을 경계하고 딸을 위하여 옷끈을 채워주고 향주머니를 매주는 것. • 九其儀 · 十其儀: 그 위의(威儀)가 많음을 말한 것.

| 의해 |

사물을 읊어 흥(興)을 일으켜 "동쪽으로 정벌하러 갔다가 돌아온 군사로서 실가(室家)가 있지 않았던 자들이 제때에 미쳐 혼인하여 이미 매우 아름다우니, 그 전부터 실가(室家)가 있던 자들이야 서로 만나보고 기뻐함이 어떠하겠는가?"라고 한 것이다.

이 「동산에[東山]」는 모두 4장이다.

「서(序)」에 말하기를, "제1장은 완전함을 말한 것이요, 제2장은 그리워함을 말한 것이요, 제3장은 실가(室家)가 자기를 바라는 것을 말한 것이요, 제4장은 남녀의 혼인이 제때에 이루어진 것을 즐거워한 것이다. 군자가 백성에 대하여 그 정(情)을 서술하고 그 수고로움을 민망히 여겼으니, 이 때문에 백성들이 기뻐한 것이다. 기뻐하도록 백성들을 부려서 백성들이 그 죽음을 잊은 것은 그 오직 「동산에(東山)」시일 것이다"라고 하였다.
주자가 말하기를, "완전이라 한 것은 군대를 온전히 보존하고 돌아와 죽거나 부상한 괴로움이 없음을 말한 것이요, 생각이라 한 것은 집에 이르기 전에 생각이 창연(愴然)하고 한하는 회포가 있음을 이른 것이요, 실가(室家)가 너를 바라고 남녀(男女)가 때를 미쳐 혼인함은 또한 다 그 마음의 원하는 바이나 감히 말 못하는 것인데, 윗사람이 마침내 그들이 말하기 전에 먼저 노래를 읊어서 그들의 수고로움을 위로하였으니, 그렇다면 그 기뻐하고 감격하는 정(情)이 어떠하겠는가? 옛날에 위로하는 시(詩)는 모두 이와 같았다. 그리하여 상하(上下)의 사이에 정(情)과 뜻이 서로 믿어져서 비록 가인(家人)과 부자간(父子間)에 서로 말하는 것이라도 이보다 더할 수가 없었으니, 이 때문에 유지(維持)하고 공고(鞏固)하기를 수십 백 년 동안 하여 하루아침에 무너지는 병폐가 없었다" 라고 하였다.

4. 도끼는 깨지고[破斧]

기파아부 우결아장 주공동정 사국시황
4-1. 旣破我斧요 又缺我斨이나 周公東征은 四國是皇이

애아인사 역공지장
시니 哀我人斯 亦孔之將이샷다 [賦]

| 언해 |

임의 우리 斧를 破ᄒᆞ고 ᄯᅩ 우리 斨을 缺ᄒᆞ나 周公의 東으로 征ᄒᆞ샴은 四國을 이예 皇케 홈이시니 우리 사ᄅᆞᆷ을 哀ᄒᆞ샴이 ᄯᅩᄒᆞᆫ 심히 將ᄒᆞ샷다

| 번역 |

이미 내 도끼가 깨지고
또 내 도끼가 이지러졌으나
주공이 동쪽으로 정벌하심은
사방 나라를 바로잡음이시니
우리 백성들을 가엾게 여기심이
또 꽤 컸었네

| 자해 |

斧 : 도끼 구멍이 타원형인 것. • 斨: 도끼 구멍이 네모진 것이니, 정벌(征伐)할 때에 쓰는 기구. • 四國 : 사방의 나라. • 皇 : 광(匡)이니 바르게 함. • 將 : 대(大)이니 크다는 뜻.

| 의해 |

종군(從軍)하는 군사들이 전편(前篇)에 주공(周公)이 자기들의 수고로움을 위로하였으므로 이를 말하여 그 뜻에 답하였다. 말하기를, "동쪽으로 정벌 가는 역사(役事)에 이미 우리 도끼를 부수고 또 우리 도끼를 망가뜨렸으니 그 수고로움이 심하다. 그러나 주공이 일으킴이 대개 장차 사방으로 하여금 감히 한결같이 하지 않을 수가 없게 한 뒤에 그만두려 함이니, 우리 백성들을 가엾게 여기심이 어찌 크지 않겠는가?"라고 한 것이다. 그렇다면 비록 도끼를 부수고 도끼를 망가뜨리는 수고로움이 있으나 의리상 사양할 수 없다. 관숙(管叔)과 채숙(蔡叔)이 유언비어를 가지고 주공을 비방하거늘 주공이 육군(六軍)의 무리를 거느리고 가서 쳤으니, 가령 그 마음이 털끝만큼이라도 스스로 사사로이 하려는 데서 나와 천하에 있지 않았다면, 어루만지기를 비록 부지런히 하고 위로하기를 비록 지극히 하더라도 부역에 종사하는 군사들이 어찌 원망하지 않을 수 있겠는가. 이제 이 시를 보면 진실로 주공의 마음이 크게 공변(公辨)되고 지극히 정당하여 천하 사람들이 털 끝 만큼도 자신을 아끼는 사사로움이 없음을 믿었음을 볼 수 있고, 또한 이때에 비록 견고한 갑옷을 입고 예리한 병기를 잡은 사람들이라도 또한 모두 주공의 마음을 자기의 마음으로 삼아서, 스스로 한 몸과 한 집을 위한 계책을 하지 않았음을 볼 수 있으니, 또한 성인의 무리 아님이 없는 것이다. 배우는 자가 이에 대하여 익숙히 완미하여 터득함이 있으면 그 마음이 정대(正大)하여 천지의 정(情)을 참으로 볼 수 있을 것이다.

4-2. 旣破我斧(기파아부)요 又缺我錡(우결아기)나 周公東征(주공동정)은 四國是吪(사국시와)시니 哀我人斯(애아인사) 亦孔之嘉(역공지가)샷다 [賦]

| 언해 |

임의 우리 斧를 破ᄒᆞ고 ᄯᅩ 우리 錡를 缺ᄒᆞ나 周公의 東으로 征ᄒᆞ샴은 四國을 이졔 吪홈이시니 우리 사ᄅᆞᆷ을 哀ᄒᆞ샴이 ᄯᅩᄒᆞᆫ 심히 嘉ᄒᆞ샷다

| 번역 |

이미 내 도끼가 깨지고
또 내 끌이 이지러졌으나
주공이 동쪽으로 정벌하심은
사방 나라를 바쁜 것이시니
우리 백성들을 가엾게 여기심이
또 꽤 좋았네

| 자해 |

錡 : 끌의 등속이니, 뚫는 기계. • 吪 : 교화함. • 嘉: 착하다는 뜻.

기파아부 우결아구 주공동정 사국시주
4-3. 旣破我斧요 又缺我銶나 周公東征은 四國是遒시
애아인사 역공지휴
니 哀我人斯 亦孔之休샷다 【賦】

| 언해 |

임의 우리 斧를 破ᄒᆞ고 ᄯᅩ 우리 銶를 缺ᄒᆞ나 周公의 東으로 征ᄒᆞ샴은 四國을 이예 遒홈이시니 우리 사ᄅᆞᆷ을 哀ᄒᆞ샴이 ᄯᅩᄒᆞᆫ 심히 休ᄒᆞ샷다

| 번역 |

이미 내 도끼가 깨지고
또 내 끌이 이지러졌으나
주공이 동쪽으로 정벌하심은
사방 나라를 견고하게 함이시니
우리 백성들을 가엾게 여기심이
또 꽤 아름다웠네

| 자해 |

銶 : 나무의 등속이니 『석문(釋文)』에 '독두부(獨頭斧)이다'라 함. • 遒 : 거두어 견고하게 함. • 休 : 아름다움.

이 「도끼는 깨지고[破斧]」는 모두 3장이다.

범씨(范氏)가 말하기를, "상(象)은 날마다 순임금을 죽이는 것으로 일 삼았는데 순임금이 천자가 되어서는 그를 봉하였고, 관숙과 채숙은 상(商)나라를 계도하여 배반하였는데 주공이 정승이 되어서는 이들을 죽였으니, 행적은 비록 같지 않으나 그 도(道)는 같다. 상(象)의 화(禍)는 순임금에게 미쳤을 뿐이었다. 그러므로 순임금이 그를 봉해 준 것이요, 관숙과 채숙이 유언비어를 퍼뜨린 것은 장차 주공을 위태롭게 하여 왕실을 엿보려 해서 천하에 죄를 얻었다. 그러므로 주공이 죽였으니, 주공이 죽인 것이 아니요, 천하가 마땅히 죽여야 할 것이었다. 주공이 어찌 그들을 사사로이 봐주실 수 있었겠는가"라고 하였다.

5. 도끼 자루 베려면[伐柯]

5-1. 伐柯如何(벌가여하)요 匪斧不克(비부불극)이니라 取妻如何(취처여하)요 匪媒不得(비매부득)이니라 [比]

| 언해 |

柯ᄅᆞᆯ 伐ᄒᆞᆷ을 엇디ᄒᆞ료 斧ㅣ 아니면 克지 못ᄒᆞᄂᆞ니라 妻ᄅᆞᆯ 取ᄒᆞᆷ을 엇지ᄒᆞ료 媒아니면 得지 못ᄒᆞᄂᆞ니라

| 번역 |

도끼 자루 베려면 어떻게 하지
도끼 아니면 못하지
아내를 얻으려면 어떻게 하지
중매가 아니면 못한다네

| 자해 |

柯 : 도끼 자루. • 克 : 능함. • 媒 : 두 성(姓)의 말을 통하는 자니 중매.

| 의해 |

주공(周公)이 동쪽지방에 거처할 때 그곳 사람들이 이를 말하여 평소에 주공을 보고자하나 어려움을 비유하였다.

5-2. 伐柯伐柯여 其則不遠이로다 我遘之子하니 籩豆有踐이로다 [比]

| 언해 |

柯ᄅᆞᆯ 伐ᄒᆞ며 柯ᄅᆞᆯ 伐홈이여 그 取이 머지 아니ᄒᆞ도다 우리 之子ᄅᆞᆯ 遘호니 籩과 豆ㅣ 踐ᄒᆞ얏도다

| 번역 |

도끼 자루 베고 도끼 자루 벰이여
그 법이 멀잖네
내 이 아가씨를 만나니
대바구니 나무 접시 줄 지어 있네

| 자해 |

則 : 법. • 我 : 동쪽 사람이 스스로 '나'라고 한 말. • 之子 : 그 처(妻)를 가리킴. • 籩 : 대나무로 만든 그릇. • 豆 : 나무로 만든 그릇. • 籩豆 : 예(禮)에 쓰는 그릇인데 , 변(籩)은 과일 담는 것. 두(豆)는 저해(菹醢) 담는 것. • 踐 : 줄 지어 있는 모양이니 '베풀다'의 뜻.

| 의해 |

말하기를, "도끼 자루를 베되, 도끼가 있으면 예전 도끼자루를 가지고 그 새로운 도끼자루를 만드는 법을 얻음에 지나지 않고, 아내를 얻음에 중매가 있으면 또한 곧 이에 나아가 그를 만나보아 동뢰(同牢)의 예(禮)에 이룸에 지나지 않는다"고 한 것이다.
뢰(牢)는 소와 양과 돼지의 통칭(通稱)이니 혼인하는 예(禮)에 돼지를 쓰니 부부가 각각 그 반 짝을 합하여 솥과 도마에 올리는 것을 "동뢰(同牢)"한다. 동쪽 사람이 이를 말하여 오늘날 주공을 만

나 봄이 쉬움을 비유하였으니 깊이 기뻐한 말이다.

이 「도끼 자루 베려면[伐柯]」은 모두 2장이다.

6. 아홉 코 그물[九罭]

6-1. 九罭之魚여 鱒魴이로다 我覯之子하니 袞衣繡裳이로다 [興]

| 언해 |

九罭읫 魚ㅣ여 鱒과 魴이로다 우리 之子룰 보니 袞衣와 繡裳이로다

| 번역 |

아홉 주머니의 그물에 걸린 고기여
송어와 방어로다
내 그 분을 보니
곤의(袞衣)에 수상(繡裳)이라

| 자해 |

九罭 : 구낭(九囊)의 망(網)이니 아홉 구멍 그물. • 鱒 : 비늘이 가늘고 눈이 붉은 것. • 魴 : 이미 汝墳에 보였으니 다 고기의 아름다운 것. • 我 : 동쪽 사람이 스스로 '나'라 함. • 之子 : 주공(周公)을 가리킴. • 袞衣裳 : 9장(章)이니 1. 용(龍), 2. 산(山), 3. 화충(華蟲)이니 꿩. 4. 화(火). 5. 종이(宗彝)니 범의 새끼. 이상은 모두 윗도리에 그렸음. 6. 조(藻). 7. 분미(粉米). 8. 보(黼), 9. 불(黻)이니, 이상은 모두 치마에 수놓았음. 천자(天子)의 용(龍)은 하나는 오르는 모양이고, 하나는 내리는 모양. 상공(上公)은 다만 내리는 용(龍)만 있으니 용(龍)의 머리가 숙여있기 때문에 곤(袞)이라 함.

| 의해 |

이 또한 주공이 동쪽 지방에 거처할 때에 동인(東人)들이 만나봄을 기뻐하여 "구역의 그물에는 송어와 방어의 고기가 있으며, 내 이 분을 만나보니 곤의(袞衣)와 수상(繡裳)의 의복 색을 보게 되었다"라고 한 것이다.

6-2. 鴻飛遵渚(홍비준저)하나니 公歸無所(공귀무소)아 於女信處(어여신처)시니라 [興]

| 언해 |

鴻이 飛홈애 渚ᄅᆞᆯ 遵ᄒᆞᄂᆞ니 公이 歸ᄒᆞ심애 所ㅣ 업ᄉᆞ랴 네게 信處만 ᄒᆞ시니라

| 번역 |

기러기가 날아가면 물가를 따르나니
공(公)이 돌아가심에 갈 곳이 없으랴
너에게만 이틀밤을 묵으셨네

| 자해 |

遵 : 좇음. • 渚 : 작은 물가. • 女 : 동쪽사람[東人]이 스스로 서로 '너'라고 한 말. • 信 :두 번 잠.

| 의해 |

동쪽사람[東人]이 성왕(成王)이 장차 주공(周公)을 맞이하려 한다는 말을 듣고 또 스스로 서로 "기러기가 날아가면 물가를 따르니, 공(公)이 돌아가심에 어찌 돌아갈 곳이 없겠는가? 이제 특별히 너에게만 이틀 밤을 묵어가셨을 따름이다"라고 한 것이다.

6-3. 鴻飛遵陸(홍비준륙)하나니 公歸不復(공귀불복)이시리니 於女信宿(어여신숙)이시니라 [興]

| 언해 |

鴻이 飛홈애 陸을 遵ᄒᆞᄂᆞ니 公이 歸ᄒᆞ야 復지 아니 ᄒᆞ시리니 녜게 信宿만 ᄒᆞ시니라

| 번역 |

기러기가 날아가면 육지를 따르나니
공(公)이 돌아가시면 다시 오지 않으리니
너에게만 이틀 밤을 묵으셨네

| 자해 |

陸 : 넓고 평평함. • 不復 : '장차 머물러 왕실(王室)을 돕고 다시 동(東)으로 오시지 않으리라'라고 한 뜻.

6-4. 是以有袞衣兮(시이유곤의혜)러니 無以我公歸兮(무이아공귀혜)하여 無使我心悲兮(무사아심비혜)어다 [賦]

| 언해 |

이러므로뼈 袞衣ㅣ 잇더니 우리 公으로 뼈 歸치 말아 우리 ᄆᆞᄋᆞᆷ으로 하여곰 悲케 마를지어다

| 번역 |

이 때문에 곤의(袞衣)를 입은 분이 계시더니
우리 공(公)을 데리고 돌아가지 말아서
우리 마음을 슬프게 마라.

| 의해 |

위 두 장(章)을 이어 말하기를 "주공이 여기서 이틀 밤을 묵으셨다. 이 때문에 동방에 이 곤의(袞衣)를 입은 사람이 있었다. 또 원하노니 그가 다시 여기서 머물고 갑자기 공(公)을 맞아 돌아가지 마라. 돌아가면 장차 다시 오시지 못하여 나로 하여금 마음이 슬프게 될 것이다"라고 한 것이다.

이 「아홉 코 그물[九罭]」은 모두 4장이다.

7. 이리가 밟혔네[狼跋]

7-1. 狼跋其胡(낭발기호)요 載疐其尾(재지기미)로다 公孫碩膚(공손석부)하시니 赤舃几(적석궤)几(궤)샷다 [興]

| 언해 |

狼이 그 胡를 跋ᄒᆞ고 곳 그 尾를 疐ᄒᆞᄂᆞᆺ다 公이 碩膚를 孫ᄒᆞ시니 赤舃이 几几ᄒᆞ샷다

| 번역 |

이리가 앞으로 가면 턱살이 밟히고
뒤로 물러서면 꼬리가 밟히네
공(公)이 큰 아름다움을 양보하시니
붉은 신이 편안하시네

| 자해 |

跋 : 렵(躐)이니 '밟고 넘다'의 뜻. • 胡 : 턱살. • 載 : 곧. • 疐 : 겁(跲)이니 밟고 미끄러짐. 늙은 이리가 턱살[胡]이 있어 나아가다가 그 호(胡)를 밟으니, 곧 물러가 그 꼬리를 밟음. • 公 : 주공(周公). • 孫 : 사양함. • 碩 : 큼. • 膚 : 아름다움. • 赤舃 : 면복(冕服)에 신는 신. • 几几 : 편안하고 진중한 모양.

| 의해 |

주공(周公)이 비록 의심과 비방함을 만났지만 대처한 것에 그 떳떳함을 잃지 않은 까닭에 시인이 "이리는 나아가면 그 턱살[胡]이

밟히고 뒤로 물러나면 그 꼬리가 밟혀 넘어진다. 그런데 공(公)은 유언비어의 변고를 만났으나 편안하고 자득(自得)함이 이와 같다"고 말하였으니, 도덕이 높고 성하여 처한 곳을 편안히 여기고 천명을 즐거워함을 이루 말할 수 없으니, 이 때문에 큰 변고를 당하여도 그 떳떳함을 잃지 않았다. 공(公)이 비방을 당한 것은 관숙(管叔)과 채숙(蔡叔)의 유언비어 때문이었는데, 시인(詩人)이 "이는 사국(四國)에서 한 것이 아니요, 바로 공(公)이 큰 아름다움을 겸양하여 자처하지 않은 것일 뿐이다"라고 하였으니, 이는 참소하고 간사한 사람의 입으로 하여금 공(公)의 충성과 착함이 더하지 못하게 하니, 이에 공(公)을 사랑함이 깊고 공(公)을 공경함이 지극함을 보겠으니 그 글을 지음이 또한 법도가 있다.

7-2. 狼疐其尾(낭치기미)요 載跋其胡(재발기호)로다 公孫碩膚(공손석부)하시니 德音不瑕(덕음불하)샷다 [興]

| 언해 |

狼이 그 尾ᄅᆞᆯ 疐ᄒᆞ고 곳 그 胡ᄅᆞᆯ 跋ᄒᆞᄂᆞᆺ다 公이 碩膚ᄅᆞᆯ 孫ᄒᆞ시니 德音이 瑕치 아니ᄒᆞ샷다

| 번역 |

이리가 앞으로 가면 턱살이 밟히고
뒤로 물러서면 꼬리가 밟히네
공(公)이 큰 아름다움을 양보하시니
덕음에 흠집이 없으시네

| 자해 |

德音 : 영문(令聞)과 같으니 좋은 소문. • 瑕 : 자(疵)와 같으니 옥(玉)의 손상.

| 의해 |

정자(程子)가 말하기를, "주공(周公)이 처신함에 공경하고 공경하여 공외(恭畏)의 마음을 보존하셨고, 정성을 보존함에 탕탕(蕩蕩)하여 돌아보고 염려하는 뜻이 없으셨으니, 이 때문에 그 성(聖)스러움을 잃지 아니하여 덕음(德音)에 하자가 없으셨다"라고 하였다.

이 「이리가 밟혔네[狼跋]」는 모두 2장이다.

범씨(范氏)가 말하기를, "신령한 용(龍)이 혹 물속에 잠기고 혹 하늘을 날며, 커지기도 하고 작아질 수도 있어서 변화가 측량할 수 없으나, 사람이 이것을 기르기를 개와 양처럼 할 수 있는 것은 욕심이 있기 때문이다. 용을 기를 수 있기 때문에 또한 용을 잡아서 젓 담아 먹을 수 있는 것이니, 모든 욕심이 있는 종류는 제어할 수 없는 것이 없다. 오직 성인은 욕심이 없기 때문에 천지만물이 능히 바꾸지 못한다. 부귀와 빈천과 사생(死生)이 차고 더움과 낮과 밤이 서로 눈앞에서 대신함과 같으니 내 어찌 그 마음을 두 가지함이 있을까보냐? 또한 순하게 받을 따름이다. 순(舜)이 요(堯)의 천하를 받으시되 크다고 여기지 않으셨고, 공자는 진(陳)·채(蔡)에서 곤액을 당하셨으되 근심스럽게 여기지 않으셨으며, 주공은 멀리는 사방 나라에서 유언비어를 퍼뜨렸고 가까이는 성왕(成王)이 알아주지 못하였는데도 붉은 신을 신고 편안히 계셔서 덕음(德音)에 하자가 없었으니, 그 이치가 하나이다"라고 하였다.

빈풍(豳風)은 7편 27장 203구이다.

정원(程元)이 문중자(文中子)에게 "감히 묻겠습니다. 빈풍(豳風)은 무슨 풍(風)입니까?" 묻자, 문중자는 "변풍(變風)이다"라고 대답하였다. 정원이 "주공(周公)의 때에도 또한 변풍이 있었습니까?"라고 묻자, 문중자가 "군신간(君臣間)에 서로 꾸짖었으니, 정(正)이라고 할 수 있겠는가? 성왕(成王)이 끝내 주공을 의심하였다면 풍(風)이 마침내 변했을 것이다. 주공의 지극한 정성이 아니었다면 그 누가 끝내 이것을 바로잡을 수 있었겠는가?"라고 하였다. 정원이 "변풍이 왜 맨 끝에 있습니까?" 하고 묻자, 문중자는 말하였다. "이왕(夷王) 이후로 변풍이 다시 올바르지 못했으니, 부자(夫子)께서 이것을 서글퍼하신 것이다. 그러므로 빈풍으로 마치셨으니, 변(變)을 바로잡는 것은 오직 주공만이 할 수 있음을 말한 것이다. 그러므로 정(正)에 붙인 것이니, 변하되 바르게 할 수 있고 위태로움을 붙들 수 있어서 시종 그 근본을 잃지 않으심은 오직 주공이시니, 빈풍에 붙인 뜻이 원대하다 하겠다"라고 하였다.

『주례(周禮)』「약장(籥章)」이 '빈시(豳詩)를 관악기로 불어 더위를 맞이하고 추위를 맞이함'은 이미 '칠월에는'〔七月〕에 보이고, 또 이르기를 "전조(田祖 : 신농(神農))에게 빌 때에는 빈아(豳雅)를 관악기로 불어서 전준을 즐겁게 하고, 납향제사에는 빈송(豳頌)을 관악기로 불어서 늙은 물건을 쉬게 한다." 하였으니, 시(詩)에 상고해보면 〈빈풍(豳風)과 빈아(豳雅)의〉 편장(篇章)의 소재를 알지 못하겠다. 그러므로 정씨(鄭氏)는 「칠월에는〔七月〕」 시를 3등분하여 여기에 해당시켜, 정사(情思)를 말한 것을 풍(風)이라 하고, 예절을 바르게 한 것을 아(雅)라 하고, 성공(成功)을 즐거워한 것을 송(頌)이라 하였다. 그러나 한 편의 시는 머리와 꼬리가 서로 응하는 것인데, 이에 그 일절(一節)을 걷어 취하여 편벽되게 씀이 두렵건대, 이러할 이치가 없을 것이다.

그러므로 왕씨(王氏)가 그의 말을 취하지 않고, 다만 이르기를 "본래 이러한 시가 있었는데 없어졌다"라고 하였으니, 그 말이 거의 옳고, 혹자는 또 의심하기를 "다만 「칠월에는〔七月〕」 전편(全篇)을 가지고 일에 따라 그 음절(音節)을 변화시켜 혹은 풍(風)이라 하고, 혹은 아(雅)라 하고, 혹은 송(頌)이라 했을 것이다"라고 하였으니, 이치에 통하고 일이 또한 행해질 수 있다. 만일 또 그렇지 않다면 아(雅)·송(頌)의 가운데에 모든 농사를 위하여 지은 것은 모두 빈(豳)이라는 이름을 으뜸으로 한 것이니, 그 말이 「대전(大田)」과 「양사(良耜)」의 여러 편에 갖추어졌으니 독자가 선택해 볼 수 있을 것이다.

소아
小雅

대의

아(雅)는 바른 것이니 바른 풍류[正樂]의 노래이다. 그 편(篇)이 본래 크고 작은 차이가 있는데 선유(先儒)의 말씀에 "또 각각 바른 것과 변한 것의 분별이 있다." 하였으니 이제 이것으로 상고하건대 정소아(正小雅)는 잔치하여 연향(燕饗)할 때의 풍류요, 정대아(正大雅)는 조회에 모일 때의 풍류이며 음복을 받음에 경계를 베푸는 말이다.

그러므로 혹은 기뻐하고 화열(和說)하여 이랫 사람들의 정(情)을 다하며 혹은 공경(恭敬)하고 제장(齊莊)하여 선왕(先王)의 덕을 드러내는 것이니 사기(詞氣)가 같지 않으며 음절(音節)이 또한 다른데, 대부분 주공이 제작하실 때에 정한 것이요, 변함에 미쳐서는 일이 반드시 같지 아니하여 각각 그 소리를 붙인 것인데 그 차례[次序]와 시세(時世)는 상고할 수 없는 것이 있다.

녹명지습 | 鹿鳴之什

1. 사슴의 울음소리[鹿鳴]

아(雅)와 송(頌)은 여러 나라의 분별이 없다. 따라서 열 편(篇)을 가지고 한 권(卷)을 삼아 십(什)이라 하였으니 군법(軍法)에 열 사람을 십(什)이라 한 것과 같다.

1-1. 呦呦鹿鳴(유유록명)이여 食野之苹(식야지평)이로다 我有嘉賓(아유가빈)하여 鼓瑟(고슬) 吹笙(취생)하라 吹笙鼓簧(취생고황)하여 承筐是將(승광시장)하니 人之好我(인지호아) 示我(시아) 周行(주행)이엇다 [興]

| 언해 |

呦呦ᄒᆞᆫ ᄉᆞ슴의 울미이여 들의 쑥을 먹도다 내 아름다운 손을 두어셔 비파를 치며 피리를 부노라 피리를 불며 簧을 쳐서 광주리를 밧들어셔 이힝ᄒᆞ니 사ᄅᆞᆷ의 날을 조와하ᄂᆞᆫ 이 내게 周行을 보일지엇다

| 번역 |

조화로운 사슴의 울음소리여
들의 쑥을 먹네
내 아름다운 손님을 두어
슬(瑟)을 연주하며 생(笙)을 부노라
생(笙)을 불며 황(簧)을 불어

광주리를 받들어 폐백을 올리니
사람 가운데 날 좋아하는 이
나에게 대도(大道)를 보일지어다

| 자해 |

呦呦 : 소리의 화(和)함. • 苹 : 쑥. • 我 : 주인(主人). • 賓 : 잔치하는 바 손님. • 瑟 · 笙 : 잔치하는 예(禮)에 쓰는 풍류. • 簧 : 생(笙) 가운데의 황(簧). • 承 : 받듬. • 筐 : 폐백(幣帛)을 담는 그릇. • 將 : 행(行)함. • 周行 : 큰 길.

| 의해 |

이것은 손님을 잔치하여 먹이는 시(詩)이다. 대개 군신(君臣)의 구분은 엄한 것으로써 주장을 삼고 조정(朝廷)의 예(禮)는 공경을 위주로 한다. 그러나 엄하고 공경함에 한결 같이 하면 정(情)이 혹 통하지 못하여 그 충성으로 고하는 이익을 다함이 없는 때문에 선왕(先王)이 그 음식 모임을 통하여 연향(宴饗)의 예(禮)를 지어서 상하(上下)의 정(情)을 통하였는데, 그 음악과 노래는 또 사슴 우는 것을 가지고 홍(興)을 일으켜서 그 예의(禮意)의 두터움을 말한 것이 이 같으니, 행여 나를 좋아하는 이가 나에게 큰 도(道)를 보일 것을 바란 것이다. 『예기(禮記)』에 이르기를, "사사로이 은혜를 베풀고 덕(德)으로 돌아가지 않으면 군자가 스스로 머물지 않는다"라고 하였으니, 그 군신(羣臣)과 아름다운 손님에게 소망하는 것이 오직 나에게 큰 도(道)를 보여줌에 있으니, 반드시 사사로이 은혜로써 덕을 삼아 스스로 머물지 않을 것이다. 아! 이것이 아마 화락(和樂)하면서도 지나치지 않음일 것이다.

1-2.
유유록명 식야지호 아유가빈 덕음공
呦呦鹿鳴이여 食野之蒿로다 我有嘉賓하니 德音孔
소 시민부조 군자시칙시효 아유지주
昭하여 視民不恌니 君子是則是傚로다 我有旨酒하니
가빈식연이오
嘉賓式燕以敖로다 [興]

| 언해 |

呦呦ᄒᆞᆫ ᄉᆞ슴의 울미이여 들의 쑥을 먹도다 내 아름다운 손을 두니 德音이 심히 ᄇᆞᆰ아셔 ᄇᆡᆨ셩을 보이여셔 박ᄒᆞ지 안이케ᄒᆞ니 君子ㅣ 이 법 밧으며 이 본밧을 씨로다 내 맛난 ᄉᆞᆯ을 두니 아름다운 손이뼈 잔치ᄒᆞ야뼈 놀도다

| 번역 |

조화로운 사슴의 울음소리여
들의 쑥을 먹네
내 아름다운 손님을 두니
덕음이 매우 밝아서
백성에게 보여 박하지 않게 하니
군자가 이에 법삼고 본받으리로다
내 맛 나는 술을 두니
아름다운 손님이 잔치 벌여 노네

| 자해 |

蒿 : 긴(菣)이니 다북쑥. • 孔 : 심하다는 말. • 昭 : 밝음. • 視 : 시(示)와 같음. • 恌 : 투박(偸薄)함. • 敖 : 논다는 말.

| 의해 |

아름다운 손님의 덕음(德音)이 매우 밝아서 백성에게 보여 투박

(偸薄)하지 않게 할 수 있고 군자가 마땅히 법 삼으며 본받을 바이니, 또한 말하는 사이를 기다릴 것도 없이 그 나에게 보여주는 것이 깊다.

1-3. 呦呦鹿鳴(유유록명)이여 食野之苹(식야지금)이로다 我有嘉賓(아유가빈)하여 鼓瑟(고슬)鼓琴(고금)하니 鼓瑟鼓琴(고슬고금)이여 和樂且湛(화락차담)이로다 我有旨酒(아유지주)하여 以燕樂嘉賓之心(이연락가빈지심)이로다 [興]

| 언해 |

呦呦ᄒᆞᆫ ᄉᆞ슴의 울미이여 들의 苹을 먹도다 내 아름다운 손을 두어 비파를 치며 거문고를 치노니 비파를 치며 거문고를 침이여 和樂ᄒᆞ고 ᄯᅩ 湛ᄒᆞ도다 내 맛난 숧을 두어셔 ᄡᅧ 아름다운 손의 ᄆᆞᄋᆞᆷ을 편안이 즐기게 ᄒᆞ놋다

| 번역 |

조화로운 사슴의 울음소리여
들의 제비쑥을 먹네
내 아름다운 손님을 두니
슬(瑟)과 금(琴)을 타네
슬(瑟)과 금(琴)을 탐이여
화락하고 즐겁구나
내 맛 나는 술을 두어
아름다운 손님의 마음을 편안하고 즐겁게 하리

| 자해 |

芩 : 풀이름이니 줄기는 비녀 다리 같고 잎새는 넝쿨 나는 것과 같음. • 湛 : 오래 즐김. • 燕 : 편안함.

| 의해 |

그 마음을 편안히 즐겁게 하니 몸을 기르며 그 바깥을 즐겁게 함에 그칠 따름이 아니다. 대개 이리하여 그 은근히 두터움을 이루어서 그 가르쳐 보임이 그치지 않게 하고자 한 것이다.

이 「사슴의 울음소리[鹿鳴]」는 모두 3장이다.

살펴보건대, 「서(序)」에 이것을 뭇 신하와 아름다운 손님에게 잔치하는 시(詩)라 하였는데, 잔치하는 예(禮)에 또한 이르기를, "악공이 녹명(鹿鳴)과 사모(四牡)와 황황자화(皇皇者華)를 연주하며 노래한다"라고 하였으니, 곧 이것을 말한 것이다. 향음주(鄕飮酒)에 음악을 쓰는 것도 또한 그러하였고, 「학기(學記)」에는 "대학(大學)에서 처음 가르칠 때에 소아[宵雅 :소아(小雅)]의 삼장(三章)을 익힌다"라고 하였으니, 또한 이 세 시(詩)를 말한 것이다. 그렇다면 또 상하(上下)에 통용되었던 음악이니, 어찌 본래 뭇 신하와 아름다운 손님에게 잔치하기 위하여 지은 것이겠는가? 그 뒤에 미루어 향인(鄕人)에게까지 쓴 것 같은데, 조정에서는 군신(君臣)이라 말하였고, 잔치할 때에는 빈주(賓主)라 말하였으니, 선왕(先王)이 예(禮)로써 신하를 부린 후(厚)함을 여기서 볼 수 있다.

범씨(范氏)가 말하기를, "예(禮)로써 먹이고 음악(音樂)으로써 즐겁게 하고, 폐백으로 받들고 정성으로 구하였으니, 이 때문에 그 마음을 얻은 것이다. 현자(賢者)가 어찌 음식과 폐백을 가지고 기

빼하겠는가마는 혼인의 예(禮)가 갖추어지지 않으면 정녀(貞女)가 가지 않고, 예악이 갖추어지지 않으면 현자(賢者)가 처하지 않나니, 현자가 처하지 않는다면 어찌 현자를 즐겁게 하여 그 마음을 다하게 할 수 있겠는가?"라고 하였다.

2. 네 필의 말[四牡]

2-1. 四牡騑騑(사모비비)하니 周道倭遲(주도위지)로다 豈不懷歸(기불회귀)리요마는 王事靡盬(왕사미고)라 我心傷悲(아심상비)하라 [賦]

| 언해 |

四牡ㅣ 騑騑ᄒᆞ니 큰길이 倭遲ᄒᆞ도다 엇지 도라오기를 ᄉᆡᆼ각지 안이ᄒᆞ리오마는 님금의 일을 안이 굿게 못홀 것이라 내 ᄆᆞ음에 傷ᄒᆞ야 슯허호라

| 번역 |

네 필 말이 끊임없이 달려가니
큰 길이 굽었구나
어찌 돌아올 생각을 않으리오마는
임금 일을 견고하게 하지 않을 수 없어서
내 마음이 서글퍼라

| 자해 |

騑騑 : 가는 것을 그치지 않는 모양. • 周道 : 큰 길. • 倭遲 : 멀리 도는 모양. • 盬 : 견고하지 않음.

| 의해 |

이는 사신(使臣)을 위로하는 시이다. 저 임금이 신하를 부림과 신하가 임금을 섬김이 예(禮)인 까닭에 신하된 자가 임금의 일에 분

주하여 특별히 그 직분에 마땅히 해야 할 것을 다할 따름이다. 어찌 감히 스스로 수고롭다 하겠는가. 그러나 임금의 마음은 감히 이 때문에 스스로 편안하지 못하다. 그러므로 잔치하여 먹일 즘에 그 情을 펴 그 수고로이 함을 민망히 여겨 "이 네필의 말을 멍에 하여 밖에 나가 부림에 그 길을 멀리 돌림이 이 같으니 이때에 이르러 어찌 돌아가기를 생각지 않으리오마는 특별히 임금의 일을 굳게 하지 않을 수 없음으로써 敢히 사사로운 정을 따라서 공적인 일을 버리지 못하는 지라, 이로써 안을 돌아보고 슬퍼한다"고 한 것이니 신하가 일에 수고로이 하여도 스스로 말하지 않음에 임금이 그 정을 알아서 대신하여 말하니 상하(上下)의 사이에 각각 그 도(道)를 다할 수 있었다 할 만하다. 전(傳)에 이르기를, "돌아가기를 생각한다 함은 사사로운 은혜요, 굳게 하지 않을 수 없다 함은 공변한 의리요, 상하여 슬퍼한다는 것은 정(情)의 그리움이니, 사은(私恩)이 없으면 효자가 아니요, 공의(公義)가 없으면 충신(忠臣)이 아니다. 군자가 사사로움으로써 공(公)을 해롭게 하지 않으며 집일로서 임금의 일을 사양하지 못할 것이다"라고 하였다.

범씨(范氏)가 말하기를, "신하가 군주를 섬김에 반드시 공적인 것을 먼저하고 사적인 것을 뒤로 하여야 할 것이며 임금이 신하를 위로함에 반드시 은혜를 먼저하고 의리를 뒤로 하여야 할 것이다"라고 하였다.

2-2. 四牡騑騑하니 嘽嘽駱馬로다 豈不懷歸리요마는 王事靡盬라 不遑啓處하라 [賦]

| 언해 |

四牡ㅣ 騑騑ᄒᆞ니 嘽嘽ᄒᆞᆫ 駱馬로다 엇지 도라오기를 ᄉᆡᆼ각지 안이 ᄒᆞ리오마ᄂᆞᆫ 님금의 일을 안이 굿게 못ᄒᆞᆯ 것이라 겨를ᄒᆞ야 ᄭᅮ러안ᄌᆞ며 거ᄒᆞ지 못호라

| 번역 |

네 필 말이 끊임없이 달려가니
많고 많은 낙마(駱馬)로다
어찌 돌아올 생각을 않으리오마는
임금의 일을 견고히 하지 않을 수 없는지라
편안히 거처할 겨를이 없네

| 자해 |

嘽嘽 : 무리지어 가득한 모양. • 駱 : 검은 갈기의 흰말. • 遑 : 겨를. • 啓 : 꿇어앉음. • 處 : 거처함.

2-3. 翩翩者鵻(편편자추)여 載飛載下(재비재하)하여 集于苞栩(집우포허)로다 王事靡盬(왕사미고)라 不遑將父(불황장부)하라 [興]

| 언해 |

翩翩ᄒᆞᄂᆞᆫ 鵻ㅣ여 곳 날며 곳 ᄂᆞ리여셔 苞栩에 모뒤놋다 님금의 일을 안이 굿게 못ᄒᆞᆯ 것이라 겨를ᄒᆞ야 아비를 봉양치 못호라

| 번역 |

편편(翩翩)히 나는 비둘기여
곧 날며 곧 내려앉아

떨기진 도토리나무에 모였네
임금의 일을 견고히 하지 않을 수 없는지라
아버지를 봉양할 겨를이 없네

| 자해 |

翩翩 : 나는 모양. • 鵻 : 부불(夫不)이니 발구(鵓鳩)로 꼬리 짧은 새 등속이니 집비둘기. • 將 : 봉양함.

| 의해 |

날아드는 집비둘기는 혹 날기도 하며 혹 내려 와서 편한 곳에 모이거늘 이제 사람으로 하여금 밖에서 수고롭게 하여 그 아비를 봉양할 겨를이 없게 하니 이것은 임금이 스스로 편안히 여기지 못하여 깊이 근심하는 까닭이다. 범씨(范氏)가 말하기를, "충신(忠臣)과 효자가 부역(賦役)을 나감에 일찍이 그 어버이를 생각지 않을 수 없으니 임금이 신하를 부림에 어찌 그 수고하여 스스로 서글퍼하기를 기다리겠는가? 또한 그 걱정거리를 근심하되 자기 몸 같이 할 따름이니, 이는 성인이 사람의 마음을 감동시키는 이유이다"라고 하였다.

2-4. 翩翩者鵻(편편자추)여 載飛載止(재비재지)하여 集于苞杞(집우포기)로다 王事靡盬(왕사미고)라 不遑將母(불황장모)하라 [興]

| 언해 |

翩翩ᄒᆞᄂᆞᆫ 鵻ㅣ여 곳 날며 곳 긋쳐셔 苞杞에 모뒤놋다 님금의 일을 안이 굿게 못홀 것이라 겨를ᄒᆞ야 어미를 봉양치 못호라

| 번역 |

편편(翩翩)히 나는 비둘기여
곧 날며 곧 내려앉아
떨기진 구기자나무에 모였네
임금이 일을 견고히 하지 않을 수 없는지라
어머니를 봉양할 겨를이 없네

| 자해 |

杞 : 구계(枸檵)이니 구기자.

2-5. 駕彼四駱(가피사락)하여 載驟駸駸(재취침침)하니 豈不懷歸(기불회귀)리요 是用作(시용작)
歌(가)하여 將母來諗(장모래심)하노라 [賦]

| 언해 |

뎌 四駱을 멍에ᄒᆞ야 곳 달리기를 駸駸히 호니 엇지 도라오기를 생각지 안이ᄒᆞ리오 이예 뼈 노ᄅᆡ를 지어셔 어미 봉양홈으로 와셔 고ᄒᆞ노라

| 번역 |

저 네 필 낙마를 멍에 하여
달리기를 급히 하니
어찌 돌아갈 생각을 않으리오
이 때문에 노래 지어
어머니를 봉양함을 와서 고하네

| 자해 |

駸駸 : 말 달리는 모양. • 諗 : 고(告)함.

| 의해 |

그 부모를 봉양치 못하는 정(情)을 가지고 와서 임금께 고하였으니, 사람으로 하여금 이 노래를 짓게 한 것이 아니고 그 정을 가설(假設)하여 위로한 것이니 홀로 어머니 봉양만을 말한 것은 위 장(章)의 글에 기인한 것이다.

이 「네 필의 말[四牡]」은 모두 5장이다.

살펴보건대, 「서(序)」에 말하기를 "이 시는 사신이 온 것을 위로한 것이다"라고 하였으니 매우 시의 뜻에 맞기 때문에 『춘추전(春秋傳)』에도 또한 말하였는데 『외전(外傳)』에는 '사신(使臣)의 부지런함을 빛나게 함이다.' 하였으니 이른바 사신은 비록 숙손(叔孫)이 스스로 일컬은 것이나 바로 그 본래의 일에 부합하는 것이다. 다만 『의례(儀禮)』에 "위와 아래에 통용하는 음악이다"라고 하였으니 의심컨대 또한 본래 사신을 위로하기 위하여 지은 듯한데 그 뒤에 마침내 옮겨서 달리 쓴 것이다.

3. 번쩍이는 것은 꽃[皇皇者華]

황황자화 우피원습 신신정부 매회미급
3-1. 皇皇者華여 于彼原隰이로다 駪駪征夫여 每懷靡及이로다 [興]

| 언해 |

빗나고 빗ᄂᆞᆫ ᄭᅩᆺ이여 뎌 原이며 隰에 ᄒᆞ얏도다 駪駪ᄒᆞᆫ 征夫ㅣ여 ᄆᆡ양 ᄉᆡᆼ각홈을 밋치지 못홀ᄃᆞ시 ᄒᆞᄂᆞᆺ다

| 번역 |

빛나고 빛나는 꽃이여
저 언덕과 습지에 있네
달려가는 정부(征夫)여
늘 미치지 못할 듯이 생각하네

| 자해 |

皇皇 : 황황(煌煌). • 華 : 풀과 나무의 꽃. • 原 : 고평(高平)한 것. • 隰 : 하습(下濕)한 것. • 駪駪 : 무리 지어 다수가 빨리 가는 모양. • 征夫 : 사신(使臣)과 그 관속. • 懷 : 생각함.

| 의해 |

이것은 사신을 보내는 시니 임금이 신하 부림은 진실로 그 윗사람의 덕(德)을 펴고 아랫사람의 정(情)을 통달하게 하고자 함이요, 신하가 명(命)을 받았음에 또한 오직 그 임금의 뜻을 맞추지

못할까 두려워한다. 그러므로 선왕(先王)이 사신을 보내심에 그 길 가는데 부지런한 것을 아름답게 여기고 그 마음에 생각하는 바를 진술하여 "저 번쩍이는 꽃은 저 들판이며 습지에 피었도다. 이 떼지어 가는 정부(征夫)는 그 생각하는 바가 항상 미치지 못할 것이 있는 듯하다"라고 하였으니 대개 또한 인하여 경계한 것이다. 그러나 그 말씀의 완곡하고 박절하지 않음이 이 같으니 이 시의 충후(忠厚)함을 또한 볼 수 있다.

아마유구 육비여유 재치재구 주원자추
3-2. 我馬維駒니 六轡如濡로다 載馳載驅하여 周爰咨諏하놋다 [賦]

| 언해 |

내 말이 駒ㅣ니 여셧 곱비가 濡ᄒᆞᆫᄃᆞᆺ ᄒᆞ도다 곳 달리며 곳 몰아셔 두루 이예 차져 뭇도다

| 번역 |

내 말이 망아지이니
여섯 고삐가 물에 젖은 듯하네
곧 달리며 곧 몰아서
이에 두루 찾아 묻도다

| 자해 |

如濡 : 선명하고 윤택함. : 周 : 두루함. • 爰 : 이에. • 咨諏 : 찾아 물음.

| 의해 |

사신이 스스로 늘 생각하기를 미치지 못할 듯이 하기 때문에 널리 묻고 널리 찾아서 그 미치지 못하는 것을 보완하여 그 직분을 다함이니, 정자(程子)가 말하기를, "물어 찾는 것은 사신이 크게 힘씀이이다"라고 하였다.

아마유기 육비여사 재치재구 주원자모
3-3. 我馬維騏니 六轡如絲로다 載馳載驅하여 周爰咨謀하놋다 [賦]

| 언해 |

내 말이 騏ㅣ니 여섯 곱비가 실 갓도다 곳 달리며 곳 몰아셔 두루 이에 차져 뭇도다

| 번역 |

내 말이 얼룩이니
여섯 고삐가 실 같구나
곧 달리며 곧 몰아서
두루 이에 찾아 묻도다

| 자해 |

如絲 : 고르며 곧다는 뜻. • 謀 : 추(諏)와 같음. 글자를 바꾸어서 운(韻)을 맞춘 것이니 아래 장(章)도 이와 같음.

3-4. 我馬維駱(아마유락)이니 六轡沃若(육비옥약)이로다 載馳載驅(재치재구)하여 周爰(주원)咨度(자탁)하놋다 [賦]

| 언해 |

내 말이 騏이니 여섯 곱비가 기름진 듯 ᄒᆞ도다 곳 달리며 곳 몰아셔 두루 이예 차져 뭇도다

| 번역 |

내 말이 낙마(駱馬)이니
여섯 고삐가 기름진 듯하네
곧 달리며 곧 몰아서
이에 두루 찾아 묻도다

| 자해 |

沃若 : 여유(如濡)와 같음. • 度 : 모(謀)와 같음.

3-5. 我馬維駰(아마유인)이니 六轡旣均(육비기균)이로다 載馳載驅(재치재구)하여 周爰(주원)咨詢(자순)하놋다 [賦]

| 언해 |

내 말이 駰이니 여셧 곱비가 임의 고르도다 곳 달리며 곳 몰아셔 두루 이예 차져 뭇도다

| 번역 |

내 말이 인마(駰馬)이니
여섯 고삐가 이미 고르네
곧 달리며 곧 몰아서
이에 두루 찾아 묻도다

| 자해 |

駰 : 검고 흰털이 섞인 말. • 均 : 고르다는 말. • 詢 : 탁(度)과 같음.

이 「번쩍이는 것은 꽃[皇皇者華]」은 모두 5장이다.

살펴보건대 「서(序)」에 이 시를 임금이 사신을 보내는 것이라 하였고 『춘추내외전(春秋內外傳)』(『내전(內傳)』은『춘추좌전(春秋左傳)』,『외전(外傳)』은『국어(國語)』를 말함.)에 "다 임금이 使臣을 가르친 것."이라 하였는데, 그 말이 이미 전편(前篇)에 보이고, 『의례(儀禮)』에도 보이니 '사슴의 울음소리'〔鹿鳴〕도 의심컨대 또한 본래 使臣을 보내기 위하여 지은 것인데 그 뒤에 옮겨서 달리 쓴 듯 하다. 그러나 숙손목자(叔孫穆子)가 이른바 임금이 사신을 가르쳐 "늘 생각함을 미치지 못할 듯이 하여 추모(諏謀)함과 탁순(度詢)함을 반드시 두루 물으라 하시니 감히 가르침에 감사하지 않겠습니까?"라고 하였으니 시의 뜻을 얻었다 말할 수 있다. 임금이 사신을 사방에 보낼 때 착한 도(道)를 자문할 것을 가르친 것은 장차 총명(聰明)을 넓히기 위한 것이다. 저 신하가 그 임금의 덕(德)을 돕고자 할 때 반드시 어진 이를 구하여 스스로 도왔다. 그런 까닭에 신하가 선(善)을 좇을 수 있으면 임금을 착하게 할 수 있을 것이요, 신하가 간(諫)하는 것을 들을 수 있으면 임금에 간(諫)할 수 있을 것이니 스스로 다스리지 못하고 임금을 바르게 할 수 있는 자는 있지 않다.

4. 아가위[常棣]

4-1. 常棣之華(상체지화)여 鄂不韡韡(악부위위)아 凡今之人(범금지인)은 莫如兄弟(막여형제)니라

[興]

| 언해 |

常棣의 곳이여 鄂히 韡韡치 안이ᄒᆞ냐 무릇 이졔 사ᄅᆞᆷ은 兄弟만 갓흔이 업스니라

| 번역 |

아가위 꽃이여
악연(鄂然)히 선명하지 않은가
무릇 지금 사람들은
형제만한 이가 없다네

| 자해 |

常棣 : 아가위이니 열매가 앵두같아 먹을 만한 것. • 鄂 : 악연(鄂然)히 밖으로 나타나는 모양. • 不 : '어찌 아니'라는 말과 같음. • 韡韡 : 빛나고 밝은 모양.

| 의해 |

이것은 형제가 잔치하는 악가(樂歌)인 까닭에 "아가위[常棣]의 꽃은 그 악연(鄂然)히 밖으로 나타나는 것이 어찌 빛나고 빛나지 않은가? 무릇 지금 사람들은 어찌 형제같은 자가 있으리오?"라고

한 것이다.

4-2. 死喪之威에 兄弟孔懷하며 原隰裒矣에 兄弟求矣하나니라 [賦]

| 언해 |

죽어 상ᄉᆞ의 두려운ᄃᆡ 兄弟ㅣ 심히 ᄉᆡᆼ각ᄒᆞ며 原隰에 모ᄃᆞᆫᄃᆡ에 兄弟ㅣ 求ᄒᆞᄂᆞ니라

| 번역 |

사상(死喪)의 두려움에
형제가 심히 걱정하며
언덕과 습지에 시신이 모인 곳에
형제가 찾아 나선다네

| 자해 |

威 : 두려움. • 懷 : 생각함. • 裒 : 모음.

| 의해 |

말하기를, "사상(死喪)의 재앙은 다른 사람의 두려워하는 바이지만, 오직 형제가 서로 불쌍히 여길 뿐이며 언덕과 들 사이에 주검이 쌓여 있는 데에 이르러도 또한 형제가 서로 찾는다"라고 하였으니, 이 시는 아마 주공(周公)이 관숙(管叔)과 채숙(蔡叔)을 버리고 나서 지은 듯하다. 그러므로 이 장(章)으로 가지고 아래에 오로지 죽어 상사 남과 난리를 구해줌과 서로 싸움하는 일을 가

지고 말씀하였으니 그 뜻이 간절하고 그 인정이 서러워하여 이에 형제의 변고에 대처함이니, 맹자(孟子)가 말한 '그 형이 활을 당겨 쏘면 눈물을 드리운다.'는 말과 같으니 「서(序)」에 이르기를 '관숙(管叔)과 채숙(蔡叔)의 도를 잃은 것을 민망히 여긴 것이다.' 한 것이 제대로 이해한 것이요, 또 이르기를 '문왕(文王)과 무왕(武王)의 시이다'라고 한 것은 잘못이다. 저 옛적에 시(詩)의 시세(時世)를 말한 것을 다 믿을 수는 없을 것이니 이것을 듦에 스스로 서로 모순되는 것은 그 한끝만 본 것으로써 다 분변하지 못한 것이다.

4-3. 脊令在原(척령재원)하니 兄弟急難(형제급난)이로다 每有良朋(매유양붕)이나 況也(황야) 永歎(영탄)이니라 【興】

| 언해 |

脊令이 언덕에 잇스니 兄弟ㅣ 난리에 쥬급ᄒᆞᆷ이로다 ᄆᆡ양 어진 벗이 잇스나 기리 탄식ᄒᆞᆯ만 ᄒᆞᄂᆞ니라

| 번역 |

할미새가 언덕에 있으니
형제가 난리에 구원하네
늘 좋은 벗이 있으나
기리 탄식할 뿐이네

| 자해 |

脊令 : 옹거(雝渠)이니 할미새. • 況 : 발어사. 혹자는 "마땅히 황(怳)으로 써

야 한다"고 함.

| 의해 |

할미새가 날 적엔, 울고 갈 적엔 몸을 흔들어 난리에 주급(周急)하는 뜻이 있다. 그러므로 홍(興)을 일으켜 '이때를 당함에 비록 어진 벗이 있으나 그를 위하여 기리 탄식할 따름에 지나지 않고 힘으로는 혹 서로 미칠 수 없다'고 한 것이다.

동래여씨가 말하기를, "그 친한 바를 성기게 하고 그 성긴 바를 친하게 하면 이는 그 본심을 잃은 자이다. 그러므로 시에 반복하여 붕우(朋友)가 형제만 같지 못함을 말씀한 것이니 친한 사람과 성긴 사람의 나뉨을 보여서 돌려서 그 근본을 따르게 한 것이다. 본심을 이미 얻었으니 친한 사람으로 말미암아 성긴 이에게 미쳐서 질서정연하게 차례가 있어서 형제가 이미 독실하게 친하고 붕우의 의가 또한 독실할 것이니, 당초에 벗에게 박하게 하는 것이 아니로되 진실로 뒤섞여 베풀어 순서가 없으면 비록 '벗에게 두터이 한다'고 하더라도 근원 없는 물이 아침에 가득하다가 저녁에 없어짐 같을 것이니 어찌 보전할 수 있으리요?"라고 하였다.

누군가 말하기를, "사람이 난리에 처해 있는데 벗이 또한 앉아서 볼 수 있으랴?" 하기에 "늘 어진 벗이 있으나 기리 탄식할 뿐이다"라고 한 것은 근심하고 민망히 여기지 않은 것은 아니지만 다만 형제가 난리에 주급(周急)함을 볼진댄 차등(差等)이 있으니 시인의 말이 억양(抑揚)함이 있으나, 당체(常棣)는 주공이 지은 것이니, 성인의 말씀이 대소(大小)와 고하(高下)가 다 마땅하고 전후(前後)와 좌우(左右)가 서로 어그러지지 않는다"라고 하였다.

4-4. 兄弟鬩于墻이나 外禦其務니라 每有良朋이나 烝也無戎이니라 [賦]

| 언해 |

兄弟ㅣ 담에셔 싸홈ᄒᆞ나 밧그로 그 업슈너김을 금ᄒᆞᄂᆞ니라 ᄆᆡ양 어진 벗이 잇으나 도움이 업ᄂᆞ니라

| 번역 |

형제가 담 안에서는 싸우나
밖으로는 남의 업신여김을 막네
늘 좋은 벗이 있으나
도움이 안 된다네

| 자해 |

鬩 : 싸워 어그러짐. • 禦 : 금(禁)함. • 務 : '모(侮)'자로 보아야 함. • 烝 : 발어사. *戎 : 도움.

| 의해 |

이 시는 "형제가 혹간 불행히 안에서 싸우더라도 밖으로 업신여김이 있으면 마음을 같이하여 막는다. 비록 어진 친구가 있더라도 어찌 돕는 것이 있으리오? 형제가 비록 자그마한 분함이 있더라도 아름다운 친함을 버리지 않을 일이다."는 것을 말한 것이다.

4-5. 喪亂旣平하여 旣安且寧하면 雖有兄弟나 不如友生이로다 [賦]

| 언해 |

상ᄉᆞ와 란리가 임의 平ᄒᆞ야 임의 평안ᄒᆞ고 ᄯᅩ 안녕ᄒᆞ면 비록 兄弟가 잇스나 벗만 갓히 너기지 안이ᄒᆞᄂᆞᆺ다

| 번역 |

상란이 이미 평정되어
이미 안녕해지면
비록 형제 있으나
벗만 못하게 여기네

| 의해 |

위 장에는 환란의 때에 형제가 서로 구원해 주는 것이 붕우와는 비교가 될 수 없음을 말하고 이 장에서는 평안[安寧]한 뒤에 형제를 보는 것이 친구만 못하게 여김을 말하였으니 이치에 어그러짐이 심함이다.

4-6. 儐爾籩豆하여 飮酒之飫라도 兄弟旣具라야 和樂且孺니라 [賦]

| 언해 |

네 籩豆를 베풀어셔 술마시기를 염어히 ᄒᆞ야두 兄弟 임의 ᄒᆞᆫ가지 ᄒᆞ야아 和樂ᄒᆞ고 ᄯᅩ 孺ᄒᆞᄂᆞ니라

| 번역 |

네 변두를 벌여
술마시기 실컷 해도
형제가 이 한가지로 모여야
화락하고 또 부모 생각한다네

| 자해 |

儐 : 베풂. • 飫 : 배부름. • 具 : 한 가지로 함. • 孺 : 작은 아이가 부모를 생각함.

| 의해 |

이 시는 "변두(籩豆)를 베풀어서 취하고 배부르더라도 형제가 모두 있지 않으면 더불어 함께 그 즐거움을 누리지 못할 것이다"고 한 것이다.

4-7. 妻子好合(처자호합)이 如鼓瑟琴(여고슬금)이라도 兄弟既翕(형제기흡)이라야 和樂(화락)且湛(차담)이니라 [賦]

| 언해 |

안에와 아돌의 죠케 合ᄒᆞᆷ이 비파와 거문고를 치ᄃᆞᆺᄒᆞ야두 兄弟ㅣ 임의 翕ᄒᆞ야아 和樂하고 ᄯᅩ 오ᄅᆡ를 즐거워ᄒᆞᄂᆞ니라

| 번역 |

처자간에 좋고 화합함이
금슬을 타는 듯하더라도
형제간이 화합해야
화락하고 또 오래 즐겁지

| 자해 |

翕 : 합(合)함.

| 의해 |

이 시는 "처자(妻子)가 정이 좋고 화합함이 금슬(琴瑟)의 조화로움과 같더라도 형제가 화합하지 않으면 그 즐거움을 오래할 수 없다"고 한 것이다.

4-8. 宜爾室家(의이실가)하며 樂爾妻帑(락이처로)를 是究是圖(시구시도)면 亶其然乎(단기연호)인저 [賦]

| 언해 |

네 室家를 맛당케ᄒᆞ며 네 妻帑를 즐겁게 홈을 일로 궁구ᄒᆞ며 일로 도모ᄒᆞ면 그 그러홈을 밋으린뎌

| 번역 |

네 실가를 마땅하게 하며
네 처자 즐겁게 함을
이에 연구하고 이에 도모하면

그것이 그런 것을 믿게 되리라

| 자해 |

帑 : 아들. • 究 : 궁구함. • 圖 : 꾀함. • 亶 : 믿음.

| 의해 |

네 실가(室家)를 마땅하게 한다함은 형제가 한결같은 뒤에야 화락(和樂)하고 또 어린 아이가 부모를 생각듯 함이요, 네 처와 아들을 즐겁게 한다함은 형제가 합한 뒤에야 화락하고 또 오래도록 즐거워함이 될 것이니 형제가 사람에게 중요함이 이 같으니 시험삼아 이것을 가지고 도모하면 어찌 그 그러하다는 것을 믿지 않겠는가?

동래여씨(東萊呂氏)가 말하기를, "사람에게 형제는 마땅히 친해야 할 것임을 고함에 그렇게 여기지 않는 자가 있음을 고한 것이다. 진실로 이를 궁구하며 이를 도모하여 실상으로 이에 종사하지 않으면 그러한 것임을 진실로 아는 사람은 없다. 진실로 그러함을 알지 못하면 아는 것이 다만 그 이름에 불과할 뿐이다. 모든 배움이란 모두 그렇지 않음이 없을 것이다"라고 하였다.

이 「아가위[常棣]」는 모두 8장이다.

이 시는 머리 장에 지극히 친한 경우가 형제 같은 이가 없다는 뜻을 말하고 다음 장에는 뜻밖에 헤아리지 못하는 일을 말하여 형제의 정이 간절함이 이 같음을 밝히고 셋째 장에는 다만 급난(急難)함은 곧 사상(死喪)보다 얕은 것임을 말하고 넷째 장에 이르러서는 또 그 정표(情義)가 매우 박하되 오히려 그만두지 못할 것임을 말하였으니 그 차례가 사상(死喪)을 기다린 후에야 서로 거두는 것이 아니다. 다만 급난(急難)이 있으면 문득 서로 마땅히 도와야 할 것이요, 또 불행하여 혹 작은 분함이 있더라도 오히려 반드시 함께 밖의 업신여김을 막아야 함을 말하였으니, 말한 것이 비록 간략하여 더욱 가벼운 듯하나 형제의 의리를 나타낸 것이 더욱 깊고 또한 간절하다. 다섯 째 장에 이르러서는 드디어 안녕(安寧)한 뒤에야 형제가 친구만 같지 못하다 하였으니 이것은 지극히 친척이 도리어 길가는 사람이 되어서 인도(人道)가 혹 거의 끊어지게 되는 것이다. 그런 까닭에 아래 두 장에서 다시 형제의 은의(恩義)가 얼굴은 다르되 기운이 같아 죽고 살기와 괴롭고 즐거움에 어디가도 서로가 다르지 않음이 없다는 뜻을 극진히 말하였고 마지막 장에 또 거듭 고하여 도로 다시 끝까지 지극히 하고 그러한 줄로 믿도록 징험하였으니 차례로 곡진히 인정을 말하였다고 할 것이니 읽는 사람들이 마땅히 깊이 음미해야 할 것이다.

5. 나무 베기[伐木]

5-1. 伐木丁丁이어늘 鳥鳴嚶嚶하나니 出自幽谷하여 遷于喬木하나다 嚶其鳴矣여 求其友聲이로다 相彼鳥矣한대 猶求友聲이온 矧伊人矣딴 不求友生가 神之聽之하여 終和且平이니라 [興]

| 언해 |

나무를 치기를 丁丁히 ᄒᆞ거ᄂᆞᆯ ᄉᆡㅣ 우룸을 嚶嚶히 ᄒᆞᄂᆞ니 나옴을 깁흔 골로 븟터 ᄒᆞ야 놉흔 나무에 오르도다 嚶히 그 울미여 그 벗을 求ᄒᆞᄂᆞᆫ 소릐로다 뎌 ᄉᆡ를 보건ᄃᆡ 오히려 벗을 求ᄒᆞᄂᆞᆫ 소릐를 ᄒᆞ거든 ᄒᆞ물며 사ᄅᆞᆷ이 ᄯᆞᆫ 벗을 求ᄒᆞ지 안일것가 귀신이 들어셔 ᄆᆞᄎᆞᆷ내 和ᄒᆞ고 ᄯᅩ 平ᄒᆞᄂᆞ니라

| 번역 |

나무 베기를 쩡쩡히 하거늘
새가 울기를 앵앵히 하나니
깊은 골에서부터 하여
높은 나무로 올라가네
앵앵히 욺이여
그 벗을 찾는 소리
저 새를 보건대
오히려 벗을 찾는 소리요

하물며 사람이
벗을 찾지 않을까
벗을 친히 하면 신(神)이 들어주어
마침내 화평하게 하리

| 자해 |

丁丁 : 나무베는 소리. • 嚶嚶 : 새소리가 조화로움. • 幽 : 깊다는 뜻. • 遷 : 오름. • 喬 : 높음. • 相 : 보는 것. • 矧 : 하물며.

| 의해 |

이것은 붕우(朋友)와 고구(故舊)를 잔치하는 악가(樂歌)이다. 그러므로 나무베기를 쩡쩡히 해서 새 울음이 조화로움을 홍(興)하여 새의 벗 구함을 말한 것이다. 드디어 새가 벗을 구함으로써 사람이 벗이 없어서는 안될 것임을 비유하였으니 사람이 붕우간의 우호를 돈독히 하면 귀신이 들어서 마침내 화평(和平)하게 한다고 한 것이다.

5-2. 伐木許許(벌목허허)어늘 釃酒有藇(시주유서)로다 旣有肥羜(기유비저)하여 以速諸父(이속제부)하니 寧適不來(영적불래)언정 微我弗顧(미아불고)니라 於粲洒埽(오찬쇄소)요 陳饋八簋(진궤팔궤)하니라 旣有肥牡(기유비모)하여 以速諸舅(이속제구)하니 寧適不來(영적불래)언정 微我有咎(미아유구)니라 [興]

| 언해 |

나무를 치기를 許許히 ᄒᆞ거ᄂᆞᆯ 걸은 ᄉᆞᆯ이 藇ᄒᆞ도다 임의 살진 羜를 두어 ᄡᅧ 諸父를 부르니 ᄎᆞᆯ아리 맛초아 오지안일 ᄲᅮᆫ이언뎡 나

ᄂᆞᆫ 도라보지 안임이 업슬지니라 於홉다 粲히 灑埽ᄒᆞ고 먹일 것을 베풀음을 여덜 簋로 ᄒᆞ노라 임의 살진 숫 것을 두어 ᄡᅧ 諸舅를 부르니 출아리 맛초아 오지안일 ᄲᅮᆫ이언뎡 나는 허물이 잇슴을 업게 ᄒᆞᆯ 지니라

| 번역 |

나무 베기를 끙끙 하거늘
거른 술이 아름답구나
이미 살찐 양을 장만하여
여러 아저씨들을 부르니
차라리 마침 오지 못할지언정
내가 돌보지 않은 것은 아니네
아, 깨끗이 청소하고
음식을 팔궤에 진열하노라
이미 살찐 짐승을 장만하여
여러 친구을 부르니
차라리 마침 오지 못할지언정
내가 잘못이 있는 건 아니네

| 자해 |

許許 : 여러 사람이 한 가지로 힘쓰는 소리이니, 『회남자(淮南子)』에 '큰 나무를 드는 자는 야호(邪許)를 부른다.' 하였으니, 대개 무거운 것을 들 때 힘쓸 것을 권면(勸勉)하는 노래. • 釃酒 : 혹 광주리를 사용하며 혹 풀로 걸러 그 찌꺼기를 버림이니 『예기(禮記)』에 이른바 '술을 짤 때에는 띠풀을 쓴다[縮酌用茅也]'는 것이 이것임. • 藇 : 아름다운 모양. • 羜 : 아직 크지 않은 양(羊). • 速 : 부름. • 諸父 : 붕우 가운데 성이(姓) 같은 높은 자. • 微 : 돌아보아 생각함이 없다는 말. • 於 : 탄식하는 말. • 粲 : 선명한 모양. • 八簋 : 그릇이 많은 것. • 諸舅 : 붕우 가운데 성(姓) 다른 높은 사람. • 咎 : 허물.

| 의해 |

이 시는 "술과 먹을 것을 갖추어서 붕우를 즐겁게 이 같으니 차라리 저들이 마침 연고 있어 오지 않을지언정 나로 하여금 은의(恩意)가 지극하지 않아서는 안된다."고 한 것인데, 공자가 '붕우(朋友)에게 요구하는 것으로 내가 먼저 베풀기를 능히 하지 못한다.' 하였는데, 이것이 먼저 붕우에게 베풀었다고 이를 만하다.

5-3. 伐木于阪이어늘 釃酒有衍이로다 籩豆有踐하니 兄弟無遠이로다 民之失德은 乾餱以愆이니 有酒湑我며 無酒酤我며 坎坎鼓我며 蹲蹲舞我하여 迨我暇矣하여 飮此湑矣로리라 [興]

| 언해 |

나무를 阪에셔 치거ᄂᆞᆯ 걸은 술이 만토다 ᄃᆡ졉시와 나무졉시가 踐ᄒᆞ엿스니 兄弟ㅣ 먼이 업도다 ᄇᆡᆨ셩에 德을 일흠은 말은 밥으로뼈 허물ᄒᆞᄂᆞ니 술이 잇거든 내 걸으며 술이 업거든 내 사며 坎坎히 내 북치며 蹲蹲히 내 츔츄어셔 내의 겨를을 밋쳐 이 걸은 것을 마시리라

| 번역 |

나무를 비탈에서 베거늘
거른 술이 많기도 하네
변두(籩豆)가 정연하게 가득하거늘
형제들이 모두 왔다네

사람들이 덕 잃는 것은
마른 밥 탓 허물이니
술이 있거든 내 술 거를 것이며
술이 없으면 내 받아올 것이며
둥기둥기 내 북을 치며
너울너울 내 춤을 추어
내 한가할 때에 미쳐
이 거른 술을 마셔보세

| 자해 |

衍 : 많음. • 踐 : 진열한 모양. • 兄弟 : 붕우의 동무. • 無遠 : 다 있음. • 乾餱 : 밥의 박(薄)한 것. • 愆 : 허물. • 湑 : 또한 거르는 것. • 酤 : 산다는 말. • 坎坎 : 북치는 소리. • 蹲蹲 : 춤추는 모양. • 迨 : 미침.

| 의해 |

이 시는 "사람이 붕우의 의(義)를 잃는데 이르는 것은 반드시 큰 연고가 있는 것이 아니다. 다만 마른 밥같은 하찮은 것을 남에게 나누어 주지 않기 때문에 허물 있는 데에 이른다. 그러므로 내가 붕우에게 있고 없는 것을 헤어리지 않고 한가할 때에 미치면 술을 마셔서 서로 즐거워한다"고 한 것이다.

이 「나무 베기[伐木]」는 모두 3장이다.

이 시가 장(章)의 머리에 문득 나무 베기를 말하여 모두 세 번 나무 베기를 말하였다. 그러므로 마땅히 세 장인 줄 알 것인데 옛적에 여섯 장이라고 한 것은 잘못된 것이다. 이제 그 말을 따라 바로잡는다.

6. 하늘이 보정함이[天保]

6-1. 天保定爾(천보정이) 亦孔之固(역공지고)샷다 俾爾單厚(비이단후)어시니 何福不除(하복부제)리요 俾爾多益(비이다익)이라 以莫不庶(이막불서)로다 [賦]

| 언해 |

ᄒᆞᄂᆞᆯ이 너를 편안이 定ᄒᆞᆷ이 ᄯᅩᄒᆞᆫ 심히 굿게 ᄒᆞ셧다 널로 ᄒᆞ여곰 다 ᄃᆞᆺ텁게 ᄒᆞ시거니
어늬 福이 除치 안이ᄒᆞ리오 널로 ᄒᆞ여곰 만히 유익게 ᄒᆞᄂᆞᆫ지라 뼈 만치 안임이 업도다

| 번역 |

하늘이 너를 편안히 정함이
또한 심히 굳게 하셨네
너로 하여금 다 두텁게 하시니
어느 복인들 내려주지 않으리오
너로 하여금 많이 유익하게 하는지라
많지 않음이 없도다

| 자해 |

保 : 편안함. • 爾 : 임금을 가리킴. • 固 : 굳음. • 單 : 다함. • 除 : 옛 것을 덜고 새 것을 나게 함. • 庶: 무리.

| 의해 |

인군(人君)이 '사슴의 울음소리'〔鹿鳴〕 이하 다섯 시로써 그 신하를 잔치함에 주는 것을 받은 신하가 이 시를 노래하여 그 임금께 답하여 "하늘이 우리 임금을 편안히 정하시어 복을 얻도록 함이 이 같다"고 한 것이다.

천 보 정 이 비 이 전 곡 경 무 불 의 수 천
6-2. 天保定爾하사 俾爾戩穀이샷다 罄無不宜하여 受天
백 록 강 이 하 복 유 일 부 족
百祿이어시늘 降爾遐福하사대 維日不足이샷다 [賦]

| 언해 |

ᄒᆞ늘이 너를 편안이 定ᄒᆞ샤 널로 ᄒᆞ여곰 다 착ᄒᆞ게 ᄒᆞ샷다 다 맛당치 안이홈이 업셔 하늘의 百祿을 밧거시늘 네게 먼 福을 ᄂᆞ리샤ᄃᆡ 날마다 足지 못ᄒᆞ야 ᄒᆞ샷다

| 번역 |

하늘이 너를 편안히 정하셔
너로 하여금 다 착하게 하셨다
다 마땅하지 않음이 없어서
하늘의 온갖 녹을 받거늘
먼 복을 내리시되
날마다 족하지 않다 하시네

| 자해 |

戩 : 전(剪)으로 더불어 같음인데 다한다는 말. • 穀 : 착함. • 罄 : 다함. • 遐 : 멀다는 뜻.

| 의해 |

그대가 하늘의 녹(祿)을 받았는데 또 그대에게 복을 내리다 함은 하늘과 사람의 사이에 서로 사귀어 서로 더부는 것을 말함이니 『서경(書經)』에 이른바 "상제(上帝)께 밝게 받음에 하늘이 거듭 명(命)하시어 아름답게 한다"라는 말뜻이 바로 이와 같다.

6-3. 天保定爾(천보정이)하사 以莫不興(이막불흥)이라 如山如阜(여산여부)하며 如岡如(여강여)陵(릉)하며 如川之方至(여천지방지)하여 以莫不增(이막부증)이로다 [賦]

| 언해 |

하늘이 너를 편안이 定ᄒᆞ샤 뼈 셩ᄒᆞ지 안임이 업슨지라 山갓ᄒᆞ며 阜갓ᄒᆞ며 岡갓ᄒᆞ며 陵갓ᄒᆞ며 내의 방야ᄒᆞ로 니르ᄂᆞᆫ 것 갓ᄒᆞ야 뼈 더ᄒᆞ지 안임이 업도다

| 번역 |

하늘이 너를 편안히 정하사
흥하지 않음이 없는지라
산과 같고 언덕과 같으며
산마루와 같고 구릉과 같으며
냇물이 막 이르는 것과 같아
불어나지 않음이 없도다

| 자해 |

興 : 성(盛)함. • 阜 : 대륙(大陸)이라는 말. • 陵 : 대부(大阜)라는 말이니 다 높고 크다는 뜻.

| 의해 |

이것은 그 나라 집이 훌륭하기가 산과 부(阜)와 강(岡)과 능(陵)의 높고 큼과 같으며 냇물의 점점 길게 이르고 또 더하여 그 성하여 긴 것을 헤아릴 수 없음과 같다는 말이다.

6-4. 吉蠲爲饎하여 是用孝享하여 禴祠烝嘗을 于公先王하시니 君曰卜爾하사대 萬壽無疆이샷 [賦]

| 언해 |

吉ᄒᆞ며 蠲ᄒᆞ야 술과 밥을 ᄒᆞ야 이졔 ᄡᅧ 효도로 들여셔 여름 졔ᄉᆞ이며 봄 졔ᄉᆞ이며 겨울 졔ᄉᆞ이며 가울 졔ᄉᆞ를 公과 先王씌 ᄒᆞ시니 君이 ᄀᆞᆯᄋᆞ샤ᄃᆡ 너를 긔약ᄒᆞ노라 ᄒᆞ샤ᄃᆡ 萬壽ㅣ 디경업슴으로 ᄒᆞ샷다

| 번역 |

길일을 택하여 정결히 술과 밥을 지어
이것으로 효성스레 제향(祭享)하여
여름 제사며 봄 제사며 겨울 제사며 가을 제사를
선공(先公)과 선왕(先王)에게 올리시니
군(君)께서 너에게 기약하노라 하시되
만수무강으로 하시도다

| 자해 |

吉 : 좋은 날을 가리고 좋은 이를 고른다는 말. • 蠲 : 재계(齋戒)하며 씻기를 깨끗하게 한다는 말. • 饎 : 주식(酒食). • 享 : 올린다는 말. • 祠 : 봄 제사. • 禴 : 여름 제사. • 嘗 : 가을 제사. • 烝 : 겨울 제사. 다 종묘(宗廟)의 제사.

• 公 : 선공(先公)이니 후직(后稷) 이하 공숙조(公叔祖) 무리에 이름을 말함. • 先王 : 태왕(大王) 이하. • 君 : 선공(先公)과 선왕(先王)을 통틀어 이름. • 卜 : 기약과 같음.

| 의해 |

이것은 시동(尸童)이 귀신의 뜻을 전하여 주인(主人)에게 복을 준다는 말이니 선왕(先王)이라 함은 의심컨대 문왕(文王)의 때 주나라가 있지 않았으니 이는 반드시 무왕(武王) 이후에 지은 시(詩)인 것 같다.

6-5. 神之弔矣(신지조의)라 詒爾多福(이이다복)이며 民之質矣(민지질의)라 日用飮食(일용음식)이로소니 羣黎百姓(군려백성)이 徧爲爾德(편위이덕)이로다 [賦]

| 언해 |

귀신이 니른지라 네게 만흔 福을 씻치며 빅셩이 질실훈지라 날로 쓰고 마시며 먹기만 ᄒᆞ노소니 모든 검은 百姓이 다 네 德을 하놋다

| 번역 |

신이 이른지라
네게 많은 복을 주며
백성이 질박한지라
날로 쓰고 마시며 먹기만 하나니
모든 백성들이
다 너의 덕을 실천하네

| 자해 |

弔 : 이름. • 詒 : 끼침. • 質 : 질실(質實)하다는 말. • 羣 : 무리. • 黎 : 검다는 말이니 진(秦)나라의 검수(黔首)라는 말과 같음. • 百姓 : 뭇 백성. • 爲爾德 : 본받아 형상함이니 너를 도와 덕을 실행함과 같음.

여월지항 여일지승 여남산지수 불건
6-6. 如月之恒하며 如日之升하며 如南山之壽하여 不騫
불붕 여송백지무 무불이혹승
不崩하며 如松柏之茂하여 無不爾或承이로다 [賦]

| 언해 |

ᄃᆞᆯ의 가득ᄒᆞᆷ 갓흐며 날의 나ᄂᆞᆫ 것 갓흐며 南山의 壽ᄒᆞᆷ 갓ᄒᆞ야 이지러지지도 안이ᄒᆞ며 문어지지도 안이ᄒᆞ며 쇼나무와 쟛나무의 셩ᄒᆞᆷ 갓ᄒᆞ야 너를 或도 니ㅅ지 안임이 업도다

| 번역 |

초생달과 같으며
해가 떠오르는 것 같으며
남산이 장수함과 같아서
이지러지지도 않으며
무너지지도 않으며
소나무와 잣나무가 무성함과 같아
너를 혹 잇지 않음이 없도다

| 자해 |

恒 : 활시위. • 升 : 떠오름. • 騫 : 이지러짐. • 承 : 이음.

이 「하늘이 보정함이[天保]」는 모두 6장이다.

7. 고사리 캐기[采薇]

7-1. 采薇采薇(채미채미)여 薇亦作止(미역작지)엇다 曰歸曰歸(왈귀왈귀)여 歲亦莫止(세역모지)리로다 靡室靡家(미실미가) 玁狁之故(험윤지고)며 不遑啓居(불황계거) 玁狁之故(험윤지고)니라 [興]

| 언해 |

고비를 킈며 고비를 킴이여 고비 ᄯᅩᄒᆞᆫ 나도다 도라오며 도라옴이여 ᄒᆡ가 ᄯᅩᄒᆞᆫ 느지리로다 室ᄒᆞ지 못ᄒᆞ며 家ᄒᆞ지 못ᄒᆞᆷ이 玁狁의 연고ㅣ며 겨를ᄒᆞ야 ᄭᅮᆯ안지며 居ᄒᆞ지 못ᄒᆞᆷ이 玁狁의 연고ㅣ니라

| 번역 |

고사리를 캐며 고사리를 캠이여
고사리 또한 땅에서 나오네
돌아오며 돌아옴이여
해가 또한 저물겠구나
실가(室家)가 없음이
험윤 때문이며
편안히 거처할 겨를이 없음이
험윤 때문이네

| 자해 |

薇 : 나물 이름. • 作 : 땅에서 난다는 말. • 莫 : 늦음. • 靡 : 없음. • 玁狁 : 북

녁 오랑캐. • 遑 : 겨를. • 啓 : 꿇어앉음.

| 의해 |

이것은 수역(戍役)을 보내는 시(詩)니 그 수자리 나갈 때 고사리를 캐어 먹어서 돌아올 기한이 먼 것을 생각하였다. 그러므로 그가 스스로 말하는 것처럼 하여 고사리 캐는 것으로 흥(興)을 일으켜 "고사리를 캐며 고사리를 캐니 고사리가 또한 나도다. 돌아오면 해가 또한 저물 것이다. 그러나 무릇 나로 하여금 실가(室家)를 버리고 편안히 거처할 겨를이 없게 함은 위 사람이 짐짓 이렇게 하여 우리를 괴롭게 함이 아니요, 곧 험윤(玁狁)이 침략하고 능멸하기 때문에 부득이 하여 그러한 것이다"라고 하였으니 그 근고(勤苦)하고 비상(悲傷)하는 정(情)을 펴고 또 의리(義理)로써 풍유(風諭)한 것이다.

정자(程子)가 말하기를, "백성들에게 해독을 끼침이 그 위에서 말미암지 않으면 사람이 적개심(敵愾心)을 품는다"라고 하였고, 또 말하기를, "옛 적에 수역(戍役)이 두 돌만에 돌아오는데 매년 가을과 겨울 초기에 두 번 수역하는 자가 모두 변방에 있었으니, 지금의 방추(防秋)와 같다"라고 하였다.

7-2. 采薇采薇(채미채미)여 薇亦柔止(미역유지)엇다 曰歸曰歸(왈귀왈귀)여 心亦憂止(심역우지)로다 憂心烈烈(우심렬렬)하여 載飢載渴(재기재갈)하라 我戍未定(아수미정)이니 靡使歸聘(미사귀빙)이로다 [興]

| 언해 |

고비를 ᄏᆡ며 고비를 ᄏᆡᆷ이여 고비가 ᄯᅩᄒᆞᆫ 부들업도다 도라오며 도

라옴이여 ᄆᆞ옴이 ᄯᅩᄒᆞᆫ 근심스럽도다 ᄆᆞ옴에 근심홈을 烈烈히 ᄒᆞ야 곳 쥬리며 곳 목말으노라 우리 戍가 定치 못ᄒᆞ니 ᄒᆞ여곰 도라와 셔 무르리업도다

| 번역 |

고사리를 캐며 고사리를 캠이여
고사리 또한 부드럽구나
돌아오며 돌아옴이여
마음이 또한 근심스럽네
마음에 열렬히 근심하여
곧 주리며 곧 목마르겠네
우리 수자리가 아직 끝나지 않았으니
돌아가 안부를 묻게 할 자가 없도다

| 자해 |

柔 : 처음 나서 약한 것. • 烈烈 : 근심하는 모양. • 載 : 곧. • 定 : 그침. • 聘 : 물음.

| 의해 |

수역(戍役)하는 사람이 돌아올 기한이 먼 것을 생각하여 수고로움이 심함을 근심한다. 그러나 수역하는 일을 마치지 못하니 그 실가(室家)의 안부(安否)를 물을 사람이 없다고 한 것이다.

7-3. 采薇采薇(채미채미)여 薇亦剛止(미역강지)엇다 曰歸曰歸(왈귀왈귀)여 歲亦陽止(세역양지)리로다 王事未盬(왕사미고)라 不遑啓處(부황계처)하니 憂心孔疚(우심공구)나 我行不來(아행불래)니라 [興]

| 언해 |

고비를 킈며 고비를 킘이여 고비가 ᄯᅩᄒᆞᆫ 剛ᄒᆞ도다 도라오며 도라옴이여 ᄒᆞ가 ᄯᅩᄒᆞᆫ 陽이리로다 님금의 일을 盬치 못ᄒᆞᆯ 것이라 겨를ᄒᆞ야 ᄭᅳᆯ안지며 處ᄒᆞ지 못ᄒᆞ니 ᄆᆞᄋᆞᆷ에 근심ᄒᆞᆷ을 심히 병되이 ᄒᆞ나 우리 일힝은 도라오지 못ᄒᆞᆯ 것이니라

| 번역 |

고사리를 캐며 고사리를 캠이여
고사리가 또한 쇠었구나
돌아오며 돌아옴이여
해가 또한 양월(陽月)이겠지
임금의 일을 견고히 하지 않을 수 없는지라
편안히 거처할 겨를이 없으니
마음에 근심함을 심히 병들게 하나
우리 출정길은 그냥 돌아가지 않으리라

| 자해 |

剛 : 이미 다 자라서 쇤 것. • 陽 : 11월이라는 말이니 이때에 순음(純陰)이 용사(用事)함에 양(陽)이 없는데에 혐의가 되기 때문에 이름하여 '양월(陽月)'이라 함. • 孔 : 심함. • 疚 : 병(病)됨. • 來 : 돌아옴.

| 의해 |

이것은 군사(軍士)가 힘을 다하여 목숨을 바쳐서 돌아올 마음이 없음을 보여준다.

7-4. 彼爾維何요 維常之華로다 彼路斯何요 君子之車로다 戎車既駕하니 四牡業業이로다 豈敢定居리요 一月三捷이로다 [興]

| 언해 |

뎌 爾ᄒᆞᆫ 것은 무엇인고 샹뎨의 ᄭᅩᆺ이로다 뎌 路ᄂᆞᆫ 무엇인고 君子의 슈ᄅᆡ로다 군ᄉᆞ슈ᄅᆡ 임의 멍에ᄒᆞ니 넷 숫것이 業業ᄒᆞ도다 엇지 敢히 定ᄒᆞ야 居ᄒᆞ리오 ᄒᆞᆫ 달에 세번 익이엿도다

| 번역 |

저 성한 꽃은 무엇인가
상체의 꽃이네
저 노거(路車)는 무엇인가
군자의 수레로다
융거(戎車)를 이미 멍에 하니
넷 숫말이 건장도 하다
어찌 감히 편안히 거처하리오
한 달에 세 번 이겼네

| 자해 |

爾 : 꽃이 성한 모양. • 常 : 상체(常棣). • 路 : 군사의 수레. • 君子 : 장수(將

帥)를 이름. • 業業 : 장(壯)함. • 捷 : 이김.

| 의해 |

저 이연(爾然)히 성한 것은 상체의 꽃이요 저 노거(路車)라는 것은 군자의 수레이다. 융거(戎車)를 이미 멍에 함에 네필의 말이 건장하니 어찌 감히 편안히 거처하겠는가? 거의 한 달 사이에 세 번 싸워 세 번 이겼으면 한 것이다.

7-5. 駕彼四牡(가피사모)하니 四牡騤騤(사모규규)로다 君子所依(군자소의)요 小人所腓(소인소비)로다 四牡翼翼(사모익익)하니 象弭魚服(상미어복)이로다 豈不日戒(기불일계)리요 玁狁(험윤)孔棘(공극)이로다 [賦]

| 언해 |

뎌 넷 슈것을 멍에ᄒᆞ니 넷 슈것이 騤騤ᄒᆞ도다 君子의 타는 바이오 小人의 ᄯᅡ라 움직이는 바이로다 넷 슈것이 翼翼ᄒᆞ니 象으로 ᄒᆞᆫ 弭오 魚로 ᄒᆞᆫ 服이로다 엇지 날마다 경계치 안이ᄒᆞ리오 玁狁이 심히 급ᄒᆞ도다

| 번역 |

저 넷 숫말을 멍에 하니
넷 숫말이 굳세고 굳세다
군자가 타는 것이요
소인이 따라 움직이는 것이네
넷 숫말이 정돈되고 정돈되니
상아 활 끝에 어(魚)로 만든 화살통이네

어찌 날로 경계하지 않으리
험윤이 심히 급하네

| 자해 |

駸駸 : 강함. • 依 : 타는 것과 같음. • 腓 : 비(芘)와 같음. 정자(程子)가 "비(腓)는 따라 움직임이니 발의 비(腓)와 같아 발이 움직임에 따라서 움직인다." 함. • 翼翼 : 행렬(行列)이 정치(整治)한 형상. • 象弭 : 코끼리의 뼈로 활 끝을 꾸민 것. • 魚 : 짐승 이름이니 돼지 비슷하고 동해(東海)에 있는데 그 껍질이 등 위는 아롱 무늬요, 배 아래는 순전히 푸르러서 활옷과 활 쌀옷을 만들 만한 것. • 戒 : 경계함. • 棘 : 급함.

| 의해 |

이 장은 "융거(戎車)라는 것은 장수가 타는 것이요, 수역(戍役)하는 자들이 비호받고 의지하는 것인데 또 그 행렬(行列)이 정치(整治)하고 기계(器械)가 정미하고 좋기가 이 같으니 어찌 날마다 서로 경계하지 않겠는가? 험윤(玁狁)의 난(難)이 매우 급하니 진실로 방비함을 잊지 못할 것이다." 한 것이다.

7-6. 昔我往矣(석아왕의)엔 楊柳依依(양류의의)러니 今我來思(금아래사)앤 雨雪霏霏(우설비비)로다 行道遲遲(행도지지)하여 載渴載飢(재갈재기)하니 我心傷悲(아심상비)어늘 莫知我哀(막지아애)하나다 [賦]

| 언해 |

녜적 우리 갈 제 버들이 依依ᄒᆞ더니 이졔 우리 올 졔는 비ᄒᆞᄂᆞᆫ 누운이 霏霏ᄒᆞ도다 가ᄂᆞᆫ 길이 더듸고 더듸여셔 곳 목말으며 곳 쥬리노라 우리 ᄆᆞᄋᆞᆷ이 傷悲ᄒᆞ거ᄂᆞᆯ 우리 셜워ᄒᆞᆷ을 알지 못ᄒᆞ도다

| 번역 |

옛적 우리 갈 때
버들이 파릇파릇(依依)하더니
이제 우리 올 때에는
눈비가 흩날리누나
가는 길이 더디고 더디어서
목마르고 배고프리
우리 마음이 서글프거늘
우리 슬픔을 아무도 모르네

| 자해 |

楊柳 : 포류(蒲柳). • 霏霏 : 눈이 심한 모양. • 遲遲 : 길고 멀다는 말.

| 의해 |

이 장은 또 부역나간 사람[役人]이 미리 스스로 그 돌아올 때의 일을 말하는 것을 가설하여 그 근로(勤勞)가 심함을 보인 것이다. 이것은 다 그 수고롭고 괴로워서 근심하고 서러워하는 정(情)을 궁극적으로 이른 것이니 윗 사람이 그 정(情)을 살필 수 있으면 비록 수고로우나 원망하지 않고 비록 근심스러우나 가다듬을 수 있을 것이다.
범씨(范氏)가 말하기를, "내가 「고사리 캐기[采薇章]」에 선왕(先王)은 인도(人道)를 가지고 사람을 부리셨고 후세에는 소와 양처럼 대할 뿐이다"고 하였다.

이 「고사리 캐기[采薇]」는 모두 6장이다.

8. 수레 내기[出車]

8-1. 我出我車(아출아거)를 于彼牧矣(우피목의)하라 自天子所(자천자소)하여 謂我來矣(위아래의)로다 召彼僕夫(소피복부)하여 謂之載矣(위지재의)요 王事多難(왕사다난)이라 維其棘矣(유기극의)라하라 [賦]

| 언해 |

내가 내 슈ᄅᆡ를 나가기를 뎌 牧에 ᄒᆞ노라 天子의 쳐소로부터 내 오노라 닐으라 뎌 僕夫ᄅᆞᆯ 불러 실으라 닐으고 님금의 일이 어려움이 만흔지라 그 급히 ᄒᆞᆯ 것이라 ᄒᆞ노라

| 번역 |

내가 내 수레 내기를
저 교외에 하노라
천자가 계신 곳에서
나보고 오라 하네
저 복부(僕夫)를 불러
짐 실으라 이르고
임금의 일이 다난(多難)한지라
급히 하라 했네

| 자해 |

牧 : 들 밖. • 自 : 좇음. • 天子 : 주나라 임금. • 僕夫 : 모는 하인, 즉 마부.

| 의해 |

이것은 장수가 돌아오는 것을 위로하는 시이니 추후(追後)에 말하기를, "그 처음에 명(命)을 받아 나가 칠 때에 수레를 들 밖에 내면서 그 사람에게 '내가 천자께 명(命)을 받아 왔노라.' 하고 이에 하인을 불러 그 수레에 싣도록 하여 가는데 경계하여 '임금의 일이 어려움이 많은지라 가는 것을 늦어지게 못한다'"라고 한 것이다.

8-2. 我出我車(아출아거)를 于彼郊矣(우피교의)요 設此旐矣(설차조의)며 建彼旄矣(건피모의)하니 彼旟旐斯(피여조사) 胡不旆旆(호불패패)리요 憂心悄悄(우심초초)하니 僕夫況瘁(복부황췌)로다 [賦]

| 언해 |

내가 내 슈ᄅᆡ를 나가기를 뎌 郊에 ᄒᆞ고 이 旐를 베풀으며 뎌 旄ᄅᆞᆯ 세우니 뎌 旟ㅣ며 旐가 엇지 旆旆치 안이 ᄒᆞ리오 ᄆᆞᄋᆞᆷ에 근심ᄒᆞᆷ을 悄悄히 ᄒᆞ니 僕夫가 이예 병들도다

| 번역 |

내가 내 수레 내기를
저 교외에 하고
이 조(旐)를 꽂으며
저 모(旄)를 세우니
저 여(旟)와 조(旐)가
어찌 펄럭이지 않으리
마음에 근심함을 초초(悄悄)히 하니
복부가 이에 병들었구나

| 자해 |

郊 : 목(牧)의 안에 있는 것이니 대개 앞 군사(軍士)가 이미 목(牧)에 이르는데 뒤 군사가 오히려 교(郊)에 있다는 말. • 設 : 베풂. • 旐 : 거북과 뱀을 그린 것. • 建 : 세움. • 旄 : 깃대의 머리에 모(旄)를 꽂은 것. • 旟 : 새와 새매를 그린 것. • 旆旆 : 날리는 모양. • 悄悄 : 근심하는 모양. • 況 : 이것이라는 말. 누군가는 '마땅히 怳으로 써야 한다'고 함.

| 의해 |

말하기를, "수레를 내어서 들에 있는데 기(旗)와 치(幟)를 세워 베풀었으니 저 기(旗)와 치(幟)가 어찌 패패(旆旆)히 드날리지 않겠는가? 다만 장수가 바야흐로 소임이 크고 책임이 무거움을 근심으로 여기는데 복부(僕夫)가 또한 그를 위하여 두려워 병든 것이다"라고 하였다.

동래여씨(東萊呂氏)가 말하기를, "옛적에 군사를 냄에 상례(喪禮)로써 처리하는지라 명령이 내려진 날에 군사가 다 눈물을 흘리며 울었으니 공자께서 삼군을 출동함을 말씀하심에 또한 '일에 임하여 두려워한다.'함이 다 이 뜻이다"라고 하였다.

8-3. 王命南仲(왕명남중)하사 往城于方(왕성우방)하시니 出車彭彭(출거팽팽)하며 旂旐(기조)央央(앙앙)이로다 天子命我(천자명아)하사 城彼朔方(성피삭방)하시니 赫赫南仲(혁혁남중)이여 玁狁于襄(험윤우양)이로다 [賦]

| 언해 |

王이 南仲을 命ᄒᆞ샤 가 삭방에 城ᄒᆞ라 ᄒᆞ시니 슈릐를 ᄂᆡᆷ에 彭彭ᄒᆞ며 旂와 旐ㅣ 央央ᄒᆞ도다 天子ㅣ 나를 命ᄒᆞ샤 뎌 朔方애 城ᄒᆞ시니 赫赫ᄒᆞᆫ 南仲이여 玁狁을 익이도다

| 번역 |

왕이 남중(南仲)에게 명하사
삭방에 가서 축성(築城)하라 하시니
수레를 냄에 많고 많으며
깃발이 선명하구나
천자가 나를 명하사
저 삭방에 축성하게 하시니
혁혁한 남중이여
험윤을 이겼네

| 자해 |

王 : 주나라 임금. • 南仲 : 이때의 대장(大將). • 方 : 삭방(朔方). • 彭彭 : 무리가 성한 모양. • 旂 : 용(龍)을 그린 것이니 이른바 왼편 청룡(靑龍)이라는 것. • 央央 : 선명함. • 赫赫 : 위엄있는 이름이 빛나게 나타남. • 襄 : 던다는 말. 누군가 "오르는 것인데 '회산양능(懷山襄陵)'의 양(襄)과 같으니 '이긴다'는 말이라 함.

| 의해 |

동래여씨(東萊呂氏)가 말하기를, "대장(大將)이 천자의 명을 전달하여 군사들을 호령하니, 이에 수레와 말이 많고 성하며 깃발이 선명하여 위령(威靈)과 기염(氣焰)이 혁혁(赫赫)하며 사람을 움직이는 지라 군사 잃은 슬픔과 공경을 근본으로 삼는데, 숭상하는 바는 위엄이니, 둘째 장(章)의 경계함과 셋째 장(章)의 떨치고 날리는 것이 병행하여 서로 모순되지 않는다."고 하였다.
정자(程子)는 말하기를, "삭방(朔方)에 성을 쌓음은, 험윤의 난(難)을 제거하여 막고, 융적(戎狄)의 길을 수비하는 것을 근본으로 삼은 것이요, 공격과 전투를 우선으로 삼지 않는 것이 아니다"라고 하였다.

8-4. 昔我往矣(석아왕의)에 黍稷方華(서직방화)러니 今我來思(금아래사)엔 雨雪載塗(우설재도)로다 王事多難(왕사다난)이라 不遑啓居(불황계거)하니 豈不懷歸(기불회귀)리요마는 畏此(외차)簡書(간서)니라 [賦]

| 언해 |

녯적 내 갈 졔 기경과 피가 바야흐로 셩ᄒᆞ엿더니 이졔 내가 옴에ᄂᆞᆫ 눈이 비ᄒᆞ야 곳 발리도다 님금의 일이 어려움이 만흔지라 겨를ᄒᆞ야 啓ᄒᆞ며 居ᄒᆞ지 못ᄒᆞ니 엇지 돌아오기를 ᄉᆡᆼ각지 안이ᄒᆞ리오마ᄂᆞᆫ 이 簡書를 두려워 ᄒᆞ니라

| 번역 |

옛적 내 출정갈 때
기장과 피가 바야흐로 무성하더니
이제 내가 올 때는
눈비가 내려 곧 질펀하네
임금의 일이 어려움이 많은지라
편안히 거처할 겨를이 없으니
어찌 돌아감을 생각지 않으랴마는
이 간서를 두려워하네

| 자해 |

華 : 무성함. • 塗 : 언 것이 풀려서 진흙이 발림. • 簡書 : 경계하는 명령이니 이웃 나라에 급함이 있으면 간서(簡書)로 서로 경계하여 명령하는 것인데 누군가 말하기를, '간서(簡書)는 책명(策命)이니 장수를 보낼 때에 임(臨)하는 말'이라 함.

| 의해 |

이것은 "그 이미 돌아와 길에 있음에 그 갈 때의 본 것과 이제 돌아올 때의 만난 것에 근본하여 그가 나감이 오랜 줄을 보여 준다"고 한 것이다.

동래여씨(東萊呂氏)가 말하기를, "「고사리 캐기[采薇]」에 이른 바 간다는 것은 수역(戍役)을 보낼 때요, 이 시(詩)에 이른 것은 가서 길에 있을 때이며 '고사리 캐기'에 이른 바 온다는 것은 수역(戍役)을 마치고 올 때요, 이 시가 이른 것은 오는 도중에 있을 때이다"라고 하였다.

8-5. 喓喓草蟲이며 趯趯阜螽이로다 未見君子라 憂心忡忡하니 既見君子라야 我心則降이로다 赫赫南仲이여 薄伐西戎이로다 [賦]

| 언해 |

喓喓ᄒᆞᄂᆞᆫ 뵈쨩이며 趯趯ᄒᆞᄂᆞᆫ 묏도기로다 君子를 보지 못ᄒᆞᆫ지라 ᄆᆞᄋᆞᆷ에 근심ᄒᆞᆷ을 忡忡히 호니 임의 君子를 보아야 내 ᄆᆞᄋᆞᆷ이 곳 항복ᄒᆞ리로다 赫赫ᄒᆞᆫ 南仲이여 잠싼 西녁 오랑키를 치도다

| 번역 |

찍찍 우는 베짱이며
펄쩍 뛰는 메뚜기로다
군자를 못 본지라
마음에 근심함을 충충히 하니
군자를 만나 보아야

내 마음이 곧 가라앉으리
혁혁한 남중(南仲)이여
잠깐 서녘 오랑캐를 쳤네

| 자해 |

薄 : 잠깐이라는 말.

| 의해 |

이것은 장수가 출정(出征)함에 그 집안 사람들이 시물(時物)의 변화에 감동하여 생각해서 말하기를 "보지 못하여 근심함이 이와 같으니, 반드시 만나본 뒤에야 마음이 가라앉을 것이다. 그러나 이 남중(南仲)은 지금 어디에 계신가? 지금 막 서융(西戎)을 정벌하러 가서 돌아오지 못한다."고 하였으니, 이는 아마도 이미 험윤을 물리치고 회군(回軍)하면서 곤이(昆夷)를 정벌한 것인 듯하다.

8-6. 春日遲遲라 卉木萋萋며 倉庚喈喈며 采蘩祁祁어늘 執訊獲醜하여 薄言還歸하니 赫赫南仲이여 玁狁于夷로다 [賦]

| 언해 |

봄날이 더듸고 더듼지라 풀과 나무가 萋萋ᄒᆞ며 ᄭᅬᄭᅩ리가 喈喈ᄒᆞ며 쑥을 킈기를 祁祁히 ᄒᆞ거ᄂᆞᆯ 訊을 잡으며 醜를 엇어셔 잠ᄭᆞᆫ 돌녀셔 돌아오니 赫赫ᄒᆞᆫ 南仲이여 玁狁을 평ᄒᆞ도다

| 번역 |

봄날이 길고 긴지라
풀과 나무가 무성하며
꾀꼬리가 조화롭게 울며
쑥 캐기를 많이도 했거늘
신문(訊問)할 괴수(魁首)를 잡아
잠깐 새 돌아오니
혁혁한 남중(南仲)이여
험윤을 평정했네

| 자해 |

卉 : 풀. • 萋萋 : 성한 모양. • 倉庚 : 누런 꾀꼬리. • 喈喈 : 소리의 화(和)함. • 訊 : 그 괴수(魁首)가 신문(訊問)에 이른 자. • 醜 : 무리. • 夷 : 평정(平定)함.

| 의해 |

"그 돌아 올 때에 봄날이 따뜻하고 고우며 풀과 나무가 꽃피고 무성하며 새와 새가 화답하여 우니 이때에 괴수(魁首)를 잡아 신문(訊問)하며 무리를 얻어 돌아옴이 어찌 즐겁지 않을 것인가?"라고 한 것이니 이 시도 또한 서융(西戎)을 친 말인데, 홀로 험윤을 평정(平定)하였다고 한 것은 험윤이 가장 크기 때문에 처음을 삼고 마침을 삼은 것이다.

이 「수레 내기[出車]」는 모두 6장이다.

9. 우뚝한 아가위[杕杜]

9-1. 有杕之杜(유체지두)여 有睆其實(유환기실)이로다 王事靡盬(왕사미고)라 繼嗣我日(계사아일)이로다 日月陽止(일월양지)라 女心傷止(여심상지)니 征夫遑止(정부황지)로다 [賦]

| 언해 |

杕ᄒᆞᆫ 아가외여 睆ᄒᆞᆫ 그 열ᄆᆡ이로다 님금의 일을 盬치 못ᄒᆞᆯ 거시라 우리 날을 이엇고 이엇도다 날과 달이 陽인지라 녀ᄌᆞ의 ᄆᆞ옴이 傷ᄒᆞ니 征夫ㅣ 겨를ᄒᆞᆯ 지로다

| 번역 |

우뚝한 아가위여
주렁주렁 그 열매로다
임금의 일 허술하게 할 수 없는지라
우리 날을 잇고 이었네
날과 달이 양월(陽月)인지라
여자 마음이 상하니
정부(征夫)가 여가를 내겠네

| 자해 |

睆 : 열매의 모양. • 嗣 : 이음. 계승함. • 陽 : 10월. • 遑 : 겨를.

| 의해 |

이것은 정역(征役)하다가 돌아온 이를 위로하는 시이다. 그러므

로 그 돌아오지 못하였을 때에 집안 사람들이 시물(時物)이 변함에 감동하여 생각하기를 "우뚝 자란 아가위가 주렁주렁 열매 맺었으니 가을과 겨울이 바뀌는 때이다. 그런데도 정부(征夫)가 임금의 일 때문에 나가서 이에 날로 날을 이어 휴식할 기한(期限)이 없다가 10월에 이르러서는 돌아 올 수 있을 것인데 아직도 이르지 않았다. 그러므로 여자의 마음에 서러워하여 가로대 '정부(征夫)도 또한 짬을 낼 수 있을 것인 어찌하여 돌아오지 않는가?'하였다"고 한 것이니 혹자는 "흥(興)이다"라고 하였는데, 아래 장도 이와 같다.

9-2. 有杕之杜(유체지두)여 其葉萋萋(기엽처처)로다 王事靡盬(왕사미고)라 我心傷悲(아심상비)하라 卉木萋止(훼목처지)라 女心悲止(여심비지)니 征夫歸止(정부귀지)로다 [賦]

| 언해 |

杕ᄒᆞᆫ 아가외여 그 입ᄉᆡᆨ이 萋萋ᄒᆞ도다 님금의 일을 盬치 못ᄒᆞᆯ 거시라 우리 ᄆᆞᄋᆞᆷ이 傷ᄒᆞ야 슬푸노라 풀과 나무가 萋ᄒᆞᆫ지라 녀ᄌᆞ의 ᄆᆞᄋᆞᆷ이 셜워ᄒᆞ니 征夫ㅣ 도라올지로다

| 번역 |

우뚝한 아가위여
그 잎새 무성하구나
임금의 일을 허술히 할 수 없는지라
우리 마음이 상하여 슬프도다
풀과 나무가 무성한지라
여자의 마음이 서러우니

정부가 돌아오겠네

| 자해 |

萋萋 : 성한 모양이니 봄이 저물어 갈 때. • 歸止 : 돌아올 수 있다는 말.

9-3. 陟彼北山(척피북산)하여 言采其杞(언채기기)하라 王事靡盬(왕사미고)라 憂我父母(우아부모)로다 檀車幝幝(단거천천)하며 四牡痯痯(사모관관)하니 征夫不遠(정부불원)이로다 [賦]

| 언해 |

뎌 北山에 올나셔 그 杞를 케노라 님금의 일을 盬치 못ᄒᆞᆯ 거시라 우리 父母를 근심케 ᄒᆞ도다 박달나무 슈ᄅᆡ가 幝幝ᄒᆞ며 네 숫말이 痯痯ᄒᆞ니 征夫ㅣ 멀지 안이 ᄒᆞ도다

| 번역 |

저 북산에 올라가
기 나물을 캐노라
임금의 일을 허술히 할 수 없는지라
우리 부모를 근심하게 하네
박달나무 수레가 너덜너덜하며
네 숫말이 병들었으니
정부가 오실 날이 멀지 않으리

| 자해 |

檀 : 나무가 굳어서 마땅히 수레를 만들 만함. • 幝幝 : 가린 모양. • 痯痯 : 피곤한 모양.

| 의해 |

산에 올라 기(杞) 나물을 캐니 봄이 이미 저물었는데 기(杞) 나물을 먹을 수 있다 하였으니, 대개 그 군자를 바라보고서 임금의 일 때문에 부모에게 근심을 끼치는 것을 염려함을 칭탁한 것이다. 그러나 박달나무 수레가 견고한데도 휘장이 해졌고 네 수컷 말이 건장한 것이 피곤해 졌으니 정부가 돌아올 날이 또한 멀지 않은 것이다.

비재비래 우심공구 기서부지 이다위휼
9-4. 匪載匪來라 憂心孔疚어늘 期逝不至라 而多爲恤이
복서해지 회언근지 정부이지
로다 卜筮偕止하여 會言近止하니 征夫邇止로다 [賦]

| 언해 |

실지 안이ᄒᆞ며 오지 안이ᄒᆞᄂᆞᆫ지라 ᄆᆞᄋᆞᆷ에 근심ᄒᆞᆷ을 심히 병되거늘 긔한 이 지나가되 니르지 안이ᄒᆞᄂᆞᆫ지라 근심됨이 만토다 卜과 筮ㅣ 한 가지 ᄒᆞ야 모두 아셔 닐오ᄃᆡ 갓갑다ᄒᆞ니 征夫ㅣ 갓가웟도다

| 번역 |

행장을 싣고 오시지 않는지라
마음 근심이 심히 병 되거늘
기한(期限)이 지나도 오지 않는지라
근심됨이 많구나
거북점과 시초점을 함께 쳐보아
모두 올 날이 가깝다 하니
정부가 올 날이 가까우리

| 자해 |

載 : 행장이라는 말. • 疚 : 병(病). • 逝 : 가는 것. • 恤 : 근심. • 偕 : 한 가지로 함. • 會 : 합(合)함.

| 의해 |

이 장은 말하기를, 정부(征夫)가 행장(行裝)을 싣고 돌아오지 아니하여, 진실로 나로 하여금 생각하여 심히 병들게 하였거늘 하물며 돌아올 기한이 이미 지났는데도 아직 오지 않으니, 나로 하여금 근심을 많게 함이 마땅히 어떻겠는가? 그러므로 거북점도 쳐보고 시초점도 쳐 봄에 서로 거듭하고 한가지로 점괘에 합하여 말하기를 '가깝다.' 하였으니, 그렇다면 정부가 또한 가까운 시기에 장차 이를 것이라고 한 것이다.

범씨(范氏)가 말하기를, "복서(卜筮)로써 마친 것은 간절히 생각하지 않는 바가 없음을 말한 것이다."라고 하였다.

이 「우뚝한 아가위[杕杜]」는 모두 4장이다.

정씨(鄭氏)가 말하기를, "장수(將帥)와 수역(戍役)을 보낼 때에 노래를 함께 하고 때를 함께 하는 것은 마음을 함께 함이요, 돌아옴에 위로할 때에 노래를 다르게 하고 날을 다르게 함은 존비(尊卑)를 다르게 함이다. 『예기(禮記)』에 '군자와 소인에게 하사함에 같은 날로 하지 않는다'라고 한 것이 이 뜻이다." 하였다.

왕씨(王氏)가 말하기를, "나가서 용병(用兵)하게 되면 입는 것을 똑같이 하고 먹는 것을 똑같이 함은 여러 사람의 마음을 한결같이 함이요, 들어와 군사를 떨치면 높은 이와 낮은 이를 다르게 하고 귀한 이와 천한 이를 분변함은 무리의 뜻을 안정하게 함이다." 라고 하였다.

범씨(范氏)가 말하기를, "출거(出車)에는 장수를 위로하기 때문에 그 공(功)을 아름답게 여긴 것이요, 「우뚝한 아가위[杕杜]」에는 무리를 위로하였기 때문에 정(情)을 다하게 하였으니, 선왕(先王)이 자기의 마음을 가지고 남의 마음을 삼았기 때문에 그 정을 곡진하게 하여 백성으로 하여금 그 죽음을 잊고 웃사람에게 충성하게 하셨다"라고 하였다.

10. 남해[南陔]

이것은 생시(笙詩)이니 곡조만 있고 가사가 없다. 옛 적에 '어리(魚麗)'의 뒤에 있는 것을 『의례(儀禮)』를 상고하여 편차(篇次)가 마땅히 여기에 있어야 하므로, 이제 바르게 쓰니 말이 '화서(華黍)'에 나타난다.

「녹명지습(鹿鳴之什)」은 11편(篇)에 한 편은 말이 없으니 모두 46장 297구이다.

백화지습 | 白華之什

모공(毛公)이 「남해(南陔)」이하 세 편의 글이 없는 연고로 「어리(魚麗)」를 올려서 「사슴의 울음소리[鹿鳴]」의 10수(數)를 채우고 생시(笙詩) 세 편을 그 뒤에 붙이고, 그리하여 「남쪽의 아름다운 물고기[南有嘉魚]」를 다음 10[什]의 머리를 삼았는데, 이제 모두 『의례(儀禮)』를 의거하여 바로잡았다.

1. 백화[白華]

생시(笙詩)이니 말이 위 아래 편에 나타난다.

2. 화서[華黍]

또한 생시(笙詩)이니 「향음주례(鄕飮酒禮)」(『의례(儀禮)』)에 "슬(瑟)을 연주하면서 「사슴의 울음소리[鹿鳴]」, 「네 필의 말[四牡]」과 「번쩍이는 것은 꽃[皇皇者華]」을 노래 한 후에, 생(笙)이 당(堂) 아래 경(磬)의 남녘에 들어와 북녘으로 낯하고 서서 「남해(南陔)」와 「백화(白華)」와 「화서(華黍)」'를 풍류로 하고 잔치하는 예(禮)에도 또한 슬(瑟)을 연주하여 「사슴의 울음소리[鹿鳴]」와 「네 필의 말[四牡]」과 「번쩍이는 것은 꽃[皇皇者華]」을 노래한 후에, 생(笙)이 악기를 매달아 놓은 가운데로 들어와서 「남해(南陔)」와 「백화(白華)」와 「화서(華黍)」를 연주하는 것인데 「남해」이하는 이제 그 편(篇)을 이름한 뜻을 상고할 수 없다. 그러나 "생(笙)"이라 하며 "악(樂)"이라 하며 "주(奏)"라고만 하였고 "노래"라고는 말하지 않았으니 곡조만 있고 가사가 없음이 분명하다. 그 편(篇)의 차례가 여기에 있기 때문이니, 생각건대 옛 경(經)의 편제(篇題) 아래에 반드시 보(譜: 악보)가 있었으니 「투호(投壺)」편에 노(魯)나라 북과 설(薛)나라 북의 절차 같은 것인데 지금은 없어진 듯하다.

3. 고기가 걸렸네[魚麗]

어리우류 상사 군자유주 지차다

3-1. 魚麗于罶하니 鱨鯊로다 君子有酒하니 旨且多로다 [興]

| 언해 |

고기가 罶애 지나니 鱨과 鯊ㅣ로다 君子ㅣ 술을 두니 맛나고 쏘 만토다

| 번역 |

고기가 통발에 걸렸으니
날치와 모래무지로다
군자가 술이 있으니
맛있고도 많구나

| 자해 |

麗 : 지나감. 걸림. • 罶 : 굽은 발로 통발을 만들어 어량(魚梁)의 빈 데를 이은 것. • 鱨 : 양(揚)이니 이제 황협어(黃頰魚)가 이것인데 머리는 제비같고 형체는 두텁고 장대하며 귀밑 뼈가 누런색으로 고기가 크고 힘이 있어 날 줄 아는 것. • 鯊 : 모래무지[鮀]이니 고기의 좁고 작은 것인데 항상 입을 벌려 모래를 불기 때문에 또 취사(吹沙)라 이름함. • 君子 : 주인(主人)을 가리킴. • 旨且多 : 맛나고 또 많다는 말.

| 의해 |

이것은 연향(燕饗)에 통용하는 악가(樂歌)인데 곧 연향에 올린 음식이 매우 아름답고 또 많은 것을 말한 것이니 주인이 예(禮)의 뜻에 부지런하여 손님을 대접함을 볼 것이다. 혹자는 "부(賦)이다"라고 하니 아래 두 장이 이와 같다.

3-2. 魚麗于罶(어리우류)하니 魴鱧(방례)로다 君子有酒(군자유주)하니 多且旨(다차지)로다
[興]

| 언해 |

고기가 罶애 지나니 魴과 鱧ㅣ로다 君子ㅣ ᄉᆞᆯ을 두니 만코 ᄯᅩ 맛나도다

| 번역 |

고기가 통발에 걸렸으니
방어와 가물치로다
군자가 술이 있으니
많고도 또 맛있구나

| 자해 |

鱧 : 동어(鮦魚)이니 또 '환어(鯇魚)'라고 함.

어리우류　　언리　　군자유주　　지차유
3-3. 魚麗于罶하니 鰋鯉로다 君子有酒하니 旨且有로다
[興]

| 언해 |

고기가 罶애 지나니 鰋과 鯉로다 君子ㅣ 슐을 두니 맛나고 ᄯᅩ 만토다

| 번역 |

고기가 통발에 걸렸으니
메기와 잉어로다
군자가 술이 있으니
맛있고도 많구나

| 자해 |

鰋 : 점어(鮎魚). • 有 : 많은 것과 같음.

물기다의　　유기가의
3-4. 物其多矣니 維其嘉矣로다 [賦]

| 언해 |

物이 그 만ᄒᆞ니 그 아ᄅᆞᆷ답도다

| 번역 |

물건이 많으니

아름답기도 하다

물 기 지 의 유 기 해 의
3-5. 物其旨矣니 維其偕矣로다 [賦]

| 언해 |

物이 그 맛나니 그 함씌ᄒᆞ도다

| 번역 |

물건이 맛있으니
그 함께하도다

물 기 유 의 유 기 시 의
3-6. 物其有矣니 維其時矣로다 [賦]

| 언해 |

物이 그 잇스니 그 ᄯᅢᄒᆞ도다

| 번역 |

물건이 그렇게 있으니
그 때로구나

| 의해 |

많으면 아름답지 않을까 근심하고 맛나면 그 가지런하지 않을까 근심하고 있으면 그 때가 아닐까 근심한다. 이제 많고도 아름다

울 수 있으며 맛나고도 가지런할 수 있으며 많이 있고도 때로 할 수 있음은 곡진하고 완전함을 말한 것이다.

이 「고기가 걸렸네[魚麗]」는 모두 6장이다.

『의례(儀禮)』「향음주(鄕飮酒)」 및 「연례(燕禮)」를 살펴보건대 앞의 음악을 이미 마쳤으면 모두 교대하여 「고기가 걸렸네[魚麗]」를 노래하고 「유경(由庚)」을 생(笙)으로 불며 「남녘에 아름다운 고기 있으니[南有嘉魚]」를 노래하고 「숭구(崇丘)」를 생(笙)으로 불며 「남산에 대가 있네[南山有臺]」를 노래하고 「유의(由儀)」를 생(笙)으로 연주한다. 간(簡)은 교대함이니 한번 악기를 노래하고 한번 부는 것을 말한 것이다. 그렇다면 이 여섯 가지가 아마 한 때의 시(詩)일 것인데 다 빈객(賓客)을 연향(燕饗)하여 상하(上下)가 통용하는 음악이다. 모공(毛公)이 「고기가 걸렸네[魚麗]」를 나누어서 앞의 10수를 채웠는데 해설하는 자가 살피지 않고 드디어 「고기가 걸렸네[魚麗]」를 가지고 윗 부분을 나누어 문왕(文王)과 무왕(武王)의 시(詩)라 하고 「아름다운 물고기[嘉魚]」를 가지고 아래 부분을 성왕(成王)의 시(詩)라 하였으니 그 잘못이 심하다.

4. 유경[由庚]

이것도 또한 생(笙)으로 부는 시(詩)이니 해설이 「고기가 걸렸네[魚麗]」에 나타났다.

5. 남녘엔 아름다운 고기가[南有嘉魚]

5-1. 南有嘉魚(남유가어)하니 烝然罩罩(증연조조)로다 君子有酒(군자유주)하니 嘉賓式(가빈식)
燕以樂(연이악)로다 [興]

| 언해 |

남녁에 아ᄅᆞᆷ다운 고기가 잇스니 烝然히 통발ᄒᆞ며 통발ᄒᆞᄂᆞᆺ다 君子ㅣ ᄉᆞᆯ을 두니 아ᄅᆞᆷ다운 손으로ᄡᅧ 잔치ᄒᆞ야ᄡᅧ 조와ᄒᆞᄂᆞᆺ다

| 번역 |

남쪽에 아름다운 고기가 있으니
증연(烝然)히 가리질하고 가리질하네
군자가 술이 있으니
아름다운 손님과 잔치하여 즐기네

| 자해 |

南 : 강한(江漢)의 사이를 이름. • 嘉魚 : 잉어의 바탕이요 준어(鱒魚)와 즉어(鯽魚)의 살이니 면수(沔水) 남녘 병혈(丙穴)에서 나는 것. • 烝然 : 말을 시작하는 소리, 곧 발어성(發語聲). • 罩 : 가리질이니 가는 대를 엮어서 고기를 가리질하는 것인데 거듭 조조(罩罩)라 말한 것은 하나가 아니라는 말.

| 의해 |

이것도 또한 연향(燕饗)에 통용(通用)하는 음악이다. 그러므로 그 말에 "남녘에 아름다운 고기가 있으면 증연(烝然)히 가리질하

여 고기를 잡을 것이요, 군자가 술을 두면 반드시 아름다운 손님과 함께 잔치하고 즐거워한다"라고 하였으니, 이것이 또한 상에 올라 온 먹을 것을 가지고 주인이 손님을 즐겁게 하는 뜻을 말한 것이다.

5-2. 南有嘉魚(남유가어)하니 烝然汕汕(증연산산)이로다 君子有酒(군자유주)하니 嘉賓(가빈) 式燕以衎(식연이간)이로다 [興]

| 언해 |

남녁에 아름다운 고기가 잇스니 烝然히 그물질ᄒᆞ며 그물질ᄒᆞ놋다 君子ㅣ 슐을 두니 아름다운 손으로뼈 잔치ᄒᆞ야뼈 즐거워ᄒᆞ놋다

| 번역 |

남쪽에 아름다운 고기가 있으니
증연(烝然)히 그물질하며 그물질하였네
군자가 술이 있으니
아름다운 손님과 잔치하여 즐기네

| 자해 |

汕 : 그물질 함이니 발로 고기를 잡는 것. • 衎 : 즐거워 한다는 말.

남 유 규 목 감 호 류 지 군 자 유 주 가 빈 식
5-3. 南有樛木하니 甘瓠纍之로다 君子有酒하니 嘉賓式
연 수 지
燕綏之로다 [興]

| 언해 |

남녁에 樛木이 잇스니 단박이 ᄆᆡ엿도다 君子ㅣ 숧을 두니 아ᄅᆞᆷ다온 손으로ᄡᅧ 잔치ᄒᆞ야ᄡᅧ 편안ᄒᆞ도다

| 번역 |

남녘에 규목(樛木)이 있으니
단 박이 매달렸네
군자가 술이 있으니
아름다운 손님과 잔치하여 편안하네

| 의해 |

동래여씨(東萊呂氏)가 말하기를, "박이 단 것도 있고 쓴 것도 있는데 단박이라면 먹을 만 한 것이요, 규목(樛木)이 아래로 드리워져 열매가 아름답되 굳게 달려 있어 풀지 못하다"라고 하였다. 주자(朱子)가 말하기를 "여기서 흥(興)의 뜻을 취함은 비(比) 같지만 실상은 흥(興)이다"라고 하였다.

편 편 자 추 증 연 래 사 군 자 유 주 가 빈 식 연
5-4. 翩翩者鵻여 烝然來思로다 君子有酒하니 嘉賓式燕
우 사
又思로다 [興]

| 언해 |

翩翩한 집비들기여 烝然히 오도다 君子ㅣ 술을 두니 아름다운 손으로뼈 잔치ᄒᆞ야 ᄯᅩ ᄒᆞ도다

| 번역 |

편편(翩翩)히 나는 집비둘기여
증연(烝然)히 오네
군자가 술이 있으니
아름다운 손님과 잔치하고 또 하네

| 자해 |

思: 어사(語辭).

| 의해 |

이것은 홍(興)의 온전한 뜻을 취하지 않았다. 또 이미 잔치하였는데 또 잔치함은 그 지극한 정성이 더함이 있고 그침이 없음을 볼 것이다. 누군가 "'또 생각한다.' 함은 또 생각하고 생각하여 잊어버리지 않은 것이다"라고 하였다.

이 「남녘엔 아름다운 고기가[南有嘉魚]」는 모두 4장이다.

해설이 「고기가 걸렸네[魚麗]」에 나타난다.

6. 숭구[崇丘]

해설이 「물고기가 걸렸네[魚麗]」에 나타난다.

7. 남산엔 사초가 있고[南山有臺]

7-1. 南山有臺(남산유대)요 北山有萊(북산유래)로다 樂只君子(락지군자)여 邦家之基(방가지기)로다 樂只君子(락지군자)여 萬壽無期(만수무기)로다 [興]

| 언해 |

南山에 臺가 잇고 北山에 萊가 잇도다 즐거운 君子ㅣ여 나라 집의 터이로다 즐거운 君子ㅣ여 萬壽ㅣ 긔한이 업스리로다

| 번역 |

남산에 사초(莎草)가 있고
북산에 쑥이 있네
즐거운 군자여
나라의 터전이네
즐거운 군자여
만수가 기한이 없으리

| 자해 |

臺 : 부수(夫須)이니 곧 사초(莎草)인데 향부자(香附子)의 싹. • 萊 : 풀이름인데 잎사귀가 향기로워서 먹을 만한 것. • 君子 : 빈객(賓客)을 가리킴.

| 의해 |

이것도 또한 연향(燕饗)에 통용하는 음악이다. 그러므로 그 가사에 "남산엔 사초[臺]가 있고 북산엔 즉 쑥[萊]이 있네. 즐거운 군자

는 국가의 터전이로다. 즐거운 군자는 만년(萬年)의 수(壽)가 기한이 없으라"라고 하였으니 주인(主人)이 손님을 높이는 뜻을 말하여, 그 덕(德)을 아름답게 여겨 그 수(壽)를 빈 것이다.

7-2. 南山有桑(남산유상)이요 北山有楊(북산유양)이로다 樂只君子(락지군자)여 邦家之光(방가지광)이로다 樂只君子(락지군자)여 萬壽無疆(만수무강)이로다 [興]

| 언해 |

南山에 뽕나무가 잇고 北山에 버들이 잇도다 즐거운 君子ㅣ여 나라 집의 빗이로다 즐거운 君子ㅣ여 萬壽ㅣ 디경이 업스리로다

| 번역 |

남산에 뽕나무가 있고
북산에 버들이 있네
즐거운 군자여
나라의 영광이로다
즐거운 군자여
만수가 끝이 없으리

| 의해 |

이 장도 또한 그 덕을 아름답게 여겨 그 수를 빈 것이다.

7-3. 南山有杞(남산유기)요 北山有李(북산유리)로다 樂只君子(락지군자)여 民之父母(민지부모)로다 樂只君子(락지군자)여 德音不已(덕음불이)로다 [興]

| 언해 |

南山에 杞가 잇고 北山에 외얏나무가 잇도다 즐거운 君子ㅣ여 빅셩의 父母ㅣ로다 즐거운 君子ㅣ여 德音이 말지 안이ᄒᆞ도다

| 번역 |

남산에 가죽나무
북산에 오얏나무
즐거운 군자여
백성의 부모로다
즐거운 군자여
덕음이 멎지 않으리

| 자해 |

杞 : 가죽나무와 같으니 일명(一名) 구골(狗骨).

| 의해 |

이 장은 오로지 그 덕을 아름답게 여긴 것이다.

7-4. 南山有栲요 北山有杻로다 樂只君子여 遐不眉壽리요 樂只君子여 德音是茂로다 [興]

| 언해 |

南山에 栲가 잇고 北山에 杻가 잇도다 즐거운 君子ㅣ여 엇지 眉壽치 안이ᄒᆞ리오 즐거운 君子ㅣ여 德音이 이셩ᄒᆞ도다

| 번역 |

남산에 산가죽나무
북산에 싸리나무일세
즐거운 군자여
어찌 미수(眉壽)하지 않으리
즐거운 군자여
덕음이 무성하리

| 자해 |

栲 : 산(山) 가죽나무. • 杻 : 억(檍). • 遐 : '何'로 통(通)함. • 眉壽 : 눈썹이 빼어난 것.

| 의해 |

이 장도 그 장수(長壽)를 빌고 그 덕을 아름답게 여긴 것이다.

7-5. 南山有枸(남산유구)요 北山有楰(북산유유)로다 樂只君子(락지군자)여 遐不黃耇(하불황구)리요 樂只君子(락지군자)여 保艾爾後(보애이후)로다 [興]

| 언해 |

南山에 枸ㅣ잇고 北山에 楰ㅣ잇도다 즐거운 君子ㅣ여 엇지 黃耇치 안이하리오 즐거운 君子ㅣ여 네 뒤를 평안이 ᄒᆞ야 길느리로다

| 번역 |

남산에 헛개나무
북산에 쥐똥나무일세
즐거운 군자여
어찌 장수하지 않으리
즐거운 군자여
네 뒤를 평안히 하여 기르리

| 자해 |

枸 : 헛개나무[枳枸]니 나무가 높고 큰 것이 백양(白楊)과 같아서 열매가 가지 끝에 맺히는데 크기가 손가락 같고 길이가 두어 치〔寸〕인데 씹으면 달고 아름다운 것이 엿 같아 8월에 익으니 또한 목밀(木蜜)이라 이름함. • 楰 : 쥐똥나무[鼠梓]이니 나뭇잎과 나뭇결이 가래나무 같은데 또한 고추(苦楸)라 이름함. • 黃 : 노인의 털이 다시 누런 것. • 耇 : 노인의 낯이 언 배 빛인데 때가 끼어있는 것과 같다는 말. • 保 : 편안함. • 艾 : 기르는 것.

| 의해 |

이 장도 오로지 그 장수(長壽)를 비는 것이다.

이 「남산엔 사초가 있고[南山有臺]」는 모두 5장이다.

해설이 「고기가 걸렸네[魚麗]」에 나타난다.

8. 유의[由儀]

해설이 「고기가 걸렸네[魚麗]」에 나타난다.

9. 크게 뻗은 다북쑥[蓼蕭]

육피소사 영노서혜 기견군자 아심사혜
9-1. 蓼彼蕭斯에 零露湑兮로다 既見君子하니 我心寫兮
연소어혜 시이유예처혜
로다 燕笑語兮하니 是以有譽處兮로다 [興]

| 언해 |

蓼ᄒᆞᆫ 뎌 다북쑥애 ᄡᅥ러진 이슬이 湑ᄒᆞ엿도다 임의 君子를 보니 내 ᄆᆞ음이 다 기우러지도다 쟌치ᄒᆞ며 우스며 말ᄉᆞᆷᄒᆞ니 이러무로 뼈 譽ㅣ며 處ᄒᆞᆷ이 잇도다

| 번역 |

장대(長大)한 저 다북쑥에
떨어진 이슬이 흠뻑 맺혔네
이미 군자를 보았으니
내 마음 다 기울었네
잔치하여 웃으며 말씀하니
이 때문에 명예며 안락함이 있도다

| 자해 |

蓼 : 장대(長大)한 모양. • 蕭 : 호(蒿)이니 다북쑥. • 湑 : 서연(湑然)함이니 쑥 위 이슬모양. • 君子 : 제후를 가르킴. • 寫 : 다 기울. 쏟아냄. • 燕 : 잔치하여 마심. • 譽 : 좋은 소리. • 處 : 편안히 하여 즐거워함. • 譽・豫 : 예(譽)가 예(豫)로 통하였으니 '즐긴다' 함도 또한 통함.

| 의해 |

제후가 천자께 조회함에 천자가 더불어 잔치하여 자혜(慈惠)로움을 보인다. 그러므로 이 시를 노래하여 "장대한 저 다북쑥엔 내린 이슬이 흠뻑 맺혀 있고, 이미 군자를 보았으니 내 마음이 다 쏟아 놓아 유한(留恨)이 없네. 이리하여 잔치하며 웃으며 말씀하니 명예와 편안히 즐김이 있구나"라고 하였다. 그 '이미 보았다'고 하였으니 대개 그 처음으로 잔치함에 노래한 것이다.

9-2. 蓼彼蕭斯(육피소사)에 零露瀼瀼(영노양양)이로다 旣見君子(기견군자)하니 爲龍爲光(위룡위광)이로다 其德不爽(기덕불상)하니 壽考不忘(수고불망)이로다 [興]

| 언해 |

蓼ᄒᆞᆫ 뎌 다북쑥애 ᄠᅥ러진 이슬이 瀼瀼ᄒᆞ도다 임의 君子를 보니 龍ᄒᆞ며 光ᄒᆞ도다 그 德이 어그러지지 안이ᄒᆞ니 壽考코져하야 닛지 못ᄒᆞ리로다

| 번역 |

장대한 저 다북쑥에
떨어진 이슬이 흥건히 맺혔네
이미 군자를 보았으니
영광스럽고 빛나도다
그 덕이 어그러지지 않으니
수고(壽考)하기를 바라 잊지 못하리

| 자해 |

瀼瀼 : 이슬이 성한 모양. • 龍 : 총애함〔寵〕인데 '용(龍)하며 광(光)한다' 함은 그 덕을 기뻐하는 말. • 爽 : 어그러짐.

| 의해 |

"그 德이 어그러지지 아니하니 수고(壽考)하고자 하여 잊지 못하리로다"라고 함은 찬미하여 송축(頌祝)하고 또 인하여 권(勸)하고 경계함이다.

9-3. 蓼彼蕭斯(육피소사)에 零露泥泥(영노니니)로다 旣見君子(기견군자)하니 孔燕豈弟(공연기제)로다 宜兄宜弟(의형의제)라 令德壽豈(영덕수개)로다 [興]

| 언해 |

蓼ᄒᆞᆫ 뎌 다북쑥애 ᄡᅥ러진 이슬이 泥泥ᄒᆞ도다 임의 君子를 보니 심히 쟌치ᄒᆞ야 즐겨ᄒᆞ며 평이ᄒᆞ도다 兄에게 맛당이ᄒᆞ며 ᄋᆞ우의게 맛당이 ᄒᆞᆫ지라 챡한 德으로 壽ᄒᆞ고 즐겨ᄒᆞ리로다

| 번역 |

장대한 저 다북쑥에
떨어진 이슬이 흠뻑 젖었네
이미 군자를 보았으니
심히 잔치하여 즐기며 평안하도다
형에게 마땅히 하며 아우에게 마땅하리
착한 덕으로 오래 살고 즐거우리라

| 자해 |

泥泥 : 이슬이 젖는 모양. • 孔 : 심함. • 豈 : 즐거워함. • 弟 : 평이함. • 壽豈 : 오래 살고 또 즐거워함.

| 의해 |

대개 제후들이 대를 이어 즉위하여 그 형제를 의심하고 꺼려함이 많았으니 진(晉)나라 저(詛)가 여러 공자(公子)를 기르지 말자고 맹세한 것과 진(秦)나라 침(鍼)이 죄를 지목 당함을 두려워하는 것과 같은 류(類)이다. 그러므로 형에게 마땅함과 아우에게 마땅함을 아름답게 여기고 또한 경계한 것이다.

9-4. 蓼彼蕭斯(육피소사)에 零露濃濃(영노농농)이로다 旣見君子(기견군자)하니 鞗革沖沖(조혁충충)하여 和鸞雝雝(화란옹옹)하니 萬福攸同(만복유동)이로다 [興]

| 언해 |

蓼ᄒᆞᆫ 뎌 다북쑥에 ᄢᅥ러진 이슬이 濃濃ᄒᆞ도다 임의 君子를 보니 곱비와 곱비 머리가 沖沖ᄒᆞ며 방울과 방울이 雝雝ᄒᆞ니 萬福이 모뒤는 바이로다

| 번역 |

장대(長大)한 저 다북쑥에
내린 이슬이 짙기도 하다
이미 군자를 만났으니
가죽 고삐가 드리워져
방울소리 조화로우니

만복이 모이는 곳일세

| 자해 |

濃濃 : 두터운 모양. • 鞗 : 고삐. • 革 : 고삐의 머리니 말고삐가 잡힌 밖에 나머지가 있어 드리워진 것. • 沖沖 : 두른 모양. • 和 · 鸞 : 방울. • 攸 : 바. • 同 ; 모은다는 말.

| 의해 |

첫 장에는 '잔치하며 웃으며 말하였다'라고 하니, 이리하여 '즐거워함이 있다'라고 함은 위와 아래를 통하여 말한 것이니 천자와 제후가 다 그러함이요, 아래 세 장은 오로지 제후를 아름답게 여긴 것인데 둘째 장과 셋째 장은 또 이렇게 하여 권하고 경계함으로써 경동하여 가르친 것이다.

이 「크게 뻗은 다북쑥[蓼蕭]」은 모두 4장이다.

10. 흠뻑맺힌 이슬[湛露]

10-1. 湛湛露斯(담담로사)여 匪陽不晞(비양불희)로다 厭厭夜飮(염염야음)이여 不醉無(불취무)歸(귀)로다 [興]

| 언해 |

湛湛ᄒᆞᆫ 이슬이여 볃이 안이면 말으지 안이ᄒᆞ도다 厭厭히 밤에 마심이여 醉ᄒᆞ지 안이ᄒᆞ면 도라가지 안이ᄒᆞ도다

| 번역 |

흠뻑 맺힌 이슬이여
햇볕이 아니면 마르지 않네
실컷 밤에 술을 마심이여
취하지 않으면 돌아가지 않네

| 자해 |

湛湛 : 이슬이 성한 모양. • 陽 : 날, 볕. • 晞 : 마름. • 厭厭 : 편안함. 또한 오램에 만족함. • 夜飮 : 사사로이 잔치를 벌임이니 『의례(儀禮)』의 「연례(燕禮)」에 밤에는 두 섬돌과 뜰과 문(門)에 다 큰 촛불을 베푼다고 함.

| 의해 |

이것도 또한 천자가 제후에게 잔치를 베푸는 시이니 담담(湛湛)한 이슬이 날이 아니면 마르지 아니함으로써 실컷 밤에 마시는 술이 취하지 않으면 돌아가지 않음을 홍(興)하였으니, 대개 그 밤

에 마시는 것을 마치고 노래한 것이다.

10-2. 湛湛露斯(담담로사)여 在彼豊草(재피풍초)로다 厭厭夜飮(염염야음)이여 在宗載考(재종재고)로다 [興]

| 언해 |

湛湛혼 이슬이여 뎌 셩혼 풀에 잇도다 厭厭히 밤에 마심이여 종실에 잇셔 곳 일우엇도다

| 번역 |

흠뻑 맺힌 이슬이여
저 무성한 풀에 있네
실컷 밤에 술을 마심이여
종실에서 예(禮)를 이뤘네

| 자해 |

豊 : 무성함. • 考 : 이룸[成].

| 의해 |

밤에 반드시 종실(宗室)에서 마시니, 아마 노침(路寢)에 속하는 것 같다.

담담로사 재피기극 현윤군자 막불영
10-3. 湛湛露斯여 在彼杞棘이로다 顯允君子여 莫不令

덕
德이로다 [興]

| 언해 |

湛湛ᄒᆞᆫ 이슬이여 뎌 杞나무와 가시나무에 잇도다 ᄇᆞᆰ으며 밋븐 君子ㅣ여 德厭이 챡ᄒᆞ지 안이ᄒᆞᆫ이 업도다

| 번역 |

흠뻑 맺힌 이슬이여
저 기(杞)나무와 가시나무에 있네
밝고 진실한 군자여
덕(德)이 아름답지 않음이 없네

| 자해 |

顯 : 밝음. : 允 : 진실함. • 君子 : 제후의 손님된 자를 가리킴. • 令 : 착함이니 영덕(令德)은 많이 마셔도 어지럽지 않아서 덕(德)이 족히 받들만한 것.

기동기의 기실리리 개제군자 막불영의
10-4. 其桐其椅여 其實離離로다 豈弟君子여 莫不令儀

로다 [興]

| 언해 |

그 오동나무이며 그 가중나무여 그 열ᄆᆡ가 離離ᄒᆞ도다 豈弟ᄒᆞᆫ 君子ㅣ여 거동이 착ᄒᆞ지 안이ᄒᆞᆫ이 업도다

| 번역 |

오동나무와 가래나무여
그 열매가 주렁주렁
개제(豈弟)한 군자여
위의(威儀)가 아름답지 않음이 없네

| 자해 |

離離 : 드리움. • 令儀 : 취하여도 그 위의(威儀)를 잃지 않음.

이 「흠뻑맺힌 이슬[湛露]」은 모두 4장이다.

『춘추좌전(春秋左傳)』에 영무자(甯武子)가 말하기를 '제후가 왕께 조회하고 바르게 가르침을 받음에 왕이 잔치하여 즐거워하였는데, 이에 담로(湛露)를 읊었다'고 하였다.
증씨(曾氏)가 말하기를, "앞 두 장은 밤에 실컷 술 마심을 말하였고 뒤 두 장은 착한 덕과 착한 거동을 말하였으니 비록 석 잔을 넘더라도 또한 음란(淫亂)함으로 계속하지 않았다"라고 하였다.

「백화지습(白華之什)」은 10편에 다섯 편이 말이 없으니 모두 23장 104구이다.

동궁지습 | 彤弓之什

1. 붉은 활[彤弓]

1-1. 彤弓弨兮(동궁초혜)를 受言藏之(수언장지)라니 我有嘉賓(아유가빈)이어늘 中心貺之(중심황지)라 鐘鼓既設(종고기설)이요 一朝饗之(일조향지)하라 [賦]

| 언해 |

붉은 활이 부린 것을 밧아셔 감츄앗다니 내 아람다운 손이 잇거늘 中心에 쥬려ᄒᆞᄂᆞᆫ지라 쇠북과 북을 임의 베풀고 一朝에 먹이노라

| 번역 |

붉은 활이 풀린 것을
받아서 보관했더니
내 아름다운 손님이 있어서
중심(中心)으로 주려 한지라
쇠북과 북을 이미 베풀었고
하루아침에 먹이노라

| 자해 |

彤弓 : 붉은 활. • 弨 : 부린 모양. • 貺 : 주는 것. • 饗 : 손님을 크게 마시게 함.

| 의해 |

이것은 천자가 공(功) 있는 제후에게 잔치를 베풀고 활과 화살을

주는 악가(樂歌)이다. "받아서 감추었다." 함은 그 중요함을 말한 것인데, 궁인(弓人)이 드린 바를 왕부(王府)에 감추어서 공 있는 이를 기다리고 감히 가볍게 남에게 주지 않는다 함이요, "중심(中心 : 진심)으로 주려한다." 함은 그 정성을 말한 것이니 마음 속에 실상으로 주고자 함이 밖에서 말미암은 것이 아니라고 한 것이요, "하루아침에 먹인다." 함은 그 빠름을 말한 것이니, 왕부(王府)에 보배로 감추었던 활을 하루아침에 남에게 내주되 일찍이 더디게 머물러 돌아보아 아끼는 뜻이 없음이다. 후세에는 부장(府藏)을 보기를 자기의 사유물로 여기다가 무고(武庫)의 병기(兵器)를 농간하는 신하에게 주는 자가 있었으니 이것은 "받아서 감추었다."함과는 다른 것이요, 상(賞)을 주는 것이 이익으로 꾀는 것이 아닌데 사세(事勢)에 절박(切迫)하여 아침에 철권(鐵券: 공신록권(功臣錄券))을 주었다가 저무니 무찔러 죽이는 자가 있었으니 "중심(中心)으로 주려하는 사람"과는 다른 것이요, 고택(膏澤: 은택)을 숨기고 상주기를 아끼면 공신이 몸을 풀어져 이반될 것이니 인(印)이 다 닳아도 차마 주지 못하는 자가 있었으니, 하루아침에 먹이는 것과 다르다.

1-2. 彤弓弨兮(동궁초혜)를 受言載之(수언재지)라니 我有嘉賓(아유가빈)이어늘 中心喜之(중심희지)라 鐘鼓旣設(종고기설)이요 一朝右之(일조우지)하라 [賦]

| 언해 |

붉은 활이 부린 것을 밧어셔 바로 잡앗다니 내 아름다운 손이 잇거늘 中心에 즐겨ᄒᆞ논지라 쇠북과 북을 임의 베풀고 一朝에 놉히노라

| 번역 |

붉은 활이 풀린 것을
받아서 바로 잡았더니
내 아름다운 손님이 있어서
중심(中心)으로 즐거워하는지라
쇠북과 북을 이미 베풀었고
하루아침에 높이노라.

| 자해 |

載 : 바로잡음. • 喜 : 즐거워 함. • 右 : 권(勸)하며 높임.

1-3. 彤弓弨兮(동궁초혜)를 受言櫜之(수언고지)라니 我有嘉賓(아유가빈)이어늘 中心好之(중심호지)라 鐘鼓既設(종고기설)이요 一朝酬之(일조수지)하라 [賦]

| 언해 |

붉은 활이 부린 것을 밧아셔 활집ᄒᆞ엿다니 내 아름다운 손이 잇거늘 中心에 즐거워 ᄒᆞ논지라 쇠북과 북을 임의 베풀고 一朝에 갑노라

| 번역 |

붉은 활이 풀린 것을
받아서 활집에 넣었는데
내 아름다운 손님이 있어서
중심(中心)으로 좋아하는지라
쇠북과 북을 이미 베풀었고

하루아침에 술을 권하노라

| 자해 |

櫜 : 활집. • 好 : 기뻐함. • 酬 : 술을 권함.

이 「붉은 활[彤弓]」은 모두 3장이다.

2. 무성한 것은 새발쑥[菁菁者莪]

2-1. 菁菁者莪여 在彼中阿로다 旣見君子하니 樂且有儀로다 [興]

| 언해 |

菁菁ᄒᆞᆫ 莪이여 뎌 中阿에 잇도다 임의 君子를 보니 즐겁고 ᄯᅩ 거동이 잇도다

| 번역 |

무성한 새발쑥이여
저 언덕 가운데 있네
이미 군자를 만났으니
즐겁고도 예의 있네

| 자해 |

菁菁 : 무성한 모양. • 莪 : 나호(蘿蒿). • 中阿 : 언덕 가운데. • 君子 : 빈객(賓客)을 가리킴.

| 의해 |

이것도 또한 빈객을 연행(燕饗)하는 시이니, "무성한 새발쑥이 언덕 가운데에 있네. 이미 군자를 보았으니 내 마음이 기쁘고 즐거워 예(禮)의 거동이 있네."한 것이다. 누군가 말하기를, "저 무성한 새발쑥으로 군자의 용모와 위의(威儀)의 훌륭함을 견주었다."

하니 아래 장이 이와 같다.

2-2. 菁菁者莪(청청자아)여 在彼中沚(재피중지)로다 旣見君子(기견군자)하니 我心則喜(아심즉희)로다 [興]

| 언해 |

菁菁ᄒᆞᆫ 莪이여 뎌 中沚에 잇도다 임의 君子를 보니 내 ᄆᆞᄋᆞᆷ이 곳 즐겁도다

| 번역 |

무성한 새발쑥이여.
저 물가 가운데 있네.
이미 군자를 보았으니
내 마음이 곧 즐겁네.

| 자해 |

中沚 : 물가 가운데. • 喜 : 즐거움.

2-3. 菁菁者莪(청청자아)여 在彼中陵(재피중릉)이로다 旣見君子(기견군자)하니 錫我百朋(석아백붕)이로다 [興]

| 언해 |

菁菁ᄒᆞᆫ 莪이여 뎌 中陵애 잇도다 임의 君子를 보니 내게 百의 朋을 쥬는 ᄃᆞᆺ ᄒᆞ도다

| 번역 |

무성한 새발쑥이여
저 언덕 가운데 있네
이미 군자를 보았으니
내게 큰 재물 주는 듯하네

| 자해 |

中陵 : 언덕 가운데. • 朋 : 다섯 가지 화패(貨貝)이니 귀중한 재물이라는 말.

범범양주 재침재부 기견군자 아심즉휴
2-4. 汎汎楊舟여 載沉載浮로다 旣見君子하니 我心則休로다 [比]

| 언해 |

씌이며 씌이는 버들나무로 ᄒᆞᆫ ᄇᆡ이여 곳 ᄌᆞᆷ기며 곳 쓰도다 임의 君子를 보니 내 ᄆᆞᄋᆞᆷ이 곳 쉬엿도다

| 번역 |

두둥실 버드나무 배여
가라앉았다 떴다 하네
이미 군자를 보았으니
내 마음 곧 편안하네

| 자해 |

楊舟 : 버드나무로 만든 배. • 載 : 곧. • 休 : 휴휴연(休休然) 곧 안정됨을 말함.

| 의해 |

이 장도 "그 보지 못할 때에는 마음이 안정되지 못하다가 이미 본 뒤에 휴휴(休休)하여 안정된다." 하였으니 의미심장하다.

이 「무성한 것은 새발쑥[菁菁者莪]」은 모두 4장이다.

3. 유월에[六月]

3-1. 六月棲棲하여 戎車旣飭하며 四牡騤騤어늘 載是常服하니 玁狁孔熾라 我是用急이니 王于出征하여 以匡王國이시니라 [賦]

| 언해 |

六月애 棲棲ᄒᆞ야 군ᄉᆞ 슈릐를 임의 신측ᄒᆞ며 四牡ㅣ 騤騤ᄒᆞ거늘 이 常服을 실흐니 玁狁이 심히 셩ᄒᆞᆫ지라 우리 이 ᄡᅧ 急ᄒᆞᆷ이니 王이 이에 나가 쳐셔 ᄡᅧ 王國을 바루라 ᄒᆞ시니라

| 번역 |

유월에 경황없이
군사 수레를 이미 정리했으며
사모(四牡)가 건장하거늘
이 상복(常服)을 수레에 실으니
험윤이 심히 성(盛)한지라
우리 이 때문에 급하니
왕이 이에 나가 쳐서
왕국을 바로잡으라 하시네

| 자해 |

六月 : 건미(建未)의 달. 두병(斗柄)이 미방(未方)을 가리키는 달. • 棲棲 :

황황(皇皇)하여 편하지 못한 모양과 같음. • 戎車 : 병거(兵車), 군사 수레. • 飭 : 정리함. • 騤騤 : 강한 모양. • 常服 : 군사 일에 항상 입는 옷이니 붉은 가죽으로 관(冠)을 만들고 또 이것으로 웃옷을 만들되 흰 치마와 흰 신을 신음. • 玁狁 : 곧 험윤(獫狁)이니 북녘 오랑캐. • 孔 : 심하다. • 熾 : 성함. • 匡 : 바르다는 말.

| 의해 |

성왕(成王)과 강왕(康王)이 이미 별세함에 주나라 왕실이 점점 쇠미하여 여덟 대(代) 만에 여왕(厲王) 호(胡)가 사납고 모질거늘 주나라 사람이 그를 축출함에 체(彘)땅에 나가 사니 험윤(玁狁)이 안으로 침노하여 경읍(京邑)을 압박하여 가까이 다다르자 왕(王)이 죽고 아들 선왕(宣王) 정(靖)이 즉위하여 윤길보(尹吉甫)를 명(命)하여 군사를 거느려 쳐서 공(功)을 세우고 돌아오니 시인이 노래를 지어서 그 일을 이와 같이 서술한 것이다.
『사마법(司馬法)』에 겨울과 여름에는 군사를 일으키지 않는다고 하였는데, 이제 6월에 군사를 낸 것은 험윤(玁狁)이 매우 치성(熾盛)하여 그 일이 위급하였기 때문에 마지못해 임금이 명령하여 "이에 나가 쳐서 왕국(王國)을 바르게 하라." 한 것이다.

3-2. 比物四驪(비물사려)여 閑之維則(한지유즉)이로다 維此六月(유차육월)에 既成我服(기성아복)하여 我服既成(아복기성)이어늘 于三十里(우삼십리)里하니 王于出征(왕우출정)하여 以佐天子(이좌천자)시니라 [賦]

| 언해 |

힘이 갓흔 四驪여 한슉ᄒᆞ야 법에 ᄒᆞ도다 이 六月에 임의 우리 服

을 일우어셔 우리 服이 임의 일우거늘 三十里를 ᄒᆞ니 王이 이에 나가 쳐셔 ᄡᅧ 天子를 도으시니라

| 번역 |

힘이 같은 네 필의 검은 말이여
길들어 법도에 맞도다
이 유월에
이미 우리 전복(戰服)을 이루어
우리 전복이 이미 이루어졌거늘
이미 삼십리를 갔으니
왕이 이에 나가 쳐서
천자를 도우리라

| 자해 |

比物 : 그 힘을 같이 함. 대사(大事)인 제사(祭祀)와 조근(朝覲)과 회동(會同)에는 말의 색깔을 구별하여 나누어 주고, 모든 군사(軍事)에는 말의 힘을 고르게 하여 나누어 주니, 모마(毛馬)는 그 색깔을 똑같이 하고, 물마(物馬)는 그 힘을 똑같이 함. 이는 길사(吉事)는 문(文)을 숭상하고 무사(武事)는 강(强)을 숭상해서임. • 則 : 법도. • 복(服) : 융복(戎服), 군사 옷. • 三十里 : 일사(一舍). 옛날에 길(吉)한 일로 갈 때에는 하루에 50리(里)를 가고, 군대의 행군속도는 하루에 30리.

| 의해 |

이미 그 힘이 같았는데 "사려(四驪)"라 하였으니, 그 색깔이 또 같음이니 말의 유여(有餘)함을 볼 수 있을 것이요, 익숙히 길들어 다 법도에 맞으니 또 가르침이 근본한 바가 있었음을 볼 수 있다. 이에 이 6월 가운데에 곧 우리 전복(戰服)을 이루어서 우리 전복(戰服)이 이미 이루어졌거늘 곧 그날도 인도하여 더디게 하지 않고 빠르게도 하지 않아서 30리를 다 한 뒤에 그쳤으니 또 그 사변에 응하기를 속히 하며 일에 따르기를 민첩하게 하여 그 떳떳한

법도를 잃지 않았음을 볼 수 있다. 왕(王)이 명하여 이에 나가 쳐서 임금의 미워하는 바를 대적하여 천자를 돕고자 한 것이다.

3-3. 四牡脩廣하니 其大有顒이로다 薄伐玁狁하여 以奏膚公이로다 有嚴有翼하여 共武之服하니 共武之服하여 以定王國이로다 [賦]

| 언해 |

四牡ㅣ 자랏고 크니 그 큼이 顒ᄒᆞ도다 잠싼 玁狁을 쳐셔 ᄡᅧ 큰 공을 奏ᄒᆞᄂᆞᆺ다 嚴ᄒᆞ고 공경ᄒᆞ야 호반의 일을 밧드니 호반의 일을 밧들어셔 ᄡᅧ 王國을 定ᄒᆞᄂᆞᆺ다

| 번역 |

사모(四牡)가 자랐고 크니
그 키가 크기도 하구나
잠깐 험윤을 쳐서 큰 공(功)을 올리네
엄숙히 하고 공경하여
무(武)의 일을 받드니
무(武)의 일을 받들어
왕국을 안정시키네

| 자해 |

脩 : 자랐다는 말. • 廣 : 큼. • 顒 : 큰 모양. • 奏 : 올림. • 膚 : 큼. • 公 : 공(功). • 嚴 : 위엄. • 翼 : 공경함. • 共 : 공(供)으로 더불어 같음. • 服 : 일이니 장수(將帥)가 다 엄하고 공경하여 호반 일을 받든다는 말.

3-4. 玁狁匪茹(험윤비여)하여 整居焦穫(정거초호)하여 侵鎬及方(침호급방)하여 至于涇陽(지우경양)이어늘 織文鳥章(직문조장)이며 白旆央央(백패앙앙)하니 元戎十乘(원융십승)으로 以先啓行(이선계항)이로다 [賦]

| 언해 |

玁狁이 혜아리지 안이ᄒᆞ야 焦ㅣ며 穫에 경졔히 居ᄒᆞ야 鎬와 밋 方을 침노ᄒᆞ야 涇陽에 니르거늘 긔의 文이 ᄉᆡ의 章이며 흰 긔가 央央ᄒᆞ니 元戎 열乘으로 ᄡᅧ 먼져 길을 여놋다

| 번역 |

험윤이 스스로 헤아리지 아니하여
초(焦)땅과 호(穫)땅에 정연히 거처하여
호(鎬)와 삭방(朔方)을 침노하여
경수(涇水) 북쪽에 이르거늘
기의 무늬는 새 휘장이며
흰 기가 선명하니
원융(元戎) 십승(十乘)으로
먼저 길을 떠나네

| 자해 |

茹 : 헤아림. • 整 : 가지런함. • 焦 · 穫 · 方 : 다 땅 이름이니 초(焦)는 소재(所在)가 미상(未詳). 호(穫)는 곽박(郭璞)이 "호중(瓠中)"이라 하였으니, 지금의 요주(耀州) 삼원현(三原縣)에 있음. 호(鎬)는 유향(劉向)이 "천리(千里)의 호(鎬)"라 하였으니 호경(鎬京)의 호(鎬)는 아님. 또한 그 있었던 곳이 미상. 방(方)은 의심컨대 곧 삭방(朔方)인 듯함. • 涇陽 : 경수(涇水)의 북쪽이니 풍호(豊鎬)의 서북쪽에 있는 것인데 그 깊이 들어와 도적질함을 말함. • 織 : 치(幟)자와 같음. • 鳥章 : 새와 새매의 장(章). • 白旆 : 기 끝을 이은 것.

• 央央 : 선명한 모양. • 元 : 크다는 뜻. • 戎 : 군사 수레이니 군사의 전봉(前鋒). • 啓 : 여는 것. • 行 : 길이니, 길 떠난다는 말과 같음.

| 의해 |

험윤(玁狁)이 스스로 헤아리지 않고 깊이 들어와 도적질함이 이 같았다. 이리하여 이 기를 세우고 선봉(先鋒)과 정예병(精銳兵)을 골라 나아가서 그 죄를 성토(聲討)함에 곧되 씩씩하며 군사의 법률로 하되 착하였으니 싸움을 하지 않을지언정 싸움을 하면 반드시 이길 것이다.

3-5. 戎車旣安(융차기안)하니 如輊如軒(여지여헌)이며 四牡旣佶(사모기길)하니 旣佶且(기길차) 閑(한)이로다 薄伐玁狁(박벌험윤)하여 至于太原(지우태원)하니 文武吉甫(문무길보)여 萬邦(만방) 爲憲(위헌)이로다 [賦]

| 언해 |

군ᄉᆞ 슈릐가 임의 편안ᄒᆞ니 輊ᄒᆞᄂᆞᆫ ᄃᆞᆺ ᄒᆞ고 軒ᄒᆞᄂᆞᆫ ᄃᆞᆺ ᄒᆞ며 四牡ㅣ 임의 건강ᄒᆞ니 임의 건쟝ᄒᆞ고 ᄯᅩ 한슉ᄒᆞ도다 잠싼 玁狁을 쳐셔 太原에 니르니 文ᄒᆞ고 武ᄒᆞᆫ 吉甫ㅣ여 萬邦이 법을 삼도다

| 번역 |

군사 수레가 이미 편안하니
지(輊)와 같고 헌(軒)과 같으며
사모(四牡)가 이미 건장하니
이미 건장하고 또 길들여졌네
잠깐 험윤을 쳐서

태원(太原)에 이르니
문무(文武) 겸전(兼全)의 길보(吉甫)여
만방이 법으로 삼도다

| 자해 |

輊 : 수레의 엎드려 앞선 것. • 軒 : 수레의 물리쳐 뒤 선 것이니 수레가 뒤에서 좇아보면 지(輊)와 같고 앞에서 보면 헌(軒)과 같은 후에야 적조(適調)함. • 佶 : 건장(健壯)한 모양. • 太原 : 땅 이름인데 또 "대로(大鹵)"라 하기도 하니 지금의 태원부(太原府) 양곡현(陽曲縣)에 있는 것이다. 태원(太原)에 이르렀다 함은 좇아낼 따름이요 끝까지 추격하지 않는다는 말이니 선왕(先王)의 오랑캐 다스리는 법(法)이 이 같음. • 吉甫 : 윤길보(尹吉甫)이니 이때 대장(大將). • 憲 : 법(法)이라는 말이니 문(文)이 아니면 무리를 붙잡아 따르게 하지 못하고 무(武)가 아니면 도적을 두렵게 못할 것이다. 문(文)에 능하고 무(武)에 능하면 만방(萬邦)이 본받음.

3-6. 吉甫燕喜하니 旣多受祉로다 來歸自鎬하니 我行永久로다 飮御諸友하니 包鱉膾鯉로다 侯誰在矣요 張仲孝友로다 【賦】

| 언해 |

吉甫ㅣ 잔치ᄒᆞ야 깃버ᄒᆞ니 임의 복을 만이 밧앗도다 도라오기를 鎬로부터 ᄒᆞ니 내 行이 永久ᄒᆞ도다 모든 벗의게 마시며 나슈니 쟈라를 炰ᄒᆞ며 리어를 膾ᄒᆞ놋다 뉘잇ᄂᆞ뇨 張仲이 효도ᄒᆞ며 우ᄋᆡᄒᆞᄂᆞ니로다

| 번역 |

길보가 잔치하여 기뻐하니
이미 복(福)을 많이 받았네
호(鎬)땅에서 돌아오니
우리가 길 떠난 지 오래되었네
모든 벗에게 술과 음식을 올리며 나서니
자라를 삶고 잉어를 회쳤네
누가 이 자리에 있는가
효도하고 우애하는 장중(張仲)이로다

| 자해 |

祉 : 복(福). • 御 : 나서는 것. • 侯 : 오직. • 張仲 : 길보(吉甫)의 벗. • 孝 : 부모를 잘 섬김. • 友 : 형제를 잘 사랑하는 것.

| 의해 |

이것은 길보(吉甫)가 잔치를 베풀어 마심에 복을 많이 받았다고 한 것이니, 대개 호(鎬)로부터 돌아옴에 길을 떠난 지 오래되었다. 이리하여 술을 마시며 음식을 벗에게 내는데 효도하고 우애하는 장중(張仲)이 있으니 그 함께 잔치하는 자의 어짊을 말함은 길보를 어질게 여겨 이 잔치를 좋게 여긴 것이다.

이 「유월에[六月]」는 모두 6장이다.

4. 씀바귀 캐기[采芑]

4-1. 薄言采芑(박언채기)를 于彼新田(우피신전)이며 于此菑畝(우차치무)로다 方叔涖止(방숙리지)하니 其車三千(기거삼천)이로소니 師干之試(사간지시)로다 方叔率止(방숙솔지)하니 乘其四騏(승기사기)로다 四騏翼翼(사기익익)하니 路車有奭(로거유석)이로소니 簟茀魚服(점불어복)이며 鉤膺鞗革(구응조혁)이로다 [興]

| 언해 |

잠싼 芑ᄅᆞᆯ 케기를 뎌 ᄉᆡ 밧히ᄒᆞ며 이 묵밧이랑에 ᄒᆞ도다 方叔이 다ᄃᆞ르니 그 슈ᄅᆡ가 三千이로소니 군ᄉᆞ가 막ᄂᆞᆫ것을 익치엿도다 方叔이 거ᄂᆞᆯ으니 그 四騏ᄅᆞᆯ 탓도다 四騏가 翼翼ᄒᆞ니 路車ㅣ 奭ᄒᆞ도소니 簟으로 ᄒᆞᆫ 茀과 魚로 ᄒᆞᆫ 服이며 鉤ㅣ며 膺이며 鞗革이로다

| 번역 |

잠깐 씀바귀 캐기를
저 새 밭에서 하며
이 1년 묵은 밭에서 하네
방숙(方叔)이 다다르니
그 수레가 삼천이니
군사가 적을 막는 것을 익혔네
방숙이 거느리니
네 필의 기마(騏馬)를 탔네

네 필의 기마가 질서 정연하니
노거(路車)가 붉기도 한데
대나무 만든 휘장과 어(魚)로 만든 화살통이며
갈고리와 가슴걸이에 가죽고삐로다

| 자해 |

芑 : 쓴 나물인데 푸르고 흰빛이니 그 잎사귀를 땀에 흰 즙(汁)이 있고 살져서 날 것으로도 먹을 만하고 또한 쪄서 먹을 만함. 지금의 쓴 속(藚)나물이니 말 먹이기에 마땅함으로 군사들이 행군할 때에 캐는 것은 사람과 말이 다 먹을 만하기 때문. • 新田 : 두 해 된 밭. • 菑 : 한 해 된 밭. • 方叔 : 선왕(宣王)의 경사(卿士)가 명(命)을 받아서 장수가 된 자. • 涖 : 임한다는 말. • 師 : 무리. • 干 : 막음. • 試 : 익힘. • 率 : 거느림. • 翼翼 : 차례가 순한 모양. • 路車 : 융로(戎路) • 奭 : 붉은 모양. • 簟茀 : 모난 무늬의 대나무 자리로 수레의 가리개를 하는 것. • 鉤膺 : 말의 턱에 갈고리가 있고, 가슴에 있는 것은 띠와 고삐임. • 鞗革 : 「크게 뻗은 다북쑥[蓼蕭]」편에 보임.

| 의해 |

선왕(宣王) 때에 만형(蠻荊)이 배반하자, 왕이 방숙(方叔)에게 명하여 남(南)으로 칠 때 군사가 가면서 기(芑)를 캐서 먹었다. 그러므로 그 일을 읊어서 흥(興)을 일으켜 "잠깐 기(芑)를 캤으니 저 2년 묵은 새 밭에서 하였으며 이 1년 묵은 밭 이랑에 하였네. 방숙(方叔)이 임하니 그 수레가 3000이니 군사가 적을 막는 것을 익혔네." 하고 또 드디어 그 수레와 말이 아름다운 것을 말하여 군용(軍容)의 훌륭함을 나타내었다.

4-2. 薄言采芑를 于彼新田이며 于此中鄕이로다 方叔涖止하니 其車三千이로소니 旂旐央央이로다 方叔率止하니 約軝錯衡이며 八鸞瑲瑲이로다 服其命服하니 朱芾斯皇이며 有瑲葱珩이로다 [興]

| 언해 |

잠ᄭᅡᆫ 芑ᄅᆞᆯ 케기를 뎌 ᄉᆡ 밧히ᄒᆞ며 이 中鄕에 ᄒᆞ도다 方叔이 다ᄃᆞ르니 그 슈릐가 三千이로소니 旂와 旐ㅣ 央央ᄒᆞ도다 方叔이 거ᄂᆞᆯ으니 묵ᄭᅳᆫ 박귀와 문ᄎᆡᄒᆞᆫ 衡이며 여덜 방울이 瑲瑲ᄒᆞ도다 그 命ᄒᆞ신 옷을 닙어스니 붉은 芾이 이 빗나며 瑲ᄒᆞᄂᆞᆫ 파 ᄀᆞᆺᄒᆞᆫ 珩이로다

| 번역 |

잠깐 씀바귀 뜯기를
저 새 밭에서에서 하며
이 시골 가운데서 하네
방숙이 다다르니
그 수레가 삼천이니
기(旗)와 조(旐)가 선명하여라
방숙이 거느리니
묶은 바퀴와 문채나는 형(衡)이며
여덟 방울이 창창하여라
명(命) 하신 옷을 입었으니
붉은 슬갑(膝甲)이 빛나며
푸른 파 같은 패옥(佩玉)이어라

| 자해 |

中鄕 : 백성이 그 밭에 거주하여 더욱 다스려진 것. • 約 : 묶음. • 軝 : 수레바퀴니 가죽으로 병거(兵車)의 바퀴를 동여 묶어 붉게 한 것. • 錯 : 문채. • 鸞 : 방울이 재갈에 있는 것. • 瑲瑲 : 소리. • 命服 : 천자가 명한 옷. • 朱芾 : 누렇고 붉은 불(芾). • 皇 : 황황(煌煌)과 같음. • 瑲 : 옥소리. • 葱 : 푸른빛이 파와 같다는 말. • 珩 : 머리에 차는 횡옥(橫玉).

| 의해 |

불패(芾佩)가 군복이 아니며 금로(金路)가 융거(戎車)가 아니며 화단(和鸞)이 융마(戎馬)가 아니로되, 그러한 것은 방숙(方叔)이 수레와 말을 아름다워 하여 오기(吳起)가 장차 싸울 적에 칼을 차지 않음과 제갈무후(諸葛武侯)가 융복(戎服)을 몸소 하지 않음과 양호(羊祜)가 가벼운 갓옷으로 위명(威名)을 훌륭하게 나타냄과 두예(杜預)가 몸을 말에게 걸터앉지 않고도 스스로 제어하여 이김과 같다. 그러므로 시인이 그 수레와 옷이 아름다운 것을 읊어 탄식하였다.

율피비준 기비려천 역집원지 방숙리
4-3. 鴥彼飛隼이여 其飛戾天이며 亦集爰止로다 方叔涖
지 기거삼천 사간지시 방숙솔지
止하니 其車三千이로소니 師干之試로다 方叔率止하니
정인벌고 진사국려 현윤방숙 벌고연연
鉦人伐鼓어늘 陳師鞠旅로다 顯允方叔이여 伐鼓淵淵이
진려전전
며 振旅闐闐이로다 [興]

| 언해 |

鴥ᄒᆞᆫ 뎌 나는 ᄉᆡ미이여 그 나는 것이 하늘에 니르며 ᄯᅩᄒᆞᆫ 이에 긋친ᄃᆡ 모듸엿도다 方叔이 다ᄃᆞ르니 그 슈ᄅᆡ가 三千이로소니 군ᄉᆞ

가 막ᄂᆞᆫ 것을 익히엿도다 方叔이 거ᄂᆞᆯ으니 鉦人이 북을 치거늘 師를 베풀며 旅를 고ᄒᆞ도다 나탄ᄒᆞ고 믿분 方叔이여 북을 치믜 淵淵히 ᄒᆞ며 무리를 긋침에 闐闐ᄒᆞ도다

| 번역 |

빠르게 나는 저 새매여.
그 나는 것이 하늘에 이르며
또한 앉을 곳에 모였네
방숙이 다다르니
그 수레가 삼천이니
군사들이 적을 막는 것을 익혔네
방숙이 거느리니
정인(鉦人)이 북을 치거늘
군사들을 진열하고 훈계하네
드러나고 미더운 방숙이여
북을 침에 연연(淵淵)히 하며
군사를 그침에 북소리 둥둥

| 자해 |

隼 : 새매에 속하는 것인데 급하고 빠른 새. • 戾 : 이르는 것. • 爰 : 이에. • 鉦 : 징. • 伐 : 치는 것. • 鞠 : 고(告)함. • 師 : 2500 사람. • 旅 : 500 사람. • 淵淵 : 북소리인데 평화롭고 포악하거나 노엽지 않음. • 振 : 그침. • 旅 : 무리. • 闐闐 : 또한 북소리인데, 혹자는 '성한 모양'이라 함.

| 의해 |

이 장은 새매가 날아 하늘에 이르며 또한 그칠 바에 모이는 것을 가지고 군사 무리가 나아가고 물러나는 것이 절차가 있음을 기흥(起興)하였으니 아래 글에 이른 바와 같다.

4-4. 蠢爾蠻荊(준이만형)이 大邦爲讐(대방위수)로다 方叔元老(방숙원로)나 克壯其猶(극장기유)로다 方叔率止(방숙솔지)하니 執訊獲醜(집신획추)로다 戎車嘽嘽(융거탄탄)하니 嘽嘽焞焞(탄탄퇴퇴)하여 如霆如雷(여정여뢰)로다 顯允方叔(현윤방숙)이여 征伐玁狁(정벌험윤)하니 蠻荊來威(만형래위)로다 [賦]

| 언해 |

蠢ᄒᆞᆫ 蠻荊이 大邦을 원슈로 삼도다 方叔이 크게 늙어스나 능히 그 ᄭᅬ를 壯히 ᄒᆞ도다 方叔이 거ᄂᆞᆯ이니 좨뭇기를 잡으며 악ᄒᆞᆫ 것을 엇엇도다 군ᄉᆞ슈릐가 嘽嘽ᄒᆞ니 嘽嘽ᄒᆞ며 焞焞ᄒᆞ야 ᄲᆞ른 우뢰 갓호며 우뢰갓도다 나탄ᄒᆞ고 밋븐 方叔이여 玁狁을 치니 蠻荊이 와셔 두려워 ᄒᆞ도다

| 번역 |

미련한 저 만형(蠻荊)이
대국(大國)을 원수로 삼네
방숙이 크게 늙었으나
그 꾀가 씩씩하구나
방숙이 거느리니
신문(訊問)할 괴수(魁首)를 잡으며
악한 무리를 사로잡았네
군사 수레가 많으니
많고 성하여 천둥같고 우레 같도다.
드러나고 미더운 방숙이여
험윤을 치니
만형(蠻荊)이 와 벌벌 떠네

| 자해 |

蠢 : 움직이되 아는 것이 없는 모양. • 蠻荊 : 형주(荊州)의 오랑캐. • 大邦 : 중국(中國)이라는 말과 같음. • 元 : 큼. • 猶 : 꾀〔謀〕. • 嘽嘽 : 많음. • 焞焞 : 성함. • 霆 : 빠른 우레.

| 의해 |

이 장은 그 성공한 것을 아름답게 여겨서 말한 것으로 방숙(方叔)이 일찍이 북벌(北伐)의 공(功)에 끼어 있었다. 이리하여 만형(蠻荊)이 그 이름을 듣고 다 와서 두려워하여 스스로 굴복하였는데, 싸움을 기다리지 않고 굽힌 것이다.

이 「쑴바귀 캐기[采芑]」는 모두 4장이다.

5. 수레가 굳네[車攻]

5-1. 我車旣攻하며 我馬旣同하여 四牡龐龐하니 駕言徂東이로다 [賦]

| 언해 |

우리 슈릐가 임의 굿으며 우리 말이 임의 가ᄌᆞᆨ하야 넷 숫것이 龐龐ᄒᆞ니 멍에ᄒᆞ야 東으로 가ᄂᆞᆺ다

| 번역 |

우리 수레가 이미 굳으며
우리 말이 이미 같아서
네 수컷이 충실하니
멍에 하여 동으로 가네

| 자해 |

攻 : 굳음. • 同 : 가지런함. • 龐龐 : 충실(充實)함. • 東 : 동쪽으로 낙읍(洛邑)에 도읍함.

| 의해 |

주공(周公)이 성왕(成王)을 도와 낙읍(洛邑)을 경영하여 동쪽의 도읍을 삼아서 제후에게 조회 받더니 주나라 왕실이 이미 쇠함에 그 예(禮)를 오래도록 폐(廢)하였다가 선왕(宣王)에 이르러서 안으로는 정사(政事)를 닦고 밖으로는 이적(夷狄)을 물리쳐서 문왕

(文王)과 무왕(武王)의 경토(境土)를 회복하고 거마(車馬)를 수리하고 기계(器械)를 갖추어 다시 제후를 동쪽 도읍에 모으고, 이리하여 수레의 무리를 골랐다. 그러므로 시인이 이것을 지어서 아름답게 여긴 것인데 머리 장에 장차 동쪽 도읍에 가는 것을 널리 말한 것이다.

5-2. 田車既好(전거기호)하니 四牡孔阜(사모공부)로다 東有甫草(동유보초)어늘 駕言行狩(가언행수)로다 [賦]

| 언해 |

산양ᄒᆞ는 슈릐가 임의 조흐니 넷 숫것이 심히 셩대ᄒᆞ도다 東에 큰 밧이 잇거놀 멍에ᄒᆞ야 가셔 산양ᄒᆞ도다

| 번역 |

사냥하는 수레가 이미 좋으니
네 수컷이 심히 성대하여라
동도(東都)에 큰 밭 있거늘
멍에 하여 사냥하였네

| 자해 |

田車 : 사냥하는 수레. • 好 : 좋다는 말. • 阜 : 성대(盛大)함. • 甫草 : 큰 밭.

| 의해 |

이 장은 장차 포전(圃田)에 가서 사냥하는 것을 가리켜 말한 것이다.

5-3. 之子于苗(지자우묘)하니 選徒囂囂(선도효효)로다 建旐設旄(건조설모)하여 薄狩于敖(박수우오)로다 [賦]

| 언해 |

之子ㅣ 산양ᄒᆞ니 무리를 혜아름이 囂囂ᄒᆞ도다 旐를 셔우며 旄를 베풀어셔 敖에 가셔 즘싱을 치도다

| 번역 |

이 사람들 사냥하니
무리를 헤아림이 시끄럽구나
깃발을 세우며 깃발을 설치하여
오(敖)땅에 가서 짐승을 잡도다

| 자해 |

之子 : 유사(有司). • 苗 : 사냥을 통틀은 이름. • 選 : 헤아린다는 말. • 囂囂 : 소리가 무리지어 가득함. • 敖 : 형양(滎陽)에 가까운 땅 이름.

| 의해 |

이 장은 동도(東都)에 이르러 무리를 헤아려 사냥하는 것을 말한 것이다.

5-4. 駕彼四牡(가피사모)하니 四牡奕奕(사모혁혁)이로다 赤芾金舃(적불금석)으로 會同(회동)有繹(유역)이로다 [賦]

| 언해 |

뎌 넷 숫것을 멍에ᄒᆞ니 넷 숫것이 奕奕ᄒᆞ도다 븕은 芾과 金으로 한 舃으로 會ᄒᆞ며 同홈을 락역ᄒᆞ도다

| 번역 |

저 넷 수컷을 멍에 하니
넷 수컷이 혁혁(奕奕)하구나
붉은 슬갑에 금 장식 신으로
회동(會同)을 이어 하네

| 자해 |

奕奕 : 연락(連絡)하여 펴서 흩어지는 모양. • 적불 : 제후의 옷. • 金舃 : 붉은 신인데 금(金)으로 꾸미는 것을 더함이니 또한 제후의 복색(服色). • 會 : 일정한 때가 없이 보는 것. • 同 : 무리지어 보는 것. • 繹 : 진열함이 연속되는 모양.

| 의해 |

이 장은 제후들이 동도(東都)에 와서 조회하는 것을 말한 것이다.

5-5. 決拾既佽하며 弓矢既調하니 射夫既同하여 助我擧柴로다 [賦]

결습기차 궁시기조 사부기동 조아거시

| 언해 |

깍악지와 팔찌가 임의 젼쥬며 활과 쌀이 임의 골나스니 쏘는 이가 임의 협동ᄒᆞ야 우리를 도와 柴를 들도다

| 번역 |

깍지와 팔찌가 이미 나란하며
궁시(弓矢)를 이미 골랐으니
쏘는 이가 이미 협동하여
우리를 도와 쌓은 짐승을 들도다

| 자해 |

決 : 코끼리의 뼈로 만들어서 오른손 큰 손가락에 끼어 활줄을 당겨 몸을 여는 것이니 깍지. • 拾 : 가죽으로 만들어서 왼팔에 끼어 활줄을 나아가게 함. 그러므로 또한 "수(遂)"라 이름하니 팔찌. • 佽 : 견줌. • 調 : 활이 강하고 약함과 화살이 가볍고 무거움이 서로 얻어짐. • 射夫 : 대개 제후가 와서 모은 자. • 同 : 협동함. • 柴 : 『설문해자(說文解字)』에 자(掌)로 썼으니 새를 쌓는 것을 말함.

| 의해 |

이 장은 이미 회동(會同)하여 전렵(田獵)하는 것을 말한 것이다.

5-6. 四黃旣駕하니 兩驂不猗로다 不失其馳어늘 舍矢如破로다 [賦]

| 언해 |

넷 黃을 임의 멍에ᄒᆞ니 두 驂이 기우러지지 안이ᄒᆞ도다 그 달리ᄂᆞᆫ 법을 일치 안이ᄒᆞ거ᄂᆞᆯ 살을 노흠에 ᄢᅵ트리 ᄃᆞᆺ ᄒᆞ도다

| 번역 |

네 필의 황마(黃馬)를 이미 멍에 하니
두 참마(驂馬)가 기울지 않네
그 달리는 법을 잃지 않거늘
화살을 놓음에 깨뜨리는 듯하네

| 자해 |

猗 : 기울어져 바르지 않음. • 馳 : 달려 모는 법.

| 의해 |

이 장은 전렵(田獵)할 때 그 쏘기와 몰기를 잘하는 것을 보았다고 한 것이다.

5-7. 蕭蕭馬鳴이며 悠悠旆旌이로다 徒御不驚이며 大庖不盈이로다 [賦]

| 언해 |

蕭蕭호 말의 우룸이며 悠悠호 旆와 旌이로다 것는 것과 모는 것이 놀나지 안이호며 大庖ㅣ 챠지 안이호도다

| 번역 |

소소(蕭蕭)한 말의 울음소리이며
유유(悠悠)한 깃발이로다
걷는 이와 수레 모는 이가 놀라지 않고
대포(大庖)가 차지 않았네

| 자해 |

蕭蕭와 悠悠 : 다 한가한 모양. • 徒 : 걷는 군사. • 御 : 수레 모는 것. • 不驚 : 일을 마치는 데에 이르러 지껄이지 않는다는 말. • 大庖 : 임금의 포주(庖廚). • 不盈 : 취하는 것이 법도가 있어 욕심을 다하지 않는 것을 말함.

5-8. 之子于征(지자우정)하니 有聞無聲(유문무성)이로다 允矣君子(윤의군자)여 展也大成(전야대성)이로다 [賦]

| 언해 |

之子ㅣ 가니 들림이 잇고 소릐가 업도다 진실로 君子ㅣ여 진실로 크게 일우엇도다

| 번역 |

이 분이 가니
간다는 소문만 있고 소리가 없네
진실로 군자여

참으로 크게 이뤘네

| 자해 |

允・展 : 진실로.

| 의해 |

이 장은 그 일의 시종(始終)을 다 펴서 깊이 아름답게 여긴 것이다.

이 「수레가 굳네[車攻]」는 모두 8장이다.

다섯 째 장 이하를 상고하면 마땅히 4장에 장마다 8구가 되어야 할 것 같다.

6. 좋은 날에[吉日]

6-1. 吉日維戊(길일유무)에 既伯既禱(기백기도)하니 田車既好(전거기호)하며 四牡孔阜(사모공부)어늘 升彼大阜(승피대부)하여 從其羣醜(종기군추)로다 [賦]

| 언해 |

吉ᄒᆞᆫ 날 戊에 임의 伯에 임의 비니 산양ᄒᆞ는 슈ᄅᆡ가 임의 조ᄒᆞ며 넷 숫것이 심히 셩대ᄒᆞ거ᄂᆞᆯ 뎌 큰 언덕에 올라셔 그 새 즘싱 무리를 쫏도다

| 번역 |

길(吉)한 날 무일(戊日)에
이미 마조(馬祖)에게 비니
사냥하는 수레가 이미 좋으며
넷 수컷이 매우 성대하거늘
저 큰 언덕에 올라가
그 새 짐승 떼를 쫓도다

| 자해 |

戊 : 강일(剛日). • 伯 : 말의 할아버지니 천사(天駟) 방성(房星)의 귀신을 이름. • 醜 : 무리이니 새와 짐승의 무리.

| 의해 |

이것 또한 선왕(宣王)의 시이니 "전렵(田獵)함에 장차 말이 힘을

쓴다. 그러므로 길(吉)한 날에 말의 할아버지에 제(祭) 지내 비는 데 이미 제사함에 수레가 굳고 말이 건장한지라 이에 險한 곳을 지나서 짐승을 쫓을 수 있다"고 한 것이니, 아래 장으로 미루러 보건대 이 날이 아마 무진일(戊辰日)일 것이다.

길일경오 기차아마 수지소동 우록우우
6-2. 吉日庚午에 旣差我馬하여 獸之所同에 麀鹿麌麌한
칠저지종 천자지소
漆沮之從이여 天子之所로다 [賦]

| 언해 |

吉혼 날 庚午애 임의 우리 말을 골라셔 즘싱의 모둰바에 암사슴과 사슴이 麌麌훈 漆沮에 좃침이여 天子의 쳐소ㅣ로다

| 번역 |

길한 말 경오일(庚午日)에
이미 우리 말을 골라
짐승들이 모인 곳에
암사슴과 사슴이 우글거리는
칠저(漆沮)에서 좇음이여
천자의 사냥하는 곳이라네

| 자해 |

庚午 : 또한 강일(剛日). • 差 : 골라서 그 발을 같게 함. • 同 : 모음. • 麀 : 암사슴. • 麌麌 : 무리가 많음. • 漆沮 : 물 이름.

| 의해 |

무진(戊辰)의 날에 이미 빌고 사흘을 지나 경오(庚午)에 드디어 그 말을 골라 타고 짐승을 모은 바, 암사슴과 사슴이 가장 많은 곳을 보아 좇으니 오직 칠저(漆沮)의 부근에 성하여 마땅히 천자가 사냥하는 장소가 될 만하다.

6-3. 瞻彼中原(첨피중원)하니 其祁孔有(기기공유)로다 儦儦俟俟(표표사사)하여 或羣或(혹군혹)
友(우)어늘 悉率左右(실솔좌우)하여 以燕天子(이연천자)로다 [賦]

| 언해 |

뎌 언덕 가운ᄃᆡ를 보니 그 큰 것이 심히 잇도다 儦儦ᄒᆞ며 俟俟ᄒᆞ야 或 셋식ᄒᆞ며 或 둘식ᄒᆞ거ᄂᆞᆯ 왼녁이며 올은녁을 다 거ᄂᆞᆯ여셔ᄲᅧ 天子를 즐겨ᄒᆞ게 ᄒᆞ도다

| 번역 |

저 언덕 가운데를 보니
그 큰 것이 매우 많네
빨리 가기도 하며 느리게 걷기도 하여
혹 세씩 가고 혹은 둘씩 가거늘
왼쪽이며 오른쪽을 모두 거느려
천자를 즐겁게 하네

| 자해 |

中原 : 언덕 가운데. • 祁 : 큼. • 儦儦 : 빨리 가는 것. • 俟俟 : 다니는 것. • 羣 : 짐승이 셋. • 友 : 짐승이 둘. • 燕 : 즐거워함.

| 의해 |

이 장은 임금을 좇는 자가 저 새와 짐승리 많은 것을 보고 이에 그 일을 함께하는 사람을 거느려서 각각 그 일을 같이하여 천자를 즐겁게 한다는 것을 말한 것이다.

기장아궁 기협아시 발피소파 에차대
6-4. 旣張我弓하고 旣挾我矢하여 發彼小豝하며 殪此大
시 이어빈객 차이작례
兕하여 以御賓客하고 且以酌醴로다 [賦]

| 언해 |

임의 우리 활을 베풀고 임의 우리 활살을 쪄셔 뎌 적은 암돗을 쏘며 이 큰 들소를 죽여셔 뻐 손과 손의게 나슈고 또 뻐 단술을 쟌실ᄒᆞ도다

| 번역 |

이미 내 활을 베풀고
이미 내 화살을 끼워서
저 작은 멧돼지를 쏘며
이 큰 들소를 죽여서
손님에게 올리고
또 단술을 떠서 올리네

| 자해 |

發 : 화살을 발사함. • 豝 : 암돼지. • 殪 : 한 화살에 죽는 것. • 兕 : 들소. • 御 : 나섬. • 醴 : 술 이름이니, 지금의 단술.

| 의해 |

이 장은 "쏘아서 짐승을 얻어 도마에 채워 손님과 손님에게 나누어 드리고 단술을 떠서 올린다"고 한 것이다.

이 「좋은 날에[吉日]」는 모두 4장이다.

동래여씨(東萊呂氏)가 말하기를, "'수레가 굳네'〔車攻〕장과 '좋은 날에'〔吉日〕장에 옛 것을 회복함이 되는 까닭은 어째서인가? 대개 사냥하는 예(禮)는 왕부(王賦)의 회복을 볼 수 있고 군실(軍實)의 성함을 볼 수 있으며 사률(師律)의 엄함을 볼 수 있고 상하(上下)의 정(情)을 볼 수 있고 종리(綜理)의 두루함을 볼 수 있으니 문왕(文王)과 무왕(武王)의 공업(功業)을 밝히고자 하는 자는 여기서 또한 충분히 이것을 볼 수 있다.

7. 기러기[鴻雁]

7-1. 鴻雁于飛(홍안우비)하니 肅肅其羽(숙숙기우)로다 之子于征(지자우정)하니 劬勞于野(구로우야)로다 爰及矜人(원급긍인)이 哀此鰥寡(애차환과)로다 **[興]**

| 언해 |

鴻雁이 날으니 그 날개가 肅肅ᄒᆞ도다 之子가 가니 들에 병들고 수고로이 ᄒᆞ도다 이에 밋츠니 불샹ᄒᆞᆫ 사ᄅᆞᆷ이 이 홀아비와 과부가 슬프도다

| 번역 |

기러기[鴻雁]가 날으니
그 깃이 숙숙(肅肅)하네
이 사람들 길을 가니
들에서 병들고 수고롭구나
이에 불쌍한 사람에게 미치니
이 홀아비 과부가 가엾네

| 자해 |

鴻 : 큰 기러기. • 雁 : 작은 기러기. • 肅肅 : 날개 소리. • 之子 : 흩어져 유랑하는 백성이 스스로 서로 이름. • 征 : 감. • 劬勞 : 병들고 괴로움. • 矜 : 불쌍하다는 말. • 鰥 : 늙어서 아내 없는 사람. • 寡 : 늙어서 남편 없는 사람.

| 의해 |

구설(舊說)에 주나라 왕실이 중간에 쇠하여 만민이 떠나 흩어지거늘 선왕(宣王)이 위로하며 오게 하며 돌아오게 하며 정하게하며 편안하게 하며 모으게 하였다. 그러므로 흩어져 유랑하는 백성이 기뻐서 이 시를 지음에 그 처음을 좇아 펴서 말하여 "기러기[鴻雁]가 날면 숙숙(肅肅)한 그 날개요, 이 사람이 가면 들에서 병들고 수고롭다. 또 그 병들고 수고로워 하는 자가 다 홀아비와 과부여서 불쌍히 여길 만한 사람이다."하였다. 그러나 이제 또한 그 선왕의 시됨을 볼 수 없으니 뒤 세 편도 이와 같다.

7-2. 鴻雁于飛(홍안우비)하니 集于中澤(집우중택)이로다 之子于垣(지자우원)하니 百堵(백도)皆作(개작)이로다 雖則劬勞(수즉구로)나 其究安宅(기구안택)이로다 [興]

| 언해 |

鴻雁이 날으니 못 가운ᄃᆡ에 모뒤엿도다 之子ㅣ 담을 ᄒᆞ니 百堵가 다 지엇도다 비록 병들고 괴로우나 그 맛침내 편안ᄒᆞᆫ 집을 ᄒᆞ리로다

| 번역 |

기러기[鴻雁]가 날아
못 가운데 모였네
이 사람들이 담을 쌓으니
백도(百堵)가 모두 일었네
비록 병들고 괴로우나
마침내 편안한 집을 지으리

| 자해 |

中澤 : 못 가운데. • 堵 : 다섯 판(板)으로 쌓은 담. • 究 : 마침.

| 의해 |

흩어져 유랑하는 백성이 스스로 말하여, 기러기[鴻雁]가 못 가운데에 모여 자기의 그칠 바를 얻음을 말하여 집을 쌓아서 거처함에 이제는 비록 수고롭고 괴로우나 마침내 편안히 살 곳을 정할 수 있을 것임을 흥기한 것이다.

7-3. 鴻雁于飛(홍안우비)하니 哀鳴嗷嗷(애명오오)로다 維此哲人(유차철인)은 謂我劬勞(위아구로)어늘 維彼愚人(유피우인)은 謂我宣驕(위아선교)라하나다 [比]

| 언해 |

鴻雁이 날으니 슯히 울움을 嗷嗷히 ᄒᆞ도다 이 밝은 사ᄅᆞᆷ은 날을 닐으되 병들고 슈구ᄒᆞᆫ다 ᄒᆞ거ᄂᆞᆯ 뎌 어리셕은 사ᄅᆞᆷ은 날을 닐으되 교만을 보인다 하ᄂᆞ다

| 번역 |

기러기[鴻雁]가 날아
슬피 울기를 오오(嗷嗷)히 하네
이 밝은 사람은
나더러 병들고 수고한다 하거늘
저 어리석은 사람들은
나더러 교만을 보인다 하네

| 자해 |

哲 : 지혜. • 宣 : 보인다는 말.

| 의해 |

흩어져 유랑하는 백성이 홍안(鴻雁)이 슬피 우는 것을 가지고 스스로 견주어서 이 노래를 짓되, "지혜로운 이는 내 노래를 듣고 수고로운 데서 나온 줄을 알지요. 지혜롭지 못한 이가 들으면 나를 '한가하여 교만함을 보인다.'"하였으니, 저 노래는 수고롭고 괴로운데서 많이 나오거늘 지혜롭지 못한 사람은 항상 교만하다고 한다.

이 「기러기[鴻雁]」는 모두 3장이다.

8. 큰 촛불[庭燎]

8-1. 夜如何其(야여하기)요 夜未央(야미앙)이나 庭燎之光(정료지광)이로다 君子至止(군자지지)하니 鸞聲將將(난성장장)이로다 [賦]

| 언해 |

밤이 엇더ᄒᆞ뇨 밤이 가운지라 못되엿시나 ᄯᅳᆯ에 회ㅅ불이 빗나도다 君子ㅣ 니르니 방울소릐가 將將ᄒᆞ도다

| 번역 |

밤이 얼마나 되었는가
밤이 아직 한밤중이 못되었으나
큰 촛불이 빛나도다
군자가 이르니
방울소리가 딸랑딸랑하도다

| 자해 |

其 : 어조사. • 央 : 가운데. • 庭燎 : 큰 촛불이니 제후가 장차 조회할 때 사훼(司烜)가 백가지 물건을 아울러 묶어서 문 안에 설치함. • 君子 : 제후. • 將將 : 방울소리.

| 의해 |

왕이 장차 일어나 조회를 볼 때 잠자기가 편하지 못하여 밤의 조만(早晩)을 물어 "밤이 얼마나 되었는가? 밤이 비록 한밤중이 못

되였으나 들에 횃불이 빛나고 조회할 자가 이르는데 그 방울 소리가 들린다." 한 것이다.

야 여 하 기 야 미 애 정 료 절 절 군 자 지 지
8-2. 夜如何其요 夜未艾나 庭燎晣晣로다 君子至止하니
난 성 홰 홰
鸞聲噦噦로다 [賦]

| 언해 |

밤이 엇더ᄒᆞ뇨 밤이 다ᄒᆞ지 못ᄒᆞ얏스나 ᄯᅳᆯ에 회ㅅ불이 晣晣ᄒᆞ도다 君子ㅣ 니르니 방울소릐가 噦噦ᄒᆞ도다

| 번역 |

밤이 얼마나 되었는가
밤이 다하지 못하였으나
큰 횃불이 희미하도다
군자가 이르니
방울소리가 딸랑딸랑하도다

| 자해 |

艾 : 다함. • 晣晣 : 작게 밝음. • 噦噦 : 가까워서 조용히 다니는데 소리가 절도 있게 들린다는 말.

8-3. 夜如何其요 夜鄕晨이라 庭燎有煇이로다 君子至止하니 言觀其旂로다 [賦]

| 언해 |

밤이 엇더ᄒᆞ뇨 밤이 ᄉᆡ벽을 향ᄒᆞᆫ지라 ᄠᅳᆯ에 회ㅅ불이 불긔운이 잇도다 君子ㅣ 니르니 그 旂를 볼이로다

| 번역 |

밤이 얼마나 되었나
밤이 새벽을 향한지라
횃불이 불기운이 있도다
군자가 이르니
그 깃발을 보리

| 자해 |

鄕晨: 새벽이 가깝다는 말. • 煇 : 불 기운.

이 「큰 촛불[庭燎]」은 모두 3장이다.

9. 가득한 물[沔水]

면피류수 조종우해 율피비준 재비재지
9-1. 沔彼流水여 朝宗于海로다 鴥彼飛隼이여 載飛載止
차아형제방인제우 막긍념란 수무부모
로다 嗟我兄弟邦人諸友 莫肯念亂하나니 誰無父母요
[興]

| 언해 |

가득ᄒᆞᆫ 뎌 흐르ᄂᆞᆫ 물이여 바다에 朝ᄒᆞ며 宗ᄒᆞ도다 鴥ᄒᆞᆫ 뎌 날ᄂᆞᄂᆞᆫ ᄉᆡ미이여 곳 날며 곳 긋치도다 嗟홉다 우리 兄弟와 나라 사ᄅᆞᆷ 모든 벗이 즐겨 亂을 ᄉᆡᆼ각지 안이ᄒᆞᄂᆞ니 누구가 父母ㅣ 업스료

| 번역 |

가득한 저 흐르는 물이여
바다에 조종(朝宗)하도다
빨리 나는 저 새매여
곧 날며 곧 그치네
아, 우리 형제와 나랏 사람 모든 벗이
즐겨 난리를 생각지 않나니
누가 부모가 없으랴

| 자해 |

沔 : 물이 흘러 가득함. • 朝 : 제후가 천자(天子)를 봄에 뵘. • 宗 : 제후가 천자를 여름에 뵘.

| 의해 |

이것은 난리를 근심하는 시이니, "흐르는 물도 오히려 바다에 조종(朝宗)을 하고 나는 새매도 오히려 혹 그칠 바가 있는데 우리 형제와 모든 벗이 기꺼이 난리를 생각는 자가 없으니 누가 유독 부모가 없으리오? 난리가 지나면 근심이 혹 부모에게 미칠 것이니 이 어찌 생각하지 않을 수 있는가?" 한 것이다.

9-2. 沔彼流水여 其流湯湯이로다 鴥彼飛隼이여 載飛載揚이로다 念彼不蹟하여 載起載行하라 心之憂矣여 不可弭忘이로다 [興]

| 언해 |

가득ᄒᆞᆫ 뎌 ᄒᆞ르ᄂᆞᆫ 물이여 그 ᄒᆞ르ᄂᆞᆫ 것이 湯湯ᄒᆞ도다 鴥ᄒᆞᆫ 뎌 날ᄂᆞᆫ ᄉᆡᄆᆡ이여 곳 날며 곳 날리도다 뎌 蹟지 안이ᄒᆞᆷ을 ᄉᆡᆼ각ᄒᆞ야 곳 일어나며 곳 ᄃᆡᆼ기노라 ᄆᆞᄋᆞᆷ의 근심ᄒᆞᆷ이여 可히 긋쳐셔 잇지 못ᄒᆞ리로다

| 번역 |

가득한 저 흐르는 물이여
그 흐름이 성하고 성하네
빨리 나는 저 새매여
곧 날며 곧 드날리네
저 도(道)를 따르지 않음을 생각하여
곧 일어나며 곧 길 가네
마음 근심이여

그쳐 잊지 못하리.

| 자해 |

湯湯 : 물결 흐름이 성한 모양. • 不蹟 : 도(道)를 따르지 않음. • 載起와 載行 : 근심하여 생각함이 깊어서 편안히 처할 겨를이 없음. • 弭 : 그침.

| 의해 |

물이 성함과 새가 나는 것을 가지고 난리를 근심하여 잊지 못하는 것을 흥기한 것이다.

율 피 비 준　　솔 피 중 릉　　민 지 와 언　　영 막 지

9-3. 鴥彼飛隼이여 率彼中陵이로다 民之訛言을 寧莫之

징　　아 우 경 의　　참 언 기 흥

懲고 我友敬矣면 讒言其興가 [興]

| 언해 |

鴥ᄒᆞᆫ 뎌 날ᄂᆞᆫ ᄉᆡᄆᆡ이여 뎌 가운ᄃᆡ 언덕을 ᄯᅡ르도다 ᄇᆡᆨ셩의 거짓말을 엇지 긋치리 업ᄂᆞᆫ고 우리 벗이 공경ᄒᆞ면 참소ᄒᆞᄂᆞᆫ 말이 그 일어나랴

| 번역 |

빨리 나는 저 새매여
저 언덕 가운데를 따르네
백성들의 거짓말을
어찌 징계하는 자 없는가
우리 벗이 공경하면

참소하는 말이 일어나랴

| 자해 |

率 : 따름. • 訛 : 거짓. • 懲 : 그침.

| 의해 |

“새매가 높이 나는 것도 오히려 저 가운데 언덕을 따르는데 백성의 거짓말을 곧 징계하여 그치게 할 수가 없는가? 그러나 우리 벗이 진실로 공경으로 스스로 견지하면 참소하는 말이 어디에서 일어나겠는가?”한 것이니, 이것은 처음에는 사람을 근심하고 끝내는 자기 몸에 돌이킨 것이다

이 「가득한 물[沔水]」은 모두 3장이다.

10. 학이 울거든[鶴鳴]

10-1. 鶴鳴于九皐(학명우구고)어든 聲聞于野(성문우야)니라 魚潛在淵(어잠재연)하나 或(혹)在于渚(재우저)니라 樂彼之園(락피지원)에 爰有樹檀(원유수단)하니 其下維蘀(기하유탁)이니라 他山之石(타산지석)이 可以爲錯(가이위착)이니라 [比]

| 언해 |

鶴이 九皐에셔 울거든 소릐가 들에 들리ᄂᆞ니라 고기가 ᄌᆞᆷ기여 못에 잇스나 或물가에 잇ᄂᆞ니라 즐거운 뎌 동산에 이예 심은 향나무가 잇스니 그 아릐 ᄯᅥ러졋ᄂᆞ니라 他山엣 ᄃᆞᆰ이 可히 ᄡᅧ 숫돌을 삼을지니라

| 번역 |

학(鶴)이 구고(九皐)에서 울거든
소리가 들에 들리느니라
고기가 잠겨 못에 있으나
혹 물가에도 있느니라
즐거운 저 동산에
심어놓은 박달나무가 있는데
그 아래에는 낙엽이 떨어졌네
타산(他山)의 돌이
숫돌이 될 수 있네

| 자해 |

鶴 : 새 이름이니 목이 길며 몸이 높으며 다리가 길고 이마가 붉으며 몸은 희고 목과 꼬리는 검은데 그 울음이 높고 맑아서 8,9리까지 들림. • 皐 : 못 가운데 물이 넘쳐서 구덩이가 된 것인데, 밖에서 세어 아홉에 이르는 것이니 깊고 먼 것을 비유함. • 蘀 : 떨어짐. • 錯 : 숫 돌.

| 의해 |

이 시를 지은 것은 그 말미암은 바를 알지 못한다. 그러나 반드시 착함을 베풀어 가르침을 드리우는 말이다. 대개 학이 구고(九皐)에 울거든 소리가 들에 들린다고 한 것은 성실함을 가리지 못한다는 말이요, 고기가 잠겨 못에 있으나 혹 물가에 있다고 한 것은 이치가 정해져 있지 않은 데가 없음을 말함이요, 동산에 심어놓은 박달나무가 있으니 그 아래 잎사귀가 떨어졌다고 한 것은 사랑해도 그 악함을 아는 것을 말함이요, 타산(他山)의 돌이 숫돌이 될 수 있다고 한 것은 미워도 마땅히 그 착함을 알아야 한다고 한 것이니, 이 네 가지를 말미암아 끌어 펴서 유추(類推)하여 키워나가면 천하의 이치가 그 거의 다 할 것이다.

10-2. 鶴鳴于九皐(학명우구고)어든 聲聞于天(성문우천)이로다 魚在于渚(어재우저)하나 或(혹)潛在淵(잠재연)이니라 樂彼之園(락피지원)에 爰有樹檀(원유수단)하니 其下維穀(기하유곡)이니라 他山之石(타산지석)이 可以攻玉(가이공옥)이니라 [比]

| 언해 |

鶴이 九皐에셔 울거든 소ᄅᆡ가 하ᄂᆞᆯ에 들리ᄂᆞ니라 고기가 물가에 잇스나 或 ᄌᆞᆷ겨셔 못에 잇ᄂᆞ니라 즐거운 뎌 동산에 이예 심은 향나무가 잇스니 그 아ᄅᆡ 사나운 나무이니라 他山엣 돍이 可히 뼈

玉을 攻홀 지니라

| 번역 |

학이 구고에서 울거든
소리가 하늘에 들리느리라
고기가 물가에 있으나
혹은 잠겨 깊은 못에 있네
즐거운 저 동산에
심어 놓은 박달나무가 있으니
그 아래에는 닥나무 있네
타산의 돌이
옥을 갈 수 있다네

| 자해 |

穀 : 닥나무[楮]이니 추악한 나무. • 攻 : 숫돌로 가는 것.

| 의해 |

정자(程子)가 말하기를, "옥(玉)이 온윤(溫潤)함은 천하의 지극한 아름다움이요, 돌이 거칠고 성긴 것은 천하의 지극히 나쁜 것이다. 그러나 두 옥을 서로 갈면 그릇을 이루지 못할 것이다. 돌로써 간 후에 옥이 그릇이 될 수 있어서, 군자가 소인과 더불어 처함에 횡역(橫逆)이 침노하여 더해진 후에 닦아 살펴 두려워하여 피하되, 마음을 움직이고 성질을 참아 예방하면 여기서 의리가 나고 여기서 도덕이 이루어진다는 것을 내가 소자(邵子: 邵雍)께 들었노라." 하였다.

이 「학이 울거든[鶴鳴]」은 모두 2장이다.

「동궁지습(彤弓之什)」은 10편 40장 259구이다. 의심컨대 두 구가 빠졌으니 마땅히 261구이어야 한다.

기보지습 | 祈父之什

1. 장군이시여[祈父]

기 보 여 왕 지 조 아 호 전 여 우 휼 미 소 지 거

1-1. 祈父아 予王之爪牙어늘 胡轉予于恤하여 靡所止居요 [賦]

| 언해 |

祈父아 내 王의 발톱과 아금니어늘 엇지 나를 근심에 굴리여 긋쳐 居ᄒᆞᆯ 배 업게 ᄒᆞ나뇨

| 번역 |

장군이시여
나는 왕의 발톱과 어금니 같은 사람인데
어찌 나를 근심 속에 굴러다니게 하여
머물러 거처하지 못하게 하십니까

| 자해 |

祈父 : 군사를 담당하는 벼슬. • 爪牙 : 짐승의 발톱과 어금니 같이 힘쓴다는 뜻. • 恤 : 근심.

| 의해 |

군사가 오래 군대에 있는 것을 원망하여, 그 장수를 부르고 호소하는 시이다.

기보 여왕지조사 호전여우휼 미소저지

1-2. 祈父아 予王之爪士어늘 胡轉予于恤하여 靡所底止요 [賦]

| 언해 |

祈父아 내 王의 발톱갓흔 군ᄉᆞㅣ어늘 엇지 나를 근심에 굴리여 니르러 긋칠 배 업게 ᄒᆞᄂᆞ뇨

| 번역 |

장군이시여
나는 왕의 발톱 같은 군사인데
어찌 나를 근심 속에 굴러다니게 하여
이르러 머물지 못하게 하십니까

| 자해 |

底 : 이른다는 말.

기보 단불총 호전여우휼 유모지시옹

1-3. 祈父여 亶不聰이로다 胡轉予于恤하여 有母之尸饔고 [賦]

| 언해 |

祈父ㅣ여 진실로 밝지 못ᄒᆞ도다 엇지 나를 근심에 굴리여 어머니로 밥 지음을 쥬장케 ᄒᆞᄂᆞ뇨

| 번역 |

장군이시여
진실로 총명하지 못하십니다
어찌 나를 근심 속에 굴러다니게 하여
어머니가 손수 밥을 짓도록 하십니까

| 자해 |

亶 : 진실로. • 尸 : 주장함. • 饔 : 밥을 지음.

| 의해 |

옛 법에 부모가 늙고 형제가 없으면 군사의 군복무를 면해주는 것인데, 이제 어머니로 하여금 밥을 지으시게 하니, 이는 장수가 총명하지 못함이다

이 「장군이시여[祈父]」는 모두 3장이다.

| 요지 |

군사가 군복무의 괴로움을 견디지 못하여 그 장수가 공평하지 못함을 원망하였다. 그러나 오히려 왕의 조아(爪牙)를 잃을까 염려하고 어머니의 수고로움을 탄식하여 충효가 지극하니, 선왕의 은택이 남아 있었기 때문이다.

2. 흰 망아지[白駒]

2-1. 皎皎白駒(교교백구) 食我場苗(식아장묘)라하여 縶之維之(집지유지)하여 以永今朝(이영금조)하여 所謂伊人(소위이인)이 於焉逍遙(어언소요)케하리라 [賦]

| 언해 |

皎皎ᄒᆞᆫ 흰말이 내 마당의 싹을 먹엇다 ᄒᆞ야 縶ᄒᆞ며 維ᄒᆞ야 뼈 이졔 아춤을 기리ᄒᆞ야 닐온바 뎌 ᄉᆞ람이 이에 逍遙케 ᄒᆞ리라

| 번역 |

희고 흰 망아지 내 마당의 싹을 먹었다고
발을 매고 허리를 매어 오늘 아침 내내
저 사람이 여기에서 놀고 쉬게 하리라

| 자해 |

皎皎 : 결백한 모양. • 縶 : 발을 맴. • 維 : 허리를 맴. • 逍遙 : 놀고 쉼.

| 의해 |

어진 사람이 가고자 하는데 만류하기 어렵기 때문에, 그가 타고 온 말을 붙들어 매고 다른 말로 핑계하여 조금이라도 더 놀고 가게 한 것이다.

2-2. 皎皎白駒 食我場藿이라하여 縶之維之하여 以永今夕하여 所謂伊人이 於焉嘉客케하리라 [賦]

| 언해 |

皎皎ᄒᆞᆫ 흰말이 내 마당의 팟 입ᄉᆡᆨ이를 먹엇다 ᄒᆞ야 縶ᄒᆞ며 維ᄒᆞ야 닐온바 뎌 ᄉᆞ람이 이에 알음다온 숀이 되게 호리라

| 번역 |

희고 흰 망아지 내 마당의 팥잎을 먹었다고
발을 매고 허리를 매어 오늘 저녁 내내
저 사람이 여기에서 좋은 손님 되게 하리라

| 자해 |

藿 : 팥잎.

2-3. 皎皎白駒 賁然來思면 爾公爾侯하여 逸豫無期케하리라 愼爾優游하며 勉爾遁思어다 [賦]

| 언해 |

皎皎ᄒᆞᆫ 흰말이 빗ᄂᆞ게 오면 너로 公을 ᄒᆞ며 너로 侯를 ᄒᆞ야 노닐고 질거움을 긔한 업게 호리라 네 편히 놀믈 過히 말오며 네 갈 ᄉᆡᆼ각을 참을 씨어다

| 번역 |

희고 흰 망아지 빛나게 하고 오면
그대를 공작 후작으로 삼아 한없이 노니리
그대의 노니는 일 삼가고 갈 생각 참으라

| 자해 |

賁 : 빛나는 모양. • 思 : 어조사. • 愼 : 지나치게 하지 말라는 뜻. • 勉 : 참으라는 뜻.

| 의해 |

어진 사람이 오면 좋은 벼슬을 아끼지 않으리니, 홀로 편할 생각을 지나치게 하지 말며 돌아갈 뜻을 조금 참으라는 말이다.

2-4. 皎皎白駒 在彼空谷하니 生芻一束이로소니 其人如玉이로다 毋金玉爾音하여 而有遐心이어다 【賦】

(교교백구 재피공곡 생추일속 기인여옥 무금옥이음 이유하심)

| 언해 |

皎皎ᄒᆞᆫ 흰말이 뎌 뷔인 골에 잇ᄉᆞ니 生쏠이 ᄒᆞᆫ 뭇이로소니 그 ᄉᆞ람이 玉갓도다 네 쇼릐를 金과 玉갓치 ᄒᆞ야 먼 마음을 두지 말을 찌어다

| 번역 |

희고 흰 망아지 저 빈 골짜기에 있으니
생 꼴이 한 뭇이요 그 사람은 옥과 같도다
음성을 금옥같이 하여 멀리하는 마음 갖지 말라

| 의해 |

어진 사람을 마침내 붙들지 못하니, 말을 먹여 보내고 그 사람의 아름다움을 탄식하여, 몸은 갈지라도 소식을 아끼지 말아 멀리하는 마음이 없기를 바란 것이다.

이 「흰 망아지[白駒]」는 모두 4장이다.

3. 꾀꼬리[黃鳥]

3-1. 黃鳥黃鳥(황조황조)아 無集于穀(무집우곡)하여 無啄我粟(무탁아속)이어다 此邦之(차방지) 人(인)이 不我肯穀(불아긍곡)인댄 言旋言歸(언선언귀)하여 復我邦族(복아방족)하리라 [比]

| 언해 |

黃鳥黃鳥아 穀나무에 모되지 말아 내 粟을 쏘으지 말을 씨어다 이 나랏 ᄉᆞ롬이 나를 질겨 죠하ᄒᆞ지 아닐진댄 돌치여 도라가 우리나라 겨릐에 돌니리라

| 번역 |

꾀꼬리야 꾀꼬리야
닥나무에 모이지 말아 내 조를 쪼지 말아라
이 나라 사람들이 나를 좋아하지 않는다면
돌이켜 돌아가리 우리 겨레에게 돌아가리

| 자해 |

穀 : 나물 이름. • 穀 : 좋아함.

| 의해 |

사람이 다른 나라에 가서 의지할 곳을 얻지 못하였기 때문에 이 시를 지어 꾀꼬리에 비유하였다. 저 새도 사람에게 해롭게 말지어다. 이 나라 사람이 내게 좋게 아니하면 나는 도로 갈 것이다.

황 조 황 조　무 집 우 상　무 탁 아 량　차 방 지
3-2. 黃鳥黃鳥아 無集于桑하여 無啄我粱이어다 此邦之
인　불 가 여 명　언 선 언 귀　복 아 제 형
人이 不可與明이란대 言旋言歸하여 復我諸兄하리라 [比]

| 언해 |

黃鳥黃鳥아 桑나무에 모되지 말아 내 粱을 쏘으지 말을 씨어다 이 나랏 ᄉᆞ롬이 可히 더불어 밝히지 몯홀지란ᄃᆡ 돌치여 도라가 우리 諸兄에게 돌니리라

| 번역 |

꾀꼬리야 꾀꼬리야
뽕나무에 모이지 말아 내 수수를 쪼지 말아라
이 나라 사람들에게 뜻을 밝힐 수 없다면
돌이켜 돌아가리 우리 형제에게 돌아가리

황 조 황 조　무 집 우 허　무 탁 아 서　차 방 지 인
3-3. 黃鳥黃鳥아 無集于栩하여 無啄我黍어다 此邦之人
불 가 여 처　언 선 언 귀　복 아 제 부
이 不可與處란대 言旋言歸하여 復我諸父하리라 [比]

| 언해 |

黃鳥黃鳥아 栩나무에 모되지 말아 내 黍를 쏘으지 말을 씨어다 이 나랏 ᄉᆞ롬이 可히 더불어 處치 몯홀지란ᄃᆡ 돌치여 도라가 우리 諸父에게 돌니리라

| 번역 |

꾀꼬리야 꾀꼬리야
참나무에 모이지 말아 내 기장을 쪼지 말아라
이 나라 사람들과 함께 살지 못한다면
돌이켜 돌아가리 우리 숙부에게 돌아가리

이 「꾀꼬리[黃鳥]」는 모두 3장이다.

4. 내 들길을 가노라니[我行其野]

4-1. 我行其野(아행기야)하니 蔽芾其樗(폐불기저)러라 昏姻之故(혼인지고)로 言就爾居(언취이거)러니 爾不我畜(이불아휵)이란대 復我邦家(복아방가)하리라 [賦]

| 언해 |

내 그 들에 行호니 蔽芾ᄒᆞᆫ 그 樗나무러라 昏姻의 연고로 네의 居에 나아 갓노니 네 나를 기르지 아니ᄒᆞᆯ진ᄃᆡ 우리 邦家에 돌니오리라

| 번역 |

내 들길을 가노라니 가죽나무 우거졌네
혼인한 연고로 그대의 거처에 가는데
나를 길러주지 않는다면 우리 집에 돌아가리

| 자해 |

芾 : 우거짐. • 樗 : 가죽나무. • 畜 : 기름.

| 의해 |

사람이 다른 나라에 가서 혼인한 집을 의지하다가 거두어줌을 얻지 못하였기 때문에 이 시를 지었다. 들에는 나쁜 나무와 나쁜 나물만 있고 혼인한 집은 믿을 수 없으니 장차 돌아갈 따름이다.

4-2. 我行其野(아행기야)하여 言采其蓫(언채기축)하라 昏姻之故(혼인지고)로 言就爾宿(언취이숙)하니 爾不我畜(이불아휵)이란대 言歸思復(언귀사복)하리라 [賦]

| 언해 |

내 그 들에 行ᄒᆞ야 그 蓫나물을 킈오라 昏姻의 연고로 네게 나아 가자노니 네 나를 기르지 아니ᄒᆞᆯ진ᄃᆡ 도라가 돌니오리라

| 번역 |

내 들길을 가다가 소리쟁이를 뜯노라
혼인한 연고로 그대의 숙소에 가는데
나를 길러주지 않는다면 돌아가리 돌아가리

| 자해 |

蓫 : 소리쟁이.

4-3. 我行其野(아행기야)하여 言采其葍(언채기복)하라 不思舊姻(불사구인)이요 求我新特(구아신특)은 成不以富(성불이부)나 亦祗以異(역지이이)니라 [賦]

| 언해 |

내 그 들에 行ᄒᆞ야 그 葍나물을 킈오라 녯 혼인을 ᄉᆡᆼ각지 아니ᄒᆞ고 ᄉᆡ 짝을 求ᄒᆞ옴은 진실로 富로ᄡᅧ ᄒᆞᆷ이 아니나 ᄯᅩᄒᆞᆫ 마ᄎᆞᆷ 다른 것으로 ᄡᅧ ᄒᆞᆷ이니라

| 번역 |

내 들길을 가다가 메꽃 잎을 따노라
옛 혼인을 생각하지 않고 새 짝을 구함은
진실로 부유해서가 아니라 다만 기이해서라

| 자해 |

葍 : 메. • 特 : 짝. • 成 : 정성스러움.

| 의해 |

옛 정을 생각하지 않고 새 짝을 구함은 저 부자를 취함이 아니고 다만 새 사람이 옛 사람과 다름이라고 말하니, 이는 사람을 책망하면서도 충후한 뜻이 있는 것이다.

이 「내 들길을 가노라니[我行其野]」는 모두 3장이다.

| 요지 |

나라가 잘 다스려지고 사람이 덕과 의리가 있으면 평범한 친구도 서로 구제해 주는 것인데, 하물며 혼인한 집이겠는가? 나라가 어지럽고 사람이 덕과 의리가 없으면 부자・형제도 이산하니, 혼인을 어찌 믿겠는가? 시를 보면 그 때를 알 수 있다.

5. 이 물가[斯干]

5-1. 秩秩斯干(질질사간)이요 幽幽南山(유유남산)이로소니 如竹苞矣(여죽포의)요 如松(여송)茂矣(무의)로다 兄及弟矣(형급제의) 式相好矣(식상호의)요 無相猶矣(무상유의)로다 [賦]

| 언해 |

秩秩ᄒᆞᆫ 이 물ᄶᅡ이오 幽幽ᄒᆞᆫ 南山이로소니 대가 굿음갓고 솔이 盛ᄒᆞᆷ 갓도다 兄과 밋 아오 뼈 셔로 조와ᄒᆞ고 셔로 ᄭᅬᄒᆞᆷ이 업스리로다

| 번역 |

졸졸 흐르는 이 물가요
그윽한 남산이로다
대나무가 굳세듯
소나무가 무성하듯
형과 아우
서로 사이가 좋아
서로 따지지 않는구나

| 자해 |

秩秩 : 차례 있음. • 幽幽 : 깊은 모양. • 干 : 물가. • 苞 : 굳셈. • 好 : 좋아함. • 猶 : 꾀함.

| 의해 |

집을 짓고 잔치하여 낙성하는 글이다. 물가와 산 아래 집을 굳게 짓고 가족이 화락함을 송축하였다.

5-2. 似續妣祖(사속비조)하여 築室百堵(축실백도)하니 西南其戶(서남기호)로소니 爰居(원거) 爰處(원처)며 爰笑爰語(원소원어)로다 [賦]

| 언해 |

할미와 할아비를 니읏고 니어 집을 百담을 싸흐니 그 지게를 西로ᄒᆞ며 南으로 ᄒᆞ얏도소니 이에 居ᄒᆞ며 이에 處ᄒᆞ며 이에 우스며 이에 말솜ᄒᆞ리로다

| 번역 |

할아버지 할머니 이어
백 칸짜리 집을 지으니
서쪽 남쪽으로 창문을 내었으니
여기에서 거하며 처하며
여기에서 웃고 말하리로다

| 자해 |

似 : 이음.

약지각각 탁지탁탁 풍우유제 조서유거
5-3. 約之閣閣하며 椓之槖槖하니 風雨攸除며 鳥鼠攸去
군자유우
로소니 君子攸芋로다 [賦]

| 언해 |

約홈을 閣閣히 ᄒᆞ며 椓홈을 槖槖히 ᄒᆞ니 바람과 비의 除홀 배며 ᄉᆡ와 쥐의 벌일 배로소니 君子의 놉고 클배로다

| 번역 |

판자를 층층이 묶고
흙을 탁탁 쌓아서
비와 바람을 막으며
새와 쥐를 막으니
군자의 집이 높고 크도다

| 자해 |

約 : 묶음. • 閣閣 : 서로 합한 모양. • 椓 : 쌓음. • 槖槖 : 쌓는 소리. • 芋 : 높고 큼.

여기사익 여시사극 여조사혁 여휘사
5-4. 如跂斯翼하며 如矢斯棘하며 如鳥斯革하며 如翬斯
비 군자유제
飛로소니 君子攸躋로다 [賦]

| 언해 |

소ᄉᆞ셔 셔 이 공경홈 갓ᄒᆞ며 살이 이 급홈 갓ᄒᆞ며 ᄉᆡ 날개이 변홈

갓흐며 ᄭᅴᆼ이 이 날너 가옴 갓도소니 君子의 올늘배로다

| 번역 |

솟아 서서 공경하는 듯하며

화살이 빨리 날아가는 듯하며

새가 날개를 편 듯하며

꿩이 날아가는 듯하니

군자가 오를 곳이로다

| 자해 |

跂 : 솟아서 섬. • 翼 : 공경하는 모양. • 棘 : 급함. • 翬 : 꿩. • 革 : 변함.

5-5. 殖殖其庭(식식기정)이며 有覺其楹(유각기영)이며 噲噲其正(쾌쾌기정)이며 噦噦其冥(홰홰기명)이로소니 君子攸寧(군자유녕)이로다 [賦]

| 언해 |

殖殖훈 그 뜰이며 놉고 큰 기동이며 噲噲훈 그 바른데며 噦噦훈 그 어두운데로소니 君子의 편훌 배로다

| 번역 |

평평하고 바른 뜰이며

높고 큰 기둥이며

상쾌한 정면이며

깊고 넓은 방안이니

군자가 편할 곳이로다

| 자해 |

殖殖 : 평평하고 바름. • 覺 : 높고 큼. • 噲噲 : 상쾌함. • 噦噦 : 깊고 넓은 모양.

| 의해 |

이상은 그 집을 지은 모양과 군자의 거처할 바를 말함이니, 먼저 조상을 이를 일이고, 다음은 정사를 듣고, 다음은 몸을 편하게 할 일이다. 군자가 집을 지은 뜻이 이러하니, 군자는 나라 임금을 이름이다.

5-6. 下莞上簟(하완상점)이로소니 乃安斯寢(내안사침)이로다 乃寢乃興(내침내흥)하여 乃占我夢(내점아몽)하니 吉夢維何(길몽유하)요 維熊維羆(유웅유비)와 維虺維蛇(유훼유사)로다 [賦]

| 언해 |

아릐는 부들 ᄌᆞ리오 우에는 대ᄌᆞ리로소니 이에 ᄌᆞᆷ이 편안ᄒᆞ리로다 자고 이러나셔 내 ᄭᅮᆷ을 占ᄒᆞ니 吉ᄒᆞᆫ ᄭᅮᆷ이 무엇이뇨 熊과 羆와 虺와 蛇ㅣ로다

| 번역 |

아래는 부들자리 위는 대자리니
여기에서 편안히 잘 것이로다
자고 일어나서
나의 꿈을 점치니
길몽은 무엇인가
곰과 큰 곰과

큰 뱀과 뱀이로다

| 자해 |

莞 : 부들자리. • 簟 : 대자리. • 羆 : 곰. • 虺 : 뱀.

| 의해 |

이하는 남녀를 생산함을 송축하였다.

5-7. 大人占之(태인점지)하니 維熊維羆(유웅유비)는 男子之祥(남자지상)이요 維虺維蛇(유훼유사)는 女子之祥(녀자지상)이로다 [賦]

| 언해 |

大人이 占ᄒᆞ니 熊과 羆는 男子의 祥이요 虺와 蛇는 女子의 祥이로다

| 번역 |

점치는 이 점쳐 보니
곰과 큰 곰은
아들을 낳을 상서이고
큰 뱀과 뱀은
딸을 낳을 상서로다

| 자해 |

大人 : 꿈을 점치는 벼슬.

| 의해 |

곰과 큰 곰은 양물(陽物)이며 힘이 강하기 때문에 남자에 비유하고, 큰 뱀과 뱀은 음물(陰物)이며 음복(陰伏)하여 있기 때문에 여자에 비유하였다.

5-8. 乃生男子하여 載寢之牀하며 載衣之裳하며 載弄之璋하니 其泣喤喤이로소니 朱芾斯皇하여 室家君王이로다

[賦]

| 언해 |

男子를 生ᄒᆞ야 곳 牀에 자이며 곳 裳을 입히며 곳 璋을 弄케ᄒᆞ니 그 울음이 喤喤ᄒᆞ도소니 븕은 芾이 이에 빗나야 室도 잇스며 家도 잇스며 君도 되며 王도 되리로다

| 번역 |

이에 아들을 낳아
침상에서 재우며
바지를 입히며
구슬을 갖고 놀게 하니
울음소리 우렁차니
붉은 슬갑이 빛나서
집을 갖고 임금이 되리라

| 자해 |

璋 : 옥의 이름. • 喤喤 : 큰 소리. • 朱芾 : 붉은 슬갑이니, 임금의 복색. • 皇

: 빛남. • 衣 : 입힘.

5-9. 乃生女子하여 載寢之地하며 載衣之裼하며 載弄之瓦하니 無非無儀라 唯酒食是議하여 無父母詒罹로다 [賦]

| 언해 |

女子를 生ᄒᆞ야 곳 짜에 자이며 곳 裼를 입히며 곳 기와를 弄케ᄒᆞ니 그름도 업스며 조흠도 업슬찌라 술과 밥만이 의론ᄒᆞ야 父母에게 근심을 끼침이 업스리로다

| 번역 |

이에 딸을 낳아
방바닥에 재우며
저고리를 입히며
실패를 갖고 놀게 하니
잘못도 없으며 잘함도 없기에
오직 술과 밥을 의논하여
부모에게 걱정을 끼치지 않으리

| 자해 |

裼 : 아이 이불. • 儀 : 좋은 일. • 食 : 밥. • 罹 : 근심.

| 의해 |

이 시의 내용은 "여자는 남자를 따르기 때문에 술과 밥이나 알 따

름이고, 부모에게 근심만 끼치지 아니하면 충분하다. 다른 좋은 일이 있어도 상서롭지 아니하거든 하물며 그름이겠는가?"라는 뜻이다. 여성의 지위가 남성에 비해 현저히 낮았던 시대에 딸에 대한 부모의 인식을 보여주는 시라고 할 수 있겠다.

이 「이 물가[斯干]」는 모두 9장이다.

6. 양이 없다고[無羊]

6-1. 誰謂爾無羊(수위이무양)이리요 三百維羣(삼백유군)이로다 誰謂爾無牛(수위이무우)리요 九十其犉(구십기순)이로다 爾羊來思(이양래사)하니 其角濈濈(기각즙즙)이로다 爾牛來思(이우래사)하니 其耳濕濕(기이습습)이로다 [賦]

| 언해 |

뉘 닐오ᄃᆡ 네 羊이 업다 ᄒᆞ리오 三百으로 무리를 ᄒᆞ엿도다 뉘 닐오ᄃᆡ 네 소ㅣ 업다 ᄒᆞ리오 아흔인 그 犉이로다 네 羊이 오니 그 ᄲᅳᆯ이 濈濈ᄒᆞ도다 네 소ㅣ 오니 그 귀 濕濕ᄒᆞ도다

| 번역 |

누가 그대에게 양이 없다고 이르리
삼백으로 떼를 이루었도다
누가 그대에게 소가 없다고 이르리
구십 마리 입술 검은 황소로다
그대의 양이 돌아오니
뿔을 사이좋게 모으도다
그대의 소가 돌아오니
귀가 반지르르하도다

| 자해 |

犉 : 입이 검은 누런 소. • 濈濈 : 조화로운 모양. • 濕濕 : 윤택한 모양.

| 의해 |

이 시는 축산을 잘 하여 소와 양이 많다는 말이다.

6-2. 或降于阿하며 或飮于池하며 或寢或訛로다 爾牧來思하니 何蓑何笠이며 或負其餱로소니 三十維物이라 爾牲則具로다 [賦]

| 언해 |

或 언덕에 나리며 或 못에 마시며 或 자며 或 동ᄒᆞ놋다 네 牧이 오니 도롱이를 메며 삿갓을 메며 或 그 말은 밥을 졋도소니 셜흔인 그 物이라 네 김싱이 곳 갓츄엇도다

| 번역 |

어떤 놈은 언덕에서 내려오며
어떤 놈은 연못에서 물을 마시며
어떤 놈은 자고 어떤 놈은 움직이도다
그대의 목축하는 사람이 돌아오니
도롱이를 메고 삿갓을 썼으며
말린 밥을 짊어지기도 하였으니
삼십 가지나 되는 동물의 색깔이라
그대의 희생물이 구비되었도다

| 자해 |

訛 : 움직임. • 牧 : 소와 양을 먹이는 사람. • 何 : 멘다는 말. • 蓑 : 도롱이. • 笠 : 삿갓. • 餱 : 마른 밥. • 三十 : 짐승의 빛이 여러 가지라는 말.

| 의해 |

짐승을 잘 기르니 짐승이 편하여 자연스럽게 번성한다는 말이다.

6-3. 爾牧來思(이목래사)하니 以薪以蒸(이신이증)이며 以雌以雄(이자이웅)이로다 爾羊(이양) 來思(래사)하니 矜矜兢兢(긍긍긍긍)하며 不騫不崩(불건불붕)이로소니 麾之以肱(휘지이굉)하니 畢來既升(필래기승)이로다 [賦]

| 언해 |

네 牧이 오니 뼈 薪도 ᄒᆞ며 뼈 蒸도 ᄒᆞ며 뼈 雌도 ᄒᆞ며 뼈 雄도 ᄒᆞ놋다 네 羊이오니 矜矜ᄒᆞ며 兢兢ᄒᆞ며 이질어지지 아니ᄒᆞ며 문어지지 아니ᄒᆞ도소니 두루기를 팔노뼈 ᄒᆞ니 다 와셔 다 올으놋다

| 번역 |

그대의 목축하는 사람이 돌아오니
굵은 땔나무도 하였고 가는 땔나무도 하였으며
암컷도 사냥하고 수컷도 사냥하였네
그대의 양이 돌아오는데
튼튼하고 건장하며
야위지도 않고 병들지도 않았으니
그 짐승들을 팔뚝으로 지휘하니
모두 와서 다 우리로 올라가네

| 자해 |

薪 : 굵은 섶. • 蒸 : 가는 섶. • 雌雄 : 새와 짐승을 잡음. • 矜矜兢兢 : 견고하고 강함. • 騫 : 이지러짐. • 既 : 다함.

| 의해 |

소와 양이 순종하여 먹이는 사람의 힘이 덜하니, 장작도 하고 짐승도 잡는데 소와 양이 병이 없다는 말이다.

6-4. 牧人乃夢(목인내몽)하니 衆維魚矣(중유어의)며 旐維旟矣(조유여의)로다 大人占之(태인점지)하니 衆維魚矣(중유어의)는 實維豊年(실유풍년)이요 旐維旟矣(조유여의)는 室家溱溱(실가진진)이로다 [賦]

| 언해 |

牧人이 숨ᄒᆞ니 무리 고기되며 旐ㅣ 旟되도다 大人이 占ᄒᆞ니 무리 고기되옴은 實로 豊年홈이오 旐ㅣ 旟되옴은 室家ㅣ 溱溱ᄒᆞ리로다

| 번역 |

목축하는 사람이 꿈을 꾸니
무리가 물고기가 되며
거북·뱀 기가 송골매 기로 변하네
점치는 사람이 점쳐보니
무리가 물고기가 됨은
진실로 풍년이 들 조짐이고
거북·뱀 기가 송골매 기로 변함은
집안사람들이 많아질 조짐이로다

| 자해 |

大 : 음은 '태'. • 旐 : 거북과 뱀을 그린 기. • 旟 : 송골매를 그린 기. • 溱溱 : 많음.

| 의해 |

사람은 적고 고기는 많기 때문에 사람이 고기가 된 것은 풍년이 들 조짐이다. 거북과 뱀을 그린 기는 작은 기이고 송골매를 그린 기는 큰 기이기 때문에 거북과 뱀을 그린 기가 송골매를 그린 기가 된 것은 집안사람들이 많아질 조짐이다. 대개 송축하는 뜻이다.

이 「양이 없다고[無羊]」는 모두 4장이다.

7. 우뚝한 남산[節南山]

7-1. 節彼南山(절피남산)이여 維石巖巖(유석암암)이로다 赫赫師尹(혁혁사윤)이여 民具(민구)爾瞻(이첨)이로다 憂心如惔(우심여담)하며 不敢戲談(불감희담)하니 國旣卒斬(국기졸참)이어늘 何用不監(하용불감)고 [興]

| 언해 |

節ᄒᆞᆫ 뎌 南山이여 돍이 巖巖ᄒᆞ도다 赫赫ᄒᆞᆫ 師尹이여 ᄇᆡᆨ셩이 다 너를 바라놋다 마음에 근심ᄒᆞᆷ을 틔우듯 ᄒᆞ며 敢히 戲談치 못ᄒᆞ노니 나라이 임의 맛ᄎᆞᆷ내 ᄭᅳᆫ켓거ᄂᆞᆯ 엇지 ᄲᅧ 보지 아니ᄒᆞᄂᆞᆫ고

| 번역 |

우뚝한 저 남산이여
바윗돌이 첩첩이 쌓였도다
빛나는 태사인 윤씨여
백성들이 모두 당신을 우러러보오
마음에 걱정이 불타는 듯 하며
감히 농담도 하지 못하니
나라가 마침내 망하게 생겼는데
어찌 살펴보지 아니하는가

| 자해 |

節 : 높음. • 巖巖 : 돌이 쌓인 모양. • 赫赫 : 성한 모양. • 師尹 : 태사 벼슬을

한 윤씨니, 태사는 곧 정승임. • 惔 : 태움.

| 의해 |

이 시는 가보(家父)가 지었는데, 왕이 윤씨(尹氏)를 신임하여 나라가 어지러운 까닭에 경계한 것이다. 산이 높으면 돌이 쌓이고 벼슬이 높으면 백성이 바라보는 것인데, 윤씨는 나라를 어지럽게 하여 사람이 다 근심하면서도 감히 말을 못하니, 나라가 마침내 망함을 살피지 못할 것이로다.

7-2. 節彼南山(절피남산)이여 有實其猗(유실기의)로다 赫赫師尹(혁혁사윤)이여 不平謂何(불평위하)요 天方薦瘥(천방천채)라 喪亂弘多(상란홍다)며 民言無嘉(민언무가)어늘 憯莫懲嗟(참막징차)하나다 [興]

| 언해 |

節ᄒᆞᆫ 뎌 南山이여 가득ᄒᆞ야 ᄌᆞ라ᄂᆞᆫ도다 赫赫ᄒᆞᆫ 師尹이여 平치 아니ᄒᆞ니 닐온들 엇지 ᄒᆞ리오 하놀이 바야흐로 병을 거듭ᄒᆞᄂᆞᆫ지라 喪亂이 크고 만흐며 ᄇᆡᆨ셩의 말ᄉᆞᆷ이 아람다옴이 업거ᄂᆞᆯ 일쯕 懲계ᄒᆞ야 슯허ᄒᆞ지 아니ᄒᆞᄂᆞ다

| 번역 |

우뚝한 저 남산이여
초목이 가득히 자라도다
빛나는 태사인 윤씨여
공평하지 않으니 뭐라 말하리
하늘이 거듭 병을 내리었네

초상과 환란이 크고 많으며
백성들의 말이 곱지 않거늘
일찍이 징계하여 탄식함이 없네

| 자해 |

實 : 가득함. • 猗 : 자람. • 薦 : 거듭함. • 瘥 : 병. • 憯 : 일찍.

| 의해 |

산이 높으면 초목이 가득히 자라거늘, 정승이 공평하지 않으면 백성이 어찌 견디겠는가? 하늘은 병을 내려 경고하고 백성들은 말을 지어 원망하거늘, 조금도 징계하여 고치지 아니하니, 이를 탄식함이다.

7-3. 尹氏大師 維周之氐라 秉國之均이란대 四方是維하며 天子是毗하여 俾民不迷어늘 不弔昊天하니 不宜空我師니라 [賦]

| 언해 |

尹氏大師ㅣ 周ㅅ나라의 근본이라 나라의 골음을 잡을 찌란대 四方을 이 얽으며 天子를 이 도아 ᄇᆡᆨ셩으로 ᄒᆞ여곰 어지럽지 아니케 홀찌어늘 하늘에 弔ᄒᆞ이지 못ᄒᆞ니 우리 무리를 空케 ᄒᆞᆷ이 맛당치 아니ᄒᆞ니라

| 번역 |

윤씨 태사가

주나라의 근본이기에
나라를 고르게 다스림을 맡았는데
사방을 이에 유지하며
천자를 이에 보좌하여
백성들을 미혹되지 않게 해야 하거늘
하늘에게 가엾이 여김을 받지 못하였으니
우리 민중들을 곤궁하게 아니해야 하네

| 자해 |

氏 : 근본. • 維 : 얽음. • 毗 : 도움. • 空 : 곤궁함. • 師 : 무리.

| 의해 |

정승은 나라의 근본이므로 임금을 도와 백성을 어지럽지 않게 해야 할 것인데, 그렇지 못하여 하늘이 불쌍히 여기지 아니하니, 오래 그 자리에 있어 백성을 곤궁하게 하는 것이 마땅하지 않다.

7-4. 弗躬弗親(불궁불친)을 庶民弗信(서민불신)하나니 弗問弗仕(불문불사)로 勿罔君子(물망군자)어다 式夷式已(식이식이)하여 無小人殆(무소인태)어다 瑣瑣姻亞(쇄쇄인아)는 則無膴仕(즉무무사)니라 [賦]

| 언해 |

몸으로 아니ᄒᆞ며 親히 아니ᄒᆞ다 ᄒᆞᆷ을 庶民이 밋지 아니ᄒᆞᄂᆞ니 뭇지 아니ᄒᆞ며 일ᄒᆞ지 아니ᄒᆞ다 ᄒᆞᆷ으로 君子를 속이지 말찌어다 ᄲᅧ평케ᄒᆞ야 ᄲᅧ 말아 小人으로 위티ㅅ케 말찌어다 瑣瑣ᄒᆞᆫ 姻亞ᄂᆞᆫ 곳후ᄒᆞᆫ 벼술을 못ᄒᆞᆯ 거시니라

| 번역 |

몸소 하지 않고 친히 하지 않았다 해도
서민들이 믿지 아니 하나니
묻지 않고 일하지 않았다고
군자(왕)를 속이지 말라
공평하게 하고 그만 두게 하여
소인이 위태롭게 못하게 하라
자질구레한 사돈과 동서에게는
높은 벼슬을 주지 말지어다

| 자해 |

仕 : 일. • 罔 : 속임. • 君子 : 왕을 이름. • 夷 : 공평함.. • 瑣瑣 : 작은 모양. • 姻 : 사위의 아비. • 亞 : 아(婭)와 같으니, 동서. • 膴 : 후함.

| 의해 |

윤씨가 나라를 어지럽게 한 것은 마음이 공평하지 못하여 사사로운 감정으로 사람을 많이 쓴 까닭이다. 비록 그렇지 않다 하여도 백성이 믿지 않는 경우가 있는데, 하물며 임금을 속이겠는가? 사사로운 감정으로 사람을 쓰면 반드시 소인이 많을 것이니, 나라가 어찌 어지럽지 않겠는가?

7-5. 昊天不傭(호천불용)하여 降此鞠訩(강차국흉)이며 昊天不惠(호천불혜)하여 降此大戾(강차대려)샷다 君子如屆(군자여계)면 俾民心闋(비민심결)이며 君子如夷(군자여이)면 惡怒是違(악노시위)하리라 [賦]

| 언해 |

하늘이 고로지 아니ᄒᆞ야 이 궁ᄒᆞᆫ 어지러움을 나리며 하늘이 은혜롭지 아니ᄒᆞ야 이 큰 어그러짐을 나리샷다 君子ㅣ 만일 니르면 ᄇᆡᆨ셩의 마음으로 ᄒᆞ여곰 쉬며 君子ㅣ 만일 평ᄒᆞ면 실혀ᄒᆞ고 怒ᄒᆞᆷ이 이 멀리라

| 번역 |

하늘이 고르지 아니하여
이 지극한 어지러움을 내렸으며
하늘이 은혜롭지 아니하여
이 큰 어긋남을 내리셨도다
군자가 만일 이르러 온다면
백성의 마음을 쉬게 할 것이며
군자가 만일 공평하게 한다면
싫어하고 노함이 멀어질 것이다

| 자해 |

傭 : 고름. • 鞠 : 궁함. • 訩 : 어지러움. • 戾 : 어그러짐. • 闋 : 쉼.

| 의해 |

백성이 어지럽고 어그러짐은 윤씨의 그릇됨과 왕의 어두움 때문인데, 하늘이 고르지 않고 은혜롭지 않다고 한 것은 허물을 돌려보낼 곳이 없으므로 하늘에 돌려보낸 것이니 시인의 충후한 뜻이다. 그러나 군자가 이르러 오면 백성의 마음이 쉬고, 군자가 공평하면 싫어하고 노여워함이 멀어질 것이라고 한 것은 결국 사람들의 책망이 없을 수 없기 때문이다.

7-6. 不吊昊天(부조호천)이라 亂靡有定(난미유정)하여 式月斯生(식월사생)하여 俾民不寧(비민불녕)하나다 憂心如酲(우심여정)하니 誰秉國成(수병국성)이완대 不自爲政(부자위정)하여 卒勞百姓(졸로백성)고 [賦]

| 언해 |

하ᄂᆞᆯ에 吊ᄒᆞ이지 못ᄒᆞᆫ지라 어지러움이 定ᄒᆞᆷ이 잇지 아니ᄒᆞ야 뼈달로 이 生ᄒᆞ야 ᄇᆡᆨ셩으로 ᄒᆞ여곰 편치 못게ᄒᆞᄂᆞ다 마음에 근심ᄒᆞᆷ을 酲ᄒᆞᆫ 듯ᄒᆞ니 뉘 國成을 잡엇관ᄃᆡ 스ᄉᆞ로 졍ᄉᆞ를 ᄒᆞ지 아니ᄒᆞ야 맛ᄎᆞᆷᄂᆡ 百姓을 슈고롭게 ᄒᆞᄂᆞᆫ고

| 번역 |

하늘에게 가엾이 여김을 받지 못하였으니
어지러움이 안정되지 못하여
달마다 이에 생겨나서
백성들로 하여금 편안하지 못하게 하도다
마음에 걱정되어 술병이 난 듯하니
누가 나라의 정사를 맡았기에
스스로 정사를 하지 아니하여
마침내 백성들을 수고롭게 하는가

| 자해 |

酲 : 술병. • 成 : 공평함. • 國成 : 나라의 정사.

| 의해 |

왕이 정사를 하지 않고 윤씨에게 맡기며 윤씨가 또 스스로 하지 않고 여러 소인에게 맡겨 마침내 어지럽게 하였기 때문에 누가

나라의 정사를 잡았느냐고 탄식한 것이다.

7-7. 駕彼四牡(가피사모)하니 四牡項領(사모항령)이로다마는 我瞻四方(아첨사방)하니 蹙蹙(축축)靡所騁(미소빙)이로다 [賦]

| 언해 |

뎌 四牡를 멍에ᄒᆞ니 四牡는 목이 크도다마는 내 四方을 보니 蹙蹙ᄒᆞ야 달닐배 업도다

| 번역 |

저 네 마리 수말에 멍에 하니
네 마리 수말이 목이 크다마는
내가 사방을 둘러보니
움츠려서 달려갈 곳이 없도다

| 자해 |

項 : 큼. • 蹙蹙 : 움츠리는 모양.

| 의해 |

말은 좋으나 타고 갈 곳이 없다고 한 것이니, 사방이 다 어지럽다고 탄식한 것이다.

7-8. 方茂爾惡(방무이악)일새 相爾矛矣(상이모의)러니 既夷既懌(기이기이)란 如相酬矣(여상수의)로다 [賦]

| 언해 |

바야흐로 네 惡을 셩홀신 네 矛를 보더니 임의 평ᄒᆞ고 임의 깃버 셔ᄂᆞᆫ 셔로 酬ᄒᆞ듯 ᄒᆞᄂᆞᆺ다

| 번역 |

네 악이 성할 때에는
네 창을 바라보더니
화해하고 기뻐하게 되어서는
서로 술잔을 돌리듯 하노라

| 자해 |

茂 : 무성함. • 酬 : 손님과 주인이 술을 마심.

| 의해 |

미우면 병기로 서로 대적하고 친하면 술로 서로 대작하니, 이는 소인의 감정과 모습이다. 군자가 어찌 용납하겠는가?

7-9. 昊天不平(호천불평)이라 我王不寧(아왕불녕)이어시늘 不懲其心(부징기심)이요 覆怨其正(복원기정)하나다 [賦]

| 언해 |

하늘이 平치 아니ᄒᆞᆫ지라 우리 王이 寧치 못ᄒᆞ거시ᄂᆞᆯ 그 마음을 懲계치 아니ᄒᆞ고 도로혀 그 바른이를 怨망ᄒᆞᄂᆞ다

| 번역 |

하늘이 공평하지 아니하므로
우리 왕이 평안하지 못하시는데
그 마음을 징계하지 아니하고
도리어 바른 이를 원망하는구나

| 자해 |

覆 : 도리어.

| 의해 |

하늘이 공평하지 않으면 우리 왕도 평안하지 못하니 모두 윤씨 때문이다. 그런데도 윤씨는 그 마음을 징계하지 아니하고 도리어 바른 말을 하는 이를 원망하니, 고칠 줄을 모르는 것이다.

7-10. 家父作誦하여 以究王訩하노니 式訛爾心하여 以畜萬邦이어다 [賦]

| 언해 |

家父ㅣ 誦을 지어 ᄡᅧ 王의 어지러움을 궁究ᄒᆞ노니 ᄡᅧ 네 마음을 변ᄒᆞ야 ᄡᅧ 萬邦을 기를 찌어다

| 번역 |

가보가 시를 지어서
왕의 어지러움을 연구해 보니
너의 마음을 변화시켜
만방을 기를 지어다

| 자해 |

家父 : 주나라의 대부. • 訛 : 변화함.

| 의해 |

나라가 어지러운 것은 윤씨의 허물이나 윤씨를 쓴 것은 왕의 허물이니, 글이 마침내 그 근본을 말하여 왕과 윤씨가 마음을 고치기를 바란 것이다.

이 「우뚝한 남산[節南山]」은 모두 10장이다.

8. 사월[正月]

8-1. 正月繁霜(정월번상)이라 我心憂傷(아심우상)이어늘 民之訛言(민지와언)이 亦孔之將(역공지장)이로다 念我獨兮(념아독혜) 憂心京京(우심경경)하니 哀我小心(애아소심)이여 癙憂以痒(서우이양)하라 [賦]

| 언해 |

正月에 셔리 만흔지라 내 마음에 근심ᄒᆞ고 傷ᄒᆞ거ᄂᆞᆯ ᄇᆡᆨ셩의 거짓 말ᄉᆞᆷ이 ᄯᅩᄒᆞᆫ 심히 크도다 ᄉᆡᆼ각ᄒᆞ건ᄃᆡ 내 홀로 마음에 근심홈을 京京히호니 슯푸다 내 젹은 마음이여 숨은 근심이 뼈 병이 되오라

| 번역 |

사월에 서리가 많이 내리므로
내 마음이 걱정되고 상하는데
백성들의 거짓말이
또한 대단히 많도다
생각하건대 나 홀로
마음에 근심하기를 크게 하는데
슬프다 나의 소심함이여
숨은 근심이 병이 되리라

| 자해 |

正月 : 음력 사월이니, 정양(正陽)의 달. • 繁 : 많음. • 訛 : 거짓. • 將 : 큼. • 京京 : 큼. • 癙憂 : 숨은 근심. • 痒 : 병.

| 의해 |

이 시도 또한 주나라 대부가 지은 것이다. 사월의 서리는 곧 재변이다. 하늘이 재변를 내리고 백성이 소동하여 거짓말이 심한데도 근심하는 사람이 없고 나 홀로 병이 되는 까닭으로 이 시를 썼다.

8-2. 父母生我(부모생아)여 胡俾我瘉(호비아유)요 不自我先(부자아선)이며 不自我後(부자아후)로다 好言自口(호언자구)며 莠言自口(유언자구)라 憂心愈愈(우심유유)하여 是以有侮(시이유모)하라 [賦]

| 언해 |

父母ㅣ 나를 나으심이여 엇지 나로 ᄒᆞ여곰 병되게 ᄒᆞᄂᆞ뇨 내 몬져로브터 아니ᄒᆞ며 내 뒤로브터 아니ᄒᆞ도다 죠흔 말솜도 입으로브터ᄒᆞ며 더러운 말솜도 입으로브터 ᄒᆞ는지라 마음에 근심홈을 더욱 더욱히ᄒᆞ야 일노뼈 업슈이 녁임이 잇쇼라

| 번역 |

부모님께서 나를 낳아 주심이여
어찌 저로 하여금 병들게 하시나요
환란이 내가 나기 전에 없었을 것이며
내가 죽은 후에 없을 것이로다.
좋은 말도 입으로부터 나오며

추한 말도 입으로부터 나오니
마음에 근심하기를 더욱 심히 하여
이 때문에 업신여김을 받았노라

| 자해 |

瘉 : 병. • 莠 : 더러움.

| 의해 |

근심이 지극하면 부모를 부르짖으니, 먼저도 아니고 뒤도 아니며 이때에 나서 근심을 당함을 원망한 것이다. 나는 근심하는데 세속 사람은 도리어 업신여기고, 좋은 말이나 더러운 말이나 입에서만 나오고 마음에서 나오지 않으니, 나는 더욱 근심하는 바이다.

8-3. 憂心惸惸하여 念我無祿하노라 民之無辜 幷其臣僕이로다 哀我人斯는 于何從祿고 瞻烏爰止한대 于誰之屋고 [賦]

| 언해 |

마음에 근심ᄒᆞᆷ을 惸惸히ᄒᆞ야 내 無祿ᄒᆞᆷ을 ᄉᆡᆼ각ᄒᆞ노라 ᄇᆡᆨ셩의 허믈 업산이 다 그 臣僕이 되리로다 슯흐다 우리 사ᄅᆞᆷ은 어ᄃᆡ로 죠ᄎᆞ 祿을 ᄒᆞᆯ고 가마귀의 긋침을 보건던 뉘집에 ᄒᆞᆯ고

| 번역 |

마음에 근심하기를 시름겹게 하여

내가 복이 없음을 생각하노라
백성들 가운데 허물없는 이들도
다른 나라의 신하와 종이 되겠구나
슬프다 우리 사람들은
어디로부터 복을 받을 것인가
까마귀가 머물 때를 바라보는데
누구의 지붕에 갈 것인가

| 자해 |

惸惸 : 근심함. • 無祿 : 불행. • 辜 : 허물. • 臣僕 : 나라가 망하면 남의 신하와 종이 된다는 말.

| 의해 |

나라가 장차 망하면 모두 남의 신하와 종이 될 것이니, 어디서 복을 얻을 것인가? 그것은 까마귀가 날아 누구의 집에 머물지 모르는 것과 같다.

8-4. 瞻彼中林(첨피중림)한대 侯薪侯蒸(후신후증)이로다 民今方殆(민금방태)어늘 視天夢夢(시천몽몽)이로다 旣克有定(기극유정)이면 靡人弗勝(미인불승)이니 有皇上帝(유황상제) 伊(이)誰云憎(수운증)이시리요 [興]

| 언해 |

뎌 中林을 보건ᄃᆡ 큰 나무며 젹은 나무로다 ᄇᆡᆨ셩이 이졔 바야흐로 危殆ᄒᆞ거ᄂᆞᆯ 하ᄂᆞᆯ을 보건ᄃᆡ 夢夢ᄒᆞ도다 임의 능히 定ᄒᆞᆷ이 잇스면 사ᄅᆞᆷ을 익의지 못ᄒᆞᆷ이 업ᄂᆞ니 크신 上帝ㅣ 뉘를 뮈워ᄒᆞ시리오

| 번역 |

저 숲속을 바라보니
큰 나무와 작은 나무로다
백성들이 지금 위태로운데
하늘을 바라봄에 흐릿하도다
이미 안정될 수 있으면
사람을 이기지 못함이 없으리니
위대하신 하느님께서
누구를 증오하겠는가

| 자해 |

夢夢 : 밝지 못함. • 上帝 : 하늘의 신.

| 의해 |

저 숲 풀을 보면 나무의 크고 작음이 분명하거늘 하늘을 보면 도리어 분명하지 못하여 사람의 옳고 그름을 가리지 못하는 듯하니, 이는 하늘이 안정되지 못한 때다. 반드시 안정된 때에는 사람을 이기지 못함이 없어 착한 이에게 복을 내려주고 음란한 이에게 화를 내려줌이 분명할 것이니, 하늘이 사람에게 어찌 애증이 있겠는가?

8-5. 謂山蓋卑나 爲岡爲陵이니라 民之訛言을 寧莫之懲이로다 召彼故老하며 訊之占夢하니 具曰予聖이라하나니 誰知烏之雌雄고 [賦]

| 언해 |

山을 닐오ᄃᆡ 낫다 ᄒᆞ나 岡도되며 陵도 되ᄂᆞ니라 ᄇᆡᆨ셩의 거즛말ᄉᆞᆷ을 편히 너겨 긋치지 아니ᄒᆞ놋다 뎌 녯 늙으니를 부르며 占夢에게 물으니 다 ᄀᆞᆯ오ᄃᆡ 내 聖ᄒᆞ다 ᄒᆞ니 뉘 가마귀의 암컷이며 슈컷인 쥴을 알니오

| 번역 |

산이 대체로 낮다고 말하지만
산등성이도 되고 언덕도 되네
백성들의 거짓말을
편히 여겨 그치게 하지 않도다
저 옛 늙은 신하들을 불러들이며
꿈을 점치는 이에게 물어 보니
모두 자기가 성인이라고 말하는데
누가 까마귀의 암수를 알 것인가

| 자해 |

懲 : 그침. • 訊 : 물음. • 占夢 : 꿈을 점치는 벼슬.

| 의해 |

비록 산이 낮다하여도 산등성이와 언덕의 분별이 있는데, 백성들의 거짓말을 어찌 그치게 하지 못하는가? 늙은이에게 물으나 꿈을 점치나 각각 자기의 말이 옳다하여 일정한 의론이 없으니, 까마귀의 암수를 알기 어려움과 같아서 그 옳고 그름을 어찌 분별하겠는가?

8-6. 謂天蓋高나 不敢不局하며 謂地蓋厚나 不敢不蹐하라 維號斯言이 有倫有脊이어늘 哀今之人은 胡爲虺蜴고 [賦]

| 언해 |

하놀을 닐오되 놉다ᄒᆞ나 敢히 굽흐리지 아니치 못ᄒᆞ며 ᄯᅡ흘 닐오되 둣텁다ᄒᆞ나 敢히 졷촘거리지 아니치 못호라 부루지지는 이 말숨이 倫도 잇으며 脊도 잇거놀 슯흐다 이졔 사름은 엇지 虺와 蜴을 ᄒᆞ는고

| 번역 |

하늘이 대체로 높다고 말하지만
감히 구부리지 않을 수 없으며
땅이 대체로 두텁다고 말하지만
감히 주춤거리지 않을 수 없네
부르짖는 이 말이
차례도 있고 이치도 있는데
슬프다 오늘날 사람들은
어찌 살모사와 도마뱀이 되었는가

| 자해 |

局 : 구부림. • 蹐 : 주춤거림. • 倫 : 차례. • 脊 : 이치. • 虺蜴 : 독하게 쏘는 동물.

| 의해 |

이와 같이 조심하고 말이 틀림이 없는데 어찌 도리어 죄를 더하

는가라고 말한 것이다.

8-7. 瞻彼阪田(첨피판전)한대 有菀其特(유울기특)이어늘 天之扤我(천지올아)여 如不我克(여불아극)이샷다 彼求我則(피구아칙)일새 如不我得(여불아득)이러니 執我仇仇(집아구구) 亦不我力(역불아력)하나다 [興]

| 언해 |

뎌 阪田을 보건ᄃᆡ 菀ᄒᆞᆫ 그 特이 잇거ᄂᆞᆯ 하ᄂᆞᆯ이 나를 흔들음이여 나를 익의지 못ᄒᆞᆯ까 ᄒᆞᄂᆞᆫ 듯 ᄒᆞ샷다 뎨 나를 求ᄒᆞ야 법ᄒᆞ려 ᄒᆞᆯ식 나를 엇지 못ᄒᆞᆯ듯 ᄒᆞ더니 나를 잡기를 원슈갓치ᄒᆞ나 ᄯᅩᄒᆞᆫ 나에게 힘쓰지 아니ᄒᆞᄂᆞᆺ다

| 번역 |

저 척박한 밭을 바라보니
무성하게 우뚝한 싹이 있는데
하늘이 나를 흔들어댐이여
나를 이기지 못할 듯이 하시네
저가 나를 구해 본받으려 할 적에
나를 얻지 못할 듯이 하더니
나를 붙잡기를 원수같이 하나
또한 나에게 힘을 쓰지 않네

| 자해 |

阪田은 척박한 밭. • 菀 : 무성한 모양. • 特 : 특별히 난 싹. • 扤 : 흔듦. • 則 : 본받음.

| 의해 |

척박한 밭에도 오히려 싹이 나는데, 하늘은 나를 흔들어 오히려 못 이길까 하는 것은 어찌된 일인가? 이 말을 한 것은 하늘을 원망한 것이다. 사람을 구할 때는 못 얻을까 걱정하나 얻어도 쓰지 않는 것은 그 마음에 일정함이 없기 때문이다. 이 말을 한 것은 사람을 책망한 것이다.

8-8. 心之憂矣(심지우의)여 如或結之(여혹결지)로다 今茲之正(금자지정)은 胡然厲矣(호연려의)요 燎之方揚(요지방양)을 寧或滅之(녕혹멸지)리요 赫赫宗周(혁혁종주)를 褒姒滅之(포사멸지)로다 [賦]

| 언해 |

心의 憂홈이 或結탓ᄒᆞ놋다 이졔 正은 엇디 厲ᄒᆞ뇨 燎의 보야ᄒᆞ로 揚홈을 엇디 或滅ᄒᆞ리오 赫赫ᄒᆞᆫ 宗周ᄅᆞᆯ 褒姒 滅ᄒᆞ리로다

| 번역 |

마음에 근심함이여
응어리가 맺힌 듯하네
지금 이 정치를
어찌 포악하게 하는가
들불이 막 활활 타오르는 것을
어떻게 끌 수 있으리오
빛나고 빛난 종주국인 주나라를
포사가 멸망시키겠구나

| 자해 |

正 : 정치. • 厲 : 포악함. • 宗周 : 호경(鎬京). • 褒姒 : 유왕(幽王)의 폐첩.

| 의해 |

내가 마음에 근심하여 응어리가 맺힌 듯한 것은 나라의 정치가 포악하기 때문이다. 들불이 막 성할 때에 어찌 끌 수 있겠는가? 그러나 빛나는 종주국 주나라가 포사 한 사람 때문에 망하게 되었으니 마음 아프다.

8-9. 終其永懷(종기영회)하니 又窘陰雨(우군음우)로다 其車旣載(기차기재)하고 乃棄爾(내기이)
輔(보)하니 載輸爾載(재수이재)오야 將伯助予(장백조여)로다 [比]

| 언해 |

맛ᄎᆞᆷᄂᆡ를 기리 ᄉᆡᆼ각ᄒᆞ니 ᄯᅩ 陰雨에 窘ᄒᆞ리로다 그 슈레에 임의 실엇고 네 輔를 바리니 곳 네 실은 것을 ᄠᅥ러트리고야 사ᄅᆞᆷ을 청ᄒᆞ야 나를 도으라 ᄒᆞ리로다

| 번역 |

마지막을 길이 생각해 보니
궂은비에 어려움을 당하겠구나
그 수레에 이미 짐을 싣고
너의 수레 덧방나무를 버리니
너의 실은 짐을 떨어뜨리고서야
사람을 청하여 나를 도우라 하리라

| 자해 |

輔 : 수레 옆에 나무를 대어 수레를 돕는 것. • 輸 : 떨어트림. • 將 : 청함. • 伯 : 어떤 사람.

| 의해 |

나라가 위태하여 필경 큰 난을 만날 것인데도 돕는 사람을 버리니, 망할 때에 이르러 누구를 청하여 도와주기를 바라겠는가? 수레로써 이를 비유하였다.

8-10. 無棄爾輔(무기이보)하여 員于爾輻(원우이복)이요 屢顧爾僕(누고이복)하면 不輸(불수) 爾載(이재)하여 終踰絶險(종유절험)이 曾是不意(증시불의)리라 [比]

| 언해 |

네 輔를 바리지 말아 네 輻에 더ᄒᆞ게 ᄒᆞ고 자로 네 僕을 도라보면 네 실은 것을 써러치지 아니ᄒᆞ야 맛ᄎᆞᆷᄂᆡ 絶險ᄒᆞᆫ데를 넘으옴이 일즉이 不意에 ᄒᆞ리라

| 번역 |

너의 수레 덧방나무를 버리지 말아
너의 바퀴살에 더해주고
자주 너의 마부를 돌아본다면
너의 실은 짐을 떨어뜨리지 않고
마침내 심히 험한 곳을 넘어감이
일찍이 생각하지도 못할 것이로다

| 자해 |

員 : 더함. • 輻 : 수레 바퀴살. • 僕 : 수레를 부리는 자. • 絶險 : 심히 험함.

| 의해 |

위의 장을 이어 말한 것이다. 돕는 이를 버리고 경계하지 않으면 위태로움을 면하지 못할 것이며, 돕는 이를 버리지 않고 경계하면 혹 뜻밖에라도 위태로움을 면할 것이다.

8-11. 魚在于沼(어재우소)하니 亦匪克樂(역비극락)이로다 潛雖伏矣(잠수복의)나 亦孔之炤(역공지소)이로다 憂心慘慘(우심참참)하여 念國之爲虐(염국지위학)하노라 [比]

| 언해 |

고기 못에 잇스니 ᄯᅩᄒᆞᆫ 능히 질거옴이 아니로다 ᄌᆞᆷ기여 비록 없들어스나 ᄯᅩᄒᆞᆫ 심히 뵈이기 쉽도다 마음에 근심ᄒᆞᆷ이 慘慘ᄒᆞ야 나라의 虐ᄒᆞᆷ을 ᄉᆡᆼ각ᄒᆞ노라

| 번역 |

물고기가 작은 연못에 있으니
또한 아주 즐거울 수는 없도다
물속에 잠겨 비록 엎드려 있지만
또한 대단히 분명하게 보이도다
마음에 근심하기를 참담하게 하여
나라의 포악함을 염려하노라

| 자해 |

樂 : 즐거움. • 炤 : 밝아 보기 쉬움.

| 의해 |

고기가 작은 못에 있어 즐거움이 없는 것으로 백성이 포학한 나라에 있어 살기 어려움을 비유하였다.

8-12. 彼有旨酒(피유지주)하며 又有嘉殽(우유가효)하여 洽比其隣(흡비기린)하며 昏姻(혼인)
孔云(공운)이어늘 念我獨兮(염아독혜) 憂心慇慇(우심은은)하라 [賦]

| 언해 |

뎌 맛진 슐이 잇스며 ᄯᅩ 아름다온 안쥬잇셔 그 이웃을 넉넉이 합ᄒᆞ며 昏姻ᄒᆞᆫ 이 심히 질겁거늘 ᄉᆡᆼ각건ᄃᆡ 내 호을노 마음에 근심ᄒᆞᆷ을 慇慇히 ᄒᆞ라

| 번역 |

저 소인은 맛있는 술이 있으며
또 아름다운 안주도 있어서
그 이웃과 넉넉히 화합하며
혼인한 인척과도 심히 즐거운데
생각하건대 나만이 홀로
마음에 근심을 애타게 하는구나

| 자해 |

云 : 기뻐함. • 慇慇 : 슬픔.

| 의해 |

소인이 나라에 가득하여 근심하는 이 없고 도리어 때를 만났다 하여 즐거움으로 알거늘 나 홀로 근심한다는 뜻이다.

8-13. 佌佌彼有屋(차차피유옥)하며 蔌蔌方有穀(속속방유곡)이어늘 民今之無祿(민금지무록)은 天夭是椓(천요시탁)이로다 哿矣富人(가의부인)이어니와 哀此惸獨(애차경독)이로다 [賦]

| 언해 |

佌佌ᄒᆞᆫ 이ᄂᆞᆫ 뎌 집을 두며 蔌蔌ᄒᆞᆫ 이ᄂᆞᆫ 바야흐로 穀을 두거ᄂᆞᆯ ᄇᆡᆨ셩이 이졔 祿이 업스니 하ᄂᆞᆯ이 벌ᄒᆞ야 이 해롭게 ᄒᆞᆷ이로다 哿ᄒᆞᆫ 이ᄂᆞᆫ 富ᄒᆞᆫ ᄉᆞᄅᆞᆷ이어니와 이 惸獨이 슯ᄒᆞ도다

| 번역 |

자잘한 소인은 저렇게 집을 소유하고 있으며
구차한 자는 바야흐로 봉록을 가지고 있는데
백성으로서 지금 봉록이 없는 이에게는
하늘이 재앙을 내리어 이에 해롭게 하도다
부유한 사람은 오히려 견디지만
이 외롭게 홀로인 사람이 슬프도다

| 자해 |

佌佌 : 작은 모양. • 蔌蔌 : 구차한 모양. • 穀 : 봉록. • 夭 : 재앙. • 椓 : 해롭게 함. • 哿 : 오히려 견딤. • 惸獨 : 외롭게 홀로인 사람.

| 의해 |

소인은 집도 있고 봉록도 있는데 죄 없는 백성은 더욱 화와 해를

당하고 있다. 부유한 사람은 오히려 견디겠지만 외롭게 홀로인 사람이 더욱 심하다. 이는 하늘이 일정함이 없기 때문이니, 어찌 슬프지 않겠는가? 나라가 심히 어지럽고 백성이 곤궁한데도 마침내 깨닫지 못하니, 허물을 돌릴 곳이 없어 하늘을 우러러 부르짖은 것이다.

이 「사월[正月]」은 모두 13장이다.

9. 시월로 교차되는[十月之交]

십 월 지 교 삭 일 신 묘 일 유 식 지 역 공 지 추

9-1. 十月之交朔日辛卯에 日有食之하니 亦孔之醜로다

피 월 이 미 차 일 이 미 금 차 하 민 역 공 지 애

彼月而微어니와 此日而微여 今此下民이 亦孔之哀로다

[賦]

| 언해 |

十月지음 초하로날 辛卯에 日이 食ᄒᆞ니 ᄯᅩᄒᆞᆫ 심히 더럽도다 뎌 달은 젹을 ᄣᅵ어니와 이 날의 젹음이여 이제 아릐 ᄇᆡᆨ셩이 ᄯᅩᄒᆞᆫ 심히 슯호도다

| 번역 |

시월로 교차되는
초하루날 신묘일에
일식이 있으니
또한 심히 더럽도다
저 달은 작을지라도
이 해가 작음이여
지금 이 아래 백성이
또한 심히 슬프도다

| 자해 |

十月 : 해월(亥月). • 交 : 그믐과 초하루 즈음. • 辛卯 : 그날의 일진(日辰).

| 의해 |

나라가 어지러워 일식을 해도 경계하지 않기 때문에 이 글을 지은 것이다. 일식과 월식이 다 일정한 도수가 있으나, 해는 양이고 달은 음이니, 일식을 당하여 경계하는 것은 선왕의 법이다.

9-2. 日月告凶하여 不用其行하니 四國無政하여 不用其良이로다 彼月而食은 則維其常이어니와 此日而食이여 于何不臧고 [賦]

| 언해 |

日月이 凶을 告ᄒᆞ야 그 길을 쓰지 아니ᄒᆞ니 四國이 졍ᄉᆞㅣ 업셔 그 어짐을 쓰지 아님이로다 뎌 달의 食ᄒᆞᆷ은 곳 그 ᄯᅥᆺᄯᅥᆺᄒᆞᆷ이어니와 이 날의 食ᄒᆞᆷ이여 엇지ᄒᆞ야 죠치 못ᄒᆞ뇨

| 번역 |

해와 달이 흉함을 고하여
그 길을 쓰지 아니 하니
사방 나라에 정치가 없어
어진 이를 쓰지 않는도다
저 달이 월식을 하는 것은
바로 그 일상적인 일이지만
이 해가 일식을 하는 것은
어찌하여 좋지 않은 것인가

| 자해 |

行 : 길.

| 의해 |

해와 달이 변하는 것은 정사가 어질지 못하기 때문이다. 일식은 음이 양을 이기는 것이니, 소인이 군자를 이길 조짐이다. 어찌 경계하지 않겠는가?

9-3. 爗爗震電(엽엽진전)이 不寧不令(불녕불령)이로다 百川沸騰(백천비등)하며 山冢崒崩(산총줄붕)하여 高岸爲谷(고안위곡)이요 深谷爲陵(심곡위릉)이어늘 哀今之人(애금지인)은 胡憯莫懲(호참막징)고 [賦]

| 언해 |

爗爗ᄒᆞᆫ 우뢰와 번ᄀᆡ가 편치 아니ᄒᆞ며 죠치 아니ᄒᆞ도다 百川이 쇼ᄉᆞ 올으며 山쏙듸 높흔 것이 문허져 놉흔 언덕이 골이 되고 깊흔 골이 언덕이 되거놀 슯흐다 이졔 ᄉᆞ람은 엇지 일즉 懲계치 아니ᄒᆞᄂᆞ뇨

| 번역 |

번쩍번쩍하는 천둥 번개가
편안하지 않고 좋지 않구나
모든 시냇물이 솟아오르며
산꼭대기의 높은 데가 무너져
높은 언덕이 골짜기가 되고
깊은 골짜기가 언덕이 되는데

슬프다 지금 사람들은
어찌 일찍이 징계하지 않는가

| 자해 |

爗爗 : 번개 빛. • 震 : 우레. • 冢 : 산꼭대기. • 崒 : 높음. • 憯 : 일찍.

| 의해 |

일식뿐만 아니라 우레와 번개와 산과 물이 모두 변하여 재앙이 심한데도 조금도 경계함이 없으니, 어찌 어지러움이 그치겠는가? 나라의 정사가 어지러우면 하늘이 재앙을 내리고, 비록 재앙이 있어도 임금과 신하가 서로 경계하면 그 어지러움을 그칠 수 있다.

9-4. 皇父卿士(황보경사)요 番維司徒(번유사도)요 家伯爲宰(가백위재)요 仲允膳夫(중윤선부)요 聚子內史(추자내사)요 蹶維趣馬(궐유취마)요 楀維師氏(우유사씨)어늘 豔妻煽方處(염처선방처)로다 [賦]

| 언해 |

皇父ㅣ 卿士ㅣ오 番이 司徒ㅣ오 家伯이 宰되엿고 仲允이 膳夫ㅣ오 聚子ㅣ 內史ㅣ오 蹶ㅣ 趣馬ㅣ오 楀ㅣ 師氏어늘 고은 안ᄒᆡㅣ 셩ᄒᆞ야 바야흐로 잇도다

| 번역 |

황보는 경사이고
번씨는 사도이고

가백은 총재이고
중윤은 선부이고
추자는 내사이고
궐씨는 취마이고
우씨는 사씨인데
고운 아내 성대히 거처하도다

| 자해 |

皇父·家伯·仲允 : 사람의 자(字). • 番·聚·蹶·楀 : 사람의 성(姓). • 卿士·司徒·宰·膳夫·內史·趣馬·師氏 : 벼슬 이름. • 豔 : 고움. • 煽 : 성함.

| 의해 |

이 같은 사람이 이 같은 벼슬에 있고 또 곱고 악한 아내에게 미혹되니, 이 나라가 어지러운 까닭이다. 고운 아내는 아마도 주나라 포사(褒姒)를 이르니, 이 시가 곧 유왕(幽王) 때의 글인 듯하다.

9-5. 抑此皇父(억차황보) 豈曰不時(기왈불시)리요마는 胡爲我作(호위아작)하되 不卽我謀(부즉아모)요 徹我墻屋(철아장옥)하여 田卒汙萊(전졸오래)어늘 曰予不戕(왈여부장)이라 禮則然矣(예즉연의)라하나다 [賦]

| 언해 |

이 皇父ㅣ 엇지 ᄯᆡ 아니라 닐으리오마ᄂᆞᆫ 엇지 우리를 짓게ᄒᆞᄃᆡ 우리게 나아가 ᄭᅬᄒᆞ지 아니ᄒᆞ고 우리 墻屋을 것어셔 밧이 맛ᄎᆞᆷᄂᆡ 더럽고 것츨거ᄂᆞᆯ 닐으되 내 해롭게ᄒᆞᆷ이 아니라 禮ㅣ 곳 그러ᄒᆞ다

ᄒᆞᄂᆞ다

| 번역 |

이 황보가
어찌 때가 아니라고 이르리오마는
어찌해서 우리를 동원시키면서
우리에게 나아와 상의하지 않는가
우리의 담장과 집을 헐어버려서
밭이 마침내 더럽고 거칠거늘
내가 해롭게 하는 것이 아니라
예가 바로 그러하다고 하는구나

| 자해 |

時 : 농사하는 때. • 徹 : 헐음. • 汙 : 물이 더러움. • 萊 : 풀이 거침. • 戕 : 해롭게 함.

| 의해 |

황보는 정사를 다스리는 자인데, 농사를 모르지 않지만 백성을 수고롭게 하여 집과 밭을 버리게 하고도 오히려 이르기를 "내가 해롭게 한 것이 아니라 당연한 일이다"라고 한다.

9-6. 皇父孔聖(황보공성)하여 作都于向(작도우향)하고 擇三有事(택삼유사)하되 亶侯多藏(단후다장)하며 不憖遺一老(불은유일로)하여 俾守我王(비수아왕)하고 擇有車馬(택유거마)하여 以居徂向(이거조향)이로다 [賦]

| 언해 |

皇父ㅣ 심히 聖호 쳬 ᄒᆞ야 고을을 向 싸에 짓고 세 有事를 가리되 진실로 藏이 만흔이로ᄒᆞ며 마지 못ᄒᆞ야 도ᄒᆞᆫ 늙은이를 남기여 ᄒᆞ여금 우리 王을 직히게 아니ᄒᆞ고 車馬잇ᄂᆞᆫ 이를 가리여 ᄲᅧ 向에 居ᄒᆞᄂᆞᆺ다

| 번역 |

황보가 심히 성스러운 체하여
상 땅에 고을을 만들고
세 유사를 선택하면서
진실로 재물이 많은 사람으로 하며
싫더라도 한 늙은 신하를 남겨두어
그가 우리 왕을 지키도록 하지 않고
수레와 말을 소유한 사람을 골라서
상 땅으로 가서 거주 하는구나

| 자해 |

都 : 큰 고을. • 向 : 지명이니, 황보의 고을. • 三有事 : 세 벼슬이니, 황보의 신하. • 藏 : 재물. • 慭 : 싫어도 마지 못함. • 徂 : 감.

| 의해 |

이는 황보가 이익만 탐하고 사사로운 일만 경영하여 나라에 충성하지 않음을 말한 것이다.

9-7. 黽勉從事(민면종사)하여 不敢告勞(불감고로)하라 無罪無辜(무죄무고)어늘 讒口囂(참구효)囂(효)로다 下民之孽(하민지얼)이 匪降自天(비강자천)이라 噂沓背憎(준답배증)이 職競由(직경유)人(인)이니라 [賦]

| 언해 |

黽勉ᄒᆞ야 일을 좃ᄎᆞ셔 敢히 슈고롬을 告치 못호라 罪도 업스며 허물도 업거ᄂᆞᆯ 讒소ᄒᆞᄂᆞᆫ 입이 囂囂ᄒᆞ도다 아ᄅᆡ ᄇᆡᆨ셩의 ᄌᆡ앙이 나람이 하ᄂᆞᆯ로브터 ᄒᆞᆷ이 아니라 모히고 싸히다가 등지면 뮈워ᄒᆞᆷ이 전혀 힘씀은 ᄉᆞ람을 말ᄆᆡ옴이니라

| 번역 |

애써서 일에 종사하여
감히 수고를 고하지 못하네
죄도 없고 허물도 없는데
참소하는 입이 떠드는구나
하늘 아래 백성들의 재앙이
하늘로부터 내려온 것이 아니라
모여 수군거리다 등지면 미워함은
전혀 힘씀이 사람에게서 나왔도다

| 자해 |

囂囂 : 떠드는 모양. • 孽 : 재앙. • 噂 : 수군거리며 모임. • 沓 : 층층이 쌓임. • 職 : 전혀 함. • 競 : 힘씀.

| 의해 |

마지못해 황보를 따라 일을 하지만 수고로움을 말하지 못하고,

죄가 없으나 참소가 심하니, 이 재앙은 하늘이 내린 것이 아니라 사람이 공정하지 못하기 때문이다.

9-8. 悠悠我里(유유아리)여 亦孔之痗(역공지매)로다 四方有羨(사방유선)이어늘 我獨居憂(아독거우)하며 民莫不逸(민막불일)이어늘 我獨不敢休(아독불감휴)하니 天命不徹(천명불철)이니 我不敢傚我友自逸(아불감효아우자일)하니라 [賦]

| 언해 |

悠悠ᄒᆞᆫ 내의 里여 ᄯᅩᄒᆞᆫ 심이 병되도다 四方이 남져지 잇거ᄂᆞᆯ 내 홀로 근심에 居ᄒᆞ며 ᄇᆡᆨ셩이 편치 아니리 업거ᄂᆞᆯ 내 홀로 敢히 쉬지 못ᄒᆞ니 天命이 고로지 아니ᄒᆞᆷ이니 내 敢히 우리 벗의 스ᄉᆞ로 편ᄒᆞᆷ을 본밧지 아니ᄒᆞᄂᆞ니라

| 번역 |

근심스러운 내 마을이여
또한 심히 병들었도다
사방은 여유가 있는데
나 홀로 근심에 거하며
백성이 모두 편안하지만
나 홀로 감히 쉬지 못하니
천명이 고르지 않으니
나는 감히 본받지 않으리
내 벗이 스스로 편안함을

| 자해 |

悠悠 : 근심하는 모양. • 痗 : 병. • 羨 : 남음. • 徹 : 고름.

| 의해 |

천하가 모두 병이 들었고, 나는 더욱 심하다. 사방이 여유로워도 나 홀로 근심하고, 백성이 다 편하여도 나 홀로 편하지 못하다. 그러나 이는 천명이 고르지 못한 것이니, 내 어찌 남과 같이 편함을 바라겠는가? 이는 어진 대부가 변란을 당하여 나라를 근심하고 윗사람을 원망하면서도, 감히 편하고자 하는 뜻을 갖지 못한 것이다.

이 「시월로 교차되는[十月之交]」은 모두 8장이다.

10. 비는 하염없고[雨無正]

10-1. 浩浩昊天이 不駿其德하사 降喪饑饉하여 斬伐四國하시나니 旻天疾威라 弗慮弗圖샷다 舍彼有罪는 既伏其辜어니와 若此無罪는 淪胥以鋪아 [賦]

| 언해 |

浩浩ᄒᆞ신 昊天이 그 德을 크게 아니ᄒᆞ샤 饑饉을 나리여 喪케ᄒᆞ야 四國을 斬伐ᄒᆞ시ᄂᆞ니 旻天이 믜워ᄒᆞ고 威엄ᄒᆞᆫ지라 ᄉᆡᆼ각지 아니ᄒᆞ며 도모치 아니ᄒᆞ샷다 뎌 罪잇ᄂᆞᆫ 이ᄂᆞᆫ 임의 그 허물에 伏ᄒᆞᆫ지라 두려니와 이러타시 罪업ᄂᆞᆫ 이ᄂᆞᆫ 빠져 셔로 두루ᄒᆞ랴

| 번역 |

넓고 큰 하늘이
은덕을 크게 하지 아니하시어
기근을 내려서 해치도록 하여
사방 나라 사람을 베어 죽이시니
하늘이 미워하고 위엄을 부려
생각하지 않고 도모하지 않도다
두어라 저 죄 있는 사람은
이미 허물의 값을 받았지만
이렇게 죄 없는 사람이
서로 두루 빠져들어서야 되겠나

| 자해 |

浩浩 : 넓고 큰 모양. • 駿 : 큼. • 德 : 은혜. • 饑 : 곡식이 자라지 아니함. • 饉 : 나물이 자라지 아니함. • 舍 : 버림. • 淪 : 빠짐. • 鋪 : 두루.

| 의해 |

기근을 만나 여러 신하들이 서로 흩어지니, 그 가운데 떠나지 않는 자가 이 시를 지어 떠나는 자를 책망한 것이다. 죄 있는 자는 이미 죽었지만 죄 없는 자는 어찌 서로 꾀를 아니 하고 함께 빠지려 하는가?

10-2. 周宗旣滅(주종기멸)하여 靡所止戾(미소지려)하며 正大夫離居(정대부리거)하여 莫知我勩(막지아예)하며 三事大夫(삼사대부) 莫肯夙夜(막긍숙야)하며 邦君諸侯(방군제후) 莫肯朝夕(막긍조석)일새 庶曰式臧(서왈식장)이어늘 覆出爲惡(복출위악)이로다 [賦]

| 언해 |

周ㅅ나라 宗이 임의 滅ᄒᆞ야 긋치여 다다를 배 업스며 正大夫ㅣ 居에 써나 우리 힘씀을 아지 못ᄒᆞ며 三事와 大夫ㅣ 즐겨 夙夜치 아니ᄒᆞ며 邦君과 諸侯ㅣ 즐겨 朝夕치 아니ᄒᆞᆯ ᄉᆡ 거의 ᄀᆞᆯ오ᄃᆡ 셔로 죠ᄒᆞᆯ가 ᄒᆞ거ᄂᆞᆯ 도로혀 나와 惡을 ᄒᆞᄂᆞᆺ다

| 번역 |

주나라 종족이 이미 멸망해
머물러 안정할 곳이 없으며
정대부들은 거주지를 떠나
우리의 힘씀을 알지 못하며

삼공과 대부들은
즐겨 밤낮으로 일하지 않으며
나라의 임금과 제후들은
즐겨 아침저녁으로 일하지 않기에
바라기를 좋아질까 하였는데
도리어 나와서 악을 행하도다

| 자해 |

宗 : 종족. • 正大夫 : 장관. • 三事大夫 : 삼공과 백관. • 勩 : 힘씀.

| 의해 |

종족이 멸하게 되고 백관이 이산하니, 행실을 고쳐 좋은 일을 해야 하는데, 도리어 악한 일을 하니, 어찌 망하지 않겠는가?

10-3. 如何昊天(여하호천)아 辟言不信(벽언불신)하니 如彼行邁(여피행매) 則靡所臻(즉미소진)이로다 凡百君子(범백군자)는 各敬爾身(각경이신)이어다 胡不相畏(호불상외)리요 不畏于天(불외우천)가 [賦]

| 언해 |

엇짐이뇨 昊天하 범 옛 말숨을 밋지 아니ᄒᆞ니 뎌 行邁ᄒᆞᆷ이 니를 배 업슴갓도다 물읫 온갓 君子ᄂᆞᆫ 각각 네 몸을 공경ᄒᆞᆯ 지어다 엇지 셔로 두렵지 아니ᄒᆞ리요 하늘을 두렵지 아닐것가

| 번역 |

어찌하여 하늘이시여

법도에 맞는 말을 믿지 않으니
마치 저 길을 걸어가는 데
이르는 곳이 없는 것 같도다
여러 신하들은
각각 네 몸을 공경할지어다
어찌 서로 두려워하지 않으리
하늘을 두려워하지 않겠는가

| 자해 |

辟 : 법. • 臻 : 이름. • 凡百君子 : 여러 신하들.

| 의해 |

하늘을 부르고 호소하다가 또 여러 신하들을 돌아보고 경계한 것이다.

10-4. 戎成不退(융성불퇴)하며 飢成不遂(기성불수)하여 曾我暬御(증아설어) 憯憯日瘁(참참일췌)어늘 凡百君子(범백군자) 莫肯用訊(막긍용신)이요 聽言則答(청언즉답)하며 譖言則退(참언즉퇴)하나다 [賦]

| 언해 |

戎이 일우되 믈니지 아니ᄒᆞ며 쥬림이 일우되 나아가지 아니ᄒᆞ야 일즉 우리 暬御ㅣ 憯憯히 날로 병들거늘 믈읫 온갓 君子ㅣ 즐겨 뼈 고ᄒᆞ지 아니ᄒᆞ고 말ᄉᆞᆷ을 드르려 ᄒᆞ면 答ᄒᆞᆯ ᄲᅮᆫ이며 譖言이면 믈너가도다

| 번역 |

전쟁이 일어나도 악을 물리치지 않으며
흉년이 되었어도 선에 나아가지 않아서
일찍이 우리 가까이 모시는 사람이
근심하고 근심하여 날로 병들어 가는데
모든 군자들이
즐겨 이로써 말씀드리는 사람이 없고
말을 듣고자 하면 그저 답할 뿐이며
참소하는 말이 있으면 물러가는구나

| 자해 |

戎 : 병란. • 遂 : 나아감. • 暬御 : 가까이 모심. • 瘁 : 병. • 訊 : 고함. • 憯憯 : 근심하는 모양.

| 의해 |

물리치지 않는 것은 악한 일을 물리치지 않는 것이고, 나아가지 않는 것은 선한 일에 나아가지 않는 것이다. 병란이 일어나고 기근이 심한데도 고치지 아니하고, 병이 깊은데도 서로 경계하지 아니하고 물러가기만 하니, 어찌 임금과 신하의 의리이겠는가?

10-5. 哀哉不能言(애재불능언)이여 匪舌是出(비설시출)이라 維躬是瘁(유궁시췌)로다 哿(가)矣能言(의능언)이여 巧言如流(교언여류)하여 俾躬處休(비궁처휴)로다 [賦]

| 언해 |

슯흐다 能히 말ᄒᆞ지 못ᄒᆞᄂᆞᆫ이여 혀에셔 이ᄂᆞᆯ ᄲᅮᆫ이 아니라 몸이

이에 병되도다 哿홉다 能히 말ᄒᆞᄂᆞᆫ이여 巧ᄒᆞᆫ 말이 흐르ᄂᆞᆫ 듯ᄒᆞ야 몸으로 ᄒᆞ여곰 아름다운ᄃᆡ 處케 ᄒᆞᄂᆞᆺ다

| 번역 |

슬프다 말을 잘못하는 사람이여
혀에서 말이 나올 뿐만 아니라
몸이 이에 병이 드는구나
괜찮도다 말을 잘하는 사람이여
교묘한 말이 물 흐르는 듯하여
몸이 좋은 데 거처하게 하도다

| 의해 |

어지러운 세상에서 충성스러운 자는 말을 못하고 간사한 자는 말을 하니, 임금이 바른 말을 싫어하고 아첨하는 말을 좋아하기 때문이다.

10-6. 維曰于仕(유왈우사)나 孔棘且殆(공극차태)로다 云不可使(운불가사)는 得罪于天子(득죄우천자)요 亦云可使(역운가사)는 怨及朋友(원급붕우)로다 [賦]

| 언해 |

ᄀᆞᆯ오ᄃᆡ 가셔 벼슬 ᄒᆞ리라 ᄒᆞ나 심히 급ᄒᆞ고 ᄯᅩ 위ᄐᆡᄒᆞ도다 可히 부렴즉지 못ᄒᆞ다 닐으ᄂᆞᆫ이ᄂᆞᆫ 罪를 天子ᄭᅴ 엇고 可히 부렴즉 ᄒᆞ다 닐으ᄂᆞᆫ 이ᄂᆞᆫ 원망이 朋友에 밋치ᄂᆞᆫ도다

| 번역 |

나아가서 벼슬한다고 말하지만
심히 위급하고 또한 위태롭도다
부릴 만하지 못하다고 이르는 이는
천자에게서 죄를 얻고
또한 부릴 만하다고 이르는 이는
원망이 친구에게 미칠 것이로다

| 자해 |

于 : 감. • 棘 : 급함. • 殆 : 위태함.

| 의해 |

바른 자는 부릴 만하지 못하다고 해서 임금이 싫어하고, 바르지 못한 자는 임금이 부릴 만하다고 하더라도 벗이 책망할 것이다. 그러므로 벼슬하기 어려운 것이다.

10-7. 謂爾遷于王都라한을 曰予未有室家라하여 鼠思泣血하여 無言不疾하나니 昔爾出居엔 誰從作爾室요 [賦]

| 언해 |

너다려 닐으되 王都에 옴기라 혼을 ᄀᆞᆯ오ᄃᆡ 내 집을 두지 못호라 ᄒᆞ야 그윽이 근심ᄒᆞ고 피를 우러 말에 앏호지 아니홈이 업스니 녯적 네 나가 居홀졔ᄂᆞᆫ 뉘 죠ᄎᆞ 네 집을 지엇ᄂᆞ뇨

| 번역 |

너더러 왕도로 옮기라고 말하면
내가 아직 집이 없다고 말하여
깊이 걱정하고 피눈물로 울어
말에 마음 아프지 않음이 없으니
옛적에 네가 나가 거처할 적에는
누가 따라가서 네 집을 지었던가

| 자해 |

爾 : 떠나 간 신하. • 鼠思 : 그윽한 근심.

| 의해 |

어지러움을 당하여 임금을 버리고 가는 것이 마땅치 아니하므로, 나간 자에게 도로 왕도로 오라 이르면 모두 집이 없노라 칭탁하니, 제가 나갈 때에는 누가 집을 지어 기다렸던가? 이는 있는 자가 가는 자를 책망한 것이다.

이 「비는 하염없고[雨無正]」는 모두 7장이다.

「기보지습(祈父之什)」은 10편 64장 426구이다.

소민지습 | 小旻之什

1. 하늘이시여[小旻]

민천질위 부우하토 모유회휼 하일사저
1-1. 旻天疾威 敷于下土하여 謀猶回遹하니 何日斯沮요
모장 부종 부장 복용 아시모유
謀臧으란 不從하고 不臧을사 覆用하나니 我視謀猶한대
역공지공
亦孔之邛이로다 [賦]

| 언해 |

旻天의 미워ᄒᆞᄂᆞᆫ 威엄이 下土에 펴셔 ᄭᅬ와 ᄭᅬ 간샤ᄒᆞ고 편벽케ᄒᆞ니 어ᄂᆡ 날에 이 긋칠고 ᄭᅬ의 죠흔이란 좃지 아니ᄒᆞ고 조치 아니ᄒᆞ닐샤 도로혀 ᄡᅳᄂᆞ니 내 ᄭᅬ와 ᄭᅬ를 보건ᄃᆡ ᄯᅩᄒᆞᆫ 심히 병되도다

| 번역 |

하늘의 미워하는 위엄이
하늘 아래 땅에 펴져서
꾀가 간사하고 치우치니
어느 날에나 멈추려는가
좋은 꾀는 따르지 않고
안 좋은 꾀를 도리어 쓰니
내가 그 꾀를 살펴보니
또한 몹시 잘못되었도다

| 자해 |

旻天 : 깊고 먼 하늘. • 猶 : 꾀. • 回 : 간사함. • 遹 : 편벽함. • 沮 : 그침. •

邛 : 병.

| 의해 |

왕이 간사한 꾀에 미혹되어 좋은 일을 따르지 아니하므로 대부가 이 글을 지었다. 그 간사한 꾀가 그칠 날이 없으니 하늘을 불러 원망한 것이고, 그 꾀의 잘못을 깨닫지 못함을 탄식한 것이다.

1-2. 潝潝訿訿하나니 亦孔之哀로다 謀之其臧으란 則具是違하고 謀之不臧을사 則具是依하나니 我是謀猶한대 伊于胡底요 [賦]

| 언해 |

潝潝ᄒᆞ야 訿訿ᄒᆞᄂᆞ니 ᄯᅩᄒᆞᆫ 심히 슯흐도다 쐬의 그 조흔이란 곳 한 가지 이에 違ᄒᆞ고 쐬의 조치 아니ᄒᆞ닐샤 곳 한 가지 이에 依ᄒᆞᄂᆞ니 내 쐬와 쐬를 보건ᄃᆡ 엇더케 니를고

| 번역 |

서로 조화하다 다투니
또한 심히 슬프도다
꾀가 아주 좋은 것은
같이 그것을 어기고
꾀가 좋지 않은 것은
같이 그것을 따르니
내가 그 꾀를 살펴보니
어디에 이를 것인가

| 자해 |

瀹瀹 : 서로 조화함. • 訿訿 : 서로 다툼. • 具 : 같이 함. • 違 : 따르지 아니함. • 依 : 따름. • 底 : 이름.

| 의해 |

소인의 모습이 조화하는 듯 하다가 또 다투니 도리어 슬프다. 그러므로 그 꾀는 더욱 따르지 못하니 어느 곳에 이를 것인가?

1-3. 我龜既厭(아구기염)이라 不我告猶(불아고유)하며 謀夫孔多(모부공다)라 是用不集(시용부집)이로다 發言盈庭(발언영정)하니 誰敢執其咎(수감집기구)요 如匪行邁謀(여비행매모)라 是用(시용)不得于道(부득우도)로다 [賦]

| 언해 |

내 거복이 임의 실혀ᄒᆞᄂᆞᆫ지라 내게 ᄭᅬ를 告치 아니ᄒᆞ며 ᄭᅬᄒᆞᄂᆞᆫ ᄉᆞᄅᆞᆷ이 심히 만흔지라 이에 ᄡᅧ 닐우지 못ᄒᆞᄂᆞᆫ도다 말ᄉᆞᆷ을 發ᄒᆞᆷ이 ᄯᅳᆯ에 차니 뉘 敢히 그 허물을 잡으리요 단이며 가지 아니코 ᄭᅬᄒᆞᆷ 갓흔지라 이럼으로ᄡᅧ 길에 엇지 못ᄒᆞᆷ이로다

| 번역 |

내 거북도 이미 싫어하기에
내게 꾀를 고해주지 않으며
꾀하는 사람이 너무 많기에
이 때문에 이루지 못하구나
말하는 사람 뜰에 가득하나
누가 감히 허물을 책임질까

가지 않고 꾀하는 것 같아서
이에 길을 나서지 못하도다

| 자해 |

集 : 이룸. • 邁 : 감.

| 의해 |

꾀가 일정함이 없으니 점을 쳐도 맞지 않고, 시비를 가릴 자가 없으니 일이 이루어지지 못할 것이다. 말은 많지만 행하지 못하니 길을 가지 아니하고 의론만 하면 어찌 길을 나설 수 있겠는가?

1-4. 哀哉爲猶여 匪先民是程이며 匪大猶是經이요 維邇言是聽이며 維邇言是爭하나니 如彼築室于道謀라 是用不潰于成이로다 [賦]

| 언해 |

슯흐다 꾀를 ᄒᆞᆷ이여 先民을 이 법ᄒᆞ지 아니ᄒᆞ며 大猶를 이 떳떳ᄒᆞ게 아니ᄒᆞ고 오직 갓가운 말ᄉᆞᆷ을 이 들으며 오직 갓가운 말ᄉᆞᆷ을 이 닷토ᄂᆞ니 뎌 집을 지음ᄋᆡ 길에셔 꾀ᄒᆞᆷ 갓ᄒᆞᆫ지라 일로ᄡᅧ 일움에 일우지 못ᄒᆞ리로다

| 번역 |

슬프다 꾀를 도모함이여
성현을 본받지 아니하며
큰 도리를 따르지 않고

비천한 말만을 들으며
비천한 말만을 다투니
집 지으며 길에서 꾀하는 듯
성공에 이르지 못하도다

| 자해 |

先民 : 옛 성현. • 程 : 법. • 大猶 : 큰 도리. • 經 : 떳떳함. • 潰 : 이룸.

| 의해 |

옛 사람을 본받지 아니하고 큰 도리를 따르지 아니하며, 비천한 말로 서로 다투면 어찌 성공을 바라겠는가?

1-5. 國雖靡止(국수미지)나 或聖或否(혹성혹부)며 民雖靡膴(민수미무)나 或哲或謀(혹철혹모)며
或肅或艾(혹숙혹애)니 如彼流泉(여피류천)하여 無淪胥以敗(무륜서이패)아 [賦]

| 언해 |

나라이 비록 뎡치 못ᄒᆞ나 或 聖ᄒᆞ며 或 아니며 ᄇᆡᆨ셩이 비록 만치 못ᄒᆞ나 或 밝으며 或 ᄭᅬᄒᆞ며 或 엄肅ᄒᆞ며 或 다ᄉᆞ리니 뎌 흐르ᄂᆞᆫ ᄉᆡᆷ물 갓ᄒᆞ야 ᄲᅡ져 셔로ᄲᅧ 敗홈이 업슬가

| 번역 |

나라가 비록 안정되지 못하였으나
혹 훌륭하기도 하고 그렇지 않기도 하며
백성들이 비록 많지는 않지마는
혹 현명하기도 하고 꾀하기도 하며

혹 엄숙하기도 하고 다스리기도 하니
저 흐르는 샘물과 같아서
빠져서 서로 패망해서야 되겠는가

| 자해 |

止 : 안정함. • 膴 : 많음. • 艾 : 다스림. • 淪 : 빠짐.

| 의해 |

비록 어지러운 나라의 많지 않은 백성이라도 그 중에 좋은 사람이 없지 않다. 그런데도 왕이 가려 쓰지 못하니, 좋은 사람도 홀로 유지하지 못하여 물에 빠진 자와 같이 서로 망하지 않겠는가?

1-6. 不敢暴虎(불감포호)와 不敢馮河(불감풍하)를 人知其一(인지기일)이요 莫知其他(막지기타)로다 戰戰兢兢(전전긍긍)하여 如臨深淵(여림심연)하며 如履薄氷(여리박빙)하라 [賦]

| 언해 |

敢히 범을 暴치 못ᄒᆞᆷ과 敢히 물을 馮치 못ᄒᆞᆷ을 ᄉᆞᄅᆞᆷ이 그 하나를 알고 그 다른 것을 아지 못ᄒᆞᄂᆞ다 戰戰ᄒᆞ며 兢兢ᄒᆞ야 깁흔 못을 臨ᄒᆞᆫ둣 ᄒᆞ며 얇은 어름을 밟은 둣 호라

| 번역 |

범을 맨손으로 잡지 못하고
황하를 맨발로 건널 수 없음을
사람들이 그 하나만을 알고
다른 것은 알지 못하는구나

두려워하고 경계하여
깊은 연못에 임한 듯이 하며
엷은 얼음을 밟는 듯이 하네

| 자해 |

暴 : 맨손으로 잡음. • 馮 : 맨발로 건넘. • 戰戰 : 두려워함. • 兢兢 : 경계함.

| 의해 |

사람마다 범과 물의 위태함을 피할 줄 알면서도 나라와 집이 망하고 깨짐을 깨닫지 못하니 어찌 화를 면하겠는가? 그러므로 이를 아는 자는 반드시 전전긍긍하니, 연못에 임한 듯 하는 것은 떨어질까 두려워하는 것이고, 얼음을 밟은 듯 하는 것은 빠질까 경계하는 것이다.

이 「하늘이시여[小旻]」는 모두 6장이다.

2. 작은 비둘기[小宛]

2-1. 宛彼鳴鳩(완피명구)여 翰飛戾天(한비려천)이로다 我心憂傷(아심우상)이라 念昔先人(염석선인)하라 明發不寐(명발불매)하여 有懷二人(유회이인)하라 [興]

| 언해 |

젹은 뎌 우는 비들기여 날ᄀᆡ로 날아 하ᄂᆞᆯ에 니르도다 내 ᄆᆞᄋᆞᆷ이 근심ᄒᆞ고 傷ᄒᆞᆫ지라 녯 先人을 ᄉᆡᆼ각호라 ᄇᆞᆰ은 빗이 發ᄒᆞ도록 잠자지 못ᄒᆞ야 二人을 ᄉᆡᆼ각호라

| 번역 |

작은 저 우는 비둘기여
날개로 날아 하늘에 이르네
내 마음이 근심하고 상하니
옛날의 선인들을 생각하노라
아침까지 잠을 이루지 못해
두 분 부모님을 생각하노라

| 자해 |

宛 : 작은 모양. • 戾 : 이름. • 明 : 아침 밝은 빛. • 二人 : 부모.

| 의해 |

이 시는 나라가 어지러우니 대부가 근심하여 형제가 서로 화를

면할 것을 경계한 것이다. 작은 새도 날아 하늘에 이르는데, 하물며 사람이 어찌 경계함이 없겠는가? 그러므로 옛 사람을 생각하고, 더욱 우리 부모를 생각한 것이다.

2-2. 人之齊聖(인지제성)은 飮酒溫克(음주온극)이어늘 彼昏不知(피혼부지)는 壹醉日富(일취일부)로다 各敬爾儀(각경이의)어다 天命不又(천명불우)니라 [賦]

| 언해 |

ᄉᆞ람의 齊聖ᄒᆞᆫ 이ᄂᆞᆫ 술을 마시되 溫공홈으로 닉의거늘 뎌 어두어 아지 못하ᄂᆞᆫ 이ᄂᆞᆫ 한갈갓치 醉ᄒᆞ야 날로 심ᄒᆞ도다 각각 네 거동을 공敬홀지어다 하ᄂᆞᆯ 命이 ᄯᅩ ᄒᆞ지 아니ᄒᆞᄂᆞ니라

| 번역 |

엄숙하고 사리에 밝은 사람은
술을 마셔도 공경으로 이기는데
저 어두워 알지 못하는 사람은
한결같이 취하여 날로 심하도다
각각 네 거동을 공경 할지어다
천명이 다시는 오지 않으리로다

| 자해 |

齊聖 : 엄숙하고 밝음. • 溫 : 온순하고 공경함. • 富 : 심함.

| 의해 |

이 때 왕이 술을 잘 마시는 사람을 능력이 있다고 하여 신하가 부

화뇌동하였기 때문에 술로 먼저 경계하였다. 나라나 집이 한번 패하면 또다시 흥하기 어려움을 말하였다.

2-3. 中原有菽(중원유숙)이어늘 庶民采之(서민채지)로다 螟蛉有子(명령유자)어늘 蜾蠃(과라)負之(부지)로다 教誨爾子(교회이자)하여 式穀似之(식곡사지)하라 [興]

| 언해 |

들 가운듸 콩이 잇거늘 뭇 빅셩이 킈놋다 螟蛉이 ᄌ식을 두엇거늘 蜾蠃ㅣ 업엇도다 네 ᄌ식을 갈앗치고 갈앗쳐 좋은것을 뼈 갓게ᄒ라

| 번역 |

들 가운데에 콩이 있거늘
백성들이 그 콩을 따도다
뽕나무벌레가 새끼를 갖자
나나니벌이 업어가도다
너의 자식들을 가르쳐서
좋은 것을 닮도록 하라

| 자해 |

菽 : 콩. • 螟蛉 : 뽕나무 벌레. • 蜾蠃 : 나나니벌. 이 벌이 뽕나무 벌레를 업어 기르면 변화하여 그 자식이 된다고 함. • 穀 : 좋은 것.

| 의해 |

들에 있는 곡식은 사람마다 캘 줄 아니, 좋은 일은 사람마다 행

해야 할 것이다. 벌레도 남의 새끼를 가르쳐 자신의 좋은 점을 닮게 하니, 사람이 어찌 자식을 가르치지 않겠는가? 어지러운 때를 당하여 제 몸만 삼갈 뿐 아니라, 자식도 잘 가르치라고 한 것이다.

제피척령 재비재명 아일사매 이월
2-4. 題彼脊令한대 載飛載鳴이로다 我日斯邁어든 而月
사정 숙흥야매 무첨이소생
斯征이라 夙興夜寐하여 無忝爾所生이어다 [興]

| 언해 |

뎌 脊令을 본ᄃᆡ 곳 날며 곳 우ᄂᆞᆫ도다 나ᄂᆞᆫ 날로 이에 가거든 너ᄂᆞᆫ 달로 이에 갈지라 일즉 닐고 밤들거든 자셔 네 나은 바를 욕되게 말을 지어다

| 번역 |

저 할미새를 살펴보니
날기도 하고 울기도 하네
나는 나날이 이에 가거든
너는 다달이 이에 가거라
일찍 일어나고 밤늦게 자
너 낳은 부모 욕되게 말라

| 자해 |

題 : 봄. • 脊令 : 척령과 같으니 새 이름. • 而 : 너. • 邁 : 감. • 征 : 감. • 忝 : 욕됨.

| 의해 |

할미새도 날고 울 줄 아는데, 사람이 어찌 그와 같지 못하겠는가? 날마다 달마다 형제가 서로 힘써 부모를 욕되게 하지 말라고 한 것이다.

2-5. 交交桑扈(교교상호)여 率場啄粟(솔장탁속)이로다 哀我塡寡(애아전과)여 宜岸宜獄(의안의옥)이로다 握粟出卜(악속출복)하여 自何能穀(자하능곡)고하라 [興]

| 언해 |

交交ᄒᆞᄂᆞᆫ 桑扈ㅣ여 마당을 ᄌᆞᆺ챠 粟을 쫏ᄂᆞᆫ도다 슯흐다 우리 병든 홀앗이여 岸에 맛당ᄒᆞ며 獄에 맛당ᄒᆞ도다 粟을 쥐고 나가 졈ᄒᆞ니 어ᄃᆡ로븟터 이 能히 조홀고호라

| 번역 |

이리저리 나는 산비둘기여
마당에서 곡식을 쪼아 먹네
슬프다 우리 병든 과부들이여
감방에 알맞고 감옥에 알맞네
곡식을 쥐고 나가 점을 쳐보아
언제부터나 좋아질까 하노라

| 자해 |

交交 : 왕래하는 모양. • 桑扈 : 고기만 먹고 곡식은 안 먹는 산비둘기. • 塡 : 병. • 岸 : 감옥.

| 의해 |

산비둘기는 원래 곡식을 못 먹는데, 먹을 것이 없어 마당의 곡식을 쪼아 먹으며, 병든 과부는 감옥이 마땅하지 않는데, 감옥에 있는 것과 같다. 왕이 홀아비와 과부를 불쌍하게 여기지 않고 형벌이 포학하니, 백성이 견디지 못하여 점을 쳐도 좋은 길을 알지 못한다.

온 온 공 인　여 집 우 목　췌 췌 소 심　여 림 우 곡
2-6. 溫溫恭人이 如集于木하며 惴惴小心이 如臨于谷이
전 전 긍 긍　여 리 박 빙
라 戰戰兢兢하여 如履薄氷하라 [賦]

| 언해 |

溫溫ᄒᆞᆫ 공순ᄒᆞᆫ ᄉᆞᄅᆞᆷ이 남긔 모된 듯ᄒᆞ며 惴惴ᄒᆞᆫ 젹은 마ᄋᆞᆷ이 골에 臨ᄒᆞᆫ 듯 ᄒᆞᆫ지라 戰戰ᄒᆞ며 兢兢ᄒᆞ야 얇은 어름을 밟은 듯 호라

| 번역 |

온화한 공손한 사람이
나무에 모인 듯 하며
조마조마한 작은 마음이
골짜기에 임한 듯 하네
두려워하고 조심조심하여
얇은 얼음을 밟듯이 하라

| 자해 |

溫溫 : 온화하고 부드러운 모양.

| 의해 |

심히 위태하니 깊이 경계하라는 뜻이다.

이 「작은 비둘기[小宛]」는 모두 6장이다.

3. 작은 갈가마귀[小弁]

3-1. 弁彼鸒斯(변피여사)여 歸飛提提(귀비제제)로다 民莫不穀(민막불곡)이어늘 我獨于(아독우)罹(리)하라 何辜于天(하고우천)고 我罪伊何(아죄이하)요 心之憂矣(심지우의)여 云如之何(운여지하)요 [興]

| 언해 |

弁ᄒᆞᄂᆞᆫ 뎌 鸒ㅣ여 도라가 날기를 提提히 ᄒᆞ도다 ᄇᆡᆨ셩이 죠치 아니ᄒᆞᆷ이 업거ᄂᆞᆯ 내 홀노 근심호라 하ᄂᆞᆯ에 무슴죄뇨 내 罪 무ᄉᆞᆫ 거신고 마ᄋᆞᆷ에 근심ᄒᆞᆷ이여 엇지 ᄒᆞ리오

| 번역 |

훨훨 나는 저 갈가마귀여
돌아가며 한가로이 날도다
좋지 않은 백성이 없는데
나만 홀로이 근심하노라
무슨 죄를 하늘에 지었나
내 죄가 도대체 무엇인가
마음에 근심하는 것이여
어찌 하나 어찌 해야 하나

| 자해 |

弁 : 날개를 치면서 나는 모양. • 鸒 : 갈가마귀. • 提提 : 무리지어 한가히 나

는 모양. • 罹 : 근심.

| 의해 |

주나라 유왕(幽王)의 태자 의구(宜臼)가 폐함을 당하여 이 글을 지었다고 한다. 저 작은 새도 한가히 나는데 나는 홀로 근심하니, 사람이 새만도 못하단 말인가? 하늘을 원망한 것은 부모를 사모한 것이고, 어찌 할 수 없다고 한 것은 다른 뜻을 갖지 않은 것이다.

3-2. 踧踧周道(축축주도)여 鞫爲茂草(국위무초)로다 我心憂傷(아심우상)이여 惄焉如擣(역언여도)로다 假寐永嘆(가매영탄)하여 維憂用老(유우용노)하니 心之憂矣(심지우의)라 疢如疾首(진여질수)하라 [興]

| 언해 |

踧踧ᄒᆞᆫ 큰 길이여 궁ᄒᆞ야 셩ᄒᆞᆫ 풀이 되리로다 내 마ᄋᆞᆷ이 근심ᄒᆞ고 傷ᄒᆞᆷ이여 ᄉᆡᆼ각ᄒᆞ야 두듸린 ᄃᆞᆺᄒᆞ도다 假寐ᄒᆞᆯ제도 길히 嘆식ᄒᆞ야 근심으로ᄡᅧ 늙으니 마ᄋᆞᆷ에 근심ᄒᆞᆫ지라 병이 되야 머리ㅅ병 갓도다

| 번역 |

평탄하고 평탄한 큰 길이여
묵어 무성한 풀길이 되었네
내 마음 근심하고 상함이여
생각함에 가슴을 때리는 듯
선잠을 자며 길이 탄식하여

오직 근심으로 이에 늙으니
마음에 근심을 하기 때문에
병이 되어 머리가 아픈 듯

| 자해 |

踧踧 : 평탄함. • 周道 : 큰 길. • 鞫 : 궁함. • 惄 : 생각함. • 擣 : 두드림. • 假寐 : 옷을 벗지 않고 잠. • 疾 : 병.

| 의해 |

평탄한 길이 무성한 풀길이 된 것과 같으니, 정당한 도리를 행하지 못했기 때문이다. 마음의 근심에 늙지 않아도 늙겠고, 병이 없어도 병이 되겠도다.

3-3. 維桑與梓(유상여재)도 必恭敬止(필공경지)온 靡瞻匪父(미첨비부)며 靡依匪母(미의비모)로다
不屬于毛(불속우모)며 不離于裏(불리우리)아 天之生我(천지생아)여 我辰安在(아진안재)요 [興]

| 언해 |

桑나무와 다못 梓나무도 반다시 恭敬ᄒᆞ거든 볼거시 아비아닛 아니며 依지ᄒᆞᆯ 거시 어미아닛 아닌가 털에도 붓치지 아니며 쇽에도 걸니지 아니ᄒᆞᆯ싸 하ᄂᆞᆯ이 나를 生ᄒᆞᆷ이여 나의 ᄣᆡ 어ᄃᆡ 잇ᄂᆞᆫ고

| 번역 |

뽕나무와 가래나무조차도
반드시 공경하는 것이니
바라볼 분은 아버지이며

의지할 분은 어머니로다
털에도 연결되지 않으며
마음속에 걸리지 않던가
하늘이 나를 출생함이여
나 태어난 때가 언제인가

| 자해 |

뽕나무와 가래나무 : 집에 심어 자손에게 전하는 것. •屬 : 붙임. •離 : 걸림. •毛 : 몸의 끝. •裏 : 몸의 속. •辰 : 때.

| 의해 |

부모가 심은 나무도 공경하는 것이니, 바라고 의지할 사람이 어찌 부모가 아니겠는가? 부모가 사랑하지 않는 것은 나의 피와 살이 어찌 부모와 관계가 없기 때문이겠는가? 원망할 곳이 없으니, 하늘에 부르짖어 태어난 때를 원망한 것이다.

3-4. 菀彼柳斯(울피류사)에 鳴蜩嘒嘒(명조혜혜)며 有漼者淵(유최자연)에 萑葦淠淠(추위비비)로다
譬彼舟流(비피주류) 不知所届(부지소계)로소니 心之憂矣(심지우의)라 不遑假寐(불황가매)호라
[興]

| 언해 |

菀ᄒᆞᆫ 뎌 버들에 우는 ᄆᆡ암이 嘒嘒ᄒᆞ며 漼ᄒᆞᆫ 뎌 못에 갈ᄶᅦ 淠淠ᄒᆞ도다 譬컨ᄃᆡ 뎌 ᄇᆡ의 흐름이 긋칠바를 아지 못ᄒᆞᆷ이로소니 마음의 근심ᄒᆞᆫ지라 假寐도 겨를치 못호라

| 번역 |

무성한 저 버드나무에
매미가 맴맴하고 울며
깊고 깊은 저 연못가에
갈대가 더부룩하도다
저 배가 흘러 떠내려가
닿을 곳을 모름 같으니
마음에 근심하기 때문에
선잠 잘 겨를도 없어라

| 자해 |

菀 : 성한 모양. • 蜩 : 매미. • 嘒嘒 : 매미 소리. • 漼 : 깊은 모양. • 萑 · 葦 : 갈대 종류. • 淠淠 : 많음.

| 의해 |

버드나무가 무성하면 매미도 울고, 연못이 깊으면 갈대도 많은데, 나는 어찌 홀로 근심만 하는가 하여 서러워한 것이다.

녹사지분 유족기기 치지조구 상구기자
3-5. 鹿斯之奔에 維足伎伎며 雉之朝雊에 尙求其雌어늘
비피괴목 질용무지 심지우의 녕막지지
譬彼壞木이 疾用無枝니 心之憂矣를 寧莫之知요 [興]

| 언해 |

ᄉᆞ슴이 다라남에 발이 伎伎ᄒᆞ며 쒕이 아ᄎᆞᆷ에 울ᄆᆡ 오히려 그 암컷을 求ᄒᆞ거ᄂᆞᆯ 譬컨댄 뎌 샹ᄒᆞᆫ 나무 병드러뼈 가지 업ᄉᆞᆷ이니 마음의 근심ᄒᆞᆷ을 엇지 아지못ᄒᆞ뇨

| 번역 |

사슴이 달려가는데
발이 느릿느릿하며
수꿩이 아침에 울어
오히려 암꿩을 찾는데
비유하면 저 상한 나무가
병들어 가지 없는 것 같아
마음에 근심하는 것을
어찌하여 알지 못 하는가

| 자해 |

伎伎 : 천천히 가는 모양. • 雊 : 꿩의 울음. • 壞 : 상함.

| 의해 |

내 근심함이 달아나는 사슴과 우는 꿩만도 못하거늘, 사람이 알리 없다고 하는 말이다.

3-6. 相彼投兎[상피투토]요 尙或先之[상혹선지]며 行有死人[행유사인]이어든 尙或墐之[상혹근지]하나니 君子秉心[군자병심]은 維其忍之[유기인지]로다 心之憂矣[심지우의]라 涕旣隕之[체기운지]호라 [興]

| 언해 |

뎌 다라나ᄂᆞᆫ 토끼를 보고 오히려 或 몬져ᄒᆞ며 단니ᄂᆞᆫ 길에 죽은 ᄉᆞ롬이 잇거든 오히려 或 뭇ᄂᆞ니 君子의 마음잡음은 그 참아 ᄒᆞ도다 마음에 근심ᄒᆞᄂᆞᆫ지라 눈물을 임의 써러트리노라

| 번역 |

저 달아나는 토끼를 보고
오히려 먼저 나가게 하며
길에 죽은 사람이 있으면
오히려 묻어주기도 하는데
군자가 마음을 갖는 것은
참으로 잔인하기도 하도다
마음에 근심하기 때문에
눈물이 이미 떨어지는구나

| 자해 |

相 : 봄. • 投 : 달아남. • 墐 : 묻음.

| 의해 |

왕이 참소를 믿어 그 아들을 버려서 달아나는 짐승과 죽은 사람만도 못하게 여기니, 그 마음이 너무 잔인함을 서러워한 것이다.

3-7. 君子信讒(군자신참)이 如或酬之(여혹수지)며 君子不惠(군자불혜)라 不舒究之(불서구지)로다 伐木掎矣(벌목기의)며 析薪杝矣(석신이의)어늘 舍彼有罪(사피유죄)요 予之佗矣(여지타의)로다 [賦而興]

| 언해 |

君子의 讒소를 밋음이 或 갑ᄂᆞᆫ 것 갓치ᄒᆞ며 君子ㅣ 은혜롭지 아니ᄒᆞᆫ지라 펴셔 궁구치 아니ᄒᆞᄂᆞᆫ도다 나무를 치되 기ᄃᆡ며 셥을 족이되 결을 ᄯᅡ르거ᄂᆞᆯ 뎌 罪잇ᄂᆞᆫ 이는 놋코 나에게 더 ᄒᆞᄂᆞᆫ도다

| 번역 |

군자가 참소를 믿는 것이
술잔을 돌리는 듯 빠르며
군자가 은혜롭지 않으므로
찬찬히 살펴보지 않는도다
나무를 베도 기대어 받치며
땔감을 쪼개도 결을 따르는데
저 죄 있는 사람을 놓아두고
나에게 죄를 덮어 씌우도다

| 자해 |

酬 : 되돌려 줌. • 掎 : 기댐. • 杝 : 결을 따름. • 佗 : 더함. • 舍 : 놓아 둠.

| 의해 |

작은 일도 기대는 데가 있고 결을 따라 하는 것인데, 죄 있는 사람은 놓아두고 죄 없는 아들에게 더하니, 이는 참소를 믿어 찬찬히 살피지 아니한 것이다.

3-8. 莫高匪山(막고비산)이며 莫浚匪泉(막준비천)가 君子無易由言(군자무역유언)이어다 耳(이)屬于垣(속우원)이니라 無逝我梁(무서아량)하여 無發我笱(무발아구)언마는 我躬不閱(아궁불열)이온 遑恤我後(황흘아후)아 [賦而比]

| 언해 |

이에셔 놉흐니 업슴이 山이 아니며 이에셔 깁흐니 업슴이 쉼이 아닌가 君子ㅣ 말미암은 말슴을 쉽게 말을 지어다 귀ㅣ 담에 븟

쳣ᄂᆞ니라 내 梁에 가지말어 내 笱를 發치 말아야 ᄒᆞ련마ᄂᆞᆫ 내 몸을 견ᄃᆡ지 못ᄒᆞ거든 ᄒᆞ물며 내 뒤를 근심ᄒᆞ랴

| 번역 |

더없이 높은 것이 산이 아니며
더없이 깊은 것이 샘이 아닌가
군자는 말을 쉽게 하지 마소서
귀가 담에 붙어있기 때문이지요
내 물고기 양식장에 가지 말아
내 통발을 꺼내지 말아야 하련만
내 몸도 견디지 못하고 있는데
하물며 내 뒤를 근심 하겠는가

| 자해 |

浚 : 깊음. • 垣 : 담.

| 의해 |

산이 높아도 오르는 사람이 있고 물이 깊어도 들어가는 사람이 있으니, 말을 쉽게 하면 어찌 듣는 사람이 없겠는가? 태자를 폐하려는 것이 참소로 말미암으니, 왕이 살피지 못하고 말을 쉽게 하여 참소가 들어감을 탄식한 것이다. 마침내 왕이 태자를 폐하고 다른 아들을 세웠기 때문에, 내 물고기 양식장에 가지 말고 내 통발을 꺼내지 말라고 하여, 내 지위를 차지하는 것이 부당함을 비유하였다. 그러나 내 몸이 이미 폐하여졌으니, 내 뒤를 어느 겨를에 근심하겠는가?

이 「작은 갈가마귀[小弁]」는 모두 8장이다.

4. 교묘한 말[巧言]

4-1. 悠悠昊天(유유호천)이 曰父母且(왈부모차)시니 無罪無辜(무죄무고)어늘 亂如此憮(난여차무)아 昊天已威(호천이위)나 予愼無罪(여신무죄)며 昊天泰憮(호천태무)나 予愼無辜(여신무고)로다

[賦]

| 언해 |

悠悠ᄒᆞᆫ 昊天이 닐온 父母ㅣ시니 罪도 업고 허물도 업거늘 어지러움이 이 갓치크냐 昊天이 심히 威엄ᄒᆞ나 나ᄂᆞᆫ 살피건댄 罪업스며 昊天이 심히크나 나ᄂᆞᆫ 살피건댄 허물이 업소라

| 번역 |

아득하고 아득한 하늘이
말하자면 부모님이시니
죄도 없고 허물도 없는데
어지러움이 이같이 큰가
하늘이 심히 위엄 있으나
나는 살펴도 죄가 없으며
하늘이 심히 크다고 하나
나는 살펴도 허물이 없네

| 자해 |

悠悠 : 멀고 큰 모양. • 且 : 허자(虛字). • 憮 : 큼. • 已 · 泰 : 심함. • 愼 : 살

핌.

| 의해 |

대부가 참소에 마음이 상하는데도 고할 데가 없기 때문에 하늘을 원망한 것이다. 하늘이 부모와 같은데, 어찌 죄 없는 사람으로 하여금 어지러움을 만나게 하는가라고 한 것이다.

4-2. 亂之初生(난지초생)은 僭始既涵(참시기함)이며 亂之又生(난지우생)은 君子信讒(군자신참)이니라 君子如怒(군자여노)면 亂庶遄沮(난서천저)며 君子如祉(군자여지)면 亂庶遄已(난서천이)리라 [賦]

| 언해 |

亂의 처음 生홈은 밋지 못홀 것의 始쵸를 임의 용납홈이며 亂의 ᄯᅩ 生홈은 君子ㅣ 讒소를 믿음이니라 君子ㅣ 만일 怒ᄒᆞ면 亂이 거의 ᄲᆞᆯ리 긋치며 君子ㅣ 만일 깃버ᄒᆞ면 亂이 거의 ᄲᆞᆯ리 말으리라

| 번역 |

어지러움이 처음 생긴 까닭은
거짓의 시초를 용납했기 때문
어지러움이 또 생긴 까닭은
군자가 참소를 믿었기 때문
군자가 만일 노여워하신다면
어지러움이 거의 빨리 그치며
군자가 만일 기뻐하신다면

어지러움이 거의 빨리 끝나리

| 자해 |

僭 : 믿지 못함. • 涵 : 용납함. • 君子 : 왕. • 遄 : 빠름. • 沮 : 그침. • 祉 : 기쁨.

| 의해 |

처음에는 믿지 못할 말을 용납하였기 때문에 참소가 들어가고, 나중에는 참소를 믿음으로 어지러움이 생겼다. 왕이 살펴서 좋은 말에 대해서는 기뻐하고 좋지 않은 말에 대해서는 노여워한다면 어지러움이 그치지 않겠는가?

4-3. 君子屢盟(군자루맹)이라 亂是用長(난시용장)이며 君子信盜(군자신도)라 亂是用暴(난시용포)며 盜言孔甘(도언공감)이라 亂是用餤(난시용담)이로다 匪其止共(비기지공)이라 維王之邛(유왕지공)이로다 [賦]

| 언해 |

君子ㅣ 자죠 盟셔 ᄒᆞᄂᆞᆫ지라 亂이 이에 써 자라며 君子ㅣ 盜를 밋ᄂᆞᆫ지라 亂이 이에 써 暴ᄒᆞᆷ이며 盜의 말이 심히 단지라 亂이 이에 써 드리ᄂᆞᆫ도다 그 共ᄒᆞᆷ이 아니라 王의 병이로다

| 번역 |

군자가 자주 맹서를 하므로
어지러움이 이에 자라났으며
군자가 도적을 신임하므로

어지러움이 이에 심해졌으며
도적의 말이 매우 달콤하므로
어지러움이 이에 더해졌도다
직책에 복무하는 것이 아니라
오직 왕의 병폐가 될 뿐이네

| 자해 |

盟 : 귀신에 고하고 서약함. • 盜 : 참소하는 사람. • 餤 : 드림. • 邛 : 병.

| 의해 |

믿지 못할 일에 맹서를 하니, 맹서를 자주 하면 도리어 믿지 못하기 때문에 어지러움이 자란다. 참소는 도적과 같은데, 이를 믿기 때문에 어지러움이 심해진다. 간사한 말이 단 음식과 같아서 즐기기 쉽기 때문에 어지러움이 더해진다. 그러니 자기의 직분을 행하는 것이 아니고, 왕의 병만 될 뿐이다.

4-4. 奕奕寢廟(혁혁침묘)를 君子作之(군자작지)며 秩秩大猷(질질대유)를 聖人莫之(성인막지)니라 他人有心(타인유심)을 予忖度之(여촌탁지)로니 躍躍毚兎(약약참토) 遇犬獲之(우견획지)니라 [興而比]

| 언해 |

奕奕ᄒᆞᆫ ᄉᆞ당집을 君子ㅣ 지으며 秩秩ᄒᆞᆫ 큰 도리를 聖人이 뎡ᄒᆞᄂᆞ니라 다른 ᄉᆞᄅᆞᆷ의 ᄆᆞᄋᆞᆷ둠을 내 ᄉᆡᆼ각ᄒᆞ고 셰알이 노니 躍躍ᄒᆞᆫ 간사ᄒᆞᆫ 토씨ㅣ 개를 만나면 잡히ᄂᆞ니라

| 번역 |

크고 큰 종묘를
군자가 지었으며
조리 있는 큰 도리
성인이 정하셨네
남의 마음가짐을
내가 헤아리노니
깡충 뛰는 간사한 토끼
사냥개 만나 잡히리

| 자해 |

奕奕 : 큼. • 秩秩 : 차례가 있음. • 猷 : 도리. • 莫 : 정함. • 躍躍 : 빨리 뛰는 모양. • 毚兎 : 간사한 토끼.

| 의해 |

종묘는 군자가 짓고 큰 도리는 성인이 정하니, 네 참소하는 마음을 내 어찌 헤아리지 못하겠는가? 토끼가 비록 간사하나 사냥개를 만나면 결국 잡힐 것이니, 숨기지 못할 것이다.

4-5. 荏染柔木(임염유목)을 君子樹之(군자수지)며 往來行言(왕래행언)을 心焉數之(심언수지)니라
蛇蛇碩言(사사석언)은 出自口矣(출자구의)어니와 巧言如簧(교언여황)은 顔之厚矣(안지후의)로다
[興]

| 언해 |

荏染ᄒᆞᆫ 부드러운 나무를 君子ㅣ 슴으며 가고 오ᄂᆞᆫ 단니ᄂᆞᆫ 말ᄉᆞᆷ을

ᄆᆞᄋᆞᆷ으로 세ᄂᆞ니라 蛇蛇ᄒᆞᆫ 큰 말ᄉᆞᆷ은 입으로부터 나오거니와 공교ᄒᆞᆫ 말ᄉᆞᆷ이 ᄉᆡᇰ황 갓ᄒᆞᆫ이ᄂᆞᆫ 얼골이 ᄃᆞᆺ텁도다

| 번역 |

보들보들 부드러운 나무
군자가 그것을 심었으며
가고 오는 길거리의 말을
마음으로 헤아리고 있네
편안하게 훌륭한 말은
입으로부터 나와야 하지만
교묘한 생황 같은 말은
말하는 얼굴이 두껍구나

| 자해 |

荏染 : 부드러운 모양. • 蛇蛇 : 편안히 펴는 모양.

| 의해 |

쓸 만한 나무는 군자가 심고, 들을만한 말은 마음으로 분변한다. 입으로 좋은 말은 해야 하지만, 어찌 간사한 참소의 말을 하겠는가? 이는 얼굴이 두꺼워 부끄러운 줄을 알지 못하기 때문이다. 생황 같은 말은 듣기에만 좋아서 미혹되기 쉽다는 뜻이다.

4-6. 彼何人斯(피하인사)요 居河之麋(거하지미)로다 無拳無勇(무권무용)이나 職爲亂階(직위란계)로다 旣微且尰(기미차종)하니 爾勇伊何(이용이하)요 爲猶將多(위유장다)나 爾居徒幾何(이거도기하)요 [賦]

| 언해 |

뎌 엇던 ᄉᆞᄅᆞᆷ이뇨 河슈의 麋에 잇도다 힘이 업스며 勇이 업스나 전혀 어질어운 언턱을 ᄒᆞ도다 임의 다리도 병들고 ᄯᅩ 발도 병드니 네 勇이 무엇이뇨 ᄢᅬ를 ᄒᆞᆷ이 크고 만ᄒᆞ나 네 잇ᄂᆞᆫ 무리언마ᄂᆞᆫ ᄒᆞ뇨

| 번역 |

저 사람은 어떤 사람인가
하수의 물가에 사는구나
힘도 없고 용기도 없지만
어지러움의 원인을 만드네
다리도 병들고 발도 병드니
네 용기가 과연 무엇인가
꾀를 꾸밈이 크고 많으나
너와 사는 무리 얼마인가

| 자해 |

麋 : 물가에 풀이 있는 곳. • 拳 : 힘. • 微 : 다리 병. • 尰 : 발 병. • 猶 : 꾀. • 將 : 큼.

| 의해 |

참소하는 자의 이름이 있겠지만, 천하고 밉게 여기기 때문에 어떤 사람이라고 말한 것이다. 소인의 힘이 믿을 것 없고, 무리도 그리 많지 않지만, 어지러움의 원인이 될 수 있으니, 어찌 두렵지 않겠는가? 물가에 있다고 한 것은 그 비루함을 말한 것이고, 다리와 발이 병들었다고 한 것은 그 추악함을 말한 것이다.

이 「교묘한 말[巧言]」은 모두 6장이다.

5. 저 사람은 어떤 사람인가[何人斯]

피하인사 기심공간 호서아량 불입아
5-1. 彼何人斯요 其心孔艱이로다 胡逝我梁하되 不入我
문 이수운종 유포지운
門고 伊誰云從고 維暴之云이로다 [賦]

| 언해 |

뎌 엇진 ᄉᆞᄅᆞᆷ이뇨 그 마ᄋᆞᆷ이 심히 험ᄒᆞ도다 엇지 내 ᄃᆞᆯ에 가되 내 門에 들지 아니ᄒᆞᄂᆞ뇨 누구를 좃ᄂᆞᆫ고 暴ㅣ로다

| 번역 |

저 사람은 어떤 사람인가
그 마음이 매우 험하구나
어찌 내 양식장에 가면서
내 문에 들어오지 않는가
그 누구를 따라 다니는가
주나라 대부인 포공이네

| 자해 |

艱 : 험함. • 我 : 소공(蘇公). • 暴 : 포공(暴公)이니, 주나라 대부.

| 의해 |

포공(暴公)이 같이 관직에 있으면서 소공(蘇公)을 참소했기 때문에 소공이 시를 지어 포공과 관계를 끊었다. 그러나 바로 말하기

싫었기 때문에 그를 따르는 사람을 빌어 말한 것이다. 어진 사람이 마음이 험하여 내 집 앞을 지나가면서도 나를 만나보지 않는 것은 포공을 따라서이니, 포공이 곧 나를 참소하기 때문이다.

5-2. 二人從行(이인종행)하나니 誰爲此禍(수위차화)요 胡逝我梁(호서아량)하되 不入唁(불입언)我(아)요 始者不如今(시자불여금)에 云不我可(운불아가)러니라 [賦]

| 언해 |

두 ᄉᆞᄅᆞᆷ이 좃ᄎᆞ 行ᄒᆞᄂᆞ니 뉘이 禍를 ᄒᆞ얏ᄂᆞ뇨 엇지 내 돌에 가되 들어와 나를 唁치 아니ᄒᆞᄂᆞᆫ뇨 쳐음에ᄂᆞᆫ 이졔 나를 可치 아니타 닐옴과 갓지 아니ᄒᆞ더니라

| 번역 |

두 사람이 따라 다니니
누가 이 화를 만들었나
어찌 내 양식장에 가면서
들어와 날 위문하지 않나
처음엔 지금 같지 않았으니
나를 옳지 않다 하지 않았네

| 자해 |

唁 : 위문함. 옛 법에 벼슬을 잃으면 가서 서로 위문함.

| 의해 |

내가 벼슬을 잃었는데도 들어와 위문을 하지 않으니, 나를 참소

함을 알 수 있겠다. 처음 동료로 있었을 때에는 서로 친근하였으니, 어찌 지금 같이 나를 옳지 않다고 말했겠는가? 그 마음이 이같이 변했기 때문이다. 두 사람은 포공과 따르는 사람을 말한다. 참소한 자는 포공인데, 누가 화를 만들었는가라고 말한 것은 바로 말하기 싫었기 때문이다.

5-3. 彼何人斯(피하인사)요 胡逝我陳(호서아진)고 我聞其聲(아문기성)이요 不見其身(불견기신)호라 不愧于人(불괴우인)이어니와 不畏于天(불외우천)가 [賦]

| 언해 |

뎌 엇진 ᄉᆞ롬이뇨 엇지 내 陳에 가ᄂᆞᆫ고 내 그 쇼릐ᄂᆞᆫ ᄃᆞᆺ고 그 몸은 보지 못호라 ᄉᆞ롬에게ᄂᆞᆫ 붓글이지 아니타 ᄒᆞ려니와 하ᄂᆞᆯ에도 두렵지 아니ᄒᆞᄂᆞ냐

| 번역 |

저 사람은 어떤 사람인가
어찌 내 마당을 지나는가
나는 그 음성 소리만 듣고
그 몸은 보지 못하였노라
사람에게 부끄럽지 않다고
하늘도 두렵지 않단 말인가

| 자해 |

陳 : 마루 아래로부터 문에 이르는 길.

| 의해 |

마당은 양식장에 비교하면 더욱 가깝지만, 보지 못하는 것은 더욱 나를 싫어하기 때문이다. 그 소리는 혹 들어도 그 몸은 보지 못하니, 참소하는 소인의 종적은 대체로 이같이 은밀하고 비밀스럽다. 그러나 사람을 속이고도 오히려 부끄러움이 없을지 모르지만, 하늘을 속이고서 두렵지 않을 수 있겠는가?

5-4. 彼何人斯(피하인사)요 其爲飄風(기위표풍)이로다 胡不自北(호불자북)이며 胡不自南(호불자남)이요 胡逝我梁(호서아량)고 祇攪我心(기교아심)이로다 [賦]

| 언해 |

뎌 엇진 ᄉᆞᄅᆞᆷ이뇨 그 飄風이 되도다 엇지 北으로브터 아니ᄒᆞ며 엇지 南으로브터 아니코 엇지 내 돌에 가ᄂᆞᆫ고 다만 내 마음을 요란케 ᄒᆞᄂᆞᆺ다

| 번역 |

저 사람은 어떤 사람인가
그는 회오리바람이 되누나
어찌 북쪽에서 오지 않으며
어찌 남쪽에서 오지 않는가
어찌 내 양식장에 가는가
내 마음만 요란하게 한다네

| 자해 |

飄風 : 급한 바람. • 攪 : 요란함.

| 의해 |

그가 오고 가는 것이 회오리바람과 같아서, 내 근처를 지나면 내 마음만 요란하게 하니, 참소하는 사람이 나를 괴롭게 하는 것이 이와 같다.

5-5. 爾之安行(이지안행)에도 亦不遑舍(역불황사)어니 爾之亟行(이지극행)에 遑脂爾(황지이) 車(거)아 壹者之來(일자지래)면 云何其盱(운하기우)리요 [賦]

| 언해 |

네 천쳔이 行ᄒᆞᆯ제도 ᄯᅩᄒᆞᆫ 겨를ᄒᆞ야 쉬지 아니ᄒᆞ거니 네 급히 行ᄒᆞᆯ졔 겨를ᄒᆞ야 네 슈레를 기름칠ᄒᆞ랴 ᄒᆞᆫ번만 오면 엇지 그 바라리오

| 번역 |

네가 천천히 갈 적에도
또 쉴 겨를이 없었으니
네가 급하게 갈 적에는
수레에 기름칠 겨를 있나
한 번이라도 찾아온다면
그 무엇을 바라겠는가

| 자해 |

安 : 천천히 함. • 遑 : 겨를. • 舍 : 쉼. • 亟 : 급함. • 脂 : 기름칠. • 盱 : 바람.

| 의해 |

수레에 기름칠을 하는 것은 급하지 않기 때문이다. 지금 급하지 않은데도 급하다고 핑계하니, 너의 무정함을 알겠다. 한번만 오면 어찌 더 바라겠는가? 너는 비록 나에게 무정하나, 나는 오히려 너를 만나기를 몹시 바라고 있다.

5-6. 爾還而入(이환이입)이면 我心易也(아심역야)어늘 還而不入(환이불입)하니 否難知(부난지)也(야)로다 壹者之來(일자지래)면 俾我祇也(비아기야)니라 [賦]

| 언해 |

네 도라올졔 들어오면 내 마음이 깃부겟거늘 도라올졔도 들어오지 아니ᄒᆞ니 아니홈을 알기 어렵도다 ᄒᆞᆫ번만 오면 날로 ᄒᆞ여곰 편케 ᄒᆞ리니라

| 번역 |

네가 돌아오며 들어오면
내 마음이 기쁠 터인데
돌아오며 들어오지 않으니
왜 안 들어오나 알기 어려워
한 번이라도 찾아온다면
내가 편안하게 될 터인데

| 자해 |

易 : 기쁨. • 祇 : 편함.

| 의해 |

그가 갈 때 들어오기를 바라고 그가 돌아올 때에도 들어오기를 바라나 들어오지 않았다. 참소하는 사람의 마음을 알기 어렵지 않은데, 오히려 알기 어렵다고 말하고, 한번만 오면 마음이 편하리라고 하였다. 이는 나의 충후한 마음이 그와 같지 않기 때문이다.

5-7. 伯氏吹壎(백씨취훈)이어든 仲氏吹篪(중씨취지)라 及爾如貫(급이여관)이로니 諒不(양불)
我知(아지)인댄 出此三物(출차삼물)하여 以詛爾斯(이저이사)하리라 [賦]

| 언해 |

伯氏ㅣ 壎을 불거든 仲氏ㅣ 篪를 불음이라 널로 밋쮠것 갓ᄒᆞ오니
진실로 나를 아지 못ᄒᆞᆯ진댄 이 세 物건을 ᄂᆡ여 뼈 너를 詛ᄒᆞ리라

| 번역 |

형님이 질나팔을 불면
아우가 젓대를 분다네
너와 꿰매인 듯했으니
진실로 나를 모른다 하면
이 세 물건을 내어서
그로써 너를 저주하리

| 자해 |

壎 : 흙으로 만든 악기. • 篪 : 대나무로 만든 악기. • 貫 : 꿰맴. 물건을 꿰매어 서로 연결함. • 三物 : 개와 돼지와 닭. 맹서할 때 쓰는 물건. • 詛 : 저주.

| 의해 |

같이 동료가 되었으니, 형제의 의리가 있다. 마땅히 형은 질나팔을 불고 아우는 젓대를 불어 소리가 서로 응하고 마음이 서로 친하여 물건을 한데 꿴 것 같이 해야 한다. 그런데 어찌 나를 알지 못하고 참소하는가? 진실로 나를 알지 못한다면 맹서하고 저주해도 괜찮다.

5-8. 爲鬼爲蜮(위귀위역)이면 則不可得(즉불가득)이어니와 有靦面目(유전면목)하여 視人罔極(시인망극)이니라 作此好歌(작차호가)하여 以極反側(이극반측)하노라 [賦]

| 언해 |

鬼ㅣ 되며 蜮이 되면 곳 可히 엇지 못ᄒᆞ려니와 靦히 面目을 두어 ᄉᆞᄅᆞᆷ 보옴이 極진함이 업스니라 이 죠흔 노ᄅᆡ를 지여 ᄡᅧ 反側ᄒᆞᆷ을 極진히 ᄒᆞ노라

| 번역 |

귀신이나 물여우라면
만나볼 수 없겠지만
뻔뻔한 얼굴을 갖고
빤히 사람을 본다네
이 좋은 노래를 지어
변덕을 다 표현하네

| 자해 |

蜮 : 물에 있는 벌레. 사람을 쏘면 사람이 곧 병드나 그 형체는 보이지 않음.

• 靦 : 사람 보는 모양. 보기 부끄럽다는 말. • 反側 : 이랬다저랬다 하여 정직하지 못함.

| 의해 |

귀신과 물여우는 사람이 보지 못하니 알지 못하지만, 뻔뻔하게 얼굴을 들어 사람을 한없이 보니, 어찌 그 정상을 알지 못하겠는가? 그러므로 이 시를 지어 그 가 이랬다저랬다 하는 정상을 극진히 말하였다. 저는 비록 나를 참소하여 친구의 의리가 이미 끊어졌으나, 나는 오히려 생각하고 용서하여 회개하기를 바란 것이다.

이 「저 사람은 어떤 사람인가[何人斯]」는 모두 8장이다.

6. 내시[巷伯]

6-1. 萋兮斐兮(처혜비혜)로 成是貝錦(성시패금)이로다 彼譖人者(피참인자)여 亦已大甚(역이대심)이로다 [比]

| 언해 |

萋ᄒᆞ며 斐홈으로 이 ᄌᆞᄀᆡ와 비단을 일우ᄂᆞᆫ도다 뎌 ᄉᆞᄅᆞᆷ을 譖소ᄒᆞᄂᆞᆫ 者ㅣ여 ᄯᅩᄒᆞᆫ 너무 大甚ᄒᆞ도다

| 번역 |

아롱다롱한 무늬로
조개와 비단을 이루네
저 남을 참소하는 이여
또한 지나치게 심하구나

| 자해 |

萋·斐 : 작은 문채 나는 모양. • 貝 : 조개. • 已 : 너무함. • 大 : 태(太)자와 같음.

| 의해 |

참소를 만나 궁형을 당하여 내시가 된 사람이 이 글을 지었다. 내시는 환관 벼슬이다. 작은 문채로 인하여 조개와 비단의 문채를 이루는 것을, 참소하는 사람이 남의 작은 허물로 인하여 큰 죄를 이루게 하는 것을 비유하였다.

6-2. 哆兮侈兮로 成是南箕로다 彼譖人者여 誰適與謀요
(치혜치혜 성시남기 피참인자 수적여모)

[比]

| 언해 |

哆ᄒᆞ며 侈ᄒᆞᆷ으로 이 南箕를 일우ᄂᆞᆫ도다 뎌 ᄉᆞᄅᆞᆷ을 譖소ᄒᆞᄂᆞᆫ 者ㅣ 여 뉘 쥬쟝ᄒᆞ야 더블어 쐬ᄒᆞᄂᆞᆫ고

| 번역 |

조금 살짝 벌린 것으로
남쪽 기성을 이루었네
저 남을 참소하는 이여
누가 모의를 주장하였나

| 자해 |

哆·侈 : 조금 벌린 모양. • 南箕 : 별 이름. 그 형상이 아래는 좁고 끝은 넓게 벌어져 있음. • 適 : 주장함.

| 의해 |

작게 벌어진 것을 크게 벌어지게 하였다는 것이다. 누가 주장하는지 알지 못한 것은 그 꾀가 심히 비밀스럽기 때문이다.

6-3. 緝緝翩翩하여 謀欲譖人하나다 愼爾言也어다 謂爾不信이리라 [賦]

| 언해 |

緝緝ᄒᆞ며 翩翩ᄒᆞ야 꾀ᄒᆞ야 ᄉᆞᄅᆞᆷ을 譖소코져 ᄒᆞᄂᆞ다 네 말을 삼갈지어다 너를 밋업지 아니타 닐으리라

| 번역 |

소곤소곤 왔다 갔다 하며
남을 참소하려 꾀하는구나
너의 말을 삼갈 것이로다
너를 믿지 못한다고 말하리

| 자해 |

緝緝 : 말 많은 모양. 또는 조리 있는 모양. • 翩翩 : 왔다 갔다 하는 모양.

| 의해 |

말이 많고 또 매우 조리 있게 하며, 왔다 갔다 하기를 매우 수고롭게 하여, 사람을 참소하기를 힘쓰면 듣는 자가 기울어지기 쉽다. 그러나 삼가지 않으면 도리어 믿지 않을 것이다.

6-4. 捷捷幡幡하여 謀欲譖言하나다 豈不爾受리요마는 既其女遷하리라 [賦]

| 언해 |

捷捷ᄒᆞ며 幡幡ᄒᆞ야 ᄭᅬᄒᆞ야 譖소ᄒᆞᄂᆞᆫ 말을 ᄒᆞ고져 ᄒᆞᄂᆞ다 엇지 너를 밧지 아니리오마ᄂᆞᆫ 임의 그 네게 옴기리라

| 번역 |

약삭빠르고 변덕스러워
참소하는 말을 꾀한다네
너를 받아들이지 않으랴만
이윽고 네게로 옮겨 가리

| 자해 |

捷捷 : 영리한 모양. • 幡幡 : 반복하는 모양.

| 의해 |

윗사람이 참소하는 말을 듣기 좋아하기 때문에 네 말을 받아들이기 쉬울 것이다. 그러나 서로 참소를 좋아하여 그만두지 않으면, 다른 사람이 또 너를 참소하여 네가 참소를 받게 될 것이다. 이는 네 참소가 도로 네게로 돌아온 것이니, 어찌 두렵지 않겠는가? 위 대문과 아래 대문은 지성으로 경계하여 그 진실한 이치를 말하였다.

6-5. 驕人好好[교인호호]어늘 勞人草草[노인초초]로다 蒼天蒼天[창천창천]아 視彼驕人[시피교인]하사 矜此勞人[긍차로인]하소서 [賦]

| 언해 |

교만ᄒᆞᆫ ᄉᆞᄅᆞᆷ은 好好ᄒᆞ거ᄂᆞᆯ 슈고로운 ᄉᆞᄅᆞᆷ은 草草ᄒᆞ도다 蒼天하

蒼天하 뎌 교만ᄒᆞᆫ ᄉᆞᄅᆞᆷ을 보샤 이 슈고로운 ᄉᆞᄅᆞᆷ을 불샹이 네기쇼셔

| 번역 |

교만한 사람은 즐거워하는데
수고하는 사람은 시름한다네
푸른 하늘이여 푸른 하늘이여
저 교만한 사람을 살펴보시어
수고하는 사람을 불쌍히 여기소서

| 자해 |

好好 : 즐거워하는 모양. • 草草 : 근심하는 모양.

| 의해 |

참소를 하는 사람은 교만하고 참소를 당한 사람은 수고로우니, 교만한 사람은 즐겁지만 수고로운 사람은 근심한다. 호소할 데가 없어서 하늘을 불러 불쌍히 여겨주기를 바란 것이며, 두 번 부른 것은 매우 원통했기 때문이다.

6-6. 彼譖人者(피참인자)여 誰適與謀(수적여모)요 取彼譖人(취피참인)하여 投畀豺虎(투비시호)하리라 豺虎不食(시호불식)이어든 投畀有北(투비유북)하리라 有北不受(유북불수)어든 投畀有昊(투비유호)하리라 [賦]

| 언해 |

뎌 ᄉᆞᄅᆞᆷ을 譖소ᄒᆞᄂᆞᆫ 者ㅣ여 뉘 쥬장ᄒᆞ야 더불어 ᄭᅬᄒᆞᄂᆞᆫ고 뎌 ᄉᆞ

람을 譖소ᄒᆞᄂᆞᆫ 이를 取ᄒᆞ야 豺虎에 던져 쥬리라 豺虎ㅣ 먹지 아니ᄒᆞ거든 有北에 던져 쥬리라 有北이 밧지 아니ᄒᆞ거든 하ᄂᆞᆯ에 던져 쥬리라

| 번역 |

저 사람을 참소하는 자여
누가 모의를 주장하였나
사람을 참소하는 자를 잡아
승냥이 범에게 던져 주리라
승냥이 범도 먹지 않는다면
북방에다 던져 버리겠네
북방에서 받지 않는다면
하늘에다 던져 버리겠네

| 자해 |

畀 : 줌. • 豺虎 : 승냥이와 범. 사람을 먹는 짐승. • 有北 : 북방. 악한 땅. • 有昊 : 하늘.

| 의해 |

이는 참소하는 사람을 심히 미워하는 말이다. 독한 짐승에게 먹이거나 악한 땅에 버리는 것이 좋다. 그러나 짐승이 더럽다하여 먹지 않고 땅이 더럽다하여 받지 않거든 하늘에 맡기어 그 죄를 다스리는 것이 좋다.

양원지도 의우무구 시인맹자 작위차시
6-7. 楊園之道여 猗于畝丘로다 寺人孟子 作爲此詩하노
범백군자 경이청지
니 凡百君子는 敬而聽之어다 [興]

| 언해 |

楊園의 길이여 畝丘에 덞쳣도다 寺人인 孟子ㅣ 이 詩를 지엇노니 물읏 온갖 君子는 공경ᄒᆞ야 들을지어·다

| 번역 |

낮은 땅의 길이여
높은 땅까지 걸쳐있네
내시인 맹자가
이 시를 지으니
모든 군자들은
공경히 들으라

| 자해 |

楊園 : 낮은 땅. • 畝丘 : 높은 땅. • 猗 : 덮침. • 寺人 : 내관의 작은 신하. • 孟子 : 그 사람의 자.

| 의해 |

낮은 땅의 길이라도 높은 땅까지 걸쳐있으니, 천한 자의 말이라도 혹 군자에게 도움이 된다. 맹자가 참소를 당하여 궁형을 받고 내시가 된 것은 비록 작은 일이나, 그 참소가 그치지 아니하면 친척과 대신이라도 장차 면하지 못할 것이다. 그러므로 이 글을 지어 경계하니, 마땅히 공경하여 들으라고 한 것이다.

이 「내시[巷伯]」는 모두 7장이다.

7. 봄바람[谷風]

7-1. 習習谷風이여 維風及雨로다 將恐將懼일새 維予與女러니 將安將樂이란 女轉棄予아 [興]

| 언해 |

習習ᄒᆞᆫ 谷風이여 바ᄅᆞᆷ과 밋 비로다 ᄯᅩ 져허ᄒᆞ며 ᄯᅩ 두려울 신 나와 다못 네러니 ᄯᅩ 편ᄒᆞ며 ᄯᅩ 질거우란 네 도로혀 나를 버리ᄂᆞᆫ다

| 번역 |

산들산들 봄바람이여
바람 불고 비가 내리네
무섭고 두려울 적에는
나와 너 뿐이었는데
편안하고 즐거워져서는
네가 나를 버리는구나

| 자해 |

習習 : 온화한 모양. • 谷風 : 동풍. • 將 : 또. • 女 : 여(汝)와 같음.

| 의해 |

벗이 처음에는 친하다가 나중에 멀어지게 되어 서로 원망하는 글이다. 봄바람이 비록 온화하나 바람도 있고 비도 있는데, 어찌하

여 위급하고 우환이 있을 때에는 너와 내가 한 뜻이었다가, 편하고 즐거울 때에는 네가 나를 버리는가.

7-2. 習習谷風(습습곡풍)이여 維風及頹(유풍급퇴)로다 將恐將懼(장공장구)일새 寘予于(치여우)懷(회)러니 將安將樂(장안장락)이란 棄予如遺(기여여유)로다 [興]

| 언해 |

習習ᄒᆞᆫ 谷風이여 바ᄅᆞᆷ과 밋 회리바ᄅᆞᆷ이로다 ᄯᅩ 져허ᄒᆞ며 ᄯᅩ 두려울 ᄉᆡ 나를 품에 두더니 ᄯᅩ 편ᄒᆞ며 질거우란 나를 버림을 이져바림 갓도다

| 번역 |

산들산들 봄바람이여
바람과 회오리바람이네
무섭고 두려울 적에는
나를 품안에 두더니만
편안하고 즐거워져서는
나를 버려 잊은듯하네

| 자해 |

頹 : 회오리바람. • 寘 : 둠. • 遺 : 잊어버림.

| 의해 |

품안에 둔다는 말은 친하여 사랑한다는 뜻이고, 잊은듯하다는 말은 미워한다는 말이다.

7-3. 習習谷風(습습곡풍)이 維山崔嵬(유산최외)나 無草不死(무초불사)며 無木不萎(무목불위)니 忘我大德(망아대덕)이요 思我小怨(사아소원)가 [比]

| 언해 |

習習ᄒᆞᆫ 谷風이여 山의 崔嵬ᄒᆞᆫ데 ᄒᆞ나 풀이 죽지 아니리 업스며 나무가 말으지 아니리 업스니 내의 큰 德을 잇고 내의 젹은 원망을 싱각ᄒᆞᄂᆞ냐

| 번역 |

산들산들 봄바람이여
오직 산이 높고 높으나
풀이 죽지 않음이 없으며
나무가 시들지 않음이 없으니
나의 큰 은덕을 잊어버리고
나의 작은 원망을 생각하는가

| 자해 |

崔嵬 : 높은 모양. • 萎 : 마름.

| 의해 |

바람이 비록 온화하고 산이 비록 높아도, 죽은 풀과 시든 나무가 없을 수 없다. 하물며 친구 사이에 어찌 작은 원망으로 인하여 큰 은덕을 잊겠는가?

이 「봄바람[谷風]」은 모두 3장이다.

8. 쑥쑥 자란 미나리[蓼莪]

8-1. 蓼蓼者莪(육륙자아)러니 匪莪伊蒿(비아이호)로다 哀哀父母(애애부모)여 生我劬勞(생아구로)삿다 [比]

| 언해 |

蓼蓼ᄒᆞᆫ 莪ㅣ라 ᄒᆞ얏더니 莪ㅣ 아니오 蒿ㅣ로다 슯흐고 슯푸옵다 父母ㅣ여 나를 나으심을 힘들고 슈고로히 ᄒᆞ얏다

| 번역 |

쑥쑥 자라 미나리인줄 알았더니
미나리가 아니고 쑥이로구나
슬프고 슬프다 부모님이시여
나를 나으심에 힘들고 수고하셨네

| 자해 |

蓼蓼 : 크게 자란 모양. • 莪 : 미나리. • 蒿 : 쑥. • 劬 : 힘들임.

| 의해 |

백성이 곤궁하여 효자가 그 부모를 봉양하지 못하므로 이 시를 지었다. 미나리라고 심었는데 크게 자라고 보니 쑥이었다. 부모가 자식을 낳음에 힘들고 수고로웠으며, 자식을 믿을 수 있을까 하였는데, 그 부모를 봉양하지 못하여 슬퍼한 것이다.

육륙자아 비아이위 애애부모 생아로췌
8-2. 蓼蓼者莪러니 匪莪伊蔚로다 哀哀父母여 生我勞瘁샷다 [比]

| 언해 |

蓼蓼ᄒᆞᆫ 莪ㅣ라 ᄒᆞ얏더니 莪ㅣ 아니오 蔚로다 슯흐고 슯푸옵다 父母ㅣ여 나를 나으심을 슈고롭고 병되도록 ᄒᆞ샷다

| 번역 |

쑥쑥 자라 미나리인줄 알았더니
미나리가 아니고 제비쑥이로구나
슬프고 슬프다 부모님이시여
나를 낳으심에 수고하고 병드셨네

| 자해 |

蔚 : 제비쑥. • 瘁 : 병.

병지경의 유뢰지치 선민지생 불여사지
8-3. 缾之罄矣여 維罍之恥로다 鮮民之生이여 不如死之
구의 무부하호 무모하시 출즉함휼 입즉
久矣로다 無父何怙며 無母何恃요 出則銜恤이요 入則
미지
靡至호라 [比]

| 언해 |

缾의 다홈이여 罍의 붓그럼이로다 젹은 ᄇᆡᆨ셩의 살음이 죽음만 갓

지 못ᄒᆞᆫ지 오ᄅᆡ도다 아버니 업스면 어ᄃᆡ를 밋으며 어머니 업스면 어ᄃᆡ를 밋으리오 나면 근심을 먹음으로 들면 니를ᄃᆡ 업소라

| 번역 |

작은 술병이 다 비워짐이여
큰 술병의 부끄러움이로다
어려운 백성들의 생활이여
죽음만 같지 못한지 오래일세
아버지가 없으면 누구를 믿으며
어머니가 없으면 누구를 믿겠나
밖에 나가면 근심을 머금고
집에 들어오면 갈 곳이 없네

| 자해 |

缾・罍 : 다 술 그릇. 병(缾)은 작고 뇌(罍)는 큰 것. • 罄 : 다함. • 鮮 : 적음. • 怙・恃 : 믿음. • 銜 : 머금음. • 恤 : 근심.

| 의해 |

작은 그릇이 다 비워짐이 큰 그릇의 부끄러움이니, 자식의 곤궁이 부모의 근심이 됨을 비유하였다. 적은 백성은 곧 궁곤한 백성을 이름이니, 살아서 부모를 보양하지 못하면 죽는 것만 못하다고 한 것이다. 부모를 봉양하지 못함으로 슬퍼하나, 도리어 부모에게 의뢰하지 못함을 한스러워한다고 하니, 이는 효자의 지극한 감정이다.

8-4. 父兮生我(부혜생아)하시고 母兮鞠我(모혜국아)하시니 拊我畜我(부아휵아)하시며 長我育我(장아육아)하시며 顧我復我(고아부아)하시며 出入腹我(출입복아)하시니 欲報(욕보)之德(지덕)인댄 昊天罔極(호천망극)이샷다 【賦】

| 언해 |

아버니 나를 나으시고 어머니 나를 길으시니 나를 어루만지고 나를 길으시며 나를 키우고 나를 더 펴 쥬시며 나를 도라보고 나를 ᄯᅩ다시 보시며 들며 날졔 나를 ᄇᆡ에 품으고 안어 쥬시니 德으로 갑고져 ᄒᆞᆯ진댄 하늘이 궁진 ᄒᆞᆷ이 업샸다

| 번역 |

아버지는 나를 낳으시고
어머니는 나를 기르시니
나를 어루만지고 기르시며
나를 키우고 덮어주시며
나를 돌아보고 다시 보시며
나고 들 때 품에 안으시니
그 은덕을 갚고자 한다면
하늘처럼 다함이 없도다

| 자해 |

鞠·畜 : 기름. •拊 : 어루만짐. •育 : 덮어줌. •顧 : 돌아봄. •復 : 또다시 봄. 腹 : 배에 품고 안아 줌. •罔 : 없음. •極 : 다함.

| 의해 |

아버지가 나를 낳으셨다고 한 것은 그 근본을 말한 것이다. 부모

의 은혜가 이와 같으니, 그 은덕을 갚고자 하면 하늘에 비교하여도 다함이 없을 것이다. 봉양하지 못하면 어찌 사람의 자식이라고 말하겠는가?

8-5. 南山烈烈(남산렬렬)이어늘 飄風發發(표풍발발)이로다 民莫不穀(민막불곡)이어늘 我(아)獨何害(독하해)요 [興]

| 언해 |

南山이 烈烈ᄒᆞ거ᄂᆞᆯ 飄風이 發發ᄒᆞ도다 ᄉᆞᄅᆞᆷ이 조ᄒᆞ지 아니ᄒᆞᆫ 이 업거ᄂᆞᆯ 내 호ᄋᆞᆯ로 엇지 害로운고

| 번역 |

남산은 높고 높은데
회오리바람은 쌩쌩하네
좋지 않은 사람이 없는데
나 홀로 어찌 해를 입는가

| 자해 |

烈烈 : 높고 큰 모양. • 發發 : 빠른 모양. • 民 : 다른 사람. • 穀 : 좋음.

| 의해 |

산이 높고 크면 바람이 빠르니, 사람마다 부모를 봉양하여 좋지 않은 이가 없는데, 나 홀로 어찌 봉양하지 못하여 이와 같이 해로움을 당하는가? 다른 사람도 나와 다름이 없는데, 내 마음에는 나 홀로 불효를 했기 때문인 듯하다. 이는 진실로 효자의 마음이다.

8-6. 南山律律이어늘 飄風弗弗이로다 民莫不穀이어늘 我獨不卒호라 [興]

| 언해 |

南山이 律律ᄒᆞ거ᄂᆞᆯ 飄風이 弗弗ᄒᆞ도다 ᄉᆞᄅᆞᆷ이 조호지 아니ᄒᆞᆫ이 업거ᄂᆞᆯ 내 호을로 엇지 卒ᄒᆞ지 못ᄒᆞᄂᆞᆫ고

| 번역 |

남산은 높고 높은데
회오리바람은 쌩쌩하네
좋지 않은 사람이 없는데
나 홀로 마치지 못하노라

| 자해 |

卒 : 마침.

| 의해 |

산이 높고 크면 바람이 빠르니 사람마다 부모를 봉양하여 좋지 않음이 없거늘 내 홀로 어찌 봉양을 마치지 못하는가

이 「쑥쑥 자란 미나리[蓼莪]」는 모두 6장이다.

9. 동쪽 나라[大東]

9-1. 有饛簋飧이요 有捄棘匕로다 周道如砥하니 其直如矢로다 君子所履요 小人所視니 睠言顧之요 潸焉出涕호라 [興]

| 언해 |

饛ᄒᆞᆫ 簋에 밥이오 捄ᄒᆞᆫ 棘으로 ᄒᆞᆫ 밥술이로다 周ㅅ나라 길이 슷돌 갓흐니 그 곳음이 살갓도다 君子의 밟ᄂᆞᆫ 배오 小人의 보ᄂᆞᆫ 배니 睠ᄒᆞ야 도라보고 潸히 눈물을 내노라

| 번역 |

수북히 대그릇에 담긴 밥이요
구부정한 가시나무 숟가락이네
주나라 가는 길이 숫돌 같으니
그 곧은 것은 마치 화살 같도다
군자들이 밟고서 다니는 길이요
소인들이 보는 길이니
머리를 돌려 그 길을 돌아보고
줄줄 눈물을 흘리노라

| 자해 |

饛 : 그릇에 가득한 모양. • 簋 : 밥 담는 그릇. • 飧 : 밥. • 捄 : 굽은 모양. •

棘匕 : 가시나무로 만든 숟가락. • 砥 : 숫돌. • 君子 : 벼슬하는 사람. • 小人 : 백성. • 睠 : 돌아보는 모양. • 潸 : 눈물 나는 모양.

| 의해 |

동쪽 제후 나라에서 부역에 피곤하여 그 대부가 이 글을 지었다. 그릇에 밥이 가득하면 숟가락이 있고, 길이 있으면 다니기 편하다. 이제 주나라 길이 평평한 것이 숫돌 같고 곧음이 화살 같으니, 군자가 밟는 길이고 소인이 보는 길이다. 보고서 눈물이 나오는 것은 동쪽 나라 부역이 공평하지 못하여 모두 이 길로 실어가고 그 때문에 백성이 피곤하기 때문이다.

9-2. 小東大東에 杼柚其空이로다 糾糾葛屨여 可以履霜이로다 佻佻公子 行彼周行하여 旣往旣來하니 使我心疚로다 [賦]

| 언해 |

小東이며 大東에 杼와 柚이 그 비엇도다 糾糾ᄒᆞᆫ 칙신이여 可히 뼈 셔리를 발부리로다 佻佻ᄒᆞᆫ 公子ㅣ 뎌 周行에 行ᄒᆞ야 임의 가며 임의 오니 날노 하여곰 마음이 병되게 ᄒᆞᄂᆞᆺ다

| 번역 |

작으나 크나 동쪽 나라에
북과 바디가 비어 있도다
성글고 성근 칡 신이여

서리를 밟을 수 있도다
경박하고 경박한 공자들이
저 큰 길을 다니어
이미 갔다가 이미 돌아오니
나의 마음을 병들게 하누나

| 자해 |

小東大東 : 동쪽 나라를 이름. • 杼 : 북. • 柚 : 바디. • 佻佻 : 경박하여 수고로움을 견디지 못하는 모양. • 公子 : 제후의 대부. • 周行 : 큰 길. • 疚 : 병.

| 의해 |

작으나 크나 동쪽 나라가 모두 부역에 피곤하여 백성의 재물이 비었으니, 칡 신으로 서리를 밟는다면 그 어려움을 알 수 있다. 제후의 대부들이 왔다 갔다 하여 수고로움을 견디지 못하니, 보는 사람의 마음이 근심하여 병이 되겠다는 말이다.

9-3. 有冽氿泉(유렬궤천)에 無浸穫薪(무침확신)이어다 契契寤歎(계계오탄)하니 哀我憚人(애아탄인)이로다 薪是穫薪(신시확신)이란대 尚可載也(상가재야)며 哀我憚人(애아탄인)이란대 亦可息也(역가식야)니라 [興]

| 언해 |

洌ᄒᆞᆫ 氿泉에 베인 셥을 잠으지 말을 지어다 契契이 씨여 歎식호니 슯흐다 우리 슈고로운 ᄉᆞ롬이로다 셥이 이 베인 셥이란대 거의 可히 실을 씨며 슯흐다 우리 슈고로운 ᄉᆞ람이여 ᄯᅩ한 可히 쉬일 씨로다

| 번역 |

차갑게 곁으로 나오는 샘물에
베어놓은 땔나무를 적시지 말라
근심하고 괴로워 깨어 탄식하니
슬프다 우리 수고로운 사람이네
땔나무가 베어놓은 땔나무인데
부디 수레에 실을 수 있어야 하며
슬프다 우리 수고로운 사람이여
또한 쉴 수도 있어야 하겠네

| 자해 |

洌 : 차가움. • 氿泉 : 곁으로 나오는 샘물. • 穫 : 벰. • 契契 : 근심하고 괴로움. • 憚 : 수고로움.

| 의해 |

땔나무가 이미 베인 것을 또 적시면 썩을 것이며, 백성이 이미 수고로운 것을 또 부리면 병들 것이다. 그러므로 땔나무를 뱄으면 싣는 것이 좋고, 백성이 수고로우면 쉬게 하는 것이 좋다.

9-4. 東人之子(동인지자)는 職勞不來(직로불래)요 西人之子(서인지자)는 粲粲衣服(찬찬의복)이로다 舟人之子(주인지자)는 熊羆是裘(웅비시구)요 私人之子(사인지자)는 百僚是試(백료시시)로다
[賦]

| 언해 |

東人의 아들은 젼혀 슈고로아도 위로치 아니ᄒᆞ고 西人의 아들은

粲粲ᄒᆞᆫ 衣服이로다 舟人의 아들은 熊羆로 이에 갖옷을 ᄒᆞ고 私人의 아들은 百僚에 이시험ᄒᆞ놋다

| 번역 |

동쪽 나라 사람의 아들들은
오직 수고해도 위로하지 않고
서쪽 나라 사람의 아들들은
곱고 고운 의복을 입었도다
배 부리는 사람의 아들들은
곰 가죽으로 갖옷을 입었고
사사로운 개인의 아들들은
여러 벼슬에 등용되었구나

| 자해 |

東人 : 제후의 사람. • 西人 : 서울 사람. • 舟人 : 배 부리는 사람. • 私人 : 사가(私家)의 하인. • 職 : 오로지. • 來 : 위로함. • 粲粲 : 고운 모양. • 僚 : 벼슬.

| 의해 |

부역이 공평하지 못하여 제후의 사람은 수고로워도 위로하는 이가 없고, 서울 사람은 편히 있으면서 고운 의복을 입는다. 그러므로 서울 사람은 비록 배 부리는 사람과 개인 집안의 천한 하인이라도 모두 부유하고 귀하다.

9-5. 或以其酒(혹이기주)라도 不以其漿(불이기장)이며 鞙鞙佩璲(현현패수)를 不以其長(불이기장)이로다 維天有漢(유천유한)하니 監亦有光(감역유광)이며 跂彼織女(기피직녀) 終日七襄(종일칠양)이로다 [賦]

| 언해 |

或 그 숤노뼈 ᄒᆞ여도 뼈 그 漿이라 아니ᄒᆞ며 鞙鞙ᄒᆞᆫ 佩璲를 뼈 그 길다ᄒᆞ지 아니ᄒᆞ놋다 하ᄂᆞᆯ에 漢이 잇ᄉᆞ니 보음이 ᄯᅩᄒᆞᆫ 빗이 잇ᄉᆞ며 跂ᄒᆞᆫ 뎌 織女ㅣ 날이 맛도록 일곱 번 옴기놋다

| 번역 |

혹 술로 선물을 하더라도
음료수로 여기지 않으며
길고 긴 차는 옥을
길다고 여기지 않는구나
하늘에 은하수가 있으니
내려다보면 빛이 있으며
삼각형 같은 저 직녀성은
종일 일곱 번 옮기는구나

| 자해 |

鞙鞙 : 긴 모양. • 璲 : 옥. • 漢 : 은하수. • 跂 : 모난 모양. • 織女 : 별 이름. 세 별이 모인 것 같음. • 襄 : 멍에를 함. 그 자리를 옮김. 별자리가 때로 옮김.

| 의해 |

동쪽 사람이 혹 술을 주어도 서쪽 사람이 음료수만큼도 못하게

여기고, 동쪽 사람이 혹 패물을 주어도 서쪽 사람이 좋게 여기지 않으니, 그 고르지 못함이 이와 같다. 하늘에 있는 은하수나 혹 내려다보며, 직녀성이 일곱 번 옮길 때에나 혹 살필까? 이는 호소할 데가 없기 때문에 하늘에 우러러 바란 것이다.

9-6. 雖則七襄(수즉칠양)이나 不成報章(불성보장)이며 睆彼牽牛(환피견우) 不以服箱(불이복상)이로다 東有啓明(동유계명)이요 西有長庚(서유장경)이며 有捄天畢(유구천필)이 載施之(재시지) 行(항)이로다 [賦]

| 언해 |

비록 일곱 번 옴기나 갑는 글을 일우지 못ᄒᆞ며 睆ᄒᆞᆫ 뎌 牽牛ㅣ 뼈 箱을 멍에 ᄒᆞ지 못ᄒᆞ리로다 東에 啓明이 잇고 西에 長庚이 잇스며 捄ᄒᆞᆫ 天畢이 곳 항렬에 베풀잇도다

| 번역 |

비록 일곱 번 옮기지만
갚을 무늬 이루지 못하며
반짝이는 저 견우성은
수레 상자를 끌지 못하네
동쪽에는 계명성이 있고
서쪽에는 장경성이 있으며
구부정한 천필성이
항렬에 베풀어져 있도다

| 자해 |

睆 : 별 밝은 모양. • 牽牛 : 별 이름. • 服 : 멍에 함. • 箱 : 수레의 상자. • 啓明 : 해보다 먼저 뜨는 별. • 長庚 : 해보다 뒤에 뜨는 별. • 天畢 : 그물 형상 같은 별. • 行 : 항렬.

| 의해 |

위 대문을 이어 말하였다. 이름은 직녀라도 베를 짜 나에게 갚지 못하고, 이름은 견우라도 수레를 매어 내 힘을 덜지 못한다. 이르면 계명성이 있고 늦으면 장경성이 있으나 쓸 데 없고, 천필성의 형상이 그물 같으나 짐승을 잡지 못하고, 다만 항렬에 베풀어져 있을 따름이다. 이는 하늘을 우러러 호소하여도 하늘도 어찌 할 수 없다고 말한 것이다.

9-7. 維南有箕(유남유기)하니 不可以簸揚(불가이파양)이며 維北有斗(유북유두)하니 不可以挹酒漿(불가이읍주장)이로다 維南有箕(유남유기)하니 載翕其舌(재흡기설)이며 維北有斗(유북유두)하니 西柄之揭(서병지게)로다 [賦]

| 언해 |

南에 箕잇스니 可히ᄡᅧ ᄶᅡ불어 날니지 못ᄒᆞ며 北에 斗ㅣ 잇스니 可히ᄡᅧ 술과 漿을 ᄯᅳ지 못ᄒᆞ리로다 南에 箕잇스니 곳 그 혀를 당기며 北에 斗ㅣ 잇스니 西으로 ᄌᆞ루를 들엇도다

| 번역 |

남쪽에 기성이 있으나
벼를 까불 수 없으며

북쪽에 두성이 있으나
술과 음료 뜰 수 없네
남쪽에 기성이 있으니
그 혀를 끌어당기며
북쪽에 두성이 있으니
서쪽으로 자루를 들었네

| 자해 |

箕·斗 : 별 이름. 기(箕)는 그 글자에 키라는 뜻이 있고, 두(斗)는 말이라는 뜻이 있기 때문에 두 물건으로 비유함. • 簸 : 까붊. • 挹 : 뜸. • 翕 : 당김. • 揭 : 듦.

| 의해 |

위 대문을 이어 더욱 심하게 말하였다. 별의 이름은 키라도 까불지 못하고, 별의 이름은 말이라도 뜨지 못하니 쓸데없는 이름뿐이다. 그뿐 아니라 도리어 키라고 하는 별은 혀를 당겨 남을 먹을 듯하고, 말이라고 하는 별은 자루를 서쪽으로 들어 동쪽 물건을 취할 듯하다. 하늘도 서쪽 사람을 도와 동쪽 사람을 곤궁하게 하는 것 같다. 이는 심히 원망하는 말이다.

이 「동쪽 나라[大東]」는 모두 7장이다.

10. 사월[四月]

10-1. 四月維夏(사월유하)어든 六月徂署(유월조서)니라 先祖匪人(선조비인)가 胡寧忍(호녕인) 予(여)요 [興]

| 언해 |

四月이 여름이어든 六月이 더위가ᄂᆞ니라 先祖ㅣ ᄉᆞᄅᆞᆷ이 아닐가 엇지 나를 참아ᄒᆞᄂᆞ뇨

| 번역 |

사월에 여름이 되면
유월에 더위로 들어가네
선조님은 사람이 아니신가
어찌 내게 차마 이러시는가

| 자해 |

徂 : 감.

| 의해 |

이는 또한 난리를 만나 스스로 슬퍼하는 글이다. 여름에는 덥고 가을에는 병들고 겨울에는 추우니, 어찌 살겠는가? 선조가 어찌 차마 나로 하여금 이 화를 당하게 한단 말인가? 호소할 곳이 없어서 선조를 원망한 것이다.

10-2. 秋日淒淒라 百卉具腓로다 亂離瘼矣 爰其適歸요 [興]

| 언해 |

가을날이 淒淒흔지라 百풀이 다 병들도다 亂離로 병되니 어듸로 가셔 도라가리오

| 번역 |

가을 날씨가 쌀쌀하니
온갖 풀이 다 시들었네
난리에 병이 들었으니
어디로 돌아갈 것인가

| 자해 |

淒淒 : 찬바람. • 卉 : 풀. • 腓 : 병. • 爰 : 해(奚)와 같음. 어디. • 適 : 감.

| 의해 |

가을 날씨가 차면 초목이 시들고, 난리가 심하면 사람이 병든다. 세상이 다 그러하니, 내가 어디로 갈 것인가?

10-3. 冬日烈烈이어늘 飄風發發이로다 民莫不穀이어늘 我獨何害요 [興]

| 언해 |

겨을날이 烈烈ᄒᆞ거늘 飄風이 發發ᄒᆞ도다 ᄉᆞᄅᆞᆷ이 죠치 아닌 이 업거늘 내 ᄒᆞ올로 엇지 害ᄒᆞᆫ고

| 번역 |

겨울 날씨가 매서운데
회오리바람은 쌩쌩하네
좋지 않은 사람이 없는데
나 홀로 어찌 해를 입는가

| 자해 |

烈烈 : 극히 추운 모양.

10-4. 山有嘉卉(산유가훼)하니 侯栗侯梅(후률후매)로다 廢爲殘賊(폐위잔적)하니 莫知(막지) 其尤(기우)로다 [興]

| 언해 |

山에 아름다온 풀이 잇스니 栗이며 梅로다 廢ᄒᆞ야 殘賊이되니 그 허물을 알지 못ᄒᆞ리로다

| 번역 |

산에 아름다운 풀이 있으니
밤나무와 매화나무로다
변하여 해치는 도적이 되니
그 허물을 알지 못하도다

| 자해 |

廢 : 변함. • 尤 : 허물.

| 의해 |

높은 산에는 아름다운 풀이 있는데, 높은 지위에 있는 자가 변하여 해치는 도적이 되니, 이는 누구의 허물인가?

10-5. 相彼泉水(상피천수)한대 載淸載濁(재청재탁)이로다 我日構禍(아일구화)하니 曷云(갈운)能穀(능곡)고 [興]

| 언해 |

뎌 심물을 보건ᄃᆡ 곳 말그며 곳 흘이도다 내 날로 禍를 합ᄒᆞ니 엇지 能히 죠흘소

| 번역 |

저 샘물을 보니
맑기도 하고 탁하기도 하네
나에게 날마다 재앙이 모이니
어떻게 하면 좋을 수 있을까

| 자해 |

構 : 합함.

| 의해 |

샘물은 흐리다가도 맑을 때가 있는데, 나는 날이 갈수록 화만 만나니, 어느 때에나 좋을 수 있겠는가?

10-6. 滔滔江漢(도도강한)이 南國之紀(남국지기)니라 盡瘁以仕(진췌이사)어늘 寧莫我有(녕막아유)요 [興]

| 언해 |

滔滔ᄒᆞᆫ 江과 漢이 南편 나라의 벼리니라 병을 다ᄒᆞ야 벼 닐을 하거늘 엇지 나를 두지 아니ᄒᆞᄂᆞ뇨

| 번역 |

넘실넘실한 강수와 한수가
남쪽 나라의 젖줄이라네
병이 나도록 벼슬하는데
어찌 나를 기억하지 않는가

| 자해 |

滔滔 : 큰 물 모양. • 江 · 漢 : 두 물 이름. • 瘁 : 병.

| 의해 |

물도 크면 나라의 젖줄이 되는데, 힘을 다 하여 병이 되도록 일하는 사람을 왕이 어찌 알아주지 않는가? 그러므로 난리를 면하지 못하는 것이다.

10-7. 匪鶉匪鳶(비순비연)이어니 翰飛戾天(한비려천)가 匪鱣匪鮪(비전비유)어니 潛逃(잠도) 于淵(우연)가 [賦]

| 언해 |

鶉이 아니며 鳶이 아니어니 날애로 날어 하ᄂᆞᆯ에 다을야 鱣이 아니며 鮪ㅣ 아니어니 ᄌᆞᆷ기여 못에 다라ᄂᆞ랴

| 번역 |

수리도 아니고 솔개도 아니니
날개로 날아 하늘에 이르겠나
잉어도 아니고 메기도 아니니
연못으로 잠겨 도망 하겠나

| 자해 |

鶉・鳶 : 높이 나는 새. • 鱣・鮪 : 큰 물고기.

| 의해 |

난리가 심하니 피하여 면할 수 없음을 탄식하였다.

10-8. 山有蕨薇(산유궐미)어늘 隰有杞桋(습유기이)로다 君子作歌(군자작가)하여 維以告哀(유이고애)로다 [興]

| 언해 |

山에 蕨과 薇 잇거놀 隰에 杞와 桋 잇도다 君子ㅣ 노릭를 지어 뻐 슯홈을 告ᄒᆞ놋다

| 번역 |

산에는 고사리와 고비가 있으며
습지에는 구기자와 산대추가 있네
군자가 노래를 지어서
그것으로 슬픔을 고하는구나

| 자해 |

杞・桋 : 나무 이름.

| 의해 |

산에는 좋은 나물이 있고 습지에는 좋은 나무가 있다. 나는 노래를 지어 슬픔을 고할 따름이니, 누가 듣고 깨닫기를 바라겠는가?

이 「사월[四月]」은 모두 8장이다.

「소민지습(小旻之什)」은 10편 65장 414구이다.

북산지습 | 北山之什

1. 북쪽 산[北山]

1-1. 陟彼北山(척피북산)하여 言采其杞(언채기기)호라 偕偕士子(해해사자) 朝夕從事(조석종사)로니 王事靡盬(왕사미고)라 憂我父母(우아부모)호라 [賦]

| 언해 |

뎌 北山애 올나 그 杞를 ᄏᆡ노라 偕偕ᄒᆞᆫ 士子ㅣ 아ᄎᆞᆷ과 져녁에 일을 조치노니 님금의 일을 아니굿게 못ᄒᆞᆯ거시라 내 父母를 근심케 호라

| 번역 |

저 북쪽 산에 올라가
구기자를 따노라
건강하고 씩씩한 선비
아침저녁으로 일을 하니
임금의 일을 잘하느라고
내 부모를 근심하게 하네

| 자해 |

偕偕 : 강하고 장한 모양. • 士子 : 시인이 스스로를 이름.

| 의해 |

대부가 일을 하다가 이 시를 지었다. 산에 올라 나물을 캐 먹는 자가 다 건강하고 씩씩한 사람으로, 아침과 저녁으로 임금의 일을 부지런히 하지 않을 수 없으므로, 부모에게 근심을 끼친다고 한 것이다.

1-2. 溥天之下(부천지하) 莫匪王土(막비왕토)며 率土之濱(솔토지빈)이 莫匪王臣(막비왕신)이어늘 大夫不均(대부불균)이라 我從事獨賢(아종사독현)호라 [賦]

| 언해 |

큰 ᄒᆞᆫᄂᆞᆯ아ᄅᆡ 님금의 ᄒᆞᆰ이 아님이 업스며 ᄒᆞᆰ을 조친가이 님금의 신ᄒᆞ안닌이 업거늘 大夫ㅣ 고루지 아니ᄒᆞᆫ지라 내 일을 좃ᄎᆞ 호을로 수고롭도다

| 번역 |

큰 하늘 아래가
모두 임금의 땅이며
땅을 따르는 물가가
모두 임금의 신하인데
대부가 고르지 않아서
나만 일하며 홀로 수고하네

| 자해 |

溥 : 큼. • 率 : 따름. • 濱 : 물가. • 賢 : 수고로움.

| 의해 |

땅이 넓고 신하가 많은데, 임금이 고르지 못하여 나로 하여금 일을 하면서 홀로 수고롭게 하는구나.

1-3. 四牡彭彭(사모방방)하니 王事傍傍(왕사방방)이로다 嘉我未老(가아미로)며 鮮我方將(선아방장)하여 旅力方剛(여력방강)이라 經營四方(경영사방)이로다 [賦]

| 언해 |

네 말이 彭彭ᄒᆞ니 님금의 일이 傍傍ᄒᆞ도다 내의 늙지 아니홈을 아름다이 ᄒᆞ며 내의 바야흐로 쟝셩홈을 귀히녁여 旅力이 바야흐로 굿셴지라 四方에 經營ᄒᆞ리라 ᄒᆞ놋다

| 번역 |

네 마리 말이 쉬지 못하니
임금의 일이 끝나지 않네
내가 안 늙음을 좋게 여기며
나의 건장함을 귀하게 여겨
몸의 힘이 바야흐로 굳세니
사방을 경영하라고 하도다

| 자해 |

彭彭 : 쉬지 못함. • 傍傍 : 마지못함. • 嘉 : 아름다움. • 鮮 : 적음. 귀함. • 將 : 장성함. • 旅 : 힘.

| 의해 |

임금이 나를 부리는 것은 내가 늙지 않고 건장함을 좋게 여겨 힘이 사방을 경영할 수 있다고 해서이다.

1-4. 或燕燕居息(혹연연거식)이어늘 或盡瘁事國(혹진췌사국)하며 或息偃在牀(혹식언재상)이어늘 或不已于行(혹불이우행)이로다 [賦]

| 언해 |

或은 燕燕히 居ᄒᆞ야 쉬거ᄂᆞᆯ 或 病되도록 다ᄒᆞ야 나라를 셤기며
或 누어 평샹에 잇거ᄂᆞᆯ 或 힝역을 긋치지 못ᄒᆞᄂᆞᆺ다

| 번역 |

어떤 이는 편하게 거처하며 쉬는데
어떤 이는 힘 다해 병나도록 나라 섬기며
어떤 이는 누워 평상에 있는데
어떤 이는 일하느라 쉬지 못 하는구나

| 자해 |

燕燕 : 편히 쉬는 모양. • 瘁 : 병. • 已 : 그침.

| 의해 |

수고롭고 편안함이 같지 아니함은 역사(役使)가 고르지 못함이다

1-5. 或不知叫號어늘 或慘慘劬勞하며 或栖遲偃仰이어늘 或王事鞅掌이로다 [賦]

(혹부지규호 혹참참구로 혹서지언앙 혹왕사앙장)

| 언해 |

或 부르지지는 거슬 아지 몯ᄒᆞ거늘 或 근심ᄒᆞ고 근심ᄒᆞ야 잇쓰고 수고로오며 或 栖遲ᄒᆞ며 偃仰ᄒᆞ거늘 或 님금의 일에 鞅掌ᄒᆞᄂᆞᆺ다

| 번역 |

어떤 이는 부르짖는 것을 모르는데
어떤 이는 근심하여 애쓰고 수고하며
어떤 이는 집에서 누웠다 일어났다 하는데
어떤 이는 임금의 일로 용모가 엉망이구나

| 자해 |

不知叫號 : 깊이 거처하며 안일하여 사람의 소리를 듣지 못함. • 栖遲偃仰 : 집에 있어 임의로 함. • 鞅掌 : 용모를 잃어버림. 일이 번거롭고 수고로워 용모를 꾸밀 겨를이 없음.

1-6. 或湛樂飮酒어늘 或慘慘畏咎하며 或出入風議어늘 或靡事不爲로다 [賦]

(혹담락음주 혹참참외구 혹출입풍의 혹미사불위)

| 언해 |

或 질기여 술을 마시거늘 或 근심ᄒᆞ고 근심ᄒᆞ야 죄를 두려워ᄒᆞ며

或 出入ᄒᆞ야 風議ᄒᆞ거ᄂᆞᆯ 或 일을 ᄒᆞ지 아닐거시 업도다

| 번역 |

어떤 이는 즐기며 술을 마시는데
어떤 이는 근심하여 죄를 두려워하며
어떤 이는 출입하여 기탄없이 말하는데
어떤 이는 하지 않는 일이 없구나

| 자해 |

咎 : 허물. • 出入風議 : 친근히 의논함.

이 「북쪽 산[北山]」은 모두 6장이다.

2. 큰 수레를 갖지 말라[無將大車]

2-1. 無將大車(무장대거)어다 祇自塵兮(기자진혜)리라 無思百憂(무사백우)어다 祇自疷兮(기자저혜)리라 [興]

| 언해 |

큰 슈레를 가지지 말을 지어다 다만 스스로 씌슬쁜이리라 일빅 근심을 싱각지 말을 지어다 다만 스스로 병되리라

| 번역 |

큰 수레를 갖지 말라
티끌만 일어날 뿐이라
온갖 근심 생각지 말라
스스로 병만 날 뿐이라

| 자해 |

將 : 가짐. • 大車 : 소가 멍에 하여 평지에 실어 나르는 수레. • 祇 : 다만. • 疷 : 병.

| 의해 |

일을 하면서 수고롭고 근심하는 자가 지었다. 수레를 가지면 더럽고, 근심을 생각하면 병이 될 것이다.

무장대거 유진명명 무사백우 불출
2-2. 無將大車어다 維塵冥冥이리라 無思百憂어다 不出
우경
于熲이리라 [興]

| 언해 |

큰 슈례를 가지지 말을 지어다 오직 씌ᄭᅳᆯ이 冥冥ᄒᆞ리라 일빅 근심을 싱각지 말을 지어다 조곰 발근데 나아가지 못ᄒᆞ리라

| 번역 |

큰 수레를 갖지 말라
티끌만 자욱할 뿐이라
온갖 근심을 생각지 말라
연연하여 벗어나지 못할 뿐이라

| 자해 |

冥冥 : 어두움. • 熲 : 경(耿)과 같으니, 조금 밝은 모양.

| 의해 |

근심에 연연하여 벗어나지 못하는 것이다.

무장대거 유진옹혜 무사백우 기자중
2-3. 無將大車어다 維塵雝兮리라 無思百憂어다 祇自重
혜
兮리라 [興]

| 언해 |

큰 슈레를 가지지 말을 지어다 오직 씌끌이 갈이우리라 일빅 근심을 싱각지 말을 지어다 다만 스스로 거듭ᄒᆞ리라

| 번역 |

큰 수레를 갖지 말라
오직 티끌이 가리우리라
온갖 근심을 생각지 말라
스스로 시름만 거듭하리라

| 자해 |

雝 : 가림. • 重 : 거듭함.

이 「큰 수레를 갖지 말라[無將大車]」는 모두 3장이다.

3. 밝은 하늘[小明]

3-1. 明明上天이 照臨下土시니라 我征徂西하여 至于艽野하니 二月初吉이러니 載離寒署엇다 心之憂矣여 其毒大苦로다 念彼共人하여 涕零如雨하라 豈不懷歸리요마는 畏此罪罟니라 [賦]

| 언해 |

明明ᄒᆞ신 웃 하놀이 아릐 ᄒᆞᆰ애 빗취여 臨ᄒᆞ야 게시니라 내 征ᄒᆞ야 西으로 가셔 艽野에 이르니 二月 초ᄒᆞ로날이러니 곳 寒署를 써ᄂᆞ도다 마ᄋᆞᆷ의 근심홈이여 그 毒이 ᄀᆞ장 괴롭도다 뎌 동료에 ᄉᆞᄅᆞᆷ을 념려ᄒᆞ야 눈물 써러짐을 비 갓히 호라 엇지 도라옴을 싱각지 아니ᄒᆞ리오마ᄂᆞᆫ 이 罪에 올킬가 두려워 홈이니라

| 번역 |

밝고 밝은 위의 하늘이
아래 땅을 비추어 굽어보네
내가 부역하러 서쪽으로 가
구야에 이르니
이월 초하루 날이었는데
곧 추위와 더위를 겪었네
마음에 근심함이여
그 독이 가장 괴롭도다

저 동료인 사람을 염려하여
눈물이 비 오듯 떨어지네
어찌 돌아감을 생각지 않으랴만
죄에 얽힐까 두려워하는 것이라

| 자해 |

征 : 행함. • 徂 : 감. • 艽野 : 땅 이름. 멀고 거친 곳. • 二月 : 하나라의 월력으로 음력 이월. • 初吉 : 초하루 날. • 毒 : 마음 가운데 독이 있는 것 같음. • 共人 : 동료. • 懷 : 생각함. • 罟 : 얽음.

| 의해 |

대부가 이월에 서쪽으로 가서 해가 저물도록 돌아오지 못하기 때문에 하늘에 부르짖어 하소연한 것이다. 다시 그 동료를 생각하고, 또 스스로 죄에 얽힐까 두려워 감히 돌아가지 못한다고 말한 것이다.

3-2. 昔我往矣(석아왕의)엔 日月方除(일월방제)러니 曷云其還(갈운기환)고 歲聿云莫(세율운막)엇다 念我獨兮(염아독혜)어늘 我思孔庶(아사공서)로다 心之憂矣(심지우의)여 憚我不暇(탄아불가)로다 念彼共人(염피공인)하여 睠睠懷顧(권권회고)호라 豈不懷歸(기불회귀)리요마는 畏(외)此譴怒(차견노)니라 [賦]

| 언해 |

녯덕에 내가 갈 제ᄂᆞᆫ 日月이 바야흐로 除ᄒᆞ더니 언제 그 도라올고 ᄒᆡ가 드듸여 져물겟다 ᄉᆡᆼ각컨댄 내 홀노어늘 내일이 심히 만토다 마음의 근심ᄒᆞᆷ이여 수고로와 내 결을치 못호라 뎌 동료의

ᄉᆞ롬을 념려ᄒᆞ야 睠睠히 ᄉᆡᆼ각ᄒᆞ야 도라보노라 엇지 도라옴을 ᄉᆡᆼ각지 아니ᄒᆞ리오마는 이 譴怒를 두려워홈이니라

| 번역 |

예전에 내가 갈 적에는
일월이 막 바뀌더니
언제나 돌아갈 것인가
한 해가 마침내 저무네
생각하니 나 혼자인데
내 일이 심히 많구나
마음에 근심함이여
수고로워 내 겨를이 없네
저 동료인 사람을 염려하여
그립게 생각하여 돌아보노라
어찌 돌아감을 생각지 않으랴만
견책을 두려워하는 것이라

| 자해 |

除 : 옛것은 가고 새 것이 옴. 곧 이월(二月) 초하루 날. • 庶 : 많음. • 憚 : 수고로움. • 睠睠 : 근후함. • 譴怒 : 죄책.

| 의해 |

옛적에 갈 때는 이월 초하루 날이었는데, 이제 어느 때 돌아갈지 알지 못하고 해는 이미 저물었다. 몸은 홀로이고 일은 많으니, 일 때문에 근로하여 겨를이 없다.

3-3. 昔我往矣엔 日月方奧이러니 曷云其還고 政事愈蹙이로다 歲聿云莫라 采蕭穫菽호라 心之憂矣여 自詒伊戚이로다 念彼共人하여 興言出宿호라 豈不懷歸리요마는 畏此反覆이니라 [賦]

| 언해 |

녯덕애 내가 갈 제ᄂᆞᆫ 日月이 바야흐로 쌋듯ᄒᆞ더니 언제나 그 도라올고 政事ㅣ 더욱 급ᄒᆞ도다 ᄒᆡ가 드듸여 졈은지라 쑥을 ᄏᆡ고 콩을 베이오라 마음의 근심ᄒᆞᆷ이여 스스로 근심을 씨치도다 뎌 동료의 ᄉᆞ롬을 념려ᄒᆞ야 이러나 나가 자노라 엇지 도라옴을 ᄉᆡᆼ각지 아니ᄒᆞ리오마ᄂᆞᆫ 이 反覆ᄒᆞᆷ을 두려워 ᄒᆞᆷ이니라

| 번역 |

예전에 내가 갈 적에는
일월이 막 따뜻하더니
언제나 돌아갈 것인가
정사가 더욱 급하구나
한 해가 마침내 저물어 가니
쑥을 캐고 콩을 베노라
마음에 근심함이여
스스로 근심을 끼치네
저 동료인 사람을 염려하여
일어나 밖에 나와 자노라
어찌 돌아감을 생각지 않으랴만
이랬다저랬다 할까 두렵네

| 자해 |

奧 : 따뜻함. • 蹙 : 급함. • 詒 : 끼침. • 戚 : 근심. • 興 : 일어남. • 反覆 : 일정함이 없음.

| 의해 |

정사가 더욱 급하므로 이 해가 저무는데 이르도록 오히려 돌아가지 못하였다. 또 기미를 보아 멀리 떠나가지 못하고 이 근심을 끼쳐서, 편안히 자지 못하고 밖에 나가 자는 데 이르렀다고 스스로를 허물한 것이다.

3-4. 嗟爾君子(차이군자)는 無恒安處(무항안처)어다 靖共爾位(정공이위)하여 正直是與(정직시여)면 神之聽之(신지청지)하여 式穀以女(식곡이여)리라 [賦]

| 언해 |

슯흐다 君子ᄂᆞᆫ 편안이 處ᄒᆞ기를 ᄒᆞᆼ샹치 마를 지어다 네 位애 고요ᄒᆞ며 공손ᄒᆞ야 正直ᄒᆞᆫ 이를 이예 도으면 귀신이 드러셔 복록으로ᄡᅧ 네게 도으리라

| 번역 |

아, 그대 군자는
편안히 거처함을 떳떳이 여기지 말라
네 지위에서 고요히 하고 공손히 하여
정직한 사람을 도와주면
귀신이 그것을 듣고서
복록을 그대에게 주리라

| 자해 |

君子 : 동료. • 恒 : 항상. • 靖 : 고요함. • 共 : 공경함. • 與 : 도움. • 穀 : 복록. • 以 : 줌.

| 의해 |

이 장은 동료에게 경계하여 괴로운 때를 당하거든 편안하기를 생각지 말고, 정직한 사람을 도우면 귀신이 복록을 너에게 줄 것이라고 말하였다

3-5. 嗟爾君子는 無恒安息이어다 靖共爾位하여 好是正直이면 神之聽之하여 介爾景福이리라 [賦]

| 언해 |

슯흐다 君子ᄂᆞᆫ 편안이 쉬기를 ᄒᆞᆼ샹치 마를 지어다 네 位에 고요ᄒᆞ며 공손ᄒᆞ야 이 正直을 조아ᄒᆞ면 귀신이 드러셔 네 큰 福을 크게 ᄒᆞ리라

| 번역 |

아, 그대 군자는
편안히 쉼을 떳떳하게 여기지 말라
네 지위에서 고요히 하고 공손히 하여
정직한 사람을 좋아하면
귀신이 그것을 듣고서
큰 복을 그대에게 주리라

| 자해 |

息 : 쉼. • 好是正直 : 이 정직한 사람을 사랑함. • 介 · 景 : 큼.

이 「밝은 하늘[小明]」은 모두 5장이다.

4. 종을 치며[鼓鍾]

4-1. 鼓鍾將將이어늘 淮水湯湯하니 憂心且傷호라 淑人君子여 懷允不忘이로다 [賦]

| 언해 |

쇠북을 두다림애 將將ᄒᆞ거ᄂᆞᆯ 淮水ㅣ 湯湯ᄒᆞ니 ᄆᆞᄋᆞᆷ애 근심ᄒᆞ고 ᄯᅩ 傷호라 淑人인 君子ㅣ여 ᄉᆡᇰ각ᄒᆞ야 진실노 잇지 못ᄒᆞ리로다

| 번역 |

종을 땡땡 치는데
회수가 용솟음치니
근심하는 마음 또 상하네
착한 사람인 군자여
생각하여 잊지 못하네

| 자해 |

將將 : 종 치는 소리. • 淮 : 물 이름. • 湯湯 : 끓어오르는 모양. • 淑 : 착함. • 懷 : 생각함. • 允 : 믿음.

| 의해 |

주나라 유왕(幽王)이 회수 위에서 종을 치며 방탕하게 즐겨 돌아가기를 잊으니, 듣는 자가 근심하고 마음이 상하여 옛 군자를 생각하여 잊지 못한 것이다.

고종개개 회수개개 우심차비 숙인군
4-2. 鼓鍾喈喈어늘 淮水湝湝하니 憂心且悲호라 淑人君

자 기덕불회
子여 其德不回로다 [賦]

| 언해 |

쇠북을 두다림애 喈喈ᄒᆞ거놀 淮水ㅣ 湝湝ᄒᆞ니 ᄆᆞᄋᆞᆷ애 근심ᄒᆞ고 ᄯᅩ 슯흐노라 淑人인 君子ㅣ여 그 德이 간샤치 안니ᄒᆞ도다

| 번역 |

종을 땡땡 치는데
회수가 용솟음치니
근심하는 마음 또 슬프네
착한 사람인 군자여
그 덕이 간사하지 않았네

| 자해 |

喈喈 : 종 치는 소리. • 湝湝 : 끓어오르는 모양. • 悲 : 상함. • 回 : 간사함.

고종벌고 회유삼주 우심차축 숙인군
4-3. 鼓鍾伐鼛어늘 淮有三洲하니 憂心且妯호라 淑人君

자 기덕불유
子여 其德不猶로다 [賦]

| 언해 |

쇠북을 두다리고 큰 북을 치거놀 淮예셰물가 이 잇스니 ᄆᆞᄋᆞᆷ애 근심ᄒᆞ고 ᄯᅩ 妯호라 淑人인 君子ㅣ여 그 德이 갓지 아니ᄒᆞ도다

| 번역 |

종을 치고 큰북을 치는데
회수에 세 모래섬이 있으니
근심하는 마음 또 울렁이네
착한 사람인 군자여
그 덕이 지금과 같지 않았네

| 자해 |

鼛 : 큰 북. • 三洲 : 회수 위의 땅. • 妯 : 움직임. • 猶 : 같음.

| 의해 |

물이 용솟음친다고 한 것은 물이 성대하게 흐르는 것이고, 마침내 세 모래섬을 말한 것은 물이 떨어져 물가가 보이는 것이다. 주나라 유왕은 오래 회수에서 즐기지만, 옛날 임금은 지금과 같지 않았다고 말한 것이다.

4-4. 鼓鍾欽欽(고종흠흠)이어늘 鼓瑟鼓琴(고슬고금)하며 笙磬同音(생경동음)하니 以雅(이아)以南(이남)과 以籥(이약)이 不僭(불참)이로다 [賦]

| 언해 |

쇠북을 두다림애 欽欽ᄒᆞ거늘 비파를 치고 거문고를 치며 싱황과 경쇠소릐 갓호니 뼈 雅와 뼈 南과 뼈 籥춤이 어지롭지 아니ᄒᆞ도다

| 번역 |

종을 땡땡 치는데
비파와 거문고를 타며
생황과 경쇠 소리 같은데
대아 소아와 주남 소남과
피리 춤이 어지럽지 않네

| 자해 |

欽欽 : 종 치는 소리. • 磬 : 경쇠. • 비파와 거문고는 마루 위에 있고 생황과 경쇠는 마루 아래에 있는 악기. 소리가 같고 조화로움을 말함. • 雅 : 소아와 대아. • 南 : 주남과 소남. • 籥 : 피리 춤. • 僭 : 어지러움.

| 의해 |

비파와 거문고는 마루 위에 있고 생황과 경쇠는 마루 아래에 있어서 그 소리가 조화로워 어지럽지 않다. 주나라 유왕이 덕이 없으나 그 음악은 어찌 옛날과 같지 않겠는가? 음악은 옳으나 사람이 그른 것이다.

이 「종을 치며[磬鍾]」는 모두 4장이다.

5. 무성한 가시나무[楚茨]

5-1. 楚楚者茨에 言抽其棘은 自昔何爲요 我蓺黍稷이니라 我黍與與며 我稷翼翼하여 我倉既盈하며 我庾維億이어늘 以爲酒食하여 以饗以祀하며 以妥以侑하여 以介景福이로다 [賦]

| 언해 |

楚楚ᄒᆞᆫ 茨애 그 가시를 졔홈은 네로브터 엇지 홈이뇨 우리로 黍稷을 스므게 ᄒᆞ니라 우리 黍ㅣ 與與ᄒᆞ며 우리 稷이 翼翼ᄒᆞ야 우리 倉이 임의 가득ᄒᆞ며 우리 庾ㅣ 億이어늘 ᄡᅧ 슐과 밥을 ᄒᆞ야 ᄡᅧ 드리며 ᄡᅧ 졔ᄉᆞᄒᆞ며 ᄡᅧ 편이 안치며 ᄡᅧ 권ᄒᆞ야 ᄡᅧ 큰 福을 크게 ᄒᆞ놋다

| 번역 |

무성하고 무성한 가시나무에
그 가시를 제거하는 것은
예전부터 무엇 때문이었는가
내가 기장과 피를 심기 위해서라네
내 기장이 번성하며
내 피가 무성하여
내 창고가 이미 가득 차며
내 노적가리가 한없이 많은데

그것으로 술과 밥을 장만하여
그것으로 드리고 제사 지내며
시동을 편히 앉게 하고 권하여
그것으로 큰 복을 크게 하도다

| 자해 |

楚楚 : 무성하고 빽빽한 모양. • 茨 : 질려. • 抽 : 제거함. • 我 : 전록(田祿)이 있어 제사를 받드는 자. • 與與 · 翼翼 : 번성한 모양. • 庾 : 노적. • 饗 : 드림. • 妥 : 편안히 앉음. • 侑 : 권함.

| 의해 |

이 시는 공(公)과 경(卿) 가운데 전록(田祿)이 있는 자가 농사에 힘써 그 조상의 제사를 받드는 것을 묘사하였다. 가시나무가 나는 땅에 그 가시를 제거하던 옛 사람이 어찌 이 일을 하였던가? 기장과 피를 심어 이미 무성하고, 창고와 노적가리가 이미 가득하고 많으면, 술과 밥을 장만하여 조상에게 드리며 제사하고, 시동을 편안히 앉게 하며 권하여 큰 복을 크게 하려는 것이다.

5-2. 濟濟蹌蹌(제제창창)이라 絜爾牛羊(혈이우양)하여 以往烝嘗(이왕증상)하니 或剝或(혹박혹)亨(팽)하며 或肆或將(혹사혹장)이로다 祝祭于祊(축제우팽)하니 祀事孔明(사사공명)하여 先(선)祖是皇(조시황)이시며 神保是饗(신보시향)이시니 孝孫有慶(효손유경)하여 報以介福(보이개복)하니 萬壽無疆(만수무강)이로다 [賦]

| 언해 |

濟濟ᄒᆞ며 蹌蹌ᄒᆞᆫ지라 네 牛와 羊을 씨스시ᄒᆞ야 뼈 가셔 烝ᄒᆞ며

嘗호니 或剝ᄒᆞ며 或烹ᄒᆞ며 或肆ᄒᆞ며 或將ᄒᆞᄂᆞᆺ다 祝이 ᄉᆞ당문 안에 졔ᄉᆞᄒᆞ니 졔사ᄒᆞᄂᆞᆫ 일이 甚히 가츄어셔 先祖ㅣ 이에 皇ᄒᆞ시며 神保ㅣ 이에 饗ᄒᆞ시니 孝孫이 경ᄉᆞㅣ 잇셔 갑흐되 큰 福으로 ᄡᅧ ᄒᆞ니 萬壽ㅣ 疆이 업스리로다

| 번역 |

단정한 옷과 점잖은 걸음으로
네 소와 양을 깨끗이 하여
가서 가을 겨울 제사를 지내니
혹은 가죽을 벗기고 삶으며
혹은 진설하고 바치기도 하네
축관이 사당문 안에서 제사하니
제사 일이 대단히 갖추어져
선조께서 이에 위대하시며
시동이 이에 흠향하시니
효손에게 경사가 있어
큰 복으로 갚아 주시니
만년 장수하여 한이 없겠네

| 자해 |

濟濟・蹌蹌 : 위의가 있는 모양. • 烝 : 겨울 제사. • 嘗 : 가을 제사. • 剝 : 껍질을 벗김. • 烹 : 삶아 익힘. • 肆 : 베품. • 將 : 받들어 나아감. • 祊 : 사당문 안. • 孔 : 심함. • 明 : 갖춤. • 皇 : 큼. • 保 : 편안함. • 神保 : 시동의 미칭. • 孝孫 : 제사를 주관하는 사람. • 慶 : 복.

| 의해 |

단정한 옷과 점잖은 걸음으로 소와 양을 깨끗이 하여 가죽을 벗기고 삶으며 진설하고 바쳐서 제사를 받드는데 예를 갖춘다. 이로 말미암아 선조가 강림하시고 시동이 흠향하시어 효손에게 큰 복으로 갚아주어 수명이 한이 없게 한다는 말이다.

5-3. 執爨踖踖하여 爲俎孔碩하니 或燔或炙이며 君婦莫莫하니 爲豆孔庶어늘 爲賓爲客이 獻酬交錯하니 禮儀卒度하며 笑語卒獲일새 神保是格이라 報以介福하니 萬壽攸酢이로다 [賦]

| 언해 |

爨을 잡음을 踖踖히 ᄒᆞ야 俎를 홈이 甚히 큰니 或 燔이며 或 炙이며 君婦ㅣ 莫莫ᄒᆞ니 豆를 홈이 甚히 만커ᄂᆞᆯ 賓된 이와 客된 이가 獻ᄒᆞ며 酬홈이 交錯ᄒᆞ니 禮와 儀 다 법도ㅣ며 우슴과 말이 다 맛당홀 시 神保ㅣ 이에 格ᄒᆞᄂᆞᆫ지라 갑호되 큰 福으로ᄡᅧ ᄒᆞ니 萬壽로 酢ᄒᆞᄂᆞᆫ비로다

| 번역 |

주방 일 하기를 조심조심하여
도마에 올린 것이 심히 많으니
구운 고기도 산적도 올리며
주부가 얌전하고 공경하니
접시에 올린 것이 심히 많자
손님이 된 사람들이
술잔을 드려 서로 주고받으니
예의가 모두 법도에 맞으며
웃음과 말이 다 마땅하기에
시동이 이에 이르러
큰 복으로 갚아주시니
만년 장수로 보답하는 바로다

| 자해 |

爨 : 고기를 삶고 밥을 짓는 부엌. • 踖踖 : 공경함. • 俎 : 희생을 담는 도마. • 碩 : 큼. • 燔 : 구운 고기. • 炙 : 구운 간. • 君婦 : 주관하는 부녀. • 莫莫 : 맑고 고요하여 공경이 지극함. • 豆 : 여러 가지 제수를 담는 그릇. • 庶 : 많음. • 賓客 : 제사를 돕는 자. • 獻 : 주인이 손님에게 술을 권함. • 酬 : 손님이 주인에게 술을 권함. • 卒 : 다함. • 度 : 법도. • 獲 : 마땅함을 얻음. • 格: 온다는 뜻. • 酢 : 갚음.

| 의해 |

제사를 행할 때에 예를 갖추어야 하는데, 그 중에서도 공경을 주로 하여 한결같이 하면, 신이 흠향하여 큰 복을 내릴 것이다. 주인과 손님이 서로 음복할 때에도 공경을 이루면 만수무강으로 갚아줄 것이다.

5-4. 我孔熯矣(아공한의)나 式禮莫愆(식예막건)일새 工祝致告(공축치고)하되 徂賚孝孫(조뢰효손)하시되 苾芬孝祀(필분효사)에 神嗜飲食(신기음식)하여 卜爾百福(복이백복)하되 如幾如式(여기여식)이며 既齊既稷(기제기직)이며 既匡既敕(기광기칙)일새 永錫爾極(영석이극)하되 時萬時億(시만시억)이니라 [賦]

| 언해 |

내 甚히 熯ᄒᆞ나 뻐 禮ㅣ 어그러지지 아닐ᄉᆡ 工祝이 일워 告호ᄃᆡ 가셔 孝孫을 쥬샤ᄃᆡ 향긔러운 효도 졔ᄉᆞ에 신도ㅣ 飲食을 질기여 네게 百福을 쥬되 幾ᄀᆞᄐᆞ며 式ᄀᆞᄐᆞ며 임의 졍졔ᄒᆞ며 임의 ᄲᅡ르며 임의 바르며 임의 경계ᄒᆞᆯᄉᆡ 기리네게 지극ᄒᆞᆷ을 쥬되 이에 萬이며 이에 億으로 ᄒᆞ시니라

| 번역 |

내가 몹시 힘이 다하였으나
예에 어긋나는 것이 없기에
축관이 말하여 고하기를
가서 효손에게 복을 주시되
향기로운 효도의 제사에
신도 음식을 즐겁게 드셔서
네게 온갖 복을 점지해 주되
기약과 법식과 같게 했으며
이미 가지런하고 이미 빠르며
이미 바르고 이미 경계했기에
길이 네게 지극한 복을 주되
이에 만으로 하고 억으로 하네

| 자해 |

熯 : 다함. • 愆 : 어그러짐. • 工 : 잘함. • 苾芬 : 향기로움. • 卜 : 줌. • 幾 : 기약. • 式 : 법. • 齊 : 정제함. • 稷 : 빠름. • 匡 : 바름. • 敕 : 경계. • 極 : 지극함. • 時 : 시(是)자와 같음.

| 의해 |

제사하여 잔을 드리기에 이르러 예를 행한 것이 이미 오래되어 힘이 다하도록 예가 어그러지지 아니하고 공경이 지극하였다. 이에 신의 뜻을 잘 빌어 효손에게 복을 주어 가로되, 음식이 깨끗하고 예가 공경스럽기 때문에 네 극진함에 만 가지로 억 가지로 보답한다고 한 것이다.

5-5. 禮儀既備하며 鐘鼓既戒하여 孝孫徂位어늘 工祝致告로다 神具醉止라 皇尸載起어늘 鼓鐘送尸하니 神保聿歸로다 諸宰君婦 廢徹不遲하니 諸父兄弟 備言燕私로다 [賦]

| 언해 |

禮儀 임의 갓츄며 鐘鼓ㅣ 임의 戒ᄒᆞ야 孝孫이 位예 徂ᄒᆞ여늘 工祝이 致ᄒᆞ야 告ᄒᆞᄂᆞᆺ다 神이 다 醉ᄒᆞᆫ지라 皇尸 곳 이러나거늘 쇠북을 두다려 시동을 보ᄂᆡ니 神保ㅣ 드디여 도라가ᄂᆞᆺ다 諸宰와 君婦ㅣ 廢徹홈을 더드게 아니ᄒᆞ니 諸父와 兄弟ㅣ 갓추어 질겨ᄒᆞ야 私ᄒᆞᄂᆞᆺ다

| 번역 |

예의가 이미 갖추어졌으며
종과 북이 제사의 끝을 알려
효손이 자기 자리로 가자
축관이 말하여 고하도다
신이 모두 취하였으므로
시동이 바로 일어나자
종을 쳐서 시동을 보내니
시동이 드디어 돌아가도다
여러 제관과 주부가
제상 철거를 더디게 않으니
여러 백숙부와 형제들이
모여서 사사로이 즐기네

| 자해 |

戒 : 고함. • 徂 : 감. • 位 : 자리의 차서. • 徂位 : 제사 일을 마치고 주인이 섬돌 아래 서쪽 자리에 감. • 致告 : 축관이 시동의 뜻을 전하여 주인에게 이루어짐을 고함. • 皇尸 : 시동의 존칭. • 鼓鐘 : 시동이 출입할 때에 아뢰는 종. • 諸宰 : 모든 제관. • 廢 : 버림. • 不遲 : 빨리 함으로써 공경을 보임. • 燕 : 즐김. • 私 : 사사로운 은혜.

| 의해 |

제사를 마침에 미쳐 예의가 이미 갖추어지며, 종을 울려 이미 고하여 효손이 섬돌 아래 자리에 갔다. 축관이 시동의 뜻을 전하여 이루어짐을 고한 후에 신이 다 취했기 때문에 시동이 곧 일어나자, 종을 쳐서 시동을 보내니 시동이 드디어 돌아갔다. 여러 제관과 주부가 상 거두기를 더디지 않게 하니, 여러 백숙부와 형제들이 머물러 같이 즐겨서 사사로운 은정을 다하였다.

5-6. 樂具入奏(악구입주)하니 以綏後祿(이수후록)이로다 爾殽既將(이효기장)하니 莫怨(막원)
具慶(구경)이라 既醉既飽(기취기포)하여 小大稽首(소대계수)하되 神嗜飲食(신기음식)하여 使(사)
君壽考(군수고)로다 孔惠孔時(공혜공시)하여 維其盡之(유기진지)하니 子子孫孫(자자손손)이
勿替引之(물체인지)로다 [賦]

| 언해 |

풍류를 갓츄어 드러가 알외니 뼈 後祿을 넉넉히 ᄒᆞ놋다 네 안쥬ㅣ 임의 나아가니 원망ᄒᆞ리 업셔 다 경ᄉᆞᄒᆞ논지라 임의 醉ᄒᆞ여 임의 빈블너셔 ᄌᆞ근 이와 큰 이가 머리를 조으되 신도ㅣ 飮食을 질겨셔 그 ᄃᆡ로 ᄒᆞ여금 壽考케 ᄒᆞ놋다 심히 슌ᄒᆞ며 심히

써ᄒᆞ야 그 지극ᄒᆞ니 子子와 孫孫이 억의지 아니ᄒᆞ야 뼈 길이 홀리로다

| 번역 |

음악을 갖추어 들어가 연주하니
제사 뒤의 복록을 넉넉하게 하네
네 안주가 이미 나오니
원망하는 이 없고 모두 경축하네
이미 취하고 이미 배불러
크고 작은 이 머리를 조아리되
신도 음식을 즐겨서
그대로 하여금 장수하게 하리라
심히 순조롭고 심히 때에 맞아
오직 극진하게 하였으니
자손들이 대대로
그치지 않고 영원하리라

| 자해 |

惠 : 순함.

| 의해 |

제사할 때에 이미 복록을 받았기 때문에 장차 뒤의 복록을 넉넉히 받을 것을 즐거워 한 것이다. 안주가 이미 나와 즐거워하는 사람으로 더불어 원망이 없어, 다 즐거워하여 취하고 배불러 머리를 조아려 말하였다. 아까 제사에 신이 이미 그대의 음식을 즐겨 먹었기 때문에 그대로 하여금 장수하게 할 것이다. 또 예의의 물품이 그 법칙을 따르고 네 계절의 제사를 그 때를 적당히 하여 오직 극진히 하니, 자자손손이 마땅히 그침이 없이 영원할 것이다.

이 「무성한 가시나무[楚茨]」는 모두 6장이다.

6. 남산[信南山]

신피남산 유우전지 균균원습 증손전지
6-1. 信彼南山을 維禹甸之로다 畇畇原隰을 曾孫田之라
아강아리 남동기무
我疆我理하니 南東其畝로다 [賦]

| 언해 |

진실로 뎌 南山을 禹ㅅ님금이 다ᄉᆞ리도다 畇畇ᄒᆞᆫ 언덕을 曾孫이 밧을 ᄒᆞ논지라 우리 疆ᄒᆞ며 우리 理ᄒᆞ니 그 언덕이 南이며 東이로다

| 번역 |

진실로 저 남산을
우임금이 다스렸네
개간한 언덕에서
후손들이 밭을 가네
우리가 구획하고 정리하니
이랑이 남쪽 동쪽이로다

| 자해 |

南山 : 종남산. • 甸 : 다스림. • 畇畇 : 개간한 모양. • 曾孫 : 제사를 주관하는 자. • 疆 : 큰 지경. • 理 : 개천과 길을 정함. • 畝 : 언덕.

| 의해 |

이 시는 또한 공(公)과 경(卿)이 농사를 힘쓰고 제사를 받들며 지

은 글이다. 저 남산을 보니 우임금이 다스렸기 때문에 그 언덕을 개간하여 우리가 밭을 삼았다. 이에 경계를 짓고 길을 정하여 땅과 물의 마땅한 바를 따라 혹 남쪽에도 이랑을 만들고 혹 동쪽에도 이랑을 만들었다.

6-2. 上天同雲(상천동운)이라 雨雪雰雰(우설분분)이어늘 益之以霢霂(익지이맥목)하니 既優既渥(기우기악)하며 既霑既足(기점기족)하여 生我百穀(생아백곡)이로다 [賦]

| 언해 |

웃 하늘이 구룸이 갓흔지라 눈이 ᄂᆞ리기를 雰雰히 ᄒᆞ여늘 더욱이 霢霂으로뻐 ᄒᆞ니 임의 優ᄒᆞ며 임의 渥ᄒᆞ며 임의 霑ᄒᆞ며 임의 足ᄒᆞ야 우리 百穀을 나게 ᄒᆞᄂᆞ다

| 번역 |

위의 하늘에 구름이 같아
진눈깨비가 펄펄 내렸는데
거기에 가랑비가 더 내리니
이미 넉넉하고 흠뻑 적셨으며
흠뻑 적시고 이미 흡족하여
우리 온갖 곡식을 나게 하네

| 자해 |

同雲 : 동일한 빛의 구름. 장차 눈이 올 기후. • 雰雰 : 눈 오는 모양. • 霢霂 : 적은 비가 오는 모양. • 優 · 渥 · 霑 · 足 : 넉넉하고 흡족함.

| 의해 |

윗 장은 땅의 이치를 말하고, 이 장은 하늘의 때를 말하였다. 위 하늘의 구름이 동일한 빛이어서 눈이 펄펄 내리고, 또 가랑비가 더 내려 다 흡족하기 때문에 우리의 모든 곡식을 나게 한다.

6-3. 疆埸翼翼(강역익익)이어늘 黍稷彧彧(서직욱욱)하니 曾孫之穡(증손지색)이로다 以(이)爲酒食(위주사)하여 畀我尸賓(비아시빈)하니 壽考萬年(수고만연)이로다 [賦]

| 언해 |

疆과 埸이 翼翼ᄒᆞ거ᄂᆞᆯ 黍稷이 彧彧ᄒᆞ니 曾孫의 거듬이로다 뻐 숣ᄒᆞ고 밥을 ᄒᆞ야 우리 시동과 손을 쥬니 壽考ㅣ 萬年을 ᄒᆞ리로다

| 번역 |

밭두둑이 반듯반듯한데
기장과 피가 무성하니
후손들이 거두어들이네
술과 밥을 장만하여
우리 시동과 손님에게 주니
만년토록 장수하리로다

| 자해 |

埸 : 밭두둑. • 翼翼 : 가지런한 모양. • 彧彧 : 무성한 모양. • 畀 : 줌.

| 의해 |

그 밭이 가지런하여 곡식이 무성한 것을 후손들이 다 거둔다. 이

에 술과 밥을 장만하여 시동과 빈객에게 드리니, 음양이 조화하고 모든 물건이 이루어진다. 인심이 기뻐하여 사당을 받들면, 신이 복을 내려 만년이나 장수하게 한다.

6-4. 中田有廬(중전유려)요 疆場有瓜(강역유과)어늘 是剝是菹(시박시저)하여 獻之皇祖(헌지황조)하니 曾孫壽考(증손수고)하여 受天之祜(수천지호)로다 [賦]

| 언해 |

中田에 집이 잇고 疆場에 외잇거ᄂᆞᆯ 이 剝ᄒᆞ며 이 져려셔 皇祖ᄭᅴ 드리니 曾孫이 壽考ᄒᆞ야 하ᄂᆞᆯ의 복을 밧ᄂᆞᆫ도다

| 번역 |

밭 가운데 원두막이 있고
밭두둑에 오이가 있는데
껍질을 벗겨 김치를 담가
위대한 조상님께 바치니
후손들이 장수하여
하늘의 복을 받는구나

| 자해 |

中田 : 밭 가운데. • 菹 : 김치.

| 의해 |

밭 가운데 원두막이 있고 밭두둑에 오이가 있어 껍질을 벗기고 절여 조상에게 드린다. 네 계절에 각각 다른 물건을 귀하게 하여

효자의 마음을 따르게 하니, 신이 와서 후손으로 하여금 장수하여 하늘 복을 받게 한다.

6-5. 祭以淸酒(제이청주)하고 從以騂牡(종이성모)하여 享于祖考(향우조고)하니 執其鸞(집기란)刀(도)하여 以啓其毛(이계기모)하고 取其血膋(취기혈료)로다 [賦]

| 언해 |

제ᄉᆞ호ᄃᆡ 淸酒로뼈ᄒᆞ고 조ᄎᆞ셔 븕은 빗 슈즘싱으로뼈ᄒᆞ야 祖考끠 드리니 鸞刀를 잡아셔 뼈 그 털을 열고 그 피와 기름을 取ᄒᆞ놋다

| 번역 |

맑은 술로 제사지내고
붉은 숫소로 뒤이어
조상에게 드리니
방울 달린 칼을 잡고서
그 털을 헤쳐 열어서
그 피와 기름을 취하네

| 자해 |

淸酒 : 맑고 깨끗한 술. • 騂 : 붉은 빛. • 執 : 주인이 친히 잡음. • 鸞刀 : 칼에 방울이 있음. • 膋 : 기름.

| 의해 |

제사 지낼 때 먼저 울창주를 땅에 부어 신을 음(陰)에서 구한다. 후에 붉은 수컷 짐승을 친히 방울 달린 칼을 잡아 그 털을 여는

것은 순전한 걸 고하는 것이고, 피를 취하는 것은 죽인 걸 고하는 것이고, 기름을 취하는 것은 냄새를 오르게 한 것이다. 기장과 피를 합하여 쑥에 채워 불사르는 것은 신을 양(陽)에서 구하는 것이다. 혼은 하늘로 돌아가고 백은 땅으로 돌아가기 때문에, 제사 지낼 때 음양에서 신을 구하는 것이다.

6-6. 是烝是享하니 苾苾芬芬하여 祀事孔明이어늘 先祖是皇하사 報以介福하니 萬壽無疆이로다 [賦]

| 언해 |

이 나아가며 이 드리니 苾苾ᄒᆞ고 芬芬ᄒᆞ야 졔ᄉᆞ일이 심히 갓초거늘 先祖ㅣ이 크샤 갑되 큰 福으로뼈ᄒᆞ니 萬壽ㅣ 疆이 업스리로다

| 번역 |

이에 나아가고 이에 드리니
향기롭고 향기로워
제사 일이 매우 갖추어지자
선조께서 이에 위대하시어
큰 복으로 갚아 주시니
만년 장수하여 한이 없겠네

| 자해 |

烝 : 나아감. 혹 겨울 제사.

| 의해 |

이에 나아가고 이에 드리니, 향기로운 물건이 갖추지 아니함이 없고 일이 주밀하지 아니함이 없어서 제사가 잘 갖추어졌다. 선조가 이미 크고 높아 복을 내리기를 무한히 하실 것이다.

이 「남산[信南山]」은 모두 6장이다.

7. 큰 밭[甫田]

7-1. 倬彼甫田에 歲取十千이로다 我取其陳하여 食我農人하니 自古有年이로다 今適南畝하니 或耘或耔에 黍稷薿薿어늘 攸介攸止에 烝我髦士로다 [賦]

| 언해 |

倬ᄒᆞᆫ 뎌 큰 밧애 ᄒᆡ로 十千을 取ᄒᆞᄂᆞᆺ다 내 그 묵음을 取ᄒᆞ야 우리 農人을 먹이니 녜로브터 ᄒᆡ잇도다 이졔 南畝에 가니 或 耘ᄒᆞ며 或 耔ᄒᆞᆷ애 黍稷이 薿薿ᄒᆞ거ᄂᆞᆯ 큰 바와 긋치ᄂᆞᆫ 바에 우리 髦士를 나아가게 ᄒᆞᄂᆞᆺ다

| 번역 |

환한 저 큰 밭에서
해마다 많은 수확을 취하네
내가 묵은 곡식을 가져다가
우리 농민들에게 먹이니
예로부터 풍년이 들어서라네
지금 남쪽 밭두둑에 가니
김매기도 하고 북돋기도 하네
기장과 피가 우거졌는데
아름다운 곳과 휴식하는 곳에
준수한 선비를 나아가게 하네

| 자해 |

倬 : 밝은 모양. • 甫 : 큼. • 十千 : 만이랑 되는 밭. • 我 : 녹을 받으며 제사를 주관하는 사람. • 陳 : 묵은 곡식. • 有年 : 풍년. • 耘 : 풀을 제거함. • 耔 : 북돋음. • 薿 : 무성한 모양. • 介 : 큼. • 烝 : 나아감. • 髦 : 준걸스러움.

| 의해 |

이 시는 공(公)과 경(卿)으로서 전록(田祿)을 가진 자가 농사에 힘써 제사를 받드는 것을 말하였다. 이 큰 밭에서 해마다 일만 이랑의 수입을 취하여 식량을 삼고, 쌓인 것이 오래되어 남으면 새 것은 놓아두고 묵은 것은 흩뜨려 농민을 먹여 풍족하지 못함을 도우며 넉넉하지 못함을 도왔다. 예로부터 풍년이 들어 묵고 묵어 쌓인 바가 이와 같으나 그 쓰는 절차가 또 마땅하니, 곡식이 비록 심히 많으나 썩어서 먹지 못하는 근심이 없었다. 이제 남쪽 이랑에 가니 농민이 바야흐로 혹 김을 매기도 하며 혹 북돋기도 하여 피와 기장이 이미 무성하니, 이는 또 장차 다시 풍년이 들 징조이다. 그러므로 아름다운 곳과 휴식하는 곳에 우리 준수한 선비를 나오게 하여 위로하는 것이다.

7-2. 以我齊明(이아제명)과 與我犧羊(여아희양)으로 以社以方(이사이방)하니 我田既臧(아전기장)이 農夫之慶(농부지경)이로다 琴瑟擊鼓(금슬격고)하여 以御田祖(이어전조)하여 以祈甘雨(이기감우)하니 以介我稷黍(이개아직서)하여 以穀我士女(이곡아사녀)로다 [賦]

| 언해 |

우리 齊明과 다못 우리 犧羊으로 뻐 社ᄒᆞ며 뻐 方ᄒᆞ니 우리 밧이 임의 조흠이 農夫의 慶이로다 琴ᄒᆞ며 瑟ᄒᆞ며 북을 쳐셔 뻐 田祖

를 마져셔 뼈 단비를 비니 뼈 우리 稷黍를 介ᄒᆞ야 뼈 우리 士女를 穀ᄒᆞ리로다

| 번역 |

우리 깨끗한 기장과
우리 순색의 양으로
토지신과 사방 신에게 제사하니
우리 밭농사가 이미 잘 된 것이
농부의 경사로다
거문고과 비파를 타고 북을 쳐서
신농씨의 신을 맞이하여
단비를 기원하니
우리 피와 기장을 크게 하여
우리 선비와 여인을 기르리

| 자해 |

齊 : 기장. • 犧羊 : 순색의 양. • 社 : 토지. • 方 : 가을에 사방에 제사함. • 臧 : 착함. • 慶 : 복. • 御 : 맞이함. • 田祖 : 처음 밭을 간 신농씨. • 穀 : 기름. 착함.

| 의해 |

정결한 제사 음식과 순색의 희생양으로 토지신과 사방 신에게 제사한다. 우리 밭농사가 잘 된 것은 우리가 이룬 것이 아니라 이 농부의 복을 힘입어 이룬 것이다. 또 음악을 지어 신농씨에게 제사하고 비를 빌어 곡식을 크게 하고 백성과 사람을 기른다.

7-3. 曾孫來止(증손래지)에 以其婦子(이기부자)로 饁彼南畝(엽피남무)어늘 田畯至喜(전준지희)하여 攘其左右(양기좌우)하여 嘗其旨否(상기지부)로다 禾易長畝(화역장무)하니 終善且有(종선차유)라 曾孫不怒(증손불노)하며 農夫克敏(농부극민)이로다 [賦]

| 언해 |

曾孫이 옴애 그 婦子로뼈 뎌 南畝에 먹이거ᄂᆞᆯ 田畯이 니르러 깃거ᄒᆞ야 그 左右를 취ᄒᆞ야 그 아름답고 아릅답지 아니ᄒᆞᆷ을 맛보놋다 베가 易ᄒᆞ야 畝애 長ᄒᆞ니 ᄆᆞᄎᆞᆷ내 조코 ᄯᅩ 만흔지라 曾孫이 怒치 아니ᄒᆞ며 農夫ㅣ 능히 敏ᄒᆞ놋다

| 번역 |

후손들이 들에 나올 적에
그 아내와 아들을 데리고
남쪽 밭에 밥을 내가는데
권농관이 와서 기뻐하여
좌우의 음식을 가져다가
맛이 있는지 맛보는구나
이랑 끝까지 벼가 자랐으니
마침내 좋고 또한 많기에
후손이 성내지 아니하며
농부도 일을 민첩히 하네

| 자해 |

曾孫 : 제사를 주관하는 자. • 饁 : 먹임. • 攘 : 취함. • 旨 : 아름다움. • 易 : 다스림. • 長 : 마침. • 有 : 많음. • 敏 : 빠름.

| 의해 |

후손이 왔는데 마침 농부의 아내와 아들이 김매는 자를 먹이는 것을 보고 이에 함께 그 밭에 이르렀다. 권농관이 또한 이르러 기뻐하여 좌우의 음식을 취하여 맛본다고 하니, 이것은 윗사람과 아랫사람이 서로 매우 친함을 말한 것이다. 이미 벼가 잘 가꾸어져 밭두둑에 한결같이 가득하니, 마침내 잘되고 또 많음을 알 수 있다. 이 때문에 후손이 노하지 않고 농부가 더욱 일을 민첩하게 한 것이다.

7-4. 曾孫之稼 如茨如梁이며 曾孫之庾 如坻如京이라 乃求千斯倉하며 乃求萬斯箱이로소니 黍稷稻粱이 農夫之慶이라 報以介福하니 萬壽無疆이로다 [賦]

| 언해 |

曾孫의 볘 茨갓ᄒᆞ며 梁갓ᄒᆞ며 曾孫의 곳집이 坻ᄒᆞ며 京갓ᄒᆞᆫ지라 千인이 倉을 求ᄒᆞ며 萬인이 箱을 求ᄒᆞ노소니 黍와 稷과 稻와 粱이 農夫의 경ᄉᆞㅣ라 갑되 큰 福으로뻐ᄒᆞ니 萬壽ㅣ 疆이 업ᄉᆞ리로다

| 번역 |

후손이 수확한 벼가
빽빽하고 높으며
후손의 창고가
섬과 언덕 같으므로
천개의 창고를 구하며

만개의 상자를 구하니
기장과 피와 벼와 조가
농부의 경사이므로
큰 복으로 갚아 주시니
만년 장수하여 한이 없겠네

| 자해 |

茨 : 빽빽함. • 梁 : 높음. • 坻 : 물 가운데의 높은 땅. • 京 : 높은 언덕. • 箱 : 수레의 적재함.

| 의해 |

거둔 후에 벼가 이미 많아 창고에 두고 수레에 실으니, 기장과 피와 벼와 조가 다 농부의 경사이다. 마땅히 큰 복으로 갚아주어 만수무강하게 할 것이다. 그 아름다움을 아래에 돌려보내어 후하게 갚고자 한 것이 이와 같다.

이 「큰 밭[甫田]」은 모두 4장이다.

8. 한밭[大田]

8-1. 大田多稼(대전다가)라 既種既戒(기종기계)하여 既備乃事(기비내사)하니 以我覃耜(이아담사)로 俶載南畝(숙재남무)하여 播厥百穀(파궐백곡)하니 既庭且碩(기정차석)이라 曾孫是若(증손시약)이로다 [賦]

| 언해 |

큰 밧히 심우기를 만이 훈지라 임의 種ᄒᆞ며 임의 戒ᄒᆞ야 임의 갓츄어 이에 일ᄒᆞ니 내 리로운 보십으로뼈 비로소 南畝에 載ᄒᆞ야 그 百穀을 심우니 임의 곳고 ᄯᅩ 큰지라 曾孫을 이 若ᄒᆞᄂᆞᆺ다

| 번역 |

큰 밭에 곡식을 많이 심네
종자를 택하고 농기구를 정비해
이미 갖추어 이에 일을 하니
나의 날카로운 보습으로
비로소 남쪽 밭에서 일을 하여
온갖 곡식을 심으니
이미 싹이 곧고 또 크므로
후손의 마음이 이에 흡족하네

| 자해 |

種 : 종자를 가림. • 戒 : 여러 도구를 정리함. • 覃 : 이로움. • 俶 : 비로소.

• 載 : 일. • 庭 : 곧음. • 碩 : 큼. • 若 : 따름.

| 의해 |

밭이 크고 많이 심어야 하므로 올해 겨울에 내년에 심을 종자를 갖추고 내년 일을 준비해야 한다. 그런 다음에 날카로운 보습을 취하여 비로소 남쪽 밭에서 일하여 갈고 심는다. 갈기를 부지런히 하고 심기를 때를 맞추어 한 까닭에 그 나는 것이 다 곧고 커서 후손의 마음에 흡족하다. 이 시는 농부의 말로써 그 윗사람을 칭송한 것이니, 전편에 대한 대답이다.

8-2. 既方既皁(기방기조)하며 既堅既好(기견기호)요 不稂不莠(불랑불유)어든 去其螟螣(거기명등)과 及其蟊賊(급기모적)이리야 無害我田穉(무해아전치)니 田祖有神(전조유신)은 秉畀炎火(병비염화)어다 [賦]

| 언해 |

임의 方ᄒᆞ며 임의 皁ᄒᆞ며 임의 구드며 임의 조코 稂치 아니ᄒᆞ며 莠치 아니커든 그 螟과 螣과 밋 그 蟊와 賊을 졔ᄒᆞ야아 우리 밧에 穉를 害홈이 업ᄉᆞ리니 田祖의 神은 잡어 ᄠᅳ거운 불에 부칠지어다

| 번역 |

껍질이 생기고 반쯤 여물며
껍질이 굳으며 잘 여물고
가라지와 피도 나지 않거든
명충이며 등충과
모충이며 적충을 제거해야

우리 논 어린 벼 안 해치리니
신농씨의 신께서는
잡아다 뜨거운 불에 던지소서

| 자해 |

方 : 껍질이 비로소 생겨 합하지 못한 때. • 皁 : 열매가 굳지 못함. • 稂 · 莠 : 이삭에 해로운 풀. • 螟 · 螣 · 蟊 · 賊 : 이삭에 해로운 벌레. • 穉 : 어린 벼.

| 의해 |

이삭이 이미 무성하면, 또한 이 네 벌레를 제거한 다음에야 논 가운데의 벼에 해로움이 없게 할 수 있다. 그러나 사람의 힘으로 다 못할 것이기 때문에 신농씨의 신이 나를 위하여 이 네 벌레를 뜨거운 불 가운데 던져 주기를 원한 것이다.

8-3. 有渰萋萋(유엄처처)하여 興雨祁祁(흥우기기)하여 雨我公田(우아공전)이요 遂及我私(수급아사)하여 彼有不穫穉(피유불확치)하며 此有不斂穧(차유불감제)하며 彼有遺秉(피유유병)하며 此有滯穗(차유체수)하니 伊寡婦之利(이과부지리)로다 [賦]

| 언해 |

渰히 萋萋ᄒᆞ야 비를 이르킴이 쳔쳔히ᄒᆞ야 우리 公田에 비ᄒᆞ고 드듸여 우리 私에 밋쳐셔 뎌에 버이지 아닌 穉잇시며 이예 거두지 아닌 穧잇시며 뎌에 버린 秉이 잇시며 이예 버린 이샥이 잇스니 이 寡婦의 利로다

| 번역 |

먹구름 뭉게뭉게 피어
비를 천천히 일으켜
우리 공전에 비를 내리고
우리 사전에도 미쳐서
저기에 베지 않은 어린 벼가 있으며
여기에 거두지 않은 볏단이 있으며
저기에 버린 벼 뭇이 있으며
여기에 버린 이삭이 있으니
이는 과부의 이득이로다

| 자해 |

渰 : 구름이 일어나는 모양. • 萋萋 : 무성한 모양. • 祁祁 : 천천히 함. • 穧 : 묶음. • 秉 : 잡음. • 滯 : 버림.

| 의해 |

농부의 마음이 먼저 공적인 일을 하고 다음에 사적인 일을 하고자 하므로, 하늘이 비를 내리기를 내 공전에 먼저 내리고 드디어 내 사전에 미치기를 바란다고 하였다. 임금의 덕을 믿어 그 남겨진 은혜를 입어, 거둘 즈음에 저 베지 아니한 어린 벼와 이 거두지 아니한 묶은 벼가 있고, 저 버린 볏단과 이 흘린 이삭이 있으니, 과부가 취하여 이익을 얻는다. 이는 풍년에 남음이 있어 다 취하지 아니하고 홀아비와 과부와 함께하여 허비하지 않는 은혜가 된다.

8-4. 曾孫來止(증손래지)라 以其婦子(이기부자)로 饁彼南畝(엽피남무)어늘 田畯至喜(전준지희)로다 來方禋祀(래방인사)하여 以其騂黑(이기성흑)과 與其黍稷(여기서직)으로 以享以祀(이향이사)하니 以介景福(이개경복)이로다 [賦]

| 언해 |

曾孫이 온지라 그 婦子로뼈 뎌 南畝에 먹이거늘 田畯이 니르러 깃거ᄒᆞᄂᆞᆺ다 와셔 方에 禋祀ᄒᆞ야 그 騂黑과 다뭇 그 黍稷으로 뼈 享ᄒᆞ며 뼈 祀ᄒᆞ니 뼈 큰 福을 크게 ᄒᆞᄂᆞᆺ다

| 번역 |

후손들이 들에 나올 적에
그 아내와 아들을 데리고
남쪽 밭에 밥을 내가는데
권농관이 와서 기뻐하네
와서 사방에 깨끗이 제사해
그 붉거나 검은 희생과
그 기장과 피로써
바치고 제사지내니
큰 복을 크게 하리라

| 자해 |

方 : 사방. • 禋 : 정결한 뜻으로 제사함. • 騂黑 : 희생.

| 의해 |

농부가 서로 고하여 말한 것이다. 후손이 와서 그 부인과 아들로 더불어 저 남쪽 밭에서 곡식 베는 자를 먹이니, 권농관이 또한 이

흐러 기뻐하였다. 후손이 또 사방의 신에게 제사하여 빌어서 큰 복을 크게 하였다.

이 「한밭[大田]」은 모두 4장이다.

9. 저 낙수를 바라보니[瞻彼洛矣]

9-1. 瞻彼洛矣(첨피락의)한대 維水泱泱(유수앙앙)이로다 君子至止(군자지지)하시니 福(복)祿如茨(록여자)로다 韎韐有奭(매겹유석)하니 以作六師(이작육사)로다 [賦]

| 언해 |

뎌 洛을 본ᄃᆡ 물이 泱泱ᄒᆞ도다 君子ㅣ 니르시니 福祿이 茨갓도다 韎ᄒᆞᆫ 韐이 奭ᄒᆞ니 ᄡᅧ 六師를 이르키놋다

| 번역 |

저 낙수를 보니
물이 깊고 넓네
군자가 이르시니
복록이 쌓인 듯
가죽 군복 붉으니
여섯 군대 일으켰네

| 자해 |

洛 : 물 이름. • 泱泱 : 깊고 넓음. • 君子 : 천자. • 茨 : 쌓임. • 韎 : 붉은 가죽. • 韐 : 군복. • 奭 : 붉은 모양. • 作 : 일어남. • 六師 : 천자의 여섯 군대.

| 의해 |

천자가 제후를 도읍에 모아 군대 일을 강론함에 제후가 천자를 찬미한 시이다. 천자가 이 낙수의 위에 이르러 군복을 입고 여섯

군대를 일으켰다.

9-2. 瞻彼洛矣(첨피락의)한대 維水泱泱(유수앙앙)이로다 君子至止(군자지지)하시니 鞞(비)琫有珌(봉유필)이로다 君子萬年(군자만년)에 保其家室(보기가실)이로다 [賦]

| 언해 |

뎌 洛을 본ᄃᆡ 믈이 泱泱ᄒᆞ도다 君子ㅣ 니르시니 鞞에 琫ᄒᆞ고 珌ᄒᆞ얏도다 君子ㅣ 萬年애 그 室家를 보젼ᄒᆞ리도다

| 번역 |

저 낙수를 보니
물이 깊고 넓네
군자가 이르시니
칼집 위아래가 장식되었네
군자가 만년토록
그 집안을 보전하겠네

| 자해 |

鞞 : 칼집. • 琫 : 위를 꾸민 것. • 珌 : 아래를 꾸민 것.

9-3. 瞻彼洛矣한대 維水泱泱이로다 君子至止하시니 福祿旣同이로다 君子萬年에 保其家邦이로다 [賦]

| 언해 |

뎌 洛을 본듸 물이 泱泱ᄒᆞ도다 君子ㅣ 니르시니 福祿이 임의 모되도다 君子ㅣ 萬年애 그 家邦을 保젼ᄒᆞ리로다

| 번역 |

저 낙수를 보니
물이 깊고 넓네
군자가 이르시니
복록이 이미 모였네
군자가 만년토록
나라를 보전하겠네

| 자해 |

同 : 모음.

| 의해 |

머리 장에서는 여섯 군대를 일으켜 치안의 좋은 계책을 삼은 것을 말했고, 다음 장과 마지막 장에서는 그 집안과 나라를 보전하는 뜻을 말했다.

이 「저 낙수를 바라보니[瞻彼洛矣]」는 모두 3장이다.

10. 활짝 핀 꽃[裳裳者華]

10-1. 裳裳者華(상상자화)여 其葉湑兮(기엽서혜)로다 我覯之子(아구지자)하니 我心寫兮(아심사혜)로다 我心寫兮(아심사혜)하니 是以有譽處兮(시이유예처혜)로다 [興]

| 언해 |

裳裳ᄒᆞᆫ ᄭᅩᆺ이여 그 입ᄉᆞ귀 湑ᄒᆞ도다 내가 ᄌᆞ네를 보니 내 ᄆᆞᄋᆞᆷ이 쏘다지도다 내 ᄆᆞᄋᆞᆷ이 쏘다지니 일로ᄡᅧ 기리며 편안이 잇도다

| 번역 |

활짝 핀 꽃이여
잎사귀도 무성하네
내 그대를 보니
내 마음이 후련하네
내 마음이 후련하니
기림와 편안함이 있네

| 자해 |

裳裳 : 당당(堂堂)과 같음. • 湑 : 무성한 모양. • 覯 : 봄. • 處 : 편안함.

| 의해 |

이는 천자가 제후를 찬미한 말이니, 「저 낙수를 바라보니」에 대한 대답이다. 활짝 핀 꽃이여. 그 잎사귀가 아름답고 무성하도다.

내가 그대를 보니 마음이 후련하여 기쁘고 즐겁다. 만나보는 자로 하여금 이와 같이 기쁘고 즐겁게 할 수 있다면, 기리고 편안히 있는 것이 마땅하다.

10-2. 裳裳者華여 芸其黃矣로다 我覯之子하니 維其有章矣로다 維其有章矣 是以有慶矣로다 [興]

| 언해 |

裳裳ᄒᆞᆫ 쏮이여 芸히 그 누르도다 내가 ᄌᆞ네를 보니 그 章이 잇도다 그 章이 잇스니 일로뻐 경ᄉᆞ잇도다

| 번역 |

활짝 핀 꽃이여
노랗고 노랗구나
내 그대를 보니
법도가 있도다
법도가 있으니
경사가 있도다

| 자해 |

芸 : 누렇게 성한 모양. • 章 : 문장.

10-3. 裳裳者華(상상자화)여 或黃或白(혹황혹백)이로다 我覯之子(아구지자)하니 乘其(승기)四駱(사락)이로다 乘其四駱(승기사락)하니 六轡沃若(육비옥약)이로다 [興]

| 언해 |

裳裳ᄒᆞᆫ 꼿이여 或 누르며 或 희도다 내가 ᄌᆞ네를 보니 그 네 말을 탓도다 그 네 말을 타스니 여셧 곳비 기름지도다

| 번역 |

활짝 핀 꽃이여
노랗기도 하고 희기도 하네
내 그대를 보니
네 마리 말을 탔도다
네 마리 말을 탔는데
여섯 고삐가 윤이 나네

10-4. 左之左之(좌지좌지)에 君子宜之(군자의지)며 右之右之(우지우지)에 君子有之(군자유지)로다 維其有之(유기유지)라 是以似之(시이사지)로다 [賦]

| 언해 |

왼편으로 ᄒᆞ며 왼편으로 홈애 君子ㅣ 맛당ᄒᆞ며 오른편으로 ᄒᆞ며 오른편으로 홈애 君子ㅣ 잇도다 그 잇는지라 이러모로뼈 갓도다

| 번역 |

왼쪽으로 하고 왼쪽으로 함에
군자가 마땅하게 하며
오른쪽으로 하고 오른쪽으로 함에
군자가 재덕을 지녔네
그 재덕을 지녔기에
나타난 것이 지닌 것과 같네

| 의해 |

재주가 온전하고 덕이 갖추어져서 왼쪽으로 해도 마땅하지 아니함이 없고 오른쪽으로 해도 재주와 덕을 지니지 아니함이 없다. 밖으로 드러난 것은 그 안에 있는 것과 같지 아니함이 없다.

이 「활짝 핀 꽃[裳裳者華]」은 모두 4장이다.

「북산지습(北山之什)」은 10편 46장 334구이다.

상호지습 | 桑扈之什

1. 산비둘기[桑扈]

1-1. 交交桑扈(교교상호)여 有鶯其羽(유앵기우)로다 君子樂胥(군자락서)하니 受天之祜(수천지호)로다 [興]

| 언해 |

交交ᄒᆞᆫ 桑扈ㅣ여 문ᄎᆡ잇ᄂᆞᆫ 그 날ᄀᆡ로다 君子ㅣ 질거ᄒᆞ니 하날의 祜ᄅᆞᆯ 바드리로다

| 번역 |

이리저리 나는 산비둘기여
문채 나는 그 날개로다
군자들이 즐거워하니
하늘의 복을 받으리로다

| 자해 |

交交 : 날아서 왔다 갔다 하는 모양. • 桑扈 : 산비둘기. • 鶯 : 문채 남. • 君子 : 제후. • 胥 : 어조사. • 祜 : 복.

| 의해 |

이 또한 천자가 제후에게 잔치를 베푸는 것에 대한 시이다. 날아서 왔다 갔다 하는 새는 문채 있는 깃이 있고, 군자가 즐거워하면 하늘의 복을 받는다고 하니, 송축하는 말이다.

1-2. 交交桑扈(교교상호)여 有鶯其領(유앵기령)이로다 君子樂胥(군자락서)하니 萬邦之屛(만방지병)이로다 [興]

| 언해 |

交交ᄒᆞᆫ 桑扈ㅣ여 문치잇ᄂᆞᆫ 그 領이로다 君子ㅣ 질거ᄒᆞ니 일만 나라의 屛이로다

| 번역 |

이리저리 나는 산비둘기여
문채 나는 그 목이로다
군자들이 즐거워하니
일만 나라의 병풍이로다

| 자해 |

領 : 목. • 屛 : 가림.

| 의해 |

작은 나라의 울타리와 호위가 되는 것을 말하니, 제후의 직책을 맡은 자이다.

1-3. 之屛之翰(지병지한)하니 百辟爲憲(백벽위헌)이로다 不戢不難(부집불난)가 受福不那(수복불나)아 [賦]

| 언해 |

屛ᄒᆞ며 翰ᄒᆞ니 일ᄇᆡᆨ 님금이 憲을 삼놋다 거두지 아니ᄒᆞ며 삼가지 아니ᄒᆞ랴 福을 바ᄃᆞᆷ이 만치 아니ᄒᆞ랴

| 번역 |

병풍이 되고 줄기가 되니
많은 임금들이 본보기로 삼네
거두지 않으며 삼가지 않을까
복을 받음이 많지 아니한가

| 자해 |

翰 : 줄기. • 辟 : 임금. • 憲 : 법. • 戢 : 거둠. • 難 : 삼감. • 那 : 많음.

| 의해 |

거느리는 제후가 다 본보기를 삼으니, 어찌 거두지 아니하며 어찌 삼가지 아니하겠는가? 그 복을 받는 것이 어찌 많지 아니하겠는가?

1-4. 兕觥其觩(시굉기구)하니 旨酒思柔(지주사유)로다 彼交匪敖(피교비오)하니 萬福來求(만복래구)로다 [賦]

| 언해 |

兕觥이 그 觩ᄒᆞ니 아름다운 ᄉᆞᆯ이 부드럽도다 뎌 ᄉᆞ귀미 거만치 아니ᄒᆞ니 일만복이 와셔 求ᄒᆞ놋다

| 번역 |

들소 뿔잔이 구부정하니
맛있는 술이 부드럽구나
사귐에 거만하지 않으니
만복이 와서 나를 찾네

| 자해 |

兕觥 : 술잔. • 觩 : 뿌리가 꼬부라진 모양. • 旨 : 아름다움. • 思 : 어조사. • 敖 : 거만함.

| 의해 |

사귀는 사이에 거만하지 않으면 내가 복을 구하기를 일삼지 않아도 복이 도리어 와서 나를 구한다.

이 「산비둘기[桑扈]」는 모두 4장이다.

2. 원앙[鴛鴦]

2-1. 鴛鴦于飛(원앙우비)하니 畢之羅之(필지라지)로다 君子萬年(군자만년)에 福祿宜之(복록의지)로다 [興]

| 언해 |

鴛鴦이 나니 畢ᄒᆞ며 羅ᄒᆞᄂᆞ다 君子ㅣ 萬年에 福祿이 맛당ᄒᆞ리로다

| 번역 |

원앙새가 날으니
작은 그물 큰 그물을 치네
군자가 만년토록
복록이 마땅하리로다

| 자해 |

鴛鴦 : 원앙. • 畢 : 작은 그물. • 羅 : 그물. • 君子 : 천자.

| 의해 |

이는 제후가 「산비둘기」에 대답하는 시이다. 원앙이 날면 작은 그물과 큰 그물로 잡으며, 군자가 만년토록 복록이 마땅하다고 했으니, 또한 송축하는 말이다

2-2. 鴛鴦在梁하니 戢其左翼이로다 君子萬年에 宜其遐福이로다 [興]

| 언해 |

鴛鴦이 돌다리에 잇스니 왼편 날기를 거두엇도다 君子ㅣ 萬年애 먼 福이 맛당ᄒᆞ리로다

| 번역 |

원앙새가 징검다리에 있으니
왼쪽 날개를 접었구나
군자가 만년토록
오랜 복록이 마땅하리로다

| 자해 |

戢 : 거둠. • 遐 : 멀고 오램.

| 의해 |

새가 함께 깃들 때에 왼편 날개를 거두어 서로 안에서 의지하고 오른편 날개를 펴서 밖의 근심을 막는 것이다.

2-3. 乘馬在廐하니 摧之秣之로다 君子萬年에 福祿艾之로다 [興]

| 언해 |

타는 말이 마구에 잇스니 摧ᄒᆞ며 秣ᄒᆞ놋다 君子ㅣ 萬年애 福祿으로 艾ᄒᆞ리로다

| 번역 |

타는 말이 마구간에 있으니
여물도 먹고 곁곡식도 먹네
군자가 만년토록
복록으로 늙으리로다

| 자해 |

摧 : 여물. • 秣 : 곁곡식. • 艾 : 기름.

| 의해 |

타는 말이 마구간에 있으니 여물을 주고 곁곡식을 주며, 군자가 만년토록 복록으로 늙으리로다.

2-4. 乘馬在廐(승마재구)하니 秣之摧之(말지최지)로다 君子萬年(군자만년)에 福祿綏之(복록수지)로다 [興]

| 언해 |

타는 말이 마구에 잇스니 秣ᄒᆞ며 摧ᄒᆞ놋다 君子ㅣ 萬年애 福祿으로 綏ᄒᆞ리로다

| 번역 |

타는 말이 마구간에 있으니
곁곡식도 먹고 여물도 먹네
군자가 만년토록
복록으로 편안하리로다

| 자해 |

綏 : 편안함.

이 「원앙[鴛鴦]」은 모두 4장이다.

3. 우뚝한 고깔[頍弁]

3-1. 有頍者弁이여 實維伊何요 爾酒既旨하며 爾殽既嘉하니 豈伊異人이리요 兄弟라 匪他로다 蔦與女蘿 施于松柏이로다 未見君子라 憂心奕奕이러니 既見君子하니 庶幾說懌이로다 [賦而興又比]

| 언해 |

頍ᄒᆞᆫ 곡갈이여 진실로 무엇신고 네 술이 임의 아름다우며 네 안쥬임의 아름다우니 엇지 다른 ᄉᆞ롬이리오 兄弟라 다른 이 아니로다 蔦와 다못 女蘿ㅣ 소나무와 잣나무에 쌔치엿도다 君子를 보지 못ᄒᆞ얀ᄂᆞᆫ지라 ᄆᆞ음에 근심ᄒᆞᆷ이 奕奕ᄒᆞ다니 임의 君子를 보니 거의 깃부도다

| 번역 |

우뚝한 가죽 고깔이여
실로 무엇 하는 것인가
그대 술이 맛이 있으며
그대 안주도 좋으니
어찌 다른 사람이리오
형제이지 남이 아니로다
담쟁이덩굴 새삼 덩굴이
소나무 잣나무에 뻗었네

군자를 만나지 못하므로
근심에 시름시름하였는데
이미 군자들을 만나니
참으로 기쁘고 기쁘구나

| 자해 |

頍 : 고깔모양. 머리를 든 모양. • 旨 · 嘉 : 아름다움. • 匪他 : 다른 사람이 아님. • 蔦 : 덩굴 풀. • 女蘿 : 새삼 덩굴. • 君子 · 兄弟 : 손님. • 奕奕 : 근심하는 마음이 엷지 않음.

| 의해 |

이는 또한 형제와 친척에게 잔치를 베푸는 시이다. 우뚝한 고깔이 실로 무엇인가. 네 술이 이미 맛있고 네 안주가 이미 좋다. 어찌 다른 사람이겠는가? 형제이지 다른 사람이 아니다. 또 덩굴 풀이 나무 위에 뻗은 것으로 형제와 친척이 서로 의지하는 뜻을 비유하였다. 군자를 보지 못하여서는 마음이 근심하더니, 군자를 이미 보니 기쁘고 기쁘다.

3-2. 有頍者弁이여 實有何期요 爾酒既旨하며 爾殽既時하니 豈伊異人이리요 兄弟具來로다 蔦與女蘿 施于松上이로다 未見君子라 憂心怲怲이러니 既見君子하니 庶幾有臧이로다 【賦而興又比】

| 언해 |

頍흔 곡갈이여 진실로 무어신고 네 술이 임의 아름다우며 네 안

쥬ㅣ 임의 조흐니 엇지 다른 ᄉᆞ롬이리오 兄弟다왓도다 蔦와 다못 女蘿ㅣ 소나무위에 쌔치엿도다 君子를 보지 못ᄒᆞᆫ지라 ᄆᆞ옴에 근심홈이 炳炳ᄒᆞ다니 임의 君子를 보니 거의 조흠이로다

| 번역 |

우뚝한 가죽 고깔이여
실로 무엇 하는 것인가
그대 술이 맛이 있으며
그대 안주도 좋으니
어찌 다른 사람이리오
형제간이 모두 왔구나
담쟁이덩굴 새삼 덩굴이
소나무 위에 뻗었네
군자를 만나지 못하므로
근심에 시름시름하였는데
이미 군자들을 만나니
참으로 좋고 좋구나

| 자해 |

何期 : '이하(伊何)'와 같음. • 時 : 좋음. • 具 : 갖춤. • 炳炳 : 근심이 가득함. • 藏 : 좋음.

3-3. 有頍者弁이여 實維在首로다 爾酒既旨하며 爾殽既阜하니 豈伊異人이리요 兄弟甥舅로다 如彼雨雪에 先集維霰이라 死喪無日하여 無幾相見이란대 樂酒今夕하여 君子維宴이로다 [賦而興又比]

| 언해 |

頍ᄒᆞᆫ 곡갈이여 진실로 머리에 잇도다 네 술이 임의 아름다우며 네 안쥬 임의 만ᄒᆞᆫ니 엇지 다른 ᄉᆞᄅᆞᆷ이리오 兄弟와 甥舅ㅣ로다 뎌 눈날이 날리ᄆᆡ 먼져 霰이 모된거 갓ᄒᆞᆫ지라 죽엄이 날이업셔 셔로 봄이 얼마 못되ᄂᆞᆫᄃᆡ 술을 오날 져녁에 질거ᄒᆞ야 君子ㅣ 잔치할지로다

| 번역 |

우뚝한 가죽 고깔이여
실로 머리에 있네
그대 술이 맛이 있으며
그대 안주도 많으니
어찌 다른 사람이리오
형제와 생질과 외삼촌이네
저 함박눈이 내리려 함에
먼저 싸락눈이 모임 같네
죽음이 며칠 남지 아니하여
서로 만남이 얼마 없으리니
술을 오늘 저녁에 즐기어
군자가 잔치를 벌여야 하리

| 자해 |

阜 : 많음. • 甥舅 : 어머니와 아주머니와 누이와 아내의 겨레를 이름. • 霰 : 눈이 비로소 엉김.

| 의해 |

형제와 생질과 외삼촌이 다 늙어서 죽을 날이 많이 남지 않았으니, 술잔을 주고받아 오늘 즐거움을 다하자고 하였다. 군자가 잔치하여 친한 이를 친하게 대우함을 도타이 한 뜻이다.

이 「우뚝한 고깔[頍弁]」은 모두 3장이다.

4. 수레의 굴대 빗장[車舝]

간관거지할혜 사련계녀서혜 비기비갈
4-1. 間關車之舝兮여 思孌季女逝兮로다 匪飢匪渴이라

덕음래괄 수무호우 식연차희
德音來括이니 雖無好友나 式燕且喜어다 [賦]

| 언해 |

間關ᄒᆞᆫ 슈레의 舝이여 아름다운 季女를 ᄉᆡᆼ각ᄒᆞ야 가ᄂᆞᆺ다 주림이 아니며 목마름이 아니라 德音으로 와셔 括코자 홈이니 비록 조흔 벗이 업스나 ᄡᅧ 잔치ᄒᆞ고 ᄯᅩ 깃거홀 지어다

| 번역 |

광광 수레에 굴대 빗장 지르네
아름다운 막내딸을 생각하며 가네
굶주리고 목마른 것이 아니라
덕스러운 명성으로 와서 합하려니
비록 좋은 벗은 없을지라도
잔치하고 또 기뻐할 지어다

| 자해 |

間關 : 수레 굴대에 빗장을 설치하는 소리. • 舝 : 수레 굴대 머리의 쇠. • 孌 : 아름다운 모양. • 逝 : 감. • 括 : 모음.

| 의해 |

이 시는 서로 혼인함에 잔치하고 즐거워하는 뜻이다. 이 수레에

굴대 빗장을 설치하여 저 아름다운 막내딸을 생각하며 이 수레를 타고 가서 맞이하려는 것이다. 굶주려서도 아니고 목말라서도 아니며, 덕스러운 명성으로 와서 합치기를 바라기를 마음이 굶주리고 목마른 것과 같이 한다. 비록 다른 사람이 없으나, 또한 마땅히 잔치하고 마셔 서로 기뻐하고 즐거워해야 한다.

4-2. 依彼平林(의피평림)에 有集維鷮(유집유교)로다 辰彼碩女(진피석녀) 令德來教(영덕래교)로다
式燕且譽(식연차예)하여 好爾無射(호이무역)이로다 [興]

| 언해 |

무셩ᄒᆞᆫ 뎌 평ᄒᆞᆫ 슈풀애 ᄭᅯᆼ이 모도엿도다 辰ᄒᆞᆫ 뎌 碩女ㅣ 착ᄒᆞᆫ 德으로 와셔 가르치놋다 ᄡᅧ 잔치ᄒᆞ고 ᄯᅩ 기려셔 너를 조아홈을 시려홈이 업도다

| 번역 |

무성한 저 평원의 숲에
꿩들이 모였구나
때에 맞는 저 훤칠한 여인
착한 덕으로 와서 가르치네
잔치하고 또 칭찬하여
너를 좋아하여 싫음이 없네

| 자해 |

依 : 무성한 나무 모양. • 鷮 : 꿩. • 辰 : 때. • 碩 : 큼. • 爾 : 막내딸. • 射 : 싫음.

| 의해 |

무성한 저 평평한 수풀에는 꿩이 모이고, 때에 알맞은 훤칠한 여인은 착한 덕으로 와서 가르친다. 잔치하고 칭찬하며 기뻐하고 사모하여 싫어함이 없다.

　　수 무 지 주　　식 음 서 기　　수 무 가 효　　식 식 서 기
4-3. 雖無旨酒나 式飮庶幾며 雖無嘉殽나 式食庶幾며
수 무 덕 여 여　　식 가 차 무
雖無德與女나 式歌且舞어다 [賦]

| 언해 |

비록 아름다운 술이 업스나 ᄡᅧ 마심을 거의ᄒᆞ며 비록 아름다운 안쥬ㅣ 업스나 ᄡᅧ 먹음을 거의ᄒᆞ며 비록 德으로 너를 줄 것이 업스나 ᄡᅧ 노리ᄒᆞ고 ᄯᅩ 춤ᄒᆞᆯ지어다

| 번역 |

맛있는 술은 없지만
거의 다 마셔야 하며
좋은 안주는 없지만
거의 다 먹어야 하며
네게 줄 덕은 없지만
노래하고 춤을 추자

| 자해 |

旨·嘉: 아름다움. •女: 막내딸.

| 의해 |

내게 비록 좋은 술과 안주가 없고 너에게 줄 덕이 없으나, 너는 또한 마땅히 마시며 먹고 노래하며 춤을 추어 서로 즐거워해야 할 것이다.

4-4. 陟彼高岡(척피고강)하여 析其柞薪(석기작신)하라 析其柞薪(석기작신)하니 其葉湑兮(기엽서혜)로다 鮮我覯爾(선아구이)하니 我心寫兮(아심사혜)로다 [興]

| 언해 |

뎌 노푼 뫼부리에 올나셔 나무와 셥을 버이노라 나무와 셥을 버이니 그 입ᄉᆞ귀 셩ᄒᆞ도다 내 너를 보기를 적이ᄒᆞ니 내 ᄆᆞ옴이 쏘다지도다

| 번역 |

저 높은 산등성이에 올라가
떡갈나무 땔감을 베노라
떡갈나무 땔감을 베는데
그 잎사귀가 무성하구나
내 그대를 만나기 드문데
내 마음이 후련하구나

| 자해 |

陟 : 오름. • 柞 : 떡갈나무. • 湑 : 무성함. • 鮮 : 적음. • 覯 : 봄.

| 의해 |

산등성이에 올라 땔감을 베니 그 잎사귀가 무성하고, 내가 너를 보니 내 마음이 후련하다.

고 산 앙 지　경 행 행 지　사 모 비 비　육 비 여 금
4-5. 高山仰止며 景行行止로다 四牡騑騑하니 六轡如琴

구 이 신 혼　이 위 아 심
이로다 覯爾新昏이라 以慰我心호라 [興]

| 언해 |

노픈 山을 바라며 큰 길에 行ᄒᆞ놋다 넷 말이 騑騑ᄒᆞ니 여섯 곳비 琴갓도다 네 ᄉᆡ 혼인을 본지라 뼈 내 ᄆᆞ옴을 위로호라

| 번역 |

높은 산을 바라보며
큰 길을 가는구나
네 마리 말이 달리니
여섯 고삐가 거문고 같네
너의 신혼을 본 것이
내 마음을 위로하네

| 자해 |

仰 : 바라봄. • 景行 : 큰 길. • 如琴 : 고삐 고르기를 거문고 고르는 것과 같이 함. • 慰 : 편안함.

| 의해 |

저 산이 높으면 우러러 오를 것이며, 길이 크면 행하여 이를 것이다. 내가 이제 네 마리 말에 멍에를 하고 거문고 같은 여섯 고삐

를 끌어서 네 신혼을 보았으므로 내 마음에 위로가 된다.

이 「수레의 굴대 빗장[車舝]」은 모두 5장이다.

5. 쉬파리[青蠅]

5-1. 營營青蠅(영영청승)이여 止于樊(지우번)이로다 豈弟君子(개제군자)는 無信讒言(무신참언)이어다 [比]

| 언해 |

營營ᄒᆞ는 푸른 파리여 울타리에 긋치놋다 豈弟ᄒᆞᆫ 君子ㅣ여 참소한 말을 밋지 마를지어다

| 번역 |

앵앵거리는 쉬파리여
울타리에 멈추었네
화락한 군자여
참소하는 말 믿지 마소서

| 자해 |

營營 : 왔다 갔다 하며 내는 소리니, 사람이 듣기에 어지러움. • 樊 : 울타리. • 君子 : 임금.

| 의해 |

임금이 참소하는 말을 듣기를 좋아하기 때문에 쉬파리 소리로 비유하여 임금을 경계해서 듣지 말라고 한 것이다.

[영영청승 지우극 참인망극 교란사 국]

5-2. 營營青蠅이여 止于棘이로다 讒人罔極하여 交亂四國이로다 [興]

| 언해 |

營營ᄒᆞᄂᆞᆫ 푸른 파리여 棘에 긋치놋다 참소ᄒᆞᄂᆞᆫ ᄉᆞᄅᆞᆷ이 말미업셔 네 나라를 ᄉᆞ괴 어지럽게 ᄒᆞ놋다

| 번역 |

앵앵거리는 쉬파리여
가시나무에 멈추었네
참소하는 이 한이 없어
사방 나라를 어지럽히네

| 자해 |

棘 : 가시 울타리. • 罔極 : 말미가 없음.

[영영청승 지우진 참인망극 구아이 인]

5-3. 營營青蠅이여 止于榛이로다 讒人罔極하여 構我二人이로다 [興]

| 언해 |

營營ᄒᆞᄂᆞᆫ 푸른 파리여 榛에 긋치놋다 참소ᄒᆞᄂᆞᆫ ᄉᆞᄅᆞᆷ이 말미업셔 우리 두 ᄉᆞᄅᆞᆷ을 억ᄂᆞᆫ도다

| 번역 |

앵앵거리는 쉬파리여
개암나무에 멈추었네
참소하는 이 한이 없어
우리 둘을 얽어매네

| 자해 |

構 : 얽음. • 二人 : 저 사람과 이 사람.

| 의해 |

참소하는 사람이 처음에는 두 사람을 얽을 뿐이지만, 듣는 사람이 일찍 살펴 끊지 않으면 마침내 사방 나라를 어지럽게 하니, 어찌 두렵지 않겠는가?

이 「쉬파리[青蠅]」는 모두 3장이다.

6. 잔치 자리[賓之初筵]

6-1. 賓之初筵(빈지초연)에 左右秩秩(좌우질질)이어늘 籩豆有楚(변두유초)하며 殽核維旅(효핵유려)하며 酒旣和旨(주기화지)하여 飮酒孔偕(음주공해)로다 鐘鼓旣設(종고기설)하여 擧酬逸逸(거수일일)하며 大侯旣抗(대후기항)하고 弓矢斯張(궁시사장)하니 射夫旣同(사부기동)이라 獻爾發功(헌이발공)하여 發彼有的(발피유적)하여 以祈爾爵(이기이작)이로다 [賦]

| 언해 |

손이 初筵에 左右ㅣ 秩秩ᄒᆞ거ᄂᆞᆯ 籩豆ㅣ 楚ᄒᆞ며 殽와 核이 베풀며 슐이 임의 고로고 아름다와 슐 마시물 심히 ᄒᆞᆷ게 ᄒᆞᄂᆞᆺ다 쇠북과 북이 임의 베풀어 잔 들기를 逸逸히 ᄒᆞ며 大侯ㅣ 임의 抗ᄒᆞ고 활과 살이 임의 베푸니 쏘ᄂᆞᆫ ᄉᆞᄅᆞᆷ이 임의 한가지라 너의 마친 功을 알외여 마치되 뎌 관역에 ᄒᆞ야 뼈 네 爵ᄒᆞᆷ을 비ᄂᆞᆺ다

| 번역 |

손님의 처음 잔치 자리에
좌우가 질서 정연한데
그릇들이 줄지어 있으며
안주와 과실이 진열되며
술이 순하고 맛이 있어
즐겁게 함께 술을 마시네
종과 북이 이미 설치되어
술잔을 차례 차례 들며

큰 과녁을 이미 펼치고
활과 화살을 이미 당기니
쏘는 이들이 짝을 이루네
네가 맞춘 공적을 아뢰어
저 과녁을 맞추어
네가 벌주 마시기를 비네

| 자해 |

初筵 : 처음 자리. • 左右 : 자리의 좌우. • 秩秩 : 차례가 있음. • 楚 : 벌린 모양. • 旅 : 베풂. • 孔 : 심함. • 偕 : 가지런함. • 酬 : 주고받는 잔. • 逸逸 : 왕래에 차례가 있음. • 大侯 : 임금의 과녁. • 抗 : 베풂. • 獻 : 아룀. • 的 : 과녁. • 祈 : 구함. • 爵: 벌주.

| 의해 |

위(衛)나라 무공(武公)이 술을 마시고 후회하여 이 시를 지었다. 활 쏘는 예를 따라 술을 마심에, 처음 자리에 예의가 가지런하여 승부를 의논하고, 술잔을 주고받기를 법대로 하여 실례함이 없다. 이는 처음 장이기 때문에 그 시작을 말하였다.

6-2. 籥舞笙鼓하여 樂旣和奏하니 烝衎烈祖하여 以洽百
禮로다 百禮旣至하니 有壬有林이로다 錫爾純嘏하니 子
孫其湛이로다 其湛曰樂하니 各奏爾能이로다 賓載手仇
어늘 室人入又하여 酌彼康爵하여 以奏爾時로다 [賦]

| 언해 |

籥을 舞ᄒᆞ며 笙을 鼓ᄒᆞ야 풍류를 임의 고로 알외니 나아가 烈祖를 衎ᄒᆞ야 뼈 百禮를 합ᄒᆞᄂᆞ다 百禮임의 니르니 크며 셩ᄒᆞ도다 네게 큰 복을 쥬니 子孫이 그 화ᄒᆞ도다 그 화홈이 질거우니 각각 네 能을 알외ᄂᆞ다 손이 곳 손으로 부으니 室人이 드러와 다시ᄒᆞ야 뎌 康爵에 부어 뼈 네 時를 알외ᄂᆞ다

| 번역 |

피리로 춤을 추며 생황을 불어
음악이 이미 조화롭게 연주되니
나아가 선조를 즐겁게 해 드려
온갖 예에 합하는구나
온갖 예가 이미 지극하니
크고 성하도다
너에게 큰 복을 내려주니
자손들이 즐기도다
그 즐김이 즐거우니
각각 네 재능을 아뢰도다
손님이 손으로 술을 부으니
집안사람이 들어가 다시 부어
저 편안한 술잔에 술을 따라서
너의 계절 제사를 올리네

| 자해 |

籥舞 : 문(文)으로 추는 춤. • 烝 : 나아감. • 衎 : 즐거움. • 烈 : 공적. • 洽 : 합함. • 壬 : 큼. • 林 : 무성함. • 錫 : 줌. • 爾 : 제사를 주관하는 사람. • 嘏 : 복. • 湛 : 즐거움. • 仇 : 술을 부음. • 室人 : 집사. • 時 : 계절 제사.

| 의해 |

이는 제사에서 마시는 자가 처음에는 예악이 성대하여 몸가짐을 잃지 않음을 말하였다.

6-3. 賓之初筵엔 溫溫其恭이로다 其未醉止엔 威儀反反이러니 曰既醉止란 威儀幡幡이라 舍其坐遷하여 屢舞僊僊하나다 其未醉止엔 威儀抑抑이러니 曰既醉止란 威儀怭怭하니 是曰既醉라 不知其秩이로다 [賦]

| 언해 |

손이 쳐음 ᄌᆞ리앤 溫溫ᄒᆞᆫ 그 恭이로다 그 醉치 아니ᄒᆞ야ᄂᆞᆫ 威儀ㅣ 反反ᄒᆞ더니 임의 醉ᄒᆞ야란 威儀ㅣ 幡幡ᄒᆞᆫ지라 그 안ᄶᅵ를 舍ᄒᆞ고 옴겨 ᄌᆞ조춤홈을 僊僊히 ᄒᆞᄂᆞ다 그 醉치 아니ᄒᆞ야ᄂᆞᆫ 威儀ㅣ 抑抑ᄒᆞ더니 임의 醉ᄒᆞ야란 威儀ㅣ 怭怭ᄒᆞ니 이를 닐온 임의 醉ᄒᆞᆫ지라 그 秩을 아지 못함이로다

| 번역 |

손님의 처음 잔치 자리에
온순하고 공손하였네
아직 취하지 않았을 적에는
위의를 차리더니만
이미 취하여서는
위의를 경망스럽게 하네
제자리를 버리고 옮겨가

자주 너울너울 춤을 추네
아직 취하지 않았을 적에는
위의가 늠름하더니
이미 취해서는
위의를 함부로 하니
이는 이미 취한 것이라
떳떳한 질서를 알지 못하네

| 자해 |

反反 : 예의를 돌아봄. • 幡幡 : 가볍고 자주 함. • 遷 : 옮김. • 屢 : 자주 함. • 僊僊 : 훨훨. • 抑抑 : 신중함. • 怭怭 : 함부로 함. • 秩 : 떳떳함.

| 의해 |

술 마시는 자가 항상 처음에는 얌전하다가 마침내는 어지러워지는 것이다.

6-4. 賓既醉止(빈기취지)라 載號載呶(재호재노)하여 亂我籩豆(난아변두)하여 屢舞僛僛(누무기기)하니 是曰既醉(시왈기취)라 不知其郵(부지기우)로다 側弁之俄(측변지아)하여 屢舞傞傞(누무사사)로다 既醉而出(기취이출)하면 並受其福(병수기복)이어늘 醉而不出(취이불출)하니 是謂伐德(시위벌덕)이로다 飮酒孔嘉(음주공가)는 維其令儀(유기령의)니라 [賦]

| 언해 |

손이 임의 醉ᄒᆞᆫ지라 곳 부루며 곳 직거려 우리 籩豆를 어지러이 ᄒᆞ야 ᄌᆞ조 춤홈을 僛僛히ᄒᆞ니 이를 닐온 임의 醉홈이라 허물을 아지 못ᄒᆞᄂᆞᆺ다 기우러진 弁이 俄ᄒᆞ야 ᄌᆞ조 舞홈을 傞傞히 ᄒᆞᄂᆞᆺ다

임의 醉ᄒᆞ야 가면 다 그 福을 受ᄒᆞᆯ거시어늘 醉호ᄃᆡ 가지 아니ᄒᆞ니 이를 닐온 德을 伐ᄒᆞᆷ이로다 술을 마심에 심히 아름다옴은 그 조흔 거동일ᄉᆡ니라

| 번역 |

손님이 이미 취하였기에
큰소리로 부르며 지껄려
우리 그릇들을 어지럽혀
자주 비틀비틀 춤을 추니
이는 이미 취한 것이라
그 허물을 알지 못하도다
기운 고깔이 비스듬하여
자주 춤추어 멈추지 않네
이미 취함에 나가면
모두 복을 받을 것인데
취하고도 나가지 않으니
이는 덕을 해치는 것이네
술을 마심에 좋은 것은
좋은 거동이 있기 때문

| 자해 |

號 : 부름. • 呶 : 지껄임. • 僛僛 : 기울어진 형상. • 郵 : 허물. • 俄 : 기울어진 모양. • 傞傞 : 그치지 아니함. • 出 : 감. • 伐 : 해로움. • 令 : 좋음.

| 의해 |

이는 매우 취한 자의 형상을 말하였다. 손님이 취하여 가면 주인으로 더불어 같이 아름다운 명예가 있을 것인데, 취하기를 이 같이 하니 그 덕을 해치는 것이다. 술을 마심에 심히 아름다운 것은 좋은 거동이 있는 것인데, 네가 지금 이 같이 취하니 다시는 좋은

거동이 없을 것이다.

6-5. 凡此飮酒에 或醉或否일새 旣立之監이요 或佐之史하나니 彼醉不臧을 不醉反恥하나니라 式勿從謂하여 無俾大怠아 匪言으란 勿言하며 匪由란 勿語하라 由醉之言을 俾出童羖하리라 三爵不識이어니 矧敢多又아 [賦]

| 언해 |

믈읫 이 술을 마심에 或 醉ᄒᆞ며 或 아니ᄒᆞᆯᄉᆡ 임의 監을 셰우고 或 史를 두ᄂᆞ니 더 醉ᄒᆞ야 소치 아니ᄒᆞᆷ을 醉치 아닌 이 도로혀 붓그러ᄒᆞᄂᆞ니라 써 조ᄎᆞ 닐러 ᄒᆞ여곰 너모계을 너ᄒᆞᆷ이 업게 말랴 말아 닐거란 말ᄒᆞ지 말며 由치 아닐거란 말ᄒᆞ지 말라 醉를 由ᄒᆞ야 말ᄒᆞᄂᆞᆫ 이를 ᄒᆞ여곰 童ᄒᆞᆫ 羖를 出케 호리라 셰잔에 긔억지 못ᄒᆞ거니 ᄒᆞ믈며 敢히 만음을 ᄯᅩᄒᆞ랴

| 번역 |

무릇 이 술을 마심에
혹 취하고 혹 안 취하는데
이미 감시관을 세웠고
혹은 기록관으로 보좌하는데
저 취하여 좋지 아니한 것을
취하지 않은 사람이 부끄러워하네
따라가서 말해주지 않을까
너무나 태만함이 없도록

말하지 않을 것은 말하지 말며
따르지 않을 것도 말하지 마라
취함을 연유하여 말하는 사람에게
뿔 없는 숫양을 내놓게 하리라
석 잔에도 기억하지 못하는데
하물며 감히 많이 마시겠는가

| 자해 |

監·史 : 거동을 살피는 사람. • 謂 : 고함. • 由 : 따름. • 童羖 : 뿔 없는 수컷 양이니, 반드시 없음. • 識 : 기억함.

| 의해 |

술을 마시는 자가 혹 취하고 혹 취하지 않기 때문에, 그 거동을 살피면 취한 자가 잘못을 알지 못하여 취하지 않은 자로 하여금 도리어 부끄럽게 만든다. 이에 따라서 고하여 크게 게을리 하지 말도록 한 것이다. 말하지 말아야 할 것을 말하지 말고 따르지 않아야 할 것도 말하지 말라. 취하여 하는 망녕된 말은 장차 너를 벌하여 뿔 없는 수컷 양을 내게 할 것이다. 네가 술을 마심에 세 잔에 이르러 기억하지 못하는데, 하물며 감히 또 많이 마시겠는가? 이는 여러 번 간절하게 경계한 말이다.

이 「잔치 자리[賓之初筵]」는 모두 5장이다.

7. 물고기와 마름풀[魚藻]

7-1. 魚在在藻(어재재조)하니 有頒其首(유반기수)로다 王在在鎬(왕재재호)하시니 豈樂(개락)飮酒(음주)샷다 [興]

| 언해 |

고기 잇슴이 마람에 잇스니 그 머리 頒ᄒᆞ도다 님금의 계샴이 鎬에 계스시니 豈樂ᄒᆞ야 술을 마스샷다

| 번역 |

물고기가 마름풀에 있으니
그 머리가 크기도 하구나
왕이 호경에 계시니
즐겁게 술을 마신다네

| 자해 |

藻 : 마름풀. • 頒 : 큰 머리모양. • 豈 : 즐거움.

| 의해 |

이는 천자가 제후를 잔치함에 제후가 천자를 칭송한 시이다. 물고기가 어디에 있는가? 마름풀에 있으니, 그 머리가 크다. 임금이 어디 계시는가? 호경에 계시니, 즐겨 술을 마신다.

7-2. 魚在在藻(어재재조)하니 有莘其尾(유신기미)로다 王在在鎬(왕재재호)하시니 飮酒(음주)樂豈(락개)샷다 [興]

| 언해 |

고기 잇슴이 마람에 잇스니 그 ᄭᅩ리 길도다 님금의 계샤미 鎬에 계스시니 술을 마셔 樂豈ᄒᆞ샷다

| 번역 |

물고기가 마름풀에 있으니
그 꼬리가 길기도 하구나
왕이 호경에 계시니
즐겁게 술을 마신다네

| 자해 |

莘 : 김.

7-3. 魚在在藻(어재재조)하니 依于其蒲(의우기포)로다 王在在鎬(왕재재호)하시니 有那(유나)其居(기거)샷다 [興]

| 언해 |

고기 잇슴이 마람에 잇스니 그 창포 풀에 의지ᄒᆞ얏도다 님금의 계샤미 鎬에 계스시니 그 居에 편안이 ᄒᆞ샷다

| 번역 |

물고기가 마름풀에 있으니
부들에 의지하였구나
왕이 호경에 계시니
그 거처가 편안하시도다

| 자해 |

那 : 편안함. • 居 : 거처함.

| 의해 |

즐겨 술 마심을 아름답게 하고 자리에 편안히 거처하니, 성대한 덕이 아니면 그 누가 그렇게 할 수 있겠는가?

이 「물고기와 마름풀[魚藻]」은 모두 3장이다.

8. 콩을 따네[采薇]

8-1. 采薇采薇(채숙채숙)은 筐之筥之(광지거지)로다 君子來朝(군자래조)에 何錫予之(하석여지)요

雖無予之(수무여지)나 路車乘馬(로거승마)로다 又何予之(우하여지)요 玄袞及黼(현곤급보)로다

[興]

| 언해 |

콩을 ᄏᆡ며 콩을 ᄏᆡ옴은 筐에 ᄒᆞ며 筥에 ᄒᆞ놋다 君子ㅣ 와셔 朝ᄒᆞᆷ애 무엇을 쥬리오 비록 쥴 것이 업스나 路車와 乘馬ㅣ로다 ᄯᅩ 무엇을 쥴이오 玄袞과 밋 黼ㅣ로다

| 번역 |

콩을 따고 콩을 따서
모나고 둥근 광주리에 담네
군자가 와서 조회함에
무엇을 줄 것인가
비록 줄 것은 없으나
큰 수레와 네 필의 말이네
또 무엇을 줄 것인가
검은 곤룡포와 보불이네

| 자해 |

菽 : 큰 콩. • 君子 : 제후. • 路車 : 큰 수레. • 玄袞 : 용을 그린 검은 옷. • 黼

: 도끼 형상을 그린 옷.

| 의해 |

이는 천자가 「물고기와 마름풀」에 대답한 시이다. 콩을 따면 반드시 광주리에 담고, 군자가 와서 조회하면 반드시 주는 게 있다. 이제 비록 줄게 없으나, 수레와 말과 곤룡포와 보불은 줄 수 있다. 이렇게 말한 것은 매우 좋아하기 때문에 이런 물건들을 오히려 박하게 여긴 것이다.

8-2. 觱沸檻泉(필비함천)에 言采其芹(언채기근)호라 君子來朝(군자래조)에 言觀其旂(언관기기)호라 其旂淠淠(기기비비)하며 鸞聲嘒嘒(난성혜혜)하며 載驂載駟(재참재사)하니 君子所屆(군자소계)로다 [興]

| 언해 |

觱沸ᄒᆞᄂᆞᆫ 檻泉애 그 마나리를 ᄏᆡ노라 君子ㅣ 와셔 朝홈애 그 旂를 보노라 그 旂ㅣ 淠淠ᄒᆞ며 방울소릐 嘒嘒ᄒᆞ며 곳 驂ᄒᆞ며 곳 駟ᄒᆞ니 君子의 니르ᄂᆞᆫ 배로다

| 번역 |

퐁퐁 솟는 샘에서
미나리를 캐노라
군자가 와서 조회함에
깃발을 보노라
깃발이 펄럭펄럭하며
방울소리가 딸랑딸랑하며

겯말과 네 마리 말을 타고
군자가 이르러 오네

| 자해 |

觱沸 : 샘물 나오는 모양. • 檻泉 : 솟아나는 샘물. • 芹 : 미나리. • 淠淠 : 움직이는 모양. • 嘒嘒 : 방울소리. • 届 : 이름.

| 의해 |

깃발을 보고 방울소리를 듣고 또 말을 보면 군자가 오는 것을 알아 반갑다.

8-3. 赤芾在股요 邪幅在下로다 彼交匪紓하니 天子所予로다 樂只君子여 天子命之로다 樂只君子여 福祿申之로다 [賦]

| 언해 |

赤芾이 다리에 잇고 邪幅이 아릐 잇도다 뎌 交홈이 느러지지 아니ᄒᆞ니 天子의 쥬시는 배로다 질거운 君子여 天子ㅣ 命ᄒᆞᄂᆞᆺ다 질거운 君子여 福祿으로 거듭ᄒᆞᄂᆞᆺ다

| 번역 |

붉은 슬갑이 다리에 있고
행전이 그 밑에 있도다
저 교제가 느슨하지 않으니
천자가 주시는 바로다

즐거운 군자여
천자가 명하시도다
즐거운 군자여
복록을 거듭하도다

| 자해 |

邪幅 : 발목에 묶는 끈. • 交 : 교제. • 紓 : 늘어짐.

| 의해 |

제후가 이 옷을 입고 천자를 뵐 때, 공경하고 조심하여 감히 느슨하게 하지 못하는 것은 천자가 주셨기 때문이다. 그러므로 또 복록으로 거듭 주는 것이다.

8-4. 維柞之枝여 其葉蓬蓬이로다 樂只君子여 殿天子之邦이로다 樂只君子여 萬福攸同이로다 平平左右 亦是率從이로다 [興]

| 언해 |

柞의 가지여 그 입시귀 蓬蓬ᄒᆞ도다 질거운 君子여 天子의 나라를 殿ᄒᆞ리로다 질거운 君子여 萬福이 갓흘배로다 平平ᄒᆞᆫ 左右ㅣ ᄯᅩ ᄒᆞᆫ 이예 ᄶᅡ라 좃ᄂᆞᆫ도다

| 번역 |

떡갈나무의 가지여
그 잎이 무성하구나

즐거운 군자여
천자의 나라를 지키도다
즐거운 군자여
만복이 모이는 바로다
능란한 신하들이
또한 이에 따라 왔구나

| 자해 |

蓬蓬 : 무성한 모양. • 殿 : 진압. • 平平 : 능란함. • 左右 : 제후의 신하. • 率 : 따름.

| 의해 |

나무의 가지는 잎이 무성하고, 즐거운 군자는 마땅히 천자의 나라를 지켰으므로 만복이 모인 바가 된다. 또 좌우의 신하가 따라 와서 여기에 이르렀다.

8-5. 汎汎楊舟(범범양주)여 紼纚維之(불리유지)로다 樂只君子(낙지군자)여 天子葵之(천자규지)로다 樂只君子(낙지군자)여 福祿膍之(복록비지)로다 優哉游哉(우재유재)라 亦是戾矣(역시려의)로다 [興]

| 언해 |

ᄯᅳ고 ᄯᅳᆫ 버들ᄇᆡ여 紼노 纚ᄒᆞ야 維ᄒᆞᄂᆞᆺ다 질거운 君子여 天子ㅣ 葵ᄒᆞ리로다 질거운 君子여 福祿으로 膍ᄒᆞ리로다 넉넉이 ᄒᆞ며 노ᄂᆞᆫ지라 ᄯᅩᄒᆞᆫ 이에 戾ᄒᆞ도다

| 번역 |

둥실둥실 뜬 버드나무 배여
큰 줄로 묶어 매어놓았네
즐거운 군자여
천자가 그를 헤아려 보네
즐거운 군자여
복록으로 그를 후하게 대하네
넉넉하며 노닐기에
또한 이에 이르렀네

| 자해 |

紼 : 큰 줄. • 纚 · 維 : 맴. • 葵 : 헤아림. • 膍 : 두터움. • 戾 : 이름.

| 의해 |

둥실둥실 뜬 배는 큰 줄로 매고, 즐거운 군자는 천자가 헤아리며, 복록이 두텁고 또 넉넉히 하며 놀아 이에 이름을 아름답게 여긴 것이다.

이 「콩을 따네[采菽]」는 모두 5장이다.

9. 뿔활[角弓]

9-1. 騂騂角弓(성성각궁)이여 翩其反矣(편기반의)로다 兄弟婚姻(형제혼인)은 無胥遠矣(무서원의)어다 [興]

| 언해 |

騂騂ᄒᆞᆫ ᄲᅳᆯ 활이여 翩히 그 뒤집히도다 兄弟와 婚姻은 셔로 멀리 마롤지어다

| 번역 |

잘 다듬어진 뿔활이여
훌렁 뒤집히네
형제와 인척간은
서로 멀리하지 말지어다

| 자해 |

騂騂 : 활 고르는 모양. • 角弓 : 뿔로 꾸민 활. • 翩 : 뒤집히는 모양. • 胥 : 서로.

| 의해 |

이는 왕이 친척과 친목하지 못하고 참소를 좋아하여 종족으로 하여금 서로 원망하게 한 것을 비웃은 시이다. 잘 다듬어진 활은 이미 뒤집혔지만, 형제와 인척은 서로 멀리하지 않아야 한다.

이지원의 민서연의 이지교의 민서효의

9-2. 爾之遠矣면 民胥然矣며 爾之教矣면 民胥傚矣리라 [賦]

| 언해 |

네 멀리ᄒᆞ면 ᄇᆡᆨ셩이 셔로 그러ᄒᆞ며 네 가르치면 ᄇᆡᆨ셩이 셔로 본바드리라

| 번역 |

당신이 멀리하면
백성들이 서로 그러하며
당신이 가르치면
백성들이 서로 본받으리

| 자해 |

爾 : 임금.

| 의해 |

위에서 하면 아래에서 반드시 더 심하게 한다는 것이다.

차령형제 작작유유 불령형제 교상위유

9-3. 此令兄弟는 綽綽有裕어늘 不令兄弟는 交相爲瘉로다 [賦]

| 언해 |

이 착ᄒᆞᆫ 兄弟는 綽綽히 넉넉ᄒᆞ거ᄂᆞᆯ 착ᄒᆞ지 아닌 兄弟ᄂᆞᆫ 셔로 瘉ᄒᆞ놋다

| 번역 |

이 착한 형제들은
넉넉하게 여유가 있는데
착하지 못한 형제들은
서로를 괴롭히는구나

| 자해 |

令 : 착함. • 綽 : 너그러움. • 裕 : 넉넉함. • 瘉 : 병.

| 의해 |

비록 왕의 교화가 착하지 못하지만, 착한 형제는 너그럽고 넉넉하여 변하지 아니하고, 착하지 아니한 형제는 서로 괴롭힌다. 이는 대개 참소하는 사람을 가리켜 말한 것이다.

9-4. 民之無良(민지무량)은 相怨一方(상원일방)이니라 受爵不讓(수작불양)하나니 至于(지우) 已斯亡(이사망)이로다 [賦]

| 언해 |

ᄇᆡᆨ셩이 어질지 아닌 이ᄂᆞᆫ 一方으로 셔로 怨ᄒᆞᄂᆞ니라 벼슬을 바더 ᄉᆞ양치 아니ᄒᆞᄂᆞ니 亡홈애 니를 ᄯᆞ름이로다

| 번역 |

어질지 못한 백성들은
서로 상대방을 원망하네
벼슬을 받아 사양하지 않으니
망하는데 이를 따름이로다

| 자해 |

一方 : 저 한 쪽.

| 의해 |

서로 원망하는 자가 각각 그 상대방을 원망한다. 만일 남을 책망하는 마음으로 자신을 책망하고 자신을 사랑하는 마음으로 남을 사랑하여, 저와 나 사이에 서로 돌아보아 폐를 끼치지 않으면, 어찌 서로 원망하는 자가 있겠는가? 하물며 형제가 서로 원망하고 서로 참소하여 벼슬을 취하여 사양하지 않는다면 마침내 반드시 망할 따름이다.

9-5. 老馬反爲駒(노마반위구)하여 不顧其後(불고기후)로다 如食宜饇(여식의어)어늘 如酌(여작) 孔取(공취)로다 [比]

| 언해 |

늙은 말이 도로혀 ᄆᆡ지로라 ᄒᆞ야 그 뒤를 도라보지 아니ᄒᆞ놋다
먹임애 맛당이 饇홀 듯 ᄒᆞ거늘 酌애 심히 取ᄒᆞ욤 갓도다

| 번역 |

늙은 말이 도리어 망아지라 하여
뒤를 돌아보지 않는구나
음식을 배부르게 먹은 듯하고
술을 마셔 많이 취한 것 같네

| 자해 |

饇 : 배부름.

| 의해 |

참소하고 해치는 사람이 벼슬을 취할 줄만 알고 그 책임을 이기지 못할 것을 알지 못한다. 이것은 늙은 말이 파리한데도 도리어 망아지라고 생각하여 그 뒤를 돌아보지 못하는 것과 같다. 장차 그 책임을 이기지 못할 것이다. 또 먹을 것이 이미 많아 마땅히 배부를 것인데, 술에 심히 취함과 같으니, 탐하는 마음이 한이 없음을 말한 것이다.

모교노승목 여도도부 군자유휘유 소
9-6. 毋敎猱升木이어다 如塗塗附니라 君子有徽猷면 小
인여속
人與屬이리라 [比]

| 언해 |

猱를 나무에 오름을 가라치지 마를 지어다 진흙애 진흙으로 부침 갓흐니라 君子ㅣ 아름다운 꾀를 두면 小人이 더브러 부치리라

| 번역 |

원숭이에게 나무타기 가르치지 마오
진흙에 진흙을 발라 놓은 듯 하리
군자에게 아름다운 꾀가 있으면
소인이 그에게 돌아가리라

| 자해 |

猱 : 원숭이. • 塗 : 진흙. • 徽 : 아름다움. • 猷 : 꾀.

| 의해 |

소인이 본래 야박한데 왕이 또 참소와 간사함을 좋아하니, 이는 원숭이에게 나무타기를 가르치는 것과 같고 또 진흙 위에 진흙을 바르는 것과 같다. 왕에게 아름다운 꾀가 있으면 소인이라도 도리어 착한 일을 하여 왕에게 돌아가 이와 같은데 이르지 않을 것이다.

9-7. 雨雪瀌瀌(우설표표)나 見晛曰消(현현왈소)하나니라 莫肯下遺(막긍하유)요 式居婁驕(식거루교)로다 [比]

| 언해 |

눈이 비ᄒᆞ기를 瀌瀌히 ᄒᆞ나 晛을 보면 ᄉᆞ라지ᄂᆞ니라 질거나리여 버리지 아니ᄒᆞ고 ᄲᅧ 居ᄒᆞ야 ᄌᆞ로 교만케 ᄒᆞᄂᆞᆺ다

| 번역 |

진눈깨비가 펑펑 쏟아져도

햇빛을 보면 사라져 버리네
소인을 즐겨 내쳐버리지 않고
자리에 머물러 교만하게 하네

| 자해 |

瀌瀌 : 성한 모양. •晛 : 해 기운.

| 의해 |

참소하는 말이 현명한 사람을 만나면 저절로 그치는 것이 눈이 해 기운을 보면 사라지는 것과 같다. 그런데 왕이 즐겨 믿고 버리지 아니하니, 그 교만이 더욱 자라는 것이다.

9-8. 雨雪浮浮(우설부부)나 見晛曰流(현현왈유)하나니라 如蠻如髦(여만여모)라 我是用(아시용)憂(우)호라 [比]

| 언해 |

눈이 비ᄒᆞ기를 浮浮히ᄒᆞ나 晛을 보면 흘너가ᄂᆞ니라 蠻 갓흐며 髦 갓흔지라 내 이예 근심호라

| 번역 |

진눈깨비가 펑펑 쏟아져도
햇빛을 보면 녹아 흐르네
남쪽 서쪽의 오랑캐 같아
내가 이에 근심하노라

| 자해 |

浮浮 : 성한 모양. • 流 : 흘러감. • 蠻 · 髦 : 만이(蠻夷)의 칭호.

| 의해 |

예의가 없어 서로 해침을 말한 것이다.

이 「뿔활[角弓]」은 모두 8장이다.

10. 무성한 버드나무[菀柳]

10-1. 有菀者柳(유울자류)에 不尙息焉(불상식언)가 上帝甚蹈(상제심도)이시니 無自暱(무자닐)
焉(언)이어다 俾予靖之(비여정지)나 後予極焉(후여극언)이리라 [比]

| 언해 |

菀ᄒᆞᆫ 柳에 거의 쉬고ᄌᆞ 아니ᄒᆞ랴 上帝ㅣ 甚히 蹈ᄒᆞ시니 스스로 暱치 마를지어다 날로 ᄒᆞ야곰 靖ᄒᆞ나 뒤에 내게 極ᄒᆞ리라

| 번역 |

무성한 버드나무 아래
오히려 쉬고 싶지 않겠는가만
상제께서 매우 신령스러우니
스스로 가까이 하지 말지어다
나에게 안정시키라고 하지만
뒤에는 나에게 심히 요구하리

| 자해 |

柳 : 무성한 나무. • 尙 : 거의. • 上帝 : 왕. • 蹈 : 위엄이 있어 두려움. • 暱 : 가까움. • 靖 : 편안함. • 極 : 요구하기를 다함.

| 의해 |

임금이 포학하니 제후가 조회하지 않고서 이 시를 지은 것이다. 저 무성한 버들 아래 길을 가는 사람이 어찌 쉬고자 하지 않겠는

가? 마찬가지로 누가 왕에게 조회하지 않고자 하겠는가? 임금이 너무 위엄이 있어서 사람으로 하여금 두려워하여 감히 가깝게 하지 못하게 하기 때문이다. 나로 하여금 조회하여 섬겨서 임금의 집을 편안하게 하라고 하나, 뒤에 반드시 그 하고자 하는 바를 다하여 내게 구할 것이다. 제후가 다 조회하지 아니하는데 내가 홀로 가면, 임금이 반드시 책망하여 마지않을 것이다.

10-2. 有菀者柳(유울자류)에 不尙愒焉(불상게언)가 上帝甚蹈(상제심도)이시니 無自瘵(무자채)
焉(언)이어다 俾予靖之(비여정지)나 後予邁焉(후여매언)이리라 [比]

| 언해 |

菀ᄒᆞᆫ 柳애 거의 愒코자 아니ᄒᆞ랴 上帝ㅣ 甚히 蹈ᄒᆞ시니 ᄉᆞᄉᆞ로 瘵치 마를 지어다 날로 ᄒᆞ야금 靖ᄒᆞ나 後에 내게 邁ᄒᆞ리라

| 번역 |

무성한 버드나무 아래
오히려 쉬고 싶지 않겠는가만
상제께서 매우 신령스러우니
스스로 병나게 하지 말지어다
나에게 안정시키라고 하지만
뒤에는 나에게 지나치게 요구하리

| 자해 |

愒 : 쉼. • 瘵 : 병. • 邁 : 지나침.

10-3. 有鳥高飛(유조고비)는 亦傅于天(역부우천)이니라 彼人之心(피인지심)은 于何其(우하기)
臻(진)고 曷予靖之(갈여정지)리요 居以凶矜(거이흉긍)이로다 [興]

| 언해 |

ᄉᆡ가 놉히 날믄 ᄯᅩᄒᆞᆫ 하ᄂᆞᆯ에 니르ᄂᆞ니라 뎌 ᄉᆞᄅᆞᆷ ᄆᆞᄋᆞᆷ은 어ᄃᆡ 그 臻ᄒᆞᆯ고 엇지 내 靖ᄒᆞ리오 ᄒᆞᆫ갓 ᄡᅧ 凶ᄒᆞ야 矜ᄒᆞ리로다

| 번역 |

새가 높이 날면
또한 하늘에 이르네
저 사람의 마음은
어디에 이를 것인가
어떻게 내가 안정시키리오
한갓 흉하여 불쌍하게 되리

| 자해 |

傅·臻 : 이름. • 彼人 : 임금. • 居 : 한갓. • 凶矜 : 흉한 화를 만나 불쌍해짐.

| 의해 |

새는 높이 날아 하늘에 이르는데, 저 임금의 마음은 어디에 이를 것인가? 그 탐하고 방종함이 한이 없고 요구하고 책망함도 끝이 없어 사람이 어디에 이를지를 알지 못한다. 이 같으면 어찌 편안할 수 있겠는가? 이에 한갓 스스로 흉한 화를 취할 뿐이다.

이 「무성한 버드나무[菀柳]」는 모두 3장이다.

「상호지습(桑扈之什)」은 10편 43장 282구이다.

도인사지습 | 都人士之什

1. 서울 사람들[都人士]

1-1. 彼都人士(피도인사)여 狐裘黃黃(호구황황)이로다 其容不改(기용불개)하며 出言有(출언유)
章(장)하니 行歸于周(행귀우주)어든 萬民所望(만민소망)이러니라 [賦]

| 언해 |

뎌 서울 人士ㅣ여 狐의 갓옷이 누르고 누르도다 그 얼골이 고치지 아니ᄒᆞ며 말을 내임에 章이 잇시니 行ᄒᆞ야 周에 도라가거든 萬民의 바라던 배니라

| 번역 |

저 서울 사람들이여
여우 갖옷이 노랗고 노랗도다
그 얼굴을 고치지 아니하며
말을 꺼냄에 조리가 있으니
주나라 서울로 돌아가면
모든 백성들이 바라보리라

| 자해 |

都 : 서울. • 黃黃 : 여우 갖옷의 색. • 不改 : 떳떳함. • 章 : 문장.

| 의해 |

난리 뒤에 사람이 다시는 옛날 도읍의 성대함과 사람, 사물, 모습

의 아름다움을 보지 못함으로 이 시를 지어서 애석하게 여긴 것이다.

1-2. 彼都人士여 臺笠緇撮이로다 彼君子女여 綢直如髮이로다 我不見兮라 我心不說호라 [賦]

| 언해 |

뎌 서울 人士ㅣ여 臺로 ᄒᆞᆫ갓이며 검은 베로 ᄒᆞᆫ 撮이로다 뎌 君子의 ᄯᆞᆯ이여 綢直홈이 털 ᄀᆞᆽ도다 내 보지 못ᄒᆞᆫ지라 내 ᄆᆞᄋᆞᆷ에 깃부지 아니호라

| 번역 |

저 서울 사람들이여
사초 삿갓에 검은 관이네
저 군자의 따님이여
숱이 많고 곧은 머리털이네
내가 만나보지 못하므로
내 마음이 기쁘지 않네

| 자해 |

臺 : 삿갓을 만드는 풀. 사초. • 緇撮 : 검은 베로 만든 관. • 君子女 : 귀한 집 딸. • 綢直如髮 : 털의 아름다움.

피도인사 충이수실 피군자녀 위지윤길
1-3. 彼都人士여 充耳琇實이로다 彼君子女여 謂之尹吉

아불견혜 아심원결
이로다 我不見兮라 我心苑結호라 [賦]

| 언해 |

뎌 서울 人士ㅣ여 充耳ᄅᆞᆯ 琇로 치웟도다 뎌 君子의 ᄯᆞᆯ이여 尹吉이라 일으ᄂᆞᆫ도다 내 보지 못ᄒᆞᆫ지라 내 ᄆᆞ음에 갑갑ᄒᆞ고 ᄆᆡ쳐ᄒᆞ노라

| 번역 |

저 서울 사람들이여
귀마개를 옥돌로 채웠네
저 군자의 따님이여
윤씨와 길씨라고 이르네
내가 만나보지 못하므로
내 마음이 답답하고 맺혔네

| 자해 |

琇 : 귀마개를 삼는 아름다운 돌. • 尹吉 : 주나라의 인척인 옛 성. 서울 사람의 딸을 보고 윤씨, 길씨의 딸이라 이름. 예법이 있다는 말. • 苑 : 답답함.

피도인사 수대이려 피군자녀 권발여채
1-4. 彼都人士여 垂帶而厲로다 彼君子女여 卷髮如蠆로

아불견혜 언종지매
다 我不見兮하니 言從之邁하리라 [賦]

언해

뎌 서울 人士ㅣ여 띄ᄅᆞᆯ 드리움이 느러짓도다 뎌 君子의 ᄯᆞᆯ이여 거든 털이 蠆ᄀᆞᆺ도다 내 보지못ᄒᆞ니 조차가리라

번역

저 서울 사람들이여
띠를 치렁치렁 드리웠네
저 군자의 따님이여
올린 귀밑머리가 전갈 같네
내가 만나보지 못하니
따라서 가리라

자해

厲 : 띠를 드리운 모양. • 卷髮 : 귀밑머리 짧은 털을 땋지 못하므로 거두어 올려서 꾸민 것. • 蠆 : 전갈. 꼬리 끝이 들려서 귀밑머리 털을 거두어 올린 것 같음. • 邁 : 감.

1-5. 匪伊垂之(비이수지)라 帶則有餘(대즉유여)며 匪伊卷之(비이권지)라 髮則有旟(발즉유여)로다 我不見兮(아불견혜)하니 云何盱矣(운하우의)요 [賦]

언해

드리라 ᄒᆞᆷ이 아니라 띄가 곳 남어지 잇시며 거두랴 ᄒᆞᆷ이 아니라 털이 곳 드날님이 잇도다 내 보지못ᄒᆞ니 엇지 바ᄅᆞᆯ고

번역

드리우려 한 게 아니라

띠가 저절로 남아 있으며
올리려 한 게 아니라
털이 저절로 드날린다네
내가 만나보지 못하니
어떻게 바라볼 것인가

| 자해 |

旟 : 드날림. • 盱 : 바람.

| 의해 |

띠를 일부러 드리운 것이 아니라 띠가 저절로 남은 것이며, 귀밑머리 털을 일부러 거둔 것이 아니라 귀밑머리 털이 저절로 드날린 것이다. 자연히 한가하고 아름다워서 닦아 꾸밈을 빌지 않는다. 그러나 볼 수 없으니, 어찌 바라지 않겠는가?

이 「서울 사람들[都人士]」은 모두 5장이다.

2. 조개풀을 뜯으며[采綠]

2-1. 終朝采綠(종조채록)을 不盈一匊(불영일국)호라 予髮曲局(여발곡국)하니 薄言歸沐(박언귀목)하리라 [賦]

| 언해 |

아춤이 맛도록 綠을 킴을 한 匊에도 차게 못호라 내의 털이 굽고 거치니 잠싼 도라가 머리 감으리라

| 번역 |

아침 내내 조개풀을 캐도
한 움큼에도 차지 못했네
내 머리털이 말리고 거치니
잠깐 돌아가 머리를 감으리라

| 자해 |

終朝 : 일찍부터 밥 때까지. • 綠 : 풀이름. • 匊 : 두 손. • 局 : 거침.

| 의해 |

부인이 그 남편을 생각한 것이다. 아침이 맞도록 조개풀을 캐어도 한 움큼에도 차지 못한 것은 생각이 깊어서 일에 집중하지 못하기 때문이다. 머리털이 거칠어졌으니, 그만두고 돌아가 머리감고 남편이 돌아오는 것을 기다리려고 한 것이다.

2-2. 終朝采藍을 不盈一襜호라 五日爲期하니 六日不詹호라 [賦]

| 언해 |

아춤이 맛도록 藍을 킴을 한 襜에도 차게 못호라 닷싀로 긔약호니 엿싀 되도록 보지 못호라

| 번역 |

아침 내내 쪽 풀을 캐도
앞치마에도 차지 못했네
닷새면 온다고 기약했는데
엿새가 되도 만나지 못하네

| 자해 |

藍 : 쪽 풀. • 襜 : 앞치마. • 詹 : 봄.

| 의해 |

닷새면 돌아온다고 기약하더니만 엿새가 되도록 만나보지 못했으니, 기약한 날이 지나도 못 본 것이다.

2-3. 之子于狩인댄 言韔其弓하며 之子于釣인댄 言綸之繩하리라 [賦]

| 언해 |

之子가 사냥ᄒᆞᆯ진댄 그 활을 집에 느코 之子가 낙싀질 ᄒᆞᆯ진댄 줄을 다ᄉᆞ리리라

| 번역 |

당신이 가서 사냥을 할 적엔
활을 활집에 넣어 줄 것이며
당신이 낚시질을 할 적엔
낚시 줄을 손봐 드리리

| 자해 |

之子 : 군자. • 綸 : 실을 다스림.

| 의해 |

군자가 만일 돌아와 사냥을 가려고 하면 내가 그를 위하여 활을 활집에 넣고, 낚시질을 가려고 하면 내가 그를 위하여 낚시 줄을 손본다고 하였다. 바라기를 간절히 하고 생각하기를 깊이 해서 가는 곳마다 함께 하고자 함이다.

기조유하 유방급서 유방급서 박언관자
2-4. 其釣維何요 維魴及鱮로다 維魴及鱮여 薄言觀者로리라 [賦]

| 언해 |

그 낙싀 ᄒᆞᆫ 것이 무엇이뇨 魴과 밋 鱮ㅣ로다 魴과 밋 鱮ㅣ여 잠ᄭᅡᆫ 보리라

| 번역 |

무엇을 낚았는가
방어와 연어이네
방어와 연어여
잠깐 구경하리라

| 의해 |

낚시하여 얻으면 또한 장차 계속해서 본다고 하니, 윗 장의 뜻과 같다.

이 「조개풀을 뜯으며[采綠]」는 모두 4장이다.

3. 기장 싹[黍苗]

3-1. 芃芃黍苗(봉봉서묘)를 陰雨膏之(음우고지)로다 悠悠南行(유유남행)을 召伯勞之(소백로지)로다 [興]

| 언해 |

芃芃ᄒᆞᆫ 기쟝싹슬 陰雨ㅣ 膏ᄒᆞ놋다 悠悠히 남으로 行ᄒᆞᆷ을 召伯이 위로 ᄒᆞ놋다

| 번역 |

길고 긴 기장 싹을
큰 비가 적셔주네
멀고 먼 남쪽 길을
소백이 위로해주네

| 자해 |

芃芃 : 길고 큰 모양. • 悠悠 : 멀리 감.

| 의해 |

선왕(宣王)이 신백(申伯)을 사(謝) 땅에 봉하고 소목공(召穆公)을 명하여 가서 성읍을 경영하라고 하였다. 그러므로 무리를 거느리고 남쪽으로 가니, 함께 가는 자가 이 시를 지었다. 길고 큰 기장 싹은 오직 큰 비가 적실 수 있고, 멀고 먼 남쪽 길은 오직 소백이

위로할 수 있다고 한 것이다.

3-2. 我任我輦이며 我車我牛라 我行既集하니 蓋云歸哉인저 [賦]

| 언해 |

우리 任을 우리 輦에ᄒᆞ며 우리 슈레ᄅᆞᆯ 우리 쇼에 ᄒᆞ논지라 우리 行이 임의 이루니 도라갈진뎌

| 번역 |

우리 짐을 우리 수레로 나르며
우리 수레를 우리 소가 끌었네
우리 할 일이 이미 이루어졌으니
아마도 돌아가려나 보다

| 자해 |

任 : 기물을 사람이 지고 가는 것. • 輦 : 사람이 끄는 수레. • 牛 : 큰 수레를 끄는 소. • 集 : 이룸.

3-3. 我徒我御며 我師我旅라 我行既集하니 蓋云歸處니라 [賦]

| 언해 |

우리 徒며 우리 御며 우리 師며 우리 旅라 우리 行이 임의 이루니 도타가 處홀지니라

| 번역 |

우리 보병도 있고 수레도 있으며
우리 사단도 있고 여단도 있기에
우리 할 일이 이미 이루어졌으니
아마도 돌아가 거처하리라

| 자해 |

徒 : 걸어 다니는 자. • 御 : 수레를 타는 자. • 旅 : 오백인. • 師 : 이천오백인.

| 의해 |

우리 보병이며 우리 수레며 우리 사단이며 우리 여단이라. 우리 할 일이 이미 이루어졌으니, 돌아가서 거처할 것이다.

숙숙사공 소백영지 열렬정사 소백성지
3-4. 肅肅謝功을 召伯營之며 烈烈征師를 召伯成之로다

[賦]

| 언해 |

肅肅ᄒᆞᆫ 謝ᄶᅡ엣 功을 召伯이 경영ᄒᆞ며 烈烈ᄒᆞᆫ 征ᄒᆞᄂᆞᆫ 師ᄅᆞᆯ 召伯이 이루엇도다

| 번역 |

엄정한 사 땅의 일을
소백이 경영하였으며
씩씩하게 가는 사단을
소백이 이루었도다

| 자해 |

肅肅 : 엄정한 모양. • 功 : 역사의 일. • 營 : 다스림. • 烈烈 : 위엄 있고 씩씩한 모양. • 征 : 행함.

3-5. 原隰既平(원습기평)하며 泉流既清(천류기청)하여 召伯有成(소백유성)하니 王心則(왕심즉)寧(녕)이샷다 [賦]

| 언해 |

原隰이 임의 平ᄒᆞ며 泉流ㅣ 임의 맑거셔 召伯이 이룸이 잇스니
님금의 마암이 곳 편안ᄒᆞ샷다

| 번역 |

평원과 습지가 다스려지며
샘물의 흐름이 맑아져서
소백이 이룬 것이 있으니
임금의 마음이 편안하시네

| 자해 |

平 : 땅을 다스림. • 清 : 물을 다스림.

| 의해 |

소백이 사 땅을 경영할 때, 평원과 습지의 마땅함을 살피고 샘물의 이로움을 통하게 하여 공이 이미 이루어지니, 선왕의 마음이 곧 편안하였다.

이 「기장 싹[黍苗]」은 모두 5장이다.

4. 습지의 뽕나무[隰桑]

4-1. 隰桑有阿(습상유아)하니 其葉有難(기엽유나)로다 既見君子(기견군자)하니 其樂如何(기락여하)요 [興]

| 언해 |

隰엣 ᄲᅩᆼ이 阿ᄒᆞ니 그 닙히 難ᄒᆞ도다 임의 君子를 보니 그 즐거옴이 엇더ᄒᆞ뇨

| 번역 |

습지의 뽕나무가 아름다우니
그 잎사귀가 무성하구나
이미 군자를 만나보니
그 즐거움이 어떠하겠는가

| 자해 |

隰 : 습한 곳. • 阿 : 아름다운 모양. • 難 : 무성한 모양.

| 의해 |

이것은 군자를 본 것을 기뻐한 시이다.

4-2. 隰桑有阿(습상유아)하니 其葉有沃(기엽유옥)이로다 旣見君子(기견군자)하니 云何(운하) 不樂(불락)이리요 [興]

| 언해 |

隰엣 ᄲᅩᆼ이 阿ᄒᆞ니 그 입히 沃ᄒᆞ도다 임의 君子를 보니 엇지 질겁지 아니리오

| 번역 |

습지의 뽕나무가 아름다우니
그 잎사귀가 윤택하구나
이미 군자를 만나 보니
어찌 즐겁지 않으리오

| 자해 |

沃 : 빛나고 윤택한 모양.

4-3. 隰桑有阿(습상유아)하니 其葉有幽(기엽유유)로다 旣見君子(기견군자)하니 德音孔(덕음공) 膠(교)로다 [興]

| 언해 |

隰엣 ᄲᅩᆼ이 阿ᄒᆞ니 그 입히 幽ᄒᆞ도다 임의 君子를 보니 德音이 심히 膠ᄒᆞ도다

| 번역 |

습지의 뽕나무가 아름다우니
그 잎사귀가 검구나
이미 군자를 만나 보니
덕스러운 명성이 대단하네

| 자해 |

幽 : 검은 빛. • 膠 : 굳음.

4-4. 心乎愛矣어니 遐不謂矣리요마는 中心藏之어니 何日忘之리요 [賦]

| 언해 |

마암에 사랑커니 엇지 고ᄒᆞ지 아니리오마는 中心에 감츄엇거니 어느 날 이즐리오

| 번역 |

마음에 사랑하고 있으니
어찌 고백하지 않으리오
속마음에 감추고 있으니
어느 날인들 잊으리오

| 자해 |

遐 : 어찌. • 謂 : 고함.

| 의해 |

내가 진실로 군자를 사랑하는데 이미 보았으니 어찌 고하지 않겠는가? 그러나 마음속에 감추고 있으니 장차 어느 날인들 잊으리오? 마음속에 뿌리를 둔 사랑이 깊기 때문에 말하는 것은 더디고 마음에 두기는 오래하는 것이다.

이 「습지의 뽕나무[隰桑]」는 모두 4장이다.

5. 왕골[白華]

5-1. 白華菅兮(백화관혜)어든 白茅束兮(백모속혜)니라 之子之遠(지자지원)이라 俾我獨(비아독)兮(혜)아 [比]

| 언해 |

白華ㅣ 菅ᄒᆞ얏거던 白茅로 束ᄒᆞᄂᆞ니라 之子ㅣ 멀리 ᄒᆞ논지라 날로 ᄒᆞ야곰 호을노 되게 ᄒᆞᄂᆞ냐

| 번역 |

흰 꽃이 왕골이 되면
흰 띠풀로 묶는다네
저 임이 나를 멀리하여
나를 홀로 있게 하는가

| 자해 |

白華菅 : 왕골을 이미 삶은 것. • 之子 : 유왕(幽王). • 俾 : 하여금. • 我 : 신후(申后).

| 의해 |

유왕(幽王)이 신(申)나라의 여자에게 장가를 들어 왕후를 삼았다가, 또 포사(褒姒)를 얻어서는 신후(申后)를 내쳤기 때문에 신후가 이 시를 지었다. 흰 꽃이 왕골이 되면 흰 띠풀로 묶으니, 지극히 작은 물건이라도 오히려 서로 간에 쓰이는 것이다. 그런데 어찌하여 저 임이 나를 멀리하여 홀로 되게 하는가?

5-2. 英英白雲(영영백운)이 露彼菅茅(노피관모)니라 天步艱難(천보간난)이어늘 之子不猶(지자불유)로다 [比]

| 언해 |

英英흔 白雲이 뎌 菅茅애 이실흐느니라 天步ㅣ 艱難흐거늘 之子ㅣ 猶치 아니흐놋다

| 번역 |

뭉게뭉게 흰 구름이
왕골과 띠풀에 이슬을 내리네
천운이 어려운데도
저 임은 도모하지 않네

| 자해 |

英英 : 가볍고 밝은 모양. • 白雲 : 물과 흙의 가볍고 맑은 기운이 밤을 당하여 위로 떠오르는 것. • 露 : 흩어져서 아래로 내리는 것. • 步 : 다님. • 天步 : 시운(時運). • 猶 : 도모함. 같음.

| 의해 |

구름이 물건을 윤택하게 하여 미세한 것도 윤택하게 하지 않음이 없다. 이제 시운이 어려운데도 저 임은 도모하지 않으니, 흰 구름이 왕골과 띠풀에 이슬을 내리는 것만 같지 못하다.

표지북류 침피도전 소가상회 염
5-3. 滮池北流하여 浸彼稻田하나니라 嘯歌傷懷하여 念
피석인
彼碩人호라 [比]

| 언해 |

滮ᄒᆞᄂᆞᆫ 못이 북으로 흘너셔 뎌 베밧헤 젹시ᄂᆞ니라 쉬파람ᄒᆞ고 노ᄅᆡᄒᆞ야 회포를 傷ᄒᆞ야 뎌 碩人를 ᄉᆡᆼ각호라

| 번역 |

졸졸 못 물이 북으로 흘러
저 벼논을 적셔 주는구나
휘파람과 노래에 마음 상해
저 훤칠한 사람을 그리워하네

| 자해 |

滮 : 흐르는 모양. • 北流 : 풍(豊)과 호(鎬)의 땅 사이에 물이 많이 북으로 흐름. • 碩人 : 유왕(幽王)을 높여 일컬음.

| 의해 |

적은 물이 미세하게 흐르지만 오히려 벼논에 물을 제공한다. 그런데 왕의 존귀함으로 도리어 그 은총과 혜택을 주지 못하여, 나로 하여금 휘파람을 불고 노래하여 마음을 상하게 한다.

5-4. 樵彼桑薪하여 卬烘于煁호라 維彼碩人이여 實勞我心이로다 [比]

| 언해 |

뎌 桑薪을 킈여셔 내 혓부억에 불찟이노라 뎌 碩人이여 진실로 내 ᄆᆞᄋᆞᆷ을 슈고롭게 ᄒᆞᄂᆞᆺ다

| 번역 |

저 뽕나무 땔감을 베어서
내가 아궁이에 불을 지피네
저 훤칠한 사람이여
진실로 내 마음을 괴롭히네

| 자해 |

樵 : 캠. • 桑薪 : 뽕나무 땔감. • 卬 : 나. • 烘 : 화로불. • 煁 : 솥을 걸지 않은 부엌. 불은 때지만 음식은 하지 못하는 부엌.

| 의해 |

뽕나무 땔감으로는 마땅히 음식을 요리해야 하는데 다만 아궁이에 불을 때니, 황후의 높고 귀함으로 도리어 낮고 천하게 된 것을 비유한 것이다.

5-5. 鼓鍾于宮(고종우궁)이어든 聲聞于外(성문우외)하나니라 念子懆懆(염자조조)어늘 視我邁邁(시아매매)아 [比]

| 언해 |

鍾을 宮에셔 鼓ᄒᆞ거든 쇼릐가 밧게 들니ᄂᆞ니라 子를 ᄉᆡᆼ각홈을 懆懆히 ᄒᆞ거ᄂᆞᆯ 날을 봄을 邁邁히 ᄒᆞ놋다

| 번역 |

궁궐에서 종을 치면
소리가 밖에 들리네
임을 간절히 생각하는데
나를 건성건성 보는구나

| 자해 |

懆懆 : 근심하는 모양. • 邁邁 : 돌아보지 않음.

| 의해 |

궁에서 종을 치면 소리가 밖에 들린다. 나는 그대를 간절히 생각하는데, 그대는 도리어 내게 건성건성 하는 것은 왜인가?

5-6. 有鶖在梁(유추재량)이어늘 有鶴在林(유학재림)이로다 維彼碩人(유피석인)이여 實勞我心(실로아심)이로다 [比]

| 언해 |

鶖ㅣ 梁에 잇거늘 鶴이 林에 잇도다 뎌 碩人이여 진실로 내 ᄆᆞᄋᆞᆷ을 슈고롭게 ᄒᆞ놋다

| 번역 |

두루미는 양어장에 있는데
학은 숲속에 있구나
저 훤칠한 사람이여
진실로 내 마음을 괴롭히네

| 자해 |

鶖 : 두루미. • 梁 : 양어장.

| 의해 |

지금 두루미는 양어장에 있고 학은 수풀에 있으니, 두루미는 배부르고 학은 굶주리고 있다. 유왕이 포사는 놓아두고 신후를 내치니, 비유하면 두루미를 기르고 학을 버린 것과 같다.

5-7. 鴛鴦在梁(원앙재량)하니 戢其左翼(즙기좌익)이로다 之子無良(지자무량)하여 二三(이삼)其德(기덕)이로다 [比]

| 언해 |

鴛鴦이 梁에 잇시니 그 왼편나래를 戢ᄒᆞ놋다 之子ㅣ 착ᄒᆞᆷ이 업셔 그 德를 二三으로 ᄒᆞ놋다

| 번역 |

원앙이 양어장에 있으니
그 왼쪽 날개를 접었네
저 임이 착하지 않아서
이랬다가 저랬다가 하네

| 자해 |

戢其左翼 : 떳떳함을 잃지 않음. • 良 : 착함. • 二三其德 : 원앙만 같지 못함.

5-8. 有扁斯石은 履之卑兮니라 之子之遠이여 俾我疷兮로다 [比]

| 언해 |

扁ᄒᆞᆫ 이 돍은 밟ᄂᆞᆫ 이도 나져 지ᄂᆞ니라 之子의 멀리ᄒᆞᆷ이여 날로 ᄒᆞ여곰 병되게 ᄒᆞ놋다

| 번역 |

납작한 이 돌은
밟는 이도 낮아지네
저 임이 멀리함이여
나를 병들게 하네

| 자해 |

扁 : 낮은 모양. • 俾 : 하여금. • 疷 : 병.

| 의해 |

납작하게 낮은 돌이 있으면 밟는 자도 또한 낮아지니, 천한 첩을 총애하는 자도 또한 천해짐과 같다. 그러므로 저 임이 멀리하는 것이 나를 병들게 한다.

이 「왕골[白華]」은 모두 8장이다.

6. 꾀꼬리 [綿蠻]

면만황조 지우구아 도지운원 아로여하
6-1. 綿蠻黃鳥 止于丘阿로다 道之云遠이니 我勞如何요
음지식지 교지회지 명피후거 위지재지
飮之食之며 敎之誨之며 命彼後車하여 謂之載之아 [比]

| 언해 |

綿蠻ᄒᆞ는 黃鳥ㅣ 丘阿에 止ᄒᆞ엿도다 길이 머니 내 슈고ᄒᆞᆷ이 엇더ᄒᆞ뇨 飮ᄒᆞ며 食ᄒᆞ며 敎ᄒᆞ며 誨ᄒᆞ며 뎌 뒤 슈ᄅᆡ를 命ᄒᆞ야 실으라고 닐을가

| 번역 |

꾀꼴 꾀꼴 꾀꼬리가
굽은 언덕에 멈추었네
길이 멀기도 하니
내 수고가 어떻겠는가
마시게 하고 먹여 주며
가르쳐 주고 깨우쳐 주며
저 뒤 수레를 명령하여
나를 실으라고 말해볼까

| 자해 |

綿蠻 : 새의 소리. • 阿 : 굽은 언덕. • 後車 : 버금 수레.

| 의해 |

이는 미천하고 수고하여 의지할 곳을 생각하는 자가 새의 말을 빌려 스스로를 비유한 것이다. 꾀꼴 꾀꼴 우는 꾀꼬리가 스스로 말하기를 굽은 언덕에 멈추어 앞으로 나아가지 못한다고 하니, 길이 멀어 수고가 심한 것이다. 이때를 당하여 나를 마시게 하고 먹여 주며 가르쳐 주고 깨우쳐 주며, 또 뒤 수레를 명하여 실어줄 자가 있느냐고 한 것이다.

6-2. 綿蠻黃鳥 止于丘隅로다 豈敢憚行이리요 畏不能趨니라 飮之食之며 敎之誨之며 命彼後車하여 謂之載之아 [比]

| 언해 |

綿蠻ᄒᆞᄂᆞᆫ 黃鳥ㅣ 丘隅에 止ᄒᆞ엿도다 엇지 敢히 行ᄒᆞᆷ을 憚ᄒᆞ리오 能히 趨치 못ᄒᆞᆯ가 畏ᄒᆞ얘니라 飮ᄒᆞ며 食ᄒᆞ며 敎ᄒᆞ며 誨ᄒᆞ며 뎌 뒤 슈릐를 命ᄒᆞ야 실으라고 닐을가

| 번역 |

꾀꼴 꾀꼴 꾀꼬리가
언덕 모퉁이에 멈추었네
어찌 감히 가기를 꺼리리
빨리 가지 못할까 두렵네
마시게 하고 먹여 주며
가르쳐 주고 깨우쳐 주며
저 뒤 수레를 명령하여

나를 실으라고 말해볼까

| 자해 |

隅 : 모퉁이. • 憚 : 두려워함. • 趍 : 빨리 감.

6-3. 綿蠻黃鳥 止于丘側이로다 豈敢憚行이리요 畏不能極이니라 飮之食之며 敎之誨之며 命彼後車하여 謂之載之아 [比]

| 언해 |

綿蠻ᄒᆞᄂᆞᆫ 黃鳥ㅣ 丘側에 止ᄒᆞ얏도다 엇지 敢히 行홈을 憚ᄒᆞ리오 能히 極지 못ᄒᆞᆯ가 畏ᄒᆞ얘니라 飮ᄒᆞ며 食ᄒᆞ며 敎ᄒᆞ며 誨ᄒᆞ며 뎌 後車를 命ᄒᆞ야 실으라고 닐을가

| 번역 |

꾀꼴 꾀꼴 꾀꼬리가
언덕 곁에 멈추었네
어찌 감히 가기를 꺼리리
이르지 못할까 두렵네
마시게 하고 먹여 주며
가르쳐 주고 깨우쳐 주며
저 뒤 수레를 명령하여
나를 실으라고 말해볼까

| 자해 |

側 : 곁. • 極 : 이름.

이 「꾀꼬리[綿蠻]」는 모두 3장이다.

7. 박잎[瓠葉]

7-1. 幡幡瓠葉을 采之亨之라 君子有酒어늘 酌言嘗之로다 [賦]

(번번호엽 / 채지팽지 / 군자유주 / 작언상지)

| 언해 |

幡幡호 박의 입시를 킈여셔 살문지라 君子ㅣ 슐을 두거늘 잔질ᄒᆞ야 맛보놋다

| 번역 |

나풀나풀한 박 잎을
따서 삶았구나
군자가 술이 있어
따라서 맛보네

| 자해 |

幡幡 : 박 잎사귀의 모양.

| 의해 |

이것은 또한 잔치하며 마시는 시이다. 나풀나풀한 박의 잎사귀를 따서 삶으니, 지극히 궁색한 것이다. 그러나 군자가 술을 가지고 있으면 또한 떠서 맛본다고 하니, 주인의 겸손한 말이다. 물건이 비록 박하나 반드시 손님과 함께 하는 것이다 .

7-2. 有兎斯首(유토사수)를 炮之燔之(포지번지)라 君子有酒(군자유주)어늘 酌言獻之(작언헌지)로다 [賦]

| 언해 |

兎의 首를 炮ᄒᆞ며 燔ᄒᆞᆫ지라 君子ㅣ 술을 두거늘 잔질ᄒᆞ야 드리ᄂᆞᆫ도다

| 번역 |

토끼 한 마리를
그슬리고 굽네
군자가 술이 있어
따라서 드리네

| 자해 |

有兎斯首 : 토끼 한 마리. • 炮 : 털을 그슬리는 것. • 燔 : 불에 올려놓은 것. • 獻 : 손님에게 드리는 것.

7-3. 有兎斯首(유토사수)를 燔之炙之(번지적지)라 君子有酒(군자유주)어늘 酌言酢之(작언초지)로다 [賦]

| 언해 |

兎의 首를 燔ᄒᆞ며 炙ᄒᆞᆫ지라 君子ㅣ 술을 두거늘 잔질ᄒᆞ야 酢ᄒᆞ놋다

| 번역 |

토끼 한 마리를
굽고 궤었네
군자가 술이 있어
따라서 잔을 돌리네

| 자해 |

炙 : 물건을 꿰서 불 위에 들어 굽는 것. • 酢 : 갚는 것. 손님이 이미 술을 다 마시고 주인에게 잔을 돌려주는 것.

7-4. 有兎斯首(유토사수)를 燔之炮之(번지포지)라 君子有酒(군자유주)어늘 酌言酬之(작언수지)로다 [賦]

| 언해 |

兎의 首를 燔ᄒᆞ며 炮ᄒᆞᆫ지라 君子ㅣ 술을 두거늘 잔질ᄒᆞ야 酬ᄒᆞᄂᆞ다

| 번역 |

토끼 한 마리를
굽고 그슬리네
군자가 술이 있어
따라서 권하네

| 자해 |

酬 : 마시기를 인도하는 것.

이 「박잎[瓠葉]」은 모두 4장이다.

8. 높고 높은 돌[漸漸之石]

8-1. 漸漸之石(점점지석)이여 維其高矣(유기고의)로다 山川悠遠(산천유원)하니 維其勞矣(유기로의)로다 武人東征(무인동정)이여 不遑朝矣(불황조의)로다 [賦]

| 언해 |

漸漸ᄒᆞᆫ 돍이여 그 높도다 山川이 悠遠ᄒᆞ니 그 슈고ᄒᆞ도다 武人의 동역흐로 가옴이여 앗참도 결를치 못ᄒᆞ놋다

| 번역 |

높고 높은 돌이여
참 높기도 하구나
산천이 아득히 머니
참으로 수고스럽네
무인이 동으로 정벌감이여
하루아침도 쉴 겨를이 없네

| 자해 |

漸漸 : 높고 높은 모양. • 武人 : 장수. • 遑 : 겨를.

| 의해 |

장수가 출정하여 험하고 먼 데를 지나감에 노고를 견디지 못하여 이 시를 지었다.

점점지석　유기졸의　산천유원　갈기몰
8-2. 漸漸之石이여 維其卒矣로다 山川悠遠하니 曷其沒
의　무인동정　불황출의
矣요 武人東征이여 不遑出矣로다 [賦]

| 언해 |

漸漸ᄒᆞᆫ 돍이여 그 卒ᄒᆞ도다 山川이 悠遠ᄒᆞ니 언졔 그 다ᄒᆞᆯ고 武人의 동역호로 가옴이여 나옴을 결를치 못ᄒᆞ놋다

| 번역 |

높고 높은 돌이여
참 높기도 하구나
산천이 아득히 머니
언제나 끝나려나
무인이 동으로 정벌감이여
빠져나갈 겨를이 없네

| 자해 |

卒 : 높음. • 曷 : 어찌. • 沒 : 다함. • 不遑出 : 다만 깊이 들어갈 줄만 알고 나오기를 꾀할 겨를이 없음.

유시백척　증섭파의　월리우필　비방타
8-3. 有豕白蹢하니 烝涉波矣며 月離于畢하니 俾滂沱
의　무인동정　불황타의
矣로다 武人東征이여 不遑他矣로다 [賦]

| 언해 |

豕ㅣ 蹢이 희니 모다 물결을 건너며 달이 畢에 離ᄒᆞ니 ᄒᆞ여곰 滂沱케 ᄒᆞ놋다 武人의 동역ᄒᆞ로 가옴이여 다른 것을 결를치 못ᄒᆞ놋다

| 번역 |

돼지가 발굽이 희니
여럿이 물결을 건너가며
달이 필성에 걸려 있으니
주룩주룩 비가 내리겠네
무인이 동으로 정벌감이여
다른 일을 할 겨를이 없네

| 자해 |

蹢 : 발꿈치. • 烝 : 무리 • 離 : 달이 자는 곳. • 畢 : 별의 이름. • 豕涉波 · 月離畢 : 장차 비올 증험.

| 의해 |

돼지가 진흙을 지고 진흙을 끄는 것은 그 일상적인 본성이다. 그런데 이제 그 발이 다 희고 무리로 더불어 물결을 건너가니, 수재가 많을 것을 알 수 있다. 이것은 오래 일을 하고 또 큰 비를 만나서 심히 수고하여 다른 일에 미칠 겨를이 없는 것을 말하였다.

이 「높고 높은 돌[漸漸之石]」은 모두 3장이다.

9. 능소화[苕之華]

9-1. 苕之華(초지화)여 芸其黃矣(운기황의)로다 心之憂矣(심지우의)여 維其傷矣(유기상의)로다

[比]

| 언해 |

苕의 ᄭᅩᆽ이여 그 黃이 芸ᄒᆞ도다 ᄆᆞᄋᆞᆷ의 근심ᄒᆞᆷ이여 그 傷ᄒᆞ놋다

| 번역 |

능소화의 꽃이여
노랗고 노랗구나
마음에 근심함이여
마음이 상하는구나

| 자해 |

苕 : 능초. 능소화.

| 의해 |

시인이 스스로 자신이 주나라 왕실의 쇠함을 만난 것이 능소화가 물건에 붙어서 난 것 같아 비록 영화로우나 오래가지 못하는 것과 같다고 생각하였다. 그러므로 이것으로 비유하고 스스로 그 마음이 근심하고 상함을 말하였다.

9-2. 苕之華여 其葉青青이로다 知我如此런들 不如無生이랏다 [比]

| 언해 |

苕의 꼿이여 그 입시가 青青ᄒᆞ도다 내 이 갓흘 쥴 아던든 술미 업슴만 갓지 못ᄒᆞ놋다

| 번역 |

능소화의 꽃이여
잎이 푸르고 푸르구나
내가 이 같을 줄 알았던들
태어나지 않음만 못하였으리

| 자해 |

青青 : 무성한 모양.

9-3. 牂羊墳首며 三星在罶로다 人可以食이언정 鮮可以飽로다 [賦]

| 언해 |

牂羊이 머리가 크며 三星이 罶에 잇도다 ᄉᆞ롬이 可히 ᄡᅧ 먹을지언뎡 可히 ᄡᅧ 비부름은 젹도다

| 번역 |

암 양이 머리가 크며
삼성이 통발에 비치네
사람이 먹을 수 있지만
배불리 먹기는 드무네

| 자해 |

牂羊 : 암컷 양. • 墳 : 큼. • 罶 : 통발.

| 의해 |

기근의 뒤에 온갖 물자가 소모되고 부실하기가 이와 같으니, 구차하게 얻어먹는 것도 만족이다. 어찌 배부르기를 바라겠는가?

이 「능소화[苕之華]」는 모두 3장이다.

| 요지 |

이 시는 그 말이 간단하고 그 뜻이 슬프니, 주나라 왕실이 장차 망하는 것을 구하지 못해서 시인이 슬퍼한 것이다.

10. 시드는 풀[何草不黃]

10-1. 何草不黃(하초불황)이며 何日不行(하일불행)이며 何人不將(하인부장)하여 經營(경영)
四方(사방)이리요 [興]

| 언해 |

어느 풀이 누르지 아니ᄒᆞ며 어느ᄂᆞᆯ 行치 아니ᄒᆞ며 어느 ᄉᆞᄅᆞᆷ이 가셔 四方에 經營치 아니ᄒᆞ리오

| 번역 |

어느 풀인들 노랗지 아니하며
어느 날인들 행하지 아니하며
어떤 사람인들 나아가서
사방을 경영하지 않으리오

| 자해 |

黃 : 풀이 쇠한 빛. • 將 : 감.

| 의해 |

주나라가 장차 망하려고 할 때 부역이 쉬지 아니하니, 행하는 자가 괴롭게 여겨서 이 시를 지었다. 어느 풀인들 노랗게 되지 않으며, 어느 날인들 행하지 않으며, 어느 사람인들 가서 사방을 경영하지 않겠는가?

10-2. 何草不玄이며 何人不鰥이리요 哀我征夫 獨爲匪民가 [興]

| 언해 |

어느 풀이 검지 아니ᄒᆞ며 어느 ᄉᆞ롬이 홀아비 아니리오 슬프다 우리 征夫ㅣ 홀로 ᄇᆡᆨ셩이 아닌가

| 번역 |

어느 풀인들 검지 아니하며
어떤 사람인들 홀아비가 아닌가
슬프다 우리 부역하는 사람은
홀로 백성이 아니란 말인가

| 자해 |

玄 : 붉고 검은 빛. 이미 누렇게 되어 검어진 것. • 鰥 : 아내 없는 남자.

| 의해 |

부역을 하느라 때가 지나도 돌아가지 못하여 그 가정의 즐거움을 잃은 것이다. 슬프다, 우리 부역하는 사람이라고 어찌 홀로 백성이 아닌가?

비시비호 솔피광야 애아정부 조석불가
10-3. 匪兕匪虎어늘 率彼曠野아 哀我征夫 朝夕不暇로다 [賦]

| 언해 |

兕ㅣ 아니며 虎ㅣ 아니어늘 뎌 曠野에 좃게ᄒᆞᄂᆞ뇨 슬프다 우리 征夫ㅣ 아츰 뎌녁에 겨를치 못ᄒᆞᄂᆞᆫ도다

| 번역 |

외뿔소도 아니며 범도 아닌데
저 빈 들을 따라가게 하는가
슬프다 우리 부역하는 사람은
아침이나 저녁이나 겨를이 없네

| 자해 |

率 : 좇음. • 曠 : 빔.

| 의해 |

부역하는 사람이 외뿔소도 아니고 호랑이도 아닌데, 어찌 나로 하여금 넓은 들을 따라서 아침이나 저녁이나 한가하지 못하게 하는가?

10-4. 有芃者狐여 率彼幽草로다 有棧之車여 行彼周道로다 [興]

| 언해 |

芃ᄒᆞᆫ 여호여 뎌 그윽ᄒᆞᆫ 플에 좃ᄂᆞᆫ도다 棧ㅅ수릐여 큰 길에 行ᄒᆞᄂᆞᆫ도다

| 번역 |

꼬리가 길다란 여우여
저 깊은 풀을 따라 가네
짐을 실은 수레여
저 큰 길을 가네

| 자해 |

芃 : 꼬리가 긴 모양. • 棧車 : 일하는 수레. • 周道 : 큰 길.

이 「시드는 풀[何草不黃]」은 모두 4장이다.

「도인사지습(都人士之什)」은 10편 43장 200구이다.

상호지습 | 桑扈之什

문왕지습 | 文王之什

1. 문왕[文王]

1-1. 文王在上(문왕재상)하사 於昭于天(어소우천)하시니 周雖舊邦(주수구방)이나 其命(기명) 維新(유신)이로다 有周不顯(유주불현)가 帝命不時(제명불시)가 文王陟降(문왕척항)이 在帝(재제) 左右(좌우)시니라 [賦]

| 언해 |

文王이 우에 계시샤 於홉다 하ᄂᆞᆯ에 ᄇᆞᆰ으시니 周ᄉ나라이 비록 녯 나라히나 그 命이 ᄉᆡ롭도다 周ᄉ나라히 나타나지 안이ᄒᆞ냐 帝의 命이 ᄡᅥ 안이냐 文王의 오르시며 ᄂᆞ리심이 帝의 왼편과 오른편에 계시니라

| 번역 |

문왕께서 위에 계시어
아 하늘에서 밝으시니
주나라가 비록 옛 나라이나
그 천명은 새롭도다
주나라가 드러나지 않을까
상제의 명령이 때에 맞지 않을까
문왕께서 오르내리시어
상제의 좌우에 계시도다

| 자해 |

於 : 탄식하는 말. • 昭 : 밝음. • 命 : 천명. • 帝 : 상제. • 左右 : 곁.

| 의해 |

주공이 문왕의 덕을 기록하여, 주나라가 천명을 받아 상나라를 대신한 것이 다 이에 말미암은 것을 밝혀서 성왕을 경계한 것이다. 문왕이 이미 세상을 떠남에 그 정신이 위에 있어서 하늘에서 밝으니, 이로써 주나라가 비록 후직(后稷)으로부터 처음으로 봉해진 것이 천여 년이나, 그 천명을 받은 것은 이로부터 시작된다고 말한 것이다. 문왕이 위에 있어서 하늘에서 밝으면 그 덕이 드러나고, 주나라가 비록 옛 나라이나 그 명이 새롭다면 그 명이 이때에 내린 것이다. 문왕의 신이 하늘에 있어 한번 오르며 한번 내려서 상제의 왼편과 오른편에 있지 않음이 없다. 이로써 자손이 그 은택을 입어서 천하를 소유한 것이다.

1-2. 亹亹文王(미미문왕)이 令聞不已(영문불이)사 陳錫哉周(진석재주)하시대 侯文王孫子(후문왕손자)하시니 文王孫子(문왕손자) 本支百世(본지백세)시며 凡周之士(범주지사)도 不顯(불현)가 亦世(역세)로다 [賦]

| 언해 |

亹亹ᄒᆞ신 文王 착ᄒᆞᆫ 소문이 말지 안이ᄒᆞ샤 周ㅅ나라에 베퍼쥬샤ᄃᆡ 文王의 孫子를 ᄒᆞ시니 文王의 孫子ㅣ 本이며 支가 百世시며 물읏 周ㅅ나라의 션비도 나타나지 안이ᄒᆞ랴 ᄯᅩᄒᆞᆫ ᄃᆡᄃᆡ로 ᄒᆞ리로다

| 번역 |

힘쓰고 힘쓰시는 문왕께서
훌륭한 소문이 끊이지 않으시어
주나라에 베풀어 주시되
문왕의 손자들에게 하시니
문왕의 손자들이
본손과 지손이 백세이며
주나라의 뭇 선비들도
대대로 드러나지 않겠나

| 자해 |

亹亹 : 부지런히 힘쓰는 모양. • 令聞 : 착한 명예. • 陳 : 폄. • 侯 : 오직.

| 의해 |

문왕이 억지로 힘쓴 것이 아니고 순수함이 또한 그치지 않은 것이다. 그런데 사람들이 억지로 힘쓴 것처럼 본 것이다. 그 덕이 그치지 않았기 때문에, 이제 이미 세상을 떠났으나 그 훌륭한 소문이 오히려 그치지 않았다. 훌륭한 소문이 그치지 않았기 때문에 상제가 주나라에 베푸니, 오직 문왕의 손자들을 도와 본손으로 백세에 천자가 되게 하고 지손으로 백세에 제후가 되게 하였다. 또 그 신하에게 미쳐서 주나라의 뭇 선비로 하여금 또한 대대로 덕을 닦아서 주나라로 더불어 아름다움을 짝하게 한 것이다.

1-3. 世之不顯가 厥猶翼翼이로다 思皇多士 生此王國이로다 王國克生하니 維周之楨이로다 濟濟多士여 文王以寧이샷다 【賦】

| 언해 |

ᄃᆡ로 나타나지 안이ᄒᆞ냐 그 ᄭᅬ가 翼翼ᄒᆞ도다 아ᄅᆞᆷ다운 만은 션ᄇᆡ가 이 王國에 나도다 王國에 능히 나시니 周ㅅ나라의 줄기로다 濟濟ᄒᆞᆫ 만은 션ᄇᆡ여 文王이ᄲᅧ 편안ᄒᆞ샷다

| 번역 |

대대로 드러나지 않겠는가
그 꾀가 힘써 공경하도다
아름다운 많은 선비들이
이 왕국에서 출생하였도다
왕국에서 출생하였으니
주나라의 근간이로다
수두룩한 많은 선비들이여
문왕께서 그로써 편안하셨네

| 자해 |

猶 : 꾀. • 翼翼 : 힘써 공경함. • 思 : 어조사. • 皇 : 아름다움. • 楨 : 줄기. • 濟濟 : 많은 모양.

| 의해 |

이는 위 장을 이어서 말한 것이다. 대대로 전함이 어찌 드러나지 않겠는가? 그 꾀함이 다 힘써 공경하는 것이 이와 같으니 아름답

도다. 이 많은 어진 선비가 이 문왕의 나라에 출생하도다. 문왕의 나라에서 많은 선비가 출생하였으니 나라의 근간이 되었고, 문왕이 또한 이 선비를 힘입어서 편안하였다. 문왕이 사람을 얻기를 성대하게 하였으니, 대대로 전하는데 드러남이 마땅하다.

1-4. 穆穆文王이여 於緝熙敬止샷다 假哉天命은 有商孫子니라 商之孫子 其麗不億이언마는 上帝既命이라 侯于周服이로다 [賦]

| 언해 |

穆穆ᄒᆞ신 文王이여 於흡다 공경을 이어셔 ᄇᆞᆰ으샷다 큰 하ᄂᆞᆯ 命은 商나라의 孫子에 ᄒᆞ니라 商나라의 孫子ㅣ 그 수가 億ᄲᅮᆫ이 안이언마ᄂᆞᆫ 上帝 임의 命ᄒᆞ신지라 周ㅅ나라에 복죵ᄒᆞ도다

| 번역 |

깊고 원대한 문왕이시여
아 공경을 계속하여 밝히셨네
큰 하늘의 명령은
상나라의 자손들에게 있었네
상나라의 자손들이
그 수가 억뿐만이 아니었지만
상제가 이미 명령하셨기에
주나라에 복종하였도다

| 자해 |

穆穆 : 깊고 멈. • 緝 : 이음. • 熙 : 밝음. 그치지 않음. • 止 : 어조사. • 假 : 큼. • 麗 : 수. • 不億 : 억에 그치지 않음. • 侯 : 오직.

| 의해 |

깊고 원대한 문왕의 덕이 그 공경을 그치지 않음이 이와 같았다. 이로써 큰 명이 모두 모였으니, 상나라의 자손들을 보면 알 수 있다. 상나라의 자손이 그 수가 억에 그칠 뿐이 아니었으나, 상제의 명이 문왕에게 모두 모였으니, 이제 다 주나라에 복종하였도다.

1-5. 侯服于周(후복우주)하니 天命靡常(천명미상)이라 殷士膚敏(은사부민)이 祼將于京(나장우경)하니 厥作祼將(궐작라장)이여 常服黼冔(상복보후)로다 王之藎臣(왕지신신)은 無念爾祖(무념이조)아 [賦]

| 언해 |

周ㅅ나라에 복죵ᄒᆞ니 하ᄂᆞᆯ 命이 ᄒᆞᆼ샹치 안이ᄒᆞᆫ지라 殷나라 士의 아ᄅᆞᆷ답고 ᄲᆞ른 이가 셔울에 祼을 힝ᄒᆞ니 그 祼힝ᄒᆞᆷ을 지음이여 ᄒᆞᆼ샹 黼와 冔를 입엇도다 님금의 나아가ᄂᆞᆫ 신하ᄂᆞᆫ 네 할아비를 싱각지 안이ᄒᆞ랴

| 번역 |

주나라에 복종을 하니
하늘의 명이 일정하지 않아서라네
은나라의 아름답고 민첩한 선비들이
서울에서 강신례를 거행하는데

그 강신례를 거행함이여
항상 보불과 후관을 착용하였네
임금에게 나아가는 신하는
네 조상을 생각하지 않으랴

| 자해 |

殷士 : 상나라 자손의 신하들. • 膚 : 아름다움. • 敏 : 빠름. • 祼 : 강신례. • 將 : 행함. • 京 : 주나라의 서울. • 黼 : 보불 치마. • 冔 : 은나라 관. • 王 : 성왕(成王). • 藎 : 나아감. • 爾祖 : 문왕.

| 의해 |

상나라의 자손이 주나라에 복종하니, 하늘의 명이 일정하지 않기 때문이다. 그러므로 은나라의 신하가 주나라의 서울에서 제사를 돕는데 은나라의 의관을 착용했도다. 이에 성왕의 신하를 불러서 고하여 말하기를 "너의 할아버지인 문왕의 덕을 생각하지 않겠는가?"라고 하였다. 이는 임금을 경계함에 감히 바로 가리켜 말하지 못한 것이다.

1-6. 無念爾祖(무념이조)아 聿修厥德(율수궐덕)이어다 永言配命(영언배명)이 自求多福(자구다복)이니라 殷之未喪師(은지미상사)엔 克配上帝(극배상제)러니 宜鑑于殷(의감우은)이어다 駿命不易(준명불이)니라 [賦]

| 언해 |

네 할아비를 싱각지 안이ᄒᆞ랴 그 德을 닥글지어다 기리 命에 配ᄒᆞᆷ이 스ᄉᆞ로 만ᄒᆞᆫ 福을 求ᄒᆞᆷ이니라 殷나라이 무리를 喪ᄒᆞ지 안이

ᄒᆞ얏실제ᄂᆞᆫ 능히 上帝께 配ᄒᆞ더니 맛당이 殷나라에 거울ᄒᆞᆯ지어다 큰 命은 쉽지 안이ᄒᆞ니라

| 번역 |

네 조상을 생각하지 않으랴
그 덕을 닦을 지어다
길이 천명에 짝함이
스스로 많은 복을 구하는 것이네
은나라가 무리를 잃지 않았을 적에는
상제께 짝할 수 있었네
마땅히 은나라를 거울삼을 지어다
큰 천명은 보전하기가 쉽지 않네

| 자해 |

聿 : 발어사. • 永 : 김. • 配 : 합함. • 命 : 하늘의 이치. • 師 : 무리. • 上帝 : 하늘의 주재. • 駿 : 큼. • 不易 : 어려움.

| 의해 |

네 조상을 생각한다면 스스로 그 덕을 닦아야 할 것이다. 또한 항상 스스로 살펴서 그 행하는 바가 하늘의 이치에 합하면 성대한 복이 나로부터 이루어져 밖에서 구하지 않아도 얻을 것이다. 은나라가 천하를 잃지 않았을 때에는 그 덕이 충분히 상제를 짝하였는데 이제 그 자손이 이와 같으니, 마땅히 은나라를 거울로 삼아서 스스로 살피면 하늘 명을 보존하기 어려움을 알 것이다. 『대학』에 말하기를 "무리를 얻으면 나라를 얻고 무리를 잃으면 나라를 잃는다"고 하였으니, 이것을 말한 것이다.

1-7. 命之不易(명지불이)니 無遏爾躬(무알이궁)이어다 宣昭義問(선소의문)하며 有虞殷(유우은)自天(자천)하라 上天之載(상천지재)는 無聲無臭(무성무취)어니와 儀刑文王(의형문왕)하면 萬邦作孚(만방작부)하리라 [賦]

| 언해 |

命이 쉽지 아니ᄒᆞ니 네 몸에 ᄭᅳᆫ치 말을지어다 챡ᄒᆞᆫ 소문을 펴여셔 ᄇᆞᆰ히며 ᄯᅩ 殷나라를 虞ᄒᆞᆷ을 하늘로부터 ᄒᆞ라 上天의 일은 소리업스며 ᄂᆡ암ᄉᆡ가 업거니와 文王을 형샹ᄒᆞ야 법ᄒᆞ면 萬나라이 지어셔 밋으리라

| 번역 |

천명을 보전하기가 쉽지 아니하니
네 몸에서 천명을 끊지 말지어다
훌륭한 소문을 펴서 밝히며
은나라 헤아리기를 하늘로부터 하라
위 하늘의 일은
소리도 없고 냄새도 없거니와
문왕을 본뜨고 본받는다면
일만 나라가 진작하여 믿으리라

| 자해 |

遏 : 끊음. • 宣 : 폄. • 昭 : 밝음. • 義 : 착함. • 問 : 소문. • 有 : 또. • 虞 : 헤아림. • 載 : 일. • 儀 : 본뜸. • 刑 : 본받음. • 孚 : 믿음.

| 의해 |

하늘의 명을 보존하기가 쉽지 않음을 고하여, 은나라의 마지막

임금인 주(紂)가 스스로 하늘로부터 끊어진 것과 같음이 없게 하여, 그 훌륭한 명예를 천하에 펴서 밝히고, 또 은나라의 홍망을 헤아려서 하늘을 본받아야 한다고 하였다. 그러나 하늘의 일은 소리도 없고 냄새도 없어서 본받기 어렵지만, 오직 문왕을 본받으면 일만 나라가 믿을 것이다.

이 「문왕[文王]」은 모두 7장이다.

2. 밝은 덕[大明]

2-1. 明明在下하면 赫赫在上이니라 天難忱斯라 不易維王이니 天位殷適을 使不挾四方하시니라 [賦]

| 언해 |

밝고 밝은 이가 아릐에 잇시면 빗나고 빗난 이가 우에 잇ᄂᆞ니라 하늘을 밋기 어려운지라 쉽지 아니ᄒᆞᆷ이 님금이니 天位에 殷나라의 適을 ᄒᆞ야곰 四方을 두지 못ᄒᆞ게 ᄒᆞ시니라

| 번역 |

밝고 밝은 이가 아래에 있으면
빛나고 빛난 이가 위에 있네
하늘을 믿기 어려우므로
쉽지 아니한 것이 임금이니
천자 자리에 있는 은나라 후손이
사방을 소유하지 못하도록 하였네

| 자해 |

明明 : 덕이 밝은 것. • 赫赫 : 천명이 드러난 것. • 忱 : 믿음. • 不易 : 어려움. • 天位 : 천자의 자리. • 殷適 : 은나라의 후손. • 挾 : 소유함.

| 의해 |

이것은 또한 주공이 성왕을 경계하는 시이다. 장차 문왕과 무왕

이 명을 받은 것을 진술하려고 하였다. 그러므로 먼저 아래 있는 이에게 밝고 밝은 덕이 있으면 위에 있는 이에게 빛나고 빛나는 명이 있어서, 위와 아래를 통달하여 천명의 거취가 항상됨이 없다고 말했으니, 이것은 하늘은 믿기 어렵고 임금 되기는 쉽지 않기 때문이다. 주(紂)가 천자의 자리에 거하여 은나라의 후사가 되었음에도 마침내 그로 하여금 사방을 소유하지 못하게 한 것도 이 때문이었다.

2-2. 摯仲氏任(지중씨임)이 自彼殷商(자피은상)으로 來嫁于周(래가우주)하사 曰嬪于京(왈빈우경)하시니 乃及王季(내급왕계)로 維德之行(유덕지행)이샷다 大任有身(태임유신)하사 生此(생차)文王(문왕)하시니라 [賦]

| 언해 |

摯나라 가우ᄃᆡ ᄯᆞᆯ이신 任이 뎌 殷商으로부터 周ㅅ나라에 와셔 시집오샤 셔울에 嬪ᄒᆞ시니 王季로 밋 德을 行ᄒᆞ샷다 大任이 身을 두샤 이 文王을 나으시니라

| 번역 |

지나라의 둘째 따님 임씨가
저 은 땅의 상나라로부터
주나라에 시집을 오시어
주나라 서울에서 부인이 되시니
이에 왕계와 더불어
덕을 실행하셨네
태임이 임신을 하여

이 문왕을 낳으셨네

| 자해 |

摯 : 나라 이름. 상(은)나라의 제후국. • 仲 : 가운데 딸. • 任 : 지나라 성. • 殷商 : 은으로 옮긴 이후의 상나라. • 嬪 : 부인이 됨. • 京 : 주나라 서울. • 王季 : 문왕의 아버지. • 身 : 임신함.

| 의해 |

장차 문왕의 성스러운 덕을 말하려고 하면서 그 유래를 밝힌 것이 이와 같으니, 그 부모로부터 이미 성스러운 덕이 있었다는 말이다.

2-3. 維此文王(유차문왕)이 小心翼翼(소심익익)하사 昭事上帝(소사상제)하사 聿懷多福(율회다복)하시니 厥德不回(궐덕불회)하사 以受方國(이수방국)하시니라 [賦]

| 언해 |

이 文王이 ᄆᆞ음을 적게 ᄒᆞ야 翼翼ᄒᆞ샤 上帝를 밝게 셤기샤 만흔 福을 오게 ᄒᆞ시니 그 德이 回치 안이ᄒᆞ샤 ᄡᅧ 方國을 밧으시니라

| 번역 |

이 문왕께서
마음을 졸여 조심하시어
밝게 상제를 섬기시어
많은 복을 오게 하시니
그 덕이 사특하지 아니하시어
사방의 나라를 받아 들이셨네

| 자해 |

小心翼翼 : 공경하고 삼가는 모양. • 昭 : 밝음. • 懷 : 오게 함. • 回 : 사특함. • 方國 : 사방에서 와서 따르는 나라.

2-4. 天監在下(천감재하)하사 有命旣集(유명기집)이라 文王初載(문왕초재)에 天作之合(천작지합)하시니 在洽之陽(재흡지양)이며 在渭之涘(재위지사)하여 文王嘉止(문왕가지)에 大邦有子(대방유자)삿다 [賦]

| 언해 |

하ᄂᆞᆯ의 監ᄒᆞ심이 아ᄅᆡ에 계시샤 命이 임의 集ᄒᆞᆫ지라 文王의 쳐음 ᄒᆡ예 하ᄂᆞᆯ이 쨕을 지으시니 洽의 陽에 잇스며 渭의 涘에 잇셔셔 文王이 嘉ᄒᆞ심애 큰 나라이 子를 두샷다

| 번역 |

하늘의 보심이 아래에 있으시어
천명이 이미 모였기에
문왕의 소년 시절에
하늘이 배필을 정해 주시니
흡수의 남쪽에 있으며
위수의 물가에 있어
문왕이 혼례를 치를 때에
큰 나라에 따님이 있으셨네

| 자해 |

監 : 봄. • 集 : 나아감. • 載 : 해. • 合 : 짝. • 洽 : 물 이름. • 渭 : 물 이름. • 嘉 : 혼례. • 大邦 : 신(莘)나라. • 子 : 태사(太姒).

| 의해 |

장차 무왕이 상나라를 친 것을 말하려고 했기 때문에, 또한 그 근본을 미루어 말한 것이다. 하늘이 보며 비추는 것이 실상 아래에 있어서, 그 명이 이미 주나라에 모였다. 그러므로 문왕의 소년 시절에 잠잠히 그 짝을 정해주니, 문왕이 장차 혼인할 시기를 당함에 큰 나라에 이 딸을 두었다. 이것은 사람이 할 수 있는 일이 아니다.

2-5. 大邦有子하니 俔天之妹로다 文定厥祥하시고 親迎于渭하사 造舟爲梁하시니 不顯其光가 [賦]

| 언해 |

큰 나라이 子를 두니 하늘에 비유ᄒᆞᆯ 妹로다 文으로 그 祥을 定ᄒᆞ시고 渭에 親히 마지샤 ᄇᆡ를 지어셔 ᄃᆞ리를 ᄒᆞ시니 그 ᄇᆡᆺ이 낫탄치 안이하냐

| 번역 |

큰 나라가 따님을 두었으니
하늘에 비유할 누이로다
예로 상서로움을 정하시고
위수에서 몸소 맞이하여
배를 지어 배다리를 만드시니
그 빛이 드러나지 않겠는가

| 자해 |

俔 : 비유함. • 文 : 예. • 祥 : 길함. • 造 : 지음. • 梁 : 다리.

| 의해 |

하늘에 비유할 누이라고 한 것은 그 덕이 하늘을 이을 만함을 말한 것이다. 배를 지어서 다리를 만든다고 한 것은 물 위에 배를 지어서 서로 나란하게 하고 그 위에 목판을 깔아서 통행하게 한 것이니, 지금의 배다리라는 말이다. 배를 지어 배다리를 만드는 것은 문왕이 처음 시작한 것인데, 주나라 때에 드디어 천자의 예를 삼았다.

2-6. 有命自天(유명자천)이라 命此文王(명차문왕)을 于周于京(우주우경)이어시늘 纘女(찬여)維莘(유신)이 長子維行(장자유행)하니 篤生武王(독생무왕)하사 保右命爾(보우명이)하사 燮(섭)伐大商(벌대상)하시니라 [賦]

| 언해 |

命이 하ᄂᆞᆯ로부터 ᄒᆞᆫ지라 이 文王을 命ᄒᆞ심을 周ᄉ나라의 셔울에 ᄒᆞ거시ᄂᆞᆯ 女를 纘ᄒᆞ리를 莘나라이 큰 ᄯᆞᆯ로 시집보ᄂᆡ니 ᄃᆞᆺ터히 武王을 나ᄋᆞ샤 보견ᄒᆞ며 도우며 命ᄒᆞ샤 큰 商나라를 화ᄒᆞ야 치게 ᄒᆞ시니라

| 번역 |

명령이 하늘로부터 오므로
이 문왕에게 명령하심을
주나라의 서울에서 하시자

여자를 이을 사람을 신나라에서
큰 따님으로서 시집보내니
두터이 무왕을 낳게 하시어
보전하며 도우며 명령하시어
순종하여 상나라를 치게 하셨네

| 자해 |

纘 : 이음. • 莘 : 나라 이름. • 長子 : 큰 딸. • 行 : 시집감. • 篤 : 두터움. • 右 : 도움. • 燮 : 따름.

| 의해 |

하늘이 이미 문왕을 주나라 서울에서 명하였다. 그리하여 태임의 일을 이을 만한 이를 오직 신나라에서 그 큰 딸을 시집보낸 것이다. 하늘이 또 두터이 하여 무왕을 낳게 하여 보전하며 도우며 명하여 하늘의 명을 순종하여 상나라를 치게 하였다.

2-7. 殷商之旅 其會如林하여 矢于牧野하니 維予侯興이로다 上帝臨女하시니 無貳爾心이어다 [賦]

| 언해 |

殷商의 무리가 그 모됨이 슈풀 갓ᄒᆞ야 牧野에 진치니 우리 興ᄒᆞ리로다 上帝 너를 臨ᄒᆞ야 계시니 네 ᄆᆞ음을 의심치 말을 지어다

| 번역 |

은 땅 상나라의 무리가

그 모임이 수풀 같아서
목야에서 진을 치니
우리가 일어나리로다
상제께서 그대에게 임하시니
그대 마음을 의심하지 말라

| 자해 |

如林 : 많음. 그 무리를 거느린 것이 수풀 같음. • 矢 : 진을 침. • 牧野 : 조가(朝歌)의 남쪽 칠십 리에 있는 들. • 侯 : 오직. • 貳 : 의심. • 爾 : 무왕.

| 의해 |

무왕이 주(紂)를 칠 때에 주의 무리가 수풀 같아서 무왕을 막아 목야에 진을 치니, 주나라의 군사가 홍기할 형세가 있었다. 그러나 무리의 마음에 오히려 무왕의 군대가 숫자가 적어서 적을 당해내지 못할까 의심할 수도 있었다. 그러므로 격정하여 권면해서 말하기를, "상제께서 그대에게 임하여 계시니, 그대 마음을 의혹하지 말라"고 하였으니, 하늘의 명이 반드시 그러한 줄을 알아서 결단하기를 도운 것이다. 그러나 무왕이 반드시 의심한 것은 아니고, 말을 베풀어서 무리의 마음이 같기 때문에 무왕이 그만둘 수 있는 것이 아님을 나타냈을 뿐이다.

2-8. 牧野洋洋(목야양양)하니 檀車煌煌(단거황황)하며 駟騵彭彭(사원방방)이로다 維師尙父(유사상보) 時維鷹揚(시유응양)하여 涼彼武王(량피무왕)하여 肆伐大商(사벌대상)하니 會朝淸明(회조청명)이로다 [賦]

| 언해 |

牧野ㅣ 洋洋ᄒᆞ니 박달나무 슈릐가 煌煌ᄒᆞ며 駟騵이 彭彭ᄒᆞ도다 師인 尙父ㅣ ᄡᅢ예 ᄡᅥᄆᆡ가 날리 ᄃᆞᆺᄒᆞ야 뎌 武王을 도와셔 노와셔 큰 商나라를 치니 모된 아침이 淸明ᄒᆞ도다

| 번역 |

목야가 넓고 아득한데
박달나무 수레가 휘황하며
네 필 말이 건장하도다
태사인 상보 강태공이
이 때에 새매가 날듯 하여
저 무왕을 도와
군사를 풀어 큰 상나라를 치니
교전한 아침이 청명하도다

| 자해 |

洋洋 : 넓고 큰 모양. • 檀 : 수레를 만드는 굳은 나무. • 煌煌 : 선명한 모양. • 騵 : 배가 흰 검은 말. • 彭彭 : 강성한 모양. • 師尙父 : 태공망이 태사가 되어서 호를 상보(尙父)라 함. • 鷹揚 : 새매가 높이 날음. • 涼 : 도움. • 肆 : 군사를 풀어 놓음. • 會朝 : 모여 싸우는 아침.

| 의해 |

이 장은 무왕의 군사의 성함과 장수의 어짊을 말하였다. 상나라를 쳐서 더럽고 탁한 것을 덜어 버리되, 아침을 마치지 아니하여 천하가 청명하였다.

이 「밝은 덕[大明]」은 모두 8장이다.

3. 쭉쭉 뻗은 오이 덩굴[緜]

3-1. 緜緜瓜瓞(면면과질)이여 民之初生(민지초생)이 自土沮漆(자토저칠)하니 古公亶父(고공단보) 陶復陶穴(도복도혈)하여 未有家室(미유가실)이러시니라 [比]

| 언해 |

緜緜ᄒᆞᆫ 瓜며 瓞이여 ᄇᆡᆨ셩의 처엄남이 沮漆에 ᄡᅡ 흠으로 브터ᄒᆞ니 古公亶父ㅣ 陶ㅣ며 復이며 陶穴에 ᄒᆞ야 집을 두지 못ᄒᆞ얏더시니라

| 번역 |

쭉쭉 뻗은 덩굴에 크고 작은 오이
백성들이 처음 산 곳은
저수와 칠수의 땅으로부터였는데
고공단보는
움집과 흙집에서 살아
아직 집을 갖지 못하셨다네

| 자해 |

緜緜 : 끊어지지 아니한 모양. • 瓜 : 큰 오이. • 瓞 : 작은 오이. 오이의 뿌리에 가까이 처음 나는 것이 항상 적고 덩굴의 끝에 이르러 큼. • 民 : 주나라 사람. • 自 : 좇음. • 土 : 땅. • 沮 · 漆 : 두 물의 이름. • 古公 : 호. • 亶父 : 이름. 뒤에 추존하여 태왕이라 일컬음. • 陶 : 질그릇 굽는 아궁이. • 復 : 질그릇 거듭 굽는 아궁이. • 穴 : 흙집.

| 의해 |

이 또한 주공이 성왕을 경계하는 시이다. 태왕이 비로소 기주(岐周)에 옮겨서 왕업을 여니, 문왕이 계속해서 천명을 받은 것을 서술한 것이다. 이것은 고공의 때에는 그 나라가 심히 작았다가 문왕에 이른 뒤에야 커진 것을 비유하였다.

3-2. 古公亶父(고공단보) 來朝走馬(래조주마)하여 率西水滸(솔서수호)하사 至于岐下(지우기하)하시니 爰及姜女(원급강녀)로 聿來胥宇(율래서우)하시니라 [賦]

| 언해 |

古公亶父ㅣ 아침에 와셔 말을 달리샤 셧녁 물가을 ᄯᅡ르샤 岐下에 니르시니 이에 姜女로 믯와셔 집홀ᄃᆡ를 보시니라

| 번역 |

고공단보가
아침에 오면서 말을 달리어
서쪽 물가를 따라
기산의 아래에 이르셨는데
이에 강씨의 여인과 더불어
와서 살 집을 살펴보시었네

| 자해 |

朝 : 일찍. • 走馬 : 오랑캐의 난리를 피함. • 滸 : 물가. • 岐下 : 기산의 아래.
• 姜女 : 태왕의 비. • 胥 : 봄. • 宇 : 집.

| 의해 |

태왕이 빈(邠) 땅에 거할 때 오랑캐 사람이 침공하자 가죽과 주옥과 개와 말을 가지고 섬겨도 면하지 못하였다. 이에 그 노인들을 불러 고하여 말하기를, "오랑캐 사람이 원하는 것은 우리의 토지이다. 나는 들으니 군자는 사람을 기르는 것을 가지고 사람을 해롭게 하지 않는다고 한다. 그대들은 임금 없는 것을 어찌 근심하겠는가? 내가 장차 떠나겠다"고 하였다. 그래서 빈 땅을 버리고 양산(梁山)을 넘어 기산 아래에 고을을 정하여 거주하였다. 빈 땅 사람이 말하기를, "어진 사람이니, 잃을 수 없다"고 하고 따르는 자가 시장에 가는 것 같았다.

주원무무 근도여이 원시원모 원계
3-3. 周原膴膴하니 菫荼如飴로다 爰始爰謀하시며 爰契
아구 왈지왈시 축실우자
我龜하사 曰止曰時하여 築室于茲라하시니라 [賦]

| 언해 |

周原이 膴膴ᄒᆞ니 菫과 荼ㅣ 엿갓도다 이예 비로소 ᄒᆞ시며 이예 꾀ᄒᆞ시며 이예 내 거북을 契ᄒᆞ샤 이예 긋쳐셔 이예 집을 싸흐라 ᄒᆞ시니라

| 번역 |

주나라 평원이 기름지고 기름지니
바곳과 씀바귀도 엿처럼 달구나
이에 시작하고 살 곳을 꾀하시며
이에 내 거북 껍데기로 점을 쳐서
이곳에 멈추어

여기에 집을 지으라 하시네

| 자해 |

周 : 땅 이름. 기산의 남녘에 있음. • 原 : 넓고 평평함. • 膴膴 : 기름져 아름다운 모양. • 菫 : 오두(烏頭)이니, 뿌리 모양이 까마귀 같음. • 荼 : 쓴 나물. • 飴 : 엿. • 契 : 거북 껍데기를 불살라서 점을 침.

| 의해 |

주나라 평원의 아름다운 토지가 비록 쓴 식물이라도 달게 만든다. 이에 태왕이 비로소 빈(豳) 땅 사람 가운데 자신을 따르는 자로 더불어 거처하였다. 또 거북 껍데기로 점을 쳐서 이미 길한 징조를 얻자, 이에 그 백성에게 고하여 말하기를, "여기에 멈추어서 집을 지으라"고 하였다.

3-4. 迺慰迺止(내위내지)하며 迺左迺右(내좌내우)하며 迺疆迺理(내강내리)하며 迺宣迺畝(내선내무)하니 自西徂東(자서조동)하여 周爰執事(주원집사)하니라 [賦]

| 언해 |

편히 ᄒᆞ며 긋치며 왼편으로 ᄒᆞ며 오른편으로 ᄒᆞ며 疆ᄒᆞ며 理ᄒᆞ며 宣ᄒᆞ며 畝ᄒᆞ니 西으로브터 東에 가셔 다 이에 일을 잡으니라

| 번역 |

편하게 하고 거주하게 하며
왼쪽과 오른쪽에 배치하며
큰 경계 작은 경계를 그으며
흩어져 살며 이랑을 경작하니

서쪽으로부터 동쪽으로 가서
두루 이에 일을 집행하였네

| 자해 |

慰 : 편함. • 止 : 거처함. • 左右 : 동쪽과 서쪽으로 벌림. • 疆 : 큰 경계를 그은 것. • 理 : 조리를 분별함. • 宣 : 펴져 흩어져서 삶. • 畝 : 이랑을 다스림. • 自西徂東 : 서녘 물가로부터 동녘으로 감. • 周 : 두루.

3-5. 乃召司空(내소사공)하며 乃召司徒(내소사도)하여 俾立室家(비립실가)하니 其繩則(기승즉)
直(직)이어늘 縮版以載(축판이재)하니 作廟翼翼(작묘익익)이로다 [賦]

| 언해 |

司空를 불으며 司徒를 불너셔 ᄒᆞ여곰 집을 셰우니 그 노가 곳 곳거ᄂᆞᆯ 版을 묵거셔 뼈 載ᄒᆞ니 지은 ᄉᆞ당이 翼翼ᄒᆞ도다

| 번역 |

이에 사공을 부르며
이에 사도를 불러서
집을 세우도록 하니
그 먹줄이 바로 곧자
판자를 묶어 이으니
지은 사당 장엄하네

| 자해 |

司空 : 나라 고을의 경영을 맡은 자. • 司徒 : 무리를 부리는 일을 맡은 자. • 繩 : 먹줄. • 縮 : 묶음. • 載 : 위와 아래를 서로 이음. • 翼翼 : 엄정한 모양.

| 의해 |

군자가 장차 집을 지으려 할 적에 종묘를 먼저 짓고, 마구간과 창고를 다음에 지으며, 거처하는 집은 맨 뒤에 지어야 한다.

> 3-6. 捄之陾陾(구지잉잉)하며 度之薨薨(도지홍홍)하며 築之登登(축지등등)하며 削屢馮馮(삭루빙빙)하여 百堵皆興(백도개흥)하니 鼛鼓弗勝(고고불승)이로다 [賦]

| 언해 |

捄홈을 陾陾히 ᄒᆞ며 度홈을 薨薨히 ᄒᆞ며 싸흠을 登登히 ᄒᆞ며 여러번을 싹금에 馮馮ᄒᆞ야 百담이 다 일어나니 鼛鼓ㅣ 勝치 못ᄒᆞᄂᆞ다

| 번역 |

삼태기에 흙을 수북이 담으며
담틀 판자에 흙을 퍽퍽 넣으며
담 쌓는 소리가 쿵쿵하며
여러 번 깎아 탱탱하여
수많은 담이 모두 쌓이니
북소리를 멈출 수 없구나

| 자해 |

捄 : 흙을 그릇에 담음. • 陾陾 : 많음. • 度 : 흙을 판에 던짐. • 薨薨 : 무리의 소리. • 登登 : 서로 응하는 소리. • 削屢 : 담을 이루어 깎아 다스리기를 거듭 함. • 馮馮 : 담을 굳게 하는 소리. • 堵 : 다섯 판으로 만든 것. • 興 : 일어남. • 鼛鼓 : 일할 때에 북을 침. • 弗勝 : 북치는 일을 그치지 못함.

3-7. 迺立皐門(내립고문)하니 皐門有伉(고문유항)하며 迺立應門(내립응문)하니 應門將將(응문장장)하며 迺立冢土(내립총토)하니 戎醜攸行(융추유행)이로다 [賦]

| 언해 |

皐門을 셰우니 皐門이 伉ᄒᆞ며 應門을 셰우니 應門이 將將ᄒᆞ며 冢土를 셰우니 큰 무리 行홀 바이로다

| 번역 |

이에 성곽의 문을 세우니
성곽의 문이 우뚝하며
이에 궁궐의 정문을 세우니
궁궐의 정문이 반듯하며
이에 큰 사직을 세우니
많은 무리들이 가는 바이라

| 자해 |

皐門 : 임금의 성곽 문. • 伉 : 높은 모양. • 應門 : 임금의 정문. • 將將 : 엄정함. • 冢土 : 큰 사직. • 戎醜 : 큰 무리.

| 의해 |

태왕의 때에는 일정한 제도가 있지 않아서 다만 두 문을 지으니, 그 이름이 이와 같았다. 그러다가 주나라가 천하를 소유함에 드디어 높여서 천자의 문을 삼고, 제후는 세우지 못하게 하였다. 큰 사직도 또한 태왕이 세운 것인데, 뒤에 천자의 제도를 삼았다. 큰 일을 일으키며 큰 무리를 움직일 때에 반드시 사직에 제사지낸 뒤에 나갔다.

3-8. 肆不殄厥慍하시나 亦不隕厥問하시니 柞棫拔矣라
行道兌矣하니 混夷駾矣하여 維其喙矣로다 [賦]

| 언해 |

이럼으로 그 셩ᄂᆡᆷ을 ᄭᅳᆫ치 못ᄒᆞ시나 ᄯᅩᄒᆞᆫ 그 셩문을 ᄣᅥ러틔리지 안이ᄒᆞ시니 柞棫이 ᄲᅦ난지라 뎡기ᄂᆞᆫ 길이 통ᄒᆞ니 混夷 다라나셔 그 입부리만 ᄒᆞ도다

| 번역 |

오랑캐의 성냄을 끊지 못하나
명성을 떨어뜨리지 아니 하시니
도토리와 떡갈나무가 빼어났기에
다니는 길이 개통되니
오랑캐가 달아나서
숨만 쉬고 있도다

| 자해 |

肆 : 이러므로. 드디어. • 殄 : 끊어짐. • 慍 : 성냄. • 隕 : 떨어뜨림. • 問 : 명예. • 柞 : 도토리나무. • 棫 : 떡갈나무. • 拔 : 빼어남. • 兌 : 통함. • 駾 : 달아남. • 喙 : 쉼.

| 의해 |

태왕이 비록 오랑캐의 성냄을 끊지 못하였으나, 또한 자기의 명성은 떨어뜨리지 아니 하였다. 성현이라도 반드시 사람을 성내지 않게 할 수는 없고, 다만 스스로 닦는 실상만 폐하지 않을 뿐이다. 그러나 태왕이 처음 이 기산 아래 이르렀을 때에 수풀 나무가 깊이 막혀서 사람이 적더니, 그 뒤에 사람이 점점 많아지고 돌아

와 따르는 사람이 많은 데에 이르자 나무가 빼어나고 길이 통하였다. 오랑캐가 두려워하여 달아나 숨어 엎드려 오직 숨만 쉴 따름이라고 한 것은 덕이 성함에 오랑캐가 스스로 복종함을 말한 것이니, 이미 문왕의 때가 된 것이다.

우예질궐성 문왕궤궐생 여왈유소부
3-9. 虞芮質厥成이어늘 文王蹶厥生하시니 予曰有疏附며
여왈유선후 여왈유분주 여왈유어모
予曰有先後며 予曰有奔奏며 予曰有禦侮라하노라 [賦]

| 언해 |

虞ㅅ나라와 芮ㅅ나라가 그 평ᄒᆞᆷ을 질정ᄒᆞ거ᄂᆞᆯ 文王이 그 일어남을 蹶케 ᄒᆞ시니 나ᄂᆞᆫ ᄀᆞᆯ오ᄃᆡ 疏附ᄒᆞ리잇시며 나ᄂᆞᆫ ᄀᆞᆯ오ᄃᆡ 先後ᄒᆞ리 잇스며 나ᄂᆞᆫ ᄀᆞᆯ오ᄃᆡ 奔奏ᄒᆞ리 잇스며 나ᄂᆞᆫ ᄀᆞᆯ오ᄃᆡ 禦侮ᄒᆞ리 잇다 ᄒᆞ노라

| 번역 |

우나라와 예나라가 공평함을 질정하자
문왕께서 일어날 형세를 움직이니
나는 말하기를 소원한 이를 귀의하게 할 이 있으며
나는 말하기를 앞서거니 뒤서거니 도울 이 있으며
나는 말하기를 덕을 일깨우고 명성을 펼 이 있으며
나는 말하기를 적의 업신여김을 꺾을 이 있다 하네

| 자해 |

虞·芮 : 두 나라 이름. •質 : 바름. •成 : 공평함. •蹶生 : 움직이기를 빨리 함. •生 : 일어남. •予 : 시인이 스스로 나라 함. •疏附 : 아래를 거느리고 위를 친함. •先後 : 앞뒤로 도를 도움. •奔奏 : 덕을 일깨우며 명성을 폄. •

禦侮 : 무신이 도적의 충동을 꺾음.

| 의해 |

오랑캐가 이미 항복하였음에 우나라와 예나라가 와서 그 송사에 대해 질정하니, 이에 제후들이 주나라로 돌아오는 자가 많았다. 문왕이 이로 말미암아 그 흥기하는 형세를 움직이게 하니, 이것이 비록 그 덕의 성함이나 또한 이 네 신하의 도움이 있는 것을 말미암아서 그러한 것이다. 그러므로 각각 "나는 말하기를"이라고 함으로써 그 사람을 얻음이 성한 것을 깊이 찬탄하였다.

이 「쭉쭉 뻗은 오이 덩굴[緜]」은 모두 9장이다.

4. 떡갈나무 떨기[棫樸]

4-1. 芃芃棫樸이여 薪之槱之로다 濟濟辟王이여 左右趣之로다 [興]

| 언해 |

芃芃훈 덥가 나무 떨기여 셥ᄒᆞ며 싸앗도다 濟濟훈 님금이여 左右로 추향ᄒᆞ도다

| 번역 |

무성한 떡갈나무 떨기여
땔감으로 쌓아 놓았네.
아름다운 임금이여
좌우에서 달려오네

| 자해 |

芃芃 : 나무가 무성한 모양. • 樸 : 떨기. • 槱 : 쌓음. • 濟濟 : 얼굴의 아름다움. • 辟 : 임금.

| 의해 |

이것은 또한 문왕의 덕을 읊어 노래한 것이다. 무성한 떡갈나무 떨기를 땔감으로 쌓아 놓았도다. 용모가 아름다운 임금에게 왼쪽이며 오른쪽에서 달려온다. 대개 덕이 성함에 인심이 돌아와 따르는 것이다.

4-2. 濟濟辟王(제제벽왕)이여 左右奉璋(좌우봉장)이로다 奉璋峩峩(봉장아아)하니 髦士(모사) 攸宜(유의)로다 [賦]

| 언해 |

濟濟ᄒᆞᆫ 님금이여 왼 녁이며 오른 녁이 璋을 밧들엇도다 璋을 밧들음이 峩峩ᄒᆞ니 쥰걸ᄒᆞᆫ 션비의 맛당ᄒᆞᆫ 바이로다

| 번역 |

아름다운 임금이여
좌우에서 옥 술잔을 받드네
옥 술잔을 받듦이 장엄하니
준수한 선비의 마땅한 바로다

| 자해 |

璋 : 반구(半圭). • 峩峩 : 성하고 장엄함. • 髦 : 준걸스러움.

| 의해 |

제사의 예에 임금이 옥 술잔으로 강신함에 모든 신하가 도우면서 옥 술잔으로 두 번째로 강신하는 것이다.

4-3. 淠彼涇舟(비피경주)를 烝徒楫之(증도즙지)로다 周王于邁(주왕우매)하시니 六師及(육사급) 之(지)로다 [興]

| 언해 |

淠ᄒᆞᆫ 뎌 경슈에 ᄇᆡ를 만ᄒᆞᆫ 무리가 돗ᄃᆡᄒᆞ도다 周ㅅ나라 님금이 가 邁ᄒᆞ시니 六師ㅣ 밋치도다

| 번역 |

둥실둥실 저 경수의 배를
많은 무리들이 젓는구나
주나라 임금이 정벌 가시니
여섯 군대가 따라 가네

| 자해 |

淠 : 배가 가는 모양. • 涇 : 물 이름. • 烝 : 무리. • 楫 : 돛대. • 于 : 감. • 邁 : 행함. • 六師 : 여섯 군대.

| 의해 |

둥실둥실 떠가는 저 경수의 배는 배 가운데 있는 사람이 노를 저을 것이다. 주나라 임금이 가면 여섯 군대의 무리가 따라가는 것은 대개 무리가 그 덕에 감화되어 명령하지 않아도 따르는 것이다.

4-4. 倬彼雲漢(탁피운한)이여 爲章于天(위장우천)이로다 周王壽考(주왕수고)하시니 遐(하)不作人(불작인)이시리요 [興]

| 언해 |

큰 뎌 은하슈이여 하늘의 문장이 되엿도다 周ㅅ나라 님금이 壽ᄒᆞ야 늙으셔시니 엇지 사ᄅᆞᆷ을 짓지 안이ᄒᆞ시리오

| 번역 |

커다란 저 은하수여
하늘의 문채가 되었구나
주나라의 임금이 장수하시니
어찌 사람을 진작시키지 않겠는가

| 자해 |

倬 : 큼. • 雲漢 : 하늘의 은하수. • 章 : 문장. • 壽考 : 문왕이 아흔 일곱에 죽음. • 遐 : 어찌. • 作人 : 북을 쳐서 춤추게 하듯 함.

4-5. 追琢其章(추탁기장)이요 金玉其相(금옥기상)이로다 勉勉我王(면면아왕)이여 綱紀(강기) 四方(사방)이샷다 [興]

| 언해 |

ᄉᆡᆨ이며 ᄶᅭ은 그 문장이오 金이며 玉인 그 밧탕이로다 힘ᄡᅳ시며 힘ᄡᅳ신 우리 님금이여 四方의 綱이며 紀샷다

| 번역 |

새기고 쪼는 그 문채이며
금과 옥인 그 바탕이로다
힘쓰고 힘쓰는 우리 임금이여
사방을 기강으로 다스렸도다

| 자해 |

追 : 새김. • 琢 : 쪼음. • 相 : 바탕. • 勉勉 : 그만두지 아니함. • 綱 : 그물을 폄. • 紀 : 그물을 거둠.

| 의해 |

새기고 쪼았으니 문채를 아름답게 한 것이 지극하고, 금이며 옥이니 바탕의 아름다운 것이 지극하며, 힘쓰며 힘쓰는 우리 임금이니 사방을 기강으로 다스린 것이 지극하다.

이 「떡갈나무 떨기[棫樸]」는 모두 5장이다.

5. 한산 기슭[旱麓]

5-1. 瞻彼旱麓(첨피한록)한대 榛楛濟濟(진고제제)로다 豈弟君子(개제군자)여 干祿豈弟(간록개제)로다 [興]

| 언해 |

뎌 旱의 산발을 보건대 榛과 楛ㅣ 濟濟ᄒᆞ도다 豈弟ᄒᆞᆫ 君子ㅣ여 祿을 구홈이 豈弟ᄒᆞ도다

| 번역 |

저 한산의 산기슭을 쳐다보니
개암나무 싸리나무 수두룩하네
즐겁고 편안한 군자여
복록을 구함이 즐겁고 편안하네

| 자해 |

旱 : 산 이름. • 麓 : 산 기슭. • 榛 : 개암나무. • 楛 : 싸리나무. • 濟濟 : 많음. • 豈弟 : 즐겁고 편안함. • 君子 : 문왕.

| 의해 |

이것도 또한 문왕의 덕을 읊어서 노래한 것이다. 한산의 산기슭은 개암나무와 싸리나무가 수두룩하고, 즐겁고 편안한 군자는 복록을 구함이 즐겁고 편안하다. 즐겁고 편안하다고 한 것은 그 복록을 구하는 것이 도가 있다는 말이니, "그 다투는 것이 군자답다"

라고 한 것과 같다.

5-2. 瑟彼玉瓚(슬피옥찬)에 黃流在中(황유재중)이로다 豈弟君子(개제군자)여 福祿攸降(복록유항)이로다 [興]

| 언해 |

瑟ᄒᆞᆫ 뎌 玉瓚에 黃流ㅣ 가운듸에 잇도다 豈弟ᄒᆞᆫ 君子ㅣ여 福祿이 ᄂᆞ린 바이로다

| 번역 |

세밀한 저 옥 술잔에
울창주가 속에 있네
즐겁고 편안한 군자여
복록이 내리는 바로다

| 자해 |

瑟 : 세밀한 모양. • 玉瓚 : 옥 술잔. • 黃流 : 울창주. • 降 : 내림.

| 의해 |

세밀한 저 옥 술잔에는 반드시 울창주가 그 가운데에 있고, 즐겁고 편안한 군자에게는 반드시 복록이 내린다. 그렇다면 성한 덕을 가진 사람은 반드시 복록과 장수를 누리고, 음란한 사람에게는 복이 내리지 않는 줄을 알 것이다.

5-3. 鳶飛戾天(연비려천)이어늘 魚躍于淵(어약우연)이로다 豈弟君子(개제군자)여 遐不(하불)作人(작인)이리요 [興]

| 언해 |

솔게의 나는 것은 하늘에 니르럿거늘 고기ᄂᆞᆫ 못에셔 쒸도다 豈弟ᄒᆞᆫ 君子ㅣ여 엇지 사ᄅᆞᆷ을 짓지 안이ᄒᆞ리오

| 번역 |

솔개는 날아서 하늘에 이르고
물고기는 연못에서 뛰도다
즐겁고 편안한 군자여
어찌 사람을 진작시키지 않는가

| 자해 |

鳶 : 솔개. • 戾 : 이름. • 遐 : 어찌.

| 의해 |

솔개는 날아서 하늘에 이르렀고, 물고기는 연못에서 뛰어 논다. 즐겁고 편안한 군자가 어찌 사람을 진작시키지 않겠는가? 이는 반드시 사람을 진작시킨다는 말이다.

청주기재 성모기비 이향이사 이개경
5-4. 淸酒旣載하며 騂牡旣備하니 以享以祀하여 以介景
복
福이로다 [賦]

| 언해 |

ᄆᆞᆰ은 술을 임의 실으며 븕은 슈 짐싱을 임의 갓초앗스니 ᄡᅧ 드리며 ᄡᅧ 졔ᄉᆞᄒᆞ야 ᄡᅧ 큰 福을 크게 ᄒᆞ도다

| 번역 |

맑은 술을 담으며
붉은 숫소를 갖추었으니
드리고 제사 지내어
큰 복을 크게 하네

| 자해 |

載 : 술동이에 있음. • 備 : 온전히 갖춤.

| 의해 |

군자가 복을 받는 것이 어찌 붉은 수컷 짐승 때문이겠는가? 즐겁고 편안한 덕이 있으면 제사함에 반드시 복을 받을 것이다.

슬피작역 민소료의 개제군자 신소로의
5-5. 瑟彼柞棫은 民所燎矣로다 豈弟君子여 神所勞矣
로다 [興]

| 언해 |

瑟ᄒᆞᆫ 뎌 柞棫은 ᄇᆡᆨ셩의 불ᄯᅵᄂᆞᆫ 바이로다 豈弟ᄒᆞᆫ 君子ᄂᆞᆫ 귀신의 위로ᄒᆞᄂᆞᆫ 바이로다

| 번역 |

무성한 저 갈참나무 떡갈나무는
백성들이 불 때는 땔감이구나
즐겁고 편안한 군자여
신령이 위로해 주도다

| 자해 |

瑟 : 무성하고 빽빽한 모양. • 燎 : 불사름. • 勞 : 위로하여 어루만짐.

| 의해 |

즐겁고 편안한 군자를 반드시 신령이 위로하여 어루만져주니, 제사함에 반드시 복을 받는 것이 또한 마땅하다. 이것은 복을 받는 근본을 말하였다.

5-6. 莫莫葛藟(막막갈류)여 施于條枚(이우조매)로다 豈弟君子(개제군자)여 求福不回(구복불회)로다 [興]

| 언해 |

莫莫ᄒᆞᆫ 츩 덩굴이여 가지와 줄기에 ᄲᅥᆺ치엿도다 豈弟ᄒᆞᆫ 君子ㅣ여 福을 求ᄒᆞᆷ이 샤특지 안이ᄒᆞ도다

| 번역 |

무성한 칡덩굴이여
가지와 줄기에 뻗었네
즐겁고 편안한 군자여
복을 구함이 사특하지 않네

| 자해 |

莫莫 : 무성한 모양. • 回 : 사특함.

| 의해 |

문왕이 복을 구한 것은 덕을 닦아서 기다린 것이지, 사특한 행실을 해서 요구한 것이 아니다. 이 장은 복을 구하는 마음을 말하였다.

이 「한산 기슭[旱麓]」은 모두 6장이다.

6. 정숙한 태임[思齊]

6-1. 思齊大任(사제태임)이 文王之母(문왕지모)시니 思媚周姜(사미주강)하사 京室之婦(경실지부)러시니 大姒嗣徽音(태사사휘음)하시니 則百斯男(즉백사남)이샷다 [賦]

| 언해 |

씩씩ᄒᆞᆫ 大任이 文王의 어만임이시니 周姜끠셔 사랑ᄒᆞ샤 京室에 婦ㅣ러시니 大姒ㅣ 아름다운 소릐를 이으시니 곳 百인이 ᄌᆞ손이 샷다

| 번역 |

정숙한 태임이
문왕의 어머니이시니
시어머니가 사랑하시어
왕실의 며느리이셨는데
태사가 아름다운 명성을 이으시니
백 명이나 되는 아들을 두시었네

| 자해 |

思 : 어조사. • 齊 : 씩씩함. • 媚 : 사랑함. • 周姜 : 태왕의 비인 태강(太姜). • 京 : 주(周)나라라는 말. • 大姒 : 문왕의 비. • 徽 : 아름다움. • 百男 : 많음.

| 의해 |

이 시도 또한 문왕의 덕을 노래하였다. 이 정숙한 태임은 문왕의 어머니이니, 시어머니인 주강(周姜)에게 사랑을 받아서 주나라 왕실의 며느리가 될 만하였다. 태사에 이르러 또 아름다운 덕의 명성을 이어서 자손이 많았다. 위로는 성스러운 어머니가 이룬 것이 원대하고, 안으로는 현명한 왕비가 돕는 것이 깊었다.

6-2. 惠于宗公(혜우종공)하사 神罔時怨(신망시원)하며 神罔時恫(신망시통)은 刑于寡妻(형우과처)하사 至于兄弟(지우형제)하사 以御于家邦(이어우가방)이실새니라 [賦]

| 언해 |

宗公에 슌ᄒᆞ샤 귀신이 이에 원망홈이 업스며 귀신이 이에 원통홈이 업슴은 寡妻에 법 밧으샤 兄弟예 니르샤 뻐 집과 나라를 마지실ᄉᆡ니라

| 번역 |

종묘의 이전 임금에게 순종하시어
조상의 신이 이에 원망함이 없으며
조상의 신이 이에 원통함이 없음은
아내에게 본보기가 되시어
형제에까지 이르시어
집과 나라를 다스렸기 때문이라

| 자해 |

惠 : 순종함. • 宗公 : 종묘의 이전 임금. • 恫 : 원통함. • 刑 : 본보기. • 寡妻

: 임금의 아내. • 御 : 맞이함.

| 의해 |

문왕이 이전 임금에게 순종하여 조상의 신이 흠향함에 원망함과 원통함이 없어서 그 본보기가 안으로 아내에게 베풀어지고 형제에 이르러 집과 나라가 다스려졌다.

6-3. 雝雝在宮(옹옹재궁)하시며 肅肅在廟(숙숙재묘)하시며 不顯亦臨(불현역림)하시며 無射亦保(무역역보)하시니라 [賦]

| 언해 |

雝雝히 宮에 계시며 肅肅히 ᄉᆞ당에 계시며 나탄치 안이ᄒᆞ야도 ᄯᅩᄒᆞᆫ 臨ᄒᆞᆫ ᄃᆞᆺ ᄒᆞ시며 실여홈이 업셔도 ᄯᅩᄒᆞᆫ 직히시니라

| 번역 |

온화하게 궁궐에 계시며
엄숙하게 사당에 계시며
나타나지 않아도 임한 듯하시며
싫어함이 없어도 지키시었네

| 자해 |

雝雝 : 온화함이 지극함. • 肅肅 : 공경이 지극함. • 不顯 : 그윽하고 숨은 곳. • 射 : 싫음. • 保 : 지킴.

| 의해 |

문왕이 궁궐 안에 있을 때에는 그 온화함을 극진히 하고, 종묘의

사당 안에 있을 때에는 그 공경을 극진히 하고, 비록 그윽하고 은밀한 곳에 거처하나 임하는 자가 있는 것 같이 하며, 비록 싫어함이 없으나 또한 항상 지킨 바가 있으니, 그 순전하여 또한 그치지 않음이 대개 이와 같았다.

6-4. 肆戎疾不殄(사융질부진)하시나 烈假不瑕(열가불하)하시며 不聞亦式(불문역식)하시며 不諫亦入(불간역입)하시니라 【賦】

| 언해 |

이러무로 큰 난리를 ᄭᅳᆫ치 못ᄒᆞ시나 빗이 커셔 허물치 안이ᄒᆞ시며 듯지 안이ᄒᆞ시ᄂᆞ ᄯᅩᄒᆞᆫ 법ᄒᆞ시며 諫치 안이ᄒᆞ나 ᄯᅩᄒᆞᆫ 들이시니라

| 번역 |

큰 난리를 끊지 못하시나
빛이 커서 허물이 없으시며
듣지 않아도 법도에 맞으시며
간하지 않아도 선에 들어가시네

| 자해 |

肆 : 이러므로. • 戎 : 큼. • 疾 : 난리. • 殄 : 끊음. • 烈 : 빛. • 假 : 큼. • 瑕 : 허물. • 聞 : 이전에 들은 것. • 式 : 법.

| 의해 |

문왕의 덕이 이와 같기 때문에 큰 난리는 비록 끊지 못하나 빛이 커서 또한 결점이 없으며, 비록 이전에 들은 바가 없는 일이나 또

한 법도에 합하지 아니함이 없으며, 비록 간쟁하는 자가 없으나 또한 일찍이 착함에 들지 않음이 없었다.

6-5. 肆成人有德(사성인유덕)하며 小子有造(소자유조)하니 古之人無斁(고지인무역)이라 譽(예)髦斯士(모사사)샷다 [賦]

| 언해 |

이러무로 成人이 德이 잇스며 小子가 됨이 잇스니 녯 사ᄅᆞᆷ 실여흠이 업ᄂᆞᆫ지라 이 션비를 일홈ᄒᆞ야 쥰걸케 ᄒᆞ샷다

| 번역 |

어른은 덕이 있으며
어린이는 자라게 되었으니
옛 사람이 싫어함이 없어
선비를 이름나고 준수하게 하셨네

| 자해 |

成人 : 어른. • 小子 : 어린이. • 造 : 됨. • 古之人 : 문왕. • 譽 : 이름이 남. • 髦 : 준수함.

| 의해 |

문왕의 덕이 일에 나타난 것이 이와 같았으므로 한 때의 인재가 다 성취하였다. 대개 그 덕이 순전하고 그치지 않았으므로, 이 선비들로 하여금 다 천하에 명예가 있어서 그 준수하고 재주 있는 아름다움을 이루게 하였다.

이 「정숙한 태임[思齊]」은 모두 5장이다.

7. 위대한 상제[皇矣]

7-1. 皇矣上帝(황의상제) 臨下有赫(임하유혁)하사 監觀四方(감관사방)하사 求民之莫(구민지막)이시니 維此二國(유차이국)이 其政不獲(기정불획)일새 維彼四國(유피사국)에 爰究爰度(원구원도)하시니 上帝耆之(상제기지)는 憎其式廓(증기식곽)이라 乃眷西顧(내권서고)하사 此維與宅(차유여택)하시니라 [賦]

| 언해 |

皇ᄒᆞ신 上帝ㅣ 아ᄅᆡ를 보심이 ᄇᆞᆰ으샤 四方을 보시샤 ᄇᆡᆨ셩의 뎡홈을 求ᄒᆞ시니 이 두 나라이 그 졍ᄉᆞ가 엇지 못ᄒᆞᆯᄉᆡ 뎌 ᄉᆞ방 나라에 이에 차지시며 이에 ᄭᅬᄒᆞ시니 上帝ㅣ 일우샴은 규모를 더ᄒᆞᆫ지라 眷히 西으로 도라보샤 일로 쥬어셔 집ᄒᆞ게 ᄒᆞ시니라

| 번역 |

위대한 상제께서
아래를 보심이 밝으시어
사방을 보시어
백성의 안정을 구하시니
이 두 하나라와 상나라가
정치를 제대로 못하기에
저 사방 나라에서
찾아보고 헤아려 보시니

상제께서 이루시려는 것은
규모를 늘리려는 것이므로
사랑스럽게 서쪽을 돌아보시어
이곳을 주어 거주하게 하시네

| 자해 |

皇 : 큼. • 臨 : 봄. • 赫 : 위엄 있고 밝음. • 監 : 봄. • 莫 : 안정함. • 二國 : 하나라와 상나라. • 不獲 : 그 도를 잃은 것. • 四國 : 사방의 나라. • 究 : 찾음. • 度 : 꾀함. • 耆 : 이룸. • 憎 : 더함. • 式廓 : 규모. • 此 : 기주의 땅.

| 의해 |

이 시는 태왕(太王)와 태백(太伯)과 왕계(王季)의 덕을 서술하여 문왕이 밀(密)을 치고 숭(崇)을 친 일에까지 미친 것이다. 하늘이 아래에 임하시는 것이 심히 밝아서 다만 백성의 안정만 구할 따름이다. 저 하나라와 상나라의 정사가 이미 도리를 얻지 못했기 때문에 사방의 나라에 구하니, 진실로 상제가 이루고자 하는 것은 그 지경의 규모를 더 크게 하는 것이다. 이에 사랑스럽게 서쪽 땅을 돌아보아 이 기주(岐周)의 땅을 태왕에게 주어서 거처하는 집으로 삼도록 하였다.

7-2. 作之屛之(작지병지)하니 其菑其翳(기치기예)며 脩之平之(수지평지)하니 其灌其栵(기관기례)며 啓之辟之(계지벽지)하니 其檉其椐(기정기거)며 攘之剔之(양지척지)하니 其檿其柘(기염기자)로다 帝遷明德(제천명덕)이라 串夷載路(관이재로)어늘 天立厥配(천립궐배)하시니 受命旣固(수명기고)샷다 [賦]

| 언해 |

쁴일 익히며 버리니 그 菑며 그 翳며 닥그며 평케ᄒᆞ니 그 灌이며 그 栵며 啓ᄒᆞ며 辟ᄒᆞ니 그 갯버들이며 그 궤나무이며 攘ᄒᆞ며 剔ᄒᆞ니 그 檿이며 柘ㅣ로다 샹뎨가 德 ᄇᆞᆰ은 이를 옴기신지라 串夷가 길에 가득ᄒᆞ거늘 하ᄂᆞᆯ이 그 配를 셰우시니 命을 밧음이 임의 굿으샷다

| 번역 |

뽑아내어 버린 것은
말라 죽고 넘어진 나무
가지치고 고르게 한 것은
떨기와 늘어선 가지
베어 버리고 제거한 것은
갯버들과 궤나무
베고 솎은 것은
산뽕나무와 들뽕나무
상제께서 덕 밝은 이를 옮기시므로
오랑캐가 길에 가득히 도망가자
하늘이 그 배필을 세우시니
천명을 받음이 이미 굳으셨네

| 자해 |

作 : 빼서 일으킴. • 屛 : 버림. • 菑 : 나무가 서서 죽은 것. • 翳 : 나무가 스스로 죽은 것. 작은 나무가 빽빽한 큰 나무에 가려진 것. • 脩 · 平 : 다스려 성김과 빽빽함과 바르기와 곧기가 마땅함을 얻게 함. • 灌 : 떨기로 난 것. • 栵 : 항렬로 난 것. • 啓 · 辟 : 베고 덜음. • 檉 : 갯버들. • 椐 : 궤나무. • 攘 · 剔 : 베어내어 그 번성한 것을 버려서 성장하게 함. • 檿 : 산뽕나무. • 明德 : 덕이 밝은 임금. 태왕. • 串夷 : 곤이(混夷). • 載路 : 길에 가득히 감. 곤이가 도망함. • 配 : 어진 비. 태강.

| 의해 |

이 장은 태왕이 기주에 옮긴 일을 말하였다. 기주의 땅이 본래 다 산림에 험하게 막혀 사람이 없는 지경이고 오랑캐 땅에 가깝더니, 태왕이 거함에 사람과 사물이 점점 성한 연후에 점차로 개벽함이 이와 같았다. 이에 상제가 이 덕이 밝은 임금을 옮겨서 그 땅에 거하게 함에 오랑캐가 멀리 달아났다. 하늘이 또 그를 위하여 현명한 왕비를 세워서 도왔다. 그러므로 명을 받은 것이 굳어서 마침내 왕업을 이루었다.

7-3. 帝省其山(제성기산)하시니 柞棫斯拔(작역사발)하며 松柏斯兌(송백사태)어늘 帝作(제작)邦作對(방작대)하시니 自大伯王季(자태백왕계)샷다 維此王季(유차왕계) 因心則友(인심즉우)하사 則友其兄(즉우기형)하사 則篤其慶(즉독기경)하사 載錫之光(재석지광)하시니 受祿無喪(수록무상)하여 奄有四方(엄유사방)이샷다 [賦]

| 언해 |

샹뎨 그 山을 살피시니 柞棫이 이에 쎄ᄂᆡ며 松柏이 이에 통ᄒᆞ얏거늘 샹뎨 나라를 지으시고 당ᄒᆞ리를 지으시니 大伯과 王季로부터 ᄒᆞ샷다 이 王季ㅣ ᄆᆞᄋᆞᆷ을 因ᄒᆞ야 곳 우ᄋᆡᄒᆞ샤 곳 그 兄을 우ᄋᆡᄒᆞ샤 곳 그 경ᄉᆞ를 둣터이 ᄒᆞ샤 곳 빗을 쥬시니 祿을 밧아셔 喪홈이 업셔 문득 四方을 두샷다

| 번역 |

상제께서 그 산을 살피시니
갈참나무와 떡갈나무가 빼어나며

소나무와 잣나무 사이에 길이 통하자
상제께서 나라를 세우시고 임금을 세우시니
태백과 왕계로부터 하셨도다
이 왕계가
마음으로부터 우애하시어
형에게 우애하시어
경사를 두터이 하시어
형에게 영광을 돌려주시니
복록을 받아 상실함이 없어
곧 사방을 소유하셨도다

| 자해 |

對 : 담당함. • 作對 : 나라를 담당할 만한 이를 골라서 임금을 시킴. • 太伯 : 태왕의 큰 아들. • 王季 : 태왕의 작은 아들. • 因心 : 억지로 하지 않음. • 友 : 형제에게 착하게 함. • 兄 : 태백. • 篤 : 두터움. • 載 : 곧. • 奄 : 문득.

| 의해 |

상제가 그 산을 보아 나무가 빼어나고 길이 통함을 보고, 돌아오는 백성이 더욱 많은 줄 알았다. 이에 나라를 세우고 또 어진 임금을 세워서 그 왕업을 잇게 하니, 대개 태백과 왕계가 처음 날 때로부터 이미 정해진 것이다. 이에 태백이 왕계가 문왕을 낳음을 보고 또 하늘의 명을 받았음을 알았기 때문에 오나라로 가서 돌아오지 않았다. 태왕이 죽자 나라를 왕계에게 전하여 문왕에게 미침에 주나라의 도가 크게 일어났다. 왕계가 이미 태백의 사양을 받고 더욱 그 덕을 닦아서 주나라 왕가의 경사를 두터이 하고 그 형에게 사양한 덕의 영광을 돌렸다. 그 덕이 이와 같았기 때문에 하늘의 복록을 받아 잃지 아니하여 문왕과 무왕에게 이르러 곧 사방을 소유하였다.

7-4. 維此王季(유차왕계)를 帝度其心(제탁기심)하시고 貊其德音(맥기덕음)하시니 其德(기덕)克明(극명)이샷다 克明克類(극명극류)하시며 克長克君(극장극군)하시며 王此大邦(왕차대방)하사 克順克比(극순극비)러시니 比于文王(비우문왕)하사 其德靡悔(기덕미회)하시니 旣(기)受帝祉(수제지)하사 施于孫子(이우손자)샷다 【賦】

| 언해 |

이 王季를 샹뎨씌셔 그 ᄆᆞ음을 촌탁케 ᄒᆞ시고 그 德音을 貊게 ᄒᆞ시니 그 德이 능히 ᄇᆞᆰ으샷다 능히 類ᄒᆞ시며 능히 長ᄒᆞ시며 능히 님금로릇 ᄒᆞ시며 이 큰 나라에 王ᄒᆞ샤 능히 順ᄒᆞ시며 능히 比ᄒᆞ더시니 文王에 니르샤 그 德이 뉘우침이 업스시니 임의 샹뎨의 복을 밧으샤 손ᄌᆞ에 밋쳐샷다

| 번역 |

이 왕계를
상제께서 그 마음을 헤아리시고
덕 있는 명성을 맑고 고요하게 하시니
덕이 밝으실 수 있었도다
시비를 밝히시며 선악을 분별하시며
어른 노릇을 하시고 임금 노릇을 하시며
이 큰 나라에 왕 노릇 하시어
순하시며 친애하셨는데
문왕에 이르러
그 덕이 뉘우침이 없으시니
이미 상제의 복을 받으시어
자손에게까지 미치셨도다

| 자해 |

度 : 사물을 헤아려 의에 맞게함. • 貊 : 맑고 고요함. • 克明 : 옳고 그른 것을 살핌. • 克類 : 착함과 악함을 분별함. • 克長 : 가르침에 게을리 아니함. • 克君 : 상으로 축하하며 형벌로 위엄을 보임. • 順 : 사랑하고 온화하여 두루 복종함. • 比 : 위와 아래가 서로 친함. • 比于 : 이름. • 悔 : 남은 한.

| 의해 |

상제가 왕계의 마음으로 옳은 것을 헤아리게 하고, 또 그 덕 있는 명성을 맑고 고요하게 하여 이간질하는 말이 없게 하였다. 이로써 왕계의 덕이 이 여섯 가지를 할 수 있어서 문왕에 이름에 그 덕이 더욱 여한이 없었다. 이로써 이미 상제의 복을 받아서 자손에까지 뻗치어 미쳤다.

7-5. 帝謂文王(제위문왕)하시되 無然畔援(무연반원)하며 無然歆羨(무연흠선)하여 誕先登于岸(탄선등우안)이라하시다 密人不恭(밀인불공)이라 敢拒大邦(감거대방)하여 侵阮徂共(침원조공)이어늘 王赫斯怒(왕혁사노)하사 爰整其旅(원정기려)하사 以按徂旅(이안조려)하사 以篤于周祜(이독우주호)하사 以對于天下(이대우천하)하시니라 [賦]

| 언해 |

샹뎨ㅣ 文王씌 닐으샤ᄃᆡ 그러히 畔援치 말며 그러히 歆羨치 말아셔 크게 먼져 岸에 올으라 ᄒᆞ시다 密나라 ᄉᆞᄅᆞᆷ이 공손치 안이ᄒᆞᆫ지라 敢히 큰 나라를 억의여셔 阮나라를 侵노ᄒᆞ야 共 ᄯᅡ에 가거늘 王이 赫히 이예 怒ᄒᆞ샤 이예 그 군ᄉᆞ를 졍리ᄒᆞ샤 ᄡᅧ 가ᄂᆞᆫ 군사를 막으샤 ᄡᅧ 周ㅅ나라의 복을 ᄃᆞᆺ터이ᄒᆞ샤 ᄡᅧ 天下를 ᄃᆡ답ᄒᆞ시니라

| 번역 |

상제께서 문왕에게 이르시기를
그렇게 이것을 버리고 저것을 잡지 말며
그렇게 흠모하고 부러워하지 말아서
크게 먼저 도의 경지에 오르라 하시네
밀나라 사람이 공손하지 않으므로
감히 큰 나라를 어기어서
완나라를 침략하여 공땅에 가자
문왕께서 발끈 이에 진노하시어
이에 주나라의 군대를 정돈하여
침략하러 가는 군대를 막으시어
주나라의 복을 두터이 하시어
천하에 보답하시었네

| 자해 |

無然 : 그렇게 하지 말라는 말. • 畔援 : 이를 버리고 저를 취함. • 歆 : 욕심이 움직임. • 羨 : 사랑하여 사모함. • 岸 : 도의 극진한 곳. • 密·阮 : 나라 이름. • 徂 : 감. • 共 : 완나라 땅 이름. • 其旅 : 주나라 군사. • 按 : 막음. • 徂旅 : 밀나라 군사로 공땅에 가는 자. • 祜 : 복. • 對 : 대답함.

| 의해 |

사람의 마음이 이것을 버리고 저것을 잡는 바가 있으며 흠모하고 부러워하는 바가 있으면 욕심에 빠져서 스스로 건지지 못한다. 문왕은 이 두 가지가 없었기 때문에 홀로 먼저 알고 먼저 깨달아 도의 지극한 곳에 도달했으니, 대개 하늘이 실상 명한 것이고 사람의 힘으로 미칠 바가 아니다. 밀나라 사람이 공손하지 아니하여 감히 그 명을 어겨 마음대로 군사를 일으켜서 완나라를 침공하여 공땅에 갔다. 이에 문왕이 발끈 노하여 군사를 정돈하여 가서 그 무리를 막아서 주나라의 복을 두터이 하여 천하에 보답하였다.

7-6. 依其在京(의기재경)이어시늘 侵自阮疆(침자원강)하여 陟我高岡(척아고강)하니 無矢我陵(무시아릉)이라 我陵我阿(아릉아아)며 無飮我泉(무음아천)이라 我泉我池(아천아지)어늘 度其鮮原(탁기선원)하사 居岐之陽(거기지양)하여 在渭之將(재위지장)하시니 萬邦之方(만방지방)이며 下民之王(하민지왕)이샷다 [賦]

| 언해 |

편안히 셔울에 계시거놀 침노홈을 阮나라 디경으로부터 ᄒᆞ야 우리 높흔 岡에 올으니 우리 언덕에 진치리 업슨지라 우리 언덕이며 우리 큰 언덕이며 우리 ᄉᆡ암에 마실이 업슨지라 우리 ᄉᆡ암이며 우리 못이어놀 그 조흔 언덕을 촌탁ᄒᆞ샤 기산의 남녁에 居ᄒᆞ여 위슈의 겻ᄒᆡ 계시니 萬邦의 시골이며 下民의 님금이샷다

| 번역 |

문왕께서 편안히 서울에 계시는데
정벌하기를 완나라의 국경으로부터 하여
우리 높은 산등성이에 올라가니
우리 언덕에 진을 치는 사람이 없으므로
우리 언덕이며 우리 큰 언덕이네
우리 샘에서 마시는 사람이 없으므로
우리 샘이며 우리 연못이네
그 좋은 평원을 헤아리시어
기산의 남쪽에 거주하여
위수의 곁에 계시니
만방의 고향이며
아래 백성들의 임금이셨네

| 자해 |

依 : 편한 모양. • 京 : 주나라 서울. • 矢 : 진을 침. • 鮮 : 좋음. • 將 : 곁. • 方 : 시골.

| 의해 |

문왕이 편안히 주나라의 서울에 계시는데, 정돈한 군사가 이미 밀나라 사람을 막고 드디어 완나라 지경을 나가서 밀나라를 정벌하였다. 올라간 언덕이 곧 우리 언덕이 되어서 사람이 감히 군사를 언덕에 배치하거나 샘에서 물을 마셔 우리에게 항거하지 못하였다. 이에 그 높은 언덕을 보아 도읍을 옮기니, 이른바 정읍(程邑)이다.

7-7. 帝謂文王하시되 予懷明德의 不大聲以色하며 不長夏以革하고 不識不知하여 順帝之則이라하시다 帝謂文王하시되 詢爾仇方하며 同爾兄弟하여 以爾鉤援과 與爾臨衝으로 以伐崇墉이라하시다 [賦]

| 언해 |

상뎨ㅣ 文王씌 닐으샤듸 내가 붉은 德의 소릐와 다뭇 빗을 크게 안이ᄒᆞ며 夏와 다뭇 革을 長치 안이코 識지 안이ᄒᆞ며 知치 안이ᄒᆞ야 帝의 법을 順하는 줄을 懷ᄒᆞ노라 ᄒᆞ시다 상뎨ㅣ 文王씌 닐으샤듸 네의 원슈 나라를 물어셔 네의 兄弟를 갓히ᄒᆞ야 뼈 네의 鉤援과 다뭇 네의 臨衝으로 뼈 崇나라 셩을 치라ᄒᆞ시다

| 번역 |

상제께서 문왕에게 이르시기를
나는 밝은 덕의
소리와 얼굴빛을 크게 여기지 아니하며
회초리와 채찍을 낫게 여기지 아니하고
아는 체 지혜로운 체 하지도 아니하여
상제의 법칙을 따르는 것을 그리워하노라
상제께서 문왕에게 이르시기를
너의 원수의 나라에 죄를 물어
너의 형제와 같이 하여
너의 성 오르는 사다리와
너의 성 넘는 수레와 성문 부수는 수레로
숭나라의 성을 치라고 하시었네

| 자해 |

予 : 상제가 스스로를 일컬음. • 懷 : 돌아보아 생각함. • 明德 : 문왕의 밝은 덕. • 則 : 법. • 仇方 : 원수의 나라. • 兄弟 : 함께 하는 나라. • 鉤援 : 성에 오르는 갈고리 사다리. 운제. • 臨 : 성보다 높게 만들어 위에서 아래로 공격하는 수레. • 衝 : 충돌하는 수레. • 崇 : 나라 이름. • 墉 : 성.

| 의해 |

상제가 문왕을 돌아보아 생각하니, 그 덕이 깊고 은미하여 그 얼굴과 자취를 드러내어 나타내지 않고, 또 총명을 짓지 아니하여 천리를 따랐다. 그러므로 또 숭나라를 치라고 명하였다. 이것은 문왕의 덕이 얼굴에 드러나지 아니하고 공이 자취가 없어서 하늘로 더불어 한 몸일 따름인 것을 말하였다. 비록 군사를 일으켜서 숭나라를 치나, 상제의 법을 따름이 아님이 없고, 자신의 마음대로 한 것이 아니다.

7-8. 臨衝閑閑(임충한한)하니 崇墉言言(숭용언언)이로다 執訊連連(집신련련)하며 攸馘(유괵)安安(안안)이로다 是類是禡(시류시마)하여 是致是附(시치시부)하시니 四方以無侮(사방이무모)로다 臨衝茀茀(임충불불)하니 崇墉仡仡(숭용흘흘)이로다 是伐是肆(시벌시사)하며 是絶(시절)是忽(시흘)하시니 四方以無拂(사방이무불)이로다 [賦]

| 언해 |

臨衝이 閑閑ᄒᆞ니 崇나라 셩이 놉고 크도다 죄 뭇기를 잡음을 連連히ᄒᆞ며 馘ᄒᆞᄂᆞᆫ 바이 安安ᄒᆞ도다 이예 類ㅅ 졔 지ᄂᆡ며 이예 禡 졔 지ᄂᆡ셔 이예 니르게 ᄒᆞ야 이예 븟좃치게 ᄒᆞ시니 四方이 뼈 업슈녀김이 업도다 臨衝이 茀茀ᄒᆞ니 崇나라 셩이 仡仡ᄒᆞ도다 이예 치며 이예 肆ᄒᆞ며 이예 ᄭᅳᆫ으며 이예 멸ᄒᆞ시니 四方이 뼈 억윔이 업도다

| 번역 |

성 넘고 성문 부수는 수레 천천하고 느린데
숭나라의 성이 높고도 크구나
신문할 사람 붙잡기를 계속 하며
귀를 베어 바치기를 차분히 하도다
상제와 전쟁 신에게 제사를 지내어
이에 이르게 하며 따르도록 하시니
사방에서 업신여기는 사람이 없도다
성 넘고 성문 부수는 수레 강성한데
숭나라 성이 견고하고 장엄하도다
이에 정벌하고 군대를 풀어놓으며
이에 근절하고 멸망시키니

사방에서 어기는 이 없도다

| 자해 |

閑閑 : 천천히 함. • 言言 : 높고 큼. • 連連 : 붙어있는 형상. • 馘 : 귀를 벰. • 安安 : 가볍고 사납지 아니함. • 類 : 장차 군사를 냄에 상제에게 제사를 지냄. • 禡 : 공격할 땅에 이르러서 군법을 처음 지은 자에게 제사를 지냄. 황제(黃帝)와 치우(蚩尤)를 이름. • 致 : 이름. • 附 : 오게 함. • 茀茀 : 강하고 성한 모양. • 仡仡 : 굳고 장한 모양. • 肆 : 군사를 놓음. • 忽 : 멸함. • 拂 : 어그러짐.

| 의해 |

문왕이 숭나라를 치는 처음에 천천히 치며 천천히 싸움을 하였다. 뭇 신에게 고하여 제사를 지내며, 오는 이를 이르게 하고 따르도록 함에 사방이 두려워하여 복종하지 않음이 없었다. 그래도 마침내 복종하지 않으면 군사를 풀어서 멸하니, 사방이 순종하지 않음이 없었다.

이 「위대한 상제[皇矣]」는 모두 8장이다.

8. 신령스러운 대[靈臺]

8-1. 經始靈臺하여 經之營之하시니 庶民攻之라 不日成之로다 經始勿亟하시나 庶民子來로다 [賦]

| 언해 |

靈臺를 촌탁ᄒᆞ야 비로소 ᄒᆞ야 經ᄒᆞ야 營ᄒᆞ시니 뭇 ᄇᆡᆨ셩이 짓ᄂᆞᆫ지라 날이 안이ᄒᆞ야 일우엇도다 촌탁ᄒᆞ야 비로소홈을 급히 말라 ᄒᆞ시나 뭇 ᄇᆡᆨ셩이 ᄋᆞᄃᆞᆯ이 오ᄃᆞᆺ ᄒᆞ도다

| 번역 |

신령스러운 대를 헤아려 시작하여
비로소 헤아려 자리를 잡으니
뭇 백성이 지으므로
하루도 안 걸려 이루었네
헤아려 시작함을 급히 말라 하나
뭇 백성이 자식이 오듯 하네

| 자해 |

經 : 헤아림. • 靈臺 : 문왕이 지은 대. • 營 : 표시함. • 攻 : 지음. • 不日 : 날을 마치지 아니함. • 亟 : 급히 함.

| 의해 |

나라에 대를 두는 것은 상서로운 기운과 요망한 기운을 바라보아

서 재앙과 상서를 살피며, 보고 노는 것을 때로 하여 수고롭고 편함을 조절하는 것이다. 문왕이 대를 바야흐로 경영할 즈음에 뭇 백성들이 이미 와서 지었기 때문에 하루가 다 되기 전에 이루어졌다. 비록 문왕이 마음에 백성을 번거롭게 하는가 두려워하여 경계하여 바쁘게 하지 말라고 하나, 백성이 마음으로 즐거워하여 아들이 아비의 일에 부르지 않아도 스스로 오는 것 같이 하였다.

8-2. 王在靈囿(왕재영유)하시니 麀鹿攸伏(우록유복)이로다 麀鹿濯濯(우록탁탁)이어늘 白鳥翯翯(백조학학)이로다 王在靈沼(왕재영소)하시니 於牣魚躍(오인어약)이로다 [賦]

| 언해 |

王이 靈囿에 계시니 암사슴의 업들인 바이로다 암사슴이 濯濯ᄒᆞ거를 흰ᄉᆡ가 翯翯ᄒᆞ도다 王이 靈沼에 계시니 於흡다 가득ᄒᆞ야 고기가 ᄲᅱ도다

| 번역 |

문왕이 신령스러운 동산에 계시니
암사슴이 엎드려 있네
암사슴은 살이 찌고 윤택한데
백조는 깨끗하고도 희네
문왕이 신령스러운 연못에 계시니
아 가득하게 물고기가 뛰네

| 자해 |

靈囿 : 대의 아래에 동산이 있어서 새와 짐승을 치는 곳. • 麀 : 암사슴. • 伏

：그곳을 편안히 여겨 놀라 움직이지 아니함. • 濯濯：살찌고 윤택한 모양. • 翯翯：깨끗하고 흰 모양. • 靈沼：동산 가운데에 있는 연못. • 牣：가득함.

| 의해 |

문왕의 때에 공중에 나는 새와 물에 잠긴 물고기와 달리거나 엎드려 있는 동물도 다 그 본성을 이룬 것이다.

8-3. 虡業維樅(거업유종)이요 賁鼓維鏞(분고유용)이로소니 於論鼓鐘(오론고종)이여 於(오)樂辟廱(락벽옹)이로다 [賦]

| 언해 |

虡에 業ᄒᆞ며 樅ᄒᆞ고 큰 북이며 북과 큰 쇠북이로소니 於홉다 ᄎᆞ례ᄒᆞᆫ 쇠북을 침이여 於홉다 즐거운 辟廱에셔 ᄒᆞ도다

| 번역 |

종 틀에 업과 숭아가 있고
큰 북과 북과 큰 종이 있으니
아 차례에 따라 종을 침이여
아 즐거운 벽옹에서 하도다

| 자해 |

虡：나무를 세워서 종과 경을 다는 것. • 業：종 틀에 가로댄 나무 위에 큰 판을 새겨서 톱니같이 한 것. • 樅：업의 위에 종과 경을 단 곳에 채색으로 만드는데 그 형상이 들쭉날쭉함. • 賁：길이가 여덟 자인 큰 북. • 鼓：길이가 넉 자. • 鏞：큰 쇠북. • 論：차례. • 辟廱：천자의 학궁.

| 의해 |

이것은 문왕이 이미 동산과 연못에서 놀고, 드디어 벽옹에서 음악을 지은 것이다.

8-4. 於論鼓鐘(오론고종)이여 於樂辟廱(오락벽옹)이로다 鼉鼓逢逢(타고봉봉)하니 矇瞍(몽수)奏公(주공)이로다 [賦]

| 언해 |

於흡다 ᄎᆞ례ᄒᆞᆫ 쇠북을 침이여 於흡다 즐거운 辟廱에셔 ᄒᆞ도다 鼉鼓ㅣ 逢逢ᄒᆞ니 소경이 일을 알위도다

| 번역 |

아 차례에 따라 종을 침이여
아 즐거운 벽옹에서 하도다
악어가죽 북이 둥둥 울리니
장님 악사가 음악을 연주하네

| 자해 |

鼉 : 악어. • 逢逢 : 조화로움. • 矇瞍 : 소경. 옛적 악사. • 公 : 일.

이 「신령스러운 대[靈臺]」는 모두 4장이다.

9. 문왕과 무왕[下武]

9-1. 下武維周(하무유주)에 世有哲王(세유철왕)이샷다 三后在天(삼후재천)이어시늘 王(왕)配于京(배우경)이샷다 [賦]

| 언해 |

下武의 周ㅅ나라에 ᄃᆡ로 ᄇᆞᆰ은 임금이 계셧다 셋 님금이 하ᄂᆞᆯ에 계시거ᄂᆞᆯ 王이 京에셔 配ᄒᆞ셧다

| 번역 |

문왕과 무왕의 주나라에
대대로 밝은 임금이 계셨네
세 임금이 하늘에 계시는데
왕이 서울에서 짝이 되셨네

| 자해 |

下 : 미상. 혹 '문(文)' 자와 같음. 문왕과 무왕이 실상 주나라를 지었다는 말. • 哲王 : 태왕와 왕계. • 三后 : 태왕과 왕계와 문왕. • 在天 : 이미 돌아가셨지만 그 정신이 올라가서 하늘에 합함. • 王 : 무왕. • 配 : 대함. 그 자리를 이어서 삼후를 대함. • 京 : 호경.

| 의해 |

이 장은 무왕이 태왕과 왕계와 문왕의 실마리를 이어서 천하를 소유한 것을 아름답게 여긴 것이다.

9-2. 王配于京(왕배우경)하시니 世德作求(세덕작구)샷다 永言配命(영언배명)하사 成王(성왕)之孚(지부)샷다 [賦]

| 언해 |

王이 京에 配ᄒᆞ시니 世德을 지어셔 求ᄒᆞ샷다 기리 命에 配ᄒᆞ샤
王의 밋븜을 일우셧다

| 번역 |

왕이 서울에서 짝이 되시니
대 이은 덕을 일어나 구하셨네
길이 천명에 짝하시어
임금의 믿음을 이루셨네

| 의해 |

무왕이 선왕의 덕을 이어서 길이 하늘의 이치에 합하였기 때문에 왕도를 실천하는 사람의 믿음을 천하에 이루었다. 만일 잠깐 합하였다가 곧 떠나며, 잠깐 얻었다가 곧 잃는다면, 그 믿음을 이루지 못할 것이다.

9-3. 成王之孚(성왕지부)하사 下土之式(하토지식)은 永言孝思(영언효사)라 孝思維則(효사유칙)이시니라 [賦]

| 언해 |

王의 밋븜을 일우샤 下土의 법을 ᄒᆞ욤은 효도 ᄉᆡᆼ각을 기리ᄒᆞ시ᄂᆞᆫ 지라 효도 ᄉᆡᆼ각이 법이 되시니라

| 번역 |

임금의 믿음을 이루시어
아래 백성들의 본보기가 된 것은
효도에 대한 생각을 길이 하시어
효도에 대한 생각이 본보기가 되었네

| 자해 |

式·則 : 법.

| 의해 |

무왕이 왕도를 실천하는 사람의 믿음을 이루어 사방의 본보기가 된 것은 그 효도에 대한 생각을 길이 하여 잊지 않음으로써 한 것이다. 그러므로 그 효도가 본보기가 될 만하였다. 만일 잊을 때가 있다면 그 효도라는 것이 거짓이니, 어찌 본받을 만하겠는가?

9-4. 媚茲一人(미자일인)이라 應侯順德(응후순덕)하니 永言孝思(영언효사)하사 昭哉嗣服(소재사복)이샷다 [賦]

| 언해 |

이 ᄒᆞᆫ 사ᄅᆞᆷ을 사랑ᄒᆞᄂᆞᆫ지라 應홈을 順ᄒᆞᆫ 德으로ᄒᆞ니 효도 ᄉᆡᆼ각을 기리ᄒᆞ샤 ᄇᆞᆰ게 일을 이으셧다

| 번역 |

이 한 사람을 사랑하므로
순응함을 오직 순한 덕으로 하니
효도에 대한 생각을 길이 하시어
밝게 선왕의 일을 이으셨네

| 자해 |

媚 : 사랑함. • 一人 : 무왕. • 應 : 순응함. • 侯 : 오직. • 服 : 일.

| 의해 |

천하 사람이 다 무왕을 사랑하여 천자를 삼고 순응하기를 오직 순한 덕으로 하였다. 이것은 무왕이 효도에 대한 생각을 길이 하여 밝게 그 선왕의 일을 이었기 때문이다.

9-5. 昭茲來許(소자래허) 繩其祖武(승기조무)면 於萬斯年(오만사년)에 受天之祜(수천지호)리라

[賦]

| 언해 |

ᄇᆞᆰ은지라 오ᄂᆞᆫ바ㅣ 그 할아비의 쟈취를 이으면 於홉다 萬인이 ᄒᆡ예 하늘의 복을 밧으리로다

| 번역 |

밝게 하셨으므로 후세에
그 조상의 자취를 이으면
아 만년토록

하늘의 복을 받으리라

| 자해 |

來 : 후세. • 許 : '소(所)'와 같음. • 繩 : 이음. • 武 : 자취.

| 의해 |

무왕의 도가 밝은 것이 이와 같으니, 오는 후대가 그 자취를 이을 수 있다면 오래도록 하늘의 복록을 누리고 망하지 않을 것이다.

9-6. 受天之祜(수천지호)하시니 四方來賀(사방래하)로다 於萬斯年(오만사년)에 不遐有佐(불하유좌)아 [賦]

| 언해 |

하ᄂᆞᆯ의 복을 밧ᄋᆞ시니 四方이 와셔 하례ᄒᆞ도다 於홉다 萬인이 ᄒᆡ예 엇지 도우리 잇지 안이ᄒᆞ랴

| 번역 |

하늘의 복을 받으시니
사방에서 와서 하례하도다
아 만년토록
어찌 도울 이 있지 않겠는가

| 자해 |

賀 : 조회하여 하례함. • 遐 : 어찌. • 佐 : 도움.

이 「문왕과 무왕[下武]」은 모두 6장이다.

10. 문왕의 명성[文王有聲]

10-1. 文王有聲이 遹駿有聲이샷다 遹求厥寧하사 遹觀厥成하시니 文王烝哉샷다 [賦]

| 언해 |

文王이 성예를 두심이 크게 셩예를 두샷다 그 편흠을 求ᄒᆞ샤 그 일운 것을 보시니 文王이 님금이셧다

| 번역 |

문왕이 명성을 가짐이여
크게 명성을 가지셨도다
천하의 편안함을 구하시어
성공을 보셨으니
문왕은 임금다우시도다

| 자해 |

遹 : 미상. 어조사 • 駿 : 큼. • 烝 : 임금.

| 의해 |

이 시는 문왕이 풍(豐)으로 도읍을 옮기고 무왕이 호(鎬)로 도읍을 옮긴 일을 말하였다. 문왕이 명성을 가짐에 심히 크게 그 명성을 가진 것은 천하의 편안함을 구하여 성공했기 때문이다. 문왕

의 덕이 이 같으니, 진실로 임금 노릇을 잘 하였다.

10-2. 文王受命하사 有此武功하샷다 旣伐于崇하시고 作邑于豐하시니 文王烝哉샷다 [賦]

| 언해 |

文王이 命을 밧으샤 이 호반 功을 두셧다 임의 崇을 치시고 도읍을 豐에 옴기시니 文王이 님금이셧다

| 번역 |

문왕이 천명을 받으시어
이러한 무공을 가지셨도다
이미 숭나라를 정벌하시고
도읍을 풍땅에 옮기시니
문왕은 임금다우시도다

| 자해 |

作邑 : 도읍을 옮김. • 豐 : 숭나라의 땅.

10-3. 築城伊淢하시고 作豐伊匹하시니 匪棘其欲이라 遹追來孝시니 王后烝哉샷다 [賦]

| 언해 |

城을 싸호되 減으로 ᄒᆞ시고 豐을 옴기되 맛게 ᄒᆞ시니 그 욕심을 급히 ᄒᆞ신 쥴이 안이라 追ᄒᆞ야 효도를 옴이시니 王后ㅣ 님금이셧다

| 번역 |

성을 쌓되 옛 개천을 따르시고
풍땅으로 옮기되 성에 맞게 하시니
욕심을 급히 이루려는 것이 아니라
선왕의 뜻을 따라 효도를 이루시니
문왕은 임금다우시도다

| 자해 |

減 : 성의 개천. • 匹 : 맞음. • 棘 : 급함. • 王后 : 문왕.

| 의해 |

문왕이 풍땅의 성을 경영할 적에 옛 개천을 따라 한정하여 쌓고, 도읍을 옮겨 거함에 또한 그 성에 맞게 하여 사치하거나 크게 하지 않았다. 이것은 다 자기가 하고자 한 바를 급히 이룬 것이 아니라, 특별히 선왕의 뜻을 따라서 그 효도를 이룬 것이다.

10-4. 王公伊濯(왕공이탁)은 維豐之垣(유풍지원)이니라 四方攸同(사방유동)하여 王后(왕후)維翰(유한)하니 王后烝哉(왕후증재)샷다 [賦]

| 언해 |

王의 公이 濯홈은 豐에 담홀ᄉᆡ니라 四方이 ᄒᆞᆫ가지로 ᄒᆞ야 王后로 줄기ᄒᆞ니 王后ㅣ 님금이샷다

| 번역 |

문왕의 공적이 드러남은
풍땅에 담을 쌓았기 때문
사방이 함께 하여
문왕으로 줄기를 삼으니
문왕은 임금다우시도다

| 자해 |

公 : 공(功). • 濯 : 나타나 밝음. • 翰 : 줄기.

| 의해 |

왕의 공적이 나타나 밝은 것은 이 풍땅에 담을 쌓았기 때문이다. 사방이 이에 돌아와서 문왕을 줄기로 삼았다.

10-5. 豐水東注(풍수동주)하니 維禹之績(유우지적)이로다 四方攸同(사방유동)하여 皇王(황왕)維辟(유벽)하니 皇王烝哉(황왕증재)샷다 [賦]

| 언해 |

豐水가 東으로 물ᄃᆡ니 禹ㅅ임금의 공이로다 四方이 ᄒᆞᆫ가지ᄒᆞ야 皇王으로 님금ᄒᆞ니 皇王이 님금이샷다

| 번역 |

풍수가 동쪽으로 흘러들어가니
우임금의 공적이로다
사방이 함께 하여
위대한 무왕으로 임금을 삼으니
위대한 무왕은 임금다우시도다

| 자해 |

豐水 : 물 이름. • 績 : 공적. • 皇王 : 무왕. • 辟 : 임금.

| 의해 |

풍수가 동쪽으로 흘러들어가니, 그것은 우임금의 공적이다. 사방이 이에 와서 한가지로 무왕을 임금으로 삼으니, 이것은 무왕이 호경에 옮기지 아니한 때이다.

10-6. 鎬京辟廱(호경벽옹)에 自西自東(자서자동)하며 自南自北(자남자북)하여 無思不服(무사불복)하니 皇王烝哉(황왕증재)삿다 [賦]

| 언해 |

鎬京의 辟廱에 西로부터ᄒᆞ며 東으로부터ᄒᆞ며 南으로부터ᄒᆞ며 北으로부터ᄒᆞ야 ᄉᆡᆼ각ᄒᆞ야 복죵치 안이ᄒᆞ리 업스니 皇王이 님금이셧다

| 번역 |

호경의 벽옹에

서쪽으로부터 동쪽으로부터
남쪽으로부터 북쪽으로부터
생각하여 복종하지 않을 이 없으니
위대한 무왕은 임금다우시도다

| 자해 |

鎬京 : 무왕이 경영한 곳.

| 의해 |

이것은 무왕이 호경에 옮겨 거처하여 학문을 강론하며 예를 행함에 천하가 스스로 복종함을 말하였다.

10-7. 考卜維王이 宅是鎬京이샷다 維龜正之어늘 武王成之하시니 武王烝哉샷다 [賦]

| 언해 |

졈을 상고하신 王이 이 鎬京에 집ᄒᆞ셧다 거북이 결단ᄒᆞ거ᄂᆞᆯ 武王이 일우시니 武王이 님금이셧다

| 번역 |

점을 상고하신 무왕이
이 호경에 거주하셨도다
거북점이 천도를 결단하자
무왕이 천도를 이루시니
무왕은 임금다우시도다

| 자해 |

考 : 상고함. • 宅 : 거함. • 正 : 결단함. • 成之 : 도읍을 옮겨 거함.

| 의해 |

이것은 시호를 말한 자가 그 일을 뒤에 서술한 것이다.

10-8. 豐水有芑하니 武王豈不仕시리요 詒厥孫謀하사 以燕翼子하시니 武王烝哉샷다 [興]

| 언해 |

豐水에도 흰 ᄎᆞ조가 잇스니 武王이 엇지 일ᄒᆞ지 안이ᄒᆞ시리오 그 손ᄌᆞ에 쐬를 씨치샤 뼈 공경ᄒᆞᆯ ᄋᆞ돌을 편케 ᄒᆞ시니 武王이 님금 이셧다

| 번역 |

풍수에도 흰 차조가 있으니
무왕이 어찌 일하지 않으시리오
자손에게 계책을 물려주시어
공경하는 아들을 편안하게 하시니
무왕은 임금다우시도다

| 자해 |

芑 : 흰 차조. • 仕 : 일. • 詒 : 끼침. • 燕 : 편안함. • 翼 : 공경함. • 子 : 성왕(成王).

| 의해 |

풍수에도 오히려 흰 차조가 있으니, 무왕이 어찌 일할 것이 없겠는가? 그 자손에게 계책을 물려주어 공경할 아들을 편안 하게 하는 것이 곧 무왕의 일이다. 계책이 손자에게 미친다면 아들은 일이 없을 수 있다.

이 「문왕의 명성[文王有聲]」은 모두 8장이다.

「문왕지습(文王之什)」은 10편 60장 414구이다.

생민지습 | 生民之什

1. 백성을 낳음[生民]

1-1. 厥初生民(궐초생민)이 時維姜嫄(시유강원)이시니 生民如何(생민여하)요 克禋克祀(극인극사)하사 以弗無子(이불무자)하시고 履帝武敏(리제무민)하사 歆攸介攸止(흠유개유지)하사 載震載夙(재진재숙)하사 載生載育(재생재육)하시니 時維后稷(시유후직)이시니라 [賦]

| 언해 |

그 쳐음 사ᄅᆞᆷ을 나음이 그 姜嫄이시니 사ᄅᆞᆷ을 나음을 엇지 ᄒᆞ야 ᄂᆞ뇨 능히 禋ᄒᆞ며 능히 祀ᄒᆞ샤 ᄲᅧ ᄋᆞ돌 업슴을 블졔ᄒᆞ시고 샹뎨의 큰 발ᄶᅮ락을 밟으사 큰 바와 ᄀᆞᆺ친 바애 감동ᄒᆞ샤 곳 ᄋᆡ비며 곳 엄슉ᄒᆞ샤 곳 나아셔 곳 길느시니 이 后稷이시니라

| 번역 |

처음에 사람을 낳은 분이
이 강원이신데
사람을 낳기를 어떻게 하였던가
정결히 제사하고 아들 낳는 제사하여
아들 없는 액을 제거하시고
상제의 엄지발가락을 밟아서
은총이 크게 머문 데서 감동하시어
아이를 배고 엄숙하시어
낳아서 기르시니
이 후직이시니라

| 자해 |

民 : 주나라 사람. • 時 : 이. • 禋 : 정결한 뜻으로 드림. • 祀 : 아들을 낳기를 구하여 제사하는 것. • 弗 : 액을 제거함. • 弗無子 : 아들을 구함. • 履 : 밟음. • 帝 : 상제. • 武 : 자취. • 敏 : 큰 발가락. • 歆 : 감동함. • 介 : 큼. • 震 : 아이를 밸. • 夙 : 엄숙함. • 育 : 기름.

| 의해 |

강원이 아들 낳기를 비는 제사에 나아가 제사할 때, 큰 사람의 자취를 보고 그 큰 발가락을 밟음에 드디어 짜릿짜릿 인도의 감동함이 있는 것 같았다. 이에 그 은총이 크게 머문 데에서 감동하여 아이를 배었으니, 이에 주나라 사람이 태어난 것이다. 주공이 예를 지음에 후직을 높여 하늘에 짝하게 하였으므로, 이 시를 지어서 그가 처음 날 때의 상서로움을 미루어서 하늘에서 명을 받은 것이 진실로 보통사람과 다름이 있는 것을 밝혔다.

1-2. 誕彌厥月(탄미궐월)하여 先生如達(선생여달)하시니 不坼不副(불탁불부)하시며 無菑無害(무치무해)하사 以赫厥靈(이혁궐령)하시니 上帝不寧(상제불녕)가 不康禋祀(불강인사)아 居然生子(거연생자)샷다 [賦]

| 언해 |

그 달을 맛쳐셔 먼져 나으되 達갓히 ᄒᆞ시니 坼지 안이ᄒᆞ시며 副지 안이 ᄒᆞ시며 菑업스시며 害업스샤 뼈 그 실령을 나탄ᄒᆞ시니 上帝ㅣ 편치 안이ᄒᆞ시랴 禋과 祀를 편치 안이ᄒᆞ신야 居然히 ᄋᆞ둘을 나어섯다

| 번역 |

열 달을 채워서
처음으로 낳되 양 새끼처럼 하시니
몸이 찢기지도 않고 갈라지지도 않으며
재앙도 없고 해도 없으시어
신령스러움을 나타내시니
상제께서 편안하지 않겠는가
제사를 편안히 여기지 않겠는가
그냥 아들을 낳으셨다네

| 자해 |

誕 : 어조사. • 彌 : 마침. 열 달의 기한을 마쳤다는 말. • 先生 : 처음으로 남. • 達 : 작은 양. 양의 새끼가 쉽게 남. • 坼 · 副 : 찢어짐. • 赫 : 나타남. • 不寧 : 편안함. • 不康 : 편안함. • 居然 : 그냥.

| 의해 |

사람이 날 때에 그 어미를 찢기도 하며 해롭게도 하는데, 처음으로 낳는 아이가 더욱 어렵다. 이제 강원이 후직을 처음으로 낳는데, 양의 새끼같이 쉬워서 찢거나 해롭게 하는 괴로움이 없으니, 이것은 그 신령하고 특이함을 나타낸 것이다. 상제가 어찌 편하지 않겠는가? 우리 제사를 편하게 받지 않고서야 우리로 하여금 남녀 관계없이 그냥 이 아들을 낳게 하셨겠는가?

1-3. 誕寘之隘巷(탄치지애항)한대 牛羊腓字之(우양비자지)하며 誕寘之平林(탄치지평림)한대 會伐平林(회벌평림)하며 誕寘之寒氷(탄치지한빙)한대 鳥覆翼之(조복익지)로다 鳥乃去矣(조내거의)어늘 后稷呱矣(후직고의)하시니 實覃實訏(실담실우)하사 厥聲載路(궐성재로)러시니라 [賦]

| 언해 |

좁은 구렁에 둔대 소와 羊이 덥허셔 사랑ᄒᆞ며 平ᄒᆞᆫ 슈플에 둔대 平ᄒᆞᆫ 슈플 리치를 맛나며 찬 어름에 둔대 ᄉᆡ가 덥흐며 ᄭᆞᆯ도다 ᄉᆡ가 가거늘 后稷이 呱ᄒᆞ시니 실로 길며 실로 크샤 그 소릐가 길에 가득ᄒᆞ더시니라

| 번역 |

아기를 좁은 구덩이에 두자
소와 양이 덮어서 사랑하며
아기를 평활한 숲에 두자
평활한 숲을 베러 온 사람들을 만났으며
아기를 차가운 얼음판에 두자
새가 날개로 덮어주고 깔아 주었네
새가 이에 날아가자
후직이 응애응애 하고 우니
소리가 실로 길고 실로 커서
울음소리가 길에 가득하였네

| 자해 |

隘 : 좁음. • 腓 : 덮음. • 字 : 사랑함. • 會 : 만남. • 覆 : 덮음. • 翼 : 깐다는 말. 한 날개로 덮고 한 날개로 깐 것. • 呱 : 우는 소리. • 覃 : 길음. • 訏 : 큼. • 載 : 가득함.

| 의해 |

남녀 관계 없이 아들을 낳음에 상서로운 일이 아니라고 하여 버렸는데, 이러한 특이함이 있었기 때문에 비로소 거두어 길렀다.

1-4. 誕實匍匐(탄실포복)하사 克岐克嶷(극기극억)이러시니 以就口食(이취구식)하사 蓺之荏菽(집지임숙)하시니 荏菽旆旆(임숙패패)하며 禾役穟穟(화역수수)하며 麻麥幪幪(마맥몽몽)하며 瓜瓞唪唪(과질봉봉)하더니라 [賦]

| 언해 |

실로 匍匐ᄒᆞ샤 능히 岐ᄒᆞ시며 능히 嶷ᄒᆞ더시니 뼈 입으로 먹음에 나아가샤 荏菽을 심으시니 荏菽이 旆旆ᄒᆞ며 벼의 벌님이 穟穟ᄒᆞ며 麻麥이 幪幪ᄒᆞ며 瓜瓞이 唪唪ᄒᆞ더니라

| 번역 |

실로 엉금엉금 기어 다니면서
크고 성숙하시더니
입으로 먹을 때에 다다라서
콩을 심으시니
콩이 너풀너풀하며
벼의 늘어선 줄이 야드르르하며
삼과 보리가 빽빽하며
크고 작은 오이가 주렁주렁 열렸네

| 자해 |

匍匐 : 손과 발로 다님. • 岐·嶷 : 높고 성한 형상. • 就 : 향함. • 口食 : 스스로 먹는 것. • 蓺 : 심음. • 荏菽 : 콩. • 旆旆 : 가지가 깃발같이 날려 일어남. • 役 : 벌림. • 穟穟 : 싹이 아름답고 좋은 모양. • 幪幪 : 성하여 빽빽함. • 唪唪 : 열매가 많음.

| 의해 |

후직이 밥 먹을 만할 때에 이미 무엇을 심기를 좋아한 뜻이 있었

으니, 대개 그 천성이 그러하였다.

1-5. 誕后稷之穡(탄후직지색)이 有相之道(유상지도)로다 茀厥豐草(불궐풍초)하고 種之黃茂(종지황무)하니 實方實苞(실방실포)하며 實種實褎(실종실유)하며 實發實秀(실발실수)하며 實堅實好(실견실호)하며 實穎實栗(실영실률)하더니 卽有邰家室(즉유태가실)하시니라 【賦】

| 언해 |

后稷의 심음이 도읍ᄂᆞᆫ 道가 잇도다 그 셩ᄒᆞᆫ 풀을 다ᄉᆞ리고 아ᄅᆞᆷ다운 곡식을 펴니 실로 方ᄒᆞ며 실로 苞ᄒᆞ며 실로 種ᄒᆞ며 실로 褎ᄒᆞ며 실로 發ᄒᆞ며 실로 秀ᄒᆞ며 실로 굿으며 실로 조흐며 실로 穎ᄒᆞ며 실로 栗ᄒᆞ더니 邰예 나아가셔 家室을 ᄒᆞ시니라

| 번역 |

후직이 심는 것이
도와주는 도가 있었네
무성한 풀을 제거하고
아름다운 곡식을 파종하니
실로 씨앗을 담궈 싹이 트며
실로 파종하고 점점 자라며
실로 발육하고 이삭이 패며
실로 단단하고 좋으며
실로 이삭이 늘어지고 여무니
태나라에 나아가서 집을 이룩하시네

| 자해 |

相 : 도움. • 茀 : 다스림. • 種 : 폄. • 黃茂 : 아름다운 곡식. • 方 : 방(房). • 苞 : 껍데기가 벌어지지 아니함. 씨를 담금. • 種 : 껍데기가 벌어져서 심을 만함. • 褎 : 점점 자람. • 發 : 다 핌. • 秀 : 비로소 이삭이 남. • 堅 : 열매가 굳음. • 好 : 형용과 맛이 좋음. • 穎 : 열매가 성하고 커서 끝이 드려짐. • 栗 : 쭉정이가 없음. • 邰 : 후직의 어머니의 집.

| 의해 |

후직이 심는 것이 이와 같아서 백성에게 공이 있었기 때문에, 요임금이 태나라에 봉하여 그 어머니의 집에 나아가 거처하여 강원의 제사를 주관하게 하였다. 그러므로 주나라 사람이 또한 대대로 강원을 제사하였다.

1-6. 誕降嘉種(탄강가종)하니 維秬維秠(유거유비)며 維穈維芑(유미유기)로다 恒之秬秠(항지거비)하니 是穫是畝(시확시무)하며 恒之穈芑(항지미기)하니 是任是負(시임시부)하여 以歸肇祀(이귀조사)하시니라 [賦]

| 언해 |

아ᄅᆞᆷ다운 곡식 씨를 ᄂᆡ리니 秬와 秠며 穈과 芑로다 秬와 秠를 두루ᄒᆞ니 이예 거두어셔 이예 이랑에 ᄒᆞ며 穈과 芑를 두루ᄒᆞ니 이예 메며 이예 져셔 ᄲᅧ 도라와셔 비로소 졔ᄉᆞᄒᆞ시니라

| 번역 |

아름다운 곡식 씨를 내리니
검은 기장과 두 알 기장이며
붉은 차조와 흰 차조이네

검은 기장과 두 알 기장을 두루 심었으니
거두어서 이랑에 두었으며
붉은 차조와 흰 차조를 두루 심었으니
어깨에 메고 등에 짊어져
돌아와서 비로소 제사하시네

| 자해 |

降 : 곡식 씨를 백성에게 내림. • 秬 : 검은 기장. • 秠 : 한 껍데기에 알이 둘 든 것. • 穈 : 붉은 차조. • 芑 : 흰 차조. • 恒 : 두루함. 두루 심음. • 任 : 어깨에 멤. • 負 : 등에 짊. • 肇 : 비로소. • 肇祀 : 후직이 비로소 나라를 받아서 제주(祭主)가 됨.

1-7. 誕我祀如何(탄아사여하)요 或舂或揄(혹용혹유)하며 或簸或蹂(혹파혹유)하며 釋之叟叟(석지수수)하며 烝之浮浮(증지부부)하며 載謀載惟(재모재유)하며 取蕭祭脂(취소제지)하며 取羝以軷(취저이발)하며 載燔載烈(재번재렬)하여 以興嗣歲(이흥사세)로다 [賦]

| 언해 |

우리 졔ᄉᆞㅣ 엇지ᄒᆞ뇨 或 방아찌으며 或 절구질ᄒᆞ며 或 까불으며 或 밟으며 쌀 씻기를 叟叟히 ᄒᆞ며 찌기를 浮浮히ᄒᆞ며 곳 謀ᄒᆞ며 곳 惟ᄒᆞ며 다복쑥을 取ᄒᆞ야 챵ᄌᆞ기름으로 졔ᄉᆞᄒᆞ며 슛양을 取ᄒᆞ야 뼈 軷ᄒᆞ며 곳 燔ᄒᆞ며 곳 烈ᄒᆞ야 뼈 ᄒᆡ를 일익히며 이ㅅ도다

| 번역 |

우리 제사를 어떻게 지내셨는가
방아를 찧으며 절구질을 하며
키로 까불며 벼를 밟으며

쌀 씻기를 싹싹 하며
솥에 쪄서 김이 뭉게뭉게 오르며
제사 날짜를 택하며 재계하며
다북쑥을 가져다가 기름으로 제사하며
숫양을 가져다가 노제를 지내며
불에 굽고 꼬치에 꿰어서 구워
오는 해 맞이하고 가는 해 잇네

| 자해 |

我祀 : 후직의 제사. • 揄 : 절구질. • 簸 : 키로 까불음. • 蹂 : 벼를 밟아 곡식을 취함. • 釋 : 쌀을 씻음. • 叟叟 : 쌀 씻는 소리. • 浮浮 : 김. • 謀 : 날을 점치고 일할 사람을 고름. • 惟 : 재계하여 갖추며 닦음. • 蕭 : 다북쑥. • 脂 : 창자 사이 기름. • 羝 : 수컷 양. • 軷 : 길에 다니는 귀신을 제사함. • 燔 : 불에 구움. • 烈 : 꿰어서 불에 더함.

| 의해 |

이것은 다 제사의 일이니, 오는 해를 맞이하고 가는 해를 보내는 것이다.

1-8. 卬盛于豆(앙성우두)하니 于豆于登(우두우등)이로다 其香始升(기향시승)하니 上帝(상제) 居歆(거흠)이샷다 胡臭亶時(호취단시)리요 后稷肇祀(후직조사)하시므로 庶無罪悔(서무죄회)하여 以迄于今(이흘우금)이샷다 [賦]

| 언해 |

내 나무 졉시에 담으니 나무 졉시에 ᄒᆞ며 질그릇에 ᄒᆞ도다 그 향긔가 비로소 오르니 上帝ㅣ 편안ᄒᆞ야 흠향ᄒᆞ셧다 엇지 향긔가 진

실로 ᄣᅵᆯ ᄲᅮᆫ이리오 后稷이 비로소 졔ᄉᆞᄒᆞ심으로 거의 허물과 뉘웃침이 업서 ᄡᅧ 이졔 니르러셧다

| 번역 |

내 나무 접시에 제물을 담으니
나무 접시에 담고 질그릇에도 담도다
그 향기가 비로소 위로 올라가니
상제께서 편안히 흠향하셨도다
어찌 향기가 진실로 때에 맞을 뿐이리오
후직이 비로소 제사함으로부터
거의 허물과 뉘우침이 없어
지금에까지 이르셨도다

| 자해 |

卬 : 나. • 豆 : 나무 접시. • 登 : 질그릇. • 居 : 편안함. • 歆 : 귀신이 기운을 먹는 것. • 胡 : 어찌. • 臭 : 향기. • 亶 : 진실로. • 時 : 때를 얻음. • 庶 : 가까움. • 迄 : 이름.

| 의해 |

이 장은 그 선조를 높여 하늘에 짝하게 하는 제사를 말하였다. 그 향기가 비로소 오름에 상제가 이미 편안히 흠향하였다고 한 것은 응하기를 빨리 함을 말한 것이다. 어찌 다만 꽃다운 냄새를 올림이 진실로 그 때를 얻을 뿐이리오. 후직이 비로소 제사함으로부터 거의 허물과 뉘우침이 없어 지금에 이른 것이다.

이 「백성을 낳음[生民]」은 모두 8장이다.

2. 길 가의 갈대[行葦]

2-1. 敦彼行葦(돈피행위)를 牛羊勿踐履(우양물천리)면 方苞方體(방포방체)하여 維葉泥泥(유엽니니)리라 戚戚兄弟(척척형제)를 莫遠具爾(막원구이)면 或肆之筵(혹사지연)이며 或授之几(혹수지궤)리라 [興]

| 언해 |

敦ᄒᆞᆫ 뎌 길에 갈ᄃᆡ를 소와 羊이 밟지 말며 바야ᄒᆞ로 苞ᄒᆞ며 바야ᄒᆞ로 體ᄒᆞ야 입ᄉᆡᆨ이가 泥泥ᄒᆞ리라 戚戚ᄒᆞᆫ 兄弟를 멀리 마라다 갓가이ᄒᆞ면 或 쟈리를 베풀며 或几를 쥬리라

| 번역 |

올망졸망한 저 길의 갈대를
소와 양이 밟지 않으면
싹이 트고 형체가 이루어져
잎사귀가 부드럽고 윤택하리
친근하고 친근한 형제를
멀리 말고 가까이 한다면
자리를 베풀어 주기도 하며
안석을 주기도 할 것이라

| 자해 |

敦 : 모인 모양. • 行 : 길. • 勿 : 경계하여 그치게 함. • 苞 : 껍데기가 벌어지

지 않음. •體 : 형용을 이룬 것. •泥泥 : 부드럽고 윤택한 모양. •戚戚 : 친함. •莫 : 말라함. •具 : 한가지로 함. •爾 : 가까움. •肆 : 베품.

| 의해 |

이것은 제사를 마치고 부형과 노인을 잔치하는 시이다. 저 길에 올망졸망한 갈대를 소와 양이 않는다면 싹이 트고 형체가 이루어져 잎사귀가 부드럽고 윤택할 것이다. 친근한 형제를 멀리하지 않고 가까이 하면, 자리를 베풀며 안석을 줄 것이다. 이것은 바야흐로 그 잔치를 베푸는 처음에 은근하고 돈독한 뜻이 말하는 밖에 가득히 보이니, 읽는 자가 자세히 살펴보아야 할 것이다.

2-2. 肆(사)筵(연)設(설)席(석)하니 授(수)几(궤)有(유)緝(즙)御(어)로다 或(혹)獻(헌)或(혹)酢(초)하며 洗(세)爵(작)奠(전)斝(가)하며 醓(탐)醢(해)以(이)薦(천)하며 或(혹)燔(번)或(혹)炙(적)하며 嘉(가)殽(효)脾(비)臄(갹)이며 或(혹)歌(가)或(혹)咢(악)이로다 [賦]

| 언해 |

쟈리를 베풀으며 돗쟈리를 베풀으니 几를 쥬고 이어셔 뫼시리 잇도다 或 드리며 或 슈작ᄒᆞ며 잔을 시스며 잔을 드리며 醓과 醢로 뼈 薦ᄒᆞ며 或 燔ᄒᆞ며 或 炙ᄒᆞ며 아ᄅᆞᆷ다온 안쥬가 脾와 臄이며 或 노릐ᄒᆞ며 或 북만치도다

| 번역 |

자리를 펴고 돗자리를 펴니
안석을 주고 이어서 모시는 이 있네
잔을 드리기도 하고 돌리기도 하며

잔을 씻으며 잔을 드리며
육장과 젓갈을 올리며
구운 고기를 올리고 산적을 올리며
좋은 안주는 지라와 입술고기이며
혹은 노래를 하고 혹은 북을 치네

| 자해 |

設席 : 자리를 거듭함. • 緝 : 이음. • 御 : 모심. • 獻 : 손님에게 술을 내줌. • 酢 : 손님이 답함. • 斝 : 잔. • 醓 : 즙이 많은 젓갈. • 燔 : 고기를 씀. • 炙 : 간을 씀. • 臄 : 입술고기. • 歌 : 거문고와 비파에 견주어 노래함. • 咢 : 한갓 북만 침.

| 의해 |

이것은 모시는 것과 손님에게 잔을 드리는 것과 손님이 잔을 돌려주는 것과 음식과 음악의 성대함을 말하였다.

2-3. 敦弓既堅(돈궁기견)하며 四鍭既鈞(사후기균)이어늘 舍矢既均(사시기균)하니 序賓(서빈)以賢(이현)이로다 敦弓既句(돈궁기구)하며 既挾四鍭(기협사후)하여 四鍭如樹(사후여수)하니 序賓以不侮(서빈이불모)로다 [賦]

| 언해 |

敦弓이 임의 굿으며 넷 활촉이 임의 고루 엇거놀 쌀을 노음에 임의 다 맛츄니 손을 ᄎᆞ례ᄒᆞ되 잘 맛츄난 이로뼈 ᄒᆞ도다 敦弓이 임의 가득히 벗틔 엇스며 임의 넷 활촉을 쪄셔 네 활촉이 심은 듯하니 손을 ᄎᆞ례ᄒᆞ되 업슈너기지 안이홈으로 뼈 ᄒᆞ도다

| 번역 |

아로새긴 활이 이미 견고하며
네 개의 활촉이 이미 고르거늘
화살을 쏨에 이미 다 맞추니
잘 맞추는 것으로 손님을 차례 짓네
아로새긴 활이 팽팽히 당겨 있으며
이미 네 개의 활촉을 끼워서
네 개의 활촉이 과녁에 심은 듯하니
업신여기지 않는 것으로 손님을 차례 짓네

| 자해 |

敦 : 천자의 아로새긴 활. • 堅 : 굳음. • 鍭 : 쇠 활촉. • 舍 : 놓음. 화살을 쏨. • 均 : 다 맞춤. • 賢 : 쏘아서 많이 맞춤. • 句 : 활을 완전히 끌어당김. • 不侮 : 공경함.

| 의해 |

이미 잔치하고 활을 쏘면서 즐거워함을 말하였다.

2-4. 曾孫維主하니 酒醴維醹로다 酌以大斗하여 以祈黃耇하놋다 黃耇台背 以引以翼하여 壽考維祺하여 以介景福이로다 [賦]

| 언해 |

曾孫이 쥬장ᄒᆞ니 ᄉᆞᆯ과 단ᄉᆞᆯ이 듯텁도다 잔질ᄒᆞ되 큰 말로ᄡᅧ ᄒᆞ야ᄡᅧ 黃耇를 빌도다 黃耇와 台背 ᄡᅧ 인도ᄒᆞ며 ᄡᅧ 도아셔 壽考로 길

ᄒᆞ야 뼈 큰 福을 크게 ᄒᆞ도다

| 번역 |

증손이 주관하니
술과 단술이 진하도다
큰 말로 떠내어
장수를 기원하도다
장수하는 노인이
인도하고 도와서
장수로 길하여
큰 복을 크게 하도다

| 자해 |

曾孫 : 제사를 주관하는 이. • 醹 : 두터움. • 祈 : 구함. • 黃耈 : 노인. • 台 : 복어. 아주 늙은 사람은 등에 복어 무늬가 있음. • 引 : 인도함. • 翼 : 도움. • 祺 : 길함.

| 의해 |

이것은 송축하는 말이니, 이 술을 마셔서 늙어 장수함을 얻고, 또 서로 인도하며 도와서 장수를 누리며 큰 복을 크게 하고자 한 것이다

이 「길 가의 갈대[行葦]」는 모두 4장이다.

3. 이미 취하고[旣醉]

기취이주　기포이덕　군자만년　개이경복

3-1. 旣醉以酒요 旣飽以德하니 君子萬年에 介爾景福이로다 [賦]

| 언해 |

임의 醉ᄒᆞ되 슐로뼈ᄒᆞ고 임의 ᄇᆡ불으되 德으로뼈ᄒᆞ니 君子ㅣ 萬ᄒᆡ예 네 큰 福을 크게 ᄒᆞ리로다

| 번역 |

이미 술로 취하고
이미 덕으로 배불렀으니
군자께서 만년토록
당신의 큰 복을 크게 하리로다

| 자해 |

德 : 은혜. • 君子 : 왕. • 爾 : 왕.

| 의해 |

이것은 부형이 「길 가의 갈대」에 답한 것이다. 그 음식과 은혜의 두터움을 누리고, 그 복을 이와 같이 받기를 원한 것이다.

기 취 이 주　　이 효 기 장　　군 자 만 년　　개 이 소 명
3-2. 旣醉以酒요 爾殽旣將하니 君子萬年에 介爾昭明이로다 [賦]

| 언해 |

임의 醉ᄒᆞ되 ᄉᆞᆯ로뼈ᄒᆞ고 네 안쥬를 임의 가지니 君子ㅣ 萬ᄒᆡ예 네 ᄇᆞᆰ고 ᄇᆞᆰ음을 크게 하리로다

| 번역 |

이미 술로 취하고
당신의 안주를 이미 가지니
군자가 만년토록
당신의 밝음을 크게 하리로다

| 자해 |

殽 : 도마에 채움. • 將 : 행함. • 昭明 : 빛나고 큼.

소 명 유 융　　고 랑 영 종　　영 종 유 숙　　공 시　　가 고
3-3. 昭明有融하니 高朗令終이로다 令終有俶하니 公尸嘉告로다 [賦]

| 언해 |

ᄇᆞᆰ고 ᄇᆞᆰ음이 셩ᄒᆞ니 놉고 ᄇᆞᆰ아셔 맛치기를 잘ᄒᆞ리로다 맛치기를 잘ᄒᆞᆷ이 비로소가 잇스니 公尸가 아ᄅᆞᆷ다움으로 告ᄒᆞ도다

| 번역 |

밝음이 매우 성하니
높고 밝아서 끝마침을 잘하리로다
끝마침을 잘함이 시작이 있으니
임금의 시동이 좋은 말로 고하도다

| 자해 |

融 : 밝음이 성함. • 朗 : 밝음. • 令終 : 잘 마침. • 俶 : 비로소. • 公尸 : 임금의 시동. • 嘉告 : 좋은 말로 고함.

| 의해 |

마침을 잘하고자 하는 자는 반드시 시작을 잘하니, 이제 진실로 마치지 못하였으나 이미 그 시작이 있다. 이에 시동이 이로써 고한 것이다.

기고유하 변두정가 붕우유섭 섭이위의
3-4. 其告維何요 籩豆靜嘉어늘 朋友攸攝이 攝以威儀로다 [賦]

| 언해 |

그 告ᄒᆞᆷ은 엇짐인고 ᄃᆡ 그릇과 나무 그릇이 정결ᄒᆞ고 아ᄅᆞᆷ답거늘
朋友의 검ᄉᆞᄒᆞᄂᆞᆫ 바이 검ᄉᆞ하되 威儀로뼈 ᄒᆞ도다

| 번역 |

그가 고하는 것은 무엇인가
대 그릇과 나무 그릇이 청결하고 아름다운데
붕우가 단속하는 것이

위의로써 단속한다네

| 자해 |

靜嘉 : 청결하고 아름다움. • 朋友 : 손님으로서 제사를 돕는 자. • 攝 : 단속함.

| 의해 |

시동이 고하였다. 너의 제사에 대 그릇과 나무 그릇을 올리는 것이 이미 청결하고 아름다운데, 붕우가 서로 단속하고 돕는 자가 또 다 위의가 있어서 귀신의 뜻에 마땅하다. 이로부터 끝 편에 이르기까지는 다 시동이 고하는 말로 진술하였다.

3-5. 威儀孔時(위의공시)어늘 君子有孝子(군자유효자)로다 孝子不匱(효자불궤)하니 永錫(영석) 爾類(이류)로다 [賦]

| 언해 |

威儀가 심히 ᄯᅢ ᄒᆞ거를 君子ㅣ 孝子를 두엇도다 孝子ㅣ 다 ᄒᆞ지 안이ᄒᆞ니 기리 네계 챡홈을 쥬리로다

| 번역 |

위의가 심히 때에 맞는데
군자가 효자를 두었도다
효자가 효성이 그치지 아니하니
길이 당신에게 복을 주리로다

| 자해 |

孝子 : 주인의 아들. • 匱 : 다함. • 類 : 착함. 복.

| 의해 |

당신의 위의가 이미 그 마땅함을 얻었고, 또 효자를 두어서 잔을 들었도다. 효자의 효성이 그치지 않는다면 마땅히 당신에게 길이 복을 주리라. 군자가 이미 효도하였는데 효자가 또 효도하니, 그 효도가 끊임없이 다하지 않을 것이다.

기류유하 실가지곤 군자만년 영석조윤

3-6. 其類維何요 室家之壼이로다 君子萬年을 永錫祚胤이로다 [賦]

| 언해 |

그 챠홈은 무엇인고 室家의 壼에 君子가 萬히를 기리 복록과 ᄌᆞ손을 쥬리로다

| 번역 |

그 복은 무엇인가
집이 깊고 엄숙하네
군자가 만년토록
길이 복록과 자손을 주리로다

| 자해 |

壼 : 집 안의 구덩이. 심원하고 엄숙함. • 祚 : 복록. • 胤 : 자손.

기윤유하 천피이록 군자만년 경명유복

3-7. 其胤維何요 天被爾祿하여 君子萬年을 景命有僕이로다 [賦]

| 언해 |

그 ᄌᆞ손은 엇짐인고 하놀이 네게 祿을 입혀셔 君子가 萬ᄒᆡ를 큰 命이 붓좃침이 잇스리로다

| 번역 |

그 자손은 무엇인가
하늘이 당신에게 복록을 내려서
군자가 만년토록
큰 천명이 따를 것이로다

| 자해 |

僕 : 따름.

| 의해 |

여기에서는 당신이 장차 자손을 두겠지만 먼저 마땅히 당신이 하늘의 복록을 받아서 천명이 따를 것이라고 말하고, 아래 장에서 자손의 일을 말하였다.

3-8. 其僕維何요 釐爾女士로다 釐爾女士요 從以孫子로다 [賦]

| 언해 |

그 붓좃침은 무엇인고 네게 女士를 쥬도다 네게 女士를 쥬고 孫子로ᄡᅧ ᄯᅡ리게 ᄒᆞ리로다

| 번역 |

그 따름은 무엇인가
당신에게 훌륭한 여성을 주리로다
당신에게 훌륭한 여성을 주고
자손으로 따르게 하리로다

| 자해 |

釐 : 줌. • 女士 : 훌륭한 행실이 있는 여성. • 從 : 따름.

이 「이미 취하고[旣醉]」는 모두 8장이다.

4. 물오리와 갈매기[鳧鷖]

4-1. 鳧鷖在涇(부예재경)이어늘 公尸來燕來寧(공시래연래녕)이로다 爾酒旣淸(이주기청)하며 爾殽旣馨(이효기형)이어늘 公尸燕飮(공시연음)하니 福祿來成(복록래성)이로다 [興]

| 언해 |

鳧鷖가 涇에 잇거늘 公尸ㅣ 와셔 쟌치ᄒᆞ며 와셔 편안이 ᄒᆞ도다 네 ᄉᆞᆯ이 임이 ᄆᆞᆰ으며 네 안쥬가 임의 향긔롭거늘 公尸ㅣ 쟌치ᄒᆞ야 마시니 福祿이 와셔 일우엇도다

| 번역 |

물오리와 갈매기가 경수에 있는데
임금의 시동이 와서 잔치하며 편안하도다
네 술이 이미 맑으며
네 안주가 이미 향기로운데
임금의 시동이 잔치하여 술을 마시니
복록이 와서 이루어지도다

| 자해 |

鳧 : 물오리. • 鷖 : 갈매기. • 涇 : 물 이름. • 爾 : 노래하는 사람이 주인을 가리킴. • 馨 : 향기가 멀리 감.

| 의해 |

이것은 제사한 다음 날에 시동이 되었던 사람을 대접하는 음악이

다. 물오리와 갈매기가 경수에 있는데, 임금의 시동은 와서 잔치하며 와서 편안하도다. 술이 맑고 안주가 향기로우니, 임금의 시동이 잔치하여 마셔 복록이 와서 이루어졌다.

4-2. 鳧鷖在沙(부예재사)어늘 公尸來燕來宜(공시래연래의)로다 爾酒旣多(이주기다)하며 爾(이)殽旣嘉(효기가)어늘 公尸燕飮(공시연음)하니 福祿來爲(복록래위)로다 [興]

| 언해 |

鳧鷖가 沙에 잇거늘 公尸ㅣ 와셔 잔치ᄒᆞ며 와셔 맛당ᄒᆞ도다 네 ᄉᆞᆯ이 임의 만ᄒᆞ며 네 안쥬가 임의 아롬답거ᄂᆞᆯ 公尸가 쟌치ᄒᆞ야 마시니 福祿이 와셔 도읍도다

| 번역 |

물오리와 갈매기가 모래밭에 있는데
임금의 시동이 와서 잔치하며 마땅히 하도다
네 술이 이미 많으며
네 안주가 이미 아름다운데
임금의 시동이 와서 잔치하여 술을 마시니
복록이 와서 도와주도다

| 자해 |

爲 : 도움.

4-3. 鳧鷖在渚(부예재저)어늘 公尸來燕來處(공시래연래처)로다 爾酒旣湑(이주기서)하며 爾殽伊脯(이효이포)어늘 公尸燕飮(공시연음)하니 福祿來下(복록래하)로다 [興]

| 언해 |

鳧鷖가 渚에 잇거늘 公尸ㅣ 와셔 잔치ᄒᆞ며 와셔 處ᄒᆞ도다 네 숧이 임의 걸너시며 네 안쥬가 임의 脯ㅣ어늘 公尸가 잔치ᄒᆞ야 마시니 福祿이 와셔 ᄂᆞ리도다

| 번역 |

물오리와 갈매기가 모래섬에 있는데
임금의 시동이 와서 잔치하며 거처하도다
네 술이 이미 걸러졌으며
네 안주가 이미 건포인데
임금의 시동이 와서 잔치하며 술을 마시니
복록이 와서 내리도다

| 자해 |

渚 : 물 가운데 높은 땅. • 湑 : 술을 거름.

4-4. 鳧鷖在潨(부예재총)이어늘 公尸來燕來宗(공시래연래종)이로다 旣燕于宗(기연우종)하니 福祿攸降(복록유강)이어늘 公尸燕飮(공시연음)하니 福祿來崇(복록래숭)이로다 [興]

| 언해 |

鳧鷖ㅣ 潨에 잇거놀 公尸ㅣ 와셔 쟌치ᄒᆞ며 와셔 놉히도다 임의 ᄉᆞ당에 쟌치ᄒᆞ니 福祿이 ᄂᆡ리ᄂᆞᆫ 바 이어놀 公尸 쟌치ᄒᆞ야 마시니 福祿이 와셔 崇ᄒᆞ도다

| 번역 |

물오리와 갈매기가 물모인 곳에 있는데
임금의 시동이 와서 잔치하며 높이 있도다
이미 사당에서 잔치하니
복록이 내리는 바인데
임금의 시동이 와서 잔치하며 술을 마시니
복록이 와서 쌓여 높다랗구나

| 자해 |

潨 : 물이 모인 곳. • 宗 : 높임. • 宗 : 사당. • 崇 : 쌓아서 높고 큼.

부예재미 공시래지훈훈 지주흔흔
4-5. 鳧鷖在亹이어늘 公尸來止熏熏이로다 旨酒欣欣하며
번적분분 공시연음 무유후간
燔炙芬芬이어늘 公尸燕飮하니 無有後艱이로다 [興]

| 언해 |

鳧鷖ㅣ 亹에 잇거놀 公尸ㅣ 와셔 긋쳐셔 熏熏ᄒᆞ도다 맛ᄂᆞᆫ 슐이 欣欣ᄒᆞ며 번육이며 炙이 芬芬ᄒᆞ거놀 公尸쟌치ᄒᆞ야 마시니 뒤간난 이 잇지 안이ᄒᆞ리로다

| 번역 |

물오리와 갈매기가 골짜기 어귀에 있는데
임금의 시동이 와서 잔치하며 기빠하도다
맛있는 술이 즐거우며
구운 고기와 산적이 향기로운데
임금의 시동이 와서 잔치하며 술을 마시니
뒷날의 어려움이 없을 것이로다

| 자해 |

亹 : 골짜기 가운데 물이 흐르는데 두 편 언덕이 문 같음. • 熏熏 : 화열함. • 欣欣 : 즐거워함. • 芬芬 : 향기.

이 「물오리와 갈매기[鳧鷖]」는 모두 5장이다.

5. 아름답고 즐거운[假樂]

5-1. 假樂君子(가락군자)여 顯顯令德(현현령덕)이로다 宜民宜人(의민의인)이라 受祿于天(수록우천)이어늘 保右命之(보우명지)하시고 自天申之(자천신지)샷다 [賦]

| 언해 |

아ᄅᆞᆷ답고 즐거운 君子ㅣ여 나탄ᄒᆞ고 나탄ᄒᆞᆫ 어진 德이로다 民에 맛당ᄒᆞ며 人에 맛당ᄒᆞᆫ지라 복록을 하ᄂᆞᆯ에 밧거ᄂᆞᆯ 편안이 ᄒᆞ시며 도우시며 命ᄒᆞ시고 하ᄂᆞᆯ로부터 거듭ᄒᆞ셧다

| 번역 |

아름답고 즐거운 군자여
드러나고 드러난 어진 덕이로다
백성에게 마땅하며 사람에게 마땅하므로
하늘에서 복록을 받았는데
편하게 하시며 도우시며 명하시고
하늘로부터 거듭 내리셨도다

| 자해 |

嘉 : 아름다움. • 君子 : 왕. • 民 : 뭇 백성. • 人 : 지위에 있는 자. • 申 : 거듭함.

| 의해 |

임금의 덕이 이미 신하와 백성에게 마땅하여 하늘의 복록을 받았

는데, 하늘이 임금에게 오히려 반복하여 돌아보시기를 싫어 하지 않아서 이미 편안하게 하며 도우며 명하고 또 거듭하였다. 아마도 이것은 임금의 시동이 「물오리와 갈매기」에 답하는 시인 듯하다.

5-2. 干祿百福(간록백복)이라 子孫千億(자손천억)이로다 穆穆皇皇(목목황황)하여 宜君(의군)
宜王(의왕)이라 不愆不忘(불건불망)하여 率由舊章(솔유구장)이로다 [賦]

| 언해 |

祿을 구ᄒᆞ야 百가지 福을 ᄒᆞᆫ지라 子孫이 千이며 億이로다 공경ᄒᆞ며 아ᄅᆞᆷ다와셔 君에 맛당ᄒᆞ며 王에 맛당ᄒᆞᆫ지라 허물치 안이ᄒᆞ며 잇지 안이ᄒᆞ야 舊章을 ᄯᅡ라 말ᄆᆡ암으리로다

| 번역 |

복록을 구하여 온갖 복을 받았으므로
자손들이 천이며 억이로다
공경하고 아름다워서
제후에 마땅하며 천자에 마땅하므로
허물을 저지르지 아니하며 잊지 아니하여
옛날의 법도를 따르도다

| 자해 |

穆穆 : 공경함. • 皇皇 : 아름다움. • 君 : 제후. • 王 : 천자. • 愆 : 허물. • 率 : 따름. • 舊章 : 선왕의 예악과 형정.

| 의해 |

군자가 복록을 구하여 백 가지 복을 얻었기 때문에 그 자손의 번성함이 천과 억에 이르러서, 맏아들은 천자가 되고 다른 아들들은 제후가 되어서 공경하며 아름다워서 선왕의 법을 따르지 아니하는 자가 없다.

5-3. 威儀抑抑(위의억억)하며 德音秩秩(덕음질질)하고 無怨無惡(무원무악)하여 率由羣(솔유군)匹(필)하니 受福無疆(수복무강)이라 四方之綱(사방지강)이로다 [賦]

| 언해 |

威儀가 抑抑ᄒᆞ며 德音이 秩秩ᄒᆞ고 원망이 업스며 미워홈이 업셔 모든 류를 좃ᄎᆞ셔 말ᄆᆡ암으니 福을 밧음이 한졍이 업ᄉᆞᆫ지라 四方의 벼리로다

| 번역 |

위의가 늠름하며
덕스러운 명성이 떳떳하고
원망함이 없으며 미워함이 없어
모든 동류를 따르니
복록을 받음이 한이 없으므로
사방의 벼리로다

| 자해 |

抑抑 : 빽빽함. • 秩秩 : 떳떳함. • 匹 : 동류.

| 의해 |

위의와 명성의 아름다움이 있고 또 사사로운 원망함과 미워함이 없어서 뭇 어진 이에게 맡기기 때문에 한이 없는 복을 받아서 사방의 벼리가 되었다. 이것이 아래 장으로 더불어 다 자손에게 원하는 것이다.

5-4. 之綱之紀(지강지기)하여 燕及朋友(연급붕우)면 百辟卿士(백벽경사) 媚于天子(미우천자)하여 不解于位(불해우위)하여 民之攸墍(민지유기)리라 [賦]

| 언해 |

綱ᄒᆞ며 紀ᄒᆞ야 편안ᄒᆞᆷ이 朋友에 밋치면 百辟과 卿士ㅣ 天子께 媚ᄒᆞ야 位에 게을이 안이ᄒᆞ야 ᄇᆡᆨ셩의 쉬일바 이니라

| 번역 |

큰 벼리가 되고 작은 벼리가 되어
편안함이 붕우에 미치면
많은 임금과 신하들이
천자를 사랑하여
지위에 게으르지 아니하여
백성이 편안히 쉴 것이로다

| 자해 |

燕 : 편안함. • 朋友 : 여러 신하. • 解 : 게으름. • 墍 : 쉼.

| 의해 |

천자가 사방의 벼리가 됨에 신하가 그에 힘입어서 편안하니, 많은 제후와 신하들이 천자를 사랑하여 오직 그 지위에서 게을리 아니하여 백성이 편안히 쉬게 하고자 한다.

이 「아름답고 즐거운[假樂]」은 모두 4장이다.

6. 공류[公劉]

6-1. 篤公劉(독공류) 匪居匪康(비거비강)하사 迺埸迺疆(내역내강)하여 迺積迺倉(내적내창)이어늘 迺裹餱糧(내과후량)을 于橐于囊(우탁우낭)하여 思輯用光(사집용광)하사 弓矢斯張(궁시사장)하며 干戈戚揚(간과척양)으로 爰方啓行(원방계행)하시니라 [賦]

| 언해 |

둣터우신 公劉ㅣ 편안히 안이ᄒᆞ시며 강녕히 안이ᄒᆞ샤 埸ᄒᆞ며 疆ᄒᆞ야 로젹ᄒᆞ며 곳집 ᄒᆞ거ᄂᆞᆯ 마른 밥과 량식을 사기를 쟈루에 ᄒᆞ며 쥬머니에 ᄒᆞ야 輯ᄒᆞ야 뼈 빗남을 ᄉᆡᆼ각하샤 활과 활쌀을 이예 베풀며 방파와 창과 독긔와 큰 독긔로 이예 비로소 가기를 열으시니라

| 번역 |

두터우신 공류께서
편안히 거처하지 않으시며
작고 큰 밭이랑을 다스려
노적을 쌓으며 창고를 채워
마른 밥과 양식을 싸기를
자루에 하고 전대에 하여
화목하게 하여 빛낼 것을 생각하시어
활과 화살을 이에 베풀며
방패와 창과 도끼와 큰 도끼로

이에 비로소 갈 길을 여시니라

| 자해 |

篤 : 두터움. • 公劉 : 후직의 증손. • 居 : 편안함. • 康 : 편안함. • 埸 · 疆 : 밭이랑. • 積 : 노적. • 餱 : 마른 밥. • 糧 : 쌀. • 槖 : 밑 없는 것. • 囊 : 밑 있는 것. • 輯 : 화목함. • 戚 : 도끼. • 揚 : 큰 도끼. • 方 : 비로소.

| 의해 |

공류가 서융(西戎)에 있을 때에 감히 편안히 거하지 아니하고 밭이랑을 다스리며 창고를 채워 이미 부유하고 또 강하였다. 이에 마른 밥과 양식을 싸서 인민을 화목하게 하고 나라를 빛나게 할 것을 생각하였다. 그런 다음에 활과 화살과 도끼와 큰 도끼를 갖추어 갈 길을 열어서 빈(豳) 땅으로 도읍을 옮겼다.

6-2. 篤公劉 于胥斯原하시니 旣庶旣繁하며 旣順迺宣하여 而無永歎이로다 陟則在巘하시며 復降在原하시니 何以舟之요 維玉及瑤와 鞞琫容刀로다 [賦]

| 언해 |

둣터우신 公劉ㅣ 이 언덕을 보시니 임의 무리ᄒᆞ며 임의 번셩ᄒᆞ며 임의 順ᄒᆞ야 두루히셔 기리 탄식홈이 업도다 오르샤ᄂᆞᆫ 巘에 잇스시며 다시 ᄂᆡ리샤ᄂᆞᆫ 原에 잇스시니 무엇스로ᄡᅧ 띄엿ᄂᆞ뇨 玉과 밋 瑤와 鞞琫에 용납ᄒᆞᆫ 칼이로다

| 번역 |

두터우신 공류께서
이 언덕을 보시니
이미 무리를 지었고 이미 번성하며
이미 편안하여 이에 두루 퍼져 있어
길이 탄식함이 없도다
올라가면 산꼭대기에 있으시며
다시 내려와서는 언덕에 있으시니
무엇을 허리에 띠었는가 하면
옥과 옥돌과
장식한 칼집에 들어있는 칼이로다

| 자해 |

胥 : 봄. • 庶 · 繁 : 거하는 자가 많음. • 順 : 편안함. • 宣 : 두루 거처함. • 巘 : 산의 이마. • 舟 : 참. • 鞞 : 칼집. • 琫 : 칼집을 꾸민 것. • 容刀 : 꾸민 칼집의 가운데에 칼을 용납함.

| 의해 |

공류가 빈(豳) 땅에 이르러 땅을 보아서 거처하고자 하는데, 이 칼과 패물을 차고 산과 언덕을 오르락내리락 한 것이다. 이와 같은 패물과 복장으로 이와 같은 노고를 친히 하니, 이것이 백성에게 두터움이 된 것이다.

6-3. 篤公劉(독공류) 逝彼百泉(서피백천)하사 瞻彼溥原(첨피부원)하시고 迺陟南岡(내척남강)하사 乃覯于京(내구우경)하시니 京師之野(경사지야)일새 于時處處(우시처처)하며 于時(우시)廬旅(려려)하며 于時言言(우시언언)하며 于時語語(우시어어)하시니라 [賦]

| 언해 |

둗터우신 公劉ㅣ 뎌 百泉에 가샤 큰 언덕을 보시고 南岡에 오르샤 京을 보시니 京이요 師할 들일 식 이예 處에 處ᄒᆞ며 이예 旅를 廬ᄒᆞ며 이예 言을 言ᄒᆞ며 이예 語를 語ᄒᆞ시니라

| 번역 |

두터우신 공류께서
저 온갖 샘물에 가셔서
저 큰 언덕을 보시고
남쪽 산등성이에 오르시어
높은 언덕을 보시니
높은 언덕에 무리가 살만한 들이기에
집에 거처하며
나그네를 기숙하게 하며
말할 것을 말하며
논란할 것을 논란하시니라

| 자해 |

溥 : 큼. • 覯 : 봄. • 京 : 높은 언덕. • 師 : 무리. • 京師 : 높은 산에 많이 거처함. • 時 : 이. • 處處 : 거처하는 집. • 廬 : 붙임. • 旅 : 나그네. • 言 : 곧게 말함. • 語 : 논란함.

| 의해 |

이 장은 도읍하여 거처하기로 경영하여 헤아림을 말하였다. 아래로부터 볼 때에는 온갖 샘에 가서 넓은 평원을 바라보고, 위로부터 볼 때에는 남쪽 산등성이에 올라가 높은 언덕을 보았다. 이에 거처하는 집을 지으며 나그네를 기숙하게 하고 말할 바를 말하며 논란한 바를 논란하였다.

6-4. 篤公劉 于京斯依하시니 蹌蹌濟濟어늘 俾筵俾几하니 旣登乃依로다 乃造其曹하여 執豕于牢하며 酌之用匏하니 食之飮之하며 君之宗之로다 [賦]

| 언해 |

둣터우신 公劉ㅣ 京에 이 편안히 하시니 蹌蹌ᄒᆞ며 濟濟ᄒᆞ거늘 ᄒᆞ여곰 쟈리ᄒᆞ며 ᄒᆞ여곰 几ᄒᆞ니 임의 올라셔 의지ᄒᆞ도다 그 曹에 가셔 도야지를 우리에 쟙으며 잔질ᄒᆞ되 박으로ᄡᅧ 하니 먹이며 마시며 君ᄒᆞ며 宗ᄒᆞ도다

| 번역 |

두터우신 공류께서
높은 언덕에 편안히 계시니
당당하고 단정하자
자리를 깔고 안석을 설치하게 하니
이미 자리에 올라 이에 의지하도다
이에 뭇 짐승 치는 곳에 나아가
돼지를 우리에서 잡으며

술을 떠내되 바가지를 사용하니
음식을 먹이고 술을 마시게 하며
임금이 되고 종주가 되셨도다

| 자해 |

依 : 편안함. • 蹌蹌 · 濟濟 : 뭇 신하가 위의 있는 모양. • 俾 : 하여금. • 登 : 자리에 오름. • 依 : 안석에 의지함. • 曹 : 뭇 짐승 치는 곳. • 宗 : 높이며 주장함.

| 의해 |

이 장은 궁실을 이미 이룸에 낙성함을 말하였다. 이미 잔치하여 먹이고 제도를 정하여 백성을 정돈하고 소속시켜, 위로는 다 임금이 거느리게 하고 아래로는 각각 종손이 거느리게 하였다.

6-5. 篤公劉(독공류) 既溥既長(기부기장)이어늘 既景迺岡(기경내강)하여 相其陰陽(상기음양)하며 觀其流泉(관기류천)하니 其軍三單(기군삼단)이로다 度其隰原(탁기습원)하여 徹田爲糧(철전위량)하며 度其夕陽(탁기석양)하니 豳居允荒(빈거윤황)이로다 [賦]

| 언해 |

ᄃᆞᆺ터우신 公劉ㅣ 임의 넓으며 임의 길거ᄂᆞᆯ 景ᄒᆞ고 岡ᄒᆞ야 그 陰陽을 보며 그 흐르ᄂᆞᆫ ᄉᆡ암을 보니 그 軍이 三單이로다 그 隰과 原을 촌탁ᄒᆞ야 밧을 徹ᄒᆞ야 량식을 ᄒᆞ며 그 져녁 빗을 촌탁ᄒᆞ니 豳ᄯᅡ에 居홈이 진실로 크도다

| 번역 |

두터우신 공류께서
토지가 넓고 길자
해 그림자를 살피고 산등성이에 올라가
음지와 양지를 살펴보며
흐르는 샘물을 관찰하니
군대가 세 부대로 배치되었도다
습지와 언덕을 헤아려
밭을 경작하여 양식을 마련하며
석양을 헤아리니
빈 땅에 거함이 진실로 크도다

| 자해 |

溥 : 넓음. • 景 : 해 그림자를 상고하여 사방을 바르게 함. • 岡 : 높은 데 올라서 바라봄. • 相 : 봄. • 徹 : 정전의 법. • 夕陽 : 산 서녘. • 允 : 믿음. • 荒 : 큼.

| 의해 |

땅의 마땅함을 분별하여 옮겨온 백성에게 주고 군역과 세금을 정하며, 또 산 서녘의 밭을 헤아려 넓히니, 빈 땅 사람이 여기에 거처하여 더욱 크게 되었다.

6-6. 篤公劉(독공류) 于豳斯館(우빈사관)하사 涉渭爲亂(섭위위란)하여 取厲取鍛(취려취단)하여 止基迺理(지기내리)하니 爰衆爰有(원중원유)하여 夾其皇澗(협기황간)하며 遡其過澗(소기과간)하며 止旅迺密(지려내밀)하여 芮鞫之卽(예국지즉)이로다 [賦]

| 언해 |

ᄃᆞᆺ터우신 公劉ㅣ 豳에 샤관ᄒᆞ야 위슈를 건너샤 ᄇᆡ를ᄒᆞ야 쉿놀을 取ᄒᆞ며 쇄를 取ᄒᆞ야 살ᄃᆡ를 뎡ᄒᆞᆫ지라 다ᄉᆞ리니 이예 무리ᄒᆞ며 이예 잇셔셔 그 皇澗을 씨며 그 過澗을 향ᄒᆞ며 ᄀᆞᆺ친 무리가 쎅쎅ᄒᆞ야 芮의 물 밧게 나아가도다

| 번역 |

두터우신 공류께서
빈 땅에 객사를 지으시어
위수를 건너면서 배로 가로 질러
숫돌을 가져오고 쇠를 가져와
살 데가 정해졌으므로 들을 다스리니
무리가 많아지고 재물이 있게 되어
황간을 끼고 사는 사람도 있으며
과간을 향하여 사는 사람도 있으며
거주하는 무리가 이에 빽빽하여
예수의 물 밖에까지 나아가도다

| 자해 |

館 : 객사. • 亂 : 흐르는 물을 끊어 가로 건너는 배. • 厲 : 숫돌. • 鍛 : 쇠. • 止 : 거처함. • 基 : 정함. • 理 : 다스림. • 衆 : 사람이 많음. • 有 : 재물이 풍족함. • 遡 : 향함. • 皇 · 過 : 두 시냇물 이름. • 芮 : 물 이름. • 鞫 : 물 밖.

| 의해 |

이 장은 시작과 마침을 다 서술하였다. 처음 와서 살 데를 정하지 못했을 때에 위수를 건너 재목을 취하는데, 배를 지어서 오며 가며 숫돌을 취하고 쇠를 취하여 궁실을 이루었다. 이미 살 데를 정함에 들을 다스리니, 날로 더욱 성하여 풍족하였다. 거처하는데 황간을 낀 데도 있으며 과간을 향한 데도 있었는데, 거주하여 사

는 무리가 날마다 더욱 빽빽하여, 이에 다시 예수 물 밖에 나아가 거처하니, 빈 땅이 날로 넓어졌다.

이 「공류[公劉]」는 모두 6장이다.

7. 빗물을 떠서[泂酌]

7-1. 泂酌彼行潦(형작피행료)하여 挹彼注玆(읍피주자)라도 可以饙饎(가이분치)로다 豈弟(개제)君子(군자)여 民之父母(민지부모)로다 [興]

| 언해 |

멀리 뎌 行潦를 잔질ᄒᆞ야 뎌에 잔질ᄒᆞ야 이에 물ᄃᆡ이여도 可히 ᄡᅧ 饙을 ᄒᆞ며 饎를 ᄒᆞ리로다 豈弟ᄒᆞᆫ 君子ㅣ여 ᄇᆡᆨ셩의 父母ㅣ로다

| 번역 |

멀리 저 길가의 빗물을 떠내어
저기에서 떠다가 여기에 붓더라도
밥과 술밥을 찔 수 있도다
편안하고 즐거운 군자여
백성의 부모로다

| 자해 |

泂 : 멂. • 行潦 : 흐르는 빗물. • 饙 : 쌀을 쪄서 한 번 익으면, 물을 채워 두 번째로 찜. • 饎 : 술과 밥. • 君子 : 임금.

| 의해 |

소강공(召康公)이 성왕(成王)을 경계하여 말한 것이다. 저 길가에 흐르는 빗물을 떠서 저기에서 떠다가 여기에 붓더라도 오히려 쌀을 채워서 두 번 찌며 술과 밥을 지을 수 있다. 하물며 편안하고

즐거운 군자가 어찌 백성의 부모가 되지 않겠는가?

7-2. 泂酌彼行潦하여 挹彼注兹라도 可以濯罍로다 豈弟君子여 民之攸歸로다 [興]

| 언해 |

멀리 뎌 行潦를 잔질ᄒᆞ야 뎌에 잔질ᄒᆞ야 이에 물ᄃᆡ이여도 可히 뼈 ᄉᆞᆯ잔을 시스리로다 豈弟ᄒᆞᆫ 君子ㅣ여 ᄇᆡᆨ셩의 돌아갈 바이로다

| 번역 |

멀리 저 길가의 빗물을 떠내어
저기에서 떠다가 여기에 붓더라도
술동이를 씻을 수 있도다
편안하고 즐거운 군자여
백성의 돌아갈 바이로다

| 자해 |

濯 : 씻음.

7-3. 泂酌彼行潦하여 挹彼注兹라도 可以濯溉로다 豈弟君子여 民之攸塈로다 [興]

| 언해 |

멀리 뎌 行潦를 잔질ᄒᆞ야 뎌에 잔질ᄒᆞ야 이에 물ᄃᆡ이여도 可히 ᄡᅧ 시스며 시스리로다 豈弟ᄒᆞᆫ 君子ㅣ여 ᄇᆡᆨ셩의 쉬일바이로다

| 번역 |

멀리 저 길가의 빗물을 떠내어
저기에서 떠다가 여기에 붓더라도
씻고 또 씻을 수 있도다
편안하고 즐거운 군자여
백성들이 편안히 쉴 바로다

| 자해 |

漑 : 씻음. • 塈 : 쉼.

이 「빗물을 떠서[泂酌]」는 모두 3장이다.

8. 구불구불한 언덕[卷阿]

8-1. 有卷者阿에 飄風自南이로다 豈弟君子 來游來歌하여 以矢其音이로다 [賦]

| 언해 |

굽은 큰 언덕에 날리ᄂᆞᆫ 바ᄅᆞᆷ이 南으로부터 ᄒᆞ도다 豈弟ᄒᆞᆫ 君子ㅣ 와셔 놀며 와셔 노ᄅᆡᄒᆞ야 뼈 그 소ᄅᆡ를 베풀으도다

| 번역 |

구불구불한 큰 언덕에
회오리바람이 남쪽으로부터 불도다
편안하고 즐거운 군자가
와서 놀며 와서 노래하여
소리를 베푸는도다

| 자해 |

卷 : 굽음. • 阿 : 큰 언덕. • 豈弟君子 : 임금. • 矢 : 베품.

| 의해 |

소강공이 성왕을 따라서 굽은 언덕 위에서 놀며 노래할 때, 왕의 노래를 인하여 이것을 지어서 경계를 삼았다.

반환이유의 우유이휴의 개제군자 비이
8-2. 伴奐爾游矣며 優游爾休矣로다 豈弟君子아 俾爾
미이성 사선공추의
彌爾性하여 似先公酋矣리로다 [賦]

| 언해 |

ᄒᆞᆫ가히 네가 놀며 한가히 네가 쉬도다 豈弟ᄒᆞᆫ 君子아 널로 ᄒᆞ여곰 네 명을 맛쳐셔 先公의 맛침 갓흐리로다

| 번역 |

한가하게 그대가 놀며
한가하게 그대가 쉬도다
편안하고 즐거운 군자여
그대로 하여금 명을 잘 마쳐서
선왕의 마침과 같도록 하리로다

| 자해 |

伴奐·優游 : 한가함. • 爾·君子 : 임금. • 彌 : 마침. • 性 : 명(命)과 같음. • 酋 : 마침.

| 의해 |

그대가 이미 한가히 놀며 쉰다고 말하고, 또 고하여 말하기를, 그대가 수명을 마치기를 선왕이 시작을 잘하고 마침을 잘한 것과 같으리라고 말하였다.

8-3. 爾土宇昄章하니 亦孔之厚矣로다 豈弟君子아 俾爾彌爾性하여 百神爾主矣리도다 [賦]

(이토우판장 역공지후의 개제군자 비이 미이성 백신이주의)

| 언해 |

네 홁집이 크게 붉으니 또한 심히 둗텁도다 豈弟ᄒᆞᆫ 君子아 널로 ᄒᆞ여곰 네 명을 맛쳐셔 百귀신을 네 쥬장ᄒᆞ리로다

| 번역 |

그대의 흙집이 크게 밝으니
또한 심히 두텁도다
편안하고 즐거운 군자여
그대로 하여금 명을 잘 마쳐서
온갖 신들을 그대가 주장하게 하리로다

| 자해 |

昄章 : 크게 밝음.

| 의해 |

그대의 흙집이 크게 밝았으니 이미 심히 두텁고, 또 그대로 하여금 몸이 마치도록 항상 천지와 산천과 귀신의 주인이 되게 하리라.

이수명장의 불록이강의 개제군자 비
8-4. 爾受命長矣하니 茀祿爾康矣로다 豈弟君子아 俾
이미이성 순하이상의
爾彌爾性하여 純嘏爾常矣리도다 [賦]

| 언해 |

네 命을 밧음이 기니 복록으로 네 편ᄒᆞ도다 豈弟ᄒᆞᆫ 君子아 널로 ᄒᆞ여곰 네명을 맛쳐셔 순젼ᄒᆞᆫ 복을 네 ᄒᆞᆼ샹ᄒᆞ리로다

| 번역 |

그대가 천명을 받음이 장구하니
복록으로 그대가 편안하도다
편안하고 즐거운 군자여
그대로 하여금 명을 잘 마쳐서
순전한 복을 그대가 항상 누리게 하리로다

| 자해 |

茀·嘏 : 복. •常 : 항상 누림.

유빙유익 유효유덕 이인이익 개제군
8-5. 有馮有翼하며 有孝有德하여 以引以翼하면 豈弟君
자 사방위칙
子를 四方爲則하리라 [賦]

| 언해 |

비김이 잇스며 도움이 잇스며 효도가 잇스며 德이 잇셔 뼈 인도 ᄒᆞ며 뼈 도우면 豈弟ᄒᆞᆫ 君子를 四方이 법을 삼으리라

| 번역 |

의지할 이도 있고 도울 이도 있으며
효도하는 이도 있고 덕을 지닌 이도 있어
인도하고 도우면
편안하고 즐거운 군자를
사방이 본보기를 삼으리라

| 자해 |

馮 : 의지할 만한 사람. • 翼 : 도울만한 사람. • 孝 : 어버이를 섬기는 사람. • 德 : 몸에 얻은 것. • 引 : 앞을 인도함. • 翼 : 왼편과 오른편을 도움.

| 의해 |

임금이 항상 자상하고 독실한 사람과 더불어 거처하면, 선한 단서를 일으키고 덕성을 함양하여 조급함을 누르고 사특함을 소멸하여 날로 고치고 달로 변화함이 말하는 사이에만 있지 않을 것이다. 어진 이를 얻어서 스스로 돕기를 이같이 하면 덕이 날마다 닦여져 사방이 본보기를 삼을 것이다.

8-6. 顒顒卬卬(옹옹앙앙)하며 如圭如璋(여규여장)하며 令聞令望(영문영망)이라 豈弟君子(개제군자)를 四方爲綱(사방위강)하리라 [賦]

| 언해 |

顒顒ᄒᆞ며 卬卬ᄒᆞ며 圭갓호며 璋갓호며 챡ᄒᆞᆫ 소문이며 챡ᄒᆞᆫ 명망이라 豈弟ᄒᆞᆫ 君子를 四方이 벼리를 삼으리라

| 번역 |

온화하고 엄숙하며
홀과 같고 반쪽 홀과 같으며
좋은 소문이 있고 좋은 명망이 있으므로
편안하고 즐거운 군자를
사방이 벼리로 삼으리라

| 자해 |

顒顒・卬卬 : 존엄함. • 如圭・如璋 : 순전히 깨끗함. • 令聞 : 착한 명예. • 令望 : 위의를 바라보아 본받을 만함.

| 의해 |

의지할 이도 있고 도울 이도 있으며 효도하는 이도 있고 덕을 지닌 이도 있어서 도움을 얻으면 이와 같아서 사방이 벼리로 삼을 것이다.

8-7. 鳳凰于飛(봉황우비)하니 翽翽其羽(홰홰기우)라 亦集爰止(역집원지)로다 藹藹王多(애애왕다)吉士(길사)하시니 維君子使(유군자사)라 媚于天子(미우천자)로다 [興]

| 언해 |

鳳凰이 날느니 翽翽ᄒᆞᆫ 그 날게ㅣ라 ᄯᅩᄒᆞᆫ 긋칠ᄃᆡ예 모뒤엿도다 藹藹히 王이 吉ᄒᆞᆫ 션비가 만흐시니 君子ㅣ 부릴지라 天子께 ᄉᆞ랑스럽도다

| 번역 |

봉황이 날으니

퍼덕이는 그 날개라
또한 그칠 데에 모였도다
수두룩하게 왕에게 길한 선비가 많으니
군자가 부리는 바이므로
천자께 사랑을 받도다

| 자해 |

鳳凰 : 신령한 새. • 翽翽 : 날개의 소리. • 藹藹 : 무리가 많음. • 媚 : 사랑스러움.

| 의해 |

봉황이 날으니 퍼덕이는 그 날개인데 그 그칠 데에 모였도다. 왕에게 수두룩하게 길한 선비가 많으니, 오직 왕이 부리실 바인데다 천자께 사랑을 받는다.

8-8. 鳳凰于飛(봉황우비)하니 翽翽其羽(홰홰기우)라 亦傅于天(역부우천)이로다 藹藹王(애애왕)多吉人(다길인)하시니 維君子命(유군자명)이라 媚于庶人(미우서인)이로다 [興]

| 언해 |

鳳凰이 날느니 翽翽ᄒᆞᆫ 그 날게ㅣ라 ᄯᅩᄒᆞᆫ 하늘에 부치엇도다 藹藹히 王이 吉ᄒᆞᆫ 사ᄅᆞᆷ이 만흐시니 君子ㅣ 명령ᄒᆞ실지라 庶人에게 슌ᄒᆞ도다

| 번역 |

봉황이 날으니

퍼덕이는 그 날개라
또한 하늘에 이르도다
수두룩하게 왕에게 길한 사람이 많으니
군자가 명하는 바이므로
서민들에게 순종하여 사랑을 받도다

| 의해 |

서민에게 순종하며 사랑을 받는다고 한 것은 임금을 위하여 일하여 백성에게 사랑을 받는다는 뜻이다.

봉황명의 우피고강 오동생의 우피조양
8-9. 鳳凰鳴矣니 于彼高岡이로다 梧桐生矣니 于彼朝陽
봉봉처처 옹옹개개
이로다 菶菶萋萋하니 雝雝喈喈로다 [比]

| 언해 |

鳳凰이 우니 뎌 놉흔 뫼이에 ᄒᆞ도다 梧桐이 나니 뎌 아츰 볏히 ᄒᆞ도다 菶菶ᄒᆞ며 萋萋ᄒᆞ니 雝雝ᄒᆞ며 喈喈ᄒᆞ도다

| 번역 |

봉황이 우니
저 높은 산등성이에서 울도다
오동나무가 자라나니
저 아침 햇볕에서 자라도다
무성하고 우거졌으니
조화롭게 울도다

| 자해 |

朝陽 : 산 동녘. • 菶菶 · 萋萋 : 오동이 자라나는 것이 무성함. • 雝雝 · 喈喈 : 봉황이 우는 것이 조화로움.

| 의해 |

어진 이가 반드시 도가 있는 조정에 모인 것을 비유한 것이다. 봉황이 나타나고 숨는 것을 때에 따라 하는 것으로 어진 이가 나아가며 물러남을 비유하였다. 높은 산등성이의 봉황은 높은 세상의 어진 제도이고, 아침 햇볕에 오동은 다스리는 조정의 어진 임금이다.

8-10. 君子之車(군자지거) 旣庶且多(기서차다)하며 君子之馬(군자지마) 旣閑且馳(기한차치)로다
矢詩不多(시시부다)라 維以遂歌(유이수가)니라 [賦]

| 언해 |

君子의 슈ᄅᆡ가 임의 무리ᄒᆞ고 ᄯᅩ 만호며 君子의 말이 임의 한슉ᄒᆞ고 ᄯᅩ 달리도다 詩를 矢ᄒᆞᆷ을 만흔 ᄌᆞᆯ이 안이라 ᄡᅧ 드듸여 노ᄅᆡᄒᆞᆷ이니라

| 번역 |

군자의 수레가
이미 무리를 짓고 또 많으며
군자의 말이
이미 훈련되고 또 잘 달리는구나
시를 바치기를 많이 하려는 것이 아니라

임금을 이어 드디어 노래하는 것이라

| 의해 |

오동나무가 무성하고 우거지면 봉황이 조화롭게 울고, 군자의 수레와 말은 이미 많고 잘 훈련되었다.

이 「구불구불한 언덕[卷阿]」은 모두 10장이다.

9. 백성의 수고[民勞]

9-1. 民亦勞之(민역로지)라 汔可小康(흘가소강)이니 惠此中國(혜차중국)하여 以綏四方(이수사방)이어다 無縱詭隨(무종궤수)하여 以謹無良(이근무량)하며 式遏寇虐(식알구학)이 憯不畏明(참불외명)이라야 柔遠能邇(유원능이)하여 以定我王(이정아왕)이리라 [賦]

| 언해 |

ᄇᆡᆨ셩이 ᄯᅩᄒᆞᆫ 슈고로운지라 거의 可히 죠곰 편안ᄒᆞᆯ지니 이 中國을 은혜ᄒᆞ야 ᄡᅧ 四方을 편케 ᄒᆞᆯ지어다 詭隨ᄅᆞᆯ 방죵궤마러 ᄡᅧ 無良을 단쇽ᄒᆞ며 ᄡᅧ 寇虐이 일즉 발근거를 두려워ᄒᆞ지 안ᄂᆞᆫ 이ᄅᆞᆯ 막어야 먼데를 柔ᄒᆞ며 갓가운데를 能ᄒᆞ야 ᄡᅧ 우리 王을 定ᄒᆞ리라

| 번역 |

백성이 또한 수고하므로
부디 조금 편안히 해야 하니
이 서울을 사랑하여
사방을 편안하게 할 지어다
무조건 따르는 사람을 내버려두지 말아
불량한 사람을 단속하며
침해하고 포학한 사람이
하늘의 밝음을 두려워하지 않음을 막아야
먼 이를 편안히 해주고 가까운 이를 순종시켜
우리 왕을 안정시키리라

| 자해 |

汔 : 거의. • 中國 : 서울. • 四方 : 중국. • 詭隨 : 시비를 돌아보지 아니하고 무조건 남을 따름. • 謹 : 단속함. • 憯 : 일찍이. • 明 : 하늘의 밝은 명. • 柔 : 편안히 함. • 能 : 순하게 익힘.

| 의해 |

사람이 아무 까닭 없이 함부로 남을 따르는 자가 없지만, 오직 불량한 사람은 임금을 기쁘게 하여 그 권세를 도적질해서 침해하고 포악한 일을 한다. 그러므로 하늘의 밝은 명을 두려워하지 않는 사람을 막아야 불량한 사람이 엄숙해지고, 침해하고 포악하여 두려움이 없는 사람이 그친 후에 먼 데 있는 사람이 편하고 가까운 데 있는 사람이 순종해서 왕실이 안정된다.

민역로지 흘가소휴 혜차중국 이위민구
9-2. 民亦勞之라 汔可小休니 惠此中國하여 以爲民逑어
무종궤수 이근혼노 식알구학 무비민
다 無縱詭隨하여 以謹惛怓하며 式遏寇虐하여 無俾民
우 무기이로 이위왕휴
憂라 無棄爾勞하여 以爲王休어다 [賦]

| 언해 |

ᄇᆡᆨ셩이 ᄯᅩᄒᆞᆫ 슈고로운지라 거의 可히 죠곰 쉬일지니 이 中國을 은혜ᄒᆞ야 ᄡᅥ ᄇᆡᆨ셩의 逑ᄅᆞᆯ ᄒᆞᆯ지어다 詭隨를 방ᄌᆞᆼ치마러 ᄡᅥ 惛怓를 단쇽ᄒᆞ며 ᄡᅥ 寇虐을 막어셔 ᄇᆡᆨ셩으로 ᄒᆞ여곰 근심ᄒᆞ게 말지라 네의 슈고ᄅᆞᆯ 바라지 말아 ᄡᅥ 王의 아람다운 것을 ᄒᆞᆯ지어다

| 번역 |

백성이 또한 수고하므로

부디 조금 쉬게 해야 하니
이 서울을 사랑하여
백성이 모이도록 할 지어다
무조건 따르는 사람을 내버려두지 말아
시끄럽게 떠드는 사람을 단속하며
침해하고 포학한 사람을 막아서
백성으로 하여금 근심하지 않도록 하라
너의 수고를 버리지 말아
왕의 아름다움이 되게 할 지어다

| 자해 |

逑 : 모임. • 休 : 아름다움.

9-3. 民亦勞之(민역로지)라 汔可小息(흘가소식)이니 惠此京師(혜차경사)하여 以綏四國(이수사국)이어다 無縱詭隨(무종궤수)하여 以謹罔極(이근망극)하며 式遏寇虐(식알구학)하여 無俾作慝(무비작특)이요 敬愼威儀(경신위의)하여 以近有德(이근유덕)하라 [賦]

| 언해 |

ᄇᆡᆨ셩이 ᄯᅩᄒᆞᆫ 슈고로운지라 거의 可히 죠곰 쉬일지니 이 京師ᄅᆞᆯ 은혜ᄒᆞ야 ᄡᅧ 四國을 편케 ᄒᆞᆯ지어다 詭隨ᄅᆞᆯ 방죵치마러 ᄡᅧ 罔極을 단쇽ᄒᆞ며 ᄡᅧ 寇虐을 막어셔 ᄒᆞ여곰 샤특ᄒᆞᆫ 것을 짓게 말고 威儀ᄅᆞᆯ 공경ᄒᆞ며 ᄉᆞᆷ가셔 ᄡᅧ 덕 잇ᄂᆞᆫ 이를 갓가이ᄒᆞ라

| 번역 |

백성이 또한 수고하므로

부디 조금 쉬게 해야 하니
이 서울을 사랑하여
사방의 나라들을 편안히 할 지어다
무조건 따르는 사람을 내버려두지 말아
나쁜 짓을 끝없이 하는 사람을 단속하며
침해하고 포학한 사람을 막아서
사특한 짓을 저지르지 말도록 하고
위의를 공경하고 삼가서
덕 있는 사람을 가까이 할 지어다

| 자해 |

罔極 : 악한 일을 끝없이 하는 사람. • 有德 : 덕 있는 사람.

민역로지 흘가소게 혜차중국 비민우예
9-4. 民亦勞之라 汔可小愒니 惠此中國하여 俾民憂泄
무종궤수 이근추려 식알구학 무비정
어다 無縱詭隨하여 以謹醜厲하며 式遏寇虐하여 無俾正
패 융수소자 이식홍대
敗하라 戎雖小子나 而式弘大하니라 [賦]

| 언해 |

ᄇᆡᆨ셩이 ᄯᅩᄒᆞᆫ 슈고로운지라 거의 可히 죠곰 쉬일지니 이 中國을 은혜ᄒᆞ야 ᄇᆡᆨ셩으로 ᄒᆞ야금 근심을 버리게 ᄒᆞᆯ지어다 詭隨ᄅᆞᆯ 방죵치 마러 ᄡᅧ 醜厲ᄅᆞᆯ 단쇽ᄒᆞ여 ᄡᅧ 寇虐를 막어셔 졍도로 ᄒᆞ여곰 패괴케말라 네 비록 小子ㅣ나 式은 弘大ᄒᆞ니라

| 번역 |

백성이 또한 수고하므로

부디 조금 쉬게 해야 하니
이 서울을 사랑하여
백성으로 하여금 근심을 버리도록 할 지어다
무조건 따르는 사람을 내버려두지 말아
추악한 사람을 단속하며
침해하고 포학한 사람을 막아
바른 도리로 하여금 무너지지 않도록 하라
네가 비록 젊은이이지마는
하는 일은 넓고 크도다

| 자해 |

愒 : 쉼. • 泄 : 버림. • 厲 : 악함. • 正敗 : 바른 도리가 무너짐. • 戎 : 너.

민역로지 흘가소안 혜차중국 국무유잔
9-5. 民亦勞之라 汔可小安이니 惠此中國하여 國無有殘
무종궤수 이근견권 식알구학 무비
이어다 無縱詭隨하여 以謹繾綣하며 式遏寇虐하여 無俾
정반 왕욕옥녀 시용대간
正反하라 王欲玉女실새 是用大諫하노라 [賦]

| 언해 |

ᄇᆡᆨ셩이 ᄯᅩᄒᆞᆫ 슈고로운지라 거의 可히 죠곰 편안ᄒᆞᆯ지니 이 中國을 은혜ᄒᆞ야 나라히 쇠잔홈이 업게 ᄒᆞᆯ지어다 詭隨ᄅᆞᆯ 방죵치 마러 ᄡᅧ 繾綣을 단쇽ᄒᆞ며 ᄡᅧ 寇虐을 막어셔 ᄒᆞ여곰 바른ᄃᆡ 뒤집히게 마라 王이 너ᄅᆞᆯ 玉코져 ᄒᆞ실ᄉᆡ 이예 ᄡᅧ 크게 간ᄒᆞ노라

| 번역 |

백성이 또한 수고하므로

부디 조금 편안히 해야 하니
이 서울을 사랑하여
나라가 쇠잔함이 없도록 할 지어다
무조건 따르는 사람을 내버려두지 말아
임금과 결탁한 사람을 단속하며
침해하고 포학한 사람을 막아
바른 도리를 뒤집지 말도록 하라
왕이 너를 옥으로 만들려고 하시기에
이 때문에 크게 간하노라

| 자해 |

繾綣 : 소인으로서 임금을 굳게 믿는 자. • 正反 : 바름의 반대. • 玉 : 보배처럼 사랑함.

이 「백성의 수고[民勞]」는 모두 5장이다.

10. 하늘의 뒤집음[板]

10-1. 上帝板板(상제판판)이라 下民卒癉(하민졸단)이어늘 出話不然(출화불연)하며 爲猶(위유)
不遠(불원)하여 靡聖管管(미성관관)하며 不實於亶(불실어단)하나니 猶之未遠(유지미원)이라
是用大諫(시용대간)하노라 [賦]

| 언해 |

上帝ㅣ 板板ᄒᆞ신지라 下民이 다 병ᄒᆞ거ㅓᄂᆞᆯ 말을 ᄂᆡ옴이 그러치 아니ᄒᆞ며 ᄭᅬᄅᆞᆯ ᄒᆞᆷ이 멀지 아니ᄒᆞ야 聖이 업다ᄒᆞ야 管管ᄒᆞ며 정셩에 실답지 아니ᄒᆞᄂᆞ니 ᄭᅬ가 멀지 못ᄒᆞᆫ지라 이ᄲᅧ 크게 諫ᄒᆞ노라

| 번역 |

상제가 떳떳한 도리를 뒤집으므로
아래 백성들이 다 병들었는데
말을 꺼냄이 이치에 맞지 아니하며
꾀를 냄이 원대하지 아니하여
성인이 없다고 하여 의지할 데가 없으며
정성에 충실히 아니하니
꾀를 냄이 원대하지 아니하므로
이 때문에 크게 간하노라

| 자해 |

板板 : 뒤집음. • 卒 : 다. • 癉 : 병. • 猶 : 꾀. • 管管 : 의지할 바가 없음. •

亶 : 정성.

| 의해 |

하늘이 떳떳한 도리를 뒤집어 백성으로 하여금 다 병들게 하는데, 네가 말을 내는 것이 다 이치에 맞지 아니하며 꾀하는 것이 또한 원대하지 아니하다. 그 마음에 생각하기를 다시 성인이 없다고 하여 다만 몸을 마음대로 하고 함부로 행하여 의지할 바가 없고 또 정성과 미더움에 충실하지 못하다. 아마도 그 꾀가 원대하지 못하여 그런 것 같다. 세상이 어지러운 것은 사람이 그렇게 만든 것인데, 상제가 뒤집었다고 한 것은 허물을 돌려보낼 데가 없어서 한 말이다.

10-2. 天之方難이시니 無然憲憲이어다 天之方蹶시니 無然泄泄어다 辭之輯矣면 民之洽矣며 辭之懌矣면 民之莫矣리라 [賦]

| 언해 |

하ᄂᆞᆯ이 바야ᄒᆞ로 難ᄒᆞ시니 憲憲치 말지어다 하ᄂᆞᆯ이 바야ᄒᆞ로 蹶ᄒᆞ시니 泄泄치 말지어다 辭ㅣ 화ᄒᆞ면 ᄇᆡᆨ셩이 합ᄒᆞ며 辭ㅣ 깃부면 ᄇᆡᆨ셩이 뎡ᄒᆞ리라

| 번역 |

하늘이 바야흐로 어지러움을 내리니
그렇게 기뻐하지 말지어다
하늘이 바야흐로 움직이니

그렇게 느긋하게 말지어다
말이 온화하면
백성들이 합할 것이며
말이 기쁘면
백성들이 안정되리라

| 자해 |

憲憲 : 기뻐함. • 蹶 : 움직임. • 泄泄 : 느긋함. • 輯 : 온화함. • 洽 : 합함. • 懌 : 기쁨. • 莫 : 안정함.

10-3. 我雖異事(아수이사)나 及爾同僚(급이동료)로다 我卽爾謀(아즉이모)하니 聽我囂囂(청아효효)하나다 我言維服(아언유복)이니 勿以爲笑(물이위소)하라 先民有言(선민유언)하되 詢于芻蕘(순우추요)라하니라 【賦】

| 언해 |

내 비록 일이 다르나 널로 더불어 同僚로다 내 네게 나ᄋᆞ가 꾀ᄒᆞ노니 날를 듯기ᄅᆞᆯ 囂囂히 ᄒᆞᄂᆞ다 내 말ᄉᆞᆷ이 일이니 뼈 웃지말라 先民이 말ᄉᆞᆷ을 두ᄃᆡ 芻蕘에게도 물으라 ᄒᆞ니라

| 번역 |

내가 비록 일이 다르나
너와 더불어 동료로다
내가 너에게 나아가 꾀하는데
내 말을 듣기를 건성으로 하도다
내 말이 급한 일이니

웃지 말지어다
선현께서 말씀하시기를
나무꾼에게도 물으라고 하셨네

| 자해 |

異事 : 많은 일이 같지 아니함. • 同僚 : 왕의 동일한 신하. • 卽 : 나아감. • 囂囂 : 스스로 터득했다고 여겨서 즐겨 남의 말을 받아들이지 않는 모양. • 服 : 급한 일. • 先民 : 옛적 어진 사람. • 芻蕘 : 땔나무를 하는 사람.

10-4. 天之方虐(천지방학)이시니 無然謔謔(무연학학)이어다 老夫灌灌(노부관관)이어ᄂᆞᆯ 小子蹻蹻(소자갹갹)이로다 匪我言耄(비아언모)어ᄂᆞᆯ 爾用憂謔(이용우학)하나니 多將熇熇(다장혹혹)하여 不可救藥(불가구약)이리라 [賦]

| 언해 |

하ᄂᆞᆯ이 바야흐로 ᄉᆞ오나이 ᄒᆞ시니 謔謔지 말지어다 老夫ㅣ 灌灌ᄒᆞ거ᄂᆞᆯ 小子ㅣ 蹻蹻ᄒᆞ도다 내 말이 늙은거시 아니어ᄂᆞᆯ 네 근심으로 ᄡᅧ 희롱ᄒᆞᄂᆞ니 만으면 쟝찻 熇熇ᄒᆞ야 가히 구원ᄒᆞ고 藥ᄒᆞ지 못ᄒᆞ리라

| 번역 |

하늘이 바야흐로 사납게 하시니
그렇게 농지거리하지 말지어다
늙은이는 정성스럽게 말하는데
젊은이가 교만스럽도다
내 말이 노망한 것이 아닌데

너는 근심스러운 일을 농담으로 여기니
근심스러운 일이 많으면 장차 왕성하여
구원하고 약을 쓸 수 없으리라

| 자해 |

謔 : 희롱하여 업신여김. • 老夫 : 시인이 스스로를 일컬음. • 灌灌 : 정성스러운 모양. • 蹻蹻 : 교만한 모양. • 耄 : 늙어서 어두움. • 熇熇 : 왕성함.

| 의해 |

늙은 사람이 그렇게 해서는 안 되는 줄을 알고 정성을 다하여 고하는데, 젊은 사람이 믿지 않고 교만하게 대한다. 내가 늙어서 망녕이 들어 말하는 것이 아닌데, 네가 근심스러운 일을 농담으로 여긴다. 근심이 오기 전에 구원하면 오히려 괜찮지만, 진실로 더욱 근심스러운 일이 많아지기를 기다리게 되면, 불이 활활 타오르는 것과 같아서 다시 구원하지 못할 것이다.

10-5. 天之方懠(천지방제)시니 無爲夸毗(무위과비)하여 威儀卒迷(위의졸미)하며 善人(선인) 載尸(재시)어다 民之方殿屎(민지방전시)어늘 則莫我敢葵(즉막아감규)하나니 喪亂蔑資(상란멸자)라 曾莫惠我師(증막혜아사)로다 [賦]

| 언해 |

하늘이 바야흐로 노여ᄒᆞ시니 큰 톄ᄒᆞ며 븟좃차셔 威儀가 다 희미ᄒᆞ며 善人이 곳 尸케 말지어다 ᄇᆡᆨ셩이 바야흐로 殿屎ᄒᆞ거늘 곳 우리롤 敢히 혜ᄋᆞ르리 업ᄂᆞ니 喪亂ᄒᆞ야 멸홈이 資혼지라 일즉 우리 무리롤 순케 ᄒᆞ리업도다

| 번역 |

하늘이 바야흐로 노여워하시니
큰 체하며 빌붙어서
위의가 다 희미하며
착한 사람이 아무 일도 못하게 하지 말지어다
백성이 바야흐로 신음하고 있는데
우리를 감히 헤아리는 사람이 없나니
어지러움을 당하여 멸망함이 슬픈데도
도무지 우리 무리를 사랑하는 사람이 없구나

| 자해 |

懠 : 노여워함. • 夸 : 큼. • 毗 : 붙임. • 尸 : 말도 아니하고 음식도 먹지 아니하는 자. • 殿屎 : 신음. • 葵 : 헤아림. • 蔑 : 멸함. • 資 : 감탄하는 소리. • 惠 : 순함. • 師 : 무리.

| 의해 |

큰 체하고 빌붙어서 위의로 하여금 희미하게 하고, 착한 사람이 하는 일을 잇지 못하게 말지니라. 백성이 바야흐로 근심하고 괴로워 신음하는데 감히 그러한 일을 헤아리지 않으니, 그럼으로써 어지러움과 멸망에 이르러도 마침내 우리 무리를 사랑할 자가 없도다.

10-6. 天之牖民(천지유민)이 如壎如篪(여훈여지)하며 如璋如圭(여장여규)하며 如取如攜(여취여휴)하니 攜無曰益(휴무왈익)이라 牖民孔易(유민공이)하니라 民之多辟(민지다벽)이니 無自立辟(무자립벽)이어다 [賦]

| 언해 |

하ᄂᆞᆯ의 ᄇᆡᆨ셩을 여러 쥬심이 壎갓ᄒᆞ며 篪갓ᄒᆞ며 璋갓ᄒᆞ며 圭갓ᄒᆞ며 취ᄒᆞᆷ 갓ᄒᆞ며 잇그름 갓ᄒᆞ니 잇그름에 더ᄒᆞᆷ이 아니라 ᄇᆡᆨ셩을 여러 쥼이 심히 쉬우니라 ᄇᆡᆨ셩이 간샤ᄒᆞᆷ이 만으니 스스로 간샤ᄒᆞᆷ을 세우지 말지어다

| 번역 |

하늘이 백성을 열어주심이
질나팔과 같고 젓대와 같으며
반쪽 홀과 같고 홀과 같으며
취함과 같고 이끌어줌과 같으니
이끌어줌에 더할 것이 없으므로
백성을 열어줌이 심히 쉬우니라
백성이 간사함이 많으니
스스로 간사함을 세우지 말지어다

| 자해 |

牖 : 열어서 밝힘. • 取 : 구함. • 攜 : 쉬움. • 辟 : 간사함.

| 의해 |

하늘이 백성을 열어 밝혀주는 것이 이와 같이 쉬우니, 윗사람이 아랫사람을 교화하기 쉬운 것도 또한 그러하다. 이제 백성이 이미 많이 간사한데, 어찌 또 스스로 간사함을 세워서 인도하겠는가?

10-7. 价人維藩이며 大師維垣이며 大邦維屛이며 大宗維翰이며 懷德維寧이며 宗子維城이니 無俾城壞하여 無獨斯畏하라 [賦]

| 언해 |

价人이 울타리며 大師ㅣ 담이며 大邦이 屛이며 大宗이 翰이며 德으로 품움이 편안ᄒᆞ리며 宗子ㅣ 城이니 城으로 ᄒᆞ여곰 문허지게 마라셔 홀로ᄒᆞ야 이에 두렵게말라

| 번역 |

큰 덕을 지닌 사람은 나라의 울타리이며
많은 무리는 나라의 담이며
강한 나라는 나라의 병풍이며
강한 겨레는 나라의 줄기이며
덕으로 품어줌은 나라의 편안함이며
겨레의 아들은 나라의 성이니
성으로 하여금 무너지지 않도록 하여
홀로 있어서 두려워하지 않도록 하라

| 자해 |

价 : 큰 덕을 지닌 사람. • 藩 : 울타리. • 師 : 무리. • 垣 : 담. • 大邦 : 강한 나라. • 屛 : 병풍. • 大宗 : 강한 겨레. • 翰 : 줄기. • 宗子 : 같은 성.

| 의해 |

이 여섯이 다 임금이 믿어서 편안한 바인데 덕이 그 근본이다. 덕이 있으면 이 다섯 가지의 도움을 얻고, 그렇지 못하면 친척이 배

반하여 성이 무너질 것이다. 성이 무너지면 울타리와 담과 병풍과 줄기가 다 무너져서 홀로 거하게 될 것이니, 홀로 거하면 두려운 일이 이른다.

10-8. 敬天之怒하여 無敢戲豫하며 敬天之渝하여 無敢馳驅어다 昊天曰明하사 及爾出王하시며 昊天曰旦하사 及爾游衍하시나니라 【賦】

| 언해 |

하늘의 怒ᄒᆞ심을 공경ᄒᆞ야 可히 戲豫치 말며 하늘의 변ᄒᆞ심을 공경ᄒᆞ야 敢히 馳驅치 말지어다 昊天이 밝으사 네 나가셔 가난ᄃᆡ 밋치시며 昊天이 밝으사 네 游衍ᄒᆞᄂᆞᆫᄃᆡ 맛치시ᄂᆞ니라

| 번역 |

하늘의 노하심을 공경하여
감히 희롱하여 놀지 말며
하늘의 변하심을 공경하여
감히 말을 몰아 달리지 말지어다
하늘이 밝으시어
네가 나가서 가는 데까지 미치시며
하늘이 밝으시어
네가 놀면서 방종한 데까지 미치시느니라

| 자해 |

渝 : 변함. • 王 : 나감. • 旦 : 밝음. • 衍 : 너그럽게 놓음.

| 의해 |

하늘의 총명이 미치지 아님이 없으니, 공경하지 않을 수 없다. 하늘이 노여워서 변함이 심한데도 공경하지 아니하니, 또한 하늘이 날마다 보는 것이 이에 있는 줄을 아는가?

이 「하늘의 뒤집음[板]」은 모두 8장이다.

「생민지습(生民之什)」은 10편 61장 433구이다.

탕지습 | 蕩之什

1. 넓고 큰 상제[蕩]

1-1. 蕩蕩上帝(탕탕상제)는 下民之辟(하민지벽)이시니 疾威上帝(질위상제)는 其命多辟(기명다벽)이로다 天生烝民(천생증민)하시니 其命匪諶(기명비심)은 靡不有初(미불유초)나 鮮克有終(선극유종)일새니라 [賦]

| 언해 |

蕩蕩ᄒᆞᆫ 上帝ᄂᆞᆫ 下民의 辟이시니 疾威ᄒᆞᆫ 上帝ᄂᆞᆫ 그 命이 辟ᄒᆞᆷ이 만토다 ᄒᆞ늘이 ᄆᆞᆺ ᄇᆡᆨ셩을 ᄂᆡ시니 그 命이 밋부지 못ᄒᆞᆷ은 初를 두지 안이리 업스나 能히 終을 두리 鮮ᄒᆞᆯ ᄉᆡ니라

| 번역 |

넓고 큰 상제는
아래 백성의 임금이신데
포학한 상제는
그 명령이 간사함이 많도다
하늘이 뭇 백성을 내셨는데
그 명령이 믿음직하지 못한 것은
잘 시작하지 않는 이가 없지만
잘 끝마치는 이가 드물기 때문이라

| 자해 |

蕩蕩 : 넓고 큰 모양. • 辟 : 임금. • 疾威 : 포학함. • 辟 : 간사함. • 烝 : 무리.

• 諶 : 믿음직함.

| 의해 |

넓고 큰 상제는 아래 백성의 임금이신데, 이제 포학한 상제가 그 명령이 간사함이 많은 것은 어쩐 일인가? 하늘이 뭇 백성을 내셨는데 그 명령을 믿지 못할 것이 있는 것은, 그 명령을 내리는 처음에는 착하지 않음이 없지만 사람이 착한 도로 스스로 마침이 적기 때문이다. 그러므로 큰 어지러움을 이루어 하늘의 명령이 또한 포학하여 간사함이 많은 것 같다. 처음은 하늘을 원망하는 말이고, 마침내 스스로 풀기를 이와 같이 한 것이다.

1-2. 文王曰咨(문왕왈자)라 咨女殷商(자여은상)아 曾是彊禦(증시강어)와 曾是掊克(증시부극)이 曾是在位(증시재위)하며 曾是在服(증시재복)은 天降慆德(천강도덕)이나 女興是力(여흥시력)일새니라 [賦]

| 언해 |

文王이 ᄀᆞᆯᄋᆞ사ᄃᆡ 咨ㅣ라 咨홉다 너 殷商아 일즉이 彊禦와 일즉이 掊克이 일즉이 位에 잇스며 일즉이 服에 잇슴은 하ᄂᆞᆯ이 慆德을 降ᄒᆞ나 네 興ᄒᆞ야 이 力홀ᄉᆡ나라

| 번역 |

문왕이 말하기를 아
아 너 은 땅의 상나라야
일찍이 이 강포한 사람과
일찍이 이 거둬들이는 사람이

일찍이 이 벼슬자리에 있으며
일찍이 이 일하는 데에 있는 것은
하늘이 오만한 덕을 내려서이지만
네가 이 사람들을 일으켜 힘썼기 때문이라

| 자해 |

咨 : 슬픔. • 殷商 : 주(紂)를 가리킴. • 彊禦 : 포학한 신하. • 掊克 : 탐하는 신하. • 服 : 일. • 慆 : 업신여기고 소홀히 함. • 興 : 일으킴. • 力 : 힘써 행함.

| 의해 |

글 지은 사람이 여왕(厲王)이 장차 망할 줄을 알았기 때문에, 이 글을 지어 문왕이 은나라의 주(紂)를 가리켜 탄식한 것에 의탁하였다. 이 사납고 탐하는 신하가 자리에 있어 일을 하니, 이는 하늘이 오만한 덕을 내려 백성을 해롭게 한 것 같지만, 실상은 네가 이 사람들을 일으켜 힘써 하게 한 것이다.

1-3. 文王曰咨(문왕왈자)라 咨女殷商(자여은상)아 而秉義類(이병의류)어늘 彊禦多懟(강어다대)로 流言以對(유언이대)하나니 寇攘式內(구양식내)라 侯作侯祝(후작후축) 靡屆靡究(미계미구)로다 [賦]

| 언해 |

文王이 ᄀᆞᆯᄋᆞ샤ᄃᆡ 咨ㅣ라 咨ᄒᆞᆸ다 너 殷商아 네 義類를 秉ᄒᆞᆯ 것이어늘 彊禦ᄒᆞ야 懟가 만흔이로 流言으로뻐 對케ᄒᆞᄂᆞ니 寇攘이 뻐 內ᄒᆞᆫ지라 作와 祝ㅣ 屆ㅣ 업스며 究ㅣ업도다

| 번역 |

문왕이 말하기를 아
아 너 은 땅의 상나라야
네가 착한 무리를 써야 할 것인데
강포하여 원망이 많은 사람으로
유언비어로 대응하도록 하니
도둑질하고 훔치는 사람들이 안에 있어
원망하고 비방함이
한이 없고 끝이 없도다

| 자해 |

而 : 너. • 義 : 착함. • 懟 : 원망. • 流言 : 유언비어. • 侯 : 오직. • 作祝 : 원망하고 비방함.

| 의해 |

네가 마땅히 착한 무리를 써야 할 것인데, 도리어 이 사납고 원망 많은 사람에게 맡겨 유언비어로 대답하게 한다. 이는 도적과 빼앗는 것이 도리어 안에 있는 것이니, 원망과 비방을 이루는 것이 한이 없을 것이다.

1-4. 文王曰咨(문왕왈자)라 咨女殷商(자여은상)아 女炰烋于中國(여포휴우중국)하여 斂怨(감원)以爲德(이위덕)하나니 不明爾德(불명이덕)이라 時無背無側(시무배무측)하며 爾德不明(이덕불명)이라 以無陪無卿(이무배무경)이로다 [賦]

| 언해 |

文王이 골ㅇ샤ㄷ 咨ㅣ라 咨흡다 너 殷商아 네 中國에 炰烋ㅎ야 원망을 거두어 뼈 德을 삼ㄴ다 네 德을 밝히지 안는지라 背업스며 側이 업스며 네 德이 밝히지 안닌지라 뼈 陪업스며 卿이 업도다

| 번역 |

문왕이 말하기를 아
아 너 은 땅의 상나라야
네가 서울에서 기세가 등등하여
원망을 거두어 덕으로 삼나니
네 덕을 밝히지 아니하므로
이에 뒤에도 곁에도 도울 이 없으며
네 덕이 밝지 아니하므로
배신도 없고 경도 없도다

| 자해 |

炰烋 : 기운이 건장한 모양. • 斂怨以爲德 : 원망할만한 일을 많이 하여 도리어 스스로 덕을 삼음. • 背 : 뒤. • 側 : 곁. • 陪 : 공경(公卿)의 버금.

| 의해 |

원망을 많이 거두어 덕으로 삼고 덕을 밝히지 않기 때문에 전후, 좌우의 모든 신하가 다 그 직분을 닦지 않아 사람이 없는 것과 같다.

1-5. 文王曰咨라 咨女殷商아 天不湎爾以酒어시늘 不義從式이로다 旣愆爾止하여 靡明靡晦하며 式號式呼하여 俾晝作夜하놋다 [賦]

| 언해 |

文王이 ᄀᆞᆯ아샤ᄃᆡ 咨ㅣ라 咨홉다 네 殷商아 하ᄂᆞᆯ이 너를 슐로뼈 湎케ᄒᆞ신줄이 안이어시늘 不義를 從ᄒᆞ야 쓰ᄂᆞᆫ도다 임의 네 止를 愆ᄒᆞ야 明이 업스며 晦업스며 뼈 號ᄒᆞ며 뼈 呼ᄒᆞ야 낫으로 ᄒᆞ여곰 밤을 삼ᄂᆞᆫ도다

| 번역 |

문왕이 말하기를 아
아 너 은 땅의 상나라야
하늘이 너를 술에 빠지지 않도록 했는데
의롭지 않은 사람을 따라서 하는구나
이미 너의 몸가짐을 잘못하여
낮도 없고 밤도 없으며
부르짖고 불러서
낮으로 밤을 삼는구나

| 자해 |

湎 : 술을 마셔 얼굴빛이 변함. • 式 : 씀. • 止 : 몸가짐.

| 의해 |

하늘이 너로 하여금 술에 빠지지 말라고 했는데, 오직 옳지 못한 사람을 따라 하니, 이는 네 스스로 덕을 잃는 것이다. 위의를 잃

어 밤낮의 기약이 없으며, 부르짖고 불러서 지껄임이 밤낮의 구별이 없으니, 거칠고 어지러움이 어찌 이 같이 한이 없는가?

문 왕 왈 자 자 여 은 상 여 조 여 당 여 비 여 갱
1-6. 文王曰咨라 咨女殷商아 如蜩如螗하며 如沸如羹하
소 대 근 상 인 상 호 유 행 내 비 우 중 국 담
여 小大近喪이어늘 人尙乎由行하여 內奰于中國하여 覃
급 귀 방
及鬼方이로다 [賦]

| 언해 |

文王이 ᄀᆞᆯᄋᆞ샤ᄃᆡ 咨ㅣ라 咨홉다 네 殷商아 蜩ᄀᆞᆺᄒᆞ며 螗ᄀᆞᆺᄒᆞ며 沸ᄀᆞᆺᄒᆞ며 羹ᄀᆞᆺᄒᆞ야 젹음과 큼이 업셔지는데 갓갑거늘 人이 오히려 말밈어 行ᄒᆞ야 안으로 中國에 奰케ᄒᆞ야 鬼方에 버더 밋쳐가도다

| 번역 |

문왕이 말하기를 아
아 너 은 땅의 상나라야
어지러움이 쓰르라미와 매미 소리 같으며
끓는 물 같고 끓는 국과 같아
작고 큰 정치가 망함에 가까운데도
사람이 오히려 그대로 따라서 행하여
안으로 나라 안에서 노여움을 받아
뻗쳐서 오랑캐 지방에까지 미치도다

| 자해 |

蜩·螗 : 어지러움. •奰 : 성냄. •覃 : 미침. •鬼方 : 먼 오랑캐.

| 의해 |

지금 천하가 어지러워 인정이 훙훙함이 매미가 울어 그치지 않은 것 같으며 끓는 국이 솟아서 안정하지 못한 것 같다. 작고 큰 정치가 다 망하는데 가까우니, 네가 마땅히 급히 고쳐야 할 것인데, 오히려 허물을 고치지 않고 그대로 따라서 행하고 있다. 그리하여 안으로 나라 안의 가까운데서 성내고 원망함이 일어나고, 밖으로 먼 오랑캐에까지 미치니, 비록 어지러워 망함을 면하고자 하나 할 수 있겠는가?

1-7. 文王曰咨(문왕왈자)라 咨女殷商(자여은상)아 匪上帝不時(비상제불시)라 殷不用舊(은불용구)니라 雖無老成人(수무노성인)이나 尙有典刑(상유전형)이어늘 曾是莫聽(증시막청)이라 大命以傾(대명이경)이로다 [賦]

| 언해 |

文王이 ᄀᆞᆯᄋᆞ샤ᄃᆡ 咨ㅣ라 咨홉다 너 殷商아 上帝ㅣ ᄣᅢ를 안이ᄒᆞ심이 안이라 殷이 舊를 ᄡᅳ지 안이ᄒᆞᆯᄉᆡ니라 비록 老成ᄒᆞᆫ 사ᄅᆞᆷ이 업스나 오히려 典刑이 잇거ᄂᆞᆯ 일직이 듯ᄂᆞᆫ 이 업ᄂᆞᆫ지라 큰 命이 뼈 기우려지도다

| 번역 |

문왕이 말하기를 아
아 너 은 땅의 상나라야
상제가 좋지 않은 때를 만든 것이 아니라
은나라가 옛 법을 쓰지 않았기 때문이라
비록 옛 신하는 없지만

아직 옛 법은 남아 있는데도
일찍이 듣는 사람이 없으므로
큰 운명이 이 때문에 기울어졌도다

| 자해 |

老成人 : 옛 신하. • 典刑 : 옛 법.

| 의해 |

상제가 이 좋지 못한 때를 만든 것이 아니라, 다만 은나라가 이 옛 법을 쓰지 않아 이 화를 이르게 한 것이다. 비록 노성한 사람이 없으나 오히려 옛 전형이 있어 지킬 수 있는데, 이에 듣고서 쓰는 자 없으니, 이러므로 큰 명이 기울어져 구원할 수 없도다.

1-8. 文王曰咨(문왕왈자)라 咨女殷商(자여은상)아 人亦有言(인역유언)하되 顚沛之揭(전패지게)에 枝葉未有害(지엽미유해)라 本實先撥(본실선발)이라하나다 殷鑑不遠(은감불원)하여 在夏后之世(재하후지세)하니라 【賦】

| 언해 |

文王이 ᄀᆞᆯᄋᆞ샤ᄃᆡ 咨ㅣ라 咨홉다 너 殷商아 사ᄅᆞᆷ이 ᄯᅩᄒᆞᆫ 말이 잇스되 顚沛ᄒᆞ야 揭홈에 枝葉이 害홈이 잇지 안인지라 本實이 먼져 撥ᄒᆞᆫ다 ᄒᆞᄂᆞ다 殷의 鑑이 멀지 안이ᄒᆞ야 夏后의 世에 잇ᄂᆞ니라

| 번역 |

문왕이 말하기를 아
아 너 은 땅의 상나라야

사람들이 또한 말을 하되
큰 나무가 넘어져 뽑히려 할 적에
가지와 잎에 해로움이 있는 것이 아니라
뿌리가 실지로 먼저 끊겼기 때문이라
은나라의 거울이 멀리 있지 아니하여
하나라 임금 세상에 있도다

| 자해 |

顚沛 : 넘어져 뽑힘. • 揭 : 뿌리가 일어남. • 撥 : 끊어짐. • 鑑 : 봄. • 夏后 : 걸(桀).

| 의해 |

큰 나무가 장차 넘어지려고 할 때, 가지와 잎이 찍혀 상하는 것이 아니라, 그 뿌리가 먼저 끊어진 다음에 이 나무가 따라 넘어져 뽑히는 것이다. 상나라가 쇠할 때에 법도가 폐해지지 않고 제후가 배반하지 않고 사방 나라가 일어나지 않았는데, 그 임금이 먼저 옳지 않은 일을 하여 스스로 하늘에서 끊어졌다. 은나라의 거울이 하나라에 있다고 한 것은 문왕이 주(紂)에 대해 탄식한 말이나, 주나라의 거울은 은나라에 있음을 또한 알 수 있다.

이 「넓고 큰 상제[蕩]」는 모두 8장이다.

2. 늠름함[抑]

2-1. 抑抑威儀(억억위의)는 維德之隅(유덕지우)니라 人亦有言(인역유언)하되 靡哲不愚(미철불우)라하나니 庶人之愚(서인지우)는 亦職維疾(역직유질)이어니와 哲人之愚(철인지우)는 亦維欺戾(역유기려)로다 [賦]

| 언해 |

抑抑훈 威儀는 德의 모퉁이니라 사름이 쏘훈 말을 두되 哲이 어리셕지 안인이 업다ᄒᆞ나니 庶人의 어리셕음은 쏘훈 疾을 職ᄒᆞ얏거니와 哲人의 어리셕음은 쏘훈 이 뒤집힘이로다

| 번역 |

늠름한 위의는
덕의 한 모서리이라
사람이 또한 말을 하되
명철한 이로서 어리석지 않은 이 없다 하니
서민들의 어리석음은
또한 본래의 병통이지만
명철한 사람의 어리석음은
또한 뒤집힌 것이로다

| 자해 |

抑抑 : 빽빽함. • 隅 : 모서리. • 哲 : 아는 것. • 職 : 주장함. • 疾 : 편벽됨. •

戾 : 뒤집힘.

| 의해 |

위(衛)나라 무공(武公)이 이 시를 지어 사람으로 하여금 날마다 그 곁에서 외어서 스스로 경계하였다. 늠름한 위의가 소홀함이 없는 것은 마음의 엄하고 바른 모퉁이가 밖으로 보이는 것이다. 그렇다면 명철한 덕이 있는 사람은 반드시 명철한 사람의 위의가 있어야 하는데, 지금의 이른바 명철한 사람은 명철한 사람의 위의가 없으니, 이는 그 덕이 없는 것이므로 명철한 사람이 아니고 어리석은 사람이다. 뭇 사람의 어리석은 것은 그 부여받은 것이 치우쳤으므로 이 병통이 마땅히 있겠지만, 명철한 사람이 어리석은 것은 부여받은 바름을 얻어 도리어 그 떳떳함을 뒤집은 것이다. 사람이 어찌 위의를 삼가 덕을 닦지 않을 수 있겠는가?

2-2. 無競維人(무경유인)이면 四方其訓之(사방기훈지)하며 有覺德行(유각덕행)이면 四國(사국) 順之(순지)하나니 訏謨定命(우모정명)하며 遠猶辰告(원유진고)하며 敬愼威儀(경신위의)라야 維民之則(유민지칙)이리라 [賦]

| 언해 |

이만 競ᄒᆞᆫ이 업슨 사ᄅᆞᆷ이면 四方이 그 訓ᄒᆞ며 覺ᄒᆞᆫ 德行이면 四國이 順ᄒᆞᄂᆞ니 謨를 訏ᄒᆞ며 命을 定ᄒᆞ며 猶를 遠히 ᄒᆞ야 辰으로 告ᄒᆞ며 威儀를 공경ᄒᆞ고 삼가야 民의 則이리라

| 번역 |

이보다 더 강함이 없는 사람이면

사방이 교화될 것이며
곧고 큰 덕행이 있으면
사방 나라가 순종하나니
꾀를 크게 하고 호령을 정하며
꾀를 원대하게 하여 때때로 고하며
위의를 공경하고 삼가야
백성의 본보기가 되리라

| 자해 |

競 : 강함. • 四方 : 백성. • 訓 : 교화됨. • 覺 : 곧고 큼. • 順 : 순종. • 訏 : 큼. • 謨 : 꾀. • 訏謨 : 한 몸의 작은 꾀를 하지 않고 천하의 큰 꾀를 함. • 定 : 살펴 정하여 고침이 없음. • 命 : 호령. • 猶 : 꾀. • 遠猶 : 일시의 꾀를 하지 않고 장구한 꾀를 함. • 辰告 : 때때로 원대한 꾀를 백성에게 고함. • 則 : 본보기.

| 의해 |

천지 가운데 사람이 귀하기 때문에 사람의 도리를 다하면 사방이 다 교화될 것이며, 곧고 큰 덕행이 있으면 사방 나라가 다 순종할 것이다. 그러므로 그 꾀를 크게 하며 그 호령을 정하며 원대한 꾀를 때때로 고하여 그 위의를 공경한 다음에야 천하의 본보기가 될 수 있을 것이다.

2-3. 其在于今(기재우금)하여 興迷亂于政(흥미란우정)하여 顚覆厥德(전복궐덕)이요 荒湛于酒(황담우주)하나다 女雖湛樂從(여수담락종)하나 弗念厥紹(불념궐소)아 罔敷求先王(망부구선왕)하여 克共明刑(극공명형)하나다 [賦]

| 언해 |

그 이졔 잇셔 政에 迷亂홈을 興ᄒᆞ야 그 德을 顚覆ᄒᆞ고 ᄉᆔᆯ에 荒湛ᄒᆞᄂᆞ다 네 비록 湛樂을 조치나 그 이음을 ᄉᆡᆼ각지 안이ᄒᆞ랴 先王을 敷求ᄒᆞ야 능히 밝은 법을 잡지 안이ᄒᆞᄂᆞ다

| 번역 |

그런데 지금은
정치에 혼미하고 어지러움을 일으켜
덕을 넘어뜨리며 뒤엎고
술에 빠져 즐기는구나
네가 비록 술에 빠져 즐김을 따르지만
일을 이어갈 것을 생각하지 않겠는가
선왕의 도를 널리 구하여
밝은 법을 집행하지 않는구나

| 자해 |

今 : 무공이 금일에 하는 바. • 興 : 숭상함. • 女 : 무공. • 紹 : 실마리. • 敷 : 넓음. 넓게 선왕의 도를 구함. • 共 : 잡음. • 刑 : 법.

| 의해 |

도덕을 마땅히 닦아야 하는데, 지금 오히려 정치가 혼미하고 어지러우니, 그 꾀를 크게 하며 호령을 정하는 것과 다르고, 또 덕을 전복하니 위의를 공경하는 것과 다르다. 술은 정사에 해롭고 덕을 망가뜨리는 것인데, 네가 술에 빠져 즐기니, 전통의 실마리를 생각하지 않는가? 선왕의 도가 밝은 법을 집행하는데 있으니, 네가 마땅히 넓고 크게 구하여 집행해야 할 것이다. 그런데 이제 밝은 법을 구하여 집행해서 그 실마리 보전하지 않는 것은 또한 어째서인가?

사황천불상 여피류천 무륜서이망 숙
2-4. 肆皇天弗尚이시니 如彼流泉이라 無淪胥以亡가 夙
흥야매 쇄소정내 유민지장 수이거마
興夜寐하여 灑掃廷內하여 維民之章이며 脩爾車馬와
궁시융병 용계융작 용적만방
弓矢戎兵하여 用戒戎作하여 用逷蠻方이어다 [賦]

| 언해 |

그럼으로 皇天이 尙치 안이ᄒᆞ시니 뎌 흐르ᄂᆞᆫ ᄉᆡ얌 ᄀᆞᆺᄒᆞᆫ지라 ᄲᅡ져 셔루 亡ᄒᆞᆷ이 업스랴 일쩨 일어나며 밤들거든 자셔 ᄯᅳᆯ안을 洒掃ᄒᆞ야 民의 章이며 네 車馬와 弓矢와 戎兵을 닥거셔 ᄡᅥ 戎의 作ᄒᆞᆷ을 戒ᄒᆞ야 ᄡᅧ 逷ᄒᆞᆫ 蠻方에 ᄒᆞᆯ지어다

| 번역 |

하늘이 좋게 여기지 아니하시니
저 흐르는 샘물 같으므로
빠져서 서로 망하지 않겠는가
일찍 일어나고 밤늦게 자
뜰 안을 물 뿌리고 쓸어
백성들의 표준이 되며
너의 수레와 말과
활과 화살과 무기를 닦아서
전쟁이 일어날 것을 경계하여
먼 오랑캐 지방에까지 미치게 하라

| 자해 |

肆 : 그러므로. • 弗尙 : 싫어하여 버림. • 淪 : 빠짐. • 胥 : 서로. • 章 : 표준.. • 戒 : 방비. • 戎 : 군사. • 作 : 일어남. • 逷 : 멂.

| 의해 |

하늘이 싫어하여 버리게 되면 빠져서 서로 망하는 것이 샘 흐르듯이 쉽지 않겠는가? 그러므로 안으로 가까운 가정으로부터 밖으로 먼 오랑캐 지방에까지 미치며, 작게는 자고 일어나며 물 뿌리고 쓰는 데로부터 크게는 수레와 말과 무기에까지 생각을 두루 하지 않음이 없으며 방비를 삼가지 않음이 없다.

2-5. 質爾人民하며 謹爾侯度하여 用戒不虞요 愼爾出話하며 敬爾威儀하여 無不柔嘉어다 白圭之玷은 尙可磨也어니와 斯言之玷은 不可爲也니라 [賦]

| 언해 |

네 人民을 質ᄒᆞ며 네 侯의 度를 謹ᄒᆞ야 뻐 不虞를 戒ᄒᆞ고 네 말냄을 삼가며 네 威儀를 공경ᄒᆞ야 柔ᄒᆞ며 嘉치 안임이 업게 ᄒᆞᆯ지어다 白圭의 玷은 오히려 可히 갈려니와 이 말의 玷은 可히 爲치 못ᄒᆞᆯ 것이니라

| 번역 |

네 인민들을 안정시키며
네 제후의 법도를 삼가서
생각지 않은 환란을 경계하고
네 말을 꺼내는 것을 삼가며
네 위의를 공경하여
편안하고 아름답지 않음이 없도록 하라
흰 옥의 결점은

그런대로 갈아버릴 수 있지만
이 말의 결점은
구제하지 못하리라

| 자해 |

質 : 이루며 정함. • 侯度 : 제후의 법도. • 虞 : 염려. • 話 : 말. • 柔 : 편안함. • 嘉 : 잘함. • 玷 : 이지러짐.

| 의해 |

백성을 다스리며 법을 지켜 뜻밖의 근심을 방비하고, 또 마땅히 그 말을 삼가야 한다. 대개 옥의 이지러진 것은 갈아 고르게 할 수 있지만, 말은 한 번 실수하면 구제하지 못하니, 그 경계함이 깊고 간절하다. 남용(南容)이 이 장을 세 번 거듭 읽자, 공자가 그 형의 딸로 아내를 삼아주었다.

2-6. 無易由言하여 無曰苟矣어다 莫捫朕舌이라 言不可逝矣니라 無言不讎며 無德不報니 惠于朋友와 庶民小子면 子孫繩繩하여 萬民靡不承하리라 [賦]

| 언해 |

由ᄒᆞᄂᆞᆫ 言을 易치마라 苟치 말을 지어다 내 舌을 捫ᄒᆞ리 업ᄉᆞᆫ지라 言을 可히 逝치 못ᄒᆞᆯ 것이니라 言을 讎치 안이리 업스며 德을 갑지 안이리 업ᄂᆞ니 朋友와 庶民과 小子에게 惠ᄒᆞ면 子孫이 繩繩ᄒᆞ야 萬民이 承치 안이리 업스리라

| 번역 |

내는 말을 가볍게 하지 말아
구차스럽게 하지 말지어다
내 혀를 잡아주는 사람이 없으므로
말을 함부로 내서는 안 되는 것이라
말에 대답하지 아니함이 없으며
덕을 갚지 아니함이 없나니
친구와
서민과 어린이들에게 은혜를 베푼다면
자손들이 끊임없이 이어져
만민이 받들지 아니함이 없으리라

| 자해 |

易 : 가벼움. • 捫 : 가짐. • 逝 : 버림. • 讎 : 대답. • 承 : 받듦.

| 의해 |

말을 쉽게 하지 못할 것이니, 나를 위하여 혀를 붙잡을 사람이 없다. 말이 내게서 나가 실수가 쉬운 것이니, 항상 마땅히 조심해야 한다. 또 천하의 이치가 말에 대답하지 않음이 없고 덕을 갚지 않음이 없나니, 네가 벗과 뭇 백성과 어린 아이에게 은혜를 베풀면 자손이 이어져서 만민이 받들지 않음이 없을 것이다. 이는 말을 삼간 효험이다.

2-7. 視爾友君子한대 輯柔爾顔하여 不遐有愆가하나다
相在爾室한대도 尙不愧于屋漏니 無曰不顯이라 莫予云
覯라하라 神之格思 不可度思온 矧可射思아 [賦]

| 언해 |

네 君子를 友홈을 보건ᄃᆡ 네 얼골을 輯ᄒᆞ고 柔ᄒᆞ야 엇던 愆이 잇지 안는가 ᄒᆞᄂᆞ다 네 室에 잇쓸적을 보건ᄃᆡ도 거의 屋漏에 붓그럽게 안이홀지니 顯치 안인지라 나를 보ᄂᆞᆫ이 업다 닐으지 말라 神의 格홈이 可히 헤아리지 못ᄒᆞ곤 ᄒᆞ믈며 可히 실여ᄒᆞ랴

| 번역 |

네가 군자와 벗하는 것을 보니
네 얼굴을 온화하고 부드럽게 하여
어떤 허물이 있지 않았는가 하는구나
네 방에 있을 때를 살펴보아도
방 귀퉁이에서도 부끄럽지 않게 할 것이니
드러나지 않는다고
나를 보는 사람이 없다고 말하지 말라
신이 이르는 것을
헤아리지 못하는데
하물며 싫어할 수 있겠는가

| 자해 |

輯 : 온화함. • 遐 : 어찌. • 愆 : 허물. • 尙 : 거의. • 屋漏 : 방의 서북쪽 구석.
• 覯 : 봄. • 格 : 이름. • 度 : 헤아림. • 矧 : 하물며. • 射 : 싫음.

| 의해 |

네가 군자를 벗할 때를 보니, 네 얼굴빛을 온화하고 부드럽게 하여 그 경계하고 두려워하는 뜻을 항상 스스로 살펴 말하기를 혹시 허물 있는데 이르지 않는가 한다. 대개 드러난 데서 닦는 것은 보통 사람의 실정이 그렇지 않은 자가 없다. 그러나 네가 집에 혼자 있을 때를 보아서 방 귀퉁이에서도 부끄럽지 않은 다음에야 괜찮은 것이다. 이곳이 밝게 드러나지 않았으니, 나를 보는 사람이 없다고 말하지 말아야 한다. 귀신의 묘함은 어느 물건에서도 증험되지 않는 데가 없어서, 그 이르는 것이 헤아리지 못할 것이 있다. 드러나지 않은 데서도 또한 임하여 오히려 잘못함이 있을까 두려워하거든, 하물며 싫어하여 공경하지 않을 수 있겠는가?

2-8. 辟爾爲德(벽이위덕)을 俾臧俾嘉(비장비가)니 淑愼爾止(숙신이지)하여 不愆于儀(불건우의)어다 不僭不賊(불참부적)이면 鮮不爲則(선불위칙)이 投我以桃(투아이도)에 報之以李(보지이리)니 彼童而角(피동이각)이라 實虹小子(실홍소자)니라 [賦]

| 언해 |

辟아 너 德ᄒᆞᆷ을 ᄒᆞ여곰 臧ᄒᆞ며 ᄒᆞ여곰 嘉케 ᄒᆞᆯ지니 네 止를 淑愼ᄒᆞ야 儀에 愆치 안이 ᄒᆞᆯ지어다 僭치 안이며 賊지 안이면 법이 되지 않음이 적음이 내게 桃로ᄡᅥ 投ᄒᆞ면 李로ᄡᅥ 갑ᄒᆞᆷ이니 뎌는 童에 角을 ᄒᆞ논지라 實로 小子를 虹ᄒᆞᆷ이로다

| 번역 |

임금이여 네 덕을 닦기를
착하게 하며 아름답게 해야 되나니

네 행동거지를 착하게 하고 삼가
위의에 허물이 없도록 할 지어다
어긋나지 아니하고 해치지 아니하면
법을 삼지 않는 경우가 적음이
나에게 복숭아를 던져 줌에
오얏으로 갚는 것과 같은데
저 어린 소나 양에서 뿔을 구함과 같아
실로 너를 어지럽히는 것이다

| 자해 |

辟 : 임금. 무공을 가리킴. • 止 : 몸가짐. • 僭 : 어그러짐. • 賊 : 해로움. • 則 : 법. • 童 : 소와 양이 아직 뿔이 나지 않은 것. • 虹 : 무너지고 어지러움.

| 의해 |

덕을 닦아 사람이 본받는 것이 복숭아를 던지면 오얏으로 반드시 갚는 것과 같다. 저 덕을 닦지 않고 사람을 항복하게 한다는 것은 이 어린 소와 양에게서 그 뿔을 구하는 것과 같으니, 한갓 너를 무너뜨리고 어지럽게 할 따름이다. 어찌 가능하겠는가?

2-9. 荏染柔木(임염유목)에 言緡之絲(언민지사)니라 溫溫恭人(온온공인)은 維德之基(유덕지기)니라 其維哲人(기유철인)은 告之話言(고지화언)에 順德之行(순덕지행)이어든 其維愚人(기유우인)은 覆謂我僭(복위아참)하나니 民各有心(민각유심)이로다 [興]

| 언해 |

荏染ᄒᆞᆫ 부드러운 나무에 실을 입히ᄂᆞ니라 溫溫ᄒᆞᆫ 恭人은 德의 基

니라 그 哲人은 話言을 告홈에 德을 順ᄒᆞ야 行ᄒᆞ거든 그 愚人은 나를 닐으되 僭ᄒᆞ다 ᄒᆞ나니 民이 각각 ᄆᆞ음이 잇도다

| 번역 |

야들야들 부드러운 나무에
실을 매어 활을 만드네
따뜻하고 따뜻한 공손한 사람은
덕의 터전이라
명철한 사람은
좋은 말을 고함에
덕을 순종하여 행하는데
어리석은 사람은
도리어 나더러 참소한다고 하나니
백성들이 각각 마음이 있도다

| 자해 |

荏染 : 부드러운 모양. • 柔木 : 부드러운 나무. • 緡 : 나무에 실을 매어 활을 만드는 것. • 話言 : 옛적의 착한 말. • 覆 : 도리어. • 僭 : 믿지 않음. • 民各有心 : 사람의 마음이 같지 않아서 지혜와 어리석음이 서로 멀다는 말.

| 의해 |

부드러운 나무의 재질이 좋기 때문에 실을 매어 활을 만들고, 따뜻한 공손한 사람의 성질이 좋기 때문에 덕을 쌓는 터가 된다. 따뜻한 공손한 사람은 곧 명철한 사람이니, 이치에 밝고 마음이 비어 사람이 옛적 착한 말로 고하는 자가 있으면 반드시 그 덕을 순종하여 행한다. 어찌 덕의 터가 아니겠는가? 어리석은 사람은 덕에 순종하지 못할 뿐만 아니라 도리어 내 말을 믿지 않으니, 사람의 마음이 같지 않아 지혜와 어리석음이 서로 다름이 이와 같다.

오호소자 미지장부 비수휴지 언시지사
2-10. 於乎小子아 未知臧否아 匪手攜之라 言示之事며
비면명지 언제기이 차왈미지 역기포자
匪面命之라 言提其耳하라 借曰未知나 亦旣抱子엇다
민지미영 수숙지이모성
民之靡盈이면 誰夙知而莫成이리요 【賦】

| 언해 |

於乎ㅣ라 小子아 올코 그른 것을 아지 못ᄒᆞᄂᆞ냐 ᄉᆞᆫ으로 썰ᄲᅮᆫ이 안이라 일로 뵈이며 낫흐로 命홀 ᄲᅮᆫ이 안이라 그 귀를 썰엇노라 가령 ᄀᆞᆯ오ᄃᆡ 알지 못ᄒᆞᆫ다ᄒᆞ나 ᄯᅩᄒᆞᆫ 임의 아들을 抱ᄒᆞ얏것다 民이 盈ᄒᆞ다 ᄒᆞ지 안이ᄒᆞ면 누가 일즉 알고 늣게 成ᄒᆞ리오

| 번역 |

아 소자여
옳고 그른 것을 알지 못하는가
손으로 끌어줄 뿐만 아니라
일로 보여주며
얼굴을 대하여 명령할 뿐만 아니라
그 귀를 당겨서 말해 주노라
가령 알지 못한다고 하더라도
또한 이미 자식을 안았도다
백성들이 가득 찼다고 아니한다면
누가 일찍 알고서 늦게 이루겠는가

| 자해 |

莫 : 저물 모.

| 의해 |

덕을 닦는 것이 말을 듣는데 있거늘, 소자가 오히려 옳고 그른 것을 알지 못한다. 내가 그 어리석음을 민망히 여겨 그 닦는 방법을 보이기 위하여 손으로 끌어주었으며, 그 뜻을 궁구하지 못할까 염려하여 일로 보여주었다. 지식이 옳고 그른 것을 분변하지 못한다 하나, 네가 이미 자라서 자식을 안았으니, 어찌 알지 못하겠는가? 그 까닭은 마음에 가득 찬 것이 있어서 착한 말이 들어가지 않기 때문이다. 사람이 마음을 스스로 채우지 않고 가르쳐 경계함을 받으면 옳고 그른 것을 남보다 먼저 알 것이며, 알기를 일찍 하면 덕을 이룸에 늦지 않을 것이다. 소자가 마땅히 스스로 힘쓸 바를 알아야 할 것이다.

2-11. 昊天孔昭하시니 我生靡樂이로다 視爾夢夢이요 我心慘慘호라 誨爾諄諄하니 聽我藐藐하나다 匪用爲教요 覆用爲虐하나다 借曰未知나 亦聿旣耄엇다 [賦]

| 언해 |

昊天이 심히 밝으시니 내 生이 질겁지 안이ᄒᆞ도다 네 夢夢ᄒᆞᆷ을 보고 내 마음이 慘慘호라 너를 가릇침이 諄諄히호니 나를 드름이 藐藐히 ᄒᆞᄂᆞ다 뼈 가릇친다 안이ᄒᆞ고 도리혀 뼈 虐ᄒᆞᆫ다 ᄒᆞ나다 가령 ᄀᆞᆯ오ᄃᆡ 알지 못ᄒᆞᆫ다 ᄒᆞ나 ᄯᅩᄒᆞᆫ 임의 耄ᄒᆞ엿것다

| 번역 |

하늘은 심히 밝으신데
내 삶은 즐겁지 아니하도다

너의 흐리멍덩함을 보고
내 마음이 근심되고 걱정되노라
너를 가르쳐 주기를 상세히 하는데도
내 말 듣기를 건성으로 하는구나
가르쳐 준다고 아니하고
도리어 포학하다고 하는구나
가령 지식이 없다고 하더라도
또한 이미 늙었도다

| 자해 |

夢夢 : 어둡고 어지러움. • 慘慘 : 근심하는 모양. • 諄諄 : 자세히 읽는 모양. • 藐藐 : 소홀히 하는 모양. • 耄 : 노인.

| 의해 |

말을 받아들이는 유익함이 윗 장에 말한 것과 같은데 너는 받아들이지 못하니, 저 하늘이 선과 악에 대해서 복과 화를 주는 것이 심히 밝기 때문에 내가 그 화가 두려워 즐겁지 않다. 이제 네가 흐리멍덩하여 옳고 그름을 알지 못하므로 하늘이 너에게 반드시 화를 줄 것이니, 내 마음이 어찌 근심하지 않겠는가? 내 가르침이 자세한데도 네가 들은 체를 아니 하고 가르침으로 알지 않을 뿐만 아니라, 도리어 내가 네게 포학을 행한다고 하니 너의 흐리멍덩함에서 비롯된 것이다. 네가 지식이 없어 그런다고 하지만 너 또한 이미 늙었는데 어찌 사람의 말을 가볍게 여기는 것이 이와 같은가?

2-12. 於乎小子(오호소자)아 告爾舊止(고이구지)하노라 聽用我謀(청용아모)면 庶無大悔(서무대회)리라 天方艱難(천방간난)이라 曰喪厥國(왈상궐국)이로소니 取譬不遠(취비불원)이라 昊天不忒(호천불특)이어늘 回遹其德(회휼기덕)하여 俾民大棘(비민대극)하나다 [賦]

| 언해 |

於乎ㅣ라 小子아 네게 舊를 告ᄒᆞ노라 내 ᄭᅬ를 드러쓰면 힝혀 큰 悔업스리라 하늘이 바야흐로 艱難ᄒᆞᆫ지라 그 國을 喪ᄒᆞ리로소니 取ᄒᆞ여 譬홈이 멀지 안이ᄒᆞᆫ지다 昊天이 忒지 안이ᄒᆞ거늘 그 德을 回遹ᄒᆞ야 民으로 ᄒᆞ여곰 크게 棘케ᄒᆞᄂᆞ다

| 번역 |

아 소자여
너에게 옛 법을 고해 주노라
내 꾀를 들어 쓰면
거의 큰 후회가 없으리라
천운이 바야흐로 어려우므로
그 나라를 멸망시키려고 하니
취하여 비유함이 멀지 아니하므로
하늘이 어긋나지 않는데
그 덕을 간사하게 하여
백성이 크게 곤궁하게 하는구나

| 자해 |

舊 : 옛 법. • 止 : 어조사. • 庶 : 거의. • 悔 : 후회함. • 忒 : 어그러짐. • 遹 : 편벽됨. • 棘 : 급함.

| 의해 |

슬프다, 소자여. 네게 몸을 닦고 사람을 다스리는 도를 고해주었으니, 다 옛 법에 있는 것이다. 네가 만일 내 꾀를 들으면 거의 큰 후회를 면할 것이다. 하늘의 운수가 바야흐로 어려워 장차 그 나라를 잃을 지경이다. 내가 취하여 비유함이 어찌 먼 데 있겠는가? 하늘이 화와 복을 내리는 것이 어그러지지 않음을 보면 알 수 있다. 이제 네가 그 덕을 간사하고 편벽되게 하여 백성으로 하여금 곤란하고 급박함에 이르게 하니, 그 나라를 반드시 망치게 될 것이다.

이 「늠름함[抑]」은 모두 12장이다.

3. 부드러운 뽕나무[桑柔]

3-1. 菀彼桑柔(울피상유)여 其下侯旬(기하후순)이러니 捋采其劉(날채기류)하여 瘼此下民(막차하민)이로다 不殄心憂(부진심우)하여 倉兄塡兮(창형전혜)하니 倬彼昊天(탁피호천)은 寧不我矜(녕불아긍)고 [比]

| 언해 |

菀ᄒᆞᆫ 뎌 桑柔ㅣ여 그 아ᄅᆡ가 旬ᄒᆞ더니 捋採홈ᄋᆡ 그 劉ᄒᆞ야 이 下民을 瘼ᄒᆞ놋다 마음 근심을 ᄭᅳᆫ치 못ᄒᆞ야 倉兄홈을 塡호니 倬ᄒᆞᆫ 뎌 昊天은 엇지 나를 矜치 안이ᄒᆞᄂᆞᆫ고

| 번역 |

무성한 저 뽕나무의 부드러움이여
아래에 그늘이 두루 덮더니
뽕잎을 땀에 쇠잔하여
아래 백성들을 병들게 하도다
마음의 근심을 끊지 못하여
슬프고 고민하기를 오래도록 하니
밝은 저 하늘은
어찌 나를 불쌍히 여기지 않는가

| 자해 |

菀 : 무성함. • 旬 : 두루. • 劉 : 쇠잔함. • 殄 : 끊음. • 倉兄 : 슬퍼 민망함. •

塡 : 오래. • 倬 : 밝은 모양.

| 의해 |

이 시는 예량부(芮良夫)가 여왕(厲王)을 꾸짖어 지은 것이다. 뽕나무로 비유한 것은 뽕나무의 잎이 심히 성하지만 잎을 딸 때는 하루에 다 따서, 점차로 누렇게 되어 떨어지는 점진성이 없기 때문에 취하여 비유한 것이다. 주나라가 성할 때에는 잎이 무성함과 같아서 그 그늘이 두루 덮이지 않음이 없었다. 여왕에 이르러 포학을 방자히 행하여 그동안 이룬 공적을 무너뜨림에 왕실이 홀연히 피폐하여 뽕잎을 따는 것과 같았다. 그리하여 백성이 그늘을 잃고 병통을 받으니, 군자가 근심이 마음에 끊이지 아니하여 슬프고 민망함이 심하여 드디어 하늘에 부르짖어 하소연한 것이다.

3-2. 四牡騤騤(사모규규)하니 旟旐有翩(여조유편)이로다 亂生不夷(난생불이)하여 靡國(미국)不泯(불민)이며 民靡有黎(민미유려)하여 具禍以燼(구화이신)이로다 於乎有哀(오호유애)하니 國步斯頻(국보사빈)이로다 [賦]

| 언해 |

四牡ㅣ 騤騤ᄒᆞ니 旟旐ㅣ 翩ᄒᆞ도다 어지러움이 나셔 夷치 안이ᄒᆞ야 國이 泯치 안이ᄒᆞᆷ이 업스며 民이 黎ㅣ 잇지 안이ᄒᆞ야 다 禍ᄒᆞ야 뼈 燼ᄒᆞ리로다 於乎ㅣ라 슯흠을 두니 國步ㅣ 이에 頻ᄒᆞ도다

| 번역 |

네 마리 수말들이 건장하니

깃발들이 펄럭이는구나
어지러움이 발생하여 평정되지 아니하여
나라가 멸망하지 아니함이 없으며
백성들은 머리가 검은 이가 없어
모두 화를 당하여 불타버렸구나
아 슬프다
국가의 운수가 위급하도다

| 자해 |

夷 : 평정함. • 泯 : 멸함. • 黎 : 검은 머리. • 具 : 함께. • 燼 : 재. • 步 : 운수. • 頻 : 급함.

| 의해 |

여왕(厲王)의 어지러운 정치에 부역이 쉬지 않으니, 백성이 그 수레와 말, 깃발을 보고 괴로워 원망하여 말한 것이다. 우리 왕이 전쟁을 날마다 일으키니, 어지러움이 일어나는 것을 어찌 평정하겠는가? 사방의 어느 나라도 멸망하지 않을 나라가 없으며, 백성은 검은 머리가 없어서 함께 화를 받아서 불탄 재가 될 것이다. 아, 슬프다. 나라의 운수가 위태하고 급하여 오래가지 못할 것이다.

3-3. 國步蔑資(국보멸자)라 天不我將(천불아장)하사 靡所止疑(미소지의)이로소니 云徂(운조)何往(하왕)고 君子實維秉心無競(군자실유병심무경)이어시니 誰生厲階(수생려계)하여 至今(지금)爲梗(위경)고 [賦]

| 언해 |

國步ㅣ 蔑홈이 資혼지라 하늘이 나를 將치 안이ᄒᆞ샤 긋쳐 뎡홀배 업소니 간들 어듸로 가료 君子ㅣ 진실로 ᄆᆞ옴을 잡음이 닷홈이 업슬것이니 누가 厲階를 닉여셔 이졔 니르러 梗이 되게 ᄒᆞ는고

| 번역 |

국가 운수가 멸망하게 되어 슬프구나
하늘이 우리를 기르지 아니하시어
멈춰 안정될 데가 없으니
간들 어디로 갈 것인가
군자가 진실로
마음가짐이 다투는 것이 없으셨는데
누가 원망의 사다리를 내어서
지금에 이르러 병이 되게 하는가

| 자해 |

蔑 : 멸망함. • 資 : 슬픔. • 將 : 기름. • 疑 : 안정. • 徂 : 감. • 競 : 다툼. • 厲 : 원망. • 梗 : 병.

| 의해 |

나라가 장차 위태롭고 망할 것이니 슬프다. 하늘이 나를 기르지 아니하여 거처함에 일정한 데가 없고 가도 갈 데가 없다. 그러나 군자에게 다툴 마음이 있는 것이 아닌데, 누가 이 화를 만들어 지금까지 병이 되게 하는가? 이는 화의 근원이 멀리 있음을 말한 것이다.

3-4. 憂心慇慇(우심은은)하여 念我土宇(염아토우)하노라 我生不辰(아생부진)이라 逢天僤怒(봉천탄노)호라 自西徂東(자서조동)히 靡所定處(미소정처)로소니 多我覯痻(다아구민)이며 孔棘我圉(공극아어)로다 [賦]

| 언해 |

마음에 근심ᄒᆞᆷ을 慇慇히 ᄒᆞ야 우리 土宇를 ᄉᆡᆼ각ᄒᆞ노라 우리 난젓이 ᄯᅢ가 안이라 하늘의 僤ᄒᆞᆫ 셩님을 맛낫노라 西로부터 東에 가도록히 定ᄒᆞ야 處ᄒᆞᆯ배 업도소니 만타 우리 痻을 覯ᄒᆞᆷ이며 심히 급ᄒᆞ다 우리 변방이로다

| 번역 |

마음에 근심하기를 시름시름하여
우리 살던 시골과 집을 생각하노라
우리가 난 때가 좋은 때가 아니어서
하늘의 큰 노여움을 만났구나
서쪽으로부터 동쪽으로 가기까지
안정하여 거처할 데가 없는데
많구나 우리가 병을 만남이며
심히 급하구나 우리가 변방에 있네

| 자해 |

土 : 나 살던 시골. • 宇 : 나 살던 집. • 辰 : 때. • 僤 : 두터움. • 覯 : 봄. • 痻 : 병. • 棘 : 급함. • 圉 : 변방.

| 의해 |

나라가 위태롭고 혼란함으로 나의 근심하는 마음이 시름시름하여

나의 시골 생각이 더욱 간절하다. 내가 이 좋지 않은 때를 당하여 하늘의 성냄을 만나, 집을 떠나 서쪽으로부터 동쪽으로 가기까지 일정한 거처가 없어서 배고프고 목마르며 수고하는 괴로움이 심하다. 내가 병을 많이 만났으며, 사망의 근심이 변방에 있으니 심히 급하다. 부역하는 자의 원망하는 말이 이와 같으니, 나라가 어지럽고 백성이 병들고 있는 것을 알 수 있다.

3-5. 爲謀爲毖나 亂況斯削이로다 告爾憂恤하며 悔爾序爵하노라 誰能執熱하여 逝不以濯이리요 其何能淑고 載胥及溺이로다 [賦]

| 언해 |

ᄭᅬᄒᆞ며 삼가ᄒᆞ나 亂이 부러 이에 削ᄒᆞᄂᆞᆺ다 네게 憂恤ᄒᆞᆷ을 告ᄒᆞ며 네게 爵을 序ᄒᆞᆷ을 誨ᄒᆞ노라 누가 能히 더운 것을 잡어 ᄡᅧ 濯ᄒᆞ지 안이ᄒᆞ리오 그 엇지 能히 淑ᄒᆞᆯ고 곳 셔루 溺에 밋치리로다

| 번역 |

꾀하며 삼가나
어지러움이 불어나 나라가 침식당하노라
네게 근심해야 할 일을 고해 주며
네게 벼슬을 차례 매기는 걸 가르쳐주노라
누가 뜨거운 것을 잡고서
가서 손을 씻지 않겠는가
어찌 훌륭할 수 있겠는가
서로 빠지는 데 미치리로다

| 자해 |

毖 : 삼감. • 况 : 불어남. • 序爵 : 벼슬을 차례 매김. • 執熱 : 손에 뜨거운 물건을 잡음.

| 의해 |

왕이 어찌 꾀하며 조심하지 않겠는가? 그러나 그 도리를 얻지 못하여 어지러움을 자라게 하여 스스로 깎이는 것이다. 그러므로 마땅히 근심해야 할 것을 고해주고 벼슬을 차례 짓는 것을 가르쳐주어야 한다. 뜨거운 것을 잡고서 씻지 않을 자가 누가 있겠는가? 훌륭한 사람이 어지러움을 구제하는 것이 물에 씻어 뜨거운 기운을 푸는 것과 같다. 그렇지 않다면 어찌 훌륭하다고 할 수 있겠는가? 한갓 서로 함께 빠지는 데로 들어갈 따름이다.

3-6. 如彼遡風(여피소풍)이라 亦孔之僾(역공지애)로다 民有肅心(민유숙심)이나 荓云不逮(병운불체)라하여 好是稼穡(호시가색)하여 力民代食(역민대식)이로소니 稼穡維寶(가색유보)며 代食維好(대식유호)로다 [賦]

| 언해 |

뎌 바ᄅᆞᆷ을 遡홈 ᄀᆞᆺᄒᆞᆫ지라 ᄯᅩᄒᆞᆫ 심히 늣기도다 民이 나아갈 마음을 두나 하여곰 닐으되 밋치지 못ᄒᆞ리라 ᄒᆞ야 이 稼穡을 好ᄒᆞ야 民과 로력ᄒᆞ야 食을 ᄃᆡ신ᄒᆞ노소니 稼穡이 보ᄇᆡ며 食을 代신홈이 죠토다

| 번역 |

저 바람을 향한 듯 하므로

또한 심히 숨이 막히도다
백성들이 나아갈 마음을 가지나
미치지 못하리라 하여
이 농사짓는 것을 좋아하여
백성들과 노력하여 봉록을 대신하니
농사짓는 것이 보배이며
봉록을 대신하는 것이 좋도다

| 자해 |

遡 : 향함. • 僾 : 느낌. • 肅 : 나아감. • 荓 : 하여금.

| 의해 |

여왕(厲王)의 어지러움이 봄에 바람을 향한 사람이 숨을 쉬지 못하는 것과 같다. 비록 나아가고자 하는 마음이 있으나, 다 말하기를 세상이 어지러우므로 우리가 미칠 바가 아니라고 한다. 이에 물러가 농사에 그 힘을 다하여 백성과 더불어 일을 같이하여 봉록을 대신할 따름이다. 이때에 벼슬하는 근심이 농사의 수고보다 심했기 때문에, 농사로 봉록을 대신하는 것이 비록 수고로우나 근심은 없었다.

3-7. 天降喪亂(천강상란)이라 滅我立王(멸아립왕)이요 降此蟊賊(강차모적)하여 稼穡卒痒(가색졸양)이로다 哀恫中國(애통중국)이 具贅卒荒(구췌졸황)이로소니 靡有旅力(미유여력)이 以念穹蒼(이념궁창)이로다 [賦]

| 언해 |

하늘이 喪亂을 ᄂᆞ린지라 우리 立ᄒᆞᆫ 王을 滅하고 이 蟊와 賊을 ᄂᆞ려 稼穡이 다 병드도다 哀恫ᄒᆞᆫ 中國이 ᄒᆞᆷ끠 贅ᄒᆞ야 다 荒ᄒᆞ리로소니 旅力이 써 穹蒼을 念ᄒᆞᆷ이 업도다

| 번역 |

하늘이 환란을 내리므로
우리들이 세운 왕을 멸망시키고
이 해충들을 내리어
농사가 모두 병이 들었도다
애통한 나라가
함께 병들어 연이어 다 황폐하였으니
힘이
하늘의 화를 생각할 수 없도다

| 자해 |

恫 : 아픔. • 具 : 함께. • 贅 : 붙임. • 卒 : 다함. • 荒 : 빔. • 旅 : 힘. • 穹蒼 : 하늘.

| 의해 |

하늘이 환란을 내려 이미 우리가 세운 왕을 멸망하게 하고, 또 이 해충을 내려 우리 농작물이 병들어 봉록을 대신하지 못한다. 슬프다. 온 나라가 함께 위태하고 다 거치니, 이러므로 곤궁함이 지극하여 힘이 하늘의 화를 생각 할 겨를이 없다.

3-8. 維此惠君(유차혜군)의 民人所瞻(민인소첨)은 秉心宣猶(병심선유)하사 考愼其相(고신기상)이니라 維彼不順(유피불순)은 自獨俾臧(자독비장)하며 自有肺腸(자유폐장)하여 俾民卒狂(비민졸광)하나다 [賦]

| 언해 |

이 惠ᄒᆞᆫ 님금의 民人이 瞻ᄒᆞᄂᆞᆫ 바ᄂᆞᆫ 마음을 잡어 ᄭᅬ를 베풀어셔 그 도음을 샹고ᄒᆞ야 삼갈ᄉᆡ니라 뎌 順치 안이ᄒᆞᆫ 이ᄂᆞᆫ 스ᄉᆞ로 홀로 ᄒᆞ여곰 臧ᄒᆞ다 ᄒᆞ며 스ᄉᆞ로 肺腸을 두어 民으로 ᄒᆞ여곰 다 狂케ᄒᆞᄂᆞ다

| 번역 |

이 이치를 따르는 임금을
인민들이 우러러보는 것은
마음을 잡아 꾀를 베풀어서
도울 이를 살펴 삼가 선택했기 때문이라
저 의리에 순종하지 않는 이는
스스로 홀로 잘한다고 하며
스스로 사사로운 견해를 두어
백성들로 하여금 다 의혹하게 하는구나

| 자해 |

惠 : 이치를 따름. • 宣 : 두루. • 猶 : 꾀. • 相 : 도움. • 狂 : 의혹.

| 의해 |

저 이치를 따르는 임금을 백성이 높여 우러르는 까닭은 마음을 잡아 꾀를 두루 하여 돕는 신하를 가려 쓰기 때문이다. 저 이치를

따르지 않는 임금은 스스로 잘한다고 하여 뭇 꾀를 살피지 않으며, 스스로 사사로운 소견을 가져 무리의 뜻을 따르지 않는다. 그러므로 백성으로 하여금 어지러움에 이르게 한다.

첨 피 중 림　　　신 신 기 록　　　　붕 우 이 참　　　불 서
3-9. 瞻彼中林한대 甡甡其鹿이어늘 朋友已譖하여 不胥
이 곡　　　　　인 역 유 언　　　　진 퇴 유 곡
以穀이로다 人亦有言하되 進退維谷이라하나다 [興]

| 언해 |

뎌 中林을 보건ᄃᆡ 甡甡ᄒᆞᆫ 그 鹿이어늘 朋友ㅣ 임의 譖ᄒᆞ야 셔루 뼈 穀지 안이ᄒᆞ놋다 人이 ᄯᅩᄒᆞᆫ 말을 두되 進ᄒᆞ며 退ᄒᆞᆷ이 谷이라 ᄒᆞᄂᆞ다

| 번역 |

저 숲속을 바라보니
우글우글한 사슴들인데
친구가 이미 참소하여
서로 사이좋게 지내지 못 하는구나
사람이 또한 말하기를
나아가고 물러남에 궁색하다고 하네

| 자해 |

甡甡 : 무리가 많아 아울러 행하는 모양. • 譖 : 믿지 않음. • 胥 : 서로. • 穀 : 착함. • 谷 : 궁함.

| 의해 |

벗이 서로 믿지 않아 서로 잘하지 못하니 사슴만도 못하다. 위에는 밝은 임금이 없고 아래에는 나쁜 풍속이 있으니, 진퇴가 다 궁색하다.

3-10. 維此聖人(유차성인)은 瞻言百里(첨언백리)어늘 維彼愚人(유피우인)은 覆狂以喜(복광이희)하나다 匪言不能(비언불능)이어시니 胡斯畏忌(호사외기)요 [賦]

| 언해 |

이 聖人은 瞻ᄒᆞ야 말ᄒᆞᄂᆞᆫ 것이 百里어늘 뎌 愚人은 도리혀 밋쳐셔 뼈 깃버ᄒᆞᄂᆞ다 말을 能치 못ᄒᆞᄂᆞᆫ 줄이 안이어시니 엇지ᄒᆞ야 이 畏忌ᄒᆞᄂᆞ뇨

| 번역 |

이 성스러운 사람은
보고 말하는 것이 백리까지 살피는데
저 어리석은 사람은
도리어 미쳐서 좋아하나니
내가 말을 못하는 것이 아닌데
어찌 이렇게 두려워하고 꺼리는가

| 의해 |

성스러운 사람은 기미에 밝아서 보고 말하는 것이 먼 것을 살피지 않음이 없는데, 어리석은 사람은 화가 장차 이를 줄을 알지 못하고 도리어 미쳐서 기뻐한다. 지금 저 위에 있는 자가 대개 이러

하니, 내가 말을 하지 못하는 것이 아니지만 이와 같이 두려워하고 꺼리는 것은 왜인가? 이것은 왕이 포학하여 신하가 감히 간하지 못함을 말하였다.

3-11. 維此良人(유차량인)을 弗求弗迪(불구부적)하고 維彼忍心(유피인심)을 是顧是復(시고시복)하나니 民之貪亂(민지탐란)이여 寧爲荼毒(녕위도독)이로다 [賦]

| 언해 |

이 良ᄒᆞᆫ 사ᄅᆞᆷ을 求치 안이하며 迪지 안이하고 뎌 忍心ᄒᆞᆫ 이를 이에 顧ᄒᆞ며 이에 復ᄒᆞᄂᆞ니 民의 貪亂ᄒᆞᆷ이여 荼毒을 寧ᄒᆞ놋다

| 번역 |

이 어진 사람들을
구하지 아니하며 등용하지 아니하고
저 잔인한 마음을 지닌 사람을
이에 돌보아주고 이에 거듭하나니
백성들이 환란을 탐함이여
씀바귀의 독을 편안히 여기는구나

| 자해 |

迪 : 나아감. • 忍 : 잔인함. • 顧 : 생각함. • 復 : 거듭함. • 荼 : 씀바귀.

| 의해 |

어진 사람을 구하여 나아가 쓰지 아니하고, 돌아보아 생각하여 거듭하여 마지않는 자는 마음이 잔인하여 어질지 못한 사람이다.

백성이 명령을 견디지 못하므로 환란을 탐하고 함부로 행하여 씀바귀의 독을 편안히 여긴다.

3-12. 大風有隧(대풍유수)하니 有空大谷(유공대곡)이로다 維此良人(유차량인)은 作爲(작위)式穀(식곡)이어늘 維彼不順(유피불순)은 征以中垢(정이중구)로다 [興]

| 언해 |

큰 바ᄅᆞᆷ이 隧ㅣ 잇스니 뷘 큰 골이로다 이 어진 사ᄅᆞᆷ은 지어ᄒᆞᆷ이 穀을 뼈 ᄒᆞ거늘 뎌 順치 몯ᄒᆞᆫ 이ᄂᆞᆫ 征ᄒᆞ야 中垢로뼈 ᄒᆞ놋다

| 번역 |

큰 바람이 길이 있으니
텅 빈 큰 골짜기로다
이 어진 사람은
행동을 착함으로 하는데
저 이치를 따르지 않는 사람은
행동을 어둡고 더러움으로 하도다

| 자해 |

隧 : 길. • 式 : 씀. • 穀 : 착함. • 征 : 행함. • 中 : 숨어 어두움. • 垢 : 더러움.

| 의해 |

큰 바람이 행하는 것이 반드시 길이 있어 대부분 빈 골 가운데서 나온다. 하물며 군자와 소인은 종류가 같지 않으니, 그 행하는 길이 각각 다르지 않겠는가? 어진 사람이 행하는 바는 착함으로 하

여 고명한 지경에 몸을 두며, 저 순종하지 못한 사람은 행하는 바가 어둡고 더러워 부끄러워 할만하다. 군자와 소인의 구별이 분명한데, 왕은 어찌하여 군자를 버리고 소인만 쓰는가?

3-13. 大風有隧(대풍유수)하니 貪人敗類(탐인패류)로다 聽言則對(청언칙대)나 誦言如醉(송언여취)하니 匪用其良(비용기량)하여 覆俾我悖(복비아패)로다 [興]

| 언해 |

큰 바ᄅᆞᆷ이 隧ㅣ 잇스니 貪ᄒᆞᆫ 사ᄅᆞᆷ이 類를 敗ᄒᆞ놋다 말을 드를ᄶᅡ ᄒᆞ야 곳 對ᄒᆞ나 말을 외이고 醉ᄐᆞᆺ호니 그 良을 쓰지 안이ᄒᆞ야 도로혀 나로 ᄒᆞ여곰 悖케 ᄒᆞ놋다

| 번역 |

큰 바람이 길이 있으니
탐하는 사람이 착한 사람을 해치도다
말을 들어줄까 하여 대답하나
말을 하고서는 취한 듯하니
어진 사람을 등용하지 아니하여
도리어 나로 하여금 정신이 흐리도록 하네

| 자해 |

敗類: 착한 종류의 사람을 패하게 함.

| 의해 |

왕이 탐하는 사람으로 하여금 정사를 맡게 함에, 혹이라도 내 말

을 들을까 하여 대답한다. 그러나 또한 들어주지 않을 줄을 알기 때문에 말을 하면서도 마음이 취한 것 같다. 왕이 착한 사람을 쓰지 않음으로 말미암아 도리어 나로 하여금 이 어지러운 데 이르게 한다.

차이붕우 여기부지이작 여피비충 시
3-14. 嗟爾朋友아 予豈不知而作이리요 如彼飛蟲을 時
역익획 기지음녀 반여래혁
亦弋獲이라 既之陰女하니 反予來赫하나다 [賦]

| 언해 |

嗟홉다 너 朋友아 내 엇지 알지 못ᄒᆞ고 지으리오 뎌 나는 蟲을 ᄣᅢ로 또ᄒᆞᆫ 弋ᄒᆞ야 獲홈 ᄀᆞᆮ흔지라 임의 너를 덥흐니 도로혀 내게와 赫ᄒᆞᄂᆞ다

| 번역 |

아 너 친구들아
내 어찌 알지 못하고 이 시를 지었겠는가
저 날아가는 새를
때로는 주살로 잡을 수 있는 것과 같네
이미 가서 너를 감싸 주었는데
도리어 나에게 와서 발끈 성을 내는구나

| 자해 |

飛蟲 : 나는 새. • 陰 : 덮음. • 赫 : 발끈 성내는 모양.

| 의해 |

임금이 말을 들어주지 않으므로 벗이 혹 말을 들어줄까 하노니, 내가 어찌 그 이치를 알지 못하고 함부로 이 시를 지었겠는가? 대개 천 번 생각에 한 번 얻음이 있는 것과 같이, 저 날아가는 새를 주살로 잡을 수도 있다. 내가 네게 고하는 것은 화가 바뀌어 복이 될까 바라서 너를 감싸주고자 하는 것이다. 그런데도 너는 나를 고맙게 생각하지 않을 뿐만 아니라, 도리어 내게 발끈 성을 내니, 어찌 들어주는 유익을 바라겠는가?

3-15. 民之罔極은 職涼善背니라 爲民不利하되 如云不克하나다 民之回遹은 職競用力이니라 [賦]

| 언해 |

民의 極이 업슴은 涼타 호ᄃᆡ 善히 背ᄒᆞᆷ을 職ᄒᆞᆷ이니라 ᄇᆡᆨ셩의 利치 못ᄒᆞᆷ을 호ᄃᆡ 능히 못ᄒᆞᆯ 듯이 ᄒᆞᄂᆞ다 ᄇᆡᆨ셩의 回遹ᄒᆞᆷ은 다투어 힘을 씀을 職ᄒᆞᆷ이니라

| 번역 |

백성들이 어지러움을 탐하여 한이 없는 것은
믿음직하다고 하면서 잘 번복하기 때문이라
백성들에게 불리한 일을 하면서
다 하지 못할 듯이 하는구나
백성들의 간사함은
오로지 다투어 힘쓰기 때문이라

| 자해 |

職 : 전혀. • 涼 : 믿음직함. • 克 : 이김. • 回遹 : 간사하고 편벽됨.

| 의해 |

백성이 어지러움을 탐하여 그칠 줄 알지 못하는 것은 오직 이 사람이 말로는 믿음직하다고 하지만 실상은 반복하기를 잘하기 때문이다. 또 백성에게 이롭지 않은 일을 하면서 다 하지 못할까 두려워하기 때문이다. 백성이 간사한 것은 이 무리가 전혀 힘써 악한 풍속을 만들었기 때문이다. 이 여러 마디가 다 깊이 미워한 말이다.

3-16. 民之未戾(민지미려)는 職盜爲寇(직도위구)니라 涼曰不可(량왈불가)라하나 覆背(복배)
善詈(선리)하나니 雖曰匪予(수왈비여)라하나 既作爾歌(기작이가)로다 [賦]

| 언해 |

民이 戾치 못ᄒᆞᆷ은 盜ㅣ 寇ᄒᆞᆷ을 織ᄒᆞᆷ이니라 涼ᄒᆞ야는 ᄀᆞᆯ오ᄃᆡ 可치 안이타ᄒᆞ나 도리혀 背ᄒᆞ야ᄂᆞᆫ 善히 詈ᄒᆞᄂᆞ니 비록 ᄀᆞᆯ오ᄃᆡ 내 안이라ᄒᆞ나 임의 네 노ᄅᆡ를 지엇노라

| 번역 |

백성들이 안정하지 못하는 것은
도둑 같은 신하가 훔치기 때문이라
믿음직할 적에는 소인이 옳지 않다고 하나
번복할 적에는 군자를 잘 꾸짖으니
비록 내가 아니라고 말하나

이미 너에 대한 노래를 지었도다

| 자해 |

戾 : 안정함.

| 의해 |

백성이 안정하지 못하는 까닭은 도적 같은 신하가 있어서 도적질을 하기 때문이다. 믿음직할 적에는 소인을 옳지 않다고 하다가 돌아서서는 또 군자를 꾸짖기를 잘 한다. 또 꾸며서 내 말이 아니라고 하지만, 이미 너에 대한 노래를 지었다. 일이 이미 드러나 밝으니, 가려서 덮지 못할 것이다.

이 「부드러운 뽕나무[桑柔]」는 모두 16장이다.

4. 은하수[雲漢]

4-1. 倬彼雲漢(탁피운한)이여 昭回于天(소회우천)이로다 王曰於乎(왕왈오호)라 何辜今(하고금)之人(지인)고 天降喪亂(천강상란)하여 饑饉薦臻(기근천진)일새 靡神不擧(미신불거)하며 靡愛(미애)斯牲(사생)하여 圭璧旣卒(규벽기졸)이어늘 寧莫我聽(녕막아청)고 [賦]

| 언해 |

밝은 뎌 雲漢이여 빗이 하ᄂᆞᆯ에 돌아단이ᄂᆞᆫ도다 王이 ᄀᆞᆯᄋᆞ샤ᄃᆡ 於乎ㅣ라 이졧 사ᄅᆞᆷ이 무ᄉᆞᆷ 罪인고 하ᄂᆞᆯ이 喪亂을 ᄂᆡ리사 饑饉이 것읍 니를ᄉᆡ 神을 擧치 안이리 업스며 이 牲을 사랑ᄒᆞᆷ이 업셔 圭璧이 임의 다 ᄒᆞ얏거ᄂᆞᆯ 엇지 나를 듯지 안이ᄒᆞᄂᆞᆫ고

| 번역 |

밝은 저 은하수여
빛이 하늘에서 도는구나
왕께서 말씀하시기를 아
지금 사람에게 무슨 죄가 있습니까
하늘이 환란을 내리시어
기근이 거듭 이르기에
신에게 제사를 드리지 아니함이 없으며
이 희생을 아끼지 아니하여
보물이 이미 다 하였는데도
어째서 내 말을 들어주지 않습니까

| 자해 |

倬 : 밝음. • 雲漢 : 은하수. • 昭 : 빛. • 回 : 빛이 하늘을 따라 돌아다님. • 薦 : 거듭. • 臻 : 이름. • 靡神不擧 : 귀신을 찾아 제사함. • 圭璧 : 신에게 예를 올리는 옥. • 卒 : 다함. • 寧 : 어찌.

| 의해 |

선왕(宣王)이 여왕(厲王)의 포학한 정치를 이어 안으로 어지러움을 다스릴 뜻이 있어, 재앙을 만나 두려워하여 힘을 기울이고 행실을 닦아서 재앙을 없애버리고자 하였다. 이에 천하에 교화가 다시 행해져서 백성이 임금이 자신들을 근심해주는 것을 기뻐하니, 잉숙(仍叔)이 이 시를 지어서 아름답게 여겼다. 왕이 하늘에 우러러 하소연한 말이 이와 같다고 진술한 것이다.

4-2. 旱旣大甚(한기태심)하여 蘊隆蟲蟲(온륭충충)일새 不殄禋祀(부진인사)하여 自郊徂宮(자교조궁)하여 上下奠瘞(상하전예)하며 靡神不宗(미신부종)하니 后稷不克(후직불극)이시며 上帝不臨(상제불림)이샷다 耗斁下土(모두하토) 寧丁我躬(녕정아궁)고 [賦]

| 언해 |

가믈이 임의 大甚ᄒᆞ야 蘊ᄒᆞ며 隆ᄒᆞ야 蟲蟲홀ᄉᆡ 禋祀를 긋이지 안이ᄒᆞ야 郊로부터 宮에 徂ᄒᆞ야 上으로ᄒᆞ며 下으로ᄒᆞ야 奠ᄒᆞ고 瘞ᄒᆞ며 神을 놉히지 안이리 업시호니 后稷이 익의지 못ᄒᆞ시며 上帝ㅣ 흠향치 안이ᄒᆞ샷다 下土를 耗斁홈이 엇지 내 몸에 당ᄒᆞᄂᆞᆫ고

| 번역 |

가뭄이 이미 너무나도 심하여

쌓이고 성한 더운 기운에
정결한 제사를 그치지 아니하여
천지 제사로부터 종묘 제사까지
위 아래로 예물을 올리고 제물을 묻으며
신을 높이지 아니함이 없었는데
후직이 가뭄을 이겨내지 못하시며
상제께서 흠향하지 않으셨도다
아래 땅을 패망시키는 것이
어째서 내 몸에 당하였습니까

| 자해 |

蘊 : 저축. • 隆 : 성한 모양. • 蟲蟲 : 더운 기운. • 殄 : 끊어짐. • 郊 : 천지에 제사함. • 宮 : 종묘. • 上 : 하늘에 제사함. • 下 : 땅에 제사함. • 奠 : 하늘에 예를 드림. • 瘞 : 제물을 땅에 묻음. • 宗 : 높임. • 克 : 이김. • 臨 : 흠향함. • 稷 : 친함으로 말함. • 帝 : 높음으로 말함. • 斁 : 패함. • 丁 : 당함.

| 의해 |

성한 가뭄을 마침내 이겨내지 못하고 다만 아래 땅을 패망시키는 것만 보겠으니, 변괴는 공연히 나지 않고 오직 사람이 부르는 것이다. 생각해 보건대 나로 인하여 재앙이 이루어진 것이니, 그렇지 않다면 어찌 내 몸으로 당하겠는가?

4-3. 旱旣大甚(한기태심)이라 則不可推(즉불가추)로다 兢兢業業(긍긍업업)하여 如霆如雷(여정여뢰)하라 周餘黎民(주여려민)이 靡有孑遺(미유혈유)어늘 昊天上帝(호천상제) 則不我遺(즉불아유)샷다 胡不相畏(호불상외)리요 先祖于摧(선조우최)혼여 [賦]

| 언해 |

가물이 임의 大甚ᄒᆞᆫ지라 可히 물녀 버리지 못ᄒᆞ리로다 兢兢ᄒᆞ며 業業ᄒᆞ야 霆갓치ᄒᆞ며 雷갓치호라 周엣 남은 黎民이 孑도 남아 잇슴이 업거ᄂᆞᆯ 昊天上帝ㅣ 곳 나로 남아 잇게 안이ᄒᆞ샷다 엇지 셔로 두렵지 안이ᄒᆞ리오 先祖ㅣ 摧ᄒᆞ고녀

| 번역 |

가뭄이 이미 너무나도 심하여
물리쳐 버리지 못하리로다
두려워하고 위태롭게 여겨
번개처럼 여기고 우레처럼 여기노라
주나라에 남은 머리 검은 백성이
한 사람도 남은 사람이 없는데
하늘의 상제께서
나도 남겨 두지 않으시도다
어찌 서로 두려워하지 않으리오
선조의 제사가 끊어지겠구나

| 자해 |

推 : 버림. • 兢兢 : 두려움. • 業業 : 위태함. • 如霆如雷 : 두려움이 심한 모양. • 周餘 : 여왕(厲王)의 현재. • 黎民 : 머리 검은 백성. • 孑 : 오른 팔이 없는 모양. • 遺 : 남음. • 摧 : 멸함.

| 의해 |

큰 어지러움의 뒤에 주나라에 남은 백성이 다시 한 사람도 남아 있는 이가 없는데, 하늘이 또 가뭄을 내려 나로 하여금 남아 있지 못하게 하니, 선조의 제사가 이로부터 장차 끊어질 것이다.

4-4. 旱旣大甚(한기태심)이라 則不可沮(즉불가저)로다 赫赫炎炎(혁혁염염)하여 云我無所(운아무소)로다 大命近止(대명근지)라 靡瞻靡顧(미첨미고)하라 羣公先正(군공선정)은 則不我助(즉불아조)어니와 父母先祖(부모선조)는 胡寧忍予(호녕인여)요 [賦]

| 언해 |

가물이 임의 大甚ᄒᆞᆫ지라 可히 막아 긋치지 못ᄒᆞ리로다 赫赫ᄒᆞ며 炎炎ᄒᆞ야 나ㅣ 용납ᄒᆞᆯ 바ㅣ 업도다 큰 命이 갓가온지라 瞻ᄒᆞᆯᄃᆡ 업스며 顧ᄒᆞᆯᄃᆡ 업소라 羣公과 先正은 곳 나를 돕지 안이ᄒᆞ거니와 父母와 先祖ᄂᆞᆫ 엇지 나를 참아 ᄒᆞᄂᆞᆫ고

| 번역 |

가뭄이 이미 너무나도 심하여
막아 그치게 할 수 없구나
메마르고 뜨거워
내가 움직일 곳이 없도다
큰 운명이 가까우므로
우러러볼 데도 없고 바라볼 데도 없네
여러 임금들과 선대의 관리들은
나를 돕지 않거니와
부모님과 선조께서는
어찌 나를 차마 보고만 계시는가

| 자해 |

沮 : 그침. • 赫赫 : 가뭄 기운. • 炎炎 : 더운 기운. • 無所 : 용납할 바가 없음. • 大命近止 : 죽음이 장차 이름. • 瞻 : 우러러봄. • 顧 : 바라봄. • 正 : 우두머리.

| 의해 |

여러 임금들과 선대의 관리들에 대해서는 다만 돕지 않음을 말하고, 부모와 선조에 대해서는 은혜와 정으로 바란 것이다.

4-5. 旱既大甚(한기태심)이라 滌滌山川(척척산천)이로다 旱魃爲虐(한발위학)하여 如惔(여담)如焚(여분)이로다 我心憚暑(아심탄서)하여 憂心如熏(우심여훈)하라 羣公先正(군공선정)이 則(즉)不我聞(불아문)이로소니 昊天上帝(호천상제)는 寧俾我遯(녕비아둔)고 [賦]

| 언해 |

가물이 임의 大甚ᄒᆞᆫ지라 山川이 滌滌ᄒᆞ도다 旱魃이 사나옴을 ᄒᆞ야 불이 타ᄂᆞᆫ 듯ᄒᆞ며 불이 붓ᄂᆞᆫ 듯ᄒᆞ놋다 나ㅣ ᄆᆞᄋᆞᆷ에 더위를 슈고럽고 두려워ᄒᆞ야 근심ᄒᆞᄂᆞᆫ ᄆᆞᄋᆞᆷ이 불로 지지ᄂᆞᆫ 듯호라 羣公과 先正이 곳 나를 듯지 안이ᄒᆞ도소니 昊天上帝ᄂᆞᆫ 엇지 나로 ᄒᆞ야곰 遯케ᄒᆞ리오

| 번역 |

가뭄이 이미 너무나도 심하여
산천이 씻어버린 듯하구나
가뭄 귀신이 사나운 짓을 하여
불이 타는 듯하며 불이 붙는 듯하구나
내 마음이 더위를 두려워하여
근심하는 마음이 태우는 듯하구나
여러 임금들과 선대의 장관들이
내 말을 들어주지 아니하나
하늘의 상제께서

어찌 나로 하여금 도망하도록 하겠는가

| 자해 |

滌滌 : 산에 나무가 없고 강에 물이 없어 씻은 것과 같음. • 魃 : 가뭄 귀신. • 惔 : 불탐. • 憚 : 수고롭고 두려움. • 熏 : 태움. • 遯 : 도망함.

| 의해 |

하늘이 또한 즐겨 나로 하여금 도망하여 가게 하지 않는다.

4-6. 旱旣大甚(한기태심)이라 黽勉畏去(민면외거)호라 胡寧瘨我以旱(호녕전아이한)고 憯不(참부)
知其故(지기고)로다 祈年孔夙(기년공숙)하며 方社不莫(방사불모)하니 昊天上帝(호천상제) 則(즉)
不我虞(불아우)샷다 敬恭明神(경공명신)으론 宜無悔怒(의무회노)니라 [賦]

| 언해 |

가물이 임의 大甚ᄒᆞᆫ지라 黽勉ᄒᆞ야 去ᄒᆞ기를 두려워호라 엇지 나를 병들게 호ᄃᆡ 旱으로뼈 ᄒᆞᄂᆞᆫ고 일즉 연고를 알지 못ᄒᆞ리로다 年을 祈홈을 심히 일즉ᄒᆞ며 方ᄒᆞ며 社홈을 莫치 안이호니 昊天上帝 곳 나를 虞치 안이ᄒᆞ샷다 明神을 敬恭홈으론 맛당히 悔怒홈은 업셤즉ᄒᆞ니라

| 번역 |

가뭄이 이미 너무나도 심하여
애써 떠나기를 두려워하노라
어찌 나를 가뭄으로 병들게 하셨는가
도대체 그 이유를 모르겠도다

풍년을 기원하는 제사를 심히 일찍 지냈으며
사방 제사와 토지 신 제사를 늦게 아니했는데
하늘의 상제께서
나를 헤아려주지 않으시도다
신명을 공경함으로 보아서는
마땅히 후회와 노여움이 없어야 할 것인데

| 자해 |

黽勉畏去 : 나아가도 갈 데가 없음. • 瘨 : 병. • 憯 : 일찍이. • 祈年 : 풍년을 기원함. • 方 : 사방에 제사함. • 社 : 토지 신에 제사함. • 虞 : 헤아림. • 悔 : 후회함.

| 의해 |

하늘이 일찍이 나의 마음을 헤아리지 아니하니, 내가 신명을 공경히 섬긴 것으로 보면 마땅히 후회와 노여움이 없어야 할 것이다.

4-7. 旱旣大甚(한기태심)이라 散無友紀(산무우기)로다 鞫哉庶正(국재서정)이며 疚哉冢宰(구재총재)며 趣馬師氏(취마사씨)와 膳夫左右(선부좌우)에 靡人不周(미인부주)하여 無不能止(무불능지)로다 瞻卬昊天(첨앙호천)하니 云如何里(운여하리)요 [賦]

| 언해 |

가물이 임의 大甚훈지라 散ᄒᆞ야 友紀업도다 鞫훈 庶正이며 疚훈 冢宰며 趣馬와 師氏와 膳夫와 左右왜 人이 周치 안이ᄒᆞ리업셔 能치 못호라 ᄒᆞ야 止ᄒᆞ리 업도다 昊天을 瞻卬호니 근심에 엇지 ᄒᆞ

리오

| 번역 |

가뭄이 이미 너무나도 심하여
흩어져 기강이 없도다
곤궁한 여러 장관들이며
병든 재상이며
말을 맡은 관리와 궁궐 문을 지키는 관리와
요리사와 좌우의 관리들 중에
백성들을 구원하지 아니한 사람이 없어
하지 못하다고 하면서 그만두는 사람이 없도다
하늘을 우러러보니
근심에 어찌 할 것인가

| 자해 |

友紀 : 기강. • 鞫 : 궁함. • 庶正 : 여러 관리의 우두머리. • 疚 : 병. • 冢宰 : 여러 관리의 우두머리. • 趣馬 : 말 맡은 벼슬. • 師氏 : 군사로 궁궐 문을 지키는 자. • 膳夫 : 음식을 담당한 벼슬. • 左右 : 좌우의 벼슬. • 周 : 구함. • 止 : 구하지 않음. • 里 : 근심.

| 의해 |

흉년이 들어 곡식이 풍족하지 않으면, 말을 맡은 관리는 말에게 곡식을 먹이지 않으며, 궁궐 문을 지키는 관리는 군사를 풀어 두어 달리는 길을 다스리지 아니하며, 제사에 악기를 달지 아니하며, 요리사는 요리를 줄이며, 좌우의 관료는 늘어서 있기만 하고 일을 다스리지 아니하며, 대부는 살진 것을 먹지 아니하며, 관리는 술을 마시지만 음악은 하지 않는다. 조정에 있는 관료가 모두 가뭄 때문에 깊이 삼가는 것이 이와 같으니, 그 뜻이 또한 슬프도다. 저 하늘을 바라보면 비록 나 한 사람을 위하여 불쌍히 여기지는 않을 것이지만, 홀로 우리 여러 신하들을 위하여 불쌍히 여기

지 아니하는가?

4-8. 瞻卬昊天한대 有嘒其星이로다 大夫君子 昭假無贏이로다 大命近止나 無棄爾成이어다 何求爲我리요 以戾庶正이니라 瞻卬昊天하노니 曷惠其寧고 [賦]

| 언해 |

昊天을 瞻卬ᄒᆞᆫ디 嘒ᄒᆞᆫ 그 星이로다 大夫君子ㅣ 昭히 假홈이 남어지 업도다 큰 命이 갓가오나 녜 견공을 버리지 말지어다 엇지 나를 위홈을 求ᄒᆞ리오 뼈 庶正을 뎡홈이니라 昊天을 瞻卬ᄒᆞ노니 언제 그 寧홈을 惠ᄒᆞᆯ고

| 번역 |

하늘을 우러러 보건대
반짝이는 별이로다
대부와 군자가
밝게 이르게 하여 남김이 없도다
큰 운명이 가까우나
네가 전에 이룬 공을 버리지 말지어다
어찌 나를 위함을 구하리오
여러 장관들을 안정시키려 하네
하늘을 우러러 보니
언제 편안함을 은혜롭게 주시려는가

| 자해 |

嘒 : 밝은 모양. • 大夫 · 君子 : 벼슬을 가진 이. • 昭 : 밝음. • 假 : 이름. • 無贏 : 나머지 힘이 없음. • 成 : 이전의 공. • 戾 : 안정됨. • 曷 : 어찌.

| 의해 |

오래 가물어 하늘을 우러러 비를 바랐는데, 반짝이는 밝은 별이 있어 비가 올 징조가 없다. 그러나 여러 신하들이 정성을 다하여 왕을 도와서, 하늘의 신을 밝게 이르게 하여 남김이 없게 되었다. 비록 이제 사망이 장차 가까우나, 이전의 공을 버리는 것은 불가하니, 마땅히 더욱 밝게 이르게 할 것을 닦을 것이로다. 진실로 나의 한 몸을 위하여 구하는 것이 아니라, 여러 장관들을 안정시키려는 것이다. 과연 어느 때에나 나에게 편안함으로 은혜를 주시려 하는가?

이 「은하수[雲漢]」는 모두 8장이다.

5. 크고 높은 봉우리[崧高]

5-1. 崧高維嶽이 駿極于天이로다 維嶽降神하여 生甫及申이로다 維申及甫 維周之翰이라 四國于蕃이며 四方于宣이로다 [賦]

| 언해 |

崧高ᄒᆞᆫ 嶽이 駿ᄒᆞ야 天에 極ᄒᆞ도다 嶽이 神을 降ᄒᆞ야 甫와 밋 申을 生ᄒᆞ도다 申과 밋 甫ㅣ 周의 翰이라 四國에 蕃이며 四方에 宣ᄒᆞ놋다

| 번역 |

크고 높은 네 산봉우리가
커서 하늘에까지 이르렀도다
네 산봉우리가 신령을 내리어
보후와 신백을 탄생시켰도다
신백과 보후가
주나라의 대들보이기에
사방 나라의 울타리이며
사방에 덕택을 베풀도다

| 자해 |

崧 : 크고 높은 산. • 嶽 : 높은 산. • 駿 : 큼. • 甫 : 보후(甫侯). • 申 : 신백

(申伯). • 翰 : 줄기. • 蕃 : 울타리.

| 의해 |

선왕(宣王)의 외숙인 신백(申伯)이 나아가 사(謝) 땅에 봉해짐에 윤길보(尹吉甫)가 시를 지어서 보냈다.

5-2. 亹亹申伯(미미신백)을 王纘之事(왕찬지사)하사 于邑于謝(우읍우사)하여 南國是式(남국시식)케하시다 王命召伯(왕명소백)하사 定申伯之宅(정신백지택)하사 登是南邦(등시남방)하시니 世執其功(세집기공)이로다 [賦]

| 언해 |

亹亹훈 申伯을 王이 일을 纘케하샤 謝에 邑ᄒᆞ야 남녁 나라에 이 式케ᄒᆞ시다 王이 召伯을 命ᄒᆞ샤 申伯의 집을 定ᄒᆞ샤 南邦을 登케 ᄒᆞ시니 딕딕로 그 功을 執케 ᄒᆞᄂᆞᆫ도다

| 번역 |

부지런하고 부지런한 신백을
왕이 일을 잇도록 하시어
사 땅에 도읍을 하여
남쪽 나라들이 본받도록 하시었네
왕이 소백에게 명령하시어
신백의 집을 정하시어
이 남쪽 나라를 이루도록 하시니
대대로 그 공을 지키도록 함이로다

| 자해 |

亹亹 : 힘쓰는 모양. • 纘 : 선대의 일을 잇게 함. • 邑 : 도읍. • 謝 : 주나라 남쪽의 땅. • 式 : 본받음. • 召伯 : 소목공(召穆公) 호(號). • 登 : 이룸. • 執 : 지킴.

5-3. 王命申伯(왕명신백)하사 式是南邦(식시남방)하시고 因是謝人(인시사인)하여 以作(이작) 爾庸(이용)하시다 王命召伯(왕명소백)하사 徹申伯土田(철신백토전)하시고 王命傅御(왕명부어)하사 遷其私人(천기사인)하시다 [賦]

| 언해 |

王이 申伯을 命ᄒᆞ샤 이 南邦을 式케 ᄒᆞ시고 이 謝ㅅᄉᆞᄅᆞᆷ을 因ᄒᆞ야 뼈 네 庸을 짓게 ᄒᆞ시다 王이 召伯을 命ᄒᆞ샤 申伯의 土田을 徹ᄒᆞ시고 王이 傅御를 命ᄒᆞ샤 그 私人을 遷ᄒᆞ시다

| 번역 |

왕이 신백에게 명령하시어
남쪽 나라에 본보기가 되도록 하시고
이 사읍 사람을 인하여
네 성을 쌓도록 하셨도다
왕이 소백에게 명령하시어
신백의 토지를 정리하도록 하시고
왕이 가신의 우두머리에게 명령하시어
집안사람들을 옮겨 가도록 하시었네

| 자해 |

庸 : 성. • 徹 : 경계를 정하고 세금을 바르게 함. • 傅御 : 신백(申伯)의 가신.

• 私人 : 집안사람. • 遷 : 자기 나라로 나아가게 함.

5-4. 申伯之功(신백지공)을 召伯是營(소백시영)이로다 有俶其城(유숙기성)하니 寢廟旣(침묘기)成(성)하여 旣成藐藐(기성막막)이어늘 王錫申伯(왕석신백)하시니 四牡蹻蹻(사모교교)하며 鉤膺濯濯(구응탁탁)이로다 [賦]

| 언해 |

申伯의 功을 召伯이 이 營ᄒᆞ도다 그 城을 俶ᄒᆞ니 寢廟ㅣ 임의 이루어셔 임의 이루믹 藐藐ᄒᆞ거늘 王이 申伯을 錫ᄒᆞ시니 四牡ㅣ 蹻蹻ᄒᆞ며 鉤膺이 濯濯ᄒᆞ도다

| 번역 |

신백의 일을
소백이 경영하도다
성 쌓기를 시작하니
종묘가 완성되어
이미 완성됨에 깊숙하고 깊숙한데
왕께서 신백에게 주신
네 필 말이 건장하며
고리 달린 가슴걸이 빛나도다

| 자해 |

俶 : 시작함. • 藐藐 : 깊은 모양. • 蹻蹻 : 건장한 모양. • 濯濯 : 광명한 모양.

5-5. 王遣申伯하시니 路車乘馬로다 我圖爾居하니 莫如南土로다 錫爾介圭하여 以作爾寶하노니 往近王舅아 南土是保어다 【賦】

| 언해 |

王이 申伯을 보ᄂᆡ시니 路車와 乘馬ㅣ로다 내 네 居를 도모ᄒᆞ니 南土만 ᄀᆞᆺᄐᆞ니 업도다 너를 介圭를 쥬어셔 ᄡᅧ 네 보ᄇᆡ를 짓로니 가셔 힝ᄒᆞ라 王舅아 南土를 이예 보젼ᄒᆞᆯ지어다

| 번역 |

왕께서 신백을 보내시니
큰 수레와 네 필 말이로다
내가 너의 거주를 도모하니
남쪽 땅 만한 곳이 없도다
네게 큰 홀을 주어
너의 보배로 삼게 하노니
가서 행하라 왕의 외숙이여
남쪽 땅을 보전 할지어다

| 자해 |

介 : 큼. • 介圭 : 제후를 봉할 때 주는 홀. • 近 : 행함.

5-6. 申伯信邁(신백신매)어늘 王餞于郿(왕전우미)하시다 申伯還南(신백환남)하니 謝于(사우)誠歸(성귀)로다 王命召伯(왕명소백)하사 徹申伯土疆(철신백토강)하여 以峙其粻(이치기장)하니 式遄其行(식천기행)이로다 [賦]

| 언해 |

申伯이 진실로 가거ᄂᆞᆯ 王이 郿에셔 젼송ᄒᆞ시다 申伯이 南으로 도라가니 謝에 진실로 도라가ᄂᆞᆫ도다 王이 召伯이 命ᄒᆞ샤 申伯의 土疆을 徹ᄒᆞ야 ᄲᅧ 그 粻을 峙ᄒᆞ니 ᄲᅧ 그 行ᄒᆞᆷ을 ᄲᆞᆯ리 ᄒᆞᄂᆞᆺ다

| 번역 |

신백이 진실로 떠나가자
왕이 미현에서 전송하시네
신백이 남쪽으로 돌아가니
사 땅으로 진실로 돌아가도다
왕이 소백에게 명령하시어
신백의 토지에서 세금을 거두시어
양식을 쌓아두도록 하니
빨리 떠나가도다

| 자해 |

峙 : 쌓음. • 粻 : 양식. • 遄 : 빠름.

5-7. 申伯番番(신백번번)하니 旣入于謝(기입우사)하여 徒御嘽嘽(도어탄탄)하니 周邦咸(주방함)喜(희)하여 戎有良翰(융유량한)이라하놋다 不顯(불현)가 申伯(신백)이여 王之元舅(왕지원구)로소니 文武是憲(문무시헌)이로다 [賦]

| 언해 |

申伯이 番番ᄒᆞ니 임의 謝에 드러가셔 徒御ㅣ 嘽嘽ᄒᆞ니 周ㅅ나라이 다 깃버ᄒᆞ야 네가 어진 翰을 두엇다 ᄒᆞᄂᆞᆫ도다 顯치 안이하냐 申伯이여 王의 元舅ㅣ로소니 文武ㅣ 이예 憲ᄒᆞ놋다

| 번역 |

신백이 씩씩하고 용감하니
이미 사 땅에 들어가서
걷거나 탄 사람들이 많고 많으니
주나라 사람들이 모두 기뻐하여
네가 훌륭한 대들보를 가졌다고 하네
드러나지 않겠는가 신백이여
왕의 큰 외숙이시니
문관과 무관들이 본보기로 삼도다

| 자해 |

番番 : 씩씩하고 용맹한 모양. • 嘽嘽 : 무리가 성한 모양. • 戎 : 너. • 元 : 어른. • 憲 : 본받음.

5-8. 申伯之德이여 柔惠且直이로다 揉此萬邦하여 聞于四國이로다 吉甫作誦하니 其詩孔碩이로다 其風肆好하니 以贈申伯하노라 [賦]

| 언해 |

申伯의 德이여 柔惠ᄒᆞ고 ᄯᅩ 곳도다 이 萬邦을 揉ᄒᆞ야 四國에 들니ᄂᆞᆫ도다 吉甫ㅣ 誦을 지으니 그 글이 심이 크도다 그 風이 드디여 죠흐니 ᄡᅧ 申伯을 쥬ᄂᆞᆫ도다

| 번역 |

신백의 덕이여
유순하고 은혜로우며 또 정직하도다
이 만방을 다스리어
사방 나라에 명성이 알려졌도다
길보가 시를 지으니
그 시가 매우 위대하도다
외우는 소리가 마침내 좋으니
그걸 신백에게 주는구나

| 자해 |

揉 : 다스림. • 吉甫 : 윤길보(尹吉甫). 주나라의 대신. • 誦 : 암송하는 글. • 風 : 소리. • 肆 : 드디어.

이 「크고 높은 봉우리[崧高]」는 모두 8장이다.

6. 뭇 백성[烝民]

6-1. 天生烝民(천생증민)하시니 有物有則(유물유칙)이로다 民之秉彝(민지병이)라 好是(호시)
懿德(의덕)이로다 天監有周(천감유주)하시니 昭假于下(소격우하)일새 保茲天子(보자천자)하
사 生仲山甫(생중산보)샷다 [賦]

| 언해 |

天이 무리 ᄇᆡᆨ셩을 ᄂᆡ이시니 物이 잇슴애 법이 잇도다 ᄇᆡᆨ셩의 잡엇ᄂᆞᆫ ᄡᅧᆺᄡᅧᆺᄒᆞᆫ 것이라 이 아람다운 德을 죠아 ᄒᆞᄂᆞᆫ도다 天이 周를 監ᄒᆞ시니 밝게 下에셔 假ᄒᆞᆯᄉᆡ 天子를 保ᄒᆞ샤 仲山甫를 生ᄒᆞ샷다

| 번역 |

하늘이 뭇 백성을 내시니
사물이 있으면 법칙이 있도다
백성들이 지닌 떳떳한 천성이므로
이 아름다운 덕을 좋아하도다
하늘이 주나라를 굽어보시니
밝게 아래에 이르시기에
이 천자를 보호하시어
중산보를 낳으셨도다

| 자해 |

假 : 이름. • 仲山甫 : 번후(樊侯).

| 의해 |

선왕(宣王)이 번후(樊侯) 중산보(仲山甫)를 명하여 제나라에 성을 쌓게 하니, 윤길보(尹吉甫)가 글을 지어 보낸 것이다.

6-2. 仲山甫之德이 柔嘉維則이라 令儀令色이며 小心翼翼하며 古訓是式하며 威儀是力하며 天子是若하며 明命使賦로다 [賦]

| 언해 |

仲山甫의 德이 柔嘉ᄒᆞᆷ이 법ᄒᆞᆫ지라 令ᄒᆞᆫ 儀며 令ᄒᆞᆫ 色이며 ᄆᆞᄋᆞᆷ을 젹게ᄒᆞ야 翼翼ᄒᆞ며 녯 가ᄅᆞ치ᄂᆞᆫ 것을 이 법ᄒᆞ며 威儀를 이 힘쓰며 天子를 이 若ᄒᆞ며 밝은 命을 이 賦ᄒᆞ놋다

| 번역 |

중산보의 덕이
유순하고 아름다움이 법이 되므로
좋은 위의며 좋은 얼굴빛이며
조심하여 공경하고 공경하며
옛 가르침을 이에 본받으며
위의를 이에 힘쓰며
천자께 이에 순종하며
밝은 왕명을 펴지도록 하도다

| 자해 |

令 : 착함. • 色 : 얼굴 빛. • 翼翼 : 공경하는 모양. • 古訓 : 선왕이 남겨준 가

르침. •若 : 순종함. •賦 : 폄.

6-3. 王命仲山甫(왕명중산보)하사 式是百辟(식시백벽)하며 纘戎祖考(찬융조고)하여 王躬(왕궁)是保(시보)케하시다 出納王命(출납왕명)하니 王之喉舌(왕지후설)이며 賦政于外(부정우외)하니 四方爰發(사방원발)이로다 [賦]

| 언해 |

王이 仲山甫를 命ᄒᆞ샤 이 百辟을 법ᄒᆞ게ᄒᆞ며 네 祖考를 이어셔 王의 몸을 이에 保케 ᄒᆞ시다 王의 命을 出ᄒᆞ며 納ᄒᆞ니 王의 喉舌이며 政을 박게 펴니 四方이 이에 發ᄒᆞᄂᆞᆺ다

| 번역 |

왕이 중산보를 명령하시어
이 많은 임금들에게 법이 되도록 하며
네 선조를 이어서
왕의 몸을 이에 보호하도록 하시었도다
왕의 명령을 내고 들이니
왕의 목 같고 혀 같으며
정사를 밖에 펴니
사방이 이에 호응하도다

| 자해 |

發 : 호응함.

6-4. 肅肅王命을 仲山甫將之하며 邦國若否를 仲山甫明之로다 旣明且哲하여 以保其身이며 夙夜匪解하여 以事一人이로다 [賦]

| 언해 |

肅肅ᄒᆞᆫ 王의 命 仲山甫ㅣ 將ᄒᆞ며 邦國의 若이며 否를 仲山甫ㅣ 明ᄒᆞ놋다 임의 明ᄒᆞ고 ᄯᅩ 哲ᄒᆞ야 ᄡᅧ 그 몸을 保ᄒᆞ며 夙夜에게 어르지 안이ᄒᆞ야 ᄡᅧ ᄒᆞᆫ ᄉᆞᄅᆞᆷ을 셤기ᄂᆞᆫ도다

| 번역 |

엄숙하고 엄숙한 왕의 명령을
중산보가 받들어 시행하며
나라 정치의 잘하고 못함을
중산보가 밝히도다
사리에 밝고 일을 살펴서
몸을 보전하며
아침부터 밤까지 게을리 아니하여
한 사람을 섬기도다

| 자해 |

肅肅 : 엄숙함. • 將 : 받들어 행함. • 若 : 순조로움. • 否 : 순조롭지 않음. • 明 : 이치에 밝음. • 哲 : 일을 살핌.

6-5. 人亦有言(인역유언)하되 柔則茹之(유즉여지)요 剛則吐之(강즉토지)라하나니 維仲山甫(유중산보)는 柔亦不茹(유역불여)하며 剛亦不吐(강역불토)하여 不侮矜寡(불모긍과)하며 不畏彊禦(불외강어)로다 [賦]

| 언해 |

ᄉᆞ롬이 ᄯᅩᄒᆞᆫ 말이 잇스되 柔ᄒᆞᆫ 즉 씹고 剛ᄒᆞᆫ 즉 吐ᄒᆞᆫ다 ᄒᆞᄂᆞ니 오즉 仲山甫ᄂᆞᆫ 柔ᄒᆞ야도 ᄯᅩᄒᆞᆫ 씹지 안이ᄒᆞ며 剛ᄒᆞ야도 ᄯᅩᄒᆞᆫ 吐치 안이ᄒᆞ야 矜寡를 侮ᄒᆞ지 안이ᄒᆞ며 彊禦를 畏치 안이ᄒᆞ놋다

| 번역 |

사람들이 또 말하기를
부드러우면 삼키고
딱딱하면 뱉는다고 하는데
중산보는
부드러워도 삼키지 아니하며
딱딱하여도 뱉지 아니하여
홀아비와 과부를 업신여기지 아니하며
강포한 사람을 두려워하지 아니하도다

6-6. 人亦有言(인역유언)하되 德輶如毛(덕유여모)나 民鮮克擧之(민선극거지)라하나니 我儀圖之(아의도지)하니 維仲山甫擧之(유중산보거지)로소니 愛莫助之(애막조지)로다 袞職有闕(곤직유궐)이어든 維仲山甫補之(유중산보보지)로다 [賦]

| 언해 |

ᄉᆞ롬이 ᄯᅩᄒᆞᆫ 말이 잇스되 德에 輶홈이 毛ㅣ 갓흐나 民이 능히 擧ᄒᆞ리 젹다ᄒᆞᄂᆞ니 내 儀ᄒᆞ며 圖호니 오즉 仲山甫ㅣ 擧ᄒᆞ도소니 愛ᄒᆞ나 助홀 것이 업도다 袞職이 闕홈이 잇거든 오즉 仲山甫ㅣ 補ᄒᆞ놋다

| 번역 |

사람들이 또한 말하기를
덕의 가벼움이 터럭과 같지만
덕을 행할 백성이 적다고 하는데
내가 헤아려보고 도모해보니
중산보가 덕을 행할 만한데
사랑하나 도와줄 수 없구나
천자의 직책에 결함이 있으면
중산보가 보완해 주리로다

| 자해 |

輶 : 가벼움. • 儀 : 헤아림. • 圖 : 꾀함. • 袞職 : 임금의 직분.

6-7. 仲山甫出祖(중산보출조)하니 四牡業業(사모업업)하며 征夫捷捷(정부첩첩)하니 每懷靡及(매회미급)이로다 四牡彭彭(사모방방)하며 八鸞鏘鏘(팔란장장)하니 王命仲山甫(왕명중산보)하사 城彼東方(성피동방)이샷다 [賦]

| 언해 |

仲山甫ㅣ 나가 祖ᄒᆞ니 四牡ㅣ 業業ᄒᆞ며 征夫ㅣ 捷捷ᄒᆞ니 ᄆᆡ양 懷

홈에 밋지 못홀가 ᄒᆞᄂᆞᆺ다 四牡ㅣ 彭彭ᄒᆞ며 八鸞이 鏘鏘ᄒᆞ니 王이 仲山甫를 命ᄒᆞ샤 뎌 東方에 城하라 하샷다

| 번역 |

중산보가 나가 노제를 지내는데
네 마리 말이 건장하며
따라가는 사람들도 민첩하니
언제나 생각이 미치지 못할 듯이 하네
네 마리 말이 건장하며
여덟 방울들이 딸랑딸랑하는데
왕이 중산보에게 명령하시어
저 동방에 성을 쌓도록 하셨도다

| 자해 |

祖 : 길을 떠날 때에 제사함. • 業業 : 건장한 모양. • 捷捷 : 빠른 모양. • 東方 : 제나라.

6-8. 四牡騤騤(사모규규)하며 八鸞喈喈(팔란개개)하니 仲山甫徂齊(중산보조제)하나니 式(식)遄其歸(천기귀)로다 吉甫作誦(길보작송)하니 穆如淸風(목여청풍)이로다 仲山甫永懷(중산보영회)라 以慰其心(이위기심)하노라 [賦]

| 언해 |

四牡ㅣ 騤騤ᄒᆞ며 八鸞이 喈喈ᄒᆞ니 仲山甫ㅣ 齊ㅅ나라에 가ᄂᆞ니 ᄡᅧ 그 도라감을 ᄲᆞᆯ리 ᄒᆞᄂᆞᆺ다 吉甫ㅣ 誦을 作ᄒᆞ니 穆홈이 淸風ᄀᆞᆺ도다 仲山甫ㅣ 기리 懷ᄒᆞᄂᆞᆫ지라 ᄡᅧ 그 ᄆᆞᄋᆞᆷ을 위로ᄒᆞ노라

| 번역 |

네 마리 말이 건장하며
여덟 방울들이 딸랑딸랑하는데
중산보가 제나라로 가니
돌아옴을 빨리 하리로다
길보가 시를 지으니
깊은 내용이 맑은 바람 같도다
중산보가 길이 생각하므로
이 시로 마음을 위로하노라

| 자해 |

穆 : 깊음. • 淸風 : 만물을 기르는 바람.

이 「뭇 백성[烝民]」은 모두 8장이다.

7. 위대한 한나라[韓奕]

7-1. 奕奕梁山(혁혁량산)을 維禹甸之(유우전지)삿다 有倬其道(유탁기도)에 韓侯受命(한후수명)이로다 王親命之(왕친명지)하시대 纘戎祖考(찬융조고)하노니 無廢朕命(무폐짐명)하여 夙夜匪解(숙야비해)하여 虔共爾位(건공이위)하라 朕命不易(짐명불역)하리라 榦不庭方(간부정방)하여 以佐戎辟(이좌융벽)하라 [賦]

| 언해 |

奕奕ᄒᆞᆫ 梁山을 오즉 禹ㅣ 甸ᄒᆞ놋다 倬ᄒᆞᆷ이 잇ᄂᆞᆫ 그 길에 韓侯ㅣ 命을 밧ᄂᆞ도다 王이 親히 命ᄒᆞ샤ᄃᆡ 네 祖考를 잇게ᄒᆞ노니 내 命을 廢치마라 夙夜에게 어르지 안이ᄒᆞ야 네 位에 虔共ᄒᆞ라 내 命을 박구지 안이호리라 庭치 안이ᄒᆞᄂᆞᆫ 나라를 幹ᄒᆞ야 뻐 네 辟을 佐ᄒᆞ라

| 번역 |

크고 큰 양산을
우임금이 다스리셨도다
밝은 그 길에
한나라 제후가 왕명을 받았도다
왕이 친히 명령하시기를
네 선조를 잇도록 하노니
내 명령을 폐지하지 말아서
아침부터 밤까지 게을리 하지 말아

네 직위를 공경히 수행할지어다
내 명령을 바꾸지 아니하리라
조회오지 않는 나라들을 바로잡아
네 임금을 보좌하라

| 자해 |

奕奕 : 큼. • 甸 : 다스림. • 倬 : 밝은 모양. • 韓 : 나라 이름. • 虔 : 공경함. • 易 : 고침. • 榦 : 바로잡음. • 不庭方 : 조정에 오지 아니하는 나라. • 辟 : 임금.

| 의해 |

한나라의 제후가 처음 와서 조회하여 비로소 왕의 명령을 받고 돌아가니, 시를 짓는 사람이 이 시를 지어서 보낸 것이다.

7-2. 四牡奕奕하니 孔脩且張이로다 韓侯入覲하니 以其介圭로 入覲于王이로다 王錫韓侯하시니 淑旂綏章과 簟茀錯衡과 玄袞赤舃과 鉤膺鏤鍚과 鞹鞃淺幭과 鞗革金厄이로다 [賦]

| 언해 |

四牡ㅣ 奕奕ᄒᆞ니 심히 길고 ᄯᅩ 크도다 韓侯ㅣ 드러와 覲ᄒᆞ니 그 介圭로ᄡᅧ 王ᄭᅴ 드러와 覲ᄒᆞᄂᆞᆺ다 王이 韓侯를 錫ᄒᆞ시니 죠ᄒᆞᆫ 旂와 綏章과 簟으로 ᄒᆞᆫ 茀과 錯ᄒᆞᆫ 衡과 玄ᄒᆞᆫ 袞과 赤ᄒᆞᆫ 舃과 鉤와 膺과 鏤ᄒᆞᆫ 鍚과 鞹으로 ᄒᆞᆫ 鞃과 淺으로 ᄒᆞᆫ 幭과 鞗革에 金으로 厄ᄒᆞᆫ 것이로다

| 번역 |

네 마리 말이 크고 크니
키가 심히 크고 또 크도다
한나라 제후가 들어와 뵙는데
큰 홀을 가지고
들어와 왕을 뵙도다
왕이 한나라 제후에게 주시니
좋은 깃발과 깃으로 장식한 깃발과
대자리 가리개와 문채 나는 멍에와
검은 곤룡포와 붉은 신과
갈고리 달린 가슴걸이와 금 조각한 당로와
가죽으로 맨 가로나무와 호피 덮개와
고삐 머리에 얽어맨 금으로 만든 고리로다

| 자해 |

旂 : 두 용을 그린 깃발. • 綏章 : 새 깃이나 쇠꼬리 털을 끝에 단 깃발. • 錫 :말 눈썹 위의 장식. • 鞹 : 털을 제거한 가죽. • 鞃 : 수레 가운데 빗긴 나무. • 淺 : 호피. • 幭 : 가로나무를 덮은 모피. • 鞗革 : 고삐 머리. • 金厄 : 고삐 머리를 동인 금 고리.

7-3. 韓侯出祖하니 出宿于屠로다 顯父餞之하니 清酒百壺로다 其殽維何요 炰鼈鮮魚로다 其蔌維何요 維筍及蒲로다 其贈維何요 乘馬路車로다 籩豆有且하니 侯氏燕胥로다 [賦]

| 언해 |

韓侯ㅣ 出ᄒᆞ야 祖ᄒᆞ니 出ᄒᆞ야 屠에셔 쟈도다 顯父ㅣ 젼송ᄒᆞ니 맑은 술이 百병이로다 그 안쥬 오즉 무엇고 炰ᄒᆞᆫ 鼈과 鮮ᄒᆞᆫ 魚로다 그 蔌은 오즉 무엇고 오즉 筍과 밋 蒲로다 그 쥬ᄂᆞᆫ 거시 오즉 무엇고 乘馬와 路車로다 籩豆ㅣ 且ᄒᆞ니 侯氏ㅣ 燕ᄒᆞ놋다

| 번역 |

한나라 제후가 나가 노제를 지내니
나가서 도 땅에서 유숙하도다
현보가 그를 전송하는데
맑은 술이 백 병이로다
안주는 무엇인가 하면
구운 자라와 신선한 물고기로다
나물은 무엇인가 하면
죽순과 미나리로다
선물은 무엇인가 하면
네 필 말과 큰 수레로다
대그릇과 나무접시가 많은데
제후들이 연회를 하는구나

| 자해 |

屠 : 땅 이름. • 顯父 : 주나라 대신. • 蔌 : 나물 안주. • 筍 : 죽순. • 蒲 : 미나리. • 且 : 많은 모양. • 侯氏 : 제후로 와서 조회하는 자. • 胥 : 어조사.

7-4. 韓侯取妻하니 汾王之甥이요 蹶父之子로다 韓侯迎止하니 于蹶之里로다 百兩彭彭하며 八鸞鏘鏘하니 不顯其光가 諸娣從之하니 祁祁如雲이로다 韓侯顧之하니 爛其盈門이로다 【賦】

| 언해 |

韓侯ㅣ 妻를 取ᄒᆞ니 汾王의 甥이오 蹶父의 子ㅣ로다 韓侯ㅣ 迎ᄒᆞ니 蹶의 里에 ᄒᆞ놋다 百兩이 彭彭ᄒᆞ며 八鸞이 鏘鏘ᄒᆞ니 그 빗치 낫타나지 안이ᄒᆞ냐 모든 娣ㅣ 좃치니 祁祁ᄒᆞ야 雲갓도다 韓侯ㅣ 도라보니 爛히 그 門에 盈ᄒᆞ도다

| 번역 |

한나라 제후가 아내를 얻으니
분왕의 질녀이고
궤보의 따님이로다
한나라 제후가 맞이하는데
궤보의 마을에서 하도다
수레 일백 대가 많고 많으며
여덟 방울이 딸랑딸랑하니
빛이 드러나지 않겠는가
여러 여동생들이 따라가니
얌전히 단장하여 구름 같네
한나라 제후가 돌아보니
찬란하게 문에 가득하도다

| 자해 |

蹶父 : 주나라 대신. • 迎 : 친영함. • 諸娣 : 잉첩. • 祁祁 : 얌전히 단장함. • 如雲 : 많음.

7-5. 蹶父孔武(궤보공무)하여 靡國不到(미국부도)하여 爲韓姞相攸(위한길상유)하니 莫如(막여)
韓樂(한락)이로다 孔樂韓土(공락한토)여 川澤訏訏(천택우우)하며 魴鱮甫甫(방서보보)하며 麀(우)
鹿噳噳(록우우)하며 有熊有羆(유웅유비)하며 有貓有虎(유묘유호)로다 慶旣令居(경기령거)하니
韓姞燕譽(한길연예)로다 [賦]

| 언해 |

蹶父ᅵ 심히 武ᄒᆞ야 나라마다 일으지 안이치 안어셔 韓姞을 爲ᄒᆞ야 攸를 相ᄒᆞ니 韓의 樂홈만 ᄀᆞᆺ호니 업도다 심심히 樂ᄒᆞᆫ 韓ᄯᅡ히여 川과 澤이 訏訏ᄒᆞ며 魴과 鱮ᅵ 甫甫ᄒᆞ며 麀와 鹿이 噳噳ᄒᆞ며 熊이 잇스며 羆잇스며 貓ᅵ 잇스며 虎ᅵ 잇도다 임의 조흔 居를 慶ᄒᆞ니 韓姞이 燕譽ᄒᆞ놋다

| 번역 |

궤보가 매우 씩씩해서
나라마다 이르지 아니한 데가 없어
한길을 위하여 시집보낼 곳을 살펴보니
한나라 같이 안락한 곳이 없었도다
대단히 안락한 한나라 땅이여
시내와 못이 크고 크며
방어와 연어가 큼직큼직하며
암사슴들이 우글우글하며

곰도 있고 큰곰도 있으며
고양이도 있고 호랑이도 있도다
이미 좋은 거처를 기뻐하니
한길이 편안히 여기고 즐거워하도다

| 자해 |

韓姞 : 궤보의 딸. • 攸 : 시집보낼 만한 곳. • 訏訏 · 甫甫 : 큼. • 噳噳 : 많음. • 貓 : 고양이. • 慶 : 기뻐함. • 燕 : 편안함. • 譽 : 즐거워함.

7-6. 溥彼韓城(부피한성)이여 燕師所完(연사소완)이로다 以先祖受命(이선조수명)이 因時(인시) 百蠻(백만)으로 王錫韓侯(왕석한후)하시니 其追其貊(기추기맥)이로다 奄受北國(엄수북국)하여 因以其伯(인이기백)하니 實墉實壑(실용실학)하며 實畝實籍(실무실적)하고 獻其貔(헌기비) 皮(피)와 赤豹黃羆(적표황비)로다 [賦]

| 언해 |

溥ᄒᆞᆫ 뎌 韓나라 城이여 燕나라 무리의 完ᄒᆞᆫ 배로다 先祖의 命을 受홈이 이 百蠻을 因홈으로뼈 王이 韓侯를 錫ᄒᆞ시니 그 追와 그 貊이로다 문득 北國을 受ᄒᆞ야 因ᄒᆞ야 뼈 伯ᄒᆞ니 진실로 墉ᄒᆞ며 진실로 壑ᄒᆞ며 진실로 畝ᄒᆞ며 진실로 籍ᄒᆞ고 그 貔皮와 赤豹와 黃羆를 獻ᄒᆞ리로다

| 번역 |

크나 큰 저 한나라 성이여
연나라 무리가 완성하였도다
선조가 명령을 받음이

이 많은 오랑캐들을 연유한 까닭으로
왕이 한나라 제후에게 내려주시니
추나라와 맥나라이로다
문득 북쪽 나라를 받아
그 우두머리가 되니
진실로 성을 쌓고 해자를 파며
진실로 이랑을 정리하고 조세를 바로 하고
맹수 가죽과
붉은 표범과 누런 곰을 바치도다

| 자해 |

溥 : 큼. • 燕 : 소공(召公)의 나라. • 師 : 무리. • 追 · 貊 : 이적의 나라. • 墉 : 성. • 壑 : 못. • 籍 : 세금. • 貔 : 맹수.

이 「위대한 한나라[韓奕]」는 모두 6장이다.

8. 장강과 한수[江漢]

8-1. 江漢浮浮(강한부부)하니 武夫滔滔(무부도도)로다 匪安匪遊(비안비유)라 淮夷來求(회이래구)니라 既出我車(기출아거)하며 既設我旟(기설아여)하니 匪安匪舒(비안비서)라 淮夷來鋪(회이래포)니라 [賦]

| 언해 |

江漢이 浮浮ᄒᆞ니 武夫ㅣ 滔滔ᄒᆞᄂᆞᆺ다 安치 못ᄒᆞ며 遊치 못ᄒᆞᄂᆞᆫ지라 淮夷를 來ᄒᆞ야 求ᄒᆞᆷ이니라 임의 내 車를 出ᄒᆞ며 임의 내 旟를 設ᄒᆞ니 安치 못ᄒᆞ며 舒치 못ᄒᆞᄂᆞᆫ지라 淮夷를 來ᄒᆞ야 鋪ᄒᆞᆷ이니라

| 번역 |

장강과 한수가 넘실넘실하니
병사들이 도도히 따라 내려가도다
안일하게 하며 놀러 가는 것이 아니라
회이를 와서 찾으려 함이라
이미 우리 전차를 출동시키며
이미 우리 깃발을 설치하니
안일하게 하며 느리게 하는 것이 아니라
회이를 와서 치려고 함이라

| 자해 |

浮浮 : 물이 성한 모양. • 滔滔 : 흐르는 모양. • 淮夷 : 회수 가에 있는 오랑

캐. • 鋪 : 군사를 베풀어 침.

| 의해 |

선왕(宣王)이 소목공(召穆公)을 명하여 회수 남쪽의 오랑캐를 평정하게 하니, 시를 쓰는 사람이 아름답게 여긴 것이다.

8-2. 江漢湯湯(강한상상)하니 武夫洸洸(무부광광)이로다 經營四方(경영사방)하여 告成(고성)于王(우왕)이로다 四方旣平(사방기평)하니 王國庶定(왕국서정)이로다 時靡有爭(시미유쟁)하니 王心載寧(왕심재녕)이샷다 [賦]

| 언해 |

江漢이 湯湯ᄒᆞ니 武夫ㅣ 洸洸ᄒᆞ도다 四方을 經營ᄒᆞ야 成홈을 王의게 告ᄒᆞᄂᆞ다 四方이 임의 平ᄒᆞ니 王國이 다힝이 定ᄒᆞ도다 ᄢᅴ에 爭홈이 잇지 안이ᄒᆞ니 王이 ᄆᆞᄋᆞᆷ이 곳 편안ᄒᆞ샷다

| 번역 |

장강과 한수가 콸콸 흐르니
병사들이 씩씩하고 씩씩하도다
사방을 경영하여
왕에게 성공을 고하도다
사방이 이미 평정되니
왕국이 다행히 안정되리로다
이에 전쟁이 있지 아니하니
왕의 마음이 곧 편안해지셨도다

| 자해 |

洸洸 : 씩씩한 모양. • 庶 : 다행히.

8-3. 江漢之滸에 王命召虎하사 式辟四方하여 徹我疆土하신든 匪疚匪棘이라 王國來極하시니 于疆于理하여 至于南海로다 [賦]

| 언해 |

江漢의 滸애 王이 召虎를 命ᄒᆞ샤 ᄡᅧ 四方을 辟ᄒᆞ야 우리 疆土를 徹ᄒᆞ샨ᄃᆞᆫ 疚ᄒᆞᄂᆞᆫ 줄이 안이며 棘ᄒᆞᄂᆞᆫ 줄이 아니라 王國에 來ᄒᆞ야 極케 ᄒᆞ심이니 疆ᄒᆞ며 理ᄒᆞ야 南海에 至ᄒᆞ도다

| 번역 |

장강과 한수의 물가에
왕이 소호를 명령하시어
사방을 개척하여
우리 강토를 구획하심은
병들고 위급하게 하는 것이 아니라
왕국에 와서 모범을 취하도록 하심이니
큰 경계 작은 경계를 다스려서
남해에까지 이르렀도다

| 자해 |

虎 : 소목공(召穆公)의 이름. • 辟 : 개척함. • 徹 : 정전(井田). • 棘 : 급함. • 極 : 가운데 거하여 사방이 모범을 취함.

8-4. 王命召虎(왕명소호)하사 來旬來宣(래순래선)하시다 文武受命(문무수명)이실새 召公維翰(소공유한)이러니 無曰予小子(무왈여소자)어다 召公是似(소공시사)니라 肇敏戎公(조민융공)이면 用錫爾祉(용석이지)하리라 [賦]

| 언해 |

王이 召虎ᄅᆞᆯ 命ᄒᆞ샤 來ᄒᆞ야 旬ᄒᆞ며 來ᄒᆞ야 宣ᄒᆞ라 ᄒᆞ시다 文武ㅣ 命을 바ᄃᆞ실ᄉᆡ 召公ㅣ 오직 翰이러니 나 小子라 닐으지 마를지어다 召公을 이에 갓ᄒᆞᆯ지니라 네 公을 肇ᄒᆞ야 敏케ᄒᆞ면 뼈 네게 복을 쥬리라

| 번역 |

왕이 소호를 명령하시어
두루 다스리고 선포하도록 하셨도다
문왕과 무왕이 천명을 받으실 적에
소공이 줄기가 되셨으니
나 때문이라고 말하지 말고
소공과 같이 할지어다
네가 공을 열어 민첩하게 한다면
너에게 복을 내려 주리라

| 자해 |

旬 : 두루함. • 宣 : 폄. • 召公 : 소강공(召康公) 석(奭). • 翰 : 줄기. • 予小子 : 왕이 스스로 일컬은 말. • 肇 : 여는 일. • 公 : 공적.

8-5. 釐爾圭瓚과 秬鬯一卣하며 告于文人하여 錫山土田하노니 于周受命하여 自召祖命하노라 虎拜稽首하니 天子萬年이소서 [賦]

| 언해 |

너를 圭瓚과 秬鬯ᄒᆞᆫ 卣를 釐ᄒᆞ며 文人ᄭᅴ 告ᄒᆞ야 山과 土田을 쥬노니 周에 가 命을 바다셔 召祖의 命ᄒᆞ던 ᄃᆡ로 터 ᄒᆞ노라 虎ㅣ 졀ᄒᆞ야 머리를 稽ᄒᆞ니 天子ㅣ 萬年을 ᄒᆞ쇼셔

| 번역 |

네게 옥 술잔과
검은 기장 술 한 동이를 내려주며
문덕을 지닌 사람에게 고하여
산과 전토를 내려주노니
주나라에 가서 명령을 받아
소공이 명령을 받았던 곳으로부터 하라
소호가 절하면서 머리를 조아리며
천자께서 만년토록 장수하소서

| 자해 |

釐 : 줌. • 卣 : 술잔. • 文人 : 문덕이 있는 선조. 문왕. • 周 : 기주(岐周). • 召祖 : 소공.

8-6. 虎拜稽首(호배계수)하여 對揚王休(대양왕휴)하여 作召公考(작소공고)하니 天子萬壽(천자만수)소서 明明天子(명명천자) 令聞不已(영문불이)하시며 矢其文德(시기문덕)하사 洽此四國(흡차사국)하소서 [賦]

| 언해 |

虎ㅣ 졀ᄒᆞ야 머리를 稽ᄒᆞ야 王의 아람다운 것을 對ᄒᆞ야 날려셔 召公애 作ᄒᆞ야 考ᄒᆞ니 天子ㅣ 萬壽ᄒᆞ쇼셔 明明ᄒᆞ신 天子ㅣ 챡ᄒᆞᆫ 소문이 말지 안이ᄒᆞ시며 그 文德을 矢ᄒᆞ샤 이 四國을 洽ᄒᆞ쇼셔

| 번역 |

소호가 절하고 머리를 조아려
왕의 아름다운 명령에 답하여 칭송해서
소공의 종묘 제기를 만들어 완성하니
천자께서 만수무강하소서
밝고 밝으신 천자께서
훌륭한 소문이 그치지 아니하시며
문덕을 베푸시어
이 사방 나라를 흠뻑 적시소서

| 자해 |

對 : 대답함. • 考 : 이룸. • 矢 : 베풂음.

| 의해 |

목공(穆公)이 이미 주는 것을 받음에, 천자의 아름다운 명령에 대답하여 칭송해서 소강공(召康公)의 종묘 제기를 만들고, 왕이 명령한 말을 새겨서 완성하며, 또 천자에게 만수무강을 축원한 것

이다.

이 「장강과 한수[江漢]」는 모두 6장이다.

9. 떳떳한 무력[常武]

9-1. 赫赫明明(혁혁명명)히 王命卿士(왕명경사) 南仲大祖(남중태조) 大師皇父(태사황보)하사 整(정)我六師(아육사)하여 以脩我戎(이수아융)하여 旣敬旣戒(기경기계)하여 惠此南國(혜차남국)하시다 [賦]

| 언해 |

赫赫히 明明히 王이 卿士ㅣ 南仲이 大祖ㅣㄴ 大師인 皇父를 命ᄒᆞ샤 우리 六師를 整ᄒᆞ야 뼈 우리 戎을 脩ᄒᆞ야 임의 공경ᄒᆞ며 임의 경계ᄒᆞ야 이 南國을 惠ᄒᆞ시다

| 번역 |

빛나고 빛나며 밝고 밝게
왕이 대신 가운데
남중이 시조인
태사 황보에게 명령하시어
우리 여섯 군대를 정돈하여
우리 무기를 수리하여
이미 공경하고 이미 경계하여
이 남쪽 나라를 은혜롭게 하시었네

| 자해 |

戎 : 무기.

| 의해 |

선왕(宣王)이 스스로 군대를 거느리고 회수 북쪽의 오랑캐를 칠 때, 대신 가운데 남중을 시조로 하는 태사 황보를 명하여 여섯 군대를 가지런히 다스려 그 무기를 닦아서 오랑캐의 난을 덜어서 이 남방의 나라를 은혜롭게 하였다. 이에 시를 짓는 사람이 이 시를 지어서 아름답게 여긴 것이다.

9-2. 王謂尹氏(왕위윤씨)하사 命程伯休父(명정백휴보)하여 左右陳行(좌우진항)하여 戒我(계아) 師旅(사려)하여 率彼淮浦(솔피회포)하여 省此徐土(성차서토)하시니 不留不處(불류불처)하여 三事就緖(삼사취서)로다 [賦]

| 언해 |

王이 尹氏ᄃᆞ려 닐으샤 程伯休父를 命ᄒᆞ야 左右로 항오를 베풀어셔 우리 師와 旅를 경계ᄒᆞ야 뎌 淮浦를 좃ᄎᆞ셔 이 徐土를 省ᄒᆞ시니 머무지 안이ᄒᆞ며 處ᄒᆞ지 안이ᄒᆞ야 三事ㅣ 緖에 就ᄒᆞ놋다

| 번역 |

왕이 윤씨에게 이르시어
정나라 제후인 휴보에게 명하여
좌우로 대오를 베풀어서
우리 부대를 경계하여
저 회수의 물가를 따라가
이 서주 땅을 살피도록 하시니
머무르지 않고 거처하지 않아
세 대신들이 일에 나아가도다

| 자해 |

尹氏 : 길보(吉甫). • 程伯休父 : 주나라의 대부. • 三事 : 자세하지 않음. 혹은 삼농(상농, 중농, 하농)이라고 하고, 혹은 세 대신이라고 함.

9-3. 赫赫業業하니 有嚴天子샷다 王舒保作하사 匪紹匪遊하시니 徐方繹騷로다 震驚徐方하니 如雷如霆하여 徐方震驚이로다 【賦】

| 언해 |

赫赫ᄒᆞ며 業業ᄒᆞ니 嚴ᄒᆞᆫ 天子ㅣ샷다 王이 舒히 保作ᄒᆞ샤 紹치 안이ᄒᆞ며 遊치 안이ᄒᆞ시니 徐方이 이여서 騷ᄒᆞᄂᆞᆺ다 徐方을 震驚ᄒᆞ니 雷갓ᄒᆞ며 霆갓ᄒᆞ야 徐方이 震驚ᄒᆞᄂᆞᆺ다

| 번역 |

빛나고 빛나며 대단하고 대단하니
위엄 있는 천자이시로다
왕이 천천히 편안하게 가시어
빠르지도 않고 놀지도 않으시니
서주 지방이 연이어 요동하도다
서주 지방을 진동시켜 놀라게 하니
우레와 같고 번개와 같아
서주 지방이 진동하여 놀라도다

| 자해 |

赫赫 : 드러남. • 業業 : 큼. • 嚴 : 위엄. • 王舒保作 : 왕의 군대가 천천히 편안하게 행함. • 紹 : 긴밀하게 얽힘. • 騷 : 요동.

9-4. 王奮厥武(왕분궐무)하시니 如震如怒(여진여노)로다 進厥虎臣(진궐호신)하시니 闞(감)如虓虎(여효호)로다 鋪敦淮濆(포돈회분)하여 仍執醜虜(잉집추로)하니 截彼淮浦(절피회포)여 王師之所(왕사지소)로다 [賦]

| 언해 |

王이 그 武를 奮하시니 震홈 갓흐며 怒홈 갓도다 그 虎臣을 進ᄒᆞ시니 闞홈이 虓虎갓도다 淮濆에 펴셔 두터이 ᄒᆞ야 仍ᄒᆞ야 醜虜를 잡으니 截ᄒᆞᆫ 뎌 淮浦ㅣ여 王師의 所ㅣ로다

| 번역 |

왕이 무력을 떨치시니
천둥치는 듯하고 진노하는 듯하도다
호랑이 같은 신하들을 진군시키니
으르렁 으르렁 울부짖는 호랑이 같도다
회수의 물가에 군대를 두터이 포진시켜
나아가 추악한 오랑캐를 붙잡으니
깎아지른 저 회수의 물가여
왕의 군대가 주둔한 곳이로다

| 자해 |

進 : 북을 쳐서 나가게 함. • 闞 : 분노한 모양. • 虓 : 호랑이가 성냄. • 仍 : 나아감. • 截 : 깎아지른 듯하여 범하지 못할 모양.

9-5. 王旅嘽嘽(왕려탄탄)하니 如飛如翰(여비여한)하며 如江如漢(여강여한)하며 如山之苞(여산지포)하며 如川之流(여천지류)하며 緜緜翼翼(면면익익)하며 不測不克(불측불극)하여 濯征徐國(탁정서국)이로다 [賦]

| 언해 |

王의 旅ㅣ 嘽嘽ᄒᆞ니 飛홈 갓ᄒᆞ며 翰홈 갓ᄒᆞ며 江갓ᄒᆞ며 漢갓ᄒᆞ며 山의 苞갓ᄒᆞ며 川의 流갓ᄒᆞ며 緜緜ᄒᆞ며 翼翼ᄒᆞ며 측량치 못ᄒᆞ며 익이지 못ᄒᆞ야 크게 徐國을 征ᄒᆞ놋다

| 번역 |

왕의 군대가 많고 강성하니
나는 듯 날개를 치는 듯 하며
장강과 같고 한수와 같으며
산의 밑둥과 같으며
냇물의 흐름과 같으며
면면히 이어지고 질서 정연하며
측량할 수 없고 이길 수 없어
서나라를 크게 정벌하였도다

| 자해 |

嘽嘽 : 많고 성한 모양. • 如飛如翰 : 빠름. • 如江如漢 : 많음. • 如山 : 움직이지 못함. • 如川 : 제어하지 못함. • 緜緜 : 끊지 못함. • 翼翼 : 어지럽히지 못함. • 濯 : 큼.

9-6. 王猶允塞하시니 徐方旣來로다 徐方旣同하니 天子之功이샷다 四方旣平하니 徐方來庭이로다 徐方不回어늘 王曰還歸라하시다 [賦]

| 언해 |

王의 猶ㅣ 믿부게 塞ᄒᆞ시니 徐方이 임의 오도다 徐方이 임의 同ᄒᆞ니 天子의 功이샷다 四方이 임의 平ᄒᆞ니 徐方이 와셔 庭ᄒᆞᄂᆞ다 徐方이 回치 안이커늘 王이 ᄀᆞᆯ아샤ᄃᆡ 도라 갈지니라 하시다

| 번역 |

왕의 도가 믿음직하게 성실하시니
서주 지방이 이미 왔도다
서주 지방이 이미 함께하니
이는 천자의 공이시도다
사방이 이미 평정되니
서주 지방이 와서 조회하도다
서주 지방이 어기지 아니하자
왕이 돌아가자고 말씀하셨네

| 자해 |

猶 : 도. • 允 : 믿음직함. • 塞 : 성실함. • 庭 : 조회함. • 回 : 어김. • 還歸 : 군대를 돌려 돌아옴.

이 「떳떳한 무력[常武]」은 모두 6장이다.

10. 하늘을 우러러[瞻卬]

10-1. 瞻卬昊天하니 則不我惠라 孔塡不寧하여 降此大厲샷다 邦靡有定하여 士民其瘵하니 蟊賊蟊疾이 靡有夷屆하며 罪罟不收하여 靡有夷瘳로다 [賦]

| 언해 |

昊天을 瞻卬ᄒᆞ니 곳 나를 惠치 안이ᄒᆞᄂᆞᆫ지라 심히 오ᄅᆡ 편안치 안이ᄒᆞ야 이 큰 厲를 ᄅᆡ리샷다 나라이 定홈이 잇지 안이ᄒᆞ야 션비와 ᄇᆡᆨ셩이 그 병드니 蟊賊의 蟊ᄒᆞ야 疾홈이 夷ᄒᆞ야 屆홈이 잇지 안이ᄒᆞ며 罪罟를 거두지 안이ᄒᆞ야 夷ᄒᆞ야 瘳홈이 잇지 안이ᄒᆞ놋다

| 번역 |

하늘을 우러러 보니
우리에게 은혜를 내려주지 아니하므로
심히 오랫동안 편안하지 아니하여
이렇게 큰 어지러움을 내리셨도다
나라가 안정됨이 없어서
선비와 백성들이 병드는데
해충의 해침이
가라앉아 다함이 없으며
죄 그물을 거두지 아니하여

평온하여 나음이 없도다

| 자해 |

塡 : 오램. • 厲 : 어지러움. • 瘵 : 병. • 蟊賊 : 싹을 해치는 벌레. • 疾 : 해침. • 夷 : 평온함. • 届 : 극진함. • 罟 : 그물.

| 의해 |

이는 유왕(幽王)이 포사(褒姒)를 총애하고 내시에게 정치를 맡겨서 어지러움을 초래한 것을 풍자한 시이다.

10-2. 人有土田(인유토전)을 女反有之(여반유지)하며 人有民人(인유민인)을 女覆奪之(여복탈지)하며 此宜無罪(차의무죄)를 女反收之(여반수지)하며 彼宜有罪(피의유죄)를 女覆說之(여복설지)로다 [賦]

| 언해 |

ᄉᆞᄅᆞᆷ이 둔 土田을 네가 도로혀 두며 ᄉᆞᄅᆞᆷ이 둔 民人을 네가 도로혀 쎄아시며 이 맛당이 罪업ᄂᆞᆫ 이를 네가 도로혀 收ᄒᆞ며 뎌 맛당이 罪잇ᄂᆞᆫ 이를 네가 도로혀 說ᄒᆞ놋다

| 번역 |

다른 사람이 소유한 토지를
네가 도리어 소유하며
다른 사람이 소유한 인민을
네가 도리어 빼앗으며
이 마땅히 죄 없는 사람을

네가 도리어 잡아 가두며
저 마땅히 죄 있는 사람을
네가 도리어 놓아 주도다

| 자해 |

覆 : 도리어. • 收 : 잡아 가둠. • 說 : 놓아줌.

10-3. 哲夫成城이어든 哲婦傾城하나니라 懿厥哲婦 爲梟爲鴟로다 婦有長舌이여 維厲之階로다 亂匪降自天이라 生自婦人이니라 匪教匪誨는 時維婦寺니라 [賦]

| 언해 |

哲ᄒᆞᆫ 夫ㅣ 城을 이루거든 哲ᄒᆞᆫ 婦ㅣ 城을 傾ᄒᆞᄂᆞ니라 懿ᄒᆞᆫ 그 哲婦ㅣ 梟ㅣ되며 鴟ㅣ 되ᄂᆞᆫ도다 婦의 長舌을 둠이여 厲의 階로다 亂이 天으로 븟터 ᄂᆡ림이 안이라 婦人으로 븟터 生ᄒᆞᆷ이니라 教치 안이ᄒᆞ며 誨치 안이ᄒᆞᆫ 것은 이 오직 婦와 寺니라

| 번역 |

명철한 남자는 성을 이루지만
명철한 부인은 성을 무너뜨리네
아름다운 저 명철한 부인이
올빼미가 되고 솔개가 되는구나
부인이 긴 혀를 가짐이여
재앙의 사다리가 되도다
어지러움이 하늘에서 내린 게 아니라

부인으로부터 발생하네
교훈이 아니며 가르침이 아닌 말은
이 부인과 내시의 말이니라

| 자해 |

城 : 나라. • 哲婦 : 포사(褒姒). • 傾 : 넘어뜨림. • 梟・鴟 : 나쁜 새. • 長舌 : 말이 많음. • 寺 : 내시.

10-4. 鞠人忮忒(국인기특)하여 譖始竟背(참시경배)어든 豈曰不極(기왈불극)이리요 伊胡(이호)爲慝(위특)고하나니 如賈三倍(여고삼배)를 君子是識(군자시식)이라 婦無公事(부무공사)어늘 休其蠶織(휴기잠직)이로다 [賦]

| 언해 |

ᄉᆞ롬을 鞠ᄒᆞ야 忮ᄒᆞ며 忒ᄒᆞ야 譖으로 始ᄒᆞ얏다가 ᄆᆞᄎᆞᆷ내 背ᄒᆞ거든 엇지 極지 안이호라 닐으리오 이것이 엇지 慝이 되리오 ᄒᆞᄂᆞ니 賈의 三倍ᄒᆞᆷ을 君子ㅣ 이 알고ᄌᆞ ᄒᆞᆷ 것흔지라 婦ㅣ 公事ㅣ 업거늘 그 蠶織ᄒᆞ기를 休ᄒᆞ놋다

| 번역 |

남을 궁지로 몰아 해치고 변덕스러워
참소로 시작하였다가 마침내 위배되면
어찌 끝이 없다고 이르겠는가
이것이 어찌 잘못이 되느냐고 하나니
장사가 세 곱 이익을 남기는 것을
군자가 이에 아는 것과 같다네

부인은 공적인 일이 없는데
누에 치고 베 짜는 일을 쉬고 있구나

| 자해 |

鞫 : 곤궁하게 함. • 忮 : 해침. • 忒 : 변함. • 譖 : 믿지 않음. • 背 : 돌이킴. • 慝 : 악함. • 三倍 : 이익이 많음. • 公事 : 조정의 일.

10-5. 天何以刺(천하이자)며 何神不富(하신불부)요 舍爾介狄(사이개적)이요 維予胥忌(유여서기)하나다 不吊不祥(부조불상)하며 威儀不類(위의불류)하며 人之云亡(인지운망)이니 邦國(방국)殄瘁(진췌)로다 [賦]

| 언해 |

天이 엇지뻐 刺ᄒᆞ며 神이 엇지 富케 안이ᄒᆞᄂᆞᆫ고 네 介ᄒᆞᆫ 狄을 노코 나를 셔로 忌ᄒᆞᄂᆞ다 祥치 안음을 吊치 안이ᄒᆞ며 威儀ㅣ 갓지 안이ᄒᆞ며 人이 亡ᄒᆞᆫ다 ᄒᆞᆷ이니 邦國이 殄瘁ᄒᆞ리로다

| 번역 |

하늘은 어찌 꾸짖으며
어찌 신은 부유하게 하지 않는가
너의 큰 오랑캐를 놓아두고
나만을 서로 꺼리도다
상서롭지 못함을 가엾게 여기지 않고
위의가 좋지 아니하며
착한 사람이 없으니
나라가 끊기어 병들겠도다

| 자해 |

刺 : 꾸짖음. • 介 : 큼. • 吊 : 민망함.

10-6. 天之降罔이여 維其優矣로다 人之云亡이여 心之憂矣로다 天之降罔이여 維其幾矣로다 人之云亡이여 心之悲矣로다 [賦]

| 언해 |

天이 그물을 降ᄒᆞᆷ이여 그 넉넉ᄒᆞ도다 ᄉᆞ롬의 亡ᄒᆞᆫ다 云ᄒᆞᆷ이여 마암에 근심ᄒᆞ도다 天이 그물을 降ᄒᆞᆷ이여 그 幾ᄒᆞ도다 ᄉᆞ롬의 亡ᄒᆞᆫ다 云ᄒᆞᆷ이여 마암에 슯허ᄒᆞ도다

| 번역 |

하늘이 죄의 그물을 내림이여
넉넉하기도 하구나
착한 사람이 없음이여
마음이 근심하도다
하늘이 죄의 그물을 내림이여
가까워졌도다
착한 사람이 없음이여
마음이 슬프도다

| 자해 |

幾 : 가까움.

10-7. 觱沸檻泉이여 維其深矣로다 心之憂矣여 寧自今矣리요 不自我先이며 不自我後로다 藐藐昊天이나 無不克鞏이시니 無忝皇祖면 式救爾後리라 [興]

| 언해 |

觱沸ᄒᆞᆫ 檻泉이여 그 깁도다 ᄆᆞᄋᆞᆷ에 근심홈이여 엇지 이제로븟터 홈이리오 내에 먼져로븟터 ᄒᆞ지 안이ᄒᆞ며 내에 뒤로븟터 ᄒᆞ지 안이ᄒᆞ도다 藐藐ᄒᆞᆫ 昊天이나 능히 鞏치 안이홈이 업스시니 皇祖를 더럽힘이 업스면 ᄡᅧ 네 뒤를 救ᄒᆞ리라

| 번역 |

퐁퐁 위로 솟아나오는 샘물이여
깊기도 하구나
마음이 근심함이여
어찌 지금부터이겠는가
환란이 나보다 먼저도 아니하였으며
나보다 뒤에도 아니하였구나
아득하고 아득한 하늘이지만
굳세게 해주지 아니함이 없으시니
위대한 조상을 더럽히지 아니하면
네 후손을 구제할 수 있을 것이라

| 자해 |

觱沸 : 샘이 솟아오르는 모양. • 檻泉 : 바로 솟는 샘. • 藐藐 : 높고 먼 모양. • 鞏 : 굳셈.

이 「하늘을 우러러[瞻卬]」는 모두 7장이다.

11. 소공과 하늘[召旻]

11-1. 旻天疾威(민천질위)라 天篤降喪(천독강상)하사 瘨我饑饉(전아기근)하여 民卒流(민졸유)亡(망)하여 我居圉卒荒(아거어졸황)이로다 [賦]

| 언해 |

旻天이 ᄲᆞᆯ리 위염ᄒᆞᄂᆞᆫ지라 天이 둣터이 喪을 ᄂᆞ리샤 날을 饑饉으로 瘨ᄒᆞ야 民이 다 流亡ᄒᆞ야 우리 居와 圉ㅣ 다 荒ᄒᆞᄂᆞᆺ다

| 번역 |

하늘이 매우 위엄이 있으므로
하늘이 두터이 환란을 내리시어
우리를 기근으로 병들게 하여
백성들이 모두 떠돌아 없어져
우리 중앙과 변방이 다 황폐하였네

| 자해 |

瘨 : 병. • 卒 : 다함. • 居 : 나라 가운데. • 圉 : 변방.

| 의해 |

이는 유왕(幽王)이 소인을 임용하여 기근과 침략을 불러들인 것을 풍자한 시이다.

천강죄고 모적내홍 혼탁미공 궤궤
11-2. 天降罪罟하사 蟊賊內訌하며 昏椓靡共하여 潰潰
회휼 실정이아방
回遹이어늘 實靖夷我邦이로다 [賦]

| 언해 |

天이 罪罟를 ᄂᆡ리샤 蟊賊이 안으로 訌하며 昏椓이 共치 안이ᄒᆞ야 潰潰ᄒᆞ야 回遹ᄒᆞ거ᄂᆞᆯ 진실로 우리나라를 다ᄉᆞ려 평하게 ᄒᆞ놋다

| 번역 |

하늘이 죄의 그물을 내리시어
해치는 자가 안으로 무너지게 하며
어지럽혀 망치는 자가 공손하지 아니하여
어지럽고 간사한데
진실로 우리나라를 다스려 태평하게 하도다

| 자해 |

訌 : 무너짐. • 昏 : 어지러움. • 椓 : 망함. • 共 : 공손함. • 潰潰 : 어지러움. • 回遹 : 간사함. • 靖 : 다스림. • 夷 : 태평함.

고고자자 증부지기점 긍긍업업 공전
11-3. 皐皐訿訿란 曾不知其玷하고 兢兢業業하여 孔塡
불녕 아위공폄
不寧하니여 我位孔貶이로다 [賦]

| 언해 |

皐皐ᄒᆞ고 訿訿ᄒᆞᆫ 이란 일즉이 그 이질어즘을 알지 못ᄒᆞ고 兢兢ᄒᆞ

며 業業ᄒᆞ야 심히 오ᄅᆡ 寧치 못ᄒᆞᄂᆞ니야 우리 位가 심히 貶ᄒᆞ놋다

| 번역 |

완강하고 거만하며 훼방하는 사람은
일찍이 그 결점을 모르고
조심조심하며 두려워하고 두려워하여
심히 오래 편안하지 못한 사람은
우리 지위가 심히 낮아졌도다

| 자해 |

皐皐 : 완강하고 거만함. • 訿訿는 훼방을 잘함. • 塡 : 오램.

11-4. 如彼歲旱(여피세한)에 草不潰茂(초불궤무)하며 如彼棲苴(여피서저)하니 我相此(아상차) 邦(방)한대 無不潰止(무불궤지)로다 [賦]

| 언해 |

뎌 歲ㅣ 旱홈에 풀이 潰茂치 못 홈 갓흐며 뎌 棲苴갓흐니 내 이 나라를 相혼ᄃᆡ 潰치 안이홈이 업도다

| 번역 |

저 해가 가뭄에
풀이 무성하지 못함과 같으며
저 물위에 떠있는 마른 부평초 같으니
내가 이 나라를 살펴보니

어지럽지 아니함이 없구나

| 자해 |

潰 : 이룸. • 棲苴 : 물 위에 뜬 풀이 말라서 윤택하지 못함. • 相 : 봄. • 潰 : 어지러움.

유석지부 불여시 유금지구 불여자
11-5. 維昔之富에 不如時하며 維今之疚도 不如玆로다
피소사패 호부자체 직형사인
彼䟽斯粺어늘 胡不自替요 職兄斯引하라 [賦]

| 언해 |

녜젹 富홈에 이 ᄀᆞᆺ지 안이ᄒᆞ며 이졔 疚홈도 이 갓지 안이ᄒᆞ도다 뎌ᄂᆞᆫ 䟽ㅣ오 이ᄂᆞᆫ 粺ㅣ어ᄂᆞᆯ 엇지 스ᄉᆞ로 替치 안이ᄒᆞᄂᆞᆫ고 職ᄒᆞ야 兄ᄒᆞ야 이예 引호라

| 번역 |

옛날 부유할 때에는
이와 같지 않았으며
이제 병이 든 것도
이처럼 심한 적은 없었도다
저는 거칠고 이는 고운데
어찌 스스로 물러나지 않는가
오로지 망연자실하여 오래 끄노라

| 자해 |

時 : 이. • 疚 : 병. • 䟽 : 거침. • 粺 : 정함. • 替 : 폐함. • 兄 : 황(怳)과 같음. • 引 : 긴 것.

| 의해 |

군자는 정한 쌀과 같고 소인은 거친 쌀과 같아서 나누기 쉬운데, 어찌하여 스스로 군자를 피하지 않는가? 이로 말미암아 내 마음이 오래도록 망연자실하여 스스로 말하지 못한 것이다.

11-6. 池之竭矣를 不云自頻하며 泉之竭矣를 不云自中하나다 溥斯害矣라 職兄斯弘하니 不裁我躬가 [賦]

| 언해 |

못의 다홈을 갓으로븟터 ᄒᆞᆫ다 닐으지 안이ᄒᆞ며 시암의 다홈을 가운ᄃᆡ로븟터 ᄒᆞᆫ다 닐으지 안이ᄒᆞᄂᆞ다 이 害ㅣ 溥ᄒᆞᆫ지라 職ᄒᆞ야 兄홈을 이예 弘호니 내 몸에 裁치 안이홀가

| 번역 |

연못물이 마름을
물가로부터 한다고 말하지 않으며
샘물이 마름을
가운데로부터 한다고 말하지 않네
이 해로움이 넓으므로
오로지 망연자실하여 오래 끄니
내 몸에 재앙이 미치지 않겠는가

| 자해 |

頻 : 가. • 溥 : 넓음. • 弘 : 큼.

11-7. 昔先王受命엔 有如召公의 日辟國百里러니 今也日蹙國百里로다 於乎哀哉라 維今之人은 不尙有舊아 [賦]

| 언해 |

녜젹 先王이 命을 바들제ᄂᆞᆫ 召公 갓흔 니가 잇셔 날로 나라를 百里식 辟ᄒᆞ더니 이제ᄂᆞᆫ 날로 나라를 百里식 蹙ᄒᆞ놋다 於乎ㅣ라 哀홉다 오즉 이젯 ᄉᆞ롬은 오히려 舊ㅣ 잇지 안이ᄒᆞ냐

| 번역 |

옛날에 선왕이 천명을 받을 때에는
소공과 같은 분이 있어
날마다 나라를 백리씩 개척했는데
지금은 날마다 나라가 백리씩 줄어드네
아 슬프다
지금 사람들은
그래도 옛 덕을 갖춘 사람이 있지 아니한가

| 자해 |

先王 : 문왕과 무왕. • 召公 : 강공(康公). • 辟 : 개척함. • 蹙 : 줄어듦.

이 「소공과 하늘[召旻]」은 모두 7장이다.

| 요지 |

머리 장에 '민천(旻天)'이라고 말하고 마지막 장에 '소공(召公)'이라고 말했기 때문에 「소민(召旻)」이라고 말하여 「소민(小旻)」과

구별하였다.

「탕지습(蕩之什)」은 10편 92장 769구이다.

송
頌

송이라는 것은 종묘의 노래이니, 성한 덕의 형용을 아름답게 여겨 그 공을 이룸으로 신명에게 고한 것이다. 주나라 송 서른 한 편에 주공(周公)이 정한 것이 많고, 또한 강왕(康王) 이후의 시도 있다.

청묘지습 | 淸廟之什

1. 맑고 고요한 사당[淸廟]

1-1. 於穆淸廟(오목청묘)에 肅雝顯相(숙옹현상)이며 濟濟多士(제제다사) 秉文之德(병문지덕)하여
對越在天(대월재천)이요 駿奔走在廟(준분주재묘)하나니 不顯不承(불현불승)가 無射於(무역어)
人斯(인사)샷다 [賦]

| 언해 |

於홉다 穆ᄒᆞᆫ 淸廟애 공경ᄒᆞ며 화ᄒᆞ고 밝은 도읍ᄂᆞᆫ 이며 濟濟ᄒᆞᆫ 마는 션비ㅣ 文의 德을 잡어셔 하늘에 기신 이를 對ᄒᆞ고 ᄉᆞ당에 기신 ᄃᆡ 크고 ᄲᆞᆯ으게 奔走ᄒᆞᄂᆞ니 나타나지 안이ᄒᆞ냐 높히여 밧들지 안이ᄒᆞ냐 사ᄅᆞᆷ의게 시려홈이 업스샷다

| 번역 |

아 깊고 원대하네 맑고 고요한 사당에
경건하고 온화고 밝게 돕는 사람이며
수두룩히 많은 선비들이
문왕의 덕을 지니고서
하늘에 계신 이를 대하고
사당에 계신 신주를 분주히 받드니
드러나지 아니할까 받들지 아니할까
사람들에게 미움을 받지 않으셨다

| 자해 |

於 : 감탄사. • 穆 : 깊고 원대함. • 淸 : 밝고 고요함. • 肅 : 공경함. • 雝 : 온화함. • 顯 : 밝음. • 相 : 도움. • 濟濟 : 무리. • 多士 : 제사에 참여하는 집사. • 越 : 어(於). • 駿 : 크고 빠름. • 承 : 높여 받듦. • 射 : 싫어함. • 斯 : 어조사.

| 의해 |

이것은 주공이 이미 낙양에 도읍을 세우고 제후들에게 조회를 받을 때, 제후들을 거느리고 문왕에게 제사하는 노래이다. 깊고 원대하도다. 이 맑고 고요한 사당에 제사를 돕는 제후가 다 공경하고 또 온화하며, 일을 집행하는 사람이 또 문왕의 덕을 지녀 행하지 아니함이 없어서, 이미 하늘에 계신 신령을 대하고 또 사당에 계신 신주를 받들기에 분주하다. 이와 같으면 이 문왕의 덕이 어찌 나타나지 아니하며, 어찌 높여 받들지 아니하겠는가? 사람이 싫어하지 않을 줄을 믿을 수 있다.

이 「맑고 고요한 사당[淸廟]」은 모두 1장이다.

2. 하늘의 명령[維天之命]

2-1. 維天之命(유천지명)이 於穆不已(오목불이)시니 於乎不顯(오호불현)가 文王之德(문왕지덕)之純(지순)이여 [賦]

| 언해 |

하늘의 命이 於ㅣ라 穆히 마지 안이ᄒᆞ시니 於乎ㅣ라 나타나지 안이ᄒᆞ시냐 文王의 德의 純ᄒᆞᆷ이여

| 번역 |

하늘의 명령이
아 깊고 원대하여 그치지 않으니
아 드러나지 아니할까
문왕의 덕의 순일함이여

| 자해 |

天命 : 천도. • 不已 : 다함이 없음. • 純 : 잡되지 않음.

| 의해 |

이것도 또한 문왕에게 제사하는 시이다. 천도가 다함이 없음에 문왕의 덕이 순일하여 잡되지 아니하여 하늘로 더불어 사이가 없다고 하여 문왕의 덕의 성함을 칭송하였다.

假以溢我(가이일아)요 我其收之(아기수지)하여 駿惠我文王(준혜아문왕)호리니 曾孫篤(증손독)之(지)어다

| 언해 |

무엇으로뼈 나를 溢홀고 내 그 바더셔 크게 우리 文王끠 순히 호리니 曾孫은 두터히 홀지어다

| 번역 |

무엇으로 우리를 보살펴주시려나
우리가 그 보살핌을 받아서
크게 우리 문왕께 순종하리니
후손들은 두터이 할지어다

| 자해 |

假 : 무엇. • 溢 : 보살핌. • 收 : 받음. • 駿 : 큼. • 惠 : 순종함. • 曾孫 : 뒤의 임금. • 篤 : 두터움.

| 의해 |

문왕의 신령이 장차 무엇으로써 우리를 보살펴줄까? 우리가 마땅히 그 보살핌을 받아서 크게 문왕의 도에 순종할 것이다. 자손이 되는 뒤의 임금들은 또한 마땅히 대대로 두터이 하여 잊어버리지 말라.

이 「하늘의 명령[維天之命]」은 모두 1장이다.

3. 맑고 밝음[維淸]

3-1. 維淸緝熙(유청집희)는 文王之典(문왕지전)이시니 肇禋(조인)하나로 迄用有成(흘용유성)하니 維周之禎(유주지정)이로다 [賦]

| 언해 |

맑거셔 이어셔 밝을거슨 文王의 典이시니 비로소 졔ᄉᆞ홈으로 뼈 일움이 잇심애 니르니 周ㅅ나라의 샹셔이로다

| 번역 |

맑게 하여 이어 밝힐 것은
문왕의 법전이라
비로소 제사함으로부터
성공이 있는데 이르렀으니
주나라의 상서이로다

| 자해 |

淸 : 맑고 밝음. • 緝 : 이음. • 熙 : 밝음. • 肇 : 비로소. • 禋 : 제사. • 迄 : 이름.

| 의해 |

이것도 또한 문왕에게 제사하는 시이다. 마땅히 맑아서 이어 밝힐 것은 문왕의 법이다. 그러므로 비로소 제사함으로부터 이제 이룸이 있는데 이른 것은 실상 주나라의 상서이다. 이 시에는 아

마도 빠진 글이 있는 듯하다.

이 「맑고 밝음[維淸]」은 모두 1장이다.

4. 빛나고 문채 나는[烈文]

열문벽공 석자지복 혜아무강 자손보지
4-1. 烈文辟公이 錫玆祉福하니 惠我無疆하여 子孫保之로다 [賦]

| 언해 |

烈文ᄒᆞᆫ 辟公이 이복과 복을 쥬니 나를 은혜호ᄃᆡ 디경이 업슴으로 ᄒᆞ야 子孫으로 보존케 ᄒᆞᄂᆞᆺ다

| 번역 |

빛나고 문채 나는 임금들이
이 복을 주니
나를 은혜롭게 하기를 끝없이 하여
자손으로 그것을 보존하도록 하도다

| 자해 |

烈 : 빛남. • 辟公 : 제후.

| 의해 |

이것은 종묘에 제사할 때 제사를 돕는 제후에게 드리는 노래이다. 제후가 제사를 도와서 나로 하여금 복을 얻게 하니, 이는 제후가 이 복을 주어서 우리 주나라에 한 없이 은혜를 베풀어 나의 자손으로 하여금 대대로 길이 보존하게 한 것이다.

無封靡于爾邦이면 維王其崇之며 念茲戎功이라 繼序其皇之리라

| 언해 |

네 나라의 封ᄒᆞ며 靡홈이 업스면 님금이 그 놉히며 이 큰 功을 싱각ᄒᆞᄂᆞᆫ지라 ᄎᆞ례를 이어셔 그 크게 ᄒᆞ리라

| 번역 |

네 나라에서 이익을 탐하고 사치함이 없다면
왕이 그를 높일 것이며
이 큰 공을 생각하므로
대를 이어 크게 하리라

| 자해 |

封靡 : 이익을 오로지 하여서 부유하게 하고 사치함. • 崇 : 높이고 숭상함. • 戎 : 큼. • 皇 : 큼.

| 의해 |

네가 네 나라에서 이익을 오로지 하여 부유하게 하고 사치함이 없으면, 왕이 마땅히 너를 높일 것이다. 또 네가 이 제사를 도와서 복을 주는 큰 공을 생각하여 너의 자손으로 하여금 대를 이어서 더욱 크게 할 것이다.

無競維人(무경유인)을 四方其訓之(사방기훈지)하며 不顯維德(불현유덕)을 百辟其刑之(백벽기형지)하나니 於乎(오호)라 前王不忘(전왕불망)이로다

| 언해 |

이만 競ᄒᆞᆫ 이 업슨 사ᄅᆞᆷ을 四方이 그 가라치며 이만 顯ᄒᆞᆫ 이 업슨 德을 百辟이 그 刑ᄒᆞᄂᆞ니 於乎ㅣ라 前王을 잇지 못ᄒᆞ리로다

| 번역 |

이 보다 더 강함이 없는 사람을
사방이 그를 교훈으로 삼으며
이 보다 더 드러남이 없는 덕을
많은 임금들이 그것을 본받으니
아 이전 왕을 잊지 못하리라

| 의해 |

사람처럼 강함이 없고 덕처럼 드러남이 없나니, 선왕의 덕을 사람이 잊지 못하는 것은 이 도를 썼기 때문이다. 이것은 성왕(成王)이 제후를 경계하고 바로잡아 권면한 것이다.

이 「빛나고 문채 나는[烈文]」은 모두 1장이다.

5. 하늘이 만드시니[天作]

5-1. 天作高山이어시늘 大王荒之샷다 彼作矣어시늘 文王康之라 彼徂矣岐에 有夷之行하니 子孫保之어다 [賦]

| 언해 |

하ᄂᆞᆯ이 高山을 지엇거시ᄂᆞᆯ 大王이 다ᄉᆞ리샷다 뎌 지엇거시ᄂᆞᆯ 文王이 편안ᄒᆞ신지라 뎌 험ᄒᆞᆫ 岐예 평탄ᄒᆞᆫ 길이 잇스니 子孫은 보존ᄒᆞᆯ지어다

| 번역 |

하늘이 높은 산을 만드시자
태왕이 다스리셨도다
태왕이 고을을 만드시자
문왕이 편안히 해 주셨도다
저 험한 기산에
평탄한 도로가 있으니
자손들이 보전할지어다

| 자해 |

高山 : 기산(岐山). • 荒 : 다스림. • 康 : 편안함. • 徂 : 험하고 궁벽함. • 夷 : 평탄함. • 行 : 길.

| 의해 |

이것은 태왕을 제사하는 시이다. 하늘이 기산(岐山)을 지음에 태왕이 비로소 다스리고, 태왕이 이미 고을을 지음에 문왕이 또 편안히 하였다. 이에 저 험하고 궁벽한 기산에 돌아오는 사람이 많아서 평탄한 길이 되니, 자손은 마땅히 대대로 보전하여 지켜서 잃지 말지어다.

이 「하늘이 만드시니[天作]」는 모두 1장이다.

6. 하늘이 이루신 명이 있어[昊天有成命]

6-1. 昊天有成命(호천유성명)이어시늘 二后受之(이후수지)하시니라 成王不敢康(성왕불감강)하사 夙夜基命宥密(숙야기명유밀)하사 於緝熙單厥心(오집희단궐심)하시니 肆其靖之(사기정지)시니라 [賦]

| 언해 |

하ᄂᆞᆯ이 이루신 命이 잇거시ᄂᆞᆯ 두 님금이 바드시니라 成王이 敢히 편안치 못ᄒᆞ샤 일즉과 밤에 命을 基ᄒᆞᆷ을 깁고 密케ᄒᆞ샤 於ᄒᆞᆸ다 緝ᄒᆞ야 熙ᄒᆞ야 그 ᄆᆞᄋᆞᆷ을 單히 ᄒᆞ시니 그럼으로 그 편안ᄒᆞ시니라

| 번역 |

하늘이 이루신 명이 있자
두 임금이 받으셨구나
성왕이 감히 편안히 하지 않으시어
아침부터 밤까지 명을 주밀하게 다져서
아 계속해서 밝혀
그 마음을 다하시니
그러므로 천하를 편안하게 하셨도다

| 자해 |

二后 : 문왕과 무왕. • 成王 : 무왕의 아들. • 基 : 터. • 宥 : 크고 깊음. • 密 : 고요하고 주밀함. • 靖 : 편안히 함.

| 의해 |

이 시는 성왕의 덕을 말한 것이 많으니, 아마도 성왕에게 제사하는 시인 듯하다. 하늘이 주나라에 천하를 주어 이미 일정한 명이 있으니, 문왕과 무왕이 받았다. 성왕이 무왕을 이음에 또 감히 편안하지 아니하여, 일찍부터 밤까지 덕을 쌓아서 명을 이은 것이 크고 깊으며 고요하고 주밀하였다. 이처럼 광명한 문왕과 무왕의 업을 계승함에 그 마음을 다하였기 때문에, 이제 천하를 안정시켜 받은 명을 보존하게 되었다.

이 「하늘이 이루신 명이 있어[昊天有成命]」는 모두 1장이다.

7. 내가 받들며[我將]

7-1. 我將我享이 維羊維牛니 維天其右之아 [賦]

(아장아향 유양유우 유천기우지)

| 언해 |

내 밧들며 드림이 羊과 牛ㅣ니 하늘이 그 右에 ᄒᆞ실가

| 번역 |

내가 받들며 내가 드림이
양과 소이니
하늘이 오른쪽에 높이 계실까

| 자해 |

將 : 받듦. • 享 : 드림. • 右 : 높임.

| 의해 |

이것은 문왕을 명당(明堂)에서 제사하여 상제에게 배향하는 노래이다. 소와 양을 받들어서 상제에게 드리면서 "하늘이 내려와 이 소와 양의 오른쪽에 높이 있으실까?"라고 한 것이다.

의식형문왕지전 일정사방 이가문왕 기우
儀式刑文王之典하여 日靖四方하면 伊嘏文王이 旣右
향지
享之하시리라

| 언해 |

文王의 典을 儀ᄒᆞ며 式ᄒᆞ며 刑ᄒᆞ야 날로 四方을 안졍케ᄒᆞ면 福을 쥬시ᄂᆞᆫ 文王이 임의 右ᄒᆞ야 享ᄒᆞ시리라

| 번역 |

문왕을 법도를 본받아
날로 사방을 안정시키면
복을 내려주시는 문왕이
소와 양의 오른쪽에 계시며 흠향하시리

| 자해 |

儀·式·刑 : 본받음. • 嘏 : 복을 줌.

| 의해 |

내가 문왕의 법도를 본받아 천하를 안정시키면, 복을 주시는 문왕이 내려와 오른쪽에 있어서 내 제사를 흠향할 것이다.

아기숙야 외천지위 우시보지
我其夙夜에 畏天之威하여 于時保之엇다

| 언해 |

내 그 일즉과 밤애 하늘 위엄을 두려워ᄒᆞ야 이예 보존ᄒᆞᆯ지엇다

| 번역 |

내가 이른 아침부터 늦은 밤까지
하늘의 위엄을 두려워하여
이에 보존할 것이로다

| 의해 |

하늘과 문왕이 이미 다 오른쪽에서 내 제사를 흠향하셨으니, 내가 감히 아침부터 밤까지 하늘의 위엄을 두려워하여 하늘과 문왕이 내려 보시는 뜻을 보존하지 않겠는가?

이 「내가 받들며[我將]」는 모두 1장이다.

8. 때맞추어 다니니[時邁]

8-1. 時邁其邦(시매기방)에 昊天其子之(호천기자지)아 [賦]

| 언해 |

ᄣᅢ로 그 나라에 뎡김애 하ᄂᆞᆯ이 그 子ᄒᆞ실가

| 번역 |

때맞추어 제후의 나라에 다니니
하늘이 나를 자식처럼 여기실까

| 자해 |

邁 : 다님. • 邦 : 제후의 나라.

| 의해 |

이것은 천자가 제후의 나라에 순수하여 조회를 받고 하늘과 산천에 제사하여 고하는 노래이다. 내가 때에 맞추어 제후에게 순행함에 하늘이 나를 자식으로 여기실까?

實右序有周(실우서유주)라 薄言震之(박언진지)하니 莫不震疊(막불진첩)하며 懷柔百神(회유백신)하여 及河喬嶽(급하교악)하니 允王維后(윤왕유후)샷다

| 언해 |

진실로 周ㅅ나라를 右序ᄒᆞᆫ지라 잠싼 움직이니 움직이여 두려워ᄒᆞ지 안이ᄒᆞ리업스며 百神을 懷ᄒᆞ야 柔ᄒᆞ야 河와 喬嶽에 밋치니 진실로 王이 后ㅣ샷다

| 번역 |

진실로 주나라를 높여 차례를 잇게 했으므로
잠깐 움직이니
진동하고 두려워하지 아니한 사람이 없으며
온갖 신이 와서 편안하게 하여
하수와 높은 산악에 까지 미치니
진실로 왕이 임금이셨도다

| 자해 |

右 : 제왕이 전하는 차례를 높임. • 震 : 움직임. • 疊 : 두려워함. • 懷 : 옴. • 柔 : 편안함. • 允 : 진실로.

| 의해 |

하늘이 진실로 주나라를 높여 대를 잇게 하였으므로, 내가 잠깐 움직이면 사방의 제후가 두려워하지 않음이 없다. 또 온갖 신을 품고 편안하게 하여 깊고 넓은 하수와 높고 높은 산악에까지 미쳐서 신이 이르지 아니함이 없다. 주나라의 왕이 천하의 임금이 된 것이 마땅하도다.

명 소 유 주　식 서 재 위　재 집 간 과　재 탁 궁 시
明昭有周 式序在位하고 載戢干戈하며 載櫜弓矢하고

아 구 의 덕　사 우 시 하　윤 왕 보 지
我求懿德하여 肆于時夏하니 允王保之샷다

| 언해 |

明昭ᄒᆞᆫ 周ㅅ나라이 뼈 位에 잇ᄂᆞᆫ 이를 序ᄒᆞ고 곳 干戈를 모듸며 곳 弓矢를 감츄고 내 아ᄅᆞᆷ다온 德을 求ᄒᆞ야 이 夏에 베푸니 진실로 王이 보존ᄒᆞ샷다

| 번역 |

밝고 밝은 주나라가
지위에 있는 이들을 차례 짓고
곧 방패와 창을 거두며
곧 활과 화살을 활집을 넣고
우리 아름다운 덕을 구하여
이 중국에 베푸니
진실로 왕이 보전하셨도다

| 자해 |

戢 : 모음. • 櫜 : 활집. • 肆 : 베풂. • 夏 : 중국.

| 의해 |

밝고 밝도다, 우리 주나라여! 이미 지위에 있는 제후를 차례 지으며, 또 무기를 거두고 더욱 아름다운 덕을 구하여 중국에 펴고 베푸니, 왕이 천명을 보존할 것을 믿을 수 있겠도다.

이 「때맞추어 다니니[時邁]」는 모두 1장이다.

9. 한결같이 힘쓰신[執競]

9-1. 執競武王(집경무왕)이여 無競維烈(무경유렬)이샷다 不顯(불현)가 成康(성강)이여 上帝是皇(상제시황)이샷다 [賦]

| 언해 |

강홈을 잡으신 武王이여 강ᄒᆞ리 업슨 烈이얏다 나타나지 안이ᄒᆞ시냐 成康이여 上帝이 皇ᄒᆞ샷다

| 번역 |

한결같이 힘쓰신 무왕이여
겨룰 이 없는 공적이셨도다
드러나지 않겠는가 성왕과 강왕이여
상제가 임금으로 삼으셨도다

| 자해 |

競 : 힘씀.

| 의해 |

이것은 무왕과 성왕과 강왕에게 제사하는 시이다. 무왕이 스스로 힘써 쉬지 아니하는 마음을 가졌기 때문에 그 공적의 성함이 천하에서 겨룰 이가 없었다. 어찌 드러나지 아니하겠는가? 성왕과 강왕의 덕이여! 또한 상제가 임금으로 삼으신 바이다.

자피성강 엄유사방 근근기명
自彼成康하여 奄有四方하시니 斤斤其明이샷다

| 언해 |

뎌 成康으로부터 믄덕 四方을 두시니 斤斤흔 그 밝음이샷다

| 번역 |

저 성왕과 강왕으로부터
문득 사방을 소유하셨으니
밝게 살피는 밝음이셨도다

| 자해 |

斤斤 : 밝게 살핌.

| 의해 |

성왕과 강왕의 덕이 밝게 나타난 것이 이와 같다.

종고황황 경관장장 강복양양
鐘鼓喤喤하며 磬筦將將하니 降福穰穰이로다

| 언해 |

쇠북과 북이 喤喤ᄒᆞ며 경쇠와 피리가 將將ᄒᆞ니 福을 ᄂᆞ림이 穰穰ᄒᆞ도다

| 번역 |

종과 북이 둥둥 어우러지며

경쇠와 피리가 쟁쟁 모이니
복을 내림이 많고 많도다

| 자해 |

喤喤 : 조화함. • 將將 : 모임. • 穰穰 : 많음.

| 의해 |

이제 노래를 지어서 제사를 지내어 복을 받는다고 한 것이다.

강복간간 위의반반 기취기포 복록래반
降福簡簡이어늘 威儀反反하니 既醉既飽하여 福祿來反이로다

| 언해 |

福을 ᄂᆞ림이 簡簡ᄒᆞ거ᄂᆞᆯ 威儀가 反反ᄒᆞ니 임의 醉ᄒᆞ며 임의 飽ᄒᆞ야 福祿옴이 反ᄒᆞᄂᆞᆺ다

| 번역 |

복을 내림이 크고 큰데
위의가 신중하고 신중하니
이미 취하고 이미 배불러
복록의 옴이 반복되도다

| 자해 |

簡簡 : 큼. • 反反 : 삼가 신중함. • 反 : 반복함.

| 의해 |

복을 받음이 많은데 더욱 신중히 하니, 이로써 제사를 마쳤다. 음복을 하여 이미 취하고 이미 배불렀으니, 복록의 옴이 반복하여 싫음이 없도다.

이 「한결같이 힘쓰신[執競]」은 모두 1장이다.

10. 문덕[思文]

10-1. 思文后稷(사문후직)이여 克配彼天(극배피천)이샷다 立我烝民(입아증민)이 莫匪爾極(막비이극)이시니라 貽我來牟(이아래모) 帝命率育(제명솔육)이라 無此疆爾界(무차강이계)하시고 陳常于時夏(진상우시하)샷다 [賦]

| 언해 |

文ᄒᆞ신 后稷이여 능히 뎌 하늘을 配ᄒᆞ샷다 우리 모든 빅셩을 立케 ᄒᆞ심이 네 極이 안임이 업시시니라 우리ᄅᆞᆯ 來와 牟로 쥬심이 帝ㅣ 命ᄒᆞ야 두루 길으게 ᄒᆞ신지라 이 彊이며 界가 업시ᄒᆞ시고 常을 이 夏에 베푸샷다

| 번역 |

문덕을 지닌 후직이여
저 하늘에 짝이 되셨도다
우리 모든 백성을 먹이신 것이
당신의 지극함 아님이 없으시니라
우리에게 밀과 보리를 주심이
상제가 명하여 두루 기르게 한 것이라
여기와 저기의 경계가 없으시고
떳떳함을 이 중국에 베푸셨도다

| 자해 |

思 : 어조사. • 文 : 문덕이 있음. • 立 : 쌀로 먹임. • 極 : 덕이 지극함. • 貽 : 끼침. • 來 : 밀. • 牟 : 보리. • 率 : 두루. • 育 : 기름.

| 의해 |

후직의 덕이 참으로 하늘에 짝할 수 있다. 우리 백성으로 하여금 쌀을 먹을 수 있도록 한 그 덕이 지극하지 아니함이 없다. 또한 우리 백성에게 밀과 보리의 씨를 끼쳐 주신 것이 상제의 명이시니, 이것으로 아래 백성을 두루 기르게 한 것이다. 이 때문에 멀고 가까움, 저기와 여기의 다름이 없이 군신과 부자의 떳떳한 도를 중국에 베풀었다.

이 「문덕[思文]」은 모두 1장이다.

「청묘지습(淸廟之什)」은 10편 10장 95구이다.

신공지습 | 臣工之什

1. 여러 신하와 관리들이여[臣工]

1-1. 嗟嗟臣工(차차신공)아 敬爾在公(경이재공)이어다 王釐爾成(왕리이성)하시니 來咨(래자)
來茹(래여)어다 [賦]

| 언해 |

嗟홉다 嗟홉다 臣工아 네 公에 잇심을 공경홀지어다 王이 네게 成을 쥬시니 와셔 물으며 와셔 혜아릴지어다

| 번역 |

아 여러 신하와 관리들이여
네 관청에 있음을 공경할지어다
왕이 네게 이루어진 법을 내려 주셨으니
와서 물으며 와서 헤아릴지어다

| 자해 |

嗟嗟 : 거듭 탄식함. • 臣工 : 여러 신하들과 여러 관리들. • 公 : 관청. • 釐 : 줌. • 成 : 법을 이룸. • 茹 : 헤아림.

| 의해 |

이것은 농사를 맡은 관원을 경계하는 시이다. 왕이 이룬 법이 있어서 네게 주시니, 너는 마땅히 와서 물으며 헤아릴지어다. 다른 관원을 명령함에는 다 시가 없는데 특별히 농사를 맡은 관원을 명령함에는 시가 있는 까닭은, 생각하건대 주나라가 농사로 나라

를 열었기 때문에 성왕과 주공이 특별히 시를 지어서 경계하고 신칙하여 그 일을 중히 여긴 것이다.

차 차 보 개 유 모 지 춘 역 우 하 구 여 하 신 여
嗟嗟保介여 維莫之春이어니 亦又何求요 如何新畬요
오 황 래 모 장 수 궐 명 명 소 상 제 흘 용 강 년
於皇來牟 將受厥明이로소니 明昭上帝 迄用康年이샷다
명 아 중 인 치 내 전 박 엄 관 질 애
命我衆人하여 庤乃錢鎛하라 奄觀銍艾리로다

| 언해 |

嗟홉다 嗟홉다 保介여 져문 봄이어니 ᄯᅩᄒᆞᆫ 무엇을 求ᄒᆞ리오 시밧홈이 엇더뇨 於홉다 아름다온 보리 쟝ᄎᆞᆺ 그 밝게 쥬심을 바드리로쇼니 밝고 밝으신 上帝ㅣ 뼈 康年애 니르게 ᄒᆞ샷다 우리 衆人을 命ᄒᆞ야 錢과 鎛을 갓츄라 문득 ᄡᆞᆯ은 낫으로 곡식 베옴을 보리로다

| 번역 |

아 부관이여
늦봄이 되었으니
또한 무엇을 챙겨야 할까
새로 개간한 밭은 어찌되었느냐
아 밀과 보리가
장차 밝게 주심을 받게 되었으니
밝고 밝은 상제가
풍년에 이르게 하셨도다
우리 여러 사람들에게 명령하여
가래와 호미를 갖추도록 하라

문득 짧은 낫으로 곡식을 베게 되리라

| 자해 |

保介 : 농사를 맡은 관원의 버금. • 畬 : 땅을 개간한지 세 해 된 밭. • 於皇 : 아름다움을 탄식하는 말. • 明 : 상제가 밝혀 주심. 보리가 장차 익을 것을 말함. • 迄 : 이름. • 康年 : 풍년. • 衆人 : 밭을 다스리는 무리. • 庤 : 갖춤. • 錢 : 가래. • 鎛 : 호미. • 銍 : 벼 베는 짧은 낫. • 艾 : 곡식을 벰.

| 의해 |

이것은 경계할 바의 일을 말한 것이다. 삼월이 되면 마땅히 새 밭을 다스려야 하니, 이제 어떠한가? 그러나 밀과 보리가 장차 익으면 상제의 밝게 주심을 받을 것이니, 이것은 밝고 밝으신 상제가 또 장차 나의 새 밭에 풍년을 주시는 것이다. 이에 밭을 다스리는 무리를 명하여 농사하는 기구로 새 밭을 다스리면 또한 장차 홀연히 그 곡식 거둠을 볼 것이라고 말한 것이다.

이 「여러 신하와 관리들이여[臣工]」는 모두 1장이다.

2. 아 성왕이시여[噫嘻]

2-1. 噫嘻成王(희희성왕)이 旣昭假爾(기소격이)하시니 率時農夫(솔시농부)하여 播厥百穀(파궐백곡)하되 駿發爾私(준발이사)하여 終三十里(종삼십리)하며 亦服爾耕(역복이경)하되 十千維耦(십천유우)하라 [賦]

| 언해 |

噫嘻라 成王이 임의 밝히 너를 바루시니 이 農夫를 거느려셔 그 百穀을 쎄우되 크게 네 ᄉᆞᄉᆞ 밧을 갈ᄋᆞ셔 三十里를 맛치며 ᄯᅩᄒᆞᆫ 갈믈 服호ᄃᆡ 十千으로 ᄶᅡᆨ을 ᄒᆞ라

| 번역 |

아 성왕이
이미 밝게 너를 바르게 하셨으니
이 농부를 거느리고서
온갖 곡식들을 파종하되
네 개인 밭을 크게 갈아
삼십 리를 끝마치며
또한 네 밭갈이에 종사하되
만 명으로 짝을 삼도록 하라

| 자해 |

噫嘻 : 탄식하는 말. • 昭 : 밝음. • 假 : 바름. • 爾 : 밭을 맡은 관원. • 時 :

이. •駿 : 큼. •發 : 갈음. •私 : 개인 밭. •耦 : 두 사람이 아울러 밭을 갊.

| 의해 |

이것은 위 편을 이어서 또한 농사를 맡은 관원을 경계하는 글이다. 성왕이 처음 밭을 맡은 관원을 두고 일찍이 경계하여 명하였다. 너의 무리를 이미 밝게 바르게 하였으니, 너는 마땅히 이 농부를 거느려 백곡을 파종하며, 크게 그 개인의 밭을 갈게 하여 다 밭가는 일에 종사해서 만인이 짝을 하여 아울러 갈게 하라.

이 「아 성왕이시여[噫嘻]」는 모두 1장이다.

3. 떼 지어 나는 백로[振鷺]

3-1 振鷺于飛(진로우비)하니 于彼西雝(우피서옹)이로다 我客戾止(아객려지)하니 亦(역)
有斯容(유사용)이로다 [賦]

| 언해 |

振ᄒᆞᆫ 흰 ᄉᆡ가 날ᄂᆞ니 뎌 셔편 못에 ᄒᆞ놋다 우리 ᄉᆞᆫ임이 戾ᄒᆞ니 ᄯᅩ ᄒᆞᆫ 이 얼골이 잇도다

| 번역 |

떼 지어 백로가 날아가는데
저 서쪽 연못에서 나는구나
우리 손님이 오셨는데
또한 맵시가 있도다

| 자해 |

振 : 무리로 나는 모양. • 鷺 : 백로. • 雝 : 연못. • 客 : 하나라의 후예 기(杞)나라와 상나라의 후예 송(宋)나라.

| 의해 |

이것은 하나라 후예 기나라의 임금과 상나라 후예 송나라의 임금이 주나라에 와서 제사를 돕는 시이다. 백로가 서쪽 연못에서 날으니, 와서 제사를 돕는 우리 손님이 그 용모를 닦아 가지런함이 또한 새의 결백함과 같도다.

재피무오 재차무역 서기숙야 이영종예
在彼無惡하며 在此無斁하니 庶幾夙夜하여 以永終譽리로다

| 언해 |

뎌에 잇셔 미워ᄒᆞ리 업시며 이에 잇셔 시려ᄒᆞᆷ이 업시니 거의 일즉과 져물게 ᄒᆞ야 뼈 명예를 기리 맛치리로다

| 번역 |

저기에 있어도 미워하는 사람이 없으며
여기에 있어도 싫어하는 사람이 없으니
거의 아침 일찍 일어나고 밤늦게 자
명예를 길이 끝마치리로다

| 자해 |

彼 : 그 나라.

| 의해 |

그 나라에 있어도 미워할 자가 없고 여기에 있어도 싫어할 자가 없으니, 이와 같으면 거의 아침 일찍 일어나고 밤늦게 자서 이 명예를 길이 마칠 것이로다.

이 「떼 지어 나는 백로[振鷺]」는 모두 1장이다.

4. 풍년[豐年]

4-1. 豐年多黍多稌(풍년다서다도)하여 亦有高廩(역유고름)이 萬億及秭(만억급자)어늘 爲酒(위주)爲醴(위례)하여 烝畀祖妣(증비조비)하여 以洽百禮(이흡백례)하니 降福孔皆(강복공개)로다 [賦]

| 언해 |

豐年의 기쟝ᄒᆞ며 베ᄒᆞ야 ᄯᅩᄒᆞᆫ 놉흔 廩이 잇슴이 萬과 億과 밋 秭어늘 슐을 ᄒᆞ며 단슐을 ᄒᆞ야 祖妣께 烝畀ᄒᆞ야 ᄡᅧ 百禮를 洽족히 ᄒᆞ니 福을 ᄂᆞ림이 심히 두루ᄒᆞ리로다

| 번역 |

풍년에 기장도 많고 벼도 많아
높은 창고가
만과 억 및 천억이어늘
술을 빚고 단술을 빚어
선조께 나아가 올리어
온갖 예를 흡족히 하니
복을 내림이 심히 두루 하리

| 자해 |

稌 : 벼. • 烝 : 나아감. • 畀 : 줌. • 洽 : 갖춤. • 皆 : 두루 함.

| 의해 |

이것은 가을과 겨울에 농사한 일을 보답하는 노래이다. 농사하여 거두어들인 것이 많아서 제사에 바쳐 온갖 예를 갖추니, 신령이 내리는 복이 장차 심히 두루 할 것이로다.

이 「풍년[豊年]」은 모두 1장이다.

5. 장님 악사[有瞽]

5-1. 有瞽有瞽(유고유고)여 在周之庭(재주지정)이로다 [賦]

| 언해 |

瞽ㅣ여 瞽ㅣ여 周ㅅ나라 뜰에 잇도다

| 번역 |

장님 악사여 장님 악사여
주나라의 뜰에 있구나

| 자해 |

瞽 : 노래하는 관원으로 눈이 없는 자.

| 의해 |

처음으로 노래를 지어 조상의 사당에서 합주하는 시이니, 두 구절이 다 그 일을 서술하였다. 왕이 공을 이룸에 노래를 지어서 조상의 사당에 고한다.

設業設虡하니 崇牙樹羽로다 應田縣鼓와 鞉磬柷圉 旣備乃奏하니 簫管備擧로다

| 언해 |

業을 設ᄒᆞ며 虡를 設ᄒᆞ니 崇牙에 羽를 樹ᄒᆞ얏도다 應과 田인 달인 북과 鞉와 磬과 柷과 圉ㅣ 임의 갓초와 알위니 簫와 管이 갓추어 들도다

| 번역 |

업을 설치하고 종 틀을 설치하니
숭아에 깃털을 꽂았도다
작은 북과 큰 북과 매단 북과
소고와 경쇠와 축과 어가
이미 갖추어져 이에 연주하니
퉁소와 피리도 갖추어 불도다

| 자해 |

樹羽 : 다섯 가지 문채 있는 깃을 숭아 위에 둠. • 應 : 작은 북. • 田 : 큰 북. • 鞉 : 소고. • 磬 : 경쇠. • 柷 : 축. • 圉 : 어. • 簫 : 퉁소. • 管 : 피리.

喤喤厥聲이 肅雝和鳴하니 先祖是聽하시며 我客戾止하여 永觀厥成이로다

| 언해 |

喤喤ᄒᆞᆫ 그 소릐 肅ᄒᆞ고 雝ᄒᆞ야 和ᄒᆞ게 울리니 先祖ㅣ 이에 드르시며 우리 손임이 戾ᄒᆞ야 기리 그 일움을 보는도다

| 번역 |

둥둥 쿵짝 삘릴리 소리가
경건하고 화평하여 어울려 울려 퍼지니
선조께서 이에 들으시며
우리 손님들이 오시어
길이 이루어짐을 보는도다

| 자해 |

成 : 곡조를 마침.

| 의해 |

우리 손님이라고 말한 것은 이를 더욱 성대하게 여겼기 때문이다.

이 「장님 악사[有瞽]」는 모두 1장이다.

6. 물속[潛]

의 여 칠 저 잠 유 다 어 유 전 유 유 조 상 언 리
6-1. 猗與漆沮에 潛有多魚하니 有鱣有鮪하며 鰷鱨鰋鯉
이 향 이 사 이 개 경 복
로소니 以享以祀하여 以介景福이로다 [賦]

| 언해 |

猗흡다 漆와 沮애 潛애 만흔 고기가 잇스니 鱣이 잇스며 鮪ㅣ 잇스며 鰷이며 鱨이며 鰋이며 鯉로소니 ᄡᅧ 享ᄒᆞ며 ᄡᅧ 祀ᄒᆞ야 ᄡᅧ 큰 福을 크게 ᄒᆞ놋다

| 번역 |

아 칠수와 저수의
물속에 물고기가 많은데
전어가 있고 상어가 있으며
피라미와 날치와 메기와 잉어인데
이로써 올리며 이로써 제사지내어
큰 복을 크게 하도다

| 자해 |

猗與 : 감탄사. • 潛 : 물고기를 기르는 곳. 감추기를 깊이 함.

| 의해 |

늦겨울에 어부에게 명하여 비로소 고기를 잡을 때, 천자가 친히

가서 먼저 종묘에 올리게 하고 고기를 맛보며. 늦봄에 상어를 종묘에 올린다. 이 시는 그 노래이다.

이 「물속[潛]」은 모두 1장이다.

7. 온화함[雝]

7-1. 有來雝雝하여 至止肅肅이로다 相維辟公이어늘 天子穆穆이샷다 [賦]

| 언해 |

來홈이 雝雝ᄒᆞ야 니르러ᄂᆞᆫ 肅肅ᄒᆞ도다 相ᄒᆞᄂᆞᆫ 이ᄂᆞᆫ 辟公이어늘 天子ㅣ 穆穆ᄒᆞ샷다

| 번역 |

오는 것이 온화하고 온화하여
이르러서는 엄숙하고 엄숙하도다
돕는 사람이 제후들인데
천자는 근엄하시도다

| 자해 |

雝雝 : 온화함. • 肅肅 : 엄숙함. • 相 : 제사를 도움. • 辟公 : 제후. • 穆穆 : 천자의 용모가 근엄함.

| 의해 |

이것은 무왕이 문왕에게 제사하는 시이다. 제후가 오는 것이 다 온화하고 또한 엄숙하여 나의 제사하는 일을 도움에 천자는 근엄한 용모가 있도다.

오천광모 상여사사 가재황고 수여효자
於薦廣牡하여 相予肆祀하니 假哉皇考 綏予孝子샷다

| 언해 |

於ㅣ라 큰 즘싱을 薦ᄒᆞ야 나를 도와 졔ᄉᆞ를 베프니 크오신 皇考ㅣ 나 孝子를 편안케ᄒᆞ샷다

| 번역 |

아 큰 짐승을 올리어
나를 도와 제사를 베푸니
위대하신 황고께서
나 효자를 편안히 해 주셨도다

| 자해 |

廣牡 : 큰 짐승. • 肆 : 베풂. • 假 : 큼. • 皇考 : 문왕. • 綏 : 편안함. • 孝子 : 무왕.

| 의해 |

온화하고 엄숙한 제후가 큰 짐승을 올려서 나의 제사하는 일을 도우니, 위대한 문왕이 흠향하여 나 효자의 마음을 편안하게 하였다.

선철유인 문무유후 연급황천 극창궐후
宣哲維人이시며 文武維后시니 燕及皇天하여 克昌厥後샷다

| 언해 |

宣哲ᄒᆞᆫ 사ᄅᆞᆷ이시며 文武이신 님금이시니 편안ᄒᆞ야 하ᄂᆞᆯ에 밋쳐셔 능히 그 뒤를 챵셩ᄒᆞ샷다

| 번역 |

통달하고 지혜로운 인물이시며
문무를 겸전한 임금이시니
사람을 편안히 하여 하늘까지 미쳐서
후손들을 번창하게 하셨도다

| 자해 |

宣 : 통함. • 哲 : 지혜. • 燕 : 편안함.

| 의해 |

이것은 문왕의 덕을 찬미한 시이다. 통달하고 지혜가 있는 것은 사람의 도를 다한 것이고, 문과 무를 겸한 것은 임금의 덕을 갖춘 것이다. 그러므로 사람을 편안히 하여서 하늘에 미쳐서 그 후사를 번창하게 할 수 있었다.

綏我眉壽(수아미수)하며 介以繁祉(개이번지)하여 旣右烈考(기우렬고)요 亦右文母(역우문모)샷다

| 언해 |

나를 편안이 호ᄃᆡ 眉壽로ᄒᆞ며 크게 호ᄃᆡ 繁祉로ᄡᅧᄒᆞ야 임의 烈考를 右ᄒᆞ고 ᄯᅩᄒᆞᆫ 文母를 右케 ᄒᆞ샷다

| 번역 |

나를 편안히 하기를 장수로 하며
크게 하기를 많은 복으로 하여
이미 문왕을 높이고
또한 태사를 높이셨도다

| 자해 |

右 : 높임. • 烈考 : 문왕. • 文母 : 태사(大姒).

| 의해 |

문왕이 그 후손들을 번창하게 하여 장수로 편안하게 하고 많은 복으로 도와서 나로 하여금 문왕과 태사를 높이게 함을 얻었다.

이 「온화함[雝]」은 모두 1장이다.

| 요지 |

이 시는 제사를 끝내는 노래인데, 또한 철(徹)이라고도 부른다.

8. 천자를 뵙고서[載見]

8-1. 載見辟王하여 曰求厥章하니 龍旂陽陽하며 和鈴央央하며 鞗革有鶬하니 休有烈光이로다 [賦]

| 언해 |

곳 辟王께 뵈이여셔 그 법도를 求ᄒᆞ니 龍旂가 陽陽ᄒᆞ며 和와 鈴이 央央ᄒᆞ며 鞗革이 鶬ᄒᆞ니 아름다워셔 烈光이 잇도다

| 번역 |

천자를 뵙고서
법도를 구하니
용을 그린 기가 선명하고 선명하며
수레 방울과 깃대 방울이 딸랑딸랑하며
고삐가 휘휘 하니
아름다워 광채가 있도다

| 자해 |

載 : 발어사. • 章 : 법도. • 旂 : 두 마리의 용을 교차하여 그린 깃발. • 陽 : 밝음. • 和 : 수레 앞에 매단 방울. • 鈴 : 깃대 위에 매단 방울. • 央央 · 有鶬 : 소리가 조화로움. • 休 : 아름다움.

| 의해 |

이것은 제후가 무왕의 사당에서 제사를 돕는 시이다. 먼저 조회

에 와서 법도를 여쭈어 받을 적에 그 수레와 의장의 성대함이 이와 같았음을 말하였다.

솔 견 소 고　　 이 효 이 향
率見昭考하여 以孝以享하여

| 언해 |

거ᄂᆞ려셔 昭考ᄭᅦ 뵈야셔 뼈 孝ᄒᆞ야 뼈 享ᄒᆞ야

| 번역 |

제후를 거느리고 무왕을 뵈어서
효도하여 제향을 올리어

| 자해 |

昭考 : 무왕.

| 의해 |

이것은 천자가 제후를 거느리고 무왕의 사당에 제사함을 말한 것이다.

이 개 미 수　　 영 언 보 지　　 사 황 다 호　 열 문 벽 공
以介眉壽하여 永言保之하여 思皇多祜는 烈文辟公이
수 이 다 복　　 비 집 희 우 순 가
綏以多福하여 俾緝熙于純嘏로다

| 언해 |

뼈 眉壽를 介ᄒᆞ야 기리 보존ᄒᆞ야 크게 만흔 복을 홈은 烈文ᄒᆞᆫ 辟公이 綏호ᄃᆡ 만흔 福으로뼈 ᄒᆞ야 하여곰 緝ᄒᆞ야 熙ᄒᆞ야 純嘏케 ᄒᆞ놋다

| 번역 |

장수를 더하여
길이 보전하여
크고 많은 복을 받음은
공적과 문덕이 있는 제후들이
편안히 해 주기를 많은 복으로 하여
계속해서 밝혀 큰 복에 이르도록 한 것이라

| 자해 |

思 : 어조사. • 皇 : 큼. 아름다움.

| 의해 |

효도하고 제향하여 장수를 더하여 많은 복을 받으니, 이는 다 제후가 제사를 도와 이루어서 나로 하여금 이어 밝혀 순전한 복에 이르게 한 것이다. 이는 덕을 제후에게로 돌려보내는 말이다.

이 「천자를 뵙고서[載見]」는 모두 1장이다.

9. 손님[有客]

9-1. 有客有客(유객유객)이여 亦白其馬(역백기마)로다 有萋有且(유처유저)하니 敦琢其旅(조탁기려)로다 [賦]

| 언해 |

숀님이여 숀님이여 흰 그 말이로다 萋ᄒᆞ며 且ᄒᆞ니 敦琢ᄒᆞᆫ 그 旅ㅣ로다

| 번역 |

손님이여 손님이여
흰 그 말이로다
공경하며 삼가니
뽑고 가린 수행원이로다

| 자해 |

客 : 미자(微子). 주나라가 이미 상나라를 멸하고 미자를 송나라에 봉하여 선왕을 제사하게 하였는데, 손님의 예로 대접하고 감히 신하로 아니 한 것이다. • 白其馬 : 은나라가 흰 빛을 숭상함으로 예물을 씀에 은나라의 옛 법을 그대로 쓰게 한 것이다. • 萋 · 且 : 공경하고 삼가는 모양. • 敦琢 : 뽑고 가림. • 旅 : 신하로서 따르는 자.

| 의해 |

이것은 미자(微子)가 와서 할아버지의 사당에 알현하는 시이다.

이 일 절은 그 처음 올 때의 위의를 말한 것이다.

유객숙숙 유객신신 언수지집 이집기마
有客宿宿하며 有客信信하니 言授之縶하여 以縶其馬하리라

| 언해 |

숀님이 宿ᄒᆞ고 宿ᄒᆞ며 숀님이 信ᄒᆞ고 信ᄒᆞ니 縶홀 것을 쥬어셔 뼈 그 말을 縶호리라

| 번역 |

손님이 하룻밤을 자고
손님이 이틀 밤을 자니
잡아 맬 밧줄을 주어서
말을 매어 놓으리라

| 자해 |

宿 : 한 번 잠. • 信 : 두 번 잠.

| 의해 |

주나라 사람이 미자를 사랑하여 그 말을 잡아매어 가는 것을 허락하지 않은 것이다. 이 일절은 장차 가려고 하는 것을 말하였다.

박언추지 좌우수지 기유음위 강복공이
薄言追之하여 左右綏之하라 旣有淫威하니 降福孔夷로다

| 언해 |

잠깐 쏫처셔 左右로 綏호라 임의 淫威를 두시니 福을 ᄂᆡ리심이 심히 쉽고 크도다

| 번역 |

잠깐 따라가서 돌아오게 하여
이리저리 편안히 머무르게 하노라
이미 큰 위엄이 있으니
복을 내림이 심히 크구나

| 자해 |

追之 : 이미 간 것을 따라가서 다시 돌아오게 함. 사랑하기를 마지아니함. • 左右綏之 : 이리저리 편안히 머무르게 함. • 淫威 : 큰 위엄. • 夷 : 쉽고 큼.

| 의해 |

이것은 미자를 심히 사랑하여 그 가는 걸 따라가 다시 돌아오게 하여 편안하게 머무르게 함이니 이 일절은 그 머무르게 함을 말함이라

이 「손님[有客]」은 모두 1장이다.

10. 무왕[武]

10-1. 於皇武王(오황무왕)이여 無競維烈(무경유렬)이샷다 允文文王(윤문문왕)이 克開厥(극개궐)
後(후)어시늘 嗣武受之(사무수지)하사 勝殷遏劉(승은알류)하여 耆定爾功(기정이공)이샷다 [賦]

| 언해 |

於ㅣ라 크오신 武王이여 競ᄒᆞ리 업신 烈이샷다 진실로 文ᄒᆞ신 文王이 능히 그 뒤를 열으셧거ᄂᆞᆯ 이어셔 武ㅣ 바드샤 殷나라를 익이어셔 죽이는걸 그치게 ᄒᆞ야 네 功을 定홈을 이루게 하샷다

| 번역 |

아 위대하신 무왕이여
겨룰 사람이 없는 공적이시로다
진실로 문덕을 지닌 문왕이
뒤를 열어 놓으셨는데
이어서 무왕이 받으시어
은나라를 이기어 죽임을 그치게 하여
그대의 공적을 이루어 정하셨도다

| 자해 |

皇 : 큼. • 遏 : 그침. • 劉 : 죽임. • 耆 : 이룸.

| 의해 |

주공이 무왕의 공적을 형상하여 「태무(大武)」의 음악을 만들었다. 무왕의 다투지 못할 공적은 실로 문왕이 열었는데, 무왕이 이어받아서 은나라를 이겨 백성을 죽이는 일을 그치게 하여 그 공적을 이루어 정하였다.

이 「무왕[武]」은 모두 1장이다.

「신공지습(臣工之什)」은 10편 10장 106구이다.

민여소자지습 | 閔予小子之什

1. 불쌍한 나 어린 자식[閔予小子]

1-1. 閔予小子(민여소자) 遭家不造(조가부조)하여 嬛嬛在疚(경경재구)하니 於乎皇考(오호황고)여
永世克孝(영세극효)샷다 [賦]

| 언해 |

閔ᄒᆞᆫ 나 小子ㅣ 집의 일우지 못ᄒᆞᆷ을 맛나셔 嬛嬛히 슬픈 병에 잇시니 於乎ㅣ라 皇考ㅣ여 기리 世에 능히 효도를 하샷다

| 번역 |

불쌍한 나 어린 자식이
집을 이루지 못함을 만나
외롭고 외로워 슬픈 병이 있으니
아 위대한 아버님이시여
길이 세상에서 효도하셨도다

| 자해 |

閔 : 병. • 予小子 : 성왕. • 造 : 이룸. • 嬛 : 의지하고 믿는 데가 없음. • 疚 : 슬픈 병. • 皇考 : 무왕.

| 의해 |

이것은 성왕이 그 아버지 무왕의 상을 벗고 비로소 선왕의 사당에 알현할 때 지은 시이다. 불쌍한 나 어린 자식이 집을 이루지 못함을 만나서 의지하고 믿는 데가 없이 슬픈 병이 있다. 아, 위

대한 아버님이시여. 길이 세상에서 효도를 하셨다.

염 자 황 조 척 강 정 지 유 여 소 자 숙 야 경 지
念茲皇祖 陟降庭止하시니 維予小子 夙夜敬止엇다

| 언해 |

이 皇祖를 ᄉᆡᆼ각홈이 ᄯᅳᆯ에 올으시고 ᄂᆞ리신 듯 ᄒᆞ시니 나 小子ㅣ 일즉과 밤에 공경ᄒᆞᆯ지엇다

| 번역 |

위대한 할아버지를 생각함에
뜰에 오르내리시는 듯하니
나 어린 자식은
아침부터 밤까지 공경하리로다

| 자해 |

皇祖 : 문왕.

| 의해 |

이것은 위 글을 이어서 무왕의 효도를 말하였다. 문왕을 생각하면 항상 뜰에 오르고 내림을 보는 것 같다.

오 호 황 왕 계 서 사 불 망
於乎皇王이여 繼序思不忘이로다

| 언해 |

於乎ㅣ라 皇王이여 ᄎᆞ례를 이음을 ᄉᆡᆼ각ᄒᆞ야 잊지 못ᄒᆞ리로다

| 번역 |

아 위대한 문왕과 무왕이시여
차례를 이음을 생각하여 잊지 못하리로다

| 자해 |

皇王 : 문왕과 무왕을 겸하여 가리킴.

| 의해 |

이것은 위 글을 이어서 말하였다. 내가 아침과 밤에 공경하여 차례를 이을 것을 생각하여 잊지 아니하리로다. 내가 아버지 무왕이 할아버지 문왕을 생각하던 것을 효도로 삼았으므로, 나도 또한 마땅히 이어서 아버지 무왕을 생각함을 효도로 삼을 것이다.

이 「불쌍한 나 어린 자식[閔予小子]」은 모두 1장이다.

| 요지 |

이것은 성왕이 아버지 무왕의 상을 끝내고 사당에 알현할 때 지은 시인데, 아마도 후세에 이 시를 사왕(嗣王)이 사당에 알현하는 노래로 삼은 듯하다. 뒤의 세 편도 이와 같다.

2. 처음부터 물어가며[訪落]

2-1. 訪予落止(방여락지)하여 率時昭考(솔시소고)나 於乎悠哉(오호유재)라 朕未有艾(짐미유애)로다 將予就之(장여취지)나 繼猶判渙(계유판환)이로다 維予小子(유여소자) 未堪家多難(미감가다난)하니 紹庭上下(소정상하)하며 陟降厥家(척강궐가)하여 休矣皇考(휴의황고)로 以保明其身(이보명기신)이엇다 [賦]

| 언해 |

내 落에 물어셔 이 昭考를 죠치려ᄒᆞ나 於乎ㅣ라 먼지라 朕이 미치지 못호리로다 장ᄎᆞᆺ 날로 나아갈지나 이음이 오히려 난호고 헛허지도다 나 小子ㅣ 집의 어려움이 만흠을 견ᄃᆡ지 못호니 ᄯᅳᆯ에 올으고 ᄂᆡ리며 그 집에 올으고 ᄂᆡ림을 이어셔 아롬다오신 皇考로ᄡᅧ 그 몸을 보젼ᄒᆞ며 나타날지엇다

| 번역 |

내가 즉위한 처음부터 물어서
빛나는 아버님을 따르려고 하나
아 아득히 멀어서
내가 미치지 못하리로다
장차 내가 나아가도록 하겠으나
이음이 나누어지고 흩어지도다
나 어린 자식은
집안의 많은 어려움을 견디지 못하니

신령이 뜰에 오르고 내리며
집에 오르고 내림을 이어서
아름다운 위대한 아버님처럼
몸을 보전하며 드러낼 것이로다

| 자해 |

訪 : 물음. • 落 : 비로소. • 悠 : 아득함. • 艾 : 미침. • 判 : 나눔. • 渙 : 흩어짐. • 保 : 편안함. • 明 : 나타남.

| 의해 |

성왕이 이미 사당에 알현함을 인하여 이 시를 지어서 여러 신하를 맞아 물으려는 뜻을 말하였다. 내가 장차 비로소 꾀하여 나의 빛나는 아버님 무왕의 도를 따르려고 한다. 그러나 그 도가 아득히 멀기 때문에 내가 미치지 못할 것 같다. 장차 내가 힘써 나아갈 것이지만, 잇는 바가 오히려 나누이고 흩어져서 합치하지 않을까 두렵다. 또한 신령이 뜰에 오르고 내리며 집에 오르고 내림을 이어서 부디 위대한 아버님의 아름다움을 힘입어 내 몸을 편안하게 하고 드러남이 있게 할 따름이로다.

이 「처음부터 물어가며[訪落]」는 모두 1장이다.

3. 공경하라[敬之]

경지경지 천유현사 명불이재 무왈고고

3-1. 敬之敬之어다 天維顯思라 命不易哉니 無曰高高

재상 척강궐사 일감재자

在上이어다 陟降厥士하여 日監在茲시니라 [賦]

| 언해 |

공경ᄒᆞᆯ지어다 공경ᄒᆞᆯ지어다 하늘이 밝은지라 命이 쉽지 안이니 놉고 놉하셔 위에 잇다고 일으지 말지어다그 그 일에 올으고 ᄂᆞ려셔 날마다 보아셔 여긔 계시니라

| 번역 |

공경할지어다 공경할지어다
하늘이 밝으므로
천명을 보전하기 쉽지 않으니
높고 높아 위에 있다고 말하지 말라
일을 함에 신령이 오르고 내리어
날로 보아 여기에 계시니라

| 자해 |

顯 : 밝음. • 思 : 어조사. • 士 : 일.

| 의해 |

성왕이 여러 신하들의 경계를 받고 그 말을 진술하였다. 공경할

지어다, 공경할지어다. 천도가 심히 밝으니, 그 명을 보전하기 쉽지 아니하다. 높아서 나를 살피지 못한다고 말하지 말고, 마땅히 그 총명하고 밝고 두려움이 항상 나의 하는 일에서 오르고 내림과 같이 날마다 임하여 보지 않는 것이 없음을 알아야 할 것이니, 공경하지 않아서는 안 된다.

> 유여소자 불총경지　일취월장　학유집희우광
> 維予小子 不聰敬止하나 日就月將하여 學有緝熙于光
> 명　불시자견　시아현덕행
> 明하며 佛時仔肩하여 示我顯德行이니라

| 언해 |

나 小子ㅣ 聰ᄒᆞ야 공경치 못ᄒᆞ나 날로 나아가며 달로 나아가셔 ᄇᆡ홈이 이어셔 밝아셔 光明ᄒᆞᆷ이 잇시며 이 맛ᄒᆞᆷ을 도아셔 내게 나타ᄂᆞᆫ 德行으로 보일지니라

| 번역 |

나 어린 자식이
총명하여 공경하지는 못하지만
날로 나아가고 달로 나아가서
배움이 이어 밝혀져 광명이 있으며
이 맡은 짐을 도와서
내게 드러난 덕행을 보여줄지어다

| 자해 |

將 : 나아감. • 佛 : 도움. • 仔肩 : 맡김.

| 의해 |

이것은 스스로 대답하는 말이다. 내가 총명하지 못하여 공경하지 못하나, 원하건대 배워서 날로 나아가는 바가 있으며 달로 나아가는 바가 있어서 이어 밝혀서 광명한데 이르고, 또 여러 신하가 나의 맡은 바를 도와줌을 힘입어서 내게 드러나고 밝은 덕행을 보이면 거의 미칠 수 있을 것이다.

이 「공경하라[敬之]」는 모두 1장이다.

4. 작은 일도 삼가라[小毖]

4-1. 予其懲(여기징)이라 而毖後患(이비후환)가 莫予荓蜂(막여병봉)이랏다 自求辛螫(자구신석)이로다 肇允彼桃蟲(조윤피도충)이러니 拚飛維鳥(변비유조)로다 未堪家多難(미감가다난)이어늘 予又集于蓼(여우집우료)호라 [賦]

| 언해 |

내 그 경계ᄒᆞᆫ지라 뒤 근심이나 삼가ᄒᆞᆯ가 내 蜂을 부리지 말지랏다 스ᄉᆞ로 辛螫을 求ᄒᆞᆷ이로다 비로쇼에 뎌 桃蟲이라 밋다니 拚히 날르니 ᄉᆡ로다 집의 多難을 견ᄃᆡ지 못ᄒᆞ거ᄂᆞᆯ 내 ᄯᅩ 蓼에 集호라

| 번역 |

내가 경계하므로
후환이나 삼갈까
내 벌을 부리지 말지어다
스스로 맵게 쏘임을 구하는도다
처음에는 저 뱁새라고 믿었더니
훨훨 날아가니 큰 새로다
집안의 많은 어려움을 견디지 못하는데
내가 또 여뀌풀에 앉았도다

| 자해 |

懲 : 경계함. • 毖 : 삼감. • 荓 : 부림. • 蜂 : 벌. • 肇 : 비로소. • 允 : 믿음. •

桃蟲 : 뱁새. 작은 새. • 拚 : 훨훨 나는 모양. • 鳥 : 큰 새. • 蓼 : 여뀌. 맵고 씀.

| 의해 |

이것도 또한 처음부터 삼간다는 뜻이다. 성왕이 스스로 말하였다. 내가 무엇으로 징계하여 후환을 삼갈 것인가? 벌을 부리다가 독하게 쏘이고 뱁새를 믿다가 그것이 큰 새가 되는 것을 알지 못하니, 이것이 마땅히 경계할 바이다. 그러나 내가 바야흐로 어려서 많은 어려움을 견디지 못하여 맵고 쓴 처지에 놓였는데, 여러 신하는 어찌하여 나를 놓아두고 돕지 아니하는가?

이 「작은 일도 삼가라[小毖]」는 모두 1장이다.

5. 풀을 베며[載芟]

재삼재책 기경택택
5-1. 載芟載柞하니 其耕澤澤이로다 [賦]

| 언해 |

곳 芟ᄒᆞ며 곳 柞ᄒᆞ니 그 갈미 澤澤ᄒᆞ도다

| 번역 |

풀을 베고 나무를 베어
밭을 갈아 푸석푸석하도다

| 자해 |

芟 : 풀을 벰. • 柞 : 나무를 벰. • 澤澤 : 흙이 풀려 흩어짐.

| 의해 |

이 절은 땅을 개간하는 것을 말하였다.

천우기운 조습조진
千耦其耘하니 徂隰徂畛이로다

| 언해 |

千짝이 그ᄆᆡ니 隰에 徂ᄒᆞ며 畛에 徂ᄒᆞ놋다

| 번역 |

일천 짝이 김을 매니
습한 곳에 가며 밭두둑에 가도다

| 자해 |

耘 : 곡식 싹 사이에 있는 풀을 벰. • 濕 : 농사하는 곳. • 畛 : 밭두둑.

| 의해 |

습한 곳에 가고 밭두둑에 가서 논밭을 가는 농부가 들에 가득하여 빈 땅이 없다. 이 절은 논밭을 경작하는 것을 말하였다.

侯主侯伯과 侯亞侯旅와 侯彊侯以와 有嗿其饁이로소니
思媚其婦하며 有依其士하여 有略其耜로 俶載南畝로다

| 언해 |

主와 伯과 亞와 旅와 彊과 以왜 그 饁을 嗿ᄒᆞ노소니 그 졔 어미를 슌히ᄒᆞ며 그 졔 아비를 ᄉᆞ랑ᄒᆞ야 이로운 그 보습으로 비로소 南畝에 일을 ᄒᆞ놋다

| 번역 |

주인과 큰아들과
작은 아들과 여러 자제들과
농사를 돕는 사람과 일꾼들이
들밥을 맛있게 먹으니
부인에게 부드럽게 하며

남편을 사랑하여
날카로운 보습으로
비로소 남쪽 밭이랑에서 일하도다

| 자해 |

主 : 집 어른. • 伯 : 맏아들. • 亞 : 작은 아들들. • 旅 : 여러 자제. • 彊 : 와서 돕는 자. • 以 : 부리는 사람. • 噴 : 여럿이 음식을 먹는 소리. • 媚 : 부드러움. • 依 : 사랑함. • 士 : 남편. • 略 : 날카로움. • 俶 : 비로소. • 載 : 일.

| 의해 |

점심밥을 먹이는 아내와 밭가는 남편이 서로 위로하는 것이다. 이 절은 남녀노소가 힘을 합하여 비로소 밭가는 것을 말하였다.

播厥百穀(파궐백곡)하여 實函斯活(실함사활)하니

| 언해 |

그 百穀을 삐워셔 씨가 函ᄒᆞ야 이에 사라ᄂᆞ니

| 번역 |

온갖 곡식을 파종하여
씨앗이 기운을 머금어 살아나니

| 자해 |

函 : 머금음. • 活 : 살아남.

| 의해 |

이미 곡식을 심음에 그 씨가 기운을 머금어 살아난 것이다. 이 절

은 곡식의 싹이 나는 것을 말하였다.

역역기달	유염기표
驛驛其達이며	有厭其傑이며

| 언해 |

驛驛히 그 達ᄒᆞ며 厭ᄒᆞᆫ 그 傑이며

| 번역 |

부쩍부쩍 싹이 돋아나오며
싱싱하게 먼저 자라는 싹이며

| 자해 |

驛驛 : 싹이 나는 모양. • 達 : 흙에서 나옴. • 厭 : 기운을 충분히 받음. • 傑 : 먼저 자라는 싹.

| 의해 |

이 절은 싹이 나서 성대함을 말하였다.

염염기묘	면면기표
厭厭其苗며	綿綿其麃로다

| 언해 |

厭厭ᄒᆞᆫ 그 싹이며 綿綿ᄒᆞᆫ 그 麃로다

| 번역 |

싱싱한 싹이며
꼼꼼한 김매기로다

| 자해 |

綿綿 : 꼼꼼함. • 麃 : 밭을 맴.

| 의해 |

이 절은 곡식 사이에서 풀을 매는 것을 말하였다.

재 확 제 제　유 실 기 적　만 억 급 자　위 주 위 례
載穫濟濟하니 有實其積 萬億及秭어늘 爲酒爲醴하여
증 비 조 비　이 흡 백 례
烝畀祖妣하여 以洽百禮로다

| 언해 |

곳 穫ᄒᆞᆷ을 濟濟히ᄒᆞ니 實ᄒᆞᆫ 그 積ㅣ 萬이며 億이며 밋 秭ㅣ어늘
슐을 ᄒᆞ며 단슐을 ᄒᆞ야 祖妣께 烝畀ᄒᆞ야 百禮를 洽ᄒᆞ놋다

| 번역 |

수확하느라 북적북적하니
꽉 찬 노적가리가
만이며 억이며 천억이나 되는데
술을 빚으며 단술을 빚어
선조께 나아가 올리어
온갖 예를 흡족히 하도다

| 자해 |

濟濟 : 사람이 많은 모양. • 實 : 꽉 참. • 積 : 노적가리.

| 의해 |

이 절은 가을에 거두어들인 것이 많아서 제사를 지냄을 말하였다.

유필기향 방가지광 유초기형 호고지녕
有飶其香하니 邦家之光이며 有椒其馨하니 胡考之寧이로다

| 언해 |

飶이 그 香그러우니 나라 집의 빗이며 椒ㅣ 그 馨ᄒᆞ니 胡考의 편안홈이로다

| 번역 |

음식이 향기로우니
나라의 영광이며
산초가 향기로우니
장수의 편안함이로다

| 자해 |

飶 : 음식 냄새가 향긋함. • 胡 : 장수함.

| 의해 |

손님에게 잔치를 차려주면 나라가 빛나고, 노인을 같이 봉양하면 장수로 편안하다. 이 장은 또 손님을 대접하고 노인을 봉양하는

것을 말하였다.

匪且有且며 匪今斯今이라 振古如玆로다

(비차유차 비금사금 진고여자)

| 언해 |

이에 이 잇실 뿐이 안이며 이졔 이졔 뿐이 안이라 振古로 이와 ㅈ도다

| 번역 |

이곳뿐만 아니라
지금뿐만 아니라
먼 옛날부터 이와 같았도다

| 자해 |

且 : 이. • 振 : 극진함.

| 의해 |

이곳에만 이 농사의 일이 있는 것이 아니고, 이때에만 풍년의 경사가 있는 것이 아니라, 예전부터 이미 이와 같이 풍년이 있었다. 이 절은 농사의 유래가 먼 것을 말하였다.

이 「풀을 베며[載芟]」는 모두 1장이다.

6. 좋은 보습[良耜]

측 측 량 사　숙 재 남 무
6-1. 畟畟良耜로 俶載南畝하여 [賦]

| 언해 |

畟畟ᄒᆞᆫ 良耜로 비로소 남녁 밭두둑에 일을 ᄒᆞ야

| 번역 |

날카로운 좋은 보습으로
비로소 남쪽 밭두둑에서 일해

| 자해 |

畟畟 : 날카로움. • 耜 : 보습.

| 의해 |

이 절은 처음 밭가는 것을 말하였다.

파 궐 백 곡　실 함 사 활
播厥百穀하니 實函斯活이로다

| 언해 |

그 百穀을 ᄡᅵ우니 實이 函ᄒᆞ야 ㅣ에 사라나도다

| 번역 |

온갖 곡식을 파종을 하니
씨앗이 기운을 머금어 살아나도다

| 의해 |

이 절은 곡식의 싹이 나는 걸 말하였다.

혹래첨여 재광급거 기향이서
或來瞻女하니 載筐及筥로소니 其饟伊黍로다

| 언해 |

或 와셔 너를 瞻하니 곳 筐과 筥ㅣ로소니 그 밥 먹임이 기쟝이로다

| 번역 |

어떤 이가 와서 너를 보니
네모 광주리와 둥근 광주리에
그 들밥은 기장밥이로다

| 자해 |

筐·筥 : 음식 담는 그릇. •饟 : 밥을 먹임.

| 의해 |

어떤 이가 와서 너를 본다는 것은 아내와 아들이 와서 점심밥을 먹인다는 말이다. 그 점심밥을 기장으로 하고 진미는 없다고 한 것이다. 이 절은 밭에 가서 점심을 먹는 것을 말하였다.

기 립 이 규　기 박 사 조　이 호 도 료
其笠伊糾며 其鎛斯趙로소니 以薅荼蓼로다

| 언해 |

그 샤갓이 가부여이 들며 그 홈의로 이졔 趙ᄒᆞ노소니 뼈 荼와 蓼를 매도다

| 번역 |

삿갓이 가뿐하며
호미로 김을 매니
씀바귀와 여뀌를 매도다

| 자해 |

糾 : 삿갓을 가볍게 쓴 모양. • 趙 : 풀을 맴. • 薅 : 풀을 매어 버림. • 荼 : 씀바귀. • 蓼 : 여뀌.

| 의해 |

이 절은 밭에서 풀을 매는 것을 말하였다.

도 료 후 지　서 직 무 지
荼蓼朽止하니 黍稷茂止로다

| 언해 |

荼蓼가 썩으니 黍稷이 무셩ᄒᆞ도다

| 번역 |

씀바귀와 여뀌가 썩으니

기장과 피가 무성하구나

| 의해 |

독한 풀을 매어 썩이니, 흙이 숙성되어 곡식의 싹이 무성하다. 이 절은 곡식의 싹이 무성함을 말하였다.

확지질질 적지율율 기숭여용 기비여즐
穫之挃挃하며 積之栗栗하니 其崇如墉하며 其比如櫛하

이개백실
니 以開百室이로다

| 언해 |

穫홈을 挃挃히ᄒᆞ며 싸흠을 栗栗히ᄒᆞ니 그 놉흠이 墉과 갓흐며 그 比홈이 빗과 갓흐니 ᄡᅧ 百室을 여럿도다

| 번역 |

곡식을 싸악싸악 베며
곡식을 차곡차곡 쌓으니
높이가 성과 같으며
즐비함이 빗과 같으니
일백 집의 문을 열고 들여 놓도다

| 자해 |

挃挃 : 곡식 베는 소리. • 栗栗 : 곡식을 빽빽하게 쌓음. • 櫛 : 빗. • 百室 : 온 겨레 사람들.

| 의해 |

온 겨레 사람들이 서로 도와 농사를 짓기 때문에 가을에 수확할

때에도 함께 곡식을 들여와 쌓은 것이다. 이 절은 곡식을 거둔 것이 많고 한결같음을 말하였다.

> 百室盈止(백실영지)하니 婦子寧止(부자녕지)로다

| 언해 |

百室이 가득ᄒᆞ니 지엄이와 아들이 편안ᄒᆞ도다

| 번역 |

일백 집이 가득하니
부인과 자식들이 편안하도다

| 자해 |

盈 : 가득함. • 寧 : 편안함.

| 의해 |

농사할 때에는 수고하여 편안함을 얻지 못하더니, 이제 농사를 다 하였기 때문에 각각 즐거움을 누릴 것이로다. 이 절은 같이 풍년을 즐거워함을 말하였다.

> 殺時犉牡(살시순모)하니 有捄其角(유구기각)이로다 以似以續(이사이속)하여 續古之人(속고지인)이로다

| 언해 |

이 犉牡를 죽이니 구부러진 쁠이로다 뻐 갓흐며 뻐 이어셔 녯 사룸을 이엇도다

| 번역 |

입술이 검은 누런 소를 잡으니
구부정한 그 뿔이로다
이로써 계속하고 이로써 이어서
옛 사람을 이었도다

| 자해 |

犉 : 입술이 검은 누런 소. • 捄 : 굽은 모양. • 續 : 선조들을 이어서 제사를 받든다는 뜻.

| 의해 |

이 장에서는 농사를 다하고 소를 잡아 조상께 제사함을 말하였다.

이 「좋은 보습[良耜]」은 모두 1장이다.

7. 제사 옷[絲衣]

7-1. 絲衣其紑(사의기부)하니 載弁俅俅(재변구구)로다 自堂徂基(자당조기)하며 自羊徂牛(자양조우)하며 鼐鼎及鼒(내정급자)로다 兕觥其觩(시굉기구)하니 旨酒思柔(지주사유)어늘 不吳不敖(불오불오)하니 胡考之休(호고지휴)로다 [賦]

| 언해 |

絲衣가 그 쌧긋ᄒᆞ니 弁을 載ᄒᆞᆫ 이 俅俅ᄒᆞ도다 堂으로븟터 基에 가며 羊으로븟터 牛에 가며 鼐鼎과 밋 鼒ㅣ로다 兕觥이 그 觩ᄒᆞ니 아름다온 슐이 柔커ᄂᆞᆯ 吳치 아이며 敖치 안이ᄒᆞ니 胡考의 休ㅣ로다

| 번역 |

제사 옷이 깨끗하니
고깔을 쓴 사람은 공손하도다
마루로부터 마당의 자리에 가며
양으로부터 소에게 가며
크고 작은 솥을 살펴보도다
들소의 뿔잔이 구부정하니
맛있는 술이 부드럽거늘
떠들지 아니하며 오만하지 아니하니
장수의 아름다운 복을 누리겠구나

| 자해 |

絲衣 : 제사 옷. • 紑 : 깨끗한 모양. • 載 : 머리에 씀. • 弁 : 작변(爵弁). • 俅俅 : 공손한 모양. • 基 : 마당의 자리. • 鼐 : 큰 솥. • 鼒 : 작은 솥. • 思 : 어조사. • 柔 : 조화로움. • 吳 : 큰 소리.

| 의해 |

이것도 또한 제사지내고 술을 마시는 시이다. 제복을 입고 고깔을 쓴 사람이 마루에 올라서 제기를 보고 내려와 마당의 자리에 가서 제기가 갖추어져 있음을 고한다. 또 희생을 볼 때 양으로부터 소에 이르고, 돌아와 희생이 충실함을 고하고, 이에 솥뚜껑을 들어서 깨끗함을 고하니 예의 절차이다. 또 그 위의를 삼가서 떠들지 아니하며 오만하지 아니하기 때문에 장수의 복을 얻는다.

이 「제사 옷[絲衣]」은 모두 1장이다.

8. 참작함[酌]

8-1. 於鑠王師(오삭왕사)로 遵養時晦(준양시회)하여 時純熙矣(시순희의)어야 是用大介(시용대개)샷다 我龍受之(아룡수지)하니 蹻蹻王之造(교교왕지조)로다 載用有嗣(재용유사) 實維爾(실유이) 公允師(공윤사)로다 [賦]

| 언해 |

於ㅣ라 셩ᄒᆞᆫ 王師로 죠쳐 길러셔 ᄢᅢ로 晦ᄒᆞ야 이에 純熙커아 이에 큰 갑옷을 쓰샷다 내 龍ᄒᆞ야 바드니 蹻蹻ᄒᆞᆫ 王의 ᄒᆞᆷ이로다 곳 ᄡᅧ 嗣ᄒᆞᆷ이 진실로 네 公을 진실로 師ᄒᆞᆯ지로다

| 번역 |

아 강성한 왕의 군사로
도를 따라 힘을 길러 때로 감추어
이에 순전히 빛난 뒤에야
큰 갑옷을 입으셨도다
내가 은총을 입어 그 공을 받으니
늠름한 무왕이 하신 일이로다
곧 뒤를 잇는 이들이
진실로 당신의 일을 스승으로 삼도다

| 자해 |

鑠 : 강성함. • 遵 : 따름. • 熙 : 빛남. • 介 : 갑옷. • 龍 : 사랑함. • 蹻蹻 : 늠

름한 모양. • 造 : 행함. • 公 : 일.

| 의해 |

이것도 무왕을 칭송하는 시이다. 처음에는 강성한 군사가 있으나 쓰지 않고 물러가 스스로 도를 따라 힘을 길러서 때로 다 감추니 이미 순전히 빛이 났다. 그런 뒤에 한 번 갑옷을 입어 천하를 크게 안정시켰다. 뒤를 잇는 사람이 이에 사랑을 받아 이 굳센 왕의 공을 받으니, 잇는 이들이 또한 무왕의 일을 스승으로 삼을 것이다.

이 「참작함[酌]」은 모두 1장이다.

| 요지 |

아마도 이 장은 악절의 이름을 취한 듯하다.

9. 늠름함[桓]

9-1. 綏萬邦(수만방)하시니 屢豊年(누풍년)이로다 天命匪解(천명비해)라 桓桓武王(환환무왕)이 保有厥士(보유궐사)하사 于以四方(우이사방)하여 克定厥家(극정궐가)하시니 於昭于(오소우)天(천)이라 皇以間之(황이간지)샷다 [賦]

| 언해 |

萬邦을 편안이 ᄒᆞ시니 ᄌᆞ죠 豊年ᄒᆞ놋다 天命이 풀리지 안이ᄒᆞᆫ지라 桓桓ᄒᆞ신 武王이 그 士를 保有ᄒᆞ샤 四方에 以ᄒᆞ야 능히 그 집을 定ᄒᆞ시니 於ㅣ라 ᄒᆞᄂᆞᆯ에 昭ᄒᆞᆫ지라 皇ᄒᆞ야 뼈 間ᄒᆞ샷다

| 번역 |

만방을 편안하게 하시니
자주 풍년이 들도다
천명이 게으르지 않으므로
늠름한 무왕이
선비들을 보유하시어
이에 사방에 쓰시어
국가를 안정시키시니
아 하늘에까지 밝으므로
임금이 되어 상나라를 대신하셨도다

| 자해 |

綏 : 편안함. • 桓桓 : 늠름한 모양. • 間 : 대신함.

| 의해 |

큰 전쟁이 있은 다음에는 반드시 흉년이 있는데, 무왕이 상나라를 이긴 것은 곧 해로움을 제거하여 천하를 편안하게 했기 때문에 여러 번 풍년이 되는 상서로움을 얻었다. 하늘의 명이 주나라를 오래도록 싫어하지 않았기 때문에 이 늠름한 무왕이 많은 선비를 보존하여 두어서 사방에 써서 나라를 안정시켰다. 이에 그 덕이 위로 하늘에 밝아서 천하의 임금이 되어서 상나라를 대신하였다. 이것은 또한 무왕의 공을 기리는 말이다.

이 「늠름함[桓]」은 모두 1장이다.

10. 봉함[賚]

10-1. 文王既勤止어시늘 我應受之하니 敷時繹思하여 我徂維求定이니라 時周之命이시니 於繹思어다 [賦]

| 언해 |

文王이 임의 勤ᄒᆞ야시ᄂᆞᆯ 우리 應ᄒᆞ야 바드니 이를 궁구ᄒᆞ야 ᄉᆡᆼ각ᄒᆞᆯ 거ᄉᆞᆯ 펴셔 우리가 定ᄒᆞᆷ을 求ᄒᆞᆷ이니라 이 周ㅅ나라의 命이시니 於ㅣ라 궁구ᄒᆞ야 ᄉᆡᆼ각ᄒᆞᆯ지어다

| 번역 |

문왕이 이미 부지런하셨는데
우리가 응하여 봉함을 받으니
이 찾아 생각할 것을 펴서
우리가 안정되기를 구함이라
이것이 주나라의 명이니
아 찾아 생각할지어다

| 자해 |

應 : 마땅함. • 敷 : 폄. • 時 : 이것. • 繹 : 궁구함. • 繹思 : 찾아 궁구하여 생각함.

| 의해 |

이것은 문왕과 무왕의 공을 칭송하여 크게 공신을 봉하는 뜻을

말하였다. 문왕이 천하에 대해서 수고함이 지극하였기 때문에 그 자손이 받아서 소유하였다. 그러나 감히 혼자 소유하지 못하고 문왕의 공덕 가운데 찾아 생각할 것을 펴서 공이 있는 사람에게 주어서 천하가 편안하게 안정함을 구하였다. 이것은 다 주나라의 명이고, 상나라의 예전 제도를 회복한 것은 아니다. 그리하여 드디어 탄식하여 아름답게 여겨서 봉함을 받고 상을 받은 여러 신하들로 하여금 문왕의 덕을 찾아 생각하여 잊지 않게 하고자 한 것이다.

이 「봉함[賚]」은 모두 1장이다.

11. 돌아다님[般]

11-1. 於皇時周(오황시주) 陟其高山(척기고산)과 嶞山喬嶽(타산교악)하시고 允猶翕河(윤유흡하)하여 敷天之下(부천지하)를 裒時之對(부시지대)하시니 時周之命(시주지명)이시니라 [賦]

| 언해 |

於ㅣ라 皇호 이 周ㅅ나라이 그 高山과 嶞山과 喬嶽에 올ᄂ시고 진실로 翕河를 猶하여 敷天의 下를 모듸여셔 이에 ᄃ답ᄒ시니 이 周ㅅ나라의 命이시니라

| 번역 |

아 아름다운 이 주나라
높은 산과
회리봉과 높은 산악에 올라 제사하고
진실로 넘실넘실한 황하를 따라가
넓은 하늘 아래 사람들을
모아서 이에 보답하니
이것이 주나라의 명이라

| 자해 |

高山 : 일반적인 높은 산. • 嶞 : 좁고 긴 산. • 喬 : 높음. • 嶽 : 높고 큰 산. • 允 : 진실로. • 猶 : 따름. • 翕河 : 황하의 물이 넘치기를 잘하나, 이제 자연스럽게 흘러서 여러 갈래의 물이 모여도 사납지 않음. • 裒 : 모음. • 對 : 보답함.

| 의해 |

아름답다, 이 주나라여! 순수(巡守)하여 이 산에 올라서 제사를 지내고, 또 황하를 따라 네 큰 산을 두루 돌아다니니, 하늘 아래 사람들로서 내게 기대하지 않는 이가 없었다. 그러므로 모아서 산 아래에서 조회하여 그 뜻에 보답한다. 위의 네 구절은 순수하여 황하와 산에 제사하여 고하는 일을 말하였고, 아래의 세 구절은 순수하여 제후에게 조회받는 일을 말하였다.

이 「돌아다님[般]」은 모두 1장이다.

「민여소자지습(閔予小子之什)」은 11편 136구이다.

노송 | 魯頌

노나라는 소호(少皞)의 터이니, 성왕이 주공의 맏아들 백금(伯禽)을 봉하였다. 성왕은 주공이 천하에 큰 공로가 있다고 하여 백금에게 천자의 예악을 주었다. 이에 송(頌)이 있어서 사당의 음악을 삼고, 그 후에 스스로 시를 지어 그 임금을 칭송하는 것을 또한 송이라고 말하였다.

1. 건장한 말[駉]

1-1. 駉駉牡馬(경경모마) 在坰之野(재경지야)하니 薄言駉者(박언경자)로다 有驈有皇(유율유황)하며 有驪有黃(유려유황)하니 以車彭彭(이거방방)이로다 思無疆(사무강)하니 思馬斯臧(사마사장)이로다 [賦]

| 언해 |

駉駉ᄒᆞᆫ 슈말이 坰野애 잇시니 잠ᄭᅡᆫ 駉ᄒᆞᆫ지로다 驈이 잇시며 皇이 잇시며 驪ㅣ 잇시며 黃이 잇시니 슈레에 ᄡᅧ ᄒᆞᆷ애 彭彭ᄒᆞ도다 ᄉᆡᆼ각이 지경이 업스니 말을 ᄉᆡᆼ각ᄒᆞᆷ애 이에 착ᄒᆞ도다

| 번역 |

건장한 숫말들이
먼 들에 있으니
잠깐 건장함을 말하자면
다리 흰 검은 말도 있고 누렇고 흰 말도 있으며
검은 말도 있고 누렇고 붉은 말도 있는데
수레에 사용함에 성대하고 성대하도다
생각이 그지없으니
말을 생각함에 이에 좋도다

| 자해 |

駉駉 : 말이 살찌고 강한 모양. • 驈 : 넓적다리가 흰 검은 말. • 皇 : 누렇고 흰 말. • 驪 : 순전히 검은 말. • 黃 : 누렇고 붉은 말. • 彭彭 : 성대한 모양. • 思無疆 : 생각이 깊고 넓어서 한이 없음. • 臧 : 착함.

| 의해 |

희공(僖公)이 말을 성대하게 기른 것은 마음가짐이 원대한 데 말미암았기 때문에 아름답게 여긴 것이다. 생각이 그지없으니, 말을 생각함에 이에 착하다.

1-2. 駉駉牡馬(경경모마) 在坰之野(재경지야)하니 薄言駉者(박언경자)로다 有騅有駓(유추유비)하며 有騂有騏(유성유기)하니 以車伾伾(이거비비)로다 思無期(사무기)하니 思馬斯才(사마사재)로다 [賦]

| 언해 |

駉駉ᄒᆞᆫ 슈말이 坰野애 잇시니 잠싼 駉ᄒᆞᆫ지로다 騅ㅣ 잇시며 駓잇시며 騂이 잇시며 騏잇시니 슈레에 뼈 ᄒᆞᆷ애 伾伾ᄒᆞ도다 ᄉᆡᆼ각이 긔약이 업스니 말을 ᄉᆡᆼ각ᄒᆞᆷ애 이에 才ᄒᆞ도다

| 번역 |

건장한 숫말들이
먼 들에 있으니
잠깐 건장함을 말하자면
푸르고 흰 말도 있고 누렇고 흰 말도 있으며
붉고 누런 말도 있고 푸르고 검은 말도 있는데

수레에 사용함에 힘세고 힘세도다
생각이 그지없으니
말을 생각함에 이에 재주가 있도다

| 자해 |

騅 : 푸르고 흰 말. • 駓 : 누렇고 흰 말. • 騂 : 붉고 누런 말. • 騏 : 푸르고 검은 말. • 伾伾 : 힘이 있음.

1-3. 駉駉牡馬(경경모마) 在坰之野(재경지야)하니 薄言駉者(박언경자)로다 有驒有駱(유탄유락)하며 有駵有雒(유류유락)하니 以車繹繹(이거역역)이로다 思無斁(사무역)하니 思馬斯作(사마사작)이로다 [賦]

| 언해 |

駉駉ᄒᆞᆫ 슈말이 坰野에 잇시니 잠싼 駉ᄒᆞᆫ지로다 驒ㅣ 잇시며 駱이 잇시며 駵ㅣ 잇시며 雒이 잇시니 슈레에 뼈 ᄒᆞᆷ애 繹繹ᄒᆞ도다 ᄉᆡᆼ각이 실여ᄒᆞᆷ이 업스니 말을 ᄉᆡᆼ각ᄒᆞᆷ애 이에 作ᄒᆞᄂᆞᆺ다

| 번역 |

건장한 숫말들이
먼 들에 있으니
잠깐 건장함을 말하자면
푸르고 검은 얼룩의 말도 있고 검은 갈기의 흰 말도 있으며
검은 갈기의 붉은 말도 있고 흰 갈기의 검은 말도 있는데
수레에 사용함에 이어지고 이어지도다
생각이 싫어함이 없으니

말을 생각함에 이에 떨쳐 일어나도다

| 자해 |

驔 : 푸르고 검은 얼룩의 말. • 駱 : 검은 갈기의 흰 말. • 騂 : 검은 갈기의 붉은 말. • 雒 : 흰 갈기의 검은 말. • 繹繹 : 끊어지지 아니한 모양. • 作 : 떨쳐 일어남.

1-4. 駉駉牡馬 在坰之野하니 薄言駉者로다 有駰有騢하며 有驔有魚하니 以車祛祛로다 思無邪하니 思馬斯徂로다 [賦]

| 언해 |

駉駉혼 슈말이 坰野에 잇시니 잠싼 駉혼지로다 駰이 잇시며 騢ㅣ 잇시며 驔ㅣ 잇시며 魚ㅣ 잇시니 슈레에 쎠 홈애 祛祛ᄒᆞ도다 싱각이 간샤홈이 업스니 말을 싱각홈애 이에 徂ᄒᆞ놋다

| 번역 |

건장한 숫말들이
먼 들에 있으니
잠깐 건장함을 말하자면
검고 흰 말도 있고 붉고 흰 말도 있으며
다리가 흰 말도 있고 두 눈이 흰 말도 있는데
수레에 사용함에 강건하고 강건하도다
생각이 간사함이 없으니
말을 생각함에 이에 달려가도다

| 자해 |

駰 : 검고 흰 말. • 騢 : 붉고 흰 말. • 驔 : 다리가 흰 말. • 魚 : 두 눈이 흰 말.
• 祛祛 : 강건함. • 徂 : 행함.

| 의해 |

공자가 시 삼백 편을 한 마디 말로 가리켰으니, 말하기를 생각이 간사함이 없다고 하였다.

이 「건장한 말[駉]」은 모두 4장이다.

2. 강건한 말[有駜]

2-1. 有駜有駜(유필유필)하니 駜彼乘黃(필피승황)이로다 夙夜在公(숙야재공)하니 在公(재공)明明(명명)이로다 振振鷺(진진로)여 鷺于下(로우하)로다 鼓咽咽(고인인)이어늘 醉言舞(취언무)하니 于胥樂兮(우서락혜)로다 [興]

| 언해 |

駜ᄒᆞ며 駜ᄒᆞ니 駜ᄒᆞᆫ 뎌 乘黃이로다 夙夜애 公애 잇시니 公애 잇셔 明明ᄒᆞᄂᆞᆺ다 振振ᄒᆞᄂᆞᆫ 鷺ㅣ여 鷺ㅣ ᄂᆡ리ᄂᆞᆫ 듯 ᄒᆞᄂᆞᆺ다 북이 咽咽ᄒᆞ거늘 醉ᄒᆞ야 춤추니 셔루 질거워 ᄒᆞᄂᆞᆺ다

| 번역 |

강건하고 강건하니
강건한 저 네 필 누런 말이로다
이른 아침부터 밤늦게까지 조정에 있는데
조정에 있으면서 일을 분명히 처리하도다
떼 지어 나는 해오라기여
해오라기가 내리는 듯하도다
북소리가 둥둥 울리자
취하여 춤을 추니
서로 즐거워하도다

| 자해 |

駜 : 말이 살찌고 강한 모양. • 明明 : 분변하여 다스림. • 振振 : 무리로 날으는 모양. • 鷺 : 해오라기 깃. 춤추는 자가 가지고 혹 앉으며 혹 엎드려 해오라기가 내려앉는 것과 같음. • 咽咽 : 북소리가 깊고 긴 것. • 胥 : 서로.

| 의해 |

이는 잔치하여 마시고 송축하는 시이다.

2-2. 有駜有駜하니 駜彼乘牡로다 夙夜在公하니 在公飮酒로다 振振鷺여 鷺于飛로다 鼓咽咽이어늘 醉言歸하니 于胥樂兮로다 [興]

| 언해 |

駜ᄒᆞ며 駜ᄒᆞ니 駜ᄒᆞᆫ 뎌 乘牡ㅣ로다 夙夜애 公에 잇시니 公애 잇셔 숥을 마시놋다 振振ᄒᆞᆫ 鷺ㅣ여 鷺ㅣ ᄂᆞᆯᄂᆞᆫ ᄃᆞᆺ ᄒᆞ놋다 북이 咽咽ᄒᆞ거늘 醉ᄒᆞ야 도러가니 셔루 즐거워 ᄒᆞ놋다

| 번역 |

강건하고 강건하니
강건한 저 네 필 숫말이로다
이른 아침부터 밤늦게까지 조정에 있는데
조정에 있으면서 술을 마시도다
떼 지어 나는 해오라기여
해오라기가 내리는 듯하도다
북소리가 둥둥 울리자

취하여 돌아가니
서로 즐거워하도다

| 자해 |

鷺于飛 : 춤추는 자가 떨쳐 일어나는 것이 해오라기 깃이 나는 듯한 것이다.

2-3. 有駜有駜(유필유필)하니 駜彼乘駽(필피승현)이로다 夙夜在公(숙야재공)하니 在公(재공)
載燕(재연)이로다 自今以始(자금이시)하여 歲其有(세기유)로다 君子有穀(군자유곡)하여 詒(이)
孫子(손자)로소니 于胥樂兮(우서락혜)로다 [興]

| 언해 |

駜ᄒᆞ며 駜ᄒᆞ니 駜ᄒᆞᆫ 뎌 乘駽이로다 夙夜애 公에 잇시니 公애 잇셔 곳 잔치ᄒᆞᄂᆞᆺ다 이졔로브터 뼈 비로소ᄒᆞ야 해가 그 잇시리로다 君子ㅣ 穀을 두어 孫子에게 쥬리로소니 셔루 즐거워 ᄒᆞᄂᆞᆺ다

| 번역 |

강건하고 강건하니
강건한 저 네 필 푸르고 검은 말이로다
이른 아침부터 밤늦게까지 조정에 있는데
조정에 있으면서 잔치를 하도다
지금으로부터 시작하여
해마다 풍년이 들 것이도다
군자가 선을 지녀
자손들에게 줄 것이니
서로 즐거워하도다

| 자해 |

駽 : 푸르고 검은 말. • 載 : 곧. • 有 : 풍년. • 穀 : 착함. 봉록. • 貽 : 줌.

| 의해 |

이 장은 송축하는 말이다.

이 「강건한 말[有駜]」은 모두 3장이다.

3. 반수[泮水]

3-1. 思樂泮水(사락반수)에 薄采其芹(박채기근)호라 魯侯戾止(노후려지)하시니 言觀其旂(언관기기)로다 其旂茷茷(기기패패)하며 鸞聲噦噦(난성홰홰)하니 無小無大(무소무대)히 從公于邁(종공우매)로다 [賦其事以起興]

| 언해 |

즐거운 泮水에 잠깐 그 미ᄂᆞ리를 캐엿노라 魯侯ㅣ 니르시니 그 旂를 보리로다 그 旂ㅣ 茷茷ᄒᆞ며 방울소리 噦噦ᄒᆞ니 젹은 이 없시며 큰 이 업시 公을 죠차가놋다

| 번역 |

즐거운 반수에서
잠깐 미나리를 캐노라
노나라 임금이 이르시니
그 깃발을 보리로다
깃발이 펄럭펄럭하며
방울 소리가 딸랑딸랑하니
작고 큰 관원들이
임금을 따라 가도다

| 자해 |

思 : 발어사. • 泮水 : 반궁(泮宮)의 물. • 芹 : 미나리. • 戾 : 이름. • 茷茷 :

날리는 모양. • 噦噦 : 조화로운 소리.

| 의해 |

이는 반궁(泮宮)에서 잔치하여 마시고 송축하는 시이다.

3-2. 思樂泮水(사락반수)에 薄采其藻(박채기조)호라 魯侯戾止(노후려지)하시니 其馬蹻蹻(기마교교)로다 其馬蹻蹻(기마교교)하니 其音昭昭(기음소소)샷다 載色載笑(재색재소)하시니 匪怒伊教(비노이교)샷다 [賦其事以起興]

| 언해 |

즐거운 泮水에 잠깐 그 말음을 캐엿노라 魯侯ㅣ 니르시니 그 말이 蹻蹻ᄒᆞ도다 그 말이 蹻蹻ᄒᆞ니 그 소리 昭昭ᄒᆞ샷다 곳 낫빗ᄒᆞ시며 곳 우ᅀᅮᆷᄒᆞ시니 怒ᄒᆞ심이 안이라 가르치샷다

| 번역 |

즐거운 반수에서
잠깐 마름을 뜯노라
노나라 임금이 이르시니
그 말이 건장하고 건장하도다
말이 건장하고 건장한데
임금의 목소리가 명랑하고 명랑하도다
얼굴빛을 온화하게 하시며 웃으시니
노함이 아니라 가르치셨도다

| 자해 |

蹻蹻 : 성한 모양. • 色 : 얼굴빛이 온화함.

| 의해 |

희공(僖公)이 낯빛을 온화하게 하여 사람을 잘 가르쳐 인재를 많이 성취하게 하였기 때문에 노나라 사람들이 즐거워하여 아름답게 여겼다.

3-3. 思樂泮水(사락반수)에 薄采其茆(박채기묘)호라 魯侯戾止(노후려지)하시니 在泮飮酒(재반음주)로다 既飮旨酒(기음지주)하시니 永錫難老(영석난노)로다 順彼長道(순피장도)하사 屈此羣醜(굴차군추)소서 [賦其事以起興]

| 언해 |

즐거운 泮水에 잠싼 그 茆를 캐엿노라 魯侯ㅣ 니르시니 泮애 잇셔 술을 마시도다 임의 맛난 술을 마시시니 기리 難老를 쥽이로다 긴 道를 順ᄒᆞ샤 이 羣醜를 굴복ᄒᆞ쇼셔

| 번역 |

즐거운 반수에서
잠깐 순채를 뜯노라
노나라 임금이 이르시니
반궁에 계시면서 술을 마시도다
이미 맛있는 술을 마시니
길이 늙지 않음을 내려주시리라
저 큰 길을 따르시어

이 여러 사람들을 굴복시키소서

| 자해 |

茆 : 순채. • 難老 : 늙지 않음. • 長道 : 큰 길. • 屈 : 굴복함. • 醜 : 여러 사람들.

| 의해 |

이 장 아래는 다 송축하는 시이니, 노나라 임금에게 장수를 누리고 임금의 도를 다하라고 송축한 것이다.

3-4. 穆穆魯侯여 敬明其德이샷다 敬愼威儀하시니 維民之則이샷다 允文允武하사 昭假烈祖하시니 靡有不孝하여 自求伊祜샷다 [賦]

| 언해 |

穆穆ᄒᆞ신 魯侯ㅣ여 그 德을 공경ᄒᆞ야 ᄇᆞᆰ키샷다 威儀를 공경ᄒᆞ야 삼가ᄒᆞ시니 ᄇᆡᆨ셩의 법이샷다 진실로 文ᄒᆞ시며 진실로 武ᄒᆞ샤 烈祖께 ᄇᆞᆰ게 假ᄒᆞ시니 효도 안임이 잇지 안이ᄒᆞ야 스스로 복을 求ᄒᆞ샷다

| 번역 |

근엄하신 노나라 임금이여
덕을 공경하여 밝히셨도다
위의를 공경하여 삼가시니
백성들의 본보기이시로다

진실로 문무를 겸하시어
조상께 밝게 이르시니
효도하지 아니함이 없어
스스로 복을 구하시도다

| 자해 |

昭 : 밝음. • 假 : 이름. • 烈祖 : 주공과 백금.

3-5. 明明魯侯여 克明其德이샷다 既作泮宮하니 淮夷攸服이로다 矯矯虎臣이 在泮獻馘하며 淑問如皐陶 在泮獻囚리로다 [賦]

| 언해 |

明明ᄒᆞ신 魯侯ㅣ여 능히 그 德을 ᄇᆞᆰ키샷다 임의 泮宮을 지으니 淮夷의 항복ᄒᆞᆫ 바ㅣ로다 矯矯ᄒᆞᆫ 범 ᄀᆞᆺᄐᆞᆫ 신하ㅣ 泮애 잇셔 馘를 드리며 잘 뭇는 이 皐陶ᄀᆞᆺᄒᆞᆫ 이 在애 잇셔 가ᄃᆞᆫ 이를 드리리로라

| 번역 |

밝고 밝으신 노나라 임금이여
덕을 밝히셨도다
이미 반궁을 지으니
회이가 항복하도다
씩씩한 호랑이 같은 신하들이
반궁에 있으면서 벤 왼쪽 귀를 바치며
잘 묻는 이 고요와 같은 사람이

반궁에 있으면서 가둔 이를 드리리로다

| 자해 |

矯矯 : 씩씩한 모양. • 馘 : 죽인 적의 왼쪽 귀를 벰. • 淑 : 잘함. • 問 : 가둔 자에게 물음.

| 의해 |

옛 적에 군사를 낼 때에 학궁에서 이루어진 법을 받고, 돌아옴에 미쳐서는 학궁에서 제사를 드리고 심문할 자와 왼쪽 귀를 벤 것을 고하였다. 그러므로 시인이 노나라 임금이 반궁에 있음을 인하여 이러한 공이 있기를 기원한 것이다.

3-6. 濟濟多士(제제다사) 克廣德心(극광덕심)하여 桓桓于征(환환우정)하여 狄彼東南(적피동남)하니 烝烝皇皇(증증황황)하며 不吳不揚(불오불양)하며 不告于訩(불고우흉)하여 在泮獻功(재반헌공)이리로다 [賦]

| 언해 |

濟濟훈 多士ㅣ 능히 德心을 넓혀셔 桓桓히 쳐셔 뎌 東南을 狄ᄒᆞ니 烝烝ᄒᆞ며 皇皇ᄒᆞ며 들네지 안이며 날리지 안이며 訩을 告하지 안이ᄒᆞ야 泮에 잇셔 功을 듸리리로다

| 번역 |

수두룩한 많은 선비들이
착한 뜻을 넓혀서
굳세고 굳세게 정벌하여

저 동남 지방을 평정하니
병사들이 바글바글하고 당당하며
떠들지 아니하고 우쭐대지 아니하며
다툼을 고하지 아니하여
반궁에 있으면서 공을 바치리로다

| 자해 |

廣 : 미루어 크게 함. • 德心 : 착한 뜻. • 狄 : 꺾음. • 東南 : 회이(淮夷). • 烝烝皇皇 : 성한 모양. • 不吳不揚 : 엄숙함. • 不告于訩 : 군사가 이기고 서로 화합하여 공을 다투지 아니함.

3-7. 角弓其觩(각궁기구)하니 束矢其搜(속시기수)로다 戎車孔博(융거공박)하니 徒御無斁(도어무역)이로다 旣克淮夷(기극회이)하니 孔淑不逆(공숙불역)이로다 式固爾猶(식고이유)면 淮夷卒獲(회이졸획)하리라 [賦]

| 언해 |

角弓이 그 觩ᄒᆞ니 束矢ㅣ 그 搜ᄒᆞ도다 戎車ㅣ 심히 博ᄒᆞ니 徒와 御ㅣ 실여홈이 업도다 임의 淮夷를 익이니 심히 착ᄒᆞ야 거시리지 안이ᄒᆞᄂᆞᆺ다 뼈 네 꾀를 굿게ᄒᆞ면 淮夷 맛ᄎᆞᆷ너 어드리라

| 번역 |

뿔로 장식한 활이 굳세니
한 묶음 화살이 쌩쌩 날아가도다
병거가 매우 넓고 크니
보병과 수레 모는 병사가 싫어함이 없도다

이미 회이를 이기니
대단히 착하여 거스르지 아니하도다
당신의 꾀를 굳게 한다면
회이를 마침내 얻으리라

| 자해 |

觩 : 활이 굳센 모양. 활 줄 당기기를 급히 함. • 束 : 오십 개의 화살. 혹 백 개의 화살. • 搜 : 화살이 빠른 소리. • 博 : 넓고 큼. • 無斁 : 다투어 권함. • 逆 : 명령을 어김. • 猶 : 꾀.

3-8. 翩彼飛鴞(편피비효) 集于泮林(집우반림)하여 食我桑黮(식아상심)하고 懷我好音(회아호음)이로다 憬彼淮夷(경피회이) 來獻其琛(내헌기침)하니 元龜象齒(원구상치)와 大賂南金(대뢰남금)이로다 [興]

| 언해 |

翩히 뎌 날느ᄂᆞᆫ 솔ᄀᆡ미 泮林에 모둬여 우리 桑黮을 먹고 나를 됴ᄒᆞᆫ 소리로 懷ᄒᆞ놋다 ᄭᅵ다른 뎌 淮夷ㅣ 와셔 그 琛을 듸리니 큰 거북과 코키리니와 크게 南金을 賂하놋다

| 번역 |

훨훨 나는 저 올빼미여
반궁의 숲에 모여 앉아
우리 뽕나무 오디를 따먹고
나에게 좋은 소리를 들려주도다
잘못을 깨달은 저 회이들이

와서 보배를 바치는데
큰 거북과 상아와
남방의 금을 크게 바치도다

| 자해 |

鴞 : 올빼미. • 黮 : 뽕나무 열매. • 憬 : 깨달음. • 琛 : 보배. • 元龜 : 큰 거북. • 賂 : 줌. • 南金 : 남쪽 지방의 금.

| 의해 |

이 장은 앞의 네 구절로 뒤의 네 구절을 일으켰다.

이 「반수[泮水]」는 모두 8장이다.

4. 깊이 닫은 사당[閟宮]

4-1. 閟宮有侐(비궁유혁)하니 實實枚枚(실실매매)로다 赫赫姜嫄(혁혁강원)이 其德不回(기덕불회)하사 上帝是依(상제시의)하시니 無災無害(무재무해)하여 彌月不遲(미월부지)하여 是生(시생)后稷(후직)하시고 降之百福(강지백복)하시니 黍稷重穋(서직중륙)과 稙稺菽麥(직치숙맥)이로다 奄有下國(엄유하국)하사 俾民稼穡(비민가색)하시니 有稷有黍(유직유서)하며 有稻有秬(유도유거)로소니 奄有下土(엄유하토)하사 纘禹之緒(찬우지서)샷다 [賦]

| 언해 |

閟ᄒᆞᆫ 宮이 侐ᄒᆞ니 實實ᄒᆞ며 枚枚ᄒᆞ도다 赫赫ᄒᆞᆫ 姜嫄이 그 德이 回치 안이샤 上帝이에 依ᄒᆞ시니 ᄌᆡ앙업스며 害업셔 달이 맛츄어 더듸지 안이ᄒᆞ야 이에 后稷을 나시고 百福을 ᄂᆞ리시니 지장과 피 重ᄒᆞ며 穋ᄒᆞᄂᆞᆫ 것과 稙ᄒᆞ며 稺ᄒᆞᄂᆞᆫ 콩과 보리로다 문득 下國을 두샤 ᄇᆡᆨ셩으로 ᄒᆞ여곰 稼穡ᄒᆞ게 ᄒᆞ시니 피이시며 지장이시며 베이시며 검은 지장이 잇도소니 문득 下土를 두샤 禹의 緒를 이으샷다

| 번역 |

깊이 닫은 사당 맑고 고요한데
견실하고 치밀하도다
빛나고 빛난 강원이
덕이 간사하지 아니하시어

상제가 이에 돌아보아 주시니
재앙도 없고 해로움도 없어
열 달이 가득차자 넘기지 않고서
이에 후직을 낳으시고
온갖 복을 내려주시니
기장과 피의 늦고 이른 것과
일찍 심고 늦게 심은 콩과 보리로다
문득 아래 나라를 소유하시어
백성들로 하여금 농사하게 하시니
피도 있고 기장도 있으며
벼도 있고 검은 기장도 있으니
문득 아래 땅을 소유하시어
우임금의 일을 이으셨도다

| 자해 |

閟 : 깊이 닫음. • 宮 : 사당. • 侐 : 맑고 고요함. • 實實 : 굳음. • 枚枚 : 세밀함. • 回 : 간사함. • 依 : 돌아봄. • 稙 : 먼저 심은 곡식. • 穉 : 뒤에 심은 곡식. • 緖 : 일.

| 의해 |

이때 노나라에서 사당을 지었기 때문에, 시를 짓는 사람이 그 일을 노래하고 읊어 송축하는 시를 지었다. 위로 후직이 난 것에 근본하여 노나라가 흥한 이유를 말하고, 희공에게까지 미쳐서 아름답게 여긴 것이다.

4-2. 后稷之孫(후직지손)이 實維大王(실유태왕)이시니 居岐之陽(거기지양)하사 實始翦(실시전)
商(상)이어시늘 至于文武(지우문무)하사 纘大王之緖(찬태왕지서)하사 致天之屆(치천지계)를
于牧之野(우목지야)하시니 無貳無虞(무이무우)하라 上帝臨女(상제임여)시니라 敦商之(퇴상지)
旅(려)하여 克咸厥功(극함궐공)이어늘 王曰叔父(왕왈숙부)아 建爾元子(건이원자)하여 俾侯(비후)
于魯(우노)하노니 大啓爾宇(대계이우)하여 爲周室輔(위주실보)어다 [賦]

| 언해 |

后稷의 孫이 진실로 大王이시니 岐의 陽에 居ᄒᆞ샤 진실로 비로소 商을 翦ᄒᆞ여시늘 文武에 니르샤 大王의 緖를 이으샤 하ᄂᆞᆯ의 극진ᄒᆞᆷ을 일운 것을 牧들에 ᄒᆞ시니 貳치 말며 虞치 말라 上帝 너를 臨ᄒᆞ야 겨시니라 商의 물이를 다실여 능히 그 功을 ᄒᆞᆫ 가지 ᄒᆞ거늘 王이 ᄀᆞᆯᄋᆞ샤ᄃᆡ 叔父아 네 元子를 셰워 ᄒᆞ여곰 魯에 侯ᄒᆞ노니 크게 네 집을 열어 周室에 輔ㅣ 될지어다

| 번역 |

후직의 후손이
진실로 태왕이신데
기산의 남쪽에 거주하시어
진실로 비로소 상나라을 자르셨는데
문왕과 무왕에 이르시어
태왕의 일을 이어서
천명의 극진함을 이루시기를
목야에서 하시니
두 마음을 먹지 말고 염려하지 말라
상제가 너에게 임하여 계신다

상나라의 무리를 다스려
공을 함께 이루자
왕이 말하기를 숙부여
당신의 큰 아들을 세워
노나라의 제후가 되도록 하노니
크게 당신의 집을 열어
주나라 왕실의 보필이 되어주시오

| 자해 |

翦 : 끊음. • 屆 : 극진함. • 虞 : 염려함. • 敦 : 다스림. • 咸 : 함께. • 王 : 성왕. • 叔父 : 주공. • 元子 : 백금.

| 의해 |

태왕이 빈(豳) 땅으로부터 기산(岐山)의 남쪽에 옮겨 거함에 사방의 백성이 다 따라가 이에 왕의 자취가 비로소 나타나니, 이 때부터 상나라를 칠 조짐이 있었다. 주나라 왕실을 돕는 신하가 함께 공을 이루었는데, 주공이 또한 참여하였다.

4-3. 乃命魯公(내명노공)하사 俾侯于東(비후우동)하시고 錫之山川(석지산천)과 土田附庸(토전부용)이로다 周公之孫莊公之子(주공지손장공지자) 龍旂承祀(용기승사)하시니 六轡耳耳(육비이이)로다 春秋匪解(춘추비해)하사 享祀不忒(향사불특)하사 皇皇后帝(황황후제)와 皇祖后稷(황조후직)께 享以騂犧(향이성희)하시니 是饗是宜(시향시의)하여 降福既多(강복기다)며 周公皇祖(주공황조)도 亦其福女(역기복여)삿다 [賦]

| 언해 |

魯公을 命ᄒᆞ샤 ᄒᆞ여곰 東에 侯ᄒᆞ시고 山川과 土田과 附庸을 쥬셧도다 周公의 孫이언 莊公의 아달이 龍의 旂로 졔ᄉᆞ를 이으시니 여셧곱비 耳耳ᄒᆞ도다 春秋에 게을으지 안이샤 享祀를 忒지 안이ᄒᆞ샤 皇皇ᄒᆞ신 后帝와 皇祖ㅣ신 后稷끠 享호ᄃᆡ 불근 소로뼈 ᄒᆞ시니 이예 饗ᄒᆞ며 이예 맛당ᄒᆞ야 福을 ᄂᆡ림이 임의 마느며 周公과 皇祖도 ᄯᅩᄒᆞᆫ 그 너를 福ᄒᆞ샷다

| 번역 |

이에 노나라 임금에게 명령하시어
동방의 임금이 되게 하시고
그에게 산천과
전토와 부용을 내려 주셨도다
주공의 후손인
장공의 아들이
용 깃발로 제사를 이으시니
여섯 고삐가 부들부들하도다
봄이나 가을이나 게을리 아니하시어
제사 지내기를 어긋나게 아니하시어
거룩하고 거룩하신 상제와
거룩하신 선조 후직께
붉은 소로써 제향을 드리시니
이에 흠향하시고 이에 마땅하게 여기시어
복을 내려 주심이 이미 많으며
주공과 거룩하신 선조께서도
역시 또한 당신에게 복을 내려 주시도다

| 자해 |

附庸 : 부속된 성. • 耳耳 : 부드러운 모양. • 忒 : 어그러짐. • 皇祖 : 여러 임금.

| 의해 |

위 장에서 이미 주공에게 백금을 봉할 뜻을 고하고, 이에 노나라 임금을 명하여 봉함을 말하였다. 성왕은 주공이 왕실에 큰 공이 있기 때문에 노나라 임금을 명하여 이른 봄에 상제를 제사할 때 후직을 배향하고 희생으로 붉은 소를 쓰게 하였다. 이 장의 뒤 부분은 희공이 제사에 정성을 다하여 신이 복을 내리는 것을 말했는데, 나라 사람의 원함이 이와 같은 것이다.

4-4. 秋而載嘗(추이재상)이라 夏而楅衡(하이복형)하니 白牡騂剛(백모성강)이며 犧尊將將(희존장장)하며 毛炰胾羹(모포자갱)이며 籩豆大房(변두대방)이어늘 萬舞洋洋(만무양양)하니 孝孫有慶(효손유경)이로다 俾爾熾而昌(비이치이창)하며 俾爾壽而臧(비이수이장)하여 保彼東方(보피동방)하여 魯邦是常(노방시상)이시며 不虧不崩(불휴불붕)하며 不震不騰(부진부등)하여 三壽作朋(삼수작붕)하사 如岡如陵(여강여릉)이소서 [賦]

| 언해 |

가을에 곳 嘗ᄒᆞᆯ지라 여름에 楅衡ᄒᆞ니 白牡와 騂剛이며 犧尊이 將將ᄒᆞ며 毛ᄒᆞ야 炰ᄒᆞ며 胾며 羹이며 籩豆와 大房이어늘 萬으로 춤홈을 洋洋히ᄒᆞ니 孝孫이 경ᄉᆞ잇도다 널로 ᄒᆞ여곰 熾ᄒᆞ고 昌ᄒᆞ며 널로 ᄒᆞ여곰 壽ᄒᆞ고 臧ᄒᆞ야 뎌 東方을 보젼ᄒᆞ야 魯ㅅ나라을 이에 ᄒᆞᆼ샹ᄒᆞ시며 이지러지지 안이며 무너지지 안이며 놀라지 안이며 ᄉᆞᆺ지 안이ᄒᆞ여 三壽로 벗을 지으샤 산 ᄀᆞᆺ호며 언덕 ᄀᆞᆺ호쇼셔

| 번역 |

가을에 곧 가을 제사를 지내야 하므로
여름부터 소뿔에 막대를 가로대니
흰 숫소와 붉은 숫소이며
소 모양의 술동이가 엄정하며
털을 그슬려 구운 돼지며 저민 고기며 국이며
제기와 도마가 진설되었는데
만춤을 너울너울 추니
후손에게 경사가 있도다
당신이 왕성하고 성대하며
당신이 장수하고 착하여
저 동방을 보전하여
노나라를 이에 항상 소유하시며
이지러지지 아니하고 무너지지 아니하며
놀라지 아니하고 움직이지 아니하여
나라의 원로들과 벗이 되어
산등성이와 같고 언덕과 같으소서

| 자해 |

嘗 : 가을제사. • 楅衡 : 소의 뿔에 베푸는 가로 막대. • 剛 : 수소. • 犧尊 : 소를 술동이에 그리는 것. 혹 술동이를 소의 형상같이 만들어 그 등을 파고 술을 담음. • 毛炰 : 돼지를 끓는 물에 튀겨서 그 털을 제거하고 구움. • 胾 : 저민 고기. • 羹 : 국. • 大房 : 도마. • 萬 : 춤 이름. • 震騰 : 놀라 움직임. • 三壽 : 삼경(三卿). 혹 임금의 장수가 산등성이, 언덕과 더불어 셋이 됨.

| 의해 |

이 장은 종묘에서 정성을 이루고 복과 장수를 얻으라고 축원한 것이다.

4-5. 公車千乘이니 朱英綠縢이며 二矛重弓이로다 公徒三萬이니 貝冑朱綅이며 烝徒增增이로다 戎狄是膺하며 荊舒是懲하니 則莫我敢承이로다 俾爾昌而熾하며 俾爾壽而富하여 黃髮台背 壽胥與試하며 俾爾昌而大하며 俾爾耆而艾하여 萬有千歲에 眉壽無有害소서 [賦]

| 언해 |

公의 車ㅣ 千乘이니 븕은 英과 푸른 縢이며 二矛와 重弓이로다 公의 무리 三萬이니 ᄌᆞ기로 ᄒᆞᆫ 투구와 븕은 綅이며 모든 무리 增增ᄒᆞ도다 戎狄을 이에 膺ᄒᆞ며 荊舒를 이에 懲케ᄒᆞ니 곳 우리를 敢히 承ᄒᆞ리 업도다 널로 ᄒᆞ여곰 昌ᄒᆞ고 熾ᄒᆞ며 널로 ᄒᆞ여곰 壽ᄒᆞ고 富ᄒᆞ야 누른 털억과 台의 등이 壽ᄒᆞ야 셔로 다뭇 시험ᄒᆞ며 널로 ᄒᆞ여곰 昌ᄒᆞ고 大ᄒᆞ며 널로 ᄒᆞ여곰 耆ᄒᆞ고 艾ᄒᆞ야 萬이오 千歲에 眉壽ᄒᆞ야 害잇심이 업스소셔

| 번역 |

공의 수레가 일천 대인데
붉은 창 장식과 활을 묶는 푸른 끈이며
두 창과 두 활이로다
공의 무리 삼 만인데
자개로 장식한 투구와 갑옷을 꾸민 붉은 실이며
모든 무리 바글바글 하도다
서융과 북적을 이에 당해내며
형나라와 서나라를 이에 응징하니
우리를 감히 막을 사람이 없도다

당신이 성대하고 왕성하며
당신이 장수하고 부유하여
누런 머리와 북어 등이 된 신하가
장수하여 서로 더불어 등용되며
당신이 성대하고 광대하며
당신이 장수하고 오래 살아
만 년이며 또 천 년까지
수를 누려 해가 없으시기를

| 자해 |

朱英 : 창장식. • 綠縢 : 활을 묶는 끈. • 重弓 : 두 개의 활. 부러지거나 상할 것을 예비함. • 徒 : 보병. • 貝冑 : 자개로 꾸민 투구. • 朱綅 : 갑옷을 꾸미는 붉은 실. • 增增 : 많은 모양. • 戎 : 서융(西戎). • 狄 : 북적(北狄). • 膺 : 당함. • 荊 : 초나라의 별호. • 舒 : 초나라의 동맹국. • 懲 : 징계함. • 承 : 막음.

| 의해 |

희공(僖公)이 일찍이 제나라 환공(桓公)과 함께 초나라를 쳐서 소릉(邵陵)에서 회맹하였기 때문에, 시인이 그 공을 아름답게 여기고 그가 성대하고 장수하기를 송축한 것이다.

4-6. 泰山巖巖하니 魯邦所詹이로다 奄有龜蒙하여 遂荒大東하여 至于海邦하니 淮夷來同하여 莫不率從하니 魯侯之功이샷다 [賦]

| 언해 |

泰山이 巖巖ᄒᆞ니 魯ㅅ나라의 보는 배로다 문든 龜와 蒙을 두어

도듸여 大東을 荒ᄒᆞ야 海邦애 니르히ᄒᆞ니 淮夷ㅣ 來ᄒᆞ야 ᄒᆞᆫ 가지ᄒᆞ야 거ᄂᆞ려 좃지 안잇안이ᄒᆞ니 魯侯의 功이샷다

| 번역 |

태산이 높고 높으니
노나라가 우러러보는 바로다
문득 구산과 몽산을 소유하여
드디어 동쪽 끝까지 확장하여
바닷가의 나라에 이르니
회이도 와서 함께하여
순종하여 따르지 않은 이가 없으니
노나라 임금의 공이로다

| 자해 |

荒 : 덮음. • 大東 : 극동. • 海邦 : 바다에 가까운 나라.

| 의해 |

이 장은 임금이 그 나라의 경내를 잘 다스려 먼 나라를 회복하기를 원하였으니, 다 기대하는 말이다. 아래 장도 이와 동일한 뜻이다.

4-7. 保有鳧繹(보유부역)하여 遂荒徐宅(수황서택)하여 至于海邦(지우해방)하니 淮夷蠻貊(회이만맥)과 及彼南夷(급피남이) 莫不率從(막불솔종)하며 莫敢不諾(막감불락)하여 魯侯是若(노후시약)이로다 [賦]

| 언해 |

鳧와 繹을 보젼ᄒᆞ야 두어셔 드듸여 徐宅을 荒ᄒᆞ야 海邦에 니르히 ᄒᆞ니 淮夷와 蠻貊과 밋 뎌 南夷ㅣ 거ᄂᆞ려 좃지 안잇안이ᄒᆞ며 敢히 諾지 안잇안이ᄒᆞ야 魯侯를 이예 若ᄒᆞ놋다

| 번역 |

부산과 역산을 보전하여
드디어 서나라의 지역까지 확장하여
바닷가의 나라에까지 이르니
회이와 만맥과
저 남쪽 오랑캐들이
순종하여 따르지 아니한 사람이 없으며
감히 응하지 않은 이가 없어
노나라 임금에게 이에 순종하도다

| 자해 |

宅 : 거함. • 若 : 순종함.

| 의해 |

이는 다 임금을 축원하는 말이다.

4-8. 天錫公純嘏하시니 眉壽保魯하사 居常與許하여 復周公之宇샷다 魯侯燕喜하시니 令妻壽母샷다 宜大夫庶士하사 邦國是有하시니 既多受祉하사 黃髮兒齒샷다 [賦]

| 언해 |

하늘이 公끠 순젼ᄒᆞᆫ 복을 쥬셧시니 眉壽ᄒᆞ야 魯를 보젼ᄒᆞ샤 常과 다못 許에 居ᄒᆞ야 周公의 집을 회복ᄒᆞ샷다 魯侯ㅣ 잔치ᄒᆞ야 깃버ᄒᆞ시니 令ᄒᆞᆫ 妻와 壽ᄒᆞᆫ 母ㅣ샷다 大夫와 무리 션비를 맛당ᄒᆞ게ᄒᆞ샤 邦國을 이에 두시니 임의 복을 만이 밧으샤 누른 털억이며 ᄋᆞ히니 ᄒᆞ리샷다

| 번역 |

하늘이 임금에게 큰 복을 내려주시니
장수하여 노나라를 보전하시어
상읍과 허읍에 거주하여
주공의 나라를 회복하시리라
노나라의 임금이 잔치하여 기뻐하시니
착한 아내와 장수한 어머니로다
대부와 여러 선비들을 마땅하게 하시어
나라를 이에 소유하시니
이미 복을 많이 받으시어
누런 머리와 아이의 치아가 나시도다

| 자해 |

令妻 : 착한 아내. 희공(僖公)의 처 성강(聲姜). • 壽母 : 장수하신 어머니. 희공의 어머니 성풍(成風). • 兒齒 : 이가 떨어지고 다시 가늘게 남. 장수할 징조.

| 의해 |

임금이 장수하여 상읍과 허읍의 땅을 회복하고, 가정의 즐거움을 누리고 신민에게 덕화를 베풀어 부귀와 평안의 복을 누리라고 한 것이다.

4-9. 徂來之松과 新甫之柏을 是斷是度하며 是尋是尺하여 松桷有舃하니 路寢孔碩이로다 新廟奕奕하니 奚斯所作이로다 孔曼且碩하니 萬民是若이로다 [賦]

| 언해 |

徂來의 솔과 新甫의 잣을 이에 쓰느며 이에 혜아리며 이에 尋ᄒᆞ며 이에 ᄌᆞ질ᄒᆞ야 솔로ᄒᆞᆫ 도리가 舃ᄒᆞ니 路寢이 심히 크도다 新廟ㅣ 奕奕ᄒᆞ니 奚斯의 지은 배로다 심히 길고 ᄯᅩ 크니 萬民을 이에 若ᄒᆞ도다

| 번역 |

조래산의 소나무와
신보산의 잣나무를
이에 자르고 이에 헤아리며
이에 긴 자로 재보고 이에 짧은 자로 재보아
소나무로 만든 서까래가 크기도 하니
정침이 심히 크도다
새 사당이 아름답고 아름다운데
해사가 지은 바로다
심히 길고 또 크니
만민을 이에 따랐도다

| 자해 |

尋 : 여덟 자. • 舃 : 큰 모양. • 路寢 : 정침(正寢). • 新廟 : 희공이 수리한 사당. • 奚斯 : 공자(公子) 어(魚). • 曼 : 긴 것. • 碩 : 큰 것.

| 의해 |

노나라 임금이 새로운 사당을 짓는데, 규모가 광대하면서도 백성의 마음을 따랐기 때문에 시인이 송축하였다.

이 「깊이 닫은 사당[閟宮]」은 모두 9장이다.

「노송(魯頌)」은 4편 24장 243구이다.

상송 | 商頌

설(契)은 순임금의 사도(司徒)인데 상나라에 봉해져 14세를 전한 후에 탕임금이 천하를 소유하였다. 주(紂)에 이르러 무도하여 주나라 무왕에게 멸망하여, 그 서형 미자(微子)를 송나라에 봉하고 예악을 닦아서 상나라의 제사를 받들게 하였다.

1. 많도다[那]

1-1. 猗與那與(의여나여)라 置我鞉鼓(치아도고)하여 奏鼓簡簡(주고간간)하니 衎我烈祖(간아열조)로다 [賦]

| 언해 |

猗ᄒᆞᆸ다 那ᄒᆞᆫ지라 우리 鞉와 북을 베풀어 북 아룀을 簡簡히ᄒᆞ니 우리 烈祖를 즐거위ᄒᆞ놋다

| 번역 |

아 많도다
우리 작은 북과 큰 북을 베풀어
북을 둥둥 치니
우리 선조를 즐겁게 하도다

| 자해 |

猗 : 감탄사. • 那 : 많음. • 置 : 베풂. • 簡簡 : 조화롭고 큼. • 衎 : 즐거움. • 烈祖 : 탕(湯) 임금.

| 의해 |

상나라 사람은 음악을 숭상하여 희생이 이루어지지 않았으면 소리를 드날려서 음악을 세 번 마친 다음에 희생을 나가 맞아왔다. 이것은 탕 임금에게 제사하는 음악이다.

湯孫奏假(탕손주격)하시니 綏我思成(수아사성)이셨다 鞉鼓淵淵(도고연연)하며 嘒嘒管(혜혜관)聲(성)이 旣和且平(기화차평)하여 依我磬聲(의아경성)하니 於赫湯孫(오혁탕손)이여 穆穆(목목)厥聲(궐성)이셨다

| 언해 |

湯의 孫이 奏ᄒᆞ야 假ᄒᆞ시니 우리를 綏호ᄃᆡ 思ᄒᆞ야 成ᄒᆞᆫ이로ᄒᆞ샤다 鞉와 鼓ㅣ 淵淵ᄒᆞ며 嘒嘒ᄒᆞᆫ 管ㅅ聲이 이믜 和ᄒᆞ고 ᄯᅩ 平ᄒᆞ야 우리 磬ㅅ聲에 依ᄒᆞ니 於홉다 赫ᄒᆞᆫ 湯의孫이여 穆穆ᄒᆞᆫ 그 聲이샤다

| 번역 |

탕 임금의 후손이 음악을 연주하여 조상에게 이르시니
우리를 편안히 하시기를 생각하여 이룬 이로 하시도다
작은 북과 큰 북 소리가 둥둥 멀리 들리며
삘릴리 삘릴리 피리 소리가
이미 조화롭고 또 화평스러워
우리 경쇠 소리에 의지하니
아 빛나는 탕 임금의 후손이여
아름답고 아름다운 소리로다

| 자해 |

湯孫 : 제사를 주관하는 임금. • 假 : 음악을 연주하여 선조를 감동시킴. • 綏 : 편안함. • 淵淵 : 깊고 먼 것. • 嘒嘒 : 맑고 밝음. • 磬 : 옥으로 만든 경쇠. • 穆穆 : 아름다움.

| 의해 |

재계하며 생각하고 제사함에 보고 들음이 있으면, 제사의 대상이 되는 분이 실제로 있는 것과 같다.

용고유역　　만무유혁　　아유가객　　역불이역
庸鼓有斁하며 萬舞有奕하니 我有嘉客이 亦不夷懌아

| 언해 |

庸鼓ㅣ 斁ᄒᆞ며 萬舞ㅣ 奕ᄒᆞ니 우리 嘉客이 ᄯᅩᄒᆞᆫ 夷懌치 안이랴

| 번역 |

종소리와 북소리가 웅장하며
만춤이 질서정연하니
우리 아름다운 손님이
또한 기뻐하지 않겠는가

| 자해 |

庸 : 종. • 斁 : 성대함. • 奕 : 차례가 있음. • 嘉客 : 와서 제사를 돕는 자. • 夷 : 기뻐함.

| 의해 |

아홉 번 술잔을 올린 뒤에 종과 북이 서로 연주되고 만무(萬舞)를 뜰에 베풀어 제사 일을 마친다. 다만 신이 감동할 뿐 아니라 위에 있는 아름다운 손님도 다 기뻐하지 않음이 없다.

자고재석 선민유작 온공조석 집사유각
自古在昔에 先民有作하니 溫恭朝夕하여 執事有恪하니라

| 언해 |

녜로부터 녯적에 잇슴애 先民이 作홈을 두니 朝夕에 溫恭ᄒᆞ야 일 잡음을 공경ᄒᆞ니라

| 번역 |

예로부터 옛적에
선민들이 행함이 있으니
아침부터 저녁까지 온화하고 공손하여
일을 집행하기를 공경스럽게 하니라

| 자해 |

恪 : 공경함.

| 의해 |

공경하는 도는 옛 사람이 행한 바이니, 잊어서는 안 된다. 이전 성왕이 공경하던 도를 행한 것을 오히려 감히 오로지 하지 못하기 때문에 예로부터, 옛적에, 선민이라고 거듭 말하였으니, 더욱 공경하는 뜻이다.

고여증상 탕손지장
顧予蒸嘗인데 湯孫之將이니라

| 언해 |

내 烝嘗을 도라볼진뎌 湯孫의 밧드ᄂᆞᆫ 것이니라

| 번역 |

내 겨울 제사와 가을 제사를 돌아보소서
탕 임금의 후손이 받드나이다

| 자해 |

將 : 받듦.

| 의해 |

탕 임금이여, 내 겨울 제사와 가을 제사를 돌아보소서. 이는 탕의 자손이 받드는 제사가 정성스러운 뜻을 이루어 부디 돌아보시라고 말한 것이니, 또한 그 예에 지극한 것이다.

이 「많도다[那]」는 모두 1장이다.

2. 선조[烈祖]

차 차 열 조 유 질 사 호 신 석 무 강 급 이 사 소
2-1. 嗟嗟烈祖 有秩斯祜하사 申錫無疆이라 及爾斯所로다 [賦]

| 언해 |

嗟ᄒᆞᆸ다 嗟ᄒᆞᆸ다 烈祖ㅣ 秩ᄒᆞᆫ 이 복을 두샤 거듭 無疆ᄒᆞᆷ에 쥬신지라 네 이곳에 미쳣도다

| 번역 |

아 선조께서
떳떳한 이 복을 가지시어
거듭 한없이 후손들에게 주시므로
당신의 이곳에까지 미쳤나이다

| 자해 |

烈祖 : 탕 임금. • 秩 : 떳떳함. • 申 : 거듭함. • 爾 : 제사를 주관하는 임금. • 斯所 : 이곳.

| 의해 |

이 장은 또한 탕 임금에게 제사하는 음악이다. 탕 임금이 성대한 덕으로 천명을 받았기 때문에 떳떳한 복이 있어 한없이 거듭 주신다. 선조의 제사를 받드는 그대 후세 사람에게 복이 미칠 것이로다.

旣載淸酤(기재청고)하니 賚我思成(뇌아사성)이며 亦有和羹(역유화갱)이 旣戒旣平(기계기평)이어늘 鬷假無言(종격무언)하여 時靡有爭(시미유쟁)하니 綏我眉壽(수아미수)하여 黃耇無疆(황구무강)이로다

| 언해 |

임의 ᄆᆞᆰ은 슐을 시르니 우리를 쥬되 ᄉᆡᆼ각ᄒᆞ야 成ᄒᆞᆫ 이로ᄒᆞ며 ᄯᅩ ᄒᆞᆫ 和ᄒᆞᆫ 국이 임의 戒ᄒᆞ며 임의 화ᄒᆞ거ᄂᆞᆯ 鬷ᄒᆞ야 假홈애 말이 업셔 ᄢᅢ에 닷투리 잇지 안이ᄒᆞ니 우리를 편안이 호ᄃᆡ 眉壽ᄒᆞ야 黃耇ㅣ 디경이 업심으로 ᄒᆞᄂᆞᆺ다

| 번역 |

이미 맑은 술을 올리니
우리에게 주기를 생각하여 이룬 이로 하며
또한 양념을 한 국이
이미 끓으며 이미 조화되자
음악을 연주하여 조상에게 이르러 떠드는 말이 없어
이에 다투는 이 없으니
우리를 편안히 하기를 장수로 하여
오래 살아 끝이 없도다

| 자해 |

酤 : 맑은 술. • 賚 : 줌. • 和羹 : 맛을 고르게 한 국. • 戒 : 일찍 재계함. • 平 : 조화함.

| 의해 |

맑은 술과 조화로운 국을 제사상에 진설함에 일을 행하는 자가

다 떠들썩한 말이 없고, 또 그 직무와 위차를 침노하여 다툼이 없다. 이는 사당에 있는 사람이 다 엄숙하고 공경하여 거동이 예를 얻었으니, 이러므로 신명이 장수의 복을 주신다.

約軝錯衡(약기착형)이며 八鸞鶬鶬(팔란창창)이라 以假以享(이격이향)하니 我受命溥將(아수명부장)이어늘 自天降康(자천강강)하사 豐年穰穰(풍년양양)하니 來假來饗(래격래향)하여 降福無疆(강복무강)이로다

| 언해 |

約ᄒᆞᆫ 軝와 錯ᄒᆞᆫ 衡이며 八鸞이 鶬鶬ᄒᆞᆫ지라 써 假ᄒᆞ며 써 享ᄒᆞ니 우리 命을 밧음이 넓고 크거늘 하ᄂᆞᆯ로브터 편안홈을 ᄂᆡ리샤 豐年이 穰穰ᄒᆞ니 오셔 假ᄒᆞ며 오셔 饗ᄒᆞ야 福을 ᄂᆡ림이 디경이 업도다

| 번역 |

가죽으로 묶은 바퀴통과 문채 나는 멍에이며
여덟 방울들이 딸랑딸랑하므로
사당에 이르러 제향을 올리니
우리가 받은 명령이 넓고 큰데
하늘로부터 편안함을 내려주시어
풍년에 곡식이 많고 많으니
선조께서 와서 이르시며 와서 흠향하시어
복을 내려 주심이 끝이 없도다

| 자해 |

溥 : 넓음. • 將 : 큼. • 穰穰 : 많음.

| 의해 |

제사를 돕는 제후가 수레를 타고 조종의 사당에 와서 제향 하니, 우리가 명을 받음이 이미 넓고 크다. 하늘이 풍년을 내리어 제사하게 하여 선조가 와서 흠향하면 복을 내림이 무궁할 것이다.

顧予烝嘗(고여증상)인저 湯孫之將(탕손지장)이니라

| 언해 |

내 烝嘗을 도라볼진뎌 湯孫의 받드는 것이니라

| 번역 |

내 겨울 제사와 가을 제사를 돌아보소서
탕 임금의 후손이 받드나이다

| 의해 |

해설이 앞 편에 보인다.

이 「선조[烈祖]」는 모두 1장이다.

3. 제비[玄鳥]

3-1. 天命玄鳥하사 降而生商하여 宅殷土芒芒이어시늘
古帝命武湯하사 正域彼四方하시니라 [賦]

(천명현조 강이생상 택은토망망 / 고제명무탕 정역피사방)

| 언해 |

하늘이 玄鳥를 命ᄒᆞ샤 ᄂᆞ리여 商을 나셔 殷土ㅣ 芒芒ᄒᆞᆫ듸 宅ᄒᆞ엿시ᄂᆞᆯ 녜적에 帝ㅣ 武湯을 命ᄒᆞ샤 디경을 四方에 발리ᄒᆞ시니라

| 번역 |

하늘이 제비에게 명령하시어
내려가 상나라 시조를 낳아
은나라 땅 아득한데서 거주하도록 하셨는데
옛적에 상제가 씩씩한 탕 임금에게 명령하시어
지경을 저 사방까지 다스리라 하시니라

| 자해 |

玄鳥 : 제비. • 宅 : 거주함. • 殷 : 땅 이름. • 芒芒 : 큰 모양. • 武湯 : 씩씩한 탕 임금. • 正 : 다스림. • 域 : 봉한 지경.

| 의해 |

이 장도 또한 종묘에서 제사하는 음악이다. 상나라 사람이 낳은 바를 서술하여 천하를 소유한 처음에 미쳤다.

방명궐후 엄유구유 상지선후 수명불태
方命厥后하사 奄有九有하시니 商之先后 受命不殆라
재무정손자
在武丁孫子하샷다

| 언해 |

方으로는 그 后를 命ᄒᆞ샤 다 九有를 두시니 商의 先后ㅣ 命을 밧음이 위티티 안인지라 武丁의 孫子에 계셧다

| 번역 |

사방으로 제후들을 명령하시어
문득 구주를 소유하시니
상나라의 선대 임금이
천명을 받아 위태롭지 아니하므로
무정의 자손에까지 복이 있도다

| 자해 |

方 : 사방. • 后 : 제후. • 九有 : 구주(九州). • 武丁 : 고종(高宗).

| 의해 |

상나라의 선대 임금이 천명을 받은 것이 위태롭지 않았기 때문에 이제 무정의 자손이 오히려 그 복을 받고 있다.

武丁孫子武王이 靡不勝하시니 龍旂十乘으로 大糦是承이로다

| 언해 |

武丁의 孫子武王이 이긔지 안이리 업스시니 龍旂十乘으로 大糦를 이 밧드럿도다

| 번역 |

무정의 자손인
씩씩한 왕들이 이기지 못함이 없으시니
용을 그린 기를 세운 수레 열대로
큰 기장과 피를 이에 받들어 올리도다

| 자해 |

武王 : 탕 임금의 호인데, 후세의 임금도 자칭함. • 大糦 : 제사에 쓰는 기장과 피.

| 의해 |

무정의 자손으로 이제 탕 임금의 호를 이어받은 자들이 씩씩하여 이기지 못할 바 없다. 이에 제후가 그 수레와 말을 타고 이 기장과 피를 받들어 종묘의 제사에 와서 돕지 아니함이 없다.

邦畿千里여 維民所止로소니 肇域彼四海로다

| 언해 |

나라 畿千里여 ᄇᆡᆨ셩의 그치ᄂᆞᆫ 배로소니 ᄃᆡ경은 뎌 四海에 여럿도다

| 번역 |

나라의 경기 지방 천리여
백성들이 거주하는 바인데
지경은 저 사해까지 열었도다

| 자해 |

止 : 거주함. • 肇 : 여는 것.

| 의해 |

임금의 경기 지방 안에 백성이 거주하는 것이 천리에 지나지 않지만, 그 봉한 지경은 넓은 사해에까지 미친다.

사 해 래 격　　래 격 기 기　　경 원 유 하　　은 수 명 함 의
四海來假하니 來假祈祈로다 景員維河에 殷受命咸宜라
백 록 시 하
百祿是何로다

| 언해 |

四海ㅣ 와셔 니르니 와셔 니름을 祈祈히 ᄒᆞ놋다 景산의 둘린 河슈에 殷이 命을 밧음이 다 맛당ᄒᆞᆫ지라 百祿을 이메엿도다

| 번역 |

사해의 제후들이 와서 이르니

와서 이르는 사람들이 많고도 많도다
경산을 두른 황하에
은나라가 천명을 받음이 모두 마땅하므로
온갖 복을 이에 받도다

| 자해 |

假 : 이름. • 祈祈 : 많음. • 景 : 산 이름. • 員 : 두루 함. • 河 : 경산 사면을 두른 황하. • 何 : 멤.

이 「제비[玄鳥]」는 모두 1장이다.

4. 오래 나타남[長發]

준 철 유 상 장 발 기 상 홍 수 망 망 우 부
4-1. 濬哲維商에 長發其祥이로다 洪水芒芒이어늘 禹敷
하 토 방 외 대 국 시 강 폭 원 기 유 융 방 장
下土方하사 外大國是疆하여 幅隕既長이어늘 有娀方將
제 립 자 생 상
일새 帝立子生商하시니라 [賦]

| 언해 |

濬哲ᄒᆞᆫ 商애 그 샹셔를 發ᄒᆞᆫ지 오라도다 洪水ㅣ 芒芒ᄒᆞ거ᄂᆞᆯ 禹ㅣ 下土方을 베풀어샤 外大國을 이에 디경ᄒᆞ야 幅隕이 임의 길거ᄂᆞᆯ 有娀이 바야흐로 클ᄉᆡ 帝ㅣ 아들을 셰워 商을 生ᄒᆞ시니라

| 번역 |

깊고 슬기로운 상나라에
상서가 나타남이 오래도다
홍수가 아득하고 아득하였는데
우임금이 하늘 아래 땅의 사방을 다스려
밖의 큰 나라들을 이에 지경으로 삼아
폭과 둘레가 이미 넓은데
유융이 바야흐로 커지기에
상제가 아들을 세워 상나라를 탄생시키셨도다

| 자해 |

濬 : 깊음. • 哲 : 슬기롭고 현명함. • 長 : 오램. • 方 : 사방. • 外大國 : 멀리

있는 제후의 나라. • 幅 : 폭. • 隕 : 두루 함. • 有娀 : 설(契)의 어머니 집. • 將 : 큼.

| 의해 |

상나라에 대대로 슬기로운 임금이 있어서 천명을 받아 상서가 발현함이 오래되었다. 우임금이 홍수를 다스릴 때 밖의 큰 나라로 중국의 지경을 삼아 폭과 둘레가 넓었는데, 이때 유융이 컸기 때문에 상제가 그 딸의 아들 설(契)을 세워 상나라를 건국하였다. 설이 처음 순임금의 사도가 되어 가르침을 사방에 펴는 것을 맡았으니, 이것이 상나라가 천명을 받은 실제적 기초였다.

4-2. 玄王桓撥(현왕환발)하시니 受小國是達(수소국시달)이며 受大國是達(수대국시달)이샷다
率履不越(솔리불월)하시니 遂視既發(수시기발)이로다 相土烈烈(상토렬렬)하시니 海外
有截(유절)이로다 [賦]

| 언해 |

玄王이 굿셰므로 다시리시니 小國을 밧어도 이에 達ᄒᆞ며 大國을 밧어도 이에 達ᄒᆞ샷다 례를 좃쳐셔 지ᄂᆞ지 안이ᄒᆞ시니 드듸여 보는데 임의 응ᄒᆞ도다 相土ㅣ 烈烈ᄒᆞ시니 海外ㅣ 정졔ᄒᆞ도다

| 번역 |

현왕이 굳셈으로 다스리시니
작은 나라를 받아도 이에 통달하며
큰 나라를 받아도 이에 통달하셨도다
예를 따라 지나치지 아니하시니

드디어 백성들을 봄에 이미 호응하도다
상토가 빛나고 빛나시니
해외가 정연하도다

| 자해 |

玄王 : 설(契). • 王 : 추존한 호. • 桓 : 씩씩함. • 撥 : 다스림. • 達 : 통함. • 率 : 따름. • 履 : 예. • 越 : 지나침. • 發 : 응함. • 相土 : 설의 손자. • 截 : 정제함.

| 의해 |

작은 나라와 큰 나라를 받아도 통달하였다고 한 것은 마땅하지 않음이 없었다는 것이다. 설이 예를 따라 지나치지 않니하고, 그 백성을 보니 이미 호응하였다. 상토 때에 이르러 상나라가 더욱 크니, 사방의 제후가 다 돌아와 정연하였다.

4-3. 帝命不違(제명불위)하사 至于湯齊(지우탕제)하시니 湯降不遲(탕강부지)하시며 聖敬日躋(성경일제)하사 昭假遲遲(소격지지)하사 上帝是祗(상제시지)하시니 帝命式于九圍(제명식우구위)하시니라 [賦]

| 언해 |

帝ㅣ 命이 억의지 안이샤 湯에 니르러 간쥬런 ᄒᆞ시니 湯이 降ᄒᆞ심이 더듸지 안이ᄒᆞ시며 셩인시럽고 공경ᄒᆞ심이 날로 올느샤 밝게 니르심이 더듸고 더듸샤 뼈 上帝를 이에 공경ᄒᆞ시니 帝ㅣ 命ᄒᆞ샤 九圍에 법ᄒᆞ게 ᄒᆞ시니라

| 번역 |

상제의 명령이 어긋나지 아니하시어
탕 임금에 이르러 천명과 가지런하시니
탕 임금이 탄생하심이 더디지 아니하시며
성스럽고 공경함이 날로 오르시어
하늘에 밝게 이름을 오래 오래 하시어
상제를 이에 공경하시니
상제가 명령하시어 구주에 본보기가 되게 하시니라

| 자해 |

降 : 탄생함. • 遲遲 : 오램. • 祗 : 공경함. • 式 : 법. • 九圍 : 구주(九州).

| 의해 |

상나라의 선조가 밝은 덕이 있어 천명이 떠나지 않아 탕 임금에 이르렀다. 탕 임금의 공부가 공경에 있어 조금도 쉼이 없어 하늘에 밝게 이름을 더디게 하지 아니하여 상제를 공경하였기 때문에, 상제가 명하여 구주에 본보기가 되게 하였다.

4-4. 受小球大球하사 爲下國綴旒하사 何天之休샷다 不競不絿하시며 不剛不柔하사 敷政優優하시니 百祿是遒샷다 [賦]

| 언해 |

小球와 大球를 바드샤 下國에 綴旒ㅣ 되샤 하늘의 아름다움을 메이샷다 競치 안이시며 絿치 안이시며 剛치 안이시며 柔치 안이샤

정ᄉᆞ폐옴을 優優히 ᄒᆞ시니 百祿이 이예 모뒤샷다

| 번역 |

작고 큰 나라의 구슬을 받으시어
제후국의 본보기가 되시어
하늘의 아름다움을 받으셨도다
강하지도 않고 느슨하지도 아니하시며
굳세지도 아니하고 부드럽지도 아니하시어
정치를 펴기를 너그럽고 너그럽게 하시니
온갖 복록이 이에 모였도다

| 자해 |

小球·大球 : 작은 나라와 큰 나라가 바친 옥. 혹은 천자가 잡는 작은 홀과 큰 홀. •下國 : 제후. •綴 : 맺음. •旒 : 기가 늘어짐. •何 : 멤. •競 : 강함. •絿 : 느슨함. •優優 : 넉넉함. •遒 : 모음.

4-5. 受小共大共(수소공대공)하사 爲下國駿厖(위하국준방)하사 何天之龍(하천지룡)이샷다 敷奏其勇(부주기용)하사 不震不動(부진부동)하시며 不戁不竦(불난불송)하시니 百祿是總(백록시총)이샷다 [賦]

| 언해 |

小共과 大共을 밧으샤 下國에 駿厖이되샤 하늘의 괴이을 메이샷다 그 勇을 敷奏ᄒᆞ샤 震치 안이시며 動치 안이시며 戁치 안이시며 竦치 안이시니 百祿이 이예 總하샸다

| 번역 |

작고 큰 나라에서 바친 공물을 받으시어
제후국을 싣는 말이 되시어
하늘의 은총을 받으셨도다
무용을 크게 펴시어
놀라지 아니하시고 움직이지 아니하시며
두려워하지 아니하시고 무서워하지 아니하시니
온갖 복록이 이에 모였도다

| 자해 |

小共·大共 : 크고 작은 세금. • 駿厖 : 말. 말이 힘이 있어 무거운 짐을 지고 멀리 이르는 것처럼, 제후국을 태우고 싣게 됨을 비유함. • 龍 : 은총. • 敷奏 : 크게 나아감. • 勇 : 무공. • 戁·竦 : 두려워함.

| 의해 |

위의 장은 정사를 말하고 이 장은 무공을 말하였으니, 스스로 다스린 다음에 무공은 이룬다.

4-6. 武王載旆(무왕재패)하사 有虔秉鉞(유건병월)하시니 如火烈烈(여화렬렬)하여 則莫(즉막)
我敢曷(아감알)이로다 苞有三蘗(포유삼얼)이 莫遂莫達(막수막달)하여 九有有截(구유유절)이어
늘 韋顧既伐(위고기벌)하시고 昆吾夏桀(곤오하걸)이로다 [賦]

| 언해 |

武王이 긔를 실으샤 공경ᄒᆞ야 독긔를 잡으시니 불이 烈烈ᄐᆞᆺᄒᆞ야 곳 나를 敢히 曷ᄒᆞ리 업도다 苞에셔 蘗이 遂치 못ᄒᆞ며 達치 못ᄒᆞ

야 九有ㅣ 截ᄒᆞ거ᄂᆞᆯ 韋와 顧를 임의 치시고 昆吾와 夏桀을 ᄒᆞ도다

| 번역 |

무왕이 깃발을 수레에 실으시어
경건히 도끼를 잡으시니
불길이 활활 타오르는 듯하여
나를 감히 막을 사람이 없도다
뿌리에서 돋아난 세 싹이
악을 이루지 못하고 뜻을 이루지 못하여
구주가 정연하자
위나라와 고나라를 이미 정벌하시고
곤오와 하나라 걸왕도 정벌하였도다

| 자해 |

武王 : 탕 임금. • 虔 : 공경함. • 苞 : 근본. • 蘖 : 곁에 난 싹. 걸(桀)의 당인 위(韋)와 고(顧)와 곤오(昆吾).

| 의해 |

탕 임금이 이미 천명을 받아 불의한 이를 치니, 걸(桀)과 세 나라가 다 그 악함을 이루지 못하고 천하가 정연하게 상나라에 돌아왔다. 처음에 위(韋)를 치고 그 다음에 고(顧)와 곤오(昆吾)를 친 후 하나라 걸(桀)을 치니, 군사를 쓴 차례가 이러하였다.

4-7. 昔在中葉하여 有震且業이러니 允也天子께 降于卿士하시니 實維阿衡이 實左右商王이로다 [賦]

| 언해 |

네 中業에 잇셔 震ᄒᆞ고 ᄯᅩ 業ᄒᆞ더니 진실로 天子ᄭᅴ 卿士ᄅᆞᆯ 내리시니 진실로 阿衡이 진실로 商王을 左右ᄒᆞ도다

| 번역 |

옛날 중엽에
두렵고 또 위태로웠는데
진실로 천자께
신하를 내려 주시니
진실로 아형이
진실로 상나라 왕을 보좌하도다

| 자해 |

中葉 : 중세(中世). • 震 : 두려움. • 業 : 위태함. • 昔在 : 탕 임금의 이전 쇠퇴할 때를 이름. • 天子 : 탕 임금. • 降 : 하늘이 주심. • 卿士 : 이윤(伊尹). • 阿衡 : 이윤의 벼슬.

| 의해 |

위의 네 장은 다 탕 임금의 공로를 칭송하였고, 이 장에서는 이윤이 탕 임금을 도와 천하를 소유함을 말하였다.

이 「오래 나타남[長發]」은 모두 7장이다.

5. 은나라의 무력[殷武]

5-1. 撻彼殷武(달피은무)로 奮伐荊楚(분벌형초)하사 罙入其阻(미입기조)하여 裒荊之旅(부형지려)하여 有截其所(유절기소)하니 湯孫之緖(탕손지서)샷다 [賦]

| 언해 |

撻ᄒᆞᆫ 뎌 殷의 武로 荊楚를 ᄲᅳᆷᄂᆡ여 쳐셔 그 ᄆᆡᆨ힌데 무릅셔 드러가 荊의 무리를 모뒤여 그 곳을 截케ᄒᆞ니 湯孫의 공이샷다

| 번역 |

날랜 저 은나라의 무력으로
초나라를 떨쳐 정벌하시어
막힌 곳을 무릅쓰고 들어가
초나라의 무리를 모아
그 지방을 정연하게 만드시니
탕 임금 후손의 공이시로다

| 자해 |

撻 : 빠른 모양. • 罙 : 무릅씀. • 裒 : 모임. • 湯孫 : 고종(高宗).

| 의해 |

이는 고종(高宗)에게 제사하는 음악이다. 반경(盤庚)이 세상을 떠남으로부터 은나라가 쇠퇴하자 초나라가 반란을 일으켰다. 고종이 날래게 무력을 써서 초를 침에 그 험한 데 들어가서 무리를

모아 그 땅을 다 평정하여 정연하고 한결같게 하였다.

유 여 형 초 거 국 남 향 석 유 성 탕 자 피 저
5-2. 維女荊楚 居國南鄕하나니 昔有成湯하실새 自彼氐
강 막 감 불 래 향 막 감 불 래 왕 왈 상 시 상
羌하여 莫敢不來享하며 莫敢不來王하여 曰商是常이러
니라 [賦]

| 언해 |

너 荊楚ㅣ 나ᄅᆞ 南鄕에 居ᄒᆞᄂᆞ니 녜 成湯이 기실ᄉᆡ 뎌 氐와 羌으로부터 敢히 와셔 享치 안이리 업스며 敢히 와셔 王치 안이리업셔 ᄀᆞᆯ오ᄃᆡ 商에 이 ᄯᅥᆺᄯᅥᆺᄒᆞᆷ이라 ᄒᆞ더니라

| 번역 |

너희 초나라가
우리나라 남쪽 지방에 있는데
옛날 탕 임금이 계실 적에
저 저와 강으로부터
감히 와서 공물을 바치지 않은 사람이 없으며
감히 와서 왕을 뵙지 않은 사람이 없어
말하기를 상나라의 이 떳떳함이라고 하였도다

| 자해 |

氐·羌 : 서융(西戎)의 두 나라 이름. • 享 : 바침. • 王 : 먼 곳의 오랑캐가 왕을 뵘.

| 의해 |

초나라를 이미 평정하고 고하여 말하였다. 네가 비록 멀리 있으나 또한 우리나라 남쪽에 거하고 있다. 탕 임금의 세상에 저(氐)와 강(羌) 같이 먼 나라도 감히 와서 조회하지 않는 나라가 없어 이 상나라의 떳떳한 예라고 하였다. 하물며 너 초나라는 어찌 감히 이르지 않는가? 첫 장은 초나라를 친 공로를 말하고, 이 장은 초나라를 꾸짖는 의리를 말하였다.

5-3. 天命多辟(천명다벽)하사 設都于禹之績(설도우우지적)하시니 歲事來辟(세사래벽)하여 勿予禍適(물여화적)이어다 稼穡匪解(가색비해)로이다 [賦]

| 언해 |

하늘이 多辟을 命ᄒᆞ샤 도읍을 禹님금의 공 일우신ᄃᆡ 베풀어시니 ᄒᆡ닐로와셔 辟ᄒᆞ야 나를 허물ᄒᆞ지마를 지어다 稼穡을 게울느지 안이ᄒᆞ노이다

| 번역 |

하늘이 여러 임금들에게 명령하시어
우임금이 공을 이룬데 도읍을 베푸시니
해마다 일로 와서 왕을 뵈어
아뢰기를 나를 허물하지 마소서
농사를 게을리 아니하였나이다

| 자해 |

多辟 : 제후. • 來辟 : 와서 왕을 뵘. • 適 : 꾸짖음.

| 의해 |

하늘이 제후를 명하여 각각 도읍을 우임금이 다스리신 땅에 세우니, 다 해마다 일로 상나라에 와서 왕이 허물하지 않기를 빌었다. 이는 초나라를 이미 평정함에 제후가 두려워 복종한 것이다.

5-4. 天命降監(천명강감)이라 下民有嚴(하민유엄)하니 不僭不濫(불참불람)하여 不敢怠(불감태)
遑(황)하면 命于下國(명우하국)하사 封建厥福(봉건궐복)하시나니라 [賦]

| 언해 |

하ᄂᆞᆯ의 命이 ᄂᆡ리여 보시ᄂᆞᆫ지라 알ᄋᆡ ᄇᆡᆨ셩이 嚴홈이 잇시니 僭치 안이며 濫치 안이ᄒᆞ야 敢히 게울느고 결을 ᄒᆞ지 안이ᄒᆞ면 알ᄋᆡ 나ᄅᆞ에 命ᄒᆞ샤 크게 그 福을 셰우시ᄂᆞ니라

| 번역 |

하늘의 명이 내려다보시므로
아래 백성들이 위엄 있게 여기나니
상이 어긋나지 않고 형벌이 지나치지 않아
감히 게으르고 안일하지 아니하면
아래 나라를 명령하여
복을 크게 세워주시도다

| 자해 |

僭 : 상이 어긋남. • 濫 : 형벌이 지나침. • 遑 : 겨를. • 封 : 큼.

| 의해 |

하늘의 명이 내려다보는 것이 다른데 있는 것이 아니라, 다 백성이 보고 듣는 데 있으니, 아래 백성이 또한 위엄이 있다고 여긴다. 오직 상과 벌을 지나치게 아니하여 감히 게으르고 안일하지 않으면, 하늘이 천하로 명하여 그 복을 크게 세운다. 이 때문에 고종(高宗)이 명을 받아서 중흥을 이루었다.

5-5. 商邑翼翼(상읍익익)하니 四方之極(사방지극)이로다 赫赫厥聲(혁혁궐성)이며 濯濯(탁탁)
厥靈(궐령)이로소니 壽考且寧(수고차녕)하사 以保我後生(이보아후생)이샷다 [賦]

| 언해 |

商邑이 翼翼ᄒᆞ니 四方의 極이로다 赫赫ᄒᆞᆫ 그 소리며 濯濯ᄒᆞᆫ 그 靈이로소니 壽考ᄒᆞ고 ᄯᅩ 편안ᄒᆞ샤 ᄡᅧ 우리 後生을 보젼ᄒᆞ샷다

| 번역 |

상나라의 도읍이 정연하니
사방의 표준이로다
빛나고 빛난 명성이며
빛나고 빛난 신령스러움이니
장수하시고 편안하시어
우리 후손들을 보전하셨도다

| 자해 |

商邑 : 왕의 도읍. • 翼翼 : 정돈된 모양. • 極 : 표준. • 赫赫 : 나타나 성한 모양. • 濯濯 : 광명함. • 我後生 : 후사인 자손.

| 의해 |

고종(高宗)이 중흥하여 성대한 것이 이와 같았다.

5-6. 陟彼景山하니 松栢丸丸이어늘 是斷是遷하여 方斲是虔하니 松桷有梴하며 旅楹有閑하니 寢成孔安이로다
[賦]

| 언해 |

뎌 景山에 올ᄂᆞ니 松栢이 丸丸ᄒᆞ거ᄂᆞᆯ 이에 쓰ᄂᆞ며 이에 옹기여 바르게 싹거셔 이에 虔ᄒᆞ니 松으로 ᄒᆞᆫ 桷이 길며 여러 楹이 크니 寢이 일움ᄋᆡ 심히 편안ᄒᆞ도다

| 번역 |

저 경산에 올라가니
소나무와 잣나무가 곧은데
이에 자르고 이에 옮기어
바르게 깎아서 이에 자르니
소나무 서까래가 길며
여러 기둥들이 크니
정침이 이루어져 심히 편안하도다

| 자해 |

景山 : 상나라 도읍의 산 이름. • 丸丸 : 곧음. • 方 : 바름. • 虔 : 끊음. • 梴 : 긴 모양. • 旅 : 무리. • 閑 : 큼. • 寢 : 사당 가운데의 정침.

| 의해 |

사당의 재목이 아름답고 규모가 광대하니, 고종(高宗)의 신이 편안한 바이다.

이 「은나라의 무력[殷武]」은 모두 6장이다.

「상송(商頌)」은 5편 16장 154구이다.

찾아보기

아

자